2000

中共中央党校函授教育年鉴

● 中共中央党校函授学院年鉴编辑部 编

中共中央党校出版社

责任编辑　弓　佳
林月春
王慧娟
康筱丰
装帧设计　吴家凯
版式设计　杨　华

图书在版编目（CIP）数据

中共中央党校函授教育年鉴.2000/黄士安主编.
北京：中共中央党校出版社，2001.10
ISBN 7-5035-2329-8

Ⅰ.中… Ⅱ.黄… Ⅲ.中国共产党-党校-函授教育-2000-年鉴 Ⅳ.D261.41-54

中国版本图书馆 CIP 数据核字（2001）第 048065 号

中共中央党校出版社出版发行
（北京市海淀区大有庄 100 号）
中共中央党校印刷厂印刷　新华书店经销
2001 年 10 月第 1 版　2001 年 10 月第 1 次印刷
开本：787 毫米×1092 毫米　1/16　印张：43.25
字数：1222 千字　印数：3500 册
定价：100.00 元

中共中央党校
函授教育年鉴

主　编：黄士安
副主编：刘利群
　　　　张东升
　　　　欧亚平

中共中央党校函授教育年鉴
编审委员会

中共中央党校函授教育年鉴
编 辑 人 员

● 校领导郑必坚、张志新同志出席函院新老领导班子交接会并讲话　　（院办公室　供稿）

● 北京市委副书记于均波在北京市委机关分院毕业典礼上讲话　　（北京市委机关分院）

● 湖南省委副书记郑培民在全省党校函授教育会议上讲话　　（王刚　摄）

● 广西自治区党委书记曹伯纯，常委、南宁市委书记李克在南宁分院视察工作

（南宁分院　供稿）

● 四川省委副书记秦玉琴与中央党校副校长、函授学院院长张志新亲切会见（四川分院　供稿）

● 湖北省委副书记杨永良与中央党校函授学院常务副院长黄士安亲切会见

（院办公室　供稿）

● 宁夏自治区党委副书记韩茂华在分院教育评估汇报会上讲话　　（宁夏分院　供稿）

中央党校副校长、函授学院院长张志新在北京市委机关分院年度工作会议上讲话

（北京市委机关分院 供稿）

中央党校副校长、函授学院院长张志新在广东省委党校常务副校长邱金用陪同下参观广东分院函授教育评估展览

（广东分院 供稿）

中央党校副校长、函授学院院长张志新在空军分院检查指导工作 （空军分院 供稿）

中央党校副校长、函授学院院长张志新在空军分院巡视在职研究生班考场

（空军分院 供稿）

中央党校副校长李君如给函院在职研究生班甲班学员授课 （空军分院 供稿）

● 湖北省委办公厅、组织部、宣传部、省纪委、省人事厅、财政厅、省教委负责同志应邀座谈党校函授教育（徐建勤 摄）

● 北京市委常委、秘书长杜德印在北京市委机关分院在职研究生班开学典礼上讲话

（北京市委机关分院 供稿）

● 中央党校函授学院常务副院长黄士安在黑龙江分院检查工作（黑龙江分院 供稿）

● 辽宁省纪委书记李虎林参观辽宁分院办学成果展（辽宁分院 供稿）

● 甘肃省委组织部副部长王通智巡视兰州学区考场（甘肃分院 供稿）

● 总院召开春季院务扩大会议，中央党校副校长、函授学院院长张志新出席会议并讲话

（院办公室 供稿）

● 总院常务副院长黄士安在总院机关干部大会上宣布中央党校校委任命张东升、欧亚平同志为函授学院副院长 （院办公室 供稿）

● 总院召开分院函授教育评估验收工作咨询座谈会，图为中央党校副校长、函授学院院长张志新与全体与会同志合影 （院办公室 供稿）

● 总院召开党校函授教育规范管理研讨会，中央党校副校长、函授学院院长张志新出席会议并讲话 （院办公室 供稿）

● 总院在上海市委党校召开“十月工作会议”主题研讨会，图为总院常务副院长黄士安在讲话

（院办公室 供稿）

● 总院教材工作会议在四川省委党校举行，图为全体代表合影

（院办公室 供稿）

● 中央党校1999年函授教育工作会议在广东顺德召开，图为中央党校常务副校长郑必坚、副校长张志新和广东省委副书记高祀仁等领导同志出席会议讲话，并与全体代表合影

（院办公室 供稿）

● 北京市委机关分院举行年度工作会议
（北京市委机关分院 供稿）

● 铁道部党校举行年度函授教育工作会议
（铁道部分院 供稿）

● 北京市工业党校分院举行年度函授教育工作会议 （北京市工业党校分院 供稿）

● 辽宁省委党校举行年度函授教育工作会议
（辽宁分院 供稿）

● 内蒙古自治区党校举行年度函授教育工作会议 （内蒙古分院 供稿）

● 吉林省委党校举行年度函授教育工作会议
（吉林分院 供稿）

● 浙江省委党校举行年度函授教育工作会议

（浙江分院 供稿）

● 湖南省委党校举行年度函授教育工作会议

（王 刚 摄）

● 江西分院举行年度函授教育工作会议

（江西分院 供稿）

● 图为广西分院举行年度函授教育工作会议

（广西分院 供稿）

● 湖北省委党校举行年度函授教育工作会议

（湖北分院 供稿）

● 陕西省委党校举行年度函授教育工作会议

（陕西分院 供稿）

● 西安市委党校举行年度函授教育工作会议
（西安分院 供稿）

● 空军分院举行年度函授教育工作会议
（空军分院 供稿）

● 宁夏自治区党校举行年度函授教育工作会议
（宁夏分院 供稿）

● 济南军区分院举行年度函授教育工作会议
（济南军区分院 供稿）

● 图为总参分院举行年度函授教育工作会议
（总参分院 供稿）

● 兰州军区分院举行年度函授教育工作业务会议
（兰州军区分院 供稿）

● 1999年1月5日，黑龙江分院举行揭牌典礼，图为总院副院长黄士安、黑龙江省委组织部副部长王福生揭牌

（黑龙江分院 供稿）

● 内蒙古分院举行分院建院十周年庆祝大会文艺演出

（内蒙古分院 供稿）

● 内蒙古分院举行分院建院十周年庆祝大会

（内蒙古分院 供稿）

● 宁夏分院举行五周年院庆表彰大会

（宁夏分院 供稿）

● 内蒙古分院举行分院建院十周年教师座谈会

（内蒙古分院 供稿）

● 新疆兵团党校举行函授教育十周年庆典暨表彰大会

（新疆兵团党校分院 供稿）

● 总院副院长张东升、欧亚平等与黑龙江分院院委成员合影　（黑龙江分院 供稿）

● 图为铁道部党校常务副校长蓝务帛给分院第五届视导委员颁发聘书　（铁道部分院 供稿）

● 图为内蒙古分院在召开院务会议　（内蒙古分院 供稿）

● 浙江分院召开党校函授教育发展战略研讨会　（浙江分院 供稿）

● 安徽省委党校常务副校长金巨保在滁州学区指导工作　（安徽分院 供稿）

● 广东省委党校召开校委会讨论函授教育工作　（广东分院 供稿）

● 图为宁夏分院负责同志在研究工作　（宁夏分院 供稿）

● 图为空军分院举行季度例行的院长办公会议，第一院长敬应龙、院长邹德玉、副院长徐光、郝文玮、王聘明等参加了会议　（空军分院 供稿）

● 北京市委机关分院举行教育评估检查验收汇报会，向总院检查验收组汇报工作

（北京市委机关分院 供稿）

● 福建分院举行教育评估检查验收汇报会，向总院检查验收组汇报工作

（福建分院 供稿）

● 铁道部分院举行教育评估检查验收汇报会，向总院检查验收组汇报工作

（铁道部分院 供稿）

● 山东分院举行教育评估检查验收汇报会，向总院检查验收组汇报工作

（山东分院 供稿）

● 图为内蒙古自治区党校副校长、分院院长于德水向总院检查验收组汇报工作

（内蒙古分院 供稿）

● 湖北分院举行教育评估检查验收汇报会，向总院检查验收组汇报工作 （徐建勤 摄）

● 重庆分院举行教育评估检查验收汇报会

（重庆分院 供稿）

● 宁夏分院举行教育评估检查验收汇报会，向总院检查验收组汇报工作

（宁夏分院 供稿）

● 四川分院举行教育评估检查验收汇报会，向总院检查验收组汇报工作

（四川分院 供稿）

● 西藏分院举行教育评估检查验收汇报会，向总院检查验收组汇报工作

（西藏分院 供稿）

● 陕西分院举行教育评估检查验收汇报会，向总院检查验收组汇报工作

（陕西分院 供稿）

● 新疆分院举行教育评估检查验收汇报会，向总院检查验收组汇报工作

（新疆分院 供稿）

● 图为总院检查验收组在与铁道部党校、分院负责同志交换意见　　（铁道部分院　供稿）

● 图为总院检查验收组与福建省有关部门负责同志座谈　　（福建分院　供稿）

● 图为总院检查验收组与陕西分院教学指导小组成员座谈　　（陕西分院　供稿）

● 图为总院检查验收组在门头沟辅导站进行教育评估检查验收　（北京市委机关分院　供稿）

● 图为总院检查验收组在龙井辅导站进行教育评估检查验收　　（吉林分院　供稿）

● 图为总院检查验收组在无锡学区进行教育评估检查验收　　（江苏分院　供稿）

● 图为总院检查验收组在长沙学区进行教育评估检查验收　　（卢岳华　摄）

● 图为总院检查验收组在绵阳学区进行教育评估检查验收　　（四川分院　供稿）

● 北京市工业党校分院专家组在对学区教育评估检查验收　（北京市工业党校分院 供稿）

● 上海分院召开辅导站教育评估工作总结交流会　（上海分院 供稿）

● 总院教育评估检查验收组与辽宁分院专家组座谈　（辽宁分院 供稿）

● 广东分院举办教育评估检查验收业务培训　（广东分院 供稿）

● 上海分院工作人员在认真学习总院教育评估文件　（上海分院 供稿）

● 宁夏分院召开分院自我评估动员大会　（宁夏分院 供稿）

● 总院教育评估检查验收组在铁道部分院检查办学档案 （铁道部分院 供稿）

● 上海分院工作人员在整理办学档案 （上海分院 供稿）

● 总院教育评估检查验收组在福建分院检查办学档案 （福建分院 供稿）

● 图为安徽分院新建的办学档案，可运用微机检索 （安徽分院 供稿）

● 福建分院教育评估工作总结会议代表参观分院办学档案 （福建分院 供稿）

● 铁道部分院教育评估检查验收组在北京学区检查办学档案 （铁道部分院 供稿）

● 福建分院教育评估工作总结会议代表参观永春辅导站办学档案 （福建分院 供稿）

● 全军函办教育评估检查验收组在空军分院检查教育评估工作（空军分院 供稿）

● 全军函办教育评估检查验收组与北京军区分院交换检查教育评估工作意见（北京军区分院 供稿）

● 全军函办教育评估检查验收组在北京军区分院召开学员座谈会听取意（北京军区分院 供稿）

● 全军函办教育评估检查验收组在北京军区分院某部学区检查教育评估工作（北京军区分院 供稿）

● 全军函办教育评估检查验收组在北京军区分院检查办学档案（北京军区分院 供稿）

● 全军函办教育评估检查验收组在北京军区分院某部辅导站检查教育评估工作（北京军区分院 供稿）

● 全军函办教育评估检查验收组在济南军区分院检查教育评估工作（济南军区分院 供稿）

● 全军函办教育评估检查验收组在兰州军区分院检查教育评估工作（兰州军区分院供稿）

● 北京市委机关分院举行在职研究生班开学典礼。
（北京市委机关分院　供稿）

● 总院副院长张东升在国防大学分院开学典礼上讲话　（刘 波 摄）

● 江西分院举行开学典礼　（江西分院　供稿）

● 四川分院举行在职研究班开学典礼
（四川分院　供稿）

● 空军分院开展示范教学活动
（空军分院　供稿）

● 宁夏分院举行课程评讲会
（宁夏分院　供稿）

● 图为柳州学区校负责同志在上公开课
（广西分院　供稿）

● 铁道部分院南宁辅导站举行教学观摩课
（铁道部分院　供稿）

● 总院在铁道部分院举行备课会

（铁道部分院　供稿）

● 新疆分院举行秋季备课会

（新疆分院　供稿）

● 北京市工业党校分院举行教师备课会

（北京市工业党校分院　供稿）

● 空军分院教学人员深入学区开展教学研究活动

（空军分院　供稿）

● 山东分院举行暑期备课会

（山东分院　供稿）

● 无锡学区举行教学与管理研讨会

（江苏分院　供稿）

● 甘肃分院举行暑期备课会

（甘肃分院　供稿）

● 马鞍山学区运用IC卡进行学员到课考勤，图为到课学员在刷卡

（安徽分院　供稿）

● 北京市委机关分院举行1999教学工作会议
（北京市委机关分院　供稿）

● 北京市委机关分院举行教学领导小组每月例会，开展教学活动（北京市委机关分院　供稿）

● 北京市工业党校分院举行教师教学工作会议
（北京市工业党校分院　供稿）

● 辽宁分院举行第九次函授教育研讨会
（辽宁分院　供稿）

● 上海分院举行专家教学组第二次研讨活动
（上海分院 供稿）

● 重庆分院举行党校函授教学工作会议
（重庆分院　供稿）

● 新疆分院举行第二届函授教育研讨会
（新疆分院　供稿）

● 国防大学分院举行1999教学工作会议
（国防大学分院　供稿）

● 北京市委机关分院请北京市委常委、秘书长杜德印给领导干部班学员上党课

（北京市委机关分院　供稿）

● 宁夏分院举行党性教育备课研讨会

（宁夏分院　供稿）

● 南宁分院开辟党性教育新课堂

（南宁分院　供稿）

● 六安学区组织学员参观基层党建先进村

（安徽分院　供稿）

● 天水学区北道辅导站开展党性教育知识演讲比赛

（甘肃分院　供稿）

● 卢湾辅导站把开学典礼作为党性教育第一课，请新学员、公安部二级英模颜申午作报告

（上海分院　供稿）

● 长沙学区利用开学典礼之机上党性课

（湖南分院　供稿）

● 上海分院直属学区组织学员参观上海市重点工程建设　（上海分院　供稿）

● 宁夏分院组织学员考察工厂企业（宁夏分院　供稿）

● 芜湖学区组织学区教学研讨会代表参观人字洞古人类遗址展览　（安徽分院　供稿）

● 芜湖学区组织学区教学研讨备课会代表参观乡镇企业　（安徽分院　供稿）

● 蚌埠学区组织班主任参观农业高新技术区（金　戈　摄）

● 芜湖学区组织学员考察工厂企业（安徽分院　供稿）

● 盐城学区举行国庆五十周年演讲比赛（江苏分院　供稿）

● 黑龙江分院召开1999年招生工作会议
（黑龙江分院 供稿）

● 浙江分院召开全省党校1999年招生考务工作会议
（浙江分院 供稿）

● 江西分院召开1999年招生录取工作会议
（江西分院 供稿）

● 福建分院召开1999年招生考务工作会议
（福建分院 供稿）

● 湖北省委党校召开1999年函授招生考务工作会议
（湖北分院 供稿）

● 湖北省委党校召开函授招生录取工作会议
（湖北分院 供稿）

● 辽宁分院召开全省函授考务人员培训会议
（辽宁分院 供稿）

● 辽宁省委党校常务副校长佟志武，校委委员、分院院长孔秀娥在检查招生考试评卷质量
（辽宁分院 供稿）

● 山东省委党校常务副校长李新泰在巡视考场　（山东分院　供稿）

● 空军政治部副主任、空军分院第一院长敬应龙在巡视考场　（空军分院　供稿）

● 陕西省委党校常务副校长兰友仁、总院副院长张东升在陕西巡视考场　（邵新强　摄）

● 江西省委党校副校长温俊彬、龚培兴在巡视考场　（江西分院　供稿）

● 宁夏自治区党校常务副校长、分院院长郭干文在巡视考场　（宁夏分院　供稿）

● 广东省委党校校委委员、分院院长黄绍清在巡视考场　（广东分院　供稿）

● 图为国防大学分院在职研究生班招生考试考场 （刘 波 摄）

● 国防大学分院当场公布违纪考生名单 （刘 波 摄）

● 图为江西分院招生考试省直考点入口处 （江西分院 供稿）

● 江西省纪委有关同志在巡考 （江西分院 供稿）

● 宿州学区负责人在考场巡考 （安徽分院 供稿）

● 鹤岗市纪委、市委组织部负责同志在巡考 （黑龙江分院 供稿）

● 江西分院召开1999年招生考试评卷登分工作会议　　（江西分院　供稿）

● 江西分院负责同志在检查招生考试评卷情况
（江西分院　供稿）

● 图为上海分院组织教师评阅招生考试试卷
（上海分院　供稿）

● 江西分院成立由校机关党委、纪委、组织处、办公室、保卫处和工会等单位派员组成试卷分发保管小组，图为小组成员在商讨分发保管措施
（江西分院　供稿）

● 图为安徽分院有关人员在分类保管试卷档案
（安徽分院　供稿）

● 内蒙古分院召开1999年教务学籍管理工作会会议　　（内蒙古分院　供稿）

● 福建分院举办学籍管理培训班
（福建分院　供稿）

● 总院在昆明召开宣传报道组暨先进表彰会议
（王振军　摄）

● 福建分院在永泰召开教材发行工作会议
（福建分院　供稿）

● 图为总院宣传报道组暨先进表彰会议全体代表合影
（王振军　摄）

● 江西分院教材科人员在抓紧发放教材
（江西分院　供稿）

● 辽宁分院召开函授通讯报道工作会议
（辽宁分院　供稿）

● 甘肃省委党校常务副校长王文学、分院院长石华翼接受光明日报记者陈宗立采访
（甘肃分院　供稿）

● 总院在宣传报道会议上为一批先进集体授奖
（王振军　摄）

● 福建分院在毕业典礼上为优秀学员和优秀班干部颁奖　　（福建分院　供稿）

● 总院在宣传报道会议上为一批先进个人授奖
（王振军　摄）

● 湖北分院在年度工作会议上为57名优秀教师和54名先进工作者授奖　　（湖北分院　供稿）

● 吉林分院在年度工作会议上为先进单位和先进个人授奖　　（吉林分院　供稿）

● 甘肃分院在年度工作会议上为100名教师授奖　　（甘肃分院　供稿）

● 上海分院在辅导站评估工作经验总结交流表彰优秀办学单位大会上为优秀办学单位颁发奖牌　　（上海分院　供稿）

● 总参分院在教师培训班上为获得优秀教案奖者颁奖，并合影留念　　（总参分院　供稿）

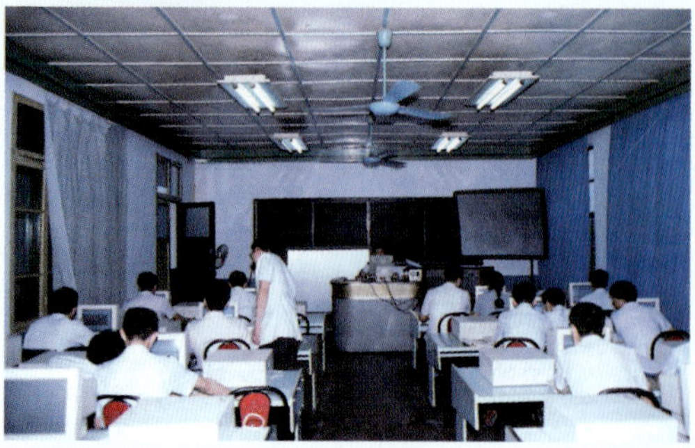

● 空军分院举办教务管理软件使用培训班

（空军分院　供稿）

● 广西分院举行电脑培训班

（广西分院　供稿）

● 广西分院举行电脑管理系统开发与应用研讨会

（广西分院　供稿）

● 总参分院举行电脑培训班

（总参分院　供稿）

● 北京市工业党校分院举办第二期教务管理软件培训班　（北京市工业党校分院　供稿）

● 铁道部分院举办第三期微机培训班

（铁道部分院　供稿）

● 甘肃分院召开"办学队伍建设年"座谈会
（甘肃分院　供稿）

● 北京市委机关分院召开班主任工作研讨会
（北京市委机关分院　供稿）

● 福建分院举办 1999 年秋季师资培训班
（福建分院　供稿）

● 北京市工业党校分院召开班主任工作会议
（北京市工业党校分院　供稿）

● 湖南分院举办辅导站建设情况座谈会
（湖南分院　供稿）

● 空军分院举办管理干部、教学人员集训班，图为全体代表合影　（空军分院　供稿）

● 湖北分院举办首届学区主任培训班
（湖北分院　供稿）

● 北京军区分院对工作人员进行微机培训
（北京军区分院　供稿）

● 南宁分院举行国庆五十周年文艺演出

（南宁分院　供稿）

● 淮南学区举行国庆五十周年歌咏大会

（安徽分院　供稿）

● 图为淮南学区举行篮球比赛给优胜者颁奖

（安徽分院　供稿）

● 图为蚌埠学区学员举办“迎接新世纪书画摄影作品展”

（安徽分院　供稿）

● 图为连云港学区举办“迎国庆、迎回归书法展”

（江苏分院　供稿）

● 北京市委机关分院举行毕业论文答辩

（北京市委机关分院　供稿）

● 北京军区分院举行毕业论文答辩

（北京军区分院　供稿）

● 北京市工业党校分院举行毕业论文答辩

（北京市工业党校分院　供稿）

● 图为教卫辅导站在举行毕业论文答辩

（上海分院　供稿）

● 福建分院举行毕业论文答辩

（福建分院　供稿）

● 宿州学区举行毕业论文答辩

（安徽分院　供稿）

● 江西分院举行毕业论文答辩

（江西分院　供稿）

● 淮北矿学区举行毕业论文答辩

（安徽分院　供稿）

● 淮北学区召开毕业论文答辩预备会

（安徽分院　供稿）

● 江西分院举行毕业典礼

（江西分院　供稿）

● 图为甘肃省军区辅导站在举行毕业论文答辩

（兰州军区分院　供稿）

● 长沙区举行毕业典礼

（卢岳华　摄）

● 北京市工业党校分院举行毕业典礼

（北京市工业党校分院　供稿）

● 国防大学分院举行毕业典礼

（刘　波　摄）

● 福建分院举行毕业典礼

（福建分院　供稿）

● 潜山县委负责同志给毕业学员颁发毕业证书

（安徽分院　供稿）

目　　录

指　导　篇

实　践　篇

教学具体安排

音像教材简介

院刊简介

部分分院工作汇报选登

院报、快讯重要文章选登

各分院、直属学区工作概述

经　验　篇

组 织 篇

成 果 篇

指导篇

中央领导同志关于党校函授教育工作的指示

在听取赴中央党校“三讲”教育巡视组汇报后的指示

（1999年6月12日）

胡锦涛同志在中南海勤政殿听取赴中央党校“三讲”教育巡视组组长张丁华等同志工作汇报后，就坚持从严治校，对领导干部、教师、职工和学员都要严格要求，并且落实到加强教育管理的各方面作出指示。

在谈到函授学院时指出：“函授学院一定要办好。办好了，有助于引导干部学习，提高素质。这就要求进一步明确指导思想，严格把握招生范围、规模，严把教学、考试的质量关，帮助干部努力一年、两年、三年，实实在在学一点东西。要坚决防止和克服由于管理不严，给一些不想勤奋学习，目的在于混得一个文凭的人提供方便。否则，势必助长腐败现象，严重损害党校的声誉和形象，造成不良的社会影响。”

中共中央党校负责同志讲话

求真务实 奋发进取
把党校函授教育事业继续推向前进

——在函院新老班子交接会上的讲话

（1999年3月2日）

中共中央党校常务副校长 郑必坚

同志们：

孙钱章同志由于年龄原因，经校委研究决定，并经请示中组部同意，免去他的中共中央党校校委委员和函授学院院长职务。由张志新同志兼任函授学院院长、黄士安同志任常务副院长，史信发同志、刘利群同志职务不变，组成函授学院新的领导班子。

1993年下半年以来，函授学院在孙钱章同志主持下，做了大量工作，开拓了新的局面，创造了新的经验，为党校函授教育事业的持续发展打下了坚实的基础。钱章同志和全院同志为党校函授教育事业的发展做出了积极贡献，也为党校教育体系的发展做出了积极贡献。校委充分肯定钱章同志的工作成绩，充分肯定全院同志的工作成绩。我代表校委谢谢钱章同志！谢谢同志们！

新组建的函授学院的领导班子，应该说责任重大。校委相信函院的新班子在校委领导之下，一定能够高举邓小平理论伟大旗帜，按照江泽民总书记提出的关于“讲学习、讲政治、讲正气”的“三讲”精神，认真贯彻落实锦涛同志一系列指示，进一步提高认识，统一思想，兢兢业业，脚踏实地，求真务实，奋发进取，尽心尽力地做好各方面的工作，在已有的良好工作基础之上，把党校函授教育事业继续推向前进。总的说来，校委对你们抱有充分的信心。具体提出几点希望：

一、希望大家从大局的高度，从战略的高度，充分认识党校函授教育的地位、作用，进一步增强做好党校函授教育工作的使命感和责任感。邓小平同志讲过，教育事业是一个民族的根本事业。那么，我们由此可以体会到，党校教育事业也可说是我们党的建设事业中一个带根本性的组成部分。而党校教育事业，理所当然地包括函授教育。在新的时代潮流面前，函授教育的生命力更是非常明显的。

二、要保持、发扬“马克思主义是主课，党性锻炼是核心”的优良传统，同时在专业、课程设置、教学内容、教学实施等方面又要突出时代特征。要积极运用现代化的教学与管理手段，要增强党校函授教育对新形势的适应性。

三、要强化质量意识。“百年树人，质量第一”，要采取有力措施防止和制止质量下滑，认真清除教学各个环节上的漏洞、隐患，以严肃的态度，维护党校函授教育的形象和声誉，维护中央党校和各级党校的形象和声誉。

四、要进一步加强教材建设。把党校函授教材建设纳入党校教材建设的总体格局,进一步统盘筹划。要把“三个基本”、“五个当代”的教材作为函授教育的重要内容;并进一步搞好相应的配套教材。要提高教材的编印质量,提高音像教材的制作质量,使党校函授教材具有更高的水准。

五、要加大党校函授教育规范化管理的力度。要在原有管理制度的基础上，进一步科学化、规范化。也许有必要起草一个中央党校函授教育进一步实施规范化管理的文件，作为各项工作规范化管理的依据。

党校函授教育现在临近开办15周年了。我想这个事业是长远的事业，肯定还将有第二个15年，第三个15年，第四个15年，接着干下去。因为中华民族要振兴，中国共产党要保持先进性，党的建设要不断加强，党校函授教育决不可少。这就叫做任重而道远。新班子要把已有的好传统、好作风、好制度、好办法坚持下来，同时还要努力创新。江总书记提出全面加强和改进全党的学习，这个大题目提出来，对我们党校是强大动力，也是我们加强和改进自己工作的极重要机遇。什么是“全面加强和改进全党的学习”，怎样做到“全面加强和改进全党的学习”，我们要深入思考，深入领会，并且一定要以极大的热情和努力来响应、贯彻和落实。能否做到这一点，关键是我们的团结和我们的精神状态。每一位同志都要自问一下，在函院新班子领导下，团结、工作、精神状态怎么样？我还是强调那四句话：“政治方向对，认真干实事，及时打招呼，团结向前进”！在锦涛同志和校委领导下，在函院新班子主持下，把全院团结搞得更好，把精神状态搞得更好，兢兢业业，扎扎实实，开拓进取，相信你们一定能够作出新的更优良的成绩！

抓住机遇　开拓进取
把党校函授教育事业提高到新水平

——在中共中央党校1999年函授教育工作会议上的讲话

（1999年11月12日）

中共中央党校常务副校长　**郑必坚**

同志们：

今天，我们在这里举行本年度党校函授教育工作会议，在总结今年工作的基础上部署安排明年的工作，研究党校函授教育改革和发展的一些重大问题。这是在世纪交替之际，我们党校系统召开的一次重要会议。首先，我代表中央党校校委对会议的召开表示祝贺，对全体与会同志表示热烈的欢迎，中共中央候补委员、广东省委副书记、省委党校校长高祀仁同志，今天专程来参加会议并作讲话，这是对党校函授教育的关心和支持。让我们对他的到来，表示衷心的感谢！对广东省委党校，顺德市委、顺德市委党校对这次会议的支持表示衷心的感谢！

借这次开会的机会，就抓住机遇、开拓进取、推进党校函授教育事业发展的问题讲点意见；同时，讲一下近一个时期以来，中央党校校委对面向21世纪加强党校工作所考虑的几个问题。

(一)

首先，我想提出一问题，就是我们应以什么样的眼光、从什么样的角度来思考党校工作，以什么样的精神状态来抓好党校工作，开好这次会议。

昨天（11月11日）我在中央党校省部班战略思维和重大现实问题研讨动员时，引用了邓小平同志1990年3月在谈到国际形势和经济问题时的一段话。他说："要实现适当的发展速度，不能只在眼前的事务里面打圈子，要用宏观战略的眼光分析问题，拿出具体措施。机会要抓住，决策要及时，要研究一下哪些地方条件更好，可以更广大地开源。"这是《邓选》三卷里的话。就在《邓选》三卷中，1984年，小平同志还说过，在经济问题上我是外行，也讲了一些话，都是从政治角度讲的。在《邓选》第三卷编辑工作接近完成时，小平同志说："不管对现在还是对未来，我讲的东西都不是从小的角度讲的，而是从大局讲的。"

我在昨天的动员中还引用了江泽民同志的几段话。江泽民同志在刚刚公开发表的金融班讲话中说："讲政治，很重要的一条，就是要讲全局，懂全局，谋全局。"他在纪念建党七十八周年座谈会的重要讲话中强调，要从政治家的高度，善于从政治上观察和处理问题。在1995年十四届五中全会闭幕时的讲话中，他提出，必须处理好社会主义现代化建设进程中的各种关系，特别是若干带有全局性重大关系。这就是大家熟知的"十二关系"。江泽民同志还要求全党同志特别是高级干部都要来研究这些重大问题，解放思想，实事求是，加强调查研究，集中群众智慧，提高领导水平，找出解决办法，把我国现代化建设更好地推向前进。江总书记在十五大报告中，在讲到十五大主题时，要求全党"抓住机遇而不可丧失机遇，开拓进取而不可因循守旧"。江泽民同志在十五届一中全会上明确提出，这就是精神状态问题。

邓小平同志、江泽民同志这些话，继承了马列和毛泽东同志的战略思想和统一的世界观、方法论。这些思想很重要，具有很强的现实指导性。我体会至少有这样几点：

第一，必须用宏观战略的眼光来观察问题、思考问题。要从全局的高度、政治的高度，对当前的重大问题进行战略思考，说得完全一点，进行理论和战略的思考。党校工作相对整个党的事业来讲是局部，但党校事业离不开全党的大局，乃至世界的大局。我们决不能把中央赋予党校的重大思想性、政治性的任务，当作一般性、事务性的事情来对待，就是小平同志所说的，不能只在眼前的事务里打圈子。

第二，要抓住机遇，及时决策。现在，我们党校工作，包括函授工作，面临的机会很好。一个是世纪之交，面对21世纪建设有中国特色社会主义事业对培养干部的迫切需要；

一个是党中央和各级党委十分重视党校工作，江总书记多次亲临中央党校作过重要讲话，锦涛同志对党校工作，包括对党校函授教育作过多次重要批示和指示；再一个我们各级党校的领导和同志们有一个好的精神状态，发展势头很好。所以，我们要珍视这个机遇，抓住这个机遇，乘势而上。

第三，要拿出具体措施和办法，要抓落实，要有实招，既务虚又务实，光空谈是很危险的。我在国庆期间与函院负责同志谈工作时提出七个字："思考、落实、向前进"，就是这个意思，落实才能前进。

总而言之,我们就是要按照邓小平理论,按照十五大精神,按照江泽民同志为核心的党中央的指示,来思考研究党校事业面临的新情况、新问题,来抓好党校工作,来开好这次会议。

(二)

对我们党校函授教育来说，如何按照十五大精神，抓住机遇，开拓进取，进一步贯彻落实锦涛同志对党校函授教育的一系列重要指示和批示精神，推进函授教育事业的发展，我想提出以下几条希望和要求：

第一，充满信心，振作精神，保持党校函授教育的发展态势。面对国际国内的新形势和全方位办学的新情况，我们要发扬成绩，正视现实，积极应对，坚定步伐，继续前进。这是党的事业的需要。党校函授教育是党校教育不可缺少的重要组成部分，党校函授教育不能离开党校，党校也不能没有函授教育。中央党校和有条件的省、自治区、直辖市委党校，依托党校教育体系开办的党校函授教育具有独特的办学优势，它在全国干部教育中占有一席之地，这是一般学校或部门难以取代的。而且，党校函授教育经过十几年的发展，已形成全国性的教学与管理网络，锻炼和造就了一支办学队伍，积累了较为丰富的办学经验，有了一套具有自身特点的教材和管理制度。因此，它具有较强的竞争力和生命力。我们要消除对党校函授教育发展前景的悲观情绪，振作精神，励精图治，进一步把党校函授教育办好。

第二，保持自身特点，突出时代特征，深化教育改革。党校函授教育的根本出路，在于深化教育改革。要结合党校函授教育的实际，认真贯彻落实《中共中央国务院关于深化教育改革全面推进素质教育的决定》，根据党校面向21世纪教改的总体布局，确定党校函授教育改革的总体思路和具体举措。要把中央党校面向21世纪"加强理论武装、开阔世界眼光、培养战略思维、增强党性修养"教改的总体布局和总的精神，贯彻到党校函授教育改革中去。切实改变办学思想的陈旧状况，改革教学内容和课程设置，改革学制，改革教学方法和手段，改革考试考核方式，加强教材建设，积极发展现代远程教育。在培养目标上，要更好地体现党校特色，不仅要提高学员的业务能力和知识水平，还要提高学员的党性觉悟；在课程设置和教学内容上，既要符合国家成人高等教育的统一标准，又要体现党校函授教育的不同特点；在考核方式上，要体现素质教育精神，寻求适宜的方式，更有效地考出学员的能力和水平；在现代化教学手段上,也要加大力度,积极筹划,认真抓好远程教学网络建设;等等。

第三，从严办学，严格管理，以质取胜。要把党校从严治校，加强学员管理的精神和要求贯彻到党校函授教育中去。从严治校，严格加强学员管理是党校性质所决定，是保证办学质量的需要，是培养高素质领导干部和党员干部的需要。大量事实证明，松松垮垮是培养不出高素质人才的。面对全方位办学的新情况，有些人对从严治校，严格管理产生了动摇，误认为教育放开了，质量要求不那么高了，管理不能那么严了，严了就会影响生源，企图通过放松要求、降低标准来争取生源，这种想法和做法是错误的，也是很有害的。我们党校的培训对象是党员领导干部和党员干部，其培训质量只能是高标准，而决不能降格以求。所以，我们一定要从严治校，严格管理，以质取胜。要认真贯彻《中央党校学员管理工作暂行条例》（五十条）的精神；要认真执行总院新版《管理制度汇编》，狠抓落实，切实做到按章办事，把各项教学与管理工作都纳入制度化、规范化轨道；要坚持以“三讲”精神和要求办好党校函授教育，增强函授教育的政治性、严肃性和原则性，维护党校的形象和声誉，端正教风、学风和考风，克服办学中一切弄虚作假行为和不正之风，切实保证党校函授教育的质量。

第四，加强对党校函授教育的领导，密切中央党校与地方党校的合作，发挥党校系统的整体优势。各级党校要进一步加强对党校函授教育的领导，把函授教育列入校委的议事日程，研究函授办学中的重大问题；要加强函授领导班子和办学队伍的建设，切实解决师资的选聘、培训以及待遇等方面的问题；要加大对函授办学的投入，改善办学条件；还要加大党校函授教育的宣传力度，增进社会各界对它的了解和支持，创造一个良好的办学环境。

随着党校函授教育事业的发展，中央党校和地方党校的工作联系和合作更加紧密了，这是促进党校函授教育不断发展的一个重要因素。现有的这种合作模式有利于发挥党校系统的整体优势，有利于党校教学资源的合理利用，有利于中函在党校函授教育中发挥一定的示范作用，有利于在全国党校系统函授教育中推行规范化管理。今后，我们要进一步加强中央党校与地方党校的合作，统筹兼顾，各得其所，相互依存，相互补充，相互促进，不断推动党校函授教育事业的向前发展。

（三）

对整个党校工作来说，怎样抓住机遇，开拓进取，考虑有这样几个问题：

第一，着眼21世纪党的事业全局的迫切需要，加大跨世纪中青年领导干部的培训力度。面对21世纪建设有中国特色社会主义的迫切需要，面对新形势下的机遇和挑战，要求我们党把从思想上、政治上教育训练各级领导干部特别是跨世纪中青年领导干部的工作，努力推进到一个新的水平。江总书记多次强调，要努力培养善于治党治国治军的马克思主义政治家。在党的十五届四中全会上，他又一次提出要把培养一大批可以在新世纪担当重任的年轻干部，作为全党的一项紧迫的战略任务来抓，指出“这是真正关系党和国家前途命运的大事”。现在50岁以下年龄段的领导干部，基本上是在十一届三中全会以后逐步走上领导岗位的。这部分同志在本世纪工作了十几年、二十年，还将在下世纪继续担任领导工作十几年、二十年，即工作到2015—2020年，是真正跨世纪，并将在21世纪新的复杂环境下担当重任的领导干部。他们大多有较高的文化科学技术知识水平，有开拓进取精神，有一定的实践经验，许多同志在自己的岗位上做出了出色的成绩。主要不足和弱点是，相当部分同志缺乏对马克思主义理论的系统学习，缺乏对党的历史和优良传统的深入了解，缺乏严格的党内生活锻炼。因此，要特别重视从多方面包括党校教育方面，努力加强和改进对这个年龄段干部的教育和训练工作。各级党校首先是中央党校和省级党校，在这方面应当担负起重要责任。从中央党校来说，在继续抓好现有省部级和地厅级领导干部轮训班次的同时，有必要把工作重点放到50岁以下年龄段的领导干部身上，加大培训力度，并且适当扩大培训规模。一是加强省部级后备干部的培训；二是加强除省部级后备干部以外的地厅级中青年干部的培训；三是加强中青年马克思主义理论队伍的培训。

关于理论队伍的培训，这里我多说几句。能否在新形势下造就一支面向21世纪的、坚持正确方向和良好学风、善于运用邓小平理论研究新情况解决新问题的中青年马克思主义理论队伍，这关系到党在意识形态领域的领导地位。党校要切实加强这方面的工作，而不能削弱。要继续办好中央党校一年制理论宣传干部培训班，同时办好中央党校和省级党校马克思主义学科的博士、硕士研究生班。

第二，进一步贯彻理论联系实际和突出党性教育的方针，建立党校教学新的总体布局。根据十五大提出的用邓小平理论武装全党的任务，根据近几年来党校工作的实践经验，党校教学改革的方向和布局，应是围绕学习邓小平理论这个中心，建设好能够不丢掉马克思主义老祖宗而又充分适应世界大转折历史新发展的理论、战略和党性教育课程。

按照这个布局，首要的是抓好"理论基础"，即"三个基本"——马列主义基本问题、毛泽东思想基本问题、邓小平理论基本问题。重点学习《邓小平文选》、十一届三中全会以来党和国家的重要文献和江泽民同志的重要讲话，同时选读马列和毛泽东同志的部分重要著作。这是一条红线，可以说是统一的灵魂，统一的世界观。

在理论武装的基础上，考虑到培养21世纪领导干部的需要，同时还需抓好"世界眼光"、"战略思维"和"党性修养"。"世界眼光"，即"五个当代"——当代世界经济、科技、法制、军事和思潮，这是关于当代世界和现代化诸方面基本动向的把握；"战略思维"，即紧密结合形势发展来开展关于国际国内若干重大现实问题的研究和讨论，这是对现实问题的战略思考；"党性修养"，即在教学全过程都要贯穿增强党性的要求，同时专门进行党史、党建教学，开展个人党性分析。这样布局的根本目的，是要使学员更加坚定共产主义理想和建设有中国特色社会主义信念，树立马克思主义的科学世界观和良好学风，不断提高理论素质和领导水平，不断增强拒腐防变的能力，努力走在时代前列。这是党校教育无可替代的本质特点和优势。

各级党校的轮训培训对象不同，教学安排应当有所区别。可参照中央党校教学改革的基本思路，研究各级党校教学内容改革和新的教学布局，明确省部级、地厅级、县处级领导干部在理论武装和知识掌握方面分层次规范化的要求，并确定相应的教材建设任务。

与教学内容改革相配套，进一步加强党校的科学研究工作，对外开放和学术交流工作，现代化教学设施包括党校校园网络系统和远程教学系统的建设工作。中央党校远程教学网络9月初开通以来，已向山东、上海、江苏、四川、重庆、海南、贵州等七省市党校的网站，播出了省部班、进修二班、研究生院和函授学院的一些课程，总的反映和评价大体是好的，是肯定的。当然，由于尚属初创阶段，无论从技术设备上还是人员管理，都还有一些问题，需要进一步研究解决。

第三，从造就马克思主义理论家教育家的高度，加强党校教师队伍建设。全国县级以上党校教职工队伍有10万多人，教师占一半。这是一支政治、业务素质都比较好的队伍，为党的干部教育事业作出了贡献，但党校教师在对马列主义、毛泽东思想、邓小平理论的深入研究方面，对重大现实问题的调查研究方面，以及党性修养和实际工作锻炼方面，都还不能满足教学工作的要求。这支队伍的专业结构、知识结构和年龄结构，也还存在种种不足。尤其是缺乏大批中青年拔尖人才，缺乏国内外有影响的马克思主义理论家和教育家。因此，必须充实力量、提高水平、优化结构，在建设一支政治强、学风好、业务精的党校教师队伍上下功夫。一是对现有教师加强培训，包括党校中青年教研骨干应有计划地到实际工作中挂职锻炼；二是调入少量在理论和学术界有一定影响的专家、学者，充实党校教研骨干队伍；三是选聘少量对某个领域有专门研究、能够承担相对固定的教学科研任务的党政领导干部，到党校任兼职教授。

第四，明确党校教育在整个有中国特色社会主义教育体系中的重要地位，进一步改善办学条件，推进党校事业的发展。目前，全国有省、地、县党校近3000所，还有企业党校、党政机关和部队分校、高校党校等1000余所，以及党校的函授教育。党校教育已有相当规模，形成相对独立的体系，是整个有中国特色社会主义教育事业的重要组成部分。它是以党政领导干部为主要培养对象，以马克思主义理论和党性教育为主要内容的、特殊的高层次继续教育。

为了使党校能够担当起新的历史责任，首先要求党校自身，更加自觉地坚持贯彻“讲学习、讲政治、讲正气”的精神，从严治校，加强管理，克服某些环节存在的管理松懈的现象，进一步实现规范化、制度化，不断提高办学质量。与此同时，需要从多方面改善党校的办学条件，进一步解决好经费问题、教师待遇问题、教学基础设施建设问题，以及党校学历和学位问题。

第五，加强各级党委对党校工作的领导。近年来，各级党委更加重视党校工作，许多党委主要负责同志亲自兼任党校校长，党校建设和发展中的重大问题已提到党委议事日程，这是办好党校的根本保证。在这方面，我们广东省委、佛山市委、顺德市委都有许多宝贵经验。面临新的形势和任务，希望各级党委进一步加强对党校工作的领导，抓好办学方向和学风建设，抓好领导班子和教师队伍建设，协调党政有关部门支持党校工作。

我在党校系统建国五十周年理论研讨会期间，同部分党校的负责同志座谈时，出了一个题目，叫“论党校事业发展的新阶段”。我的想法是，希望我们党校系统的同志特别是各级党校的领导同志，要认真研究党校改革发展面临的新的重大问题，大家共同来做好这篇文章。

最后，我想借此机会讲一下《学习时报》的问题。为弘扬“三讲”精神，中央党校创办了《学习时报》，这是全国惟一一家为广大干部和知识分子创办的专门讲学习的报纸。党中央很重视，江泽民总书记题写报名，并批准在《学习时报》首次公开发表他今年在金融研究班的重要讲话中关于学习问题的长篇论述。锦涛同志专门撰写了发刊词。这张报纸的创办，是中央党校发展中的一件重要事情。《学习时报》出版以来，产生了良好的反响。希望各级党校关心支持《学习时报》，并帮助促进党政机关、群众团体、企事业单位了解这张报纸，阅读这张报纸，协助中央党校共同办好这张报纸。

党校函授教育要紧跟时代步伐向前进

——郑必坚听取函院工作汇报并作重要讲话

国庆期间，中央党校常务副校长郑必坚听取了函授学院工作汇报，并就今后党校函授教育的发展作了重要讲话。

他首先肯定函院近期工作。他说，函院领导班子工作思路明晰，认真思考问题，抓实事。你们正在进行的教育评估工作，对于提高办学质量是非常有益的。要通过调查研究，总结经验，查找问题，用简明的语言对党校函授教育有个比较全面、正确的估价。面对21世纪党校函授教育怎样发展，要在现有的基础上，进一步理出一个总体思路，并要具体抓落实，使党校函授教育紧跟时代步伐，继续向前进，概括起来七个字：思考、落实、向前进！

他指出，当前，正值世纪交替之际。各国综合国力的竞争异常激烈。这种竞争的一个极重要方面，就是科技和教育的竞争。国内国民教育改革的力度不断加大，教育产业化加速形成，教育市场的竞争也日趋激烈。这些对党校函授教育既提供了发展的重要机遇，也带来严峻挑战和压力。党校函授教育的各级组织一定要振作精神，积极应对，保持和推进良好的发展态势。

他对今后党校函授教育的发展提出了几点要求：

一、认真贯彻十五届四中全会精神，加强教材建设。党校函授教材要及时反映中央新的精神，与党中央保持一致。十五届四中全会后，你们立即着手对10余种经济类教材按十五届四中全会及全会通过的决定精神进行修改，做得很对。党校函授教材一定要紧跟时代步伐，保持它的时代性和新颖性。要抓紧落实“三基本”、“五当代”教材引入党校函授教材体系的工作，使“三基本”、“五当代”教材尽早用于党校函授教学，提高党校函授教材的水准。

二、要认真贯彻落实《中共中央国务院关于深化教育改革，全面推进素质教育的决定》的精神，深化教学改革。要结合党校函授教育的实际情况理出今后改革的总体思路，改变办学思想陈旧的状况。现在党校教学改革提出了“加强理论武装、开阔世界眼光、培养战略思想、增强党性修养、提高科学知识”五句话的总体布局，党校函授教育也要注意研究这个精神。包括：在培养目标上，怎样更好地体现党校特色，不仅要提高学员的业务能力和知识水平，还要注意提高学员的党性觉悟；在课程设置和教学内容上，既要符合国家成人教育的统一标准，又要体现党校函授教育的不同特点；在考核方法上，如何体现素质教育的精神，用什么方式考核才能更有效地考出能力和水平；在现代化教学手段上，也要加大力度，要研究函授教育如何运用现代化教学手段进行远程教育等。

三、要加强规范化办学。函授《管理制度汇编》新版已下发执行，要狠抓落实，切实做到按章办事，把各项教学工作和管理都纳入制度化、规范化的轨道，并要尽快把规范党校函授教育的文件制订出来。如何通过函授教育使中央党校与地方党校的联系更加密切，充分发挥党校系统的整体优势，这也是一个战略问题。

他还要求，党校函授教育要注重借鉴国外成人教育的先进经验，为此要组织专门力量进行研究。还要加大党校函授教育的宣传力度，增进社会各界的了解和支持，创造一个良好的办学环境。

（章　闻）

探索规律　锐意创新
争取党校函授教育的更大成绩

——在函院新老班子交接会上的讲话

(1999年3月2日)

中共中央党校副校长　**刘胜玉**

刚才，必坚同志代表校委作了重要讲话，我完全赞同。我和必坚同志一样，每次来函院都很高兴。1993年下半年以来，党校函授教育事业发展比较快，工作取得了显著成绩，为党和国家培训了大批干部，受到了各级党组织和广大干部的普遍欢迎。校领导和全校教职工对函院的工作，对钱章同志的工作，都给予了充分肯定。我对大家付出的辛勤劳动和做出的贡献，表示十分感谢。

我在党校工作的时间不算长。在薛驹、家镠、必坚同志先后主持工作的三届校领导班子中，我都担任副校长，也经历过几次校直属单位领导班子的调整。这次中央党校调整部分直属单位领导班子，是严格按照中央有关干部离退休规定及干部任免程序执行的。包括钱章同志在内的4位校委委员都已到退休年龄，从领导岗位上退下来了。这4位同志都能从大局出发，认识到执行离退休制度是促进干部队伍年轻化的需要，是党的事业发展的需要，都愉快地表示服从组织决定。他们这种顾全大局的态度，是值得我们学习的。

今天函院新老班子交接，函院新班子肩负重任。我衷心希望函院新班子在校委的直接领导下，高举邓小平理论伟大旗帜，认真贯彻落实十五大精神，深入贯彻执行胡锦涛同志的重要批示精神，总结经验，探索规律，勇于改革，锐意创新，争取党校函授教育的更大成绩!

我对函院今后的工作，提出几点希望：

第一，要进一步探索党校函授教育规律。我们不论办什么事，都要遵循客观规律。只有按规律办事，才能取得成功。而要做到按规律办事，首先就必须探索规律、把握规律。办教育，不研究教育思想、教育规律不行。要办好党校函授教育，既要注意掌握教育的一般规律，又要重视探讨成人教育的规律，特别要重视探讨和把握党校函授教育特有的规律。要组织力量，下苦功夫，认真总结经验，探索并把握规律，勇于改革，锐意创新，扎扎实实地做好工作，进一步办好党校函授教育。

第二，要加大宣传力度。党校函授教育开办已14年了，明年是中央党校函授教育开办15周年，要理直气壮地做好宣传工作。党校函授教育是党校教育的重要组成部分，是多渠道培训在职党员干部的一种有效形式。我们要重视对党校函授教育的宣传，主要宣传党中央和中央领导同志关于做好党校工作、发展党校函授教育事业的指示；宣传党校函授教育办学方针、指导思想和精心施教、严格管理、整肃考风考纪等方面的情况；宣传我们培养大批人才的质量；宣传党校函授教育的重要地位和作用。要组织发表有分量的文章，加大宣传力度，以进一步争取各级党政领导、有关部门及社会各界的理解、关心和支持，促使党校函授教育事业更加健康地向前发展。

第三，要坚持勤俭办一切事业的精神，克勤克俭地办好函授教育。艰苦奋斗、勤俭办一切事业，是我们党的优良传统。我们办函授教育，一定要发扬勤俭办一切事业的优良传统和作风，注意节省每个铜板。哪些钱该花，哪些钱不该花，要做到精打细算，把钱用到最需要的地方去，提高办学资金的使用效率，以便把函授教育办得更好。

统一思想　总结经验　扎扎实实地
做好1999年党校函授教育的各项工作

——在1999年春季函院院务扩大会议开幕时的讲话

（1999年3月3日）

中共中央党校副校长、函授学院院长　张志新

同志们：

1999年春季函授学院院务扩大会议今天开幕了，这次会议是在函院新老班子交接会后召开的。会议要围绕全面贯彻落实胡锦涛同志一系列指示精神和校领导对函授工作提出的要求，以提高教学质量为中心，统一思想，总结经验，查找薄弱环节，制定具体措施，扎扎实实地做好今年全院的各项工作。现对如何开好这次会议，提出几点要求。

一、要与贯彻函院新老班子交接会议精神衔接起来。在昨天举行的函院新老班子交接会上，必坚同志、胜玉同志先后作了重要讲话，对函院工作作了重要指示，提出了殷切的希望。必坚同志谈到江泽民总书记提出全面加强和改进全党学习，这个大题目提出来，对我们党校来说是强大的动力和压力，也是加强和改进我们工作的重要机遇。他还责成函院研究提出实施规范化管理的意见，还要求函院在近期内向校委作一次系统的工作汇报，等等；胜玉同志提出了探索规律，加大宣传力度，勤俭办函授等。我深切体会到，校领导对函院工作很关心，很重视，这对我们是很大的鼓励和鞭策。对校领导的这些指示和要求，我们要认真学习，深刻领会，逐项研究，狠抓落实，在校委的直接领导下，把党校函授教育工作做得更好。

二、要统一思想，振奋精神，把各部门的工作放到全局、大局的高度去认识。总院是全院工作的决策者和指挥者，是全院的龙头，总院各部门的工作状况对全院的影响很大。我们要清醒地认识到我们所处的重要地位和所肩负的历史责任。函院新老班子交接后，总院的同志要统一思想，振奋精神，精诚团结，再创辉煌，在原有良好的工作基础上，共同努力，奋发进取，翻开党校函授教育新的一页。各处室要把自身的工作放到大局中去认识，要从全院工作的角度，从全局的高度进行思考。这样，才能站得高，看得远，想得深，才能做好本部

门的各项工作。党校函授教育是一条大船，我们要同舟共济，以主人翁的姿态，集思广益，共同谋划，把党校函授教育工作搞得更好。

三、要坚持不懈地抓住办学中的基本问题不放松，在切实解决这些问题上不断取得进展。我分管函授以后，反复琢磨这些问题。从与大家的交谈、下去调研以及阅读各处室交送的材料中，我觉得：要搞好函授教育，就必须始终注意从以下几个方面不断深化认识、解决问题、推动工作。

（一）*办学指导思想是灵魂。*它是管总的。如果在这个问题上错了，就会一错百错。各级党校和全院各级组织及总院机关各部门，要经常抓端正办学指导思想，常抓不懈，不能有丝毫的动摇。只有把这个问题解决好了，才有可能很好地解决办学中的各种问题，否则，就会出现问题，这是所有问题的总根子。在端正办学指导思想上，要认真克服说和做两张皮或言和行相脱节的现象。

（二）*教学质量是生命。*办学质量的核心是教学质量。要坚持以教学为中心，做好各方面的工作，确保教学质量。党校函授教育能不能站住脚，关键在质量，质量就是生命。包括课堂教学、教材建设、师资队伍建设、教学管理等诸多方面，都要紧紧围绕提高教学质量这个中心，抓好各方面的工作。要把提高教学质量作为头等大事，坚持不懈地抓下去。

（三）*制度建设是保证。*函院已建立了一整套规章制度，现在一要抓完善、二要抓落实。根据形势发展的需要，有的要修订、补充，使之进一步完善。还要进一步研究制订规范化管理的意见。要认真汲取、借鉴国民教育管理制度建设中的成功经验。各级组织要自觉维护规章制度的权威性、严肃性和原则性，加大贯彻执行和监督检查的力度，使规章制度真正落到实处。

（四）*提高人员素质是根本。*我国改革开放和社会主义现代化建设事业的发展从一定意义上讲，要靠发展教育；发展教育要靠高素质的人才。党校教育和党校函授教育担负着培养党的高素质干部队伍的重任。要搞好函院工作，提高办学人员素质是最根本的。各级组织都要十分重视提高办学人员的素质。总院机关要做出表率。总院工作人员应当具备什么样的素质，应当有一个明确的标准和努力方向，并要采取措施具体落实。否则，一般地讲要提高素质，年复一年，虽然有进步，但不明显。只有明确要求，措施得当，才能逐步提高。

四、要在总结经验、肯定成绩的基础上，着重寻找薄弱环节，有针对性地研究改进措施。函院过去在钱章同志的主持下，取得了很大的成绩，那一页已经翻过去了。从现在开始，要在认真总结经验的基础上，既肯定成绩，又看到问题，保持清醒的头脑。看不到问题不行，有问题不敢正视也不行。成绩就是成绩，问题就是问题。针对存在的问题和不足，切实加以解决，我们的工作才能继续前进。例如，在坚持我们确定的办学指导思想、办学方针方面，哪些是成绩，哪些是应该引起我们注意的问题，对成绩和问题我们都要实事求是地估价；办学规模、办学对象、学科设置，已经形成了现在这样的格局，这种状况是否符合要求；教材建设，把“三基本”、“五当代”引入到党校函授教材体系中，有一个怎样结合的问题，既要与国民教育的学历教育接轨，又要办出党校函授教育的特色；进一步健全规章制度、实施规范管理的任务还很重，尤其是在保证办学质量方面还有很多工作要做；总院机关的机构设置和人员配备要做到精干、高效、协调，需要通盘考虑，进行调整；如何加强领导班子自身建设和提高工作人员素质都是比较大的问题；还有报刊工作和行政后勤工作如何调整和加强，等等。总之，对好的、成功的做法要肯定下来，继续发扬；对薄弱环节的工作，要积极想办法加强。要按照胡锦涛同志的批示精神，认真查找工作中存在的差距和不足。要把差距和不足具体找出来，不要泛泛而论，泛泛而论解决不了任何一个实际问题。有时我想：平时我们常接到告状信，问题虽然发生在下面，总院有没有责任？有没有疏于管理的问题？胡锦涛同志提出，对地方党校实施规范化管理，管不好，我们就会失职。所以，我们要先查找自己的问题，一定要正视问题，认真加以解决，决不能抱残守缺，安于现状。这是进步，不是后退；是鼓劲，不是泄劲；是好事，不是坏事。只有这样，才不会辜负校委对函授教育战线的厚望。

五、培养良好的会风，发扬民主，集思广益。党的十五大提出，要在全党造成认真学习的风气，民主讨论的风气，积极探索的风气，求真务实的风气。我们开会，也要遵循这个精神，这应当成为我们的会风。会议要贯彻“三讲”精神，认真学习有关文件，讲政治，想全局，议大事。我们要使这次会议开得实一些，提高会议效率，就要敢于讲实话、讲真话，不要怕讲错话。因为谁也不是神仙，从不同的角度想问题，提建议，甚至有的讲了刺耳的话，其出发点都是为了把事情办好。院领导应抱着非常热情的态度，听取方方面面的意见。领导者要善于处理发扬民主与正确集中的关系。发扬民主不是说人家提的意见都要照办，那样就不要领导了。集中是在民主基础上的集中，要广泛听取大家的意见。这样，如果不允许讲错话，那就不好办了。在充分发扬民主的基础上，领导者才能做到集思广益，进行正确的集中，即便是一时统一不了，可以搁下来，待逐渐统一后，再作决定，这样才能调动方方面面的积极性，把这次会议开好，把全院的工作搞好。

兢兢业业　扎扎实实
把党校函授教育工作做得更好

——在1999年春季函院院务扩大会议闭幕时的讲话

（1999年3月4日）

中共中央党校副校长、函授学院院长　张志新

同志们：

函院每学期例行的院务扩大会议今天闭幕了。这次院务扩大会议是在面临着新形势、新任务和新要求的情况下召开的。国内大事、要事、喜事多、任务重，函院新老班子交接，校委寄予厚望。必坚同志、胜玉同志在函院新老班子交接会上对党校函授教育工作作了重要指示，我们要认真学习领会。函院新班子一定要在校委的领导下，依靠全院各级组织和全体办学人员，认真贯彻落实十五大精神，高举邓小平理论伟大旗帜，全面贯彻执行胡锦涛同志批示和一系列指示精神，兢兢业业、扎扎实实地把党校函授教育各方面的工作做好。根据必坚同志的指示精神，讲几点意见：

一、加深对党校函授教育地位、作用的认识，进一步增强做好党校函授教育工作的使命感和责任感。中央领导同志十分重视党校函授教育，曾多次指出，“党校函授教育是党校教育的重要组成部分”，并把党校函授教育写进了《中国共产党党校工作暂行条例》，确立了它在党内的重要地位。党校函授教育是适应现代化建设事业迅速发展的产物，是新时期党校教育功能的拓展，延伸和必要补充，它充实和完善了党校教育体系，是党校教育自身发展的必然产物。

党校函授教育开办以来，使党校教育体系形成了党员干部脱产培训和在职学习并存的格局。这种办学格局不仅没有影响党校原有功能的发挥，而且，给党校教育注入了新的活力，促进了党校教育的发展，使党校教育充满了勃勃生机。这在基层党校表现得更加明显。可以说，党校函授教育离不开党校教育，党校教育也离不开函授教育。

党校函授教育是以培养党的高素质干部队伍为战略目标的干部在职在岗教育。胡锦涛同志明确提出党校函授教育要“坚持正确的办学方向，提高办学质量，更好地为培养党的高素质干部队伍服务”，这就明确地把党校教育和党校函授教育与全党建设高素质干部队伍这一战略任务紧密联系在一起。新时代的伟大实践，全局性的伟大任务，赋予党校重要的历史责任。历史正在把党校推向更加重要的地位，也把党校函授教育推向更加重要的地位。我们要从大局的高度，战略的高度来看待我们从事的工作。我们完全有理由充分肯定党校函授教育的地位、作用，理直气壮地把党校函授教育各方面的工作做好。党校函授教育经过 14 年的发展，已经奠定了相当雄厚的基础，它得到了党中央的肯定和各级党委的支持，受到广大干部的普遍欢迎，摸索和积累了较为丰富的办学经验，造就了一支基本适应干部培训需要的办学队伍，我们完全可以在已有成绩的基础上，把党校函授教育事业继续推向前进。党校函授教育事业，只能前进，不能后退，办学质量只能提高而不能下滑。在党校函授教育发展中，也存在一些困难和不容忽视的问题，对于这些困难和问题，一是要正视，二是要克服和改进，只要我们认真对待，是完全可以逐步解决的。我们要加强学习，提高认识，统一思想，扎实工作，以对历史负责的精神，把党校函授教育工作做得更好。

二、突出党校教育特色和时代特征，进一步完善党校函授教育体系。党校函授教育是由党校教育派生出来的，带有党校教育的传统特色；同时，它又是社会主义现代化事业迅猛发展应运而生的产物，具有时代特征，这两点正是党校函授教育具有旺盛生命力之所在，必须继续保持和发扬。只有突出党校教育特色和时代特征，才能进一步完善党校函授教育体系。

突出党校教育特色，才能使党校函授教育体系成为党校教育的重要组成部分，体现党校教育体系的特点。党校函授教育突出党校教育特色，就要突出它培训干部的功能。在培训对象上，应该坚持以党员领导干部和党员干部为主；在培训内容上，应发扬党校“马克思主义是主课，党性锻炼是核心”的传统特色；在培训质量上，应实施以提高思想政治素质为重点的综合素质教育，实现“掌握基本理论，充实专业知识，增强党性素养，提高实际能力”相统一的培训质量要求。

突出时代特征，才能建立起适应社会主义现代化事业需要的党校函授教育体系。时代特征必须体现与贯穿于党校函授教育体系的各个组成部分。专业、课程设置要有时代特征，要设置和开设社会主义现代化建设、发展社会主义市场经济、深化改革、扩大开放、加强党的建设和民主法制建设所需要的专业和课程；教学内容要有时代特征，要在发扬党校“马克思主义是主课，党性锻炼是核心”传统特色的基础上，又要使学员掌握现代化建设的必备知识和实际本领；教学实施要有时代特征，要积极运用现代化的教学与管理手段，加强计算机网络建设，逐步实现计算机网络管理和多媒体网络化教学，与国际现代远程教育接轨等。

三、要贯彻教学为中心的方针，确保教学质量。党校教育要贯彻教学为中心的方针，党校函授教育也要坚定不移地贯彻教学为中心的方针。不论办何种形式的教育，能否实现预期培养目标，关键在于能否进行严格、有效的教学活动。办教育必须以教学为中心。我们要自觉地维护这个中心，突出这个中心，服务、服从这个中心，切实把教学放到“中心”的位置上来，成为全院上下关注的焦点。教学是广义的教学，不只是课堂教学。它包括教学活动的一系列工作，从教学计划、教材、师资队伍建设到教学管理的各个环节。以教学为中心，不是以某个人、某个部门为中心，是以提高教学质量为中心。凡是有利于提高教学质量的事，都要积极、认真地去办。以教学为中心，正是锦涛同志提出“提高办学质量”的具体化，是落实锦涛同志批示的具体行动。全院各级领导班子、教学人员、管理人员都要自觉地围绕这个中心开展工作，任何人、任何部门都不能游离这个中心。

贯彻教学为中心的方针，必须强化质量意识，牢固树立“质量是生命线”的观点和“质量第一”的观点。我们要把提高教学质量作为头等大事来抓。必坚同志曾强调指出，函授要适乎世界之潮流，合乎人群之需要，就要提高质量，不提高质量就适合不了。百年树人，质量第一。我们决不搞假冒伪劣，要扎扎实实拿出真东西来。他的这些指示精神，十分重要，要认真贯彻。只有扎扎实实拿出真东西来，培养出高质量的学员，我们才能得到社会的公认，才能立于不败之地，才能保持旺盛的生命力，也才能不辜负党中央和中央领导同志的殷切期望。

贯彻教学为中心的方针，教师必须认真教，学员必须认真学，管理人员必须认真管。广大教师要做到教书育人、为人师表，精心施教，注重引导，把“理论、知识、党性、能力相统一”的培训质量要求和教学意图贯穿于教学的全过程；广大学员要端正学习动机和学习态度，转换角色，以普通学员的身份和心态，认真学习，刻苦钻研，理论联系实际，把书本知识转化为自己的觉悟和能力，培养良好的学风学纪、考风考纪，不走“捷径”，不谋求任何特权，获取真才实学；广大管理人员要忠于职守，爱岗敬业，严格管理，热心为教学服务，坚持“严”字当头，把办学指导思想、办学方针、办学原则贯彻到各项管理中去，坚决反对和防止各种弄虚作假的现象，切实保证各个环节在实施上不走样，不作假、不含水分，确保教学质量，确保培训人才的质量。

四、强化教材建设，适应新世纪培训干部的需要。教材是知识的载体。办好一所学校，确保教学质量，第一是教材，第二是教师。教材所达到的水准，往往标志其实际的教育质量。教材建设是党校函授教育带根本性质的建设，必须花大力气把党校函授教材建设抓好。

强化教材建设，要把党校函授教材建设纳入党校教材建设的总体格局通盘考虑。要把“三个基本”，即《马克思列宁主义基本问题》、《毛泽东思想基本问题》、《邓小平理论基本问题》和“五个当代”，即《当代世界经济》、《当代世界科技》、《当代世界法制和我国法制建设》、《当代世界军事和我国国防》、《当代世界思潮》引入党校函授教材体系，用马克思主义基本理论特别是邓小平理论武装学员，用有关世界新发展和现代化的基本知识武装学员。

强化教材建设，要选聘校内外专家、学者和有丰富实践经验与领导经验的实际工作者精心编写。以党的十五大精神为指导，严格遵循党的基本理论、基本路线和基本纲领，充分体现十五大精神，充分汲取当代科学研究的最新成果，适应国内外形势的发展，紧跟时代步伐，既要系统阐述基本理论，又要紧密联系实际，符合干部在职自学的特点，满足干部学习的要求，使教材具有党校函授教育的特色和较高的水准。

强化教材建设，要加强编审工作，增强编审力量，努力编出新水平，争取编写出一批一流的党校函授教材。同时，要加强音像教材的制作，确保质量，要加强教材的印制、发行，使教材建设成为党校函授教育中的一个强项，以更好地适应新世纪培养干部的需要。

五、完善和落实各项管理制度，加大规范化管理的力度。胡锦涛同志曾指出，“有管理制度是好的。但最重要的是下大力量去抓，使之真正落实，不落实，制度也是空的”。管理制度具有法规性质。实行制度化管理，是“依法治院”的重要标志，我们一定要在原有的基础上，进一步把这项工作抓好，一要抓好管理制度的完善，二要抓好管理制度的落实。

完善管理制度，要善始善终地把对管理制度修改、增补、完善的工作抓好。要统一政令，避免政出多门，树立函院管理制度的权威性；要精心修改、增删，统一体例，合乎规范，简明扼要，不搞繁琐，便于执行，修改后的管理制度要认真审定把关、确保其质量。

完善管理制度，加强规范化管理，首先是规范总院的办学行为，使总院各部门有章可循，有章必循。其次是进一步规范地方分院办学，在做好学区、分院评估工作的基础上，进一步规范地方办学，凡限期达不到办学条件的，应取消其办学资格，以确保办学质量。

落实管理制度是一项长期任务，务必认真抓好。要抓宣传、抓学习、抓培训、抓检查督促。落实管理制度的关键在于各级组织加强领导，领导要亲自抓，一级抓一级，层层负责，务使各项管理制度落到实处，不致流于形式。

遵照必坚同志的指示，要组织力量认真起草好党校函授教育规范化管理的文件，把规范化管理的基本要求和基本内容用正式文件确定下来，这是一件大事，要认真抓好。

六、扎实、深入地开展“三讲”教育，努力加强领导班子自身建设和函院机关党的工作。在县级以上党政领导班子、领导干部中，以整风精神开展以“讲学习、讲政治、讲正气”为主要内容的党性党风教育，是今年党建工作的重点，也是中央党校的工作重点和机关党委的工作重点。这是加强领导班子建设，加强党的建设的重大举措，是中央经过反复酝酿作出的重要决策，意义十分重大。在新的一年开始，布置全年工作的时候，要把搞好“三讲”教育活动，作为一件大事列入议程，抓紧抓好，从现在开始，就要着手抓好学习、就要以“三讲”的精神来要求自己，努力做好各项工作。

做好今年的工作，关键是加强领导班子的自身建设，要按照“三讲”教育的精神，加强学习，增强党性，学习现代化建设的必备知识，开创函授教育工作的新局面。要做到：重视学习，加强团结，振作精神，搞好工作。

必坚同志多次强调，在坚持以经济建设为中心，坚持改革开放的前提下，党的观念不能淡化、主义不能淡化、思想政治工作不能淡化，世界观的建设和改造不能淡化。在新的一年里，要把加强党的建设，加强班子建设，加强队伍素质建设，放在重要的位置上。1999 年是“办学队伍建设年”，首要的是政治方向对，认真干实事。要有清醒的政治头脑，良好的精神状态，一心一意、聚精会神地干好工作。

今年函院工作大事多、任务重，要继续抓好对各分院和直属学区的教育评估，要扎扎实实搞好队伍建设。2000 年是中央党校函授教育开办 15 周年，我们要以优异成绩迎接建院 15 周年。希望全院同志进一步团结起来，充分发挥各自的积极性、主动性和创造性，扎扎实实地把各方面工作做好，争取更大的成绩！

全面落实胡锦涛同志的重要指示
努力开创党校函授教育新局面

——在中共中央党校1999年函授教育工作会议上的讲话

(1999年11月12日)

中共中央党校副校长、函授学院院长　张志新

同志们：

刚才必坚同志的讲话，对党校工作，对党校函授教育面临的形势和任务作了深刻的分析，提出了明确的要求。高祀仁同志也作了重要讲话。下面，我就进一步贯彻落实胡锦涛同志的指示，开创党校函授教育工作新局面，谈一点意见。

这次会议的主题是研究如何深化教育改革，强化自身建设，提高领导水平和管理能力，使党校函授教育以崭新的面貌跨入21世纪。为了回答好这个问题，我们要认真学习胡锦涛同志关于党校函授教育的一系列重要指示。1993年10月以来，胡锦涛同志先后8次对党校函授教育作出重要指示。今年6月12日，锦涛同志在听取中央党校“三讲”教育情况汇报时指出：“函授学院一定要办好。办好了，有助于引导干部学习，提高素质。”“要进一步明确办学指导思想，严格把握招生范围、规模，严把教学、考试的质量关，帮助干部努力一年、两年、三年，实实在在学一点东西，要坚决防止和克服由于管理不严，给一些不想勤奋学习、目的在于混得一个文凭的人提供方便，否则，势必助长腐败现象，严重损害党校的声誉和形象，造成不良的社会影响。”锦涛同志在新世纪即将到来之际，在大家都在思考党校函授教育如何进一步发展的关键时刻，又一次为我们指明了方向。他说：“函授学院一定要办好”，这是对党校函授教育的充分肯定，是对党校函授教育战线广大教职工的巨大鼓舞和殷切期望。锦涛同志的一系列指示充分体现了党的十五大精神，体现了党中央和江泽民同志关于“讲学习、讲政治、讲正气”的精神，体现了提高干部素质、增强领导班子战斗力、推进党的建设新的伟大工程的精神。我们一定要从大局的高度、战略的高度，认真学习、深刻领会锦涛同志的这些指示。

锦涛同志的指示始终贯穿一个基本思想，就是要坚持正确的办学指导思想，从严管理，确保质量。近年来，正因为我们在贯彻落实这些指示方面下了功夫，党校函授教育才发生了较大变化，迈上了新的台阶。但也必须清醒地看到，发展是不平衡的，有的单位还没有全面落实锦涛同志的指示，“不容忽视的问题”还没有得到彻底的解决。因此，我们强调学习贯彻锦涛同志的指示，对保证党校函授教育健康发展，具有非常重要的指导意义。全面落实锦涛同志的指示，当前必须着重解决三方面的问题：

一、坚持正确办学方向，进一步明确办学的指导思想

锦涛同志多次强调，“要坚持正确的办学方向”，“明确办学指导思想”，今年6月12日又再次提出这一问题，我们必须作为大事，认真抓好。为此我强调注意以下四点：

第一，坚持正确办学方向，就要从讲政治的高度看待党校函授教育工作。锦涛同志早在1995年就指出：“党校函授教育是党校教育的重要组成部分，是多渠道培训在职党员干部的一种有效形式。”这种定位，决定了党校函授教育的基本任务要为培养党的高素质干部队伍服务，为社会主义现代化建设服务。党的政治路线确定之后，干部就是决定的因素。培养高素质党员干部是关系党和国家兴衰存亡的大事。锦涛同志要求我们“讲政治、讲大局，为培养人才服务”，“宁可牺牲些收益，也要服从培养人才这个大局”，这就要求我们在办学中一定要讲政治。就必须按照“三讲”精神，深刻理解党校函授教育的性质、地位和作用，真正把党校函授教育作为一项政治性很强的事业，作为党校教育的重要组成部分，纳入党校教育的整体布局，防止和克服把“组成部分”视为“创收部分”的错误认识。应当说，从事党校函授教育的大多数同志办学指导思想是明确的，他们全身心地投入这项事业，为培养高素质的党员干部辛勤工作，这正是党校函授教育事业不断取得进展的重要原因。但是，我们还有少数同志的办学指导思想不那么端正，他们不那么讲政治，不那么讲大局，把一项政治性很强的事业当作一般的事务工作，作为增加收入的手段，日常管理工作中出现的一些问题与这种认识是紧密相关的。随着形势的变化和办学人员的流动与交替，旧的认识问题解决了，也还会产生新的认识问题。对此，我们必须予以重视，不断认真研究解决，把讲政治落到实处。

第二，坚持正确办学方向，就要正确处理社会效益与经济效益的关系。锦涛同志指出：“要坚持正确办学方向，造就高素质的干部队伍，有些关系要正确处理，如社会效益与经济效益的关系。要创收，但第一位的是培养人才”。这就明确回答了如何正确处理社会效益与经济效益的关系，以及正确处理好两者关系对坚持正确办学方向的重要性。办学指导思想端正，就会把教育质量放在首位，严格依据自身的办学条件和能力确定适当的办学规模，反之，就会为了经济收益而不顾条件，盲目扩大规模，导致教育质量下降；办学指导思想端正，就必然从严管理，向管理要质量、要效益，反之，就会为了经济效益，放松管理，造成教育质量低劣，社会效益滑坡，影响党校乃至党的声誉。为此，锦涛同志曾多次强调“控制规模”、“加强管理”、“保证质量”。今年6月12日又提出“严格把握招生范围、规模，严把教学、考试的质量关”。他把办学质量同招生范围、规模、管理紧密联系起来，具有很强的针对性。通过前一段的教育评估，我们可以看出，有的基层单位程度不同地存在重经济效益而轻社会效益、重数量而轻质量、重招生而轻管理的问题；有的盲目扩大规模，不讲招生范围，学员的党员比例一降再降，偏离了党校函授教育的目标。第三次全国教育工作会议后，在一些同志中产生了一些模糊认识。比如，有人认为既然“教育是产业”，就应以“创收”为目的；还有的同志担心，“从严”办学，势必丢掉一些生源。因此，一些地方出现了降格以求、放松管理的现象。这些认识和做法都不符合锦涛同志的指示精神。

我们应该全面、正确理解第三次全国教育工作会议的基本精神，认真贯彻《党校工作暂行条例》，不折不扣地落实锦涛同志坚持正确办学方向的指示。

第三，坚持正确办学方向，就要不断提高领导班子的自身素质，加强办学队伍建设。总

的看，各级领导班子自身建设在不断加强，办学人员素质在不断提高，为今后函授教育的进一步发展打下了比较好的基础。但是，新的形势和任务向我们提出了更高的要求。反观自身，我们还存在许多问题和不足。克服这些问题和不足，首先的一点是领导班子必须不断加强自身建设，尤其是思想政治建设。领导班子要增强政治意识、大局意识、责任意识，要从讲政治的高度，要从实践党的建设伟大工程的大局来认识我们的函授教育，从肩负培养跨世纪领导干部重任的高度来认识我们的函授教育。对于这一点，领导班子认识一定要到位。各分院和学区的“三讲”教育将陆续展开，我们要严格按照中央的部署和要求，扎扎实实做好“三讲”教育每个阶段的工作。我们的领导班子要以“三讲”教育为契机，加强马列主义、毛泽东思想、邓小平理论的学习，提高认识，统一思想，努力增强党性，始终不渝地忠诚于党的干部教育事业。坚持正确的办学方向，不但要有一个好班子，还要有一支好队伍；不仅领导同志认识要到位，工作人员认识也要到位。提高办学人员素质，我们必须常抓不懈，不仅要提高其业务素质，更重要的还要提高其政治素质。只有如此，才能真正把锦涛同志的指示落到实处，才能坚持正确的办学方向。

第四，坚持正确办学方向，就必须加强对函授教育工作的领导。一是校委要认真学习贯彻锦涛同志关于党校函授教育的一系列指示。锦涛同志对党校函授教育的办学方向、方针、原则都作了明确的指示，提出了具体的要求。校委一班人应认真学习领会，只有如此，才能有效地检查指导工作，实施有效的领导。二是要把党校函授教育纳入全校办学的总体格局。要在认识上把党校函授教育作为党校教育的重要组成部分。在实践上要把党校函授教育纳入全校工作计划，提上重要的议事日程，对函授教育的重大问题，诸如招生规模、办学条件、规范管理、教育质量、收入分配等作出正确的决策。为函授部门配备高素质的领导干部，建设一个政治强、业务精、团结敬业、开拓进取的领导班子，按规定编制为函授部门配备懂业务、会管理的得力干部。三是要坚持“以学养学”的原则，坚持勤俭办学，保证办学经费。收入必须主要用于办学。随着社会发展，函授教育要逐步改善教学设施和办公设施，尽快实现函授教育管理和教学手段的现代化。有条件的要尽快实现计算机网络化。

二、深化函授教育改革，强化素质教育

党校函授教育是新时期党校教育深化改革的产物。它在改革中成长，在改革中完善。各级党校和函授工作人员为此做了大量工作，取得了明显的成效。但是，从完善党校函授教育体系，加强素质教育，提高教育质量，培养能适应新世纪需要的高素质干部的要求看，我们的工作还相对滞后，教育思想比较陈旧，教学手段还比较落后，党校教育的特色体现得还不够突出，办学中还存在一些不容忽视的问题。为了进一步落实锦涛同志的指示和第三次全国教育工作会议精神，我们必须坚持以教学为中心，深入进行教育改革，全面推进素质教育。

党校函授教育是党校教育的重要组成部分，是党校高等学历教育。它以在职在岗的党员干部为主要培训对象，以提高干部综合素质、以适应改革开放和社会主义现代化建设需要为教育目的。国民高等教育是以知识教育为主，而党校函授教育除了具备国民高等教育一般的特征之外，还有掌握马克思主义基本理论、增强党性和提高能力的要求。因此，党校函授教育改革必须具有自身的特点，就其学员素质、教育内容来讲，应该比国民高等教育要求更高、更严，改革的任务更繁重。

党校函授教育改革，重点要抓好四件事：第一要明确指导思想。教育改革，必须坚持以

马列主义、毛泽东思想、邓小平理论为指导；以提高教育质量为中心，以完善党校教育体系，强化素质教育，达到“理论、知识、党性、能力”相统一为目标；坚持解放思想、实事求是、积极稳妥、大胆尝试的原则。在教育改革中，要认真学习、深入贯彻锦涛同志的要求和中央党校校委关于教育改革的总体思路，统筹规划、科学安排、分步实施，切实把党校函授教育改革工作摆到重要日程上来。第二要突出素质教育。要按照国家高等教育标准，在掌握基本知识的同时，努力提高学员的政治思想素质，培养创新精神和实践能力，达到“加强理论武装，开拓世界眼光，培养战略思维，增强党性修养”的要求。第三要突出党校教育特色。要不断坚持马克思主义基本理论的主课地位和党性教育的核心地位，对马列主义、毛泽东思想、邓小平理论要做到真学、真懂、真信、真用；要真正把党性教育贯穿于党校函授教育的全过程，引导学员在改造世界观上下功夫；第四要加大教学改革力度。搞好专业班次的调整，积极探索各种新的班次和办学模式，进一步改革课程设置、教学计划，编制好教学大纲；要抓好教学内容的改革，把“三基本”、“五当代”教材作为函授教材的重要内容；要改革考试方法，以适应素质教育的要求；积极推进远程教育网络和教学管理自动化建设。对学分制、弹性学年制、弹性教学计划以及远程教育网等问题的改革，目前总院有关部门已着手进行研究、论证工作，不少分院也在积极探索教学改革的新路子，这是好现象。希望在经过充分调研和论证的基础上，尽快拿出实施方案，经过试点取得经验后逐步推广。

三、严格管理，确保教学质量

“规范办学，严格管理，质量第一”，是锦涛同志一贯的思想。质量问题，是关系到维护党校和党校函授教育的声誉与形象，甚至关系到党校函授教育存亡的重大问题。锦涛同志在1997年提出了“把好招生关、教材关、教学关、考核关”，最近又提出了“两严”，特别是严把教学、考试的质量关，并从反腐败、维护党校声誉和形象的高度强调严格管理的重要性。对于这样一个非常重要的指导思想，我们有的同志并没有真正理解和掌握，在一些不正确的思想影响下，一些单位存在放松管理的现象，不按制度办事；某些教学管理工作不落实；自学指导不到位；面授到课率下降等问题。这些问题已经影响到党校函授教育的质量。因此，我们必须进一步坚持规范办学，严格管理，严格要求，以确保教学质量。

第一，要克服和消除“从严管理”会把学员吓跑的错误认识。从国际到国内，高质量的大学，都是以严著称。只有严，才能使学员真正学到东西；只有高质量的学校，才能吸引真正想学到知识而不是混文凭的学生。我们必须坚持从严办学的方针。

第二，要抓好以教学管理为重点的规范管理工作。锦涛同志指出，对党校函授教育要进一步加以规范。他还指出，有管理制度是好的，但最重要的是要下大力量去抓，使之真正落实。不落实，制度也是空的。要搞好规范化管理，尤其是教学管理。要在抓好教学行政管理的同时，重点抓好教学质量管理。要制定教学质量标准，开展教学质量检查，进行教学质量分析，搞好对“教”与“学”的评估。在当前，应继续抓好对分院教育评估的检查验收工作。要切实抓好“教、学、管”等各个环节的管理，做到计划明确、措施具体、责任落实。

第三，要进一步提高办学主体素质，搞好教师和管理人员两支队伍建设。提高办学主体素质是搞好党校函授教育的保证。一是要继续加强教师队伍建设。在教学中，教师处于主导地位。从一定意义上讲，教师素质是提高函授教育质量的关键。党校函授教育经过十几年的发展，已逐步形成了一支学科比较齐全、相对稳定的专兼职相结合的教师队伍，他们为发展党校函授教育、提高办学质量作出了重要贡献。但这支队伍，不论在数量上还是在质量上，都还不能适应党校函授教育发展的需要，制约着教学质量的提高。因此，要把加强教师队伍建设作为一项战略任务来抓。教师队伍建设的重点是抓好教师的选聘和培训。要坚持择优选聘，改善师资结构，拓宽师资来源，稳定师资队伍。各级组织要逐步建立师资档案库，做到资源共享。要建立多层次、多形式的教师培训网络。要加强教师的职业道德建设，在提高教师的政治素质和业务素质上狠下功夫；二是要进一步抓好管理人员队伍建设。建设一支高素质的党校函授教育管理人员队伍，是保证党校函授教育质量的组织基础。当前部分单位管理队伍状况存在着数量不足、管理水平不高的状况。对管理人员队伍建设要做到"人员管理要从严，队伍建设要从优，素质提高要从实"。要认真搞好管理人员的选聘工作，严格按规定配齐管理人员。要加强管理人员的职业道德修养，实行岗位目标管理制度。要搞好管理人员的培训工作。

第四，要不断完善和落实各项规章制度。建立和完善各项规章制度是进一步规范党校函授教育、提高教育质量的要求，也是落实锦涛同志指示的重要措施。最近，总院已将修订的《管理制度汇编》下发全院执行。各单位要安排一定的时间进行专门的学习，熟悉新《汇编》的内容，提高贯彻执行的自觉性。"管理制度贵在落实"，要把制度变成规范办学行为的准则。各单位还要通过对党校函授教育的评估，进一步完善制度细则，搞好制度建设。全院要养成贯彻执行制度的良好风气，用制度规范各种办学行为，从严治院。贯彻规章制度，首先要领导带头，要维护制度的法规性、权威性，在制度面前人人平等。真正在全院实行制度化、规范化管理，一级抓一级，层层负责，项项落实，使党校函授教育管理制度发挥应有的作用。

同志们，锦涛同志对党校函授教育工作非常关心。锦涛同志的重要指示内容非常丰富，思想非常深刻，我们必须进一步加深对锦涛同志指示重要意义的认识，做到认识到位、措施到位、工作到位，全面落实锦涛同志的重要指示，努力开创生机勃勃的党校函授教育的新局面！党校函授教育任重而道远，让我们全院同志紧密地团结在以江泽民同志为核心的党中央周围，在各级党校校委和总院的领导下，齐心协力，奋力拼搏，为培养高素质干部队伍作出新的贡献！

发扬"三讲"精神　提高办学质量

中央党校副校长、函授学院院长　张志新

中央决定在全国县级以上党政领导班子和领导干部中深入开展"三讲"教育，是在认真总结新时期党的建设的基本经验，全面分析我国跨世纪发展面临的新形势、新任务和领导班子、领导干部现状后作出的一项重大决策。是在改革开放和发展社会主义市场经济条件下加强党的建设，提高领导干部素质的一次创造性探索。党校函授教育的基本任务是为建设党的高素质干部队伍服务，它是党的建设系统工程的有机组成部分。中央党校函授学院各级组织和全体学工人员要从党的建设的高度，从培养高素质干部的高度，从适应新世纪需要的高度，把“三讲”教育的精神和要求贯彻到党校函授办学的始终，促进党校函授教育事业健康发展。

把“三讲”教育的精神和要求贯彻到党校函授办学的始终，就是要在党校函授办学的各个环节、各项工作及其全过程中，在招生工作、教材建设、教学实施、考试考核、教育评估、办学队伍建设以及各项管理中，都要贯彻“讲学习、讲政治、讲正气”的精神和要求，维护党校函授教育的政治性、原则性和严肃性，不断提高教学质量，为培养高素质干部队伍做出应有的贡献。

全院各级组织和全体学工人员在办学中，要自始至终坚持正确的政治方向，要充分认识到党校函授教育是培养党员干部的一项政治性很强的事业。干部素质如何关系到我国改革和建设事业的顺利发展，关系到跨世纪宏伟目标的实现，关系到党和国家的长治久安。我们千万不能把具有重大政治意义的事业当作一般事务性工作来对待，而要进一步强化政治意识、大局意识和责任意识，进一步深化教学改革，端正办学指导思想。要从讲政治的高度认识问题和处理问题。要正确处理社会效益与经济效益、办学条件与办学规模、数量与质量、教书与育人等方面的关系。必须坚持社会效益第一，确保教学质量，办学量力而行，教书、育人结合，使讲政治在函授教育工作中落到实处。

全院各级组织和全体学工人员要发扬党校教育“马克思主义是主课，党性锻炼是核心”的优良传统。要加强和改进马克思主义基本理论课教学，认真组织学工人员学习马列主义、毛泽东思想、邓小平理论，学习江泽民重要讲话选编，以科学理论武装广大学工人员的思想，发扬理论联系实际的学风，把改造客观世界和改造主观世界结合起来，把基本理论课教学与党性锻炼结合起来，树立科学的世界观、人生观、价值观，增强贯彻党的基本理论、基本路线、基本纲领的自觉性和坚定性，提高运用科学理论分析和解决实际问题的能力。要认真学习贯彻全国教育工作会议精神和《中共中央、国务院关于深化教育改革全面推进素质教育的决定》精神，按照必坚同志关于搞好党校教学改革的要求，改革教学内容，改进教学方法，更好地体现以学习邓小平理论为中心，面向21世纪，能够不丢掉马克思主义老祖宗，而又充分适应世界大转折形势发展的基础理论、世界眼光、战略思维、科学知识和党性修养相结合的新的教学内容，全面实现党校函授教育“掌握基本理论，充实专业知识，增强党性素养，提高实际能力”的培训质量要求。

全院各级组织和全体学工人员要以整风精神，认真纠正和解决办学中存在的不容忽视的问题，这是胡锦涛同志十分关注的问题。办学中不容忽视的问题具有复杂性、艰巨性和长期性，不可能一蹴而就。有些问题虽然一时解决了，但还会出现反复；有些问题还会不断滋生和发展。目前，有的单位仍存在片面追求办学规模、教学精力投入不足、要求不严、学风不正以及办学中存在一些薄弱环节和漏洞。对此，我们要有忧患意识和解决这些问题的紧迫感。各级组织要把解决办学中不容忽视的问题继续列为工作重点，认真查找和勇于剖析，采取切实措施，抓紧整改，取得成效。衡量一个组织是否保持清醒头脑，就要看它能否正确对待成绩和问题，能否既报喜，又报忧，能否认真地解剖问题和解决问题。要坚决反对任何粉饰、掩盖、庇护存在问题的做法。特别是目前正在进行的分院教育评估和检查验收中，在肯定成绩、总结经验的同时，要花大气力排查、严格剖析和认真解决存在的问题。在分院教育评估检查验收中，成绩要充分肯定，对存在的问题，一定要严格剖析，认真整改。如果分院自评中，不能清晰地查找出存在的主要问题，并认真采取整改措施；如果检查验收中，不能集中精力会诊办学中不容忽视的问题，有针对性地研究整改，那么，这种自查和检查验收，就会“走过场”。

全院各级组织和全体学工人员要从讲政治的高度，端正教风教纪、学风学纪和考风考纪，形成良好的教学风气。教学是教与学的双向活动，管是教学的中介和桥梁。提高教学质量离不开教、学、管各方的密切配合和共同努力。广大学员要重视学习和善于学习。只有认真学习，掌握真才实学，才能跟上时代的步伐，适应形势的需要。只有把党员、干部的学习搞好了，思想政治水平和精神境界才能得到提高，讲政治才能真正讲好，共产党人的浩然正气也才能进一步弘扬起来。每个学员都要十分珍惜在党校函授的学习机会，端正学习动机，正确认识自己在学习中的地位，以一个普通学员的身份和心态，勤奋刻苦地学习。要遵章守纪，不走“捷径”不提非分要求。广大教师要端正教风教纪，注重师德修养，“学为人师，行为世范”，不仅要向学员传授各种知识，还要特别注意增强学员的党性修养。广大管理人员要大胆管理，从严要求，坚持原则，秉公办学，热情服务，注重引导，帮助干部实实在在地学一点东西。要坚决防止和克服由于管理不严，而损害党校的声誉和形象，造成不良的社会影响。热切地期望学员要真心实意地学，教师要真心实意地教，管理人员要真心实意地管。教、学、管诸方面共同努力，以实际行动维护党校函授教育的政治性、原则性和严肃性，为提高办学质量，培养高素质人才作出不懈的努力！（1999年9月20日）

管理制度贵在落实

——为新版《中共中央党校函授学院管理制度汇编》作序

中央党校副校长、函授学院院长 张志新

《中共中央党校函授学院管理制度汇编》新版，经过全院同志共同努力，现已印发给全院各级组织学习掌握和贯彻执行。这是进一步加强规范化管理的重要举措，是提高全院教学质量和管理水平的重大步骤，是深入贯彻落实胡锦涛同志关于党校函授教育重要批示的实际行动。

《中共中央党校函授学院管理制度汇编》自1996年10月颁发执行以来，对推动全院制度建设，强化规范化管理，提高办学质量发挥了积极作用。为了更好地适应形势发展和中央党校函授教育自身发展的需要，去年6月以来，采取分院修改与各处室修改相结合，专门会议修改与个别修改相结合，各处室审核修订与专人统改相结合的方法，做了大量认真、细致的修订、增补工作，吸取了办学的新经验，使这本管理制度汇编以新的面貌、新的水平服务于党校函授教育。

经过修订、增补的管理制度汇编，内容更为齐全，行文质量也有所提高。规范了文体，统一了体例，简化了制度的名称，修改了实质性内容，在行文上也做了大量修改，使各项制度内容更为简洁、明晰、准确，使我院管理制度建设的质量上了一个新的台阶。

当前，最重要的是全院同志要高度重视发挥《管理制度汇编》强化规范化管理的功能，积极发挥它的效力和作用，而要切实发挥管理制度应有的效力和作用，关键在于落实。胡锦涛同志曾指出，“有管理制度是好的，但最重要的是下大力量去抓，使之真正落实，不落实，制度也是空的”。加强制度建设，我们既要抓好制度的完善，还要舍得在狠抓制度落实上下功夫，花力气。要十分重视管理制度的落实，使《管理制度汇编》成为全院各级组织强化规范化管理的强大武器和规范办学行为的准绳，充分发挥它应有的效力和作用。管理制度贵在落实，不落实，管理制度就毫无意义。因此，我们决不能把它作为摆设，束之高阁，而要认真付诸实施，功夫下在贯彻执行上。

要增强按章办学的意识和自觉性。我在今年春季函院院务扩大会议开幕时的讲话中，曾把制度建设作为党校函授教育办学必须切实解决好的基本问题之一。制度，就是规矩，没有规矩，就不成方圆，办任何事业都必须建章立制。从一定意义上说，干部在职在岗教育，业余、分散、点多、线长、面广，学员工学矛盾突出，学习中的干扰因素比较多，在这种情况下，就更需要依靠严格、健全的制度来维系正常教学秩序和规范办学行为。

要维护管理制度的权威性、严肃性和原则性。管理制度具有法规性质。实行制度化管理，是依“法”治院、依“法”兴院的重要标志。全院各级组织和广大学工人员要自觉地以管理制度约束自己的行为。要以“讲学习、讲政治、讲正气”的精神和要求，深刻认识执行各项管理制度的重要性。要增强执行管理制度的坚定性，克服摇摆性和随意性；要统一政令，避免政出多门；要坚持在管理制度面前人人平等，不搞因人而异；要以严肃的态度，坚决纠正和禁止任何偏离和违反管理制度的不良现象。

要切实抓好管理制度的宣传、学习和培训，使各级组织和广大学工人员弄懂执行管理制度的意义、管理制度的具体内容和要求，以及执行中应持有的正确态度，统一思想，统一行动，使执行管理制度成为大家的自觉行动。

落实管理制度是一项长期任务，要加大贯彻执行和监督检查的力度。落实管理制度的关键在于各级组织加强领导，各级领导要亲自抓，一级抓一级，层层负责，务使各项管理制度落到实处，不致流于形式。

我由衷地期望，随着《中共中央党校函授学院管理制度汇编》新版的编印发行，将在全院范围内掀起一个学制度，用制度，推行规范化管理的热潮，不断提高办学质量和管理水平，更好地为培养党的高素质干部队伍服务。

（1999 年 5 月）

中共中央党校办公厅文件

关于转发《中央党校1999年函授教育工作会议纪要》的通知

各省、自治区、直辖市委党校：

中央党校于1999年11月12日至14日在广东省顺德市召开了有各省、自治区、直辖市委党校和部分副省级党校的领导和各分院、直属学区负责同志参加的函授教育工作会议，共商面向21世纪党校函授教育改革与发展大计。经校领导同意，现将会议纪要转发给你们。请结合自己的实际，认真贯彻会议精神，深化教育改革，推进素质教育，强化自身建设，增强办学实力，把充满生机和活力的党校函授教育推向21世纪。

中共中央党校办公厅

1999年11月26日

中央党校1999年函授教育工作会议纪要

（1999年11月16日）

中央党校1999年函授教育工作会议，于11月12日至14日在广东顺德市委党校召开。现将会议主要情况纪要如下：

（一）

这次会议是在世纪交替之际召开的，具有继往开来的意义。会议以“深化教育改革，强化自身建设”为主题，高举邓小平理论伟大旗帜，以党的十五大精神为指导，认真学习江泽民同志《国庆讲话》和党的十五届四中全会精神，全面落实胡锦涛同志以及校委关于党校函授教育工作一系列重要指示，贯彻全国教育工作会议精神，深化教育改革，全面推进素质教育，加强以分院建设为重点的各级组织自身建设，不断增强办学实力，把充满生机和活力的党校函授教育推向21世纪。

中央党校常务副校长郑必坚、副校长张志新出席开幕式，并分别作了题为《抓住机遇，开拓进取，把党校函授教育事业提高到新水平》、《全面落实胡锦涛同志重要指示，努力开创党校函授教育新局面》的重要讲话；函授学院常务副院长黄士安作了《深化教育改革，强化自身建设，把充满生机和活力的党校函授教育推向21世纪》的工作报告；中共广东省委副书记、省委党校校长高祀仁，中共佛山市委副书记、顺德市委书记陈用志到会祝贺并讲话；函授学院副院长史信发作了会议总结。

参加会议的有各省、自治区、直辖市委与部分副省级党校，中直机关、国家机关、铁道部、部队系统党校领导和各分院、直属学区负责同志，以及总院有关同志，共140多人。全体同志认真听取和学习了郑必坚同志、张志新同志、高祀仁同志的重要讲话和黄士安同志的《工作报告》，联系实际，深入讨论，统一思想，提高认识。有关分院提交大会33份专题材料。在分组讨论的基础上，有河北、辽宁、山东、安徽、湖北、广东、甘肃、江苏和成都军区等9个分院，在大会上介绍了他们以教育改革为动力，积极加强自身建设的经验和体会。总院部署了2000年招生工作。会议顺利完成了各项议程，达到了预期目的。

（二）

郑必坚同志在会上提出，各级党校要着眼于21世纪党的事业全局的迫切需要，加大跨世纪中青年领导干部培训的力度。郑必坚同志指出，观察和判断形势，必须站在大局的高度、政治的高度去分析，对当前的重大问题进行理论和战略的思考，把党校事业放在全党大局乃至世界大局中去思考。我们决不能把中央赋予党校重大思想性、政治性任务当作一般性、事务性事情来对待，就是邓小平同志所说的，不能只在眼前事务里打圈子。他说，面对21世纪建设有中国特色社会主义的迫切需要，面对新形势下的机遇和挑战，我们要把从思想上、政治上教育训练各级领导干部，特别是跨世纪的中青年领导干部工作，努力推进到一个新的水平。江泽民总书记多次强调，要努力培养善于治党治国治军的马克思主义政治家，在党的十五届四中全会上，他又一次提出，要把培养一大批可以在新世纪担当重任的年轻干部，作为全党的一项紧迫战略任务来抓，指出“这是真正关系党和国家前途命运的大事”。现在50岁以下年龄段的领导干部，他们大多有较高的文化科学技术知识水平，有开拓创新精神，有一定的实践经验，将在21世纪担当重任。因此，要特别重视从多方面包括党校教育方面，努力加强和改进对这个年龄段干部的教育和训练工作。各级党校首先是中央党校和省级党校，在这方面应当担负起重要责任。为此，要进一步贯彻理论联系实际和突出党性教育的方针，建立党校教学新的总体布局。郑必坚同志对党校函授教育工作提出了具体要求，希望大家振作精神，增强信心，保持党校函授教育良好的发展态势；保持自身特点，突出时代特征，深化教育改革；从严办学，严格管理，以质取胜；加强对党校函授教育的领导，密切中央党校和地方党校的合作，发挥党校整体功能和优势，团结一心，励精图治，不断推动党校函授教育向前发展。

张志新同志在讲话中，系统地论述了胡锦涛同志关于党校函授教育工作一系列重要指示，强调各级党校和函授组织要全面贯彻执行。他说，今年6月12日，胡锦涛同志又一次对党校函授教育工作作重要指示，他说：“函授学院一定要办好。办好了有助于引导干部学习，提高素质”。这是对党校函授教育的充分肯定，是对党校函授教育战线上广大教职员工的巨大鼓舞和殷切期望。在胡锦涛同志多次指示中，贯穿着一个基本思想，就是坚持正确的办学方针，明确办学指导思想，从严管理，确保质量。他一直把提高办学质量放在头等重要的位置，这是我们一切工作的出发点和落脚点。张志新同志说，党校函授教育是党校教育的重要组成部分，是党校高等学历教育。它以在职在岗的党员干部为主要培训对象，以提高干部综合素质、以适应改革开放和社会主义现代化建设需要为教育目的。国民高等教育是以知识教育为主，而党校函授教育除了具备国民高等教育一般的特征外，还有掌握马克思主义基本理论、增强党性和提高能力的要求。因此，党校函授教育应该比国民高等教育的要求更高、更严。要进一步明确办学指导思想，全面推进素质教育，突出党校教育特色和时代特征，加大教学改革力度，确保教学质量。

与会同志一致赞同和拥护郑必坚同志和张志新同志的重要讲话。大家认为，校领导的讲话，全面分析了党校工作和函授教育面临的新形势、新情况、新问题，回答了党校工作和函授教育面向21世纪如何发展的问题，立意高，看得远，议得深。代表们说，校领导的讲话，从全局的高度、政治的高度、战略的高度，提出了党校工作和函授教育发展的战略问题，要求我们用宏观战略的眼光来观察问题、思考问题，给人以深刻的教育和启迪。许多同志说，党校函授教育面对新世纪的机遇和挑战，是开拓进取还是因循守旧，是以质取胜还是降格以求，是全面加强管理还是放松管理，这是能否坚持正确办学方向的重大原则问题。我们必须高举邓小平理论伟大旗帜，认真贯彻党的十五大精神，全面落实胡锦涛同志以及校委关于党校函授教育工作的一系列指示，紧跟时代步伐，适应形势发展，办出党校特色，深化教育改革，严格教学管理，提高办学质量，全面推进党校函授教育事业的发展。

（三）

全体代表一致同意《工作报告》中对党校函授教育情况的总结，大家指出，在中央党校校委的正确领导下，总院新班子在原有工作的基础上，团结一心，开拓进取，同全院各级组织一道，共同努力，各项工作呈现出良好的发展态势。（1）各级党校校委采取一系列措施，进一步加强对党校函授教育的领导。中央党校校委专门听取函授学院的工作汇报，确定了函院今后工作的总体思路和今年的主要工作安排，常务副校长郑必坚、副校长刘胜玉、张志新对党校函授教育工作先后多次发表重要讲话，强调要全面贯彻落实胡锦涛同志关于党校函授教育工作一系列指示，紧跟时代步伐，深化教育改革。有些省级党校采取校院一体领导体制，加强了对党校函授教育的领导。各级党校一把手更加关心和重视函授教育，保证了全院工作沿着正确的方向继续向前发展。（2）积极开展“三讲”教育，促进党校函授教育发生了新的变化。（3）“办学队伍建设年”活动取得了显著的成效。各分院紧密结合本身实际，采取实际步骤，积极贯彻落实中央党校1998年函授教育工作会议精神，各级组织的领导干部队伍、师资队伍、管理队伍和班主任队伍得到了不同程度的调整、充实和加强。同时，普遍加大了各类办学人员的培训力度，一批分院制定并实施办学队伍培训规划，分期分批地培训办学人员，“只有高素质的办学队伍，才能培养出高素质的人才”的观点，已为越来越多的人所接受。（4）全力贯彻以教学为中心的方针，教学质量进一步提高。在抓好“教”与“学”的同时，重点在“管”字上下功夫，特别是在强化质量管理上，采取了一些有效措施，使教学质量有了一定提高。今年上学期和下学期教学计划和教学具体安排均分别提前半年和四个月下达，为各级组织安排教学活动赢得了主动；命题制卷工作和在职研究生班教学与管理工作有所加强；总院推出“面授教师审批备案制度”、建立“师资库”、编辑“骨干教师名录”的新措施；各级组织加大了师资管理力度，普遍推行师资择优聘任制和竞争上岗制。

(5) 认真落实校委的决策，推出教材建设新措施。将“三基本”、“五当代”教材引入函授教材体系，作为函授教育的重要内容。根据函授教育对象，分别不同专业，配发“三基本”、“五当代”教材。邀请原编写组为函授教育编写“三基本”、“五当代”教材简读本，预计明年5月可以完稿，下半年可以进入函授教学课堂。今年以来，编审、印制教材和教辅资料180多种。校对书稿3315万字。按时完成新老生教材征订和印制任务，并及时准确发运。音像教材质量也有提高。(6) 严把招生关，圆满完成1999年招生工作任务。(7) 继续整治考风考纪，各地新招迭出。江苏分院实行“标准考场”制度，江西分院实行“考试成绩异常(人均80分以上)考场抽考制度”，采取这些措施，对促进学员认真对待考试，严肃考风考纪产生了良好的作用。(8) 分院教育评估验收工作稳步扎实地展开。在对湖北、河北、甘肃试点分院验收后，历时7个月，先后完成了对天津、广东、吉林、新疆、西藏、四川、辽宁、安徽、山东、江苏、北京市委机关工委、铁道部等15个分院的验收工作。这次分院教育评估验收工作，准备充分，由总院领导带队，本着坚持标准、严格要求、重在整改、着眼发展的精神，与被验收的分院一道，在充分肯定办学成绩的基础上，着重剖析办学中存在的不容忽视的问题，研究制定整改方案，共商整改和发展大计。(9) 规范化管理进一步加强。(10) 科研和宣传报道工作有了新发展。

会议代表认为，《工作报告》对一年来的工作成绩估价是客观的，实事求是的，完全符合全院的办学实际，对全院同志是一个很大鼓舞。同时，大家同意《工作报告》对存在问题的分析，特别是有的单位对坚持正确的办学指导思想和维护党校函授教育的政治性、严肃性、原则性不够坚决，教学工作中有的环节工作不够落实，师资队伍建设还不能完全适应发展需要等问题，要引起足够的重视，增强忧患意识和紧迫感，努力加以解决，以崭新的面貌，迎接新世纪的到来。

(四)

与会代表一致赞同《工作报告》对国际国内形势的分析和提出面向21世纪党校函授教育的主要对策。大家指出，在21世纪，知识经济将逐渐占据主导地位，高新科技日新月异，综合国力竞争日趋激烈，教育在社会中的战略地位更加突出。谁掌握了面向21世纪的教育，谁就能在21世纪激烈国际竞争中处于战略主动地位。面对新世纪的机遇和挑战，党校函授教育必须谋划在新世纪的发展战略，采取相应的对策。

会议指出，新世纪党校函授教育继续发展的思路是：高举邓小平理论伟大旗帜，以十五大精神为指导，认真学习和贯彻《中共中央国务院关于深化教育改革全面推进素质教育的决定》，全面落实胡锦涛同志以及校委关于党校函授教育工作一系列指示，抓住机遇，迎接挑战，深化教育改革，坚持以教学为中心，全面推进素质教育；以“三讲”教育精神和要求，办好党校函授教育，维护它的政治性、严肃性和原则性，加强以分院建设为重点的各级组织自身建设，全面提高办学质量，更好地为培养党的高素质干部队伍服务，为改革开放和社会主义现代化事业服务。

(一) 深化教育改革，全面推进素质教育。要坚持从党校函授教育的实际出发，通盘筹划，认真试点，稳步推进改革的原则，根据中央党校面向21世纪“加强理论武装，开阔世界眼光，培养战略思维，加强党性修养”的教改总体布局，坚持党校教育特色，突出时代特点，符合国家高等教育标准，发挥全国党校系统整体功能和优势，强化素质教育，必须全面加强和改进理论教育、知识教育、党性教育和能力教育，坚持以思想政治素质教育为重点，着重培养学员的创新精神和实践能力。

1. 转变教育观念，强化素质教育意识。要消除“为应试而教，为应试而学”的应试教育影响，树立全面提高受教育者素质的观念。

2. 坚持以教学为中心的方针。教学计划和教学具体安排的编制下达，教材的编写印发，教师的选聘和培训，以及学员自学、面授、作业、讨论、考试、毕业论文评阅、答辩等教学环节的一切工作，都要服从教学这个中心，围绕这个中心而展开，扎实工作，取得成效。

3. 改革教学内容，调整课程设置，坚持马克思主义基本理论特别是邓小平理论的主课地位，能够不丢掉马克思主义老祖宗，又充分适应形势发展的需要，加强和发展基础理论、世界眼光、战略思维、党性修养和科学知识相结合的新教学内容，全面实现“掌握基本理论，充实专业知识，增强党性修养，提高实际能力”的培训质量要求。

4. 改革教学方式。坚持理论联系实际的原则，改革面授教学，积极提倡启发式、研讨式的教学，开辟第二课堂，重视实践教学，促进学员将所学理论转化为党性和能力。

5. 试行学分制、弹性学年制和增大教学计划的弹性度。要认真研究论证，通过试点，取得经验，逐步推广。

6. 改革考试考核方式。为适应素质教育的要求，要改变以考试分数作为衡量教育成果的惟一标准，克服“一考定终身”和单纯考知识要点，实则考记忆力的现象，建立合理的综合性人才考核评价体系。

7. 加强教材建设。要紧跟时代步伐，及时反映中央的新精神和法律、法规的新变化，汲取和反映当前学术研究的最新成果，增强教材内容的基础性、实用性、时代性和新颖性。要精心印制，美化装帧，改革版式，加强征订与发行工作。不断提高音像教材制作质量，以精品教材服务于党校函授教育。

8. 积极发展远程教育。将党校函授教育网纳入全国党校系统远程教育网，争取在2—3年内实现总院——分院——学区——辅导站的联网，推行计算机网络化教学和管理。

（二）发扬“三讲”教育精神，维护党校函授教育的政治性、严肃性和原则性。认真贯彻校领导提出“要以‘三讲’教育的精神和要求，办好党校函授教育”的指示，做好各方面的工作，端正办学指导思想，坚持正确的办学方向；以整风精神认真解决不容忽视的问题；端正教风、学风和考风，形成良好的教学氛围；认真执行新版《管理制度汇编》，进一步加强规范化管理。

（三）加强以分院建设为重点的各级组织自身建设。

1. 正确认识加强分院建设的重要性。分院一级组织在全院四级教学与管理网络中处于支点和枢纽地位，具有办学实体和领导管理机构双重身份和职能。要把分院建设放在大局和全局的高度来认识，提高加强分院建设的积极性和主动性。每个分院都必须把自己建成为全院网络的坚强支柱，建成为管辖区域内党校函授教育的坚强指挥部。

2. 分院必须增强自身功能，充分发挥领导和管理作用。分院的功能主要表现为：一是承上启下，做到上情下达，下情上达，畅通上下渠道；二是贯彻实施，认真贯彻总院布置的各项工作任务，保质保量地完成；三是指挥、协调，在完成各项任务和实施管理工作中，加强对学区和辅导站的组织指挥和协调；四是监督、把关，在办学全过程中，采取切实措施，全面监督，严格把关，保证办学质量。

3. 在全面加强分院建设中，必须突出重点。分院在每个时期应突出建设重点，突出重点与全面加强，相辅相成。

抓好思想建设，坚持用马列主义、毛泽东思想特别是邓小平理论武装全体人员头脑，把坚定正确的政治方向放在首位，要从建设社会主义现代化、培养党的高素质干部队伍、加强党的建设的高度来看待党校函授教育事业，发扬爱岗敬业、开拓创新精神，忠诚于党的干部教育事业。

抓好组织建设，强化分院机构，充实骨干力量，健全内部机构设置，明确职责范围，建立岗位责任制，完善内部运作机制，抓好队伍建设。按照“办学队伍建设年”的要求，继续加强分院领导班子、师资队伍、管理人员队伍和班主任队伍建设。

抓好制度建设，按照总院新版《管理制度汇编》的规定，各分院要修改与新版《管理制度汇编》不相符合的内容，各项管理制度既要保持全院规章制度的统一性，又要体现各分院的自身特点。

抓好作风建设，坚持民主集中制原则，深入教学实际，加强调查研究，加强工作指导的针对性；增强服务意识，培养良好的职业道德，提高管理的服务质量；坚持讲政治、讲原则、讲党性，秉公办事，清廉办学，坚决纠正办学中各种不正之风。

抓好基础设施建设，根据需要和可能，逐步改善办学条件，推广和普及电化教学。积极实行计算机管理，逐步推行网络化教学，为发展远程教育提供必要的硬件和软件。

（四）继续搞好分院评估验收工作。分院教育评估及其验收，是加强分院建设的一种重要手段和途径，必须善始善终地继续把这项工作搞好，并在教育评估验收的基础上，健全和完善具有党校特色的评估、督导制度和体系。

（五）加强分院建设是党校整体建设的有机组成部分，必须依靠党校校委统一领导和筹划，与党校整体建设协调进行。加强分院建设，既是一项紧迫的任务，又是一个渐进的过程；既要在一个时期内作出一定的成效，又要作长期不懈的努力。

（五）

会议要求，各单位要认真传达会议精神，并切实加以贯彻落实。

（一）认真向校委和单位领导汇报。要组织全体教学和管理人员，学好会议文件，领会会议精神。特别是要深入学习、全面贯彻胡锦涛同志关于党校函授教育工作的一系列指示，把工作落到实处，保证不断提高办学质量。郑必坚、张志新同志的重要讲话精神，具有很强的针对性，对推动党校工作和函授教育改革具有重要的指导意义，要逐级传达，深入学习研究，上下形成共识。

（二）根据会议《工作报告》提出的工作任务，紧密结合自身情况，研究制定党校函授教育面向21世纪的发展规划，报所在党校校委审议确定，组织实施。

（三）深化教育改革，全面推进素质教育。这是一个涉及到方方面面工作的系统工程，有些工作需要上面来做，有些工作需要下面来做，有些工作则需要共同来完成，坚持正确的办学指导思想和原则，改革教学内容，改革教学方法和考试考核方式，改革教学手段等，需要全院同志齐心协力，共同探索，总结经验，开拓进取，推进党校函授教育改革不断深入发展。

（四）进一步加强以分院建设为重点的各级组织自身建设，不断提高教学和管理水平。切实加强分院建设，对于推进全院工作，关系重大。通过教育评估验收工作，要进一步制定

省委和有关方面负责同志的讲话

党校函授教育是一个十分严肃的政治问题

——在中共中央党校1999年函授教育工作会议上的讲话

（1999年11月12日）

中共广东省委副书记　高祀仁

同志们：

中央党校函授教育工作会议，今天在我省顺德市召开，这是一件很有意义的事。我谨代表中共广东省委和广东省委党校，对会议的召开表示热烈的祝贺！向前来参加会议的中央党校领导必坚、志新同志和与会兄弟省市委党校的同志们表示欢迎！必坚、志新同志亲临会议指导，这既体现了中央党校对党校函授教育的高度重视，也是对广东的关怀和支持。借此机会，我向在座的领导和同志们简单介绍广东改革开放和广东干部教育的情况。

改革开放21年来，广东坚定不移地贯彻党的十一届三中全会以来的路线、方针和政策，高举邓小平理论伟大旗帜，坚持以经济建设为中心，坚持四项基本原则，坚持改革开放，充分发挥华侨众多、毗邻港澳的优势，闯出了在改革开放中先走一步的新路子。我们在全国率先进行了以市场经济为取向的一系列改革，如改革农产品价格体制和流通体制，改革基础设施投资体系，改革财税、金融体制，发展股份制、股份合作制和个体私营经济，创办经济特区、建设经济技术开发区和高新技术开发区，建立完善各种生产要素市场。同时，率先在顺德进行所有制改革试点，继而逐步推广，在全国较早形成以公有制为主体、多种所有制形式共同发展的新格局，促进了广东国民经济的快速发展。1998年，广东的国内生产总值达7937亿元，人均GDP达1.1万元；全省城镇居

整改方案，从各方面加强分院建设，承上启下，上下贯通，全面提高办学质量。

（五）认真做好2000年招生工作。按照招生简章规定的条件和要求，逐项加以落实，严把招生关，保证新生质量。

（六）认真总结经验，继续抓好分院教育评估工作。下一阶段，分院教育评估验收工作任务十分繁重，已完成验收工作的分院，要抓紧做好整改工作，将工作再向前推进一步；评估验收尚未进行的分院，要积极做好各项准备工作，迎接验收。

民人均可支配收入 8839 元，农民人均纯收入 3527 元。在物质文明建设取得巨大成就的同时，精神文明建设也迈出了坚实的步伐，取得了丰硕的成果。

当前广东的改革开放和现代化建设事业正处在关键时期。江泽民同志在九届全国人大一次、二次会议广东代表团全体会议上对我省提出了“增创新优势，更上一层楼”，“广东要率先在全国基本实现现代化”的要求。我省正以江泽民同志的重要讲话为动力，认真贯彻落实党的十五大、十五届四中全会和省第八次党代会提出的各项任务，实施外向带动、科教兴粤、可持续发展三大发展战略，增创体制、产业、开放、科技等四大新优势，加快国有企业改革，加速依靠科技进步推动产业结构优化升级的步伐；在调查研究的基础上，作出了经济特区和珠江三角洲率先基本实现现代化的决策；推进依法治省的进程，为创建文明法治环境奠定基础；采取一系列措施，大力整顿市场秩序，确保金融市场的稳定；贯彻中央扩大内需的方针，大力开拓国内外两个市场，千方百计促进出口；整顿农村电价；扩大基础设施建设规模，发展农村市场和内地市场；总结我省山区工作的经验，采取切实有力的措施，进一步推动山区的综合开放和发展。这些措施对保持国民经济的持续快速健康发展发挥了重要的作用。今年以来全省经济和社会发展保持良好态势，1—9 月全省累计实现国内生产总值 5863 亿元，比去年同期增长 9.2%，高于今年初的预测目标。在邓小平理论指导下，在以江泽民同志为核心的党中央的正确领导下，我们有决心有信心抓住机遇，迎难而上，解决前进道路面临的困难和问题，把广东的改革开放和现代化建设推上一个新的台阶。

广东之所以能取得这样的成绩，之所以能初步具备了率先实现现代化的条件，这与党中央、国务院的正确领导，与全国各省、市、自治区的大力支持分不开的。为此，我代表中共广东省委、省人民政府以及全省人民，对我们今天到会的各位，并通过你们向各省、市、自治区的同志们和全体人民表示衷心的感谢！

应当着重指出的是，广东经济发展能有今天这样好的局面，这与省委十分重视干部队伍的培训和轮训，提高干部队伍素质是分不开的。80 年代初，为适应广东改革开放新时期的需要，针对当时党政干部文化偏低的状况，我们采取多形式、多渠道来教育培训干部，提高干部的文化素质。省委党校的函授教育也就是在这种时代的呼唤中产生的。到今年，省委党校的函授教育已走过十五周年的光辉历程。十五年来特别是近三年来，我省认真贯彻落实胡锦涛同志关于办好党校函授教育一系列重要讲话、批示精神，在中央党校领导和函授学院领导的具体指导下，党校函授教育取得了可喜成绩，为全省培养了近 10 万名干部，为加速干部队伍培训步伐作出了很大贡献。前不久，总院组成函授教育评估验收小组对我省的函授教育进行全面验收，给予了较高的评价和很多鼓励。办学的实践使我们深深感到，要把党校函授教育事业办好，首先是要牢牢把握好正确的办学方向，把函授教育作为党校的崇高职责和光荣使命，作为党校干部教育的重要组成部分；其次是必须建立健全具有党校特色的各项教学管理、质量监督制度，并认真抓好落实；第三是必须严格要求、严格管理，始终把教学质量放在第一位。党校函授教育不能为那些不好好读书，只想“捞文凭”、“混文凭”的干部提供任何的方便。如果我们放松了管理，助长了干部教育的不正之风，就会出现人才的伪劣产品，而这些没有真正本事而又拿了党校文凭的干部一旦被选拔任命到各级领导班子中，其后果是十分严重的。所以党校函授教育不是简单的教学问题，而是一个十分严肃的政治问题，我们对此必须引起高度重视。从事党校工作的同志一定要从党的事业和全省工作的大局,从提高整个干部队伍的素质的高度来考虑问题,开展工作。特别是对在职干部的学历教育,要控制规模,严把“进出口”关,确保质量。

这次中央党校函授教育工作会议在广东顺德召开,这为我们提供了一个极好的学习机会。刚才必坚同志作了重要讲话,从国际国内形势和战略发展的高度,对党校函授教育的地位和作用以及改革发展方向作了精辟的阐述,提出了工作要求,我们一定要认真学习,抓好贯彻落实。函授学院的领导还要作重要讲话和主题报告;大会还安排经验交流。这无疑给广东带来了新的经验,带来了面向21世纪函授教育改革和发展的动力。为此,我代表中共广东省委和省委党校再一次对中央党校领导和各位代表表示衷心感谢!

最后预祝大会圆满成功,祝各位在广东学习考察愉快。

谢谢大家!

在中直机关分院99级在职研究生班开学典礼上的讲话

(1999年9月3日)

中直机关工委常务副书记 武连元

中直机关工委很重要的一项职能就是培养人,教育人,建设高素质的干部队伍。中直分院是我们完成这一职能的重要阵地,中直工委很重视中直分院的建设。希望大家共同努力,进一步把中直分院办好,充分发挥这个阵地的作用。

一个学院要办好,就一定要坚持正规化。只有坚持正规化办学,才能培养高素质的人才。中直分院在职研究生班一定要办好。要强调正规化办学、正规化管理,要建立一套严格的规章制度。没有正规化管理,培养不出合格人才。正规化首先要求教师队伍要正规化,一定要请那些责任心强、有真才实学、忠诚于党的教育事业的教师。其次是教学计划要正规化,并严格执行,落到实处。不能随便打乱教学安排,想上多少课就上多少课,想上什么课就上什么课。再次是考试要正规。切实端正考风,严肃考纪。只有严格管理,学员才能学到知识,培养出的人才才会得到社会的承认,学校才能有良好的声誉。我们领导干部在职研究生班,要按照研究生的标准要求每一位学员,我们中直机关标准还应该更高一些,考试成绩要达到80—90分,起码要75分以上,90分以上最好。中直分院的学员,绝不能混学历,来到中直分院学习以后,一定要让周围的同志感到你不论是文化知识、理论素质,还是思想作风、道德品质、工作能力等方面都有明显提高,这样才名副其实。

学习一定要理论联系实际,联系世界观改造。学习理论不联系实际,不联系世界观的改造,是没有用的书呆子。对马列主义、毛泽东思想、邓小平理论应当采取什么样的态度呢?总的一句话是既要继承,又要发展。首先要继承。马列主义、毛泽东思想、邓小平理论是在无数仁人志士的革命实践的基础上，经过革命领袖的总结提炼而形成的，是真理，是科学。不继承就会走到邪路上去。只有在继承基础上联系建设有中国特色社会主义伟大事业的实际去发展，马克思主义才有无限的生命力。学理论还必须联系世界观的改造。要切实如小平同志所说，“学马列要精，要管用”。希望大家在学习中一定要紧密联系个人的思想实际，切实加强党性锻炼，不断坚定马克思主义、社会主义的政治方向和政治立场，牢固树立正确的世界观、人生观、价值观，增强分辨理论是非、政治是非的能力，努力成为忠诚于马克思主义、坚持走有中国特色社会主义道路、会治党治国的政治家。

在北京市委机关分院 96级本科班毕业典礼上的讲话

（1999年4月15日）

中共北京市委副书记　于均波

同志们：

今天大家欢聚一堂，举行北京市委机关分院96级领导干部本科班和法律本科班毕业典礼，我感到十分高兴。首先我代表市委向全体毕业学员表示热烈的祝贺，同时，借此机会，向为北京市干部在职教育和党校函授教育事业做出贡献的全体工作人员表示亲切的问候，向给予我们大力支持和帮助的中央党校的有关领导和老师们表示诚挚的感谢。

今年是我国实现跨世纪宏伟目标进程中具有重要意义的一年。今年在我们党和国家的历史上有着特殊意义，大事喜事多，难点热点多，改革发展稳定任务很重。特别是作为祖国首都北京的各级党员干部责任更加重大，在此我想就学习问题给大家谈几点希望。

第一点，希望你们把这次学习毕业作为一个新的起点，积极响应党中央的号召，以对党、对人民、对历史高度负责的态度来加强学习，切实把学习抓紧抓好。革命导师历来重视学习，我们党历来重视学习。列宁曾经教导我们：“只有用人类创造的全部知识财富来丰富自己的头脑，才能成为共产主义者。”从毛泽东、邓小平到江泽民同志，党的三代领导核心对学习问题都有一系列精辟的论述，同时，他们也用行动为我们做出了勤于学习的光辉典范。尽管同志们通过近三年的努力，克服了许多困难，较好地处理了工学矛盾，按照中央党校函授学院的教学计划完成了学业，取得了大学本科毕业证书，但是，我们是在一个充满机遇又充满挑战的国际大背景下从事有中国特色社会主义建设的，我国改革已经进入攻坚阶段，发展处于关键时期，在前进中，有许多困难和风险等待我们去克服，有许多领域和方面等待我们去探索，特别是随着世界格局多样化和经济全球化的深入发展，科学技术和知识创新的突飞猛进，更给我们的学习提出了更全面、更系统、更高的要求。如果我们满足于现状，不再继续加强学习，提高自己，就可能经受不起严峻现实的考验，甚至被时代所淘汰。

第二点，希望同志们继续保持你们这几年参加中央党校函授学习的良好精神，以探求真理，渴求知识的积极主动性和自觉性，千方百计地“挤”时间坚持学习。大家工作很忙，特别是在座的大多数同志都是处级以上的党员领导干部，肩负的任务很重，但越是工作忙，越要求我们不断加强学习，武装自己，保持清醒的头脑。邓小平同志指出：“不注意学习，忙于事务，思想就容易庸俗化。如果说要变质，那末思想的庸俗化就是一个危险的起点。”当前正在县级以上党政领导干部中逐步展开以“三讲”为主要内容的党性党风教育，这“三讲”摆在头一位的就是讲学习，为什么，因为，讲学习是基础，是前提。江泽民同志指出：“只有把学习搞好了，掌握的理论和科学文化知识多了，政治认识和精神境界提高了，讲政治才讲得起来，正气才能树立和发扬起来。”希望大家能通过自己的实际行动，努力把勤奋好学的风气带到你所在的单位中去，带动你周围的一群人，进而推广到全民族，全社会中去。这样我们北京市的工作，我们党的事业，我们中华民族就大有希望。

第三点，希望大家在学习中大力弘扬理论联系实际的马克思主义学风，把学习理论、武装头脑同整顿思想、改进作风结合起来，坚持在改造客观世界的同时努力改造自己的主观世界，通过学习和实践，牢固树立正确的世界观、人生观和价值观，在思想上筑起一道抵御各种错误思想和不良风气的坚固防线。在学习中，我们特别要注意坚持解放思想，实事求是，坚持“一个中心，三个着眼于，”即要以改革开放和现代化建设的实际问题、以我们正在做的事情为中心，着眼于马克思主义理论的运用，着眼于对实际问题的理论思考，着眼于新的实践和新的发展，坚决反对教条主义、形式主义、断章取义、实用主义等不良学风。在下苦功夫认真学好马列主义、毛泽东思想特别是邓小平理论的同时，还要适应形势的要求，学习各种反映当代世界政治、经济、文化发展的新知识，更要善于结合自身的工作实际，有重点地学习专业知识。不但从书本中学习，还要在实践中学习，到人民群众中学习，并做到学用结合，学以致用，努力使自己的思想水平、知识水平和工作水平适应时代前进的需要。

最后，我要再次感谢为培养我们党员干部兢兢业业，扎扎实实工作，付出辛勤劳动的北京市委机关分院的全体同志们，希望你们再接再厉，更好地完成党所赋予的培养高素质干部队伍的历史使命。对你们的工作市委一定会一如既往地予以支持，各级党组织和干部人事部门也要积极给予支持和协助。

同志们，你们大多数是30多岁到40多岁的年轻干部，是要跨世纪担当重任的年轻同志，同你们在一起，我也感到年轻了许多，我愿以江泽民同志的一段话与大家共勉：“我想赠给大家四句话，叫做：刻苦学习，勤奋工作，勇于创造，自觉奉献。人生历程中最宝贵的年华是青年和中年时期，务必要好好珍惜，切不可虚度光阴。要下苦功夫学习，学理论、学历史，学经济、学科技，学管理、学法律，学习一切需要学习的东西，努力打好为党和人民的事业建功立业的思想功底和知识功底。要以体现我们党的优良传统和时代精神的先进模范人物为榜样，满腔热情和高度负责地对待人民、对待工作，埋头苦干，积极进取，务实创新，努力在各自岗位上创造优异成绩。”

致内蒙古党校的贺信

（1999年8月8日）

内蒙古自治区党委副书记　白志健

内蒙古党校：

值此中央党校函授学院内蒙古分院建院10周年庆祝大会召开之际，我代表自治区党委表示热烈的祝贺！并向全区从事党校函授教育工作的全体教职员工和学员表示亲切的问候！

内蒙古党校函授教育创办10年来，在中央党校函授学院的支持和领导下，经过全区广大教职工和学员同志们的共同努力，已累计招收学员10万名。为加快我区干部培训步伐，提高党员干部素质，拓宽党校教育功能作出了积极贡献。目前，党校函授教育已成为全区党校教育的重要组成部分，是我区多渠道培训在职党员干部的一种有效形式。

下世纪前15年，特别是“十五”期间，是自治区改革开放和社会主义现代化建设继往开来的重要时期。要胜利实现自治区经济社会发展“十五”计划和2015年远景规划，努力把内蒙古建设成为我国下世纪经济增长的重要支点，关键在人，首先在于提高全区各级党员领导干部的自身素质。希望全区党校函授教育努力适应新形势新任务的要求，坚持以邓小平理论为指导，坚持党的基本路线，认真贯彻落实党的十五大精神和中央关于加强党校教育的一系列重要指示，坚持“从严办学、质量第一”的办学方针和办学指导思想，在认真总结经验的基础上，进一步深化教育改革，加强管理，开拓进取，把我区党校函授教育事业推向一个新阶段，为促进我区改革开放和现代化建设作出新的更大的贡献！

关于党校函授教育评估工作的批示

吉林省委书记　陈玉杰　现任省委副书记　石宗源

1999年10月14日，吉林省委党校向省委领导呈报了吉林省党校教育评估的情况及总院检查组对吉林分院函授教育检查评估的意见。省委负责同志作如下批示

陈玉杰批示：

函授教育所取得的成绩是认真贯彻胡锦涛同志关于党校函授教育重要指示的结果，也是省委党校、各市州党校全体教职员共同努力的结果，要继续努力，按评估组提出的建议及整改方案，认真抓好落实，使函授教

育再上一层楼。

1999年11月2日

石宗源批示：

向党校领导和分院全体同志表示祝贺！

“深化改革，加强管理，控制规模，提高质量”的指导原则应当一以贯之地坚持下去。

1999年10月21日

在全省党校函授教育工作会议上的讲话

（1999年12月18日）

中共湖南省委副书记、省委党校校长　郑培民

同志们：

这次省委党校函授教育工作会议是全省党校系统的一次重要会议。在此，我代表省委、省政府向大会表示热烈的祝贺。向全体与会代表并通过你们向全省各级党校师生员工致以诚挚的问候和良好的祝愿。我兼任省委党校校长以来，这还是第一次和市、县党校的校长们在一起开会，所以特别向市、县一级的同志们致以问候。

各级党校既是各级党委培养党政主要领导干部的学校，又是党委的一个重要工作部门。党校函授是党校教育的重要组成部分，它是社会主义现代化建设迅速发展、党校教育改革的产物。十多年来，由于党校函授坚持了社会效益第一和教学质量第一的指导思想，坚持了理论、知识、党性、能力相统一的培训质量要求，充分体现了党校的特色，适应了广大干部求知的新需求和他们工作的新特点，所以它受到了党政干部的普遍欢迎，成为了全面提高干部队伍素质的有效教育形式。我省党校函授教育经过十多年的探索和发展，现已形成教学和管理网络比较健全，师资和管理人员比较精干，学科较为齐全，教学形式较为灵活，教学手段较为先进的干部培训机制。为我省培养了近10万名大专、本科生和少量研究生，其中，大多数学员已成为我省各行各业的领导骨干和管理人才，加速了我省干部培训的步伐。同时也极大地推动了党校自身的建设和发展。现在党校进行的这种在职函授培训和在校脱产培训有如车之两轮、鸟之双翼，成为党校教育缺一不可的两种基本形式。正如最近郑必坚同志说的：“党校不能没有函授”，干部队伍素质的提高也离不开在职学习。

关于党校函授教育问题，中共中央[1990]15号和[1995]11号文件作了明确的规定，锦涛同志关于党校函授教育有8次讲话和批示。我希望此次会议要认真学习贯彻中央文件精神和锦涛同志的讲话、批示，进一步明确党中央办党校函授的指导思想和基本原则；学习贯彻中央党校1999年函授教育工作会议精神，明确上级党校办函授的思路和要求；认真总结我省党校函授教育发展过程中的经验和不足，并对我省党校函授教育作出新的规划和调整，以适应知识经济时代的客观要求和全球经济一体化的大趋势。此次会议还要进一步围绕着“提高党校函授教育质量，建设一支高素质干部队伍”的问题，认真与组织部门的同志一道进行深入的探讨，深化教学改革，把重点真正转移

到素质教育上来。我们的党校函授教育是一项政治性、严肃性和原则性很强的工作，所以我们党校的领导及函授教育工作者必须从讲政治的高度对待这一工作。江总书记在全国第三次教育工作会议上强调指出：国运兴衰，系于教育，振兴教育，全民有责。我们各级党校负责同志包括负责函授工作的同志，对党校教育都要有战略意识、全局意识和现代意识。正确处理好社会效益与经济效益，质量与规模，局部与全局，当前与长远的关系。保证党校函授教育永远沿着健康的轨道发展。胡锦涛同志非常重视党校函授教育，为此曾先后作了8次批示和指示。一再强调要抓好教学质量，办好党校函授教育。严把教材关、教学关、考核关、质量关。我在调研中发现，我们广大的中青年干部学习的欲望和要求是很强烈、很迫切的。由于在工作中感到自身的理论素养、思想方法、知识结构与当前的工作需要和形势有一定差距，因此，迫切感到需要学习。但也确有一部分人不愿老老实实地学习，只图形式，搞包装。一是搞理论包装，学理论是图装潢门面，不是为了联系实际来指导工作；一是搞学历包装，不认真、刻苦地学习专业知识，实实在在地提高自身的党性和才能，只图捞个学历，为了一纸文凭。有些人为此甚至弄虚作假、舞弊。这里面甚至有相当职务和级别的干部，最后连人格都丢了，影响极坏。应该坚决反对这种包装行为。所以我希望我们党校的函授教育应切实保证教育质量，抓好教育质量。

毛主席早就说过："政治路线确定之后，干部就是决定的因素。"干部队伍素质的高低在于教育，教育的关键在于质量，所以提高干部队伍素质是事关全局、事关发展、事关民族的大事。现在，历史赋予了我们各级党校和党校函授更加繁重的教育任务，人民也对我们教育干部、提高干部素质寄予了厚望。要把有中国特色的社会主义事业不断推向前进，并把我们湖南的事情办好，最重要的是要把干部的培训工作抓好。希望大家在各级党委、政府的领导、关心、支持下，在各级组织部门、人事部门、宣传部门等单位的大力协助下，加倍努力，把党校函授教育办得更好，把充满生机与活力的党校教育胜利地带入21世纪。

在西藏分院96级大专班毕业典礼暨优秀学员表彰大会上的讲话（节选）

（1999年11月29日）

中共西藏自治区党委副书记、政府常务副主席　杨传堂

同志们、同学们：

值此全区"三讲"教育正在深入进行之际，中央党校函授学院西藏分院举行96级大专班毕业典礼暨优秀学员表彰大会，这是令人振奋和高兴的事情。在此，我代表自治区党委和人民政府，向中央党校函授学院西藏分院96级大专班的毕业学员和受到表彰的优秀学员表示热烈的祝贺！向中央党校函授学院及西藏分院的老师们、同志们表示衷心的感谢！下面讲几点意见。

一、认清形势、把握大局，深刻认识学习的重要性（略）

二、深刻理解“三讲”的必要性和重要性，增强学习的自觉性（略）

三、认清责任、明确方向，努力把党校函授教育办得更好

在新时期，历史把党校推向了更加重要的地位，也把党校函授教育推向了更加重要的地位。党校工作是党的工作的一个重要方面，江泽民同志指出：“我们要从社会主义现代化事业的战略全局，从党和国家长治久安的高度，来看待干部教育工作，看待党校的重要地位。”胡锦涛同志也殷切期望党校函授教育“坚持正确的办学方向，提高办学质量，更好地为培养党的高素质干部队伍服务”。党校函授教育是与全党建设高素质的干部队伍的战略任务紧密联系在一起的，它是为了适应建设高素质干部队伍的需要而产生的，也是为了实现建设高素质的干部队伍这一战略任务而进一步发展的。在科学技术日新月异的今天，知识老化加速，广大干部面临着知识更新的紧迫任务。因此，全面提高干部素质，建设高素质的干部队伍是党赋予党校和党校函授教育的崇高任务。我们应该从这个战略高度给党校函授教育以正确定位，明确它是一项极其重要的政治任务，是一项极为严肃的教育事业，从而增强认真办好党校函授教育的责任感和使命感，坚持正确的政治方向、坚定不移地贯彻“社会效益第一”的指导思想和“从严办学、质量第一”的办学方针。

西藏党校函授分院，自 1995 年成立以来，从无到有，从小到大，在大家的辛勤工作和努力下，取得了不小的成绩，在办学规模、教学质量、社会效益等方面都探索出了一些规律，积累了不少经验，为西藏的干部教育事业、为我区高素质干部队伍建设做出了贡献。

历史的发展，对党校函授教育的发展是个机遇，同时也对党校函授教育提出了更高的要求，在我们这样一个发展滞后的民族地区发展函授教育，为推进西藏改革开放和现代化建设服务，意义深远，责任重大。我们要进一步解放思想，更新观念，开拓进取，深化改革，不断提高办学水平，使党校函授教育充满生机和活力。一是要坚定不移地用邓小平理论指导党校函授教育的全部工作，坚持把邓小平理论作为我们观察世界、发展自己的强大思想武器，切实用邓小平理论统一思想，做好党校函授教育工作。二是要切实把党校函授教育纳入党校工作总体布局。党校函授教育是新时期党校教育功能的拓展、延伸和必要补充，客观上，党校教育已发展成为调干脱产轮训、培训和党员干部在职在岗教育并存的格局，没有党校函授教育，党校教育就是不完整的。党校函授教育也促进了党校建设，加重了党校在干部培训工作中的分量。我们要明确地认识到，党校是党校函授教育赖以生存和发展的基础和母体，党校教育的性质和特点，决定了党校函授教育的性质和特点。函授教育的对象是广大党员干部，教学的一个重要内容是进行党性教育，加强党性锻炼，增强党性修养。这就要求我们通过在党校和党校函授的学习，努力做到思想上有明显提高，政治上有明显进步，作风上有明显转变，纪律上有明显增强，实现理论学习和党性锻炼双丰收。三是积极推进教学改革，使党校函授教育进一步适应新形势的要求。我们要更新教育观念，增强教育创新意识，拓宽教育改革的视野。在坚持用马列主义、毛泽东思想特别是邓小平理论武装干部的同时，强化综合素质教育，培养创造性人才。

四、继续学习，联系实际，把各项事业推向前进

同志们，大专毕业只是完成了学习任务

的一小步，只是我们人生道路上、学习里程中的一个加油站，学海无涯、学无止境。希望同学们把毕业作为新的起点，继续学习，持之以恒。继续坚持学习，是新形势和新任务对我们领导干部的迫切需要。在座的各位同志，大部分是领导干部，有的还承担一个部门、一个地区的领导工作，要在本领上做表率，要做到主动地而不是被动的、自觉地而不是盲目地把一个地区、一个部门的改革开放和经济建设不断推向前进，就要不断地学习，坚持不懈地学习，才能胜任领导工作，才能做一个合格的党的领导干部。

几年的函授学习结束了，毕业文凭到手了，没有了压力，没有了约束，在不松口气的情况下，继续坚持学习，的确不容易，也不是每个人都能做到的。但只要我们认清了形势，有了时代的责任感、使命感和紧迫感，任何阻碍我们学习的内在的、外在的因素都是能够克服的。

学习的目的在于运用，理论只有与实际相结合，运用理论知识去指导实践，才能称得上学有所成。党的十五大强调，学习马克思主义，一定要以我国改革开放和现代化建设的实际问题，以我们正在做的事情为中心，着眼于马克思主义的运用，着眼于对实际问题的理论思考，着眼于新的实践和新的发展。这是我们学习的出发点和立足点。江泽民同志年初在中央党校金融班的讲话要求我们端正学风，做到学以致用，联系实际，指导实践。希望同志们能够运用所学的理论和知识分析、研究、解决改革开放和经济建设中出现的各种新情况、新问题，探索新时代的各种规律，总结经验，实现新的飞跃。

最后,希望大家继续关心党校,提出继续办好党校函授教育的意见和建议,保持与党校建立的深厚感情,支持党校事业的发展。

关于党校函授教育
要“提高质量，控制规模”的指示

中共青海省委书记　田成平

1999年5月13日，省委书记田成平在听取第一副校长高昭平关于省委党校近期工作的汇报时，就党校函授教育工作指出：

党校函授教育最主要的是抓教学质量。函授教育不只是学书本知识，也要和实践结合起来。参加函授学习的学员不仅要努力学习，更重要的是通过学习全面提高自身的素质。函授教育作为党校教育的一个重要组成部分，既是一个学历教育，又是培养各级干部的一个阵地。从社会上所办的各种函授教育来看，有成功的经验，也有一些不成功的问题，关键是如何提高办学质量。党校函授教育的核心问题是抓质量，质量抓不上去，学员就为一个学历，办学就图创收，弄不好路子就走歪了，就会流于形式，就会在社会上造成不良的影响。因此，一定要“提高质量，控制规模”，规模不要再扩大了。同时，要抵制社会上混文凭的不正之风，教育学员端正学习目的，加强管理，真正把党校函授教育办好。

在评估验收交换意见会上的讲话

（1999年12月28日）

中共宁夏自治区党委副书记　韩茂华

最近工作很忙，得知中央党校函授学院工作组来我校检查工作，特抽时间来参加今天的会，听取工作组对我们宁夏党校函授工作的意见。据分院的同志汇报，总院检查组的工作很深入，实事求是，工作中严格要求自己，这给我们树立了很好的榜样。刚才听了检查组的意见，我觉得意见很中肯，既充分肯定了成绩，又指出了不足，并提出了建设性的建议。对此，我表示真诚的感谢。

党校函授教育是党校教育的重要组成部分，是在职干部培训的有效途径、是提高干部素质的重要形式，这一工作今后应继续加强。要注意做好以下三方面的工作。

一、把好入学关。目前各种成人教育文凭在社会上的信度不高，其中很重要的一个原因是生源的基础差，入学关把得不严，招收了许多不符合入学条件的学员。所以在招生中，我们首先要把好资格审查关，招收那些真正具有大专或高中文化程度的同志分别参加函授本科和大专班学习。要是把那些不具备大专或高中文化水平和知识层次的人招进来，那就很难提高我们的教学质量。其次搞好招生考试。我以为招生考试既要考核社科人文知识又要考核其自然科学知识水平。党校注重学员的理论水平和人文社科知识，但我们的学员还应懂一定的自然科学知识，特别是常识性的东西。如果在入学时既能把好资格审查关，又能把好考试关，那提高教学质量就有了保障和基础。

二、把好教学关。我们的办学生命就在于质量，关键是教学质量。函授教育以自学为主，并实行定期的面授。教学质量的好坏，面授课的质量至关重要。在这方面我们教师的授课水平，可以说是参差不齐，函授任课教师既有区党校的教员，也有地、县党校的教员。要提高授课质量，最好的办法是采用集体备课，这样可以保证质量。提高面授课质量的另外一个办法就是发展电化教学，把总院一些专家、教授讲的课，用电化教学的方法传到各教学点，代替面授，我们的教员主要是答疑解惑，指导学员自学。

三、党校函授教育应保持党校教育的特点。党校函授教育作为党校教育的重要的组成部分，就应发挥党校教育的特长。党校教育不同于国民教育，它把理论教育和党性锻炼相结合，把学习理论知识和改造思想相结合，不仅教给学员知识和理论，而且通过党校学习，提高政治素质。现在从中央到地方，各级党校都比较重视提高学员的政治素质，包括党性分析、党性锻炼和政策水平。党校培养的学员不仅能讲理论，重要的是能应用理论，按政策办事，不能说一套，做一套，工作中应自觉遵守党纪国法，廉洁从政，不能把理论、政策和纪律只挂在口上。函授教育应如何处理好这一问题，让学员既学到知识，又提高党性修养，是一个值得探讨的问题。如果这一问题能解决好了，党校函授教育还可以上一个层次。

以上所讲的只是我个人的想法，不一定准确。但对于总院检查组的反馈意见，校委和分院的同志，要认真研究，针对反馈意见，提出一个整改方案，坚持边整边改的方针，逐条研究，制定措施，并加以贯彻落实。

（根据记录整理，未经本人审阅）

在黑龙江分院成立大会上的讲话

中共黑龙江省委组织部副部长　王福生

同志们：

在我们走进充满希望的1999年，省委党校迎来了中央党校函授学院黑龙江分院成立这一喜庆日子。我代表省委干部教育领导小组和省委组织部向全省从事党校函授教育工作的全体教职员工表示热烈的祝贺并致以亲切的问候！向中央党校函授学院副院长黄士安一行及前来参加成立大会的各位来宾表示热烈的欢迎！中央党校函授学院黑龙江分院的成立得到了中央党校函授学院有关领导和部门的大力支持，在此，对中央党校以及函授学院多年来给予我们的支持、关心和帮助表示衷心的感谢！也向多年来支持、关心党校函授教育事业发展的同志们致以诚挚的谢意！

中央党校函授学院黑龙江分院的成立，是我省党校函授教育工作的一件大事，标志着我省党校函授教育工作进入了一个新的发展阶段，这对于促进我省党校函授教育事业的发展，提高我省党校函授教育的层次和水平，开创党校函授教育工作的新局面，从而加快提高我省广大干部的素质，将发挥重要而积极的作用。中央党校函授学院在长期的办学实践中积累了许多丰富的经验，希望我省广大党校函授教育工作者，充分利用联合办学这一有利契机，虚心学习中央党校函授学院教学和管理方面的经验、做法，认真总结反思自身办学中的不足，通过积极努力地工作，不断加强和改进我省党校函授教育工作。

十多年来，特别是实施《中国共产党党校工作暂行条例》以来，我省各级党校适应形势发展的需要，积极研究探索办好函授教育的新路子，初步形成了符合干部教育规律和特点，适合党校教学的一整套教学方式和教学流程，提高了教学水平，为今后进一步深化改革，促进党校函授教育的健康发展，奠定了良好的基础。一些干部通过参加党校函授学习，理论水平、决策能力和科学管理能力明显提高。应该肯定地说，党校函授教育对于提高广大干部的政治、业务和文化素质，推动整个干部队伍建设的健康发展，发挥了重要的作用。但也要看到，我省党校函授教育发展还不平衡，教学和管理还要进一步加强，办学质量有待于进一步提高。这都必须加大改革力度，努力提高办学水平。

第一，要进一步明确党校函授教育的指导思想。今年和未来十年，是我省改革开放和现代化建设事业承前启后、继往开来的重要时期，能否顺利实现省委提出的“搞好二次创业、实现富民强省”的跨世纪奋斗目标，使我省经济健康发展、社会全面进步，和全国同步进入21世纪，关键在人，首先在于提高各级领导干部的自身素质。胡锦涛同志多次强调要进一步办好党校函授教育，提高干部队伍的素质。提高干部素质，推进干部队伍的知识化，党校函授教育肩负着重要的任务。新的形势和任务，给党校的函授教育提出了更高、更新的要求，党校的函授教育要不辱使命，按照中央和省委的要求，进一步明确办学的指导思想，我们要以中央和省委干部教育培训“九五”规划和《中国共产党党校工作暂行条例》为指导，以实现“理论、知识、党性、能力”相统一的培训要求为重点，以提高办学质量为中心，稳定规模，强化管理，严肃纪律，确保质量，不断探索党校函授教育改革的新路子，总结经验，掌握规律，全面加强党校函授教育规范化建设，逐步建立和完善与党校职能相适应的函授教育教学体系、管理体系和教材体系。承担党校函授教育任务的党校、干部院校，要始终把为党和国家培训合格人才作为办好函授教育的出发点和落脚点，要认真处理好两个关系：一是处理好社会效益和经济效益的关系。对于承担党校函授教育任务的办学单位来说，做好这项工作，既有社会效益，又有经济效益。但我们不管在什么情况下，都要把社会效益放在第一位，把工作的立足点放在努力为经济和社会发展培养高素质人才上，只有这样，我们这项事业才会具有强大的生命力。二是处理好规模和质量的关系。党校的函授教育，质量是核心，规模应该服从质量，质量越高，社会效益越大，要坚决克服和防止重规模轻质量的倾向，在保证质量的前提下，根据经济和社会发展的实际需要，保持适度的规模，进一步提高我省党校函授教育的层次和水平，同时还要坚持严进、严管、严出。

第二，要紧紧围绕提高办学质量，积极推进教学改革。教学质量问题是党校函授教育的根本问题，是党校函授教育所有矛盾的主要矛盾。因此，党校函授教育的改革要紧紧抓住提高教学质量这个中心。当前，在深化教学改革中，要对影响教学质量的各个方面、各种因素，进行分析和研究，提出相应的改革措施，认真地进行改革。在教学内容上，要根据形势发展和社会需求，进一步调整班次、专业和课程设置。在教材建设上，要组织一些水平较高的专家、教授和富有实践经验的工作者，通力合作，细心研究，结合党校函授教育的特点和规律，编写和修订教学大纲和教材。在教师队伍建设上，要采取措施，提高党校教师队伍的思想政治素质和业务水平，调整他们的知识结构和专业结构，建设一支政治上过硬、业务上精通的高素质的教师队伍。在教学方法上，要积极探索一些既切合函授学员的实际情况，又有利于提高函授质量的教学方法，切实加强党性教育和能力教育，增强面授的吸引力。

第三，要切实加强函授教育的宏观管理，从整体看，党校函授教育的发展态势是好的。近几年，省党校招生委员会和一些办学单位出台了一些加强宏观管理的措施，如进行教学质量评估检查、严格报名条件、严格考风考纪等，实践上看效果比较好。在这里，我再强调三点：一要继续在严肃考风考纪上下功夫。有关部门要深入下去，搞点调查研究，拿出一套办法来，抓好考风考纪，确保函授教育质量。二是加强对学区划分的科学规划和管理。现在全省党校函授教育的办学点比较多，在一个地区往往有几个办学单位招生，互相之间竞争比较激烈，每年招生都有互相抢生源的现象。有关部门要尽快采取措施，对学区进行科学规划，把这个问题解决好。三是要加强对办学单位的办学资格进行审查和评估。对于那些不具备办学条件，管理混乱的办学单位要采取相应的措施，促使他们限期整改，对整改达不到标准的，要停止招生；对于办学质量好的单位可以适当扩大规模，促进党校函授教育的健康发展。

提高党校函授教育质量
为建设高素质干部队伍服务

——在全省党校函授工作会议上的讲话

(1999年12月24日)

中共黑龙江省委组织部副部长 张永洲

同志们:

这次全省党校函授工作会议，是在世纪之交和举国欢庆澳门回归祖国之际召开的，很有意义。省委党校的三位领导分别讲了话，对全省党校函授教育工作提出了明确要求。我相信，这次会议对促进我省党校函授教育改革和发展必将起到积极的推动作用。借此机会，我想就如何提高党校函授教育质量，更好地为建设高素质干部队伍服务这一问题，讲几点意见:

一、党校函授教育是干部教育不可缺少的重要组成部分

党校是培养党政领导干部的重要阵地。党校函授教育是党校教育功能的拓展和延伸，是多渠道培训在职党员干部的一种有效形式。多年来，我省的党校函授教育为我省培养了大批人才，对我省干部教育事业作出了重要贡献。

(一)党校函授教育拓宽了党校教育的功能。党校函授教育是以在职党员干部为主要培训对象，依托党校教育体系，通过联合办学的形式而举办的高等学历教育。它拓宽了党校教育的功能，对党校的发展起了积极的促进作用。党校函授教育不仅突破了空间等条件的限制，大大增强了党校服务于干部队伍建设的功能，同时也取得了可观的经济效益，增强了党校自我发展的能力。

(二)党校函授教育，是高等教育的一支特殊的重要力量。党校函授教育集党校教育和成人函授教育的优点于一身，既体现了党校干部教育的培训功能，又发挥了成人函授教育的功能;既可以提高学员的学历层次，又可以使学员的党性修养和实践能力得到增强和提高。这种独特的办学优势，是其它函授教育所不能比的。在全国各级各类函授教育格局中，党校函授教育占有重要的一席，有着不可替代的作用。面向21世纪，党校函授教育这块特殊的高等教育资源，在为党培养高素质干部队伍方面，承担着更加重要的历史使命，具有更大的开发潜力和广阔的发展前途。

(三)党校函授教育在干部教育中发挥了积极的作用。我省党校函授教育自1983年开办以来，在省委的高度重视和社会各界的大力支持下，现已发展成为具有全省规模、集中函和省函共同办学的党校函授教育网络，形成了一个比较完整的函授教育体系。十几年来，党校函授教育为我省培养了一大批各级各类的党员干部和骨干人才，为提高干部队伍的建设水平发挥了积极作用。目前，全省党校毕业学员近15万人，在校学员11万余人，合计占全省干部总数的1/5。毕业的绝大部分学员已成为各行各业的骨干，有相当数量还走上了各级领导岗位，为我省的改革开放和社会主义现代化建设作出了积极贡献。可见，党校函授教育已经成为我省干部教育不可缺少的重要力量。

二、坚持正确的办学方向，确保党校函授教育质量

为党的事业培养高素质人才，是党校函授教育的根本目的，也是这块事业所以存在的理由和继续发展的动力。我们要从党校函授教育事业的长远出发，按照中央和省委的要求，进一步坚持“社会效益第一，办学质量第一”的办学指导思想，始终把为党和国家培训合格人才作为函授教育的惟一宗旨和根本任务，不断提高党校函授教育的质量。

（一）牢牢把住质量关。质量是党校函授教育的生命。没有质量的教育，不仅劳民伤财，还会败坏党风和社会风气；不仅难以培养高素质的人才，更难以在激烈的教育竞争中立足。我理解锦涛同志对党校函授教育8次指示的核心，就是要求我们严格把住质量关。因此，我们一定要认真贯彻中央领导同志的指示精神，任何时候都要坚持把教育质量放在第一位，把社会效益放在第一位。这是方向，是大局，也是讲政治的需要。经济效益要服从社会效益，服从党校函授教育的办学宗旨。“宁可牺牲些收益，也要服从培养人才这个大局”，这是我们的原则。在实践中要坚持党校教育特点与国家高等教育标准的严格统一，不能片面强调党校教育特点而忽视对高等教育标准的掌握。要坚决克服和纠正单纯把函授办学作为“创收”渠道的错误认识和做法，切实把教育质量抓上去，严格防止为了经济利益而牺牲社会效益，生产“残次品”甚至“废品”的现象发生。

（二）以整风精神整顿教风、学风和管理作风。从严办学，严格管理，才能确保质量。实事求是地说，党校函授教育放松管理和办学风气不正等一些不容忽视的问题是客观存在的。有的单位怕管理严了，吓跑学员，执行制度不到位；有的教师教学不严谨，授课不认真；有的管理人员讲人情，讲关系，放松对学员的管理，等等。对这些问题，我们要以整风的精神，认真查找和纠正，进一步整顿教风、学风和管理作风，维护党校函授教育的政治性、严肃性和原则性。要坚持严进、严管、严出的原则，严格报名条件，严格招生考试，端正考风考纪；严格执行管理制度，坚持条件选聘面授教师，从根本上扭转教风不正的问题；严格学员的自学管理和考试管理，从根本上扭转学风不正和考风不正的问题；严格对管理人员的要求，严明纪律，改进工作作风。实行淘汰制，对考试不及格的，不准毕业。通过整顿和加强管理，树立正气，提高办学水平。

（三）围绕提高教学质量，不断深化教学改革。深化党校教学改革，要紧紧围绕提高办学质量这一中心。在教学内容改革上，要根据形势发展和培训对象特点以及社会实践的需要，设置专业、班次和课程，在增强党性修养、培养创新精神和提高实际工作能力上下功夫；在教学方式方法上，要研究干部在职教育的规律和特点，改变传统的“灌输式”教学方法，实行启发式、研讨式、讨论式等教学方法，增强教学的吸引力。可逐步探索实行学分制和弹性学年制，加大教学计划的弹性度；在教材建设上，要及时摄取和反映最新研究成果，增强教材的实用性和时代性。分院要在教学中尽早使用中央党校编写的“三基本”、“五当代”教材，提高教材水准。在现代化教学手段上，要加快计算机网络建设，开发和利用好教育资源，及早为实施远程教育做好准备。

（四）科学评估办学条件，合理确定办学规模。目前，我省党校函授教育的办学规模基本稳定在每年4万人左右，这是符合我省干部培训实际需要的。有的招生单位办学实力与规模不适应，规模超出了现有的办学条件和能力。要坚持“以条件论规模、量力而行”的原则，对各办学单位实力进行全面评估，科学地确定办学规模。凡是不具备或者不完全具备招生条件的单位，要停止招生，整顿提高。整顿后“软硬件”再达不到要求的，要取消办学资格。鼓励办学条件好、管理队伍强、教学质量高和社会声誉好的单位进一步挖掘办学潜力，在保证质量的条件下，适度发展。

三、切实加强对党校函授教育工作的领导

各级干部教育主管部门和各招生单位，一定要充分认识党校函授教育在党的干部教育中的重要地位和作用，切实加强领导，负起责任。要把党校函授教育作为落实干部教育培训“九五”规划的重要组成部分和建设高素质干部队伍的重要措施，纳入本地区干部教育培训总体规划。对函授招生、录取、教学以及管理中的一些重大问题要定期研究，认真把关，及时指导。各级办学单位，要围绕办学中的重大问题，深入实际进行调查，研究对策，及时解决，确保党校函授教育健康发展。

要建立健全函授办学机构，配齐配强函授教育部门的领导和管理人员。要选配政治强、业务精、勇于负责、善于管理的领导干部到函授教育部门担当领导。省党校招生办和中函黑龙江分院作为主管部门要认真履行职责，切实抓好对全省党校函授招生和教学的宏观管理工作，加大对基层函授工作的监督检查和指导。根据省委干教领导小组的要求，各市（地）、县要抓紧成立党校招生办，并承担起相应的职责。要加强对办学点的科学规划和管理。在招生设点上，严格资格审查，不符合条件的，坚决不批准。在招生考试上，要严格按规定设置考场，加大监督检查力度，严肃考风考纪。在执行招生计划上，要严格起来，不能随意突破指标，确保招生工作的质量。要健全和完善以教学管理为重点的各项规章制度，逐步实现管理的科学化、规范化、制度化。

在全省党校函授教育工作会议上的讲话

（1999年12月18日）

中共湖南省委组织部副部长　周阳生

同志们：

今天，湖南省委党校在这里召开全省党校函授教育工作会议，总结近几年来全省党校函授教育工作经验，谋划党校函授教育面向21世纪的改革和发展思路。这是推进我省干部教育事业的一次重要会议。在此，我代表省委组织部，向大会表示热烈的祝贺。今天，我想谈四点意见。

一、党校函授教育是干部教育培训工作的重要方面

从我省的情况来看，我省党校系统创办

函授教育十多年来，在省委干教领导小组的领导下，通过广大教职员工的辛勤工作，已经培养了近10万名专科生、本科生和100多名研究生。特别是近几年来，我省每年招收学员人数都接近两万人，这些学员大部分是全省各级党政机关和企事业单位的党员干部，他们在各自的工作岗位上都发挥着十分重要的作用。因此，如何加强对党校函授学员的教育和管理，使他们真正学有所成，学有所用，对促进我省党校队伍建设，促进我省经济发展，有着十分重要的意义。各级党校一定要充分认识到函授教育的重要性，把函授教育纳入党校干部培训的总体工作中。在办好党校主体班次的同时，党校校委要以高度的思想认识、足够的领导精力抓好函授教育工作。从事函授教育工作的同志，要从讲政治的高度，从培养和造就高素质干部队伍的高度来认真对待自己所从事的工作。

二、党校函授教育必须始终坚持“为培养党的干部队伍建设服务、为经济建设服务”的指导思想

我省是有6500万人口的大省，有100多万党员干部。从目前的情况来看，我省广大党员干部的思想素质、精神状态、理论修养和知识结构方面与新形势的要求还存在着明显的差距，如何帮助全省党员干部更好地掌握马克思主义基本理论，提高党员干部的学历层次，帮助他们充实专业知识，改善知识结构，增强党性修养，提高创新精神和实践能力，是各级党校的职责所在。党校函授教育工作必须以此为出发点，认真研究我省广大党员的思想政治状况和培训需求，认真研究我省社会经济发展对党员素质提出的新要求，在此基础上确定招生规模，制订教学计划，调整专业设置，改进教学方法，从而增强教学效果，切实为提高我省党员的思想政治素质和业务素质服务，为促进我省经济建设服务。

三、党校函授教育必须在加强管理、提高质量上狠下功夫，以质量求信誉，以质量树形象

质量是函授教育的生命线。面对新的形势,党校函授教育要有更大的发展,必须把提高质量摆在首要位置。应该说,我省党校函授教育经过了十多年的发展,积累了不少好的经验,取得了较大的成绩,在社会上产生了比较好的反响。但是,我们必须看到,当前党校函授教育中存在的问题也比较突出:一些办学单位在办学指导思想上存在偏差,片面追求经济效益,忽视了社会效益,片面追求办学规模,忽视了办学质量;有的地方多头办学的情况严重,在招生中为了抢生源而竞相放宽条件,降格以求;有的地方考风考纪不正、教学管理不严、教学方法简单,等等,严重影响了党校函授教育的质量,损坏了党校的形象。各级党校一定要以这次会议为契机,对本单位近年来办学情况进行认真的总结反思,找出存在的问题和不足,并采取有力措施,认真加以解决。要牢固树立质量第一、社会效益第一的思想,把提高教学质量摆在首位。要进一步完善党校函授教育管理体制,强化函授教育工作人员的责任意识,强化对函授学员的教育管理。要不断改革教学方法,调整学科结构,提高教学的针对性和实效性。特别是要突出党校教育的特点,发挥党校的优势,不仅要给学员传授基础理论和科学文化知识,而且要讲授党员干部履行岗位职责必备的行政管理知识、经济管理知识和相关专业知识;不仅要进行知识的灌输,而且要进行党性锻炼,使学员通过党校函授学习,能够在思想政治素质和业务素质上得到全面提高,更好地适应工作岗位的需要。

四、党校函授教育必须合理规划、稳步发展，不能急功近利、盲目发展

当前，我国高等教育改革进一步深化，

省委党校和有关方面负责同志的讲话

总结经验　开拓进取　为自治区建设高素质的干部队伍做出更大贡献

——在庆祝内蒙古分院建院十周年大会上的讲话（节选）

（1999年8月8日）

中共内蒙古自治区党校党委书记、常务副校长　夏连仲

同志们：

今天，我们在这里隆重集会，庆祝内蒙古分院建院十周年。我代表校党委向出席会议的各位领导、各位来宾和学员代表表示热烈的欢迎！向关怀和支持党校函授教育事业的各级党委、有关部门的同志们表示衷心的感谢！向为自治区党校函授教育辛勤耕耘的广大教职员工表示诚挚的敬意和亲切的慰问！

内蒙古分院是由自治区党委批准，于1989年1月9日成立的。建院10年来，在自治区党委的亲切关怀下，在中央党校及其

成人教育市场进一步放开，成教规模不断扩大，因而招生的竞争越来越激烈。党校函授教育作为成人高等教育的一个特殊方面，既要适应形势的需要，适当扩大规模，又要保持自己的特色，稳步发展。党校函授教育要有总体规划，不能超过党校现有的办学能力，不能不顾当前干部学历培训需求的实际情况，不能越过党校学历培训的主体是广大党员干部这一界限。各级干教领导小组要根据本地党员学历培训需求的实际情况，认真进行调查研究，制订出适当的干部培训年度计划，各级党校要认真执行领导小组的决定，不能无计划或超计划乱招生、乱办班。总之，党校函授教育只有始终坚持以广大党员为主体，通过广大干部教育工作者和党校教师的共同努力，在如何提高质量方面挖掘潜力，做出成绩，逐步建立起有别于普通成人教育的特色鲜明的党校函授教育体系，充分发挥党校独有的优势，才能树立党校函授教育的良好形象，才能办出自己的特色，才能在竞争日益激烈的教育市场中始终立于不败之地。

同志们，我希望通过这次会议，我省党校函授教育事业有一个大的发展。指导思想更加明确，教学管理更加规范，教学质量进一步提高，为我省干部教育事业做出更大的贡献。

函授学院的领导与支持下，内蒙古分院经历了初创、发展、提高等阶段，现已初步形成适应我区经济社会发展和建设高素质干部队伍需要的，并与党校教育职能相适应的在职干部教育体系，走出了一条以培训干部为职能，以党员干部为主要对象，具有时代特征，体现党校教育特点的办学路子，形成了一个覆盖全区党校教育系统的三级办学网络，取得了令人瞩目的办学成就。

一、开辟了党员干部在职教育的新途径，加快了干部培训步伐

10年来，内蒙古分院从创办大专班、本科班到开办领导干部班，进而发展到举办领导干部在职研究生班，办学层次不断拓展，办学质量逐步提高。到目前为止已毕业大专班、本科班和领导干部班学员近5.8万人，现在校学员仍有4万多人。实践证明，党校函授教育这一开创性的干部在职教育事业，已经得到了党中央、自治区党委的肯定和各级党委的支持，受到了广大党员干部的普遍欢迎，她是新时期多渠道培训在职党员干部的一种有效形式。

二、提高了干部队伍素质，为自治区的经济社会发展做出了积极贡献

党校函授教育实施以提高党员干部的思想政治素质为重点的综合素质教育，坚持“理论、知识、党性、能力相统一”的质量要求，围绕社会主义现代化建设的需要设置专业和课程，努力使学员在提高理论素养的前提下，掌握现代化建设必需的知识和实际本领。10年来，近10万名干部经过函授教育，其理论素养、党性修养、专业水平和工作能力都有了不同程度的提高。在这一大批学员中，既有省部级、盟市厅局级、旗县处级领导干部，又有大量的年轻党员干部。他们思想政治素质和文化知识水平的提高，无疑是对自治区经济社会发展的贡献，是对建设高素质干部队伍的贡献，也是党校函授教育的功绩。

三、拓展了党校教育功能，促进了党校自身建设

函授教育的开办，使各级党校可以运用在职业余教育形式培训干部，改变了党校单一的脱产轮训、培训的办学模式，把党校教育由校内拓展到校外，扩大了党校教育功能，推动了党校教育改革和党校事业的发展。特别是开办了函授教育，充分发挥和挖掘了党校教学潜力和优势，促进了党校学科建设，锻炼了师资队伍。同时，党校函授教育已成为一种纽带，密切和加强了党校的纵向和横向联系，积极发挥了各级党校的作用，扩大了党校在社会上的影响，社会各界对党校更加关心和支持了。

我区党校函授教育开办10年的实践证明，它的方向是正确的，路子是对头的，办学成就也是显著的。因此，我们完全有理由充分肯定党校函授教育的地位和作用，理直气壮地把函授教育作为党校教育的重要组成部分办得更好。特别是通过10年的办学实践，我们已经奠定了比较雄厚的办学基础，探索和积累了较为丰富的办学经验，造就了一支基本适应函授教育需要的办学队伍。这是一笔宝贵的财富，是我们继续发展函授教育事业的基础。当然，我们也要看到，在函授教育发展中还存在一些困难和不容忽视的问题。对于这些困难和问题，我们一是要正视，二是要克服和改进。只要我们团结一致，认真对待，这些问题是完全可以逐步解决的。

同志们，21世纪即将来临，当今世界正发生着深刻的变革，全球经济一体化的进程正在加剧，知识经济方兴未艾。未来的发展趋势是世界范围的经济竞争、综合国力的竞争，实质上是科学技术和民族素质的竞争，竞争的焦点是人才。提高全民族素质特别是各级领导干部的素质已是当务之急。党中央和国务院《关于深化教育改革全面推进素质教育的决定》指出，实施素质教育应贯穿于“各级各类教育”。高标准、高质量地为自治区培养更多的适应新时期需要的干部，是时代赋予我区各级党校的历史使命。党校函授教育作为一种高等教育形式，其本身也是一种素质教育。随着我区科教兴区战略的实施和干部培训工作的强化，发展党校函授教育事业前途无量，大有可为。我们要把握住这一发展机遇，面向教育市场，强化市场意识、竞争意识、品牌意识和创新意识。进一步坚持正确的办学方向，千方百计提高办学质量，继续加快发展步伐，努力争创一流的党校函授教育。

一、认真落实胡锦涛同志关于函授教育的指示，以“三讲”教育的精神和要求办好函授教育

近几年来，胡锦涛同志多次指示党校函授教育要把好招生关、教学关、考核关和毕业关，认真解决办学过程中出现的不容忽视的问题。最近，中央党校领导同志提出，要以“三讲”教育的精神和要求办好党校函授教育。对此，无论是各级党校领导、函授工作人员，还是广大学员，都要深刻领会其精神实质，提高认识，统一思想，结合函授教育的实际，有针对性地进行以“三讲”为主要内容的党性党风教育，按照讲学习、讲政治、讲正气的要求，以整风精神解决办学中存在的诸如考纪不严、学风不正等不容忽视的问题。特别要抓住院庆10周年这个契机，继续把工作重点放在总结经验教训，解决不容忽视的问题上，维护党校函授教育的形象和声誉，为内蒙古党校下一步自办干部教育函授大专班奠定良好的基础。

二、深化改革，加强管理，进一步提高教学质量

如何深化教学改革，有效地提高教学质量和干部培训质量是事关党校函授教育健康持续发展大局的问题。我们一定要坚定不移地坚持以教学为中心，强化质量意识，继续推进和深化教学改革。既要始终如一地坚持党校教育的性质和特点，保持和发扬党校教育“马克思主义是主课，党性锻炼是核心”的传统，又要根据形势发展和社会需求进一步调整班次、专业和课程设置，努力建立起一套符合我区干部培训实际需要的党校函授教育的班次、专业和课程设置体系。特别要下功夫抓好教师队伍和办学管理队伍建设，这是确保函授教育质量的根本措施。当前要结合实施中央党校关于“三基本”、“五当代”教材体系建设，根据我校“一个中心，五个结合”的教学原则，深入贯彻理论联系实际的教学方针，积极改革教学方法，真正把函授教育质量提高到一个新水平。

三、加强领导，保证党校函授教育健康、持续发展

办好党校函授教育，领导是关键。党校函授教育是党校教育不可缺少的重要组成部分。各级党校一定要继续加强对党校函授教育的领导，列入议事日程，完善各项管理制度，狠抓落实工作，及时解决办学中的实际问题。各盟市、旗县党校对办学中的重大问题要及时向同级党委请示汇报，并要积极主动地取得当地有关部门的支持和配合，加强联系和协作，共同搞好党校函授教育。

认清形势　统一思想
坚定不移地办好党校函授教育事业

——在辽宁省党校1999年函授教育工作会议上的讲话（节选）

（1999年2月27日）

中共辽宁省委党校常务副校长　佟志武

同志们：

昨天，孔秀娥同志的报告讲得较全面，重点也很突出，她讲的意见我都同意。下面针对全省党校函授教育面临的新情况和新问题，我再强调几个问题，与大家交换看法。

一、客观认识党校函授教育形势，准确把握党校函授教育定位（略）

二、深化党校函授教育改革，强化党校函授教育特色

面对党校函授教育的严峻形势，如何应对，有两种截然不同的选择。一种是放松管理，降低要求，来者不拒。这不是上策，因为越是降格以求，我们自身的吸引力会越差，势必要严重影响党校函授教育的声誉，这无异于掠夺式开采、饮鸩止渴，如同最后的晚餐。另一种选择是深化党校函授教育改革，瞄准人才市场需求，瞄准改革开放和经济社会发展需要，调整专业以及教学内容设置，改革学习方式、授课方式、办学形式，强化自学环节，使之更加灵活，适应挑战。毫无疑问，我们应该作的是后一种选择，即走深化改革之路，这是应对挑战的一种积极态度，改革的方向是强化党校自身的特点。党校函授教育如果没有自身的特色，就会混同于国民教育，就没有存在的理由。

党校函授教育是成人教育的特殊形式，不同于一般的成人教育，主要是以提高党员干部马列主义理论水平与思想政治素质为重点的综合素质教育，它集干部教育、学历教育、成人教育、继续教育、终身教育于一身。必须在坚持用马列主义、毛泽东思想特别是邓小平理论武装干部的同时，要强化综合素质教育，深化改革的最终成果要体现在学员综合素质的提高上。

必须加大改革的力度，拓宽教育改革的视野。要对现行的学制、专业设置、课程设置、考试考核等等进行全面的审视和思考。比如可否变固定的学年制为弹性学年制，或学年制与学分制相结合；变学习固定课程为部分选课制等等。再比如，可否改变有些专业设置、课程设置，适当增加一些能够适应新世纪需要的新专业、新课程。同时，面授教学要逐步运用现代化远距离教学手段，利用计算机网络系统、电教手段等等。办学也同办企业一样，要把满足需求与创造需求、引导需求结合起来，办学只满足现实需求会束缚自己的发展，不仅要研究现在市场的现实需求，还要研究潜在市场、潜在需求，开辟新领域，开辟新市场，寻求新的增长点。

三、加强党校函授教育主体建设，提高党校函授教育办学水平

函授教育的生命在于质量。质量包括教员的授课质量、教材的编写质量、管理者的管理质量等等。这些质量的总体反映是我们的教育质量和教育水平。教育质量是办学单位的立足之本，党校函授教育经过近 15 年发展，之所以能经久不衰，根本原因就在于我们坚持了“社会效益第一，办学质量第一，党校声誉第一”的指导方针。但是，我们也必须承认在质量上我们还有很大的差距。办学主体的素质不高。仅就教员队伍看，有些教师备课不认真、讲课不认真，加上受自身专业面知识面的局限，一些教师在课堂上难以做到触类旁通，讲课达不到传道、授业、解惑的境界。有相当一部分党校在培训队伍上舍不得投入，教员没有进修机会，靠吃老本过日子。更何况有些教员教学内容与所学专业不一致还无老本可吃，他讲课不画“杠杠”才怪了！还有一个问题，就是对承担函授教学任务的教员进行资格审定，不合格的教员不轻易让他上讲台，他就会下功夫备课、学习。行与不行都可以讲，自然没有压力。学员到课率低，工学矛盾是一个方面，同我们的教学质量不无关系。此外，作为办学主体的管理队伍，在管理质量上也存在一定的差距，还没有真正实现从行政管理到教学管理的转变，还没有从繁琐的事务性工作中解脱出来，总体运行层次不高。我们全省各市级党校的主要领导都来了，希望办学主体队伍建设这个问题能引起大家的重视。在培训队伍上我们要像丹东市委党校和省直工委党校那样舍得投入，每年派教员到高等院校和上级党校进修。同时我们要培养创造性人才，在教学方法上也要来一次革命。尤其是我们函授教育以自学为主，让学员学会能动地自我获取知识、扩大知识面的方法，学会使用相关的现代化学习工具，增强研究问题、分析问题、解决问题的能力，养成善于思考、善于研究问题的习惯。在教学方法上，要重启发、重研讨、重引导、重答疑，在有限的课堂教学中要注意发挥学员的主观能动性，经常启发学员的智慧，鼓励学员大胆思维、独立思考、独立分析，加强解决实际问题能力的培养。

四、党校校委要加强领导，使党校函授教育以崭新的姿态跨入 21 世纪

21 世纪，我们一定要围绕培养新世纪人才、提供智力支持、提供服务保证这样一个前提，考虑怎样深化改革，怎样适应新世纪发展要求。面向新世纪，党校的首要任务是如何完成用邓小平理论武装干部头脑的问题，搞好马列主义、毛泽东思想和邓小平理论基本理论教育，解决一脉相承的问题。再有一个是加强党校师资队伍建设。没有一支高素质的教师队伍，很难完成新世纪给党校提出的新的更高的要求，因为领导干部的素质结构，除了政治理论的武装外，还需要领导干部吸纳适应新世纪要求的新知识，诸如经济管理方面、现代科技方面、文化方面、法律方面的知识，跟上时代的步伐。江泽民同志在金融班讲话中指出：我们再不认真学习的话，我们将丧失执政的地位，执政的资格。从这个意义上说，党校的任务是艰巨的、光荣的。

面向新世纪，党校还要完成十五届三中全会提出的培养农村基层干部的任务，这也为党校函授教育拓展了新的发展空间。因此，面向新世纪，我们必须增强党校意识、大局意识，加强对各方面工作的领导，包括加强对党校教育重要组成部分的党校函授教育的领导。

增强党校意识，加强对函授教育工作的领导，切实把党校函授教育作为党校教育的重要组成部分，作为一项充满生命力的事业，纳入党校工作的大局抓紧抓好，这是搞好党校函授教育的关键所在。函授部的同志要增强党校意识、全局意识，要明确认识党校是党校函授教育赖以生存和发展的基础和母体，要认真落实校委对党校函授教育的领导，要服从党校发展的整体规划，要支持母体的建设。

对各级党校来说，要明确认识党校函授教育是新时期党校教育功能的拓展、延伸和补充，客观上党校教育已发展成为调干脱产轮训培训和党员干部在职在岗教育并存的格局，党校函授教育已经成为党校教育不可缺少的重要组成部分。各级校委要把党校函授教育作为一项事业来干，千方百计调动各方力量，挖掘全部潜力，树立全员参与办函授的大函授观念，要对函授教育职能部门与教学部门同等对待。要把函授教育列入校委议事日程，研究解决办学中的一些重大问题，尤其是办学队伍的力量安排和素质建设问题、教学改革问题等等，推动党校函授教育进一步发展。

在教育评估检查验收交换意见时的讲话

（1999年11月4日）

中共江苏省委党校常务副校长　潘宗白

中央党校函授学院各位领导、专家很快就要结束对江苏分院教育评估检查验收。总院对我们的工作给予了很多的肯定，我代表校委表示衷心地感谢。江苏发展不平衡，这次你们看到的是经济发达地区，本来想再请你们到苏中、苏北看看，全面地了解一下江苏的办学情况，由于时间短，这次就只有就近看看了。为了搞好函授教育评估，我们的确做了很多工作。我们把这次教育评估看作是发展党校函授教育的一次机遇。这几年，在贯彻落实锦涛同志关于党校函授教育一系列指示上，我们是下了功夫的，为江苏培养了一大批高素质的党员干部，我们的函授教育在社会上产生了积极的影响。

我们抓规范化虽然起步较晚，但成绩不小。这也是贯彻落实锦涛指示，与省委领导的重视，总院的帮助分不开的。总院对我们工作的肯定并不代表我们的工作已经做到头了，我们必须冷静地看到存在的差距，很多工作还要很好地进行反思。如我们制定的措施、制度，大部分学区、辅导站落实的比较好，取得了明显的效果，但也有个别学区、辅导站贯彻落实的就不怎么好，需要花大力气，予以检查、督促、落实。分院直属学区是我们的“试验田”，在全省党校函授教学及管理上是个向导，他们的示范作用和一些好的做法得到了推广，但因为有些地区无论是师资力量还是教学设备都不能和直属班相比。所以推广好的经验也不是件容易的事。

我们的师资队伍应该说是不错的。近几年，全省各级党校都花大力加强教师队伍建设，不断引进人才，而且非常重视教师的培训，使教师队伍的年龄结构、学历结构、职称结构都发生显著变化，党校系统教育队伍的整体素质得到了提高。当然，由于学员的数量在增多，有些地方特别是有些新建单位的教师并不能完全满足教学的需要，因此，我们将采取有力措施，进一步提高教师素质。多开备课会，增设新专业。

教学设施建设还要加强。从分院机关来讲，办学条件有所改善，但办公室仍偏紧，教室也不能完全满足函授教学需要。党校新征土地规划中将建函院教学大楼，这已经列入了第一期工程实施方案。同时，我们要尽快把总院、分院、学区的远程教育网建起来，这项工程投入很大。如果我们把远程网建起来，就能发挥省、市、县办学网络的功能，我们与高校的竞争也就更加有利了。

党校教育既是国民教育的重要补充，但又自成体系，把它建设好，对党校建设是有利的，对培养干部也是有利的，所以要坚定不移地把它办好。现在，虽然学历问题在省内已基本得到解决，但仍遇到一些冲击和阻力。我们一方面要严格管理，做好自身工作。另一方面，我们还要与省委及有关部门联系、协调，争取他们更多的支持，要尊重组织、人事部门的意见，每次招生考试或重大的活动都要请有关部门检查指导。这些年来，我们一直得到省委、省政府领导的关心、支持。今后要继续做好这方面的工作。

总院给了我们很多鼓励，分院的同志头脑要冷静，要从更深层次上看到我们的不足。总院提的几点希望很中肯，我们必须认真对待。校委将认真研究评估情况，对函授今后的发展将作出决策与规划。目前，江苏的专科已呈下降趋势，老专业生源减少，但新专业报考人员增加，学历层次要求也高了，要在教学竞争中立于不败之地，就要找准新的增长点。现在党员干部的学习热情越来越高。跨入21世纪后，函授教育将如何发展，如何适应新的形势需要，结合这次评估工作，分院的同志先考虑一下，校委也要就此问题作专题研究。

（根据记录整理）

进一步加强和改革党校函授教育工作的几点意见

（1999年12月14日）

中共安徽省委党校常务副校长　金巨保

面向21世纪，安徽党校函授教育工作要坚持以邓小平理论和党的十五大精神为指导，继续深入学习贯彻胡锦涛同志关于党校函授教育的一系列指示精神，适应安徽改革和发展的需要，全面推进素质教育，努力培养更多更好的高素质人才。按照这个总的要求，结合我省的办学实际，提出几点意见：

一、深化教学改革

党校函授教育改革的重点是教学改革。根据中央党校面向21世纪“加强理论武装，开阔世界眼光，培养战略思维，增强党性修养”的教改总布局，结合安徽的实际，改革党校函授教育的教学内容和课程设置。将“三基本”、“五当代”纳入党校函授教育的教材和教学内容之中。使党校函授教学能够更好地突出马列主义理论特别是邓小平理论的主课地位，突出党校办学特色，突出时代特征，突出素质教育和创新教育基本要求。马克思主义老祖宗不能丢，优良传统不能丢，但要联系新的实际来讲。各门课程的教学都要注意教学内容的改革和更新。对传统的教学内容要进行提炼。对陈旧的教学内容要加快剔除。要注意追踪改革和建设中的新情况、新问题，尽可能把体现知识发展和社会发展的最新成果，通过吸收、消化、整合反映到我们的教学上来。

改革教学方法。要发扬理论联系实际的优良学风，按照学用结合、学以致用的要求组织教学活动，改变教师单向灌输知识的传统面授方法，提倡启发式、研讨式教学，废除注入式、填鸭式，禁止念书式、画杆式。积极开辟第二课堂，重视实践教学。充分发挥学员在函授教学中的主体作用，提高学员学习的自觉性、自主性和创造性，调动教与学两个方面的积极性，教学相长，共同提高。努力培养学员大胆思维、独立思考，敢于质疑，敢于发表不同意见的精神和品格，使广大学员变被动学习为主动学习，变被动接受为主动创新，不仅学到知识，而且学会学习，学会创造，学会发展。通过学习改造自我，改造世界观，提高素质和能力。

充分重视教学手段的现代化建设，积极创造条件发展现代远程教育。现代远程教育是以现代手段为主（包括广播电视、网络与卫星），兼容面授函授等方式，各种媒体优化组合的一种教育模式。它以其教育手段先进、覆盖面广、不受时间空间限制、教育资源共享、办学质量高、办学形式灵活多样而备受社会关注。现代远程教育是 21 世纪教育发展的重要趋向，是一种现代化的崭新的教育模式和人才培训模式。党校函授教育的改革和发展，应该与教育手段的现代化建设紧密结合。各地要充分认识到发展现代远程教育的意义和作用，从实际出发，把这项重要的办学建设和教育改革列入党校的发展规划。

二、强化教学质量管理

加强教学计划管理。函授的教学总计划、学期教学计划是由总院和分院统一制定的，各地要严格执行和落实，按照规定的要求制定教学实施计划，保证学员学习时数，保证面授时数、次数，保证教学进度。

严格面授教师管理。面授教师一律实行聘任制，坚持条件，择优选聘，逐步推行竞争上岗。面授教师必须专业对口，专业理论和专业知识水平高，符合规定的职称要求，教学经验丰富，治学严谨，认真执教。原则上一个教师一学期只能承担一门课程的面授任务，最多不得超过两门，且其中一门还必须是曾经讲授过的课程。面授教师的选聘以党校教师为主。党校教师不足或党校教师不能承担的专业课程，要舍得花钱从高校及有关部门聘任，不能穷凑合，不要搞得党校教师疲于应付。面授教师要认真备课，在熟悉教材的基础上写出教案，没有教案不能上讲台。第一次任教或新开课程要组织试讲，试讲合格者方能聘任。党校校长、函授负责同志、班主任要坚持跟班听课，了解面授教学情况，加强面授质量的考核考评。教学态度不好，教学效果不好的一定要调整，千万不能迁就照顾。

加强面授考勤管理，确保面授到课率。加强自学指导和作业管理，组织好毕业论文答辩。加强教学班组工作，建立临时党支部和班委会，抓好党性教育和党性锻炼。重视电化教学工作，电教辅导要与教师面授辅导一样纳入教学实施计划。在这个基础上，要加快计算机网络建设，积极发展现代远程教育。

加强教材、教学辅导资料建设。教材建设是党校函授教育的一项基础性建设。教材作为知识的载体，直接关系到教学内容的质量优劣。一定要选用高质量的教材。现有的函授教材，主要是使用中央党校的，也有少量我们自己组织编写的。总体上，我们使用的教材是有权威的，有质量的。但也要根据形势的发展需要，注意选用新的教材，如“三基本”、“五当代”的教材。内容陈旧的教材要抓紧组织修改或更换，以保证质量，保证教学。要重视教学辅导资料建设，这也是一项重要的办学工作。教学辅导资料的编写，要坚持以正确的理论武装学员，以科学的方法启迪学员，以最新的知识丰富学员，注意科学性、针对性、新颖性和可读性，联系实际，释疑解难，适合广大干部在职学习。

为了确保教学改革和教学质量，要改革考试考核方式，严明考风考纪。实施素质教育不是不要考试考核，而是正确发挥考试考核的作用，是考什么和怎样考的问题。要适应素质教育的要求，增强考试考核的全面性，把党性考核和能力测试切实摆到重要位置，不能可有可无，也不能搞形式主义。考试命题要减少死记硬背的内容，增加理解、分析、判断的分量。闭卷考试和开卷考试要合理搭配。平时的学习考核和考试考核要结合起来。加强考务管理，坚持从严治考，严明考纪，端正考风，考出真实水平，维护函授的质量和形象。

三、加强函授办学队伍建设

第一，建设一支高素质的教师队伍。教师是教学改革和教学各个环节的具体执行者，在教学过程中起着主导作用。素质教育对党校教师提出了更高的要求，党校教师不仅要业务强，而且要党性强，不仅要精通专业，而且要会管理，不仅要懂理论，而且要懂实践，有强烈的事业心，有高尚的师德，为人师表，教书育人。各级党校要把加强教师队伍建设，作为一项根本任务来抓。党校校长要把提高教师队伍素质作为份内的第一位工作，全面加强教师队伍的政治和业务培训，抓紧培养中青年骨干教师和学科带头人。健全竞争激励机制，创造条件让优秀教师脱颖而出。通过多方面努力，建立一支数量充足，结构合理，政治坚定，教学科研能力强，热爱党校教育事业，懂得函授教育规律的师资队伍。

第二，进一步充实管理力量，提高管理队伍素质。函授教务、学籍、教材管理人员以专人专职为基础，力量不足的可聘请一些兼职管理人员。函授管理人员要加强思想作风修养，严于律己，无私奉献。要努力学习理论，学习政策，学习党校函授教育规章制度，切实掌握函授教学和各项管理的应知应会知识，要结合自己的业务分工，学习各自的专业知识和技能，努力提高工作质量和工作效率，出色地完成本职工作。班主任是最基层、最直接的教学管理人员，是党校派到教学班的“党代表”，是党校、函办、教师、学员及其单位之间联系的桥梁和纽带，具体负责教学班的管理工作和思想工作。班主任必须由党员干部或党员教师担任，而且必须是党性强、责任心强，具有较强的教学组织管理能力、善于做学员的思想政治工作。班主任工作是教学管理的基础性工作，选好一个班主任，就能带好一个教学班；有一支好的班主任队伍，才能建设出好的校风、学风。要重视加强班主任队伍建设，提高班主任队伍素质。

四、进一步发挥联合办学的优势

党校函授教育是中央、省、市（地）、县四级党校联办，或省、市（地）、县三级党校联办。联合办学是我们的优势。我们要继续保持和发挥联合办学的优势，以保持和增强党校办学的实力，提高办学主体素质。为此，要进一步加强党校建设，加强分院、学区、辅导站建设。在联合办学中，各级党校都是函授办学实体的一部分，都有重要的责任。函授办学规模大，任务重，又是正规的学历教育，随着教学改革和素质教育的展开，迫切要求各级党校把自身建设和自身素质提高到一个新的水平。中央党校提出当前要加强以分院为重点的各级办学组织建设，我们要认真组织落实。同时应该指出，分院建设同学区建设、辅导站建设是分不开的，没有学区、辅导站的办学能力和办学水平的提高，就不可能有分院整体办学能力和办学水平的提高。从一定意义上说，越是基层联办单位，越是要重视加强办学主体建设，加强硬件和软件的建设，加强办学队伍建设，加强办学管理的规范化建设。只有这样，函授的教学改革和办学质量才能建立在坚实稳固的基础之上。

切实加强党校函授教育的双重领导机制。各级党校校委要加强对函授办学的领导，真正把函授教学作为党校的中心任务之一来抓，抓紧抓实，不断提高质量。组织协调全校各部门齐心协力办好函授。同时，要尊重函授教学管理上的垂直领导，坚持按上级函授管理部门的统一要求开展办学工作。省委党校和分院对学区，学区对辅导站都要加强办学业务检查和指导，强化服务意识，充分调动各级党校的办学积极性，提高各级党校的办学水平。

严格坚持实行统一的函授教育管理制度，统一招生政策，统一教学计划和教学标准，统一教务考务管理要求，统一财务管理制度，统一重大事情请示汇报、审批制度。同时，要进一步健全分级管理、分级负责的办学管理制度，一级有一级的责任，一级有一级的权限，一级抓一级，一级对一级负责，层层负责。

各级党校要十分珍惜和维护党校函授联合办学的大局，加强团结协作，密切配合。坚持讲学习、讲政治、讲正气，从严办学，规范管理，改进工作作风，提高工作效率，加强相互交流，互帮互学，共同发展，共同提高。

五、积极开展学习和落实两个《管理制度汇编》的活动

强化管理，规范办学，基本的要求是建章立制，按章办学。这次会议上，同时下发了新版的《中共中央党校函授学院管理制度汇编》和省委党校函授教育《管理制度汇编》。经过全面修订和完善而形成的总院和分院《管理制度汇编》，是根据《党校工作条例》和党校函授教育方针、原则和政策制定的，是多年办学经验的最新总结和升华，是函授教学管理规律的体现。它的下发和执行，是进一步加强规范化管理的重要举措，是提高办学质量和管理水平的重大步骤，是深入贯彻落实胡锦涛同志关于党校函授教育重要指示的实际行动。各地要认真组织学习，不折不扣地贯彻执行。胡锦涛同志曾经指出："有管理制度是好的，但最重要的是下大力量去抓，使之真正落实，不落实，制度也是空的。"要增强按章办学的意识和自觉性，制度是规矩，是准绳，具有法规性、强制性。没有规矩，不成方圆。要掀起一个学习贯彻宣传《管理制度汇编》的热潮，使管理制度深入人心，深入工作，深入实际，成为全体党校函授办学工作者的自觉行为，成为全体党校函授学员的自觉行动。管理制度贵在落实。要坚决维护管理制度的权威性、严肃性和原则性，坚决纠正和禁止任何偏离和违反管理制度的不良现象。在执行管理制度的实践中，要注意与工作实际相结合，讲究实效，力戒形式主义；要注意创造和积累新鲜经验，不断充实和完善管理制度。

六、高质量地做好 2000 年函授招生工作

函授招生工作要进一步认真学习贯彻胡锦涛同志重要指示精神，(1) 控制办学规模，提高办学质量；(2) 招生方式要有继承有改革；(3) 加强领导，改进工作；(4) 搞好对外宣传，充分利用广播、电视、报纸，宣传函授教育成果；(5) 紧紧依靠各级党委的重视和有关部门的支持，统一思想、明确政策、强化措施，高质量地完成 2000 年党校函授的招生工作。

（摘自金巨保同志在 1999 年安徽省三级党校函授教育工作会议上的讲话）

在1999年全省党校业余函授教育工作会议上的讲话（节选）

（1999年12月16日）

中共山东省委党校常务副校长 李新泰

同志们：

在世纪之交召开这次会议，传达中央党校1999年函授教育工作会议精神，全面总结今年工作，部署明年任务。我结合会议主题讲几点意见：

一、进一步提高对党校业余函授教育的重要地位和作用的认识（略）

二、深化教育改革，明确发展方向

党校业余函授教育要前进，要发展，根本的出路在于教育改革。当前和今后一个时期，要结合贯彻落实《中共中央国务院关于深化教育改革、全面推进素质教育的决定》和中央党校函授教育工作会议精神，根据党校业余函授办学的特点，努力做好教育改革的文章。

（一）要切实提高对深化教育改革重要性的认识，把思想统一到第三次全国教育工作会议和中央党校函授工作会议精神上来。党校业余函授教育，自1985年办学以来，以其突出特色和办学质量赢得了社会的广泛支持和信任，为党为国家，培养了一大批优秀人才。但随着形势的进一步发展，教育模式、教学方式、管理方式以及教材内容和课程设置等，都显得不很适应。教育要改革，国民教育要改革，党校业余函授教育也必然要改革。这是时代的呼唤，形势的要求，党校函授教育发展的要求。任何固步自封，停滞不前的思想都是不可取的。大家应该有信心，有决心，同时也有责任、有能力，在世纪之交的关键时期，肩负起历史的重任，开拓创新，锐意进取，走出一条既具有党校特色，又适应素质教育发展的办学之路，把一个崭新的、充满生机和活力的业余函授教育带入21世纪。

（二）要坚持正确的指导思想，从党校业余函授教育的实际出发，通盘筹划，稳步前进。党校业余函授教育改革必须坚持以邓小平理论为指导，坚持“理论、知识、党性、能力”相统一的原则，认真贯彻中央党校面向21世纪“加强理论武装，开阔世界眼光，培养战略思维，增强党性修养和提高科学知识”的教改总体布局，坚持党校教育的特色，突出时代特征，符合国家高等教育标准，充分发挥全省党校系统办学网络的整体功能和优势。既要充分利用我们多年办学中积累成熟的办学经验，又要善于开阔思维，突破陈规，大胆借鉴一些发达国家在继续教育、终身教育方面采取的有效办法。扬己所长，避人之短，通盘规划，认真思考，慎重出战。要先试点，后推广，先个别，后一般，做到既积极，又稳妥，确保整个教育改革稳步健康发展。

（三）立足现实，抓住重点，有所突破。深化教学改革，从改革我们现行的教学内容，教材，考试与考核方式等入手，既要体现党校特色，又要适合国家成人高等教育统一标准，更要适应时代发展要求的原则。根据目前的实际情况，应该在以下方面有所突破：一是在教学内容的改革上，突出时代特色，改革并删减陈旧的甚至过时的内容，增加新兴学科如金融知识、经济管理知识和现代科技、法律等方面的知识。二是在专业设置上，充分体现社会的需求和干部队伍的需要，体现党校教育的新特点。三是在教学方式上，克服一人讲，众人听，满堂灌的教学模式，借鉴某些外国的教学方法（如目标教学、模拟教学、程序教学、案例教学等)，逐步向能充分启动学员思维、调动学员积极性与参与性，有利于提高分析问题、解决问题能力的多样性教学方式过渡。四是在管理方式上，要立足于成人教育的实际，改革对中学生式的管理模式，探讨并实施适合成人教育特点的管理方法。五是在考试考核方式上，要积极进行考试考核方式的改革，努力消除应试教育的影响。要建立健全合理的、综合的人才考核评价体系，使考试考核真正起到考察学员的实际理论知识素质和实践能力的作用。要根据业余函授教育的特点，探讨并逐步过渡到弹性学制和弹性学分制，使业余函授教育能不断满足各类各层次学员对知识需求的需要。六是在教学手段上，要加速教学手段的现代化。随着科学技术的不断进步，教育手段的现代化是教育发展的必然趋势。我们一定要跟上不断发展的形势，加大投入，舍得投入，积极采用现代化教学手段，发展省内的远程教育。

三、规范办学，严格管理，以质取胜

“规范办学，严格管理，质量第一”，是胡锦涛同志多次提出、反复强调的问题。最近，他又指出：“函授学院一定要办好。办好了，有助于引导干部学习，提高素质。”“要进一步明确办学指导思想，严格把握招生范围、规模，严把教学、考试的质量关，帮助干部努力一年、两年、三年，实实在在学点东西。要坚决防止和克服由于管理不严，给一些不想勤奋学习、目的在于混得一个文凭的人提供方便。否则，势必助长腐败现象，严重损害党校的声誉和形象，造成不良的社会影响。”我们要坚决贯彻落实胡锦涛同志的指示，进一步规范办学，严格管理，提高质量。

（一）坚持原则，坚持标准，确保质量。当前，我们面临着全方位、开放性办学的新形势，但从严治校、从严办学的要求不能动摇。不要以为目前发生了“新情况”，出现了国家、集体、私人一齐办学的局面，就误认为教育放开了，质量要求不严了，管理可以松了，可以降低条件、降低标准、降低质量，迎合社会上不良的倾向和风气。这种想法和认识是不对的，有害的。规范办学，从严管理，确保质量，是党校的性质决定的。党校业余函授教育的对象主要是党的领导干部和党员干部，办学的标准只能提高，不能降低；各方面的管理只能加强，不能削弱；办学质量只能逐年上升。大量的事实证明，松松垮垮是培养不出高素质人才的。中国有句古语，叫“严师出高徒”。面对各种歪风邪气，我们不能同流合污，要以“三讲”的精神和要求，坚持标准，坚持条件，保证质量，维护党校业余函授教育的政治性、严肃性和原则性，克服和纠正办学中一切弄虚作假行为和不正之风，确保办学工作在规范化的轨道上健康发展。

（二）坚持制度，加大措施，强化管理。规范办学，提高质量，必须强化管理。管理出效益，管理出质量，管理出人才。当前，主要是依照各项规章制度规范管理各方面的办学活动，使各项办学工作达到规定的标准和要求。一是要加强对“教”的管理。聘任合格的教员担任教学任务，要求教员搞好备课，写好教案，提高课堂面授质量，批改好学员的作业，指导好学员的毕业论文，组织好学员的论文答辩；加强对教师教学工作的考核，对那些工作不认真、教态不端正、教学质量差而长期上不去的教师，坚决取消其任教资格。二是加强对“学”的管理。挑选合格的人员承担学员的班级管理工作。总结经验，分析情况，制定对策，努力提高学员的到课率，对那些无故缺勤，不符合出勤规定的学员，坚决不准参加正式考试；继续加大整治考风的力度，对那些考场舞弊不改的学员，坚决执行有关规定，令其重考或取消学习资格，对舞弊严重的考场予以作废或重考；对毕业论文不符合质量和数量要求的，坚决不准参加答辩；对不符合毕业条件的学员，坚决不准毕业，等等。三是加强对“管”的管理。办学管理人员也需要加强管理。管理人员必须模范的遵守各项规章制度，率先垂范，依章办事，遵纪守法，禁止以学谋私，以权谋私行为的出现；要进一步提高业务水平和业务能力，提高工作质量和工作效率，高质量的完成各项办学任务。总之，对“教、学、管”等各个环节、各项工作、各项活动的管理，做到计划周全，目标明确，措施具体，责任落实，提高整个办学的管理水平。

（三）坚持“质量第一”，以质量求生存，以质量求发展。党校业余函授教育经过十几年的发展，虽已形成了全国性的办学与管理网络，锻炼了一支较好的办学队伍，积累了较丰富的经验，具有较强的竞争力和生命力，但要在激烈的教育竞争中巩固和扩大已占有的“一席之地”，充分发挥“一般学校或部门难以取代”的地位和作用，必须进一步提高办学质量。要严把招生关、教材关、教学关、考核关，特别要“严把教学、考试质量关”，自觉克服和主动整改办学中存在的问题，改善办学条件，加强师资队伍建设，抓好教学工作，健全各项规章制度，规范各项办学活动，以高质量的办学水平迎接新的挑战，参与新世纪的教育竞争，以质量求生存，以质量求发展，以质量取得社会的信赖和支持，为党和国家培养高素质人才。

四、加强领导，努力开拓，开创党校业余函授教育工作新局面

（一）各级党校要根据新形势新任务的要求，进一步加强对党校业余函授教育工作的领导。在新的世纪里，业余函授教育的发展，面临更加激烈的竞争和复杂的局面，要保持业余函授教育的健康发展，各级党校党委要把抓好业余函授教育工作提到议事日程，从讲大局、讲政治、讲原则的高度，领导和加强业余函授教育工作。党委要定期研究、解决办学中的重大问题，把方向，出主意，指路子，确实把业余函授教育作为党校教育的重要组成部分来对待，将其纳入全校办学的总体规划和办学格局之中。特别是党校的主要领导，应自觉地承担起业余函授教育办学的重任，当好第一责任人，经常听取、过问、研究、解决办学中的问题和困难。同时，要从思想上认识、解决和协调主体班次与函授班次的关系，把二者科学有机的统一起来，做到相互促进，共同发展。

（二）加强业余函授部门的组织建设，提高办学队伍的办学能力和水平。各级党校要根据新形势、新任务的需要，把政治强、业务精、懂教学、会管理的同志充实到各级党校的业教领导班子中去，加强业教管理机构的建设，按规定配齐工作人员，不断提高他们的政治素质和业务素质，使他们担负起办学的重任。同时，要关心他们的成长，解决他们在工作生活等方面的困难。

（三）加强业务领导，进一步完善办学网络体系。党校业余函授教育是中央、省、地（市）、县四级党校业务垂直领导的办学网络，这种网络体系加强了业务往来，密切了各级党校之间的关系。要使党校业余函授工作健康发展，在业务工作上，上级业教部

门必须加强对下级业教部门的领导和服务，确保令行禁止，上下畅通。在办学的重大问题上，统一条件、统一标准、统一领导，防止各自为政，各行其是。

深化函授教育改革　提高函授教育质量

中共广西自治区委党校常务副校长　龙观水

一、全面推进素质教育

为了进一步贯彻落实胡锦涛同志的重要指示，培养和造就适应21世纪的高素质的党员干部，我们必须深化函授教育改革，全面推进素质教育。党校函授教育改革，要坚持以邓小平理论为指导，以提高教育质量为中心，以全面推进素质教育，达到"理论、知识、党性、能力"相统一为目标，坚持解放思想，实事求是，积极探索，大胆尝试的原则。在教育改革中要认真学习、深入贯彻胡锦涛同志的要求和中央党校关于教育改革的设想以及区党校校委在"三讲"中提出的教育改革的总体思路，统筹规划，科学安排，分步实施，切实把党校函授教育改革工作抓紧抓好。要突出党校教育特色。党校教育的主要特色一是在培养目标上不仅要提高学员的业务能力和知识水平，还要提高学员的党性觉悟，要真正把党性教育贯穿于党校函授教育的全过程，引导学员在改造世界观上下功夫；二是在课程设置和教学思路上，既要符合国民成人高等教育的统一标准，又要坚持马克思主义基本理论的主课地位和党性教育的核心地位；三是在教学方针上既要注重理论学习、知识的掌握，又要紧密联系学员的思想实际和我国改革与建设的实践，把学习书本知识与投身社会实践结合起来，把改造客观世界同主观世界结合起来，不断提高学员运用科学理论解决实际问题的能力。

二、要加大教学改革力度

近几年来，区党校函院一直不懈地进行着教学改革的探索，按照素质教育的要求，在专业结构、课程设置、教学内容、考核形式、试题内容结构及辅导资料的形式内容等方面采取了一些措施，对个别学科的考核形式和内容作了较大幅度的改革，为全面推进素质教育打下了一定的基础。今后，要在继续抓好上述改革措施的配套、完善、落实的基础上，调整招生条件，改革学制，试行弹性学习制度，允许分阶段完成学业；要改革教学内容，更好地体现以邓小平理论为中心，面向21世纪，既坚持马克思主义，又充分适应世界大转折形势发展的基础理论、世界眼光、战略思维、科学知识和党性修养相结合的新的教学内容；要改进教学方法，积极实行启发式和讨论式教学，培养学员的创新思维、独立思考和敢于发表不同意见的品格和能力；改革考试观念、模式、命题、形式、次数和成绩评定方式；要加强对教育质量的评估，逐步形成对党校办学行为和教育质量的社会监督机制以及评价体系，完善党校自我约束、自我管理机制。

三、严格管理

教学质量的高低，是关系到党校函授教育存亡的重大问题。多年来，各级党校在认真贯彻胡锦涛同志对党校函授教育的一系列指示，认真落实中央党校和区党校制定的各项规章制度，在严格管理上积累了不少经验，确保了教学质量。但是，仍有少数办学单位的领导对这一问题重视不够，抓得不力，不严格执行规章制度，致使一些地方教风、学风、考风不正的现象时有发生，自学指导工作迟迟不到位，面授到课率较低。这种状况必须引起我们高度重视，尽快采取相应的措施，确保函授教学质量。

——从严办学方针必须坚持。不论国内国外，任何高质量的学校，都是坚持了从严办学方针的。只有从严办学，才能使学员真正学到知识；只有高质量的学校，才能使真想学到知识的学生来校就读。那种认为“从严管理会把学员吓跑”，以及“从严管理不利于同其他院校竞争”的说法是错误的，也是有害的。

——严格教学管理是函授教育管理的首要任务。一是要严格教学行政管理。要进一步完善教学网络体系；要形成上级党校教学宏观控制的有效性与各办学单位自主权相统一的科学管理机制；要严格按照各项教学管理的规章制度办事。在教学计划管理上，要强调教学计划的严肃性，不能随意变更；要保证计划规定的各门课程教学的落实，要注意克服“重闭轻开”现象，对外语、计算机等课程的教学决不能流于形式，同时要结合形势，适当开设有关改革开放和现代化建设的重点、热点、难点问题的专题讲座；要保证教学计划规定的各种课时的落实，特别是电教课、讨论课和党性教育课课时的落实；要搞好教学计划的检查和评价工作。在课程设置上既要体现党校函授教育特色，又要体现时代性、适用性和专业性，要将社会需要作为课程设置的一项基本指导原则。教学大纲、教学指导书、作业题等教学资料的编写要有党校函授教育特色，要有针对性和权威性，要突出素质教育。二是抓好教学质量管理。教学质量是党校函授教育的生命，教学质量管理是教学管理的核心，通过教学质量管理，达到提高教学质量的目的。各级领导要深入基层，采取听课、召开调查会等方法掌握教学动态，以指导、改进函授教学工作；要加强课堂教学，提高面授质量；要加强毕业论文指导，提高毕业论文质量；要教学模式科学化，教学手段现代化；此外，还要抓好教学管理规范化工作。

——要强化教学及管理者队伍的管理工作。函授办学严格管理的关键还在于对人的管理，其中重要方面是对教师和管理人员的管理，提高他们的综合素质。一是要强化教师队伍的管理。要围绕着健全优化教师队伍的有效机制，提高教师队伍的整体素质去强化教师队伍的管理工作。二是要强化管理队伍的管理。要围绕着“人员管理要从严、队伍建设要从优、素质提高要从实”的要求去强化管理队伍的管理。除了管理人员不足需要及时补充外，也要同对教师的管理一样引进竞争机制，推行管理人员聘任制，优胜劣汰，并实行岗位目标管理制度。与此同时，也要强化对管理人员的培训。今年，区党校函授学院已举办了开办函授教育以来第一期教学教务管理人员培训班，今后这方面的工作还要继续加强，各地市党校也要尽快开展这方面的工作。今年，要借机构改革的东风，把管理队伍的管理提高到一个新的水平。

——要不断完善和落实各项管理制度。党校开展函授教育以来，已制订了不少规章制度。最近，总院下发了重新修订的《管理制度汇编》，分院及各地市委党校正在组织学习，不少规定正在落实。但是，这种学习和落实还是刚刚开始，需要进一步加强。对分院制定的各项管理制度，除了不断修改补充外，也有一个进一步学习和落实问题，各级党校也必须组织办学人员认真学习，一条一条去落实。

（摘自龙观水同志2000年1月5日在广西自治区党校1999年函授教育工作会议上的讲话）

抓住机遇 乘势而上
努力开创我省党校函授教育新局面

——在全省党校函授教育工作会议上的讲话（节选）

中共湖南省委党校常务副校长 周永生

同志们：

今天，我们在这里举行湖南省党校系统函授教育工作会议，在总结近几年来函授教育工作的基础上，部署安排今后一个时期的函授教育工作，研究和解决函授教育改革和发展过程中的一些重大问题。这是在世纪之交，也是在湖南省党校系统创办函授教育以来，湖南省党校系统召开的总结函授教育经验，开创函授教育新局面的一次重要会议。在此，我代表湖南省委党校校委对会议的召开表示祝贺，对全体与会同志表示热烈的欢迎。

湖南省党校系统函授教育，如何更好地贯彻落实胡锦涛同志对党校函授教育的一系列重要指示和批示精神，如何贯彻中央党校今年11月12日在广东顺德召开的全国函授教育工作会议精神，抓住机遇，乘势而上，努力开创我省党校系统函授教育工作的新局面，就此，我谈几点意见。

一、充分认识跨世纪党校函授工作的重要性（略）

二、坚持正确办学方向，进一步明确办学的指导思想（略）

三、保持自身特点、突出时代特征，深化函授教育改革，强化素质教育

第一，深化教育改革是党校函授教育谋求21世纪继续发展的根本举措。随着第三次全国教育工作会议精神和《中共中央国务院关于深化教育改革全面推进素质教育的决定》的贯彻执行，各类教育将步入“快车道”，学校将进一步向社会开放，多种形式的社会办学将迅速发展，教育市场竞争将日趋激烈。对党校函授教育来说这既是难得的机遇，又是严峻的挑战。我省党校函授教育尽管经过十多年的发展，具有了相当的基础和规模，造就了一支办学队伍，积累了较为丰富的办学经验。但是与现代教育呈现出的大众化、国际化、终身化、网络化发展趋势的要求，与培养高素质干部队伍的要求，还有相当的差距。我们必须结合我省函授教育的实际，在保持党校函授教育自身特征的同时，根据时代的要求，突出时代特征，加大函授教育改革的力度。转变陈旧的教育观念，在中央党校统一部署下，改革教学内容和课程设置，加强教材建设，不断探索新的教学方式和手段，改革考试考核方式，努力探索新的学制形式，积极发展现代远程教育。惟其如此，我省党校函授教育在21世纪教育产业化过程中才能占有一席之地，保持它应有的地位。

第二，深化教育改革的目的是强化素质教育，造就高素质干部队伍。党校函授教育的改革必须围绕培养高素质干部队伍这一主题，既要按照国家高等教育的标准，又要突出党校特色，始终坚持“掌握基本理论，充实专业知识，增强党性修养，提高实际能力”的培训质量要求，要把中央党校面向21世纪“加强理论武装，开阔世界眼光，培养战略思维，增强党性修养”的教学改革整体布局和总的精神，贯彻到我省党校函授教育改革中去，在引导学员掌握基本知识的同时，提高学员的政治思想素质，培养学员的创新精神和实践能力，努力造就一支高素质的干部队伍。

四、从严办学，严格管理，确保教学质量

第一，加强管理和师资队伍建设，提高办学主体素质。一是要不断加强师资队伍建设，不断提高教学质量。在教学中，教师处于主导地位，从一定意义上讲，教师素质是提高函授教育质量的关键。经过多年的努力，我们已经在全省各级党校建立了一支基本适应目前函授教育需要的师资队伍。但离党中央建设跨世纪高素质干部的要求和党校函授教育发展的需要仍有较大的差距。从整体上看，我省党校函授师资队伍人数不足，专业结构不合理，综合素质有待提高的问题仍然比较突出。各级党校要根据自己的实际情况，通过选调、公开招聘、选送培训等途径，认真解决好这个问题。二是进一步加强管理队伍的建设。对管理人员队伍建设，要做到“人员管理要从严，队伍建设要从优，素质提高要从实”。各级党校必须认真搞好管理人员的选聘工作，严格按规定配齐管理人员，把作风正、业务强、素质高的同志放到函授教育工作的第一线。同时，要努力搞好管理人员的培训工作，树立起勤业意识、敬业意识和精业意识。

第二，严把招生、教材、教学、考核、毕业五关，加强管理，以质取胜。胡锦涛同志在1997年提出“把好招生关、教材关、教学关、考核关”，我们必须认真贯彻执行。大量的事实证明，松松垮垮，管理松懈，是培养不出高素质人才的。有的同志错误地认为“从严管理”会把学员吓跑，企图放松管理，降低标准来争取生源，这种思想和行为是错误的、有害的，不利于我们函授教育的长远发展，更有损党的干部教育事业。我们必须坚持“从严办学，质量第一”的办学方针，严格把关，加强管理，确保函授教学质量。

第三，不断完善和落实各项规章制度。建立和完善各项规章制度是进一步规范函授教育，发展函授教育，提高教学质量的要求。要认真贯彻执行总院新版《管理制度汇编》。各单位要安排一定的时间，进行专门的学习，掌握《汇编》的内容，提高执行各项规章制度的自觉性。胡锦涛同志指出：“有管理制度是好的。但最重要的是下大力气去抓，使之真正落实。”各级党校要狠抓落实，切实做到按章办事，把各项教学与管理工作都纳入制度化、规范化的轨道。维护党校函授教育的政治性、严肃性和原则性。

五、各级党校要切实加强对函授教育工作的领导，发挥党校系统的整体优势

各级党校要进一步加强对党校函授教育的领导，把函授教育列入校委的议事日程，及时研究解决函授办学中的重大问题；要健全函授办学机构，按德才兼备的原则配齐领导班子；加强办学主体的建设，特别是师资队伍建设；各级党校要加大对函授教学的投入，切实改善办学条件；要加大对党校函授教育宣传的力度，增进社会各界的了解和支持，创造一个良好的办学环境。把函授教育工作的实绩，作为考核校领导的重要内容。

我省党校系统的函授教育，形成了分院、学区、辅导站紧密相联的办学体系和研究生、本科、大专协调发展的办学格局。这种办学体系和合作模式有利于发挥我省党校系统的整体优势，有利于我省党校教学资源的合理利用，有利于在全省党校系统函授教育中推进规范化管理。今后，我们要进一步

加强省委党校和地市县党校的合作，严格规范办学，维护我省党校系统函授教育的政治性、严肃性和原则性，不断把我省党校函授教育事业推向前进。

采取十项措施　加强师资队伍建设

中共甘肃省委党校常务副校长、分院院长　王文学

“强化办学队伍建设，提高办学主体综合素质”，这是中央党校1998年函授教育工作会议的主题，也是1999年我省党校函授、走读教育各项工作的主旋律。半年多来，分院各级组织，采取切实的措施，制订了“加强办学队伍建设”规划和措施；一些学区和辅导站已经或者正在选调教师，调整、充实办学队伍，并加大对师资和管理人员的培训力度；有的还通过开展读书活动、集体备课、观摩教学、知识竞赛、业务考试等方式，提高办学主体的素质。

随着社会主义市场经济的建立，为适应现代化建设的需要，党校教育向多学科、多专业、高层次等方面迈出了较大步伐。特别是党校函授、走读教育创办以来，对锻炼、培养、提高办学队伍，尤其是教师队伍的素质，强化和拓展党校办学功能，发挥了很大的作用。从目前看，我们绝大多数学区和辅导站的办学队伍与各自的办学规模、需要相比，还是基本能够适应的。但是，从高标准、严要求看，从我们培养的宗旨和目标看，从未来的发展看，办学队伍中存在的不容忽视的问题也还不少，有的还相当严重。这些问题主要是：

1. 高学历的专职教师严重不足。研究生毕业的教师仅占教师队伍总数的1.3%，有27%的教师，其学历还没有达到本科毕业。

2. 具有高级专业技术职称的教师严重缺乏。84个地、县党校至今尚无一名正高职教授。地、县党校中，副教授仅占教师队伍总数的8.1%，中级职称也只占44.8%，初级职称和没有职称的教师达到47.1%。

3. 教师队伍的专业结构严重不合理，新学科类的教师奇缺。经济类（包括经管、企管等）的教师仅占17.7%，法律仅占5.4%，财会、金融等专业也不足10%。

4. 部分教师知识老化，一些教师的讲课方法、讲课能力不符合教学要求；有的课前不备课，上课不认真，画“圈圈”、打“勾勾”，应付差事；有的习惯于“满堂灌”、照本宣科；有的猜题、押题，热衷于应试教育。

5. 管理队伍和班主任队伍与“政治强、业务精、作风正”的要求，还有一定的差距。一些工作人员对规章制度不学习、不熟悉，政策水平不高，没有掌握科学的管理手段；有的服务意识不强，缺乏对学员的满腔热忱和工作的主动性，甚至故意刁难学员；有的不能坚持原则，甚至与少数学员串通起来弄虚作假，在资格审查、检查到课率以及交作业和考试中搞舞弊行为。值得注意的是，在一些人中间已经出现了以权谋私、钱学交易的腐败现象，严重地损害党校函授、走读教育的形象。

以上这些问题，已经成为制约我省党校函授、走读教育健康发展的关键因素。这些问题不解决，就会影响党校函授、走读教育

健康、持续地发展。

我认为必须采取以下措施，加强师资队伍建设。

1. 要继续搞好人才的引进工作，精心选调政治合格、专业对口、业务过硬的教师，充实到函授、走读师资队伍中来。

2. 进一步拓宽视野，走开放式办学的路子，合理利用社会教育资源。对党校内部教师无力承担或质量难以保证的课程，一律聘请高等院校、科研院所以及职能部门具有中、高级职称的专家、学者任教。

3. 大力推广组建“教授讲课团”的做法，集中优势，确保教学质量。目前没有组建“教授讲课团”的学区，要积极行动起来，把党校系统的一流教师和社会各界的专家、学者组织起来，组建“教授讲课团”，打破条块分割和地域限制，在各站（点）巡回面授，以解决教学质量不高的问题。

4. 抓好长期培训，提高中青年教师的学历层次。45 岁以下的教师在 3 年内必须全部达到本科毕业水平或具有讲师职称，5 年内必须使 15% 的教师达到研究生毕业水平。

5. 抓好短期轮训，促进教师队伍的知识更新。各区（站）每年必须保证有 20% 的专业课教师参加一次两个月以上的对口培训，就教师本人承担的专业课程进行单科强化和提高。要积极选派教师到中央党校、省委党校和其他高等院校进修、培训，并形成制度。

6. 注重实践锻炼，提高教师的综合能力。一是要组织骨干教师轮流到东南沿海等发达地区考察学习，以增强教师对改革开放和现代化建设实践的感性认识；二是定期组织教师就当前重大理论与实践课题，到省内地、县、乡和各类企业调查研究，分析和解决现实问题；三是大力支持教师开展多种形式的科研活动，积极鼓励教师参加各种学术研讨和交流。通过这些措施，不断提高教师理论联系实际的能力，并为教师评定专业技术职称创造有利条件。

7. 发挥示范作用，抓好技能培训。一是要开好分院和学区举行的一年两度的备课会，扩大集体备课面，对课程的讲授内容、重点难点、背景材料、讲授技巧等，由较权威的专家和有经验的教师进行讲授示范和讨论指导。二是要开展经常性的教学观摩活动。分院规定，每学期各区（站）参加观摩教学的主课教师不得少于 50%。由专家、教授、领导对课堂教学进行集体评价和鉴定，以促进教师之间取长补短、共同提高。三是要开好教学研讨会、学员座谈会，坚持领导、专家听课制度，重视课堂教学情况反馈，帮助教师提高教学质量。四是要注重对教师进行教学方法、讲授技巧、表达方式的指导和培养。

8. 调动教师的自学积极性，培养自我提高意识。分院提出，要像重视学员自学一样，有计划地抓好教师的自学。每个教师在每一学期都必须有自学计划，要紧紧围绕自己所承担的课程，不断学习新观点、新概念、新知识，钻研新学科。

9. 对个别区（站）存在的专科学历或讲师以下职称的教师讲本科课程、一个教师跨专业讲两门以上课程的现象，进行一次全面的清理。并要在今年内彻底予以解决。分院要在年底进行一次专项检查。

10. 师德问题、教风问题，希望各区（站）真正重视起来，研究并采取措施，切实抓出成效。

（摘自王文学同志在办学队伍建设年座谈会上的报告）

抓住机遇　迎接挑战
努力开创宁夏党校函授教育的新局面

——在宁夏自治区党校函授教育工作会议上的讲话

(2000年1月24日)

中共宁夏自治区党校常务副校长　郭千文

同志们:

1999年11月，中央党校召开了1999年函授教育工作会议。这是在世纪交替之际以“深化教育改革，强化自身建设”为主题，研究如何把充满生机与活力的党校函授教育推向21世纪的一次重要会议。12月下旬，中央党校函授学院对宁夏分院教育进行了评估验收。这次评估验收既充分的肯定了我们的办学成绩，又中肯的指出了需要加强的几项工作，需要我们认真对待和研究。自治区党校召开的这次函授教育工作会议，就是以贯彻这次中函工作会议和这次评估验收工作的精神为中心内容而召开的。围绕这次会议的中心内容，我讲几点意见。

一、以提高教学质量为中心，深化教育改革

党校函授教育是党校高等学历教育。教学质量的高低是衡量一所高等院校办学水平最根本的标志。因此,党校函授教育一定要以提高教学质量为中心,深化教育改革,坚持以质取胜。这是党校函授教育保持旺盛生命力的根本所在。党校函授深化教育改革,应抓好几个重点:第一,保持教育特色。党校函授教育,要保持和发扬“马克思主义是主课,党性教育是核心”的传统。这是我们与普通高校函授教育最大的区别和优势。第二,强化素质教育。要全面达到“理论、知识、党性、能力”相统一的培训质量要求。第三,加大教改力度。一方面要认真落实总院关于课程设置、考试方法以及推行学分制、弹性学年制等方面的改革举措,特别是把“三基本”、“五当代”教材引入函授教学。另一方面,要积极探索办学模式、教学方法等方面的新路子。第四,采用现代化教学手段。要加大电化教学的力度,加强党校信息网络建设,加快与中央党校远程教学网的建站联网步伐。

二、以中函评估验收为新起点，强化自身建设

总院的评估验收，是对分院加强自身建设、提高办学水平的有力促进。虽然我们分院函授教育的质量是好的，成绩是显著的，但与形势发展的需求和高标准的要求相比，我们的“教、学、管”几方面都还有一定的差距，需要认真整改。我们要对照分院对各学区、站的评估检查和总院对分院评估验收的评价所指出的问题和不足，逐条研究整改措施，制定逐级负责的责任制，狠抓整改措施的落实。经过努力能够解决的问题，要抓紧时间解决，暂时解决不了的，也要积极创造条件，争取早日解决。总之，要使这次评

估验收工作取得预期成效，强化各级办学组织和办学队伍的自身建设，把党校函授教育的教学质量和管理工作提高到一个新水平。

三、以端正“三风、三纪”为重点，全面落实新版《管理制度汇编》

管理制度是规范办学的准则，具有法规性质。总院的新版《管理制度汇编》特点是齐全、简洁、明晰、准确。这是我们规范办学行为、提高管理水平和办学质量的重要保证。对新版《管理制度汇编》，各级办学组织一要广为宣传，并对办学人员进行必要的培训，使广大学工人员了解和掌握这些管理制度的内容和要求；二要以“三风、三纪”（教风教纪、学风学纪、考风考纪）为重点，全面贯彻，狠抓落实；三要一级抓一级，层层负责，坚决按管理制度办事，维护其严肃性和权威性。

四、抓住机遇，迎接挑战，努力开创党校函授教育的新局面

党校教育适应跨世纪发展的需要，必须坚持办好函授教育。党中央十分重视党校函授教育，1995 年发布的《中国共产党党校工作暂行条例》中有明确表述，胡锦涛同志也先后有多次讲话和指示。1999 年 6 月 12 日，胡锦涛同志又指示：“函授学院一定要办好。办好了，有助于引导干部学习，提高素质。这就要求进一步明确办学指导思想，严格把握招生范围、规模，严把教学、考试的质量关，帮助干部努力一年、两年、三年，实实在在学一点东西。要坚决防止和克服由于管理不严，给一些不想勤奋学习、目的在于混得一个文凭的人提供方便，否则，势必助长腐败现象，严重损害党校的声誉和形象，造成不良的社会影响。”胡锦涛同志在世纪之交的时候，就党校函授教育又一次为我们指明了方向，提出了殷切期望。我们一定要认真学习，深刻领会胡锦涛同志的这些指示。全区各级党校都要把党校函授教育作为党校教育的重要组成部分，纳入本校工作的总体布局，把充满生机与活力的党校函授教育带入 21 世纪，为培养党的高素质干部队伍做出新的更大的贡献。

抓住机遇　振奋精神
进一步推进新疆党校教育事业

——在新疆党校 1999 年函授教育工作会议上的讲话（节选）

（1999 年 12 月 18 日）

中共新疆自治区党校常务副校长、分院院长　兰其建

对新疆党校函授教育来说，如何贯彻落实好中央党校 1999 年函授教育工作会议精神，推进新疆党校函授教育事业的发展，我提出以下几点意见：

一、振奋精神，保持新疆党校函授教育良好的发展态势

郑必坚同志说得好：“党校函授教育是

党校教育不可缺少的重要组成部分，党校函授教育不能离开党校，党校也不能没有函授教育”。这就进一步明确了党校函授教育在整个党校教育中的重要地位。依托新疆党校教育体系开办的函授教育具有独特的办学优势，它在全自治区干部教育中占有一席之地，这是一般的学校和部门难以取代的。众所周知，新疆党校函授教育经过了10年的发展，已经形成了一个遍布全疆的教学与管理网络，锻炼和造就了一支合格的办学队伍，积累了较为丰富的办学经验，有了一套具有本地特点的管理制度。因此，它具有较强的竞争力和生命力。我们完全有理由、有信心把新疆党校的函授教育办得更好。

二、解放思想，抓住机遇，深化教育改革

党校函授教育的根本出路，在于深化教育改革。我们要抓住新世纪西部大开发的机遇，结合党校函授教育的实际，从自治区本身的经济、社会发展的需要出发，从培养高素质、复合型干部队伍的要求出发，深化改革，适应形势。这样我们的函授教育才会有吸引力、生命力。

三、从严办学，严格管理，不断提高办学质量

从严治校，严格加强学员的管理是党校的性质所决定的。它是保证办学质量的需要，是培养高素质领导干部和党员干部的需要。是培养社会有用人才的需要。我们要始终坚持“严进、严管、严出”的办学原则，切实按章办事，把各项教学与管理工作都纳入制度化、规范化、科学化轨道；要坚持以“三讲”的精神和要求办好党校函授教育，增强函授教育的政治性、严肃性和原则性，维护我们党校的形象和声誉，端正教风、学风、考风，克服办学中的一切弄虚作假行为和不正之风，切实保证党校函授教育的质量。

四、加强两支队伍的建设，提高办学主体素质

办学主体素质决定办学质量。党校函授教育要更好地担负起自己的重担，就必须建立起思想好、业务精、作风正的办学人员队伍。这就要求我们不断加强教师队伍和管理人员队伍的建设。教师队伍建设，是党校教育的基础性工作，是我们办好教育的前提，它的重要性不言自明。管理人员队伍的建设，主要是通过培训和工作实践，提高他们对函授教育办学规律的认识，使他们熟悉和掌握各项规章制度和政策规定，严格贯彻执行，不断提高管理水平，树立良好的工作作风。

同志们，再过几天我们将迎来21世纪，我们自治区党校也将走入第50个春秋，在这令人振奋的一年中，我们还将迎来全国党校工作会议的召开，这次会议将为我们党校在21世纪的发展指明方向。让我们高举起邓小平理论的伟大旗帜，抓住机遇、开拓进取，将党校教育事业全面推向21世纪。

认清当前形势 抓好全面建设 把分院的函授教育工作提高到新水平

——在总参分院1999年函授工作会议上的讲话

总参宣传部副部长 姜 锋

同志们：

为了进一步认清分院函授工作面临的形势，贯彻落实总院1999年函授教育工作会议精神，开创分院函授教育的新局面，我讲几点意见。

一、落实“三讲”要求，坚持正确的办学方向

“讲学习、讲政治、讲正气”是全党各项工作的指导方针，也是党校函授教育的指导方针。最近江主席又指出：“讲政治，很重要的一条就是讲全局、懂全局、谋全局。”我们必须从“三讲”要求出发，把函授教育工作放在全党建设的全局中，军队建设和军队声誉的全局中，作为一项政治性很强的任务来完成。胡锦涛同志指出：“要坚决防止和克服管理不严，给一些不想勤奋学习，目的在于混得一个文凭的人提供方便，否则，势必助长腐败现象，严重损害党校的声誉和形象，造成不良的社会影响。”有个别单位和人员，不顾函授教育的大局，只考虑小单位的眼前利益和某些亲情关系，丧失原则，违犯规定，特别在招生审查、考风考纪等方面，发生了一些问题，有的还相当典型。这是与“三讲”要求相违背的，是党性不纯、办学指导思想不够端正的表现，是为了小单位的利益牺牲了全局利益的行为。如不认真解决，这些单位的函授工作迟早要停办。每个从事函授工作的同志务必要认清这一点，引起高度的重视。我们分院各级组织和广大函授工作人员，要自觉把函授工作，同落实“三讲”要求，同反对腐败，同党校和军队的声誉密切联系起来，不断端正办学指导思想，为培养军队建设人才，为树立军队和总参分院的良好形象，认真做好每一项工作，贡献自己的力量。

进一步端正办学指导思想，必须正确认识和处理好四个关系：第一，要正确处理社会效益与经济效益的关系。如胡锦涛同志所讲：“要坚持正确的办学方向，造就高素质的干部队伍，”“宁肯牺牲些收益，也要服从培养人才这个大局。”我们必须遵循这一基本原则，那种认为“照章办事，就会吓跑生源，减少收益，”是目光短浅的表现，是发生各种问题的根源。所以，坚持社会效益第一，经济效益第二，必须经常讲，反复抓，并把这一思想贯穿函授教育的每一项工作中。第二，要正确处理办学规模和办学条件的关系，严格依据自身的办学条件和能力，确定适当的办学规模。要坚决防止和克服那种不顾客观条件，盲目扩大规模，导致管理松懈、质量下降的问题。特别是有的学区点多、面宽、距离远、学员数量多，办学的人力、物力、财力都跟不上，工作漏洞多，屡屡出现问题。对此，分院和学区要共同努力，下决心缩短战线，压缩规模。分院在分配招生指标时，要考虑办学能力和工作状况，尽量做到向办学能力强、工作质量好的学区倾斜。各学区要量力而行，在保证质量的前提下，合理确定办学规模。第三，要正确处理招生数量和教学质量的关系，强化办学质量第一的意识。重数量、轻质量，重招生、轻管理也是个办学指导思想问题。我们只有坚持质量第一，以质取胜，才能使函授教育健康发展。现在有一种现象，就是争取招生指标时，上下动员，多方活动，非常积极。然而在学员入学后，教学和管理工作不到位，上报情况和材料老是让分院再三催促，质量和进度屡屡拖后腿。对此，只有从办学指导思想上来检查，才能从根本上解决。第四，要正确处理严格管理和照顾亲情的关系。函授工作涉及到的单位和人员较多，必须过好“人情关”。对亲朋好友、单位领导和来往较多的人员以及各种“关系户”等，都应该照章办事，严格要求，不搞特殊学员，不庇护和掩盖问题，这是函授教育事业发展的需要，归根结底与他们本人也有利。但是，也确有的单位和办学人员过不了“人情关”，丧失原则，见错不纠，甚至弄虚作假，帮助掩盖问题，做了损害函授教育事业、既害己又害人的事，这是很不应该的。各单位要抓好办学人员素质的提高，教育大家坚持原则，秉公办事，不徇私情。有的学区为避免发生问题，建立了亲情回避制度，特别在考试监考时，与熟悉的学员分开，从组织上避免了照顾亲情的问题。但从根本上讲，还是要坚持原则，顾全大局，过好“人情关”，决不让亲情关系损害党校函授教育事业。

二、规范办学行为，维护党校函授教育的政治性、严肃性和原则性

为了实现培养高素质人才的根本目的，党校函授教育制定了一整套贯穿函授工作各个环节的管理制度，作为办学的行为规范，具有很强的政治性和法规性。严格执行这些规定，就能确保函授教育质量。我们分院和各学区的同志都清楚地认识到，自觉照章办学是对每个函授工作人员的基本要求。大家把做好每一项工作，作为落实规章制度的过程，工作有规范，行动有依据，不政出多门，不因人而异，按原则办，按规矩办，按程序办，在管理制度面前人人平等。许多学区为保证规范办学和制度落实，还制定了实施细则，规定了检查办法，使规章制度更加切合单位的实际情况，较好地保证了教育质量，维护了党校函授教育的政治性、严肃性和原则性。另一方面，也还有少数单位和办学人员，对执行管理制度不严肃，不认真，缺乏坚定性。对违犯规定问题，盲目攀比，不以为然，甚至置规章制度于不顾，我行我素，顶风违纪。例如，在招生工作中，不执行招生的某些规定，不认真进行资格审查，不缴验毕业证原件，甚至帮助弄虚作假，或者发现假学历、假工龄也不纠正，把矛盾上交到分院；在考试工作中，提前拆开试卷，擅自更改考试时间，监考不按规定，对考试作弊行为睁只眼闭只眼，制造假成绩等；在教学工作中，面授时数不够，对达不到规定到课率的不认真处理。这些问题虽属个别现象，但违背了规范办学的要求，影响了总参分院的声誉和函授教育的质量。

为了进一步规范办学行为，分院和学区要认真抓好两方面工作：第一，组织全体办学人员学习新版《中共中央党校函授学院管理制度汇编》。最近总院下发的《管理制度汇编》，具有法规的性质和规范办学的功能，是做好函授工作的基本依据。分院和各学区都要专门安排时间，组织函授办学人员和任课教员，认真学习制度汇编的有关章节，熟悉内容和要求，对照检查单位的执行情况，找出差距，研究改进办法和措施。要结合完成各项工作任务，对口学习制度汇编的有关内容，真正熟练掌握，运用自如，充分发挥制度规定的效能和作用。第二，要全面落实制度汇编的各项要求，坚决纠正违规违纪行为。管理制度贵在落实。不落实就毫无意义。我们要把各项规定付诸实施，令行禁止，纠正“老实按规章办事吃亏”的错误认识，不搞“各取所需”，不搞变通处理。分院和学区都要从领导上做起，造成遵守制度为荣、执行规定受奖的风气，不能让不执行规定的人沾到便宜。例如，今年招生工作中，新生录取注册后，按照总院的规定，分院又对各学区上报新生材料进行复查，发现有358人录取资格有问题，大部分人是学历复印件有假，还有个别人没有报名登记表。对此，分院要求学区把这些新生的大专毕业证原件收齐，由分院再审。如果没有合格的大专毕业证原件，或者其它方面不具备条件，明年3月份学员注册时，分院将注销这些学员的学籍，决不能使弄虚作假、采取不正当的方式获得学员资格的人占到便宜。希望各学区认真对待，做好善后工作。近两年来，分院对办学中的违规违纪行为，进行了严肃查处，发现一起，处理一起。有的对当事人给予了纪律处分，有的停止了考试或取消了发生问题的考点，有的则要停止招生，进行整顿。这些做法绝不仅仅是针对哪一个单位和个人，而是要维护规章制度的权威性和原则性，规范整个分院的办学行为，树立分院和学区的良好形象和威信，确保函授教育质量。受到处理的单位和个人，要接受教训，着眼今后，以实际行动改正缺点，做好工作，重塑自身形象。其它单位和办学人员要共同吸取教训，引以为戒，避免发生类似问题，开创函授教育工作的新局面。

三、加大管理力度，“严”字当头，确保教育质量

“从严办学，质量第一”是函授教育的正确方针。特别是要严格把好教学、考试质量关，并且从反腐败、维护党校声誉和形象的高度实行严格管理。事实证明，从严管理，从严要求，以质取胜，党校函授工作才有生命力。管理不严则是削弱函授教育办学实力和竞争力的腐蚀剂。归根结底，只有从严管理，才能使学员学到东西；也只有教育的高质量，才能吸引真正想学到知识而不是混文凭的学生。我们分院和学区的同志，都要提高认识，端正态度，防止和克服认为从严管理“费劲、吃亏、得罪人”的错误思想，从对函授教育负责和培养高素质的干部出发，加大管理力度，做到“严进、严管、严出”。

（一）*严格把好招生质量关*。2000年招生的突出问题是招生指标压缩较多，供求缺口较大。为了解决这一矛盾，一是要严格执行不到地方单位招生的规定；二是要严格进行资格审查。客观地讲，如果我们不招地方学员，招生指标紧张的状况是可以得到一些缓解的。但是有的学区，不严格执行这一规定，千方百计寻找理由和借口，甚至假造工作单位，招收了一些地方生，扩大了招生规模，加剧了招生指标的紧张状况。新生资格审查不认真，也使不具备条件的学员，占去了一些名额。明年，总院规定军队不招大专班，就可能会有更多的不具备大专学历的考生，通过不正当的手段要参加本科班学习。所以，资格审查更应严格。分院确定，在招生考试前后，分院将派人到各学区审查考生的大专毕业证原件。学区在考生报名时，就要收缴大专毕业证原件，以待分院审查。我们设想一下，在明年招生限额大幅度减少的情况下，假如我们招收了地方生，而使军队的同志进不来；录取了不具备规定学历或其它条件的考生，而把合格的考生排除在外，社会和军内会有什么样的反响？分院和学区的函授工作还如何立足？因此，各级都要务必引起高度重视，遵守招生规定，严格资格审查，切实把好新生质量关。今后，对不符合条件的学员，要发现一个，清退一个；何

时发现，何时清退。即使学完两年半，拿到了毕业证，如果查实在入学时没有大专毕业学历，已发的本科毕业证也要追回来。在此以前，已经有了这种先例，今后还要坚持这样做。只有这样，才能确保招生质量，维护分院和学区的声誉。

（二）把好教学和考试关。通过今年对学区的教育评估检查看到，我们分院各学区教学组织工作、教师的素质和教学水平，都是比较好的，差距仍然是管理不够严格。今后，各学区一定要严格执行教学计划，按教学规律办事，切实保证面授时数，狠抓学员面授到课率和作业完成率，达不到要求的不能参加期末考试。面授缺课太多与缺考门数太多的，必须淘汰。各学区要认真研究，采取有力措施，把面授到课率和作业完成率抓上去。学员成绩的考核，主要仍然是考风考纪问题。这两年我们分院出现问题不少。因为一个小单位、一两个人影响了学区和分院的声誉。处理问题又费时费力、劳民伤财，各方面都有较大的损害。解决问题的惟一办法是，老老实实地一丝一毫不走样地按考试程序和守则办事，绝不能要人情面子不要制度规定，绝不能存侥幸过关心理，做到校内考试与外点考试一个样，上级来人巡考与上级无人巡考一个样，努力整治考风考纪，加大考务管理和成绩管理的力度，形成良好的教学氛围。

（三）把好学员毕业关，搞好学员毕业办证。不让不符合毕业条件的学员拿到毕业证，是确保教育质量最后一个环节。分院和学区对历年毕业的学员，都认真进行毕业资格审查，核对各种数据和资料，成绩不合格或条件不符合的，坚决不予办证。但是，也有少数单位疏于审查，把关不严，材料错漏较多，甚至把不该毕业的学员也列上去。近两年来办理学员毕业证，学区报来的材料中多次出现了入学名册和学员卡片中都查不到的学员。同一个学号之下，入学时是一个人，毕业时换成另外一个。所在单位虽多方解释都无法自圆其说，理所当然的被总院予以否定。尽管这是极个别现象，但暴露了管理工作和毕业审查的问题，造成了不良影响。今后，分院和学区都要以高度负责的态度和认真细致的作风，坚持原则，坚持条件，切实把好学员毕业关，确保拿到毕业证的学员，都是高质量的完全符合条件的毕业生。

四、加强各级组织的自身建设，充分发挥分院、学区的功能和作用

总院1999年函授教育会议提出，要加强以分院建设为重点的各级组织自身建设，明确了分院在党校函授教学和管理网络中处于支点和枢纽地位，具有办学实体和领导管理机构的双重身份，必须增强自身的功能，充分发挥领导和管理作用。我们总参分院经过多年的办学实践，各方面都有长足的进步，积累了经验，发挥了领导和管理的职能。但是，在自身建设和领导管理工作中，也存在一些问题和薄弱环节，影响和制约分院工作水平的提高。2000年，分院要狠抓自身建设，努力提高工作水平。首先是搞好分院的教育评估检查。要专门安排时间，紧紧围绕分院一级应具备的承上启下、贯彻实施、指挥协调、监督把关等四项功能，认真进行自查。并结合今年各学区对分院进行评估打分的情况，进行综合分析。同时，专门召开会议，从思想、组织、制度、队伍、作风、基础设施等方面，认真检查，总结经验教训，找出存在问题，制定整改措施。另一方面，要准备接受总院和全军党校函授教育办公室的评估检查验收。分院决心以教育评估检查为契机，把领导和管理水平提高一步。在日常工作中分院办公室、教学、教务各组，要进一步畅通上下联系渠道，加大对教学、考务、学籍、财务等工作的管理力度，对函授工作的各个环节严格监督把关，

增强服务功能，改进工作作风，使分院一级真正成为党校函授教育网络中的坚强支柱。

各个学区，无论是直属总参领导的院校，还是划归其它大单位领导的院校，都是总参分院有机的组成部分。从今年对学区教育评估检查和日常工作来看，学区建设总的情况是好的，成绩是显著的。在新的一年，各学区要充分利用教育评估的成果，重点抓好三个方面工作：第一，加强学区领导班子建设，增强政治意识，大局意识、责任意识。函授办公室主任自身要加强学习，不断增强政策观念和管理能力，提高领导水平。函办主任个人的思想和工作作风，与学区的工作状况有直接联系。要从自身做起，从具体工作做起，以实际行动带领大家完成各项任务。第二，要抓好教学和管理两支队伍建设，搞好人员培训，提高业务水平，精心选聘教师，稳定管理人员。目前，我们的管理工作之所以是弱项，与管理人员的水平关系极大。所以管理人员必须加强学习，提高主体素质，熟悉分管业务，并且人员要相对稳定，不要轻易调换。今年，分院对学区的微机操作员进行了两次培训，但有的人学完之后，却调整到别的单位，使学区微机操作员又成空缺，影响了学区工作和材料数据上报。这类问题希望今后不要出现。第三，要提高工作效率和质量。学区是函授教育的办学实体，各方面工作都要在学区落实，任务重，头绪多，工作十分辛苦。必须提高水平，改进工作，讲求质量，提高效益。目前，各学区工作状况并不十分平衡。有的学区工作扎实主动，预见性、计划性强，内部管理严格，上下关系畅通，工作时效和质量较好。有的学区则工作被动，管理比较松懈，教学、教务、学籍等管理都有明显的薄弱环节，有的工作甚至还没有上路。所以，出现问题较多，上报的材料、数据错漏和返工较多，时间进度时常拖分院的后腿，需要下功夫解决问题，提高工作水平。各个学区都要针对存在的问题，继续抓好自身建设，增强办学能力，使学区各方面工作有个新的进步。

辅导站和教学班是日常教学和管理的实施单位，要充分发挥它们的职能和作用，加强班主任队伍的建设。目前，有的学区挑选责任心和管理能力强的任课教员，兼任班主任，他们既懂教学，又抓管理，熟悉情况，深入实际，掌握实情，忠于职守，与学员交朋友，工作生动活泼、富有成效，受到学员的好评，促进教学质量的提高。实践证明，辅导站和教学班的建设加强了，落实教学和管理制度有了可靠的基础，函授教育的质量就有保证。

在空军部队分院办公会议上的讲话

空军政治部副主任、空军分院第一院长 敬应龙

对于如何搞好分院今后工作，第一，要继续不断地抓好教学质量的提高。质量是党校函授教育的生命。教学质量的好坏，不但关系到空军的声誉和形象，也关系到军队和党校的形象，还直接影响到学员能力素质的提高。因此，教学质量一定要坚持不懈地抓。第二，要通过抓教员讲课质量的提高来带动学员学习质量的提高。要舍得投入，积

极鼓励教员参加各种业务培训，促进知识的更新和能力水平的提高，把优秀教员放到函授教学一线，做到精兵强将上讲台，精备细讲求质量，精雕细刻育人才。第三，向管理要质量。提高教学质量必须加强教学管理。目前各军区空军抓党校函授教育的积极性很高，我们要把军区空军和学区的积极性都调动起来。为加强军区空军对这项工作的领导，军区空军政治部宣传处对所在地区空军部队党校函授学区的教学工作，有检查、管理和指导的责任。要按照空军政治部《关于加强中央党校函授学院空军部队分院函授教育管理工作的意见》的要求，认真抓好责任落实。要紧紧围绕提高教学质量，加强对教学全过程的管理，不断把空军部队分院教学质量提高到一个新水平。

要进一步抓好以教学为中心的教学管理工作，确保教育质量。

空军部队分院的工作，抓得细，抓得具体，为培养提高干部素质起了很大作用。今年比去年又有提高，尤其在贯彻胡锦涛同志的指示、强化质量、加强建设、向正规化、规范化发展方面，在全体工作人员的共同努力下，进步明显，取得了好的成绩，得到上级的好评，希望不断总结提高。关于今后的工作，我提两点意见。第一，做好“三个强化”的工作，切实树立好空军部队的良好形象。一是强化质量。质量是党校函授教育的生命，是党校和空军的声誉，是学员的前途。我们空军部队分院函授教育质量的好坏，不仅关系空军的声誉和形象，更关系到中央党校和部队的形象，更直接影响学员的发展前途，因此抓教学质量的巩固和提高，是我们办学的长期任务，不可松懈。二是强化管理。向管理要质量，向管理要效益，是我们坚定不移的方针。现在，各军区空军抓党校函授教育的积极性很高，这对我们办学很有利。今后，我要不打招呼的下去听听课，检查考场纪律情况，把管理工作抓实。三是要强化服务。全国第三次教育工作会议提出教育是个市场，是市场就有竞争。要稳定生源，我看首先要加强服务。服务态度好，而且周到热情，真心实意，就不愁没有生源，这个方面我们要加强。总之，我们要围绕“质量”这个根本，把教学过程的每个环节、每个关口都把好、把严，争取在新的一年里，在今后的工作中，以实际工作树立好空军部队的良好形象。第二，为激励大家的办学积极性，要研究设立空军部队分院奖学金制度。对那些忠诚于党校函授教育事业的优秀教员；正确处理工学矛盾，认真刻苦学习并取得优异成绩的优秀学员；忠于职守、严于管理的优秀管理人员，要给予一定的奖励，以褒奖先进典型。

实践篇

中共中央党校函授

1 6月12日，胡锦涛同志在中南海勤政殿听取赴中央党校“三讲”教育巡视组组长张丁华同志工作汇报后，对党校工作作了指示。在谈到函授学院时指出，“函授学院一定要办好。办好了，有助于引导干部学习，提高素质。这就要求进一步明确指导思想，严格把握招生范围、规模，严把教学、考试的质量关，帮助干部努力一年、两年、三年，实实在在学一点东西。”

2 3月2日，举行函授学院新老班子交接会。中央党校常务副校长郑必坚、副校长刘胜玉出席会议并作了重要讲话，会议由中央党校副校长张志新主持。郑必坚在讲话开始时宣布孙钱章同志由于年龄原因，经校委研究决定，并经请示中组部同意，免去他的中共中央党校校委委员和函授学院院长职务。由张志新同志兼任函授学院院长、黄士安同志任常务副院长，史信发、刘利群同志职务不变，组成函授学院新的领导班子。4月25日，校委任命张东升、欧亚平同志为函授学院副院长。

3 3月3日至4日，总院在京召开了1999年春季院务扩大会，总院各处室负责人以及处务委员以上人员共61人参加会议。会议总结了1998年工作，着重研究工作的改进举措，部署了1999年的工作，会议由黄士安、史信发分别主持。

4 4月15日，中央党校常务副校长郑必坚主持召开校委会听取函授学院工作汇报，讨论党校函授教育工作。校委同意函院今后的工作思路和1999

年的工作安排，对函院近期工作给予肯定和鼓励。10月，郑必坚又听取函院工作汇报并作重要讲话。提出“思考、落实、向前进”的七字要求。

5 6月3日至8月5日，总院集中处以上干部和教授以上人员参加校机关“三讲”教育活动。

6 9月20日，《学习时报·党校函授专刊》经过试刊两期后正式创刊。创刊号上发表了副校长、函授学院院长张志新《发扬“三讲”精神 提高办学质量》一文。

7 10月7日，总院《管理制度汇编》完成修订并下发全院执行，张志新副校长特为新版《管理制度汇编》作序。

8 11月12日至14日，中央党校在广东顺德召开1999年函授教育工作会议，中共中央委员、中央党校常务副校长郑必坚、副校长张志新、中共中央候补委员、广东省委副书记高祀仁等领导同志出席了开幕式并作重要讲话。会议谋划了21世纪党校函授教育改革与发展等重大问题。

9 各分院函授教育自我评估工作基本结束，总院已完成对31家分院的检查验收工作。

10 根据校委关于党校教育改革的总体布局，将“三基本”、“五当代”教材引入党校函授教育，并请原编写组的专家、教授编写简读本。教学与科研取得一批成果，一年内编印和出版了四本经验文集和一本优秀毕业论文文集。

规范化管理

关于加强中央党校函授教育规范化管理的意见

（1999年10月）

为加大管理力度，进一步规范办学行为，强化素质教育，提高党校函授教育质量，迎接新世纪的到来，依据《中国共产党党校工作暂行条例》、《中华人民共和国高等教育法》的规定和第三次全国教育工作会议精神的要求以及中央领导同志的有关指示，总结近15年来的办学经验，针对存在的不容忽视的问题，现就进一步加强中央党校函授教育的规范化管理提出如下意见。

坚持正确的教育方针
进一步端正办学指导思想

一、正确认识中央党校函授教育的性质、地位和作用。中央党校函授教育是适应我国社会主义现代化建设事业发展需要创办的，在党中央和中央领导同志的关怀以及中央党校校委的直接指导下逐渐发展壮大，目前已成为党校教育的重要组成部分，成为多渠道培训党员干部的一种有效形式，成为我国干部教育的重要方面军。其任务是通过开展高等学历教育和其它形式的短期培训，为党和国家培养适应社会主义现代化建设需要、坚持马克思主义、德才兼备的党员干部和骨干人才。

二、坚持正确的教育方针。加强中央党校函授教育的规范化管理，必须坚决贯彻党的教育方针，面向现代化、面向世界、面向未来，以提高学员的素质为根本目的，以培养学员的创新精神和实践能力为重点，努力把学员培养成为具有一定基本理论和专业知识、具有坚强党性和实际能力的复合型人才。

三、坚持正确的办学指导思想。要坚持以马列主义、毛泽东思想、邓小平理论为指导，以《中国共产党党校工作暂行条例》、《中华人民共和国高等教育法》和《中共中央国务院关于深化教育改革全面推进素质教育的决定》为依据，深入贯彻党的十五大精神，落实中央领导同志关于党校函授教育的指示，认真解决办学中存在的不容忽视的问题，深化教育改革，强化管理，全面提高办学质量，自觉地维护党校的形象和声誉。

四、坚持正确的办学原则。第一，坚持突出“党校特色”的原则。以在职在岗的党员干部为主要培训对象，坚持马克思主义基本理论的主课地位和党性教育的核心地位，努力达到“加强理论武装，开阔世界眼光，培养战略思维，提高党性修养，加强知识学习”的要求。第二，坚持“从严管理，质量第一”原则。要进一步完善各项规章制度，将从严管理落实到党校函授教育的各个方面、各个环节。坚持走内涵发展的道路，视质量为党校函授教育的生命。积极采取各种有效措施，不断提高教育质量和办学效益。

五、进一步完善中央党校函授教育体系。中央党校函授教育由中央党校主办，并与各省、自治区、直辖市委党校联合办学，实行统一领导、分级管理体制。中央党校设函授学院（简称总院），依托省级党校设分院，分院可在有条件的地（市）委党校设学区，学区可视需要和条件设教学点。部队要依托军事院校办学。各级组织要密切配合，优势互补，充分发挥网络系统的整体功能。

深化教学改革　强化素质教育

六、深化教学改革。进一步解放思想，转变教育观念，牢固树立素质教育的意识，始终坚持以教学为中心的工作方针，积极稳妥地推进各项教学改革。

七、班次、专业、课程设置必须适应社会主义现代化建设和广大党员干部更新知识的需要。

中央党校函授教育在办好本科班的基础上，继续办好研究生班，大专班逐步交各分院主办；积极探索各类新的班次与办学模式。

各班次要在办好现有专业的基础上，根据实际需要开设新的专业；各专业要注意加强同其它学科特别是自然科学之间的联系，以利于培养复合型人才；根据党政干部的实际情况，可确定不同的研究方向。

课程设置既要有党校特色，又要有鲜明的时代性、实用性和适应性。各专业均开设马克思主义基础理论、专业基础理论和专业知识、现代科技与文化技能等类课程，比例掌握在2.5∶6∶1.5左右。积极开展“选修制”试点工作，增加学员的学习自主权。

八、党性教育是党校函授教育的必修课。寓党性教育于党校函授教育的全过程，要做到有计划、有课时、有教材、有考核。紧密结合“三讲”教育，开展多种形式的党性教育活动，有针对性地加强学员的党性锻炼，提高党性修养。严格党性分析和考核制度，考核情况记入学员档案，合格者方能毕业。

九、要创造条件逐步实行弹性学习制度，允许学员分阶段完成学业。加紧进行固定学年制与弹性学年制、学年制与学分制相结合的改革试点工作，取得经验后逐步推广。

十、面向新世纪，加强教材建设。要把“三基本”、“五当代”的教材作为党校函授教育的重要教材。选聘校内外精通专业理论和有丰富教学实践经验与领导经验的专家、学者和实际工作者精心编写，保证教材的科学性和权威性。加强各地乡土教材建设。健全规章制度，加强编审工作，力争编出一套具有党校函授教育特色和时代特征、适合成人教育的一流教材。积极与国际国内图书出版业接轨，精心印制，使党校函授教材在图书市场上以精品面目出现。

十一、教学计划要集中体现党校函授教育的指导思想、方针、原则、目标、内容和方法，必须保持其科学性和权威性。要加大教学计划改革的力度，增加教学计划的弹性。总院负责编制教学总计划和学期教学计划，分院、学区负责编制教学实施计划。坚持逐级上报教学计划的制度，加大教学计划的执行、检查力度。

十二、强化教学各环节的管理，进一步推进素质教育。改进课堂面授教学，使之更加符合素质教育的要求和成人教育的特点，突出对学员创新意识和创新能力的培养；抓好学员自学，建立、健全自学组织，认真执行自学管理制度，指导学员制订好自学计划，引导学员摸索自学规律；加强教学管理，重点抓好教学质量管理，制定教学质量标准，开展教学质量检查，进行教学质量分析，搞好对“教”与“学”的教学评价；不断完善并严格执行教学规章制度，在落实上下功夫。

十三、努力提高党校函授教育技术手段的现代化水平和教育信息化程度。各级组织必须强化电教意识，在坚持普及电化教学、提高实施效果的基础上积极推进远程教育网络建设和现代化教育手段的运用，力争在3—5年内实现网络教学，发挥党校函授系统的教学和科研优势，为共享国内外教育资源创造条件。

十四、积极推进考试改革，以适应素质教育的要求。考核内容的改革要进一步体现考查综合素质，特别要突出对实际能力的考查；考核的方式要根据不同的课程、弹性学制的实施与远程教育手段的运用而采取多种形式。考试命题必须适应素质教育的要求。毕业论文要体现专业特点，论文答辩要严格认真，保证质量。

十五、大力加强科学研究工作。科学研究是教学工作的基础，对教学与管理具有先导与促进作用。各级组织都要高度重视，要有计划地开展科研活动，特别是加强教育理论研究，认真探索党校函授教育的特点和规律，做到既出人才，又出成果。通过科研，提高教学质量和管理水平。

严格教务管理工作　整治考风考纪

十六、控制办学规模，严把招生关。坚持办学规模与办学能力相适应的原则，贯彻“计划招生，控制规模，严格把关，保证质量”的原则。严格审核考生条件，不符合条件者，决不录取；个别错录者，一经发现立即取消学籍。切实做到按地区和系统招生，发现交叉招生，坚决清退。

十七、整治考风考纪，严把考核关。考风考纪关系党校的声誉，务必高度重视。各级组织必须认真执行总院有关规章制度，加强组织领导，严格监考人员的选拔和培训，层层实行责任制；发现违纪者，坚决查处，不得姑息，以严肃考风考纪。

十八、强化学籍管理，严把毕业关。不断深化学籍管理改革，积极购置必要设备，选配和培训人员，力争两三年内实现全院学籍计算机管理。严格遵守总院有关学籍管理的各项规定，办理学员毕业证书，执行“三严五审”制度（严格制度，严格程序，严格审核；初审，一审，二审，三审，终审），不符合条件者，一律不予办理。按规定严格实行留级制和淘汰制。

搞好两支队伍建设　提高教育质量

十九、着力建设高质量的师资队伍。这是全面推进素质教育，完成党校函授教育任务的基本保证，也是加强规范化管理的基础和必要条件。建立健全优化教师队伍的各项制度，引入竞争机制，全面实行教师任职资格制度，以各级党校的师资队伍为基础，面向社会公开招聘，吸引名师任教。加强对教师的培训，建立总院、分院、学区多层次、多形式的培训机制，把提高教师实施素质教育的能力和水平作为培养、培训的重点，积极开展以培训全体教师为目标、骨干教师为重点的继续教育，鼓励广大教师自学成才，使教师素质得到明显提高。积极建立师资人才库，实现资源共享，发挥整体功能，提高教学质量。认真执行面授教师审批备案制度。

二十、努力建设高素质的各级党校函授教育的领导班子和管理干部队伍。选配具有大学本科以上文化程度或有高级职称、理论基础和学术造诣较深、懂教学、有较强组织管理能力的同志担任党校函授教育的领导工作，积极为他们参加培训进修创造条件，把全院各级领导班子建设成为“想全局、抓大事、讲原则”、具有创新和实干精神、精通业务、清正廉洁、结构合理、团结战斗的领导集体。认真搞好管理人员的选聘工作，健全机构，配足人员，舍得选调精兵强将充实管理队伍；定期举办培训班，加强对管理人员的培训，认真实行岗位目标责任制和量化考核制度，不断提高管理人员的素质和工作水平。

加强领导　做好各项保障工作

二十一、加强领导。各级党校校委，要将党校函授教育工作作为党校工作的重要组成部分，列入议事日程，切实抓紧抓好。要及时解决党校函授教育的重大问题。

二十二、加强党的建设，积极开展对各类人员的思想政治工作。各级领导要高度重视并坚持以“三讲”教育精神做好学员和函授工作人员的思想政治工作，重视理论学习，加强党的工作。在强调无私奉献的同时，要主动关心和帮助他们解决工作、学习、生活、待遇中的实际问题，最大限度地调动其积极性，保证以教学为中心的各项工作的顺利完成。加强函院文化建设，提倡“团结、敬业、务实、创新”的函院精神。

二十三、加强财务和行政管理，坚持勤俭节约，搞好廉政建设。财务管理要严格执行国家的财务制度，严格财务手续，坚决执行收费标准和提留比例。切实贯彻以学养学原则，办学经费实行独立核算，确保办学需要，应建立适当的发展基金和后备基金。行政管理要严格执行《中共中央党校函授学院函授教育工作暂行条例》的有关规定，努力做好党校函授教育的后勤保障。

二十四、强化督导和教育评估工作。逐步形成对办学行为和教育质量的监督机制及评价体系，完善自我约束、自我管理机制。督导工作要坚持经常性，贯穿教学全过程，发现薄弱环节，及时帮助解决。对教师授课和学员学习效果以及教学总体质量要进行经常性的检查评价。党校函授教育的评估工作每隔三至五年进行一次，教育评估按层级管理的原则实施。

二十五、总院机关实行目标责任管理制度，建立运转灵活、办事高效的管理体制，增强办学能力，提高办学水平。(1) 深化人事制度改革，实行用人择优聘任制，处级、副高职称以上干部由学校选拔聘任；科级、中级职称以下干部，以及编外人员由函院选拔聘任。(2) 实行岗位责任制，明确处室及个人岗位职责，并制定相应的考核办法。(3) 按照多劳多得分配原则，制定奖勤罚懒的办法。工资、奖金等与工作职责、实绩和效益挂钩。(4) 办学费用余额除按有关规定交给学校外，函院自留部分用于工作人员(包括编外人员) 的奖金、福利等。

(中共中央党校整改工作方案之三)

整 改 方 案

关于印发《函授学院“三讲”教育整改实施方案》的通知

各处、室：

现将《函授学院“三讲”教育整改实施方案》印发给你们，请认真组织讨论，增强全局观念，紧密联系实际，研究制定贯彻“方案”所提出的相关任务的实施办法，努力完成各项整改工作任务。希望大家振作精神，奋发工作，巩固和发展“三讲”教育成果，将函授教育工作推上一个新的水平。

院 办 公 室

1999 年 10 月 7 日

函授学院“三讲”教育整改实施方案

（1999 年 8 月 15 日）

一、整改工作要求

整改工作的总体要求是：遵照党的十五大提出的抓住机遇、开拓进取的精神，解放思想、实事求是，从中央党校正处于承前启后又一个极重要的发展时期出发，加深对党校函授教育这项具有很强政治意义的事业的认识，紧紧围绕贯彻落实胡锦涛同志关于党校函授教育工作一系列指示精神和郑必坚、刘胜玉、张志新同志在函院新老班子交接会上提出的要求，认真贯彻落实经校委讨论确定的今后函院工作的总体思路和今年要着重抓好的六项工作。坚持以教学为中心，深化教学改革，严格科学管理。全面推进素质教育，巩固和发展“三讲”教育的成果，进一步提高办学质量，开创党校函授教育工作的新局面。

二、整改工作任务

（一）深化教学改革

进一步改进教学计划的编制，加强师资管理和培训，更新教学内容，改进教学方法，改革考试命题工作。组织力量，深入调查研究，论证如何实施弹性教学计划和学分制问题。由教学处提出论证报告和改革方案。

（二）加强函授教材建设

将"三基本"、"五当代"教材作为党校函授教育的重要内容，把它引入函授教材体系，要继续做好落实工作。拟在研究生班、领导干部函授班全部原版使用"三基本"、"五当代"8本书；在本科班，根据不同专业特点，选择使用8本书，并约请作者编写"简读本"。

组织力量，加强研究，既要对现行的教材逐项进行审读、修改和补充，又要根据新形势的发展变化，聘请知名的专家、学者、教授参加党校函授教材的编写，尤其要注意吸收坚持在教学第一线的教师参加，各方共同努力，力争使党校函授教材具有较高的水准。

为了更好地适应新世纪形势发展的需要，进一步研究改进党校函授教育工作，加强调研，召开专门会议论证学制、专业和课程设置问题。以上均由教编室负责承办。

（三）控制办学规模

按照控制规模的原则，严格把握招生的范围、规模、质量。具体办法：（1）从2000年开始，将中函大专班逐步移交各分院自办。（2）严格控制非党员比例。（3）重申县级党校不得办本科班。由教务处提出具体实施方案（此项已向校委呈送专题报告）。

（四）积极发展远程教育，加强计算机网络化管理

当今，国际国内都十分重视成人教育，并积极运用现代化手段，发展远程教育。我们必须瞄准教育改革的形势，积极筹划发展远程教育，计划用二三年的时间，将学区、辅导站的计算机网络联网，以增强和发挥党校系统整体优势，推进教学和办公自动化的进程。由电教室牵头，会同有关部门，提出规划设想与实施方案。

（五）烟台培训基地的管理使用问题

对基地的管理使用问题，曾有过以下考虑：（1）函院自己管理使用；（2）委托经营管理；（3）一次性转让出售；（4）联合企业，捆绑上市。经多方论证：自己管理，既缺乏管理酒店的经验，又缺乏管理人才，而且在经济效益方面，每年至少要贴300万元；一次性转让出售，近期很难找到买主；联合企业上市，存在一定的风险。比较稳妥的办法，是委托经营，在经营过程中找买主。经多方联系和洽商，中国光大（集团）公司下属光大国际饭店物业管理有限公司表示有愿与我合作经营的意向。可以考虑与其结成合作伙伴。此项已向校委呈送专题报告，经校委批示后，具体组织实施。由分管院领导负责。

（六）改进思想方法和工作作风

根据"三讲"教育和评估函授教育工作中提出的问题，采取集体办公的形式，逐个处、室听取工作汇报，当场研究解决问题。由院办协调安排。

（七）加强机关党的工作和思想政治工作，不断提高全体职工的综合素质

要进一步加强机关党的组织建设、思想建设和作风建设，抓紧理论学习，开展群众性的谈心活动，使之经常化、制度化，做细致的思想政治工作，促使全体同志不断提高自身思想政治理论素质和业务水平，为发展党校函授教育事业，积极贡献力量。由院总支负责。

（八）加强领导班子建设

进一步建立和完善领导班子决策机制和议事规则；坚持半年一次的民主生活会制度，同志间要讲党性、讲原则、讲友谊、讲谅解，形成合力，发挥整体功能的作用；增强群众观念，坚持走群众路线，听取群众的呼声，调动各方面的积极性，为办好学献计献策。由院办牵头，会同有关部门，提出工作方案。

三、整改工作措施

（一）落实责任制

面对新的形势发展，对党校函授教育提

出的新要求，整改工作任务繁重而艰巨，要充分发挥院领导班子，特别是第一责任人的作用，对整改实施方案提出的各项任务，要一项一项地认真研究，明确任务，落实责任，督促检查，逐项落实。各处、室领导是本单位的直接责任人，要增强全局意识，认真完成本部门的整改工作任务。上下共同努力，巩固和发展“三讲”教育成果。

（二）加强和改进学习

发扬“三讲”教育精神，一定要搞好学习，首先是学习理论，作为党员领导干部，要进一步提高理论素养，增强党性修养，努力提高自己的领导能力和水平。要进一步加强和改进中心组的学习，按照校委和机关党委的要求，制定学习计划，组织实施。中心组要坚持一月一次讨论会，重点研究函授教育工作中的重大理论问题和现实问题，联系改造主观世界的问题，力争先学一步，多学一点，学好一点。干部、职工的学习，要坚持学习日制度（每周四下午），着重搞好集体研讨，不断提高学习质量和水平，提高全体工作人员的思想理论和政策水平。

（三）加强调查研究

在改革开放和社会主义现代化建设中，新生事物层出不穷，对党校函授教育提出了许多新问题，要求作出准确、认真的回答，这就必须要深入基层，特别是深入教学第一线，加强调查研究。院、处领导干部除了借巡考、参加会议和出差的机会，搞好调查研究外，每年还应专门安排时间就自己分管的工作进行专题调研，并形成有情况、有观点、有结论的调查报告。

（四）健全和完善规章制度，建立激励机制，激发和调动干部职工的积极性

函院机关内部已经制定了各项规章制度，通过实际运作，还需不断补充和完善，要运用制度管人管事，坚持按层级负责，按程序办事，不断提高工作效率。对工作成绩突出，贡献较大者，结合每半年一次的工作总结，给予表彰和奖励，调动各方面的积极性，为办好学贡献力量。

学习贯彻全国教育工作会议精神

关于学习贯彻全国教育工作会议精神的通知

各分院、直属学区：

在世纪之交的重要历史时刻，党中央、国务院召开了第三次全国教育工作会议。这次会议依据邓小平理论和党的十五大精神，从国际政治经济全局的战略高度出发，着眼于我国的社会主义事业的兴旺发达和中华民族的伟大复兴，总结过去，面向未来，对深化教育改革、全面推进素质教育提出了明确的目标和要求，对于实施科教兴国战略，将会产生重大而深远的影响。全院各级组织和广大学工人员必须认真学习和贯彻全国教育工作会议精神，特作如下通知：

一、认真学习会议文件，深刻领会精神实质。各分院、直属学区，要将学习贯彻会议精神列入议事日程，安排足够的时间，有计划地组织全体管理人员、教师和学员原原本本地认真学习江泽民总书记、朱镕基总理所作的重要讲话，李岚清副总理作的《深化教育改革，全面推进素质教育，为实现中华民族的伟大复兴而奋斗》的报告和《中共中央国务院关于深化教育改革全面推进素质教育的决定》，深刻领会其精神实质。进一步解放思想，转变教育观念，充分认识全面推进素质教育的重大意义，为深入学习和贯彻落实会议和《决定》精神奠定思想基础。

二、紧密联系实际，狠抓会议和《决定》精神的贯彻落实。各级领导要扎扎实实地抓好会议和《决定》精神的贯彻落实，将其贯彻落实到党校函授教育工作的各个方面和教学过程的各个环节。要坚持以教学为中心，深化教学改革，强化素质教育意识，注重创新精神和实践能力的培养，全面实现“理论、知识、党性、能力相统一”的培训质量要求。要将会议和《决定》精神贯彻到当前正在进行的加强办学队伍建设、教育评估、教材建设等项工作中去。要紧密结合本单位的实际情况，研究制定贯彻落实会议和《决定》精神、强化素质教育的方案，认真付诸实施。全院同志要将学习贯彻会议和《决定》精神，同本职工作紧密结合起来，进一步提高办学质量。

三、进一步加强对强化素质教育的科研工作。要发挥科研工作的先导作用，以提高学员综合素质和创新能力为重点，积极开展科研工作，研究强化素质教育的有效举措，进一步提高教学质量，为党和国家培养更多具有创新能力的高素质干部和骨干人才。

四、及时总结交流学习贯彻会议和《决定》精神的经验。各单位要注意发现典型，总结经验，及时交流，把这次学习引向深入。要积极报道和宣传强化素质教育的做法和经验。

中共中央党校函授学院

1999 年 7 月 7 日

中共中央党校1999年函授教育工作会议

关于认真做好1999年函授工作会议准备工作的通知

各分院、直属学区：

根据院领导研究和工作安排，今年函授工作会议将于10月上旬举行。为认真做好这次会议的准备工作，并以迎接这次会议召开为契机，做好当前工作，特作如下通知。

一、会议的指导思想和基本要求

这次会议以党的十五大精神为指导，高举邓小平理论伟大旗帜，深入贯彻落实胡锦涛同志关于党校函授教育工作的一系列指示和中央党校校委对党校函授教育工作的要求，以“抓好分院建设，强化分院功能”为主题。会议在总结加强学区、辅导站建设和办学队伍建设的基础上，结合对分院评估检查验收，着重商讨分院的地位、职责、功能以及强化分院建设，增强分院功能，提高分院管理水平的举措，并以教学为中心，以继续解决办学中存在的不容忽视的问题为重点，以加强规范化管理为基础，部署今后一个时期的工作任务，以新的姿态和面貌迎接中央党校函授教育开办15周年。

二、切实做好当前工作，迎接这次会议召开

各分院、直属学区要认真领会和掌握这次会议的指导思想和基本要求，要按此精神和全年的工作部署，做好当前各项工作。要深入贯彻落实胡锦涛同志关于党校函授教育的重要批示和一系列指示精神，加大查找和解决存在问题的力度；要认真学习领会和贯彻落实校领导关于党校函授教育的讲话精神，抓住办学中的若干基本问题（办学指导思想、教学质量、制度建设、提高人员素质等）扎实工作，取得实效；要认真搞好分院、直属学区自我评估，并做好接受总院检查验收的各方面材料的准备工作；要进一步贯彻落实去年10月函授工作会议精神，扎扎实实地开展“办学队伍建设年”活动；要继续抓好学区建设和辅导站建设，巩固和扩大基层建设的成果；要认真研究和明确分院的地位、职责、功能，加强分院自身建设，提高分院的领导水平和管理能力，改善对学区和辅导站的领导，充分发挥全院网络的作用。

三、认真整理、报送这次会议材料

（一）各分院负责同志要为今年10月函授工作会议的主题报告起草，积极提供有关素材和建设性意见，以书面等形式于今年5月底寄送院办。

（二）各分院要向总院作一次较为系统的工作汇报。

1. 时限：去年10月函授工作会议至今

年7月底。

2. 内容：(1) 贯彻落实去年10月函授工作会议精神，开展“办学队伍建设年”活动的概况和成果。(2) 分院自我评估的成效和问题。(3) 分院自身建设的做法、经验、存在的问题和解决这些问题的措施。

3. 报送时间：于今年7月底前打印一式5份报送院办。

(三) 确定部分分院总结加强分院自身建设，发挥分院功能，提高分院领导水平和管理能力，加强和改善学区、辅导站领导的经验，为大会典型发言做好准备。具体单位，另行通知。

关于今年10月函授工作会议的具体时间、地点、参加人员等，将另行通知。

中央党校函授学院

1999 年 4 月 20 日

深化教育改革　强化自身建设　把充满生机和活力的党校函授教育推向 21 世纪

——在中共中央党校 1999 年函授教育工作会议上的报告

中共中央党校函授学院常务副院长　黄士安

同志们：

我们这次年度工作会议是在世纪交替之际召开的，具有继往开来的意义。我们必须谋划党校函授教育在新世纪的发展战略。这次会议以“深化教育改革，强化自身建设”为主题，高举邓小平理论伟大旗帜，以党的十五大精神为指导，认真学习江泽民同志“国庆讲话”和党的十五届四中全会精神，全面落实胡锦涛同志以及校委关于党校函授教育工作一系列重要指示，贯彻全国教育工作会议精神，深化教育改革，全面推进素质教育，加强以分院建设为重点的各级组织自身建设，不断增强办学实力，把充满生机和活力的党校函授教育推向 21 世纪。

一、一年来党校函授教育工作取得新的进展

今年3月初，总院完成了新老领导班子交替。在校委正确领导下，新班子在原有工作的基础上，继续开拓前进，经全院同志共同努力，各项工作呈现良好的发展态势。

(一) 各级党校进一步加强对党校函授教育的领导。今年以来，各级党校校委采取一系列措施，进一步加强对党校函授教育工作的领导；中央党校常务副校长郑必坚、副校长刘胜玉、张志新对党校函授教育工作先后多次发表重要讲话；中央党校校委决定张志新副校长兼任函授学院院长；校委作出把中央党校“三基本”、“五当代”教材引入党校函授教材体系的决策；校委专门安排时间听取函院工作汇报，确定了函院今后工作的总体思路和今年的主要工作，强调要全面贯彻落实胡锦涛同志关于党校函授教育工作的一系列指示，把工作着重点继续放在解决不容忽视的问题上；国庆期间，郑必坚同志又听取函院工作汇报，他指出，党校函授教育要大胆改革，紧跟时代步伐，并提出“思考、落实、向前进!”的要求，等等。有些

省级党校采取院校一体的领导体制，加强了对函授教育的领导。各级党校的一把手更加关心和重视函授教育，从而，保证了全院工作沿着正确的方向继续向前发展。

（二）积极开展“三讲”教育，促进党校函授教育发生了新的变化。总院按照校委的部署和要求，认真组织处以上党员干部和党员教授参加“三讲”教育活动。院领导班子认真进行思想发动，在学习中央规定的“三讲”文件基础上，把自我剖析与查找办学中不容忽视的问题结合起来，在整改上下功夫，精简会议和文件，合并内设机构，提高工作效率，改进工作作风等。由于坚决贯彻了张志新副校长提出的“要以‘三讲’教育的精神和要求办好党校函授教育”的指示，推动党校函授教育各项工作取得新的进展。

（三）“办学队伍建设年”活动取得显著成效。各分院积极贯彻落实中央党校1998年函授教育工作会议精神，普遍召开了年度工作会议，结合本身实际传达贯彻和落实。“只有高素质的办学队伍，才能培养出高素质的人才”的观点已为越来越多的人所接受。各级组织的领导干部队伍、师资队伍、管理队伍和班主任队伍得到了不同程度的调整、充实和加强。同时，普遍加大了各类办学人员的培训力度，一批分院制定并实施了办学队伍培训规划，分期分批培训办学人员。总院除坚持开好每学期一次的备课会外，重点支持边远省（区）分院培训师资和管理人员。云南、四川分院经总院核准分别在当地成立了中央党校函授学院昆明培训站、成都培训站。总参分院投入100万元设立了北京培训点，已投入使用。相当多的分院举办了师资培训班，重视和加强了紧缺教师的培训，举办和改进了备课会。宁夏分院采取导师制培训紧缺的专业教师。甘肃分院举办了提高师资素质专题研讨会。天津分院把师资培训与教学质量评比相结合。江西、总参等分院建立了分院办学人员“政治学习日”和“业务学习日”制度。福建、湖南、甘肃等分院还重视对培训对象进行测试考核。广东分院对培训合格的150名教务人员颁发了资格证书。各地还重视教务、微机、档案等专业人员的培训和班主任的培训，比较普遍地召开了班主任经验交流会。

（四）全力贯彻以教学为中心的方针，教学质量进一步提高。各级组织把重锤敲在教学上，在抓好“教”与“学”的同时，重点在“管”字上下功夫，特别是在强化质量管理上，采取了一些有效措施，使教学质量有了一定提高。今年上学期和下学期的教学计划和教学具体安排均分别提前半年和4个月下达，为各级组织安排教学活动赢得了主动。在职研究生班的教学与管理工作和命题制卷工作有所加强。总院推出“面授教师审批备案制度”、建立“师资库”、编辑“骨干教师名录”等新措施。各级组织加大师资管理力度，普遍推行师资择优聘任制和竞争上岗制。甘肃分院坚持教师四不聘制度。沈阳军区等分院坚持聘请名校名师授课。总装备部等分院组织讲师团到基层授课。宁夏等分院坚持教师试讲制。辽宁、山西等分院全面推行教师持证上岗制度。辽宁分院在全省开展了函授精品课教学观摩活动。铁道部、天津、湖南等分院开展教学观摩评比和教学比赛活动。上海、山东、辽宁、陕西、北京市机关工委等分院分别成立了专家教学指导小组或学科专家组，充分发挥专家在函授教学中的作用。一些分院加强了党性教育和能力培养；安徽等分院党性教育步入了有计划、有步骤、有组织、有考核的轨道；天津分院在总院规定课时以外，增加了教研和实践课时4—8学时，用于实地参观、参加庭审等。中直机关等分院也重视实践教学。江苏、湖北等分院注重发挥直属班“试验田”的示范作用。空军等分院采取积极措施，提高开卷考试课的教学质量和命题质量。云南、辽宁、甘肃、天津、江苏等分院重视教研和科研活动，等等。

（五）认真落实校委决策，推出教材建设新举措。为落实校委关于把“三基本”、“五当代”教材引入党校函授教材体系的决策，我们请原编写组为党校函授教育编写“三基本”、“五当代”的简读本，明年5月完稿，下半年可用于教学。今年以来编审、印制教材和教辅资料180多种，其中，新教材120多种，修改教材31种，重印教材29种。今年编审、校对书稿3315万字。按时完成新老生教材征订和印制任务，并及时准确发运，上学期和下学期使用的全部教材均提前一个月发运到全院180个教材直发点，保证了全院教学工作的顺利进行。同时，音像教材质量也有提高。

（六）严把招生关，圆满完成1999年度招生任务。各级组织严格审查考生资格，有些省由党委组织部门直接负责审查把关。总装备部分院某部队辅导站新生报名由党委讨论审查。江苏分院派出10个验收小组至各学区就地审查考生学历证书原件。各级组织普遍加大了招生监考力度和违纪作弊的处理力度。沈阳军区分院招生考试全部聘请地方中学和高校教师监考，发现夹带，立即作零分处理。甘肃分院在招生考试中，仅直属学区就查处作弊考生113名，占考生总数的8.4%，并张榜公布，维护了招生考试的严肃性和公正性。

（七）整治考风考纪，各地新招迭出。江苏分院实行“标准考场”制度，即分院派人至学区，学区派人至辅导站随机抽出一个考场，由上级人员实行全过程严格监考，取得考试较真实成绩的第一手资料，以此来评定其他考场的考纪情况，这一措施产生很大的威慑作用。他们还实行“考务管理评定办法”，将全省监考人员划片混编监考和一些学区取消分设考点，实行集中考试，均收到良好的效果。江西分院实行“考试成绩异常（人均80分以上）考场抽考制度”，遏制了作弊现象。宁夏分院从严治考，一年来取消考试资格260人次，取消8名严重违纪学员的学籍。南京军区在期末考试前认真审核每个学员的作业完成率和到课率，达到要求者，发给准考通知书，达不到规定要求者，只准参加补考。重庆、西藏、广东等许多分院加大了执纪力度。

（八）分院教育评估验收工作稳步、扎实地展开。教育评估有力地促进了党校函授教育工作。各分院抓紧对所属学区、辅导站的评估验收工作。分院教育评估验收工作是在分院自评的基础上进行的，继湖北、河北、甘肃等试点分院验收后，已先后完成了对天津、广东、吉林、新疆、西藏、四川、辽宁、安徽、山东、江苏、北京市机关工委、铁道部等分院的验收。历时7个月，完成15个分院的验收工作。这次分院教育评估验收工作准备充分，经过试点，取得了经验，培训了验收骨干，再分期分批逐个验收。从总院和分院抽调和聘请了一批专家、学者组成验收组，由总院负责同志分别带队，本着坚持标准，严格要求，重在整改，着眼发展的精神，与被验收的分院一道，在充分肯定办学成绩的基础上，着重剖析办学中存在的不容忽视的问题，研究和制订整改方案，并在验收结束前与被验收单位认真交换意见，共商整改和发展大计。

（九）规范化管理进一步加强。遵照胡锦涛同志和校领导有关指示，今年以来，总院加强了对党校函授教育规范化管理的研究，分别起草了《关于进一步加强中央党校函授教育规范化管理的意见》和《关于规范党校函授教育的意见》两份送审稿，规范中函问题已列入校委议事日程。同时，《中共中央党校函授学院管理制度汇编》新版已下发各级组织学习、贯彻和执行，它认真汲取了1996年以来全院创造的新经验、新成果，使我院管理制度建设上了一个新的台阶。

（十）科研和宣传报道工作有了新发展。

今年以来，制定下发了科研工作规程，制定了近期科研规划，一批课题正在报审中。今年先后编印下发了4本经验文集和1本优秀毕业论文选。院报由4开小报改为对开大报，经国家新闻总署批准，作为《学习时报》专刊正式出版，增强了指导和宣传效果；《学习辅导》和《函授快讯》正常编印；年鉴1995卷、1998卷正在加紧编辑，1999卷和综合卷的资料正在抓紧征集。我们遵照校领导关于加大宣传力度的指示，约请人民日报、新华社记者撰写了有关党校函授教育的宣传报道文章，扩大了社会影响。

一年来，全院工作取得了明显进步和很大成绩，但还存在一些亟待解决的问题。主要是：教学改革相对滞后，基本上是沿用传统的培养人才模式；有些单位办学指导思想存在一定程度的偏差，对坚持和维护党校函授教育的政治性、严肃性、原则性不够坚决；办学中存在一些薄弱环节和漏洞、隐患，有的教学环节不落实，师资队伍建设还不能完全适应发展需要等。全院同志对此必须引起足够的重视，要增强忧患意识和解决这些问题的紧迫感，采取有效措施，逐个加以解决。

二、面向21世纪党校函授教育的主要对策

在21世纪，知识经济将逐渐占据主导地位，高新技术日新月异，综合国力竞争日趋激烈，教育的战略地位更加突出。谁掌握了面向21世纪的教育，谁就能在21世纪激烈的国际竞争中处于战略主动地位。我们党和国家高度重视科技和教育的发展，推行科教兴国的基本战略。今年，党和国家就深化教育改革、全面推进素质教育、加强技术创新、发展高科技、实行产业化等方面作出了一系列重大决策，对各类教育，包括党校函授教育提出了更高要求，也提供了发展的机遇；同时，随着教育产业化的形成和发展，教育市场竞争日趋激烈，党校函授教育也面临着挑战和压力。党校函授教育必须妥善解决新世纪继续发展的问题。

新世纪党校函授教育继续发展的思路是：高举邓小平理论伟大旗帜，以十五大精神为指导，认真学习和贯彻《中共中央国务院关于深化教育改革全面推进素质教育的决定》，全面落实胡锦涛同志以及校委关于党校函授教育工作的一系列指示，抓住机遇，迎接挑战，深化教育改革，坚持以教学为中心，全面推进素质教育；以“三讲”教育精神和要求办好党校函授教育，维护它的政治性、严肃性和原则性；加强以分院建设为重点的各级组织自身建设，全面提高办学质量，更好地为培养党的高素质干部队伍服务，为改革开放和社会主义现代化事业服务。

（一）深化教育改革，全面推进素质教育

党校函授教育要谋划在新世纪的继续发展，必须深化教育改革。唯有深化教育改革，才是党校函授教育的根本出路。要坚持从党校函授教育的实际出发、通盘筹划、认真试点、稳步推进的改革原则；要根据中央党校面向21世纪“加强理论武装，开阔世界眼光，培养战略思维，增强党性修养”的教改总体布局，坚持党校教育的特色、突出时代特征、符合国家高等教育标准、发挥全国党校系统的整体功能和优势。强化素质教育，必须全面加强和改进理论教育、知识教育、党性教育和能力教育，坚持以思想政治素质教育为重点，注重培养学员的创新精神和实践能力。

1. 转变教育观念，强化素质教育意识。要不断消除“为应试而教、为应试而学”的应试教育影响，纠正把学员当作被动接受知识对象的思想，牢固树立全面提高受教育者素质的观念。

2. 坚持不懈地贯彻以教学为中心的方针。一切工作都要为教学这个中心服务，紧紧围绕教学这个中心展开，教学计划和教学

具体安排的编制下达，教材的编写印发，教师的选聘和培训，以及学员自学、面授、电教、作业、讨论、考试、毕业论文评阅、答辩等各个教学环节的工作，都必须严格要求，工作到位，一丝不苟，认真实施。

3. 改革教学内容，调整课程设置。既要突出党校教育特点，又要符合时代特征和国家高等教育标准。坚持马克思主义基本理论特别是邓小平理论的主课地位，不丢掉马克思主义老祖宗，又充分适应世界形势，加强发展基础理论、世界眼光、战略思维、科学知识和党性修养相结合的新教学内容，全面实现"掌握基本理论,充实专业知识,增强党性素养,提高实际能力"的培训质量要求。

4. 改革教学方式。改变教师单向灌输知识的传统做法，改革面授教学，积极提倡启发式、研讨式教学；坚持理论联系实际，开辟第二课堂，重视实践教学，促进学员将所学的理论和知识转化为党性和能力；帮助学员掌握科学的学习方法，学会求知、学会做人、学会做事、学会自我发展，掌握和具备收集和处理信息的能力、获取新知识的能力、语言文字表达能力以及团结协作和社会活动能力。

5. 试行学分制、弹性学年制和增大教学计划的弹性度。增加学员在学习中的自主权和一定的自由度，拓宽学员的学习领域，打破专业限制，允许学员跨专业选修课程，以利于学员根据自身的职业特点和学习潜能，统筹安排工作和学习。要认真研究论证，并经过试点，取得经验后，逐步推广。

6. 改革考试考核方式。为适应素质教育的要求，要改变以考试分数作为衡量教育成果的惟一标准，克服"一考定终身"和单纯考知识要点、实则考记忆能力的现象。要建立合理的、综合性的人才考核评价体系。要由过去主要考核学员各门课程的分数，变为全面考核学员在学习期间理论、知识、党性、能力提高和进步的实际情况。要改革考试命题的内容和方式，主要考核学员的实际素质和能力。要强化党性教育、党性锻炼的考核，使之形成制度和成为取得毕业资格的必要条件。要认真加强毕业论文的评审和答辩，严防伪假、低劣毕业论文蒙混过关。要采取切实措施，坚决防止和纠正各种弄虚作假现象，保证考试考核的严肃性、公正性和真实性。

7. 加强教材建设。要抓紧落实"三基本"、"五当代"教材引入党校函授教材体系的工作，做好"三基本"、"五当代"教材简读本的编写工作，使"三基本"、"五当代"教材尽早用于党校函授教学，提高党校函授教材的水准。要使教材建设紧跟时代步伐，及时反映中央的新精神和法律、法规的新变化，及时汲取和反映当前学术研究的最新成果，增强教材内容的基础性、实用性、时代性和新颖性。要定期开展对教材的评审，及时淘汰内容陈旧的教材。要精心印刷，美化装帧，改进版式，加强征订、发行工作，不断提高音像教材的制作质量，以精品教材服务于党校函授教育。

8. 积极发展远程教育。进一步完善计算机网络建设规划，加快建设步伐。将党校函授教育网纳入全国党校系统远程教育网，争取两三年内实现总院——分院——学区——辅导站的联网，推行计算机网络化教学和管理。当前，要进一步加大电化教学力度，尽快推广和普及电化教学。

（二）发扬"三讲"教育精神，维护党校函授教育的政治性、严肃性和原则性

全院各级组织和全体学工人员要认真贯彻校领导提出的"要以'三讲'教育的精神和要求办好党校函授教育"的重要指示。在党校函授教育各个环节、各项工作中，诸如招生工作、教材建设、教学实施、考试考核、教育评估、办学队伍建设以及各项管理工作，都要认真贯彻"讲学习、讲政治、讲正气"的精神和要求，维护党校函授教育的

政治性、严肃性和原则性。要把张志新同志总结和揭示的党校函授教育的基本问题的认识，即“办学指导思想是灵魂，教学质量是生命，制度建设是保证，提高人员素质是根本”，真正在思想上扎下根来。

1. 端正办学指导思想，坚持正确的办学方向。党校函授教育是培训党员干部的一项政治性很强的事业，是党交给我们的一项严肃的政治任务。必须进一步强化政治意识、大局意识和责任意识。要正确处理社会效益与经济效益、办学条件与办学规模、数量与质量、教书与育人等方面的关系。必须坚持社会效益第一，确保教育质量；办学要量力而行；要把教书与育人相结合，重在育人，使讲政治在党校函授教育各项工作中得到落实。

2. 以整风精神，认真解决不容忽视的问题。办学中存在的不容忽视的问题，是提高教育质量的严重障碍，是削弱党校函授教育办学实力和竞争力的腐蚀剂，它败坏教风、学风、考风，损害党校的声誉和形象。认真解决办学中不容忽视的问题是胡锦涛同志和校委一直十分关注的问题。不久前，胡锦涛同志又强调指出，“要坚决防止和克服由于管理不严，给一些不想勤奋学习，目的在于混得一个文凭的人提供方便。否则，势必助长腐败现象，严重损害党校的声誉和形象。”全院各级组织和全体学工人员，要进一步提高对解决不容忽视问题的重要性和紧迫性的认识，把解决办学中不容忽视的问题，继续列为工作重点，以整风精神，认真查找和严格剖析自身存在的不容忽视的问题，采取切实措施，抓紧整改，务求实效。坚决反对任何粉饰、掩盖、庇护存在问题的做法。

3. 端正教风、学风和考风，形成良好的教学氛围。广大教师、学员和管理人员要从讲政治的高度，正确认识和对待教、学、管。教师要真心实意地教，自觉地端正教风教纪，注意师德修养，“学为人师，行为世范”，为人师表，言传身教，把教书与育人结合起来，重在育人，不仅要向学员传授各种知识，还要特别注意增强学员的党性修养。学员要真心实意地学，自觉地端正学风学纪和考风考纪；要十分珍惜在党校函授学习的机会，正确处理“文凭与水平”的关系，端正学习动机，不论职务高低，都要转换角色，以普通学员的身份和心态，勤奋刻苦地学习；要模范地遵章守纪，不走“捷径”，不弄虚作假，老老实实地追求真才实学。管理人员要真心实意地管，要正确处理“管理与服务”的关系，不仅要敢于管理，而且要善于管理，坚持原则，秉公办事，注重引导，积极开展学员自我教育、自我管理的活动。不论教师、学员和管理人员都要自觉地纠正办学中的各种不良现象，并与之进行坚决的斗争。

4. 认真贯彻执行新版《中共中央党校函授学院管理制度汇编》，进一步加强规范化管理。最近，总院新版《管理制度汇编》已正式下发执行。它是进一步加强规范化管理的重要举措，是提高全院教学质量和管理水平的重大步骤。实行制度化管理是以“法”治院，以“法”兴院的重要标志。全院各级组织和广大学工人员必须认真学习和贯彻执行。要切实抓好新版《管理制度汇编》的宣传、学习和培训，要增强按章办事的意识和自觉性，要维护新版《管理制度汇编》的权威性、严肃性和原则性，各级组织实施各项管理必须以新版《管理制度汇编》为依据。保证办学的各项规章制度不折不扣地执行，确保党校函授教育的办学质量。

（三）加强以分院建设为重点的各级组织自身建设

新世纪党校函授教育任重而道远，要更好地完成培养高素质干部队伍的神圣使命，必须加强各级组织的自身建设。只有把各级组织自身建设搞好了，才能保证办学质量，在激烈的竞争中立于不败之地。加强各级组织自身建设，包括加强总院建设、分院建设、学区建设和辅导站建设。当前，要在继续加强总院建设和基层建设的基础上，重点加强分院建设。

1. 正确认识分院建设的重要性，提高分院建设的自觉性。分院一级组织在全院四级教学与管理网络中处于支点和枢纽的地位，具有办学实体和领导管理机构的双重身份和职能，它代表总院在所辖区域和系统内对党校函授教育行使领导和管理的职权。它是一个省、一个自治区、一个直辖市或一个系统内党校函授教育的龙头。它的领导状况、组织状况、队伍状况、设施状况、工作状况如何，直接关系到那里的办学质量。同时，不少开办省级党校函授教育的省、自治区、直辖市，中函分院与省函院实行合一的体制，一套班子、两块牌子，一身二任，分院建设搞好了，有利于中函与省函的统筹兼顾，相互借鉴，密切合作。所以，我们要把分院建设放在大局和全局的高度来认识，提高加强分院建设的自觉性和主动性，每个分院都必须把自己建设成为全院网络的坚强支柱，建成管辖区域内党校函授教育的坚强指挥部。

2. 分院必须增强自身功能，充分发挥领导和管理作用。分院的功能主要表现为：一是承上启下，做到上情下达，下情上报，畅通上下联系渠道，使全院四级组织联结成分工协作、密切配合、分级管理、运行正常的有机整体；二是贯彻实施，及时将总院布置的各项任务，包括招生录取、教学计划、教材建设和教材发行、考试考核、毕业论文指导、评阅答辩和颁发毕业证书等工作，以及教学管理、师资管理、学籍管理、财务管理等各项管理工作，根据自己实际情况认真组织贯彻实施，按总院规定按期按质完成；三是指挥、协调，在完成各项任务和实施各项管理工作中加强对学区、辅导站的部署、指挥和协调；四是监督、把关，在办学的各个环节和全过程中，采取切实措施，全面监督，严格把关，切实把好招生关、教材关、教学关和考核关，保证党校函授教育的办学质量。

3. 加强分院建设必须突出重点，全面加强。分院建设包括思想、组织、队伍、制度、作风、基础设施等诸方面，应根据各自实际，在不同时期突出建设重点，突出重点与全面加强，相辅相成。

抓好思想建设，用马列主义、毛泽东思想特别是邓小平理论武装全体人员的头脑。把坚定正确的政治方向放在首位，从现代化建设、培养高素质干部和党的建设的高度看待党校函授教育事业，发扬爱岗敬业、求真务实、开拓创新、无私奉献的精神。

抓好组织建设，强化分院机构，充实骨干力量，健全内部机构设置，明确职责范围，建立岗位责任制，完善内部运作机制。凡既办中函、又办省函的分院，工作人员要合理分工。分院工作人员除能满足教学与管理日常工作的正常运转外，要能保证有一定的领导力量和专门人员深入课堂、深入教学领域，了解情况，总结经验，及时解决教学中的问题；深入学区、辅导站加强面对面的指导；加强对办学情况、资料的搜集、研究和整理。

抓好队伍建设，要按照“办学队伍建设年”的要求，继续加强分院领导班子、师资队伍、管理人员队伍和班主任队伍建设。加强经常性的“三讲”教育，加强日常政治理论和业务学习，加强专业培训和综合培训，开展评优奖先活动，建设一支政治强、业务精、作风正的办学队伍。

抓好制度建设，各分院应对现行的规章制度进行一次全面的复查，凡与总院新版《管理制度汇编》规定相抵触的，要按总院规定进行修改，使各分院执行的规章制度既符合总院新版《管理制度汇编》规定，保持全院规章制度的统一性，又能体现各分院的自身特点。

抓好作风建设，要坚持民主集中制原

则；要真抓实干，求真务实，敢抓敢管；要深入实际，调查研究，掌握实情，加强工作指导的针对性；要建立工作报告制度，与总院建立畅通的联系渠道；要具有良好的职业道德，增强服务意识，提高管理和服务质量；要坚持原则，秉公办事，忠于职守，清廉办学，坚决纠正办学中的各种不正之风。

抓好基础设施建设，根据需要和可能，添置和更新教学、办公设施，逐步改善办学条件，尤其要创造条件，推广和普及电化教学，积极实行微机管理和逐步推行网络化教学，为发展现代远程教育提供必要的硬软件设施。

4. 继续搞好分院教育评估验收。分院教育评估及其验收是加强分院建设的一种重要手段和途径，必须善始善终地继续把这项工作搞好，并适当加快验收的进度。已完成自评和验收的分院要注意总结经验，既要肯定评估验收的成绩，又要看到存在的不足，尤其是那些对存在的不容忽视的问题查找不力、整改不够的单位要自觉地进行补课，修改和完善整改方案，抓紧整改。今后对分院教育评估的验收，要在肯定成绩和总结经验的基础上，要着重查找、剖析和会诊存在的不容忽视的问题，研究整改措施。教育评估验收要重视对分院直属班和学区、辅导站及其办学的原始资料采取抽样核查，努力掌握第一手资料，努力提高评估验收质量。在评估验收的基础上健全和完善具有党校特色的评估、督导制度和体系。

5. 分院建设是党校整体建设的有机组成部分。必须依靠党校校委的统一筹划和安排，与党校整体建设协调进行。各分院在加强自身建设中，要充分发挥主动性和积极性。凡是分院力所能及的、在自身职责范围内可以开展的各项建设活动都要抓紧进行；凡需要党校校委统筹解决的问题，应积极提出方案报请校委讨论审定后组织实施。加强分院建设既是一项紧迫的任务，又是一个渐进的过程，既要在一定的时期内作出一定的成效，又要作长期不懈的努力。

同志们，让我们紧密地团结在以江泽民同志为核心的党中央周围，深化教育改革，强化自身建设，把充满生机和活力的党校函授教育推向21世纪，以出色的成绩迎接中央党校函授教育开办15周年，为培养党的高素质干部队伍作出更大的贡献！

（1999年11月12日）

认清形势　坚决贯彻落实胡锦涛同志指示
推动党校函授教育再上新台阶

——在中共中央党校1999年函授教育工作会议上的总结

中共中央党校函授学院副院长　史信发

同志们：

中共中央党校1999年函授教育工作会议就要结束了，这次会议，在中央党校校委特别是在郑必坚常务副校长、张志新副校长的亲自领导下，经与会同志的共同努力，按预定计划完成了各项任务，达到了预定目标，取得了圆满成功。值此会议即将闭幕之际，我受中央党校领导、总院领导和全体与会代表的委托，首先向给予这次会议大力支持的广东省委、省政府、顺德市委、市政府，特别是为这次会议付出辛勤劳动、提供热情周到服务的省委党校和顺德市委党校的领导和同志们表示最衷心的感谢和诚挚的敬意！对新华社、人民日报社、南方日报社、广东电视台和电台、学习时报社的同志到会采访、宣传党校函授教育，对党校函授教育事业给予的关心和支持，表示衷心的感谢。

下面，我代表总院领导对本次会议作总结。主要讲三个问题：

一、对这次会议的基本估价

（一）领导重视、支持，规格高

这次会议从11月12日至14日，共3天时间，会议的主要任务已基本完成。自会议筹备开始，就一直得到中央党校校委的关心和支持。郑必坚常务副校长、张志新副校长在繁忙的工作中挤时间出席了开幕式，并发表了重要讲话。必坚同志从国际大局和国内大局的高度，对新世纪党校教育和党校函授教育的改革与发展提出了“充满信心，振作精神，保持党校函授教育的发展态势；保持自身特点，突出时代特征，深化教育改革；从严办学，严格管理，以质取胜；加强对党校函授教育的领导，密切中央党校与地方党校的合作，发挥党校系统的整体优势”等重要指导意见。志新同志作了《全面落实胡锦涛同志的重要指示，努力开创党校函授教育新局面》的讲话，对我们开好会议和今后进一步搞好党校函授教育工作，具有重要的指导意义。中央党校主要领导能到京外参加党校函授教育工作会议，过去是没有的，这对开好会议是一个极大的推动和鼓舞。中共中央候补委员、中共广东省委副书记、省委党校校长高祀仁，佛山市委副书记、顺德市委书记陈用志等同志出席了会议并讲了话，也对我们是一个鼓舞。

（二）会议的主题鲜明、突出

我们这次会议，以邓小平理论为指导，认真学习党的十五届四中全会精神，全面贯彻落实锦涛同志以及中央党校校委关于党校函授教育工作的指示，认真学习贯彻第三次全国教育工作会议精神，以“深化教育改革，强化自身建设”为主题，共同商讨改革与发展大计，着重研究加强分院建设，提高分院领导水平和管理能力，进一步加强规范化管理，使党校函授教育以崭新的面貌跨入新世纪的问题。代表们说，这次会议的主题非常鲜明、突出，抓住了当前党校函授教育面临的重大课题，立意高、针对性强。

（三）会议准备充分、内容丰富

对这次会议，各分院给予了热情的支持，很早就进行了准备，做了大量的工作。多数分院（30个，占应报单位的54.54%）按总院通知要求报送了“一年工作汇报”，辽宁、新疆、广西、安徽、江苏、甘肃、湖北、北京市工业党校、陕西、总装备部等分院的领导同志，为总院撰写和修改会议主题报告提出了很多宝贵的意见和建议；不少分院为向会议提供经验材料，做了认真的准备工作。全体与会代表为开好会议，不辞辛劳，作出了很大的努力。在这里，我代表总院领导和全体同志，衷心感谢各分院为开好这次会议所给予的支持和合作。这次会议再一次表明，中央党校函授教育的管理队伍，是一支团结敬业、乐于奉献的高素质队伍。我们这次会议还在分组交流“深化教育改革，强化自身建设”经验的基础上，用半天时间，请河北、辽宁、山东、安徽、湖北、广东、甘肃、江苏和成都军区等9个分院的负责同志，在大会上介绍了他们以教育改革为动力，积极加强自身建设的经验体会。会议还收到一些分院的书面发言材料。他们所提供的经验是我们进一步加强分院建设，搞好党校函授教育的宝贵财富。正如代表们所讲，我们又开了一次团结协作的会议和经验交流会议。

（四）会议安排紧凑，效率高

这次会议时间不长，开得很紧凑，尤其是会议选定在我国改革开放前沿的广东省，并且又选定在广东省改革开放作为“排头兵”的顺德市召开，为全体代表实地学习广东省及顺德市改革开放和社会主义现代化建设的经验，提供了一次极好的机会。这次将会议与考察相结合，开阔了视野，受到一次改革开放的现实的、生动的教育。这次会议之所以开得好，不仅是会议地点选得好，而且是因为得到广东省委、省政府、顺德市委、市政府领导的重视和关怀，广东省委党校和顺德市委党校十分周到、细致、高效地承办了会务工作，并且有所创新。广东省委党校专门成立了以常务副校长邱金用为组长，校委委员、函院院长黄绍清，机关党委书记李廷家为副组长和顺德市委党校校长刘炳林等为成员的会议筹备组，进行了大量的、周密的筹备工作，保证了会议顺利进行。让我们对他们的热情、周到、高效率的服务再一次表示感谢。

总之，正如代表们在讨论中所说，这次会议“抓住了党校函授教育的重大问题”，“有高度，有深度，有力度”，是一次在关键时刻召开的一次重要的会议、成功的会议。

二、会议的主要收获

大家认为，郑必坚常务副校长和张志新副校长的重要讲话及黄士安同志的工作报告，站得高、论得深、想得细，分析了当前的国际国内形势，抓住了当前党校函授教育面临的一系列重大问题并作出了明确的回答，为我们今后进一步搞好党校函授教育工作指出了努力的方向，明确了任务，使我们增强了信心。会议取得的主要收获，概括起来有以下几个方面：

（一）进一步认清了形势，统一了思想，增强了搞好党校函授教育的使命感

代表们一致认为，在听了必坚、志新两位校领导的重要讲话后，对当前党校函授教育面临的形势认识更清楚了。代表们说，当前我们正处在跨世纪的重要历史关头，国际国内形势都发生了一些新的变化，出现了一些新的情况。特别是党的十五大以来，我们党和国家加快了实施科教兴国战略的步伐；今年召开的第三次全国教育工作会议，进一步提出了深化教育改革，全面推进素质教育，加强培养创新人才，使我国的教育事业进入了一个新的发展阶段，教育作为产业正在加速发展，这对我们函授教育的发展，既是良好的机遇，又是严峻的挑战。要么我们加大教育改革的步伐，开拓进取，跟上全国教育事业发展的形势；要么因循守旧、墨守成规、踏步不前、被淘汰出局。面对这样的形势，我们深感责任更大，担子更重。代表们在发言中纷纷表示，既然是历史、是我国四化建设的需要，把党校函授教育推到了今天这样的重要地位，我们作为党校工作者，就应义不容辞，一定要知难而进，迎接挑战。要像必坚同志指出的那样，胸怀全局，高瞻远瞩，认真谋划党校函授教育工作在新世纪的改革与发展，抓住机遇，开拓前进，以我们的实际行动，完成推进党校函授教育事业的光荣使命。

（二）加深了对胡锦涛同志指示精神的理解，提高了认识，增强了搞好党校函授教育的责任感

会议期间，代表们又一次认真学习了锦涛同志有关党校函授教育的一系列重要指示，特别是听了张志新副校长传达锦涛同志今年6月12日的指示之后，代表们普遍反映深受教育和鼓舞。大家说，锦涛同志从一开始，就给党校函授教育作了正确的定位，指出它“是党校教育的重要组成部分，是多渠道培训在职党员干部的一种有效形式”。这些年来，他始终把党校函授教育挂在心上，这次又提出了“函授学院一定要办好”的新要求。这既是对党校函授教育的再一次

肯定，也是对我们的殷切期望，其情切切、其意深刻。我们作为党校函授教育工作者，如何全面贯彻落实锦涛同志的最新指示，全面提高党校函授教育质量，使它以新的姿态迈进 21 世纪，这是我们的历史责任。不少代表谈到，锦涛同志的 8 次指示，贯穿着一个“严”字，为了一个目的，这就是从严办学，从严管理，从严要求，确保质量。为党和国家培养更多的有真才实学的高素质人才。有的代表说，面对我国教育事业大发展的新形势，自己曾经担心管理太严会影响生源，从而影响党校函授教育的发展。这次会议听了张志新副校长的讲话，再一次认真学习了锦涛同志的指示，使我们提高了认识，消除了心中的疑虑。回去以后，一定要坚决传达贯彻锦涛同志的重要指示，像锦涛同志那样，站在战略的高度、全局的高度观察分析问题，坚持从严管理，以质取胜。会议期间，大家就贯彻锦涛同志指示进行了深入讨论，表示要从自身做起、从现在做起，进一步认真查找和解决办学中存在的不容忽视的问题，把函授教育质量提高到一个新水平，为国家现代化建设作贡献，让中央领导同志和中央党校校委放心。

（三）学到了先进经验，找到了差距，增强了加强自身建设的紧迫感

这次会议，紧紧围绕“深化教育改革，加强自身建设”这一主题，在分组广泛交流经验的基础上，河北、辽宁、山东、安徽、湖北、广东、甘肃、江苏、成都军区等分院的领导同志在大会上介绍了他们深化教育改革，加强自身建设的经验和体会。他们的发言，内容丰富，各有千秋。概括地讲，他们的经验主要有以下几个方面：第一，以马列主义、毛泽东思想和邓小平理论为指导，坚持“三讲”精神，以教学为中心，努力提高教学质量，为党和国家培养高素质人才，这是“深化教育改革，加强自身建设”的指导思想；第二，加强教育科研，以理论为先导，是“深化教育改革，加强自身建设”的重要前提；第三，领导重视，从严要求，是“深化教育改革，加强自身建设”的关键；第四，深化教育改革，勇于开拓创新，是加强自身建设的强大动力；第五，努力提高教师和管理队伍的素质，是“深化教育改革，加强自身建设”的主要着力点；第六，从本地区、本单位的实际情况出发，是“深化教育改革，加强自身建设”的必然要求；第七，抓住重点、分步实施，是“深化教育改革，加强自身建设”的重要方法；第八，校委重视并实施正确领导，是“深化教育改革，加强自身建设”取得成功的根本保证。代表们反映，通过大会、小会交流，学到了兄弟分院的许多好经验，同时看到了自己的不足，增强了进一步“深化教育改革，加强自身建设”的紧迫感，明确了努力方向。并表示，一定要将兄弟分院的经验带回去，用以促进自身的建设，把分院工作搞好。

（四）共同研讨了对策，增强了在新世纪发展党校函授教育的信心

即将到来的 21 世纪，国际竞争将更加激烈；我们国内社会主义现代化建设发展将对人才需要提出更高的要求，教育战线的竞争也将不同以往，形势更加严峻。面对如此态势，何以应对，也是我们这次会议的一项重要议题。代表们进行了热烈而认真的探讨。大家群策群力，献计献策，提出在激烈的竞争面前，要“发挥优势，严格管理，以质取胜”。这充分体现了代表们的高度事业心和责任感。会上，不少分院的代表不仅提出了本分院 21 世纪的发展构想，而且还对中央党校函授教育如何迈向新世纪提出了许多宝贵的建议。这些建议为我们拟定 21 世纪的发展战略提供了重要参考。正如有的代表所说，我们这次会议，一定意义上也是一次对策研讨会。

总之，代表们反映，通过这次会议，进一步认清了形势，提高了对端正办学指导思

想、强化素质教育重要性的认识，增强了危机意识、质量意识、法制意识、竞争和合作意识，增强了发展党校函授教育的信心。

三、需要强调的几个问题

不平凡的1999年即将过去。在过去的一年里，我们各方面的工作取得了有目共睹的成绩。在即将到来的新的一年里，我们将面临更加光荣而艰巨的任务。有关新一年的工作，士安同志在主题报告中已经讲得很清楚。我这里仅就今后的工作强调几点：

（一）坚决、全面地贯彻胡锦涛同志的指示，用以指导党校函授教育的全部工作

这次会议，我们初步学习领会了锦涛同志6月12日的最新指示。大家认识到，锦涛同志的指示，突出强调的是一个“严”字，要求我们严格坚持正确的办学指导思想，在党校函授教育的各个方面、各个环节实施规范化的严格管理。只有这样，才能保证教育质量，才能把学员真正培养成为适应我国社会主义现代化建设需要的高素质人才。也只有这样，才能不辱党校的历史使命，才能维护党校的声誉。大家表示：我们在会上的学习还是初步的，对其精神的领会也还比较肤浅。因此，我们回去以后，一定要继续学习并坚决、全面地贯彻锦涛同志的指示。一是要组织全体人员认认真真地学习，进一步加深对锦涛同志指示精神的理解；二是要从严要求，认真查找在各个方面、各个环节存在的“不容忽视的问题”；三是要有针对性地制定出从严管理、确保质量的切实可行的措施。总之，我们一定要把锦涛同志的指示精神落到实处，不辜负锦涛同志的殷切期望，以对党、对学员、对党校声誉负责的态度，继续发扬我们党校函授管理队伍特别能战斗的精神，把党校函授教育进一步搞好。

（二）深化教育改革，全面推进素质教育

士安同志在主题报告中明确指出，党校函授教育要谋划在新世纪的继续发展，必须深化教育改革。我们今后的一项重要任务，就是按照第三次全国教育工作会议的精神，不断深化教育改革，全面推进素质教育。

首先，必须坚持正确的指导思想和原则。我们深化教育改革，一定要以马列主义、毛泽东思想和邓小平理论为指导，全面推进素质教育，以为党和国家培养更多的高素质人才为根本目的。一定要坚持从党校函授教育的实际出发、通盘筹划、认真试点、稳步推进的原则。同时，我们还要根据中央党校面向21世纪“加强理论武装、开阔世界眼光、培养战略思维、增强党性修养”的教改总体布局，坚持党校教育特色、突出时代特征、符合国家高等教育标准，充分发挥全国党校系统的整体功能和优势。

其次，不断深化教育内容的改革，以适应形势发展和培养高素质人才的需要。为了强化素质教育，我们必须全面加强和改进理论教育、知识教育、党性教育和能力教育，坚持以思想政治素质教育为重点，注重培养学员的创新精神和实践能力。为此，我们当前的一项重要任务，就是要共同努力，切实抓紧做好把“三基本”、“五当代”教材引入党校函授教育的落实工作。正如必坚同志在谈到教材改革时强调指出的，这不仅是教材建设问题，而且涉及党校整个教学体系的改革。这是一件大事，是一件重要的基本建设，务必加强领导，组织精兵强将，包括吸收校外专家参加，加强协作，一定要拿出高水平的成果。同时，我们还要对学制、专业、课程设置和实行学分制等问题，研究提出改革方案，提出新世纪发展党校函授教育的新思路。

第三，不断深化教学方法、考试考核方式的改革，以适应素质教育的要求。要始终不渝地坚持以教学为中心的方针，坚决改变过去那种单纯灌输知识的注入式教学方法，努力探讨、积极采用适应素质教育需要的新

的教学方法。要积极进行考试、考核方式改革，努力消除应试教育在这方面的影响。要建立健全合理的、综合的人才考核评价体系。要改革考试命题的内容和方式，使考试、考核真正起到考察学员的实际理论知识素养和实践能力的作用。深化教学方法和考试考核方式的改革，是一项艰苦细致的工作，这就需要我们各级领导、教学和管理人员，以科学的态度、深入扎实的工作来实现。这里，还要特别强调一点，就是我们在不断深化教学改革的同时，一定要继续抓好严格考风考纪方面的工作，坚持从严治考不动摇，狠抓考风考纪不放松，坚决防止和纠正各种弄虚作假现象，以保证考试考核的公正性、严肃性，真正把锦涛同志“严把教学、考试的质量关”的指示落到实处，用我们的实际行动，维护党校的声誉和形象。

第四，不断改革教学手段，以适应形势和任务的需要。随着科学技术的进步，我国的教育手段日益现代化。我们一定要跟上不断发展的形势，加大投入，积极采用现代化的教学手段，发展远程教育，在尽快推广和普及电化教学的基础上，逐步推行计算机网络化教学和管理。

（三）进一步加强以分院建设为重点的各级组织自身建设，不断提高教学和管理水平

首先，要不断加强函授分院自身建设。分院的地位和作用，大家都很清楚，分院是全院组织实施教学的关键，它承上启下，是一个省党校函授教育的组织者和实施者，其队伍的素质如何，至关重要。因此，加强分院的思想、组织、作风和业务建设是事业的要求。函授学院要办好，离不开把分院办好，我们是命运的共同体。其次，要努力提高各级教学和管理人员队伍的整体素质。教学和管理人员队伍的整体素质，决定着我们党校函授教育未来的命运。过去，我们在抓教学和管理人员队伍建设方面做了大量工作，取得了不少成绩。但是无论是用两分法看问题，还是用发展的观点看问题，今后我们都需要进一步加强这两支队伍的建设。加强分院和各级组织自身建设，各单位面临的情况不同，一定要从本单位实际出发，做到哪方面薄弱就重点加强哪方面建设，同时兼顾其它方面。只有全面提高办学队伍素质，才能不断提高办学水平，培养高素质人才。

（四）认真总结经验，继续抓好分院教育评估工作

中央党校函授教育的分院教育评估验收工作是 1999 年 5 月开始试点的，7 月全面铺开。在中央党校校委和各级地方党校校委的领导及有关分院的大力支持下，目前我们已基本完成对 15 个分院的教育评估验收，取得了阶段性成果。实践证明，分院教育评估及验收，是促进分院建设、规范办学行为、提高办学质量的重要手段和途径。下一个阶段，我们在这方面的工作任务仍然十分艰巨。已完成自评和验收的分院，要继续抓紧做好整改工作，特别是要结合“三讲”教育，既总结经验、发扬成绩，又进一步查找存在的薄弱环节并制定或完善整改方案；教育评估验收工作尚未进行的分院，一定要充分认识做好这项工作的重要意义，积极做好各项准备工作。预计，分院评估验收工作在明年上半年将可完成。

（五）认真传达贯彻会议精神，努力开创党校函授教育工作的新局面

我们这次会议是在总院领导班子调整后召开的第一次年会，是在重要时刻召开的一次很重要的会议。会议的内容非常丰富、非常重要。希望各位代表回去以后，一定要认真传达贯彻好这次会议精神。首先，要组织全体教学和管理人员，学好会议文件，领会文件精神，特别是要组织好对锦涛同志关于党校函授教育指示的学习，真正把握其精神实质，提高贯彻执行的自觉性。其次，要结合本单位的实际情况，研究制定贯彻落实的

具体措施，特别是要根据士安同志在主题报告中提出的任务，制定如何进一步深化各分院的教育改革，进一步加强自身建设、加强规范化管理、提高教育质量的有效措施，并且在今后的工作中狠抓落实。要防止和纠正作风拖拉，对会议精神传达贯彻不及时、不认真的现象。要通过对这次会议精神的传达贯彻，推动分院的各项工作，开创本分院工作的新局面，进而开创我们整个党校函授教育的新局面。

会议期间，代表们对中央党校函授教育提出了一些问题和意见，回去以后我们一定认真研究并及时上报郑必坚常务副校长和中央党校校委。

同志们，会议结束后，大家就要回到各自的工作岗位，开始新的紧张工作。祝同志们工作顺利，身体健康！也请各位转达总院对辛勤奋战在党校函授教育战线上的各位领导和全体同志的亲切问候！预祝大家在今后的工作中，为党校函授教育再作贡献，再创辉煌！

谢谢大家！

（1999 年 11 月 14 日）

关于 2000 年招生工作的意见

——在中共中央党校 1999 年函授教育工作会议上的讲话

中共中央党校函授学院副院长 **欧亚平**

关于明年的招生工作，总的原则和要求概括起来说，就是“控制规模，进出平衡，管理规范，加强领导”。按照这个思路，我讲以下几点意见，供同志们参考。

一、关于控制规模问题

这个问题很重要，“控制办学规模，强化科学管理，提高办学质量”，这是锦涛同志和中央党校校委一贯的指示精神和要求，是招生工作必须坚持和始终遵循的基本指针。

对这个问题，有的同志可能会不甚理解。什么时候了，还讲控制规模？似乎这不符合现在的潮流和形势。随着我国教育事业的大发展，各行各业都在做成人教育这篇大文章。去年《高教法》颁布实施，鼓励各种社会力量依法举办各种高等教育，今年又召开了全国教育工作会议，加强办大教育的思路，成人高等教育作为一个特殊产业，教育市场客观上已趋于形成。成人高等教育面临重要的发展机遇，同时，也呈现出更加激烈复杂的竞争态势。党校函授教育不可避免地处于激烈的竞争形势和环境当中。在这样的背景下，明年的招生工作可能会出现一些新的情况和新的问题，增加一些新的困难和压力。我们必须引起高度重视。形势严峻是事实，工作有难度和压力也回避不了，但是，并不等于说整个形势就变了，就不要讲控制规模了。明年的招生形势，总的看还会保持一定的发展势头，不可能发生大的逆转，因为大的气候没有变，大的条件没有变，大的格局也没有变，我们的工作基础和优势也没有变，这是我们一贯的观点。我去年就讲过，有忧患意识和危机感是好的，但悲观就不可取了。东西南北中，老少边山穷，情况有差异是正常的。具体到某一个分院、某一个学区可能出现了生源萎缩的问题，但从全局来看、从整体来看，招生不会大面积滑坡和萎缩，这是肯定的。我认为，有这些年来积累下来的工作基础和条件，有我们不可比拟和趋于完善的网络优势，有全院上下各级组织和同仁的齐心协力，有方方面面的支持和帮助，我们还是具有较大的回旋余地和生存发展空间。在如何看待明年的招生形势，如何观测和分析招生形势的走向上，应该增强信心，励精图治，趋利避害，做好工作。

控制规模是既定方针，不是权宜之计。不要因为高校扩大招生，放开搞活了，少数院校甚至放宽条件，宽进宽出，免试入学，吸收和挖走了一些生源，我们就心动了，就跟着搞，降格以求。办学是有规律的，竞争也应该讲规则。否则，最终会败下阵来，被淘汰出局。人家放开了，我们更要坚持条件，坚持标准，保证质量，严把“入口关”，控制好规模，我们不能自毁长城。锦涛同志在最近关于函授学院一定要办好的指示当中，再次强调“进一步明确指导思想，严格把握招生范围、规模”，我们必须坚定不移、不折不扣地全面贯彻执行，从讲政治的高度来认真对待这个问题，自觉地维护党校函授教育的政治性、严肃性和原则性。

为了贯彻落实好锦涛同志和校委的指示精神，确保控制规模落到实处，今年招生工作中，总院要求做到“供给和需求双向约束”。

在实行“供给约束”的同时，还必须实施“需求约束”。按照锦涛同志指示精神，“严格把握招生范围、规模”，总院要做，分院也要做，尤其是分院切实做到“守土有责”，这也是对分院工作水平的重要检验。分院工作是否到位，这是一条标准。明年招生工作必须双管齐下，实行双向约束，严格计划招生，严格把好入口关，有效地控制住招生规模，报名要有节制，报到一定的程度就要打住，宁可减少一些收益，也要着眼于质量，着眼于长远发展。必须从需求控制着手，同时加大“供给约束”的力度，指标下达实行“总量控制”，不搞超计划和超指标招生，目的是有效地控制招生和办学规模。

二、关于明年招生的总盘子问题

明年招生总的盘子，按照控制规模的要求和“进出平衡”的思路，同时，考虑到明年招生工作总的形势，考虑到工作中可能出现的新情况、新问题和新矛盾，也考虑到毕业和招生进出平衡等诸多因素，经院里多次研究并报校领导同意，确定了 2000 年的招生总计划。这一计划是比较合适的，一进一出正好可以保持平衡，符合进出平衡和控制规模的要求，也有利于体现从严、从紧控制招生指标的政策，有利于下一步实施宏观调控的总体目标。在这里，顺便说一下，今后，我们打算每年的招生总量就维持这个规模，可能比较符合实际，也比较适应供求需要，适应我们的办学条件、办学能力和管理水平。办学规模，的确有一个度的掌握的问题，多了肯定不合适，我们不能有多大的需要就搞多大的规模。但是，太少了也不行，55 家分院、800 多个学区，供求矛盾过于突出，大起大落，容易影响办学单位的积极性，也会挫伤广大考生报考中函的热情，对中函的稳定和发展同样不利。总之，我们必须掌握招生工作中的辩证法。

三、关于规范管理问题

根据全院工作规范化管理总的精神和要求，明年招生工作在总结经验的基础上，也需要进一步加以规范，具体措施有以下几项：

第一，从明年开始，逐步将中函大专班移交各分院自办。目前，全院开办中函大专班的除军队 16 个分院外，地方有 21 个分院。从 2000 年起，军队分院大专班全部停招，一律不再招收大专学员；地方分院中函大专班分期分批自办。

第二，严格控制非党员比例。目前，有些单位在招生工作中，非党员控制不够严格，比例过大。在明年的招生工作中，我们要坚持贯彻锦涛同志和校委的指示精神，严格控制非党员比例，坚持招收新学员的非党员比例不得超过20%，个别少数民族地区情况特殊的也不得突破30%。

第三，再次重申县级党校不得办本科班。要严格贯彻执行《中国共产党党校工作暂行条例》和《中共中央党校函授教育工作暂行条例》等有关文件精神和相应规定，从2000年起，县级党校一律不得开办中函本科班。

第四，严格执行不准超越管辖范围交叉招生的规定。地方分院只能在本地区或本系统所属单位招生，军队分院不得招收地方学员，也不能相互交叉招生，如发生交叉招生问题，坚决取消所属办学点的招生资格。

四、进一步加强对招生工作的组织领导

在新的形势下，由于某些不确定因素的影响，招生工作的难度会有所增大，要求也会更高。对此，我们应该保持清醒的认识和良好的精神状态。应该有打大仗、打硬仗的思想准备。考虑到工作会议之后，明年的招生工作很快就要启动起来，各级组织要进一步加强对招生工作的领导，以确保明年繁重、艰巨的招生任务能够落到实处，关键在于组织，关键在于领导。全院各级组织要积极争取校委（军队单位要争取上级党委和有关部门）对党校函授招生工作的领导，要主动汇报招生工作情况和遇到的重大问题，争取列入领导的议事日程。各级组织的主要领导要亲自过问，亲自研究，亲自部署，深入到基层和工作第一线，加强调查研究，加强具体指导，加强督促检查，掌握招生工作的主动权。要积极争取组织人事部门的支持，使党校函授招生工作，同各地区、各部门的干部培训工作有机地结合起来，自觉地接受监督指导。加强招生工作的宣传力度，要善于利用报刊、广播、电视等各种新闻媒体和舆论宣传工具，宣传和反映党校函授教育的办学成果，不断地扩大党校函授教育在广大党员干部和社会上的影响，为搞好明年的招生工作营造有利的外部环境和良好氛围。

（1999年11月14日）

院长办公会议、院务会议纪要

院长办公会议纪要

（1999年10月19日）

1999年10月19日上午，函院领导班子为贯彻落实“三讲”教育整改方案，采取集体办公的形式，听取电化教研室的工作汇报，研究解决请示的问题。

会议由黄士安同志主持，出席会议的有刘利群、张东升、欧亚平，以及谢广乔、李素玲等同志。现将情况纪要如下：

会议首先听取了谢广乔同志的汇报。当前，电化教研室正在着力抓的几项工作：(1) 音像教材的统筹计划。包括制定计划、聘请主讲教师、组稿、审稿、跟踪审定、把关等，周密组织，严格实施，较好地完成了各项任务。(2) 音像教材的制作。包括录制、编辑、复制等，在人员少、任务重、要求高的情况下，较好地完成了任务。(3) 音像教材征订发行工作，由教材处归到电化教研室后，由过去发行到分院计100多家，到现在发行到学区、辅导站共2500多家。(4) 积极开展远程教学。主要研究制订函授学院远程教学网络建设规划，现已报院领导审定。(5) 制订信息网络建设三年规划。这项工作正在进行，主要抓对软件应用开发改版问题，进行网络建设的试点验收和推广工作，与辽宁分院商定本月底召开验收会。(6) 积极推进计算机网络化管理。推广总院局域网的经验，加大培训力度，推进办公自动化的步伐。(7) 做好电化教学工作会议的准备工作。主要议题是商讨面向21世纪电化教学的改革与发展问题。具体有三项任务：①总结经验，分析存在的问题，研究对策；②推广典型经验，表彰先进；③研究远程教学和计算机网络建设的规划与方案，解决电教与远教和党校系统与函授系统的关系问题。(8) 远程教学和计算机网络建设启动后，需要建立必要的组织，以便协调工作。(9) 加大电化教学改革力度，研究电化教学跨世纪发展问题。(10) 加强政治和业务学习，提高自身素质。(11) 协助有关部门做好烟台基地弱电建设工作。

谢广乔同志在汇报中，提出了几项亟待解决的问题：(1)远程教学和信息网络建设的定位问题。网络建设联到哪一级，是否建立函授教学专用频道，制定规划要按学校的要求，形成“天地网”，继续推进信息网络建设的试点工作。(2)配备骨干人员问题。电教和微机工作任务繁重，开展远程教学更需调配骨干人员。(3)电教设备更新问题。电教原有机器设备已超过规定的使用年限，按远程教育发展方向，本着节约原则，应逐步更新设备。

会议对以上问题进行了认真讨论，议定

事项如下：

一、电化教学和计算机管理工作要跟上时代发展。远程教学工作如何定位，上学校网，同步进行，要紧紧依托学校远程教学和信息网络建设，加快函授系统的网络建设步伐。由电教室作规划，教学处作计划，目前，哪些课程上网，下一步如何安排，精心组织，周密安排，抓紧工作。可单独设函授教学专用频道，对成本要仔细测算上报。

二、信息网络建设，与学校网络建设同步进行，也可搞“天地合一”网，要按照校领导提出“安全第一、质量第一”的要求，哪些工作内容上网，哪些不能上网，应根据各处室工作特点，严格把关。教务管理工作软件可推行，但学员名册不可上网。

三、电教设备更新,经过市场调查,反复比较、论证后,提出计划。要适应电教工作发展的方向,本着勤俭节约的原则。既保持设备的先进性,又要考虑财力所及,做到逐步更新,保证工作正常运转。并加强计算机管理培训工作,逐步做到人人都会操作运用。

四、人员配备。明确电教室的工作性质与任务后，要努力提高职工自身政治与业务素质，保证做好电教和计算机管理等各方面的工作。对电教室的人员可确定总人数，并保持相对稳定。

院长办公会议纪要

（1999年10月21日）

10月21日，院长办公会议听取教学处工作汇报。会议由黄士安同志主持，出席会议的有刘利群、张东升、欧亚平，以及王炳、鲁金波、吕敏等同志。现将情况纪要如下：

王炳同志在汇报中说，在指导思想上，我们认真贯彻校、院领导指示精神，坚持以教学为中心，深化教学改革，强化科学管理，确保教学质量。在工作方法上，坚持“两手抓”，一手抓已出台的具体措施的落实；一手抓办学中深层次问题的调研。当前，正在进行的主要工作有：(1) 对试行弹性教学计划、学分制等问题，组织力量，开展调研，多方论证、比较，拟制改革方案；(2) 编制2000年教学具体安排；(3) 着手编辑《骨干教师名录》和建立师资库；(4) 编辑《优秀论文选》，为建院15周年献礼；(5) 部署考试命题改革的具体实施办法；(6) 筹备秋季教师备课会；(7) 研究生班工作。修订2000级在职研究生培养方案、招生简章，购置教材，总结开展远程教学工作经验。

王炳同志还提出了需要解决的问题：(1) 教学处及研究生办公室人手紧，尤其是懂业务、会管理的在职人员少，在年龄、知识结构上要调整、充实人员，解决后劲不足的问题；(2) 院里的体制、机构尚须进一步理顺,如专业、课程设置、电教工作,工作中有交叉，应作研究调整；(3) 教学改革是大题、难题，工作涉及方方面面，院里应统一领导，组织力量，协同攻关；(4) 对明年研究生招生工作的盘子应尽早予以明确，便于安排工作。拟开办青年干部在职研究生班。现用教材是选购的，拟组织力量自编部分教材；(5) 贸易经济专业还办不办？命题工作有难度，有的教师工作不到位，难管理。

会议对以上问题进行了认真讨论，议定

事项如下：

一、教学改革问题。校领导关于教学改革已明确提出了任务，我们要认真抓好落实工作：（1）试行弹性教学计划和学分制，要在广泛调研的基础上，科学论证，多方比较，进行试点，取得经验，再有计划、有步骤地铺开。要朝着这个方向去努力。（2）修订教学计划，适当增加选修课，充实教学内容。（3）命题改革作为教学改革的突破口，一定要抓好，取得成效，推动教学改革深入发展。（4）开展远程教学问题，上学校网，同步进行。哪些课程上网？教学处要作出规划，组织实施。工作中一定要注意安全和质量问题。

二、在职研究生招生问题，待校委确定后再行办理。明年，甲班不再招生；鉴于目前形势发展，青年干部在职研究生班不宜开办。教材应着重从现有的书中选购，若有知名教授人选，也可自编一部分。

三、理顺体制问题。按科学分工，专业、课程设置是教学处的工作职责。由于历史的原因，现在由教编室负责。电教工作也是这样，应由教学处通盘作计划，电教室负责录制。为不影响工作，暂不变动。

四、人员配备。教学处工作量大，人手紧，但全院编制不可能增加。应充分调动和发挥大家的积极性和创造性，挖潜增效。同时，也可动脑筋、想办法，可以聘请不坐班人员，实行计时计件付酬的办法。

院长办公会议纪要（一）

（1999年12月9日）

12月9日上午，院长办公会议听取教务处的工作汇报。会议由黄士安同志主持，出席会议的有刘利群、张东升、欧亚平，以及钟琴、温燕平等同志。现将情况纪要如下：

钟琴同志在汇报中说，在指导思想上，教务处提出了“三新”要求——改革要有新突破，管理要有新举措，工作要有新思路，以此来整体推进教务管理工作，今年按原定目标和要求顺利完成了各项工作任务，并取得了明显的成绩和进步。当前，重点抓的几项工作有：（1）招生工作。2000年的招生工作已布置下去，从初步摸底的情况来看，在高等成人教育放开的情况下，党校函授教育招生工作仍呈现较好的发展势头。据分析，明年的招生工作不会有大的滑坡。（2）考务工作。整肃考风考纪，必须进行标本兼治、综合治理，大家动手，共同做好工作，不断提高教学质量，促使学员搞好学习。同时，要建立“自我规范、自我完善、自我管理”的考务管理机制，除了总院抓以外，还要充分调动下面的积极性，大家都来整肃考风考纪。目前，正着手制定并实施招生考试属地管理的试点方案。（3）学籍管理。继续推进学籍管理改革步伐，现在，各分院上报的各种数据比较及时、准确；研究教学改革对学籍管理方面提出的新要求，做好相关的前期准备工作；做好办证工作，严把学员“出口关”。鉴于过去有的单位上报学员报名数与注册数相差甚大的情况，从今年开始，对各单位上报的注册数进行审核，并下达“认定书”，以减少工作中的漏洞。

钟琴同志还提出了几个需要解决的问题：(1)明年，毕业学员将达26万名，办证工作任务重,人员少,建议在办证期间,视情况聘用短工,实行计件计时付酬办法。(2)办证工作任务繁重,劳动强度大,建议由目前办理每张证书劳务补贴1角增至2角。(3)学籍管理工作政策性很强,需要配备一名在编干部,以加强管理。(4)建议电化教研室尽快设计与开发适用于总院学籍管理的软件,以加速实现学籍管理的规范化和自动化。

会议对以上问题进行了认真讨论,议定事项如下:

一、关于2000年招生工作已作布置,这次进行了初步摸底,要随时掌握动向,排除干扰,做好工作。要注意跟踪调研,加强宏观指导。要及时了解和反馈情况,重要情况要迅即报告志新同志。招生考试要加大管理力度,尤其对北京地区几个单位,更要加强检查与督导,精心组织,严密实施,确保顺利完成任务。

二、学籍管理自动化进程不断向前推进,现在,不报学员卡片,只送光盘,大大提高了工作效率,做到了及时、准确。学籍管理工作思想性、政策性很强,严把学员“入口关”和“出口关”,办证实行“三严”(严格制度、严格程序、严格审核)、“五审”(初审、一审、二审、三审、终审)制度。工作中要自我加压,今年学员注册下达“认定书”,对确保工作质量是有益的。过去的学员卡片,很有价值,要妥善保存。

三、整肃考风考纪,应坚持标本兼治、综合治理的思路,全院动员,齐抓共管,深化改革,提高教学质量。此项任务要作专题研究。明年的招生考试实行属地管理,可先行试点,总结经验,逐步推广。要敦促总政函办领导做好工作,积极参与试点工作,保证工作顺利进行。

四、加强业务培训工作。面对新的形势发展,要不断研究新情况,解决新问题。今年以来,举办学籍管理培训班,取得了比较好的效果。其他方面的工作,也可采取办班的办法,不断提高思想政治素质和业务素质,为全院教学工作服务。

五、关于需要解决的几个问题:

(1)同意聘用短工,既不需增加办公空间,又可节省管理费用,要提倡这种用工办法。但聘用时,要注意选好对象,报主管副院长批准。

(2)提高办证劳务费问题,教务处在处理办证劳务费分配问题上做得比较好,能考虑和照顾各方面的利益。此事涉及的问题多,待院里统筹研究后再处理。

(3)学籍管理软件开发问题,教务处和其他处室可先理出思路,提出要求,研究如何开发本单位工作需要的软件。

(4)人员配备。学籍管理确实需要进一步加强力量,但目前全院编制不可能增加。可以先物色合适对象,再行研究。

院长办公会议纪要(二)

(1999年12月9日)

12月9日下午,院长办公会议听取了教材编研室的工作汇报。会议由黄士安同志主持,出席会议的有刘利群、张东升,以及曹玉海等同志。现将情况纪要如下:

曹玉海同志在汇报中说,目前,正在进行的主要工作有:(1)2000年上半年用书审校工作。2000年上半年用书包括教材62本（其中，新编8本，修改11本，重印43本）、教学辅助资料28种（其中，新编4种，修改17种，重印7种），近1000万字，除2本尚未签印外，其余已全部审读签印；（2）制定和实施2000年下半年教材编写计划。在领导干部班将“三基本”、“五当代”教材全部原版引入，在本科班分别不同专业引入“三基本”、“五当代”教材简读本。2000年下半年用书72本（其中，新编11本，修改26本，重印35本），教学辅助资料27种，共1200余万字。2000年下半年教材编审任务比较重。从10月份开始拟订计划，经与教学处多次协商，现已基本就绪，并已与作者联系编写或修改；（3）制定2000级专业课程设置；（4）《学习辅导》改刊。拟改名《学园》，开设理论学习、领导工作、经济管理、国企改革、法制天地、学习指导、学员专论、反腐倡廉、焦点信息等十几个栏目。现正进行组稿工作。

曹玉海同志还谈到下一步的工作打算和需要解决的问题。工作打算：（1）鉴于教材编写和修改所需时间长，审校工作任务繁重，教材编写计划制定时间要尽可能提前；（2）为适应社会发展需要，专业和课程设置要进行通盘研究，科学论证；（3）根据社会发展形势、专业设置变化和教学过程中提出来的问题，对现行教材进行分类处理；（4）进一步充实和加强编审队伍，要确立名家任主编，广泛吸收省委党校优势学科的教师参加，以提高教材的质量和社会地位；（5）现行教材中有34种需要出版，党校出版社每年只能给10个书号的出版计划，不能完全满足需要。凡能出版的教材，应找相关的出版社公开出版。

需要解决的问题：（1）在编的编审人员要加强。目前，教材编审任务重，编审人员少，老同志在工作中发挥了重要作用，从长远建设着眼，应适当补充年富力强、懂专业的年轻在编人员；（2）《学习辅导》改刊后的刊名需要尽快定下来；（3）稿费标准问题。应建立有弹性的稿费标准，著名的专家学者编写高质量教材的稿酬应有所区别。

会议对以上问题进行了认真讨论，议定事项如下：

一、进一步加强教材建设

1．深入学习贯彻胡锦涛同志以及校领导关于加强教材建设的指示精神，继续抓紧落实将“三基本”、“五当代”教材引入函授教材体系的工作，并将这一指示精神，贯彻到今后的教材编写工作中去。以党的十五大精神为指导，紧跟时代步伐，及时反映中央的新精神，从根本上提高函授教材的水准。

2．专业设置和课程设置，是教材建设的前提。只有专业设置和课程设置科学、合理，才谈得上编写出符合社会主义现代化需要的教材。随着形势的发展，专业与课程设置必须作相应的调整，使之更加合理。教编室要加强调研，科学论证，提出改革设想方案。

3．充实和加强教材编审队伍，要千方百计地聘请校内外知名专家、学者、教授参加编审函授教材，保证函授教材的高水准和权威性。可试行聘请客座教授，先在校内进行，每个教研部选聘4—6名，由所在单位提出名单，函院从中选聘。

4．根据形势发展和中央的新精神，对现行使用的教材进行清理、分类，该新编的新编，该修改的修改，该停用的则要停用，尤其对有些已经过时、内容陈旧的教材不可再用。聘请人员编写教材，要坚持服从工作需要的原则，不搞个人照顾。

二、稿酬问题，对知名的专家、学者、教授编写的高质量、高水准的函授教材，应给予优厚稿酬。由教编室研究提出意见，报主管副院长批准。

三、人员配备。教材编审工作，在整个教学工作中占有重要的位置，从长远建设看，应有计划地逐步充实和加强年富力强、懂专业的在编人员。在用人制度方面，可开阔视野，现有聘用人员的格局，既有坐班的，又有不坐班的，有的书稿审阅可搞计件工资。

春季院务扩大会议纪要

（1999年3月5日）

中央党校函授学院于1999年3月3、4日，在北京召开了春季院务扩大会议。现将会议情况纪要如下：

一

这次会议是在面临新形势、新任务和新要求的情况下召开的。中央党校副校长、函授学院院长张志新出席会议并讲话。原院长孙钱章在开幕时讲了话。参加会议的有常务副院长黄士安、副院长史信发、刘利群和处务委员以上干部共61人。会议由黄士安、史信发同志主持。

会议以党的十五大精神和邓小平理论为指导，认真学习江泽民总书记在中央党校举办的省部级主要领导干部金融研究班结业式上的重要讲话，深入贯彻胡锦涛同志关于党校函授教育工作的一系列指示，落实校委对党校函授教育工作的要求，认真回顾1998年的工作，部署1999年的工作任务。会议开得紧凑，会风清新，提倡讲实话、讲真话，达到了深化认识、统一思想、增强信心、做好工作的目的。

二

会议回顾和总结了1998年的工作。与会同志认为，1998年，党校函授教育工作，在中央领导同志的亲切关怀下，在校委的正确领导下，经过全院上下的共同努力，比较好地完成了各项任务。这主要是：1. 学习贯彻党的十五大和十五届三中全会精神，在全体教职工中深入学习邓小平理论，坚持用邓小平理论武装学工人员头脑，不断提高办学主体的政治思想素质。2. 深化教学改革，加强教、学、管各个方面的工作，加大教学管理的力度，不断提高教学质量。研究生班工作稳步发展，95级学员顺利毕业，研究生班甲班新开设政治学专业（治国方略研究方向）。3. 教材建设进一步得到加强。在出精品的思想指导下，教材的编、印、发工作又有新的进步。4. 进一步理顺办学关系。部队的党校函授教育管理体制进一步作了调整，加强了管理；黑龙江分院在黑龙江省委的关心和支持下正式成立。5. 考务、命题以及整肃考风考纪工作，取得了新的进步。6. 函授教育评估工作深入开展。学区和辅导站的评估已基本结束。分院评估工作和验收准备工作，正在抓紧进行。7. 成功地举行了十月工作会议、两次院务扩大会议和各种专业会议，达到了会议预期的各项目标。8. 师资和教学管理干部培训工作，经过试点，逐渐推开，促进了办学主体素质的提高。9. 电化教学有了新的进展。自动化建设步伐加快，完成了“网络管理信息系统”一期工程，启动了“二期工程”，音像制品质量有所提高。10. 行政、财务、物资等后勤保障工作，有力地保证了教学工作的顺利进行。11. 报纸、刊物、年鉴、快讯以及对外宣传等项工作，进一步得到了加强。12.

烟台师资培训基地运营前的各项准备工作正在抓紧进行。与美国、英国、日本、奥地利、澳大利亚等国的成人教育机构商谈了合作办学事宜。同时，组织了一些同志到美、欧考察成人教育情况。13. 院长办公室、研究室和视导委较好地发挥了参谋助手作用。14. 机关党的建设、函院高层次文化建设、廉政建设，取得了进步。

会议认为，过去的一年，全院函授教育工作取得的成绩和进步是明显的，应该予以充分肯定。但是，也要冷静地看到不足，主要是在落实管理措施、提高办学质量等方面存在一些问题，必须引起高度重视，不断加以改进。

三

会议对1999年的工作作了研究和安排。总的指导思想是：遵照中央领导同志关于做好党校工作和党校函授工作的指示及中央党校校委今年工作要点的要求，高举邓小平理论伟大旗帜，深入贯彻党的十五大精神，贯彻落实江泽民同志关于全面加强和改进全党学习的指示，深入开展“讲学习、讲政治、讲正气”的教育。坚持以教学为中心，深化教学改革，强化教材建设，稳定办学规模，加大规范化管理的力度，不断提高办学质量，开创党校函授教育工作的新局面。

（一）坚持以教学为中心，深化教学改革，不断提高办学质量

党校函授教育要坚持以教学为中心，强化质量意识，牢固树立“质量是生命线”的观点和“质量第一”的观点，把提高教学质量当作头等大事来抓。要认真执行总院制定的1999年教学计划，加大教学管理工作的力度，切实抓好教学工作的各个环节。择优选聘任课教师，狠抓面授质量；加强自学管理，增强学习效果；强化新开课程的电化教学，确保教学质量。

（二）强化教材建设，抓好教材的编、印、发工作

要按照党校教材建设的总体格局来安排函授教材的编写工作，将“三基本”（《马克思列宁主义基本问题》、《毛泽东思想基本问题》、《邓小平理论基本问题》）和“五当代”（《当代世界经济》、《当代世界科技》、《当代世界法制和我国法制建设》、《当代世界军事和我国国防》、《当代世界思潮》）作为党校函授教育的重要内容。要选聘校内外专家、教授、学者精心编写，以党的十五大精神为指导，遵循党的基本理论、基本路线、基本纲领，充分吸取当代科学研究的最新成果，紧跟时代步伐，突出干部在职自学的特点，使党校函授教材具有较高水准。要加强教材的编审工作，加强主编队伍、责编队伍建设，争取编写出一批一流的党校函授教材。同时，要加强音像教材的制作，确保质量，做好教材的印制和发行工作。

（三）认真做好1999年招生工作，继续整肃考风考纪

要按照平衡、控制、规范的原则，安排好今年的招生工作。各有关单位要严密组织，严把报考资格审查关、招生考试关、录取关。加大考务管理力度，继续实行考试试题题签制、试卷混装制、属地发卷制，做好巡、监考工作。巩固整肃考风考纪工作的成果，维护招考工作的严肃性，维护党校的形象，保证顺利完成1999年的招生任务。

（四）完成分院自我评估和全院评估验收工作

今年要把分院的评估置于全院评估工作的重要位置，力争年内完成分院评估验收工作，分院评估工作要求高、任务重，要组织强有力的验收队伍，坚持标准，严格要求，细致工作。要抓好部分学区和辅导站评估验收的补课工作。以端正办学指导思想和提高教学质量为重点，狠抓整改，解决存在的不容忽视的问题，促使全院通过评估，将各方面的工作推上一个新的台阶。

（五）积极做好1999年10月工作会议和全国党校校长座谈会相关材料的准备工作

今年的10月工作会议，将在进一步总结加强学区建设和辅导站建设经验的基础上，重点研究分院建设，提高分院领导水平和管理能力，把一个适应形势需要的党校函授教育带入21世纪。

根据校委关于今年第四季度召开全国党校校长座谈会的计划，会议将研究党校函授教育学历问题。总院要在原来上报材料的基础上，继续深入研究，提供相关材料，供会议讨论使用。

（六）强化办学队伍建设，努力提高自身素质

各级组织要认真贯彻落实去年10月会议提出开展“办学队伍建设年”活动的目标、任务和要求，按各级党校校委的部署，把加强学习和“三讲”教育活动抓紧抓好，抓出成效。有计划地加强办学队伍培训，努力提高办学人员的政治思想素质和业务水平。建设一支政治强、业务精、作风正，能担当培养高素质干部队伍重任，适应新世纪办学需要的队伍。

（七）认真办好报刊，做好宣传工作

《党校报·函授教学与管理》、《学习导刊》等报刊要紧跟形势，围绕教学这个中心，办出各自的特色，对教、学、管各方面的工作进行有力的指导。

明年将是建院十五周年，从现在起要组织力量理直气壮地做好对外宣传工作，加大宣传力度。主要宣传党中央和中央领导同志关于做好党校工作、发展党校函授教育事业的指示，宣传党校函授教育的办学方针、指导思想以及精心施教、严格管理、整肃考风考纪等情况，宣传函院培养的大批人才，进一步争取各级党政领导和部门以及社会各界的理解、关心和支持，促使党校函授教育事业更加健康地发展。

（八）加强制度建设，加大规范化管理的力度

实行制度化管理，是“以法治院”的重要标志。一要加强管理制度建设，组织力量，对现行管理制度进行修订、增补，重新颁布执行。同时，要研究草拟《关于加强中央党校函授教育规范化管理的意见》二要认真做好管理制度的落实工作，抓学习，抓培训，抓检查督促。落实管理制度，关键在领导。各级组织要一级抓一级，层层负责，务使各项管理制度落到实处。

（九）搞好行政、财务管理

继续做好交通安全、防火、保密工作；积极推进办公自动化的进程，促使总院机关局域网尽早投入使用；加强财务管理，提倡艰苦朴素、厉行节约、勤俭办学；完善各项规章制度，增强服务意识，做好各方面的工作，更好地为党校函授教育服务。

（十）深入扎实地开展“三讲”教育，努力加强领导班子和机关自身建设

遵循中央关于深入开展“三讲”教育的指示精神，按照校委和机关党委《关于开展以讲学习、讲政治、讲正气为主要内容的党性党风教育实施方案》的规定，紧密结合函院的实际情况，总院机关党委要尽快制定计划，组织实施，抓出成效，不走过场。

总院领导班子和机关按照“三讲”的精神，加强学习，增强党性，学习业务知识，开创党校函授教育工作的新局面。要求做到：重视学习，加强团结，振作精神，搞好工作。

总院将根据校委的要求和工作需要，在搞好思想教育的基础上，对部分机构和人员进行适当调整，以建设一支适应形势与任务需要的函授教育办学队伍。

继续加强反腐倡廉、廉洁自律教育，推进精神文明建设和函院文化建设，弘扬“团结、敬业、务实、创新”的函院精神。

院机关党委和各党支部到今年3月任职期届满。按照党章要求，要认真做好换届选举的各项准备工作和组织工作。

四

张志新同志在讲话中指出，面对着新形势、新任务的要求，要加强对党校函授教育地位、作用的认识，进一步增强做好党校函授教育工作的使命感和责任感。党中央和中央领导同志十分重视党校教育和党校函授教育，曾经多次指出，“党校函授教育是党校教育的重要组成部分”，并把党校函授教育写进了《中国共产党党校工作暂行条例》，确立了它在党内的重要地位。党校函授教育是适应现代化建设事业迅速发展需要而诞生的，是新时期党校教育功能的拓展、延伸和必要补充，它充实和完善了党校教育体系，是党校教育自身发展的必然产物。党校函授教育是以培养党的高素质干部队伍为战略目标的干部在职在岗教育。胡锦涛同志明确指出，党校函授教育要“坚持正确的办学方向，提高办学质量，更好地为培养党的高素质干部队伍服务”，这就明确地把党校教育和党校函授教育与全党建设高素质干部队伍这一战略任务紧密地联系在一起了。新时代的伟大实践，全局性的伟大任务，赋予党校重要的历史任务。历史正在把党校推向更加重要的地位，也把党校函授教育推向更加重要的地位。我们要从大局的高度、从战略的高度来看待我们从事的工作。我们完全有理由充分肯定党校函授教育的地位、作用，提高认识，统一思想，扎实工作，以对历史高度负责的精神，努力把党校函授教育工作做得更好。

张志新同志强调，我们要全面贯彻胡锦涛同志的一系列指示精神和校委领导提出的要求，充分肯定成绩，认真总结经验，查找薄弱环节，制定具体措施，扎扎实实地干好工作。党校函授教育已经走过了 14 年的历程，特别是最近几年，工作取得了显著成绩，积累了宝贵的经验。这些经验主要有：(1) 坚持正确的办学指导思想，这是灵魂，是管总的。如果在指导思想上错了，就会一错百错。各级党校和函授各级组织及机关各部门，要经常抓端正办学指导思想，常抓不懈，不能有丝毫的动摇。(2) 教学质量是生命。办学质量，实质是教学质量，要坚持以教学为中心，做好各方面的工作，确保教学质量。函授教育能不能站得住脚，关键在质量，质量就是生命。要把提高教学质量作为头等大事，坚持不懈地抓下去。(3) 制度建设是保证。函院过去建立了一整套规章制度，根据变化了的形势，有的需要修订、增补，使之进一步完善。要进一步研究制定规范化管理的方案。(4) 提高素质是根本。我国的改革开放和社会主义现代化建设事业的发展，从一定意义上讲，要靠发展教育，发展教育要靠人才，人才要靠提高综合素质。只有具备了相应素质的人，才能适应培养党的高素质干部队伍这一战略任务的需要。这些基本经验都需要继续坚持，并加以发扬光大。

张志新同志最后指出，党校函授教育经过 14 年的发展，已经奠定了相当雄厚的基础，它得到了党中央的肯定和各级党委的支持，受到广大干部的普遍欢迎，摸索和积累了较为丰富的经验，造就了一支基本适应干部培训需要的办学队伍，我们在肯定已有成绩的同时，也要冷静地看到不足，应正视问题，改进工作。这是进步，不是后退；是鼓劲，不是泄劲；是好事，不是坏事。如果看不到问题和差距，满足已有的成绩，甚至抱残守缺，就会辜负组织上对我们的厚望。我们完全有信心，在校委的正确领导下，全体同志团结奋斗，开拓进取，在已有成绩的基础上，把党校函授教育事业继续推向前进。

会议结束前，黄士安同志对党校函授教育学历、教材建设、办学规模、规范化管理、总院机构调整等几项比较紧迫的工作，作了具体安排。他希望全院同志团结一致，奋发进取，在校委的领导下，在张志新同志的直接领导下，为把党校函授教育事业推上一个新的台阶而共同奋斗！

函授学院工作计划与总结

函授学院上半年工作小结与下半年工作安排

一

在校委的高度重视和正确领导下，函院上半年工作紧紧围绕贯彻胡锦涛同志关于党校函授教育工作的指示，落实校委对函院工作提出的要求和郑必坚、刘胜玉、张志新同志在函院新老班子交接会上的讲话精神，坚持以教学为中心，全面提高教学质量而进行。着重抓了以下几个方面的工作：

（一）坚持以教学为中心，加大教学管理力度，狠抓教学质量

精心拟制教学计划和教学具体安排。今年下半年的教学计划和教学具体安排，均已提前半年下达。教学计划涉及97级至99级大专班4个专业、30门课程（其中，闭卷考试课13门，开卷考试课17门）；97级至99级本科班、领导干部班7个专业、33门课程（其中，闭卷考试课17门，开卷考试课16门），共约34万字。

加强师资管理和培训。为进一步加强师资队伍管理，充分发掘党校系统函授教育师资人才，逐步实现师资资源共享及教师持证上岗，推出了“面授教师审批备案制度”，建立“师资档案库”，编辑“骨干教师名录”等三项新举措。召开春季备课会，既有教材主编讲授，又有专家、学者报告；既有对教学内容的研讨，又有教学方法、教学经验的交流，对于改进教学工作，提高面授教学质量，起了积极的促进作用。

认真搞好命题、判卷工作，加紧题库建设。上半年，进行了三次考试，完成了99级大专班、本科班和领导干部班的招生考试、96级大专班总补考、上半年各年级、各班次期末考试，共56门课程，总共责编、校审和监制试卷159套，304.1万份。上半年请了8个分院20多名教师拟出了8门主考课的各类试题，共约30多万字。

大力推广、普及电化教学，不断提高音像制品质量。上半年共录制33门课程，其中，考试串讲课18门，讲座课10门，教师备课5门；共复制音像教材8748盘（录像带2748盘，录音带6000盘）。

研究生班工作，加强了教学宏观调控，认真选聘教师；及时掌握96级毕业论文撰写情况；召开第三次研究生工作会议。研究生班的教学和管理工作稳步向前推进。

（二）加强教材建设，改进印制和发行工作

认真编审教材和教学辅助资料。上半年组织编审教材66种，教学辅助资料60种，编审总字数约2440万，确保了教学需要。

把党校函授教材纳入学校教材建设总体格局，把“三基本”、“五当代”教材引入函授教材体系，作为函授教育的重要内容。

(1) 将胡锦涛同志和校领导关于加强教材建设的指示和讲话汇集成册，组织学习，提高认识，统一思想，做好工作。(2) 举行专家论证会，研讨如何将“三基本”、“五当代”教材引入函授教材体系，以及调整部分班次课程设置问题。(3) 根据函授教育对象，对研究生班配发“三基本”、“五当代”教材，同时，约请“三基本”、“五当代”教材编写组为函授教学编写简读本。

上半年是建院以来教材使用量最多的一个学期，于2月、4月，按老生和新生所需教材分两次进行征订，及时下达印制计划，组织印厂精心印制，准确、及时发运。共印教材、资料200多种，上半年所用教材，提前一个月发运到各直发点。由小32开改为大32开版本教材39种，已达应改版本的60%。新设计教材封面44种，新设计版面111种。校对教材、资料107种，计3315万字。多数教材装帧精美，印制优良。

(三) 圆满完成1999年招生录取工作和三次考试考务工作

按照校委批准的今年招生工作计划，在运作中，精心安排，规范程序，严格管理，加大宏观调控的力度，保证了招生工作的顺利进行。今年，全国报考中函考生多达45.6万名，是历年来报名比较多的一次。经过上下共同努力，层层把关，比较好地完成了招生工作任务。

在上半年的三次考试中，共组织了26个巡考小组、58人次分赴全国23个省、自治区、直辖市进行巡考，了解情况，指导工作，总结经验，处理问题，收到了比较好的效果。

(四) 验收分院教育评估工作

按照1998年12月厦门评估工作会议的安排，今年将分期分批地对分院评估工作进行全面检查验收。在组织力量，深入调查研究，促使各单位提高自我评估水平的基础上，研究制定了《分院函授教育评估验收工作规程》、《分院函授教育评估验收计分标准》，并举行专家咨询研讨会讨论，经院长办公会议审议，报校领导批准下发执行。从5月20日开始，对湖北、河北、甘肃分院先后进行评估验收试点工作，一方面对分院评估工作进行检查验收；另一方面，通过验收工作实践，培训验收骨干人员。验收试点单位的情况表明：(1) 所在党校校委高度重视，直接领导、全力支持这项工作的开展。(2) 思想发动广泛、深入，学习贯彻胡锦涛同志指示精神，深入人心，全员参与评估工作。(3) 按照“三讲”教育的精神和要求，严以律己，工作扎实，自我评估严格打分，成效明显。(4) 贯彻边整边改精神，注重解决存在的不容忽视的问题。面上的全面检查验收工作，现正陆续展开。通过评估验收工作，取得了预料不到的效果，对党校函授教育的健康发展将产生深远的影响。

(五) 为全国党校校长座谈会准备相关材料

按照校领导的指示，函院要为会议研究党校函授教育工作提供规范化管理党校函授教育、党校教育学历材料（已上报校委）。于8月初，举行党校函授教育规范研讨会，邀请了10个省级党校领导和有关分院负责人共同研究，正在进一步修改文稿。

10月工作会议的各项准备工作正在加紧进行，各分院积极上报工作总结。6月份，在上海召开10月工作会议主题研讨会，邀请了11个省级党校和有关分院负责人参加讨论。正组织专人撰写主题报告。

(六) 积极参与校园网建设

按照学校远程教育网络建设规划的要求，积极配合校园网建设，抽调骨干力量直接参加工作。精心设计“函院信息发布系统”，为校园网的开通，做好示范工作。

(七) 加强对外宣传工作，努力办好院报、院刊、《函授快讯》、年鉴

在加强公关工作的同时，努力做好对外

宣传报道工作。利用媒体及时报道党校主要领导和分管领导对党校函授教育工作的指示，报道校领导的活动动态，报道党校函授教育的进展，增进社会各界对党校函授教育的了解，从而关心党校函授教育，支持党校函授教育。今年“七一”前夕，专门约请《人民日报》社国内政治部记者来院座谈。7月5日，在《人民日报》第三版头条发表专稿《党校函授教育成为干部培训重要途径》。郑必坚同志在审定这篇专稿时，还亲自作了修改。他强调，“党校函授教育是一项政治性很强的事业”，“党校函授教育事业的发展，是我国社会主义现代化建设的需要，是广大党员干部提高思想理论政治素质的需要，也是我们党把自己建设成为思想上、政治上、组织上完全巩固，并能永远站在时代前列的伟大马克思主义政党的需要”。这篇专稿的发表，在社会上产生了较大的影响。

院报、院刊、快讯在紧跟形势，报道中心工作，指导教学，交流情况等方面，发挥了应有的作用，得到了各方面的好评。《中央党校函授教育年鉴》1995年卷和1998年卷，正在加紧编辑，同时，开始征集综合卷（反映1985年至1993年6月的办学情况）和1999年卷的资料工作。

（八）勤俭办学，增收节支，精简机构，提高效率

贯彻“三讲”教育精神，边整边改，推动当前工作发展。(1) 抓住源头，把重锤敲在教学上，不断推动教学工作深入发展。(2) 精简机构和人员，上半年，已撤销6个非编机构，精减聘用人员31名。(3) 与去年同期相比，上半年精减会议50%，精减文件，停办内部资料，压缩教材白页，节约用纸。采取上述措施，全年可大大节省开支；同时，扩大教材零售业务，增加收入。

（九）各项服务保障工作做得较好

各服务保障部门，胸怀全局，立足本职，勤奋工作，服务中心。行政部门除了完成值班、打字复印、物资采购与管理等经常性任务外，把防火防盗、安全保卫工作放在突出位置。坚持勤俭办学原则，加强财务管理，协助院领导严把财务关。制定院有关财务管理工作的意见，制定并实施聘用人员工资管理办法，加强对收款工作的管理，坚持财务管理为办学服务。

院办、研究室、视导办都比较好地发挥了参谋助手作用，认真完成了各项工作任务。

（十）认真搞好“三讲”教育，加强领导班子建设和机关党的工作

根据中央关于开展“三讲”教育的精神和校委的统一部署，成立了“三讲”教育领导小组，制定“三讲”教育实施计划，从6月3日开始，到8月5日，告一段落。“三讲”教育分四个阶段进行：(1) 学习提高，思想准备。(2) 自我剖析，征求意见。(3) 交流思想，开展批评。(4) 边整边改，推进工作。每个阶段、每个步骤，都严格按照工作程序报告批准后执行，“三讲”教育工作一环紧扣一环，使学习和剖析不断向前推进。

院领导班子成员通过认真学习中央规定的文件和毛泽东、邓小平、江泽民同志的有关著作和论述，努力用科学理论武装头脑，清理思想，从社会主义现代化建设事业的需要，新世纪党对党员干部提出提高自身素质的需要，加强党的建设的需要的高度出发，严格解剖自己，着重检查在学习贯彻胡锦涛同志关于党校函授教育工作指示精神，进一步深化教学改革，贯彻民主集中制和群众路线等方面存在的差距，从世界观、人生观、价值观的高度，深刻剖析原因。在个人自我剖析的基础上，又举行领导班子民主生活会，开展互相批评帮助，并就进一步增强院领导班子团结，形成合力，发挥整体功能的问题，进行了认真讨论，研究提出整改措施。在总院机关干部、职工中，对院领导班子及其成员的自我解剖进行评议，受到了大

家的好评，认为这个班子是团结战斗的班子、求真务实的班子、奋发向上的班子。

院机关党委按照校机关党委的要求和函院的实际情况，以邓小平理论为指导，以积极的姿态投入到“三讲”教育活动中，认真学习理论，严于解剖自己。通过“三讲”教育，大家受到了一次生动的、深刻的马克思主义的再教育，得到了党内生活的严格锻炼，进一步增强了党性修养，增强了政治敏锐性和政治鉴别力。在揭批李洪志及其“法轮大法”的歪理邪说的斗争中，大家立场坚定，旗帜鲜明，坚决拥护中央关于坚决处理和解决“法轮功”问题的决定，深入学习马克思主义唯物论和无神论，牢固树立正确的世界观、人生观、价值观。积极开展党的活动，注意发挥院工会的作用，进一步弘扬“团结、敬业、务实、创新”的函院精神。院机关党委和各党支部已如期进行了换届选举。

二

当前，党校函授教育面临着新的形势，任务光荣而繁重。全院同志必须以党的十五大精神和邓小平理论为指导，学习贯彻全国教育工作会议精神，深入贯彻胡锦涛同志和校委关于党校函授教育工作的指示，坚持以教学为中心，深化教学改革，全面推进素质教育，加大规范化管理力度，巩固和发展“三讲”教育的成果，进一步提高办学质量，开创党校函授教育工作的新局面。下半年的主要工作任务是：

（一）坚持以教学为中心，深化教学改革，不断提高办学质量

进一步改进教学计划的编制，充分体现“理论、知识、党性、能力相统一”的培训质量要求；加强师资管理和培训，择优选聘任课教师，狠抓面授质量；改进课堂教学，改进教学方法，讲究面授艺术和技巧，提高课堂授课吸引力；加强自学管理，增强学习效果；加强考试命题的改革工作，调整题型与题量，增强对学员素质的考核，培养学员的创新意识和能力，不断提高综合素质；在教学中要突出党性教育，增强学员的政治敏锐性和政治鉴别力，坚持正确的政治方向；组织力量，研究如何改革和调整现行的学制、专业和课程，提出改革方案，进一步提高办学质量。

（二）强化教材建设，抓好教材编、印、发工作

将“三基本”、“五当代”教材作为党校函授教育的重要内容，把它引入函授教材体系，要继续做好落实工作。函授教材体系，既要保持党校教育特色，又要与成人高等教育相应层次专业学历教育相衔接，合理调整课程设置，通盘筹划教材的编写和修改，力争使党校函授教材具有更高的水准；加强音像教材的制作，确保质量；推进教材精品建设，加强印制和发行工作，强化对承印厂的质量监管考评工作。

（三）做好2000年招生准备工作，加大考务管理工作力度

按照控制规模的原则，严格把握招生的范围、规模、质量，采取自下而上、自上而下相结合的方法，拟定2000年招生计划。考务工作，在命题、制卷、印发、交接、保管和考场规范等方面，完善制度，加大管理力度，认真组织巡考监考，整肃考风考纪，维护党校函授教育的声誉。积极推进学籍管理自动化的进程。

（四）积极开展远程教育，进一步加强计算机网络化管理

面对当前国际国内教育改革大潮，必须加快计算机网络建设。研究制定“党校函授系统远程教育三年规划”和实施方案。在计算机管理网络建设一期工程的基础上，进一步推进办公自动化进程。

（五）切实搞好分院级函授教育评估验收工作

分院级教育评估工作，是整个教育评估

工作的重中之重，要求高、任务重，必须做到领导带头，组织强有力的验收队伍，按照《分院函授教育评估验收工作规程》、《分院函授教育评估验收计分标准》的规定，坚持标准，严格要求，细致工作。以端正办学指导思想和提高教学质量为重点，狠抓整改，解决存在的不容忽视的问题。通过教育评估，促使全院各方面工作上一个新的台阶。

（六）抓紧做好全国党校校长座谈会和10月工作会议有关材料的准备工作

今年10月工作会议将以“加强分院建设，强化分院功能”为主题，重点研究加强分院建设，提高分院领导水平和管理能力，促使党校函授教育以崭新的面貌跨入新世纪，以适应形势发展的需要，为党培养高素质干部队伍服务。

对规范化管理党校函授教育问题，要在原有工作的基础上，继续深入研究，修改好文稿，供全国党校校长座谈会讨论使用。

（七）认真办好报刊，做好宣传工作

《学习时报·党校函授教育专刊》、《学习辅导》、《函授快讯》等报刊，要紧跟形势，围绕教学这个中心，努力办出各自的特色，对教、学、管各方面的工作，进行有力的指导。注意不断改进工作，提高报刊质量。

（八）加强制度建设，加大规范化管理力度

根据校领导的指示，研究起草“关于加强中央党校函授教育规范化管理的意见”，加紧修改，使各项工作进一步得到规范化管理。对现行的管理制度，经过修订、增补后，重新颁布执行，坚持“依法治院”，做到有章可循，有法可依。对落实管理制度，按照层级负责制的要求，各级领导要亲自抓，一级抓一级，层层负责，使各项管理制度落到实处。

（九）强化办学队伍建设，努力提高自身素质

去年10月工作会议提出开展“办学队伍建设年”活动，各级组织要在所在党校校委领导和部署下，有计划地加强对办学队伍的培训，努力提高办学人员的思想政治理论素质和业务水平，建设一支政治强、业务精、作风正，能担当培养高素质干部队伍重任，适应新世纪办学需要的队伍。

（十）努力做好行政、财务管理工作

继续做好交通安全、防火防盗、保卫保密工作。加强财务管理，坚持勤俭办学，增收节支，提倡艰苦朴素、厉行节约，为办学管好财、理好财。完善规章制度，增强服务意识，做好各方面的工作，更好地为党校函授教育服务。

（十一）巩固和发展“三讲”教育成果，加强领导班子和机关自身建设

要巩固和发展“三讲”教育成果，将“三讲”教育的精神和要求，作为党校函授教育工作的指南，贯穿到办学的全过程，逐项落实整改方案提出的任务。进一步加强院领导班子建设，坚持贯彻民主集中制原则和群众路线，坚持想全局、抓大事、讲原则，保持函授教育良好的发展态势，带领全体同志，开创党校函授教育工作新局面。

进一步加强机关党的工作，加强思想政治工作，增强凝聚力，努力提高全体人员的综合素质，为发展党校函授教育事业积极贡献力量。

继续加强反腐倡廉、廉洁自律教育，推进精神文明建设和函院文化建设，弘扬“团结、敬业、务实、创新”的函院精神。

（1999年8月10日）

教 材 工 作 会 议

开拓进取　求真务实
为党校函授教材精品建设而努力奋斗

——在中央党校函授学院1999年5月教材工作会议上的讲话

中央党校函授学院副院长　史信发

同志们：

中央党校函授学院教材工作会议，今天开幕了。中央党校领导同志十分重视党校函授教材建设，对此作出多次重要指示。总院新班子根据校领导指示，把教材建设列为今年的重点工作之一。选编了校领导《关于教材建设的讲话》，提出了《关于函授教材贯彻“三基本”、“五当代”精神的初步意见》，已报请必坚同志、志新同志同意，正在研究调整课程设置，把这8本教材落实到各个专业、班次中去；组织校内外专家、学者对现有教材进行评审和编写新教材，提高教材质量；加强教材的印制、发行工作；教材建设的目标是，编印出一套既具党校函授教育特色，又有一定水准的好教材。

这次会议的主题是：加快党校函授教材精品建设的步伐，进一步提高中函教材质量。这次会议，我们要在党的十五大精神和邓小平理论指引下，深入学习贯彻胡锦涛同志对党校函授教育的一系列指示，贯彻落实校领导关于加强函授教材建设的指示精神，贯彻总院今年3月召开的院务扩大会议精神，共同商讨教材精品建设的措施与办法，规范教材的编、印、发工作，进一步提高中函教材质量。下面我代表总院讲三个问题：

一、教材建设面临的形势

在世纪之交，全党、全军和全国各族人民，在以江泽民同志为核心的党中央领导下，高举邓小平理论伟大旗帜，全面贯彻落实党的十五大精神，把我国的改革开放和四个现代化建设全面推向21世纪。党的十五大强调，科技的进步、经济的繁荣和社会的发展，从根本上说取决于提高劳动者素质和培养大批人才。江泽民同志指出：“我国现代化建设的进程，在很大程度上取决于国民素质的提高和人才资源的开发。”他还说：“培养同现代化要求相适应的数以亿计的高素质劳动者和数以千万计的专门人才，发挥我国巨大人才资源的优势，关系到21世纪社会主义事业的全局。”

当前，国际形势正发生着深刻的变化，世界政治格局多元化，经济全球化趋势日益增强。随着知识经济时代的到来，知识产业化、教育终身化加快形成。世界各国都把培养高素质人才作为自己的发展战略。各国之间的科技、教育和综合国力的竞争,其实质是高素质人才的竞争。而高素质人才的培养,靠的是教育。因此,发展教育,特别是发展国民教育后的教育,已成为世界各国发展战略的重点,而培养人才的创造性思维和创新能力,又是这场竞争中的关键。所以,提高人才的知识创新和技术创新能力,加快科技发展,促进经济增长,已成为世界各国的共同追求。

从国内形势看,面对知识经济时代的到来,科学技术的迅猛发展和世界各国综合国力的竞争,党的十五大适应国际潮流,重申了科教兴国的战略方针和制定了国民经济发展"九五"计划及2010年远景规划。现在全国各族人民都在为实现这一目标而努力奋斗,面临国际国内新形势和新的机遇与挑战,作为党校教育工作者,一是要认清形势,要从社会主义事业兴旺发达和民族振兴的高度,充分认识办好教育,提高人民素质的重要性和紧迫感;二是要统一思想,高度重视党校函授教育工作,要把函授教育纳入到全国和世界战略格局中来看待,要使党校函授教育跟上时代发展的步伐;三是要求真务实,团结协作,开拓进取,苦干实干,要为党培养高素质干部队伍而努力拼搏。

二、教材建设概况

(一)教材编写概况

教材是知识的载体,是教与学的基础,是办好教育的关键之所在。为了提高教材编写质量,总院聘请有关专家、教授、编审把关。教材主编都由长期从事本学科科研和教学的教授、副教授或国家机关有关职能部门中精通本学科理论的专家担任,全部具有高级职称。教材的编写既依靠中央党校的教授,又聘请在京高校、科研院所和国家机关有关职能部门的领导、研究人员主持。从而保证了教材的准确性、权威性。使教材的内容更加丰富翔实,知识面更宽、更新,科学性、规范性、实用性更强,更适合广大干部和成人教育使用。

近两年来,我们又聘请高等院校的有关专家、教授对主要教材进行了评审、修改和补充。特别是党的十五大以后,我们再次组织力量,在充分论证的基础上,又调整了专业和课程设置,对教材又进行了审阅、修订,使教材内容与十五大精神更好地保持一致。在修订和新编教材时,还采取领导、专家与教师三结合的方法,做到领导与群众相结合,专家与教学第一线教师相结合,上下相结合。把审改教材的着重点放在任课教师的参与上。任课教师对修改教材最有发言权,他们既有丰富的教学经验,又掌握了学员学习的脉络,有利于编、教、学三者之间的相互沟通,编与教双方的优势互补。同时,我们还狠抓了主编、责编、复审、审定、校对、印制和发行等各个环节的具体工作。这样,使中函教材的编写质量有了进一步提高。

通过几年不懈的努力,我们编写使用的教材已有131种,教学参考资料、学习指导纲要和学习导刊共148种,基本实现了中函教材的系列化、规范化和科学化。形成了一套适合干部培训需要,门类比较齐全,专业性较强,具有党校函授教育特色并体现时代特征的教材体系。这些教材得到了全院广大师生和社会有关办学单位的好评,他们认为中函教材有三个主要特点:一是教材的学科种类多,内容新,能紧跟时代的发展,适应党、政、军、企领导干部和社会成人教育的需要。二是教材门类齐全,在层次上,既有大专班、本科班的教材,又有领导干部班和研究生班的教材;教材内容上,既有政治、经济、法律和科学文化方面的教材,又有国内和国际有关方面的教材;从历史时代看,既有古代、近代的内容,更多的是具有当代教育需要的内容。三是教材的针对性、实用性和可读性强,十分注重理论联系实际,突出了党性教育，教材具有一定的理论高度，又贴近社会，贴近实际，通俗易懂，学了管用。广大师生和社会成人办学单位对我们教材的评价，是对我们教材工作者的鼓励和鞭策，我们要进一步尽心尽力做好教材的编审工作，不辜负上级领导和同志们对我们的希望。

（二）教材印制、发行概况

中函教材的印制、发行工作，是函院教材工作的一个重要组成部分。教材印制质量高，发行准确及时，服务热情周到，是确保函授教学正常实施的前提，是提高教学质量的重要保证。

近几年来，在函院各级领导及广大教材工作者和教材承印厂的共同努力下，教材的征订汇总比较准确及时，印制质量也越来越好，并想方设法提前了教材到位时间。教材的印制、发行工作能做到这一步，除了我们函院各级领导和教材工作人员的努力外，与教材承印厂的认真工作是分不开的。在座的8位教材承印厂厂长，对印发中函教材都很重视，对执行总院的《教材印制、发行管理办法》比较严格，从接收教材原稿到录排送样，组织校对，印刷装订，打包发行都能精心组织，周密运作，严把质量关，从而较好地保证了教材印发质量。比如这一学期使用的教材，墨色比较均匀，字迹比较清晰；教材封面套色准确，色彩柔和，特别是新设计的12种四色封面印刷质量好，使人耳目一新。发行管理质量也有了较大提高，从直发单位返回的《发行回执》和总院机关人员下分院、学区了解的情况看，一是对教材的印发质量普遍反映较好，没有发现大的质量问题。二是老生教材基本做到了开学前一个月发到各直发单位，极少出现开学后学员领不到教材的现象。三是基本消除了散包、短缺和脏损教材的现象。四是反映绝大多数印厂答复和解决问题热情周到，处理问题既有原则性，又有灵活性，对发行服务工作表示满意。但我们不能骄傲自满，满招损，骄必败，何况教材的印发工作还存在一些不容忽视的问题。这些问题，教材处要组织厂长们进行专题研究，也希望代表们讨论时提出宝贵意见。我们把厂长请来的目的之一，就是要让他们直接听取代表们的意见与建议，以便改进工作，进一步提高教材的校、印、发质量，为中函教材的精品建设做出更大贡献。

三、教材精品建设的任务与措施

中函教材的建设，经过全院同志们的共同努力，虽然取得了很大成绩，但与新世纪培训干部的需要，还有很大差距。我们必须团结协作，继续努力，进一步提高教材的编、印、发质量，使教材建设达到更高的水平。

（一）制定跨世纪教材建设规划，有步骤地推动教材精品建设

在我院函授教育总体规划的基础上，函授教材规划必须从指导思想、总体目标、方法步骤和主要措施等方面进行全盘考虑，统筹规划。在指导思想方面，要以十五大精神和邓小平理论为指导，坚持理论联系实际的原则，坚持高标准，贯彻“质量第一”的方针；在总体目标上，就是要编写出一套以十五大精神和邓小平理论为指导，适应21世纪干部在职在岗学习需要、具有党校特色和时代特征，相对稳定的党校函授教材。这是21世纪知识经济发展的需要，是党校函授教育培养跨世纪人才的需要；在实施步骤和主要措施方面，要解放思想，创造性思维，开拓式的工作，要抓好教材主编、责编、复审、终审、校对、印制和发行等各个环节的工作，要采取措施，强化管理，层层严把质量关，使教材建设上一个新的台阶。

（二）要进一步完善教材体系

中函教材经过多年的努力，基本形成了具有党校函授特色的教材体系，为使这个体系更趋于完善，根据校领导指示，总院将把中央党校编写出版的“三基本”、“五当代”

的教材引入中函教材体系，作为中函教学的重要内容，并进一步选定编写好相应配套的教材。使党校函授教材既保持党校教育特色，又与国民教育相应层次、专业的要求接轨，使教材具有更高的理论水准，更适应对党员干部的素质教育。这是校领导的重大决策和提高党校函授教育质量的重大举措，“三基本”、“五当代”教材是在胡锦涛同志亲自过问和指导下，由中央党校组织专家、学者认真编写，用于中央党校培训、轮训高中级干部的教材，将这套教材引入党校函授教育，提高了党校函授使用教材的档次，有利于从根本上提高党校函授教育的质量。

（三）要进一步强化教材的编审质量

在科学规划、完善教材体系和坚持教材编审制度的基础上，继续聘请学术造诣高的专家和教学第一线的教师审改教材，提高教材的适用性与权威性。这一工作将有计划、有步骤的分批分期进行。专家们审阅论证后，对每本教材写出书评，提供给主编修改教材时参考。请教学第一线的主讲教师参与审改教材，充分调动他们审改教材的积极性，这对提高教材的质量将起重要作用。

（四）树立精品意识，狠抓教材印制质量

精品教材，除编写的质量高以外，要努力提高教材的外观质量，使党校函授教材实现内容和形式的完美统一，向精品目标前进。在印制方面，首先是教材的开本必须与社会和国际图书出版业接轨，普及大 32 开本，按国际统一标准规范化；其次是教材的书芯用纸和封面用纸必须符合社会书刊用纸惯例，选用优质纸张；再就是优化图书装帧，改进版式设计，使封面设计图案能体现出教材内涵，版式设计能合乎规范；还有校对质量必须高于社会出版业的规定，尽可能做到消灭差错。精心地、高质量地印刷与制作，把党校函授教材摆放在书店同类书刊中，能显示出出类拔萃的效果，就可以说达到了精品的水准。

这些工作去年下半年已着手进行，已改大 32 开版本的教材 37 种，今年将把尚未改版的教材基本改版完毕。在改版的同时，重新设计每种教材的封面，提高封面与书芯用纸的档次。3 月份，总院召开了校对工作会议，选聘了 10 名专业和业余校对员，重新制定了校对标准，教材的校对质量将会进一步提高。

（五）改善教材征订、发行工作条件，提高工作效率

中函教材的征订、发行工作，这些年来，一直由总院、分院、学区和辅导站四级联合运作，分级管理，取得了很大成绩。但由于每学期的教材、教参及学习指导纲要种类多，征订统计工作复杂，发行量大，教材工作人员一年四季都处于紧张的工作状态，为使这项工作适应党校函授教育发展的需要，为减轻教材工作人员的劳动强度，有必要改善征订发行的工作条件。因此，总院考虑在现行征订、发行网络的基础上，准备以现代管理技术为手段，利用我院计算机管理网络系统，开发教材征订、发行工作软件，使这一工作上网运行，实行教材征订、发行组织计划工作的自动化管理，提高其时效性和准确性。由于条件的限制，这项工作准备分期分批开发运作，逐步实行教材征订、发行管理的自动化。

（六）树立高度的时间观念，确保教材及时到位

中函教材的特点之一是时间性强，教材编写、征订、校对、印制与发行等各项工作，既互相联系，又互相制约，哪一道工序不能在规定时间内完成，就将影响下一道工序的进程，最终必将导致教材不能及时到位。对经济工作来讲，时间就是金钱，对部队作战来讲，赢得时间就是胜利，对教材工作来讲，时间就是社会效益，就是声誉。如果不能及时把教材发到学员手中，这是失职行为。因此，总院机关有关部门和各级教材

管理部门，特别是教材承印厂，一定要有高度的时间观念，要在规定的时间内，在保证质量的前提下，按时或提前做好各自的工作，不能后推，这一点请同志们务必密切关注，高度重视，确保教材准时发运，及时到位，不能有任何延误。

最后，我讲一讲，中函教材的零售工作。为了充分发挥中函教材的作用，推动和促进党校函授教材建设，近年来，我院教材在满足中函自身办学需要的同时，面向全国党校系统和全国党校函授教育，面向社会办学，扩大供应和发行范围，积极为各级党校和省级党校函授教育以及社会成人教育提供所需要的各类教材，受到普遍的欢迎。在深圳、云南教材工作会议后，中函教材零售业务有了新的发展。有些单位已与我院建立了固定的供应关系，中函教材的零售量，逐年增加，零售地区不断扩大，呈现出继续扩展的良好势头。实践证明，开展和扩大中函教材零售业务，有利于扩大中函教材的使用范围和社会影响，有利于为全国党校系统办学和社会办学服务，也有利于使中函教材在更广泛的范围内接受实践的检验，促进中函教材自身的建设。在此，我代表总院对在中函教材零售业务方面给予我们支持、帮助和发生零售教材业务关系的单位和同志们表示衷心的感谢！我们热诚地希望与大家保持和扩大零售教材业务关系，并热烈欢迎更多的办学单位与我们建立这种关系。我们将努力改进和完善中函教材零售工作，提高服务质量，重信用，讲信誉，不断提高社会效益。同时在优惠政策方面不断完善，更好地开展教材零售工作。

同志们，教材工作在新的形势下，任务重，标准高，要求严，我们要进一步贯彻党的十五大精神，在邓小平理论的指导下，紧密团结起来，求真务实，改革创新，奋发进取，扎扎实实，把党校函授教材工作做得更好，为培养跨世纪的高素质干部队伍做出更大的贡献！

教材工作会议纪要

（1999年5月31日）

为加快党校函授教材精品建设的步伐，进一步提高教材编写、印制和发行的管理质量，表彰奖励先进，总院于1999年5月14日至16日，在四川省委党校召开了教材工作会议。出席会议的有部分分院领导、教材工作人员、中函教材承印厂厂长和总院领导及相关处（室）领导共71人。总院副院长史信发作了工作报告。四川省委党校常务副校长李锡炎出席开幕式并讲话，出席开幕式的还有四川省委党校副校长华孝清、吕汝伦等。会议由教材处处长吴江浩主持。现将会议主要情况纪要如下：

（一）

会议以党的十五大精神和邓小平理论为指导，深入学习胡锦涛同志关于党校函授教育工作的一系列重要指示，贯彻落实中央党校领导关于加强函授教材建设的指示精神，贯彻总院今年3月召开的院务扩大会议精神，共同商讨教材精品建设的措施与办法，进一步提高中函教材质量和发展零售教材工作。

全体代表听取了史信发副院长作的题为

《开拓进取，求真务实，为党校函授教材精品建设而努力奋斗》的工作报告。分组进行了认真讨论。会上表彰奖励了18个先进单位和51名先进个人。

代表们一致认为，这次会议主题明确、内容丰富、重点突出、研究深入，提出的任务与措施具体。会议规范了零售教材工作，进一步调动了从事中函教材建设工作人员的积极性，达到了预期的目的。

（二）

代表们完全赞同史信发副院长所作的工作报告。认为中函教材经过几年的不懈努力，基本实现了教材的系列化、规范化和科学化。形成了一套适合多层次干部培训需要，门类比较齐全，专业性较强，具有党校函授教育特色并体现时代特征的教材体系。这些教材得到了全院广大师生和社会有关办学单位的好评。

代表们认为，把党校函授教材建设纳入党校教材建设总体格局，进一步通盘筹划，要把“三基本”、“五当代”的教材作为函授教育的重要内容，并进一步搞好相应的配套教材，这是提高教材编印质量的一项重要举措，有利于从根本上提高党校函授教育质量。

代表们认为，在各级领导、广大教材工作人员和教材承印厂的共同努力下，教材的装帧、印制质量越来越好。通过将教材改为大32开版本和新设计四色封面，中函教材质量得到了全面改观。教材征订汇总比较及时准确，想方设法提早发行时间，基本做到了老生教材于开学前一个月发到各直发单位。

（三）

代表们认为中函教材注重理论联系实际，具有一定的理论高度，贴近社会，贴近实际，通俗易懂，学了管用，比较适合广大干部和成人教育使用。总院开展零售教材工作，将高质量的中函教材奉献给社会，通过社会使用的信息反馈，可以促进教材质量的提高，总院应积极拓展零售教材业务。

代表们认为，自深圳教材会议以来，零售教材经过了宣传发动、出台政策的过程。现在总院从零售教材目录的通报，征订发行办法的实施，到奖励制度落实和财务结算，在《零售教材管理办法》中都作了明确规定。下一步工作主要是进一步规范管理，照章办事，在实践中完善制度，充分发挥各方面的积极性，扎扎实实地做好零售教材工作。

（四）

代表们认为，由中函教材承印厂派代表参加教材工作会议是个好办法。多数印厂处理问题既坚持原则性，又有灵活性。代表们对近年来承印厂的印发质量普遍反映良好。大家对教材印发工作存在的问题，诚恳地提出了意见与建议。通过交流，联络了感情，增强了理解。

会议期间，总院教材处就今年下半年教材印发任务，组织教材承印厂厂长们进行了专题研究。厂长们在谈到如何完成下半年印发任务时表示：(1) 对承印的中函教材一定要周密安排，严把质量关，确保出精品；(2) 严格按总院规定的期限完成发行任务，切实做到开学前一个月，将教材发到各直发点；(3) 发出铁路快件或集装箱后的24小时内，用邮政特快专递寄出提货单、教材发行清单和回执；(4) 力求消除散包、短缺和脏损教材现象的发生；(5) 保证做到答复问题热情周到，处理问题及时到位。

教材处处长吴江浩就会议作了总结。总结肯定了这次会议的成果，并解答了代表们提出的问题。要求代表们回去后，要向所在单位的领导汇报这次会议的精神，结合本单位的实际情况，研究制订具体措施，加快教材精品建设的步伐，提高教材收发管理水平，拓展零售教材工作，更好地为培养高素质的干部队伍服务。

党员领导干部在职研究生工作会议

坚持以教学为中心 不断深化教学改革 强化科学管理 确保办学质量

——在第三次研究生工作会议上的报告

中央党校函授学院副院长 刘利群

同志们:

中央党校函授学院第三次研究生工作会议今天开幕了，我代表函授学院对出席会议的全体代表表示热烈的欢迎!

中央党校函授学院党员领导干部在职研究生班自1995年试办至今已有5个年头了。5年来，在中央党校校委的正确领导下，各级办学人员认真学习贯彻胡锦涛同志和中央党校校委的有关指示，狠抓教学管理，赢得了较好的社会声誉，办学规模逐渐扩大，目前已发展到遍布全国25个省市、37个分院、50个教学点，学员人数达2400余人。办班专业也由最初的一个经管，发展为经管、科社、法律三个专业。此外，还为省部军级领导干部的学习设置了科社专业和政治学专业，采取了特殊的教学模式，在学人员48人。为了提高研究生的办学质量，我们先后召开了两次研究生工作会议。长沙研究生工作会议着重明确了试办研究生班的办学指导思想、办学方针，提出了办学的具体要求和措施；去年大连研究生工作会议着重解决办学规章制度，规范办学行为问题。这两次会议对保证在职研究生班试办成功、健康发展都起到了重要作用。今天，我们相聚在春城昆明，召开第三次研究生工作会议。这次会议的主题是：坚持以教学为中心，深化教学改革，强化科学管理，确保办学质量。会议将在党的十五大精神和邓小平理论指导下，总结、检查大连研究生工作会议以来的教学工作情况；交流教学经验，查找存在问题；集中商讨如何坚持以教学为中心，深化教学改革，强化科学管理，落实规章制度，全面提高教学质量问题；研究确定1999年招生录取工作方案和其他有关问题。现在，我代表总院讲三个问题，供同志们研究。

一、一年来在职研究生班工作回顾

去年研究生工作会议后，全院人员认真贯彻落实胡锦涛同志关于党校函授教育的指示和要求，不断端正办学指导思想，坚持“从严办学，质量第一”的办学方针，在以教学为中心，深化改革、强化管理、提高教

学质量方面，取得了显著成绩。

（一）圆满完成了95级毕业班的各项工作，取得了初步的经验

在职研究生班95级49名学员，除中途淘汰两名外，到1998年7月有47人完成学业并通过了毕业论文答辩，获得了毕业文凭。其中，有18人申请了硕士学位，有7人已通过了硕士学位的全部课程考试，即将获得硕士学位。这批毕业生普遍反映，通过三年的学习，提高了理论水平，增长了知识，锻炼了党性，提高了能力，培养了自学习惯，综合素质有了明显提高。

95级是由总院直接组织教学和管理的班次，是我院党员领导干部在职研究生班的“试验田”。三年来，我们本着慎重初战，精益求精的精神，边实践、边探索、边总结、边改进，基本掌握了党员领导干部在职研究生教学特点和规律，积累了一些经验，初步探索出适应我党高、中级干部在职研究生培养的路子。这些经验概括起来就是：一是坚持正确的办学指导思想，要把“更好地为培养党的高素质的干部队伍服务”作为办学的根本宗旨，把造就高层次、复合型、具有创造性理论思维能力、能够担负跨世纪重任的领导人才作为培养目标；坚持“社会效益第一”的原则和“从严办学、质量第一”的方针。二是根据四统一的培养目标科学地设置课程，使其既有国民教育相关专业研究生的知识水平，又突出党校特色。三是严格管理，严把“招生关、教材关、教学关、考核关”，坚持“严进、严教、严管、严出”，把严格要求的精神贯彻到办学的全过程。四是注重聘请高水平的老师授课和指导。五是舍得投入，为研究生学习提供良好的学习环境和条件。这些经验，对党员领导干部在职研究生班的健康发展起到了重要促进作用。95级在职研究生班成功尝试，赢得了广泛的社会赞誉。如曾参加毕业论文指导的清华大学经济管理学院原副院长董新保教授、中国社会科学院汪海波、韩岫岚教授等都给予了充分的肯定。

（二）建立、健全了组织机构，充实了教学管理人员

按照总院的有关要求，各分院、学区本着精干、高效的原则，普遍建立健全了组织机构，设立了研究生办公室(或领导小组)，一些人员不足的分院又进行了充实。不少分院为了加强对工作的指导，还专门设置了研究生教育领导小组和教学指导组。由云南省委党校、云南省委政研室、省政府经济技术研究中心、昆明几所主要高校和省社科院经济研究所等单位的主要领导、专家、教授，共22人组成在职研究生教育指导组。甘肃分院除由党校与分院领导组成研究生班领导小组外，还专门成立了由5名教授、副教授组成的研究生教学指导小组，直接参与研究生的教学与培养。一些老的分院也在原有基础上加强了领导，充实了教学管理人员，这就从组织上保证了研究生工作的健康发展。

（三）加强和完善了制度建设

制度建设是强化教学管理的一项基础工程。只有有了健全的教学管理制度，依靠制度管理，教学管理才能走上规范化、科学化轨道。几年来，总院一直把建立健全符合在职研究生教学特点和规律的规章制度，作为探索在职研究生规律的重要环节，作为维护教学和管理秩序，保证教学质量的基础性建设，始终抓住不放。经过几年的不懈努力，从无到有，由不完善到比较完善，相继制定出包括总则、教学、教务、甲班等四个方面的24项规章制度，去年汇编为中央党校函授学院《党员领导干部在职研究生班工作手册》，下发各分院、学区执行。这样，初步形成了一个内容比较齐全、涵盖面较宽、操作性较强的在职研究生教学和管理制度体系。

一年来，许多分院、学区也根据总院有关条例、规则，结合本单位的实际情况，本着从严、从实、从细的原则，制定了一系列

管理制度和实施细则。这些制度进一步完善和细化了党校在职研究生教学管理制度体系，为实施规范化、科学化管理提供了有力的制度保证。

（四）形成了一支初具规模、素质较高的教师队伍

教师素质直接关系着研究生的培养质量。教师选聘工作，是具体贯彻“从严办学，质量第一”教学方针的重要环节。因此，我们始终把聘请名师当作提高教学质量首要问题来抓。为了保证选聘高质量的教师，我们专门在《党员领导干部在职研究生班办学规程》和《党员领导干部在职研究生班教学管理实施办法》中，作了明确具体的规定。一年来多数分院都能按总院要求严肃认真地选聘教师。如湖南分院每学期聘请教师都要通过研究生领导小组讨论确定，以保证推荐质量。空军分院长春二学区，为保证选聘教师的质量，确定了“一个原则、三个标准”。一个原则是把社会效益和办学质量放在第一位。三个标准：一是博士生或硕士生导师；二是长期担任本专业的授课教师，是本学科的学术带头人；三是能力强、经验丰富、知名度高的教师。他们按照上述原则和标准，所聘的35名教师有5名博士生导师、8名硕士生导师，分别来自吉林大学、东北师大、吉林工大和长春税务学院等高校。这些教师不仅在长春市，而且在全国都有一定知名度。应该说，授课教师选聘工作，这学期好于以往。据不完全统计，截止这学期，97级、98级共聘请授课教师761名。其中，教授376名，副教授344名，讲师41名。总的看，聘任教师的质量，是比较好的。但仍存在一些问题，主要是：一是不能按时上报；二是聘请的个别教师素质不高，没有与本科班拉开档次；三是一些课程没有按专题性授课要求聘请教师。所有这些各单位都要引起重视。

（五）加大了教学管理力度

一年来，我们进一步加大了教学宏观管理力度，主要工作是：一是及时下发教学大纲和教学计划。一般每学期提前三个月下发至各分院、学区，保证了教学活动的正常运行。二是认真审查各分院、学区上报的教学实施计划，发现问题，及时纠正。三是严格授课教师审批制度，对授课教师配备不强，不能按时上报授课教师情况推荐表的单位点名进行了批评，对执行比较好的提出了表扬。四是派人参加了近10个分院的98级开学典礼和入学教育，并就入学教育情况下发了通报。五是加大了监考力度。凡办有研究生班的分院，总院一般均派人前往监考。对违纪学员的处理，坚持一步到位。六是组织了期末考试集中判卷暨备课会，检验各单位教学水平和学员的学习效果，统一学术观点，把握教学重点、难点，以促进教学质量的提高。七是派人参加部分分院的教学活动，如跟班听课，参加学员教学实践、年终总结、班会活动，还抽查了几个分院的97级《西方经济学》期末考试评卷情况，检查了一些学员的作业。八是派人去部分分院进行学术调研，了解各分院贯彻大连研究生工作会议精神落实情况，还召开了部分教师座谈会，专门了解了在职研究生实施专题性教学的做法和想法，并就此问题下发了通报。

各分院、学区也根据大连研究生工作会议精神，总结工作，查找不足，制订整改措施，狠抓各项规章制度落实。如广东分院，大连会议后，针对98级直属班的开办，进一步加强了研究生领导小组力量，在原来三位领导的基础上又增加了二位副校长；加大了投入，专门为研究生班装修了教室；加强了对教学工作的具体指导，强调以办好中函在职研究生班为动力，带动全校学历教育，带动主体班教学，促进教师队伍建设，促进党校全面建设。

（六）教学改革初见成效

在教学改革方面，一年来主要抓了以下

工作：

第一，优化了课程设置。一是始终坚持以马克思主义基本理论为主课，党性教育为核心。为了保证把党性教育真正落到实处，从98级开始，除强调党性教育贯穿于研究生培养的全过程外，还专门将其列为必修课。二是根据领导人才素质要求知识面宽的特点，为增强其适应能力和应变能力，采取跨学科、跨专业设置课程。三是从实际出发，根据党员领导干部在职研究生班学员的特点，对某些课程给予变通处理。如英语课，基础好的读快班，差的上慢班，毫无基础的可选学古文选读。四是既保持课程设置的相对稳定，又根据形势的发展作适当的调整，使其与时代同步，与形势适应。

第二，改革教学方法。一年来，各分院在改革教学方法方面进行了有益的探索，积累了一些好的经验。如在面授教学中，坚持实行讨论式、研究式、启发式教学；结合课程学习展开学术讨论，开展学术研究；结合课程内容开设专题讲座、组织参观学习、进行学术调研等。尤其是一些分院在实施专题教学方面进行深入探索，摸索了一些经验，为今后教学方法改革奠定了基础。去年，总院研究生办公室还专门派人去有关分院了解在这方面一些好的做法和设想，并下发了研究生工作通报。所有这些措施，对教学质量的提高，都起到很好的作用。

第三，改革考试内容和命题方法。去年，在改革考试内容和命题方法方面也进行了一些尝试。一是在考试内容上，尽量减少概念题的分量，增加理解题、应用题比重，着重检验学员的理解能力、研究能力和理论联系实际的能力。二是在命题方法上，吸收部分分院教师参与总院的统一命题，以便兼容并蓄，调动两个积极性。三是下放一些课程的命题权限，如从98级开始，《英语》和《古文选读》一律由各分院自行命题，自行组织考试，总院负责抽查。

这里还要讲一下，目前我们的考试方式仍然是“闭卷”、“开卷”和“撰写论文”三种形式。尽管部分学员对实行闭卷考试多有微词，但我们考虑到在职研究生班学员的实际情况，主要是入学前专业知识功底不牢，入学后又以在岗业余自学为主，需要保持自学的必要压力，以考促学，闭卷考试还不能完全取消。说到记忆和理解，我们认为，作为研究生确实需要记些关键的东西，否则，就避免不了那种“翻开书本一看，没有多少问题，合起书本一想，没有多少印象”的现象发生。

一年来，在职研究生班在教学方面虽然取得了不少成绩，但我们也应清醒地看到，还存在许多不容忽视的问题。主要是：有些单位组织不健全、人员偏少，素质不高，工作不到位；教材体系不够完善，有些教学内容比较陈旧，教学方法比较单一；在点多、线长、面广的情况下，如何保持应有的调控力度，确保教学质量，还需要作进一步的探讨；尤其是如何根据在职研究生特点和培养目标的要求，把党性教育落到实处，把教学方法搞得生动活泼，如何使教、学、考相协调，在更高层次上实现“知识、理论、党性、能力”四统一的培养目标，还缺乏深层次研究。所有这些，都需要我们在今后的教学实践中，通过深化改革，强化管理来解决。

二、坚持以教学为中心　深化改革着力加强教学管理

世界历史即将进入21世纪。展望21世纪，以高新技术为核心的知识经济将逐步占据经济发展的主导地位，人力资源的重要性将远远高于以往任何时代。国家的综合国力和国际竞争能力将越来越取决于教育发展、科技进步和知识创新水平。因此，自90年代以来，许多国家纷纷把建设高质量教育作为迎接21世纪的基本国策，以抢占新世纪国际科技、经济竞争的制高点，一个教育改革的大潮正在世界范围内兴起。年初，国务

院批转了教育部《面向21世纪教育振兴行动计划》，它是在贯彻落实《教育法》及《中国教育改革和发展纲要》的基础上提出的跨世纪教育改革和发展的宏伟蓝图。

面对国际国内教育改革的大潮，我们党校党员领导干部在职研究生教育如何发展，以怎样的姿态跨入新世纪，这是摆在我们面前亟待解决的重大课题。我们要适应形势发展要求，坚持以教学为中心，积极推进教学改革，着力提高教学质量。根据21世纪对人才的需求和在职研究生教育存在的问题，在职研究生教学改革，要在更新教育观念、增强教育创新意识、强化综合素质教育、培养创造性人才上下功夫。要改变单纯以传授知识为主的教育，突出创新素质的培养，改变重继承、轻创新能力培养的弱点，使我们的教育有利于培养学员的创新精神、创新意识、创造性品格和实际创造能力。要强化通才教育，培养复合型人才。为此，要按照“宽口径、厚基础、博知识”的要求，进一步优化课程设置；将“三基本”、“五当代”引入教材编写，加强教材建设，更新教学内容；着眼于全面检验学员素质，改革考试的内容和考试方法；当前尤其要着眼于“四统一”的培养目标，改革教学方法，努力探索实施专题性教学的路子。

改革教学方法是教学改革的重要内容，是保证教学质量的重要措施。在职研究生要实现“知识、理论、党性、能力”四统一的培养目标，必须认真研究和改革教学方法。在这方面，不少分院作了有益的探索，取得了可喜成果。但发展还很不平衡，还有相当一部分分院、学区对此还缺少具体的措施和办法。总体上还存在以下三个不适应：一是部分领导和教学管理人员不适应在职研究生教学管理方法，把教材、教学大纲和教学计划交给授课教师完事，至于教师怎么教，其他教学活动如何配合，缺乏全局考虑；二是部分授课教师还不适应在职研究生教学特点，习惯于大专、本科一套方法，在教学内容上没有多少扩展，在教学深度上没有新的挖掘，在教学方法上没有多大改进，没有将研究生教学提高到应有的水准；三是不少学员不适应研究生学习方法，总喜欢有单一的课本式教材，需老师系统地讲解，完成布置的作业，还处于被动接受知识的层次上。这三个不适应，在很大程度上制约着研究生教学质量的提高。当前一个亟待解决的问题就是要改变“重招生，轻管理”的倾向，着力抓好研究生的教学管理，突出教学这个中心环节。

如何抓好研究生的教学，根据几年来的办学实践，我认为，要十分注重组织好专题教学。就这个问题，我先谈些个人看法，供大家研究。所谓专题性教学，就是根据课程内容体系、结构框架，按照教学大纲和教学计划的要求，将重点、难点、热点问题重新组合划分为若干个专题，分专题研究，并结合专题教学组织其他教学活动，如开展学术研究、开设讲座、参观学习等相配合，使学员在广度和深度上打下坚实的理论基础。这应成为研究生教学的基本形式。

实施专题性教学是在职研究生教学特点决定的。在职研究生，在岗业余自学为主，面授时间有限，只有抓住重点、难点、热点问题讲深讲透，一般概念、一般理论问题留在自学中解决。研究生，重在“研究”，这种研究是在掌握该学科基本理论基础上的深化。这种深化既是对基本理论的深刻理解，又是对基本理论与现实问题相结合的理性升华。因此，研究生教学既要注重传授系统的理论知识，打下厚实的理论基础，更要重视对研究生的研究能力、创新能力的培养和提高，按照培养“知识、理论、党性、能力”四位一体复合型高级人才的要求组织教学。在第一二次研究生工作会议上，总院就多次强调，研究生一进来，不要一天到晚拘泥于课堂，要多搞些灵活机动的、形式多样的活动。教师除了教知识外，一定要教给人家读书的方法、研究问题的方法和创造性理论思维的方法；学员学，你别光是背个口袋来，什么都往里装，要形成综合性、高层次、创造性思维能力。

如何实施专题性教学,根据一些分院摸索的经验,我认为应主要抓好以下几个方面：

一是切实改革面授方法，杜绝照本宣科，注入式教学，坚持讨论式、研究式、启发式，突出重点、难点、疑点、热点问题，从理论和实践的结合上讲活、讲深、讲透。

二是围绕专题组织学术讨论，开展学术研究，交流学术体会，深化理论学习。教师要出好题目，学员要充分准备。教师要善于诱导，善于发现和抓住争论焦点，把讨论引向深入，并注意做好小结。去年,北京市委机关分院 97 级在职研究生在《现代企业经营管理研究》的学习中就经济体制改革问题组织了学术讨论会,会上由来自北京市厂矿企业、公司集团、商贸和农业系统几个学员发言,他们以其占有的翔实资料,理论联系实际地剖析问题,不论是语言表达能力、逻辑思维能力,还是论述问题的角度和深度都达到相当水平,学员普遍反映听后很受教益。

三是充分发挥“教”与“学”两个积极性，坚持教学相长，学学相长，双向交流，能者为师。党员领导干部在职研究生班学员都是县处以上干部，方方面面的人才大有人在，我们的教师，尤其是分院、学区的领导和教学管理人员要善于发现、挖掘学员中的潜能，充分利用这一宝贵财富，请有某一专长的学员介绍，达到师生双向交流、教学相长。去年广东分院广州学区 97 级研究生学习《领导科学》这门课时，充分利用学员多是某一部门领导的特点，采取座谈交流、谈体会的方式进行，学员反映很好。

四是结合某一专题或某一课程,请一些实际工作部门的领导或专家开设专题讲座,以增强学员学习研究的深度和广度。如广东分院广州学区结合《宏观经济管理研究》请广州市副市长介绍“金融形势和金融政策”,请市劳动局局长介绍广州的“就业形势与就业政策”。浙江分院在《西方经济学》学习时,增开了《新制度经济学》,请著名经济学家盛洪介绍“西方经济学的前沿理论”,在学习《西方管理思想史》时,开设了“美国第二次管理革命及对我国管理科学建设的借鉴”讲座,并安排了“信息时代的经营管理”电教课。这就大大拓展了学员的知识面,增大了信息量,加大了专题研究的深度,也培养了学员获取信息、理论联系实际和科学研究能力。

五是走出小课堂，到社会实践中去汲取营养，增长才干。目前，我国社会主义市场经济已经确立，经济体制和政治体制改革正处于攻坚阶段，各地区、各行业都有一些成熟的经验。我们应充分利用学员来自各个部门、各个行业的有利条件，抓住这一难得的机遇，结合某一专题学习，走出小课堂，组织学员到厂矿企业参观学习、搞学术调研，到社会大课堂中去汲取营养，增长才干。在这方面，不少分院都有经验。北京市工业党校分院，结合专业学习两次到首钢、到北京人民机械厂参观学习；96 级学员为了写好毕业论文，分四批分别到美国、西欧、广东和北京进行学术调研；总参分院广州军体院学区组织学员到广东顺德参观乡镇企业；浙江分院宁波学区组织学员到宁波经济技术开发区、温州、台州地区进行考查，并请当地有关部门领导介绍发展多种经济成分、金融体制改革、个体企业发展和国有企业改革等问题。这样,既加深了学员对所学理论的理解,提高了运用理论分析、解决实际问题的能力,又增强了贯彻执行党的路线、方针、政策的自觉性,锻炼了党性,收到了较好效果。

六是加强案例教学。经济体制改革中,各地区、各行业都出现一些好的典型,也出现一些濒临破产的企业,这是经济体制转轨时期优胜劣汰的必然,抓住一些好的典型和差的企业,从正反两个方面进行解剖分析,找出成功的经验和失败的原因,对提高学员分析问题、处理问题和管理决策能力大有裨益。

七是充分运用现代教学手段，加强电化教学。抓好电化教学是提高教学质量的重要手段，这几年各分院对主要课程面授都进行了录音，有的还搞了录像，这对帮助学员复习、补课起到了很好作用。为了统一教学思想，统一学术观点和准确把握教学重点，使之真正符合研究生教育的特点和要求，充分发挥高素质教师的作用和影响，体现中央党校高品位的教学水准，做到教育资源共享，总院计划从今年开始加强电化教学，并拟订了一个计划与同志们商量。

实施专题性教学是一项综合性的系统工程。要做好这项工作，需要各级领导的支持，教学管理人员、授课教师和学员的积极参与与协调配合，有时也需要社会上有关部门的理解和协助。为此，应着重把握好以下几个问题：

一是按照专题性教学要求，灵活和实事求是地执行教学大纲和教学计划。教学大纲和教学计划是组织教学的基本依据，也是总院宏观调控的重要手段。现在使用的教学大纲和教学计划，在明确教学专题的基础上，内容比较齐全、结构比较条理系统，这主要是考虑到不少学员入学前专业基础知识准备不足，稍微带有补课性质。因为没有比较系统和坚实的专业基础理论，是很难进行高层次的专题式研究的。各分院既要认真贯彻教学大纲、教学计划的要求，又不能机械、被动地照此安排教学，一定要紧密结合自己的实际，对各专题加以区分，哪些从详，哪些从简，哪些合并甚至略去，进行灵活和实事求是地安排。浙江分院、湖南分院、广东分院、陕西分院、西安交大学区等单位，在97级《现代管理学》教学中，均进行了有益的尝试，收到了较好的效果。

二是按照专题性教学的要求选聘授课教师。搞好专题性教学，关键在教师，每门主要课程一般应聘任2—4名教师，并指定课程主持人。课程主持人和教学管理人员共同研究，依据教师各自特长区分任务，各担任一至数个专题。各教师按照分定的专题，以指定的教学书目为基础，参考其他资料，结合自己的学术研究成果，组织材料，准备教案，可能时，把详细提纲发给学员。国防大学分院《邓小平理论专题研究》课，每一专题都编有详细的讲课提纲发给学员。马克思主义教研室主任许志功教授担任第一专题“马克思主义在中国发展的新阶段”，还编写成讲义发给学员，采取围绕教学“重点”,突出解决理论“难点”,引导学员关注“热点”问题的方法,有针对性地研究和探讨一些问题,授课知识面宽、信息量大、针对性强,分析问题透彻,教学效果很好。有些分院,如浙江分院、云南分院、空军部队分院等一门主课都聘任4—6名教师,有的更多。这样,便于组织集体备课,便于发挥各自特长,便于保证专题性教学质量。但个别分院,一门课只有一位教师,虽然也按专题讲课,很难保证质量,也算不上真正意义上的专题性教学。

三是按照专题性教学的要求,组织教学活动。抓好面授,只是专题性教学的一个重要方面,还需要其他教学活动的配合,如开设讲座、学术调研等。对此,领导要积极支持,教学管理人员要严密组织。这也给领导和管理人员提出更高的要求,要与教师协调,紧扣所学专题,精选单位和内容,注重实效。

三、进一步落实各项规章制度 加大规范化管理力度

在职研究生的培养质量，关键在教学、在管理。管理靠制度，制度靠落实。现在，在职研究生各种规章制度已经有了，核心是抓落实,把重锤砸在“落实上”,以“强化、实化、细化”的要求,真抓实干,强化管理,扎扎实实抓落实,务求使每项规章制度都落到实处。抓制度落实,关键抓好三到位:

一是思想要落实，认识要到位。可以说，这些年抓“落实”是年年讲，会会说，但至今仍不尽如人意，究其原因，还是思想不落实，认识不到位。因此，抓制度落实，首先抓思想落实，抓认识到位，尤其要抓好领导自身思想认识的提高。抓领导思想落实、认识到位，关键是把办学指导思想端正，真正树立质量意识和精品意识，使“从严办学，质量第一”的办学方针真正成为各级领导工作的座右铭，使“质量是生命，教学是关键，管理是保证”真正成为各级领导的共识，从而强化管理意识，加大各方面管理力度，自觉从严管理，从严要求，主动地抓好各项规章制度的落实。

二是组织要落实，人员要到位。落实制度，领导是关键；组织落实，人员到位是保证。自去年研究生工作会议后，不少单位加强了对研究生工作的领导，充实了教学管理人员。现在的问题是：一是各单位发展不平衡，有的只有个把人，工作忙不过来；有的素质不高，离懂教学、会管理的要求还有相当差距。二是人员不太稳定，变动大，工作缺少连续性，对在职研究生教学特点和规律认识不够。三是兼管的多，专职的少；挂虚名的多，干实事的少。因此，这也难怪有事无人抓，有制度不能落实，就连起码的普通报表，一学期、一学年的教学情况反映也报不上来，有的甚至连授课教师需报总院审批都不清楚，更谈不上按时上报了。所以，抓制度落实，必须抓组织落实，人员到位。

三是措施要落实，工作要到位。落实规章制度，贵在行动，措施要具体，贯彻要得力，一般管，一般的抓不行，工作一定要到位，要在“强化、实化、细化”上下功夫。为此，要着重抓好以下几个方面：

第一，抓学习，抓培训，掌握各项规章制度的内容和要求。制度落实不够，一个很重要的方面就是学习不够，对总院在职研究生班的有关制度不了解，不熟悉，也就谈不上贯彻落实。因此，今后各级领导要带头学，并认真组织教学管理人员的学习和培训，切实掌握各项规章制度的内容和要求，不断统一思想认识，牢固树立按规章制度办事的观念，以规章制度规范办学行为。今后要把熟悉和掌握规章制度列为各类人员上岗的重要条件之一，先培训后上岗，进行必要的考核，不达标的不准上岗。

第二，抓宣传，抓教育，强化制度意识，增强执行制度的自觉性。在领导和管理人员掌握制度的基础上，要使授课教师、学员都了解有关规章制度内容和要求，并在教学活动中认真执行。为此，在选聘教师时，要向教师介绍在职研究生教学的有关规定；在入学教育时，认真组织学员学习有关规定；每学期开学宣布学习计划时，重新明确有关要求；在组织考试时，突出宣传考风考纪。浙江分院一直坚持学习规章制度，熟悉有关规定，强调严格按照规章制度办事，把学习和落实规章制度作为一项经常性工作来抓。如每年招生考试前都要组织监考人员和学员学习监考守则和考场规则；每聘任一届班主任，就组织他们学习有关制度和岗位责任，不断强化制度意识，岗位责任意识，并随时检查制度的落实情况。

第三，抓督促，抓检查，形成落实制度的约束机制。有督促，有检查，才能落实。各级组织要加强领导，领导亲自抓，一级抓一级，层层负责。总院将结合巡考、听课、调查研究等活动，对各分院落实制度情况进行检查，并通过《研究生工作通报》及时反映情况，推广经验；总院还将把规章制度建设和落实情况作为研究生教育评估的一个重要内容，在适当时机进行考核评估。各分院要定期或不定期地对自身与学区落实规章制度情况进行检查，并结合期末和学年工作总结，对落实制度进行检查总结，并向总院写出报告和建议。

第四，抓总结，抓提高，进一步加强制度建设。《研究生工作手册》已下发各单位，根据形势的变化，有的需要修订、增补。各分院在执行中注意总结经验，及时提出修改和补充意见，并要根据自己的实际，制订实施细则，逐步形成科学化、规范化、具有党校在职研究生教育特色的规章制度体系。

落实规章制度是一项艰巨复杂的工作，既有要做过细工作问题，更有认识问题，最根本的是提高全院人员的政治素质和业务素质。为此，一是在全院人员中深入开展以“讲学习、讲政治、讲正气”为主要内容的党性、党风教育，要认真学习马列主义、毛泽东思想，特别是邓小平理论，做到思想上有明显提高，政治上有明显进步，作风上有明显转变，纪律上有明显增强。要把学习理论、武装头脑同整顿思想、改进作风结合起来，不断提高全面正确地贯彻党的基本理论、基本路线的自觉性和坚定性。结合函授工作实际，自觉地查找和纠正办学中存在的各种问题，坚决抵制不讲原则讲关系，不讲党性讲人情等庸俗风气的侵蚀和干扰，不断端正办学指导思想，坚持“从严办学，质量第一”的办学方针。二是按照懂教学、会管理的要求，加强业务学习和培训，不断提高业务素质和管理水平。各分院要组织教学管理人员认真学习《党员领导干部在职研究生班工作手册》，结合自己的业务性质熟练掌握有关规定和要求；要鼓励各类办学人员坚持在职进修、跟班学习，掌握相关专业理论知识。要建立各类办学人员考核、考评制度，逐步制订和完善各类教学管理人员岗位责任制和目标管理考核细则，开展岗位职责量化考核活动，不断提高管理水平。

同志们，新世纪的到来给党校在职研究生教育提出更高的要求，我们一定要进一步贯彻党的十五大精神，深入开展“三讲”教育，认真落实胡锦涛同志和中央党校校委有关函授教育的一系列指示，准确把握党校在职研究生教学特点和规律，坚持以教学为中心，积极推进教学改革，完善和落实各项管理制度，加大规范化管理力度，全面提高教学质量，把一个充满生机与活力的党员领导干部在职研究生教育推向21世纪。

预祝大会圆满成功！

（1999年6月19日）

深化教学改革　强化科学管理
全面提高教学质量

——在第三次研究生工作会议上的总结

总院教学处处长兼研究生办公室主任　王　炳

同志们：

中央党校函授学院第三次研究生工作会议，自6月19日至22日，历时4天，今天就要闭幕了。这次会议在云南省委、省委党校和云南分院领导高度重视和积极支持下，经过与会同志的共同努力，取得了圆满成功，达到了预期目的。在会议即将结束之际，我首先代表总院领导和研究生办公室全体同志及全体与会代表，向云南省委党校、云南分院领导和全体工作人员，为开好这次会议所给予的大力支持、精心安排和热忱服务，表示衷心的感谢和最诚挚的敬意！同时，对各分院、学区的领导、工作人员以及与会的各位代表对本次会议所给予的支持与合作，表示衷心感谢！几天来，与会代表认真听取各个报告，踊跃发言，积极交流经验，虚心求教，深入探讨问题，提出了许多富有建设性的意见和建议，这对进一步加强和改进研究生教学工作将会产生十分重要的作用。下面，我代表总院作会议总结。主要讲三个问题：

一、会议概况

这次会议是继去年6月第二次研究生工作会议后又一次重要会议。它是在举国上下深入贯彻党的十五大精神，认真学习邓小平理论，积极开展以“讲学习、讲政治、讲正气”为主要内容的党性党风教育的大好形势下召开的。出席这次会议的有1997年、1998年已试办在职研究生班分院、学区的代表，有今年才开始试办在职研究生班的福建分院、上海分院、江苏分院、吉林分院、黑龙江分院、新疆分院、青海分院、中直机关分院、铁道部分院、新疆兵团分院、直属北京市公安局学区的代表，及总院有关同志共86人。

这次会议，以马列主义、毛泽东思想和邓小平理论为指导，在总结去年大连研究生工作会议以来教学经验和查找存在问题的基础上，紧紧围绕“以教学为中心，不断教学改革，强化科学管理，落实规章制度，提高教学质量”这一主题进行的。会议遵照江泽民同志关于建设高素质干部队伍的讲话精神，重温了胡锦涛同志和中央党校校委关于函授教育的一系列指示和要求；听取了总院刘利群副院长所作的“坚持以教学为中心，不断深化教学改革，强化科学管理，确保办学质量”的主题报告；总结交流了经验，对教学管理问题进行了研讨，查找了存在的问题。云南省委党校常务副校长李师程和云南省委组织部副局级巡视员刘玉凯出席了会议并作了讲话。会议收到各单位经验材料35份，在分组讨论的基础上，有6位同志在大会上作了专题发言，介绍了他们的工作经验和体会。与会代表认真讨论了刘副院长的主题报告。大家一致认为，刘副院长的主题报告客观实在，主题鲜明，目标明确，措施得力，要求具体，可操作性、指导性强。通过这次会议，进一步统一了思想，提高了认识，开阔了视野，学到了经验，明确了努力方向。新办单位反映对办好在职研究生班心里有数了，信心更足了，这是一次很好的务实会。大家一致表示，回去后一定要认真传达、贯彻落实好这次会议精神。可以肯定，这次会议对今后在职研究生教学工作将会起到很大促进作用。

二、会议的主要收获

这次会议在总结、交流第二次研究生工作会议精神落实情况的基础上，着重商讨了以教学为中心，深化改革，强化科学管理，落实规章制度问题，取得了良好的效果。

（一）回顾了一年来工作，找出了薄弱环节

会议期间，代表们对照刘副院长所作的报告，结合本单位实际，认真检查了贯彻落实去年大连研究生工作会议精神的情况，总结了经验，找到了差距。代表们一致认为，一年来在中央党校和各级党校校委及总院的正确领导下，经过全院工作人员的共同努力，党员领导干部在职研究生班工作发展顺利，各个方面都取得了显著成绩。领导力量得到加强，组织机构进一步健全；办学条件得到改善；师资队伍初具规模；规章制度不断完善；教学内容有所更新；教学方法有所改进。但大家也清醒地看到，研究生工作仍存在着许多不容忽视的问题，突出表现在：教学改革的力度还不够大；教学管理工作有待进一步加强；有些规章制度的落实还不那么好。这些都需要我们在今后的工作实践中加以认真解决。

（二）交流了经验，统一了认识

会议紧紧围绕深化改革、强化管理、落实制度，确保办学质量这一主题，进行了认真的讨论，广泛地交流了经验，各地送来的书面经验材料内容十分丰富。主要有加强组织领导，不断端正办学指导思想，坚持“从严办学，质量第一”的办学方针，确保办学质量的经验；严把教学关，强化教学管理的经验；改革教学方法，实施专题教学的经验；抓好面授教学以及加强自学管理，提高自学效果的经验；加强制度建设，规范教学管理的经验；加强教学管理人员和师资队伍建设，全面提高办学主体素质的经验等。大家深刻体会到：各级领导重视，始终坚持“从严办学，质量第一”的办学方针，不断端正办学指导思想，是保证教学质量的关键；加强制度建设、规范教学管理、落实规章制度，是提高教学质量的重要保证；坚持以教学为中心，不断深化改革，是提高教学质量的根本途径；加强教学管理人员和师资队伍建设，不断提高办学主体素质，是提高教学质量的根本条件。

（三）认清了形势，进一步明确了努力方向

与会代表深刻认识到，新的世纪即将来临，这是一个充满挑战和竞争的时代，面对知识经济的蓬勃发展、世界范围内教育改革大潮和中国《面向二十一世纪教育振兴行动计划》的全面实施，尤其是党的十五大确定的宏伟目标，给党校函授教育尤其是在职研究生教育提出了更高的要求。培养适应跨世纪需要的高素质的领导干部和高级管理人才是时代赋予党校在职研究生教育的重要任务。大家表示，一定要坚持“从严办学，质量第一”的办学方针，不断端正办学思想，按照这次会议提出的“以教学为中心，深化教学改革，强化科学管理”的要求，进一步端正教育思想，增强创新观念，强化质量意识，改革教学内容，搞活教学方法，加强素质教育，完善和落实各项管理制度，加大规范化管理力度，全面提高办学质量。

三、对贯彻落实会议精神和今后工作的几点意见

党员领导干部在职研究生班今后工作的重心、主要任务这次会议已经作了明确，现在关键的问题是如何采取切实措施，贯彻好、落实好。

各位代表返回单位后，要认真向校委或部门领导汇报这次会议精神，取得领导的认可和支持，组织教学管理人员认真学习，并结合本单位教学实际，总结经验、查找问题，制订措施，认真组织落实，坚决防止会议开完，文件入档，再无动向的倾向，防止和克服汇报简单化，传达走过场。据了解，有些单位去年传达研究生工作会议过于草率，走过场了，更谈不上落实了，今年一定要避免出现这种现象。各单位要把传达、贯彻这次会议精神的情况及时报总院研究生办公室。

下面，我就今后的几项主要工作谈点意见：

（一）按照中央统一部署和各级党校具体安排，在全体工作人员和学员中扎实、深入地开展以“讲学习、讲政治、讲正气”为主要内容的党性党风教育

深入开展以“讲学习、讲政治、讲正气”为主要内容的党性党风教育，是党中央作出的一次马克思主义理论的自我教育。我们在职研究生班的学员一定要响应党中央号召，以极大的热忱，积极投入“三讲”教育中去，要把学习理论、武装头脑同整顿思想、提高政治思想觉悟、增强党性、改进作风结合起来，着重解决学风学纪和考风考纪，以胡锦涛同志对函授教育的指示和要求认真查找与纠正本单位在办学中存在的问题及薄弱环节，进一步端正办学思想，始终不渝地坚持“从严办学，质量第一”的办学方针，不断提高教学质量。

（二）突出一个中心，抓住两个问题，

扎扎实实抓好落实

今后党员领导干部在职研究生工作的基本任务要突出一个中心，即以教学为中心；抓住两个问题，即深化教学改革和强化科学管理，落实规章制度，这也是今年研究生工作会议的主题。

党校教育要贯彻以教学为中心的方针，党校函授教育也要坚定不移地贯彻以教学为中心的方针。以教学为中心，实质上是以提高教学质量为中心，这正是胡锦涛同志提出的“提高办学质量”的具体化，是落实胡锦涛同志指示的具体行动。全院各级领导、教学人员、管理人员都要自觉地围绕这个中心开展工作。强化质量意识，牢固树立“质量第一”的观点，始终把提高教学质量当作头等大事来抓，坚持不懈地抓下去。

所谓抓住两个问题，第一个问题就是深化教学改革。不断深化教学改革是坚持以教学为中心的重要内容，也是提高在职研究生办学质量的根本途径。实践证明，党校函授教育的生存、发展、提高在于改革，这已成为全院上下的共识。根据21世纪对于人才的需求，党校在职研究生教育要在更新教育观念、培养创新意识、强化综合素质、提高创新能力上下功夫。也就是说，一切改革措施的出台，都必须着眼于培养学员的创新精神、创新意识、创造性品格，有利于学员全面素质的提高。关于在职研究生教育深化改革的内容和措施在刘副院长的主题报告中已经讲的比较详细了，我这里想要强调的是当前要突出抓好教学内容和教学方法的改革。在教学内容上，要把“三基本”、“五当代”精神充实到新编教材和讲课内容中去，突出时代性、特色性和针对性。在教学方法上，强调灵活多样，切实有效。要把改革教学内容和教学方法作为教学改革的突破口，下大力抓紧抓好，抓出成效来。

第二个问题就是强化科学管理，落实规章制度。增强管理意识，向管理要质量，要效益，这是总院多年一贯强调的，各分院、学区也确实在这方面作了很多工作，也很有成效。强化科学管理，关键是要完善和落实各项规章制度。但管理不到位、制度不落实的情况仍然存在，这是制约在职研究生教学质量提高的重要障碍。胡锦涛同志曾指出，“有管理制度是好的，但最重要的是下大力量去抓，使之真正落实，不落实，制度也是空的”。我们一定要按照锦涛同志的要求，抓宣传、抓学习、抓培训、抓检查督促。紧紧抓住“教”与“学”这两个中心环节，加大教学管理力度，在落实上狠下功夫。落实规章制度的关键在于各级组织加强领导，领导要亲自抓，一级抓一级，层层负责，务使各项规章制度落到实处。

（三）深化对党员领导干部在职研究生教学特点和规律的认识，在更高层次上实现“四统一”的培养目标

在职研究生班的教学有其自身的特点和规律。只有准确把握其特点和规律，深化教学改革，强化管理才有针对性，才有利于培养目标的实现。

在职研究生班的学员都是县处级以上党员干部，年龄多在35—45岁之间，参加工作十几年、二十几年，有一定理论水平，实际工作经验比较丰富，多是某一部门的领导或业务骨干，在职业余学习，工学矛盾、家学矛盾突出；理解能力、分析问题能力较强，但记忆力较弱；跨行业、跨专业学习的多，对新学习专业基础比较薄弱。我们培养的目标，不是培养一般的教学或科研型的研究生，主要是培养具有坚实马克思主义理论基础，系统地掌握本专业知识，有较高的党性修养和综合领导能力的复合型、应用型领导干部和高级管理人才，知识面要求宽，适应能力、应变能力要强，便于岗位转换和行业调整。因此，不论是领导、教学管理人员，还是授课教师或研究生本身，都应从研究生这些特点和规律出发，有针对性地抓好在职研究生教育。使其

在更高层次上实现“理论、知识、党性、能力”四统一的培养目标。

（四）进一步加大总院的宏观调控力度

在办学规模不断扩大，点多、面广、线长的情况下，总院如何实施强有力的宏观指导，这是确保教学质量的重要手段。一年来，在这方面有所改进，但力度还不大，效果还不太明显。究其原因，一方面是总院研究生办公室主动向下了解情况少，深入基层调查研究不够；另一方面，也有各级办学单位工作忙、人员少无暇顾及向总院报告情况、反映问题、提出建议，上下沟通、互通信息少，有很多工作见不到回音，得不到落实。为进一步加大总院教学宏观调控力度，切实改变目前宏观指导不力的局面，今后准备采取以下几项措施：

1. 深入调查研究，加大督促、检查力度

今后我们将结合参加入学教育、巡考或派出专人对有关分院贯彻会议精神、落实规章制度、教学管理情况等进行调查，抽查分院考试阅卷、学员完成作业及教师批改作业情况。有条件时随班听课，参加学员其他教学活动，召开学员、授课教师座谈会，了解教学情况、征求意见或建议。

2. 严格坚持授课教师、指导教师审批备案制度，及时上报授课教师、指导教师情况推荐表和教学实施计划。

做好授课教师和指导教师选聘工作，总院历来都十分重视，但每学期总有个别单位不能按时申报，教学实施计划也迟迟报不上来。希望各单位引起高度重视，切实把这项工作做好。

3. 密切上下联系，加强情况反映

这几年上下情况交流、互通信息少，联系不畅，总院宏观指导缺乏针对性。今后，总院与各分院、学区都要多做上下沟通工作。一方面总院要主动深入基层，了解情况，发现好的做法和经验，通过《研究生工作通报》及时进行推广；另一方面，各分院、学区要加强教学情况反映，每学期把执行教学计划、完成教学任务、教学和教学管理经验，学员、教师和管理人员对教学及管理的意见、建议，通过编写《教学情况简报》的形式或学期、学年总结的形式，向总院反映。有特殊情况(如贯彻会议精神、入学教育等)，可及时反映。情况反映可送文字材料，也可通过电话把工作要点、基本做法反映上来。

4. 当前应着重抓的几项具体事项：

(1) 切实做好96级毕业论文答辩工作。北京市委机关分院、中央国家机关分院、北京市工业党校分院和空军部队分院正在组织96级在职研究生毕业论文答辩，有的已经答辩结束。4月份总院专门发了通知，5月中旬又召开了座谈会，目的就是要求各分院要认真做好96级毕业论文答辩工作，把好出口关。答辩结束后，希望各单位认真总结指导毕业论文工作和组织论文答辩的经验，为97级毕业论文工作提供指导。

(2) 抓好97级毕业论文指导教师选聘工作。97级在职研究生课程学习即将结束，很快进入论文撰写阶段，有关分院一定要给学员选配好指导教师。总院已于4月初向各有关分院下发了通知，要求各分院要在5月底前把指导教师情况推荐表报总院审批。现在已有部分分院报到总院，但还有相当一部分分院未报，望各分院回去后尽快落实，尽早到位，暑期前要与学员见面，共商论文选题、开题、资料收集、学术调研和论文撰写工作。

(3) 98级发展势头不错，初步走上了正规，一定要抓好教学管理，不断改革教学内容和搞活教学方法。尽快上报第三学期授课教师情况推荐表。

(4) 99级录取工作基本结束，培养方案和第一学期教学计划已经下发。回去后，新办单位还没建立研究生办公室（或领导小组）的要尽快建立，人员不足的要尽快充实；要尽快选聘第一学期授课教师和课程主持人，制订教学实施计划，并于放暑假前报总院研究生办公室。

(5) 严格考风考纪，抓好期末考试工作。97级、98级期末考试在即，一定要严格考风考纪，切实抓好这项工作。99级招生考试，总的说考风考纪好于以往，但存在问题仍然不少，主要是考风不正、考纪不严，有一个单位出现十几个作弊的，还有代考的。个别监考人员执纪不到位、不坚决，查获夹带，只收缴，不认真记录，或收缴多，记录少。期末考试要切实加强领导，选好、培训好监考人员，一定要把好考试关。

同志们，今年是极不平凡的一年。我们一定要全面贯彻执行胡锦涛同志关于党校函授教育一系列指示精神，进一步端正办学指导思想，坚持以教学为中心，深化教学改革，完善和落实各项管理制度，加大规范化管理力度，把中央党校函授学院党员领导干部在职研究生教育质量提高到一个新的水平！

(1999年6月22日)

在职研究生班招生和教务工作的几个问题(节选)

研究生办公室副主任 吕 敏

根据研究生办公室的统一安排，我就党员领导干部在职研究生班1999年的招生工作和教务方面的几个问题，作个发言，供大家研究。

一、99级在职研究生班的报名和招生考试情况

从去年10月函授工作会议以来，围绕着99级在职研究生班的招生，总院和各单位作了大量工作。

(一) 修订"招生简章"

根据1996年扩点以来，在职研究生班招生与教学情况和形势发展的需要，我室在1998年10月对1998年的招生简章作了修订。修订的主要内容有：(1) 调整专业。1999年继续开设经济管理专业，着手试办法律专业，停办科学社会主义专业。(2) 规范课程设置的结构和内容。将在职研究生班的课程分为公共基础课、专业基础课、专业课和选修课，并将选修课分为指定选修和任意选修两类。在课程内容上，将党性教育列为公共基础课。同时，根据世界知识经济的发展和党的十五届三中全会关于加强农业及农村工作的决定精神，把知识经济专题讲座和农业经济专题讲座列为选修课的内容。(3) 下放资格审查的权限。加大分院审查考生资格的权限，总院保留必要的终审权限。(4) 调整学费收取办法。根据原国家计委收费管理司批复的精神，我院在职研究生班，从99级开始，除每学年收学费3000元外，另收教材和资料费等400元。修订后的招生简章，从1998年11月下旬起，随招生批复下达执行。

(二) 确定1999年新招和续招单位

1998年10月，在杭州召开的函授工作会议上，我曾就99级党员领导干部在职研究生班的招生工作作了专题发言。此后，有21个省级分院（含部队系统的分院）和14个地级党校申办99级在职研究生班。经过考核、论证和筛选，批准了8个省级分院和4个学区在1999年承办我院经济管理专业在职研究生班。

对于已办在职研究生班的单位，总院根据《关于党员领导干部在职研究生班实行“休耕”轮招制度的意见（试行）》，经过慎重研究后，确定了12个分院和学区在1999年停招，有19个分院23个教学点继续招收经济管理专业在职研究生。

为了探路子、摸经验，为面上铺开法律专业作准备，我们在与政法部反复研究后决定，1999年在直属北京市公安局学区和北京市委机关分院各办一个法律专业班。

（三）组织报名和资格审查

1999年招生的单位，按照招生简章和48号文件的要求，积极组织报名和资格审查工作。有些分院在本地报刊刊发了招生广告。不少分院在党校校委的支持下，主动会同省（市）委组织部的干部教育主管部门，具体研究报名组织、资格审查、学费支付等实施办法，实实在在地把我院在职研究生教育，纳入了当地党委的干部培训计划。

按招生简章和48号文件的规定，今年考生资格的审查权在分院。我们考虑到不少单位是初次承办我院在职研究生班的招生工作，在抽查驻京几个单位时，发现一些掌握不准、把关不严的现象后，立即下发了关于复查考生资格的电话通知，并按上报的有限材料，逐个审查了考生资格。据不完全统计，经过资格复审，被取消报名资格的有近百人。

（四）精心组织招生考试

我院99级在职研究生班的招生考试，于4月28日和29日两天，同时在21个省市的26个城市、38个考点的143个考场进行。参加考试的共3378人，占准考人数的70.4%。这是我院从1995年试办在职研究生班以来考点最多、分布最广、考生数量最多的一年。各单位安排的监考人员共330人。总院向各省级分院研究生考点共派出30路69人监考。绝大多数分院做到了严格按要求成立招生考试领导小组，严格按试卷保管规定接收、保管和使用试卷，严格按“规程”设置考场，严格执行考试纪律，保证了招生考试健康顺利的进行。普遍反映，我院在职研究生班的招生考试组织严密，要求严格，执纪严明。

二、99级在职研究生班新生录取问题（略）

三、下一步在职研究生班教务方面要做的工作和要注意的问题

（一）在教务方面要做的工作

1．及时上报机动指标的预选名单

为了便于各分院处理一些特殊问题，我们沿用去年的作法，给各分院拨发了一定数量的机动指标。具体数量，我们已在给各分院的录取“通知”中予以明确。这个数量是按照各分院已录取的情况和校委批准的总定额核定的，再没有机动余地。因此，各分院一定要按规定的数量上报，不要超报；如果超报，我们只好按分院上报的名单择优录取。这一点，请各分院一定要注意。

机动指标的使用原则，前面的录取方案已有明确规定。所谓“英语考试成绩良好”，由分院按各自的考试情况掌握，总院不划统一的分数线。所谓工作实绩突出和科研成绩丰硕，是指省、部级以上劳动模范、军队二等功以上荣立者和科研成果获得省部级以上奖励，以及有学术专著者。对有上述情况的，不能只凭个人口头呈述，必须由本人提供相应的原始证明材料，方可认定。如果本分院没有上述人员，或解决上述人员后尚有余额，可解决其他需特殊解决的问题。属于这类情况的，必须在上报时具实说明理由，以便总院综合研究。

机动指标的预选名单，各单位必须在7月8日前送达研究生办公室。如果过时没有送达，我们就按“自动放弃”处理了。

2．认真组织好报到、注册工作

99级在职研究生班新生的录取通知书，

由各分院下发。下发的时间，是等机动指标预选名单审定后一次性下发还是分两次下发，由各分院自行确定。

录取通知书下发后，各分院要按规定的时间，组织学员报到，收齐费用，搞好注册。学员的学费和书本资料费，是三年一次交清，还是按学年交，也由各分院自行掌握。在按时组织报到、注册后，要按47号文件的规定，在9月30日前，将99级在职研究生班“学员名册”、“新生注册情况统计表”送达总院研究生办公室。

在组织报名和资格审查时，我们曾要各单位上报过“办班分院机构和工作人员统计表”。有的新办单位，因为当时分工尚未确定，没有上报。现在99级新生开学在即，各方面的主管人员应该确定下来了。希望这些单位及时上报分工主管人员，包括研究生办公室负责人、主管教学、教务、学籍工作和担任班主任的同志的姓名、联系电话。已经上报过分工情况，近期有调整的，也希望及时上报，以便联系工作。

3. 按小班建制原则编好班次

为了便于教学工作的组织和管理，要编好教学班。在职研究生的教学班，既要考虑到研究生的教学特点，又要兼顾到在职学习的特点，原则上应是小班建制，一般按40人编为一个教学班。凡是超过60人的，应编为两个教学班。

在职研究生班的班主任，是日常教学活动的具体组织者和学员的管理者，责任重大。各单位一定要选聘责任心强、理论水平较高、具有管理经验，最好是担任过处以上领导职务的同志担任。各分院领导一定要积极支持班主任按总院的有关规定履行职责、发挥作用，并帮助他们解决管理中遇到的实际问题。

4. 搞好学籍管理

各分院要切实按照《党员领导干部在职研究生班学籍管理暂行办法》，细致地把学籍管理工作做好。

1998年11月下发的47号文件，印发了关于学籍管理的成套表格，共有6种。除前面讲到的“学员名册”、“新生注册情况统计表”外，还有“学员学籍变动情况统计表”、“注册人数统计表”、“学期成绩登记表”、“学员成绩登记表”等4种表格。这些表格，是记载学员在校学习状况的载体。各单位要及时印制，适时填写，按时上报，妥善保管。

各分院和学区，要安排专人负责在职研究生班学员的学籍管理工作。分管这项工作的同志，要做到情况明晰，规定熟悉，记载及时，处理得当，手续齐备。学籍变动情况，除按47号文件规定的每学期固定的上报时间外，突发的个别问题，要按规定及时报批或汇报，以便总院及时掌握情况，妥善处理。

学籍管理工作要力求档案化。学籍管理材料要做到项目齐备，材料齐全，管理规范，便于查阅。

（二）工作中要注意的几个问题

大家都知道，我院党员领导干部在职研究生班，由于办学对象是县（处）团以上领导干部，对教学管理的方方面面的要求都更高、更严格。就在职研究生班的教务工作来讲，它的显著特点，一方面是政策性较强。很多工作环节和程序，都必须按统一的思想、统一的原则和政策办理，不能各行其事，不能自作主张。否则，就可能引发矛盾。另一方面是事务性工作较突出。工作环节多、环节的关连性强、过手的人员多、操作性工作量很大。一个环节的失误，一个单位的迟延，都会给全局工作带来很大的负面影响。所以，要做好这项工作，不仅要有好的精神状态，有对党的干部教育事业的高度责任感，还要有认真细致的工作作风，以精益求精的态度，完成各项工作任务。因此，在去年和前年的研究生工作会议上，我在发言时都强调要培养和发扬良好的工作作风。

从今年的招生工作实践看，这个问题仍

需强调，特别希望大家在今后的工作中注意以下三点：

1. 要增强时间观念

我们强调要有极强的时间观念，是着眼于两个方面，一是顾全大局，二是提高效率。我院党员领导干部在职研究生班，今年招生的两个专业有30个分院、一个直属学区共38个办学点，连同1999年“休耕”未招的12个在办点，共有37个分院、一个直属学区50个教学点；分布在25个省市的30座城市。教务方面每个数据的采集、每个情况的汇总，都涉及到这么大的面。今年我们要给招生单位发个电话通知，必须有两个同志用两部电话，大约用两天左右的时间，才能通知到。要求各单位上报的情况或数据，如果有一二个单位迟延，我们就得总体调整工作时间。就拿这次上报英语成绩来讲，到5月10日，我们才收到10余个单位的成绩。到5月20日时，我们已将收到的成绩输入微机并打印出成绩单，可还有11个单位没有上报。为了弄全相关数据，我们只好再专门安排人员催报，电话也整整打了两天才找到所有未报成绩单位的主管人员。等成绩电传过来后，我们又得另行组织人力再将这部分迟到的成绩输入微机、进行复校。去年还有这样一件事:98级新生的“学员名册”和“新生注册情况统计表”,应在9月份报研究生办公室。但有个单位,我们电话催报十余次,直到年底才送来。我举这些例子,就是为了说明,如果部分乃至个别单位的同志不按规定的时间办事,要增加多大的工作量,要消耗多少不必要的精力啊！就是希望各个分院的领导同志,要把按时完成总院交办的工作任务,作为一项工作要求提出来,保证总院的工作有条不紊地运转。

2. 要增强质量意识

我这里讲的是工作质量。管理工作的质量与教学质量密切相关。它都反映了一种精神状态、一种职业标准、一种看似无形实则巨大的精神力量。

我们之所以在这里强调从事在职研究生教务工作的同志,要有明确的质量意识,是因为在我们自己和各分院的实际工作中,工作质量问题太突出了。比如,去年我们接到一个单位上报的报名情况统计表,在“硕士”栏内填了个三位数。我们接到这个统计表后感到十分惊异。因为从1995年试办在职研究生班以来,确有不少已有理工科硕士学位的同志报考我院经济管理专业的在职研究生班。但近几年数个单位加起来,也达不到三位数,怎么可能一个单位就有上百名硕士报考呢？后来,我们在核实时才发现,是该单位的填表人把学士误为硕士所致。至于在工作时,不认真阅读文件,不严格按文件规定要求办事，内容空缺、数字错误、字迹潦草，印刷粗糙……等具体事例，更是不胜枚举。

我们在这几年的工作中感到，浙江分院、广东分院、北京市委机关分院、北京市工业党校分院、空军分院、海军分院、沈阳军区分院和今年承办招生工作的中直机关分院、上海分院、新疆生产建设兵团分院，都是办事比较认真，工作作风比较细致，很注意工作质量的。我们希望各单位都发扬这种“认真”精神，使我们管理工作的水平不断提高，使工作效率不断提高。

3. 要增强纪律观念

志新副校长分管函院工作后，一再强调要抓好规章制度建设。他强调：“规章制度具有法规性质。实行制度化管理，是‘以法治院’的重要标志。”“各级组织要自觉维护规章制度的权威性、严肃性和原则性，加大贯彻执行和监督检查的力度，使规章制度真正落到实处”。

对我们在职研究生班来说，认真落实志新副校长的指示，牢固树立法规意识，增强纪律观念，严肃认真地落实在职研究生班的各项教学管理包括教务管理的规章制度，保证教令畅通，这不仅仅是保证我院在职研究生班这部庞大机器灵便运转的需要，也是充分发挥党校函授教育的职能、维护党校函授教育良好形象和声誉的需要。

从这两年在职研究生班教务工作方面的实际情况看，特别要强调的是：

第一，要坚持按招生简章的规定办事，自觉维护招生纪律。比如，招生简章对招生范围、招生对象和报考条件都作了明确规定。可是，有的单位对明知不是党员、不是县处级干部者，也不严格把关，而把矛盾上交。有的单位明知招生范围主要在省会城市，自己在当地报刊发表的招生信息也讲明，只在省会城市招生，而在实际操作中，却扩展到全省范围，接收了不少地处边远地区、距省会路途遥远的报名者。这种做法引起了群众的非议。如果不是发现及时，采取措施补救，很可能会在事后引发其他矛盾。

第二，要认真按《学籍管理暂行办法》办事，自觉维护考勤纪律。我院《党员领导干部在职研究生班学籍管理暂行办法》，是参照国民教育系列研究生学籍管理制度的有关精神，结合党校函授教育的特点，特别是党员领导干部在职学习的特点制订的。其中有一条重要内容是关于学员到课率的规定。作出这个规定的目的，是为了保证学员在繁忙的工作中落实必要的学习时间。维护这项规定，一是考勤记载要及时，手续要完备。二是执纪一定要严格。我院95级的首届学员中，就有一人因全学年面授时数不足规定要求，被取消学籍。北京市委机关分院坚持原则，在1998年果断地处理了违反学籍管理规定的一名学员，有力地维护了学籍管理规定的严肃性。

第三，要严格按总院的《考务规程》办事，自觉维护考试纪律。我院制定的《考务规程》，对考试各个环节的工作作了全面的规范，其核心问题一是确保试卷的绝对保密；二是严肃地维护考场纪律，形成良好考风。不少单位这方面做得比较好，我在前面列举的事例，就是这方面的代表。

但是，也有一些不按《考务规程》办事的现象，个别单位问题还比较突出。比如，按规定，考生必须持“两证”（准考证、身份证）入场，但有个考场竟有1/3的考生没带身份证，个别考生甚至连准考证也没带。有的考场规模过大，而且没安排监考人员的巡视通道，给考场巡视和处理作弊造成很多不便。有的监考人员不认真填写“考场情况报告单”，个别考场监考人员没签名。特别要指出的是，有的单位的监考人员不按规定履行职责，有的对作弊者视而不见；有的在总院监考人员指出后，还不立即采取措施。在这次招生考试中，有个分院对一位已有证据、本人当场已承认错误的作弊者，不在考场报告单上作任何记录。好在我院监考人员在巡考汇报上对此有详细记载，此事才得以弥补。出现这种公然为作弊者打掩护的现象，我们不知道是那个考场的监考人员自作主张，还是有人授意。不管属于哪种情况，这都是违反纪律的。

从严治学，从严治考十分重要。从严治考，历来是一些治学有方的著名学府一条共同的管理经验。在学校的教学和管理中，从严要求，严格管理，不徇私情，不畏权贵，在教学纪律面前人人平等，这是培养和造就人才的一个重要条件。世界著名的西点军校，曾有这样一个故事：号称西点军校之父的塞耶，1818年，曾亲自写信给当时的美国要人之一托马斯·平尼克将军。通知他，由于将军的儿子没有按时返校，军校已令其退学。平尼克将军解释道：由于天气不好，是他执意把儿子留下。塞耶的直接上级已答应作为例外处理，但是塞耶不从。他明白，如果迎合权势，那是绝对办不好学校的。资产阶级的军事教育家尚且如此，我们作为培养无产阶级的中、高级干部的学校，难道不应该做得更好一些吗？

总之，我们希望通过不懈的努力，在我

们在职研究生班，形成一种认真落实规章制度、严守纪律、教令畅通、考风端正、学风良好的局面。

（1999年6月22日）

第三次研究生工作会议纪要

（1999年7月5日）

为深入贯彻落实胡锦涛同志和中央党校校委关于函授教育工作的一系列指示，总结1998年大连研究生工作会议以来的教学工作经验，积极推进教学改革，强化科学管理，全面提高在职研究生教学质量，中央党校函授学院于1999年6月19日至22日在云南昆明召开了第三次党员领导干部在职研究生工作会议。出席会议的有37个分院、50个教学点的负责同志和总院工作人员，共86人。其中有8个省、自治区、直辖市委党校常务副校长、副校长、教育长出席了会议。云南省委党校领导和省委组织部的同志出席了开幕式并讲话。现将会议情况纪要如下：

一

这次会议是在举国上下深入贯彻党的十五大精神，认真学习邓小平理论，积极开展以“讲学习、讲政治、讲正气”为主要内容的党性党风教育的大好形势下召开的。会议遵照江泽民同志关于建设高素质干部队伍的讲话精神，认真学习胡锦涛同志和中央党校校委关于函授教育工作的一系列指示精神，紧紧围绕“以教学为中心，深化教学改革，强化科学管理，落实规章制度，提高教学质量”这一主题进行。会议听取了总院刘利群副院长所作的《坚持以教学为中心，不断深化教学改革，强化科学管理，确保办学质量》的主题报告，并认真进行了讨论。各分院、学区向会议提交了30多份教学管理经验材料。在小组经验交流基础上，有6位代表在大会上作了专题发言。会议期间，总院财务处副处长武金凤就在职研究生班经费管理的规定作了说明；研究生办公室副主任吕敏就1999年招生、录取和教务方面的工作作了发言。教学处处长兼研究生办公室主任王炳作了会议总结。

与会代表一致认为，刘利群副院长的报告主题鲜明，切中要害，重点突出，内容实在，指导性、操作性强。通过会议，大家进一步统一了思想，提高了认识，学到了经验，开阔了视野，明确了努力方向，达到了预期目的。

二

会议对过去一年的工作进行了回顾。代表们一致认为，自去年大连会议以来，在中央党校和各级党校校委领导下，全院同志坚持正确的办学指导思想，坚持“从严办学，质量第一”的办学方针，在教学和管理工作各个方面取得了显著成绩。主要表现在：一是圆满完成了95级毕业班的各项工作，取得了初步的经验。通过三年的办学实践，积极摸索党员领导干部在职研究生教学的特点和规律，初步探索了适应我党高、中级干部在职研究生培养的路子。二是建立健全组织机构，充实教学管理人员。按照总院有关要求，各分院、学区本着精干、高效原则，普遍建立健全了组织机构，设立了研究生办公室（或领导小组),充实了人员。三是加强和完善制度建设。初步形成了一个内容比较齐全、涵盖面较宽、操作性较强的在职研究生教学和管理制度体系,总院于去年颁发了《党员领导干部在职研究生班工作手册》,各分院、学区根据总院的有关条例、规则,结合本单位实际,制订了一系列管理制度和实施细则。四是形成了一支初具规模、素质较高的教师队伍。各单位按照有关规程和实施办法的要求,认真选聘教师,严格掌握标准,聘任的教师质量较好。据不完全统计,97级、98级聘请的授课教师761名,教授、副教授占95%,其中教授占49.5%,不少教师多年从事研究生教学,还有相当一批是博士生或硕士生导师。五是加大了教学管理力度。及时下发教学大纲和教学计划,确保教学活动正常运行;加大监考力度,对违纪考生处理坚持一步到位;组织集中判卷暨备课会,检验各单位教学水平和学员的学习效果;深入调研,随时掌握各分院、学区教学管理情况。六是教学改革初见成效。主要是优化了课程设置,改革教学方法、考试内容和命题方法等。

代表们认为，一年来，在教学和管理工作方面虽然取得了可喜成绩，但同形势与任务要求，还有不少差距，主要是对在更高层次上如何实现“知识、理论、党性、能力”相统一的培训质量要求，还缺乏深层次的研究；在点多、线长、面广的情况下，如何保持应有的调控力度，确保教学质量，还需作进一步探讨。这些问题应在今后工作中高度重视，认真加以解决。

三

会议在总结、交流第二次研究生工作会议精神落实情况的基础上，着重就实施专题性教学问题进行认真探讨。根据一些分院探索的经验，会议认为，实施专题性教学，是研究生教学的一种基本形式，当前应抓好以下几个方面：一是改革面授方法，要改变照本宣科、注入式的教学，提倡讨论式、研究式、启发式，突出重点、难点、热点问题，从理论与实践的结合上讲活、讲深、讲透。二是围绕专题组织好学术讨论，开展学术研究，交流学术体会，深化理论学习。三是充分发挥“教”与“学”两个积极性，坚持教学相长，双向交流，能者为师。四是开设专题讲座。结合某一专题或某一课题，聘请实际工作部门的领导或专家进行专题讲座。五是积极参与社会实践，走出小课堂，到社会改革大潮中吸取营养，增长才干。六是加强案例教学，抓住我国经济体制改革中一些好的和差的典型进行解剖分析，以提高学员分析和处理问题的能力。七是加强电化教学和远程教学网试点，最大限度地做到教育资源共享，充分发挥高素质教师的作用。

与会代表认为，搞好专题性教学是一项系统工程。要做好此项工作，关键是要按专题性教学的要求，紧密结合各分院的实际，实事求是地执行教学大纲和教学计划，安排教学活动；要按专题性教学的要求选聘授课教师，用其所长。

四

会议认真分析了党校函授教育面临的形势，明确了今后一个时期在职研究生教学管理工作的主要任务。

与会代表一致赞同刘利群副院长报告中对形势的分析。当今世界正处在世纪交替的关键时刻。面对国际国内教育改革大潮，党校党员领导干部在职研究生教育必须适应形势发展的要求，努力提高管理水平，进一步提高办学质量，为党和国家培养出更多高素质的领导干部和专业人才。

会议明确了今后一个时期在职研究生教学管理工作的指导思想：高举邓小平理论伟大旗帜，深入贯彻党的十五大精神，认真落实胡锦涛同志和中央党校校委关于函授教育工作的一系列指示，探索和把握党校在职研究生教育的特点和规律，强化综合素质教育，为党和国家培养更多的创造性高素质人才而努力。今后一个时期内的主要任务是：以教学为中心，深化教学改革，加强专题性教学，强化科学管理。其具体任务是：

1. 深入开展以“三讲”为主要内容的党性党风教育。要按照党中央的统一部署和所在党校校委的具体安排，在全体工作人员和学员中，深入开展以“三讲”为主要内容的党性党风教育，结合函授学习的实际，把“三讲”教育贯彻始终，牢固树立正确的世界观、人生观、价值观，力求在思想上有明显提高，政治上有明显进步，作风上有明显转变，纪律上有明显增强。保持清醒的头脑，任何时候都要讲政治，始终保持正确的办学方向。

2. 认真贯彻落实去年十月函授工作会议精神，狠抓两支队伍的建设。要提高在职研究生的教学质量，最根本的是要提高教学人员和管理人员的素质，既要提高思想政治素质，又要提高能力素质，做到既愿干，又能干。总院和分院都要把两支队伍的建设工作列为工作的重点，积极落实去年十月函授工作会议提出的关于加强两支队伍建设的任务和要求，确实抓出成效来。

3. 以教学为中心，深化教学改革。为适应形势发展要求，必须切实把工作重心放在教学工作上。要在更新教育观念、增强教育创新意识、强化综合素质教育、培养创造性人才上下功夫。

4. 积极探索专题性教学路子，不断提高教学质量。实施专题性教学，有利于充分发挥在职研究生班有限的面授时间的效能；有利于研究意识、创新意识的训练和培养。实施专题性教育是一项涉及内容广泛的系统工程，各级领导要大力支持，教学管理人员、授课教师和学员要积极参与和协调配合。各级组织要按照专题性教学的要求、“四统一”培养目标组织教学活动，大胆探索，善于总结，把教学活动搞得生动活泼、形式多样、富有实效。

5. 强化科学管理，狠抓制度落实。要狠抓在职研究生各项规章制度落实工作，做到“三到位”：认识到位、人员到位、工作到位。关键要在“强化、实化、细化”上下功夫。要抓好四个方面的工作：一是抓好学习培训，使大家熟悉和掌握各项规章制度的内容和要求；二是抓宣传教育，强化制度意识，增强执行制度的自觉性；三是抓督促检查，形成落实制度的约束机制；四是抓总结提高，进一步加强制度建设，使之不断完善，逐步形成科学化、规范化、具有党校在职研究生教育特色的规章制度体系。

6. 统筹安排，认真抓好近期工作。一是切实做好96级毕业论文答辩工作。在答辩结束后，认真总结指导毕业论文工作和组织论文答辩的经验。二是按规定做好97级毕业论文指导教师的选聘和报批工作。三是进一步抓好98级教学工作，特别是实施专题性教学的问题，逐步探索出一条适应在职研究生特点的培养路子。四是积极做好99级开学的各项准备工作。

会议要求，代表们回去后，要认真向所在党校校委汇报会议情况，积极争取校委对在职研究生教育工作的领导和支持。尽快向分院、直属学区的各级领导和教学管理人员传达会议精神，并结合本单位实际，研究落实措施，切实将会议提出的各项任务和要求落到实处。会议希望，全体同志要高举邓小平理论伟大旗帜，深入贯彻党的十五大精神，认真学习和落实胡锦涛同志和中央党校校委关于函授教育工作的指示，弘扬“团结、敬业、务实、创新”的函院精神，全面提高教学质量，把一个充满生机与活力的党员领导干部在职研究生班推向21世纪。

电化教学工作会议

面向21世纪的电化教学改革与发展

——在中央党校函授学院1999年电化教学工作会议上的讲话

中央党校函授学院副院长 史信发

同志们：

中央党校函授学院电化教学工作会议，今天开幕了。我首先代表中央党校函授学院向与会代表表示热烈的欢迎！对中共云南省委党校、中函云南分院的领导和同志们对这次会议的重视、关心、支持表示诚挚的感谢！

这次会议，是总院成立以来首次召开的全国性电化教学工作会议。这次会议的主要议题，是以党的十五大精神和邓小平理论为指导，深入学习贯彻第三次全国教育工作会议精神，进一步贯彻落实中央领导和中央党校校委关于党校函授教育一系列指示精神，全面落实中央党校1999年函授教育工作会议精神，以教学为中心，深化改革，总结交流经验，分析存在的问题，商讨电化教学跨世纪的发展问题。希望与会代表，从新世纪发展的战略高度，从党校函授教育的生存与发展的大局出发，集思广益，献计献策，为把充满生机与活力的电化教学工作带入21世纪而共同努力！

下面我代表总院讲两个问题，供与会同志们讨论。

一、对电化教学工作的简略回顾

电化教学是党校函授教育的一种重要形式和组成部分。中央党校函授学院在初创时期即采用了自学、面授、刊授和电化教学方式进行教学，对培养党员干部起到了一定的作用。1997年3月，为进一步适应教学需要，总院成立了电化教研室，在总院领导的关心和指导下，加大了电化教学改革力度，采取了一系列措施，确保了音像教材制作质量。各分院、学区、辅导站的领导对电化教学工作给予了高度重视，充分认识电化教学的时代意义，在电化教学实施中，采取了一系列行之有效的措施，促进了电化教学工作的健康发展。1999年3月，郑必坚同志在中央党校函授学院新老班子交接会上指出，提高音像教材的制作质量，使党校函授教材具有更高的水准。在中央党校1999年函授教育工作会议上他又指出，在现代化教学手段上，也要加大力度，积极筹划认真抓好远程教学网络建设。函院新班子也十分重视电化教学工作，张志新同志在函授教育工作总体思路中明确提出了“积极运用现代化教学手段，提高音像教材制作质量，规划建设计算机远程教学网络”的要求。在中央党校1999年函授教育工作会议上进一步提出了“积极推进远程教育网络和教学管理自动化建设”的要求。由于各级领导重视，形成共识，通力合作，使电化教学工作呈现新的发展势头，主要表现在：

（一）提高认识，加强领导。电化教学工作是一项新兴的事业，投资大，技术性强，是一个复杂的系统工程。由于各级领导的思想认识到位，从现代教育技术发展的战略高度，把电化教学工作摆到重要位置，提到议事日程，从人员配备、经费落实、设备添置到实施播放，做到了有人关心，有人落实。充分发挥电教作用，认真落实总院规定的电教计划，通过电化教学渠道，保证了学员及时收听、收看总院主讲教师的授课，提高了教学质量。

（二）加强队伍建设，提高电教人员的整体素质。电化教学是硬件设备、软件资料和人的结合过程，但人是教学过程、教学活动的设计者、组织者、指导者。从某种意义上讲，人也是媒体，同时又是任何其他媒体无法替代的最活跃的因素。为此，各级组织重视电教队伍建设，在充实和加强电教工作人员的基础上，加强了政治和业务培训，提高电教人员的政治和业务素质。总院为提高专职人员的整体素质，根据自身特点，采取不同形式，进行政治和业务学习。

（三）舍得投入，不断完善电教设备。为适应电化教学的需要，多数分院、学区、辅导站把电化教学工作提到重要位置，通过一系列硬指标、硬措施，舍得花钱办电教，不断完善电教的硬件设备，形成了比较完整的电教设备系统，为电化教学创造了良好的教学条件。总院为提高音像教材制作质量，先后投入资金500多万元，购进了摄像机、录像机、特技编辑机、字幕机和录音复制机等一大批先进的设备。最近，总院召开院长办公会，专门研究了电教设备更新问题。由于各级组织重视，配齐和完善了电教设备，为音像教材的制作和电化教学的实施创造了必备的条件。

（四）上下齐抓共管，确保教学效果。音像教材一般是由总院统一负责制作，各分院、学区、辅导站组织实施。实际上电化教学是一个有机整体，只有上下形成合力，齐抓共管，才能确保教学效果。为此，总院围绕提高音像教材制作质量问题，坚持了“更精、更细、更严”的原则，实施严把“三关”的改进措施（严格主讲教师、审定教师的选聘；严格教案、讲稿、字幕提纲的审定；严格音像教材的审定）。在制作的每个环节上，做到“精心设计、精心录制、精心编辑、精心把关”。各分院、学区、辅导站在组织实施教学过程中，为确保收视效果，采取一系列行之有效的措施，保证了电教课时数，从根本上解决了电教课到课率问题。由于上下齐努力，做到了认识到位，措施有力，确保了电化教学的整体效果。

（五）着眼特点，规范教学内容。为了提高音像教材的制作质量，总院根据课程性质和教材的不同特点，规范了教学内容，具体做法和要求是：（1）考试串讲课，规范为三大块：一是前言部分，主要讲清串讲的目的意义，讲清教材的体系结构和主要内容。着力引导学员从宏观上把握知识体系。二是教学重点部分，主要根据教材和教学具体安排规定的重点问题，进行重点讲授。凡体现教材主线内容的展开讲；凡主线以外内容的压缩讲；凡需要概括、归纳、分析和综合的内容重点讲；凡教材上比较明确的点到为止。着力引导学员把握重点和难点问题。三是考试复习部分，要结合重点问题讲清考试题型特点与要求，明确联系实际的方向和路子。主要引导学员从宏观和微观的结合上全面把握所学内容，推进素质教育，注重提高思维能力和创造能力。（2）讲座课，分两大块讲授。首先，概括介绍全书的体系结构和主线内容；然后，围绕全书中心思想、当前学员关注的热点和实际问题，归纳几个主要问题，联系实际进行讲授，强调在教材基础上有概括、有归纳、有升华，讲出深度，讲出新意。注重提高学员的新知识，开拓新思路，提高创新能力，回答和解决深层次的认识问题。(3) 备课教材，着重讲授怎样备好课、讲好课的方法和经验体会，交流讲课艺术。在讲授课程的重点时，着力讲清为什么是重点、怎样讲好重点，特别注意联系学员关心的热点问题，介绍最新理论信息、学术前沿问题。

（六）遵循教学规律，建立和完善电教制度。制度建设是电化教学管理的一项基本建设，只有健全电教管理制度，依靠制度实施管理，电教管理才能走上制度化、规范化、科学化、程序化的轨道。为此，总院在总结以往经验的基础上，制定和修改了音像教材制作管理规程、电化教学实施办法等二十多个制度。为音像教材制作的良性运行奠定了基础，使音像教材质量呈现逐年提高的势头。各分院、学区和辅导站也制定和完善了电教实施规划和各项制度，保证了电化教学工作有条不紊的开展，促进了电化教学的健康发展。

（七）建立和完善审定机构，确保音像教材质量。为贯彻落实校委和总院领导关于“提高音像教材制作质量”的要求，经院长办公会议批准，成立了以下几个业务小组，并明确了各自的成员与职责：一是音像教材筹划与设计小组，主要从音像教材的内容、形式和手段上进行统筹与设计，力争在内容、形式、手段和效果上有突破性的进展；二是综合技术审定小组，主要对音像教材从主讲教师的教态到授课效果，从形式到方法，从教材的体系结构到讲授的重点内容，从图像到声音，逐项审定，严格把关，力争上档次、出精品；三是监制小组，主要根据教材和教学具体安排的要求，对音像教材从整体上进行审定，作出结论，力争从“政治性、科学性、针对性、逻辑性、艺术性”五个方面认真把好质量关；四是终审小组，主要由院领导组成，在专家教授审定和电化教研室修改的基础上，进行全面的审查和审批，符合标准与要求方可复制发行。由于审定机构健全，职责明确，做到各司其责，认真操作，层层把关，使音像教材制作质量有了可靠的组织保证。

（八）改革发行方式，扩大发行范围。总院为适应教学需要，音像教材的征订发行工作采取了新的举措，由教材处归口为电化教研室统一管理。过去音像教材只发行到分院，现发行范围扩大到学区和辅导站，学员个人也可以零购。同时，进行了精打细算，想方设法降低成本，经院领导研究，与物价局协商，适当降低了音像带的价格。为满足第一线教师和广大学员的需要，强化了服务意识，使音像教材征订发行工作呈现良好的发展势头，受到了大家的好评。

综上所述，电化教学工作取得了一些成绩，这是主流方面，但也存在一些不容忽视的问题，主要表现在：(1) 总院制作的音像教材存在不同程度的质量问题。山西会议上大家提出了几十条有创建性的意见和建议，比较多地反映在总院制作音像教材的质量上。主要表现在音像教材的内容上、制作的技术上、主讲老师讲授的效果上，缺乏系统性、时效性、多样性、新颖性和权威性，距上档次、出精品的要求还有差距，急待于进一步改进与提高。(2) 对电化教学工作重视不够。有的分院认识不到位，不舍得花钱办电教；对总院电教计划不落实，以面授取代电化教学；有的把总院制作的音像教材只供教师备课用，不与广大学员见面；有的在播放时随意性较大，到课率比较低，使电化教学流于形式；有的任课教师缺少针对性、创造性的辅导，这不同程度地影响了电教效果。(3) 前瞻性的理论研究不够，使电化教学工作处于被动、应付局面。

上述问题，产生的原因是多方面的，有主观原因，也有客观原因，但它不同程度地影响着电化教学整体质量和效果，影响着党校函授教育的声誉，必须引起高度重视，采取有效措施，认真加以解决。

二、电化教学跨世纪改革与发展的基本思路和当前要着力解决的几个问题

今年6月党中央、国务院从我国社会主义现代化建设的全局出发，着眼于迎接国际竞争的挑战和中华民族的伟大复兴，召开了第三次全国教育工作会议，这是我国迈向21世纪的一次重要的会议。会上颁布的《中共中央、国务院关于深化教育改革全面推进素质教育的决定》，提出了“全面推进素质教育，培养适应21世纪现代化建设需要的社会主义新人”的重要历史任务。国务院批准的《面向21世纪教育振兴行动计划》，以实施科教兴国战略为主线，以事关全面振兴我国教育的重大工程为重点，体现了跨世纪我国教育改革与发展的基本思路，我们必须把贯彻落实《决定》和《行动计划》结合起来，并根据中央党校面向21世纪“加强理论武装、开阔世界眼光、培养战略思维、增强党性修养”教改的总体布局和总的精神，努力开创党校函授教育和电化教学工作的新局面。21世纪将是一个注重改革的世纪，改革既是社会发展的直接动力，又是函授教育和电化教学改革与发展的直接动力，只有改革才能进步，只有改革才能创新。所以，党校函授教育和电化教学工作在新世纪里必须靠改革求生存，靠改革求发展。

总之，面向21世纪的教育改革与发展的基本思路和大政方针已定，全面推进素质教育的动员令已经吹响。下一步是我们如何把握基本思路，怎样把我们的思想和行动统一到中央的大政方针上来。为此，当前要着力抓好以下几个问题：

（一）进一步加强对电化教学工作重要性的认识。提高对电化教学工作重要性的认识，是把电化教学工作推向新阶段的前提和保证。为此，各级组织要充分认识电化教学的积极意义和作用，切实把电化教学工作列为党校函授教学的一种重要形式和组成部分，要尽快推广、普及电化教学，提高对电化教学重要性的认识：电化教学是优化教学过程、促进教学改革的必不可少的重要手段，是推进教育改革与发展的一项重要而紧迫的任务。

（二）增强党校意识，切实把远程教学和网络建设纳入中央党校信息化建设的总体格局。胡锦涛同志指出，“党校函授教育是党校教育的重要组成部分”。这个重要论断，阐述了党校函授教育与党校教育的依存关系，我们必须增强党校意识和全局观念，服从党校发展的整体规划。中央党校关于信息化建设已制定三个规划：一是中央党校信息化建设的五年规划；二是中央党校计算机网络校园网的规划；三是远程教学系统的规划。根据校委的指示精神和中央党校三个规划的总体设想，函授学院研究决定，依托和运用党校远程教学网和信息网络，加快函授系统的远程教学网络和信息网络建设的步伐，争取3—5年内，使函授学院的主要课程实现上网教学，并逐步建成覆盖全国各分院、学区、辅导站的远程教学网络系统。

（三）进一步提高音像教材的制作质量。远程教学的实施要有一个过程，当前，要加大电化教学的力度，尽快推广和普及电化教学，着力提高音像教材制作质量。山西会议后，总院电化教研室在音像教材的设计与制作上，坚持“更精、更细、更严”的原则，实施了严把“三关”的改革措施，根据课程性质和教材特点规范教学内容，聘请一流的

专家、教授主讲，建立和完善审定机构，做到了精心设计、精心审稿、精心编辑、精心把关，使音像教材从形式到内容都有明显的进步。但是，我们还要清醒地看到，总院制作的音像教材从内容、形式、手段和效果上还存在一些问题，距出精品、上档次的要求还有差距。为此，总院今后录制的音像教材，要改变过去“技术陈旧、方法单一、画面呆板”的状况，力求生动活泼，丰富多彩，以增强学习兴趣，启迪学员的思维能力和创新能力，推进素质教育，真正使总院制作的音像教材上档次、出精品。

（四）进一步提高电化教学的实施效果。大家都知道，分院、学区、辅导站和任课教师是电化教学的直接组织者，只有各级组织充分认识电化教学的积极意义和作用，切实把电化教学列为党校函授教学的一种重要形式和组成部分，真正做到认识到位，组织到位，人员到位，责任到位，质量到位，才能使电化教学有良好效果。目前，从电化教学实际情况看，大体有以下几种情况：一是分院、学区和辅导站按照总院教学计划播放总院制作的音像教材，基本保证了电化教学的正常实施；二是分院按照总院教学计划征订总院制作的音像教材，只用于教师备课，所属学区和辅导站只订录音教材，用于学员自学；三是分院按照总院教学计划征订少量总院制作的音像教材，主要用于教师备课，所属学区和辅导站的电教课由面授取代；四是分院按照总院教学计划征订部分新课程的音像教材，用于备课；五是分院不征订总院制作的音像教材，自己录制面授课的音像教材，并复制下发或转售所属学区、辅导站；六是分院、学区和辅导站完全用面授取代电化教学。基于上述情况，我们应努力做好以下几方面的工作：(1) 要尽快推广、普及电化教学。党校函授教育系统的每个教学组织都要认真落实总院规定的电教计划，定期组织学员收听、收看音像教材，增强听视效果。要防止和纠正只重视面授而忽视电化教学的做法。(2) 各级组织和各个教学部门必须严格执行《电化教学实施办法》，把使用音像教材的情况作为达标考核、评估的重要内容。(3) 各级组织要以提高教学质量为中心，统一认识，统一步调，形成合力，心往一处想，劲往一处使，确保电化教学的实施效果。(4) 总院、分院、学区、辅导站要分级建立电化教学岗位责任制，明确各自的职责范围,做到各司其职,各负其责，一级抓一级，把电教计划的组织实施、设施的配备、使用、管理人员的培训等纳入制度化管理轨道，促进电化教学的良性发展。(5) 各级组织要贯彻“以学养学”的原则，舍得投入办电教，不断完善和更新电教设备，凡电教设备不健全的单位，必须增加必要的投资，尽快完善电教设备，改善电教条件；凡电教设备超过规定使用年限的，本着勤俭节约的原则，既保持电教设备的先进性，又要考虑财力所及，做到逐步更新，以保证电教正常进行。(6) 各级组织要重视培养电教人才，制订有效措施，强化电教人员的培训，提高电教人员的素质。(7) 要充分发挥电教辅导教师的能动作用。为了确保电教效果，电教辅导教师要根据主讲教师的思路、意图，进一步的概括和梳理，帮助学员消化、理解和把握，有意识地引导和培养学员的思维能力和创新能力。

同志们，21 世纪就要来临，面对新世纪的挑战与机遇，让我们团结一致，集思广益，将电教理论研究引向深入，拜托大家为电化教学的改革与发展献计献策，为把充满生机与活力的电教工作带入 21 世纪而共同努力！

把充满生机与活力的电化教学工作推向21世纪

——在中央党校函授学院1999年电化教学工作会议上的总结

中央党校函授学院电化教研室负责人 谢广乔

同志们：

中央党校函授学院电化教学工作会议，今天就要结束了。我们这次会议，得到了中共云南省委党校、中函云南分院的高度重视和大力支持，经过全体与会同志的共同努力，会议取得了圆满成功，实现了会议预定的目标。在会议即将结束之际，我代表中央党校函授学院和全体与会代表，对云南省委党校及中函云南分院为这次会议提供的热情周到服务和良好会议环境，致以诚挚的谢意！对各分院的负责同志和全体会议代表，为开好这次会议所作的努力和贡献，表示衷心的感谢！向荣获电化教学先进单位，表示热烈地祝贺！

现在，我代表总院作会议总结，主要讲三个问题。

一、会议基本情况

这次会议从12月15日至19日在云南省委党校举行，历时5天，出席会议的代表共120人。中央党校函授学院副院长史信发同志作了重要讲话，云南省委党校常务副校长、中函云南分院院长李师程同志到会祝贺，并作了重要讲话。

这次会议是在举国上下深入贯彻党的十五大和全国第三次教育工作会议精神，以及中央党校1999年函授教育工作会议结束后召开的。会议紧紧围绕“面向21世纪电化教学改革与发展”这一主题，深入学习了郑必坚、张志新等领导同志在中央党校1999年函授教育工作会议上的重要讲话。听取了史信发同志所作的题为《面向21世纪的电化教学改革与发展》的主题报告，以提高教学质量为中心，紧密联系工作实际和电化教学发展趋势，畅所欲言，展开了热烈地讨论。

在分组进行讨论的基础上，有9位代表在大会上发了言，介绍了先进经验、会议收获和体会。各分院代表还向大会提供了80多份经验材料和理论文章。根据各分院、直属学区和有关方面的推荐，广泛征求大家的意见，经总院研究确定，对8个分院、15个学区和3个辅导站，予以表彰和奖励。大会还根据中央党校校委关于尽快实现党校系统教学、科研、管理的现代化要求，进一步研究了函授教育系统远程教学和网络化建设的问题。

代表们一致认为，这次会议抓住了电化教学跨世纪发展的根本问题，有高度、有深度、有新意，是一次重要的会议，成功的会议。

二、

经过大家的
了可喜的成果。

（一）总结
总结了全院多
泛地交流了经
化教学工作是
明显的进步和

发同志在主题报告中列举了八个方面，已经讲得非常清楚了。电化教学之所以能够取得这样的成绩，最根本的原因或者说最基本的一条经验：就是中央领导同志和中央党校校委对党校函授教育和电化教学工作的重视、关怀，有各级领导和办学组织对电化教学工作的支持，上下形成合力，是完成各项任务和把电化教学工作推向前进的关键。代表们以大量的事实说明，各级教学组织贯彻落实胡锦涛同志指示和中央党校校委的要求，态度是认真的，措施是有力的，成效是显著的。但是，我们任何时候都不能有自满松懈情绪，既要充分肯定成绩，又要注重解决不容忽视的问题，即使是先进单位也有薄弱环节。我们要增强历史使命感和现实紧迫感，在电化教学方面，要继续抓好计划、制作、发行、播放和课堂管理几个重要环节，进一步总结经验，提高电化教学的整体效果。

（二）达成了共识。与会同志围绕史信发同志的主题报告，展开了热烈地讨论，在许多重大问题上达成了共识，归纳起来主要有以下四点：

1. 对电化教学的重要性及其作用的认识有较大提高。经过认真讨论，大家一致认为电化教学是党校函授教育的一种重要教学形式，是现代化教学的重要手段，各级教学组织必须高度重视，加大电化教学人、财、物的投入力度，要尽快推广、普及电化教学，加快远程教育网的建设。

2. 要立足现实，着眼发展，逐步实现现代远程教学。当前我们的电化教学，正处在传统的音像教学向现代远程教育网络教学发展的过渡时期，也是党校进行现代化教学网络建设的关键阶段，各分院、学区要充分[illegible]识现代手段在党校函授教育中的重要作[illegible]要积极推进现代远程教育，又要坚守[illegible]，提高电化教学整体效果。从技[illegible]音像教学虽已相对滞后，但[illegible]是边远和贫困地区经济条件所限，不可能一次更新所有设备，所以，在近一二年内，音像教学的方式还不能完全丢开，远程教学和音像教学交叉使用，逐步过渡。这就要求我们必须把音像教材建设搞好，必须要按照教学计划的要求，严密组织电教实施，进一步提高教学质量，有计划、分阶段地发展多媒体教育，逐步向电化教学现代化迈进。

3. 要加强函院信息化建设，积极发展远程教学。中央党校校委已做出决定，建立全国党校系统卫星远程教学网络，这是为了加强党校系统信息化建设，实现教学科研手段现代化，适应培养跨世纪领导干部重任和党校事业长远发展的需要。目前已建站联网的10个省(市)委党校已于9月份正式开通。到2000年底还将有10个省(市)级党校开通。大家一致认为,这是中央党校校委的一项具有全局性和长远意义的重大决策,信息化建设、远程教学是一场革命,它促使我们的思维、工作、教学、科研、管理等方式发生根本的变化,必须引起我们的高度重视,要解决好认识和思想问题。必须看到信息化建设搞不好,党校函授教育就要滞后。因此,我们要进一步解放思想,转变观念,正确认识远程教学网和党校信息网络建设的重大意义。

党校系统信息化建设是一个庞大的系统工程，是一项长期而艰巨的任务，各级组织都必须高度重视，克服困难，加大投入，采取切实有力的措施，在人、财、物等方面给予有力地支持和保证，有计划、分步骤、分阶段地完成信息化建设。要发挥总院、分院、学区和辅导站办学网络的优势，理顺关系，规范管理，真正做到信息共享，相互交流，互通有无，共同受益，发挥党校系统的网络整体功能。

三、关于贯彻落实会议精神的几点意见

（一）认真传达贯彻会议精神。各位代

表回去后，还要进一步认真学习贯彻郑必坚校长关于“思考、落实、向前进”的指示精神，以全国函授教育评估为契机，大力发展电化教学，推动现代远程教学网络建设。同时还要尽快向单位领导汇报会议情况，传达主题报告精神和会议总结提出的要求，拿出具体实施方案。在实施的过程中，要注重提高认识，统一思想，从上到下达成共识，形成合力。要把贯彻会议精神和本单位的工作实际结合起来，制订措施，狠抓落实，务求实效。

（二）进一步加强音像教材建设。坚决贯彻郑必坚同志关于“提高音像教材的制作质量，使党校函授教材具有更高水准”的指示精神，着力抓好音像教材的统筹与计划，周密组织，严格实施，把好主讲教师选聘关，规范教学内容，出精品、上档次，满足广大学员和教师的需要。要充分发挥现代教育技术的作用，扩大知识的传输量，发展多媒体教学。下一步，总院准备把录像带逐步改为VCD光盘，目前正在考查设备，争取2000年下半年改制成功，以拓展教学内容，使教学信息的传递形式更加生动活泼，激发广大学员的学习兴趣。

各分院、学区要严格执行总院的教学计划和电教计划，及时订购总院录制的教学音、像带，组织好电教课堂教学，注意吸收引进先进单位的好经验，切实把电教计划落到实处，提高教学质量。

（三）加大电化教学力度。各级领导要重视电化教学工作，加大力度，切实把电化教学摆到重要位置，提到议事日程，在总院统一领导和计划下，由分院、学区、辅导站具体组织实施。因此，要求各级教学组织，必须健全电化教学机构，建立岗位责任制，制定详细的电教实施计划，明确职责范围，各司其职，各负其责，一级抓一级，层层抓落实，不断改善电教条件，配齐电教设备，及时订购和充分利用总院制作的音像教材，切实保证教学质量。

（四）进一步加强规范化管理。大家要着重学习掌握新版《中央党校函授学院管理制度汇编》中《电化教学实施办法》和《音像教材制作规程》，并按照总院的要求结合本单位的工作情况，制定具体细则。总之，管理制度贵在落实，希望大家抓紧抓好抓出成效。

（五）积极发展远程教学。中央党校函授学院发展远程教学总的思路是：“要进一步完善计算机网络建设规划，依靠和运用中央党校校园网，在二三年内逐步实现总院—分院—学区—辅导站的联网，推动计算机网络化管理和多媒体网络教学。”根据校、院两级领导的指示精神，我们要制定具体措施，积极发展远程教学，具体要求是：

1．制定网络建设规划。建站、联网是一项任务繁重、意义重大的系统工程，必须加强领导，统筹规划。总院已经制定出远程教学的年度计划和三年规划。争取尽早实现全国党校函授系统的网上教学，要制订切实可行的实施方案，在加强总院自身建设的同时，发挥总院的协调和宏观指导作用。各分院、学区、辅导站要认真贯彻中央党校关于建立函授教学网络的决定，制定具体措施，积极推进本校和函授系统的远程教学网络建设。

2．要加强队伍建设。高科技、现代化设备要靠人去掌握、使用，难度是相当大的。因此，人员的培训是非常重要的问题，办公自动化系统和信息网络系统真正能建立和运行，要有一个过程。凡没有配备电教管理人员的分院，要尽快落实评估指标中关于电化教学专职人员的要求。总院计划定期或不定期地举办培训班，全面提高电化教学工作人员的素质和管理水平。各单位也要大力加强人员培训，建立一支强有力的远程教学技术骨干和管理人才队伍。

3．加强领导、健全组织。总院拟成立远程教学网络建设领导小组，由主管院长亲自挂帅，由有关专家和管理骨干参加，具体负责规划、设计、制定实施方案。要求各分院、直属学区要根据当地党校的网络建设进度，派人参与这项工作，为联网后进行网上教学作准备。同时还要配备专门的远程教学专业管理人员，具体负责规划和具体方案的组织实施。

4. 推广试点经验。计算机网络建设二期工程的试点工作，辽宁分院已顺利完成。要进一步总结好试点工作经验，准备在全院范围内推广，加快信息化建设的步伐，适应远程教学的发展需要。

（六）把传达本次会议精神与落实中央党校1999年函授教育工作会议精神结合起来。刚刚结束的党校函授教育工作会议,是一次重要的会议,内容非常丰富,抓住了当前党校函授教育面临的三大课题:一是党校函授教育如何面对21世纪。二是针对我国目前的经济、教育新形势,党校函授教育怎样进行全面改革。三是党校系统要增强竞争力、凝聚力,全面提高教学质量,必须尽快实现现代远程教学。这三大课题,是我们每一个函授工作人员都要认真思考的问题,以严肃认真的态度,研究函授教育和电化教学工作的出路和对策,特别是在现代远程教学的建设上,要从关乎党校函授教育生存、发展的战略高度来认识,共同商讨改革与发展大计。

综观函授教育全局，我们任重道远，希望同志们要加强学习，努力拼搏，为了党的干部教育事业，为了党校的函授教育事业，为培养党的高素质干部队伍作出贡献。让我们团结起来，高举邓小平理论伟大旗帜，认真贯彻落实这次会议精神，为开拓电化教学工作的新局面而努力奋斗！

电化教学工作会议纪要

（1999年12月25日）

总院于1999年12月15日至19日，在云南省委党校召开了电化教学工作会议，现将会议主要情况纪要如下：

一

这次会议是总院首次召开的全国性电化教学工作会议。会议以党的十五大精神和邓小平理论为指导，进一步贯彻落实中央领导同志和中央党校校委关于党校函授教育的一系列指示精神，学习贯彻全国教育工作会议和中央党校1999年函授教育工作会议的有关精神，深化改革，总结经验，共商电化教学跨世纪发展的问题。出席会议的有55个分院、直属学区的负责人和先进单位代表以及总院有关部门的同志共120人。总院副院长史信发同志出席会议并作题为《面向21世纪的电化教学改革与发展》的工作报告。中共云南省委党校常务副校长兼中函云南分院院长李师程同志等到会祝贺并讲话。总院电化教研室负责人谢广乔同志作会议总结。

与会代表深入学习胡锦涛同志今年6月关于“函授学院一定要办好”的重要指示，认真学习全国教育工作会议的有关文件，学习常务副校长郑必坚、副校长张志新在顺德会议上的重要讲话，听取史信发同志作的工作报告，通过学习讨论，进一步加深了对胡锦涛同志重要指示的理解，增强了做好工作的使命感和责任感。会议收到80多篇论文和经验材料。有9位同志作大会发言。对8个分院、15个学区和3个辅导站进行了表彰和奖励。

二

会议回顾了党校函授开展电化教学的历程。在中央党校校委的关心和重视下，在总院领导班子的直接领导下，电化教学工作取得了比较明显的成绩，主要表现在：(1) 领导重视，认识到位。各级组织的领导对电化教学工作比较重视，有超前意识，认识到位、措施到位、工作到位，电化教学作为党校函授教育的重要形式和组成部分，日益发挥着其作用。(2) 培养队伍，提高素质。各单位重视电教队伍建设，在充实和加强电教工作人员的基础上，注重从思想政治水平和业务能力上，提高全体人员的整体素质。(3) 加大投入，购置设备。许多单位采取硬指标，花钱办电教，不断完善电教硬件设备，形成比较完整的电教设备系统。总院先后投入资金 500 多万元，购置了一大批先进设备，为音像教材的制作和电化教学的实施，创造了必要的条件。(4) 共同努力，确保效果。函授音像教材由总院统一制作，各分院、学区、辅导站组织实施，上下形成合力，齐抓共管，确保教学效果。(5) 着眼特点，规范教学。总院根据课程性质和教材的不同特点，对考试串讲课、讲座课和备课音像教材，从内容和要求等方面进行了规范，确保音像教材的制作质量。(6) 建章立制，严格管理。总院先后制定了《电化教学实施办法》、《音像教材制作管理规程》等二十多个制度，各单位也相应地制定了电教实施办法。(7) 健全机构，严格把关。总院建立了音像教材筹划与设计小组、综合技术审定小组、监制小组和终审小组。健全机构，明确职责，层层把关，确保质量。(8) 改革发行，扩大范围。一是把音像教材的征订发行工作归口为电化教研室统一管理，发行范围扩大到学区、辅导站和学员个人；二是努力降低成本，适当调低价格；三是强化了服务意识。

电化教学工作过去虽然取得了很大成绩，但也存在一些问题和薄弱环节，如制作的音像教材质量还不同程度地存在着一些问题；有的单位对电化教学工作重视不够；对电化教学的前瞻性的理论研究不够。对此必须予以高度重视，认真加以解决。

三

根据校领导关于“积极运用现代化教学手段，提高音像教材制作质量，规划建设计算机远程教学网”的指示，会议提出，应大力发展电教工作，积极推进网络化建设。当前要着力抓好以下几个方面的工作：

第一，进一步加深对电化教学工作重要性的认识。发展电化教学是推进教育改革的一项紧迫任务，各级组织要认识到位、工作到位、措施到位，努力推广和普及电化教学。

第二，积极发展远程教学，大力推进网络建设。根据中央党校关于信息化建设五年规划的精神，依托和运用党校远程教学和信息网络，加快函授教育系统的远程教学网和信息网络建设的步伐，将远程教学和网络建设纳入中央党校信息化建设的总体格局。建立围绕函授教学的信息数据库，促进信息化建设与交流，以便更好地适应函授教育发展的需要。

第三，进一步提高音像教材的制作质量。当前，要加大电化教学的力度，着力提高音像教材制作质量。今后要努力创造条件，有计划、分阶段地发展包括可视光盘在
多媒体教育，逐步向电化

第四，
单位要努
作，严格执
定；分级建
度化管理；贯
对电教的投入
员的培训；充
用，不断提高电

宣传报道工作会议

总结工作　共商举措
为进一步办好院报而努力

——在院报宣传报道组组长暨先进表彰会议上的讲话

中共中央党校函授学院副院长　史信发

同志们：

今天，我们在这里召开首次全院院报宣传报道组组长暨先进表彰会议。这次会议得到了云南省委党校和云南分院的大力支持和帮助。为了保证会议顺利召开，云南省委党校和分院的同志做了大量细致的工作，我代表总院和与会代表向他们表示衷心感谢！

这次会议的主要任务是：以十五大精神和胡锦涛同志有关党校函授教育的一系列指示为指导，贯彻中央党校领导同志关于加大宣传力度的指示精神，认真总结院报创办以来的宣传报道工作和通讯员工作，交流经验，共商加强院报通讯员队伍建设、改进宣传报道工作的举措，进一步办好院报，为促进党校函授教育事业的发展作出更大的贡下面讲四个问题。

五年多来院报工作的基本情况（略）

讯员工作的简要总结（略）

三、加强通讯员队伍建设，改进宣传报道工作

（一）认清形势，提高认识，增强责任感和使命感

中央党校校报的《函授教学与管理》专刊，履行中央党校函授学院院报的职能，是宣传和指导党校函授教育的重要工具和舆论阵地，通过它我们可以更好地统一指导和规范党校函授教育系统分布全国各地的众多教学点的教学与管理工作，从而更好地把胡锦涛同志关于党校函授教育的一系列指示落到实处，促进党校函授教育不断提高办学质量，为党的干部培训事业作出更大的贡献。因此，办好这张报纸具有十分重要的意义。随着党校函授教育事业的发展，办好院报，做好宣传工作，显得越来越重要。中央党校常务副校长郑必坚同志和副校长刘胜玉、张志新同志，今年年初都在讲话中要求我们加大对党校函授教育的宣传力度，我们办好报纸，就是贯彻落实中央党校领导同志这一指

示精神的重要表现。

我们从事党校函授教育宣传报道工作的同志，要按照中央党校领导同志关于加大宣传力度的要求，从为党培养高素质干部队伍的高度、从更好地贯彻胡锦涛同志指示的高度来认识自己所肩负的历史责任，明确工作的意义，增强责任感、使命感，勤奋敬业，搞好工作。

从今年7月份开始院报将由小报改为大报。小报改为大报后，每期报纸的用稿量扩大了一倍，要求更高了，我们的责任也更重了，每个通讯员要为院报提供更多更好的稿件。这就要求我们要更加深刻地认识从事宣传工作的重要意义，以更强的责任感和使命感，高度自觉地、创造性地工作，为办好院报作出更大的贡献。

（二）完善组织，加强联络

目前，我院绝大部分单位都成立了宣传报道组。但随着函授工作人员的经常变动，通讯员也经常出现空缺。有些单位在通讯员出现空缺后能及时增补；有些单位没有及时增补，致使宣传报道工作受到影响。今后，各单位通讯员在出现缺额时，应及时补充新成员，并将增补的通讯员名单报到总院院报编辑部。新组建的分院要尽快把宣传报道组建立起来。宣传报道组由分院和学区的通讯员组成（每个分院机关选聘2名通讯员、每个学区选聘1名通讯员）。分院负责同志要兼任宣传报道组组长。

保持和加强院报编辑部与各宣传报道组之间以及分院、学区与通讯员之间的联系，是搞好宣传报道工作、完成宣传报道任务的重要条件。没有这个上下之间的沟通与联络，编辑部的宣传意图、计划、任务和要求下边不知道；而下边的活动情况、工作情况总院不了解，是不可能把宣传报道工作搞好的。近几年来，我们虽然在这方面做了一些工作，但通讯联络仍然是我们工作中的薄弱环节，这方面的工作应当加强。今后，我们要加强院报编辑部与各宣传报道组、通讯员之间的联络工作。总院院报编辑部已分工专人负责此项工作。总院院报编辑部有关每年度宣传报道的计划、任务、要求及通讯员工作的有关事项要及时告知宣传报道组，并通过宣传报道组向广大通讯员传达。各宣传报道组一方面要密切与通讯员的联系，加强对通讯员的指导和督促；另一方面要及时向总院院报编辑部反馈本地区宣传报道工作及通讯员工作的情况和问题，并提出建议。各位通讯员也要主动与宣传报道组保持联系，自觉接受宣传报道组的指导和督促，同时积极提出工作建议；还可通过电话、书信等方式与总院编辑部联系，对宣传报道工作提出建议和要求。

（三）加强队伍建设，提高宣传报道队伍素质

办好院报，离不开一支素质好、热情高的通讯员队伍。我们要共同努力，建设一支政治强、业务精、纪律严、作风正的高素质的通讯员队伍。

（1）加强学习，努力提高素质。近几年来，党中央多次号召各级干部和全党同志加强学习。今年元月11日，江泽民总书记在省部级领导干部金融研究班结业式上再次向全党同志和各级干部发出号召：学习、学习、再学习，实践、实践、再实践。他号召干部要重视学习理论、学习现代经济知识、学习科技知识和学习历史知识。江总书记在视察人民日报社时强调：新闻工作者要打好理论路线根底、政策法律根底、群众观点根底、知识根底、新闻业务根底；坚持发扬党的新闻工作的优良作风：敬业，实事求是，艰苦奋斗，清正廉洁，严谨细致，勇于创新。中央党校函授学院院报通讯员，应当积极响应党中央的号召，加强学习，努力提高自身的思想政治素质和业务素质。要努力学习马列主义、毛泽东思想、邓小平理论，学习中央、中央领导同志有关党校教育包括党校函授教育的文件和批示精

神，学习中央党校领导同志的有关讲话，学习中央党校函授学院制定的一系列规章制度，还要努力学习新闻业务知识。希望全院800多名通讯员在加强学习方面增强自觉性，并学有成效。只要我们广大通讯员的学习搞好了，思想政治素质和业务素质提高了，完成宣传报道任务就有了保证，宣传报道工作的质量就会大大提高。

(2) 建立培训制。为了提高广大通讯员的思想政治水平和业务能力，应当建立对通讯员队伍的双层培训制度。总院要有计划地做好对分院一级的通讯员进行培训的工作。分院要负责对各学区的通讯员进行培训。

(四) 完善机制，健全制度

为了使宣传报道工作和通讯员工作进一步规范化、制度化，应当在总结这方面工作的基础上，研究进一步搞好宣传报道工作和通讯员工作的有效的运行机制，建立起切实可行的工作制度。

总院在前几年已经制订下发了《宣传报道组的主要任务》、《院报通讯员和宣传报道组组长的岗位职责（暂行）》等项规章制度。这些制度还需要进一步修改、完善。修改稿这次提交会议讨论，定稿后要更好地执行。同时还应当建立以下几项规章制度：

一是通讯员选聘制。院报宣传报道工作较之其他方面的工作有其特殊性，要求院报通讯员热爱我院的宣传报道工作，具备一定的新闻业务知识和较好的文字水平、写作能力。总院为建立通讯员队伍曾制订过一个选聘通讯员的标准，要求通讯员具备较高的政治思想觉悟，有较强的政治鉴别力和政治敏锐性；熟悉教学与管理工作，有较强的工作能力；热爱党校函授教育事业、热心宣传报道工作；写作能力强，有较好的文字功底。总院制订的《院报通讯员职责》，对通讯员的工作也提出了较高的要求。我们要用制度把选聘通讯员的工作加以规范。

目前，在我院800余名通讯员当中，大部分是符合或基本符合条件的，但仍有一部分通讯员不符合要求。根据我们掌握的情况，有一部分通讯员至今没有给院报写过一篇稿件，有些通讯员写的稿件质量不高，反映出文字水平较低。而有些不是通讯员的党校函授工作人员却经常为院报写稿，而且稿件质量较高。这说明，有些单位还没有真正选准通讯员。会后，各分院要对本单位的通讯员按照总院的规定和要求进行一次全面的审查，对不符合条件的要进行调整、缺额的要依照条件增补，并将调整和增补通讯员后的宣传报道组全体成员的名单尽快报总院院报编辑部。近几年新成立的分院要按照条件选聘好通讯员，并在此基础上建立宣传报道组后，尽快将报道组全体成员的名单报总院院报编辑部。

二是例会工作制。许多方面的经验证明，利用例会的形式，总结工作、部署任务、商讨举措，对于推动工作具有重要意义。搞好通讯员工作和宣传报道工作，也有必要建立例会制。总院计划每1—2年召开一次全院性的宣传报道组组长暨先进表彰会议，根据党校函授教育的发展形势，研究部署宣传报道工作，同时表彰优秀通讯员和院报宣传工作先进单位；各分院每个学期或每年应召开一次宣传报道工作会议，传达总院有关宣传报道工作部署和宣传报道计划、任务、要求以及通讯员工作的文件；制订学期或年度宣传报道计划；对本地区的宣传报道工作和通讯员工作进行总结，分析宣传报道工作和通讯员工作中存在的问题，研究改进措施，表彰优秀通讯员和宣传工作先进单位等。

三是建立考核和激励机制。为了督促通讯员履行好职责，搞好宣传报道工作，有必要建立起对通讯员的工作进行考评和激励的机制，对通讯员履行职责和完成任务的情况作出考核评定，奖励先进、鞭策后进。

总院从1997年开始，每半年对各分院

的来稿和用稿情况进行一次统计、评估、排队，并在院报上公布。今后，总院要将这一做法长期坚持下去。总院先后由“院报宣传报道工作先进单位和优秀个人评审组”初评，并报评审委员会批准，评出院报1997年、1998年宣传报道工作先进单位和优秀个人。这次会议将对宣传报道工作先进单位和优秀个人进行表彰。总院确定，今后继续坚持开展评选优秀通讯员和宣传报道工作先进单位的活动。

各分院也要建立相应的机制，对宣传报道工作成绩突出的通讯员或学区、辅导站给予表彰奖励。据了解，有些分院在通讯报道组成立后，就已经建立了此项制度。有的分院每学期统计、公布一次各学区在院报上发稿的篇数，对成绩突出的给予表彰，并把它作为单位期终或年终评选先进的条件之一；有的分院还规定：凡在总院院报、省级以上报纸上刊登的有关宣传党校函授教育内容的稿件，由作者单位给予作者相当于稿费1倍以上的奖励费。有的单位把在院报以及省级以上报纸上发表的有关教学与管理等方面的科研文章作为作者晋级、评定职称的依据。

建立考核和激励机制，目的是督促通讯员履行职责，通过对成绩突出的给予表彰奖励、对不履行职责或不能胜任宣传报道工作的予以解聘，加强宣传报道队伍的建设，促进宣传报道工作。

此外，前面提到的对通讯员的培训也要形成制度。

以上各项需要建立的制度，希望同志们在这次会议上认真加以讨论，提出具体意见，会后，我们将根据大家的意见组织力量制订出来，下发执行，以便把通讯员队伍建设和宣传报道工作的开展纳入规范化、制度化的轨道。

（五）加强领导，注重实效

要搞好院报的宣传报道工作和通讯员工作，关键在于领导。这几年院报宣传报道工作的实践已充分证明了这一点。有些单位宣传报道工作搞得好，关键是那里的领导对这项工作重视，注重实效，措施得力；有些单位的宣传报道工作搞得不够好，关键是那里的领导对搞好宣传报道工作的意义还缺乏应有的认识，对宣传报道工作抓得还不够得力。因此，要搞好宣传报道工作，各级领导必须给予足够的重视，把它列入议事日程，切实加强领导，注重实效，抓出成绩。各分院除安排一位领导同志担任宣传报道组组长主抓这项工作外，还要定期研究、检查宣传报道工作和通讯员工作，加强具体指导，关心通讯员队伍建设，帮助通讯员解决工作中遇到的困难，为他们提供工作条件，调动广大通讯员的积极性。我们相信，只要各分院（直属学区）领导重视，加强对宣传报道工作的具体指导，注重实效，全院的宣传报道工作就一定会搞得更好。

四、关于开好这次会议的几点意见

这次会议是首次全院性的宣传报道组组长暨先进表彰会议，非常重要，一定要开好。如何开好这次会议？下面谈三点意见：

（一）认真学习会议文件，统一思想，提高认识。

（二）要围绕会议主题进行认真的交流、研讨：交流近几年来通讯员工作和宣传报道工作的成功经验，同时清醒地分析存在的问题；在交流经验、分析问题的基础上重点研究讨论如何加强通讯员队伍建设、改进宣传报道工作（特别是如何把队伍建设和宣传报道工作纳入规范化、制度化的轨道）。大家要根据会议的安排积极思考，献计献策，畅所欲言。

（三）这次会议任务重、时间短，大家要集中精力，全身心地投入，齐心协力把这次会议开好。

最后，预祝会议取得圆满成功！

（1999年5月18日）

加强通讯员队伍建设　改进宣传报道工作

——在院报宣传报道组组长暨先进表彰会议上的总结（节选）

舒金城

这次会议以十五大精神和江泽民同志关于新闻舆论工作的讲话、胡锦涛同志关于党校函授教育的一系列指示为指导，传达了中央党校常务副校长郑必坚、副校长刘胜玉同志关于党校函授教育及其宣传工作的讲话，听取了中央党校函授学院副院长史信发同志所作的会议主题报告，表彰了院报宣传工作先进单位和优秀通讯员、优秀撰稿人，总结了工作，交流了经验，就通讯员队伍建设和宣传报道工作进行了认真、热烈的讨论，取得了多方面的成果。刚才各小组组长在会上介绍了本组讨论的情况。大家通过听取会议的主题报告和有关发言、参加小组讨论并听取各小组讨论情况的介绍，对整个会议取得的成果已有了比较全面、具体的了解，所以我在这里只对会议取得的主要成果简要地概述如下：

一、提高了认识，增强了责任感

对通讯员队伍建设和宣传报道工作的认识如何、责任感如何，直接关系到能否搞好这项工作。从这次会上代表们反映的情况看，一些单位通讯员队伍建设和宣传报道工作抓得不够主动，其主要原因就在于对这项工作的重要性缺乏应有的认识，甚至对抓这项工作存在某种顾虑。有的同志反映：以往在认识上总觉得函授教育工作刚性任务多、工作忙，不抓紧不行；相比之下，宣传报道工作是软任务，虽然说起来重要，但实际上抓不抓、抓多抓少似乎无关紧要，因而在实际工作中便往往把它放到了非常次要的位置。也有同志谈到：以往总觉得办函授教育应重在扎扎实实地抓好教育质量而不应看重宣传，宣传多了会让人觉得我们在自吹自擂，因而在实际工作中就只注重埋头干工作而不注意抓宣传。这次会上，大家通过学习会议文件，听取传达中央党校领导同志的讲话和史信发副院长所作的主题报告，共同研究讨论，相互交流经验，提高了对搞好宣传报道工作及其通讯员队伍建设重要性的认识。

与会代表们认识到：宣传报道工作虽然不像招生、教学、考试等工作那样在时间上有很强的刚性要求，但却十分重要，抓不抓、抓好抓坏事关重大，决非无关紧要的软任务；同时，我们的宣传是对党的干部培训事业的宣传，是为了更好地规范、指导和促进党校函授教育，是为了营造有利于党校函授教育发展的社会环境，只要实事求是地、科学地进行宣传，就不必有什么顾虑，而应理直气壮、加大力度。

在讨论中，大家还从进一步贯彻落实胡锦涛同志关于党校函授教育的指示精神、搞好党校函授教育、为党培养高素质干部的高度和当今世界综合国力竞争的大背景出发，谈了进一步搞好党校函授教育宣传工作及其通讯员队伍建设的重要意义，认为：加强通讯员队伍建设和宣传报道工作，是统一规范、指导全院各办学点的工作的需要，是为党校函授教育营造良好外部环境的需要，是增强党校函授教育的竞争力、推动党校函授教育不断向前发展的需要，是不断提高教育质量、为党和国家培养更多更好的党员干部和管理人才的需要。

认识的提高促进了责任感的增强。由于与会同志对加强通讯员队伍建设和宣传报道工作的重要意义有了更深刻的认识，因而大家的责任感也增强了。出席这次会议的不少同志作为宣传报道组组长或有关负责人，深感加强通讯员队伍建设和宣传报道工作责任重大，纷纷表示会后一定要采取有力措施抓好这项工作。

二、总结了工作，交流了经验

这次会议认真总结了院报创办以来的宣传报道工作和通讯员队伍建设工作，在总结工作的过程中肯定了成绩、查找了问题、交流了经验。

史信发副院长在向会议作的主题报告中对全院的通讯员队伍建设工作和院报的宣传报道工作进行了全面的总结，与会同志在讨论中和提交给会议的材料中也结合本单位的实际对通讯员队伍建设和宣传报道工作进行了总结。大家肯定院报创办以来发挥了喉舌作用、信息传递作用、教育作用、舆论激励作用、舆论监督作用、舆论宣传作用、联系纽带作用，为促进党校函授教育的发展作出了重要贡献；也肯定了几年来全院通讯员队伍建设的成绩，认为不少单位领导重视、措施得当、激励有力，通讯员工作开展得越来越好，涌现出了一批优秀通讯员，为院报提供了大量高质量的稿件，为办好院报作出了重要贡献。

在肯定成绩的同时，与会同志也冷静地查找并分析了存在的问题，这些问题涉及到组织机构、规章制度、通讯员素质等多方面。大家指出，这些问题的存在可能有多方面的原因，但根本的原因是有关单位的同志特别是领导同志对通讯员队伍建设和宣传报道工作的重要性缺乏应有的正确认识，因而重视不够、措施不力。与会同志还指出了院报在内容上应该改进的地方，如应进一步加强对党校函授教育中难点、重点、热点和深层次理论研究的宣传，以增强院报的指导性、提高院报的理论层次等。

在总结工作的过程中，与会同志在肯定成绩、查找并分析问题的同时，特别重视对经验的总结和交流。先进单位的代表和优秀通讯员在会上作了交流，其他同志谈了工作体会。从讨论中的发言和与会同志提交给会议的材料来看，大家在以下几个方面达成了共识：

第一，提高认识，加强领导，是搞好通讯员队伍建设和宣传报道工作的关键。只有提高了对加强通讯员队伍建设和宣传报道工作重要性的认识，才能真正重视这项工作，增强抓好这项工作的自觉性；只有加强对通讯员队伍建设和宣传报道工作的领导，才能使这项工作有组织地、健康有序并卓有成效地开展。

第二，严格按照要求选好通讯员，建立健全宣传报道组，是搞好通讯员队伍建设和宣传报道工作的前提。要搞好通讯员队伍建设，首先必须按要求选好通讯员，形成通讯员队伍。

第三，在宣传报道组内充分发动，积极开展活动，是搞好通讯员队伍建设和宣传报道工作的重要环节。宣传报道组成立之后，如果既不进行组织发动，也不开展有关活动，其作用就无法得到应有的发挥，其任务就无法完成，甚至会使其组织形同虚设。

第四，加强对通讯员的指导、管理和培训，提高通讯员的素质，是搞好通讯员队伍建设和宣传报道工作的必要条件。通讯员要履行好自己的职责，除了主观努力外，必要的指导、管理和培训是很重要的。

第五，建立、健全有关规章制度，形成激励机制和约束机制，是搞好通讯员队伍建设和宣传报道工作的重要保证。制度具有规范性和强制性。通过建立健全一整套规章制度，把通讯员队伍建设工作和宣传报道工作加以规范，并强制性地要求遵循这种规范，我们的通讯员队伍建设和宣传报道工作就能按制度的规范有效运转。

第六，广泛利用社会上的媒体，把院报的宣传与其他媒体的宣传有机地结合起来，是加大宣传力度、扩大宣传效应的重要途径。党校函授教育的发展需要社会各界特别是用人单位的支持。我们要赢得这种支持，就要向社会各界广泛宣传党校函授教育，展示党校函授教育的良好形象，以便社会各界更好地了解党校函授教育。而要向社会各界广泛宣传党校函授教育，仅靠我们自己办的报纸进行宣传显然是远远不够的。只有在办好我们自己的报纸的同时，广泛利用社会上的各种合法传媒（如各省市的和中央级的报刊、广播、电台、电视等）进行宣传，才能使宣传力度更大、宣传效应更广，从而才能让更多的人了解党校函授教育，为党校函授教育的发展营造出更好的社会环境。

三、商讨了举措，坚定了决心

在这次会议上，大家借鉴各单位的成功经验，针对存在的问题商讨了加强通讯员队伍建设、改进宣传报道工作的举措，明确了会后努力的方向，坚定了进一步搞好工作的决心。

这些举措概括起来，主要包括如下几个方面：第一，提高认识，加强领导；第二，健全组织，充实力量；第三，完善制度，形成机制；第四，严格管理，加强督促；第五，开展培训，提高素质；第六，密切联系，加强指导；第七，树立典型，推广经验；第八，广泛利用传媒，扩大宣传效应。

在商讨加强通讯员队伍建设、改进宣传报道工作的过程中，一些同志还就有关工作的开展提出了诸多具体建议。

通过听取会议报告和经验介绍，参加会议讨论，大家结合先进单位的成功经验，联系本单位的实际，对今后如何搞好本单位的通讯员队伍建设和宣传报道工作有了明确的认识，坚定了学习先进单位、搞好本单位工作的决心。不少代表表示：回去后，要迅速贯彻会议精神，召开有关会议，制订改进工作的具体方案，下大力把本单位的通讯员队伍建设和宣传报道工作抓上去。

（1999年5月21日）

宣传报道组组长暨先进表彰会议纪要

1999年5月18日—21日，中央党校函授学院在云南昆明召开了宣传报道组组长暨先进表彰会议。出席这次会议的有各分院直属学区宣传报道组组长、优秀通讯员、优秀撰稿人以及总院院报编辑室的同志和有关人员，共70人。中央党校函授学院副院长史信发出席会议并作主题报告，云南省委党校常务副校长、云南分院院长李师程到会致词，云南省委组织部干教处处长谭春高出席会议开幕式。

这次会议以十五大精神和江泽民同志关于新闻舆论工作的讲话、胡锦涛同志关于党校函授教育的一系列指示为指导，传达了中央党校领导同志关于加大党校函授教育宣传力度的指示精神，听取了中央党校函授学院副院长史信发同志所作的主题报告《总结工作，共商举措，为进一步办好院报而努力》，表彰了1997年和1998年院报宣传工作先进单位和优秀个人，总结了工作，交流了经验，着重就通讯员队伍建设和宣传报道工作进行了认真、热烈的讨论，取得了多方面的成果。

一、提高了对进一步做好宣传报道工作重要性的认识

与会代表通过学习会议文件，听取传达和会议报告，开展讨论和交流，提高了对加强通讯员队伍建设和宣传报道工作重要性的认识。

大家强调：应从全球国力竞争的大背景和党的干部培训大业的全局着眼，从进一步贯彻落实中央领导同志的指示精神、不断提高办学质量、在竞争中不断发展党校函授教育的责任感出发，深刻地认识加强宣传报道工作和为此加强通讯员队伍建设的重要意义。

当今世界国与国之间的竞争，实质上是综合国力的竞争，归根到底是人的素质的竞争，培养大量的高素质的人才是赢得竞争的根本条件。与会同志认为：作为党校教育的重要组成部分，中央党校函授教育肩负着为党培养高素质人才的重任，我们加强通讯员队伍建设和宣传报道工作是直接为办好党校函授教育服务的，对于促进高素质人才的培养具有重要意义。

同志们指出：在党校函授教育的办学网点遍布全国各地（点多、面广、分散）的情况下，搞好通讯员队伍建设和宣传报道工作，办好一张发行全系统的专业报纸，可以更好、更及时地传达中央领导同志、中央党校校委有关党校教育特别是党校函授教育的指示精神，宣传党校函授教育的办学指导思想、方针、原则和管理制度，报道全院的重要活动，交流教学、管理经验，沟通各单位的信息，加强对全院工作的统一规范和指导，促进党校函授教育更好地解决不容忽视的问题，不断提高教学质量，为党的干部培训事业作出更大的贡献。

与会代表认为：从对外部的宣传来说，搞好通讯员队伍建设和宣传报道工作，广泛利用社会上的各种传媒宣传党校函授教育，可以在社会上如实地展示党校函授教育的良好形象，帮助更多的人了解和认识党校函授教育，扩大党校函授教育的社会影响，为党校函授教育的发展营造良好的社会环境，促进党校函授教育事业在成人教育市场的竞争中不断前进，从而更好地为建设高素质的干部队伍服务。

二、总结了院报创办以来的宣传报道工作和通讯员工作

会议回顾了全院院报的创办和改进过程，肯定了院报工作的成绩，指出：1994年以来，在编委会的直接领导下，在全院各单位的热情支持和广大通讯员的共同努力下，经过全体编辑人员的辛勤劳动，院报越办越好，影响越来越大，已成为指导全院教、学、管的有力工具，积极地发挥了喉舌作用、信息传递作用、教育作用、舆论激励作用、舆论监督作用、舆论宣传作用、联系纽带作用。

会议还简要回顾了通讯员队伍的建立、发展过程和通讯员工作的开展情况，认为总院和一些分院、直属学区对通讯员工作是很重视的，一些单位把搞好通讯员工作作为一项重要工作来抓，注意组织发动，召开会议专题研究，明确任务，统一认识，提出要求，并设法为通讯员素质的提高创造条件，对通讯员的工作给予指导，对发表了稿件的通讯员给予精神和物质鼓励，使通讯员工作开展得越来越好。

会议指出：许多通讯员很好地履行了自己的职责，积极为院报提供稿件、反馈信息，做了不少工作，为办好院报发挥了重要作用；通讯员和各分院、学区、辅导站其他作者的来稿已成为院报用稿的主要来源，是办好院报的基础；在办报过程中涌现出了一

批优秀通讯员和优秀撰稿人。

会议在肯定通讯员工作和宣传报道工作的成绩的同时，也冷静地指出并分析了存在的问题和不足，如有些单位对通讯员队伍建设和宣传报道工作重视不够；有些单位还未建立宣传报道组，有些单位宣传报道组的作用没有得到应有的发挥；有些单位没有建立和落实必要的规章制度，缺乏激励机制和约束机制；有些单位通讯员选得不准确，通讯员的兼职过多，以致不能发挥应有的作用；有些通讯员责任心不强，素质不高，没有尽到自己的职责；等等。就院报的内容而言，也有需要改进的地方，如应进一步加强对全院教、学、管的指导性，要进一步加大舆论监督的力度，要更加重视发表对党校函授教育深层次理论问题进行研究的文章，提高报纸的理论层次等。

会议在肯定成绩、分析问题的过程中，特别注意总结经验，指出：提高认识，加强领导，是搞好通讯员队伍建设和宣传报道工作的关键；建立健全组织，严格按要求选准通讯员，是搞好通讯员队伍建设和宣传报道工作的重要前提；在宣传报道组内充分发动，积极开展活动，是搞好通讯员队伍建设和宣传报道工作的重要环节；加强对通讯员的指导、管理和培训，提高通讯员的素质，是搞好通讯员队伍建设和宣传报道工作的必要条件；建立健全有关规章制度，形成激励机制和约束机制，是搞好通讯员队伍建设和宣传报道工作的重要保证；广泛利用社会传媒，把院报的宣传与其他媒体的宣传有机地结合起来，是加大宣传力度、扩大宣传效应的重要途径。

三、提出了进一步加强宣传报道工作和通讯员工作的意见

会议在肯定成绩、分析问题、交流经验的基础上，提出了加强通讯员队伍建设、改进宣传报道工作的意见：

（一）提高认识，加强领导。加强通讯员队伍建设、改进宣传报道工作，认识要到位，领导是关键。各单位的领导同志对通讯员队伍建设和宣传报道工作要不断提高认识，给予高度重视，切实加强领导，注重实效，抓出成绩。各分院、直属学区除安排一位领导同志担任宣传报道组组长主抓通讯员队伍建设和宣传报道工作外，还要定期研究、检查这项工作，加强具体指导，创造有利条件，充分调动通讯员的积极性、主动性、创造性，促进党校函授教育的宣传报道工作不断向前发展。

（二）健全组织，充实力量。搞好宣传报道工作，必须建立健全宣传报道组织，充实通讯员队伍。凡没有建立宣传报道组的单位，要按要求选准选好通讯员，并在此基础上尽快把宣传报道组建立起来；已建立宣传报道组而人员出现缺额的，要按要求及时增补成员；各宣传报道组要对通讯员的工作进行一次全面的检查，凡不能按要求履行通讯员岗位职责的，要予以更换，要把那些热爱党校函授教育宣传报道工作、责任心强、业务素质好的同志充实到通讯员队伍中来。

（三）完善制度，形成机制。要搞好通讯员队伍建设和宣传报道工作，还必须加强制度建设，形成有效的工作运行机制。已有的规章制度如《宣传报道组的主要任务》、《院报宣传报道组组长岗位职责》、《院报通讯员岗位职责》要进一步修订完善；还有一些制度也要尽快建立起来：一是通讯员选聘制，要把担任通讯员应具备的条件和选聘通讯员、改聘通讯员的程序等用人制度加以规范；二是通讯员培训制，要把总院和分院、直属学区应分别承担的通讯员培训工作（包括培训的目的、对象、内容、方式等）用制度加以规定；三是例会工作制，规定各宣传报道组每年（或每学期）应至少召开一次例行的工作会议，总结工作、表彰先进、传达文件、制订计划、部署任务、商讨举措等；

四是考评奖罚制，规定考核、评比通讯员的工作，对成绩突出的给予表彰奖励，对不履行职责或不能胜任宣传报道工作的予以解聘，以鼓励先进、鞭策后进，形成有效的激励机制和约束机制。此外，通讯联络工作等也要形成制度。要通过建立健全和实行一系列规章制度，形成高效的工作运行机制，使通讯员队伍建设和宣传报道工作进一步规范化、制度化。

（四）严格管理，加强督促。搞好通讯员队伍建设，促进宣传报道工作，需要有严格的管理和有效的督促机制。各有关单位和宣传报道组要认真落实规章制度，对通讯员的聘任、平时工作和年终考评、奖罚等各个方面进行严格管理；加强对通讯员工作的检查督促，推动通讯员认真履行岗位职责，努力完成工作任务。

（五）开展培训，提高素质。做好宣传报道工作，离不开一支热情高、素质好的通讯员队伍，这就要求不断提高通讯员队伍的素质。全体通讯员要不断增强学习的自觉性，认真学习马克思主义理论特别是邓小平理论，学习党的路线、方针、政策，学习有关党校函授教育的重要文件，学习新闻业务方面的有关指导文件和专业知识，勤于实践，努力探索，以不断提高自身的素质；同时，各有关组织要加强对通讯员的培训，总院要有计划地做好培训分院（直属学区）一级通讯员的工作，分院（直属学区）要负责对所属单位的通讯员进行培训，从思想政治水平和业务能力两方面切实提高通讯员的素质。

（六）密切联系，加强指导。保持上下联系渠道畅通，加强工作指导，是搞好通讯员队伍建设和宣传报道工作的重要一环。院报编辑室要加强与各宣传报道组、通讯员之间的联络工作，编辑室有关每年宣传报道的计划、任务、要求及通讯员工作的有关事项要及时告知宣传报道组，并通过宣传报道组向全体通讯员传达；各宣传报道组一方面要密切与通讯员的联系，加强对通讯员的指导，另一方面要及时向总院院报编辑室反馈本地区宣传报道工作及通讯员工作的情况和问题，并提出建议；各位通讯员则要主动与宣传报道组保持联系，自觉接受宣传报道组的指导，同时积极提出工作建议，还可通过电话、书信等方式与总院院报编辑室进行工作联系，以更好地履行岗位职责。

（七）树立典型，推广经验。要搞好通讯员队伍建设和宣传报道工作，还要充分发挥先进典型的示范引导作用，大力推广先进个人和先进单位的成功经验。各宣传报道组在总结工作、考评通讯员的过程中，要注意发现和培养先进典型，及时总结先进典型的成功经验，并加以宣传和推广，用先进典型的事迹和经验引导和促进全分院（直属学区）的通讯员队伍建设和宣传报道工作；总院则要在全院树立先进典型，每年评一次优秀通讯员和宣传报道工作先进单位，鼓励先进，鞭策后进，用先进典型的事迹和经验引导和促进全院的通讯员队伍建设和宣传报道工作。

（八）广泛利用传媒，扩大宣传效应。对党校函授教育的宣传，不能局限于党校系统的宣传媒体，还要广泛利用社会上的各种合法传媒（包括省级、中央级的报刊、电视台、电台等）。各单位要采取有效的激励措施，鼓励全体工作人员和学员广泛利用社会传媒宣传党校函授教育，以加大对党校函授教育的宣传力度，扩大宣传效应。

会议希望各单位的负责同志和宣传报道组的同志，深刻认识党校函授教育宣传工作的重要性，以高度的责任感，采取有力的措施，进一步抓好通讯员队伍建设和宣传报道工作，以更好地促进党校函授教育事业的发展。

学习贯彻新版《管理制度汇编》

关于组织学习贯彻新版《管理制度汇编》的通知

各分院、直属学区：

《中共中央党校函授学院管理制度汇编》新版，已印发全院各级组织，现就有关事项通知如下：

一、《管理制度汇编》新版，汲取了自1996年颁布执行以来，在教学和管理各方面工作的新鲜经验，经过全院上下共同努力，做了大量的修订、增补工作。《管理制度汇编》是全院同志集体智慧的结晶，是加强全院制度建设的重要成果，是深入贯彻落实胡锦涛同志关于党校函授教育工作一系列重要指示的实际行动，意义重大，影响深远。

二、管理制度具有法规性质。实行制度化管理，是以“法”治院、以“法”兴院的重要标志。全院同志要增强按章办学的意识，使《管理制度汇编》成为全院各级组织强化规范管理的有力武器和规范办学的准绳，充分发挥它应有的效力和作用。全院各级组织要狠抓制度落实工作，运用制度管人管事，坚持按制度办事，按程序办事，进一步提高全院教学质量和管理水平。

三、全院各级组织要切实抓好管理制度的宣传、学习和培训，使各级组织和广大学工人员弄懂执行管理制度的意义、管理制度的具体内容和要求，以及执行中应持有的正确态度。在执行管理制度的实践中，注意创造和积累新鲜经验，不断充实和完善管理制度。

中共中央党校函授学院

1999年10月8日

师 资 管 理

关于编辑《中央党校函授教育骨干教师名录》的通知

各分院、直属学区：

为全面贯彻胡锦涛同志关于党校函授教育的重要指示，落实中央党校1998年函授教育工作会议关于加强办学队伍建设的精神，决定编辑《中央党校函授教育骨干教师名录》。目的是深入发掘党校函授教育师资队伍的人才，实现师资资源共享，充分发挥党校系统的整体优势，为今后全院的教材编研、电教录像、教学研讨、示范教学、师资培训、考试命题等工作的更好开展创造有利条件，进一步提高党校函授教育的质量。

现将有关事项通知如下：

一、骨干教师的基本条件

1. 坚决拥护和自觉执行党的路线、方针和政策，坚持四项基本原则，在政治上、思想上与党中央保持高度一致。

2. 热爱党校函授教育事业，严格执行党校函授教育的各项规章制度，教书育人，为人师表。

3. 刻苦钻研教学业务，讲究教学艺术和方法，有较丰富的党校函授教学经验，取得了较好的教学效果，深受学员欢迎并在大多数函授教师中得到公认。

4. 科研成果显著，撰写或主编的教材、专著、论文等在省内、军内、国内获奖或有较大影响。

5. 具有讲师（含）以上学术职称，参与党校函授教学工作二年以上，且主讲过一门以上的主干课程。

二、骨干教师的遴选范围和名额

以党校和部队院校从事党校函授教育的教师为主，适当遴选外聘的从事党校函授教学工作比较稳定的教研人员。各分院遴选骨干教师名额最多不得超过30人，直属学区不得超过10人。

三、遴选骨干教师的方法和步骤

1. 各学区（含分院直属班）按分院分配的名额，由教学部门推荐具体人选，学区领导集体审定后，将骨干教师有关材料报送分院。时限由分院规定。

2. 各分院教学部门汇总所属学区上报的人选并提出具体意见，供院领导集体审定。经分院领导审定后的骨干教师个人材料，务必于10月底以前报送总院教学处。

3. 直属学区可参照分院的方法、步骤进行。

4. 报送的骨干教师材料包括姓名、性别、出生年月、职称、所学专业、函授教学任课情况、教学科研获奖情况，以及教学特长等内容。字数控制在五六百字左右。

5.《中央党校函授教育骨干教师名录》编审委员会，由总院领导和部分分院领导组成。委员会下设办公室，负责承办各项具体工作。力争年内完成，2000年出版。

6.凡入选骨干教师的材料，按照出版规定，由总院向撰稿人从优付酬。

四、要求

1.高度重视，加强领导。编辑《中央党校函授教育骨干教师名录》是加强师资管理、提高教学质量的一项重要举措。各分院、学区领导班子要精心组织实施，抓紧抓好，按期完成。

2.宁缺毋滥，确保质量。各分院、学区要从实际情况出发，不要互相攀比，不要搞照顾，不要凑数，要把真正的骨干教师推荐上来。

中共中央党校函授学院

1999年5月27日

关于实行《中央党校函授学院聘任面授教师审批备案制度》的通知

各分院、直属学区：

为了全面贯彻胡锦涛同志关于党校函授教育的重要指示，落实1998年中央党校函授教育工作会议精神，提高函授教育质量，决定在全院各班次中实行聘任面授教师审批备案制度。这是坚持以教学为中心，深化教学改革，规范师资队伍管理，确保面授质量的一项重要举措。各单位的领导同志要充分认识实行这一制度的重要意义，从思想上予以高度重视，并认真组织实施。

全院大专班、本科班、领导干部班和研究生班的面授教师一律实行聘任制。聘任面授教师的基本原则、条件、程序和时间等，在《面授教师管理规程》中作了明确规定（见《中共中央党校函授学院管理制度汇编》第163页）。凡已按《面授教师管理规程》的规定，实行了聘任制的单位，要按照本制度的要求，对各班次所聘面授教师履行申报、审批备案手续；尚未实行面授教师聘任制的单位，按《面授教师管理规程》的规定，实行聘任制，按照本制度的要求履行申报、审批备案手续。

附：《中共中央党校函授学院聘任面授教师审批备案制度》

中共中央党校函授学院

1999年5月27日

中共中央党校函授学院聘任面授教师审批备案制度

（试　行）

为了全面贯彻胡锦涛同志关于党校函授教育的重要指示，落实1998年中央党校函授教育工作会议精神，规范师资队伍管理，保证面授教学质量，特制定本制度。

一、目的意义

党校函授教育是党校教育的重要组成部

分，肩负着为党培养高素质党员干部队伍的历史重任。能否培养出大批高素质的合格人才，实现培养目标，教师肩负着重大责任，起着关键性作用。制定并实行本制度，是为了强化科学管理，用制度来保证聘任高素质的合格面授教师，提高党校函授教育的教学质量，做到为党培养高素质的合格人才。

二、审批备案权限

（一）大专班的面授教师一律由承担办班任务的学区（含分院不设学区的辅导站和分院直属班）选聘、审批，报分院和直属学区备案。

（二）本科班的面授教师，一律由承担办班任务的学区（含分院不设学区的辅导站和分院直属班）选聘，报分院和直属学区审批，再由分院和直属学区报送总院备案。

（三）领导干部班和领导干部在职研究生班的面授教师，由分院、直属学区或承担办班任务的单位选聘，报总院审批备案。

三、审批备案程序

（一）选聘单位拟聘的面授教师人选，必须由选聘单位的领导班子集体讨论通过。防止个人不顾条件，不负责任的乱聘。

（二）拟聘面授教师人选确定后，选聘单位须填写“聘任面授教师申报表”，本科班的报到分院和直属学区，领导干部班和领导干部在职研究生班的报到总院。分院、直属学区和总院按照《面授教师管理规程》的要求及时进行审查，审查合格者准予聘任，并予以批复；审查不合格者，退回选聘单位重新选聘。

（三）选聘单位对已审查批准的面授教师颁发聘书，明确任务，提出要求，积极准备授课。

四、审批备案时间

（一）聘任面授教师必须在开课前3—4个月办完审批手续。每年5、6月份为审批下半年聘任面授教师时间；每年11、12月份为审批第二年上半年聘任面授教师时间。

（二）本科班、领导干部班和领导干部在职研究生班聘任面授教师的材料，各分院和直属学区必须在每年的6月底和12月底各向总院报送一次。

（三）聘任面授教师年限，可由选聘单位根据班次、课程和教师的实际情况确定。

五、试行开始时间

各分院、直属学区和承担办班任务的单位接到本制度后，及早做好准备工作。自11月份开始，对2000年上半年各班次各专业拟聘的面授教师按照本制度的要求履行审批备案手续。以后各年级各班次各专业拟聘的面授教师均按本制度办理。

表彰奖励

关于表彰奖励隗德芳等47名抗洪抢险先进个人的决定

各分院、直属学区：

1998年入汛期间，我国长江、松花江、嫩江三江流域广大地区，发生了建国以来罕见的特大洪涝灾害。全院各级组织和广大学工人员，积极响应党中央的号召，投身到伟大的抗洪抢险斗争之中，特别是许多担任领导职务的党员干部学员，身先士卒，模范带头，舍生忘死，带领干部和群众，与洪魔展开殊死的决战，从滚滚洪流中一次又一次地抢救人民群众的生命财产，涌现出一批又一批可歌可泣的抗洪抢险英模，谱写了一曲又一曲的共产主义凯歌，为人民立了新功，为党校函授系统争了光。为表彰抗洪抢险先进英模事迹，根据1999年总院中校函字37号《通知》精神，经总院院长办公会议研究决定，对湖北分院隗德芳等47名受省级以上表彰的先进个人进行通报表彰，并奖励每人3000元人民币，以资鼓励。

受表彰、奖励的先进个人如下：

湖北分院6人：

隗德芳　97级政法本科学员，公安部一等功、省抗洪模范

韩从银　97级经管本科学员，省抗洪模范

胡　进　第六期领导干部班学员，省抗洪模范

张青植　第六期领导干部班学员，省抗洪先进个人

任汉明　第六期领导干部班学员，省抗洪先进个人

余世平　第六期领导干部班学员，省抗洪先进个人

江西分院15人：

左长江　96级政法本科学员，公安部抗洪先进个人

王法贵　97级政法本科学员，最高人民检察院抗洪先进个人

高兴泽　96级经管本科学员，铁道部抗洪先进个人

梅太平　98级经管本科学员，电力部抗洪先进个人

吴　涛　95级经管本科学员，省抗洪先进个人

戴和旺　95级政法本科学员，省抗洪先进个人

张建军　95级经管大专学员，省抗洪先进个人

王火茂　96级经管本科学员，省抗洪先进个人

毛晓荣　98级政法本科学员，省抗洪先进个人

潘赞海　97级经管本科学员，省抗洪

先进个人
徐裕兵　98级经管本科学员，省抗洪先进个人
彭芳德　97级经管本科学员，省抗洪先进个人
刘月浩　98级经管本科学员，省抗洪先进个人
刘并宗　97级行管本科学员，省抗洪先进个人
胡周顺　96级经管本科学员，省抗洪先进个人

湖南分院2人：
向才梅　97级经管本科学员，省抗洪先进个人、一等功
刘兴华　98级经管本科学员，省抗洪先进个人、一等功

铁道部分院1人：
黄国赞　98级大专班学员，铁道部、江西省抗洪先进个人

北京市公安局直属学区2人：
李振波　98级政法本科学员，公安部抗洪先进个人
吴振英　98级政法本科学员，公安部抗洪先进个人

总参分院21人：
冯学斌　98级政法本科学员，总参抗洪先进个人、二等功
李　辉　98级政法本科学员，湖北省抗洪先进个人
吕六荣　97级经管本科学员，广州军区抗洪一等功
唐序斌　97级政法本科学员，总参抗洪先进个人、二等功
王广安　97级政法本科学员，总参抗洪先进个人
郑永泽　98级政法本科学员，湖南省先进个人
申华平　96级经管本科学员，湖南省抗洪先进个人
邓思敏　96级党政本科学员，公安部抗洪先进个人
邓荣普　97级本科学员，总参抗洪先进个人
陈志文　97级本科学员，总参抗洪先进个人
王　勇　97级本科学员，湖北省抗洪先进个人
马协森　98级本科学员，总参抗洪先进个人
何敦文　97级本科学员，总后抗洪二等功
丁德喜　97级政法本科学员，湖南省抗洪先进个人
李宝山　98级政法本科学员，湖南省抗洪先进个人
薛桂华　98级政法本科学员，广州军区抗洪三等功
林　勇　96级经管本科学员，空军抗洪三等功
黄善保　98级经管本科学员，空军抗洪二等功
邵桂初　98级政法本科学员，湖南省抗洪先进个人
张国平　96级经管本科学员，广空抗洪三等功
叶正高　96级政法本科学员，四总部抗洪先进个人

总院希望，受表彰奖励的人员，戒骄戒躁，再接再厉，谦虚谨慎，发扬成绩，争取更大的光荣。总院号召，全院同志要结合“讲学习、讲政治、讲正气”教育活动，深入开展向英模人物学习，学习他们忠于党、忠于人民，把人民群众的利益看得高于一切的革命情操；学习他们高度的组织纪律性，一切听从党指挥，党指向哪里就战斗到哪里，千方百计地完成上级赋予各项任务的革命作风；学习他们顽强奋斗，舍生忘死，越是艰险越向前，宁可自己死，也要保护人民

生命财产的高贵品质；学习他们加强党性锻炼，把抗洪抢险当课堂，陶冶革命情操，处处严格要求自己，时刻不忘自己是党校函授系统的学工人员，为党校函授教育争光的集体英雄主义精神。

总院要求，全院同志要紧密团结在以江泽民同志为核心的党中央周围，高举邓小平理论伟大旗帜，深入贯彻党的十五大精神，全面落实胡锦涛同志关于党校函授教育的一系列指示，坚持正确的办学指导思想，贯彻“从严办学，质量第一”的办学方针，不断提高教育质量，以优异的成绩迎接建国五十周年。

中共中央党校函授学院

1999年4月23日

关于表彰电化教学先进单位的决定

各分院、直属学区：

中央党校函授教育经历了十多年的逐步发展，全院各级组织对电化教学给予了高度重视，从现代教育技术发展的战略高度，充分认识电化教学的时代意义，加大改革力度，采取了一系列行之有效的措施，使电化教学工作呈现不断发展的势头，并涌现出一批电化教学成绩显著的先进单位，有力地推动了电化教学工作的健康发展。为表彰先进，开展学先进活动，根据各分院、直属学区和有关方面的推荐，经总院院长办公会议研究决定，对8个分院、15个学区和3个辅导站，予以表彰和奖励。

希望受表彰的单位，发扬成绩，谦虚谨慎，戒骄戒躁，争取更大的光荣，为把充满生机与活力的电化教学工作推向21世纪再立新功。总院号召，全院各级组织和全体人员要向他们学习。学习他们高度重视电化教学工作，充分认识电化教学的积极意义和作用，切实把电化教学工作列为党校函授教育的重要形式，摆到了重要位置，提到了重要议事日程，扎扎实实地推广、普及电化教学的工作作风；学习他们严格执行总院电教计划，采取有效措施，积极组织学员收听、收看音像教材，确保收视效果，认真负责、一丝不苟的严肃态度；学习他们注重深化改革，重视理论研究，积极推进现代远程教育的开拓精神；学习他们重视制度建设，舍得投入办电教，强化电教人员培训，发挥电教辅导教师的能动作用，利用典型推动工作，把电教实施效果作为考核、评估的标准等好思想、好经验、好作法。

让我们紧密地团结在以江泽民同志为核心的党中央周围，高举邓小平理论伟大旗帜，深入学习贯彻党的十五大精神，进一步贯彻落实中央领导同志以及中央党校校委关于党校函授教育和电化教学工作的一系列指示精神，深化教学改革，推进素质教育，积极开展远程教育和信息化建设，为把充满生机与活力的党校函授教育推向21世纪而奋斗！

电化教学先进单位（排名不分先后）

一、先进分院

甘肃分院

宁夏分院

铁道部分院

西藏分院

空军分院

北京工业党校分院

北京军区分院
总装备部分院
二、先进学区
山西分院长治学区
辽宁分院省直属学区
安徽分院阜阳学区
广东分院深圳学区
广西分院柳州市学区
云南分院省直机关学区
陕西分院渭南学区
陕西分院安康学区
河北分院廊坊学区
海军分院大连政治学院学区
沈阳军区81156部队学区
贵州分院遵义学区
甘肃分院定西学区
内蒙分院锡盟学区
河南分院驻马店学区
三、先进辅导站
宣化炮院辅导站
江苏分院宿豫辅导站
青海分院门源辅导站

中共中央党校函授学院
1999年11月22日

关于召开宣传报道组组长暨先进表彰会议的通知

各分院、直属学区：

全院院报宣传报道组组长暨院报工作先进单位和优秀个人表彰会议定于1999年5月18日至21日在云南省委党校召开。

一、会议内容

此次会议的主要内容是：(1) 贯彻校领导关于加大宣传力度的指示精神，总结近几年院报宣传报道工作和通讯员工作，交流做好宣传报道工作和通讯员工作的经验，商讨进一步办好院报、搞好宣传报道工作的举措；(2) 对院报宣传工作先进单位和优秀个人进行表彰（《院报宣传报道工作先进单位和优秀个人名单》附后）。

各单位要对几年来本单位的院报通讯员工作和宣传报道工作进行总结，也可提出今后这方面工作的设想，并形成文字材料（先进单位的总结材料要着重介绍经验）；优秀通讯员要准备经验交流材料。各单位的总结材料和优秀通讯员的经验交流材料各打印100份，由与会人员带交会议，会后将选编成册。

二、参加人员

各分院、直属学区的宣传报道组组长（由分院副院长或院长、直属学区副主任或主任兼任，每个单位1人）和优秀通讯员参加会议。各单位的与会人员不得超过规定人数。

各单位要于5月10日前将本单位与会人员的姓名、性别、职务、职称电话告知院报编辑部。电话：（010）62805549、62805480。

与会人员每人交会务费300元。

差旅费和会务费由与会人员回本单位报销。

三、报到时间、地点（略）

中共中央党校函授学院
1999年4月20日

附：

院报宣传报道工作先进单位和优秀个人名单

为了鼓励全院各单位及通讯员和其他撰稿人努力做好院报宣传报道工作，总院先后两次由“院报宣传报道工作先进单位和优秀个人评审组”初评，并报评审委员会批准，评出院报1997年、1998年宣传报道工作先进单位和优秀个人如下：

一、1997年宣传报道工作先进单位和优秀个人

（1）先进单位

甘肃分院

铁道部分院

湖南分院

江苏分院

陕西分院

（2）优秀通讯员

李廷伯　甘肃分院白银学区

董文心　铁道部分院兰州路局学区

岳　豪　甘肃分院酒泉学区

李长友　新疆分院和田学区

汪　悦　天津分院

耿相魁　河南分院濮阳学区

李物之　湖南分院

任来学　河北分院

（3）优秀撰稿人

高金海　林月春　　总院

二、1998年宣传报道工作先进单位和优秀个人

（1）先进单位

甘肃分院

铁道部分院

江苏分院

湖北分院

陕西分院

湖南分院

北京市委机关分院

（2）优秀通讯员

王长琳　铁道部分院济南路局学区

耿相魁　河南分院濮阳学区

李玉忠　甘肃分院酒泉学区

涂汉清　江苏分院连云港学区

陈　述　湖北分院

樊万岗　黑龙江分院鹤岗学区

张仲秋　辽宁分院

教 育 评 估 工 作

关于检查验收分院评估工作的通知

各分院：

根据1998年12月厦门评估工作会议的要求，今年5月份开始，在总院评估委员会统一领导下，按照先试点、后铺开的原则，分期分批地对分院的自评工作进行检查验收。现将有关事项通知如下：

一、试点工作

从5月20日开始，总院对湖北、甘肃、河北分院先后进行检查验收的试点工作，同时，培训检查验收队伍。

二、批次安排

从7月份开始，对广东、四川、辽宁、吉林、天津、安徽等分院，作为第一批进行检查验收。

第一批检查验收完毕后，按照各分院申请验收时间及准备情况，再安排第二、第三批验收。整个检查验收工作拟于年底结束。

三、材料准备

从本通知下达起，各分院结合本单位的评估工作，抓紧准备以下材料：检查验收申请报告；分院评估工作总结（含评估整改成果，及抽查1/3学区辅导站的情况）；分院基本情况一览；整改规划；分院自评给、扣分说明；接受检查验收材料目录。并于检查验收前20天，打印15份报总院评估办公室。

四、申请验收时间

请各分院根据评估工作进度，尽早向总院提出接受检查验收时间的安排意见，以便统筹安排。

五、抽调检查人员

为保证验收质量，加强评估工作，总院将抽调若干分院的离退休老函授人员，并分批请各分院领导参加全院的评估检查验收工作。请各分院给予支持、配合。

中共中央党校函授学院

1999年4月20日

关于印发《分院函授教育评估检查验收规程》和《分院函授教育评估计分标准(试用稿)》的通知

各分院、直属学区：

分院和直属学区的教育评估检查验收工作即将全面铺开。为规范验收工作，统一计分标准，依据中央党校办公厅［1998］51

号文件精神，在总结分院教育评估检查验收试点经验的基础上，修订了《分院函授教育评估检查验收规程》和《分院函授教育评估计分标准（试用稿）》，现下发执行。请各分院和直属学区按照《规程》的有关要求和《计分标准》，认真做好迎接验收的各项准备工作，以利于检查验收工作的顺利进行。

中共中央党校函授学院
1999年8月6日

分院函授教育评估计分标准（试用稿）

<table>
<tr><th>评估项目</th><th colspan="2">评 估 内 容</th></tr>
<tr><td rowspan="3">一、指导思想
110分</td><td>第一条
20分</td><td>1. 认真贯彻《中国共产党党校工作暂行条例》和《中共中央党校函授学院函授教育工作暂行条例》(10分)。
(1)认真贯彻党校工作条例(5分)。结合本省、市、区情况贯彻很好的给满分;贯彻较好的给4分;贯彻一般的给3分。
(2)认真贯彻函授工作条例(5分)。结合本分院函授工作实际,制订本分院函授工作条例及一系列配套制度的给满分;有部分规章制度给4分;无具体贯彻措施或规章制度比较零碎的给3分。
2. 坚持理论、知识、党性、能力相统一的原则,把培养高素质干部队伍作为党校函授教育的培训目标(10分)。思想很明确,贯彻措施得力,材料完备给满分;思想明确,有材料,措施不具体的给7分。</td></tr>
<tr><td>第二条
30分</td><td>1. 认真贯彻胡锦涛同志的重要指示精神,切实解决函授教育办学中存在的一系列不容忽视的问题(15分)。
(1)认真贯彻胡锦涛同志重要指示精神(5分)。贯彻很好的给满分;贯彻较好的给4分;贯彻一般的给3分。
(2)切实解决函授办学中存在的不容忽视的问题(10分)。对本分院办学中存在的主要问题明确,解决好的给满分;解决一般的给8分;只有整改规划的给6分。
2. 把好"四关",强化科学管理,规范办学行为,不断提高整体办学水平(15分)。根据各相关条目给分情况,相应扣1—5分。</td></tr>
<tr><td>第三条
30分</td><td>1. 坚持社会效益第一的办学指导思想(5分)。办学指导思想很明确的给满分;指导思想较明确,提供的材料不多的给4分;办学中较明显地存在不能正确处理社会效益与经济效益关系的扣3分。
2. 坚持"从严办学,质量第一"的办学方针(5分)。办学方针很明确,措施得力给满分;办学方针明确,措施不够得力给4分;办学方针明确,无有效措施的给3分。
3. 坚持按计划招生,办学规模与办学力量相适应,任课教师与学员(含省函)的比例原则上不高于1:70(20分)。
(1)坚持按计划招生(5分)。根据各学区办学条件确定招生计划的给满分;不根据办学条件确定招生计划的扣1分;招生无计划,不讲办学条件的扣3分。
(2)办学规模与办学力量相适应(15分)。任课教师与学员(含省函)的比例在1:70以内的给满分;1:80的给10分;1:90及以上的给7分。</td></tr>
</table>

续表

评估项目	评　估　内　容	
	第四条 30分	1. 校委坚持函授教育是党校教育的重要组成部分,将函授教育纳入学校总体规划(5分)。材料充分说明纳入总体规划的给满分;材料反映不充分的给4分;无材料说明的给3分。 2. 定期研究函授工作(5分)。校委会议纪要或会议记录能说明定期研究函授工作的给满分;材料反映不充分的给4分;无材料说明的给3分。 3. 及时解决函授工作中的重大问题(5分)。有材料能说明及时解决了办学中重大问题的给满分;重大问题解决不及时或未很好解决的给3—4分;无材料说明的给2分。 4. 常务副校长重视函授教育(10分)。高度重视并有充足材料说明的给满分;虽很重视,但材料反映不充分的给4分;材料很少或无材料说明的给2—3分。 5. 分管函授的副校长认真履行职责,加强具体指导(5分)。材料能充分说明认真履行职责的给满分;材料不足的给4分,没有材料的给3分。
二、组织建设 110分	第五条 20分	1. 领导班子健全,分院设院长1名,副院长2—3名(5分)。专职正、副院长3名的给满分;2名的给4分,1名的给2分。 2. 坚持民主集中制,讲原则,开拓创新,团结敬业(5分)。有材料说明领导班子素质达到这几方面要求的给满分;存在不足的给4分;有明显问题的给2分。 3. 分院的主要负责人及教学负责人具有大本以上学历、懂教学、会管理(5分)。有学历、懂教学、会管理这三项中缺1项扣1分。 4. 其他成员具有大专以上学历或中级职称(5分)。全部达到要求的给满分;每10%的成员不具备的扣1分。
	第六条 20分	1. 教学、教务、教材、学籍、视导、办公室等机构健全(10分)。机构健全的给满分;不够健全的给8—5分。 2. 专职工作人员配备,学员人数(含省函)万人以内的,不少于10人;2万人左右,不少于15人;3万人左右,不少于20人(以上人员配备不含兼职领导成员和班主任)(5分),学员万人以内,少于10人的给4分;2万人左右,少于15人的给4分;3万人左右,少于20人的给4分,少于15人的给2分;5万人以上,少于30人的给4分;少于25人的给2分(以上人员含在编与聘任人员两部分)。 3. 专职人员服务意识强,有强烈的事业心与责任感,工作效率高(5分)。整体素质好给满分;整体素质一般给4分;整体素质较差给2—3分。
	第七条 15分	1. 不断加强学区和辅导站的建设,健全在总院领导下的分院、学区、辅导站的办学网络(8分)。分院对学区、辅导站建设作出了规定,提出了意见要求,成效显著的给满分;分院有一般要求、规定,但抓得不扎实,成效一般的给6分;只有一般号召,没有具体规定和要求的给4分。 2. 学区、辅导站设立符合条件,手续完备(7分)。分院缺学区、辅导站设立条件规定的扣1分;学区设立有不符合条件的扣2分;辅导站设立有不符合条件的扣3分。
	第八条 20分	1. 有与办学规模相适应、专业对口、职称结构合理、相对稳定的专兼职教师队伍,能独立讲授所设班次和专业的绝大多数课程(10分)。 (1)专业不对口现象明显的扣2分; (2)某一方面课程教师奇缺的扣2分; (3)任课教师队伍不稳定的扣2分; 2. 党校系统在函授任课的教师应占教师总数的70%以上(5分)。 3. 本科任课教师应具有中级以上职称,其中具有高级职称的不少于30%(5分)。有少数助教担任本科课程的扣1分;高级职称低于30%的扣1分;低于20%的扣3分。

续表

评估项目	评估内容	
	第九条 15分	1. 坚持小班管理,每班50—90人,设一名班主任(5分)。分院对小班管理没有作出明确规定与要求的扣1分;少数班超90人的扣2分;20%以上班的班主任配备不足的扣2分。 2. 班主任应是共产党员并具有大专以上学历或有一定教学和管理经验的优秀干部(5分)。分院对班主任条件没有作出明确规定的扣1分;班主任中党员达不到75%的扣1分;多数班主任素质不高的扣1分。 3. 建立班委会和临时党支部,合理划分小组,开展自学互学活动,加强思想政治工作(5分)。分院对建立班委会和临时党支部、合理划分小组未作出明确规定的扣2分;缺少1项扣1分。
	第十条 20分	1. 重视教学管理队伍、教师队伍和班主任队伍的建设(10分)。分院对三支队伍的培训提高有计划、有实施方案、有活动的给满分;无计划的扣2分;无实施方案或措施的扣2分;无活动的扣2分。 2. 有长远规划、年度实施计划的(5分)。缺一项扣2分。 3. 有经费保证的(5分)。
三、综合管理 160分	第十一条 25分	1. 坚决执行中央党校校委有关函授教育的指示和总院的意见,积极主动地完成总院布置的各项工作任务(15分)。执行好的给满分;一般的给10分;较差的给7分。 2. 定期向总院报告工作(10分)。对主动、经常向总院报告工作的给满分;有报告但不经常的扣2分;报告次数很少的扣4分。
	第十二条 40分	1. 切实加强对学区的领导管理,建立健全办学各环节的监控机制(15分)。分院对学区的领导管理形成了一套制度化的监控机制的给满分;对学区的领导管理做了一般工作,但没有建立健全办学各环节完整的监控机制的扣2分;对学区的领导管理较差,未建立监控机制或没有提供这方面材料的扣5分。 2. 重点抓好各种班次的教学活动,对办学质量进行检查(15分)。有经常制度化的检查的给满分;有检查,未形成制度的扣2分;偶尔检查的扣5—7分;无检查的不给分。 3. 各职能部门定期对学区工作进行对口检查和指导(10分)。分院对各职能部门定期对口检查有明确规定要求,各职能部门有计划地对学区工作进行对口检查的给满分;分院无规定和要求的扣2分;有的职能部门有对口检查,但无计划、不普遍的扣2分;无对口检查的不给分。
	第十三条 30分	1. 根据总院的规章制度,结合本地的实际情况,制订相应的制度(10分)。分院结合本地的实际情况,制订系统、完整、有特色的相应制度的给满分;制订部分相应制度的给7—9分;制订自己相应制度很少的给5—6分。 2. 创造性地提出一定时期内的工作思路(10分)。创造性地提出一定时期的工作思路,并在实施中使函授工作取得很大进展的给满分;有一定时期的工作思路,但创造性不够的扣2分;无一定时期工作思路的扣4分。 3. 及时总结有自身特点的办学经验,不断探索办学规律,加强通讯报道工作(10分)。 (1)及时总结有自身特点的办学经验(4分)。总结自己办学经验很少的扣1分;无经验总结材料的扣2分。 (2)不断探索办学规律(4分)。很少或没有探索办学规律文章或材料的给2—3分。 (3)加强通讯报道工作(2分)。很少或没有发表通讯报道稿件的给1分。

续表

评估项目	评估内容	
	第十四条 20分	1．主动争取省、自治区、直辖市党委对办学的领导(10分)。这方面工作做得很好的给满分;不够的给8—9分;很差的给6—7分。 2．协调好与省、自治区、直辖市党委组织部及有关部门的关系(5分)。协调关系工作做得很好的给满分;不够的给3—4分;很差的给1—2分。 3．积极争取他们对党校函授工作的支持(5分)。这方面工作做得好的给满分;不够的给3—4分,很差的给1—2分。
	第十五条 20分	1．重视视导工作,健全视导网络,发挥其参谋助手作用(8分)。视导网络不健全,无工作规程的扣3分;学区视导人员无活动,未发挥其作用的扣2分。 2．做到人员到位,工作到位(12分)。 (1)做到人员到位(6分)。分院视导组至少3人,其中专职人员至少2人,只1人的给3分。无视导员的不给分。 (2)工作到位(6分)。视导工作做得好的给满分,一般的给5分;未很好开展工作的给3分。
	第十六条 15分	1．认真处理群众来信来访(9分)。不及时、不认真调查处理的,分别扣2—5分。 2．及时反馈总院转办的群众来信处理情况(6分)。不及时反馈调查情况的扣2分;不及时报告处理结果的扣2分。
	第十七条 10分	1．建立档案制度,督促各科室加强档案管理(5分)。无制度的扣1分;各科室档案无专人管理的扣1分。 2．档案齐全,管理规范(5分)。档案不齐全的扣1分;管理不规范的扣1分。
四、教学管理 160分	第十八条 20分	1．全面贯彻执行总院的教学计划(8分)。教学计划规定的各项内容中,有一项未贯彻的扣1分。 2．制定本分院的实施方案(12分)。分院在实施方案中提出的要求,不得违背总院计划,违背1项扣1分;其中减少面授课时扣3分。
	第十九条 30分	1．分院必须严把择优选聘教师关(10分)。 (1)分院必须对任课教师的条件、要求(包括有关教师上课有讲稿,必须讲足课时等内容)及择优聘任程序、方法作出严格的规定(5分)。分院无制度规定的扣3分。 (2)各学区贯彻分院的制度,择优选聘教师(5分)。大多数做得较好,但还有不足之处给4分;部分学区不很重视,贯彻不力的给3分;多数学区未择优选聘教师的不给分。 2．每名教师每学期任课不超过两门(4分)。有个别超过2门的给3分;少数超过2门的给2分。 3．教师上课有讲稿(5分)。个别教师上课无讲稿的给4分;少数无讲稿的给2分。 4．面授必须讲足课时(4分)。分院要有监督制约的办法、措施,没有的扣2分;教师面授有不讲足课时的扣2分。 5．坚持教师面授质量考评制度(7分)。 (1)分院必须对面授质量考评制度作出规定,提出措施(3分)。无此项规定的扣1—2分。 (2)学区贯彻的效果(4分)。多数对教师面授质量考评做得好的给满分;有的做得好但有不足的给3分;多数未坚持考评的给1分。
	第二十条 15分	1．坚持备课会与新课试讲制度(7分)。 (1)分院对备课会与新课试讲做出规定,提出要求(3分)。无此项制度和要求的扣1—2分。 (2)学区贯彻执行的效果(4分)。部分学区未很好坚持备课会和新课试讲制度的给2—3分。 2．每学年要组织召开教学经验交流会,教学观摩会,研讨会(8分)。一个学年内没有召开此类会议的扣4分。

续表

评估项目	评估内容	
	第二十一条 15分	1. 采取有效办法,严格面授考勤管理(8分)。 (1)分院要制订面授考勤管理制度,提出考勤的办法和缺课规定,并认真贯彻落实(4分)。无此项制度或要求不严的扣2—3分。 (2)各学区贯彻落实情况(4分)。贯彻落实好的,给满分;一般的给3分;较差的给2分。 2. 学员到课率每学期不低于70%(7分)。少数班未达标的给5—6分;半数班未达标的给4分;多数班未达标的给2分。
	第二十二条 25分	1. 采取有效措施,加强对学员自学的组织、检查、指导(5分)。分院对学员自学要有明确的要求,提出切实有效的措施,加强对学员自学的组织领导。无此项制度、规定的扣2—3分。 2. 学员要有自学计划(5分)。执行好的给满分;多数学员有计划但执行差的给3分;多数学员没有自学计划的给1分。 3. 按时完成作业率不低于90%(5分)。个别班未达90%的给4分;少数班未达90%的给3分;多数班未达90%的不给分。 4. 教员批改作业要有改错、有评语、有成绩(5)。基本全部做到的给满分;大部分做到的给3分;多数做不到的不给分。 5. 每学期每门课程讲评作业至少二次(5分)。绝大多数做到的给满分;大部分做到的给3分;多数做不到的不给分。
	第二十三条 15分	1. 组织好学员论文写作、答辩和成绩评定工作(8分)。 (1)分院要建立领导机构,制订规程,提出要求,明确程序、方法,加强组织领导(4分)。做得好的给满分;一般的给3分,较差的给1分。 (2)贯彻情况(4分)。对学员论文写作的指导、答辩的组织、成绩的评定,一个方面有不足的扣1分。 2. 每个导师指导的本科学员不超过10人(7分)。每超过1人扣1分,扣完为止。
	第二十四条 25分	1. 认真执行《关于党性教育和党性考核的实施意见》(8分)。 (1)分院要有实施意见和考核办法(4分)。缺一项扣1分。 (2)学员每学年要有党性分析和心得体会(4分)。缺少这方面的材料扣1—2分。 2. 组织好党性教育课程的教学(9分)。组织好的给满分;一般的给7分;较差的给5分。 3. 对党性教育有计划,有检查,有总结(8分)。每缺少一项扣2分。
	第二十五条 15分	1. 教材有专人管理,领发及时,确保学员开学时领到教材(10分)。教材有专人管理(3分),管理规范(3分),领发及时,确保开学时领到教材(4分)。 2. 上报订单及时,订数准确(5分)。
	第二十六条 30分	1. 认真组织好招生工作(5分)。组织好的给满分;一般的给3分;较差的给1分。 2. 招生实行军地分流(5分)。执行好的给满分;有问题的给3分;问题严重的不给分。 3. 军队或地方内部各系统不交叉招生(5分)。执行好的满分;有问题的给3分;问题严重的不给分。 4. 严格入学资格审查,有得力措施保证入学资格审查质量,被录取学员全部符合入学资格(15分)。执行好的给满分;有问题的给10分;问题严重的不给分。

续表

评估项目	评估内容	
五、教务管理 160分	第二十七条 50分	1. 严格执行《考务管理规程》,确保试卷安全,不泄密,不遗失(10分)。执行好的给满分;有问题的扣5分;问题严重的不给分。 2. 考场设置规范(8分)。分院根据总院的要求,对考场设置有明确的规定,并认真贯彻落实。无明确规定、要求的扣2分;贯彻落实效果不好,有部分考场设置不规范的扣5分。 3. 坚持监考人员选聘、培训和奖惩制度(10分)。执行好的给满分;一般的给8分;较差的给5分。 4. 实行主监考负责制、校领导与相关部门派员巡视制和考场分类达标制(12分)。执行好的给满分;一般的给8分;较差的给4分。 5. 加大整治考风考纪力度,端正考风,严肃考纪(10分)。分院对整治考风考纪的力度不够的扣3分;考风考纪问题较多的扣6分;评估以来出现重大违纪案件已作严肃处理的扣10分;未作严肃处理的扣除本27条全部50分。
	第二十八条 30分	1. 认真执行《关于试卷评阅工作的若干规定》(10分)。分院制订试卷评阅工作的实施细则,认真组织试卷评阅工作的给满分;没有实施细则、规定、办法的扣2分;评阅工作组织不好,存在问题较多的扣8分。 2. 严格按照条件选聘评卷人员(10分)。没有规定评卷人员条件的扣2分;不按条件选聘的扣4—5分。 3. 按阅卷程序评阅试卷,保证质量(10分)。按阅卷程序评阅试卷,并建立核查机制,保证质量的给满分;没有严格按程序阅卷的扣2分;阅卷质量问题较多的扣8—6分。
	第二十九条 20分	1. 学籍管理制度健全(5分)。制度不完善的给4分;无学籍管理制度的不给分。 2. 按规定时间做好学员注册和上报工作(5分)。超过规定时间的给4分;注册和上报工作未按规定要求做的各扣1分。 3. 学员录取、入学、考核、毕业手续符合要求(5分)。凡有一方面不符合要求的扣1分。 4. 各种表、卡、册清楚、准确,成绩上报及时无误(5分)。各种表、卡、册不够清楚的扣1分,不够准确的扣1分,成绩上报不及时的扣1分,有误差的扣3分。
	第三十条 20分	1. 对学员的学习成绩和党性锻炼,实行综合考核(10分)。学员无党性锻炼总结和党性教育考核成绩,未实行综合考核的各扣2分。 2. 严格执行《学籍管理章程》关于淘汰制的有关规定(10分)。执行淘汰制不严格,手续不完备的扣2分;没有执行淘汰制的扣6分。
	第三十一条 10分	学员毕业鉴定和毕业资格审核手续齐全、规范(10分)。两项手续不齐全的各扣1分,不规范的各扣1分。
六、电化教学 60分	第三十二条 30分	1. 电教设备服务于函授教育,分院有一位院领导分管电化教学(8分)。电教设备服务于函授教育不够的,根据其不同程度,分别扣1—2分;分院未明确一位院领导分管的给6分。 2. 配备1—2名电教工作人员(7分)。未配备电教人员的给3分。 3. 负责落实总院的电化教学计划和分院具体计划,组织落实学区的电化教学任务(15分)。 (1)负责落实总院的电化教学计划(7分)。落实不够的给6分;较差的给5分。 (2)负责落实分院的具体计划,组织落实学区电化教学任务(8分)。组织落实不够的给7分;落实较差的给4分。

续表

评估项目	评估内容	
	第三十三条 30分	1．教务、学籍管理实现自动化(15分)。教务管理自动化(7分)。学籍管理自动化(8分)。 2．对教学、办公等自动化有具体实施计划(15分)。
七、办学设施 60分	第三十四条 20分	有与办学规模相适应的固定教学场所(20分)。课堂容量能保证学员上课和考试的需要，教室设施齐全，照明与音响能保证听课效果的给满分；教学场所不足的给15分；严重不足的给10分。
	第三十五条 20分	1．有办公室、保密室(柜)、档案室和教材库(10分)。分院办公室和教材库要能适应办学规模的需要，不足的给8分；很缺的给6分；无保密室(柜)、档案室的，每项扣1分。 2．有专门的电化教学场所和计算机应用场所(10分)。缺一项扣2分。
	第三十六条 20分	1．有保证函授工作需要的交通工具、电教设备，以及复印机、打字机、传真机、计算机和国内直拨电话等设备(10分)。缺一项扣1分。 2．管理制度健全(10分)。制度健全的给满分；不够健全的给7分；没有制度的给4分。
八、财务管理 60分	第三十七条 15分	贯彻"以学养学"的方针，每年用于办学正常开支不低于办学总收入的20%(15分)。必须确保函授办学的需要，每年用于办学正常开支投资，一般应占总收入的30%左右，最低不低于办学总收入的20%。每低1个百分点，扣1分。
	第三十八条 30分	1．配备财会人员，独立建账，单独核算，制度健全(7分)。未配备财务专兼职人员，扣2分；未制定开支标准，管理制度，扣2分；未按事业单位会计独立建账，单独核算，扣3分。 2．经费使用合理(8分)。经费使用不合理(指非函授办学支出)扣5—8分。 3．分院和学区有日常经费的支配权(15分)。有支配权的给满分；有部分支配权的给10分；无支配权的不给分。
	第三十九条 15分	1．严格执行规定的收费项目、收费标准和学费分级留成制度，不巧立名目乱收费(10分)。未经当地物价部门批准，自立收费项目，又未向总院备案，每增加1个项目，扣5分；虽经当地物价部门批准，但未向总院备案，扣1分。违反总院关于各级办学单位收入分配比例的规定，擅自提高分院留成比例，每高出1个百分点，扣2分。但本款各项扣分的总和不超过10分。 2．按规定期限上交各项费用(5分)。应于当年向总院结清各项费用，拖到下年才结清的，1项扣1分；下年仍未结清的，1项扣2分。但所扣总分不得超过5分。
九、办学效果 60分	第四十条 15分	学员对函授办学满意率达到80%以上(15分)。 缺问卷调查材料与统计数据的扣5分。学员对函授办学满意和比较满意的低于80%的扣5分。
	第四十一条 30分	1．同级党委组织、宣传部门和政府人事部门对函授办学满意率达到80%以上(15分)。 缺问卷调查材料与统计数据的扣5分；同级党委组织、宣传部门对函授办学满意与较满意率低于80%，扣5分。 2．学员所在单位对函授办学满意率达到80%以上(15分)。 缺问卷调查材料与统计数据的扣5分，学员所在单位对函授办学满意和较满意在80%以下的扣5分。
	第四十二条 15分	学员在理论、知识、党性和能力方面，有明显提高达80%以上(15分)。 缺问卷调查材料与统计数据的扣5分；学员在理论、知识、党性和能力提高低于80%的扣5分。

续表

评估项目	评估内容	
十、教育评估 60分	第四十三条 15分	1. 领导重视,思想发动充分(5分)。有充分材料说明的给满分;材料不全的给4分;评估整体工作较差的给2分。 2. 评估组织落实有自己的实施方案(5分)。无评估组织的给3分;无分院、学区和辅导站评估实施方案的各扣1分。 3. 有自我评估和检查评估的试点(5分)。无学区自我评估试点的给3分;无学区检查评估试点的扣2分。
	第四十四条 15分	1. 认真收集整理评估材料,内容翔实(10分)。材料齐全,内容真实的给满分;材料不全和不实的扣5分。 2. 按评估指标体系分类汇总归档(5分)。未按指标体系分类汇总归档的扣2分;缺评估材料目录索引的扣2分。
	第四十五条 10分	1. 认真执行总院关于评估工作的各项要求和规定(5分)。学区、辅导站划等分类不符合要求的扣2分;未认真抽查1/3辅导站的扣3分。 2. 做好检查评估工作,保证质量,不走过场(5分)。做得好的给满分;一般的给3分;较差的给2分。
	第四十六条 20分	1. 整改规划目标明确,措施切实可行(5分)。分院整改规划目标不明确的扣2分;措施不具体或不切实扣2分。 2. 边整边改,成果显著(15分)。整改成果显著的给满分;一般的给10分;较差的给5分。

说明:备查资料限1996、1997、1998三年。

分院函授教育评估检查验收规程

为切实做好分院（含直属学区，下同）的教育评估检查验收工作，根据中央党校办公厅［1998］51号文件精神和中央党校函授学院有关教育评估的方针、原则、要求，制定本规程。

第一条　分院教育评估检查验收的指导思想

分院教育评估检查验收工作，要以党的十五大精神和胡锦涛同志关于党校函授教育的一系列重要指示为指针，以中央党校校委和总院有关教育评估的方针、原则、要求为依据，按照《中央党校函授教育评估指标体系》，严格要求，立足帮促，注重整改，着眼提高，恰如其分地肯定成绩，实事求是地指出问题，巩固和扩大教育评估的成果，把分院的整体办学质量提高到一个新的水平。

第二条　分院教育评估检查验收的主要内容

分院教育评估检查验收工作，要按照“三讲”教育的精神和要求，对分院的自我评估进行全面的检查验收。其重点是：是否认真贯彻落实胡锦涛同志关于党校函授教育的一系列重要指示，加强分院的全面建设；教育评估工作是否真正做到认识到位、组织到位、评估活动到位、评估成果到位，取得了哪些成效；办学中存在哪些不容忽视的问题，已经解决了哪些问题，还存在哪些问题，准备如何整改等。

分院教育评估检查验收的主要工作是：

（一）听取分院的汇报，审阅有关教育评估材料；

（二）实地考察教学设施、电教设备、图书资料、学籍管理、档案材料等；

（三）抽查学区和辅导站（一般均不少于两个）的办学情况；

（四）召开学员、教员、班主任等各类人员座谈会，或进行个别访谈，了解办学和评估情况；

（五）走访省委、省政府的组织、宣传、人事等部门，听取反映，征求意见；

（六）对照《中央党校函授教育评估指标体系》，逐项进行分析，并综合研究分院自我评估情况；

（七）向分院领导通报检查验收情况，提出进一步规范办学行为、加大整改力度的意见和建议；

（八）向总院教育评估委员会写出检查验收情况报告。

第三条 分院教育评估检查验收工作的组织领导

分院教育评估检查验收工作，在总院的统一领导下，由总院函授教育评估委员会具体组织实施。根据工作需要，组织若干精干的检查验收小组，其成员由下列人员组成：总院领导、总院教育评估委员会成员，总院有关处室人员，分院领导同志和多年从事党校函授教育的领导、专家、教授。检查验收小组的人数一般为五至七人，组长、副组长由总院确定。

第四条 分院教育评估检查验收的基本要求

（一）分院教育评估检查验收工作，既要从严要求，又要实事求是；既要全面检查，又要突出重点，既要重视“硬件”，又要重视“软件”；既要重点检查分院自身，又要从学区、辅导站看分院；既要看现有办学条件，又要看基础、看发展、看进步。要把定量分析同定性分析结合起来，全面地辩证地分析每个分院的工作，力求做出较为客观、公正、符合实际的评价。

（二）分院教育评估检查验收工作，要坚持走群众路线，充分依靠分院所在的党校校委，依靠省委及有关的机关部门，依靠分院的领导和广大教职员工，多方听取意见，确保验收客观公正。

（三）分院教育评估检查验收工作，要有计划、有步骤、分期分批地进行。对每个分院的检查验收的时间，一般为十天左右；对直属学区的检查验收，时间可适当缩短。分院检查验收工作，于今年下半年全面展开，年底基本结束。

（四）分院教育评估检查验收工作,要先进行试点,再全面铺开。通过试点,摸索验收经验,培训验收骨干,统一验收标准,研究验收方法,以防止检查验收工作出偏差。

（五）检查验收小组要以“三讲”教育精神进行工作,严肃认真,严谨细致,严守纪律,公正廉洁,不游山玩水,不接收礼品,切实维护党校的形象和检查验收小组的声誉。

（六）分院教育评估检查验收工作，是整个教育评估的重要一环，任务重，要求高，难度大，必须加强领导，精心组织，周密部署，讲求方法，把工作做细做实做好。分院要按照总院的要求，做好接受检查验收的各项准备，特别是材料准备工作。总院教育评估办公室要做好组织协调工作，及时准确地掌握检查验收情况，认真研究验收工作中带倾向性、政策性的问题，提出指导性意见，为教育评估委员会和总院领导当好参谋。总院教育评估委员会要随时研究验收工作中的重要问题，加强具体指导，确保验收工作的顺利进行。

科 研 年 鉴 工 作

关于征集第三批（综合卷和1999卷）年鉴资料的通知

各分院、直属学区，总院各处室：

遵照院领导指示，《中共中央党校函授教育年鉴》，在已编辑出版两卷（1996卷和1997卷）和正在编辑两卷（1995卷和1998卷）的基础上，拟继续编辑出版综合卷和1999卷。现决定征集第三批年鉴资料，现将征集的有关事项通知如下：

一、征集的年限和对象

综合卷，反映1985年至1993年上半年的办学情况，征集资料的年限为1985年至1993年6月。凡在此期间有中函办学任务的分院、直属学区和总院当时设置的处室均有征集这一期间年鉴资料的任务。

1999卷，主要反映1998年的办学情况，征集资料的年限为1998年。凡在此期间有中函办学任务的分院、直属学区和总院1998年设置的处室、部门均有征集1998年年鉴资料的任务。

二、征集的项目和要求

（一）工作概述

1. 供综合卷使用的工作概述。凡1985年至1993年上半年期间有中函办学任务的分院和直属学区以及总院在这段期间设置的处室（教研室、培训处、教务处、教材处、办公室、《函授辅导》编辑部等单位）要撰写报送《1985年至1993年上半年工作概述》。这份工作概述，不要求按年撰写，只要求写一份综合性的工作概述。由于这段时间原有人员基本已经变动，现有人员对这段情况不甚了解，撰写这份工作概述有一定困难，可约请当时负责人或其他了解这段办学情况的适合人选负责撰写。这份工作概述可分三个部分撰写。第一部分写参与中函办学的历史发展梗概，第二部分写这段时间所做的主要工作和取得的主要成绩，第三部分写这段时期的重要活动和重大事件（如承办全院性的会议等）。

2. 供1999卷使用的工作概述。凡1998年有中函办学任务的分院、直属学区和总院1998年设置的处室部门（教学处、教务处、教材编研室、教材处、电化教研室、财务处、行政处、机关党委、研究生办公室、考

第五条 军队分院教育评估的检查验收工作

鉴于军队和武警部队分院的特殊情况，其分院教育评估的检查验收工作，由全军党校函授教育办公室根据本规程，制定分院教育评估检查验收实施方案，报总院教育评估委员会同意后，认真组织实施。

试委员会办公室、培训办公室、报刊编辑部、视导委、研究室、烟台培训中心、院长办公室等单位）要撰写报送《1998 年工作概述》。工作概述是反映各单位工作面貌、特点、业绩，进入年鉴的重头文章，要物色适合人选，精心撰写，力争写出精品。工作概述采取记述兼说明的文体；一定要用事实讲话，力戒空泛，要加大信息含量，事实要真实可靠；要回避第一人称；切不可将省函的事混杂在里面；经验教训不要单列，可寓于事实的记述当中；全文要贯通成篇，前后呼应；要有一定的分量和篇幅（5000 字左右），文末要有作者署名。

（二）分院（直属学区）及所属科室负责人名录（表 1、2）。凡 1993 年以后设立的分院、直属学区只需报送《1998 年××分院（直属学区）及所属科室负责人名录》；凡 1993 年前设立的分院、直属学区还需要报送《1985 年至 1993 年上半年××分院（直属学区）及所属科室负责人名录》。这份名录不需要逐年填写，只需要将历任的负责人名字，按照出任的先后顺序依次全部填写清楚就行。填写负责人名录时，请严格按照所发表格上的“填制说明”填写，填好后，请用微机打印，手抄件排印时容易发生差错，一概不收。

（三）学区、辅导站负责人名录(表 3、4)。填报要求和注意事项与以上(二)项相同。

（四）各分院、直属学区编辑出版的（含内部编印）的函授报刊、简报、函授教学、管理经验文集、优秀毕业论文文选以及宣传画册等。凡 1985 年至 1993 年上半年和 1998 年编印的，要分别各报送一式二份，经验集、论文选每册要推荐其中精品一至二篇，并在目录上做好标记。

（五）专项工作条目

1.1985 年至 1993 年上半年的专项条目，请下列同志牵头，组织有关人员撰写。

（1）教学工作、教材编研工作，由当时的教研室负责，张东升同志牵头；

（2）领导干部函授班培训工作，由当时的培训处负责，请孟庆崑同志牵头；

（3）招生、学籍、考务工作，由当时的教务处负责，请张殿瑾同志牵头；

（4）教材印发工作，由当时的教材处负责，请谢广乔同志牵头；

（5）行政、后勤工作，由当时办公室负责，请吴裕治同志牵头；

（6）财务工作，由当时财务室负责，请武金凤同志牵头；

（7）机关党的工作，由当时党支部负责，请张殿瑾同志牵头；

2.1998 年的专项条目，由下列处室和部门负责：

（1）教学工作，由教学处负责；

（2）招生、学籍工作，由教务处负责；

（3）考务工作，由原考试委员会负责，请张殿瑾同志牵头；

（4）教材编研工作,由教材编研室负责；

（5）教材印刷发行工作,由教材处负责；

（6）在职研究生工作，由研究生办公室负责；

（7）电化教学工作,由电化教研室负责；

（8）财务工作，由财务处负责；

（9）行政后勤工作，由行政处负责；

（10）培训工作，由原培训办公室负责，请王敏生同志牵头；

（11）教育评估、视导工作，由视导委负责；

（12）科研工作，由研究室负责；

（13）烟台培训基地建设，由烟台培训中心负责；

（14）院报院刊工作，由原报刊编辑部负责，请舒金城同志牵头；

（15）办公室工作，由院长办公室负责；

（16）机关党的工作，由机关党委负责。

以上（一）至（五）项为必报资料。其中（一）、（二）、（三）、（四）项为各分院、直属学区必报资料；（一）、（五）项为总院各处室、处部门必报资料。各分院、直属学区和总院各处室、各部门一定要确保必报资料的完成，并按期报送。

（六）选报资料

1. 同级党委、政府关于党校函授教育的文件及其负责同志的指示、题词；

2. 新闻媒体对党校函授教育的报道材料；

3. 教学改革、教学与管理经验精品材料；

4. 分院级优秀毕业论文篇目（所报篇目不得超过毕业学员数的1%）、获奖和报刊发表毕业论文篇目。

5. 各类学员名录：

(1) 评为分院级优秀学员名录（按《管理制度汇编》270页规定不超过毕业学员总数的1%）；

(2) 评为省部级、国家级英模的学员名录；

(3) 晋升为地厅师级以上职务的学员名录；

(4) 晋升为高级职称的学员名录。

以上各类名录一律要用微机打印。

6. 各类照片（每幅照片均需注明年代，并有篇短的文字说明，另附纸打印，不要写在照片背面）。

以上选报资料，各分院、直属学区要与必报资料一样重视，积极报送。

三、征集资料报送时间

以上必报资料和选报资料，请各单位准于今年8月底前报送总院年鉴编辑部。

四、注意事项

（一）加强领导，按期报送。各分院、直属学区和总院各处室要高度重视年鉴资料的征集工作，将这一工作列入议事日程。各单位负责同志要亲自过问这一工作，分工适合人选，具体负责起草、收集和整理工作。要加强检查督促，保证按期报送。正在编印的1995卷和1998卷征集的资料尚有少数单位未报和未报全（名录附后），请速报来。

（二）审核把关，保证质量。各单位在年鉴资料报送前，单位负责同志要抽出时间亲自审核，发现不合要求的资料要重新加工整理；不齐全者要积极设法补齐。所报年鉴资料的质量，往往反映一个单位的办学水准和面貌。千万不可采取应付态度，一定要保证所报资料的质量。

（三）年鉴资料稿酬要按数发给作者。总院寄发给各单位的稿酬，要按照稿酬发放清单如数转发给作者，这涉及到保护作者知识产权的权益，务请注意。1996卷和1997卷年鉴的稿酬，已于去年11月寄发给各单位，凡没有转发给作者的，务请抓紧转发给作者，不要延误。

中共中央党校函授学院

1999年4月12日

关于科研工作的通知

各分院、直属学区：

去年5月6日，总院发出了《关于印发〈中央党校函授学院1998—1999年函授教育部分科研课题〉的通知》，许多分院积极开展工作，逐级申报、层层筛选，确立了科研课题。截止去年8月底，共申报课题71项。经评审，遴选出26个课题，分两批正式立项，并下拨了部分课题经费。至今，已有近半数报来了科研成果。现将进一步加强科研工作的意见通知如下：

一、科研工作的总体思路是：紧紧围绕函院中心工作，以改革创新的精神，狠抓函授教育的热点、难点问题的研究，积极开展学术交流，加大宣传力度，建立和完善科研规章制度，力争多出高质量的科研成果，为教学和领导决策服务。

二、抓紧完成已立项的科研课题。各单位对已立项而尚未完成的课题，要进行追踪检查、指导，为研究人员创造必要的条件，督促课题负责人按时高质量地完成课题研究任务，并及时将成果材料(5份)寄总院院办研究室。总院将有计划地组织成果评审验收。

三、改革科研课题管理方式。根据科研课题管理实践经验，为了形成科研激励机制，多出成果，今后总院对科研课题的管理方式将由现行的招投标为主，改为依成果给奖励的方式为主。对已立项的课题和少数重大课题的管理方式，仍采取招投标或委托的管理方式。

四、抓好函授教育中热点、难点问题的研究和学术交流。各单位应根据实际需要，有计划地开展学术研究和交流活动。总院拟于今年11月，组织一次“党校函授教育特点、规律理论研讨会”，参加者以文赴会，对论文进行评审，优秀论文给予奖励。各单位要认真准备，积极参加，于9月10日前将撰写的论文报院办研究室，由专家组评审、筛选出与会论文。

五、积极撰写与发表学术文章，加大党校函授教育的宣传力度。组织力量，联合攻关，主要宣传党中央和中央领导同志关于做好党校工作、发展党校函授教育事业的指示；宣传党校函授教育的重要地位和作用；宣传党校函授教育的办学方针、指导思想和精心施教、严格管理、整肃考风考纪等方面的情况；宣传党校函授教育培养大批高素质人才以及学术文章等。争取每年有几篇力作在全国性报刊上发表，以扩大党校函授教育的影响。总院领导决定，凡在《人民日报》、《光明日报》、《解放军报》、《中国青年报》、《求是》杂志上发表宣传中央党校函授教育的文章，将给予奖励。

六、在理论研讨会和科研成果验收的基础上，出版《党校函授教育科研成果论文集》、《党校函授教育学》，作为向明年15周年院庆的献礼。

七、进一步修改《中央党校函授学院科研工作章程》(试行)，待院领导批准后颁发。各分院、直属学区，也要相应补充、修订和完善本单位的科研工作规章制度。这对于规范科研管理，激发广大教学、管理人员积极性，多出人才、多出成果具有重要作用。

附：“党校函授教育特点、规律理论研讨会”论文撰写参考题目

中共中央党校函授学院

1999年6月18日

“党校函授教育特点、规律理论研讨会”论文撰写参考题目

一、试论党校函授教育的特点

二、党校函授教育的规律体系初探

三、党校函授教育的特点、规律探讨

四、着眼特点，办好党校函授教育

五、遵循党校函授教育规律，促进党校函授教育发展

六、试论党校函授教育规律的层次性及其相互关系

贺　词

在黑龙江分院成立大会上的讲话

中央党校函授学院副院长　黄士安

各位领导、同志们：

在胜利进入新的一年之际，中央党校函授学院黑龙江分院宣告成立了，这是黑龙江省干部培训工作和党校工作的一件大喜事。我代表中央党校函授学院孙钱章院长，代表院委会表示热烈的祝贺，对省委、省政府、省委干部教育领导小组给予的关怀，省委组织部、省委党校以及原中函办学单位给予的支持和努力，表示衷心的感谢。

在党校函授教育发展史上，黑龙江省委党校是党校系统开办函授教育较早的党校之一，也是党校函授教育的开拓者，十几年来，探索和积累了较为丰富的办学经验，形成了一套办学规章制度，为黑龙江省社会和经济发展培养了一大批合格人才，取得了显著成绩。

七、党校函授教育与其它成人教育的比较研究

八、试析党校函授教育的教学特点和规律

九、根据党校函授的教学特点，加强管理，提高质量

十、正确把握并运用党校函授教学规律，努力提高教学质量

十一、试论党校函授教材编写的特点和规律

十二、试论党校函授教务管理的特点和规律

十三、党校函授教材印制、发行的特点和规律初探

十四、试论党校函授教育后勤保障的特点和规律

十五、试析党校函授教育财务管理的特点和规律

十六、浅论党校函授电化教学的特点和规律

十七、着眼党校函授教育特点，全面加强分院和学区建设

十八、遵循党校函授教育规律，强化分院管理，确保教育质量

十九、充分认识学区、辅导站党校函授教育的特点和规律，认真做好管理工作

二十、准确把握军队党校函授教育的特点，切实搞好党校函授教育

二十一、遵循党校函授教育规律，办好军队党校函授教育

二十二、国营企业党校函授教育也有其自身的特点和规律

中央党校函授学院建院十余年以来，坚持“社会效益第一”的办学指导思想，“从严办学，质量第一”的办学方针，“严进、严管、严出”的办学原则，深化教学改革，强化教学管理，加强基础工作，全面提高办学质量，并逐步形成了适应社会主义现代化建设需要，与党校职能相应的党校函授教育体系。其中包括：班次、专业、课程设置体系、教材体系，教学实施体系，考试考核体系和管理制度体系，等等。尤其是近年来，全院各级组织认真贯彻落实胡锦涛同志关于党校函授教育工作的重要批示精神，强化学区建设和辅导站建设，全面开展教育评估，着重解决办学中存在的不容忽视的问题，严把招生关、教材关、教学关、考核关，各方面工作出现了可喜的变化，得到蓬勃发展。特别应该指出的黑龙江省原各中函单位，对此也作出了应有的贡献，借此机会，也表示感谢。

随着国际国内形势的发展，拓宽办学渠道，走“联合”办学的道路是教育发展的一种趋势，也是落实锦涛同志关于规范党校函授教育的重大步骤。大量的事实已经证明，省级党校与中央党校联合办学，有利于集合各自优势，做到优势互补，形成新的办学合力；有利于党中央和中央领导同志关于党校函授教育工作一系列重要指示的贯彻执行；有利于把自己纳入全国性的党校函授教育网络，加强兄弟分院之间的交往，拓宽视野，汲取和利用他人的经验；有利于进一步提高办学质量，开拓党校函授教育的新局面。我们相信，随着黑龙江分院的成立，你们将会在已有成绩和经验的基础上处理好各种关系，为开拓党校函授教育的新局面作出更大的贡献！

同志们，1999 年是千年之交年，是本千年的最后一年，是我国改革开放和社会主义现代化建设承前启后关键性的一年。在这新的一年里，我们将迎来中华人民共和国建国 50 周年和恢复对澳门行使主权。对于党校函授教育来说，也是极为重要的一年，党校函授教育面临新的形势、新的任务和新的要求，任重而道远。我们要坚定不移地高举邓小平理论伟大旗帜，用邓小平理论指导党校函授教育工作；进一步贯彻落实胡锦涛同志关于党校函授教育工作的一系列指示，加大管理和规范办学的力度。质量是办学的生命线，让我们携起手来，在党的十五大精神指引下，团结在以江泽民同志为核心的党中央周围，统一思想，抓住机遇，奋发进取，扎实工作，不断提高办学质量，争取更大成绩！

在内蒙古分院建院十周年庆祝大会上的贺词

各位领导、各位同志：

值此中央党校函授学院内蒙古分院建院十周年之际，我们代表中央党校函授学院的领导和全体工作人员，谨向你们致以热烈的祝贺和亲切的慰问！

十年来，内蒙古分院在自治区党委的亲切关怀和指导下，在区委党校校委的直接领导下，分院全体同志遵循为党培养高素质干部队伍的办学宗旨，坚持“社会效益第一”的指导思想，坚持“从严办学，质量第一”的办学方针，坚持“理论、知识、党性、能力”相统一的培训目标，发扬“团结、敬业、务实、创新”的精神，克服各种困难，辛勤工作，无私奉献，在党校函授教育事业中取得了十分可喜的成绩。分院领导从自治区的实际出发，积极探索党校函授教育的特点和规律，创造性地开展工作，在进行教学管理，加强学区和辅导站建设，不断提高教学质量和整体办学水平等方面，积累了宝贵的经验，走出了一条具有本地特色的办学路子。总之，内蒙古分院办学十年，不仅为内蒙古自治区的干部队伍建设和“两个文明”建设做出了重要贡献，而且在规范办学、严肃考风考纪、勤俭办学等方面，在兄弟党校和社会上也赢得了良好声誉，从而显示了党校函授教育事业旺盛的生命力。

在前不久，党中央、国务院召开了第三次全国教育工作会议，颁布了《关于深化教育改革全面推进素质教育的决定》。这是我们党在世纪之交，总结过去，面向未来，实施科技兴国战略，采取的有力措施，是为实现党的十五大确立的社会主义现代化建设的宏伟目标作出的重大部署。贯彻落实这次会议精神和中央的《决定》，是摆在全党、全社会，特别是全国各级教育行政部门、各级各类学校，其中包括我们党校函授教育部门和全体工作人员面前的一项紧迫任务，这也是开创党校函授教育新局面的根本要求和良好机遇。当前，全国已出现了深化教育体制改革，采取多种形式办学的热潮。我们全院上下也正在认真学习中央有关文件，紧密结合党校函授教育的实际，研究和制定改革措施，为使党校函授教育上一个新台阶而创造条件。我们深信，内蒙古分院一定会在全国教育发展的新形势下，为适应21世纪我国现代化建设需要，在党校函授教育事业中做出更大的成绩，创造出更多的新经验。

让我们高举邓小平理论伟大旗帜，贯彻十五大精神，深入落实胡锦涛同志对党校函授教育工作所作的一系列重要指示，继续坚持正确的办学方向，讲政治、讲大局，坚持把质量放在第一位，为培养更多的高素质党员干部，为把党校函授教育事业全面推向新世纪而努力奋斗！

预祝大会取得圆满成功！

谢谢！

教　学　计　划

【99级党员干部大专班和本科班教学总计划（节选）】

一、培养目标和对学员的要求

培养目标：使学员分别达到具有大学专科和大学本科文化程度，比较系统地掌握马克思主义、毛泽东思想和邓小平理论，树立科学的世界观、人生观、价值观，自觉地执行党的基本路线，坚定地走建设有中国特色社会主义道路，努力实践全心全意为人民服务的宗旨；既具有专业理论知识和科学文化知识，又有决策判断、组织管理和开拓创新能力。

要求学员努力做到：

（一）掌握理论。通过自学、面授、电教和刊授，系统地掌握马克思主义、毛泽东思想和邓小平理论，并用基本理论武装头脑，树立马克思主义的世界观和人生观，掌握马克思主义的方法论；

（二）丰富知识。通过学习，掌握专业基础知识、专业知识和相关的科学文化知识，丰富自己，提高专业文化水平；

（三）增强党性。通过以“讲学习、讲政治、讲正气”为主要内容的党性党风教育，进一步树立共产主义的远大理想，增强党性，提高贯彻执行党的“一个中心、两个基本点”的基本路线的自觉性；

（四）提高能力。将所掌握的原理和知识密切联系实际，努力培养创新意识和创新能力，提高认识问题和解决问题的能力。

二、学制、专业、课程和考核方式

学制：大专班，三年。专业：行政管理专业、经济管理专业和法律专业；本科班，二年半。专业：行政管理专业、经济管理专业、贸易经济专业和法律专业。课程：本着“学马列要精、要管用”的原则，精选马克思主义基本理论、毛泽东思想和邓小平理论课，开设适应社会主义市场经济需要的专业基础、专业知识以及文化知识与技能课程。考核方式：闭卷考试、开卷考试、做作业、写心得、写党性教育小（总）结、写论文和论文答辩等。

三、教学时数

每周安排22学时，上半年19周共418学时，下半年20周共440学时，每学年为858学时，大专班三年共计2574学时；本科班二年半共计2156学时。

党性教育课每周安排1学时，在实施过程中，时间可相对集中使用。

大专班和本科班的电教辅导课与面授辅导课，每学期一般不少于20次，平均每周1次以上，本科班的外语辅导课，每学期不低于15次。各分院、直属学区可根据实际情况调整电教辅导和面授辅导时数，但不得少于总院教学计划规定的最低学时。

讨论时数，每门闭卷考试课，不得少于2次，每次2学时。

自学时数，每周不得少于14学时。并安排一定时间阅读辅导刊物。

四、教学方针、方式和方法

教学方针：以邓小平理论和党的基本路线为指导，坚持马克思主义基本原理同中国的具体实际相结合，贯彻理论联系实际的方针。

教学方式：自学和辅导相结合，坚持以自学为主，通过面授、电教、刊授等方式，尽可能给予系统辅导。

自学，要求按计划的进度，读完规定的教材，做到课前有预习，课后有复习，并及时完成作业。辅导，采取面授、电教、刊授等方式。

学习马克思主义理论，采取原著和原理相结合的方法。大专班以学原理为主，本科班以学习原著（马克思主义经典文选和邓小平理论文选）为主。大专班教师应比较系统地辅导每门课程的基本原理，本科班应比较系统地讲解经典著作中的基本原理。各班次的课程均应讲清基本原理的理论和实践意义。

五、教学的指导原则和管理制度

函授教育的指导原则是，有指导的自学。学员必须虚心接受指导，按教学计划，循序渐进地学习；教师和教学管理人员，要努力为学员服务，指导和帮助学员学习。

实行严格的教学管理和学籍管理制度。各级教学和教务管理，对学员入学、退学、报到注册和听课、作业、论文、党性锻炼等成绩，必须登记造册，建立学籍档案。

学员必须遵守有关规章制度，特别是听课和考试制度。每学期面授缺课1/3以上者，不得参加该门课期末考试，只能补考；旷课超过1/3者，取消该门课期末考试的补考资格，只能参加该门课的总补考；不得代考，不得代做作业、不得代写论文，不准以任何形式作弊，一旦发现，按零分处理，情节严重者给予党纪、政纪处分。

实行奖励制度。对学习成绩优异、党性锻炼成绩显著的学员，给予奖励和表彰。

【第九期领导干部函授班教学总计划(节选)】

一、培养目标和要求

按照中校字［1991］7号文件的规定，领导干部函授班总的培养目标是，培养忠诚于马克思主义、德才兼备的领导骨干。具体目标是，按照江泽民同志在纪念中国共产党成立七十五周年座谈会上讲话精神，通过函授教育培训，引导和帮助领导干部从以下五个方面努力提高自身素质：

（一）具有远大的共产主义理想，坚持正确的政治方向，坚定地走建设有中国特色的社会主义道路，坚决贯彻执行党的基本理论、基本路线和各项方针政策；

（二）努力实践党的全心全意为人民服务的宗旨，密切联系群众，特别是工农群众，坚决维护人民群众的利益；

（三）解放思想，实事求是，一切从实际出发，善于开拓前进，具有唯物辩证的思想方法和工作方法；

（四）模范遵纪守法，保持清正廉洁，发扬艰苦奋斗精神，自觉拒腐防变，坚决反对消极腐败现象；

（五）刻苦学习，勤奋敬业，不断加强知识积累和经验积累，具备做好本职工作的专业知识和能力。

按照上述目标，要求领导干部函授班学员从四方面来努力：

1. 掌握理论。系统地掌握马克思主义、毛泽东思想和邓小平理论的基本知识，并用基本理论武装头脑，掌握马克思主义的方法论；

2. 丰富知识。通过学习，掌握有关领导干部所需要的专业基础知识、专业知识和相关的科学文化知识，丰富自己，提高专业文化水平；

3. 增强党性修养。要求通过以“讲学习、讲政治、讲正气”为主要内容的党性党风教育，解决深层次的思想问题，进一步确立共产主义世界观和人生观，坚定社会主义信念；

4. 提高能力。要培养创新意识和创新能力，将知识转化为能力，提高认识问题和解决问题的能力。

二、学制、课程和考核

学制：二年半。

课程设置贯彻少而精的原则，以马克思

主义基本理论为主课，同时开设与社会主义现代化建设相关的课程（课程设置和考核方式详见附表）。

三、教学时数和要求

每周学习22学时，工作时间抽出两个半天共8学时，加上两个休息日，每个休息日4学时，共8学时，再加三个晚上，每晚2学时，共6学时。上半年19周共418学时；下半年20周共440学时；每学年为858学时，二年半共计2156学时。

党性教育课每周安排1学时，在实施过程中，时间可相对集中使用。

第5学期除所学课程外，还要写党性教育总结、撰写毕业论文和进行毕业论文答辩，并且认真做好毕业鉴定。

面授和电教课安排，扣除期末总复习所需时数，3门主课加起来，每周不少于一次课（4学时计），一学期面授课共20次左右。

讨论时数，闭卷考试课平均每门2次，每次2学时。

四、教学方针、方式和方法

教学方针：以邓小平理论和党的基本路线为指导，以研究社会主义现代化建设的实际问题为中心，坚持马克思主义基本原理同中国的具体实际相结合，坚持贯彻理论联系实际的方针。

教学方式：自学和辅导相结合，坚持以自学为主，通过面授、电教等方式，尽可能给予比较系统的辅导。

自学，要求按计划的进度，读完规定的教材，做到课前有预习，课后有复习，并及时完成作业。辅导，采取函授、面授、电教、刊授等多种方式。

学习马克思主义理论，采取原著和原理相结合的方法。以学习原著（马克思主义经典文选和邓小平理论文选）为主。

以业余学习为主，进行必要的辅导和讨论，每学期期末集中7—10天脱产进行复习。

五、教学的指导原则和管理制度

函授教育的指导原则是，有指导的自学。学员必须虚心接受指导，按教学要求，循序渐进地学习；教师和办学单位的领导，要努力为学员服务，指导和帮助学员学习。

针对领导干部的特点，建立严格的考核制度。考核方式采取闭卷考试、开卷考试、做作业、写论文等方式。主课闭卷和开卷考试成绩占总分的80%；平时作业成绩和面授考勤分，各占10%。考查课采取写论文或写心得的方式，成绩为优秀、良好、及格、不及格。毕业论文实行答辩制度。

建立严格的教学管理和学籍管理制度。各主管办学单位必须建立学籍档案，对学员入学、退学、报到注册和听课、作业、论文、党性锻炼等成绩，必须登记造册，建立学籍档案。

学员必须遵守有关规章制度，特别是听课和考试制度，听课应有考勤制度；不得代考、不得代做作业、不得代写论文，不准以任何形式作弊，一旦发现，按零分处理，情节严重者给予党纪、政纪处分。

实行奖励制度。对学习成绩优异，党性锻炼成绩显著的学员，给予奖励和表彰。

附表1：99级大专班专业、课程设置和考核方式

附表2：99级本科班专业、课程设置和考核方式

附表3：第九期领导干部函授班课程设置和考核方式

附表 1: **99 级大专班专业、课程设置和考核方式**

学期		行政管理专业 课程	考核方式	经济管理专业 课程	考核方式
1999.9—2000.1	第1学期	邓小平理论简明教程	闭卷	邓小平理论简明教程	闭卷
		马克思主义哲学简明教程	闭卷	马克思主义哲学简明教程	闭卷
		干部写作概论	开卷	干部写作概论	开卷
		知识经济概论	写论文	知识经济概论	写论文
		党性教育基础知识讲座	写心得	党性教育基础知识讲座	写心得
2000.2—7	第2学期	政治经济学(资本主义部分)	闭卷	政治经济学(资本主义部分)	闭卷
		政治学原理	闭卷	社会主义市场经济简明教程	闭卷
		中国近代史教程	开卷	财务会计概论	开卷
		现代科学技术概论	写论文	农村经济管理学	写论文
		党性教育基础知识讲座	写小结	党性教育基础知识讲座	写心得
2000.9—2001.1	第3学期	社会主义市场经济简明教程	闭卷	财政学	闭卷
		公共行政学	闭卷	工业企业经营管理概论	闭卷
		公共市政学	开卷	社会调查与统计	开卷
		社会主义社会学	写论文	公共关系学简明教程	写论文
		党性教育基础知识讲座	写心得	党性教育基础知识讲座	写心得
2001.2—7	第4学期	党的建设简明教程	闭卷	法学概论	闭卷
		财政学	闭卷	经济管理原理	闭卷
		国家公务员制度概论	开卷	市场营销学	开卷
		微机操作基础	实习	微机操作基础	实习
		党性教育基础知识讲座	写小结	党性教育基础知识讲座	写小结
2001.9—2002.1	第5学期	经济管理原理	闭卷	对外经济管理学	闭卷
		法学概论	闭卷	经济法简明教程	闭卷
		经济法简明教程	开卷	证券与期货市场教程	开卷
		当代国际政治和中国对外关系	写论文	中国近代史教程	写论文
		党性教育基础知识讲座	写心得	党性教育基础知识讲座	写心得
2002.2—7	第6学期	社会保障概论	开卷	国内贸易经济管理	开卷
		管理心理学	写心得	管理心理学	写心得
		公共关系学简明教程	写心得	环境科学概论	写心得
		党性教育基础知识讲座	写总结	党性教育基础知识讲座	写总结
		毕业论文	答辩	毕业论文	答辩

99级大专班专业、课程设置和考核方式 续表1

学期		法律专业 课程	考核方式
1999.9 | 2000.1	第1学期	邓小平理论简明教程	闭 卷
		中国宪法概论	闭 卷
		法理学教程	开 卷
		知识经济概论	写论文
		党性教育基础知识讲座	写心得
2000.2 | 7	第2学期	马克思主义哲学简明教程	闭 卷
		民法学教程	闭 卷
		社会主义市场经济简明教程	开 卷
		现代科学技术概论	写论文
		党性教育基础知识讲座	写小结
2000.9 | 2001.1	第3学期	刑法概论	闭 卷
		行政法与行政诉讼法教程	闭 卷
		中国近代史教程	开 卷
		中国法律史	写论文
		党性教育基础知识讲座	写心得
2001.2 | 7	第4学期	经济法简明教程	闭 卷
		刑事、民事诉讼法学教程	闭 卷
		财税法教程	开 卷
		微机操作基础	实 习
		党性教育基础知识讲座	写小结
2001.9 | 2002.1	第5学期	涉外经济法教程	闭 卷
		劳动法学教程	闭 卷
		国际法教程	开 卷
		刑事侦查学	写论文
		党性教育基础知识讲座	写心得
2002.2 | 7	第6学期	司法文书概论	开 卷
		环境法教程	写论文
		社会心理学	写心得
		党性教育基础知识讲座	写总结
		毕业论文	答 辩

附表 2: **99 级本科班专业、课程设置和考核方式**

学期＼课程＼专业		行政管理专业 课程	考核方式	经济管理专业 课程	考核方式
1999.9—2000.1	第1学期	科学社会主义经典文选	闭卷	马克思主义政治经济学经典文选(《资本论》选编)	闭卷
		领导科学概论	闭卷	市场经济法律制度概论	闭卷
		邓小平理论文选	开卷	英语(第一册)	开卷
		知识经济概论	写论文	知识经济概论	写论文
		党性教育基础知识讲座	写心得	党性教育基础知识讲座	写心得
2000.2—7	第2学期	公共政策概论	闭卷	社会主义市场经济概论	闭卷
		法学基础	闭卷	宏观经济运行与管理	闭卷
		中共党史简编	开卷	英语(第二册)	开卷
		中国领导思想史简编	写论文	国民经济统计学	写论文
		党性教育基础知识讲座	写小结	党性教育基础知识讲座	写小结
2000.9—2001.1	第3学期	行政管理学教程	闭卷	货币银行学	闭卷
		行政法学	闭卷	中国区域经济管理概论	闭卷
		当代中国政治制度	开卷	邓小平理论文选	开卷
		组织行为学	写论文	中国经济地理教程	写论文
		党性教育基础知识讲座	写心得	党性教育基础知识讲座	写心得
2001.2—7	第4学期	社会主义市场经济概论	闭卷	国际贸易理论与实务	闭卷
		市场经济法律制度概论	闭卷	国际金融简明教程	闭卷
		公务员应用文写作	开卷	外国经济管理思想史简编	开卷
		计算机操作实用教程	实习	计算机操作实用教程	实习
		党性教育基础知识讲座	写小结	党性教育基础知识讲座	写小结
2001.9—2002.1	第5学期	当代国际政治概论	开卷	当代西方经济学简明教程	开卷
		当代西方政治制度	写心得	国有资产管理教程	写心得
		社会调查与统计	写心得	中国经济管理思想史简编	写心得
		党性教育基础知识讲座	写总结	党性教育基础知识讲座	写总结
		毕业论文	答辩	毕业论文	答辩

99级本科班专业、课程设置和考核方式 续表2

<table>
<tr><td rowspan="2" colspan="2">课程 专业
学期</td><td colspan="2">贸易经济专业</td><td colspan="2">法律专业</td></tr>
<tr><td>课程</td><td>考核方式</td><td>课程</td><td>考核方式</td></tr>
<tr><td rowspan="5">1999.9
|
2000.1</td><td rowspan="5">第1学期</td><td>马克思主义政治经济学经典文选(《资本论》选编)</td><td>闭卷</td><td>社会主义法制论纲</td><td>闭卷</td></tr>
<tr><td>市场经济法律制度概论</td><td>闭卷</td><td>民法学总论</td><td>闭卷</td></tr>
<tr><td>英语(第一册)</td><td>开卷</td><td>马克思主义法学经典文选</td><td>开卷</td></tr>
<tr><td>知识经济概论</td><td>写论文</td><td>知识经济概论</td><td>写论文</td></tr>
<tr><td>党性教育基础知识讲座</td><td>写心得</td><td>党性教育基础知识讲座</td><td>写心得</td></tr>
<tr><td rowspan="5">2000.2
|
7</td><td rowspan="5">第2学期</td><td>社会主义市场经济概论</td><td>闭卷</td><td>刑法总论</td><td>闭卷</td></tr>
<tr><td>现代商学概论</td><td>闭卷</td><td>民法学分论</td><td>闭卷</td></tr>
<tr><td>英语(第二册)</td><td>开卷</td><td>社会主义市场经济概论</td><td>开卷</td></tr>
<tr><td>现代西方经济学</td><td>写论文</td><td>宪法学</td><td>写论文</td></tr>
<tr><td>党性教育基础知识讲座</td><td>写小结</td><td>党性教育基础知识讲座</td><td>写小结</td></tr>
<tr><td rowspan="5">2000.9
|
2001.1</td><td rowspan="5">第3学期</td><td>货币银行学</td><td>闭卷</td><td>刑法各论</td><td>闭卷</td></tr>
<tr><td>国际贸易理论与实务</td><td>闭卷</td><td>行政法学</td><td>闭卷</td></tr>
<tr><td>邓小平理论文选</td><td>开卷</td><td>公司法概论</td><td>开卷</td></tr>
<tr><td>商务谈判</td><td>写论文</td><td>环境法概论</td><td>写论文</td></tr>
<tr><td>党性教育基础知识讲座</td><td>写心得</td><td>党性教育基础知识讲座</td><td>写心得</td></tr>
<tr><td rowspan="5">2001.2
|
7</td><td rowspan="5">第4学期</td><td>国际金融简明教程</td><td>闭卷</td><td>刑事诉讼法教程</td><td>闭卷</td></tr>
<tr><td>国际税收教程</td><td>闭卷</td><td>民事诉讼法教程</td><td>闭卷</td></tr>
<tr><td>管理会计简明教程</td><td>开卷</td><td>金融法学</td><td>开卷</td></tr>
<tr><td>计算机操作实用教程</td><td>实习</td><td>计算机操作实用教程</td><td>实习</td></tr>
<tr><td>党性教育基础知识讲座</td><td>写小结</td><td>党性教育基础知识讲座</td><td>写小结</td></tr>
<tr><td rowspan="5">2001.9
|
2002.1</td><td rowspan="5">第5学期</td><td>国际营销</td><td>开卷</td><td>中国行政诉讼法教程</td><td>开卷</td></tr>
<tr><td>国际经济法教程</td><td>写心得</td><td>国际经济法教程</td><td>写心得</td></tr>
<tr><td>中国对外贸易理论与政策</td><td>写心得</td><td>当代国际政治概论</td><td>写心得</td></tr>
<tr><td>党性教育基础知识讲座</td><td>写总结</td><td>党性教育基础知识讲座</td><td>写总结</td></tr>
<tr><td>毕业论文</td><td>答辩</td><td>毕业论文</td><td>答辩</td></tr>
</table>

附表 3: **第九期领导干部函授班课程设置和考核方式**

学期		课程	考核方式
1999.9—2000.1	第1学期	马克思主义哲学经典文选	闭卷
		邓小平理论文选	开卷
		现代市场经济	开卷
		知识经济概论	写论文
		党性教育基础知识讲座	写心得
2000.2—7	第2学期	领导科学概论	闭卷
		马克思主义政治经济学经典文选(《资本论》选编)	开卷
		当代中国政治制度	开卷
		西方财政概论	写论文
		党性教育基础知识讲座	写小结
2000.9—2001.1	第3学期	宏观经济运行与管理	闭卷
		货币银行学	开卷
		新时期党的建设概论	开卷
		公共政策概论	写论文
		党性教育基础知识讲座	写心得
2001.2—7	第4学期	中国区域经济管理概论	闭卷
		行政法与行政诉讼法教程	开卷
		国际贸易教程	开卷
		计算机操作实用教程	实习
		党性教育基础知识讲座	写小结
2001.9—2002.1	第5学期	社会学概论	开卷
		当代西方经济学简明教程	写心得
		江泽民重要讲话选编	写心得
		党性教育基础知识讲座	写总结
		毕业论文	答辩

【教学计划概述】 教学计划是根据党校函授教育目的和培养目标制定的教学工作指导性文件，它是教学总计划的具体化。此计划为学期教学计划，它规定了本学期各专业开设的课程、各门课程教学总时数以及自学、面授、电教辅导、讨论、作业、复习考试的时间分配、考核方式以及考试和补考的时间安排。1999 年上半年教学计划：大专 8 个班次 3 个专业，开设 33 门课程，其中，96 级毕业班 2 个专业均开设 3 门课程（2 门开卷考试、1 门实习）；97 级 3 个专业均开设 4 门课程（2 门闭卷考试、1 门开卷考试、1 门写论文）；98 级 3 个专业均开设 5 门课程（2 门闭卷考试、1 门开卷考试、2 门写论文或写小结）。本科 10 个班次 5 个专业，开设 45 门课程，其中，97 级 5 个专业均开设 4 门课程（2 门闭卷考试、1 门开卷考试、1 门实习或写论文）；98 级 5 个专业均开设 5 门课程（2 门闭卷考试、1 门开卷考试、2 门写论文或写小结）。领导干部函授 2 个班次开设 9 门课程，其中，第七期 4 门课程（1 门闭卷考试、2 门开卷考试、1 门写论文）；第八期 5 门课程（1 门闭卷考试、2 门开卷考试、2 门写论文或写小结）。1999 年下半年教学计划：大专 9 个班次 3 个专业，开设 42 门课程，其中，97 级 3 个专业均开设 4 门课程（2 门闭卷、1 门开卷考试、1 门实习）；98 级、99 级各 3 个专业均开设 5 门课程（2 门闭卷考试、1 门开卷考试、2 门写论文或写心得）。本科 14 个班次 5 个专业，开设 60 门课程，其中，97 级毕业班 5 个专业均开设 3 门课程（2 门开卷、1 门写心得或做作业）；98 级 5 个专业、99 级 4 个专业均开设 5 门课程（2 门闭卷考试、1 门开卷考试、2 门写论文、实习或写心得）。领导干部函授 3 个班次，开设 13 门课程，其中，第七期毕业班 3 门课程（1 门开卷考试、2 门写心得）；第八、九期均为 5 门课程（1 门闭卷考试、2 门开卷考试、2 门写论文或写心得）。1999 年教学计划与 1998 年教学计划相比，作了如下调整：1. 闭卷考试课的面授时、次数由原来的 6 次 24 学时改为 7 次 28 学时；讨论时、次数由原来的 3 次 6 学时改为 2 次 4 学时；2. 开卷考试课的面授时、次数由原来的 4 次 16 学时改为 5 次 20 学时；3. 讲座课的考核方式由原来的写心得或做作业改为写论文（大专不少于 3000 字，本科、领导干部函授班不少于 4000 字）；4. 大专、本科毕业班的课程由原来 1 门开卷考试、2 门免试改为 2 门开卷考试、1 门讲座；5. 党性教育的面授时、次数由 3 次 12 学时改为 2 次 8 学时；讨论时、次数由 3 次 6 学时改为 1 次 2 学时。并在备注中对党性教育的方式作了说明；6. 本科涉外经济专业的外语考核方式为闭卷考试，99 级改为贸易经济专业后，外语课的考核方式改为开卷考试，由分院或直属学区统一命题。面授时、次数由原来的 18 次 72 学时改为 14 次 56 学时。1999 年上半年教学计划的外语电教辅导由 1 次 3 学时改为 2 次 6 学时，但下半年的教学计划外语的电教辅导又改回为 1 次 3 学时。（姚东锋）

96级大专班第6学期党政管理专业教学计划

项目/时间/课程	教材版本或印刷时间	教学总时数	面授辅导时、次数	电教辅导（录像串讲）时、次数	讨论时、次数	自学时数	作业时数	复习考试时数	考核方式	备注
思想政治工作教程	1998.10	80	20（5次）			29	15	16	开卷	安排10周，每周8学时。考试时间由分院或直属学区统一安排。
管理心理学	1997.10	80	20（5次）			29	15	16	开卷	安排10周，每周8学时。考试时间由分院或直属学区统一安排。
微机操作基础	1998.4	50	24（6次）	6（2次）		10	10（实习）		实习	安排10周，每周5学时。实习为上机时间。
毕业论文		189		6（2次）		183（撰写论文和答辩）			答辩	撰写安排在前17周。1999年6月20日前交稿，最后两周论文答辩。
		399	64（16次）	12（4次）		251	40	32		1999年6月12、13日总补考。

96级大专班第6学期经济管理专业教学计划

项目/时间/课程	教材版本或印刷时间	教学总时数	面授辅导时、次数	电教辅导（录像串讲）时、次数	讨论时、次数	自学时数	作业时数	复习考试时数	考核方式	备注
社会保障概论	1998.10	80	20（5次）			29	15	16	开卷	安排10周，每周8学时。考试时间由分院或直属学区统一安排。
农村经济管理学	1998.10	80	20（5次）			29	15	16	开卷	安排10周，每周8学时。考试时间由分院或直属学区统一安排。
微机操作基础	1998.4	50	24（6次）	6（2次）		10	10（实习）		实习	安排10周，每周5学时。实习为上机时间。
毕业论文		189		6（2次）		183（撰写论文和答辩）			答辩	撰写安排在前17周。1999年6月20日前交稿，最后两周论文答辩。
		399	64（16次）	12（4次）		251	40	32		1999年6月12、13日总补考。

97级大专班第4学期党政管理专业教学计划

课程 \ 时间 项目	教材版本或印刷时间	教学总时数	面授辅导时、次数	电教辅导(录像串讲)时、次数	讨论时、次数	自学时数	作业时数	复习考试时数	考核方式	备注
政治学原理	1998.4	133	28（7次）	3（1次）	4（2次）	62	25	11	闭卷	安排19周,每周7学时。1999年7月10日上午9:30—11:30考试,9月1日上午9:30—11:30补考。
社会主义市场经济简明教程	1998.4	133	28（7次）	3（1次）	4（2次）	62	25	11	闭卷	安排19周,每周7学时。1999年7月10日下午2:30—4:30考试,9月1日下午2:30—4:30补考。
国际共产主义运动史	1998.4	95	20（5次）			50	15	10	开卷	安排19周,每周5学时。考试时间由分院或直属学区统一安排。
当代国际政治和中国对外关系	1998.4	38		6（2次）		28		4	写论文	安排19周,每周2学时。写一篇不少于3000字的论文。
		399	76（19次）	12（4次）	8（4次）	202	65	36		

97级大专班第4学期经济管理专业教学计划

课程 \ 时间 项目	教材版本或印刷时间	教学总时数	面授辅导时、次数	电教辅导(录像串讲)时、次数	讨论时、次数	自学时数	作业时数	复习考试时数	考核方式	备注
工业企业经营管理概论	1998.10	133	28（7次）	3（1次）	4（2次）	62	25	11	闭卷	安排19周,每周7学时。1999年7月10日上午9:30—11:30考试,9月1日上午9:30—11:30补考。
国内贸易经济管理	1997.10	133	28（7次）	3（1次）	4（2次）	62	25	11	闭卷	安排19周,每周7学时。1999年7月10日下午2:30—4:30考试,9月1日下午2:30—4:30补考。
中共党史简编	1998.10	95	20（5次）			50	15	10	开卷	安排19周,每周5学时。考试时间由分院或直属学区统一安排。
管理心理学	1998.4	38		6（2次）		28		4	写论文	安排19周,每周2学时。写一篇不少于3000字的论文。
		399	76（19次）	12（4次）	8（4次）	202	65	36		

97级大专班第4学期政法专业教学计划

时间 项目 课程	教材版本或印刷时间	教学总时数	面授辅导时、次数	电教辅导(录像串讲)时、次数	讨论时、次数	自学时数	作业时数	复习考试时数	考核方式	备注
刑法概论	1998.10	133	28(7次)	3(1次)	4(2次)	62	25	11	闭卷	安排19周,每周7学时。1999年7月10日上午9:30—11:30考试,9月1日上午9:30—11:30补考。
民法学教程	1998.4	133	28(7次)	3(1次)	4(2次)	62	25	11	闭卷	安排19周,每周7学时。1999年7月10日下午2:30—4:30考试,9月1日下午2:30—4:30补考。
中国法律史	1998.10	95	20(5次)			50	15	10	开卷	安排19周,每周5学时。考试时间由分院或直属学区统一安排。
现代科学技术概论	1998.10	38		6(2次)		28		4	写论文	安排19周,每周2学时。写一篇不少于3000字的论文。
		399	76(19次)	12(4次)	8(4次)	202	65	36		

98级大专班第2学期党政管理专业教学计划

时间 项目 课程	教材版本或印刷时间	教学总时数	面授辅导时、次数	电教辅导(录像串讲)时、次数	讨论时、次数	自学时数	作业时数	复习考试时数	考核方式	备注
政治经济学(资本主义部分)	1997.10	133	28(7次)	3(1次)	4(2次)	62	25	11	闭卷	安排19周,每周7学时。1999年7月11日上午9:30—11:30考试,9月1日上午9:30—11:30补考。
中共党史简编	1998.10	133	28(7次)	3(1次)	4(2次)	62	25	11	闭卷	安排19周,每周7学时。1999年7月11日下午2:30—4:30考试,9月1日下午2:30—4:30补考。
中国近代史教程	1997.10	95	20(5次)			50	15	10	开卷	安排19周,每周5学时。考试时间由分院或直属学区统一安排。
现代科学技术概论	1998.4	38		6(2次)		28		4	写论文	安排19周,每周2学时。写一篇不少于3000字的论文。
党性教育	1998.10	19	8(2次)		2(1次)	6		3	写小结	安排19周,每周1学时。分院或直属学区可结合本地区实际,采用社会调查、请英模作报告等多种方式进行。
		418	84(21次)	12(4次)	10(5次)	208	65	39		

98 级大专班第 2 学期经济管理专业教学计划

项目/时间/课程	教材版本或印刷时间	教学总时数	面授辅导时、次数	电教辅导(录像串讲)时、次数	讨论时、次数	自学时数	作业时数	复习考试时数	考核方式	备注
政治经济学(资本主义部分)	1997.10	133	28(7 次)	3(1 次)	4(2 次)	62	25	11	闭卷	安排 19 周,每周 7 学时。1999 年 7 月 11 日上午 9:30—11:30 考试, 9 月 1 日上午 9:30—11:30 补考。
经济管理学原理	1998.4	133	28(7 次)	3(1 次)	4(2 次)	62	25	11	闭卷	安排 19 周,每周 7 学时。1999 年 7 月 11 日下午 2:30—4:30 考试, 9 月 1 日下午 2:30—4:30 补考。
中国经济管理思想史简编	1997.10	95	20(5 次)			50	15	10	开卷	安排 19 周,每周 5 学时。考试时间由分院或直属学区统一安排。
农村经济管理学	1998.10	38		6(2 次)		28		4	写论文	安排 19 周,每周 2 学时。写一篇不少于 3000 字的论文。
党性教育	1998.10	19	8(2 次)		2(1 次)	6		3	写小结	安排 19 周,每周 1 学时。分院或直属学区可结合本地区实际,采用社会调查、请英模作报告等多种方式进行。
		418	84(21 次)	12(4 次)	10(5 次)	208	65	39		

98 级大专班第 2 学期政法专业教学计划

项目/时间/课程	教材版本或印刷时间	教学总时数	面授辅导时、次数	电教辅导(录像串讲)时、次数	讨论时、次数	自学时数	作业时数	复习考试时数	考核方式	备注
马克思主义哲学简明教程	1998.10	133	28(7 次)	3(1 次)	4(2 次)	62	25	11	闭卷	安排 19 周,每周 7 学时。1999 年 7 月 11 日上午 9:30—11:30 考试, 9 月 1 日上午 9:30—11:30 补考。
中共党史简编	1998.10	133	28(7 次)	3(1 次)	4(2 次)	62	25	11	闭卷	安排 19 周,每周 7 学时。1999 年 7 月 11 日下午 2:30—4:30 考试, 9 月 1 日下午 2:30—4:30 补考。
社会主义市场经济简明教程	1998.4	95	20(5 次)			50	15	10	开卷	安排 19 周,每周 5 学时。考试时间由分院或直属学区统一安排。
婚姻家庭法	1998.4	38		6(2 次)		28		4	写论文	安排 19 周,每周 2 学时。写一篇不少于 3000 字的论文。
党性教育	1998.10	19	8(2 次)		2(1 次)	6		3	写小结	安排 19 周,每周 1 学时。分院或直属学区可结合本地区实际,采用社会调查、请英模作报告等多种方式进行。
		418	84(21 次)	12(4 次)	10(5 次)	208	65	39		

97级本科班第4学期党政管理专业教学计划

项目/时间/课程	教材版本或印刷时间	教学总时数	面授辅导时、次数	电教辅导(录像串讲)时、次数	讨论时、次数	自学时数	作业时数	复习考试时数	考核方式	备注
法学基础	1998.10	133	28(7次)	3(1次)	4(2次)	62	25	11	闭卷	安排19周,每周7学时。1999年7月12日上午9:30—11:30考试,9月2日下午2:30—4:30补考。
宏观经济运行与管理	1998.4	133	28(7次)	3(1次)	4(2次)	62	25	11	闭卷	安排19周,每周7学时。1999年7月12日下午2:30—4:30考试,9月2日上午9:30—11:30补考。
当代中国政治制度	1998.10	95	20(5次)			50	15	10	开卷	安排19周,每周5学时。考试时间由分院或直属学区统一安排。
微机操作基础	1998.4	57	24(6次)	6(2次)		17	10(实习)		实习	安排19周,每周3学时,实习为上机时间。
		418	100(25次)	12(4次)	8(4次)	191	75	32		

97级本科班第4学期行政管理专业教学计划

项目/时间/课程	教材版本或印刷时间	教学总时数	面授辅导时、次数	电教辅导(录像串讲)时、次数	讨论时、次数	自学时数	作业时数	复习考试时数	考核方式	备注
市场经济法律制度概论	1998.5	133	28(7次)	3(1次)	4(2次)	62	25	11	闭卷	安排19周,每周7学时。1999年7月12日上午9:30—11:30考试,9月2日上午9:30—11:30补考。
行政法与行政诉讼法教程	1997.9	133	28(7次)	3(1次)	4(2次)	62	25	11	闭卷	安排19周,每周7学时。1999年7月12日下午2:30—4:30考试,9月2日下午2:30—4:30补考。
组织行为学	1998.4	95	20(5次)			50	15	10	开卷	安排19周,每周5学时。考试时间由分院或直属学区统一安排。
微机操作基础	1998.4	57	24(6次)	6(2次)		17	10(实习)		实习	安排19周,每周3学时。实习为上机时间。
		418	100(25次)	12(4次)	8(4次)	191	75	32		

97级本科班第4学期经济管理专业教学计划

项目 / 时间 / 课程	教材版本或印刷时间	教学总时数	面授辅导时、次数	电教辅导(录像串讲)时、次数	讨论时、次数	自学时数	作业时数	复习考试时数	考核方式	备注
国际贸易理论与实务	1998.4	133	28(7次)	3(1次)	4(2次)	62	25	11	闭卷	安排19周,每周7学时。1999年7月12日上午9:30—11:30考试,9月2日下午2:30—4:30补考。
国际投资和我国利用外资概论	1998.10	133	28(7次)	3(1次)	4(2次)	62	25	11	闭卷	安排19周,每周7学时。1999年7月12日下午2:30—4:30考试,9月2日上午9:30—11:30补考。
系统科学概论	1998.4	95	20(5次)			50	15	10	开卷	安排19周,每周5学时。考试时间由分院或直属学区统一安排。
微机操作基础	1998.4	57	24(6次)	6(2次)		17	10(实习)		实习	安排19周,每周3学时,实习为上机时间。
		418	100(25次)	12(4次)	8(4次)	191	75	32		

97级本科班第4学期涉外经济专业教学计划

项目 / 时间 / 课程	教材版本或印刷时间	教学总时数	面授辅导时、次数	电教辅导(录像串讲)时、次数	讨论时、次数	自学时数	作业时数	复习考试时数	考核方式	备注
国际税收教程	1998.4	133	28(7次)	3(1次)	4(2次)	62	25	11	闭卷	安排19周,每周7学时。1999年7月12日上午9:30—11:30考试,9月2日下午2:30—4:30补考。
货币银行学	1998.4	133	28(7次)	3(1次)	4(2次)	62	25	11	闭卷	安排19周,每周7学时。1999年7月12日下午2:30—4:30考试,9月2日上午9:30—11:30补考。
涉外经济会计	1998.4	95	20(5次)			50	15	10	开卷	安排19周,每周5学时。考试时间由分院或直属学区统一安排。
世界经济地理教程	1997.4	57		6(2次)		45		6	写论文	安排19周,每周3学时。写一篇不少于4000字的论文。
		418	76(19次)	12(4次)	8(4次)	219	65	38		

97级本科班第4学期政法专业教学计划

项目 时间 课程	教材版本或印刷时间	教学总时数	面授辅导时、次数	电教辅导(录像串讲)时、次数	讨论时、次数	自学时数	作业时数	复习考试时数	考核方式	备注
刑法各论	1998.10	133	28(7次)	3(1次)	4(3次)	62	25	11	闭卷	安排19周,每周7学时。1999年7月12日上午9:30—11:30考试,9月2日下午2:30—4:30补考。
行政法学	1998.10	133	28(7次)	3(1次)	4(2次)	62	25	11	闭卷	安排19周,每周7学时。1999年7月12日下午2:30—4:30考试,9月2日上午9:30—11:30补考。
律师学教程	1998.10	95	20(5次)			50	15	10	开卷	安排19周,每周5学时。考试时间由分院或直属学区统一安排。
竞争法学	1998.10	57		6(2次)		45		6	写论文	安排19周,每周3学时。写一篇不少于4000字的论文。
		418	76(19次)	12(4次)	8(4次)	219	65	38		

98级本科班第2学期党政管理专业教学计划

项目 时间 课程	教材版本或印刷时间	教学总时数	面授辅导时、次数	电教辅导(录像串讲)时、次数	讨论时、次数	自学时数	作业时数	复习考试时数	考核方式	备注
科学社会主义经典文选	1998.10	133	28(7次)	3(1次)	4(2次)	62	25	11	闭卷	安排19周,每周7学时。1999年7月13日上午9:30—11:30考试,9月2日上午9:30—11:30补考。
社会主义市场经济概论	1998.4	133	28(7次)	3(1次)	4(2次)	62	25	11	闭卷	安排19周,每周7学时。1999年7月13日下午2:30—4:30考试,9月2日下午2:30—4:30补考。
马克思主义伦理学	1998.4	95	20(5次)			50	15	10	开卷	安排19周,每周5学时。考试时间由分院或直属学区统一安排。
世界近现代史	1997.10	38		6(2次)		28		4	写论文	安排19周,每周2学时。写一篇不少于4000字的论文。
党性教育	1998.10	19	8(2次)		2(1次)	6		3	写小结	安排19周,每周1学时。分院或直属学区可结合本地区实际,采用社会调查、请英模作报告等多种方式进行。
		418	84(21次)	12(4次)	10(5次)	208	65	39		

98级本科班第2学期行政管理专业教学计划

项目 / 时间 / 课程	教材版本或印刷时间	教学总时数	面授辅导时、次数	电教辅导（录像串讲）时、次数	讨论时、次数	自学时数	作业时数	复习考试时数	考核方式	备注
科学社会主义经典文选	1998.10	133	28（7次）	3（1次）	4（2次）	62	25	11	闭卷	安排19周，每周7学时。1999年7月13日上午9:30—11:30考试，9月2日上午9:30—11:30补考。
社会主义市场经济概论	1998.4	133	28（7次）	3（1次）	4（2次）	62	25	11	闭卷	安排19周，每周7学时。1999年7月13日下午2:30—4:30考试，9月2日下午2:30—4:30补考。
新时期党的建设概论	1998.4	95	20（5次）			50	15	10	开卷	安排19周，每周5学时。考试时间由分院或直属学区统一安排。
社会调查与统计	1997.10	38		6（2次）		28		4	写论文	安排19周，每周2学时。写一篇不少于4000字的论文。
党性教育	1998.10	19	8（2次）		2（1次）	6		3	写小结	安排19周，每周1学时。分院或直属学区可结合本地区实际，采用社会调查、请英模作报告等多种方式进行。
		418	84（21次）	12（4次）	10（5次）	208	65	39		

98级本科班第2学期经济管理专业教学计划

项目 / 时间 / 课程	教材版本或印刷时间	教学总时数	面授辅导时、次数	电教辅导（录像串讲）时、次数	讨论时、次数	自学时数	作业时数	复习考试时数	考核方式	备注
国际金融简明教程	1998.3	114	28（7次）	3（1次）	4（2次）	45	25	9	闭卷	安排19周，每周6学时。1999年7月13日上午9:30—11:30考试，9月2日上午9:30—11:30补考。
社会主义市场经济概论	1998.4	133	28（7次）	3（1次）	4（2次）	62	25	11	闭卷	安排19周，每周7学时。1999年7月13日下午2:30—4:30考试，9月2日下午2:30—4:30补考。
英语（第二册） 日语、俄语	1997.10	114	56（14次）	6（2次）		18	25	9	开卷	安排19周，每周6学时。考试时间由分院或直属学区统一安排。
中国区域经济管理概论	1998.4	38		6（2次）		28		4	写论文	安排19周，每周2学时。写一篇不少于4000字的论文。
党性教育	1998.10	19	8（2次）		2（1次）	6		3	写小结	安排19周，每周1学时。分院或直属学区可结合本地区实际，采用社会调查、请英模作报告等多种方式进行。
		418	120（30次）	18（6次）	10（5次）	159	75	36		

98级本科班第2学期涉外经济专业教学计划

课程＼项目＼时间	教材版本或印刷时间	教学总时数	面授辅导时、次数	电教辅导(录像串讲)时、次数	讨论时、次数	自学时数	作业时数	复习考试时数	考核方式	备注
英语(第二册) 日语、俄语	1997.10	152	72 (18次)	6 (2次)		36	25	13	闭卷	安排19周,每周8学时。1999年7月13日上午9:30—11:30考试,9月2日上午9:30—11:30补考。
社会主义市场经济概论	1998.4	133	28 (7次)	3 (1次)	4 (2次)	62	25	11	闭卷	安排19周,每周7学时。1999年7月13日下午2:30—4:30考试,9月2日下午2:30—4:30补考。
国际贸易理论与实务	1998.4	76	20 (5次)			33	15	8	开卷	安排19周,每周4学时。考试时间由分院或直属学区统一安排
中国对外贸易理论与政策	1998.6	38		6 (2次)		28		4	写论文	安排19周,每周2学时。写一篇不少于4000字的论文。
党性教育	1998.10	19	8 (2次)		2 (1次)	6		3	写小结	安排19周,每周1学时。分院或直属学区可结合本地区实际,采用社会调查、请英模作报告等多种方式进行。
		418	128 (32次)	15 (5次)	6 (3次)	165	65	39		

98级本科班第2学期政法专业教学计划

课程＼项目＼时间	教材版本或印刷时间	教学总时数	面授辅导时、次数	电教辅导(录像串讲)时、次数	讨论时、次数	自学时数	作业时数	复习考试时数	考核方式	备注
民法学分论	1998.6	133	28 (7次)	3 (1次)	4 (2次)	62	25	11	闭卷	安排19周,每周7学时。1999年7月13日上午9:30—11:30考试,9月2日上午9:30—11:30补考。
刑法总论	1998.3	133	28 (7次)	3 (1次)	4 (2次)	62	25	11	闭卷	安排19周,每周7学时。1999年7月13日下午2:30—4:30考试,9月2日下午2:30—4:30补考。
社会主义市场经济概论	1998.4	95	20 (5次)			50	15	10	开卷	安排19周,每周5学时。考试时间由分院或直属学区统一安排。
法律社会学	1998.10	38		6 (2次)		28		4	写论文	安排19周,每周2学时。写一篇不少于4000字的论文。
党性教育	1998.10	19	8 (2次)		2 (1次)	6		3	写小结	安排19周,每周1学时。分院或直属学区可结合本地区实际,采用社会调查、请英模作报告等多种方式进行。
		418	84 (21次)	12 (4次)	10 (5次)	208	65	39		

第七期领导干部函授班第 4 学期教学计划

课程 \ 时间 \ 项目	教材版本或印刷时间	教学总时数	面授辅导时、次数	电教辅导(录像串讲)时、次数	讨论时、次数	自学时数	作业时数	复习考试时数	考核方式	备注
行政法与行政诉讼法教程	1997.9	133	28（7 次）	3（1 次）	4（2 次）	62	25	11	闭卷	安排 19 周，每周 7 学时。1999 年 7 月 12 日下午 2:30—4:30 考试，9 月 2 日下午 2:30—4:30 补考。
中国历代治国思想要览	1996.8	114	20（5 次）			67	15	12	开卷	安排 19 周，每周 6 学时。考试时间由分院或直属学区统一安排。
辩证思维方法	1998.10	114	20（5 次）			67	15	12	开卷	安排 19 周，每周 6 学时。考试时间由分院或直属学区统一安排。
世界近现代史	1997.10	57		6（2 次）		45		6	写论文	安排 19 周，每周 3 学时。写一篇不少于 4000 字的论文。
		418	68（17 次）	9（3 次）	4（2 次）	241	55	41		

第八期领导干部函授班第 2 学期教学计划

课程 \ 时间 \ 项目	教材版本或印刷时间	教学总时数	面授辅导时、次数	电教辅导(录像串讲)时、次数	讨论时、次数	自学时数	作业时数	复习考试时数	考核方式	备注
领导科学概论	1998.4	133	28（7 次）	3（1 次）	4（2 次）	62	25	11	闭卷	安排 19 周，每周 7 学时。1999 年 7 月 13 日上午 9:30—11:30 考试，9 月 2 日上午 9:30—11:30 补考。
马克思主义政治经济学经典文选	1998.4	114	20（5 次）			67	15	12	开卷	安排 19 周，每周 6 学时。考试时间由分院或直属学区统一安排。
马克思主义伦理学	1998.4	114	20（5 次）			67	15	12	开卷	安排 19 周，每周 6 学时。考试时间由分院或直属学区统一安排。
中国政治制度史	1998.10	38		6（2 次）		28		4	写论文	安排 19 周，每周 2 学时。写一篇不少于 4000 字的论文。
党性教育	1998.10	19	8（2 次）		2（1 次）	6		3	写小结	安排 19 周，每周 1 学时。分院或直属学区可结合本地区实际，采用社会调查、请英模作报告等多种方式进行。
		418	76（19 次）	9（3 次）	6（3 次）	230	55	42		

97级大专班第5学期党政管理专业教学计划

项目 课程 时间	教材版本或印刷时间	教学总时数	面授辅导时、次数	电教辅导（录像串讲）时、次数	讨论时、次数	自学时数	作业时数	复习考试时数	考核方式	备注
公共行政学	1999.4	140	28（7次）	3（1次）	4（2次）	69	25	11	闭卷	安排20周，每周7学时。2000年1月12日上午9:30—11:30考试，3月4日上午9:30—11:30补考。
法学概论	1999.4	140	28（7次）	3（1次）	4（2次）	69	25	11	闭卷	安排20周，每周7学时。2000年1月12日下午2:30—4:30考试，3月4日下午2:30—4:30补考。
国家公务员制度概论	1997.10	100	20（5次）			55	15	10	开卷	安排20周，每周5学时。考试时间由分院或直属学区统一安排。
微机操作基础	1998.11	60	24（6次）	6（2次）		20	10（实习）		实习	安排20周，每周3学时。实习为上机时间。
		440	100（25次）	12（4次）	8（4次）	213	75	32		

97级大专班第5学期经济管理专业教学计划

项目 课程 时间	教材版本或印刷时间	教学总时数	面授辅导时、次数	电教辅导（录像串讲）时、次数	讨论时、次数	自学时数	作业时数	复习考试时数	考核方式	备注
经济法简明教程	1999.4	140	28（7次）	3（1次）	4（2次）	69	25	11	闭卷	安排20周，每周7学时。2000年1月12日上午9:30—11:30考试，3月4日上午9:30—11:30补考。
法学概论	1999.4	140	28（7次）	3（1次）	4（2次）	69	25	11	闭卷	安排20周，每周7学时。2000年1月12日下午2:30—4:30考试，3月4日下午2:30—4:30补考。
对外经济管理学	1999.4	100	20（5次）			55	15	10	开卷	安排20周，每周5学时。考试时间由分院或直属学区统一安排。
微机操作基础	1998.11	60	24（6次）	6（2次）		20	10（实习）		实习	安排20周，每周3学时。实习为上机时间。
		440	100（25次）	12（4次）	8（4次）	213	75	32		

97级大专班第5学期政法专业教学计划

项目 时间 课程	教材版本或印刷时间	教学总时数	面授辅导时、次数	电教辅导(录像串讲)时、次数	讨论时、次数	自学时数	作业时数	复习考试时数	考核方式	备注
刑事、民事诉讼法学教程	1999.4	140	28(7次)	3(1次)	4(2次)	69	25	11	闭卷	安排20周,每周7学时。2000年1月12日上午9:30—11:30考试,3月4日上午9:30—11:30补考。
行政法与行政诉讼法教程	1999.4	140	28(7次)	3(1次)	4(2次)	69	25	11	闭卷	安排20周,每周7学时。2000年1月12日下午2:30—4:30考试,3月4日下午2:30—4:30补考。
司法文书概论	1998.4	100	20(5次)			55	15	10	开卷	安排20周,每周5学时。考试时间由分院或直属学区统一安排。
微机操作基础	1998.11	60	24(6次)	6(2次)		20	10(实习)		实习	安排20周,每周3学时。实习为上机时间。
		440	100(25次)	12(4次)	8(4次)	213	75	32		

98级大专班第3学期党政管理专业教学计划

项目 时间 课程	教材版本或印刷时间	教学总时数	面授辅导时、次数	电教辅导(录像串讲)时、次数	讨论时、次数	自学时数	作业时数	复习考试时数	考核方式	备注
社会主义市场经济简明教程	1999.4	140	28(7次)	3(1次)	4(2次)	69	25	11	闭卷	安排20周,每周7学时。2000年1月13日上午9:30—11:30考试,3月4日上午9:30—11:30补考。
政治学原理	1999.4	140	28(7次)	3(1次)	4(2次)	69	25	11	闭卷	安排20周,每周7学时。2000年1月13日下午2:30—4:30考试,3月4日下午2:30—4:30补考。
国际共产主义运动史	1999.4	80	20(5次)			37	15	8	开卷	安排20周,每周4学时。考试时间由分院或直属学区统一安排。
社会主义社会学	1999.4	60		6(2次)		48		6	写论文	安排20周,每周3学时。写一篇不少于3000字的论文。
党性教育基础知识讲座(试用本)	1999.1	20	8(2次)		2(1次)	6		4	写心得	安排20周,每周1学时。分院或直属学区可结合本地区实际,采取社会调查、请英模作报告等多种方式进行。
		440	84(21次)	12(4次)	10(5次)	229	65	40		

98级大专班第3学期经济管理专业教学计划

课程＼项目＼时间	教材版本或印刷时间	教学总时数	面授辅导时、次数	电教辅导(录像串讲)时、次数	讨论时、次数	自学时数	作业时数	复习考试时数	考核方式	备注
社会主义市场经济简明教程	1999.4	140	28(7次)	3(1次)	4(2次)	69	25	11	闭卷	安排20周,每周7学时。2000年1月13日上午9:30—11:30考试,3月4日上午9:30—11:30补考。
财政学	1999.4	140	28(7次)	3(1次)	4(2次)	69	25	11	闭卷	安排20周,每周7学时。2000年1月13日下午2:30—4:30考试,3月4日下午2:30—4:30补考。
国家税收概论	1996.4	80	20(5次)			37	15	8	开卷	安排20周,每周4学时。考试时间由分院或直属学区统一安排。
微机操作基础	1998.11	60	24(6次)	6(2次)		20	10(实习)		实习	安排20周,每周3学时。实习为上机时间。
党性教育基础知识讲座(试用本)	1999.1	20	8(2次)		2(1次)	6		4	写心得	安排20周,每周1学时。分院或直属学区可结合本地区实际,采取社会调查、请英模作报告等多种方式进行。
		440	108(27次)	12(4次)	10(5次)	201	75	34		

98级大专班第3学期政法专业教学计划

课程＼项目＼时间	教材版本或印刷时间	教学总时数	面授辅导时、次数	电教辅导(录像串讲)时、次数	讨论时、次数	自学时数	作业时数	复习考试时数	考核方式	备注
民法学教程	1999.4	140	28(7次)	3(1次)	4(2次)	69	25	11	闭卷	安排20周,每周7学时。2000年1月13日上午9:30—11:30考试,3月4日上午9:30—11:30补考。
刑法概论	1998.10	140	28(7次)	3(1次)	4(2次)	69	25	11	闭卷	安排20周,每周7学时。2000年1月13日下午2:30—4:30考试,3月4日下午2:30—4:30补考。
行政法与行政诉讼法教程	1999.4	80	20(5次)			37	15	8	开卷	安排20周,每周4学时。考试时间由分院或直属学区统一安排。
中国法律史	1998.10	60		6(2次)		48		6	写论文	安排20周,每周3学时。写一篇不少于3000字的论文。
党性教育基础知识讲座(试用本)	1999.1	20	8(2次)		2(1次)	6		4	写心得	安排20周,每周1学时。分院或直属学区可结合本地区实际,采取社会调查、请英模作报告等多种方式进行。
		440	84(21次)	12(4次)	10(5次)	229	65	40		

99级大专班第1学期行政管理/经济管理专业教学计划

课程＼时间＼项目	教材版本或印刷时间	教学总时数	面授辅导时、次数	电教辅导(录像串讲)时、次数	讨论时、次数	自学时数	作业时数	复习考试时数	考核方式	备注
邓小平理论简明教程	1999.4	140	28(7次)	3(1次)	4(2次)	69	25	11	闭卷	安排20周，每周7学时。2000年1月14日上午9:30—11:30考试，3月4日上午9:30—11:30补考。
马克思主义哲学简明教程	1998.10	140	28(7次)	3(1次)	4(2次)	69	25	11	闭卷	安排20周，每周7学时。2000年1月14日下午2:30—4:30考试，3月4日下午2:30—4:30补考。
干部写作概论	1998.4	80	20(5次)			37	15	8	开卷	安排20周，每周4学时。考试时间由分院或直属学区统一安排。
知识经济概论	1999.4	60		6(2次)		48		6	写论文	安排20周，每周3学时。写一篇不少于3000字的论文。
党性教育基础知识讲座(试用本)	1999.1	20	8(2次)		2(1次)	6		4	写心得	安排20周，每周1学时。分院或直属学区可结合本地区实际，采取社会调查、请英模作报告等多种方式进行。
		440	84(21次)	12(4次)	10(5次)	229	65	40		

99级大专班第1学期法律专业教学计划

课程＼时间＼项目	教材版本或印刷时间	教学总时数	面授辅导时、次数	电教辅导(录像串讲)时、次数	讨论时、次数	自学时数	作业时数	复习考试时数	考核方式	备注
邓小平理论简明教程	1999.4	140	28(7次)	3(1次)	4(2次)	69	25	11	闭卷	安排20周，每周7学时。2000年1月14日上午9:30—11:30考试，3月4日上午9:30—11:30补考。
中国宪法概论	1999.4	140	28(7次)	3(1次)	4(2次)	69	25	11	闭卷	安排20周，每周7学时。2000年1月14日下午2:30—4:30考试，3月4日下午2:30—4:30补考。
法理学教程	1999.4	80	20(5次)			37	15	8	开卷	安排20周，每周4学时。考试时间由分院或直属学区统一安排。
知识经济概论	1999.4	60		6(2次)		48		6	写论文	安排20周，每周3学时。写一篇不少于3000字的论文。
党性教育基础知识讲座(试用本)	1999.1	20	8(2次)		2(1次)	6		4	写心得	安排20周，每周1学时。分院或直属学区可结合本地区实际，采取社会调查、请英模作报告等多种方式进行。
		440	84(21次)	12(4次)	10(5次)	229	65	40		

97级本科班第5学期党政管理专业教学计划

课程＼项目＼时间	教材版本或印刷时间	教学总时数	面授辅导时、次数	电教辅导(录像串讲)时、次数	讨论时、次数	自学时数	作业时数	复习考试时数	考核方式	备注
党务管理概论	1999.4	96	20(5次)			45	15	16	开卷	安排12周,每周8学时。考试时间由分院或直属学区统一安排。
中国政治制度史	1998.10	96	20(5次)			45	15	16	开卷	安排12周,每周8学时。考试时间由分院或直属学区统一安排。
社会调查与统计	1998.10	50		6(2次)		34		10	写心得或做作业	安排10周,每周5学时。写一篇心得体会或做5—10道作业题。
毕业论文		198		6(2次)		192(撰写论文和答辩)			答辩	撰写安排在前17周。1999年12月26日前交稿,最后两周论文答辩。
		440	40(10次)	12(4次)		316	30	42		1999年12月11、12两日总补考。

97级本科班第5学期行政管理专业教学计划

课程＼项目＼时间	教材版本或印刷时间	教学总时数	面授辅导时、次数	电教辅导(录像串讲)时、次数	讨论时、次数	自学时数	作业时数	复习考试时数	考核方式	备注
公务员应用文写作	1999.4	96	20(5次)			45	15	16	开卷	安排12周,每周8学时。考试时间由分院或直属学区统一安排。
当代西方政治制度	1998.4	96	20(5次)			45	15	16	开卷	安排12周,每周8学时。考试时间由分院或直属学区统一安排。
知识经济概论	1999.4	50		6(2次)		34		10	写心得	安排10周,每周5学时。写一篇心得体会。
毕业论文		198		6(2次)		192(撰写论文和答辩)			答辩	撰写安排在前17周。1999年12月26日前交稿,最后两周论文答辩。
		440	40(10次)	12(4次)		316	30	42		1999年12月11、12两日总补考。

97级本科班第5学期经济管理专业教学计划

项目 课程\时间	教材版本或印刷时间	教学总时数	面授辅导时、次数	电教辅导（录像串讲）时、次数	讨论时、次数	自学时数	作业时数	复习考试时数	考核方式	备注
管理会计简明教程	1998.4	96	20 （5次）			45	15	16	开卷	安排12周，每周8学时。考试时间由分院或直属学区统一安排。
现代西方经济学	1997.10	96	20 （5次）			45	15	16	开卷	安排12周，每周8学时。考试时间由分院或直属学区统一安排。
国民经济统计学	1998.4	50		6 （2次）		34		10	做作业	安排10周，每周5学时。做5—10道作业题。
毕业论文		198		6 （2次）		192 （撰写论文和答辩）			答辩	撰写安排在前17周。1999年12月26日前交稿，最后两周论文答辩。
		440	40 （10次）	12 （4次）		316	30	42		1999年12月11、12两日总补考。

97级本科班第5学期涉外经济专业教学计划

项目 课程\时间	教材版本或印刷时间	教学总时数	面授辅导时、次数	电教辅导（录像串讲）时、次数	讨论时、次数	自学时数	作业时数	复习考试时数	考核方式	备注
国际经济法教程	1998.4	96	20 （5次）			45	15	16	开卷	安排12周，每周8学时。考试时间由分院或直属学区统一安排。
国际投资和我国利用外资概论	1998.4	96	20 （5次）			45	15	16	开卷	安排12周，每周8学时。考试时间由分院或直属学区统一安排。
涉外经济法教程	1999.4	50		6 （2次）		34		10	写心得	安排10周，每周5学时。写一篇心得体会。
毕业论文		198		6 （2次）		192 （撰写论文和答辩）			答辩	撰写安排在前17周。1999年12月26日前交稿，最后两周论文答辩。
		440	40 （10次）	12 （4次）		316	30	42		1999年12月11、12两日总补考。

97 级本科班第 5 学期政法专业教学计划

时间 项目 课程	教材版本或印刷时间	教学总时数	面授辅导时、次数	电教辅导（录像串讲）时、次数	讨论时、次数	自学时数	作业时数	复习考试时数	考核方式	备注
刑事、民事、诉讼法学教程	1999.4	96	20（5 次）			45	15	16	开卷	安排 12 周，每周 8 学时。考试时间由分院或直属学区统一安排。
行政诉讼法教程	1999.4	96	20（5 次）			45	15	16	开卷	安排 12 周，每周 8 学时。考试时间由分院或直属学区统一安排。
金融法学	1999.4	50		6（2 次）		34		10	写心得	安排 10 周，每周 5 学时。写一篇心得体会。
毕业论文		198		6（2 次）		192（撰写论文和答辩）			答辩	撰写安排在前 17 周。1999 年 12 月 26 日前交稿，最后两周论文答辩。
		440	40（10 次）	12（4 次）		316	30	42		1999 年 12 月 11、12 两日总补考。

98 级本科班第 3 学期党政管理专业教学计划

时间 项目 课程	教材版本或印刷时间	教学总时数	面授辅导时、次数	电教辅导（录像串讲）时、次数	讨论时、次数	自学时数	作业时数	复习考试时数	考核方式	备注
马克思主义党的建设经典文选	1999.4	140	28（7 次）	3（1 次）	4（2 次）	69	25	11	闭卷	安排 20 周，每周 7 学时。2000 年 1 月 15 日上午 9:30—11:30 考试，3 月 5 日上午 9:30—11:30 补考。
法学基础	1999.4	140	28（7 次）	3（1 次）	4（2 次）	69	25	11	闭卷	安排 20 周，每周 7 学时。2000 年 1 月 15 日下午 2:30—4:30 考试，3 月 5 日下午 2:30—4:30 补考。
中国领导思想史简编	1998.4	80	20（5 次）			37	15	8	开卷	安排 20 周，每周 4 学时。考试时间由分院或直属学区统一安排。
当代西方政治制度	1998.4	60		6（2 次）		48		6	写论文	安排 20 周，每周 3 学时。写一篇不少于 4000 字的论文。
党性教育基础知识讲座（试用本）	1999.1	20	8（2 次）		2（1 次）	6		4	写心得	安排 20 周，每周 1 学时。分院或直属学区可结合本地区实际，采取社会调查、请英模作报告等多种方式进行。
		440	84（21 次）	12（4 次）	10（5 次）	229	65	40		

98级本科班第3学期行政管理专业教学计划

课程＼时间＼项目	教材版本或印刷时间	教学总时数	面授辅导时、次数	电教辅导(录像串讲)时、次数	讨论时、次数	自学时数	作业时数	复习考试时数	考核方式	备注
行政管理学教程	1999.4	140	28(7次)	3(1次)	4(2次)	69	25	11	闭卷	安排20周,每周7学时。2000年1月15日上午9:30—11:30考试,3月5日上午9:30—11:30补考。
法学基础	1999.4	140	28(7次)	3(1次)	4(2次)	69	25	11	闭卷	安排20周,每周7学时。2000年1月15日下午2:30—4:30考试,3月5日下午2:30—4:30补考。
中国政治制度史	1998.4	80	20(5次)			37	15	8	开卷	安排20周,每周4学时。考试时间由分院或直属学区统一安排。
组织行为学	1999.4	60		6(2次)		48		6	写论文	安排20周,每周3学时。写一篇不少于4000字的论文。
党性教育基础知识讲座(试用本)	1999.1	20	8(2次)		2(1次)	6		4	写心得	安排20周,每周1学时。分院或直属学区可结合本地区实际,采取社会调查、请英模作报告等多种方式进行。
		440	84(21次)	12(4次)	10(5次)	229	65	40		

98级本科班第3学期经济管理专业教学计划

课程＼时间＼项目	教材版本或印刷时间	教学总时数	面授辅导时、次数	电教辅导(录像串讲)时、次数	讨论时、次数	自学时数	作业时数	复习考试时数	考核方式	备注
宏观经济运行与管理	1999.4	140	28(7次)	3(1次)	4(2次)	69	25	11	闭卷	安排20周,每周7学时。2000年1月15日上午9:30—11:30考试,3月5日上午9:30—11:30补考。
货币银行学	1999.4	140	28(7次)	3(1次)	4(2次)	69	25	11	闭卷	安排20周,每周7学时。2000年1月15日下午2:30—4:30考试,3月5日下午2:30—4:30补考。
邓小平理论文选	1998.4	80	20(5次)			37	15	8	开卷	安排20周,每周4学时。考试时间由分院或直属学区统一安排。
国有资产管理概论	1999.4	60		6(2次)		48		6	写论文	安排20周,每周3学时。写一篇不少于4000字的论文。
党性教育基础知识讲座(试用本)	1999.1	20	8(2次)		2(1次)	6		4	写心得	安排20周,每周1学时。分院或直属学区可结合本地区实际,采取社会调查、请英模作报告等多种方式进行。
		440	84(21次)	12(4次)	10(5次)	229	65	40		

98级本科班第3学期涉外经济专业教学计划

课程＼时间＼项目	教材版本或印刷时间	教学总时数	面授辅导时、次数	电教辅导(录像串讲)时、次数	讨论时、次数	自学时数	作业时数	复习考试时数	考核方式	备注
国际税收教程	1999.4	140	28(7次)	3(1次)	4(2次)	69	25	11	闭卷	安排20周,每周7学时。2000年1月15日上午9:30—11:30考试,3月5日上午9:30—11:30补考。
货币银行学	1999.4	140	28(7次)	3(1次)	4(2次)	69	25	11	闭卷	安排20周,每周7学时。2000年1月15日上午9:30—11:30考试,3月5日下午2:30—4:30补考。
涉外经济会计	1998.10	80	20(5次)			37	15	8	开卷	安排20周,每周4学时。考试时间由分院或直属学区统一安排。
涉外经济法教程	1998.11	60		6(2次)		48		6	写论文	安排20周,每周3学时。写一篇不少于4000字的论文。
党性教育基础知识讲座(试用本)	1999.1	20	8(2次)		2(1次)	6		4	写心得	安排20周,每周1学时。分院或直属学区可结合本地区实际,采取社会调查、请英模作报告等多种方式进行。
		440	84(21次)	12(4次)	10(5次)	229	65	40		

98级本科班第3学期政法专业教学计划

课程＼时间＼项目	教材版本或印刷时间	教学总时数	面授辅导时、次数	电教辅导(录像串讲)时、次数	讨论时、次数	自学时数	作业时数	复习考试时数	考核方式	备注
行政法学	1998.11	140	28(7次)	3(1次)	4(2次)	69	25	11	闭卷	安排20周,每周7学时。2000年1月15日上午9:30—11:30考试,3月5日上午9:30—11:30补考。
刑法各论	1998.11	140	28(7次)	3(1次)	4(2次)	69	25	11	闭卷	安排20周,每周7学时。2000年1月15日下午2:30—4:30考试,3月5日下午2:30—4:30补考。
竞争法概论	1999.4	80	20(5次)			37	15	8	开卷	安排20周,每周4学时。考试时间由分院或直属学区统一安排。
计算机操作实用教程	1999.1	60	24(6次)	6(2次)		20	10(实习)		实习	安排20周,每周3学时。实习为上机时间。
党性教育基础知识讲座(试用本)	1999.1	20	8(2次)		2(1次)	6		4	写心得	安排20周,每周1学时。分院或直属学区可结合本地区实际,采取社会调查、请英模作报告等多种方式进行。
		440	108(27次)	12(4次)	10(5次)	201	75	34		

99级本科班第1学期行政管理专业教学计划

课程＼时间＼项目	教材版本或印刷时间	教学总时数	面授辅导时、次数	电教辅导(录像串讲)时、次数	讨论时、次数	自学时数	作业时数	复习考试时数	考核方式	备注
科学社会主义经典文选	1998.11	140	28（7次）	3（1次）	4（2次）	69	25	11	闭卷	安排20周，每周7学时。2000年1月16日上午9:30—11:30考试，3月5日上午9:30—11:30补考。
领导科学概论	1999.4	140	28（7次）	3（1次）	4（2次）	69	25	11	闭卷	安排20周，每周7学时。2000年1月16日下午2:30—4:30考试，3月5日下午2:30—4:30补考。
邓小平理论文选	1998.4	80	20（5次）			37	15	8	开卷	安排20周，每周4学时。考试时间由分院或直属学区统一安排。
知识经济概论	1999.4	60		6（2次）		48		6	写论文	安排20周，每周3学时。写一篇不少于4000字的论文。
党性教育基础知识讲座（试用本）	1999.1	20	8（2次）		2（1次）	6		4	写心得	安排20周，每周1学时。分院或直属学区可结合本地区实际，采取社会调查、请英模作报告等多种方式进行。
		440	84（21次）	12（4次）	10（5次）	229	65	40		

99级本科班第1学期经济管理/贸易经济专业教学计划

课程＼时间＼项目	教材版本或印刷时间	教学总时数	面授辅导时、次数	电教辅导(录像串讲)时、次数	讨论时、次数	自学时数	作业时数	复习考试时数	考核方式	备注
马克思主义政治经济学经典文选（《资本论》选编）	1999.4	140	28（7次）	3（1次）	4（2次）	69	25	11	闭卷	安排20周，每周7学时。2000年1月16日上午9:30—11:30考试，3月5日上午9:30—11:30补考。
市场经济法律制度概论	1999.4	120	28（7次）	3（1次）	4（2次）	51	25	9	闭卷	安排20周，每周6学时。2000年1月16日下午2:30—4:30考试，3月5日下午2:30—4:30补考。
英语（第一册） 日语、俄语	1998.4	120	56（14次）	3（1次）		24	25	12	开卷	安排20周，每周6学时。考试时间由分院或直属学区统一安排。
知识经济概论	1999.4	40		6（2次）		30		4	写论文	安排20周，每周2学时。写一篇不少于4000字的论文。
党性教育基础知识讲座（试用本）	1999.1	20	8（2次）		2（1次）	6		4	写心得	安排20周，每周1学时。分院或直属学区可结合本地区实际，采取社会调查、请英模作报告等多种方式进行。
		440	120（30次）	15（5次）	10（5次）	180	75	40		

99级本科班第1学期法律专业教学计划

课程＼时间＼项目	教材版本或印刷时间	教学总时数	面授辅导时、次数	电教辅导（录像串讲）时、次数	讨论时、次数	自学时数	作业时数	复习考试时数	考核方式	备注
社会主义法治论纲	1999.4	140	28（7次）	3（1次）	4（2次）	69	25	11	闭卷	安排20周，每周7学时。2000年1月16日上午9:30—11:30考试，3月5日上午9:30—11:30补考。
民法学总论	1999.4	140	28（7次）	3（1次）	4（2次）	69	25	11	闭卷	安排20周，每周7学时。2000年1月16日下午2:30—4:30考试，3月5日下午2:30—4:30补考。
马克思主义法学经典文选	1998.4	80	20（5次）			37	15	8	开卷	安排20周，每周4学时。考试时间由分院或直属学区统一安排。
知识经济概论	1999.4	60		6（2次）		48		6	写论文	安排20周，每周3学时。写一篇不少于4000字的论文。
党性教育基础知识讲座（试用本）	1999.1	20	8（2次）		2（1次）	6		4	写心得	安排20周，每周1学时。分院或直属学区可结合本地区实际，采取社会调查、请英模作报告等多种方式进行。
		440	84（21次）	12（4次）	10（5次）	229	65	40		

第七期领导干部函授班第5学期教学计划

课程＼时间＼项目	教材版本或印刷时间	教学总时数	面授辅导时、次数	电教辅导（录像串讲）时、次数	讨论时、次数	自学时数	作业时数	复习考试时数	考核方式	备注
市场经济法律制度概论	1999.4	96	20（5次）			45	15	16	开卷	安排12周，每周8学时。考试时间由分院或直属学区统一安排。
江泽民重要讲话选编	1999.4	30		6（2次）		14		10	写心得	安排10周，每周3学时。写一篇心得体会。
社会调查与统计	1998.10	30		6（2次）		14		10	写心得	安排10周，每周3学时。写一篇心得体会。
毕业论文		240		6（2次）		234（撰写论文和答辩）			答辩	撰写安排在前15周，1999年12月12日前交稿，最后两周答辩。
党性锻炼小结		44			4（2次）	40（写小结）				安排在16—17周，每周22学时，99年12月26日前交稿。
		440	20（5次）	18（6次）	4（2次）	347	15	36		1999年12月11、12两日总补考。

第八期领导干部函授班第3学期教学计划

项目 / 时间 / 课程	教材版本或印刷时间	教学总时数	面授辅导时、次数	电教辅导（录像串讲）时、次数	讨论时、次数	自学时数	作业时数	复习考试时数	考核方式	备注
宏观经济运行与管理	1999.4	140	28（7次）	3（1次）	4（2次）	69	25	11	闭卷	安排20周，每周7学时。2000年1月15日上午9:30—11:30考试，3月5日上午9:30—11:30补考。
中国领导思想史简编	1998.4	120	20（5次）			73	15	12	开卷	安排20周，每周6学时。考试时间由分院或直属学区统一安排。
新时期党的建设概论	1999.4	100	20（5次）			55	15	10	开卷	安排20周，每周5学时。考试时间由分院或直属学区统一安排。
当代中国政治制度	1998.10	60		6（2次）		48		6	写论文	安排20周，每周3学时。写一篇不少于4000字的论文。
党性教育基础知识讲座（试用本）	1999.1	20	8（2次）		2（1次）	6		4	写心得	安排20周，每周1学时。分院或直属学区可结合本地区实际，采取社会调查、请英模作报告等多种方式进行。
		440	76（19次）	9（3次）	6（3次）	251	55	43		

第九期领导干部函授班第1学期教学计划

项目 / 时间 / 课程	教材版本或印刷时间	教学总时数	面授辅导时、次数	电教辅导（录像串讲）时、次数	讨论时、次数	自学时数	作业时数	复习考试时数	考核方式	备注
马克思主义哲学经典文选	1998.4	140	28（7次）	3（1次）	4（2次）	69	25	11	闭卷	安排20周，每周7学时。2000年1月16日上午9:30—11:30考试，3月5日上午9:30—11:30补考。
邓小平理论文选	1998.4	120	20（5次）			73	15	12	开卷	安排20周，每周6学时。考试时间由分院或直属学区统一安排。
现代市场经济	1999.4	100	20（5次）			55	15	10	开卷	安排20周，每周5学时。考试时间由分院或直属学区统一安排。
知识经济概论	1999.4	60		6（2次）		48		6	写论文	安排20周，每周3学时。写一篇不少于4000字的论文。
党性教育基础知识讲座（试用本）	1999.1	20	8（2次）		2（1次）	6		4	写心得	安排20周，每周1学时。分院或直属学区可结合本地区实际，采取社会调查、请英模作报告等多种方式进行。
		440	76（19次）	9（3次）	6（3次）	251	55	43		

教 学 具 体 安 排

【教学具体安排概述】 教学具体安排是教学计划的具体化，由教材主编、副主编或主讲教师撰写。每学期均按不同年级、专业、班次编制，并于开学前4个月左右下发到各分院。教学具体安排分两类装订：一是包括各年级、班次、专业的合订本，供总院、分院、学区领导和职能部门使用；二是分年级、班次、专业装订的活页本，供教师和学员使用。在整个教学活动中起到大纲的作用。其内容包括：一、指导思想和目的要求；二、学习书目；三、学习时间；四、教学安排；五、复习考试。1999年上半年教学具体安排：大专班3个专业、8个班次，设考试课19门（闭卷课10门，开卷课9门）；本科班5个专业、10个班次，设考试课23门（闭卷课14门，开卷课9门）；领导干部函授班2个班次，设考试课6门（闭卷课2门，开卷课4门）。1999年下半年增加99级的课程，教学具体安排：大专班3个专业、3个班次，设考试课9门（闭卷课6门，开卷课3门）；本科班4个专业、4个班次，设考试课12门（闭卷课8门，开卷课4门）；99级领导干部函授班设考试课3门（闭卷课1门，开卷课2门）。（李成玉）

【《思想政治工作教程》教学具体安排】 （96级大专班第6学期经济管理专业考查课）一、目的要求：通过学习，比较系统地了解思想政治工作这门科学的基本理论，正确认识新形势下思想政治工作的地位作用和目的任务，努力掌握新形势下思想政治工作的基本内容、方针原则和方法艺术，认真搞好新形势下的政工队伍建设，切实加强党对思想政治工作的领导和管理。二、学习总时数：80学时，每周8学时，安排10周；其中，面授5次，20学时。三、教学安排：分四个单元。第一单元（序言、第1章）：学习时数，8学时；面授1次，4学时。学习重点：学习和研究思想政治工作这门科学的重要意义；毛泽东和邓小平对党的思想政治工作学说形成和发展的重要贡献；思想政治工作的研究对象和基本规律；思想政治工作教育和管理的基本原理。第二单元（第2—4章）：学习时数，24学时。面授两次，8学时。学习重点：思想政治工作仍然是经济工作和其他一切工作的生命线；思想政治工作是新形势下推动物质生产力和精神生产力发展的重要保证；思想政治工作在新形势下的根本任务和在当前的首要任务；思想政治工作要坚持不懈地对人们进行基本路线教育和社会主义优越性教育。第三单元（第5—7章）：学习时数，16学时；面授1次，4学时。学习重点：思想政治工作要坚持“两手抓”的战略方针和疏导的具体工作方针；思想政治工作与物质利益相结合的原则；思想政治工作的一般工作原则；思想政治工作的科学方法。第四单元（第8、9章）：学习时数，16学时；面授1次，4学时。学习重点：正确认识和评价思想政治工作者的劳动价值；不断提高思想政治工作者的基本素质；党委要高度重视对思想政治工作的领导和管理；坚持和维护党委的政治领导核心地位。四、复习考试：第9、10周。（姚东锋）

【《管理心理学》教学具体安排】 （96级大专班第6学期党政管理专业考查课）一、目的要求：通过学习，要充分认识人的因素在现代管理中的重要性；了解并把握管理者和被管理者心理活动的规律和特点；探索激发人的工作积极性、人的个性差异、群体心理动力和功能、调适人际关系和寻求最佳领导方式等课题。二、学习总时数：80 学时，每周 8 学时，安排 10 周；其中，面授 5 次，20 学时。三、教学安排：分四个单元。第一单元（第 1、2 章）：学习时数，8 学时；面授 1 次，4 学时。学习重点：心理现象及其实质；管理心理学的对象、内容、任务和方法；现代管理理论中以人为本的思想；西方管理理论中的人性理论；科学管理中重视人的因素研究。第二单元（第 3—6 章）：学习时数，24 学时；面授 1 次，4 学时。学习重点：关于人的需要的概念；马克思主义关于需要的论述；需要的属性；需要与管理；马斯洛的需要理论评述；动机及其特征；动机的功能和类别；情绪和情感的性质；情绪和情感的分类；情绪与工作效率的关系；不良情绪的调适；什么是激励；激励过程及其制约因素；激励的原则和方法；个性差异的概念；能力差异与管理；气质、性格差异与管理；心理卫生的一般概念；心理异常及预防。第三单元(第 7、8 章):学习时数,16 学时;面授 1 次,4 学时。学习重点:关于群体的概念;群体的士气和凝聚力;非正式群体形成、作用和引导;人际关系及其实质;建立良好的人际关系的障碍;建立良好人际关系的条件;改善人际关系的途径。第四单元(第 9、10 章):学习时数,16 学时;面授 2 次,8 学时。学习重点:领导的涵义;领导的基本形态;领导的基本功能;领导者的影响力;现代领导者应有的心理素质;组织概念和要素;组织结构层次和管理幅度;组织中的责任制;组织改革的动力和阻力。四、复习考试：第 9、10 周。 （姚东锋）

【《社会保障概论》教学具体安排】（96 级大专班第 6 学期经济管理专业考查课）一、目的要求：通过学习，了解和掌握社会保障的基本理论、基本政策、重要法律法规制度、基本知识和实务等重要内容，从而不断提高学员有关社会保障方面的理论和业务水平，进一步搞好社会保障工作。在学习过程中，要以马克思主义社会保障理论为指导，以党和国家有关方针、政策和法规为依据，注意理论联系实际，研究新情况、探索和解决实际问题，为建立有中国特色的新型的适应社会主义市场经济发展需要的社会主义社会保障体系作出贡献。二、学习总时数：80 学时，每周 8 学时，安排 10 周；其中，面授 5 次，20 学时。三、教学安排：分三个单元。第一单元（第 1—7 章）：学习时数，24 学时；面授 2 次，8 学时。学习重点：社会保障的基本原理，含概念、特征、对象、作风、原则、我国社会保障制度改革的主要任务及其措施；职工养老保险的定义、养老保险制度与退休制度的区别，改革养老保险制度的原则以及养老保险制度的类型（或层次），改革养老保险制度的措施；国家公务员社会保障制度的概念、建立国家公务员保障制度的原则、实行公务员退休制度的作用；农村社会养老保险的概念、必要性、特征、作用和原则及其改革措施；社会保险制度的结构，其中包括：疾病保险的概念及其建立原则，生育保险的定义、意义和特点，工伤保险的概念、意义及其原则，医疗保险的含义及其特征、作用、原则，职业病的概念及其种类；失业保险的概念、特征、原则以及改革失业保险制度的途径。第二单元（第 8—10 章）：学习时数，16 学时；面授 1 次，4 学时。学习重点：社会救济的概念、性质、作用、原则及其种类；社会福利的含义、性质、作用、原则及其改革的措施；社区服务的概念和特征；优抚安置制度的含义、作用、原则及其改革方向。第三单元（第 11—15 章）：学习时数，24 学时；面授

2次，8学时。学习重点：社会保障管理体制概念的内涵、社会保障管理机构设置的原则，社会保障管理的概念和内容，完善社会保障体制的措施；社会保障基金的基本原则、筹集方式、运用原则；实行社会保险业务管理现代化的必要性，如何建立和发展我国社会保险自动化管理系统；社会保障法的含义及其调整对象，社会保障立法的作用，社会保障法制建设的原则，完善社会保障法制体系的途径；国外社会保障制度比较，主要是对世界各国的社会保障基本原理、模式、基金筹集运用和管理机构发展趋势等进行比较。四、复习考试：第9、10周。

（姚东锋）

【《农村经济管理学》教学具体安排】（96级大专班第6学期经济管理专业考查课）一、目的要求：通过学习，从理论与实践的结合上了解我国农村经济体制改革与农村经济发展的基本情况，掌握农村经济发展的基本规律，明确加强农村经济管理的基本原则，自觉促进农村经济管理的不断完善，推动农村经济的全面发展。二、学习总时数：80学时，每周8学时，安排10周；其中，面授5次，20学时。三、教学安排：分三个单元。第一单元（第1—6章）：学习时数，16学时；面授1次，4学时。学习重点：掌握农村经济管理的基本内容、目标及原则；了解农业生产的特点、规律；明确农业在国民经济中的地位和作用及加速农业发展的措施；搞清农村经济体制的基本特征及其发展变化；了解农村合作经济、个体经济、私营经济等经济成分的形成、发展变化过程，明确其性质、特点及其在国民经济中的地位和作用，掌握对其管理的原则。第二单元（第7—12章）：学习时数，24学时；面授2次，8学时。学习重点：了解农村产业结构的成因及特点，掌握调整农村产业结构的基本原则；了解农村商品经济发展的特点、趋势及调节手段；了解农村土地与劳动力资源的开发、利用状况及加强管理的基本原则；明确粮食流通体制改革的基本原则；掌握乡镇企业的发展状况，充分认识乡镇企业的地位与作用；充分认识加强乡镇企业管理的重要性。第三单元（第13—18章）：学习时数，24学时；面授2次，8学时。学习重点：了解农村商品流通的地位和作用，认识疏通商品流通渠道，促进农村市场发育的重要性；了解农产品价格体系，掌握价格变化规律，以及价格体制改革和价格管理的基本原则；了解农村资金的聚集、分配的形式和作用，掌握加强资金管理与改革农村金融体制的基本原则；懂得农村消费的构成及正确引导农村消费的意义；明确农村现代化的主要任务，了解实现农村现代化的有利条件和困难；认清农村精神文明建设的重要意义，自觉推动农村精神文明建设。四、复习考试：第9、10周。

（姚东锋）

【《政治学原理》教学具体安排】（97级大专班第4学期、98级大专班第3学期党政管理专业考试课）一、目的要求：通过学习，从理论和实践的结合上搞清国家的实质和形式，以及与此相关的阶级、政党、人民、政治家、政治战略、民族和国际政治等知识，提高对我国政治体制改革必要性的认识，自觉地推进有中国特色社会主义民主政治的建设、二、学习总时数：133学时，每周7学时，安排19周；其中，面授7次，28学时；电教辅导1次，3学时。三、教学安排：分三个单元。第一单元（导论、第1、2章）：学习时数，28学时；面授3次，12学时。学习重点：国家的起源；国家的实质和主要职能；国体和政体的相互关系；资本主义和社会主义国家机构的基本组织原则和区别。第二单元（第3—7章）：学习时数，70学时；面授3次，12学时。学习重点：马克思主义的阶级和阶级斗争理论；社会主义社会阶级斗争的特点和趋势；社会主义政治体制改革的必要性和方法；我国政党制度的特点和优越性；人民、政治家、阶级和政党的关系；资本主义国家和社会主义国家人民的不同地位和作用；政治战略和策略的关系及原则；政策问题和如何实现决策的科学化和民主化；社会主义民族问题的复杂性和长期性。第三单元（第 8 章）：学习时数，21 学时；面授 1 次，4 学时。学习重点：帝国主义国家和社会主义国家对外政策的区别。四、复习考试：第 18、19 周。

（姚东锋）

【《社会主义市场经济简明教程》教学具体安排】（97 级大专班第 4 学期、98 级大专班第 3 学期党政管理专业、经济管理专业考试课、98 级大专班第 2 学期政法专业考查课）一、目的要求：通过学习，切实搞清市场经济的基本概念，真正弄懂社会主义市场经济的一系列重要理论问题，初步学会按照市场经济规律从事经济活动，取得做好经济工作的主动权，自觉参加社会主义改革开放和现代化建设事业。二、学习总时数：133 学时，每周 7 学时，安排 19 周；其中，面授 7 次，28 学时；电教辅导 1 次，3 学时。三、教学安排：分四个单元。第一单元（第 1 章）：学习时数，14 学时；面授 1 次，4 学时。学习重点：社会主义社会发展市场经济的客观性；市场经济的一般特征和功能；社会主义市场经济的基本特征；社会主义市场经济的所有制基础；社会主义市场经济的运行机制。第二单元（第 2—5 章）：学习时数，56 学时，面授 3 次，12 学时。学习重点：经济体制的涵义及模式；我国经济体制改革的目标是建立社会主义市场经济体制；现代企业制度的内涵和我国要建立的现代企业制度的基本特征；加快推进国有企业改革；市场与市场体系的涵义及市场体系的内在结构；社会主义市场经济体系的特征和作用；社会主义市场经济需要有效的宏观调控；社会主义市场经济宏观调控的主要任务、手段和政策。第三单元（第 6—8 章）：学习时数，35 学时；面授 2 次，8 学时。学习重点：社会主义初级阶段个人收入分配实行以按劳分配为主体、多种分配方式共存的制度；社会主义市场经济中的社会保障制度；农业、农村和农民问题在我国经济发展中的重要性；深化农村改革，稳定和完善农村基本经营制度，调整农村经济结构、发展农业生产；社会主义市场经济要求对外开放；我国对外开放的政策和对外开放的实践；对外经济交往中按国际经贸规则办事。第四单元（第 9、10 章）：学习时数，14 学时；面授 1 次，4 学时。学习重点：“依法治国”是党领导人民治理国家的基本方略；建立社会主义市场经济法律体系的基本原则；加快经济立法和严格执法的重要性；美、日、德三国市场经济体制的比较和借鉴。四、复习考试：第 18、19 周。

（姚东锋）

【《国际共产主义运动史》教学具体安排】（97 级大专班第 4 学期、98 级大专班第 3 学期党政管理专业考查课）一、目的要求：通过学习，掌握马克思主义关于共产主义理论产生的社会历史条件及其与工人运动相结合变为现实社会制度，进而推动社会进步的发展历程、发展规律和经验教训，以便加深对社会主义必然代替资本主义客观进程的认识，坚定共产主义信念，提高思想理论和政治素质，更加自觉地投入建设有中国特色社会主义伟大事业。二、学习总时数：95 学时，每周 5 学时，安排 19 周；其中，面授 5 次，20 学时。三、教学安排：分四个单元。第一单元（绪论、第 1—3 章）：学习时数，25 学时；面授 1 次，4 学时。学习重点：了解国际共产主义运动史的研究对象和一般特点；弄清马克思主义诞生的标志和工人运动兴起并发展为共产主义的进程；了解第一国际建立的历史背景和意义；掌握马克思、恩格斯指导无产阶级国际联合、开展反对资本统治与克服工人运动内部各种错误思潮的斗争的基本理论和实践；熟悉巴黎公社革命的历史意义和重要经验教训；掌握欧美国家普遍建立社会主义工人政党并发展为国际联合组织——第二国际的时代背景、重要活动和产生的理论与策略分歧，弄清马克思主义者反对修正主义者斗争的内容与意义；把握列宁主义诞生的历史条件、基本标志和时代意义。第二单元（第4、5章）：学习时数，20学时；面授1次，4学时。学习重点：掌握进入垄断资本主义时代，以列宁为代表的布尔什维克在1905年民主革命中的策略及其同孟什维克斗争的内容；弄清布尔什维克党在列宁领导下夺取俄国十月社会主义革命胜利的历史条件和世界历史意义；掌握列宁提出新经济政策的主要内容及其对经济不发达国家建设社会主义的理论和实践意义；弄清斯大林领导苏联人民建设社会主义的历史成就和基本经验教训；弄清第二国际破产的历史教训；掌握共产国际建立的历史意义及其在中期活动的主要贡献和错误。第三单元（第6、7章）：学习时数，15学时；面授1次，4学时。学习重点：弄清各国共产党和工人阶级在反法西斯斗争中的作用；熟悉西班牙民族革命战争的经验教训；掌握共产国际确立反法西斯统一战线战略方针的历史背景和实践意义；了解“二战”胜利后，欧亚一系列社会主义国家建立的条件、经验和历史意义；弄清欧洲共产党和工人党情报局的功过和重要教训；了解中苏两党从意见分歧到党际关系破裂的原因和教训。第四单元（第8—10章、结束语）：学习时数，25学时；面授2次，8学时。学习重点：了解“二战”结束以来，社会主义和工人运动在西方资本主义国家和第三世界取得的新发展；认识西方资本主义国家和发展中国家如何走适合本国实际的社会主义道路，仍处于不断探索的过程中；弄清民族民主国家选择非资本主义发展道路的时代历史背景和值得总结的经验教训；弄清社会主义国家改革的必然性和改革中出现的两种不同方向、不同结果；认真总结苏联、东欧剧变的原因和教训；认识中国特色社会主义理论和实践的时代意义；认识社会主义和工人运动发生曲折的难于避免和前进的不可阻挡。四、复习考试：第18、19周。（姚东锋）

【《工业企业经营管理概论》教学具体安排】

（97级大专班第4学期经济管理专业考试课）一、目的要求：通过学习，懂得国有企业由生产型向经营型转变的必要性；掌握工业企业经营管理的基本理论和方法；了解工业企业经营管理活动的基本过程和内容。从而树立现代管理意识，提高运用所学理论分析和解决现实问题的能力。二、学习总时数：133学时，每周7学时，安排19周；其中，面授7次，28学时；电教辅导1次，3学时。三、教学安排：分四个单元。第一单元（第1章）：学习时数，7学时；面授1次，4学时。学习重点：《工业企业经营管理概论》结构体系；工业企业经营管理的研究对象；学习工业企业经营管理的重要意义。第二单元（第2章）：学习时数，14学时；面授1次，4学时。学习重点：企业经营机制的含义；转换企业经营机制的必要性；建立适应市场经济需要的新的企业经营机制。第三单元（第3—9章）：学习时数，49学时；面授3次，12学时。学习重点：企业经营决策、产品决策、销售决策、财务决策的含义、重要性和方法；市场调查、市场预测的含义、方法和在科学决策中的重要地位；企业生产经营计划的制定和实施。第四单元（第10—16章）：学习时数，49学时；面授2次，8学时。学习重点：企业经营诊断的含义、内容和程序；一系列现代管理方法——全面质量管理、价值工程、ABC分析法、目标管理等内容、原理、方法以及重要性;企业文化的内容和特点,建设具有中国特色企业文化的具体道路;经济核算的内容和方法,它在工业经营管理中的重要性。四、复习考试:第18、19周。 (姚东锋)

【《国内贸易经济管理》教学具体安排】 (97级大专班第4学期经济管理专业考试课)一、目的要求:通过学习,掌握商品流通的基本知识,了解商品流通的基本政策,懂得商品流通的基本经济关系,探索商品流通的基本规律,从理论与实践的结合上提高对商品流通在国民经济中的地位和作用的认识,坚持为人民生活与经济建设服务的根本宗旨,确立适应社会主义市场经济体制需要的商品流通体系。二、学习总时数:133学时,每周7学时,安排19周;其中,面授7次,28学时;电教辅导1次,3学时。三、教学安排:分四个单元。第一单元(第1、2章):学习时数,28学时;面授2次,8学时。学习重点:马克思主义流通理论;国内贸易经济管理在国民经济中的地位与作用;国内贸易经济管理方法;商流、物流、信息流、资金流的概念,商流、物流、信息流在商品流通中的各自功能。第二单元(第3、4章):学习时数,35学时;面授2次,8学时。学习重点:国内贸易的主体、客体、载体与中介组织;生产资料、农产品与日用工业品的流通体系与交易方式;连锁经营、代理的概念及推行的意义。第三单元(第5、7、9、10章):学习时数,35学时;面授2次,8学时。学习重点:国内贸易中的四大体系,即商品市场体系、商贸法律体系、宏观调控体系与行政管理体系的基本理论知识;重点把握商品市场的特征、功能与作用;加强国内贸易法制建设意义;在社会主义市场经济条件下,加强国家宏观调控的重要性;国内贸易行政管理、工商管理、国有资产管理的主要任务。第四单元(第6、8章):学习时数,21学时;面授1次,4学时。学习重点:商品流通过程中价格的形成、增值税的缴纳和利润的构成;改革开放以来流通体制改革取得的巨大成绩及发展趋势。四、复习考试:第18、19周。

(姚东锋)

【《中共党史简编》教学具体安排】 (98级大专班第2学期党政管理专业、政法专业考试课,97级大专班第4学期经济管理专业考查课)一、目的要求:通过学习,正确总结历史经验教训,提高贯彻执行党在社会主义初级阶段基本路线的自觉性,继承和发扬党的优良传统作风。二、学习总时数:133学时,每周7学时,安排19周;其中,面授7次,28学时;电教辅导1次,3学时。三、教学安排:分三个单元。第一单元(导言,第1—5章):学习时数,49学时;面授3次,12学时。学习重点:中国半殖民地半封建社会的特点和主要矛盾;中国共产党是马克思主义同中国工人运动相结合的产物;第一次大革命失败的原因和教训;关于农村包围城市革命道路的理论;王明“左”倾冒险主义错误;遵义会议及其历史意义;关于新民主主义革命的理论;延安整风运动及其历史意义;中国共产党第七次全国代表大会的历史功绩;中共七届二中全会的基本内容;关于人民民主专政的理论;中国新民主主义革命胜利的基本经验。第二单元(第6—8章):学习时数,35学时;面授2次,8学时。学习重点:建国后三年党的中心任务总的方针;关于社会主义革命的理论和党在过渡时期的总路线;中国共产党第八次全国代表大会的历史功绩;关于社会主义社会矛盾的新学说;“大跃进”和人民公社化运动的错误;“文化大革命”的错误及其主要教训。第三单元(第9、10章和结束语):学习时数,35学时;面授2次,8学时。学习重点:中共十一届三中全会及其历史意义；改革开放和社会主义现代化建设的巨大成就；中国共产党第十四次全国代表大会及其历史意义；邓小平理论的历史地位、基本内容和指导意义；党在社会主义初级阶段的基本路线；中国共产党第十五次全国代表大会及其历史意义；中国共产党历史的基本经验。四、复习考试：第18、19周。

（姚东锋）

【《刑法概论》教学具体安排】（97级大专班第4学期、98级大专班第3学期政法专业考试课）一、目的要求：通过学习，从刑法学的基本原则与同犯罪作斗争的实际相结合的基础上，理解和掌握刑法的概念、任务和基本原则，犯罪和犯罪构成的理论、刑罚的理论以及十类罪和重点罪的主要特征，学会运用刑法理论分析各种具体犯罪，正确区分罪与非罪、此罪与彼罪的界限，以便依法同犯罪作斗争，保护改革开放和社会主义现代化建设。二、学习总时数：133学时，每周7学时，安排19周；其中，面授7次，28学时；电教辅导1次，3学时。三、教学安排：分五个单元。第一单元（第1—3章）：学习时数，14学时；面授1次，4学时。学习重点：刑法的本质，我国刑法的任务、基本原则和效力范围；犯罪的概念、本质和基本特征；犯罪构成的概念；犯罪客体的概念、犯罪客体与犯罪对象的区别。第二单元（第4—7章）：学习时数，21学时；面授1次，4学时。学习重点：犯罪客观方面的概念和必要条件、危害行为和危害结果；犯罪主体的概念和要件，刑事责任年龄和刑事责任能力的概念及其规定；单位犯罪的概念、主要特征和刑事责任；犯罪主观方面的概念，何谓故意犯罪，何谓过失犯罪，何谓犯罪的目的和动机；正当防卫的概念和构成条件，何谓无过当防卫，紧急避险的概念和构成条件。第三单元（第8—11章）：学习时数，21学时；面授1次，4学时。学习重点：犯罪预备、未遂和中止的概念、特征及成立要件；共同犯罪的概念和条件，犯罪集团的特点，共同犯罪人的分类及其处罚；刑罚的概念和本质，刑罚权，刑罚的目的、种类；累犯、自首、主动的概念及其成立条件；数罪并罚的概念及其原则；缓刑、减刑、假释的概念及其适用条件。第四单元（第12—17章）：学习时数，35学时；面授2次，8学时。学习重点：危害国家安全罪的概念和共同特征以及教材中第13章所标明的重点罪；危害公共安全罪的概念和共同特征以及教材中第14章所标明的重点罪；破坏社会主义市场经济秩序罪的概念和共同特征以及教材第15章各节所标明的重点罪；侵犯公民人身权利、民主权利罪的概念和共同特征以及教材第16章所标明的重点罪；侵犯财产罪的概念和共同特征以及教材第17章所标明的重点罪。第五单元（第18—22章）：学习时数，28学时；面授2次，8学时。学习重点：妨害社会管理秩序罪的概念和共同特征以及教材第18章所标明的重点罪；危害国防利益罪的概念和共同特征以及教材第19章所标明的重点罪；贪污贿赂罪的概念和共同特征以及教材20章所标明的重点罪；渎职罪的概念和共同特征以及教材第21章所标明的重点罪；军人违反职责罪的概念和共同特征以及教材第22章所标明的重点罪。四、复习考试：第18、19周。

（姚东锋）

【《民法学教程》教学具体安排】（97级大专班第4学期、98级大专班第3学期政法专业考试课）一、目的要求：通过学习，使学员弄清民法和商品经济、市场经济的关系，进而了解民法的基本理论和基本制度，把握民法在市场法制体系中的基础地位和主导作用，学会运用所学的民法理论知识去分析现实生活中各种各样的民事法律关系，自觉地运用民法手段保护公民和法人的合法民事权益，为维护公民的基本人权和促进社会主义市场经济发展服务。二、学习总时数：133学时，每周7学时，安排19周；其中，面授7次，28学时；电教辅导1次，3学时。三、教学安排：分五个单元。第一单元（第1—3章）：学习时数，21学时；面授2次，8学时。学习重点：民法的概念和本质，民法与社会主义市场经济的关系，民法的基本原则；民事法律关系的要素及其产生、变更和消灭；民事权利和民事义务的概念、本质和分类，公民的民事权利能力和民事行为能力；个体工商户、农村承包经营户以及个人合伙的概念和财产责任；法人民事权利能力的范围和法人民事行为能力实现的特点，法人成立、变更、消灭的程序。第二单元（第4、5章）：学习时数，21学时；面授1次，4学时。学习重点：民事法律行为的概念、特征及其构成要件；无效民事行为和可撤销民事行为；附条件和附期限民事法律行为；代理的类型及其产生根据，代理权行使的原则，无权代理的认定。第三单元（第6—8章）：学习时数，35学时；面授2次，8学时。学习重点：物权的变动；所有权概念及其权能内容，所有权的取得和消灭；他物权的种类和各种具体他物权的权能；共有的分类和共有财产的分割方法；相邻关系的处理原则；债的几种重要分类及其意义，债的履行原则以及债的不履行的民事责任；各种具体的担保方式；不当得利与无因管理；知识产权的概念、特征、范围和种类。第四单元（第9、10章）：学习时数，21学时；面授1次，4学时。学习重点：遗产的范围，法定继承人的范围和顺序，代位继承和转继承，遗产分配的原则；遗嘱的有效条件、遗嘱的变更、撤销和执行；接受和放弃继承、遗赠的效力；人格权和身份权的区别。第五单元（第11、12章）：学习时数，21学时；面授1次，4学时。学习重点：民事责任制度的意义，归责原则及其正确运用；民事责任的形式；侵权与违约责任；诉讼时效和期限的概念及其意义。四、复习考试：第18、19周。

（姚东锋）

【《中国法律史》教学具体安排】（97级大专班第4学期政法专业考查课）一、目的要求：通过学习，使学员掌握中国法律史的基本知识、发展过程及其规律，能够运用历史唯物主义的观点和阶级分析的方法，总结中国法律史发展的经验、教训，加深对马克思主义法学理论的理解，提高法学理论和知识素养，为进一步学习部门法、全面掌握理解社会主义法学打好基础，为建设具有中国特色的社会主义法学提供历史依据。二、学习总时数：95学时，每周5学时，安排19周；其中，面授5次，20学时。三、教学安排：分五个单元。第一单元（前言、第1、2章）：学习时数，20学时；面授1次，4学时。学习重点：中国古代社会的一般特点；中华法系及其特点；神权法思想及其演变过程；“以德配天”的君权神授说；“礼治”思想及其对政治法律活动的影响；“明德慎罚”思想及其影响；夏商西周的立法概况；商朝的刑事法律规范；西周的民事法律规范。第二单元（第3、4章）：学习时数，15学时；面授1次，4学时。学习重点：春秋战国时期法律思想繁荣的社会背景及其基本状况；儒家的法律思想；法家的法律思想；春秋末期的“铸刑书（鼎）”事件；《法经》；战国时期法律制度的转型。第三单元（第5—8章）：学习时数，25学时；面授1次，4学时。学习重点：封建正统法律思想形成的过程、主要内容、特征和社会化的表现；董仲舒的法律思想；秦汉隋唐的立法概况；秦汉的法律形式；秦律的主要内容、特点；汉初的刑罚改革及其意义；三国两晋南北朝时期的法律形式及其法律制度的变化；唐律的主要内容、特点及其历史地位。第四单元（第9—11章）：学习时数，15学时；

面授1次，4学时。学习重点：朱熹法律思想的主要内容；封建正统法律思想的局部深化；黄宗羲的启蒙主义法律思想；《宋刑统》、《大明律》的变化；宋朝法律制度的发展；清朝的立法活动及其特点；明清法律制度的特点。第五单元（第12、13章）：学习时数，10学时；面授1次，4学时。学习重点：资产阶级改良派的立宪思想；清末修律中的礼法之争；清末修律的主要活动；清末司法制度的变化。四、复习考试：第18、19周。（姚东锋）

【《政治经济学（资本主义部分）》教学具体安排】（98级大专班第2学期党政管理、经济管理专业考试课）一、目的要求：通过学习，掌握商品经济的基本原理，了解资本主义经济制度的本质及其发展规律，认识资本主义社会被社会主义社会代替的客观必然性，坚定共产主义信念，增强高举邓小平理论旗帜的自觉性。二、学习总时数：133学时，每周7学时，安排19周；其中，面授7次，28学时；电教辅导1次，3学时。三、教学安排：分五个单元。第一单元（第1—3章）：学习时数，21学时；面授1次，4学时。学习重点：政治经济学研究的对象和学习政治经济学（资本主义部分）的意义；商品经济和价值规律；资本主义经济制度的形成。第二单元（第4、5章）：学习时数，21学时；面授2次，8学时。学习重点：资本的本质和剩余价值的生产；资本的技术构成；资本主义积累的一般规律。第三单元（第6、7章）：学习时数，28学时；面授1次，4学时。学习重点：资本循环及其必须具备的条件；社会总资本及其运动的特点；社会总资本再生产的实现条件。第四单元（第8—11章）：学习时数，28学时；面授2次，8学时。学习重点：剩余价值转化为利润，平均利润的形成；商业资本及其在资本主义经济中的作用；信用及其在资本主义经济中的作用；资本主义地租；资本主义经济危机。第五单元（第12—14章）：学习时数，21学时；面授1次，4学时。学习重点：帝国主义的基本经济特征；国家垄断资本主义；垄断资本主义经济中的国家调节。四、复习考试：第18、19周。（姚东锋）

【《中国近代史》教学具体安排】（98级大专班第2学期党政管理专业考查课）一、目的要求：通过学习，了解中国近代史的基本内容，熟悉中国近代史上的重大历史事件，总结旧民主主义革命时期中国人民反帝反封建斗争的主要经验教训，探索中国近代社会的基本规律，从而认清近代中国的基本国情，增强爱国主义和民族自尊、自信、自强精神，提高建设有中国特色社会主义的自觉性。二、学习总时数：95学时，每周5学时，安排19周；其中，面授5次，20学时。三、教学安排：分四个单元。第一单元（绪论、第1—3章）：学习时数，20学时；面授1次，4学时。学习重点：中国近代史的基本内容和学习中国近代史的重要意义；林则徐的禁烟运动及东南沿海人民的反侵略斗争；中国近代史上第一批不平等条约的签订及其对中国社会的影响；太平天国的纲领和政策；太平天国领导集团内部的分裂；太平天国运动的失败原因和历史意义；第二次鸦片战争的起因和后果。第二单元（第4、5章）：学习时数，20学时；面授1次，4学时。学习重点：洋务派与洋务"新政"；洋务运动的性质、作用和历史地位；中国民族资本主义近代工业的产生；英、俄势力侵入新疆和左宗棠收复新疆失地；镇南关大捷和《中法签订越南条约》；中日甲午战争对中国社会的影响。第三单元（第6、7章）：学习时数，20学时；面授1次，4学时。学习重点：戊戌维新运动的理论基础和政治纲领；百日维新和戊戌政变；戊戌维新运动的性质、失败原因和历史意义；义和团反帝运动的兴起和发展；义和团反帝运动的历史意义和经验教训；八国联军的入侵和《辛丑条约》的签订。第四单元（第8—10章）：学习时数，25学时；面授2次，8学时。学习重点：孙中山的早期革命活动；中国同盟会的成立及资产阶级革命派与保皇派的论战；武昌起义和中华民国南京临时政府的成立；帝国主义破坏革命和袁世凯窃夺革命果实；辛亥革命的失败原因、经验教训和历史意义；袁世凯的反动统治和反袁斗争；段祺瑞的反动统治和反段斗争；"五四"前的新文化运动和马克思主义的初步传播。四、复习考试：第18、19周。（姚东锋）

【《经济管理学原理》教学具体安排】（98级大专班第2学期经济管理专业考试课）一、目的要求：通过学习，掌握经济管理学的基本理论和基本方法，树立现代管理意识，提高运用所学理论分析和解决经济管理中现实问题的能力。二、学习总时数：133学时，每周7学时，安排19周；其中，面授7次，28学时；电教辅导1次，3学时。三、教学安排：分五个单元。第一单元（导言、第1—4章）：学习时数，28学时；面授2次，8学时。学习重点：经济管理学原理的性质、研究对象和研究方法；经济管理的必要性、任务和基本原则；经济管理的二重性理论的内容及意义；管理现代化和经济管理现代化的涵义，实现经济管理现代化的必要性；经济管理现代化的内容，实现经济管理现代化的途径；经济管理者的类别、作用和职责，经济管理者素质的基本要求及提高素质的根本途径；经济管理者群体结构的内容及优化；经济管理组织的功能，建立经济管理组织的客观依据和原则；经济管理组织结构的类别，经济管理的组织体系；经济管理体制的内容，经济管理体制建立的客观依据。第二单元（第5—9章）：学习时数，28学时；面授1次，4学时。学习重点：人力资源、物力资源、财力资源的涵义及特点，科学技术的涵义及现代科学技术的特点，经济信息的涵义及特征；人力资源管理的意义、管理的内容及完善劳动力管理体制；物力资源管理的意义、管理的内容及发展和完善生产资料市场；财力资源管理的意义、管理的基本内容及完善财政、金融管理体制；科学管理的基本要求、主要任务，科学技术管理的主要内容；经济信息在经济管理中的作用，经济信息系统的涵义、结构及经济信息加工的程序；发展信息产业的必要性、措施。第三单元（第10—12章）：学习时数，14学时；面授1次，4学时。学习重点：经济管理目标的涵义、特点、作用和类别；经济管理目标的确定、实施；经济预测的涵义、作用、内容；经济预测的步骤、方法；经济决策的涵义、作用、类别；经济决策的程序、方法。第四单元（第13—18章）：学习时数，35学时；面授2次，8学时。学习重点：计划的涵义及社会主义市场经济条件下计划的特点；计划在经济管理中的地位和作用；经济计划的综合平衡，建立计划管理体制的基本原则；经济监督的涵义、特点和功能，经济监督的内容、形式和种类；经济调控的涵义、任务、目标，经济调控的手段、原则；思想教育在经济管理中的特点、作用，思想教育的内容、原则和方法；依法管理经济的涵义、特征、原则和任务，加强经济管理中的法制建设；社会保障的涵义、功能和任务，建立新型的社会保障制度应坚持的指导思想和原则；完善城市社会保障体系，建立农村社会保障制度。第五单元(第19章):学习时数,14学时;面授1次,4学时。学习重点:经济效益的涵义及分类,经济管理效益评价的涵义及作用;评价经济效益指标体系的内容;评价经济效益的方法。四、复习考试:第18、19周。（姚东锋）

【《中国经济管理思想史简编》教学具体安

排】（98级大专班第2学期经济管理专业考查课）一、目的要求：通过学习，认识历代思想家、政治家、理财家管理国民经济活动的指导思想、基本原则、经营谋略与方法，认识历代经济管理思想的实用价值和文化价值，为社会主义现代化经济建设提供历史借鉴。二、学习总时数：95学时，每周5学时，安排19周；其中，面授5次，20学时。三、教学安排：分五个单元。第一单元（第1章）：学习时数，20学时；面授1次，4学时。学习重点：了解先秦时期经济管理思想的历史地位及其理论前提；了解先秦时期经济管理的目标、方针和原则；了解先秦时期调控经济的原则和手段；了解墨家、法家的人口管理思想及其意义；认识先秦时期经营管理的谋略与方法。第二单元（第2章）：学习时数，20学时；面授1次，4学时。学习重点：认识秦汉时期国民经济管理的历史地位及特征；了解秦汉时期几种不同的经济管理模式及特征；秦汉时期农工商协调发展的经济管理思想及意义；秦汉时期调控经济发展的理论及措施；了解秦汉时期经营管理的思想及谋略。第三单元（第3章）：学习时数，15学时；面授1次，4学时。学习重点：了解魏晋至隋唐五代思想家、政治家有关经济为治国之本的管理思想；魏晋至隋唐五代有关经济统制的管理思想及其代表人物；魏晋至隋唐五代调控经济发展的管理思想及手段；魏晋至隋唐五代有关农业经营和家庭经济管理的思想。第四单元（第4章）：学习时数，15学时；面授1次，4学时。学习重点：了解宋元明清时期经济管理思想模式的发展与变化，了解从传统“重本抑末”向“农商并重”、“工商皆本”管理思想的转变；了解宋元明清时期调控经济发展的管理思想及措施；了解宋元明清时期审计监督和会计监督的管理思想；了解宋元明清时期人力资源开发的管理思想；了解宋元明清时期的纸币管理思想。第五单元（第5章）：学习时数，15学时；面授1次，4学时。学习重点：由于社会、经济的新变化，近代经济管理思想的特色；近代化、现代化战略目标的提出；近代利用外资进行经济建设的经济管理思想；近代“官办”、“官督商办”、“民办”企业的经营管理思想。四、复习考试：第18、19周。（姚东锋）

【《马克思主义哲学简明教程》教学具体安排】（98级大专班第2学期政法专业、99级大专班第1学期行政管理、经济管理专业考试课）一、目的要求：通过学习，掌握马克思主义的科学世界观和方法论，增强党性，提高思想政治素质和理论思维能力，更好地坚持党的基本理论和基本路线，为建设有中国特色的社会主义而努力工作。二、学习总时数：133学时，每周7学时，安排19周；其中，面授7次，28学时；电教辅导1次，3学时。三、教学安排：分五个单元。第一单元（绪论、第1章）：学习时数，21学时；面授1次，4学时。学习重点：什么是哲学和哲学的基本问题；马克思主义哲学的特点和生命力，以及学习马克思主义哲学的重大意义；什么是物质，什么是意识，以及它们的相互关系；坚持世界统一于物质的原理，防止克服主观主义；物质和意识关系的实践基础，以及实践的主客体关系。第二单元（第2、3章）：学习时数，28学时；面授2次，8学时。学习重点：事物之间的普遍联系和系统的基本特征；世界发展的永恒性，以及事物发展过程的状态和总趋势；对立统一是辩证法的实质和核心；矛盾的基本属性及其在事物发展中的作用；矛盾的普遍性和特殊性及其相互关系，理解这种关系对建设有中国特色社会主义的重要意义。第三单元（第4、5章）：学习时数，28学时；面授2次，8学时。学习重点：认识和实践的辩证关系及其对坚持理论和实践统一的重要意义；实践作为检验真理标准的确定性和不确定性；认识发展的辩证过程；真理的客观性和价值性；绝对性和相对性及其辩证关系。第四单元（第6、7章）：学习时数，28学时；面授1次，4学时。学习重点：社会发展规律和人的自觉活动之间的关系；社会基本矛盾及其运动规律；社会主义社会基本矛盾的特点和性质及其同党在现阶段基本路线的关系。第五单元（第8—10章）：学习时数，14学时；面授1次，4学时。学习重点：马克思主义阶级斗争学说和国家学说的基本内容；社会主义社会阶级斗争的特点和坚持无产阶级专政的意义；意识形态的本质及其相对独立性，以及加强社会主义精神文明建设的重要意义；关于人民群众和个人在历史发展中的作用，树立群众观点，坚持群众路线，正确认识群众、阶级、政党、领袖之间的关系。四、复习考试：第18、19周。

（姚东锋）

【《行政法与行政诉讼法教程》教学具体安排】（97级大专班第5学期政法专业、本科班第4学期行政管理专业考试课、98级大专班第3学期政法专业考查课）一、目的要求：通过学习，正确认识和把握社会主义行政法制建设的基本方针和基本要求，增强依法行政观念，严格依法办事，促进行政管理工作法制化。二、学习总时数：140学时。每周7学时，安排20周。其中，面授7次，28学时。三、教学安排：分四个单元。第一单元（第1—3章）：学习时数，21学时；面授1次，4学时。学习重点：行政法学的研究对象；行政法学与行政法的区别；行政法的概念；行政法律关系；新中国行政法的发展历史。第二单元（第4—6章）：学习时数，21学时；面授1次，4学时。学习重点：行政主体的含义及其与行政法主体的区别；国家公务员的含义；我国国家公务员义务与权利的关系；其他行政法应具备的条件。第三单元（第7—11章）：学习时数，63学时；面授3次，12学时。学习重点：行政行为的含义与实施形式；行政程序的含义与特征；我国的行政立法体制；行政执法的含义与形式；行政许可与确认、认可和免除的区别；行政处罚与行政处分、执行罚的区别；行政指导的含义及种类；行政合同的含义与特征；行政处分与纪律处分的区别；行政司法的含义与形式。第四单元（第12—15章）：学习时数，21学时；面授2次，8学时。学习重点：行政违法与行政不当的区别；行政责任及构成要件；行政赔偿的含义与特征；行政法制监督的含义与特征；加强我国行政法制监督的途径；行政诉讼的含义与特征；人民法院受理行政案件的范围；共同诉讼；行政案件执行的基本条件。四、复习考试：第19、20周。

（李成玉　陈延军）

【《法学概论》教学具体安排】（97级大专班第5学期党政管理专业、经济管理专业考试课）一、目的要求：通过学习，比较全面系统地掌握法理学、宪法学和部门法学的基本理论、基本概念和基本知识，为依法治国、依法办事打下法律知识基础。二、学习总时数：140学时。每周7学时，安排20周。其中，面授7次，28学时。三、教学安排：分四个单元。第一单元（第1—3章）：学习时数，28学时；面授2次，8学时。学习重点：法学的研究对象和体系；法的本质、基本特征和规范作用；社会主义法的本质和社会作用；法律规范、法律行为的概念、特征和结构；社会主义法制和社会主义民主的关系；我国立法的指导思想、基本原则和程序；法的适用的基本原则和要求；社会主义法制建设的基本目标和基本内容。第二单元（第4—6章）：学习时数，35学时；面授2次，8学时。学习重点：宪法的概念和我国宪法的基本原则；我国的国体、经济制度和人民代表大会制度；行政主体和行政相对人的含义及其权利和义务；行政行为的含义、特征和主要内容及实施方式；我国刑法的基本原则；犯罪的本质和基本特征；危害行为、危害结果、刑事责任年龄、刑事责任能力和犯罪主观方面的概念；故意犯罪和过失犯罪的定义及种类。第三单元（第7—9章）：学习时数，35学时；面授2次，8学时。学习重点：民法的调整对象和基本原则；公民的民事权利能力和民事责任能力；民事法律行为的概念、特征和有效条件；所有权的概念、权能、取得和消灭；合同的概念和特征；合同的订立和内容；知识产权的概念和特征，著作权、专利权、商标权的概念和法律关系；继承权的概念和法律特征，法定继承和遗嘱继承；婚姻法的基本原则、结婚必须具备的法定条件和法定程序以及我国婚姻法规定的夫妻关系；公司法的基本原则，有限责任公司、股份有限公司的定义及其设立的条件；消费者权益保护法的基本原则和消费者的权利；税法的构成要素。第四单元（第10—12章）：学习时数，28学时；面授1次，4学时。学习重点：刑事诉讼的概念、特征和刑事诉讼法的基本原则；证据的概念、特征和作用；刑事拘留和逮捕的定义和适用条件；刑事诉讼中的立案、侦查和起诉；民事诉讼的概念、我国民事诉讼法的任务和特有的基本原则；民事诉讼中的当事人和代理人；民事审判的第一审程序和第二审程序；行政诉讼的概念、受案范围和起诉条件；行政审判的法律依据。四、复习考试：第19、20周。 （陈延军）

【《邓小平理论简明教程》教学具体安排】

(99级大专班第1学期行政管理专业、经济管理专业、法律专业考试课）一、目的要求：学习邓小平理论，要坚持理论联系实际的方针。通过学习，掌握邓小平理论的精髓、基本观点和科学体系，从而坚定社会主义、共产主义信念，提高思想政治素质和解决实际问题的能力，增强贯彻执行党的基本路线、基本纲领和各项方针政策的自觉性。二、学习总时数:140学时。每周7学时,安排20周。其中,面授7次,28学时。三、教学安排：分七个单元。第一单元（第1、2章）：学习时数，14学时；面授1次，4学时。学习重点：邓小平理论的形成、发展及其理论和实践意义；解放思想、实事求是是邓小平理论的精髓；走有中国特色社会主义道路的重要性。第二单元（第3、4章）：学习时数，14学时；面授1次，4学时。学习重点：我国的国情和社会主义初级阶段的科学含义及基本特征；社会主义的本质和根本任务。第三单元（第5、6章）：学习时数，14学时；面授1次，4学时。学习重点：深刻理解改革是我国的第二次伟大革命；正确理解改革、发展、稳定三者之间的关系；对外开放是我国的一项基本国策。第四单元（第7—9章）：学习时数，21学时；面授1次，4学时。学习重点：正确理解社会主义初级阶段的基本经济制度；社会主义市场经济体制的基本框架；政治体制改革的重要性及其主要任务；全面理解有中国特色社会主义文化建设的目标和任务。第五单元（第10、11章）：学习时数，21学时；面授1次，4学时。学习重点：全面理解四项基本原则是立国之本；正确理解四项基本原则与改革开放的关系；深刻领会社会主义建设的发展战略。第六单元（第12、13章）：学习时数，21学时；面授1次，4学时。学习重点：和平与发展是当今世界的两大主题；我国的外交战略；在改革开放中必须坚持共产党的领导。第七单元（第14、15章）：学习时数，21学时；面授1次，4学时。学习重点："一国两制"构想的科学含义和主要内容；党在社会主义初级阶段的基本路线和基本纲领。四、复习考试：第19、20周。

（陈延军）

【《干部写作概论》教学具体安排】 （99级大专班第1学期行政管理专业、经济管理专业考查课）一、目的要求：通过学习，使学员写作能力有所提高，做到能写一般的机关应用文章和报刊宣传文章。要求学员系统地掌握应用文章写作的基础知识和干部常用文体——特别是公务文书的基本特点和写作要求，通过相应的训练和写作实践，能够写作、审订干部常用文章，具备社会主义建设新时期党政干部（包括国家机关的公务员、党和人民团体、事业部门的行政管理干部）、经济管理干部和一般领导干部应有的写作能力。二、学习总时数：80学时。每周4学时，安排20周。其中，面授5次，20学时。三、教学安排：分四个单元。第一单元（引论、第1、2章）：学习时数，16学时；面授1次，4学时。学习重点：马克思主义文风；叙述和议论；文体分类；构思和修改。第二单元（第3、4章）：学习时数，16学时；面授1次，4学时。学习重点：公文的含义、功用、特点和类别，标印格式和写作要求；通用公文、日用公文主要文种的写作要点。第三单元（第5、6章）：学习时数，16学时；面授1次，4学时。学习重点："经济文书"的含义、功用、类别、特点与写作要求；"法律文书"、"司法文书"及"诉讼文书"的含义、功用、类别；主要经济文书及诉讼文书的含义、功用及其格式和写作要求。第四单元（第7、8章）：学习时数，24学时；面授2次，8学时。学习重点：新闻文体的含义、基本规律及新闻工作的党性要求；新闻文体的分类及主要文体（消息、通讯、评论）的写作要求；正确认识理论文章，掌握其写作的基本程序和方法。四、复习考试：第19、20周。

（陈延军）

【《法学基础》教学具体安排】 （97级本科班第4学期党政管理专业闭卷考试课）一、目的要求：通过学习，使学员了解马克思主义法学基础理论，熟悉我国现行法律知识，掌握重要部门法律的基本制度，提高运用法律知识分析和解决实际问题的能力。二、学习总时数：133学时，安排19周，每周7学时。其中，面授7次，28学时；录像串讲1次，3学时。三、教学安排：分五个单元。第一单元（导论、第1、2章）：学习时数，21学时；面授1次，4学时。学习重点：法的定义、法的本质和特征，法在上层建筑中的地位；中国社会主义法的本质、作用；社会主义民主与法制的关系，社会主义法制原则。第二单元（第3、4章）：学习时数；14学时，面授1次，4学时。学习重点：宪法的本质、特征；我国宪法的主要内容，公民的基本权利，公民的基本义务；审判工作制度。第三单元（第5—9章）：学习时数，42学时；面授2次，8学时；录像串讲1次，3学时。学习重点：民法的概念、原则、民事法律关系及其构成要素；民事法律行为、代理的概念及其种类；财产所有权，合同，知识产权，婚姻，继承；民事责任；刑法的原则；犯罪概念和犯罪构成，犯罪客体和犯罪客观方面，犯罪主体和犯罪主观方面；正当防卫，犯罪的预备、未遂、中止、共同犯罪；犯罪种类、贪污、贿赂罪的犯罪构成。第四单元（第10—13章）：学习时数，28学时；面授2次，8学时。学习重点：民事诉讼法的原则、制度；诉讼的概念和要素，诉讼当事人的权利、义务；简易程序，特别程序，审判监督程序；刑事诉讼法的原则；刑事审判管辖、辩护和代理，刑事强制措施，刑事附带民事诉讼。第五单元（第14—16章）：学习时数，14学时；面授1次，4学时。学习重点：国际公法的概念、特征、原则；引渡、庇护的概念；联合国的宗旨；国际私法的概念和调整对象；冲突规范的概念和种类，司法协助的概念；国际经济法的概念、原则、内容。四、复习考试：

第18、19周。98级本科班第3学期党政专业、行政专业的《法学基础》课、97级本科班党政管理专业的《法学基础》课与其基本相同。（李成玉）

【《当代中国政治制度》教学具体安排】（97级本科班第4学期党政管理专业开卷考试课）一、目的要求：通过学习，了解当代中国政治制度的内容及其产生、发展和演变，研究它的利弊得失，认识中国共产党领导下的社会主义中国政治制度的优越性。掌握其发展规律，明确其改革方向。二、学习总时数：95学时，安排19周，每周5学时。其中，面授5次，20学时。三、教学安排：分四个单元。第一单元（第1—3章）：学习时数，25学时；面授2次，8学时。学习重点：毛泽东的国体和政体理论；人民民主专政的阶级实质和职能；人民代表大会制度遵循的原则；全国人民代表大会的职能；全国人大常委会机构；人民代表大会的权利和义务；中国共产党领导的多党合作制特点、意义和方针。第二单元（第4—7章）：学习时数，25学时；面授1次，4学时。学习重点：国务院的性质、地位和职权；国家行政机关的首长负责制与民主集中制的关系；当代中国司法制度的基本原则和具体司法制度；新中国军事制度的发展和武装力量的地位和作用。第三单元（第8、9章）：学习时数，15学时；面授1次，4学时。学习重点：民族区域自治制度的基本原则、特点、优点；民族自治机关的自治权；“一国两制”的主要内容；香港特别行政区的政治体制。第四单元（第10—13章）：学习时数，20学时；面授1次，4学时。学习重点：人民政协的性质、任务和职能；发展人民直接参与制度的必要性；当代中国选举制度的原则；我国干部人事制度的主要内容。四、复习考试：第18、19周。（李成玉）

【《宏观经济运行与管理》教学具体安排】（97级本科班第4学期党政管理专业闭卷考试课）一、目的要求：通过学习，初步掌握宏观经济运行与管理的基本原则和方法，明确概念、掌握原则、提高认识、学以致用。二、学习总时数：133学时，安排19周，每周7学时。其中，面授6次，24学时；录像串讲1次，3学时。三、教学安排：分三个单元。第一单元（导言、第1—3章）：学习时数，28学时；面授1次，4学时。学习重点：宏观经济与微观经济的区分；宏观经济管理的概念与特征；社会主义市场经济管理条件下加强宏观经济管理的必要性；国家政府部门、市场体系、微观经济基础在宏观经济运行中的作用；社会总供给与社会总需求的涵义及社会总需求平衡的实际意义；经济周期的概念、类型、特点。第二单元（第4—8章）：学习时数，42学时；面授2次，8学时。学习重点：国家政府宏观经济管理职能、机构和人员任用；宏观经济管理目标和内容、特点、原则；宏观经济计划管理特点和国民经济综合平衡；宏观经济管理经济监督、行政监督、法律监督和社会监督；宏观经济信息概念、作用；宏观经济预警系统。第三单元（第9—14章）：学习时数，49学时；面授3次，12学时。学习重点：产业政策的内容、作用、结构的调整；财政政策目标和运用；货币政策的内容、作用、主要工具；投资政策的目标和工具；收入政策的内容、作用；外贸对宏观经济总量平衡的影响；利用外贸政策宏观调节包括的内容；国际收支不平衡的宏观调节。四、复习考试：第18、19周。98级本科班第3学期经济管理专业和第八期领导干部函授班第3学期的同课与其基本相同。（李成玉）

【《市场经济法律制度概论》教学具体安排】（97级本科班第4学期行政管理专业闭卷考试课）一、目的要求：从建设社会主义法治国家的理论与现实出发。通过学习,掌握市场经济是法制经济、市场经济法律制度的基本结构及其市场经济体制中的作用,运用社会主义市场经济法律制度理论为社会主义现代化服务。二、学习总时数:133学时,安排19周,每周7学时。其中,面授7次,28学时;录像串讲1次,3学时。三、教学安排:分五个单元:第一单元(绪论、第1—3章):学习时数,28学时;面授2次,8学时。学习重点:市场经济是法制经济,市场经济法律制度结构、作用;公司法概述,有限责任公司,股份有限公司,公司的合并、解散;破产法概述、破产申请的提出、受理、和解、整顿、宣告、清算;经济合同法概述、订立、担保、履行、无效。第二单元(第4—7章):学习时数,28学时;面授2次,8学时。学习重点:汇票、本票、支票;保证、抵押、质押、留置;财产保险合同,人身保险合同;证券关系主体,证券发行,交易,上市公司收购。第三单元(第8—10章):学习时数,21学时;面授1次,4学时。学习重点:消费者权利,消费者义务、消费权益争议的解决;竞争法概述,不正当竞争行为;产品质量责任、义务、损害赔偿和法律责任。第四单元(第11—13章):学习时数,21学时;面授1次,4学时。学习重点:专利权,专利的申请,审查和批准程序,专利权的保护;商标法律制度;广告法律制度;预算法的概念、原则、程序。第五单元(第14—16章):学习时数,21学时;面授1次,4学时。学习重点:税法概述,流转税法,所得税法,特点行为税法和资源税法,税收管理;中国人民银行法,商业银行法,外币、信贷和结算管理的法律规定,外汇管理的法律规定;会计法律制度;审计法律制度。四、复习考试:第18、19周。99级本科班第1学期经济管理、贸易经济专业和第七期领导干部班第5学期的同课与其基本相同。 (李成玉)

【《组织行为学》教学具体安排】 (97级本科班第4学期行政管理专业开卷课)一、目的要求:通过学习,提高领导者从科学的角度把握工作人员心理状态和行为特点的能力,充分发挥个人的能动性和创造性,争取获得最佳绩效。二、学习总时数:95学时,安排19周,每周5学时。其中,面授5次,20学时。三、教学安排:分五个单元。第一单元(第1、2章):学习时数,10学时;面授1次,4学时。学习重点:组织行为学的研究对象、特点和目标;研究组织行为学的方法论原则及研究方法。第二单元(第3—6章):学习时数,20学时;面授1次,4学时。学习重点:知觉的特性;态度的特征;个性的心理结构;激励理论的类型和主要内容。第三单元(第7—10章):学习时数,20学时;面授1次,4学时;学习重点:群体中的人际关系类型;影响群体绩效的因素;群体间行为的管理;群体行为中的压力因素及对付措施;构成冲突的原因及其应对策略。第四单元(第11—15章):学习时数,25学时;面授1次,4学时。学习重点:领导者在组织中的角色和作用;领导理论三种类型;组织沟通的基本内容,绩效评估的分类和方法;工作设计的综合模型和实施原则;组织设计的权变因素和科学原则;组织结构的内容和形式,工作设计的发展阶段。第五单元(第16、17章):学习时数,10学时;面授1次,4学时。学习重点:组织变革的目的;影响组织变革的内在因素;组织变革的内容;组织开发的方法。四、复习考试:第18、19周。 (李成玉)

【《国际贸易理论与实务》教学具体安排】
(97级本科班第4学期经济管理专业闭卷考试课)一、目的要求:通过学习,使学员较好地掌握有关国际贸易理论,从而提高在经济管理中分析和解决问题的能力,为建设有中国特色的社会主义市场经济体系作出应有的贡献。二、学习总时数:133学时,安排

19周，每周7学时。其中，面授7次，28学时。三、教学安排：分两个单元。第一单元（第1—5章）：学习时数，63学时；面授3次，12学时。学习重点：国际贸易与对外贸易的基础概念及其产生、发展和作用；各国制定的对外贸易政策及其理论根据；国际贸易管理、关税措施和非关税措施；世界贸易组织和世界多边贸易体制；中国对外贸易管理的必要性和措施以及外汇，海关和商检管理。第二单元（第6—10章）：学习时数，56学时；面授4次，16学时。学习重点：国际贸易术语；进出口合同的主要条款及其基本内容；签订与履行进出口合同的基本知识及其意义；商品贸易方式及其运用；国际承包与劳务合作的含义和我国对外承包与劳务合作的基本方针、经营原则。四、复习考试：第18、19周。98级本科班第2学期涉外经济专业本课题与其基本相同。（李成玉）

【《国际投资和我国利用外资概论》教学具体安排】（97级本科班第4学期经济管理专业闭卷考试课）一、目的要求：通过学习，了解国际投资和我国利用外资的基本理论，提高利用外资的政策水平和实践能力，增强对外开放的本领，更好地为社会主义现代化建设事业服务。二、学习总时数：133学时，安排19周，每周7学时。其中，面授7次，28学时。三、教学安排：分四个单元。第一单元（第1、2章）：学习时数，21学时；面授1次，4学时。学习重点：国际投资形成的条件和原因；当代国际投资发展的特征；怎样分析和选择我国利用外资的方式；各种国际投资基本方式的概念；战后国际直接投资发展的特征。第二单元（第3—5章）：学习时数，35学时；面授2次，8学时。学习重点：国际投资环境的构成因素、评价和改善；东道国吸引外资的法律规定和双边保证协定；国际投资争议解决的方法、程序；跨国公司进行投资的基本战略。第三单元（第6—9章）：学习时数，42学时；面授2次，8学时。学习重点：我国利用外资的基本理论、特点和作用；利用外资的原则、措施；外商在我国投资的主要形式；我国利用外资的主要法律规定；我国对外商投资企业管理的主要内容；我国借用外资的管理。第四单元（第10、11章）：学习时数，21学时；面授2次，8学时。学习重点：我国现行外汇管理体制；汇率风险的规避；我国企业跨国经营过程中的主要问题的必要性，可能性，特点和种类，我国企业跨国经营过程中的主要问题和对策。四、复习考试：第18、19周。（李成玉）

【《系统科学概论》教学具体安排】（97级本科班第4学期经济管理专业开卷考试课）一、目的要求：通过学习，使学员提高科学技术素养，增强各项工作的原则性、系统性、预见性和创造性，迎接知识经济新形势的到来。二、学习总时数：95学时，安排19周，每周5学时。其中，面授5次，20学时。三、教学安排：分四个单元。第一单元（第1、2章）：学习时数，15学时；面授1次，4学时。学习重点：系统科学的特殊性质、研究对象；系统科学发展的历史；学习的意义；系统科学在现代科学技术体系中的地位；系统科学的体系结构。第二单元（第3—5章）：学习时数，30学时；面授2次，8学时。学习重点：系统的普遍性和客观性；系统的定义、性质、分类和原理；系统的分析方法和一般系统论；信息的概念和它的普遍性；信息的特征、功能、公式和方法；控制的本质、特点、方式和原理。第三单元（第6—11章）：学习时数，25学时；面授1次，4学时。学习重点：耗散结构定义、基本概念；形成耗散结构的条件；耗散结构理论中的哲学；协同学的贡献、作用；协同学的普遍性；超循环的综合性；组织系统与自组织系统；灰色系统理论的哲学意义。第四单元（第12、13章）：学习时数，15学时；面授1次，4学时。学习重点：系统工程的定义、特征、产生和发展；系统工程的分类、归类、程序和步骤；系统工程的思维程序、工作方法、计划和组织；系统控制和建立管理信息系统。四、复习考试：第18、19周。（李成玉）

【《国际税收教程》教学具体安排】（97级本科班第4学期涉外经济专业闭卷考试课）一、目的要求：通过学习，了解国际税收的概念，理解国际税收的原理，提高执行我国涉外税收政策的自觉性。二、学习总时数：133学时，安排19周，每周7学时。其中，面授7次，28学时。三、教学安排：分四个单元。第一单元（第1、2章）：学习时数，28学时；面授2次，8学时。学习重点：国际税收的概念、实质和主要内容；国际税收关系在二战后的迅速发展；国际所得课税制度中的纳税主体、客体、税率；所得税的税收管辖权；所得税的国际协调。第二单元（第3—5章）：学习时数，42学时；面授2次，8学时。学习重点：国际重复征税的含义及产生的原因；各国判定居民身份和所得来源地的标准；避免同种税收管辖权重叠所造成国际重复征税的方法；减除不同税收管辖权重叠所造成的所得国际重复征收税的方法；国际避税的含义、成因和方式；外商投资企业在我国避税的特点和手段；防范国际避税的主要措施。第三单元（第6、7章）：学习时数，28学时；面授2次，8学时。学习重点：国际税收协定的必要性和主要内容；经合组织范本和联合国范本的主要区别；我国对外谈签税收协定应遵循的原则；涉外税收原则；发展中国家的税收优惠措施；发展中国家实行税收优惠过程中应注意的问题。第四单元(第8章):学习时数,21学时;面授1次,4学时。学习重点：商品课税的分类及对国际贸易的影响；关税税率的世界性协调；国内商品课税的管辖权原则；避免商品重复征税的方法；国际一体化的趋势；国际经济一体化中的关税协调；国际经济一体化中的国内商品课税协调。四、复习考试：第18、19周。98级本科班第3学期涉外经济专业与其基本相同。（李成玉）

【《货币银行学》教学具体安排】（97级本科班第4学期涉外经济专业闭卷考试课）一、目的要求：通过学习，了解货币银行学知识体系，掌握其基本概念和原理，并运用所学理论来分析国内外货币银行学领域中所出现的新情况和新问题。二、学习总时数：133学时，安排19周，每周7学时。其中，面授7次，28学时。三、教学安排：分四个单元。第一单元（第1—4章）：学习时数，35学时；面授2次，8学时。学习重点：货币银行学的基本内容；货币经济与市场经济的关系；中西方货币银行学的异同；货币的概念、职能和货币层次的划分；货币制度概念、内容和类型；货币流通的概念、规律；货币需求与供给的基本概念及各自的形成和影响因素；调节要制和中国货币供求均衡的条件；货币膨胀的概念、度量、效能、成因和宏观管理措施；国际收支和国际收支差额；国际收支对货币供给的影响；资本项目收支与人民币资金收支的关系；国际收支对通货膨胀的影响。第二单元（第6章）：学习时数，28学时；面授2次，8学时。学习重点：金融机构组织体系；中央银行、存款货币银行及其主体商业银行、专业银行和政策性银行的分工类型、职能特征、经营原则和业务范围；非银行金融机构。第三单元（第5章）：学习时数，28学时；面授1次，4学时。学习重点：信用的产生、类型和形式；信用活动中产生的金融工具，金融资产和金融创新；利息与利率；金融市场。第四单元（第7、8章）：学习时数，28学时；

面授2次，8学时。学习重点：货币政策概念、目标及相互关系；基础货币与乘数；货币政策工具及传导机制；经济货币化、金融效率和经济—金融相关率；金融对资本主义制度确立的作用；金融的国际化趋势；金融对经济增长的贡献；金融市场效率和我国金融业的发展。四、复习考试：第18、19周。98级本科班第3学期经济管理专业、涉外经济专业与其基本相同。 （李成玉）

【《律师学教程》教学具体安排】（97级本科班第4学期政法专业开卷考试课）一、目的要求：通过学习，使学员掌握律师学的基本内容，提高运用所学知识分析、解决问题的能力。二、学习总时数：95学时，安排19周，每周5学时。其中，面授5次，20学时。三、教学安排：分四个单元。第一单元（绪论、第1—6章）：学习时数，25学时；面授2次，8学时。学习重点：律师制度的产生和发展；律师的性质、资格和专业；律师的权利、义务和原则；律师的职业道德和执业纪律。第二单元（第7—10章）：学习时数：20学时；面授1次，4学时。学习重点：律师的收费制度；惩戒制度和赔偿制度；律师事务所的种类及特点，律师管理体制；律师法的援助。第三单元（第11—14章）：学习时数，20学时；面授1次，4学时。学习重点：刑事的辩护、代理；民事代理；行政诉讼代理。第四单元（第15、16章）：学习时数，20学时；面授1次，4学时。学习重点：法律顾问的业务范围；法律顾问与律师事务所及聘方的关系；非诉讼法律事务的概念、法律特征；律师参与调解、仲裁、见证及其他非诉讼法律事务的作用。四、复习考试：第18、19周。 （李成玉）

【《涉外经济会计》教学具体安排】（97级第4学期涉外经济专业开卷考试课）一、目的要求：通过学习，了解涉外经济会计的基本原理与业务，基本方法与技术，掌握会计业务，培养分析和利用会计信息的能力，提高从事经济管理应具备的素质。二、学习总时数：95学时，安排19周，每周5学时。其中，面授5次，20学时。三、教学安排：分五个单元。第一单元（第1章）：学习时数，10学时；面授1次，4学时。学习重点：会计核算的基本前提和一般原则；会计要素准则；涉外经济会计的基本内容和特点。第二单元（第2章）：学习时数，20学时；面授1次，4学时。学习重点：复式记账窗口和会计恒等式；账户及其借方和贷方；借方记账法的概念及其记账规则；会计分录；分类账的记录与试算平衡；现金制的结账与应计制的账项调整。第三单元（第3章）：学习时数，20学时；面授1次，4学时。学习重点：外币与外币业务；外汇与外汇汇率；汇兑损益的概念及其会计处理的原则；汇兑损益的逐笔轧计法与月末集中轧计法；单货币记账制与多货币记账制；外币报表的换算方法。第四单元（第4—7章）：学习时数，20学时；面授1次，4学时。学习重点：国际贸易的主要价格条件与国外费用的主要内容；国际贸易的结算方式；出口贸易的主要程序；自营出口与代理出口的会计核算；自营进口会计应注意的事项；自营进口商品税金的核算；自营进口与委托代理进口业务的核算。第五单元（第8—10章）：学习时数，15学时；面授1次，4学时。学习重点：外商投资企业投入资本的一般概念和投资方式；投入资本的计价和验证；投入资本的会计处理；会计报表的意义、种类和编制要求；资产负债与损益表；会计报表的分析。四、复习考试：第18、19周。98级本科班第3学期涉外经济专业与其基本相同。 （李成玉）

【《国际金融简明教程》教学具体安排】（98级本科班第2学期经济管理专业闭卷考试

课）一、目的要求：通过学习，重点掌握国际支出、外汇汇率、国际资本流动、国际货币制度的基本理论；了解我国国际金融发展进程，正确认识人民币汇率、国际收支、外汇管理发展变化规律；了解政府的宏观调节机制、金融市场的基本任务、金融的最新动态等。运用基础理论知识分析中国国际金融的具体实践，正确解释国内外国际金融重大事件，理解和支持政府的经济金融政策。二、学习总时数:114 学时,安排 19 周,每周 6 学时。其中面授 7 次，28 学时。三、教学安排：分四个单元。第一单元（第 1、2 章）：学习时数，36 学时；面授 3 次，12 学时。学习重点：国际收支、国际收支平衡、国际储备、外汇、汇率、基本汇率、套算汇率、即期汇率、远期汇率等概念；国际收支平衡的原因；国际调节手段；适度外汇储备规模；汇率决定理论；汇率决定因素；汇率变动对进出口贸易及国民经济的影响；政府干预外汇市场的措施；人民币汇率制度的特征。第二单元(第 3、4 章):学习时数,30 学时;面授 2 次,8 学时。学习重点：LIBOR、外国债券、欧洲债券、欧洲货币市场、限期交易、远期交易、掉期交易、期货交易、期权交易、IMF 组织、世界银行、布雷顿森林体系、固定汇率制度、浮动汇率制度、货币自由兑换等概念；货币市场业务及其特点、资本市场的金融方式；欧洲货币市场的产生原因及其特点；远期外汇交易、期货交易、期权交易、掉期交易的功能及风险；国际货币基金组织和世界银行的宗旨；布雷顿森林体系的主要内容；实现货币自由兑换的条件。第三单元（第 5—8 章）：学习时数，30 学时；面授 2 次，8 学时。学习重点：银团贷款、出口信贷、政府贷款、外债、浮动利率债券、固定利率债券、国际融资租赁、补偿贸易、票据、国际汇兑、托收、信用证、现汇贷款、对外担保、外汇管理、进口许可制、外汇留成、外汇倾销、资本项目管理、多重汇率等概念；短期贷款的种类、结构及条件；银团贷款的作用及其资金成本；欧洲美元债券市场及其特征；国际直接投资的作用和主要方式；我国外债管理原则、目标、内容；支票、汇票、本票的特征；汇款、托收、信用证的程序；获得外汇贷款的条件；实施外汇管理的利弊、资本项目外汇管理。第四单元（第 9 章）：学习时数，6 学时；没有面授。学习重点：自动柜员机 ATM、商业销售终端机 POS、SWIFT（环球银行金融电信协会）、EDI（电子数据交换）、金桥工程（国家公用经济信息通信网工程）、金关工程（外资专用信网联网工程）、金卡工程（电子货币工程）；电子计算机运用于金融领域的优点；我国金融电子化概况。四、复习考试：第 18、19 周。

（李成玉）

【《马克思主义伦理学》教学具体安排】（98 级本科班第 2 学期党政管理专业开卷考试课）一、目的要求：通过学习，掌握马克思主义伦理道德观，明确加强思想道德的建设意义、方法和途径；同时，提高自己思想道德修养的自觉性和道德修养水平，增强进行社会主义精神文明建设，特别是进行社会主义道德建设的能力。二、学习总时数：95 学时，安排 19 周，每周 5 学时。其中，面授 5 次，20 学时。三、教学安排：分四个单元。第一单元（第 1 篇）：学习时数，20 学时；面授 1 次，4 学时。学习重点：道德的本质及其社会作用；道德的发展规律和历史类型；道德的基本范畴。第二单元（第 2 篇）：学习时数，15 学时；面授 1 次，4 学时。学习重点：马克思主义伦理学的创立过程；马克思主义伦理学的发展；经济伦理、科技伦理、政治伦理的基本内容。第三单元（第 3 篇）：学习时数，25 学时；面授 2 次，8 学时。学习重点：马克思主义伦理学的道德体系；社会公德、婚姻家庭道德和职业道德；马克思主义的人生价值观。第四单元（第4、5篇）：学习时数，25学时；面授1次，4学时。学习重点：道德评价的实质和主要方法；道德教育的实质和基本原则；道德修养的基本途径。四、复习考试：第18、19周。第八期领导干部班第2学期与其基本相同。 （李成玉）

【《社会主义市场经济概论》教学具体安排】（98级本科班第2学期党政管理专业闭卷考试课）一、目的要求：通过教学，掌握社会主义市场经济理论，提高建设有中国特色社会主义的自觉性，增强建立社会主义市场经济体制的信心。二、学习总时数：133学时，安排19周，每周7学时。其中，面授7次，28学时。三、教学安排：分三个单元。第一单元（第1—4章）：学习时数，42学时；面授3次，12学时。学习重点：市场经济的含义及其产生的基本条件；市场经济的基本特征及其基本规律；我国社会主义市场经济的历史必然性及其体制的基本框架；我国社会主义初级阶段所有制结构及其客观依据；公有制和非公有制在国民经济中的地位和作用；经济运行机制及其作用；计划机制和市场机制的含义、作用。第二单元（第5—9章）：学习时数，56学时；面授3次，12学时。学习重点：现代企业制度是社会主义市场经济运行的微观基础；建立现代企业制度的基本思路；社会主义市场体系的一般性和特殊性及其基本作用；建立健全社会主义市场体系的基本途径；宏观调控的含义、本质、意义、体系、目标和原则；政府在宏观调控中的基本职能；市场经济条件下宏观经济调控经济手段；坚持按劳分配为主体、多种分配方式并存的制度；按劳分配和按生产要素分配结合起来；坚持效率优先、兼顾公平的原则；社会保障体系的基本内容和作用；我国社会保障制度改革方向、原则和途径。第三单元（第10、11章）：学习时数，21学时；面授1次，4学时。学习重点：市场经济体系的构成；建立市场经济法律制度的必要性；建立和完善社会主义市场经济法律制度；对外开放是我国一项长期的基本国策；提高对外开放水平战略措施；社会主义市场经济条件下对外开放的基本立足点。四、复习考试：第18、19周。98级本科班第2学期行政管理专业与其基本相同。 （李成玉）

【《科学社会主义经典文选》教学具体安排】（98级本科班第2学期党政管理专业闭卷考试课）一、目的要求：通过学习，了解科学社会主义的产生、发展历程，增强运用马克思主义的立场、观点和方法解决实际问题的能力，提高贯彻执行党的基本路线和基本纲领的自觉性，坚定不移地走有中国特色社会主义的道路。二、学习总时数：133学时，安排19周，每周7学时。其中，面授7次，28学时。三、教学安排：分三个单元。第一单元（《文选》第一部分）：学习时数，56学时；面授3次，12学时。学习重点：《共产党宣言》对共产主义必然代替资本主义的客观规律的阐述；关于无产阶级政党学说的阐述；《法兰西内战》对巴黎公社革命经验的科学总结；《论权威》阐述的马克思主义权威观；《哥达纲领批判》关于共产主义两个发展阶段的理论；关于共产主义第一阶段的分配原则；恩格斯关于唯物史观和剩余价值论是社会主义从空想变为科学的理论依据的论述；《社会主义从空想到科学的发展》所阐述的科学社会主义的基本内容。第二单元（《文选》第二部分）：学习时数，42学时；面授2次，8学时。学习重点：《怎么办?》对革命理论重要意义的阐述；《社会民主党在民主革命中的两种策略》提出的无产阶级在民主革命中必须掌握领导权的原理；《国家与革命》对马克思主义关于共产主义发展阶段理论的发展；《青年团的任务》关于只有用人类创造的全部知识来丰富自己的头脑，才能成为共产主义者的论点；列宁关于商业是社会主义建设重要环节的论述；《论合作社》对农业社会主义改造理论的论述；《论我国革命》对落后国家社会主义建设理论的探索；《我们怎样改组工农检查院》关于改革国家机关的论述。第三单元（《文选》第三部分）：学习时数，35 学时；面授 2 次，8 学时。学习重点：《新民主主义论》对无产阶级在新民主主义革命中领导权思想的阐述；过渡时期的经济形态和党的政策；毛泽东在党的七届二中全会上提出，革命胜利后必须重视执政党建设问题；人民民主专政理论的主要内容；毛泽东对过渡时期总路线的概括；《关于正确处理人民内部矛盾的问题》对社会主义社会基本矛盾的阐述；提出的正确区分和处理两类矛盾的学说；《关于正确处理人民内部矛盾的问题》阐述的正确处理人民内部矛盾的方针和方法。四、复习考试：第 18、19 周。99 级本科班第 1 学期行政管理专业与其基本相同。（李成玉）

【《英语》(第二册)教学具体安排】（98 级本科班经济管理专业开卷考试课）一、目的要求：通过学习，使学员掌握本学期所学的基本语法规则、基本句型、常用单词和词组，力争运用语法知识理解语法结构的长难句，能够借助词典和其他工具书阅读、翻译与《英语》（第二册）课文难度大致相当的英语文章，并且具有一般的听、说能力，能进行简单的日常对话，为进一步提高英语水平打下良好的基础。二、学习总时数：114 学时。每周 6 学时，安排 19 周。其中，面授 14 次，56 学时。三、教学安排：分三个单元。第一单元（第 1—5 课）：学习时数，30 学时；面授 4 次，16 学时。学习重点：由 that、if、whether、who、whom、whose、which、what、when、where、how、why 引导的宾语从句；过去将来时；动词不定式作主语、表语、定语、宾语、宾语补语和状语，不定式的被动形式、进行形式和完成形式，带连接代词或连词、副词的不定式结构，for…to…结构；选择疑问句；反意疑问句；宾语和表语，动名词复合结构；单词和词组 340 多个。第二单元（第 6—10 课）：学习时数，36 学时；面授 5 次，20 学时。学习重点：现在分词作定语、状语、表语和补语，现在分词的完成式和被动式；过去完成时；将来完成时；过去分词作定语、状语、表语和补语；现在完成进行时；过去完成进行时；由 who、whom、whose、that、which、where、when、why 引导的限制性定语从句，由 who、whom、whose、which、where、when 引导的非限制性定语从句；单词和词组 280 多个。第三单元（第 11—15 课）：学习时数，36 学时；面授 5 次，20 学时。学习重点：由 that、whether、who、whom、whose、which、what、when、where、how、why 引导的主语从句、表语从句、同位语从句；介词后的宾语从句；由 as、just as、as if、as though 引导的方式状语从句，由 so that、in order that、lest、for fear that、in case 引导的目的状语从句，由 so…that、such…that、that 引导的结果状语从句，由 though、although、even if、even though、what ever、no matter what、whether…or 等引导的让步状语从句；情态动词 can、could、may、might、shall、should、will、would、must、ought to、need、dare 等的意义和用法；虚拟条件句包括表示与现在事实相反的虚拟条件句，与过去事实相反的虚拟条件句，表示将来不太可能实现的虚拟条件句，倒装的虚拟条件句；虚拟语气在某些宾语从句、主语从句、表语从句、同位语从句及状语从句中的应用；单词和词组 290 多个。四、复习考试：第 18、19 周。98 级本科班第 2 学期涉外经济专业与其基本相同。

（李成玉）

【《民法学分论》教学具体安排】（98级本科班第2学期政法专业闭卷考试课）一、目的要求：通过学习，使学员掌握民法学的基本理论，运用民法学手段保护公民和法人的合法民事权益，自觉为发展社会主义市场经济服务。二、学习总时数：133学时，安排19周，每周7学时。其中，面授7次，28学时。三、教学安排：分四个单元。第一单元（第1—6章）：学习时数，35学时；面授2次，8学时。学习重点：物权的概念、特征、效力和分类，我国物权的体系；财产所有权的概念、特征和财产所有权的内容；占有权、使用权、收益权、处分权、财产所有权的取得方式，财产所有权的民法保护方法；土地所有权，房屋所有权，相邻关系的种类和处理原则；共有的概念与特征，按份共有与共同共有；用益物权的概念与特征，企业经营权、承包经营权、土地使用权与典权；担保物权的概念与特征，抵押权、质权和留置权。第二单元（第7—16章）：学习时数，49学时；面授3次，12学时。学习重点：债的概念、分类及构成要素，债的履行与担保，债的转移与终止；合同的概念与特征，合同法及其适用范围，合同的订立，合同的内容与形式，合同的变更与解除，无效合同和可撤消合同，违反合同的责任；买卖合同和赠与合同；财产租赁合同；承揽合同；运送合同，保管合同，委托合同，信托合同，居间合同；技术开发合同和技术转让合同；不当得利之债和无因管理之债；特殊侵权的民事责任。第三单元（第17—20章）：学习时数，21学时；面授1次，4学时。学习重点：知识产权的概念与特征，知识产权法；著作权的概念，著作权的保护对象，著作权的主体、内容和邻接权；专利的概念，专利法律关系的主体，专利法律关系的客体，专利权的内容、期限、申请、终止及无效、撤销，专利权与专利保护；商标的概念、作用，商标权的概念与特征，商标注册。商标权的内容及续展、转让和使用许可，驰名商标及其保护，注册商标专用权的保护。第四单元（第21—25章）：学习时数，14学时；面授1次，4学时。学习重点：财产继承的概念与特征，遗产的范围；法定继承；遗嘱继承与遗赠；遗赠扶养协议，遗产的处理。四、复习考试：第18、19周。（李成玉）

【《刑法总论》教学具体安排】（98级本科班第2学期政法专业闭卷考试课）一、目的要求：通过学习，掌握刑法的基本原则，犯罪和犯罪构成理论，刑罚理论，正确区分罪与非罪、此罪与彼罪的界限，加强法律意识，提高运用刑法理论分析犯罪、正确定罪量刑的能力，更好地依法同犯罪斗争，维护社会治安，保障改革开放和社会主义现代化建设事业的顺利进行。二、学习总时数：133学时，安排19周，每周7学时。其中，面授7次，28学时。三、教学安排：分五个单元。第一单元（第1—3章）：学习时数，14学时；面授1次，4学时。学习重点：刑法的性质、机能、创制和解释；我国刑法的适用范围；刑法的基本原则。第二单元（第4—6章）：学习时数，28学时；面授2次，8学时。学习重点：犯罪的基本特征和认定；犯罪的概念和犯罪构成的关系；犯罪客体概念、种类，犯罪客体与犯罪对象的区别；犯罪客观方面概念，危害行为和危害结果；犯罪主体的概念，刑事责任年龄，刑事责任能力；犯罪主观方面概念，犯罪故意、犯罪过失、犯罪动机和目的；正当防卫的构成条件，无过当防卫，紧急避险与正当防卫的关系。第三单元（第7—10章）：学习时数，28学时；面授2次，8学时。学习重点：犯罪预备、未遂和中止；共同犯罪的概念和条件，犯罪集团的特征，共同犯罪人的分类及其处罚；单位犯罪的概念、特征和处罚；数罪的标准，继续犯、想象竞合犯、结果加重犯、惯犯和牵连犯。第四单元（第11—13章）：学习时数，28学时；面授1次，4学时。学习重点：刑罚的概念、特征；刑罚的功能、目的；刑罚的种类、非刑罚处理方法；量刑的原则，量刑节情。第五单元（第14—16章）：学习时数，21学时；面授1次，4学时。学习重点：累犯、自首的概念、种类、成立条件和处罚，数罪并罚的原则、适用；缓刑的概念、适用条件、考验期，减刑的概念、适用条件和执行，假释的概念、适用条件和考验；刑罚消灭的概念、特征和时效，赦免的概念、种类。四、复习考试：第18、19周。（李成玉）

【《中国历代治国思想要览》教学具体安排】（第7期领导干部函授班第4学期开卷考试课）一、目的要求：通过学习，了解认识和把握历代思想家、政治家关于治国安邦的指导思想、基本原则和政策方法，以史为鉴，古为今用，为各级领导干部提供历史借鉴。二、学习总时数：114学时，安排19周，每周6学时。其中，面授5次，20学时。三、教学安排：分四个单元。第一单元（总论篇）：学习时数，36学时；面授2次，8学时。学习重点：认识和把握中国古代治国之道和治国方略，提高治国本领和水平；认识为政必先去失；认识中华民族维护国家统一的优良传统及其意义；认识创业与守成要采取不同策略的必要性；“多难兴邦、逸豫亡身”的历史启示；“居安思危”，治国者要有忧患意识；认识“以史为鉴”的必要性和重要性。第二单元（理论篇、爱民篇）：学习时数，24学时；面授1次，4学时。学习重点：决策的重要性及其依据；社会变革的必要性及其与稳定的关系；认识勤政、廉政是为政之本；开放言路、兼听、博纳，是理政是否得当的条件和保证；深刻认识和理解“民为邦本”思想的重要意义及其借鉴价值；古代思想家政治家关于富民、利民、使民、取民的治国思想及其借鉴意义。第三单元（理财篇、执法篇）：学习时数，24学时；面授1次，4学时。学习重点：认识理财、管理社会经济在治国安邦中重要地位和作用；了解古代几种不同的义利观及其评价；了解古代农本思想及农工商协调发展思想的意义；了解古代理财家调控经济发展的理论及手段；认识开源节流、崇俭反奢的理财原因及意义；了解古代经营之道及经营谋略；认识法在统一人们行为规范中的重要作用；认识法贵严明、教刑相辅的执法原则。第四单元（用人篇、修身篇）：学习时数，18学时；面授1次，4学时。学习重点：认识人才在治国安邦中重要地位和作用；人才贵在识别，“乏才论”是没有根据的；认识选拔人才的标准和舍短求长、择能而使的用人方法；认识修身和治国的关系；古代修身之道的基本内容及其借鉴意义。四、复习考试：第18、19周。（李成玉）

【《辩证思维方法概论》教学具体安排】（第7期领导干部函授班第4学期开卷课）一、目的要求：以恩格斯关于“辩证法不过是关于自然界、人类社会和思维的运动和发展的普遍规律的科学”为指导，紧密联系我国改革开放和现代化建设的实际。通过学习，了解有关辩证思维方法的基本理论，提高辩证思维能力，领导工作水平。二、学习总时数：114学时，安排19周，每周6学时。其中，面授5次，20学时。三、教学安排：分五个单元。第一单元（第1、2章）：学习时数，18学时；面授1次，4学时。学习重点：辩证思维及其方法，区分辩证思维与知识思维，辩证思维的层面；理解哲学范畴转化为思维方法；辩证思维方法的原则；学习探讨辩证思维的意义；学习辩证思维对领导干部的特殊意义。第二单元（第3、4章）：学习时数，24学时；面授1次，4学时。学习重点：归纳与演绎统一的方法，单独使用归纳或演绎方法的区别；实现归纳与演绎统一的要求；运用归纳或演绎统一方法的意义；分析与综合统一的方法，单独使用分析或综合方法的区别；实现分析与综合统一的要求，运用分析与综合统一的方法的意义。第三单元（第5、6章）：学习时数，24学时；面授1次，4学时。学习重点：逻辑的方法，历史的方法，逻辑与历史统一的方法；逻辑与历史统一的条件和要求；逻辑与历史统一方法在《资本论》中的运用；逻辑起点、中介、终点、规范及要求。第四单元（第7、8章）：学习时数，18学时；面授1次，4学时。学习重点：模糊思维、精确思维，模糊思维和精确思维相统一的方法；正确理解模糊思维与精确思维相统一的方法在工程控制中的运用；顺向思维与逆向思维相统一的方法；纵向思维与横向思维相统一、收敛思维与发散思维相统一、求同思维与求异思维相统一的方法，是顺向思维与逆向思维相统一方法的特殊形式；顺向思维与逆向思维相统一方法在军事工作、管理工作中的应用。第五单元（第9、10章）：学习时数，18学时；面授1次，4学时。学习重点：战略、战术思维，战略、战术思维相统一的方法；战略和战术思维相统一的形成过程；提高战略和战术思维能力的途径；事实判断与价值判断的区别；事实判断与价值判断对立统一的含义；事实判断与价值判断相统一方法的运用。四、复习考试：第18、19周。

（李成玉）

【《领导科学概论》教学具体安排】（第8期领导干部函授班第2学期闭卷考试课）一、目的要求：通过学习，掌握领导科学的基本理论与方法，结合我国社会主义现代化建设和改革开放的实践，自觉改进领导方法和领导作风，提高领导工作水平。二、学习总时数：133学时，安排19周，每周7学时。其中，面授7次，28学时。三、教学安排：分五个单元。第一单元（导言、第1、2章）：学习时数，21学时；面授1次，4学时。学习重点：领导科学的产生、性质、研究对象和任务；领导的产生、领导的性质、社会主义条件下无产阶级领导的实质及领导者的本质；社会主义条件下领导者的责任、权力和义务；领导环境的涵义、特征及领导者认识、适应、利用、改造环境的必要性和基本途径、方法。第二单元（第3—6章）：学习时数，28学时；面授1次，4学时。学习重点：组织在领导中的作用及其组织结构理论；我国领导集体的特点、弊端和改革的方向、内容；领导班子的特点、结构；领导班子结构科学化的必要性、基本标志、主要原则、基本内容和途径；选人用人在领导工作中的重要作用，领导者的选才原则及用人之道。第三单元（第7—11章）：学习时数，28学时；面授2次，8学时。学习重点：调查研究在领导活动中的地位、作用；调查研究的主要方法和遵循的原则；领导战略、对策在领导活动中的地位、作用及其制定的原则、程序；科学决策的民主化、决策的原则和步骤；领导协调、监督的原则、方法和艺术；激励的指导思想、主要方式，思想政治工作的原则。第四单元（第12、13章）：学习时数，14学时；面授1次，4学时。学习重点：领导方法论基础的基本内容；基本领导方法的内容；领导艺术的作用，领导者处理日常事务的基本原则。第五单元（第14—17章）：学习时数，28学时；面授2次，8学时。学习重点：现代领导观念和领导思维方式的基本内容；领导作用的实质和作用；领导者的素质和修养在领导中的作用；领导者素质的基本内容、提高素质的方法和途径；领导绩效的特点和作用，考评领导绩效的内容和原则。四、复习考试：第18、19周。

（李成玉）

【《马克思主义政治经济学经典文选》教学具

体安排】（第8期领导干部函授班第2学期开卷考试课）一、目的要求：通过学习，掌握其分析研究问题的立场、观点和方法，提高理论素质和研究新情况、解决新问题的能力，从而自觉地执行党的基本路线、卓有成效地建设具有中国特色社会主义。二、学习总时数：114学时，安排19周，每周6学时。其中，面授5次，20学时。三、教学安排：分四个单元。第一单元（《文选》所选马克思的《资本论》和恩格斯的《反杜林论》）：学习时数，42学时；面授2次，8学时。学习重点：商品理论；货币理论；价值规律；资本理论；资本积累理论；资本循环理论；再生产理论；平均利润和生产价值理论；信用理论和地租理论。第二单元（《文选》所选列宁的《帝国主义是资本主义的最高阶段》）：学习时数，12学时；面授1次，4学时。学习重点：垄断与竞争的关系；资本输出及其形式；帝国主义的历史地位；社会主义在全世界胜利的长期性。第三单元（《文选》所选马克思的《哥达纲领批判》和恩格斯的《共产主义原理》）：学习时数，18学时；面授1次，4学时。学习重点：生产方式决定分配关系的原理；共产主义社会划分为两个发展阶段；共产主义两个发展阶段的分配关系；马克思对按劳分配的论述。第四单元（《文选》所选列宁、斯大林、毛泽东的著作）：学习时数，30学时；面授1次，4学时。学习重点：市场同社会分工和商品生产的关系；社会主义提高劳动生产率的重要性；社会主义提高劳动生产率的办法；列宁对合作社的论述；商品生产与资本主义生产的区别；规律的客观性与人们的主观能动性；毛泽东对我国由农业国变为工业国的论述；社会主义革命的目的；毛泽东论十大关系；毛泽东对我国工业道路的论述。四、复习考试：第18、19周。99级本科班第1学期经济管理专业、贸易经济专业与其基本相同。

（李成玉）

【《党性教育》教学具体安排】（98级以后所有大专班、本科班、领导干部函授班的各专业、各班次学员其内容和时间基本相同）一、目的要求：贯彻党的十五大精神，高举邓小平理论伟大旗帜，坚持理论联系实际的方针、寓党性教育于党校函授“教”与“学”的全过程，有针对性地加强党性锻炼，提高党性修养。二、学习总时数：每学期19—20学时，安排19—20周，每周1学时。其中，面授2次，8学时。三、教学安排：由各分院或直属学区结合本地区实际，采取社会调查、请英模作报告等多种形式进行。教学内容：学习张志新主编的《党性教育系列讲座纲要》（试用本），其中，本科班、领导干部函授班分五个专题；大专班分六个专题。每个学期各选一个专题为学习重点，可不受章节顺序限制，结合本单位的实际情况，灵活安排，不强求一律，重在实效。每学期集中开展党性教育活动不少于2—3次。讨论题由分院或直属学区自行选定。四、复习考试：上学期第18、19周。下学期第19、20周。（李成玉）

【《中国政治制度史》教学具体安排】（97级本科班第5学期党政管理专业、98级本科班第3学期行政管理专业开卷考试课）一、目的要求：通过学习，使学员系统了解几千年来我国政治制度演变的历史及其经验教训，以史为鉴，增强政治体制改革的意识，促进我国社会主义民主政治建设。二、学习总时数：96学时，每周8学时，安排12周。其中，面授辅导5次，20学时。三、教学安排：分四个单元。第一单元（绪论、第1—3章）：学习时数，24学时；面授2次，8学时。学习重点：中国政治制度的分期；中国历代政治制度的特点；夏、商、周奴隶制政治制度的建立及其变化；秦朝中央集权君主专制政治制度的确立；汉朝中央集权君主制政治制度的变化；魏晋南北朝时期的三省制及九品中正制。第二单元（第4—6章）：学习时数，16学时；面授1次，4学时。学习重点：隋朝政治制度的创新；唐朝政治制度的完善；宋朝中央集权制的加强；明、清两朝皇权的加强及中枢机构的变化。第三单元（第7、8章）：学习时数，16学时；面授1次，4学时。学习重点：鸦片战争后，清王朝政权性质的变化及清王朝政治制度的变化；太平天国政治制度的状况及其经验教训。第四单元（第9—12章）：学习时数，24学时；面授1次，4学时。学习重点：南京临时政府的资产阶级民主共和政体；北洋军阀政府的特点及其政治制度；南京国民政府的独裁体制；新民主主义革命时期，人民政权政治制度的建立及变化。复习考试：第11、12周。（兰如先）

【《公务员应用文写作》教学具体安排】（97级本科班第5学期行政管理专业开卷考试课）一、目的要求：通过学习，使学员掌握一个公务员应有的写作知识和相关能力，能够处理和完成行政管理工作中的写作任务。要求学员系统自学教材，认真听取辅导，自觉作好练习题，掌握知识并在实践中转化为能力，提高写作水平。二、学习总时数：96学时，每周8学时，按12周安排。其中，面授5次，20学时。三、教学安排：分三个单元。第一单元（绪论、第1单元）：学习时数，40学时；面授2次，8学时。学习重点：通用公文的含义、特点及写作要求；计划和总结的写作；简报和调查报告的写作；规章和法规的写作；会议纪要的写作；报告与请示的写作；批复和函的写作；通知与通报的写作、决定和决议的写作。第二单元（第2单元）：学习时数，24学时；面授2次，8学时。学习重点：专用文书的含义、分类、特点及写作要求；经济分析报告和市场预测报告的写作；合同书与公证书的写作；起诉书与答辩书的写作；申诉书、上诉书与抗诉书的写作；调解书、裁定书与判决书的写作。第三单元（第3单元）：学习时数，16学时；面授1次，4学时。学习重点：日常应用文的含义、分类、特点及写作要求；讲话稿和讲演稿；会议报告和述职报告；讣告与悼词；贺词与题词；感谢信与慰问信。复习考试：第11、12周。

（兰如先）

【《当代西方政治制度》教学具体安排】（97级本科班第5学期行政管理专业开卷考试课）一、目的要求：通过学习，了解西方政治制度发展的历史和当代西方政治制度的特点，认清西方议会制度、多党制度的资产阶级性质，把握西方发达资本主义国家政治制度建设的经验教训，从正反两方面为我国深化政治体制改革提供有益的启示。二、学习总时数：96学时，每周8学时，按12周安排。其中，面授5次，20学时。三、教学安排：分四个单元。第一单元（引言、第1、2章）：学习时数，24学时；面授2次，8学时。学习重点：西方政治制度的理论基础；西方国家议会的主要职权；西方国家政府体制的类型及政府的主要职能；西方国家公务员制度的特点和作用；战后西方国家政治制度的变化；英国宪法的构成及其特点；英国议会的组成及其职能；英国责任内阁制的基本原则；英国反对党的地位和作用。第二单元（第3、4章）：学习时数，24学时；面授1次，4学时。学习重点：美国宪法的基本原则；美国总统的职权；美国政府的行政机构；美国国会的职权及国会的组织；美国联邦法院的组成及其职能；美国两党制的特点；法国总统的权力、地位及其作用；法国中央政府的组成及其特征；法国议会的组成及职权。第三单元（第5、6章）：学习时数，16学时；面授1次，4学时。学习重点：联邦德国《基本法》确立的政治制度；意大利议会的职权及宪法法院的职权。第四单元（第 7、8 章）：学习时数，16 学时；面授 1 次，4 学时。学习重点：《日本国宪法》的主要特点；日本多党制的特点；瑞典议会监察专员制度的特点与优点。四、复习考试：第 11、12 周。 （兰如先）

【《管理会计简明教程》教学具体安排】（97 级本科班第 5 学期经济管理专业开卷考试课）一、目的要求：通过学习，提高管理会计的理论水平和实际操作能力，促进企业改善经营管理，提高经济效益。管理会计是一门应用经济科学，学习时不仅应掌握它的基本理论，还要学会必要的技术方法。按要求完成作业题，包括计算练习题，是学好这门课的重要途径。二、学习总时数：96 学时，每周 8 学时，安排 12 周。其中，面授 5 次，20 学时。三、教学安排：分四个单元。第一单元（第 1、2 章）：学习时数，16 学时；面授 1 次，4 学时。学习重点：管理会计的概念；管理会计与财务会计的区别和联系；成本按经济职能分类；成本按其习性的分类；混合成本及其分解；全部成本法概述；变动成本法概述；变动成本法与全部成本法的区别；变动成本法的优点及其局限性。第二单元（第 3、4 章）：学习时数，24 学时；面授 1 次，4 学时。学习重点：预测分析概述；本量利分析概述；损益分界点的测算；利润、成本、销售、资金预测；决策分析概述；短期经营决策分析最常用的专门方法；生产什么产品、生产产品数量、生产方法、产品最佳售价的决策分析。第三单元（第 5 章）：学习时数，16 学时；面授 1 次，4 学时。学习重点：长期投资决策概述；货币的时间价值；投资的风险价值；资本成本；现金流量；净现值法；内部报酬率法；现值指数法；投资回收期法；平均投资报酬率法；固定资产的投资和更新决策。第四单元（第 6—8 章）：学习时数，24 学时；面授 2 次，8 学时。学习重点：全面预算概述、编制方法；弹性预算和零基预测；责任会计概述；责任中心及对其的考核；内部转移价格，标准成本概念及概述；成本差异的种类；成本差异的分析计算方法。四、复习考试：第 11、12 周。 （兰如先）

【《国际经济法教程》教学具体安排】（97 级本科班第 5 学期涉外经济专业开卷考试课）一、目的要求：通过学习，了解国际经济法的发展沿革、基本特征、指导原则和主要内容及其在我国对外开放中的地位作用，弄清基本概念和主要制度。从我国深化改革，扩大开放和发展对外经济贸易与技术合作关系的实际出发，学会运用国际经济法与国际社会接轨，解决对外全方位、多层次、宽领域经济关系中的各种法律问题，自觉地适应社会主义市场经济的需要，为利用国内外两种资源和开拓国内外两个市场服务，更好地推动我国经济持续、快速和健康地发展。二、学习总时数：96 学时，每周 8 学时，安排 12 周。其中，面授 5 次，20 学时。三、教学安排：分三个单元。第一单元（第 1—5 章）：学习时数，48 学时；面授 3 次，12 学时。学习重点：国际经济法的概念、特征、产生和发展沿革；国际经济法的渊源、基本原则；国际投资法的概念；外国投资的法律保护；国际投资关系中的主要法律问题；国际贸易法的定义和调整范围；常见的三种国际贸易术语；国际货物买卖合同的一般内容和主要条款；国际贸易中主要支付手段和常见的支付方式；国际工程承包的性质和特点；国际技术转让法的概念和基本内容；国际技术转让的法律形式；国际许可合同的法律特征；我国涉外技术转让的法律适用原则。第二单元（第 6、7 章）：学习时数，24 学时；面授 1 次，4 学时。学习重点：国际金融法的概念和渊源；国际贷款协定和国际信贷的概念；国际贷款协定的特点；发行国际信贷的有关契约及其主要条款；我国对外债的法律管制；国际税收管辖权及其确立的原则；国际双重征税的概念及其产生的影响；国际逃税、避税的防止对策。第三单元（第8章）：学习时数，8学时；面授1次，4学时。学习重点：国际经济贸易仲裁的概念以及有关仲裁的国际公约或规则；仲裁与其他解决争议的方式的异同；我国涉外经济贸易仲裁的实践。四、复习考试：第11、12周。（兰如先）

【《现代西方经济学》教学具体安排】（97级本科班第5学期经济管理专业开卷考试课）一、目的要求：通过学习，正确地认识学习和研究西方经济学的重要意义，掌握现代西方经济学中有关现代市场经济运行规律的内容，了解当代西方发达国家经济政策制定的理论依据，分析和剔除当代西方经济学中有关资产阶级意识形态的糟粕，在科学的基础之上建立起我国的经济体系，从而使马克思主义经济学不断地得到发展。二、学习总时数：96学时，每周8学时，安排12周。其中，面授5次，20学时。三、教学安排：分为三个单元：第一单元（导论、第1、2章）：学习时数，32学时；面授2次，8学时。学习重点：西方经济学的研究对象及其发展演变；微观经济学中的均衡价格理论；消费者行为理论；厂商均衡理论；生产者行为理论；分配理论；微观经济政策。第二单元（第3—11章）：学习时数，32学时；面授2次，8学时。学习重点：凯恩斯经济学的有效需求原理及其政策主张；新古典综合派经济理论关于“滞胀”原因分析及其政策的调整；现代货币主义的基本理论及其政策主张；德国自由主义经济学的主要理论及其政策主张；新制度主义学派的基本理论及其政策主张；瑞典学派的基本理论及其政策主张；熊彼特的创新理论及其新发展。第三单元（第12—14章）：学习时数，16学时；面授1次，4学时。学习重点：发展经济学研究重点的转变；发展经济学关于计划与市场相结合的理论；发展经济学关于国内发展战略；发展经济学关于对外经济发展战略；西方福利经济学关于“福利国家”的理论。四、复习考试：第11、12周。（兰如先）

【《刑事、民事诉讼法学教程》教学具体安排】（97级本科班第5学期政法专业开卷考试课）一、目的要求：通过学习，了解和掌握刑事、民事诉讼法学的基本理论和基本制度，进一步认识和深入理解诉讼法作为程序法，是从程序方面保证刑法、民法、继承法、经济法、劳动法、婚姻法等实体法的正确实施，不断提高自己运用所学的理论知识，分析问题和解决问题的能力。二、学习总时数：96学时，每周8学时，安排12周。其中，面授5次，20学时。三、教学安排：分五个单元。第一单元（第1—6章）：学习时数，16学时；面授1次，4学时。学习重点：诉讼法学的研究对象；刑事诉讼法与民事诉讼法的区别；诉讼法的适用范围；我国诉讼法的基本原则和制度；管辖的种类；公、检、法机关的设置和职业范围。第二单元（第7—9章）：学习时数，16学时；面授1次，4学时。学习重点：刑事诉讼参与人的特征、种类和法律地位；刑事诉讼证据的分类和种类；我国运用刑事诉讼证据的指导原则；强制措施的种类及其内容。第三单元（第10—13章）：学习时数，16学时；面授1次，4学时。学习重点：刑事附带民事诉讼的特征；附带民事诉讼提起的条件；立案、侦查、起诉的内容；审判监督程序；上诉审判程序；刑事诉讼中的执行程序。第四单元（第14—18章）：学习时数，16学时；面授1次，4学时。学习重点：民事诉讼当事人的特点，共同诉讼人和第三人；民事诉讼委托代理人与法定代理人；举证责任的内容：财产保全与先予执行适用的范围。第五单元（第19—22章）：学习时数，16学时；面授1次，4学时。学习重点：民事审判程序；民事执行程序；涉外民事诉讼特征，涉外民事诉讼管辖的种类。四、复习考试：第11、12周。（兰如先）

【《行政诉讼法教程》教学具体安排】（97级本科班第5学期政法专业开卷考试课）一、目的要求：通过学习，正确认识和掌握我国行政诉讼法的基本理论和基本知识，增强依法行政的观念，严格依法办事。二、学习总时数：96学时，每周8学时，安排12周。其中，面授5次，20学时。三、教学安排：分两个单元。第一单元（第1—7章）：学习时数，40学时；面授2次，8学时。学习重点：行政诉讼法律关系及其特征；行政诉讼法的立法根据和立法目的；行政诉讼的基本原则；行政案件的受案范围；行政案件管辖的概念及划分的意义、确定管辖应遵循的基本原则；行政诉讼参加人的概念；行政案件当事人的权利与义务；行政诉讼证据与证据材料的关系；行政诉讼中举证责任的含义及其分担。第二单元（第8—18章）：学习时数，40学时；面授3次，12学时。学习重点：行政诉讼的概念与程序；行政案件起诉的概念与条件；行政案件第一审程序的基本内容；第二审程序与第一审程序的关系；行政判决的概念与特征；行政审判中适用法律的含义与特征；行政诉讼执行程序与审判程序的相互关系；行政诉讼法关于行政赔偿制度的规定；妨害行政诉讼行为概念与构成要件；涉外行政诉讼案件。四、复习考试：第11、12周。（兰如先）

【《竞争法概论》教学具体安排】（98级本科班第3学期政法专业开卷考试课）一、目的要求：通过学习，认识竞争法在社会主义市场经济发展中的地位和作用，掌握竞争法的基本理论和基本知识，增强竞争法律意识，推动和促进社会主义市场经济的健康发展。二、学习总时数:80学时,每周4学时,安排20周。其中，面授5次，20学时。三、教学安排：分四个单元。第一单元（导言、第1—3章）：学习时数，16学时；面授1次，4学时。学习重点：竞争法的概念与作用；市场竞争的基本原则；我国竞争法的产生与发展；反不正当竞争法的概念和原则；不正当竞争行为的特征；不正当竞争行为的种类。第二单元（第4—11章）：学习时数，24学时；面授2次，8学时。学习重点：虚假标示行为的构成；商业假冒行为的社会危害性；假冒他人注册商标行为的表现形式；不正当有奖销售的表现形式；压价销售行为的社会危害性；引人误解的虚假宣传行为的构成；商业贿赂行为的特点；侵犯商业秘密行为的危害性；商业诽谤行为构成要件；附条件交易行为的概念和特征。第三单元（第12—15章）：学习时数，16学时；面授1次，4学时。学习重点：限制竞争行为的概念和特征；限制竞争行为的危害；垄断的概念和特征；中国反垄断法的主要内容；倾销的含义和我国反倾销的立法原则。第四单元（第16—19章）：学习时数，16学时；面授1次，4学时。学习重点：《巴黎公约》对不正当竞争行为的规定；美国的竞争法律制度；对不正当竞争行为的监督检查；违反公平竞争的法律责任。四、复习考试：第19、20周。（兰如先）

【《刑法各论》教学具体安排】（98级本科班第3学期政法专业闭卷考试课）一、目的要求：通过学习，了解刑法规定的413种具体犯罪的立法背景和根据，把握各种具体犯罪的概念和构成条件，弄清各种犯罪与非罪的界限、此罪与彼罪的界限，掌握各种犯罪的量刑原则和标准。二、学习总时数：140学时，每周7学时，安排20周。其中，面授7次，28学时；电教辅导1次，3学时；讨论2次，4学时。三、教学安排：分五个单元。第一单元（第1—3章）：学习时数，21学时；面授辅导1次，4学时。学习重点：刑法总则与分则的关系；罪名的确定；背叛国家罪；分裂国家罪；煽动颠覆国家政权罪；资助危害国家安全犯罪活动罪；叛逃罪；间谍罪；放火罪；决水罪；爆炸罪；投毒罪；破坏交通工具罪；破坏交通设施罪；组织、领导、参加恐怖组织罪；劫持航空器罪；劫持船只、汽车罪；暴力危及飞行安全罪；破坏广播电视设备、公用电信设施罪；非法买卖、运输核材料罪；违规制造、销售枪支罪；非法持有、私藏枪支、弹药罪；非法出租、出借枪支罪、丢失枪支不报罪；非法携带枪支、弹药、管制刀具、危险物品危及公共安全罪；重大飞行事故罪；铁路运营安全事故罪；重大劳动安全事故罪；工程重大安全事故罪；教育设施重大安全事故罪。第二单元（第4—11章）：学习时数，28学时；面授2次，8学时；讨论1次，2学时。学习重点：生产、销售伪劣产品罪；生产、销售假药罪；生产、销售不符合卫生标准的食品罪；生产、销售有毒、有害食品罪；走私武器、弹药罪；走私假币罪；走私珍稀植物、珍稀植物制品罪；走私普通货物、物品罪；虚报注册资本罪；假出资、抽逃出资罪；欺诈发行股票、债券罪；提供虚假财会报告罪；妨害清算罪；公司、企业人员受贿罪；伪造货币罪；出售、购买、运输假币罪；变造货币罪；擅自设立金融机构罪；伪造、变造、转让金融机构经营许可证罪；高利转贷罪；非法吸收公众存款罪；伪造、变造金融票证罪；内幕交易、泄漏内幕信息罪；违法向关系人发放贷款罪；用账外客户资金非法拆借、发放贷款罪；洗钱罪；集资诈骗罪；贷款诈骗罪；票据诈骗罪；信用证诈骗罪；偷税罪；逃避追缴欠税罪；骗取出口退税罪；非法出售增值税专用发票罪；假冒注册商标罪；侵犯著作权罪；侵犯商业秘密罪；损害商业信誉、商品声誉罪；虚假广告罪；串通投标罪；合同诈骗罪；强迫交易罪；逃避商检罪。第三单元（第12、13章）：学习时数，14学时；面授1次，4学时。学习重点：故意杀人罪；故意伤害罪；强奸罪；奸淫幼女罪；强制猥亵、侮辱妇女罪；绑架罪；拐卖妇女、儿童罪；诬告陷害罪；强迫职工劳动罪；侮辱罪；诽谤罪；刑讯逼供罪；打击报复会计、统计人员罪；暴力干涉婚姻自由罪；破坏军婚罪；抢劫罪；盗窃罪；诈骗罪；聚众哄抢罪；侵占罪；职务侵占罪；挪用资金罪；敲诈勒索罪。第四单元（第14—22章）：学习时数，35学时；面授2次，8学时；讨论1次，2学时。学习重点：妨害公务罪；招摇撞骗罪；伪造、变造居民身份证罪；非法生产、买卖警用装备罪；破坏计算机信息系统罪；聚众斗殴罪；组织、领导、参加黑社会性质组织罪；非法集会、游行、示威罪；伪证罪；辩护人、诉讼代理人毁灭证据、伪造证据、妨害作证罪；打击报复证人罪；窝藏、包庇罪；拒绝提供间谍犯罪证据罪；窝藏、转移、收购、销售赃物罪；拒不执行判决、裁定罪；破坏监管秩序罪；组织他人偷越国（边）境罪；骗取出境证件罪；出售出入境证件罪；偷越国（边）境罪；故意损毁文物罪；非法向外国人出售、赠送珍贵文物罪；倒卖文物罪；妨害传染病防治罪；非法组织卖血罪；医疗事故罪；非法行医罪；逃避动植物检疫罪；重大环境污染事故罪；擅自进口固体废物罪；非法占用耕地罪；非法采矿罪；非法狩猎罪；走私、贩卖、运输、制造毒品罪；非法持有毒品罪；包庇毒品犯罪分子罪；非法种植毒品原植物罪；非法提供麻醉药品、精神药品罪；组织卖淫罪；强迫卖淫罪；传播性病罪；制作、复制、出版、贩卖、传播淫秽物品牟利罪；组织播放淫秽音像制品罪。第五单元（第23—26章）：学习时数，28学时，面授1次，4学时。学习重点：阻碍军人执行职务罪；阻碍军事行动罪；故意提供不合格武器装备、军事设施罪；聚众冲击军事禁区罪；冒充军人招摇撞骗罪；接送不合格兵员罪；雇用逃离部队军人罪；战时故意提供虚假敌情罪；战时拒绝、故意延误军事订货罪；贪污罪；挪用公款罪；受贿罪；巨额财产来源不明罪；隐瞒境外存款罪；私分国有资产罪；玩忽职守罪；滥用职权罪；徇私枉法罪；私放在押人员罪；国家机关工作人员签订、履行合同失职罪；阻碍解救被拐卖、绑架妇女、儿童罪；招收公务员、学生徇私舞弊罪；战时违抗命令罪；指使部属违反职责罪；违令作战消极罪，拒不救援友邻部队罪；军人叛逃罪；战时自伤罪；虐待俘虏罪。四、复习考试：第19、20周。（兰如先）

【《行政法学》教学具体安排】（98级本科班第3学期政法专业闭卷考试课）一、目的要求：通过学习，正确认识把握社会主义行政法制建设的基本方针与基本理论，增强依法行政观念，严格依法办事，促进行政管理工作法制化。二、学习总时数：140学时，每周7学时，安排20周。其中，面授7次，28学时；电教辅导1次，3学时；讨论2次，4学时。三、教学安排：分四个单元。第一单元（第1—3章）：学习时数，21学时；面授1次，4学时；讨论1次，2学时。学习重点：行政法学的研究对象；行政法学与行政法的区别；行政法的概念；行政法律关系；新中国行政法的历史发展；法国行政法和英国行政法的特征。第二单元（第4—6章）：学习时数，21学时；面授1次，4学时。学习重点：行政主体的含义及其与行政法主体的区别；我国行政机关的体制；国家公务员的含义；我国国家公务员的义务与权利的关系；其他行政法主体应具备的条件。第三单元（第7—13章）：学习时数，63学时；面授3次，12学时；讨论1次，2学时。学习重点：行政行为的含义、行政行为的实施形式；行政行为的效力；行政程序的含义、特点、原则；行政立法的含义与特征；我国行政立法体制；行政执法的含义与形式；行政许可与行政确认的区别；行政处罚与行政处分、执行罚的区别；行政措施的含义与特征；行政处分与纪律处分的区别；行政指导的含义；加强我国行政指导制度建设的思路；行政合同的含义与特征；行政合同在我国的发展趋势；行政司法的含义与形式；行政复议与行政诉讼的区别。第四单元（第14—16章）：学习时数，21学时；面授2次，8学时。学习重点：行政法制监督的含义与特征；加强我国行政法制监督的途径；行政违法与行政不当、行政侵权的区别；行政责任的含义及构成要件；行政赔偿的含义与特征。四、复习考试：第19、20周。（兰如先）

【《邓小平理论文选》教学具体安排】（98级本科班第3学期经济管理专业、99级本科班第1学期行政管理专业、99级领导干部班开卷考试课）一、目的要求：通过对文选的系统学习，全面系统地理解和掌握邓小平理论的科学体系和基本内容，提高马列主义的理论水平和思想政治素质，增强贯彻执行党的基本路线和基本纲领的自觉性。二、学习总时数：80学时，每周4学时，安排20周。其中，面授5次，20学时。三、教学安排：分三个单元。第一单元（《文选》代序一、二、三、四和总论）：学习时数，24学时；面授1次，4学时。学习重点：邓小平理论的历史地位和指导意义；邓小平理论同马列主义、毛泽东思想的关系；马克思主义的学风问题；全面正确地理解和把握邓小平理论。第二单元：（《文选》第1、2卷各篇）：学习时数，24学时；面授2次，8学时。学习重点：解放思想、实事求是的思想路线；邓小平理论的形成和发展；社会主义的根本任务和各项任务。第三单元（《文选》第3卷各篇）：学习时数，24学时；面授2

次，8学时。学习重点：社会主义社会的发展动力；社会主义社会的协调发展和全面进步；关于祖国统一和一国两制。四、复习考试：第19、20周。（兰如先）

【《中国领导思想史简编》教学具体安排】（98级本科班第3学期党政管理专业开卷考试课）一、目的要求：通过学习，了解和掌握中国历代领导思想的基本内容、理论框架和发展演变过程；了解和掌握中国历代思想家、政治家关于领导思想的基本观点及实践经验；探求领导活动的规律，古为今用，为各级领导干部提供历史借鉴。二、学习总时数：80学时，每周4学时，安排20周。其中，面授辅导5次，20学时。三、教学安排：分四个单元。第一单元（第1、2章）：学习时数，32学时；面授2次，8学时。学习重点：了解先秦时期中国传统领导思想的产生和形成过程及其基本理论框架；儒、墨、道、法、兵诸家关于领导活动总目标的设定与总方针的确立；传统的重民、用人和决策思想的基本原则；领导者的素质与领导方法。第二单元（第3、4章）：学习时数，12学时；面授1次，4学时。学习重点：中国传统领导思想的形成、确立及儒家领导思想的主导地位；汉初“无为而治”领导思想的基本内容及其社会实践效果；曹操、诸葛亮的领导思想比较；苏绰的擢贤良之策；唐太宗的用人思想评价。第三单元（第5、6章）：学习时数，8学时；面授1次，4学时。学习重点：改革家范仲淹、王安石的领导思想；陈亮、叶适的功利主义领导思想；朱元璋的集权领导思想；康熙、雍正的用人决策；顾炎武、黄宗羲的领导思想。第四单元（第7、8章）：学习时数，20学时；面授1次，4学时。学习重点：了解中国近代社会状况变化及其对传统领导思想的影响；传统领导思想向近代民主主义领导思想的转变；政党思想的出现；历史进化论与自由观。四、复习考试：第19、20周。（兰如先）

【《行政管理学教程》教学具体安排】（98级本科班第3学期行政管理专业闭卷考试课）一、目的要求：通过学习，使学员掌握行政管理学的基本知识和理论体系，了解行政管理的基本职能、基本条件、基本过程和基本方法，进而掌握现代化行政管理的基本规律，增强依法行政和科学行政的意义，提高行政管理工作的科学性、预见性和实际工作能力。二、学习总时数：140学时，每周7学时，安排20周。其中，面授6次，24学时；电教辅导1次，3学时；讨论2次，4学时。三、教学安排：分五个单元。第一单元（绪论、第1—4章）：学习时数，42学时；面授2次，8学时。学习重点：行政管理的涵义、特征和行政管理学的研究内容；行政管理职能的主要内容；行政体制的主要内容；行政组织的涵义、类型和构成要素；行政组织设置步骤和行政组织建设的原则；行政领导的职责的过程；行政领导者的素质。第二单元（第5—8章）：学习时数，28学时；面授2次，8学时，讨论1次，2学时。学习重点：行政信息的处理；行政决策的特点和意义及原则与程序；行政执行的原则和方式、基本程序；行政监督的涵义和作用；行政监督的原则和过程。第三单元（第9—11章）：学习时数，21学时；面授1次，4学时，学习重点：人事行政的基本原则；中国公务员制度的基本内容和特点；财务行政的涵义、特点和功能；国家预算的编制和执行；机关管理的主要内容和要求。第四单元（第12—14章）：学习时数，21学时；面授1次，4学时。学习重点：行政现代方法；行政法规的制定和实施。四、复习考试：第19、20周。（兰如先）

【《英语》(第一册)教学具体安排】（99级本

科班第1学期经济管理专业开卷考试课）一、目的要求：通过系统地学习英语语音知识，能正确朗读和书写英语字母，掌握英语音素的发音要领和基本读音规则，能运用国际音标和读音规则正确拼读单词；掌握基本语音语调，能正确朗读句子和课文，掌握教材中的基础语法和基本句型，能较熟练地运用所学的语法知识，理解结构较复杂的长句。学习900多个单词和词组，对其中的常用词要求拼写正确，能英汉互译，并掌握它们的基本用法。能比较顺利地阅读并正确理解课文，能借助词典和其他工具书阅读、翻译与课文难度大致相当的英语文章。具有初步的听、说能力，能进行简单的日常会话。二、学习总时数：120学时，每周6学时，安排20周。其中，面授14次，56学时；电教辅导1次，3学时。三、教学安排：分三个单元。第一单元（第1—7课）：学习时数，42学时；面授辅导5次，20学时。学习重点：英语字母，48个音素的发音要领和国际音标，字母和字母组合的读音规则，基本语调；名词的数，指示代词，人称代词（主格和宾格），物主代词，名词所有格，动词to be和to have，there be结构，词类，陈述句，一般疑问句，祈使句；260多个单词和词组。第二单元（第8—12课）：学习时数，30学时；面授4次，16学时。学习重点：句子成分，一般疑问句和特殊疑问句，一般现在时，现在进行时，一般过去时，一般将来时，be going to结构，反身代词，情态动词；330多个单词和词组。第三单元（第13—17课）：学习时数，36学时；面授5次，20学时。学习重点：现在完成时，形容词和副词的比较结构，物主代词绝对形式，被动语态，数词，过去进行时，状语从句；320多个单词和词组。四、复习考试：第19、20周。（兰如先）

【《民法学总论》教学具体安排】（99级本科班第1学期法律专业考试课）一、目的要求：通过学习了解民法的基本理论、基本原则和民事主体制度、物与民事法律行为制度和民事责任制度，进一步认识和理解民法是社会主义市场经济的基本法，民事法律制度是社会主义市场经济法律制度的重要组成部分，从而提高运用法律、依法办事能力，自觉地为发展社会主义市场经济服务。二、学习总时数：140学时，每周7学时，安排20周。其中，面授辅导7次，28学时；电教辅导1次，3学时；讨论2次，4学时。三、教学安排：分四个单元。第一单元（第1—4章）：学习时数，35学时；面授辅导1次，4学时；讨论1次，2学时。学习重点：民法的概念、性质和地位；民法的调整对象和方法；民法的适用范围；民法的渊源；我国民法的基本原则；民事法律关系的概念、特征及其构成要素；民事法律关系产生、变更和终止的原因；民事权利。第二单元（第5—7章）：学习时数，35学时；面授辅导2次，8学时；讨论1次，2学时。学习重点：公民的概念及公民的民事权利能力和民事行为能力；监护；公民的人格权和身份权；宣告失踪和死亡；法人的概念、成立条件及其分类；法人的独立财产；法人机关、分支机构和代理机构；企业法人的成立、变更和终止；公司法人、合作社法人和基金会法人；合伙的概念和特征及分类；合伙财产；合伙的内部关系和债务承担；入伙和退伙。第三单元（第8—10章）：学习时数，35学时；面授辅导2次，8学时。学习重点：物的法律概念与特征；物在法律上的分类；几种特殊的物；民事法律行为的概念、特征及其分类、形式；意思表示及民事法律行为的成立与生效；无效民事行为和可撤销、可变更的民事行为及效力未定的民事行为；附条件和附期限的民事行为；代理的概念与特征；代理行为的有效要件及种类；委托代理权的授予；代理权的发生、变更和消灭；无权代理；代理关系中的连带责任。第四单元（第11、12章）：学习时数，21学时；面授辅导2次，8学时。学习重点：诉讼时效的概念与特征；诉讼时效的种类；诉讼时效期间的开始、中止、中断和延长；期间与期日；民事责任的概念与特征；一般民事责任的构成要件；免除民事责任的条件；民事责任的归类原则；民事责任的分类；侵权行为的民事责任；民事责任的承担。四、复习考试：第19、20周。（兰如先）

【《社会主义法治论纲》教学具体安排】（99级本科班第1学期法律专业考试课）一、目的要求：通过系统学习，认识社会主义法制的涵义、地位、基本要求、历史发展、基本特征及基本原则等一般理论，并认清依法治国、建设社会主义法治国家的基本条件，掌握法治与法制，法治与市场经济，法治与民主政治，法治与精神文明，法治与法律职业及社会主义法治意识等的辩证关系，并能够运用所学理论分析依法治国，建设社会主义法治国家实践中的问题，达到一般理论的掌握，意识的培养，能力的提高，为法治实践服务。二、学习总时数：140学时，每周7学时，安排20周。其中，面授7次，28学时；电教辅导1次，3学时；讨论2次，4学时。三、教学安排：分六个单元。第一单元（第1、2章）：学习时数，21学时；面授辅导1次，4学时。学习重点：社会主义法制的涵义、地位和基本要求；建设社会主义法治国家的意义；社会主义法制的发展战略；社会主义法制的概况及发展。第二单元（第3、4章）：学习时数，28学时；面授辅导1次，4学时。学习重点：认清社会主义法制的基本特征；掌握社会主义法制建设的基本原则。第三单元（第5—7章）：学习时数，28学时；面授辅导2次，8学时；讨论1次，2学时。学习重点：掌握依法治国与民主政治的辩证关系；认识法律的价值与法律的权威。第四单元（第8—10章）：学习时数，21学时；面授辅导1次，4学时。学习重点：了解、认识依法治国与市场经济及精神文明的关系；认识法律体系的一般理论。第五单元（第11、12章）：学习时数，21学时；面授辅导1次，4学时；讨论1次，2学时。学习重点：社会主义法律体系；依法治国与法律职业。第六单元（第13章）：学习时数，7学时；面授辅导1次，4学时。学习重点：依法治国与法治意识。四、复习考试：第19、20周。（兰如先）

【《马克思主义法学经典文选》教学具体安排】（99级本科班第1学期法律专业考查课）一、目的要求：通过学习，了解马克思主义经典作家关于法的论述，进一步掌握马克思主义法学尤其是邓小平民主法制理论，提高对依法治国，建设社会主义法治国家重要性的认识。二、学习总时数：80学时，每周4学时，安排20周。其中，面授辅导5次，20学时。三、教学安排：分三个单元。第一单元［上篇（马克思、恩格斯论法律）］：学习时数，24学时；面授辅导2次，8学时。学习重点：《德意志意识形态》；《对民主主义者军茵区域委员会的审判》；《论住宅问题》；《反杜林论》；《路德维希·费尔巴哈和德国古典哲学的终结》；《野蛮时代与文明时代》；《恩格斯书信》。第二单元［中篇（列宁主义）］：学习时数，24学时；面授辅导1次，4学时。学习重点：《矛盾的立场》；《国家与革命》；《论‘双重’领导和法制》；《无产阶级革命和叛徒考茨基》。第三单元［下篇（毛泽东、董必武、邓小平论法律）］：学习时数，24学时；面授辅导2次，8学时。学习重点：邓小平论法律。四、复习考试：第19、20周。（兰如先）

【《新时期党的建设概论》教学具体安排】（第八期领导干部函授班第3学期、98级本科班第2学期行政管理专业考查课）一、目的要求：通过学习，比较系统地掌握马克思主义党的学说的基本原理，了解无产阶级政党产生、发展和自身建设的客观规律，了解党在社会主义事业中的领导地位和领导作用以及如何实现其领导作用的规律。重点要深刻认识党在执政和改革开放条件下面临的新情况、新问题，掌握邓小平新时期的建党思想，掌握新时期党的建设的总目标、总要求，以及党在思想上、组织上、作风上建设的一系列的原则、方针和政策。学习新时期的建党理论必须同建党实践紧密联系起来，必须同自己的党性锻炼和世界观的改造紧密联系起来，领导干部要同讲学习、讲政治、讲正气的“三讲”教育结合起来，不断提高领导水平和执政水平，不断增强拒腐防变的能力，充分发挥表率作用和先锋模范作用，把新时期党的建设的伟大工程进一步推向前进。二、学习总时数：100学时，每周5学时，安排20周。其中，面授辅导5次，20学时。三、教学安排：分三个单元。第一单元（绪论、第1章）：学习时数，20学时；面授辅导1次，4学时。学习重点：马克思主义党的学说；列宁关于建设新型无产阶级政党的理论；毛泽东建党思想的基本内容；执政和改革开放条件下对党的建设提出新的更高的要求；邓小平新时期党的建设理论的主要内容；邓小平党的建设理论是新时期党的建设的指针。第二单元（第2—4章）：学习时数，20学时；面授辅导1次，4学时。学习重点：坚持中国共产党对中国社会主义事业的领导地位；坚持党的领导必须改善党的领导；如何改善党的领导；党必须在宪法和法律范围内活动；新时期党的建设伟大工程的总目标；党的建设必须同党的政治路线紧密联系；围绕党的基本路线建设党；社会主义代替资本主义的历史必然性；共产主义理想和实现现阶段奋斗目标的关系。第三单元（第5—12章）：学习时数，50学时；面授辅导3次，12学时。学习重点：党的建设必须把思想建设放在首位；用邓小平理论武装全党是新时期党的思想建设的根本任务；坚持党的思想路线；民主集中制是党的根本组织原则和领导制度；在市场经济条件下对贯彻民主集中制提出新的要求；政治路线的实现要靠组织路线来保证；党的干部标准和干部路线；完整准确地理解和执行干部队伍建设的“四化”方针；共产党员的标准；共产党员加强党性锻炼的内容和途径；党的基层组织是党的全部工作和战斗力的基础；新时期党的基层组织建设的基本方针；执政党的党风关系到党的生死存亡问题；党风问题实质上是党和人民群众的关系问题；腐败的根源是什么？怎样把反腐败斗争深入持久地进行下去；制度建设在党的建设中的地位；制度建设要以民主集中制为中心内容；健全和完善党内监督；中国共产党同各国政党建立和发展友好关系的重大意义；中国共产党处理同各国共产党和其它政党关系的基本原则。四、复习考试：第19、20周。

（兰如先　李成玉）

【《马克思主义哲学经典文选》教学具体安排】（第九期领导干部函授班第1学期考试课）一、目的要求：通过学习，进一步从理论和实践的结合上掌握马克思主义哲学的基本原理，增强党性，树立科学的世界观。同时，要从我国改革开放和现代化建设的实际出发，运用马克思主义的立场、观点和方法，自觉地执行党在新时期的基本路线方针和政策，努力做好本职工作。二、学习总时数：140学时，每周7学时，安排20周。其中，面授辅导7次，28学时；电教辅导1次，3学时；讨论2次，4学时。三、教学安排：分六个单元。第一单元（马克思和恩格斯在1845年—1871年对历史唯物主义的论述）：学习时数，21学时；面授辅导1次，4学时。学习重点：新唯物主义和旧唯物主义的根本区别；生产力在社会历史发展中的重要作用；马克思对阶级斗争学说的主要贡献；历史唯物主义的基本原理。第二单元（马克思恩格斯在1871年—1883年对唯物辩证法的论述）：学习时数，21学时；面授辅导1次，4学时。学习重点：马克思辩证法和黑格尔辩证法的关系；辩证法和形而上学两种思维方式的对立；唯物辩证法创立的意义；辩证法的基本规律，特别是辩证否定观的基本要点；唯物辩证法对自然科学研究的指导意义。第三单元（恩格斯在19世纪80—90年代对历史唯物主义的论述）：学习时数，21学时；面授辅导1次，4学时。学习重点："两种生产"在社会历史发展中的作用；国家的起源、本质和消亡；关于社会历史发展的动力；上层建筑的相对独立性。第四单元（列宁在1894年—1908年对马克思主义哲学、特别是对辩证唯物主义认识论的论述）：学习时数，21学时；面授辅导1次，4学时；讨论1次，2学时。学习重点：社会经济形态发展是一种自然历史过程；辩证唯物主义认识论的三个重要结论；真理的客观性、绝对性和相对性；实践作为检验真理标准的辩证性质；自由和必然的关系。第五单元（列宁在第一次世界大战时期和十月革命后对唯物辩证法的论述）：学习时数，21学时；面授辅导1次，4学时。学习重点：对立统一规律是辩证法的核心和实质；两种发展观的对立；唯心主义产生的认识论根源；政治和经济的辩证关系；辩证逻辑的四个要点；列宁运用辩证法论述我国建设社会主义的道路。第六单元（毛泽东对马克思主义哲学的运用和发展）：学习时数，21学时；面授辅导2次，8学时。学习重点：实践在认识中的地位和作用；认识过程的辩证性质；矛盾普遍性和特殊性的关系；矛盾的同一性和斗争性的关系；人的自觉能动性和客观规律性的关系；社会主义社会的两类不同性质的矛盾。四、复习考试：第19、20周。 （兰如先）

【《现代市场经济》教学具体安排】 （第九期领导干部函授班第1学期考查课）一、目的要求：通过学习和掌握现代市场经济理论，提高理论素质，增强实际操作能力；分析研究新情况、新问题，对比分析资本主义市场经济和社会主义市场经济的区别与联系；驾驭现代市场经济，自觉地发展社会主义市场经济。二、学习总时数：100学时，每周5学时，安排20周。其中，面授辅导5次，20学时。三、教学安排：分五个单元。第一单元（第1、2章）：学习时数，15学时；面授辅导1次，4学时。学习重点：生产关系的内容；生产关系与生产力的关系；经济基础与上层建筑的关系；经济规律及其分类；市场经济的一般性质；市场经济与所有制的关系；社会主义市场经济与资本主义市场经济的关系。第二单元（第3—5章）：学习时数，20学时；面授辅导1次，4学时。学习重点：市场经济的生产过程和积累过程；现代企业制度；企业再生产；社会再生产；经济增长和经济发展；产业结构的调整和优化。第三单元（第6、7章）：学习时数，15学时；面授辅导1次，4学时。学习重点：市场和市场体系；我国市场体系的培育；宏观调控的客观必然性；宏观调控的目标和手段；我国宏观调控的主要任务。第四单元（第8—10章）：学习时数，20学时；面授辅导1次，4学时。学习重点：国民收入及其增长途径；平均利润和生产价格；地租；收入分配制度；社会保障制度；国际经济循环。第五单元（第11、12章）：学习时数，20学时；面授辅导1次，4学时。学习重点：市场经济体制；市场经济运行机制；社会主义市场经济体制；建立社会主义市场经济法律体系的基本原则；完善社会主义市场经济法律体系；严格司法问题。四、复习考试：第19、20周。 （兰如先）

在职研究生班教学计划

98级在职研究生班经济管理专业第2学期教学计划表

（1999.3—1999.7）

课程＼学时＼项目	总学时	课内学时/活动次数						课外自学学时	考试方式	学分	考试时间
		面授	讨论	串讲	考试	机动	小计				
西方经济学	180	48（12次）	4（1次）	4（1次）	4（1次）		60（15次）	120	开卷	5	7月12日上午9:00—11:30考试,9月1日上午9:00—11:30补考。
现代管理学	132	36（9次）		4（1次）	4（1次）		44（11次）	88	闭卷	4	7月13日上午9:00—11:30考试,9月2日上午9:00—11:30补考。
英　　语	180	52（13次）		4（1次）	4（1次）		60（15次）	120	闭卷	5	7月12日下午2:30—5:00考试,9月1日下午2:30—5:00补考。
古文选读	180	48（12次）	4（1次）	4（1次）	4（1次）		60（15次）	120	闭卷	5	
会计核算与会计管理方法	84	24（6次）			4（1次）		28（7次）	56	开卷	2	7月13日下午2:30—5:00考试,9月2日下午2:30—5:00补考。
党性教育及其它活动	24					8（2次）	8（2次）	16			
合　　计	600	156（39次）	8（2次）	12（3次）	16（4次）	8（2次）	200（50次）	400		16	
备　　注	1. 面授等课内教学活动,每次按4学时计算。课内学时与课外自学学时之比为1:2。 2.《英语》的教学计划、教学大纲由分院按培养方案要求自行制订。它与《古文选读》的教学学时和学分只按一门统计。										

98级在职研究生班经济管理专业第3学期教学计划表

（1999.9—2000.1）

课程＼学时＼项目	总学时	课内学时/活动次数						课外自学学时	考试方式	学分	考试时间
		面授	讨论	串讲	考试	机动	小计				
宏观经济管理研究	156	40（10次）	4（1次）	4（1次）	4（1次）		52（13次）	104	半开	5	2000年1月15日上午9:00—11:30考试,3月4日上午9:00—11:30补考。
现代企业管理研究	132	40（10次）	4（1次）	4（1次）	4 1次		52（13次）	80	闭卷	4	2000年1月15日下午14:30—17:00考试,3月4日下午14:30—17:00补考。
英　　语	180	48（12次）		4（1次）	4（1次）		56（14次）	124	开卷	5	两门选学一门 2000年1月16日上午9:00—11:30考试,3月5日上午9:00—11:30补考。
文学艺术与文化	180	48（12次）		4（1次）	4（1次）		56（14次）	124	开卷	5	
市场经济法律制度专题研究	96	32（8次）					32（8次）	64	论文	3	
党性教育及其它活动	36					8（2次）	8（2次）	28			
合　　计	600	160（40次）	8（2次）	12（3次）	12（3次）	8（2次）	200（50次）	400			
备　　注	1. 面授等课内教学活动,每次按4学时计算。 2.《英语》的教学计划、教学大纲由分院按培养方案要求自行制订。它与《文学艺术与文化》的教学学时和学分只按一门统计。期末考试,由分院负责命题。										

99 级在职研究生班法律专业教学计划总表

1999 年 1 月 3 日

学期	课程名称	总学时	课内学时/次数						自学时数	考核方式	学分	备注
			小计	面授	讨论	串讲	考试	机动				
第1学期	邓小平理论专题研究	108	36（9 次）	32（8 次）	4（1 次）				72	论文	4	
	法理学研究	180	60（15 次）	48（12 次）	4（1 次）	4（1 次）	4（1 次）		120	闭卷	5	
	当代西方法理学理论研究	108	36（9 次）	32（8 次）			4（1 次）		72	开卷	4	
	英语或古文选读	180	60（15 次）	52（13 次）		4（1 次）	4（1 次）		120	闭卷	4	两门选一门
		180	60（15 次）	48（12 次）	4（1 次）	4（1 次）	4（1 次）		120	闭卷	4	
	党性教育及其他活动	24	8（2 次）					8（2 次）	16			
	合计	600	200（50 次）	164（41 次）	8（2 次）	8（2 次）	12（3 次）	8（2 次）	400		17	
第2学期	马克思主义法学经典著作选读	132	44（11 次）	40（10 次）	4（1 次）				88	论文	5	
	民法研究	180	60（15 次）	48（12 次）	4（1 次）	4（1 次）	4（1 次）		120	闭卷	5	
	公司企业法研究	84	28（7 次）	12（3 次）			4（1 次）		56	开卷	3	
	英语或古文选读	180	60（15 次）	52（13 次）		4（1 次）	4（1 次）		120	闭卷	4	两门选一门
		180	60（15 次）	48（12 次）	4（1 次）	4（1 次）	4（1 次）		120	闭卷	4	
	党性教育及其他活动	24	8（2 次）					8（2 次）	16			
	合计	600	200（50 次）	164（41 次）	8（2 次）	8（2 次）	12（3 次）	8（2 次）	400		17	
第3学期	宪法、行政法研究	156	52（13 次）	40（10 次）	4（1 次）	4（1 次）	4（1 次）		104	闭卷	5	
	当代西方法律制度研究	132	44（11 次）	32（8 次）	4（1 次）	4（1 次）	4（1 次）		88	开卷	4	
	金融、证券法研究	96	32（8 次）	32（8 次）					64	论文	3	
	英语或文学艺术与文化	180	60（15 次）	52（13 次）		4（1 次）	4（1 次）		120	开卷	5	两门选一门
		180	60（15 次）	48（12 次）	4（1 次）	4（1 次）	4（1 次）		120	开卷	5	
	党性教育及其他活动	36	12（3 次）					12（3 次）	24			
	合计	600	200（50 次）	156（39 次）	8（2 次）	12（3 次）	12（3 次）	12（3 次）	400		17	

续表

学期	课程名称	总学时	课内学时/次数						自学时数	考核方式	学分	备注
			小计	面授	讨论	串讲	考试	机动				
第4学期	刑法研究	156	52（13次）	40（10次）	4（1次）	4（1次）	4（1次）		104	闭卷	5	
	诉讼法研究	144	48（12次）	36（9次）	4（1次）	4（1次）	4（1次）		96	开卷	4	
	宏观调控与市场管理法研究	108	36（9次）	32（8次）	4（1次）				72	论文	3	
	知识产权法研究	84	28（7次）	28（7次）					56	论文	2.5	
	国际经济法研究	84	28（7次）	28（7次）					56	论文	2.5	由分院任选两门
	犯罪学研究											
	证据学研究											
	司法鉴定学研究											
	劳动法研究											
	党性教育及其他活动	24	8（2次）					8（2次）	16			
	合计	600	200（50次）	164（41次）	12（3次）	8（2次）	8（2次）	8（2次）	400		17	
第5学期	党性教育专题课	60	20（5次）	12（3次）	4（1次）			4（1次）	40	总结	2	
	补学有关知识、调研、撰写论文	516	172（43次）						344			
	其他活动	24	8（2次）					8（2次）				
	合计	600	200（50次）	12（3次）	4（1次）			12（3次）	400		2	
第6学期	完成毕业论文并进行答辩	576	192（48次）						384		32	
	其他活动	24	8（2次）					8（2次）	16			
	合计	600	200（50次）					8（2次）	400		32	
	总计	3600	1200						2400		102	

说明：1. 第1学期要进行充分的入学教育。各分院要在本计划表之外安排适当时间于开课前集中进行一次新生入学教育，组织学员认真学习有关文件和材料，明确办学指导思想和学习目的，端正学习态度，熟识各项规章制度和教学要求，为圆满完成学业打下良好的思想基础。

2. 第4学期的选修课程，各分院可视需要和可能，作适当调整，教材自购。教学的总学时不可减少。

3. 课内教学与课外自学学时的比例为1∶2，要注意抓好自学。

4. “党性教育及其他活动”指党课、参观、班会、报告会、民主生活会等党支部和班务活动，由各分院根据情况作出安排。

5. “英语或古文选读”和“英语或文学艺术与文化”，只统计其中一门的学时和学分。

99级在职研究生班经济管理专业第1学期教学计划表

（1999.9—2000.1）

课程＼学时项目	总学时	课内学时/活动次数						课外自学学时	考试方式	学分	考试时间
		面授	讨论	串讲	考试	机动	小计				
马克思主义经济著作选读	180	48（12次）	4（1次）	4（1次）	4（1次）		60（15次）	120	闭卷	5	2000年1月15日上午9:00—11:30考试，3月4日上午9:00—11:30补考。
邓小平理论基本问题研究	132	40（10次）	4（1次）				44（11次）	88	论文	4	课终
英　　语	168	48（12次）		4（1次）	4（1次）		56（14次）	112	闭卷	5	2000年1月15日下午2:30—5:00考试，3月4日下午2:30—5:00补考。
古文选读	168	48（12次）		4（1次）	4（1次）		56（14次）	112	闭卷	5	
经济统计与分析	84	24（6次）			4（1次）		28（7次）	56	开卷	3	2000年1月16日上午9:00—11:30考试，3月5日上午9:00—11:30补考。
党性教育及其他活动	36					12（3次）	12（3次）	24			
合　　计	600	160（40次）	8（2次）	8（2次）	12（3次）	12（3次）	200（50次）	400			
备　　注	1. 面授等课内教学活动，每次按4学时计算。 2. 英语和古文选读课程的期末考试，由分院负责命题。										

【《马克思主义经济著作选读》教学计划】

（由中央党校刘炳瑛教授制订，供99级经济管理专业第1学期使用）

一、目的要求：通过认真阅读马克思主义经济理论代表著作《资本论》所选部分，使学员掌握其立场、观点、方法，提高理论素质，增强分析新情况、研究新问题的能力，拓宽和强化专业研究的基础。

二、教学时间：（见“教学计划表”）

三、教学方式：（略）

四、专题讲授：12讲，即商品理论及其现实意义；货币理论及其现实意义；价值规律；资本理论及其现实意义；《资本论》第一卷与现实；资本循环理论及其现实意义；资本周转理论及其现实意义；社会总资本再生产理论及其现实意义；平均利润和生产价格理论及其现实意义；地租理论及其现实意义；不变资本使用上的节约；股份公司的特点和资本的支配权。

五、主要学习书目：《〈资本论〉选读》，刘炳瑛、肖云；《〈资本论〉与市场经济问题研究》，肖云。

六、考核办法：闭卷考试。

（于志伟）

【《邓小平理论基本问题研究》教学计划】

（由中央党校汤有伦教授制订，供99级经济管理专业第1学期使用）

一、目的要求：通过联系我国改革开放和社会主义现代化建设的实际，联系世界社会主义的曲折发展，认真学习邓小平理论，使学员进一步加深对什么是社会主义和怎样建设社会主义这一基本理论问题的认识，提高运用党的基本理论研究新情况、解决新问题、总结新经验的能力，增强贯彻执行党的基本路线和基本纲领的自觉性和坚定性。

二、教学时间：（见“教学计划表”）

三、教学方式：（略）

四、专题讲授：10讲，即邓小平理论是当代中国的马克思主义；社会主义的发展道路；社会主义的本质和根本任务；社会主义的发展的本质和根本任务；社会主义的发展阶段和党在初级阶段的基本路线；我国社会主义初级阶段的基本纲领；我国社会主义改革的基本理论和基本经验；我国社会主义建设的对外开放；我国社会主义建设的国际环境和对外战略；我国社会主义建设的政治保证；世界社会主义的历史命运。

五、主要学习书目：《共产党宣言》，马克思、恩格斯；《社会主义从空想到科学的发展》，恩格斯；《国家与革命》，列宁；《论人民民主专政》，毛泽东；《邓小平文选》，邓小平；《江泽民重要讲话选编》，江泽民。

六、考核办法：撰写论文。

（于志伟）

【《古文选读》教学计划】（由中央党校陆钦教授制订，供98级经济管理专业第2学期使用）

一、目的要求：通过学习，使学员积累大量常用词汇，掌握常用语句类型，熟悉古代汉语的语法规律，达到能够阅读难度相当于古文《资治通鉴》的水平。

二、教学时间：（见“教学计划表”）

三、教学方法：（略）

四、教学安排：12讲，即《晋灵公不君》、《触龙说赵太后》；《岳阳楼记》、《伶官传序》；《答司马谏议书》；《阿房宫赋》、《种树郭橐驼传》；《六国论》、《法云寺》；《让县自明本志令》、《钱神论》；《滕王阁序》、《与韩荆州书》；《贾谊论》、《狱中上母书》；《报刘一丈书》、《书吴潘二子事》；《天时不如地利，地利不如人和》、《田单建功》；《避风岩记》；《神思》、《师说》。

五、参考书目：吕叔湘《文言虚字》、阴法鲁《古文观止》。

六、考核办法：闭卷考试。

（于志伟）

【《经济统计与分析》教学计划】（由中国人民大学赵彦云教授制订，供99级经济管理专业第1学期使用）

一、目的要求：通过学习，使学员在掌握经济学知识的基础上，联系我国统计改革的实际，系统学习国民经济核算理论和方法，以及经济分析中的基本运用，提高经济分析，尤其是数量经济分析的能力，为进行科学决策和经济管理打下坚实基础。

二、教学时间：（见“教学计划表”）

三、教学方式：（略）

四、专题讲授：6讲，即统计学基础和国民经济核算基本理论；国民经济生产和收入分配核算；国民经济积累核算；资产负债表的核算；国际收支平衡表的核算；国民经济指数核算。

五、主要学习书目：《国民经济核算原理》，袁寿庄、赵彦云等；《统计学》，袁卫等；《宏观经济统计分析》，赵彦云。

六、考核办法：开卷考试。

（于志伟）

【《西方经济学》教学计划】（由中央党校谢鲁江教授制订，供98级经济管理专业第2学期使用）

一、目的要求：通过学习，使学员深入了解西方经济学的主要内容和新近的发展，掌握西方经济学分析经济制度及经济运行的一些基本概念和方法，为建立社会主义市场经济提供参考。

二、教学时间：（见“教学计划表”）

三、教学方法：（略）

四、专题讲授：12讲，即导论（1讲）；微观经济学（4讲）；宏观经济学（3讲）；经济增长与经济周期，失业与通货膨胀（1讲）；新自由主义经济学（1讲）；产权理论与企业制度（1讲）；经济分析与经济发展（1讲）。

五、主要学习书目：1.必读书目：《西方经济学》，余永定等主编，经济科学出版社出版。2.参考书目：《西方经济学》，高鸿业主编，中国经济出版社出版；《现代西方经济学》，高鸿业、吴易风主编，经济科学出版社出版；《经济学》，（美）斯蒂格利茨著，中国人民大学出版社出版。

六、考核办法：开卷考试。

（于志伟）

【《现代管理学》教学计划】（由中央党校李兴山、刘潮教授制订，供98级经济管理专业第2学期使用）

一、目的要求：通过学习，使学员掌握管理的一般原理，其中，包括管理的一般概念、一般观念、一般过程、一般职能和一般方法等，对管理科学有一个基本了解，为其他管理学科学习打下良好的基础。

二、教学时间：（见“教学计划表”）

三、教学方法：（略）

四、专题讲授：9讲，即现代管理学的研究对象；管理的主体与客体；管理目标与管理信息；管理的人本观念和系统观念；管理的择优观念、战略观念、权变观念；决策、计划、实施；监督与评价；现代管理的方法与艺术；案例分析。

五、学习书目：1. 必读书目：《现代管理学—观念过程方法》，李兴山主编，现代出版社出版。2. 参考书目：《管理学原理》，杨士文、张雁主编，中国人民大学出版社出版；《管理学》，（美）哈罗德·孔茨、西里尔·奥唐奈著（任选版本）。

六、考核办法：闭卷考试。

（于志伟）

【《古文选读》教学计划】（由中央党校陆钦教授制订，供99级经济管理专业第1学期使用）

一、目的要求：通过讲授，一方面锻炼学员的分析、鉴赏能力，另一方面使学员积累词汇，掌握古今词义异同，熟悉古代汉语的语法规律。通过学习，使学员达到能够阅读难度相当于古文《资治通鉴》的水平。

二、教学时间：（见“教学计划表”）

三、教学方式：（略）

四、面授教学：12讲，即《召公谏厉王弭谤》（重点）、《勾践雪耻》；《过秦论》（重点）、《论贵粟疏》；《前出师表》（重点）、《后出师表》；《鸿门宴》；《谏太宗十思疏》（重点）、《封建论》；《逍遥游》（重点）、《吊屈原赋》；《报任少卿书》；《金石录后序》；《录鬼簿序》、《病梅馆记》、《与妻书》（重点）；《秦晋殽之战》、《曹刿论战》；《峨眉山行记》、《入蜀记二则》；《为学一首示于侄》（重点）、《送东阳马生序》。

五、主要学习书目：《古文选读》，陆钦。

六、考核办法：闭卷考试。

（于志伟）

【《会计核算与会计管理方法》教学计划】（由中央党校董艳玲讲师制订，供98级经济管理专业第2学期使用）

一、目的要求：通过学习，使学员掌握会计核算的基本原理和方法，了解企业大量的经济业务是如何被记录并在会计报表中予以反映的，能够根据基本的财会知识阅读与分析企业的主要会计报表：资产负债表、损益表和现金流量表，使会计成为经济管理的重要工具。

二、教学时间：（见“教学计划表”）

三、教学方法：（略）

四、专题讲授：6讲，即基础会计；流动资产与长期资产；负债、所有者权益、收入、费用与利润；会计报表阅读理解；资产负债表、损益表分析；现金流量表、股票上市公司报表分析。

五、主要学习书目：《企业会计学》，黎文珠、林刚主编，中国人民大学出版社1994年版；《会计报表的阅读与分析》，张中秀、赵胜编著，企业管理出版社1997年版。

六、考核办法：开卷考试。（于志伟）

【《宏观经济管理研究》教学计划】（由中央党校赵长茂教授制订，供98级经济管理专业第3学期使用）

一、目的要求：通过学习，加深对社会主义市场经济条件下进行宏观经济管理必要性的认识，探索宏观经济运行的规律性，认真掌握宏观经济管理的基本原理和基本方法，提高分析、研究和解决问题的能力。

二、教学时间：（见“教学计划表”）

三、教学方法：（略）

四、专题讲授：10讲，即宏观经济管理研究导言；宏观经济管理主体的职能；宏观经济管理的目标和手段；宏观经济的周期波动；宏观经济的计划管理；宏观经济管理中的财政政策；宏观经济管理中的产业政策；宏观经济管理中的就业政策；宏观经济管理中的对外经济政策；宏观经济管理模式的国际比较及借鉴等。

五、主要阅读书目：《社会主义市场经济宏观调控理论》；《宏观经济运行与管理》。

六、考核办法：半开卷考试。

（翟东景）

【《现代企业管理研究》教学计划】（由中央党校刘潮教授制订，供98级经济管理专业第3学期使用）

一、目的要求：通过学习，使学员了解现代企业管理的一些基本概念和基本原理，掌握其主要内容，并能理论联系实际，研究探索企业在改革与发展中有关深化改革、建立现代企业制度与组建企业集团等问题，以提高学员的企业管理水平和综合分析能力。

二、教学时间：（见“教学计划表”）

三、教学方法：（略）

四、专题讲授：10讲，即现代企业管理总论与企业管理组织；企业经营管理概述；企业经营环境与市场分析；企业经营计划与营销管理；企业技术改造与新产品开发管理及人力资源管理；企业资本经营与企业经营国际化；企业生产管理与管理基础工作；企业文化；企业改革与现代企业制度；企业集团等。

五、主要学习书目：1. 必读书目：《现代企业管理》，刘海藩、刘潮主编；2. 参考书目：《现代企业管理》，徐国华主编；《新编现代工业企业管理》；《国有企业改革理论与途径》；《现代企业经营管理》。

六、考核办法：闭卷考试。

（翟东景）

【《市场经济法律制度专题研究》教学计划】（由中央党校李雅云副教授制订，供98级经济管理专业第3学期使用）

一、目的要求：通过学习，使学员掌握社会主义市场经济法律制度的基本框架和主要内容，认识市场经济与法律的关系，提高市场经济法律意识，从而使学员具备运用所学知识解决实际问题的能力。

二、教学时间：（见“教学计划表”）

三、教学方法：（略）

四、专题讲授：8讲，即总论及市场主体法律制度；市场行为的法律制度；市场秩序和工业产权法律制度；宏观调控与劳动法、社会保险法律制度。（每项内容分两个部分讲授）

五、主要学习书目：1. 必读书目：《经济法学》；2. 参考书目：《市场经济与法制建设》；《市场经济与新经济法》；《新编公司法教程》；《合同法理解运用与案例评析》；《担保法理解运用与案例评析》；《票据法理解运用与案例评析》；《知识产权法教程》；《反不正当竞争法理解运用与案例评析》；《劳动法学》。

六、考核办法：撰写论文。

（翟东景）

【《文学艺术与文化》教学计划】（由中央党校陆钦教授制订，供98级经济管理专业第3学期使用）

在职研究生班甲班教学计划

97 级在职研究生班甲班科学社会主义专业第 4 学期教学计划表

(1999.3.10—7.24)

课程名称	教学时间	考试(核)方式与要求	完成时间与要求
当代世界经济与政治专题研究	3 月 1 日—5 月 10 日(共 10 周,其中与下一课交叉进行 2 周)	撰写一篇论文 5000 字左右	5 月 30 日前交责任导师阅批,交主导师审评,后报研究生办公室。
当代资本主义专题研究	4 月 26 日—6 月 13 日(共 8 周,其中与上、下课交叉 3 周)	完成教学计划中所列作业题	6 月 30 日前交责任导师阅批,交主导师审评,后报研究生办公室。
社会发展理论专题研究	6 月 7 日—7 月 24 日(共 7 周,其中与上一课交叉 1 周)	撰写心得体会 3000—5000 字	8 月 15 日前交责任导师阅批,交主导师审评,后报研究生办公室。
金融问题或知识经济讲座	5 月份具体时间临时确定		
说明	1. 本学期自 3 月 1 日开学,7 月 24 日结束,共 21 周,7 月 26 日放暑假到 8 月 31 日共 37 天。第 5 学期 9 月 1 日开学。8 月 30、31 日学员通过电话、电传向研究生办公室报到注册。 2. 本学期课程安排采取适度交叉安排,完成论文与心得体会的时间适当后延。		

一、目的要求:通过学习,使学员了解文学艺术和文化基础知识与基本理论,提高对文学作品的鉴赏能力,理解文学作品的社会文化功能,把握中国传统文化和现代西方文化的根本精神,学会用马克思主义的科学方法,辨析当代五光十色的文化现象,解决我国社会主义文化建设中出现的实际问题。

二、教学时间:(见“教学计划表”)

三、教学方法:(略)

四、专题讲授:12 讲,即文艺批评与党的文艺政策;中国古典文学中的诗歌传统概观;中国新时期文学思潮概观;现代主义精神与现代主义文学创作;电视剧创作漫谈;小说艺术漫谈;中国戏曲漫谈;中国传统文化及其向现代转型;中西文化比较与中西文化融合;马克思主义中国化的文化意义;宋明理学的实质及其在中国传统文化中的地位;现代化进程的文化理解等。

五、主要学习书目:1. 必读书目:《文学艺术与文化》;2. 参考书:《文艺政策论纲》;《文化哲学》;《文艺理论教程》;《当代文学新潮》;《当代文艺思潮研究》;《中国诗歌艺术研究》;《中国文学简史》;《中国文学史》;《中国文化地理》;《文化人类学理论学派》。

六、考核方法:开卷考试。 (翟东景)

98级在职研究生班甲班政治学专业第2学期教学计划表

（1999.3.10—8.10）

课　程　名　称	教　学　时　间	考试(核)方式与要求	完成时间与要求
法学专题研究	3月10日—5月15日(共10周,其中与下一课交叉进行3周)	写一篇论文5000字左右	5月30日前交责任导师阅批,报主导师审评,后报研究生办公室。
中国古代、近代政治名人评介	4月20日—6月13日(共9周,其中与上下课交叉7周)	按教学计划要求写3—5个作业题或读书笔记,字数不限	6月30日前交责任导师阅批,报主导师审评,后报研究生办公室。
中国古代、近代治国方略专题研究	5月17日—8月10日(共13周,其中与上下课交叉7周)	写一篇论文或心得体会5000字左右	8月30日前交责任导师阅批,报主导师审评,后报研究生办公室。
说　　明	1. 本学期自3月10日开学到8月10日结束,共22周。 2. 本学期课程安排,采取适度交叉安排,把写论文和心得体会的时间也适当向后延长。 3. 8月11日放暑假到8月30日共20天。第3学期9月1日开学。		

98级在职研究生班甲班政治学专业第3学期教学计划表

（1999.9.1—2000.1.27）

课　程　名　称	教　学　时　间	考试(核)方式与要求	完成时间与要求
世界政治名人评介	9月1日—(80—100学时)	按教学计划要求完成作业,写5篇读书笔记或短小文章	10月30日前交责任导师阅批,主导师审评,后报研究生办公室。
世界各国治国方略专题研究	9月1日—	撰写心得体会3000—5000字	12月15日前交责任导师阅批,主导师审评,后报研究生办公室。
当代世界经济与政治专题研究	12月1日—	撰写一篇论文5000字左右	2000年2月10日前交责任导师阅批,交主导师审评,后报研究生办公室。
当代世界思潮讲座		配合以上3门课程的学习,根据讲稿自学,具体时间各自安排,讲座课不考试	
说　　明	1. 本学期自9月1日开学,2000年1月27日结束,共22周。 2. 本学期课程安排采取适度交叉安排,完成论文与心得体会、作业的时间至迟到2月底。 3. 2000年1月27日放寒假到2月28日,共30天。第4学期3月1日开学。		

【《法学专题研究》教学计划】（由中央党校政法部刘永桂教授制订，供政治学专业98级甲班第2学期使用）

一、教学目的：通过学习法学的基本理论和必要的部门法知识，掌握依法治国的基本原理，提高执行党的依法治国基本方略的自觉性。

二、教学方法：（略）

三、教学内容：分4个专题，即马克思主义法制思想；法理和宪法研究；刑法学研究；民法学研究。

四、主要阅读书目：邓小平《解放思想，实事求是，团结一致向前看》、《党和国家领导制度的改革》；江泽民《在中国共产党第十五次全国代表大会全体会议上的报告》、《各级领导干部要努力学习法律知识》；《法理学》，沈宗灵主编；《中华人民共和国刑法》；《中华人民共和国民法通则》。

（郭春元）

【《中国古代、近代治国方略专题研究》教学计划】（由中央党校函授学院研究生办公室张锦城、张鸿岳制订，供政治学专业98级甲班第2学期使用）

一、教学目的：通过学习，使学员了解中国古代、近代的治国之道，从政治、经济、法制、军事、教育、人才等6个方面有重点地把握我国历代治国的思想与方略，“以史为鉴”，开拓视野，古为今用，从中汲取对建设有中国特色社会主义有益的经验和教训。

二、教学方法：（略）

三、教学内容：分6个专题，即政治方略；经济方略；法制方略；军事方略；教育方略；人才方略。重点是政治方略专题，另外学员可根据各自情况，再选一个专题重点学习。学习重点专题也要把握重点问题和其中重要文选（另附重点篇目的目录）。

四、主要阅读书目：

《中国历代治国方略文选·政治卷》（上、下册），中央党校函授学院；《中国历代治国方略文选·经济卷》，中央党校函授学院；《中国历代治国方略文选·法制卷》，中央党校函授学院；《中国历代治国方略文选·军事卷》，中央党校函授学院；《中国历代治国方略文选·教育卷》，中央党校函授学院；《中国历代治国方略文选·人才卷》，中央党校函授学院。

（郭春元）

【《中国古代、近代政治名人治国方略评介专题研究》教学计划】（由中央党校文史教研部丁柏传教授和函授学院研究生办公室张鸿岳制，供政治学专业98级甲班第2学期使用）

一、教学目的：通过学习，使学员有重点地了解和研究中国古代、近代政治名人的治国思想和方略，开拓视野，“以人为镜”，从中得到启迪，汲取其中有益的经验和教训。

二、教学方法：（略）

三、教学内容：人物按历史年代分为3组。

第一组：自远古到南北朝，选政治名人14位，重点研究商鞅、秦始皇、汉武帝、王莽。

第二组：自隋唐到前清，选政治名人14位，重点研究唐太宗、明太祖、康熙。

第三组：自晚清到民国初，选政治名人7位，重点研究林则徐、曾国藩、孙中山。

在以上3组学习研究的重点人物中，还可以再选3—5人进行重点学习和研究。

四、主要参阅书目：《中国历代政治名人治国方略评介》，中央党校函授学院；《领导艺术经典》中卷第三、四部分有关篇章，红旗出版社出版。

（郭春元）

【《世界政治名人评介》教学计划】（由中央党校文史部牛伟宏副教授和函授学院研究生

办公室张鸿岳制订，供政治学专业98级甲班第3学期使用）

一、教学目的：通过学习，使学员了解世界主要国家政治名人的治国思想和方略，研究分析其经验和教训，拓展知识层面，开阔视野。

二、教学方法：（略）

三、教学内容：根据治国思想和方略的侧重点不同。分为四组：

第一组政治思想家：马基雅费利、卢梭、孟德斯鸠。

第二组开国元勋：华盛顿、李光耀、尼赫鲁。

第三组政治军事领袖：凯撒、拿破仑、斯大林、丘吉尔。

第四组政治改革家：林肯、俾斯麦、大久保利通、戴高乐。

以上4组人物，学员可根据情况再从中选择5位进行重点学习和研究。

四、主要参阅书目：《领导艺术经典》中卷第四部分，红旗出版社；《现代资政纲鉴》，安徽人民出版社；《世界各国治国方略资料选辑》，中央党校函授学院；有关人物传记。（郭春元）

【《世界各国治国方略专题研究》教学计划】

（由中央党校文史教研部牛伟宏副教授与函授学院张鸿岳共同制订。供政治学专业98级甲班第3学期使用）

一、教学目的：通过学习几个主要国家不同时代的重要治国文献和著名政治家、思想家的立国、治国论述，了解主要资本主义国家和发展中国家治国的经验，使学员具有世界的、历史的眼光，从中汲取有益的东西。

二、教学方法：（略）

三、教学内容：分5个专题，即美国的治国方略；日本的治国方略；印度的治国方略；新加坡的治国方略；苏联兴衰的经验教训。学员可根据情况从中选2个国家进行重点研究。

四、主要阅读书目：《世界各国治国方略资料选辑》，中央党校函授学院；《世界通史》，人民出版社近代卷、现代卷有关章节；《激荡的百年史》，吉田茂；《李光耀40年政论选》；《苏联演变的历史思考》，中国社会科学出版社；《苏联兴衰史》，上海人民出版社；《戈尔巴乔夫沉浮录》，新华出版社。

（郭春元）

【《当代世界经济与政治专题研究》教学计划】

（由中共中央党校胡振良教授制订，供科社专业97级甲班第4学期和政治学专业98级甲班第3学期使用）

一、教学目的：通过学习，使学员比较系统地掌握马克思主义研究世界经济与政治的立场、观点和方法；了解世界经济与政治的产生、发展以及在当代出现的新情况、新趋势；正确把握世纪之交的世界现状和我国的对外战略，拓宽视野，使学员以时代和世界的眼光观察研究问题，提高运用马克思主义基本理论分析和解决现实问题的能力和水平。

二、教学方法：（略）

三、教学内容：97级甲班第4学期分7个专题，即导言；世界经济与政治；世界经济的形成、发展及其当代特点；时代主题、世界格局和建立国际政治经济新秩序；战后世界各类主要国家政治、经济的发展；世界各类国家的经济政治关系；国际关系中的国际组织；当代世界经济政治与中国。98级甲班第3学期分4个专题，即二战后世界经济与政治的发展及其特点；世界经济全球化发展趋势及我国的对策；当今时代主题与世界格局；当代世界经济、政治与中国。

四、主要阅读书目：《世界经济学》，张伯里主编，中央党校出版社1998年版；《当代世界经济与政治》，冯特君主编，经济管理出版社 1998 年版；《当代资本主义研究》，胡振良等撰写。

五、考核办法：撰写一篇 5000 字左右的论文。（李士甲　郭春元）

【《当代资本主义研究》教学计划】（由中共中央党校胡振良教授制订，供科社专业 97 级甲班第 4 学期使用）

一、目的要求：通过学习，使学员加深对当代资本主义的认识，坚定社会主义信念，提高运用马克思主义的立场、观点和方法解决现实问题的能力。

二、教学方法：（略）

三、教学内容：分 6 个专题，即当代资本主义研究的基本问题；战后资本主义生产力的发展和生产关系的变革；当代资本主义社会、政治与文化；资本全球化与当代资本主义世界体系；从世界角度考察当代资本主义的发展；当代资本主义的历史地位和发展趋势。

四、主要阅读书目和文献：《社会主义从空想到科学的发展》第 3 节（《马克思恩格斯选集》第 3 卷第 740—760 页）；《帝国主义是资本主义的最高阶段》第 9 节《列宁选集》第 2 卷第 683—688 页）；《邓小平文选》（第 3 卷）有关内容；《当代资本主义研究》（讲义）中央党校函授学院研究生教材；《当代资本主义的新发展》，经济科学出版社 1998 年版。

五、考核办法：完成作业。（李士甲）

【《社会发展理论专题研究》教学计划】（由中共中央党校青连斌教授制订，供科社专业 97 级甲班第 4 学期使用）

一、目的要求：通过学习，使学员较系统地了解国内外有关社会发展的基本理论及其最新成果，增加新知识，拓宽研究视野。

二、教学方法：（略）

三、教学内容：分 5 个专题，即西方社会学和现代化派的发展理论；马克思主义的社会发展理论；邓小平的社会发展理论；现代世界发展趋势；中国的现代化道路。

四、主要阅读书目：《现代化新论》，罗荣渠著，北京大学出版社 1993 年版；《邓小平发展理论》，青连斌著，中共中央党校出版社 1998 年版。

五、考核办法：撰写一篇 3000 字左右的文章。（李士甲）

总院各处室、各部门工作概述

教学处

1999年，教学处工作如下：

一、积极探讨、论证教学改革方案。教学处多次组织工作人员对教学改革方案进行论证和研讨，专门组织有关人员到高校进行调研。最后形成了以学分制、必修和选修课制、弹性学年制为主要内容的《中共中央党校函授学院教学改革的初步设想》，并先后拿到北京备课会和昆明电教工作会议上征求意见，为《中共中央党校函授学院教学改革纲要》的形成奠定了良好的基础。同时，教学处积极进行考试命题改革，增加了测试学员分析问题、解决问题能力的题型题量，减少死记硬背的主观题。教学处还开始了题库试题征集工作。

二、制定师资管理的新举措。教学处开始着手全院师资库建设。总院下发了《关于实行〈中共中央党校函授学院聘任面授教师审批备案制度〉的通知》、《关于编辑〈中央党校函授教育骨干教师名录〉的通知》。师资库建设的启动，对进一步规范师资管理，提高党校函授教学质量产生了积极影响。

三、认真编制教学计划，撰写教学具体安排。编制1999年下半年和2000年上半年的教学计划。撰写了1999年下半年53门课程和2000年上半年61门课程的教学具体安排，约48万字，聘请撰写教师86人次，保证了全院教学工作的顺利进行。

重新编辑修订了99级学员入学学习文件。增加了党和国家领导人关于“学习、学习、再学习，实践、实践、再实践”的论述和11项新规章制度以及《中共中央党校函授教育的历史、现状与发展》一文，合计约16万字。教学处还重新修订了《毕业论文工作规定》，经院领导审批后，6月，下发全院执行。

四、举办“两会一班”，加大师资培训力度。教学处除坚持开好每学期一次的备课会外，重点支持边远省（区）分院培养师资和管理人员。1999年，召开了南京备课会和北京备课会，所备课程分别是《国际税收教程》、《刑法各论》、《刑事诉讼法教程》。暑假期间，在乌鲁木齐举办了新疆地区面授教师培训班，并组织录制了9门课程的教师备课用录像带。

五、完成了命题制卷、入学复习纲要和入学试卷汇编工作。1999年，完成5次命题制卷的工作。其中，上半年完成了99级大专、本科和领导干部3个班次的招生考试，96级大专班总补考、99年上半年各个年级、班次期末考试共56门课程，责编、校审和监制试卷共159套、304.1万份；下半年完成了97级本科班、领导干部班各专业的总补考和期末考试的命题制卷工作。其中，97级本科班、领导干部班各专业的总补考科目为28门课程，制卷3.31万份。期末考试为28门课程，命题112套，制卷179.69万份。修订和编写了2000级各班次的入学复习纲要。其中，大专班25.7万字，本科班31.7万字，领导干部班16.5万字，合计73.9万字。进一步突出了邓小平理论的指导地位，体现了全国第三次教育工作会议和《关于深化教育体制改革全面推进素质教育的决定》的精神。教学处并对历年招生考试试卷进行了汇编。

六、规范教学管理，认真做好教学科研工作。教学处积极参与总院组织的《关于加强中央党校函授教育规范管理的意见》和《中共中央党校函授学院管理制度汇编》的撰写、修改工作。加强教学档案及资料管理工作，编辑印发了《强化管理　狠抓落实　全面提高教学质量》一书，出版了优秀毕业论文集《学习　探索　结晶》(第二辑)，撰写了《党校函授教育考试命题改革问题研究》和《符合党校函授教育特点和基本规律努力提高考试命题质量》两篇论文。积极参加了《党校函授教育学》和年鉴条目的撰稿工作。

(陈延军)

教　务　处

1999年，教务处确定了“三新”指导思想，即改革要有新突破，管理要有新举措，工作要有新思路，整体推进教务管理工作，圆满完成了各项工作任务。

一、招生工作。1999年，教务处继续贯彻“计划招生、适度规模、严格把关、保证质量”的方针。1月下旬向各分院、直属学区下发了《关于下达1999年度招生指标的通知》，颁发了1999年中函大专班、本科班和领导干部班的招生简章，对招生对象、报名条件、招生办法、免试入学条件、报名时间和手续、招生考试课程、日期、时间、专业和学制、收费标准等作了明确规定。4月28日，总院下发了《关于做好1999年招生录取工作的通知》，对录取新生工作提出了明确要求。经过资格审查、招生考试、逐级审核、领导批准，坚持择优录取的原则，圆满完成了招生任务。

在招生工作中，总院启用新的报名登记表，新表增设了资格审查项目和文字说明，充分体现了三严要求：一是报名者必须持毕业证书原件；二是谁审查谁签名，分院复审必须签署意见，加盖公章；三是对不认真履行职责者，追究责任，严肃处理。在1999年招生工作中，及时处理了几起不符合报名条件的事件。同时，采取措施，认真纠正军地交叉招生问题，认真甄别军队各分院新生名册，逐一清查军队招收地方学员情况，并将有关情况通报全军党校函授教育办公室。对问题较多的分院，请负责同志来共同研究解决办法；及时查处少数军队办学单位在地方设点招生，新生录取资格审查不严等问题，坚决撤掉了不按总院办学规定和不符合办学要求的10个办学点；规定全军各分院新生注册人数先报总政全军党校函授教育办公室审核。由于措施得力，1999年使军地交叉招生的现象得到了有效的控制。

二、考务工作。2月，院考试委员会考务办公室划归教务处建制，全年共组织了6次全院性考试。狠抓了以下几项工作：

(一) 下发考试通知，提出明确要求。1999年，下发5个通知，即《关于认真做好1999年招生考试工作的通知》、《关于做好96级大专班学员毕业前总补考工作的通知》、《关于做好1999年上学期期末考试工作的通知》、《关于做好1999年下学期期末考试的通知》和《关于做好97级本科班、第七期领导干部函授班毕业前总补考工作的通知》。《通知》对考试工作的组织领导、试卷保管、考场设置、考风考纪等有关问题都提出了明确要求。

(二) 编制试卷印卷计划和分发方案。1999年，总院编制和印发A、B、C三种试卷。试卷由保密厂公安干警负责押送和由总院或分院派专人押送，使试卷按时、安全地送达各分院、直属学区。总院还单独为江西分院印刷招生试卷，并派专人押送，确保试卷安全。

（三）认真组织巡考工作。1999年，总院从各处、室抽调有关领导和工作人员，组织了3次巡考工作，派出34个小组70余人（次），分赴全国34个分院检查考务管理工作。每次考试，院领导都亲自带领机关工作人员，重点检查北京地区各分院和直属学区的考务管理工作，并认真听取各巡考小组的汇报，由教务处写出考试工作书面总结。

（四）严肃查处违纪事件。4月26日，总院巡考人员在总参分院重庆通信学院学区巡考时，发现考生丢失在考场内打印好的《论腐治贪》作文稿和语文基础知识答案。经核审，该考场答卷中有5名考生的作文内容雷同，当即通知总参分院进行查处。经总参分院查证，情况属实，对违纪考生作了取消录取资格的处理。陕西分院延安学区学员张海峰在参加96级本科班毕业总补考时，找人代考被查出后，酒后闯入考场，谩骂、殴打监考人员和延安市委党校领导，影响恶劣。2月22日，总院根据陕西分院《关于处理学员张海峰严重违犯考试纪律问题的请示》，经研究，同意陕西分院开除张海峰的学籍。

三、学籍管理。6月，总院向各分院、直属学区下发《关于99级新生注册工作的通知》，规范了新生注册报表式样。56个分院（直属学区）先后上报了99级新生学籍软盘、学员登记册、新生入学注册人数统计表和新学员基本情况统计表，按时完成了99级新生注册工作。总院下发了《关于上报学籍管理数据的通知》。1999年年初和年底还分别召开了总院软件培训工作会议和学籍管理工作会议，强调做好学员注册工作的重要性，提出了具体要求。上半年有50家，下半年有49家分院（直属学区）按时上报了学员注册登记表、学籍变动软盘和学籍变动名单，分别占上报办学单位总数的74.6%和81.6%。

总院向各分院和直属学区下发了《关于96级大专班办证工作通知》和各单位办证日程安排表，还为参加全院第一批学籍管理改革试点的6个分院统一打印毕业证书。1999年，总院为全院毕业学员办理了毕业证书。在办证过程中，坚持“三严五审”制度，即严格制度、严格程序、严格审核；初审由分院或直属学区负责，一审由总院和办证单位共同审核毕业学员卡片、姓名、专业和毕业证编号，二审由总院审核毕业学员总成绩表，三审由总院复查毕业证书并加盖钢印，终审由总院和办证单位共同逐人核查，确认无误后，双方办理交换手续。经过总院、分院的审核把关，上述各毕业班次的淘汰率分别为：大专班8.2%，本科班6.1%，领导干部班4.1%。3月15日和4月5日，先后在深圳市委党校、宁波市委党校举办软件应用培训班，参加培训的共56家分院、82人。通过新软件的培训，使全院学籍管理自动化水平上了一个新台阶。教务处新购置了一台计算机，9月1日，正式启用信息传输网，较好地解决了数据软盘传输手段落后等问题。

11月，总院分别在湖南分院和云南分院召开全院学籍管理工作会议，各分院的学籍管理科长和微机管理人员共110人参加了会议。与会代表认真学习新版《中共中央党校函授学院管理制度汇编》中有关学籍管理的内容，并就如何做好学籍管理工作展开了讨论，提出许多建设性意见，铁道部、总参等14个分院在会上介绍了经验，这对落实新版《中共中央党校函授学院管理制度汇编》，进一步推动学籍管理规范化起到了积极作用。一年来，教务处还参与了《中共中央党校函授学院学籍管理规定》、《中共中央党校函授学院函授教育工作暂行条例》中有关学籍管理以及《学籍管理工作规程》和《学籍办公室岗位责任制》等规章制度的修订工作；整理装订了部分中函学员学籍档案，同时，继续整理毕业学员学籍档案，建立了毕业学员学籍档案室；印制和分发各种学籍表、证、卡。

四、专项工作。1999年，教务处完成《中央党校函授学院管理制度汇编》和《中央党校函授学院机关管理制度汇编》中有关教务管理部分的修改和撰写工作；完成1998年院年鉴教务管理部分的撰写工作；参加《关于加强中央党校函授教育规范化管理的意见》文稿的讨论和修改工作；汇编出版全院100个先进辅导站的经验材料等。

（闵遗修）

教 材 处

1999年，教材处坚持以教学为中心，狠抓教材精品建设，较好地完成了各项任务。

一、组织教材征订，确保教材及时发行到位。1999年，教材处对全院180个教材直发单位进行了4次征订。共征订教材（含零售教材）185万套76万册。基本做到开学前一个月，各印厂将教材发到总院各直发单位，保证了教学工作的正常进行。

二、安排教材印制，改进版式设计。教材印制工作坚持每学期与各承印厂签订一次《印制协议》。在安排印制业务过程中，从接收教材原稿到版式设计，从计算印张到确定版序，从排版送样到核红付印，都能按照业务管理程序，精心组织、设计和精心运作。全年印制教材、资料335种，计1635万册，新设计版面210种，保证了印制质量。

三、加强教材校对管理，提高教材文字质量。3月18日，召开了校对质量研讨会，会议采用总结工作，交流经验和表彰、奖励的方法进行，进一步提高了校对人员的质量意识和业务能力。同时，对校对质量标准进行细化，加大校对质量的监管力度。全年校对教材等文字材料212种，计6325万字次，纠正原稿错别字数5045字，教材校对质量有所提高。

四、改进教材封面设计，突出党校特色。8月6日，教材处首次召开了教材封面设计座谈会。会议通过总结，肯定成绩，明确差距，在统一认识的基础上，制定了《中央党校函授学院教材封面设计管理办法》等规章制度，实施了新设计封面责任编辑和审查制。精选聘用美编人员，并与其签订《教材封面设计协议书》。全年新设计教材封面85个，质量水平有所提高。

五、加强与新闻出版局的联系，及时办理教材准印手续。1999年，教材处采取了定期向北京市新闻出版局通报教材印制、发行情况的办法，主动上门领取表格，按出版局规定的报批程序和要求，认真填写报表。全年共办理了54份教材印制委托书、136份内部资料准印证。

六、完善“三审”制，降低费用。教材处在实施“三审”制的基础上，又增设了工作单传票工序。要求从印制、发行计划的制定到印发工作的实施，直至费用结算全过程，都要有详细的文字记录。进一步完善了“三审”结算制度，避免了结算差错。教材处还精算印张，减少白页，降低用纸量，仅此一项，全年节约印刷费约6万元。

七、拓宽教材零售市场，提高“两个效益”。5月14日和12月1日，分别在四川省委党校和海南省委党校召开教材工作会议，印发了《中央党校函授学院零售教材管理办法》、《中函新生入学考试复习资料管理办法》和《中函教材目录》等材料。会上总结了教材零售工作，表彰、奖励了先进单位和个人。会议达到了预期目的，稳定了老用户，争取了新用户，拓宽了发行渠道，进一步提高教材零售量。

八、试行教材承印厂“质量考评”制度，强化印发质量监督力度。教材处学习、借鉴党校函授教育评估工作经验，开始试行教材承印厂“质量考评，末位淘汰”制度。10月12日，在沈铁锦州印刷厂召开现场会，通过示范演示、动员，对各承印厂的考评方法和要求作了布置。这一制度进一步加强了印刷厂的自我管理机制，规范质量管理，提高了教材印刷、发行质量。

九、探索教材发行计算机网络管理的新办法。教材处依据教材征订、发行特点和规律，结合总院计算机已开发应用的成果，草拟了《中央党校函授学院教材征订、发行计算机网络管理办法》方案，并请电教室同志就“网络功能”思路编制了软件。12月1日，在海南省委党校召开了教材工作会议，就软件功能的可行性，向会议代表进行了演示。代表们一致赞同总院关于教材征订、发行计算机网络管理的思路。（杨朝旺）

教材编研室

1999年，教材编研室工作概述如下：

一、认真编审教材和教学辅助资料，确保教学需要。根据分院教师和有关专家提出的修改意见、建议和法律法规的变化，1999年，教材编写计划安排修改教材45种，新编22种；教学辅助资料编写计划安排修改教学辅助资料42种，新编16种。十五届四中全会闭幕后，教材编研室组织各编辑组对已签发未付印和正在审阅的教材和教学辅助资料进行对照检查，确定9本教材需要根据《关于国有企业改革和发展重大问题的决定》精神进行修订，及时请作者对相关内容进行修改，经审读后签发付印，保证有关教材及时贯彻中央《决定》的精神。教材编研室全年共组织编审、签发教材127种，编审教材辅助资料60种，编审教材和教学辅助资料3800余万字。

二、贯彻落实校领导重要指示，把“三基本”、“五当代”作为函授教育内容。根据校领导关于要把“三基本”和“五当代”引入党校教材体系的指示，教材编研室于3月8日、4月27日两次召开会议研究落实，并形成了《关于在课程设置和教材建设中贯彻“三基本”、“五当代”精神的初步意见》，郑必坚同志作了“同意”的批示。教材编研室搜集有关资料，整理、编印了《校领导关于教材建设的讲话》；根据1998年主体班次“三基本”、“五当代”讲座的讲稿，编写了“三基本”、“五当代”讲座讲稿和内容提纲。6月16日，教材编研室组织召开函授教材建设研讨会，请“三基本”、“五当代”教材编写组成员、校内外专家和院领导及有关处室人员共20余人参加，围绕“怎样把函授教材建设纳入党校教材建设的总体格局，把‘三基本’、‘五当代’的教材作为函授教育的重要内容”进行了研讨，形成了把“三基本”、“五当代”教材作为函授教育内容的具体意见，报院、校领导批准执行。

三、制订落实2000年教材和教学辅助资料编写计划。教材编研室有关同志多次讨论，并与教学处、教材处多次沟通，分别制订了2000年上半年和下半年教材和教学辅助资料编写计划，并予以落实。

四、制订2000级专业和课程设置方案。教材编研室于5月开始操作，拟出2000级专业和课程设置讨论稿。8月，把讨论稿寄发到56个分院的直属学区征求意见，根据专家和各分院的意见和建议，对专业和课题设置进行调整，和教学处沟通协商并报院领导批准后，形成2000级专业和课程设置方案。

五、健全、完善规章制度，强化科学管理。教材编研室制订《教材编研室目标责任制实施方案》，根据《学习指导纲要》的内容调整、修订《编写函授教学辅助资料的规定》，对《机关管理制度汇编》中涉及教编室内容的8项制度，根据工作情况的变化进行修订，及时组织全室同志学习，明确各自的职责，用以指导、规范工作。

六、编辑院报、院刊。组织编辑了8期《学习辅导》、10期院报。5月中下旬，在昆明召开宣传报道及表彰会议，总结、交流经验，表彰先进，制定加强通讯员队伍建设、改进宣传报道工作的措施。经研究并报院领导批准，把院刊登的教学计划与学习辅导移到《学习指导纲要》中去，《学习辅导》改名为《学园》，以各班次、各专业、各年级共同关心或共同需要的内容为组稿重点，为提高教学质量服务。

七、加强政治理论学习，提高政治理论素质。3月，全国人大会议通过了宪法修正案和政府工作报告后，教编室组织全室同志进行学习、讨论，充分认识宪法修正案对推进依法治国、深化经济改革等方面的重要作用和意义。5月，全室同志声讨、谴责以美国为首的北约的罪行，纷纷表示以努力工作回击北约对我驻南使馆的袭击。开展“三讲”教育学习，并进行认真讨论，提高了对开展“三讲”教育重要性的认识，并对校委委员、院班子和室里3位同志“三讲”的自我剖析进行了评议。开展反对“法轮功”的思想政治斗争。全室同志坚决拥护和支持党中央处理和解决“法轮功”问题的有关措施，并进行了讨论。使大家认清了“法轮功”的本质和危害，认为必须珍惜当前来之不易的稳定和谐的社会政治局面。教编室组织全室同志学习《中共中央关于国有企业改革和发展若干重大问题的决定》和有关文件，听取国家有关领导人和专家关于《决定》的辅导报告，力求全面、准确地掌握《决定》的精神实质，以指导教材编审工作，确保有关教材与中央关于国有企业改革和发展的精神保持一致。

八、组织教编室有关人员参加院计算机培训。1999年，总院进行信息网络建设的试点，并加强培训。教材编研室先后有8名同志参加了电化教研室的培训，初步掌握了计算机应用知识。（曹玉海）

行　政　处

1999年，行政处工作概述如下：

一、安全保卫和防火工作。安全保卫工作，主要是抓好规章制度的落实，保卫人员坚守岗位，24小时值班，按时巡逻，发现问题，及时报告和解决。节假日还增加人员值班，注意检查死角。防火工作责任制落实到处室及个人，分工更加明确，重点部位更加具体化和规范化。还总结了防火和卫生工作同时并举的先进经验。做到1999年安全保卫工作无事故，受到学校表彰。在全校防火大检查时，又获得全校第一名。在全校防火工作先进经验现场座谈会上副校长王伟光同志对函院防火工作进行了表彰。

二、车队工作。全年共出车3221次，行车183940公里，节油3984公升。其中，长途车18023公里，计61次。平均每月出车268次，包括节假日，每天出车9次。未发生任何交通违章问题。车队高质量的服务，受到院内一致好评。

三、打字复印工作。全年共打字500余万，印刷30万页，复印10.5万张，装订6万余本。圆满完成各处室交给的任务。

四、报刊、文件收发和通讯联络工作。收发室做到随到随发，认真登记，不积压、不漏发。1999年，收发报刊、文件68689件，其中，发特快专递223件，挂号信4110件，收挂号信3201件，发平信3108件，收发传真121件，收发各类报纸、刊物57926份。办理各种证件266人次，接传电话7000余次。

五、物资管理和采购工作。行政处经常核对固定资产卡片，使固定资产种类、数量、放置地点清楚，做到管理科学化，服务规范化。物资采购工作，做到大件贵重物品

3人以上采购，一般物品2人以上采购，并严格遵守采购有关程序和审批制度。全年共采购物品31563件，合人民币752002.78元。其中，电器电教设备56件，办公用品12470件，录像录音带9262盘，各种劳保用品9765个，办公家具10件。另外，修理复印机、微机70余次。在采购和修理器具时，坚持货比三家、物美价廉的原则，为函院节约资金10余万元。

六、加强对国内长途电话的管理。经与各处室商议，在不影响工作的前提下，撤销了30部电话的国内长途功能，加大了对长途电话的管理力度。全年共节约电话费30余万元。

七、调整了办公用房。学校又分给主楼西侧办公用房15间，行政处将三处办公用房整体设计，按工作性质进行了调整。之后，又对房屋进行了维修，改善了办公条件。

八、完成学校里分配的春季绿化翻地任务。春季学校分配给总院600多平方米平整土地的任务。在院领导的带领下，行政处组织全院同志合理分工，克服风沙大、筛土任务重的困难，圆满地完成了任务，受到学校的通报表扬。 （孟庆崑）

电化教研室

1999年，电化教研室工作概述如下：

一、制定了电教计划和实施计划。根据总院教学计划规定的电教辅导课时，研究确定新录、修改或重录课程；聘请知名专家教授讲课，商定讲授的形式和内容，并实施录制；严格选聘审定教师，进行跟踪审定，从严把关。

二、规范音像教材内容，把好质量教材关。在组稿和审定讲稿时，根据不同类型课程的特点，对其讲授内容进行严格规范，并成立了策划与设计小组、综合审定小组、监制小组和终审小组，各负其责，认真把关。

三、完成全年音像教材录制任务。1999年，共录制音像课程58门，其中，考试串讲课33门；讲座课16门；教师备课9门。全年共复制音像教材19698盘，其中，录音带14156盘，录像带5542盘。选聘主讲教师60名，聘请审定教师56名。一年来，录制音像教材的质量优良率达85%以上。

四、召开首次电化教学工作会议。12月15日—19日，在云南省委党校召开了首次电化教学工作会议。会议回顾了党校函授教育创办以来电化教学工作的主要成绩，提出了电化教学跨世纪改革与发展的基本思想和要着力抓好的几项工作，并对8个分院、15个学区和3个辅导站进行了表彰和奖励。

五、完成了音像教材征订发行工作。总院改革了音像教材的发行方式，扩大其发行范围，强化服务意识，满足了教学需要。全年共发行音像教材18118盘，其中，音像教材5462盘，音像教材12656盘。

六、“函授网络管理信息系统一期工程”通过专家鉴定。该系统经校科研部确定为校级科研项目后，进行了分系统的调试和测试，不断改进和完善系统功能。同时，还负责录入数据、技术文档撰写和鉴定会资料的准备工作，保证了项目的质量。1999年初，通过专家鉴定。

七、“中函网络管理信息系统”的维护和应用。主要对系统的各项管理功能，进行了又一轮的调整、修改和完善，完成各处室的网络环境搭建和各信息子系统的安装调试工作，并进行系统应用培训。

八、积极参加校园网络建设。函院被列入校园网试点单位后，抽出技术骨干积极参加校园网的建设，并先期接入校网，积极进行“函院信息发布系统”的设计，为校园网的开通起到了示范作用。

九、制定了远程教学和计算机网络建设

两个规划。负责制定远程教学和计算机网络建设两个规划，规划中明确了建网的原则、目标和具体步骤，探讨了网络系统的功能、建站模式、管理队伍建设等问题。

十、完成“教材编研子系统”的试用工作。教材编研室被列入首批试点使用单位后，派技术力量协助教编室掌握、使用“教材编研系统”。主要对教编室人员进行了培训，并对系统进行了多次修改与完善。

十一、积极开展多种形式的计算机培训工作。先后进行8个专题的培训，参加学习的人员达400余次，基本学会了互联网的使用。

十二、开发了教材发行计算机网络管理系统。电教室与教材处、开发公司合作，开发了“教材发行计算机网络管理系统”，并在海南教材工作会议上进行了演示。

十三、完成3本书的编辑出版工作。《把电化教学和计算机管理工作推上新台阶》是多年来电化教学和计算机管理工作经验的汇编；新编《计算机操作实用教程》注重了知识的整体性、系统性；1999年对《微机操作基础》进行了较大修改，该书简明扼要，通俗易懂，注重实践，适合自学。

（谢广乔）

研究生办公室

1999年，研究生办公室工作概述如下：

一、完成了招生工作。严把“新办单位审核关”。经过充分调查、认真考核和论证筛选，批准11个省级分院为新办单位，并根据“休耕”轮招精神，决定12个分院和学区停招，19个分院的23个教学点继续招生。1999年，有35个教学点招收经济管理专业、2个教学点首次招收法律专业；严把考生“入口关”，实行集中判卷、统一录取的制度。经过考生资格审核、招生考试、逐级审查和反复筛选，圆满完成了1999年度的招生工作。

二、召开第三次研究生工作会议。1999年6月下旬，在昆明召开了第三次研究生工作会议。会议坚持以教学为中心，不断深化改革，强化科学管理，确保办学质量为主题。会前，专门派人进行了调研，并提前拟定了主题以及《关于实施电化教学的意见》。在云南分院的大力支持下，会议取得了成功。

三、进一步加强教材建设。按照把“三基本”、“五当代”引入党校函授教材要求，结合在职研究生特点，一是修订99级经济管理专业培养方案和调整课程设置。将“三基本”、“五当代”贯彻到99级研究生教学中去，把公共基础课《邓小平理论专题研究》改为《邓小平理论基本问题研究》，选修课《贸易经济管理专题与涉外经济专题研究》改为《当代世界经济》，《区域经济管理专题研究》改为《当代世界思潮》，研究生甲班教材，增加了《当代世界思潮》课程。二是在研究生教学的关键环节上抓落实。在教材选定、教学大纲和教学计划撰写及面授等教学关键环节上，贴近“三基本”、“五当代”的内容。三是在教学过程中，积极安排“三基本”、“五当代”专题讲座，通过多种渠道，采取灵活多样的方式，使郑必坚同志的指示落到实处。同时，组织有关专家教授编撰了《资本论选读》、《现代企业管理研究》、《现代金融导论》、《西方管理理论的产生与发展》、《中国历代治国方略文选》等教材。

四、进一步加强授课教师、指导教师的选聘、管理和远程教学工作。对各分院上报的授课教师和毕业论文指导教师的材料进行了严格资格审查。编发了聘任教师一览表，对做得差的单位通报批评，促进了各办学单位加强对教师的选聘工作。同时，确定上海、江苏、重庆等分院，进行远程教学试点，由中央党校经济学教研部刘炳瑛、肖云两位教授、博士导师通过远程教学网讲授《马克思主义经济著作选读》课，取得了较好的效果。

五、认真组织考务工作。全年妥善安排在职研究生班4次考试。即一次招生考试、2次期末考试、一次补考，共印发试卷15000余份。派出巡考人员100余人次，加大治理考风考纪力度，严肃查处了两个分院招生考试中的违纪事件。

六、进一步加强学籍管理工作。为96级毕业学员办理、颁发了毕业证，给95级、96级毕业生颁发了中央党校学历证明。组织4个分院的96级在职研究生参加党校毕业典礼。办理了64名学员除名、休学、退学、借读、转考和57名学员转为正式生的手续。对有关学籍、考务等文件进行认真整理汇总、分门别类、登记编目和归档。

七、进一步加强甲班工作。制订了97级科社专业、98级政治学专业11门课程的教学计划进度安排表；为学员配发了43种教材、参考阅读用书，先后从中央党校政法部、亚太研究所、美国研究所、军事科学院等单位聘请有关专家、学者在京进行了10次专题辅导；根据校委关于将“三基本”、“五当代”课程引入函授教育的指示精神，调整了98级甲班的课程设置；进一步加强教学管理，召开导师会议，总结交流经验，广泛听取意见；建立教学工作指导小组，发挥其教学工作中的参谋作用；划片分组建立教学小组，加强教学管理；加强导师与学员的联系，加大督导力度，保证了甲班工作的正常运转。

八、举行获硕士学位学员颁奖会。总院在职研究生班95级、96级有228名毕业学员，其中，24名申请中央党校政治经济学专业硕士学位，有12名获硕士学位。12月26日，在京举行中央党校函授学院在职研究生班获得硕士学位学员颁奖会。12名学员获得硕士学位，表明中央党校函授学院在职研究生教育具有相应的质量。

（王　炳）

院办公室

1999年，院办工作概述如下：

一、拟定1999年工作要点。根据中央和校委关于1999年工作安排的指示精神，按照院领导提出的要求，紧密结合函院的实际，研究拟定了函院1999年工作要点，任务明确，重点突出，要求具体。经院办公室会议讨论批准，下达执行。

二、为全国党校校长座谈会提供有关材料。按照校领导的指示，函院要为会议研究党校函授教育工作准备规范管理党校函授教育和党校教育学历的材料。由院办牵头协调，并参与撰写和修改。经院领导审定后，已上报校委。

三、组织专人撰写函授教育工作会议主题报告。经多方征询意见，院长办公会议研究确定，以“深化教育改革，强化自身建设”为主题。5月，草拟了报告提纲，6月，在上海召开函授教育工作会议主题研讨会，有四川、甘肃、上海、广东、辽宁、广西、安徽、浙江、北京市委机关工委等党校领导和分院负责人参加了研讨会。与会同志围绕会议议题发表了许多有价值的意见。在此基础上，撰写了主题报告。

四、院报由4开小报改为对开大报。经国家新闻总署批准，作为《学习时报》专刊正式发行，每期印刷8万多份，发至辅导站。从院办抽调人员，充实和加强院报编辑工作。改版后，无论稿件质量，还是版面设计，都有所提高，尤其是注意了加强言论工作，增强指导和宣传效果。

五、出版《函授快讯》38期。在紧跟形势，报道中心、指导工作、交流情况方面发挥了应有的作用。许多单位反映，《快讯》对于了解上级和总院的意图，学习兄弟单位的工作经验，特别是有些领导同志撰写的探讨函授教育办学规律及发展战略思考的文章，对于搞好本单位的工作很有帮助。

《中共中央党校函授教育年鉴》1998年卷正在加紧编辑，同时开始作综合卷（反映1985年至1993年6月的办学情况）和1999年卷的资料征集工作。在人员少、工作量大的情况下，编辑人员做了大量艰苦细致的工作，付出了辛勤的劳动。

六、积极做好宣传工作。在院领导的直接领导下，会同有关部门，努力做好对外宣传工作。向中央和国家机关有关领导和部门主动赠送函授教育教材，争取各方面对党校函授教育的关心和支持。努力做好报道工作，利用媒体及时报道党校主要领导和分管领导对党校函授教育工作的指示、讲话和意见，报道党校函授教育的发展情况，使社会各界更多地了解、关心和支持党校函授教育。1999年，“七一”前夕，专门约请人民日报社国内政治部的记者来座谈，了解情况，撰写文章。7月5日，在《人民日报》第三版头条发表专稿《党校函授教育成为干部培训重要途径》；新华社记者张知干、人民日报记者郑宏范于11月14日在《人民日报》第三版显著位置发表专稿《郑必坚在中央党校函授教育工作会议上提出加大跨世纪中青年领导干部培训力度》，产生了较好的社会影响。

七、由院办牵头，组织力量，对《管理制度汇编》进行修订。经过全院各部门通力合作，完成了新版《管理制度汇编》的修订任务，并经校、院领导批准，在全院范围内颁布执行。总院机关内部制度汇编，正在进一步修订中。

八、办文、办会、办事。在办文方面：主要承担了全院性文稿起草工作。起草的主要文件有：当前函授工作情况汇报提纲（4月15日），关于党校教育学历问题的报告（4月5日），函院新老班子交接会校领导讲话稿，1999年春季院务扩大会议校领导讲话稿，1999年春季院务扩大会议纪要，1999年函授教育工作会议主题报告，上海函授教育工作会议主题研讨会情况反映，函授学院“三讲”教育整改实施方案，1999年函授教育工作会议校领导讲话稿，1999年函授教育工作会议纪要，1999年函授教育工作会议文件汇编，胡锦涛同志关于党校函授教育工作的讲话、批示（1993年10月—1999年6月）汇编，《中共中央党校领导关于党校函授教育工作讲话汇编》，中央党校函授学院教材工作会议（1999年12月）院领导讲话稿和会议总结稿，全年共校核各种通知82件，请示、报告25件，处理各部门办文357件。

在办会方面：主要承办了函院新老班子交接会，1999年春季院务扩大会议，分院评估工作咨询座谈会，上海函授教育工作会议主题研讨会，党校函授教育规范化管理研讨会和中央党校1999年函授教育工作会议。

在办事方面：接待了来函院办事、联系工作的客人近3000人次，组织地方党校和分院负责人赴美考察成人教育情况，承办院领导交办的各项临时性任务。（刘森海）

教学与培训

【《学员入学学习文件》】（分为供99级大专班、本科班和第九期领导干部函授班新学员用两种版本）学员入学学习文件是新生入学教育的必备教材。它是为适应党校各级组织对新生进行入学教育和自我教育而编印的。它可以帮助新学员学习中央有关函授教育方针、指示及中央党校实施函授教育文件，了解党校函授教育的历史、现状和未来，了解中央党校函授学院有关函授教学的规章制度、各专业培养目标、教学方针及课程规划，从而明确学习目的，端正学习态度。学员入学学习文件的内容分为四个部分：一是中央文件、指示。包括中共中央、中央领导同志关于共产党员、领导干部学习马克思主义理论的重要论述，全国干部教育培训规划等；二是中国共产党党校工作暂行条例以及创办函授学院的有关文件；三是党校函授教育情况介绍及规章制度部分。包括中央党校函授教育的历史、现状与发展介绍以及教学规程、党性教育与党性考核实施办法、学籍管理规定等；四是教学规划部分。包括教学总计划，各专业课程设置和考核方式等。此外，还附有第1学期各专业教学计划和中央党校函授学院院历。99级党员干部大专班、本科班学员入学学习文件与98级入学学习文件相比，作了如下调整：1. 在“江泽民同志关于加强共产党员、领导干部学习马克思主义理论的论述”部分，增加了江泽民同志在1997年中国共产党第十五次全国代表大会上的报告及1999年在省部级主要领导干部金融研究班结业式上的重要讲话节录。2. 将中央党校函授学院院长的入学动员讲话改为“中共中央党校函授教育的历史、现状与发展”介绍。3. 规章制度部分增加了“学员到课考勤规定”、“学员自学管理暂行规定”。4. 教学总计划部分，结合形势的变化、制度的修改以及99级学员、第九期领导干部函授班学员的情况作了较大调整和修改。（姚东锋）

【《面授教师管理规定》】 原称《面授教师管理规程》，1996年7月，收入《中共中央党校函授学院管理制度汇编》。1999年6月，《管理制度汇编》再版时，改为《面授教师管理规定》。《规定》为六部分，具体内容有所改动。一、面授教师的聘任。在“聘任面授教师的基本原则”中，《规定》明确提出“要求教师的专业技术职称与承担课程的相应学历层次相适应”。取消了无职称的“有关领导干部”可以任教的规定。本科班和领导干部班的任教条件，由原来的“讲师以上”改为“副教授以上的教研人员为主”。这一部分新增一条：“（四）建立师资档案库和骨干教师名录，为党校函授教学提供师资信息，以利师资资源共享”。二、面授教师的条件。具体条件仍是5条，但标准提高了。首先强调，面授教师必须“热爱党校函授教育事业，具有强烈的事业心和高度的责任感”。原第二条“专业理论水平较高、教学经验较丰富、教学能力较强”的“较”字，全部删掉。三、聘任面授教师的程序和时间。现改为“聘任面授教师的权限和时间”。原规定“面授教师一般由学区选聘，报分院审批”。现改为“大专班、本科班面授教师由学区选聘，分院审批。本科班面授教师分院审批后，由分院报总院备案。领导干部班和领导干部在职研究生班教师由分院或承担办班的单位选聘，报总院审批备案”。而且规定每年五六月份、十一十二月份，分别为审批下半年、第二年上半年聘任教师的时间。四、面授教师的职责和任务。要求更加明确和严格。“新课和第一次任教的课要组织试讲，试讲合格者才能承担面授教学任务”。面授教师要“着力培养学员的创新精神、创新意识以及分析问题、解决问题的能力”。五、面授教师的培训。新增1条，并放在首位，即“培训面授教师要着眼于保证教学质量和师资队伍的整体素质结构，要面向实际，满足办学单位学科发展的需要”。六、面授教师的考评。其中“考评的内容”，删去了第四项“教学方法”。其他各条内容基本未变。

（张驭涛）

【新疆教师培训班】 1999年8月15日—21日，由总院教学处和新疆、新疆生产建设兵团两分院在新疆生产建设兵团党校联合举办函授教师培训班。培训的对象是这两个分院承担《民法学教程》和《货币银行学》两门课面授教学的主讲教师共91人。其中，《民法学教程》班38人、《货币银行学》班53人。培训的内容和形式：学习《中央党校领导同志关于党校函授教育工作的讲话汇编》，提高参加培训人员对党校函授教育地位、作用的认识，进一步树立和增强搞好党校函授教育的使命感和责任感；《民法学教程》主编、中央党校教授谢邦宇和《货币银行学》主编、中央财经大学教授李健分别串讲教材，参加培训的教师集体备课；北京师范大学教育系丛立新副教授作《课程与教学基本理论》专题报告，讲授教学方法、教学原理和面授艺术；北京师范大学原党委书记周之良教授作《学习邓小平教育理论深化教育改革》专题报告，介绍教学改革形式，认识全面推进和实施素质教育的重大意义；参加培训教师代表示范教学，交流教学方法和教学经验。这次培训达到预期的目的：统一了教学指导思想，掌握了教材的体系、结构和重点、疑难问题，消除了教学疑点；学到了教学原理、教学方法和面授艺术的基本知识；开阔了视野，增加了信息，拓宽了参加培训人员的知识面；进一步树立了质量意识，增强了搞好党校函授教育的使命感和责任感。

（张驭涛）

【南京备课会议】 1999年4月9日至13日，总院在中共江苏省委党校召开备课会议，会议就《刑法各论》和《国际税收教程》进行集体备课。中央党校函授学院原院长孙钱章、江苏省委党校副校长郭荣成等领导同志出席会议并作了讲话，各分院、直属学区《刑法各论》主讲教师代表59人、《国际税收教程》主讲教师代表45人，共104人参加会议。《刑法各论》主编、中国青年政治学院法律系主任周振想教授和中央党校经济学博士生王金龙老师分别讲授两本教材的体系、框架结构、主要概念、基本原理和需要把握的重点、难点，解答老师在备课过程中遇到的疑难问题。中国政法大学法律系主任薛瑞麟教授作《刑法在适用中的几个问题》的专题报告；北京大学博士生导师刘剑文教授作《国际税收与中国改革开放中的涉外税收实践》和《21世纪国际税收展望与中国税制的完善》的专题讲座，介绍两学科的学术前沿问题和热点问题；河北省委党校王宝琦教授作《知识经济与中国发展》的专题报告。孙钱章教授讲授《函授教学方法》，江苏省委党校教师刘小兵、吕书琼、丰顺武和与会代表鲁玉兰、王巧玲、施凯峰介绍面授教学的方法和经验体会。会议取得了可喜的成果：明确了教材的重点、难点，统一了教学指导思想；为各分院、直属学区开好第二次备课会做好了准备；开阔了研究视野，增加了学术信息，拓宽了知识面，为讲好两门课程奠定了基础；进一步改进了教学方法，提高了教学水平；认识到党校函授教育在国家未来发展战略中的地位和作用，增强了代表们进一步搞好党校函授教育的使命感和责任感。（张驭涛）

【北京备课会议】 1999年11月23日至27日，总院在铁道部党校召开备课会议，会议就《工业企业经营管理概论》和《刑事诉讼法教程》进行集体备课。副院长刘利群和铁道部党校全体校委委员出席了会议，刘利群作了讲话。来自各分院的95名骨干教师参加了此次会议。铁道部党校同时举办了分院备课会。铁道部系统近50位教师到会旁听。有些驻京分院的近30位教师也到会听课。这次备课会集教材研讨、学术报告、专题讲座于一体。《工业企业经营管理概论》副主编王宝琦教授、《刑事诉讼法教程》主编、中央党校刘永桂教授讲授教材的重点、难点，解答老师在备课过程中遇到的疑难问题；中央党校经济学部原主任臧志风教授作《深入学习基本理论把握四中全会文件精神》的报告，中国人民大学工商学院博士生导师邓荣霖教授作《企业经营管理的现状和发展趋势》的报告，中国政法大学博士生导师樊崇义教授作《刑事诉讼法的主要问题及其在司法实践中的情况》的报告。最后，首都师范大学教授、《教育艺术》杂志总编辑郭海燕作《教育艺术的力量与教师语言的升华》的专题讲座。会议取得了圆满成功：进一步学习了《中共中央关于国有企业改革和发展若干重大问题的决定》，加深了对党的十五届四中全会精神的理解；统一了两门课程的教学指导思想，明确了教学的重点和难点；扩大了知识面，增加了信息量；学到了一些教育科学的基本知识，对教育艺术、教学方法和技巧有了理性认识。（张驭涛）

【教师备课录像带】 教师备课录像带是专门为函授教师录制的供备课用的电教带，是培训学院、学区和辅导站教师的形式之一，对于提高函授教师的讲课水平，保证教学质量有促进作用，其内容包括以下几个方面。一是正确认识学习目的，把握教材体系结构、基本内容及特点；二是详细讲解教材各章的重点、难点，联系实际介绍学术界的一些不同观点以及最新研究成果；三是讲授课程应注意的问题；四是开列参考书目。全年共录制教师备课录像带9门：《刑法概论》、《市场经济法律制度概论》、《民事诉讼法教程》、《刑事诉讼法教程》、《现代商法概论》、《货币银行学》、《财政学》、《公共政策概论》和《辩证思维方法概论》。（钱寿根　张驭涛）

【关于选编优秀毕业论文集的通知】

各分院、直属学区：

为进一步贯彻落实胡锦涛同志关于党校函授教育的重要批示，展示毕业学员学以致用的可喜成果，激励、引导毕业班学员写出高质量的毕业论文，总院决定，继续选编优秀毕业论文集，即《学习·探索·结晶》（第四辑），于2000年10月出版，并以资庆贺中央党校函授教育开办15周年。现将有关事项通知如下：

一、优秀毕业论文的遴选范围：凡我院96级大专班、96级、97级本科班和领导干部班学员撰写的毕业论文，均可参选。

二、优秀毕业论文的标准：按《毕业论文工作规定》中“毕业论文的评阅标准”掌握。

三、优秀毕业论文的评选程序：自下而上进行，各学区和辅导站按分院要求的时间、篇数，报送分院；各分院和直属学区按专业组织3人以上的专家小组进行评选，于2000年2月底以前将最优秀的3至5篇上报总院教学处；总院按专业组织专家评选组做最后审定，择优选收。逾期报送者不予受理。

四、奖励办法：凡入选《学习·探索·结晶》（第四辑）论文的撰稿人，均由总院发给优秀毕业论文证书，并从优给予稿酬

招 生 录 取 工 作

【招生计划】 经中央党校校委批准，函授学院在 1999 年分别招收 99 级党员干部大专班、本科班和中央党校领导干部函授班学员。招生工作贯彻“计划招生、适度规模、严格把关、保证质量”的方针。按照“平衡、控制、规范”的原则，采取自下而上与自上而下结合的办法制定招生计划，由分院向总院提出申请，经总院审核确定后下达分院执行。

1999 年招收党员干部大专班的有 32 个分院和 2 个直属学区，招收党员干部本科班的有 52 个分院和 2 个直属学区，招收中央党校领导干部班的有 34 个分院（参见招生单位）。

（温燕平）

【99 级党员干部大专班招生简章】 总院于 1998 年 10 月 30 日下发了《99 级党员干部大专班招生简章》，对招生的有关问题作了明确规定。

关于招生对象和报名条件：招收党政机关、企事业单位、社会科学研究部门及军队中的党员干部。报名人员必须具有高中（或中专）毕业文凭和 3 年以上工龄，年龄一般在 45 岁以下，坚持党的基本路线，品德良好，遵纪守法，身体健康，能长期坚持学习。

关于招生办法：自愿报名，组织同意，统一考试，择优录取。凡具备下列条件之一者可免试入学：（1）大专毕业以上学历；（2）具有高中毕业学历，获得省（省、自治区、直辖市委、政府）、部级以上荣誉称号（全国劳动模范、新长征突击手、三八红旗手、五一劳动奖章获得者等，省劳动模范、优秀党员、优秀党务工作者等）者、军队大军区以上荣誉称号获得者、二等功以上荣立者。录取方案经总院审核批准后，由各分院

（含指导教师的评语）。对这次优秀毕业论文评选工作搞得好的分院或直属学区，总院也将视情况给予适当的表彰或奖励。

中共中央党校函授学院

1999 年 9 月 22 日

【关于调整《现代管理学》教学安排的通知】

各有关分院、学区：

为进一步改进研究生班的教学方法，提高教学质量，总院在征求意见的基础上，经研究，决定对 97 级《现代管理学》教学安排作适当调整，现将调整变动通知如下：

一、97 级研究生班的教学，在认真执行《现代管理学》教学大纲和教学计划的基础上，各分院（学区）可结合自己的实际，与授课教师一起研究确定本班的授课重点，深入探索如何更好地开展专题式教学。对于教材中一些共性的、学员确实比较熟悉的内容，各单位可压缩面授时间，充实一些新内容，安排一些讲座，把教学搞得更活、更好。

为适应教学内容和方法上的调整，该课程的考试方式改为开卷。

二、98 级研究生班的教学，从教学总体计划安排考虑，各单位仍要严格执行《现代管理学》教学大纲和教学计划的规定，考试方式（闭卷）不变。

以上通知，望各有关单位认真贯彻执行。

中共中央党校函授学院

1999 年 3 月 5 日

或直属学区签发《学员入学通知书》。

关于报名时间和手续：报名时间，自招生简章公布之日起至1999年2月28日止。报名者必须填写《报名登记表》，经本人所在单位组织人事部门审核同意、签署意见并加盖公章。报名时须缴验高中或中专毕业证书原件，缴近期同版一寸免冠正面照片3张，缴报名考务费30元（不含复习资料费）。免试入学者必须按时履行报名手续，缴验有关证件，并缴报名费12元。

关于专业和学制：开设行政管理、经济管理和法律三个专业，学制均为三年。

关于收费标准：经国家计委收费司批准，每个学员每学年收学费600—800元(具体标准由分院报所在省、自治区、直辖市物价部门核定)，教材资料费120元（不含邮运费）。（温燕平）

【99级党员干部本科班招生简章】 总院于1998年10月下发了《99级党员干部本科班招生简章》，对招生的有关问题作了明确规定。

关于招生对象和报名条件：招收党政机关、企事业单位、社会科学研究部门及军队中的党员干部。报名人员必须具有大学专科毕业文凭和两年以上工龄，年龄一般在50岁以下，坚持党的基本路线，思想政治觉悟高，遵纪守法，身体健康，能长期坚持学习。

关于招生办法：自愿报名，组织同意，统一考试，择优录取。凡具备下列条件之一者可免试入学:(1)本科毕业以上学历;(2)高级专业技术职称；（3）具有大专毕业学历，获得省（省、自治区、直辖市委、政府）、部级以上荣誉称号（全国劳动模范、新长征突击手、三八红旗手、五一劳动奖章获得者等，省劳动模范、优秀党员、优秀党务工作者等）者、军队大军区以上荣誉称号获得者、二等功荣立者。（4）总院、分院大专毕业优秀学员。录取方案经总院审核批准后，由各分院或直属学区签发《学员入学通知书》。

关于报名时间和手续：报名时间，自招生简章公布之日起至1999年2月28日止。凡报名者必须填写《报名登记表》，经本人所在单位组织人事部门审核同意、签署意见并加盖公章。报名时须缴验大专学历证书原件，缴近期同版一寸免冠正面照片3张，缴报名考务费30元（不含复习资料费）。免试入学者必须按时履行报名手续，缴验有关证件，并缴报名费12元。

关于专业和学制：开设行政管理、经济管理、贸易经济和法律四个专业，学制均为二年半。

关于收费标准：经国家计委收费管理司批准，每个学员每学年收学费700—900元(具体标准由分院报所在省、自治区、直辖市物价部门核定)，教材资料费140元（不含邮运费）。（温燕平）

【第九期领导干部函授班招生简章】 总院于1998年10月下发了《第九期领导干部函授班招生简章》，对招生的有关问题作了明确规定。

关于招生对象和报名条件：招收党政机关、企事业单位以及军队中具有大专毕业以上文化程度的县、处（团）级以上的党员领导干部。其中，县、处（团）级干部年龄在50岁以下，地、厅（师）级干部年龄在55岁以下，党性强、作风正，遵纪守法，身体健康，能长期坚持学习。

关于招生办法：省、自治区、直辖市分院招生，主要在省会城市，经总院批准，也可在地、市级城市设立教学点招生；军队分院招生，限定在省会以上城市。具备下列条件之一的县、处（团）级以上领导干部可免试入学：（1）本科毕业以上学历；（2）高级专业技术职称；（3）具有大专毕业学历，获得省（省、自治区、直辖市委、政府）、部级以上荣誉称号（全国劳动模范、新长征突击手、三八红旗手、五一劳动奖章获得者等，省劳动模范、优秀党员、优秀党务工作者等）者、军队大军区以上荣誉称号获得者、二等功以上荣立者；（4）总院、分院大专毕业优秀学员。

关于报名时间和手续：报名时间，自招生简章公布之日起至1999年2月底止。报名者必须填写《报名登记表》，经所在单位组织人事部门审核同意、签署意见并加盖公章。报名时须缴验大专学历证书原件，缴学历证书复印件和职务、党员证明信，缴近期同版一寸免冠正面照片3张，缴报名考务费30元（不含复习资料费）。各分院对所有报名者逐一审核，符合条件的发给准考证，参加总院统一组织的招生考试，成绩合格者，经审核批准后，由分院签发《学员入学通知书》。免试入学者必须按时履行报名手续，缴验有关证件，缴报名费12元。

关于专业和学制：开设经济管理专业，学制为二年半。

关于收费标准：经国家计委收费管理司批准，每个学员每学年收取学费700—900元（具体标准由各分院、直属学区报所在省、自治区、直辖市物价部门核定），教材资料费140元（不含邮运费）。（温燕平）

【99级党员干部大专班招生单位】 经总院批准，1999年共有32个分院和2个直属学区招收党员干部大专班。它们是：山东分院、上海分院、福建分院、南宁分院、海南分院、云南分院、西藏分院、甘肃分院、陕西分院、西安分院、宁夏分院、黑龙江分院、内蒙古分院、中直机关分院、中央国家机关分院、铁道部分院、北京市委机关分院、北京市工业党校分院、总参分院、总后分院、总装备部分院、海军分院、空军分院、二炮分院、国防大学分院、沈阳军区分院、北京军区分院、兰州军区分院、济南军区分院、南京军区分院、成都军区分院、武警部队分院和北京市公安局学区及总院直属班。（温燕平）

【99级党员干部本科班招生单位】 经总院批准，1999年共有52个分院和2个直属学区招收党员干部本科班。它们是：山东分院、上海分院、江苏分院、浙江分院、安徽分院、江西分院、福建分院、湖南分院、广东分院、广西分院、南宁分院、海南分院、湖北分院、河南分院、云南分院、四川分院、重庆分院、贵州分院、西藏分院、甘肃分院、陕西分院、西安分院、青海分院、宁夏分院、新疆分院、新疆兵团分院、辽宁分院、吉林分院、黑龙江分院、内蒙古分院、山西分院、河北分院、天津分院、中央直属机关分院、中央国家机关分院、铁道部分院、北京市委机关分院、北京市工业党校分院、总参分院、总后分院、总装备部分院、海军分院、空军分院、二炮分院、国防大学分院、沈阳军区分院、北京军区分院、兰州军区分院、济南军区分院、南京军区分院、成都军区分院、武警部队分院和北京市公安局学区及总院直属班。（温燕平）

【第九期领导干部函授班招生单位】 经总院批准，1999年共有34个分院招收领导干部函授班。它们是：山东分院、浙江分院、安徽分院、江西分院、福建分院、广东分院、广西分院、南宁分院、海南分院、湖北分院、云南分院、重庆分院、甘肃分院、陕西分院、西安分院、青海分院、宁夏分院、新疆分院、新疆兵团分院、内蒙古分院、山西分院、天津分院、中央国家机关分院、北京市委机关分院、北京市工业党校分院、总参分院、总装备部分院、海军分院、空军分院、北京军区分院、济南军区分院、南京军区分院、成都军区分院、武警部队分院。

（温燕平）

【认真做好1999年招生考试工作的通知】

各分院、直属学区：

1999年，中央党校函授学院招生考试将于4月下旬举行。为做好招生考试工作，现将有关事项通知如下：

一、招生考试工作，要认真贯彻执行胡锦涛同志关于把好招生关的重要指示精神，全面落实中央党校校委和总院提出的各项要求,精心组织,严格要求,确保招生质量。

二、对报名考生要严格审查。按《招生简章》规定的报名条件，逐项进行审查，对免试考生要从严掌握。

三、考场设置要规范。认真贯彻执行总院《考务管理规程》的要求，考点要相对集中，考场一般设在学区，辅导站不单设考场。考场大小要适中，每个考场要有两名监考人员。按单人单桌、前后左右拉开距离、课桌抽屉一律背向考生进行布置。

四、切实做好试卷的取送和保管工作。试卷在考前为绝密件，各单位的领导和有关人员一定要以高度的事业心和责任感保管好试卷，保证试卷安全。按照属地领卷办法，认真准确地作出计划，报总院考务办。对试卷的领送，一定要严格执行总院规定，发现泄题、漏题现象要立即追查，严肃处理。

五、加大巡考、监考力度。考试期间，总院、分院和直属学区要选派有考试工作经验的领导和工作人员到考区负责巡监考工作。考前对巡、监考人员要进行培训，提出要求。继续实行分院范围内的异地交叉监考。有条件的单位还可请新闻、宣传等部门进行舆论监督，建立有效的监督机制。对考试过程中出现的违纪现象，要认真查处，及时报告。

六、加强领导。各单位要把招生考试工作列入重要议事日程，总院、分院、学区都要成立相应的考试领导机构。请所在党校领导挂帅，函授部门具体负责。实行按级负责的办法，一级抓一级。各单位一定要认真研究，周密部署，精心安排，具体指导，保证今年招生考试工作的顺利进行。

七、有关具体事项

1. 3月10日前，各分院、直属学区将报考的各班次、各专业人数统计上报总院考务办。

2. 3月底前将属地送卷单位、联系人姓名、电话号码报总院考务办。

请各单位按照上述要求，结合本单位实际情况认真研究落实，并在考试结束后，写出书面总结报告送总院考务办。

中共中央党校函授学院

1999年3月1日

【99级招生考试】 根据99级招生简章规定，大专班考试科目为政治理论、语文、历史、地理、数学，考试时间为4月24—25日；本科班考试科目为马克思主义基础理论、语文和专业课（行政管理专业考党史和党建与行政管理基础知识，经济管理专业考经济管理基础知识，贸易经济专业考贸易经济基础知识，法律专业考法学基础知识），考试时间为4月26—27日；领导干部班考试科目为马克思主义基础理论、语文和经济管理基础知识，考试时间为4月27—28日。

（温燕平）

【做好1999年招生录取工作的通知】

各分院、直属学区：

为了确保1999年录取新生质量，各单位的主要领导要亲自挂帅，切实抓好招生录取工作，要选调政治强、业务精、作风正、坚持原则、工作认真的干部做此项工作，保证录取工作的顺利进行。现就招生录取工作提出如下要求：

一、各单位要严格按照总院《招生简章》规定的条件，《报名登记表》规定的程序，对录取新生认真进行资格复审，凡不符合录取条件的，坚决不予录取。要认真执行

"党校函授教育招生对象主要是在职党员干部"的原则，严格控制非党干部（入党积极分子）录取比例，非党干部的录取分数线一般要高于党员干部的录取分数线。领导干部班不得录取非党干部。

二、各分院要从实际出发，区别不同情况，确定各自的新生录取分数线，不同学区可以有不同的录取分数线。新生录取工作要按程序办，要加大透明度，考生考试成绩要以考场为单位张榜公布，并书面通知考生本人。要自觉接受组织、纪检等部门和群众的监督，确保录取工作的公正性。对群众举报的问题要认真查处，对有关违纪人员要追究责任，严肃处理。

三、严禁军地交叉招生，凡交叉招生的，必须在新生录取之前做好移交工作。接收一方对移交的新生要认真进行资格复审，凡不符合入学条件的一律不得录取。

四、各分院、直属学区要认真填写《99级考生录取审核表》、《免试生名册》，并务必于6月5日前报总院教务处。录取方案经总院批准并下达录取指标后，由各分院、直属学区签发录取通知书。录取总数不得突破总院下达的指标。录取工作结束后，各分院、直属学区要写出书面总结，并于9月10日前报总院教务处。

中共中央党校函授学院

1999年4月28日

【99级新生录取工作】 总院于1999年4月下发了《关于做好1999年招生录取工作的通知》，通知要求，各分院、直属学区于1999年6月将《考生录取审核表》和各班次的《免试生名册》报总院审核。总院于1999年6月底之前分别向各分院、直属学区批复了录取新生名额。（温燕平）

【印发2000年招生计划和《招生简章》的通知】

各分院、直属学区：

现将2000年招生计划和《招生简章》发给你们（军队发给全军中函办）并就有关问题通知如下：

一、要严格按照计划指标组织招生。2000年度招生计划是经中央党校校委研究确定的。各单位一定要从大局出发，认真组织落实，不得随意突破指标。如果生源不足，录取比例超过实考人数的70%，总院在录取审核时将减少其录取指标。

二、要认真执行"招生对象以党员干部为主"的规定。本科班、大专班非党干部（入党积极分子）的比例，控制在20%以内，报考领导干部班必须是党员。

三、招生范围与权限，要与班次设置分工相一致。领导干部班只能在省会城市和国家计划单列市设教学点，本科班只能在学区设教学点，不允许扩大招生范围。

四、分院之间不得交叉招生。地方分院只能在本地区或本系统所属单位招生；军队分院只能招军队学员，不得在同一单位交叉设点招生。如发生交叉招生问题，取消所属办学点的招生资格。

五、要严格按照《招生简章》规定的报名条件进行资格审查，免试生条件要从严掌握，认真履行资格审查手续。对弄虚作假者，无论何时发现都要取消学籍。

六、2000年度总院严格控制大专班招生，鼓励有条件的分院自办大专班，决定在军队停招大专班。

七、各分院要在2000年3月10日前将报名考生人数按班次、专业报总院教务处。军队各分院除按此要求报总院并全军党校函授办外，还要按属地送卷的要求，将按属地统计的报名考生人数报全军党校函授办，综合数与按属地统计的总数要一致、准确。上报后不得改动，逾期不报者，总院不发招生试卷。

中共中央党校函授学院

1999年11月6日

教务考务工作

【关于巡考工作的规定】 巡考工作是促进考风考纪好转、提高办学质量的重要手段。为使巡考工作规范化、制度化和科学化，根据《考务管理规程》要求，特制定本规定。

一、指导思想

以胡锦涛同志关于加强党校函授教育工作的指示精神为指针，根据总院关于考试、考务工作的规定和要求，针对考试工作中存在的主要问题和可能发生的新问题，研究制定新的防范措施，有组织、有计划、有重点地组织巡考工作，力争考风考纪逐年好转，最终实现根本好转。

二、基本职责

（一）认真贯彻执行总院的办学指导思想、办学方针和考试、考务管理规定。

（二）检查了解办学单位贯彻执行总院关于考试、考务管理规定和要求的落实情况。

（三）检查了解办学单位考务组织领导、队伍建设、试卷管理、考务安排和考风考纪等情况。

（四）及时发现考试中发生的主要问题，主动配合，积极协助各单位研究解决与考务工作有关的问题，重要情况要及时报告教务处考务办公室。

三、巡考人员基本条件

（一）努力学习马列主义、毛泽东思想和邓小平理论，坚决执行党的基本路线、方针和政策，在政治上、思想上同党中央保持高度一致。

（二）热爱党校函授教育事业，政治责任感强的副处级及中级职称以上的党员干部。

（三）熟悉考试、考务和教学等有关业务，有较强的工作能力和较丰富的工作经验，善于发现和处理问题。

（四）坚持原则，秉公办事，认真负责，敢于管理，严格执纪，不徇私情。

（五）身体健康，能独立承担和完成巡考任务。

四、组织实施

每年的招生考试和两次期末考试，由教务处负责研究制定巡考工作方案，报院领导批准后具体组织实施。各有关处室要大力支持，积极配合，并推荐符合巡考条件的党员干部参加巡考工作。

五、基本要求

（一）服从组织分配，个人不得挑选巡考去向和地点。

（二）认真履行职责，圆满完成巡考任务。

（三）巡考期间，遇有巡考职责范围外的问题，不得擅自作主答复；如需兼做其它工作，行前须报主管领导批准。

（四）严格遵守《中央党校函授学院廉洁自律的规定》，个人不准向接待单位提出与巡考工作无关的要求。

（五）巡考工作结束返京后，必须在一周内写出巡考工作情况报告交教务处考务办公室。

中共中央党校函授学院

1999年6月25日

【做好1999年上学期期末考试工作的通知】

各分院、直属学区：

1999年上学期期末考试在即，为认真

做好考试工作，现将有关事宜和要求通知如下：

一、今年大事、要事、喜事多，组织好这次期末考试意义重大。各单位必须坚决贯彻执行胡锦涛同志关于加强党校函授教育工作的指示，从讲学习、讲政治、讲正气的高度，充分认识搞好期末考试的重要性，进一步端正办学指导思想，树立从严治考观念。各级考试工作领导小组要按照总院关于考务工作的规定和要求，精心组织，周密安排，措施得力，工作到位。主要领导要亲自抓，要调动一切积极因素，齐抓共管，圆满完成期末考试任务。

二、各单位要认真落实总院关于加强试卷管理的规定，针对试卷取送、保管等方面的薄弱环节和可能发生的问题，采取切实措施，认真做好保密工作。今年加强试卷管理工作的重点在学区，各分院要加强对学区的具体指导，研究制定有效的监管办法，严格制度和工作程序，抓好每一个环节，措施到位，责任到人，确保试卷安全。对违反纪律、不按规定操作、发生问题的单位和个人，要追究责任，严肃处理。

三、为了促进考风考纪进一步好转，期末考试应实行责任制，签订责任状。各单位一把手要亲自抓，一级抓一级，层层抓落实。同时，总院将抽调部分分院领导同志参加总院统一组织的巡考工作，并定于7月上旬在总院集中培训和编组。各单位要坚持高标准、严要求，认真挑选党员干部担任监考和中层党员干部担任巡考。在分院指导下，由学区负责对监、巡考人员进行考前培训，学习总院的有关规定和要求，进一步熟悉考务管理工作，以积极的姿态和饱满的精神投入到期末考试工作中去，用实际行动和优异的成绩迎接建国五十周年和澳门回归。在考试中，一旦发现责任心不强、违纪监考人员，要及时更换，严肃处理。

四、为了使考试阅卷、考分复核及登分工作规范化，总院对原考试答卷纸的登分栏目作了修改。一是增设了"复核人"栏目，将考卷的评阅、考分复核及登分工作统一起来；二是增设了"登分卡"，登分时裁下此卡交登分员或录入员。在执行中，如有问题和建议，请及时向总院反映。

五、在期末考试期间，各单位和考务部门务必加强值班工作，做到人员在位，电话畅通，保证及时处理考试中发生的问题。如遇有重大问题，要及时报告总院。为此，各单位将值班人员名单和电话于7月5日前报总院考务办公室，并公布举报电话。

中共中央党校函授学院

1999年6月1日

【做好1999年下学期期末考试工作的通知】

各分院、直属学区：

1999年下学期期末考试定于2000年1月中旬进行。这是党校函授教育进入新千年的第一次考试，其意义重大。为此，特提出如下要求：

一、加强组织领导。各单位领导要从讲学习、讲政治、讲正气的高度，充分认识搞好这次期末考试的重要性，进一步树立从严办学、从严治考的观念。要认真贯彻执行胡锦涛同志和校委关于党校函授教育工作的指示，要认真贯彻落实中央党校1999年函授教育工作会议精神，对这次考试要精心组织，周密部署，妥善安排，认真实施。主要领导要亲自挂帅，督促检查指导，采取得力措施，确保工作落实，圆满完成任务。

二、严格试卷管理。总院新版《管理制度汇编》对试卷管理问题作了具体明确的规定，并已下发执行。各单位要组织有关人员认真学习，深刻领会，掌握精神，增强责任感。要针对以往考试中存在的突出问题，采取果断措施，严格执行规章制度，遵守工作程序，切实抓好每一个环节，确保试卷安全。未经总院允许，任何部门和人员不得在考前私拆试卷。如有违犯者，要从严处理，并依法追究责任。

三、精心安排考场。考场设置要符合总院的要求，要标准、规范，为学员创造良好的考试环境。考场要设在学区和分院直属办学单位，由学区和分院负责管理。因特殊情况需要设在辅导站的考场，学区要选派2名以上得力监考人员负责监考。考场规模，原则上一个考场25—30人。因特殊情况需要在大教室（会议室等）设考场的，必须报经分院批准，并划分区域，明确界线，专人监考，严格纪律。

四、严格考风考纪。各单位要从反腐败的高度，充分认识搞好考风考纪的重要性。要采取切实措施，严把考试质量关，做到坚持从严治考不动摇，狠抓考风考纪不动摇。要坚决克服和纠正各种弄虚作假现象和不正之风，以保证考试的公正性、严肃性和真实性，维护党校的声誉和形象。要实行责任制，签订责任状，一级抓一级，层层抓落实。要严格按照总院的要求，认真挑选监考和巡考人员，并组织考前培训，学习有关规定，择优聘用，挂牌上岗。在考试中，一旦发现责任心不强、违纪的监考人员，要及时更换，并从严处理。

五、加强值班工作。在考试期间，各单位和考务部门必须加强值班工作，做到人员在位，电话畅通，以保证及时处理考试中发生的问题。如遇有重大问题，要及时上报总院。各单位要将值班人员和电话于2000年1月5日前报总院考务办公室。

中共中央党校函授学院

1999年12月1日

【做好96级大专班学员毕业前总补考工作的通知】

各分院、直属学区：

96级大专班学员毕业前总补考定于1999年6月中旬举行。总补考是关系到总补考学员能否毕业的关键性的一次考试。各级领导要高度重视这项工作，既要对学员负责，又要严格按照总院的规定和要求，切实把这次总补考工作做好。现将总补考有关事项通知如下：

一、认真做好参加总补考学员的审定工作。参加总补考的学员，必须是已经学完教学计划规定的全部课程并参加过各个学期的期末考试，累计只有一门闭卷考试课和一门开卷考试课成绩不及格者，或只有二门开卷考试课成绩不及格者。因公或因病未能参加某个学期期末考试的必须说明具体原因，并附有单位证明和分院（直属学区）意见，报经总院核准，方可参加总补考。累计有二门闭卷考试课成绩不及格或者累计有一门闭卷考试课和二门开卷考试课成绩不及格者，不得参加总补考。经批准休学并已报总院备案复学的95级大专班学员，符合总补考条件的可以参加这次补考。

二、总补考闭卷考试课由总院统一命题制卷，开卷考试课由分院、直属学区统一命题制卷。无论何种试卷，在考试前都必须由分院、直属学区负责妥善保管，任何人不得以任何理由私拆试卷。违反试卷取送、保管规定，造成泄题的必须追究单位领导和当事人的责任，并进行严肃处理。

三、总补考由分院、直属学区集中或分片设置考场，统一组织考试。学区不得单独设置考场组织考试。学员必须到分院（直属学区）指定的考场参加考试。凡不按要求设置考场和不到指定的考场进行考试的，其成绩一律无效。

四、总补考于6月12、13日进行，任何单位不得以任何理由擅自改变考试时间。凡不按总院统一规定的时间进行考试的，其成绩一律无效。

五、参加总补考的学员名单及补考课程表和总补考人数统计表由分院、直属学区负责统一汇总，核准后于4月10日前报总院考务办公室。

六、各分院、直属学区要按照《关于学员毕业前总补考办法的规定》和上述要求，进行认真研究，周密部署，精心组织，严格要求，做好这次总补考工作。

中共中央党校函授学院

1999年3月4日

【做好97级本科班、第七期领导干部函授班学员毕业前总补考工作的通知】

各分院、直属学区：

97级本科班、第七期领导干部函授班学员毕业前总补考定于今年12月中旬进行。为了做好总补考工作，特提出如下要求：

一、总补考条件

（一）在籍学员须学完教学计划规定的全部课程，并参加了各个学期的期末考试，其成绩累计只有一门闭卷课和一门开卷课不及格，或者只有两门开卷课不及格。

（二）批准休学并报总院备案复学的96级本科班、第六期领导干部函授班学员。

（三）超出上述条件、具有特殊情况要求参加总补考者，分院、直属学区必须向总院写出书面报告，经批准后方可参加。

（四）参加总补考的学员名单及补考课目，由分院、直属学区统一汇总上报，务必准确，并于9月底前报总院教务处。

二、总补考要求

（一）总补考日期、时间，由总院统一规定，任何人、任何单位都不得擅自改变。否则，考试无效。

（二）总补考考场，由分院、直属学区集中或划片设置。每个考场，必须由分院、直属学区派2人监考。考场设置情况，务必于10月底前报总院教务处。

（三）总补考闭卷课由总院统一命题制卷，开卷课由分院、直属学区命题制卷。无论何种试卷，均由分院、直属学区统一妥善保管，并采取有力措施，防止发生任何问题。

（四）凡不在总院规定的时间或不在分院、直属学区指定的考场参加总补考和未经总院批准或者使用复印试卷参加总补考者，其成绩一律无效。

附：

1. 97级本科班、第七期领导干部函授班总补考闭卷安排表

2. 97级本科班、第七期领导干部函授班总补考开卷安排表

中共中央党校函授学院

1999年9月2日

【1999年招生考试考务工作】 1999年招生考试于4月24日至28日举行。总院于1999年3月1日向各分院、直属学区下发了《关于认真做好1999年招生考试工作的通知》，从讲学习、讲政治、讲正气的高度，对招生考试工作中的组织领导、管理监督、考场设置和保密工作等方面提出了明确要求。教务处考务办公室编制了印卷计划和分配方案，共印制A、B、C三种试卷175万份。试卷由保密印刷厂印制、分发和包装，组织公安干警押送到各分院，并与接收单位办理了验收交接手续。试题答案及评分标准，在考试结束时通过机要通信或传真发往各分院、直属学区。总院派出13个小组28人，分赴辽宁、吉林、黑龙江、安徽、江苏、福建、江西、海南、云南、重庆、甘肃、青海、新疆等13个省市、自治区检查了解招生考试考务工作情况。同时，总院机关还派出3个小组10余人，检查了解北京地区8个分院、直属学区的招生考试考务工作情况。（李广清）

【1999年上学期期末考试考务工作】 1999年上学期期末考试于7月10日至13日举行，各班次、各专业闭卷考试课程共计28门。总院于1999年6月1日向各分院、直

97级本科班、第七期领导干部函授班总补考闭卷安排表

日期、时间	试卷代号	总补考课程	学期	专业	考试方式
1999年12月11日（星期六）上午9:30—11:30	01	马克思主义哲学经典文选	第1学期	党政、行政、政法	闭卷
			第1学期	领导干部	
	02	马克思主义政治经济学经典文选	第1学期	经管、涉外	闭卷
	03	马克思主义科学社会主义经典文选	第2学期	党政、行政	闭卷
	04	宏观经济运行与管理	第2学期	经管	闭卷
			第4学期	党政	
	05	英　语（第二册）	第2学期	涉外	闭卷
	06	法理学	第2学期	政法	闭卷
	07	马克思主义党的建设经典文选	第3学期	党政	闭卷
	08	行政管理学教程	第3学期	行政	闭卷
	09	货币银行学	第3学期	经管	闭卷
			第4学期	涉外	
	10	国际贸易理论与实务	第3学期	涉外	闭卷
			第4学期	经管	
	11	刑法总论	第3学期	政法	闭卷
	12	新时期党的建设概论	第3学期	领导干部	闭卷
	13	行政法与行政诉讼法教程	第4学期	行政	闭卷
			第4学期	领导干部	
	14	刑法各论	第4学期	政法	闭卷
1999年12月12日（星期日）上午9:30—11:30	15	领导科学概论	第1学期	党政、行政	闭卷
			第2学期	领导干部	
	16	社会主义市场经济论纲	第1学期	经管、政法	闭卷
			第2学期	涉外	
	17	英语（第一册）	第1学期	涉外	闭卷
	18	市场经济法律制度概论	第2学期	党政、经管	闭卷
			第4学期	行政	
	19	法学基础	第2学期	行政	闭卷
			第4学期	党　政	
	20	宪法学教程	第2学期	政法	闭卷
	21	社会主义市场经济概论	第3学期	党政、行政	闭卷
	22	国际金融简明教程	第3学期	经管、涉外	闭卷
	23	民法学教程	第3学期	政法	闭卷
	24	国际投资和我国利用外资概论	第4学期	经管	闭卷
	25	国际税收教程	第4学期	涉外	闭卷
	26	行政法学	第4学期	政法	闭卷

97级本科班、第七期领导干部函授班总补考开卷安排表

日期、时间	试卷代号	总补考课程	学期	专业	考试方式
1999年12月11日（星期六）下午2:30—4:30	27	邓小平建设有中国特色社会主义文选	第1学期	党政、行政、涉外、政法	开卷
			第1学期	领导干部	
	28	现代市场经济	第1学期	领导干部	开卷
	29	英语（第一册）	第1学期	经管	开卷
	30	马克思主义伦理学	第2学期	党政	开卷
			第2学期	领导干部	
	31	马克思主义政治经济学经典文选	第2学期	领导干部	开卷
	32	社会调查与统计	第2学期	行政	开卷
	33	英语（第二册）	第2学期	经管	开卷
	34	企业涉外经营管理概论	第2学期	涉外	开卷
	35	中国法律思想史概论	第2学期	政法	开卷
	36	中国领导思想史简编	第3学期	党政	开卷
			第3学期	领导干部	
	37	宏观经济运行与管理	第3学期	领导干部	开卷
	38	当代中国政治制度	第3学期	行政	开卷
			第4学期	党政	
	39	中国股份经济理论与实践	第3学期	经管	开卷
	40	中国对外贸易理论与政策	第3学期	涉外	开卷
	41	公司法教程	第3学期	政法	开卷
	42	组织行为学	第4学期	行政	开卷
	43	系统科学概论	第4学期	经管	开卷
	44	涉外经济会计	第4学期	涉外	开卷
	45	律师学教程	第4学期	政法	开卷
	46	中国历代治国思想要览	第4学期	领导干部	开卷
	47	辩证思维方法概论			开卷
	48	党务管理概论	第5学期	党政	开卷
	49	中国政治制度史			开卷
	50	公务员应用文写作	第5学期	行政	开卷
	51	当代西方政治制度			开卷
	52	管理会计简明教程	第5学期	经管	开卷
	53	现代西方经济学			开卷
	54	国际经济法教程	第5学期	涉外	开卷
	55	国际投资和我国利用外资概论			开卷
	56	刑事民事诉讼法教程	第5学期	政法	开卷
	57	行政诉讼法教程			开卷
	58	市场经济法律制度概论	第5学期	领导干部	开卷

注：1．总补考闭卷由总院命题，开卷由各分院命题。
2．外语总补考，英语由总院命题，日语、俄语由分院命题。

属学区下发了《关于做好1999年上学期期末考试工作的通知》。通知就有关问题提出了明确要求。教务处考务办公室编制了印卷计划和分配方案，共印制A、B、C三种试卷计134.4万份。试卷由保密厂印制、分发和包装，组织公安干警和巡考人员押送，或由分院派人取卷，共计57个分院、直属学区。试卷验收交接手续符合规定。试题答案和评分标准，在考试结束时由考务办公室发往各分院、直属学区。总院派出10个小组20人，分赴吉林、黑龙江、内蒙古、江苏、云南、重庆、西藏、陕西、甘肃、新疆等10个省市、自治区检查了解期末考试考务工作情况。同时，总院还派出了3个小组计20多人，检查了解驻京地区8个分院、直属学区的期末考试考务工作情况。（李广清）

【1999年下学期期末考试考务工作】 1999年下学期期末考试于2000年1月12日至16日举行，各班次、各专业闭卷考试课程共29门。总院于1999年12月1日向各分院、直属学区下发了《关于做好1999年下学期期末考试工作的通知》，通知就有关问题提出了明确要求。教务处考务办公室编制了印卷计划和试卷分配方案。共印制A、B、C三种试卷计159.7万份，试卷由保密厂印制、分发和包装。总院组织印厂公安干警和得力干部押送或由分院派人取卷，共计57个分院、直属学区。试题答案及评分标准，在考试结束时由总院发往各分院、直属学区。总院组织11个小组24人，分赴黑龙江、吉林、辽宁、江苏、湖北、广东、海南、云南、四川、新疆、宁夏等11个省（自治区）检查了解期末考试考务工作情况。同时，总院还派出3个组计20多人，检查了解驻京地区8个分院、直属学区的期末考试考务工作情况。（李广清）

【96级大专班学员毕业前总补考考务工作】 96级大专班学员毕业前总补考于1999年6月12日至13日举行，总补考专业为党政专业和经管专业，闭卷课共26门。总院于1999年3月4日向各分院、直属学区下发了《关于做好96级大专班学员毕业前总补考工作的通知》，对有关问题提出了明确要求。各分院、直属学区根据总院的要求及时上报了参加96级大专班学员毕业前总补考学员名单和专业科目。教务处进行了认真审核，共淘汰不符合总补考条件的学员200名。教务处考务办编制了印卷计划和分配方案。试卷由保密厂印制，通过机要通信发往各分院、直属学区。各分院如期组织了总补考。试题答案在考试结束时由考务办发往各分院、直属学区。总补考试卷由各分院、直属学区统一组织阅评和登分。（李广清）

【97级本科班、第七期领导干部函授班学员毕业前总补考考务工作】 97级本科班、第七期领导干部函授班学员毕业前总补考于1999年12月11日至12日举行，总补考专业为党政专业、经管专业、涉外专业和政法专业，闭卷课共26门。1999年9月2日总院向各分院、直属学区下发了《关于做好97级本科班、第七期领导干部函授班毕业前总补考工作的通知》，通知对有关问题提出了具体要求。各分院、直属学区按照总院的要求如期上报了总补考学员名单和专业科目。教务处进行了认真审核，共淘汰150名不符合参加总补考条件的学员。考务办公室编制了印卷计划和分配方案。试卷由保密厂负责印制、包装和分发，通过机要通信发往各分院、直属学区。各分院、直属学区按照总院规定按时组织了总补考。试题答案在考试结束时由考务办发往各分院、直属学区。总补考试卷由各分院、直属学区统一阅评和登分。（李广清）

【学籍管理微机化】 为了适应学籍管理微机

注 册 与 毕 业 工 作

【认真做好 99 级学员注册统计工作的通知】
各分院、直属学区：

现将 99 级学员注册统计工作及有关事项通知如下：

一、新学员学号的编法

1. 大专班、本科班学号为十位数，其中第一、二位数代表年级（99 级用“99”），第三位数代表专业（1 代表本科党政管理、2 代表本科经济管理、3 代表本科贸易经济、4 代表本科法律、5 代表本科行政管理、7 代表大专经济管理、8 代表大专法律、9 代表大专行政管理），第四、五位数代表学区，第六、七位数代表辅导站，最后三位数为学员顺序编号（从 001 开始）。使用空军软件的单位学号为九位数，第一位数代表年级（99 级用“9”），其他几位数含义同上。

2. 领导干部班学号为学号字头加学员顺序编号，其中，学号字头详见附表一，学员顺序编号由各分院、直属学区根据实际情况自行安排。

二、各种数据、表册的上报

1. 各分院、直属学区必须使用今年总院配发的教务管理软件将新学员的基本情况录入微机，并将数据（其中学员姓名必须与身份证等复印件完全一致）进行认真核对无误后，打印出各班次的《中共中央党校函授学院学员登记册》、《中共中央党校函授学院学员入学注册人数统计表》、《中共中央党校函授学院学员基本情况统计表》。录入时，学员姓名中遇有微机打不出的字，要列表（学号、姓名）上报总院，并在《中共中央党校函授学院学员登记册》中将姓名填全。

化发展的需要，总院在 1998 年底论证、测试的基础上推出了山东分院和空军部队分院研制编写的 Windows 版本的第二套学籍管理软件，代替了总院 1996 年推出的 dos 版本的第一套软件。1999 年上半年总院举办了 3 期软件培训班。地方有 40 家办学单位 54 人、军队有 16 家办学单位 28 人参加了培训。1999 年 9 月 1 日，总院教务处正式启用信息传输网。为适应工作需要总院教务处还购置了一台北大方正计算机。（刘恩诗）

【健全规章制度】 重新修订了《中共中央党校函授学院学籍管理规定》等有关学籍管理的各种规定，修订了《中共中央党校函授学院函授教育工作条例》中有关学籍管理的部分条款；修订了《学籍办公室岗位责任制》、《学籍管理工作规程》等各种内部管理制度。1999 年 11 月，总院分别在湖南分院和云南分院召开了全院学籍管理工作会议，参加会议的有 57 个办学单位的学籍科长和微机管理人员共 110 人。欧亚平副院长出席会议并讲了话。会议期间认真学习了新版的《中共中央党校函授学院管理制度汇编》中的有关学籍管理的章节，围绕钟琴同志作的《如何做好学籍管理工作》的报告进行了讨论；铁道部、总参等 14 个分院在大会上介绍了经验，各办学单位也分组进行了经验交流。学籍办还就办理转学手续，整理、装订学籍档案，印制、核发各种表证做了大量工作，出色地完成了任务。（刘恩诗）

2. 今年新招生的分院和情况有变化的单位，必须填报《分院、直属学区地址、开户银行》、《函授工作人员登记表》和《所属学区、辅导站及编码一览表》。

三、新建分院的代码：黑龙江 29。

四、几点要求：

1. 新学员注册时，每个学员必须上交近期 4 张一寸、2 张二寸正面免冠同版证件照片和身份证（户口本、军官证）的复印件，手续不全者不予注册。

2. 录好的各班次注册新生基本情况数据软盘和打印的《中共中央党校函授学院学员登记册》、《中共中央党校函授学院学员入学注册人数统计表》和《中共中央党校函授学院学员基本情况统计表》，必须于 9 月 30 日前上报总院，逾期不报者，将按中校函字[1999]第 19 号文件规定处理。

附：第九期领导干部班学号字头分配表

中共中央党校函授学院

1999 年 6 月 14 日

附：

第九期领导干部班学号字头分配表

序号	分院	学号字头	序号	分院	学号字头	序号	分院	学号字头	序号	分院	学号字头
1	中直机关	——	14	天津	9914	27	国防科工委	9927	40	黑龙江农场总局	——
2	国家机关	9902	15	内蒙	9915	28	北京工业党校	9928	41	河北	——
3	总参	9903	16	广西	9916	29	四川	——	42	北京市公安局	——
4	总政	——	17	海南	9917	30			43	西安	9943
5	直属二班	——	18	青海	9918	31	宁夏	9931	44	南宁	9944
6	北京军区	9906	19	铁道部	——	32	新疆	9932	45	兰州军区	——
7	沈阳军区	——	20	空军	9920	33	济南军区	9933	46	武警部队	9946
8	北京市委机关	9908	21	国防大学	——	34	成都军区	9934	47	黑龙江工办	——
9	山西	9909	22	济南	——	35	山东	9935	48	北安农场	——
10	安徽	9910	23	南京军区	9923	36	浙江	9936	49	海军	9949
11	云南	9911	24	广州军区	——	37	福建	9937	50	二炮	——
12	陕西	9912	25	湖北	9925	38	广东	9938	51	江西	9951
13	甘肃	9913	26	新疆兵团	9926	39	重庆	9939			

【办理 97 级本科班、第七期领导干部班毕业证书的通知】

各分院、直属学区：

97 级本科班、第七期领导干部班即将毕业，总院定于 2000 年 3 月初开始办理毕业证书，现就有关事项通知如下：

一、要严格按照总院《办理毕业证书规定》和办理毕业证书程序的要求，对毕业资格、姓名、成绩、照片、微机打印毕业证号和姓名等情况，进行严格审查、核实，认真做好各项准备工作和初审工作。工作质量不符合规定要求的一律退回返工。

二、学员成绩登记表一律用微机自动生成打印，不准用手工填写。要分别按毕业、缓毕业（缺一门成绩）、不毕业三类打印装订。学员成绩登记表册前面要有目录，注明各学区毕业证号分配范围、空号以及各专业人数、毕业总人数。不符合上述要求的，不能办毕业证。

三、各单位毕业证编号范围（附表一、二）是按第5学期注册人数满编的，凡因特殊情况编号不足时，可由总院在机动号中解决。

四、要严格按总院安排的办证时间提前一天到京。如有特殊情况不能按规定时间前来办证的，一律排在6月30日以后办理。

五、学籍管理改革第二批试点单位（铁道部、辽宁、北京市委机关、北京工业党校、北京市公安局、沈阳军区、天津、上海、江苏、福建、广西、河南、甘肃、西安、宁夏、农场总局、大庆、空军、南京军区、成都军区），必须于2000年1月15日前将毕业学员成绩软盘报送总院，待审核分配毕业证号后，方可打印毕业证书。

六、各单位98级大专班、本科班和领导干部班学员学习成绩软盘，请于2000年2月底以前报送总院，逾期不报的，不能办理97级本科班学员毕业证书。

七、各单位向总院交清各项经费后，方能办理毕业证书。

附表1：97级本科班毕业证编号分配表

附表2：第七期领导干部班毕业证编号分配表

中共中央党校函授学院

1999年11月24日

附表1：

97级本科班毕业证编号分配表

序号	单位	学生人数	毕业证书编号
1	山东	4254	9551001—9555254
2	上海	1755	9555255—9557009
3	江苏	7642	9557010—9564651
4	浙江	3489	9564652—9568140
5	安徽	9241	9568141—9577381
6	江西	5102	9577382—9582483
7	福建	3440	9582484—9585923
8	广东	2399	9585924—9588322
9	广西	4648	9588323—9592970
10	海南	518	9592971—9593488
11	湖南	8183	9593489—9601671
12	湖北	7977	9601672—9609648
13	河南	6316	9609649—9615964
14	云南	3340	9615965—9619304
16	四川	1830	9619305—9621134

序号	单位	学生人数	毕业证书编号
19	重庆	3387	9621135—9624521
20	西藏	145	9624522—9624666
21	甘肃	3662	9624667—9628328
22	陕西	5042	9628329—9633370
23	青海	899	9633371—9634269
24	宁夏	840	9634270—9635109
25	新疆	3498	9635110—9638607
26	新疆兵团	1810	9638608—9640417
27	辽宁	9302	9640418—9649719
28	吉林	2600	9649720—9652319
30	农场总局	1633	9652320—9653952
31	内蒙	3606	9653953—9657558
32	山西	3323	9657559—9660881
33	河北	8855	9660882—9669736
34	天津	2974	9669737—9672710

续表

序号	单　　位	学生人数	毕业证书编号
36	国家机关	1080	9672711—9673790
37	铁道部	3169	9673791—9676959
39	北京市委机关	2189	9676960—9679148
40	北京市工业党校	616	9679149—9679764
48	西　　安	780	9679765—9680544
49	南　　宁	654	9680545—9681198
51	六盘水	444	9681199—9681642
52	毕　　节	167	9681643—9681809
53	遵　　义	271	9681810—9682080
54	黔西南	147	9682081—9682227
55	哈一机	148	9682228—9682375
56	哈　　飞	88	9682376—9682463
57	北　　安	841	9682464—9683304
58	七台河	310	9683305—9683614
59	鸡　　西	189	9683615—9683803
60	双鸭山	105	9683804—9683908
61	鹤　　岗	280	9683909—9684188
62	华　　安	171	9684189—9684359
63	大　　庆	441	9684360—9684800
64	北京市公安局	1085	9684801—9685885
65	直属班	198	9685886—9686083
66	直属二班	467	9686084—9686550
67	哈轻厂	102	9686551—9686652
70	总　　参	8345	9686653—9694997
72	总　　后	3079	9694998—9698076
73	国防科委	1876	9698077—9699952
74	国防大学	4902	9699953—9704854
75	海　　军	3906	9704855—9708760
76	空　　军	4238	9708761—9712998
77	北京军区	4093	9712999—9717091
78	沈阳军区	1154	9717092—9718245
79	济南军区	933	9718246—9719178
80	南京军区	2228	9719179—9721406
81	广州军区	945	9721407—9722351
82	成都军区	2728	9722352—9725079
83	兰州军区	1249	9725080—9726328
85	武警部队	524	9726329—9726852
毕业总人数		175852	
机动号		549	9726853—9727400

附表 2:

第七期领导干部班毕业证编号分配表

序号	单　　位	学生人数	毕业证书编号
1	总　　参	216	28401—28616
2	北京军区	504	28617—29120
3	北京市委机关	125	29121—29245
4	山　　西	398	29246—29643
5	安　　徽	238	29644—29881
6	云　　南	275	29882—30156
7	陕　　西	247	30157—30403
8	甘　　肃	250	30404—30653

序号	单　　位	学生人数	毕业证书编号
9	天　　津	348	30654—31001
10	内蒙古	200	31002—31201
11	广　　西	325	31202—31526
12	海　　南	55	31527—31581
13	青　　海	163	31582—31744
14	空　　军	522	31745—32266
15	国防大学	136	32267—32402
16	南京军区	229	32403—32631
17	广州军区	145	32632—32776
18	湖　　北	541	32777—33317
19	新疆兵团	67	33318—33384
20	总装备部	86	33385—33470
21	北京市工业党校	176	33471—33646
22	四　　川	116	33647—33762
23	宁　　夏	108	33763—33870
24	新　　疆	121	33871—33991
25	济南军区	136	33992—34127
26	成都军区	236	34128—34363
27	山　　东	164	34364—34527
28	浙　　江	345	34528—34872
29	福　　建	146	34873—35018
30	广　　东	51	35019—35069
31	重　　庆	56	35070—35125
32	黑龙江农场总局	48	35126—35173
33	河　　北	38	35174—35211
34	北京公安局	104	35212—35315
35	西　　安	39	35316—35354
36	南　　宁	31	35355—35385
37	兰州军区	153	35386—35538
38	武警部队	76	35539—35614
39	直属二班	37	35615—35651
合　　计		7251	
机 动 号		49	35652—35700

【新生注册工作】 为搞好新生注册工作，1999年6月14日，总院向各分院、直属学区发出《关于认真做好99级学员注册统计工作的通知》，对新生注册工作提出了明确要求，规范了报表样式，并给新建的黑龙江分院指定了分院代号（29）。56个招生单位先后按要求上报新生学籍软盘、学员登记册、新生入学注册人数统计表和新学员基本情况统计表，较好地完成了新生注册工作。

（刘恩诗）

【学期注册工作】 坚持每学期注册统计制度，1999年上半年、下半年按时上报注册统计表、学籍变动软盘和学籍变动名单的有50家和49家，分别占应上报单位总数的74.6%和81.6%。总院先后在1999年初的软件培训会议上和年底的学籍管理工作会议上反复强调注册工作的重要性和新要求。使注册工作在按时、准确和规范方面有了一定进步。

（刘恩诗）

【毕业颁证工作】 经总院审核，1999年获准毕业学员的颁证工作如期完成。各毕业班次的淘汰率分别为：大专班8.2%，本科班6.1%，领导干部班4.1%，共颁证187750个。总院继续坚持严格的审核制度；初审由

教材印制、发行工作

【教材征订、发行】1999年，教材处对全院180个教材直发单位，进行了4次征订，共征订教材（含零售教材）××万套×××万册。经汇总分类，及时准确地提供了各种教材、资料印刷数据。加大了教材发行管理力度，周密制定教材发行计划。对《教材发行回执》和《教材发行情况报表》中所反映的问题，制定了具体改进措施。及时下达教材发行指示，每学期在教材发行前，就本学期教材发行起止时间、发行方式、注意事项及要求等，以《教材发行指示》的方式，下达给印厂执行。细化了发行要求，规定教材只能发铁路快件，不得发集装箱；承印厂在教材发出后的24小时内必须以邮政特快传递方式寄出提货单，教材接收单位在收到教材后的一周内完成清点核数，如有差错，要求在书到后10天内以《回执》方式反映给承印厂和教材处，否则，其差错责任由接收单位承担。教材处基本做到了开学前一个月，承印厂将教材发到总院各直发单位。

（杨朝旺）

【教材印制、校对】 1999年，教材处修订和完善了《教材承印协议书》，坚持每学期与承印厂签订《协议》一次，在安排印制业务过程中，进一步细化和规范了工作程序。做到从接收教材原稿到版式设计，从计算印张到确定版序，从排版到送样到核红付印，都一丝不苟地进行。全年印制教材、资料335种，计1635万册，新设计版面210种，保证了印制质量，有力地保障了教学工作。

1999年，教材处进一步加大了教材校对管理力度。3月18日，召开了校对质量研讨会，会议通过总结工作、交流经验和表彰、奖励先进的方法，提高了校对人员的质量意识和业务能力。同时，加大了质量监管力度。全年共校对教材等文字材料212种，计6325万字次，纠正原稿错误字数5045字，教材校对质量有所提高。　（杨朝旺）

【教材封面设计】 8月6日，召开了中央党校函授学院首次教材封面设计座谈会。制定了《中央党校函授学院教材封面设计管理办法》等制度。精选美编人员，并与美编人员签订了《教材封面设计协议书》，规定教材封面设计不得出现政治性的问题，要着力提高设计水平；封面设计要突出党校函授教育特色，应以恰当的艺术手法，从内涵和外观上表现党校函授教材封面的整体效果。全新设计封面85个，质量有明显提高。

（杨朝旺）

分院或直属学区进行，然后经总院进行复审，首先由总院和办证单位共同审核毕业证书、卡片、姓名、专业和毕业证编号；其次由总院审核毕业学员总成绩表，由总院再次验毕业证书并加盖钢印；最后由总院和办证单位共同逐人核查并办理交接手续。在办每批证书前，总院均向各分院发出办证通知，提出明确要求和注意事项。总院还为参加第一批试点的6个办证单位打印了毕业证书。此外，坚持补办毕业证书审批、登记制度，共补办毕业证书863个。　（刘恩诗）

【教材出版业务联系】 教材处主动加强与北京新闻出版局的业务联系，如定期向新闻出版局通报教材印制发行情况；主动上门领取表格，认真填写数据，按要求履行程序，及时办理准印手续等。全年共办理54份教材印刷委托书、136份内部资料准印证，保障了印制、发行工作的正常进行。（杨朝旺）

【试行教材承印厂“质量考评”制度】 教材处对中函教材印厂，试行“质量考评、末位淘汰”制度。激励印刷厂完善自我管理机制，加强质量监督管理，提高印刷、发行质量。10月12日，教材处在沈阳铁路局锦州印刷厂召开现场会。会上就总院对承印厂试行“质量考评”制度进行了动员、布置，并由锦州印厂进行了示范演示。具体做法是，依据《教材承印厂质量考评指标体系》，每年对承印中函教材的骨干厂进行一次质量检查，就该厂印发质量的相关工作，逐项评估打分，计算出综合指标系数。再按各厂所得综合指标系数大小，划分与排列当年的甲类厂和乙类厂。对总分处于末位的承印厂，将适当减少下年度教材印刷业务；对质量标准达不到总院基本要求的，停止教材印刷业务。这项制度得到了各教材承印厂的一致赞同。他们表示要苦练内功，狠抓质量，争创甲类厂。（杨朝旺）

【召开教材工作会议】 5月14日和12月1日，分别在四川省委党校和海南省委党校召开了教材工作会议。会议旨在进一步加强教材印刷、发行工作，拓展零售教材市场，纠正个别分院翻印中函新生《入学考试复习资料》的做法。其中，在四川省委党校召开的会议，还邀请了承印中函教材的8个承印厂厂长参加。会议总结工作，表彰、奖励先进，演示教材征订、发行软件。会上史信发副院长作了《开拓进取求真务实为党校函授教材精品建设而努力奋斗》的报告。印发了《关于进一步做好教材征订、发行工作的几个问题》、《零售教材管理办法（修改稿）》、《新生入学考试复习资料管理办法》等材料。经代表们热烈讨论，提高了对教材精品建设和确保教材及时到位的认识。全年零售教材大户比上年增加了1.6倍。（杨朝旺）

【探索教材征订、发行的计算机网络管理工作】 教材处拟制了《教材征订发行计算机网络管理办法》方案，请电教室编制了软件，并于12月1日在海南省委党校召开的教材工作会议上向分院代表进行了演示。代表们一致赞同总院关于教材征订、发行实行计算机网络管理的思路，肯定了软件功能的可行性，也提出了不少建设性的意见和建议。

（杨朝旺）

【审核教材印发费用工作】 教材处对教材费用结算工作，除继续坚持“三审”制，即先由印制办、发行办主任对有关印、发数据核对的初审，再由综合办反复核算的复审，最后由教材处领导终审的基础上，又增设了工作单传票，细化了业务工作程序，严格了数据核查，进一步完善结算制度。教材处还按照校领导关于“克勤克俭地办好函授教育”的要求，进行精算印张，减少白页，降低用纸量。仅此一项，全年就节约印刷费用约6万元。（杨朝旺）

编辑出版的教材简介

【《法学概论》】 中央党校函授学院教材。1999年3月，中央党校函授学院内部印行。本书曾于1996年出版，现根据法学和法制建设发展的新情况，重新编写。

本书由中央党校政法部李用兵教授主编。

本教材分3编，共11章。第一编，包括绪论、法的基本理论、社会主义法制和法制建设；第二编，包括宪法、行政法、刑法、民法、经济法；第三编，包括刑事、民事、行政诉讼法。

本书以马克思列宁主义、毛泽东思想、邓小平理论为指导，以我国宪法和法律为依据，结合我国社会主义法制建设的实际和函授教育的特点，系统地阐明了法理学、宪法学和其他部门法学的基本理论、基本概念和基本知识，吸取了有关法学论著和教材的研究成果，具有时代特色。 （罗子桂）

【《金融法学》】 中央党校函授学院教材。1999年3月，中央党校函授学院内部印行。

本书由刘隆亨教授编著。

本书分6编，共18章。第一编，金融法概述；第二编，金融组织体系及其业务的法律规定；第三编，货币发行和流通管理的法律规定；第四编，我国外汇和金融管理的规定；第五编，证券业、保险业管理的法律规定；第六编，我国中资银行业、外资银行业的法律概况。

本书简明扼要，通俗易懂，适合党校函授学员学习。 （罗子桂）

【《货币银行学》】 中央党校函授学院教材。1999年2月，中央党校函授学院内部印行。

本书由中央财经大学金融系李健教授主编。

本书围绕货币、信用、金融机构、金融市场、金融总量、金融调控与监管、国际金融等货币银行学所包括的基本范畴、运行规律和运行机制，阐述了货币银行学在现代经济发展中的重要地位和特殊作用，强调了货币供求及其均衡、通货膨胀与紧缩的治理以及正确贯彻货币政策、处理好金融与经济发展关系的重要性。

本书在阐明货币银行学的一般原理与基本规律的基础上，理论联系实际，探讨了我国社会主义市场经济中的现实金融问题，反映了我国近年来经济体制和金融体制改革的成果，适合广大在职干部学习。

（李钧泽）

【《马克思主义政治经济学经典文选（资本论选编）》】 中央党校函授学院教材。1999年2月，中央党校函授学院内部印行。

本书由中央党校函授学院史信发、李钧泽教授编写。

本书从《资本论》第一、二、三卷中选编了50章有关部分的内容。从第一卷“资本的生产过程”中选编了16章，基本内容为劳动价值理论、剩余价值理论、资本积累理论；从第二卷“资本的流通过程”中选编了12章，基本内容为资本循环理论、资本周转理论、社会资本再生产理论；从第三卷“资本主义生产总过程”中选编了22章，基本内容为产业资本和平均利润理论、商业资本、借贷资本、大土地所有者剩余价值分配理论，生产关系、分配关系与阶级关系理论。

本书依据邓小平提出的学马列“要精，要管用”的原则，紧密联系我国社会主义市场经济的实际，对《资本论》中基本理论和基本原则进行了精选，理论体系完整，针对性强。（李钧泽）

【《国有资产管理教程》】 中央党校函授学院教材。1999 年 4 月，中央党校函授学院内部印行。

本书由清华大学经济管理学院博士生导师魏杰教授主编。

本书共分 10 章。包括国有资产管理及其体制的存在基础，构建新型的国有资产管理体制，国有资产管理体制的机构设置，国有资产管理的基础性管理手段，国有资产管理从静态到动态的转变，国有资产管理对象由企业到股权的转变，国有资产的质量管理，国有资产统计和国有资本金经营效绩评价，境外国有资产管理，行政事业性与资源性国有资产管理。

本书以邓小平理论和党的路线、方针政策为指导，比较系统地阐述了国有资产管理的存在基础、体制、手段以及十五大以来国有资产管理的新实践、新变化；同时，对目前我国国有资产运营和改革中所面临的种种理论和实践问题，教材亦作了有益的探索。（李世华）

【《计算机操作实用教程》】 中央党校函授学院教材。1999 年 3 月，中央党校函授学院内部印行。

本书由中央党校函授学院电化教研室负责人、副编审谢广乔和副主任、副编审李素玲主编。

本书共分三部分。操作系统：Windows95，着重介绍计算机操作系统的基本知识、基本使用方法和基本功能，包括 Windows 95 的基本概念与操作，计算机文件管理，更改计算机的设置以及相关的 Windows 95 网络知识；文字处理：Word 97，主要从实用的角度介绍了全屏幕字处理软件的基本知识、基本功能和使用技巧，包括汉字的输入方法、文件的创建、编辑修改、格式编排、图表处理及打印输出等；国际互联网：Internet，针对国际互联网，介绍互联网的基本概念、基本服务以及网上冲浪基本知识和技巧，主要包括网络基本工作原理、连入 Internet 的具体操作以及 Internet 的重要工具等。

本书简明扼要，通俗易懂，注重操作性。其三部分既相对独立、自成体系，同时又兼顾了知识的系统性、连贯性。教师可按学时的多少和教学内容的需要安排取舍。（汤玉奇）

【《行政诉讼法教程》】 中央党校函授学院教材。1999 年 3 月，中央党校函授学院内部印行。

本书由张尚鷟教授和曹玉海博士主编。

本书共分 18 章。包括行政诉讼法概述，行政诉讼法的立法根据和立法目的，行政诉讼法的基本原则，行政案件的受案范围，行政案件的管辖，行政案件的诉讼参加人，行政诉讼证据，行政诉讼，行政案件的起诉与受理，第一审程序，第二审程序与审判监督程序，判决、裁定与决定，行政审判的法律适用，行政案件判决和裁定的执行程序，妨害行政诉讼的行为，侵权赔偿责任，涉外行政诉讼，法典附则中的规定。

本书以马列主义、毛泽东思想和邓小平理论为指导，从我国社会主义法制建设的实际出发，结合函授教学的特点，依据我国行政诉讼法，简明扼要地阐述了行政诉讼法的基本概念、基本原则、立法依据、目的以及行政诉讼的各项程序。（罗子桂）

【《马克思列宁主义基本问题》】 中央党校函

授学院教材。1999年，中央党校出版社发行。

本书由中央党校《马克思列宁主义基本问题》编写组编写。

本书由绪论和7章组成。包括马克思列宁主义是工人阶级及其政党的科学思想武器，哲学的根本变革与唯物史观的对立，对资本主义批判和剩余价值理论的对立，社会主义从空想发展成为科学，科学社会主义的发展和理论体系的形成，帝国主义和无产阶级革命的新课题，关于党的建设理论，苏联一国建设社会主义的探索。教材最后的结束语指出，要科学地对待马克思列宁主义，强调马克思列宁主义的科学性和现实生命力，马克思列宁主义是随着实践发展而发展的科学，坚持理论与实际相结合，以当代中国的实际问题为中心，学习和运用马克思列宁主义。

本书把马克思列宁主义基本问题引入函授教育,综合论述马克思列宁主义各重要组成部分,把马克思主义的哲学、政治经济学、科学社会主义以及党的建设理论作为一个完整的科学理论体系来把握,是教材的一种创新。马克思列宁主义是一个彻底而严整的科学理论体系,其内容几乎涵盖了全部社会科学的研究领域。而马克思主义哲学、政治经济学和科学社会主义则是马克思列宁主义理论体系中的主体部分,它们既相对独立又相互依存的逻辑联系,体现了人类社会发展中经济、政治与文化领域之间的辩证关系。

（李钧泽）

【《党的建设简明教程》】 中央党校函授学院教材。1999年6月，中央党校函授学院内部印行。

本书由中央党校党建教研部博士生导师万福义教授、赵生晖教授、叶笃初教授主编。

本书共分12章。包括导论，马克思主义建党学说，党在社会主义中的地位和作用，新时期党的建设的目标和任务，党的思想建设，党风建设，党的组织原则，党的制度建设，党的干部队伍和领导班子建设，党员队伍建设，党的基层组织建设，正确处理党内矛盾和斗争巩固和发展党的团结统一等。

本书以马克思主义为指导，结合中国社会主义建设的实践，系统完整地阐述了马列主义、毛泽东思想和邓小平理论的建党学说。

（张珊珍）

【《公共政策概论》】 中央党校函授学院教材。1999年7月，中央党校函授学院内部印行。

本书由中央党校政法部政治学教研室刘春教授主编。

本书共分13章。包括绪论，公共政策的制约因素，公共政策与国家公共管理，公共政策的类别，公共政策问题的确认，公共政策制定的主体和依据，公共政策的制定，公共政策的执行，公共政策的评估，公共政策的调整，公共政策的终结，公共政策的方法讨论，公共政策文件的制定等。

本书在参考、吸收国内公共政策研究成果的基础上，力求结构合理，内容全面，简明通俗，适合函授教学。

（张珊珍）

【《微机操作基础》】 中央党校函授学院教材。1999年9月，中央党校出版社出版。

本书由信息工程学院董祺教授主编。

本书分3篇，共13章。包括计算机概述，Windows98基础，驱动器、文件和文件夹管理，自定义Windows，Windows98应用程序的使用，系统维护，汉字的输入，文字处理基础知识，发挥Word的强大功能，国际互联网基础，拨号连接Internet，Internet Explore4.0浏览器，用Out look Express接收和发送电子邮件。

随着计算机应用技术的发展，对本书的有关章节作了相应修改。

本书根据干部在职教育的特点，讲解了微机应用的基础知识和基本操作，力求简明扼要，通俗易懂，同时，兼顾实践操作，适合自学。 （张珊珍）

【《环境科学概论》】 中央党校函授学院教材。1999年9月，当代世界出版社出版。

本书由中央党校哲学教研部吴义生教授主编。

本书共分15章。包括环境科学概述，环境，环境问题，生态学，农业生产与生态环境，能源的困境与出路，水，土壤与土地，大气与大气圈，保护自然资源，保护生物的多样性，噪声与电磁辐射的防治，城市生态与城市环境，走可持续发展道路，世界和中国的环境保护等。

本书系统地介绍了当代环境科学概貌、当代人类面临的环境问题、可持续发展战略以及环境保护工作等方面知识，旨在完善函授学员的知识结构，同时，增强他们的环境保护意识，自觉投入世界性的保护环境和维护生态平衡的行动。 （张珊珍）

【《现代科学技术概论》】 中央党校函授学院教材。1999年10月，中央党校出版社出版。

本书由中央党校哲学教研部吴义生教授主编。

本书分4篇，共28章。包括什么是科学技术，科学精神，科学技术是第一生产力，科学技术的功能和社会作用，科学技术发展态势，现代科学技术的体系和结构，科教兴国战略，数学科学，物质之谜，探索宇宙，地球科学，生命与遗传，智能的奥秘，探索世界的复杂性，信息技术，新材料技术，生物技术，能源技术，航天技术，海洋开发技术，纳米科学技术，激光技术和光子学，人口，自然资源，环境保护，农业，交通运输，医疗与医药等。

本书自1995年出版以来，根据科学技术的新发展，几经修改，不断完善，力求全面正确地介绍当代科学技术概貌，以满足广大学员的要求。 （张珊珍）

【《现代商学概论》】 中央党校函授学院教材。1999年9月，中央党校函授学院内部印行。

本书由中国人民大学博士生导师黄国雄教授主编。

本书分为16章。包括商业与市场，商业的社会职能，商业的运动主体与客体，商业运行环境与活动要素，商业运行机制，商业结构，商业经营形式与交易方式，商业机会、风险与竞争，商业资本经营，商业价格，商业道德与商业信誉，商业管理等。

本书以马克思主义理论为指导，比较全面地阐述了现代商学的基本原理、运行规律、经营策略、结构组成和交易方式，有针对性地分析了我国社会主义商业管理体制改革的方向。全书结构严谨，内容充实，简明扼要，通俗易懂。 （李世华）

【《西方财政概论》】 中央党校函授学院教材。1999年8月，中央党校出版社出版。本书写于1995年3月，曾内部印行，在各班次使用。

本书由广西壮族自治区财政厅副厅长孟春人同志任主编，财政部韩国春、姜永华同志任顾问。

本书分为9章。包括西方财政思想的发展，西方财政的职能，财政支出，财政投入，公债概述，西方国家预算，财政管理体制，政府间转移支付制度，西方财政政策。

（李钧泽）

【《商务谈判》】 中央党校函授学院教材。

1999年9月，当代世界出版社出版。

本书由山东财政学院郭秀闳教授、孙玉太副研究员主编。

本书共分13章。包括商务谈判的特征、原则和作用，商务谈判的类型、内容、形式和程序，商务谈判理论，商务谈判前的信息准备、人员准备、目标和对象的确定，谈判的计划拟定，商务谈判的过程，商务谈判心理，商务谈判中的思维，商务谈判中的语言艺术和技巧，商务谈判的策略，商务谈判中要价和议价的技巧，商务谈判的礼仪以及商务谈判的风险与规避等。

此书是以商务谈判为主线，系统地阐述了商务谈判的理论、程序、策略和技巧，并选编了范例。内容简明，通俗易懂，可读性和操作性强。　（李钧泽）

【《西方法律史》】 中央党校函授学院教材。1999年10月，中央党校函授学院内部印行。

本书由中央党校政法部石泰峰教授主编。

本书分3编，共10章。主要内容有绪论，古希腊、古罗马法律制度与理论，中世纪西欧法律，包括日耳曼法、教会法、城市法、商法、中世纪英国法与中世纪的法律思想，近现代英、美、法、德等国法律。

本书以邓小平理论和党的十五大精神为指导，以紧密联系我国对外开放的丰富实践为基本方针，以党校函授教育的特点为主要依据，借鉴国外法制建设的文化成果，简明扼要地阐述了西方古代、中世纪、近现代法律思想、理论和制度。全书结构严谨，层次分明，观点明确，通俗易懂。

（姜春成）

【《民事诉讼法教程》】 中央党校函授学院教材。1999年10月，中央党校函授学院内部印行。

本书由北京大学法学院潘剑峰副教授主编。

本书分5编，共36章。包括绪论，总论，程序论，执行程序论，涉外民事诉讼程序论等。

本书以马列主义法学理论为指导，以我国现行的民事诉讼法律、法规为依据，紧紧把握发展社会主义市场经济这一历史背景，结合我国民事审判工作的经验和实际情况，充分考虑到社会实践的发展变化，注意吸收最新的科研成果，力求理论联系实际，较好地体现出民事法学的科学性、实践性的特点。全书体系完整，内容充实，简明扼要。

（姜春成）

【《刑事侦查学》】 中央党校函授学院教材。1999年6月，中央党校函授学院内部印行。

本书由北京市公安局党校常务副校长，北京市第二人民警察学校校长、刑事侦查学高级讲师杨秉发主编。

本书共分20章。主要内容有刑事侦查学总论，包括绪论，刑事侦查学的指导思想及基本原理，刑事侦查的基本任务、方针和原则，刑事犯罪的基本规律、特点及发展趋势；刑事犯罪现场勘查，包括犯罪现场勘查概述，现场勘查初期处置，现场勘验，现场访问，现场分析，结束勘查，几类主要案件现场勘查的重点；刑事侦查谋略与措施，包括刑事侦查谋略，刑事侦查措施；刑事案件侦查，包括刑事案件侦查概述，几类案件的侦查方法，经济犯罪案件的侦查；刑事侦查基础工作及管理。

本书力求最大限度地结合公安局实际工作，引用最新的学术观点，阐明了刑事侦查学的基本理论和学科体系，总结了公安战线多年来在刑事斗争中的宝贵经验，适合函授的教学要求。　（孙翠雯）

【《刑事诉讼法教程》】 中央党校函授学院教

材。1999年10年，中央党校政法教研部刘永桂教授主编。

本书共分25章。主要内容有刑事诉讼法概述，刑事诉讼的沿革，我国刑事诉讼法的宗旨、立法根据和任务，刑事诉讼中的人民法院、人民检察院和公安机关，诉讼参与人，刑事诉讼中的基本原则、管辖、回避制度、辩护制度和强制措施，证据、刑事附带民事诉讼、期间和送达、立案、侦查、提起诉讼，公诉案件的第一审程序，自序案件的第一审程序、第二审程序、死刑复核程序、审判程序，审判监督程序、未成年人刑事诉讼程序，刑事赔偿程序。

本书以马克思主义理论为指导，以现行刑事诉讼法为基础，参考了多年来我国最新颁布的有关法律、法规，结合函授教学的特点，阐述了我国刑事诉讼的基本理论和基础知识。（孙翠雯）

【《犯罪心理学》】 中央党校函授学院教材。1999年9月，中央党校函授学院内部印行。

本书由中国人民武装警察部队学院公安业务教研室主任张保平主编。

本书共分17章。主要内容有绪论，犯罪心理构成论，犯罪心理原因论，犯罪心理机制论，犯罪心理预测、预防论，环境与犯罪心理，年龄与犯罪心理，性别与犯罪心理，变态心理与犯罪，暴力型心理，财物型犯罪心理，初犯、累犯和惯犯心理，群体型犯罪心理，犯罪人在侦查阶段的心理特点与对策，犯罪人在接受审讯时的心理特点与对策，犯罪在接受审判时的心理特点与对策，犯罪人在接受监管、改造时的心理特点与对策。

本书坚持以马克思主义为指导，从中国的实际出发，全面阐述了这门学科的基本原理、基本知识和应用方法。（孙翠雯）

【《民法学分论》】 中央党校函授学院教材。1998年出版发行。经过一年多的试用，又根据有关新法规进行了修改。

本书由北京商学院法律系主任李仁玉教授主编。

本书共分29章。主要内容有物权和物权法，财产所有权，不动产物权，共有，有益物权，担保物，债权法概述，合同概述，合同的订立，合同的改履行，合同的变更、转让和终止，合同责任，转移财产所有权的合同，转移财产使用权的合同，借款合同，完成工作成果的合同，提供劳务的合同，技术合同，不当得利与无加管理之债，知识产权法概述，著作权法，专利法，商标法，财产继承权概述，法定继承概述，法定继承，遗嘱继承与扶养协议，遗产的处理。

本书以马克思主义法学理论、邓小平关于社会主义法制建设的学说和江泽民关于依法治国的论述为指导，以我国现行民事立法为依据，坚持理论联系实际和学以致用的原则，并紧密结合我国社会主义市场经济的实践和党校函授教学的特点进行编写。

（孙翠雯）

【《〈法学概论〉教学参考资料》】 1999年4月，中央党校函授学院内部印行。

本资料由中央党校政法部李用兵教授主编。

本资料共分四个部分。教材编写说明；教学纲要；有关理论问题研究的状况简介；思考题参考答案。

本资料简要介绍了教材的结构体系，比较全面系统地阐述了教材的基本理论和基本知识，围绕教材的基本内容，综述了理论界争论的热点问题，思考题参考答案简洁、明确。本资料对于教师理论联系实际，拓宽讲课思路，改进教学方法，提高教学效果，具有重要的参考价值和指导意义。（姜春成）

【《〈货币银行学〉教学参考资料》】 1999年3

月，中央党校函授学院内部印行。

本资料由中央财经大学李健教授等编写。

本资料共四个部分。教材编写说明，包括教材编写的背景和指导思想、结构体系、讲授方法和要求；教学纲要，按教材各章的内容分别阐述货币、信用、利息、金融市场、金融结构、国际金融、货币供求均衡、货币政策等范畴的重点和难点；最新视点及研究概况简介，反映理论界和部门对《货币银行学》研究的最新状况和最新成果；思考题及参考答案。

本资料对教师把握教材基本内容，开阔讲课思路，理论联系实际，提高教学质量均有一定参考价值。（李钧泽）

【《〈马克思主义政治经济学经典文选（资本论选编）〉教学参考资料》】 1999年2月，中央党校函授学院内部印行。

本资料由中央党校函授学院李钧泽教授编写。

本资料共分四部分。教材编写说明，重点介绍了《文选》的历史背景、指导思想、体系结构和教学要求；教学纲要，按《文选》各部分内容分别提出了教学目的与要求、教学的重点、难点以及《资本论》基本原理的现实意义；理论界关于《资本论》研究的最新动态、最新成果和参考书目；思考题及参考答案。（李钧泽）

【《〈公共政策概论〉教学参考资料》】 1999年9月，由中央党校函授学院内部印行。

本资料由中央党校政法教研部王军教授、哲学教研部刘建能教授、马列研究所汤玉奇教授共同编写。

本资料主要分四部分：教材编写说明，教学纲要，理论界关于政策科学若干问题的研究动态和思考题及参考答案。（张珊珍）

【《〈党的建设简明教程〉教学参考资料》】 1999年9月修改，由中央党校函授学院内部印行。

本资料由中央党校党建教研部博士生导师万福义教授主编。

本资料共包括五个部分。教材编写说明；教学纲要；邓小平党建理论和十三届四中全会以来以江泽民关于党的建设的重要论述；当前党的建设理论研究状况简介；思考题及其参考答案。（张珊珍）

【《〈现代商学概论〉教学参考资料》】 1999年10月，中央党校函授学院内部印行。

本资料由中国人民大学黄国雄教授主编。

本资料包括四部分。教材编写说明，介绍了编写背景、理论基础、总体结构与基本内容以及研究方法；教学纲要，阐述了各章节的重点、要点；现代商学理论实践研究动态，结合教材的内容按9个专题选编了有关资料；思考题及参考答案。

本资料简明通俗，层次分明，重点突出，对教师更好地把握教材，拓宽讲课思路，提高教学质量有一定帮助。（李世华）

【《〈刑事诉讼法教程〉教学参考资料》】 1999年11月，中央党校函授学院内部印行。

本资料由中央党校政法教研部刘永桂教授主编。

本资料共分四个部分。教材编写说明，主要包括编写的指导思想、基本内容和结构、讲授方法和要求；教学纲要，以教材为依据，对各章节的基本内容、相互间的联系区别等作了阐述；有关理论研究综述介绍了现有的刑事诉讼的学术研究成果及各种学术观点；思考题及参考答案。

本书对帮助教师掌握教材的基本内容，拓宽教学思路，提高教学质量，理论联系实际，有一定参考作用。（孙翠雯）

【《〈民事诉讼法教程〉教学参考资料》】 1999年10月，中央党校函授学院内部印行。

本资料由潘剑峰副教授、何兵博士编写。

本资料包括四部分。编写说明；教学纲要；民事诉讼法有关理论问题研究简介；思考题参考答案。

本资料观点明确，简明扼要，重点突出，材料翔实，对教师更好地把握教材的基本内容、教学重点和难点，进一步了解我国法学界对民事诉讼有关理论的研究现状，拓宽讲课思路，提高教学质量具有指导作用。

（姜春成）

【《〈民法学分论〉教学参考资料》】 1999年9月，中央党校函授学院内部印行。

本资料由马强、陈敦、李仁玉等编写。

本资料分四部分。教材编写说明；教学纲要；有关理论研究综述；思考题及参考答案。

本资料比较全面地阐述了《民法学》的教学目的和要求，指出各章的教学重点和要点，有利于教师理解和把握教材的基本内容、教学要求、重点和方法，便于开阔教师的视野和提高教学质量。（孙翠雯）

【《〈法学概论〉学习指导纲要》】 1999年4月，中央党校函授学院内部印行。

本纲要由中央党校政法部李用兵教授编写。

本纲要分为两部分。总复习提纲，概括了教材各章的重点和要点；练习题及参考答案，根据大专班期末考试题型，从全书着眼，列出单项选择题、简答题、判断题、论述题四种题型，并分别按题型作出了参考答案。

本纲要简明扼要，重点突出，便于学员在系统掌握教材基本原理和知识的基础上，分清主次，抓住重点。（姜春成）

【《〈货币银行学〉学习指导纲要》】 1999年3月，中央党校函授学院内部印行。

本纲要由中央财经大学金融系李健教授撰写。

本纲要共分两部分。总复习提纲，概括反映货币银行学的货币、信用、利息、金融市场和金融机构等重点内容；练习题及参考答案，根据期末考试的各种题型拟出了一系列练习题，并写出了参考答案，供学员在学习和复习中自测参考。（李钧泽）

【《〈马克思主义政治经济学经典文选（资本论选编）〉学习指导纲要》】 1999年2月，中央党校函授学院内部印行。

本纲要由中央党校函授学院李钧泽教授编写。

本纲要共分两部分。总复习提纲，主要阐述《资本论》选编各部分的重点，包括马克思的劳动价值理论、剩余价值理论、资本积累理论、资本循环与周转理论、社会资本再生产理论和剩余价值分配理论等；练习题及参考答案，根据期末考试题型，分别设置了多项选择题、简答题、辨析题和论述题等，供学员在学习和复习中自测参考。

（李钧泽）

【《〈党的建设简明教程〉学习指导纲要》】 1999年9月修改，由中央党校函授学院内部发行。

本纲要由万福义、任铁英、万岚编写。

本纲要分四个部分。教学计划；怎样学习和复习；总复习提纲；练习题及其参考答案。

本纲要介绍了教材的学习和复习方法，指导学员抓住教材的重点、要点，便于学员自学、复习和考试。（张珊珍）

【《〈公共政策概论〉学习指导纲要》】 1999年9月，中央党校函授学院内部发行。

本纲要由汤玉奇、刘　春、刘建能编写。

本纲要分四个部分。教学计划；学习辅导；总复习提纲；练习题参考答案。

本纲要介绍了《公共政策概论》的学习方法，指明教材各章的重点、要点和考试范围，提供了练习题与参考答案。对于指导学员自学、听课、做作业、复习和考试均有指导作用。 （张珊珍）

【《〈现代商学概论〉学习指导纲要》】 1999年10月，由中央党校函授学院内部印行。

本纲要由中国人民大学黄国雄教授主编。

本纲要包括四部分。教学计划；学习辅导；总复习提纲；练习题及参考答案。

本纲要对于搞好平时学习和期末考试均有帮助。 （李世华）

【《〈刑事诉讼法教程〉学习指导纲要》】 1999年10月，中央党校函授学院内部印行。

本纲要由中央党校政法教研部罗志先、刘永桂教授等编写。

本纲要共四部分。教学计划；学习辅导；总复习提纲；练习题及参考答案。

本书比较全面地阐述了教材各章的教学目的和要求，指出了各章的要点和重点，便于学习、自学、复习和考试。 （孙翠雯）

【《〈民事诉讼法教程〉学习指导纲要》】 1999年10月，由中央党校函授学院内部印行。

本纲要由北京大学何兵博士编写。

本纲要由四部分组成。教学计划；学习辅导；总复习提纲；练习题及参考答案。

本纲要详略得当，重点突出，对学员进一步巩固和提高自己所学的专业知识，更好地掌握教材的基本理论和重点问题，明确考试的范围和题型，搞好自学和期末复习考试有一定帮助。 （姜春成）

【《〈民法学分论〉学习指导纲要》】 1999年10月，中央党校函授学院内部印行。

本纲要由李仁玉等编写。

本纲要共分四部分。教学计划；学习辅导；复习提纲；练习题及参考答案。

本纲要以教材为根据，阐明教材的重点、难点，根据考试题型列举考题并提供了参考答案，有利于学员自学、复习和考试。 （孙翠雯）

重 印 教 材 书 目

公共行政学
法理学教程
经济法简明教程
对外经济管理学
中国宪法概论
刑事、民事诉讼法学教程
行政法与行政诉讼法教程
社会主义社会学
财政学
邓小平理论简明教程
国家公务员制度概论
司法文书概论
党性教育基础知识讲座
国家税收概论
干部写作概论
党务管理概论
公务员应用文写作
涉外经济法教程
马克思主义党的建设经典文选
行政管理学教程
社会主义法治论纲
民法学总论
江泽民重要讲话选编
现代市场经济
管理会计简明教程
英语（第一册）
国民经济统计学
现代西方经济学
当代西方政治制度
国际经济法教程
中国领导思想史简编
邓小平理论文选
马克思主义法学经典文选
马克思主义哲学经典文选
思想政治工作教程
国家公务员制度概论
公共关系学简明教程
对外经济管理学
管理心理学
社会保障概论
审计学
社会主义市场经济简明教程
政治学原理
中国经济地理教程
中共党史简编
民法学教程
马克思主义哲学简明教程
中国近代史教程
外国经济管理思想史简编
国际营销
企业涉外经营管理概论
法学基础
国际投资和我国利用外资概论
国际金融简明教程
财税法教程
宏观经济运行与管理
中国历代治国思想要览
社会主义市场经济概论
计算机操作实用教程
领导科学概论
市场经济法律制度概论
刑法总论
英语（第二册）
当代中国政治制度
《公共行政学》学习指导纲要
《刑事、民事诉讼法学教程》学习指导

纲要
《财政学》学习指导纲要
《邓小平理论简明教程》学习指导纲要
《中国宪法概论》学习指导纲要
《经济法简明教程》学习指导纲要
《行政管理学教程》学习指导纲要
《社会主义法治论纲》学习指导纲要
《马克思主义哲学经典文选》学习指导纲要
《马克思主义党的建设经典文选》学习指导纲要
《民法学总论》学习指导纲要
《工业企业经营管理概论》学习指导纲要
《对外经济管理学》学习指导纲要
《政治学原理》学习指导纲要
《社会主义市场经济简明教程》学习指导纲要
《马克思主义哲学简明教程》学习指导纲要
《民法学教程》学习指导纲要
《党务管理概论》学习指导纲要
《宏观经济运行与管理》学习指导纲要
《国际投资和我国利用外资概论》学习指导纲要
《市场经济法律制度概论》学习指导纲要
《国际金融简明教程》学习指导纲要
《企业涉外经营管理概论》学习指导纲要
《法学基础》学习指导纲要
《社会主义市场经济概论》学习指导纲要
《刑法总论》学习指导纲要
《领导科学概论》学习指导纲要
《公共行政学》教学参考资料
《刑事、民事诉讼法学教程》教学参考资料
《财政学》教学参考资料
《邓小平理论简明教程》教学参考资料
《中国宪法概论》教学参考资料
《经济法简明教程》教学参考资料
《行政管理学教程》教学参考资料
《社会主义法治论纲》教学参考资料
《马克思主义哲学经典文选》教学参考资料
《马克思主义党的建设经典文选》教学参考资料
《民法学总论》教学参考资料
《英语（第一册)》辅导资料
《英语（第二册)》辅导资料
《工业企业经营管理概论》教学参考资料
《对外经济管理学》教学参考资料
《政治学原理》教学参考资料
《社会主义市场经济简明教程》教学参考资料
《马克思主义哲学简明教程》教学参考资料
《民法学教程》教学参考资料
《党务管理概论》教学参考资料
《宏观经济运行与管理》教学参考资料
《国际投资和我国利用外资概论》教学参考资料
《市场经济法律制度概论》教学参考资料
《国际金融简明教程》教学参考资料
《企业涉外经营管理概论》教学参考资料
《法学基础》教学参考资料
《社会主义市场经济概论》教学参考资料
《刑法总论》教学参考资料
《领导科学概论》教学参考资料

（姜春成）

音像教材简介

【音像教材制作计划实施概述】 本计划以总院教学计划为依据，指导音像教材的制作，以适应函院电化教学的需要。由于音像教材制作必须提前一学期进行，因此，本计划与函院1999年下学期教学计划和2000年上学期教学计划相吻合，是为这两个学期提供音像教材的。

根据函院1999年下学期教学计划，共开设44门电教课程。其中，使用旧版本音像教材17门，需新录制音像教材27门，(考试课17门，讲座课10门)，共聘请教师29名，其中，教授23名，副教授5名，博士1名；聘请审定教师21名，其中，教授10名，副教授及其专业人员11名。录制形式采用了讲课加配字幕及有关资料。1999年上学期录制完成。

根据2000年上学期教学计划，共开设45门电教课程。其中，使用旧版音像教材23门，需新录制音像教材22门（其中考试课16门，讲座课6门）。聘请教师24名，其中，教授14名，副教授10名；聘请审定教师13名，其中，教授6名，副教授及有关专业人员7名。录制形式采用了讲课加配字幕及有关资料，其中对本科班使用的《计算机操作实用教程》、大专班使用的《微机操作基础》2门课程进行精心制作。此外，还对《民法学教程》、《党的建设简明教程》等课程的考试复习部分进行了重录。以上均于1999年下学期录制完成。

（王冀平 王松一）

【《工业企业经营管理概论》音像教材】 是98级大专班第4学期经济管理专业开设的3小时考试课，河北省委党校王宝琦教授主讲，电化教研室组稿和审稿，1999年9月录制，由中央党校函授学院周华彬副教授审定。

本音像教材分三部分讲授。导言，主要讲了这门教材的研究对象、结构体系、学习的重要意义；学习重点，分四个单元；考试复习，主要讲了考试复习的基本要求和考试题型的特点。（王松一 王冀平）

【《西方财政概论》音像教材】 是第九期领导干部班、本科班第2学期经济管理专业开设的讲座课，中央党校办公厅王金龙博士主讲，电化教研室组稿和审稿，1999年9月录制，由中央党校经济学部景桂兰副教授审定。

本音像教材分两部分内容讲授。导论，主要包括研究对象、结构体系、研究方法和学习意义；教材重点，主要包括西方财政的职能、西方财政的支出、西方的税收制度、西方的公债制度、西方的国家预算和西方的财政政策。（王松一 王冀平）

【《行政法与行政诉讼法教程》音像教材】 是第八期领导干部班、98级本科班第4学期行政管理专业开设的3小时考试课，中央党校陈德仲教授主讲，电化教研室组稿和审稿，1999年9月录制，由中央党校政法部刘永桂教授审定。

本音像教材分三部分讲授。前言，主要讲了串讲的目的和教材的结构体系；学习重点，分15个问题进行了讲授；考试复习，主要讲考试复习的基本要求和考试题型示

例。（王松一　王冀平）

【《公共政策概论》音像教材】 是99级本科班第2学期行政管理专业开设的3小时考试课，中央党校政法部王军副教授主讲，电化教研室组稿和审稿，1999年9月录制，由中央党校函授学院行政处孟庆昆处长审定。

本音像教材分三部分讲授。前言，主要讲教材的指导思想、要求、结构体系和主要内容；学习重点，主要包括公共政策概述、公共政策过程和公共政策方法；复习考试，主要讲复习考试的基本要求和考试题型的几点说明。（王松一　王冀平）

【《农村经济管理学》音像教材】 是99级大专班第2学期经济管理专业开设的6小时讲座课，中央党校王瑞璞教授主讲，电化教研室组稿和审稿，1999年11月录制，由中央党校函授学院李钧泽教授审定。

本音像教材分两部分讲授。前言，主要讲授教材的研究对象和方法；学习教材的意义及其体系结构；教学重点，分5个问题进行了讲授。（王松一　王冀平）

【《刑事诉讼法教程》音像教材】 是98级本科班第4学期政法专业开设的3小时考试课，中央党校政法部刘永桂教授主讲，电化教研室组稿和审稿，1999年9月录制，由中央党校函授学院陈德仲教授审定。

本音像教材分三部分讲授。前言，主要讲教材的体系结构、学习教材的目的意义；教学重点，分五个单元讲授；考试复习，主要讲复习考试的基本要求和考试题型示例。（王松一　王冀平）

【《现代商学概论》音像教材】 是99级本科班第2学期贸易经济专业开设的3小时考试课，中国人民大学黄国雄教授主讲，电化教研室组稿和审稿，1999年10月录制，由中央党校函授学院王松一研究员审定。

本音像教材分三个问题讲授。学习目的和意义；学习重点，分16个问题进行了讲授；复习考试，主要讲了复习要求和考试题型。（王松一　王冀平）

【《当代西方经济学简明教程》音像教材】 是99级本科班第2学期贸易经济专业开设的讲座课，中央党校经济学部胡希宁教授主讲，电化教研室组稿和审稿，1999年10月录制，由中央党校函授学院李世华教授审定。

本音像教材分4个问题讲授。导言；微观经济学；宏观经济学；当代西方经济学主要流派。（王松一　王冀平）

【《企业涉外经营管理概论》音像教材】 是98级本科班第4学期涉外经济专业开设的3小时考试课,中国人民大学周惠兴教授主讲,电化教研室组稿和审稿,1999年10月录制,由中央党校函授学院李钧泽教授审定。

本音像教材主要讲授3个问题。教材的体系结构和主要内容；学习重点，主要分四部分讲授；复习考试，主要讲复习考试的基本要求和考题特点。（王松一　王冀平）

【《刑事侦查学简明教程》音像教材】 是97级大专班第6学期政法专业开设的6小时讲座课,北京市公安局党校杨秉发教授等4人讲授,电化教研室组稿和审稿,1999年10月录制,由中央党校函授学院李志萍讲师审定。

本音像教材分4讲。刑事侦查学总论；刑事犯罪现场的勘查；刑事侦查谋略、措施和刑事案件侦查；刑事侦查基础工作及管理。（王松一　王冀平）

【《民事诉讼法教程》音像教材】 是98级本科班第4学期政法专业开设的3小时考试课，北京大学何齐博士主讲，电化教研室组稿和审稿，1999年10月录制，由中央党校政法部刘永桂教授审定。

本音像教材分三部分讲授。前言，主要讲授学习《民事诉讼法教程》的目的、意义及其体系结构；学习重点，共分五个单元讲授；复习应考，主要讲基本要求和答题注意事项。（王松一　王冀平）

【《宪法学》音像教材】 是99级本科班第2学期法律专业开设的6小时讲座课，北京大学王磊博士主讲，电化教研室组稿和审稿，1999年10月录制，由中央党校政法部陈文英教授审定。

本音像教材分8个问题讲授。对宪法的理解；宪法的产生和发展与市场经济；国家机关；选举制度；单一制观念；宪法中的经济规范；公民权利和自由；宪法实施途径的思考。（王松一　王冀平）

【《国际金融简明教程》音像教材】 是98级本科班第4学期涉外经济专业开设的3小时考试课,中央党校经济学部薛宏立博士主讲，电化教研室组稿和审稿,1999年10月录制，由中央党校函授学院李世华教授审定。

本音像教材分三部分讲授。前言，主要讲授为什么要学习国际金融学、教材的体系结构与主要内容；学习重点，分四个单元讲授；复习考试，主要讲复习考试的方法、要求和考试题型特点。（王松一　王冀平）

【《政治经济学(资本主义部分)》音像教材】 是99级大专班第2学期行政管理专业和经济管理专业开设的3小时考试课，中央党校经济学部吴光辉教授主讲，电化教研室组稿和审稿，1999年10月录制，由中央党校函授学院李钧泽教授审定。

本音像教材分三部分讲授。复习目的，主要讲3个问题；学习重点，讲授了13个问题；复习考试，主要讲单项选择题、简答题、判断题、论述题四种类型。

（王松一　王冀平）

【《国际贸易理论与实务》音像教材】 是98级本科班第4学期经济管理专业开设的3小时考试课，对外经贸大学孙家恒教授主讲，电化教研室组稿和审稿，1999年10月录制，由中央党校函授学院李钧泽教授审定。

本音像教材分三部分讲授。导言，主要讲学习的重要意义、本课程的特点、本书的总体构架和主要内容以及全书的主线—政策；学习重点，主要讲授10个问题；考试复习，主要讲复习考试的基本要求及考试注意事项。（王松一　王冀平）

【《社会主义市场经济概论》音像教材】 是99级本科班第2学期经济管理专业和贸易经济专业开设的3小时考试课，国防大学张南征教授主讲，电化教研室组稿和审稿，1999年11月录制，由中央党校函授学院李钧泽教授审定。

本音像教材分三部分讲授。前言，主要讲串讲的目的、教材的体系结构和主要内容；学习重点，分三个单元讲；考试复习，主要讲多项选择题、简答题、辨析题和论述题四种题型。（王松一　王冀平）

【《对外经济管理学》音像教材】 是98级大专班第4学期经济管理专业开设的3小时考试课，中国人民大学卢东斌教授主讲，电化教研室组稿和审稿，1999年11月录制，由中央党校函授学院李世华教授审定。

本音像教材分三部分讲授。导言，主要讲教材的体系结构和内在联系；学习重点，分四个单元讲授；考试复习，主要讲考试的基本要求和题型特点。（王松一　王冀平）

【《法学基础》音像教材】 是99级本科班第2学期行政管理专业开设的3小时考试课，

北京大学武树臣教授主讲，电化教研室组稿和审稿，1999年11月录制，由中央党校函授学院陈德仲教授审定。

本音像教材分3个问题讲授。前言，主要讲教材的结构、内容以及串讲的目的和方法；各章内容及重点，分12个问题进行了讲授；复习考试，主要讲考试题型特点、要求以及如何搞好复习。（王松一　王冀平）

【《党务管理概论》音像教材】 是98级本科班第4学期党政管理专业开设的3小时考试课，中央党校陈登才教授主讲，电化教研室组稿和审稿，1999年11月录制，由中央党校函授学院汤玉奇教授审定。

本音像教材分三部分讲授。导言，主要讲明确目的、掌握基本轮廓和总体要求；学习重点，主要讲10个问题；复习考试，主要讲复习考试的基本要求和考试题型特点与管理要求。（王松一　王冀平）

【《领导科学概论》音像教材】 是第九期领导干部班经济管理专业开设的3小时考试课，周华彬副教授主讲，电化教研室组稿和审稿，1999年11月录制，由河北省委党校王宝琦教授审定。

本音像教材主要讲3个问题。教材的基本结构；主要内容，包括总论，领导组织论，领导职能论，领导方法论、艺术论，领导作风、素养论，领导绩效论；复习考试中应注意的问题，主要讲端正考试态度和按照考试题型的要求回答问题。

（王松一　王冀平）

【《微机操作基础》音像教材】 是98级大专班第4学期党政管理专业开设的6小时讲座课，中央党校函授学院电化教研室副主任李素玲副教授主讲，电化教研室组稿和审稿，1999年12月录制，由中央党校函授学院陈俊珍教授审定。

本音像教材共分6讲。计算机知识概述；Windows操作基础；文件管理和Windows应用程序；中文输入法与中文文字处理；Word 97应用软件；国际互联网Internet。（王冀平　王松一）

【《英语》（第二册）音像教材】 是99级本科班第2学期经济管理专业、领导干部班经济管理专业开设的6小时考试、考查课，中央党校韩红教授主讲，电化教研室组稿和审稿，2000年1月录制，由中央党校何祚康教授审定。

本课程分三部分讲授。导言，重点讲授本次教学的目的意义；教学重点，按照教材每课的语法要点，举例说明；复习考试，重点介绍了复习考试应掌握的学习方法及题型特点。（王冀平　王松一）

【《财政学》音像教材】 是98级大专班第3学期经济管理专业开设的3小时考试课，中央党校经济学部裴元秀教授主讲，电化教研室组稿和审稿，1999年3月录制，由中央党校函授学院姜春成副教授审定。

本音像教材分三部分讲授。前言，主要讲为什么要学财政学；学习重点，讲了财政的产生与发展，财政在社会再生产中的地位和作用，财政收入，税收是国家筹集财政收入的主要形式，我国财政支出，国债，国家预算和决算，我国预算管理体制的决定，我国分税制产生的背景及其基本内容和财政平衡与财政政策等问题；考试复习，主要讲复习方法和考试题型特点。

（王松一　王冀平）

【《马克思主义哲学经典文选》音像教材】 是第九期领导干部班经济管理专业开设的3小时考试课，中央党校函授学院赵玉瑾教授主讲，电化教研室组稿和审稿，1999年3月录制，由中央党校函授学院行政处孟庆崑处长审定。

本音像教材讲授 3 个问题。学习《文选》的目的和要求；基本内容与重点；考试题型与要求。 （王松一　王冀平）

【《中国法律史》音像教材】 是 98 级大专班第 3 学期政法专业开设的 6 小时讲座课,中国青年政治学院法律系副主任、副教授李力主讲,1999 年 3 月录制,电化教研室组稿和审稿,由中央党校政法部陈文英教授审定。

本音像教材分两部分讲授。前言，包括教材体系与主要内容、学习教材的目的意义；重点内容，中华法系及其特点，封建正统法律思想的渊源及其确立与发展，中国古代的法律形式，中国古代的“五刑”，中国古代的民事法律制度，中国古代的司法机关，中国古代的审判制度。

（王松一　王冀平）

【《金融法学》音像教材】 是 97 级本科班第 5 学期政法专业开设的 6 小时讲座课，北京大学分校刘隆亨教授主讲，电化教研室组稿和审稿，1999 年 3 月录制，由中央党校经济学部景桂兰副教授审定。

本音像教材分三部分讲授。导言，开设《金融法学》的目的、意义以及教材的体系结构；东南亚金融危机与我国金融监管制度的研究，包括东南亚金融危机的经过、原由、特点和影响，东南亚金融危机的教训以及给我国金融监管工作的启迪，加强完善金融监管应注意的几个问题；关于我国金融法的基本原则和法律关系研究，包括金融法的基本原则和法律关系是金融法学中的根本问题，我国金融立法的基本原则，银行金融法律关系，当前在金融法律法规实施过程中存在的问题和改进的建议。（王松一　王冀平）

【《江泽民重要讲话选编》音像教材】 是第七期领导干部第 5 学期开设的 6 小时讲座课，中央党校政法部李良栋教授主讲，电化教研室组稿和审稿，1999 年 3 月录制，由中央党校函授学院张宝聚副研究员审定。

本音像教材分三部分讲授。坚持邓小平理论问题，包括邓小平理论是对社会主义历史经验的深刻总结，邓小平理论是对改革开放实践经验的科学概括，邓小平理论是在实践中不断发展的理论；以江泽民同志为核心的党中央对邓小平理论的新发展，包括高举邓小平理论旗帜，深刻地阐明邓小平理论的指导地位和科学体系，进一步阐发了社会主义初级阶段的理论，提出建立和发展社会主义市场经济，进一步发展社会主义民主、建设社会主义法治国家，加强社会主义精神文明建设。发展有中国特色社会主义文化，积极开创新时期党的建设伟大工程；第三代中央领导集体的理论风格和求实精神，包括一切从实际出发，坚持理论联系实际的方针，不断创新的理论勇气和科学态度，善于在实践中深入认识真理和发展真理，一切以人民利益为重，始终同中国人民站在一起。

（王松一　王冀平）

【《社会主义法治论纲》音像教材】 是 99 级本科班第 1 学期法律专业开设的 3 小时考试课，中央党校政法部石泰峰教授主讲，电化教研室组稿和审稿，1999 年 4 月录制，由中央党校政法部刘永桂教授审定。

本音像教材共分三部分讲授。导言，包括学习教材的目的、意义及其体系结构；学习重点，主要讲授 13 个问题；考试复习，包括考试复习的基本要求和考试题型特点与要求。 （王松一　王冀平）

【《货币银行学》音像教材】 是 98 级本科班第 3 学期经济管理专业和涉外经济专业开设的 3 小时考试课,中央财经大学李健教授主讲,电化教研室组稿和审稿,1999 年 4 月录制,由中央党校函授学院李钧泽教授审定。

本音像教材分三部分讲授。导言，包括学习教材的目的、体系结构与主要内容；重点问题，包括货币与货币制度，信用，利息与利息率，金融市场，金融机构及其体系，商业银行与存款货币，中央银行，国际货币与国际金融，货币供求及其均衡，通货膨胀及其治理，货币政策以及金融与经济发展；复习考试，包括复习考试的方法与基本要求和考试题型特点。（王松一　王冀平）

【《知识经济概论》音像教材】 是99级大专班第1学期行政管理专业、经济管理专业和法律专业；97级本科班第5学期行政管理专业；99级本科班第1学期行政管理专业、经济管理专业、贸易经济专业和法律专业；第九期领导干部班经济管理专业开设的6小时讲座课，河北省委党校王宝琦教授主讲，电化教研室组稿和审稿，1999年4月录制，由中央党校函授学院李世华教授审定。

本音像教材共讲授5个问题。为什么要学习《知识经济概论》；《知识经济概论》的基本框架；高科技的发展趋势；知识经济对经济与社会的影响；我国知识经济发展战略。（王松一　王冀平）

【《组织行为学》音像教材】 是98级本科班第3学期行政管理专业开设的6小时讲座课，中央党校哲学部丁冬红教授主讲，电化教研室组稿和审稿，1999年4月录制，由中央党校函授学院赵玉瑾教授审定。

本音像教材共分6讲。导论，包括什么是组织行为学，为什么要学习组织行为学，组织行为学的理论来源及特点，组织行为学的研究方法和研究步骤；个体行为，包括个体行为的基础，知觉和个体决策，态度，工作满意度和价值观，激励理论；群体行为，包括群体及人际关系，群体行为的互动趋势及影响群体绩效的因素，群体间行为的特点及管理，群体压力和群体冲突，群体决策中的问题与技术选择，团队建设；领导行为，包括领导和领导者，领导者的权力，有关的领导理论；组织行为，包括组织结构，组织沟通，绩效评估，工作设计，组织文化；组织的变革与发展，包括组织变革的动力，组织变革的内容，组织变革的阻力及其克服和组织发展。（王松一　王冀平）

【《经济法简明教程》音像教材】 是97级大专班第5学期经济管理专业开设的3小时考试课，北京大学分校刘隆亨教授主讲，电化教研室组稿和审稿，1999年4月录制，由中央党校政法部陈文英教授审定。

本音像教材分三部分讲授。教材的基本结构和主要内容；重点问题，包括经济法基础理论，经济主体法，经济运行法，宏观调控法，资源分配与保护及经济仲裁和经济司法；复习考试，主要讲学习方法与复习考试问题。（王松一　王冀平）

【《法学概论》音像教材】 是97级大专班第5学期党政管理专业和经济管理专业开设的3小时考试课，中央党校政法部李用兵教授主讲，电化教研室组稿和审稿，1999年4月录制，由中央党校函授学院行政处孟庆昆处长审定。

本音像教材分三部分讲授。前言，主要讲教材的指导思想、学习的目的和意义；学习重点，主要讲法的基本理论问题，宪法与政法问题，刑法问题，民法与经济法问题，3个诉讼法问题；复习考试，主要讲复习的基本要求和考试题型与特点。

（王松一　王冀平）

【《刑事、民事诉讼法学教程》音像教材】 是97级大专班第5学期政法专业开设的3小时考试课，中央党校政法部刘永桂教授主讲，电化教研室组稿和审稿，1999年4月录制，由中央党校函授学院陈德仲教授审定。

本音像教材分三部分讲授。前言，主要讲授教材的体系结构、学习的目的和意义；学习重点，分五个单元讲授；复习考试，包括单项选择题，判断题，简答题，论述题和案例分析题。（王松一　王冀平）

【《国际税收教程》音像教材】 是98级本科班第3学期涉外经济专业开设的3小时考试课，中央党校王金龙博士主讲，电化教研室组稿和审稿，1999年6月录制，由中央党校函授学院王松一研究员审定。

本音像教材分三部分讲授。教材概述；学习重点，主要讲授8个问题；复习考试，主要讲授复习方法与基本要求、考试题型特点和答题要求。（王松一　王冀平）

【《当代中国政治制度》音像教材】 是第八期领导干部班第3学期开设的3小时讲座课，中央党校文史部史远芹教授主讲，电化教研室组稿和审稿，1999年4月录制，由中央党校函授学院高金海教授审定。

本音像教材分三部分讲授。前言，主要讲授当代中国政治制度的概念、研究对象和主要内容，学习当代中国政治制度的目的、意义以及教材的体系结构；学习重点，主要讲授7个问题；我国政治体制改革和民主法制建设的问题，主要讲授政治体制改革的必要性、目标和主要任务。

（王松一　王冀平）

【《马克思主义党的建设经典文选》音像教材】 是98级本科班第3学期党政管理专业开设的3小时考试课，中央党校党建部卢先福教授主讲，电化教研室组稿和审稿，1999年4月录制，由中央党校函授学院高金海教授审定。

本音像教材分三个问题讲授。前言，主要讲授了学习本课程的目的、意义和体系结构；学习重点，主要讲马克思、恩格斯建党著作的基本思路，列宁建立了完整的新型无产阶级建党学说，毛泽东丰富和发展了马列主义建党学说；复习考试，主要讲复习考试的方法与要求和考试题型的特点与要求。

（王松一　王冀平）

【《中国宪法概论》音像教材】 是99级大专班第1学期法律专业开设的3小时考试课，北京大学法学院王磊副教授主讲，电化教研室组稿和审稿，1999年4月录制，由中央党校函授学院陈德仲教授审定。

本音像教材分三部分讲授。前言，主要讲授指导思想、目的、要求、体系结构与主要内容；学习重点，分五个单元讲授；考试复习，主要讲考试题型和复习方法。

（王松一　王冀平）

【《怎样撰写毕业论文》音像教材】 是97级本科班第5学期党政管理专业、行政管理专业、经济管理专业、涉外经济专业、政法专业和第七期领导干部班第5学期开设的6小时讲座课，中央党校文史部孙乃沅教授主讲，电化教研室组稿和审稿，1999年4月录制，由中央党校函授学院王松一研究员审定。

本音像教材分三部分讲授。什么是毕业论文，主要讲授怎样正确认识毕业论文，撰写毕业论文的目的、前提条件；怎样撰写毕业论文，主要讲授怎样选题和拟标题，怎样搜集和使用材料，怎样思考内容设计框架和撰写提纲，怎样草拟毕业论文初稿，怎样加工、润色、修改、定稿；怎样准备答辩，主要讲授自我介绍和准备回答的问题。

（王松一　王冀平）

【《国有资产管理教程》音像教材】 是98级本科班第3学期经济管理专业开设的6小时讲座课，清华大学经济管理学院魏杰教授主讲，电化教研室组稿和审稿，1999年6月录制，由中央党校教务部辛守良教授审定。

本音像教材共分两部分讲授。前言，重点讲了研究对象、主要内容、教材结构及特点和学习的意义；重点内容，归纳了7个问题。（王松一　王冀平）

【《马克思主义政治经济学经典文选》音像教材】 是99级本科班第1学期经济管理专业和贸易经济专业开设的3小时考试课，中央党校鲁从明教授主讲，电化教研室组稿和审稿，1999年6月录制，由中央党校函授学院李世华教授审定。

本音像教材共分三部分讲授。前言，主要讲《资本论》的研究对象、研究方法和现实意义；学习重点，主要按《资本论》3卷的理论结构讲授；考试复习，主要讲考试复习的基本要求、考试题型以及答题要求。

（王松一　王冀平）

【《市场经济法律制度概论》音像教材】 是99级本科班第1学期经济管理专业和贸易经济专业开设的3小时考试课，中央党校政法部石泰峰教授主讲，电化教研室组稿和审稿，1999年5月录制，由中央党校政法部陈文英教授审定。

本音像教材共分三部分讲授。导言，主要讲学习目的、要求和体系结构；学习重点，主要根据教材和教学具体安排规定的重点问题讲授；考试复习，主要讲复习中应注意的问题和考试题型特点与要求。

（王松一　王冀平）

【《行政管理学教程》音像教材】 是98级本科班第3学期党政管理专业开设的3小时考试课，中央党校政法部王仲田教授主讲，电化教研室组稿和审稿，1999年5月录制，由中央党校政法部刘春副教授审定。

本音像教材主要讲授3个问题。教材简介，包括行政管理的研究对象、体系结构、主要内容和学习本课程的主要意义；学习重点，分五个单元讲授；复习考试，主要讲复习的基本要求和应试方法。

（王松一　王冀平）

【《计算机操作实用教程》音像教材】 是98级本科班第3学期政法专业开设的6小时讲座课，北方交通大学计算机科学技术系葛乃康教授主讲，电化教研室组稿和审稿，1999年5月录制，由中央党校函授学院李素玲副教授审定。

本音像教材分三部分讲授。操作系统Windows，主要讲操作系统的基本概念、Windows95操作系统使用方法、计算机网络基本概念及Windows95网络；文字处理Word97，主要讲概述、中文Word工作环境、创建文档；国际互联网Internet，主要讲Internet概述、Internet中几个重要技术和收发电子邮件。（王松一　王冀平）

【《行政法与行政诉讼法教程》音像教材】 是97级大专班第5学期政法专业开设的3小时考试课，中央党校函授学院教编室陈德仲教授主讲，电化教研室组稿和审稿，1999年录制，由中央党校政法部刘永桂教授审定。

本音像教材分三部分讲授。前言，包括串讲的目的和教材的结构体系；学习内容与重点；题型示例，包括单项选择题、简答题、判断题、案例分析题和论述题。

（王松一　王冀平）

【《公共行政学》音像教材】 是97级大专班第5学期党政管理专业开设的3小时考试课，国家行政学院徐理明教授主讲，电化教研室组稿和审稿，1999年5月录制，由中央党校函授学院孙经蕙教授审定。

本音像教材分三部分讲授。前言，讲了什么是公共行政学及其框架体系；重点内容归纳30个问题进行了重点讲授；复习考试，

在职研究生工作

【第三次在职研究生工作会议】 6月19日至22日，总院第三次党员领导干部在职研究生班工作会议在云南分院举行。37个分院、50个教学点的负责同志和总院机关有关人员共86人参加了会议。副院长刘利群、云南省委党校常务副校长李师程、云南省委组织部副局级巡视员刘玉凯同志出席会议并讲了话。

这次会议，以邓小平理论和党的十五大精神为指导，认真学习贯彻中央党校领导同志近期关于党校函授教育工作讲话的精神，着重总结检查大连第二次研究生工作会议以来的教学工作情况，交流教学工作经验，集中研究如何坚持以教学为中心，深化教学改革，强化科学管理，落实规章制度，全面提高教学质量的问题。会议还宣布了1999年招生录取方案，讨论研究了关于加强电化教学等问题。

刘利群副院长在会上作了题为《坚持以教学为中心　不断深化教学改革　强化科学管理　确保办学质量》的报告。他要求各单位进一步落实各项规章制度，加大规范化管理力度，全面提高教学质量，在21世纪把党员领导干部在职研究生教育搞得更好。

各单位共向会议推荐了35份经验材料和工作汇报。介绍了他们在探索在职研究生教学规律、充分利用社会教育资源等方面的经验。

主要讲在全面复习的基础上，明确了重点内容并解答各种题型。　（王松一　王冀平）

【《邓小平理论简明教程》音像教材】 是99级大专班第1学期行政管理专业、经济管理专业和法律专业开设的3小时考试课，中央党校研究所赵国良研究员主讲，电化教研室组稿和审稿，1999年6月录制，由中央党校函授学院谢广乔副编审审定。

本音像教材分两部分讲授。教材的基本内容及要点；复习考试，考试题型和考试的基本要求。　（王松一　王冀平）

【《政治学原理》音像教材】 是98级大专班第3学期党政管理专业开设的3小时考试课，北京大学王福春教授主讲，电化教研室组稿和审稿，1999年6月录制，由中央党校函授学院高金海教授审定。

本音像教材共分三部分讲授。前言，主要讲授学习《政治学原理》的目的、体系结构和主要内容；涉及的35个基本概念、10个基本原理以及学习《政治学原理》要理论联系实际问题；学习重点，按照教学具体安排划分的单元讲授；复习考试，主要讲了单项选择题、简答题、判断题和论述题。

（王松一　王冀平）

【《涉外经济法教程》音像教材】 是97级本科班第5学期涉外经济专业、98级本科班第3学期涉外经济专业开设的6小时讲座课，中央党校政法部李雅芸教授主讲，电化教研室组稿和审稿，1999年6月录制，由中央党校函授学院谢广乔副编审审定。

本音像教材按照教材的体系结构讲了20个重点与难点问题。

（王松一　王冀平）

财务处副处长武金凤同志在会上就在职研究生班经费管理的规定作了说明，研究生办公室副主任吕敏就1999年招生等教务工作做了发言，教学处处长兼研究生办公室主任王炳作了会议总结。　（万昌鸿）

【96级党员领导干部在职研究生班学员毕业】 1999年，党员领导干部在职研究生班首次办至校外，北京4个分院招收学员共197名。其中，中央国家机关分院、北京市委机关分院和北京市工业党校分院共招收经济管理专业的学员140名，空军分院招收科社专业的学员57名。除16名学员因种种原因中途被淘汰外，有181名学员毕业。经济管理专业130名，科社专业51名学员获得了中央党校毕业证书。

7月15日，在中央党校举行毕业典礼。中央政治局常委、中央党校校长胡锦涛等中央领导和中央党校领导同志接见了毕业学员，并一起合影。

其毕业学员名单如下：

（一）经济管理专业（共130名）

中央国家机关分院（43名）

王　莉　汪成楚　齐松仁　李　斌　唐万元
徐玉娣　李世灿　叶　青　吕建华　金丹阳
寇俊玲　陈珞珈　刘静湖　王晓明　张建国
戎军生　李书龙　陈跃进　秦光武　杨　坚
李彦亮　李健华　赵　晖　阎　军　尚晓汀
张晶明　胡江南　于少庭　沈　清　陈　英
曾　祝　张红一　李银生　王国宾　陈少军
刘　誉　孔祥美　阮国平　郝一心　张宝仓
梁晓工　赵世亮　张树仁

北京市委机关分院（40名）

腾　毅　田元玲　郝洪强　丁　梅　杜少中
赵津芳　李　兵　王子健　胡叔樵　王明亮
邓志荣　何跃红　李耀珠　王　宁　张　炬
张善江　肖雅静　阎军才　贾　鹏　张运初
李宇光　朱云社　刘云斋　囤国常　禹学垠
姜松霞　宋铁键　赵冬辰　马士有　张晓丽
刘继先　马一平　王先勇　姜　凯　严庆田
李晓琛　高　林　林永宁　赵军慧　尹宝光

北京市工业党校分院（47名）

庞玉关　和贵增　刘宝杰　刘水洋　刘东威
王东维　曹士炳　王煜炜　刘玉迪　纪　海
张惠清　陆　耀　冯光忠　沈　群　章　琳
张玉茹　邵秀莲　李　英　高　粮　武东海
李文飞　张毅克　何天涛　杨作玉　李　玎
王静敏　郭春鸿　宋　珪　董　淳　邵明红
李志红　耿养谋　周　院　王守孝　姜贵平
沈安东　阎宝月　尚志刚　双美玲　吕仕杰
陈志方　罗先彬　李志强　张根祥　焦志忠
姜福祥　朱武安

（二）科学社会主义专业：空军分院（51名）

王　峰　徐汇东　马新军　李昆仑　刘继光
陈仕平　刘海波　刘耀秋　刘绍亮　卢　震
朱成林　栾建军　赵　勇　广德福　王明忠
李忆宏　王　晶　陈国强　李清宪　方建东
杨　耀　吴成汉　陈红岩　刘振文　郑雄龙
邵志平　胡军益　王云杰　王满吉　李　振
马继胜　郭学鑫　许福臣　刘　则　马文海
惠章志　王锁文　陈学建　杨方红　刘旭刚
董子峰　孙保卫　陈海清　魏　文　赵晓龙
司树杰　魏永生　王　毅　张爱民　钟　琴
吴江浩

（吕　敏　万昌鸿）

【颁发毕业证书】 根据中央党校领导同志关于函授学院领导干部在职研究生班毕业学员颁发中央党校毕业证书的批示精神，给96级在职研究生班的181名毕业学员颁发了中央党校毕业证书。

经校领导批准，给95级、96级在职研究生班的228名毕业学员办理了中央党校的学历证明，并存入个人档案。

（吕　敏　万昌鸿）

【给获取硕士学位的在职研究生班学员颁奖】 95级、96级在职研究生班毕业学员共228名，申请中央党校政治经济学专业硕士学位的学员有24名，获硕士学位的有12名。12月26日，总院举行在职研究生班获硕士学位学员颁奖会。会议由教学处处长兼研究生办公室主任王炳主持。副院长史信发、刘利群、张东升、欧亚平出席了会议。史信发同志在会上宣读了中央党校学位委员会关于授予万廷等12名学员硕士学位及总院关于表彰奖励获硕士学位学员的决定。副院长史信发、刘利群、张东升、欧亚平为获奖学员颁了奖，刘利群讲了话。

获奖学员名单如下：

95级：万　廷　中国长峰集团出口部经理、工程师
雷红梅　国家科委办公厅干部
王　玮　中国交通通讯中心科技处处长、高级工程师
孔　梅　全国政协管理办公室副处长
王志刚　内贸局华星进出口有限公司副总经理
颜明池　民航总局体改企管司政研室副主任
陈鸿飞　冶金部规划研究院办公室副主任
韩　雪　北京市丰台区委宣传部干部
卢　宏　北京市委宣传部副处长、副教授

96级：王　莉　航天三院8359所团委书记
赵世亮　中直机关工委干部
张运初　北京市勘察设计研究院部长

（万昌鸿）

【关于组织好在职研究生班招生考试的补充通知】 通知要求：

1．要组织在职研究生班考务工作和监考任务的全体人员，学习总院［99］第5号和［98］第48号文件的有关内容。

2．要按［98］第48号文件第四条（即“精心组织入学考试”）提出的五项要求，逐项检查准备安排情况，对存在的问题，务必在考前解决落实。

3．每个标准考场，都要按男、女各一人配置监考人员，便于处理考场事宜。

4．要按总院［98］第47号文件的要求，备齐考试答题纸等各类考务用品。考生不得自带答题纸进入考场。这次招生考试，除英语课外，其它3门课都须事先准备答题纸；每个考生的答题纸按“招生考试答题纸”封页一张和后页两张的数量，用钉书机在书写准考证号的右上角装订。要准备一定数量的“招生考试答题纸”后页，以备考生索用。发给考生的草稿纸，要加盖分院印章，考试结束后收缴销毁。

5．英语答卷，由各分院安排资深教师，按总院的标准答案判分后，将考试成绩按准考证号码的顺序排列，于5月8日前报至总院研究生办公室［电话是（010）62805556］。总院适时还将组织人力对已判阅的英语试卷进行抽查。英语考试成绩不计入总分；在同等条件下，优先录取英语成绩好的考生。

6．对有作弊行为者，监考人员必须当场向本人指出，并在《考场情况报告》单上记录其作弊情节，并由监考人员两人签字。考试结束时，由监考人员在作弊者答卷封页上写明“作弊”字样，该门课程按“零分”处理。

7．总院将把各单位执行总院招生考试规定的情况，作为在职研究生班办学条件、办学能力、研究录取名额、确定“休耕”轮招的重要因素来考虑。

【99级党员领导干部在职研究生班经济管理专业和法律专业培养方案(节录)】

一、培养目标

培养德才兼备的、复合型的、知识水平

较高的领导人才。具体要求：

1. 具有较高的党性修养，坚持党的基本路线，全心全意为建设有中国特色社会主义事业服务。

2. 具有坚实的马克思主义理论基础，较系统地掌握马列主义、毛泽东思想和邓小平理论。

3. 具有一定的外语（英语）水平，借助工具书能阅读有关英文资料，并能进行一般的英语基础会话。英语基础较好的学员应争取达到硕士学位所要求的英语水平。

4. 掌握坚实的专业基础理论和系统的专业知识，具有从事经济管理和一定的科研能力，能担当跨世纪领导工作的重任。

二、学制

3 年

三、课程设置（见下表）

四、课程安排与教学计划

第一、二、三、四学期，具体安排见“教学计划总表”。

第 4 学期，确定指导教师。学员在导师的指导下选定论文题目，确定查阅资料范围。

第 5 学期，搜集资料及补学有关知识，作开题报告，开始撰写论文。

第 6 学期，完成论文撰写，进行论文答辩。

五、培养方法与授课时间

采取个人自学、集体授课与导师个别指导相结合；学时制为主，学时制与学分制相结合的培养方法。教学贯彻理论联系实际的方针。在个人自学、集体授课的基础上，辅之以必要的课堂讨论、专题讲座、参观考察、电化教学和科研、学术活动，把教与学、学习与实践紧密结合起来，使学员既掌握理论知识，又学会研究和管理的方法与技能，提高分析和解决实际问题的能力。

集体授课每月 5 天。原则上利用双休日授课，也可根据情况相对集中。课内学时与课外自学的学时比为 1:2。

每学期教学安排 21 周。其中，授课、讨论和考试等课内教学活动为 25 天、50 次课（半天为 1 次，按 4 学时计），共 200 学时。第一、二学年课内教学活动总计 800 学时。第 3 学年主要用于撰写毕业论文。各分院可酌情在第 5 学期自行安排一些专题讲座。

六、考核与毕业论文

考核分考试和考查两种，必修课考试，选修课考查，根据不同类型的课程，可采用闭卷、开卷考试和提交论文等三种方式进行。公共基础课（英语或古文选读及文学艺术与文化除外）、专业基础课与专业课、指定选修课等课程的考试，由总院统一命题；英语、古文，及任意选修课等课程的考试由分院命题。

毕业论文是培养研究生的重要环节，是学习深化、理论升华、理论与实际相结合的成果，是对学习成绩的全面检验。最终未通过毕业论文答辩者，发给肄业证书。

七、党性教育

主要是通过学习马列主义、毛泽东思想和邓小平理论，来加强学员的修养，把改造主观世界和改造客观世界结合起来，自觉坚持党的基本路线和全心全意为人民服务的宗旨。同时，学员在学习过程中，应自觉提高使命感和自觉性，努力学习，积极工作，遵守纪律，尊敬师长，团结友爱，互帮互学，寓党性锻炼于日常学习和工作之中。

为了加强党性锻炼，研究生班建立临时党支部，学员过双重组织生活，每学期安排两次民主生活会，进行党性分析，或安排参观见学、听英模报告等活动，进行生动活泼的党性教育。

第 5 学期安排党性教育专题课程。课后每个学员都要结合自己的思想实际，写一份党性锻炼总结报告。党性锻炼总结报告是考核学员能否毕业的重要依据之一。

课程设置表

	经济管理专业	法　律　专　业
公共基础课	马克思主义经济著作选读	马克思主义法学经典著作选读
	邓小平理论基本问题研究	邓小平理论基本问题研究
	外语（英语）或古文选读、文学艺术与文化	外语（英语）或古文选读、文学艺术与文化
	党性教育	党性教育
专业基础课与专业课	西方经济学	法理学研究
	西方管理理论研究	当代西方法律制度研究
	宏观经济管理研究	宪法、行政法研究
	现代企业管理研究	民法研究
	金融理论与实践	刑法研究
	现代管理学	诉讼法研究
选修课	经济统计与分析	当代西方法学理论研究
	经济法律制度专题研究	金融、证券法研究
	当代世界经济	公司企业法研究
	领导科学	宏观调控与市场管理法研究
	社会主义市场经济理论专题研究	知识产权法研究
	发展经济学专题研究	国际经济法研究
	市场营销学专题研究	犯罪学研究
	当代世界思潮	证据学研究
	工业经济专题研究	司法鉴定学研究
	农业经济专题讲座	劳动法研究
	知识经济专题讲座	
	省（市）情、行业情况等专题讲座	

八、外语教学

总院对外语教学不作硬性的统一安排。各分院要结合学员的外语水平，根据培养方案确定的培养目标和教学计划总表规定的课时，本着“严格要求、质量第一”的精神和“实事求是、讲究实效”的原则，参照总院关于分班施教、分流施教的意见，确定外语教学的具体实施办法，制订好教学计划并报总院备案，选好教材和教师，精心组织教学和考核。

（于志伟　齐连池）

【99级党员领导干部在职研究生经济管理专业和法律专业招生简章】 1998年10月30日和1999年1月5日，总院分别下发了99级党员领导干部在职研究生经济管理专业和法律专业招生简章，对招生的有关问题作出了明确规定。

招生对象和报考条件：招收具有大学本科学历且担任县（处）、团级以上职务的党员领导干部。如有省、军级领导干部要求参加学习，总院将根据实际情况采取特殊教学形式。地、市以上党校具有中级（含）以上专业技术职称的党员教师也可报考。

报考人员的职务级别，必须是担任县（处）、团级以上职务或者相应职务的干部；专业技术干部，必须是上级规定享受县（处）、团级待遇的干部。在企业单位，必须是"国有大型、特大型企业的中层以上党员领导干部，国有中型企业党员领导干部，实行公司制的大中型企业中由国有股权代表出任或者由国有投资主体委派（包括招聘）的党员领导干部"。地、市以上党校具有中级以上专业技术职称的党员教师，必须是45岁以下，具有培养前途的骨干教师，其报名人数，不得超过本分院报名总数的8%。报考人员的职务级别，以报名截止时的任职为准。报考人员必须坚持党的基本路线，品德良好，遵守纪律，身体健康，能够长期坚持学习。

报考人员必须是具有大学本科毕业或具有同等学力者。如系大专毕业，必须具有中级以上职称，或获有省、部级以上科技或学术成果奖（包括科学技术和社会科学）。

招生办法：自愿报名，组织同意，统一考试，择优录取。凡报考者，须经主管组织、人事部门同意，并纳入本系统或本单位的干部培训计划。

各分院要认真审核报名者的政治面貌、学历、职务级别，经审核合格后，方可发给准考证，参加由总院统一组织的招生考试，成绩合格者，由总院统一录取，各分院下发《录取通知书》。

管理体制：由总院主办，分院或直属学区负责日常教学、管理等具体工作。

报名时间和手续：报名时间自招生简章公布之日起至1999年1月31日止。报名者须持大学本科毕业证原件或具有同等学力的相应证件（含获科技和学术成果的证明材料）、本单位出具的有关政治面貌、职务级别和同意报考等内容的证明，到招收党员领导干部在职研究生的分院报名。经资格审查合格后，填写报名登记表，交近期免冠同一底片一寸半身照片2张。

学制：3年

注：法律专业班限在北京市试办。

【99级党员领导干部在职研究生班招生计划】 经总院申请、校委批准，党员领导干部在职研究生班1999年面向全国承办的分院继续招收经济管理专业学员，在北京试办法律专业班。

总院研究决定，1999年，有7个分院12个教学点停招，19个分院23个教学点继续招收经济管理专业学员。全国有21个省级分院（含部队系统的分院）和14个地级党校申办在职研究生班。经考核、论证和筛选，批准8个省级分院和4个学区1999年承办总院经济管理专业在职研究生班。

总院与政法部研究后决定，1999年，北京市公安局直属学区和北京市委机关分院各办一个法律专业班。

总院本着"控制总量、统筹兼顾"的精神，下达了招生指标，按考试成绩划片，择优录取。（吕　敏　万昌鸿）

【考生资格审查】 研究生办公室在抽查在京和京外几家单位的资格审查情况后，发现了一些掌握不准、把关不严的现象。1999年3月8日，总院下发了《关于做好考生资格复查工作的电话通知》，并按上报材料，逐个审查了考生资格。经复审，被取消报名资格的有近百名，准考人数为4850名。

（吕　敏　万昌鸿）

【招生考试情况】 总院党员领导干部在职研究生班99级学员招生考试于4月28日和29日在21个省、市的26个城市举行，30个分院、直属学区设有38个考点、143个考场。参加考试人数占准考人数的70.4%。

这次招生考试有经济管理和法律两个专业。公共课考试马克思主义基础理论和英语（参考分）课；专业课考试，经济管理专业：社会主义市场经济理论和经济管理理论课，法律专业：法学基础理论和法律综合课，各单位安排监考人员共330名，总院派出30路共69人到各省级分院监考，保证了招生考试的顺利进行。

（吕　敏　周玉昌　万昌鸿）

【集中评阅招生考试试卷】 研究生办公室组织中央党校相关教研部的33位教授、副教授，从5月8日—18日，集中评阅两个专业考生的9647份招生考试试卷。

（吕　敏　万昌鸿）

【新生录取情况】 党员领导干部在职研究生班在招生考试后，总院按照从严要求的原则，进行新生录取工作。30个分院、直属学区共录取新生1979名。其中，经济管理专业1869名，法律专业110名。

（吕　敏　万昌鸿）

【98级试读生转正】 98级在17个分院有试读生31名，除2名自动退学外，其余29名通过一年的学习，经分院综合考查，均符合正式生条件，由分院批准转正，并报总院备案。

【97级、98级、99级在职研究生学籍变动情况】 1999年，共办理97级、98级、99级在职研究生32名学员的转正、休学，10名学员的退学和除名手续；办理了10名学员的借读、借考手续。

【1999年上学期期末考试考务工作】 7月10日、11日，总院在全国22个省、市26个分院的35个教学点组织了97级、98级期末考试。总院向7个分院派出37名监考人员。9月4日、5日进行了补考，参加补考人员共255名，总院及时向25个单位发送了302份补考试卷。

【1999年下学期期末考试考务工作】 2000年1月15日、16日，总院在31个省市34个分院的47个教学点组织了98级、99级经管专业、法律专业的期末考试。总院组织了50多名监考人员分赴47个考点进行监考。3月4日、5日进行了补考，参加补考人员共312名。总院及时向40个单位发送了350余份补考试卷。

【集中评阅期末考试试卷】 1999年各年级期末闭卷考试试卷由总院组织有关分院的任课教师分别在北京、杭州和兰州等地进行分片集中阅卷。将阅卷教师分成3个小组，每个小组负责一个大题，每人负责一个小题，采取流水作业法，遇到困难，协商解决。对判卷中发现的问题进行认真分析。阅卷教师一致认为，这是统一教学内容、准确把握教学重点、难点、交流教学方法和提高教学质量的一种好办法，应长期坚持。

（翟东景）

【远程教学】 中央党校远程教学系统于1999年9月1日正式开通，99级党员领导干部在职研究生班经济管理专业第1学期的《马克思主义经济著作选读》课上网授课。

中央党校刘炳瑛和肖云两位教授分别讲授了当代怎样学习《资本论》、商品理论、货币理论、价值规律、资本理论和再生产理论、平均价格和生产价格理论、信用制度和股份公司理论以及地租理论等专题。远程教学受到学员普遍好评。《学习时报》党校教育专刊（2000年3月27日）发表了总院副院长刘利群的署名文章：《充分运用远程教学手段搞好在职研究生教育》。（于志伟）

【97级毕业论文指导教师】 97级党员领导干部在职研究生班各办班单位，按照办学规程和培养方案，依据总院《党员领导干部在职研究生毕业论文工作暂行规定》中的有关要求，第4学期为研究生选配导师，并报总院审批。总院为20个办班分院（学区）审查批准的论文指导教师共255名，其中，教授164名，占导师总数的64%，副教授91名，占导师总数的36%。（于志伟）

【97级甲班学员撰写毕业论文】 研究生办公室于6月20日发出通知，对科社专业97级甲班毕业论文作出安排，通知要求毕业论文工作按选题、资料、开题、撰写、定稿、答辩六步进行。

一、选题。毕业论文选题要符合所学专业，要与实际结合，要适中。导师对学员选题要认真把关。选题一般应于9月中旬完成，最迟不晚于9月底。

二、资料。论文选题确定后，学员要立即着手搜集资料。导师要对学员搜集资料予以指导。学员要按照导师的要求，进行必要的理论思考和构思。

三、开题。学员在做好有关准备的基础上。应于10月下旬向导师提供开题报告。开题报告应阐明毕业论文的理论和实践意义、研究现状、资料准备和框架设计等情况。导师则视情况作出同意开始撰写或重新修正开题报告，合格后再撰写的结论。

四、撰写。学员要在导师指导下撰写毕业论文。论文的撰写应以马列主义、毛泽东思想、邓小平理论为指导，坚持理论与实际相结合，做到结构合理，观点正确，论证有力，结论科学，并要有创新。

五、定稿。毕业论文应于2000年5月下旬前定稿。毕业论文经责任导师和主导师审查同意后，各打印10份，送交研究生办公室，以备评阅和答辩。

六、答辩。拟于2000年5月下旬或6月中旬在总院举行答辩。（李士甲）

【98级甲班导师座谈会】 1999年8月29日，总院召开了98级甲班在京的责任导师和部分主导师座谈会。参加会议的有12位责任导师和中央党校刘海藩、江流、赵曜、孙钱章、吴雄丞、张中云、崔自铎、郭德宏、李良栋等9位主导师。会议由总院张东升副院长主持，常务副院长黄士安出席并讲了话。

这次座谈会围绕进一步推动甲班工作，提高教育质量，实现培养目标进行。19位导师在会上发言，汇报一年来学员学习和导师的指导情况、作法及体会，交流了经验，谈了对甲班办学的认识，提出进一步搞好甲班教学、提高教学质量以及做好第3学期教学指导的意见。座谈会进一步明确了甲班的办学方向，增强了办学的信心。

对今后如何加强甲班工作，导师们提出以下建议：甲班要继续办，人数可适当少些，坚持高标准，入学时要面试，以保证能坚持学习；课程本着“少而精，学了管用”的原则做些调整；专家讲课不能少，讲课并复制下发录音带，对提高教学质量有重要作用；发扬理论联系实际学风，加强研讨，研究一些现实问题；每年召开一次教学情况交流会，学员、导师一起研讨；加强教材建设，逐步形成自己的教材体系。

（郭春元）

【甲班工作简介】（一）制订了97级科社专业、98级政治学专业（治国方略研究方向）开设的11门课程的教学计划和各学期的教学计划进度安排表与教学安排的通知，确保教学工作的有序进行。

（二）为学员配发43种教材、参考书和17份参考资料及讲稿。研招办组织编写了《中国历代治国方略文选》丛书，分6卷、7册（共220万字），组织编写了《中国历代政治名人治国方略评介》（30余万字），组织摘编了9期（18篇）世界主要国家治国方略文选和政治名人评介的资料（约35万字）。另外，还将李步云教授的《实施依法治国战略论纲》、安作璋教授的《中国古代用人之道》等5份材料印发给学员；配合《当代思潮》讲座课的学习，转发了中央党校组织编写的讲稿3份。

（三）组织在京学员进行了10次专题辅导（附表于后）。研招办先后从中央党校政法部、中国社会科学院法学研究所、亚太研究所、日本研究所、美国研究所、军事科学院等单位聘请有关专家、学者进行辅导授课。同时，将其中6次辅导授课制成录音带，复制了1090盘，寄给京外和没有及时到课的学员。

济南和青岛两个学习小组也各自组织了几次专题辅导，对推动学员学习交流起到了良好的作用。

（四）进行课程考核。甲班课程学习的考核，每学期3门课分别采取撰写论文和心得体会及完成指定作业题三种形式进行。1999年，分别对97级、98级下发通知，布置了考核的论文选题，并提出了具体要求。

（五）调整了98级甲班的课程设置。98级甲班第3学期增加了《当代世界思潮》讲座课。将第4学期开设的《毛泽东治国方略专题研究》、《邓小平治国方略专题研究》合并为《党的三代领导治国方略》，并将《三基本》教材，列为参考书。

（六）加强教学管理，确保办学质量

1．1999年3月和9月，研招办分别召开了97级和98级部分在京导师会议，各位导师汇报了他们指导学员的学习情况，并对甲班的办学形式、招生、课程设置、教学指导和管理及教材建设，提出了许多有价值的意见和建议。还分别在济南、青岛召开了责任导师会议，也收到了好的效果。

2．研招办从相关教研部聘请了几位导师，建立了政治学专业（治国方略研究方向）98级甲班教学工作指导小组，不定期召开会议，研究教学计划、教材和教学工作中的问题。1999年，召开了3次教学工作指导小组会议，分别研究制订了《中国历代治国方略专题研究》等课程的教学计划。

3．划片分组，加强管理。98级甲班的34名学员，分散在10个城市。经总院领导批准，在学员集中的北京、济南、青岛、成都、南京建立了5个教学小组。分别确定学员组长、导师组长，并依托省委党校和有关单位业务部门进行协调工作。

4．制定了《关于进一步做好98级甲班教学工作的几点意见》。《意见》于11月9日下发给各位导师、学员，并得到了院领导的肯定。

5．研招办除采取抓中间——责任导师，带两头——学员与主导师的作法，了解他们的教学情况并检查督促他们的教与学活动外，主要通过电话、函件、工作通报、通知和《两表》制度，以及导师、学员到研究生办公室报送论文，索要教材等机会进行联系，督导他们的教学活动。1999年，共下发《研究生工作通报》10期，各种文件、通知30余份。 （张鸿岳）

【进一步做好98级甲班教学工作的几点意见】 研究生办公室制订了《进一步做好98级甲班教学工作的几点意见》（以下简称《意见》），内容主要是：坚持自学为主的方针；

充分发挥导师的主导作用；认真进行面授与研讨；重视论文的撰写与指导；实行学分制和弹性学制；坚持《学员自学情况登记表》与《导师面授指导情况登记表》制度；划片分组，加强管理，促进交流。《意见》是甲班教学经验的初步总结，对推动教学工作起到了一定作用。（郭春元）

【关于党员领导干部在职研究生班经费管理的规定】

各分院：

中央党校函授学院党员领导干部在职研究生班教学采取个人自学、集体授课和导师指导相结合的方式。根据几年来的办学实践，经报国家计委收费管理司批准（计司收费函［1998］11号），从99级开始，对党员领导干部在职研究生班收费管理作如下规定：

一、收费项目及标准

（一）报名考务费：参加函授学院研究生班招生考试的考生，每人收取报名考务费40元。

（二）学费：每人每学年学费3000元。

（三）教材、资料费：每人每学年400元。

二、经费开支

总院承担学员教材、教学计划、教学大纲、培养方案、考试命题、教学指导、教育指导委员会活动、备课会、组织管理、调研差旅和行政支出等费用；分院承担讲课金、聘请导师、教室租金、外请教师交通补贴、录音、监考、班主任报酬、阅卷、批改作业、学员班活动、组织管理和行政支出等费用。

三、经费分配办法

报名费、学费、教材、资料费由总院和分院两级分配。报名费、学费分配比例为4:6，教材、资料费分配比例为5:5。

四、各项收费的收缴办法

（一）报名考务费：

每生收取40元，上缴总院16元。在考试结束后一个月上缴总院财务处。

（二）学费：

每生每学年收取3000元，其中上缴总院1200元，在开学后2个月上缴总院财务处。

（三）教材、资料费：

每生每学年收取400元，其中，上缴总院200元，在开学后2个月上缴总院财务处。其余200元留分院用于自购学员教材、学习参考资料和补贴论文答辩费。

为做好研究生班办学经费的管理工作，各办学单位不得随意扩大收费项目和提高收费标准。如有特殊地区提高收费标准，必须经当地物价部门审批，并报总院备案。

中共中央党校函授学院

1999年6月9日

电 化 教 学 工 作

【网络管理信息系统通过鉴定】 1999年1月20日，受中央党校科研部委托，函授学院组织召开了“中函网络管理信息系统”鉴定，鉴定委员会认真听取了研制单位所作的研制报告、技术报告、测试报告、用户报告和资料审查报告，审阅了鉴定材料和有关文档资料，观看了系统演示汇报，课题组回答了专家和用户提出的问题。一致认为，该系统功能齐全，运行正常，性能稳定，安全保密性好，在设计上选用了先进的硬件设备、软件平台和最新流行的编程工具，在技术上还能大胆创新，所开发的功能强大的报表服务器，达到同类型应用系统先进水平；该系统技术先进，操作简便，人机界面友好，实用性强，有良好的经济效益和社会效益前景，它的使用必将提高函院的信息管理水平和工作效率。“中央党校函授学院网络管理信息系统”通过专家鉴定，为函授教育的信息现代化管理探索了新路子，为函授学院网络建设、办公自动化奠定了基础。

（李素玲　陈俊珍）

【首次电化教学工作会议】 函院首次全国电化教学工作会议于12月15日—19日在云南省委党校召开，出席会议的有各分院、直属学区负责人、先进单位代表以及总院同志共105人。会上史信发副院长作了《面向21世纪的电化教学改革与发展》的主题报告，他着重回顾了党校函授教育创办以来电化教学工作的主要成绩，指出了电化教学跨世纪改革与发展的基本思想和今后要着力抓的几项工作。云南省委党校副校长、云南分院院长李师程、云南省委党校副校长陈一之、云南省委组织部副部长高旭等同志参加会议并讲了话。与会代表就电化教学跨世纪发展问题进行了认真而深入的讨论。有9名同志进行了大会发言，介绍了经验，畅谈了收获和体会，一致认为，这次会议抓住了电化教学跨世纪发展的根本问题，取得了积极成果：认清了形势，提高了认识，增强了责任感和紧迫感；总结交流了经验，查找了问题，明确任务；统一了思想，达成了共识，商讨了远程教学和网络建设的有关事项。这次会议，还对8个分院、15个学区和3个辅导站进行了表彰和奖励。最后，电化教研室负责人谢广乔同志代表总院进行了大会总结。

（谢广乔　王松一）

【远程教学网络建设规划】 总院提出，一定要紧紧依托党校远程教学网，加快函授系统和远程教学网建设步伐，争取3—5年内主要课程实现上网教学。具体规划和要求：一、各分院、学区和辅导站要依托当地党校的远程教学网站，开展函授网上教学工作。上网课程要坚持“积极稳妥、注重实效、慎重上网、逐步推进”的原则。二、联网步骤，分四步走。三、中央党校远程教学网设计方案采用SCPC无协议信道实现网状、广播方式、会议电视方式（双向传输）。在建立网站的过程中必须具有增容功能。四、系统功能。数字广播卫星传送；单一平台多种服务功能；顺序提问功能；时时点播功能；综合信息服务功能；分级保密功能。五、远程教学网站的模式与投资。各分站建设按功能不同分为A、B、C三类站。A级站，建站总投资50万元以内；B级站，建站投资8万元以内；C级站，建站投资2万元以内。

六、建站投资与收视费管理办法。各分院、学区和辅导站建网一般由当地党校牵头，函授办学部门大力支持，积极推动本校尽快建立网点。七、远程教学网站的管理。函授教育系统化严格执行党校有关部门下发规定的同时，根据函授教育的特点，制定一些课堂教学管理新条例，以适应不断发展的新情况、新变化。（谢广乔）

【计算机网络建设规划】 函授学院计算机网络建设规划如下：一、网络建设的原则与目标。坚持“统一规划、分步实施、层层落实”的原则，培训广大在职在岗党员干部，以深化教学改革，提高教学质量和管理水平为目标。以总院为中心，凭借四级管理机构，向遍布全国各省、市、自治区的2000多个单位辐射的广域网络系统，形成总院——分院——学区——辅导站——学员之间的“信息通道”，逐步实现网络化管理和多媒体网络化教学。二、网络建设的实施步骤。分三步走：(1) 建立总院局域网络，对总院信息统一处理，实现总院与分院、学区间的信息交流，并通过局域网与校园网互联，共享校园网资源信息，同时，逐步建立和完善课件制作系统和远程教学系统；(2)建立试点分院和试点学区局域网，并建立起总院和试点分院、试点学区间的广域网络系统，实现办公自动化和网络管理现代化，共享教学、管理信息资源；(3) 实现总院与各分院、学区间的网络互联，分期分批推广试点成果和经验。三、管理与队伍建设。必须进行科学规划和精心设计，加强工程的管理与监督，抓好信息系统的安全保密工作，加强技术骨干和管理队伍的建设，以实现函授学院教学、科研和管理计算机网络化、自动化。（李素玲 陈俊珍）

【计算机知识培训班】 1999年下半年，电化教研室举办了计算机知识培训班，共分12个专题。包括计算机基础知识介绍；Windows98基本概念和基本操作；Windows 98文件管理和系统管理；五笔输入法和智能ABC输入法；拨号上网和网上冲浪；收发电子邮件和Outlook Wspress；Word97编辑排版；Word97表格和绘图等。参加主讲的同志有李素玲、陈俊珍、张方玲、陈勇等，参加学习的人员共400余人次。通过这次培训，使参加学习的人员基本上能够掌握Windows98、Word97、互联网的使用，可以进行文字录入、排版、文件管理、建立邮箱和收发电子邮件等。（李素玲 陈俊珍）

院　刊　简　介

【《学习辅导》第1期】 1999年2月25日出版。主编刘利群，常务副主编舒金城。供大专班用。卷首登载本刊编辑部《就〈学习导刊〉改为〈学习辅导〉致读者》，指出刊名的改动是根据国家新闻出版署的有关规定作出的，办刊宗旨、编辑方针不变，刊载内容，容后再作调整。登载教学处制定的96级大专班教学计划、97级大专班教学计划、98级大专班教学计划8份。在“学习辅导”栏目中，登载中央党校副校长杨春贵教授撰写的《十五大精神与党的思想路线》的重要论文，登载本学期闭卷考试课《马克思主义哲学简明教程》、《政治学原理》、《政治经济学》(资本主义部分)、《国内贸易经济管理》、《工业企业经营管理概论》、《经济管理学原理》、《中共党史简编》、《刑法概论》等辅导文章9篇。在“焦点信息”栏目中，发表《关于公平与效率问题》、《论社会主义所有制改革》、《东亚金融危机及其给中国带来的挑战与启示》、《关于市场经济与道德建设关系的几种观点述评》、《中国在人权问题上的基本观点》等5篇理论文章。发表申国伟的《走进欧元》，王明精的《搞好国有小型企业之浅见》、吴登洲的《当前创建文明安全村镇活动的问题与对策》等3篇学员专论。

（崔英华）

【《学习辅导》第2期】 1999年3月1日出版。主编刘利群，常务副主编舒金城。供本科班用。卷首的《致读者》，就《学习导刊》改为《学习辅导》作了说明，指出改动刊名是根据国家新闻出版署的有关规定作出的，办刊宗旨、编辑方针不变，刊载内容，容后再作调整。发表中央党校副校长刘海藩《在函授学院在职研究生班98级（甲班）学员与导师见面会上的讲话》(摘要)。登载教学处制定的97级本科班第4学期教学计划、98级本科班第2学期教学计划、第七期领导干部班第4学期教学计划、第八期领导干部班第2学期教学计划12份。在“学习辅导”栏目中，登载赵曜、孙劲松、孙钱章、周华彬、李洁、肖勤福、毛蓉芳、牛京、张盛念、王金龙、陈德仲等教授，为《科学社会主义经典文选》、《领导科学概论》、《社会主义市场经济概论》、《国际投资和我国利用外资概论》、《国际贸易理论与实务》、《国际金融简明教程》、《货币银行学》、《宏观经济运行与管理》、《行政法学》等16门闭卷考试课程的辅导文章。在“焦点信息”栏目中，发表许冬梅的《山雨欲来风满楼——回眸1998年世界经济》，钱镇的《欧元的诞生及其影响》，余愚的《集体主义与个人主义》等3篇文章。发表孙小平的《对进一步提高金融监管水平的思考》、王柳旭的《浅析利率下调对银行的影响与对策》、吕亚东的《刍议现代企业家对经营方略的选择》等3篇学员专论。

（崔英华）

【《学习辅导》第3期】 1999年5月10日出版，主编刘利群，常务副主编舒金城。供大专班用。卷首发表本刊编辑部文章《认真搞好期末复习考试》。在“学习辅导”栏目中，邀请赵玉瑾、叶自成、辛守良、吴光辉、孙钱章、于吉楠、李钧泽、周华彬、李用兵、谢邦宇等教授，分别为本学期的闭卷考试课程《马克思主义哲学简明教程》、《政治学原理》、《社会主义市场经济简明教程》、《政治经济学》、《经济管理学原理》、《中共党史简编》、《国内贸易经济管理》、《工业企业经营管理概论》、《刑法概论》、《民法学教程》等撰写了辅导文章。发表了唐凯麟的《"道德"中心问题的科学解决》、黄子毅的《修宪是加速依法治国进程的重大举措》、曹玉海的《第三代领导集体对科学社会主义理论的新贡献》、晓文的《中国在人权问题上的基本观点》、史小平的《关于经济全球化问题的研究综述》等5篇文章。刊登了虎城的《谈谈复习考试问题》、李秀原的《学员应试必备六要素》、魏锦玉的《我的自学体会》等3篇关于学习方法的文章。发表学员李万美的《依法治国建设社会主义法治国家》、高福仲的《浅论企业基层单位党政一把手如何成为好搭档》、张启聪的《当前我国环保执法软弱局面的成因和对策》、王华祥的《建立云南医药大产业的发展战略初探》、李巨山的《打击假冒伪劣产品问题刍议》等5篇学员专论。（崔英华）

【《学习辅导》第4期】 1999年5月8日出版。主编刘利群，常务副主编舒金城。供本科班用。卷首发表本刊编辑部文章《认真搞好期末复习考试》。在"学习辅导"栏目中，邀请高金海、李洁、毛蓉芳、张盛念、孙钱章、陈德仲、钱寿根、刘永桂、王金龙、肖勤福等教授，分别为本学期的闭卷考试课程《科学社会主义经典文选》、《社会主义市场经济概论》、《国际贸易理论与实务》、《国际金融简明教程》、《领导科学概论》、《货币银行学》、《国际税收教程》、《行政法学》、《行政法与行政诉讼法教程》、《市场经济法律制度概论》、《法学基础》、《刑法总论》、《刑法各论》、《民法学分论》、《宏观经济运行与管理》、《国际投资和我国利用外资概论》等撰写了辅导文章。在"焦点信息"栏目中，发表了王文的《科索沃问题始末》、倪德刚的《主体能动性与企业管理者的素质》、苏澄的《简议先富与共富》等3篇理论文章。在"学员论坛"栏目，发表杨建仁的《讲学习是增强党性锻炼的有效途径》、姚向阳的《试论正确处理法治建设中的三个关系》、李胜华的《CI + CS = 金融企业经营的战略抉择》等3篇学员优秀论文。（崔英华）

【《学习辅导》第5期】 1999年7月6日出版。主编刘利群，常务副主编舒金城。供大专班用。卷首发表本刊编辑部文章《新学期寄语》，希望新老学员以"三讲"精神对待函授学习，做到学习、工作都有新进步。刊登教学处制定的97级大专班第5学期、98级大专班第3学期、99级大专班第1学期教学计划9份。在"原理课辅导"栏目中，邀请侯才、赵国良、叶自成、陈继新、于奇、刘隆亨、辛守良、李秉忠、陈德仲、李用兵、陈德洪、黄子毅、刘永桂、谢邦宇等教授，分别为本学期的闭卷考试课程《马克思主义哲学简明教程》、《邓小平理论简明教程》、《政治学原理》、《公共行政学》、《经济法简明教程》、《社会主义市场经济简明教程》、《财政学》、《行政法与行政诉讼法教程》、《法学概论》、《刑法概论》、《中国宪法概论》、《刑事、民事诉讼法学教程》、《民法学教程》等撰写了辅导文章。在"理论与实践"栏目中，发表中国人民大学教授、博士生导师罗国杰的《中西价值观比较》以及《新形势下党内监督面临的问题与对策》、《浅论防范和化解金融风险的五个要素》、《三角选择使中国避免金融风险》等4篇理论文章，发表马缨的《资本运营与国企改革》、胡远雄的《关于当前法律监督乏力的思考》等2篇学员专论。（崔英华）

【《学习辅导》第6期】 1999年7月8日出版。主编刘利群，常务副主编舒金城。供本科班用。卷首发表本刊编辑部文章《以"三讲”精神搞好函授学习》。刊登教学处制定的97级本科班第5学期、98级本科班第3学期、99级本科班第1学期以及第七期、第八期、第九期领导干部函授班教学计划16份。在“原著辅导”栏目中，邀请赵玉瑾、高金海、卢先福、李钧泽等教授，分别撰写了《马克思主义哲学经典文选》、《科学社会主义经典文选》、《马克思主义党的建设经典文选》、《马克思主义政治经济学经典文选》等课程的辅导文章。在“原理课辅导”栏目中，邀请孙钱章、周华彬、王金龙、刘春、李钧泽、陈德仲、刘永桂等教授，分别为《领导科学概论》、《宏观经济运行与管理》、《行政管理学教程》、《国际税收教程》、《货币银行学》、《法学基础》、《行政法学》、《社会主义法治论纲》、《民法学总论》、《刑法各论》、《市场经济法律制度概论》等课程撰写了辅导文章。在“现实问题研究”栏目中，发表白津夫教授的《关于国有企业改革问题》和陈瑞生教授的《我国民营经济的界说、特点和作用》2篇理论文章，发表孙乃沅的《如何撰写毕业论文》和陈国华的《浅谈文章的起笔诀窍与收笔艺术》2篇指导文章。（崔英华）

【《学习辅导》第7期】 1999年10月30日出版。主编刘利群，副主编曹玉海、舒金城、王兆铮。供大专班用。卷首发表本刊编辑部文章《认真搞好期末复习考试》。在《理论课辅导》栏目中，邀请侯才、赵国良、叶自成、刘隆亨、辛守良、李秉忠、李用兵、陈德洪、王兆铮、刘永桂、陈德仲、谢邦宇等教授，为本学期的闭卷考试课程《马克思主义哲学简明教程》、《邓小平理论简明教程》、《政治学原理》、《公共行政学》、《经济法简明教程》、《社会主义市场经济简明教程》、《财政学》、《法学概论》、《刑法概论》、《中国宪法概论》、《刑事、民事诉讼法学教程》、《行政法与行政诉讼法教程》、《民法学教程》等分别撰写了辅导文章。在“现实问题研究”栏目中，发表吴雄丞的《社会主义辉煌胜利的五十年》、靳真的《十五届四中全会〈决定〉在理论和方针政策上的创新和发展》、张义的《浅论邓小平理论的效率观》、倪德刚的《论马克思主义在当代的活力》、王贵秀的《再论民主集中制的运行程序》、黄理平的《中国可持续发展战略及其基本框架》等7篇理论文章，发表陆永飞的《试论乡镇干部怎样以经济建设为中心》和胡保民的《论现代企业制度下企业家队伍建设》2篇学员专论。（崔英华）

【《学习辅导》第8期】 1999年11月10日出版。主编张东升，副主编曹玉海、舒金城、王兆铮。供本科班用。卷首发表本刊编辑部文章《认真搞好期末复习考试》。在“原著复习指南”栏目中，邀请赵玉瑾、高金海、李钧泽、卢先福等教授，为《马克思主义哲学经典文选》、《科学社会主义经典文选》、《马克思主义政治经济学经典文选（资本论选编）》、《马克思主义党的建设经典文选》等分别撰写了辅导文章。在“原理课复习指南”栏目中，邀请李钧泽、孙钱章、周华彬、王金龙、刘　春、陈德仲、刘永桂等教授，为《货币银行学》、《领导科学概论》、《宏观经济运行与管理》、《行政管理学教程》、《国际税收教程》、《行政法学》、《刑法各论》等分别撰写了辅导文章。在“理论与实践”栏目中，发表周炳成的《我们的工作将写在人类的历史上》、欧阳默的《人民代表大会制度的光辉实践》、舒金城的《大兴调查研究之风》等7篇理论文章。在“学员专论”栏目中，发表刘国强的《WTO与中国》、张奇麟的《防范化解金融风险是银行永恒的主题》、陈燕华的《科学技术在维系国家统一与安全方面的作用》、杨武林的《结合北京郊区实际推进农业产业化经营》等4篇学员优秀论文。（崔英华）

部分分院工作汇报选登

强化质量意识
使党校函授教育
在高层次上运行

中共辽宁省委党校常务副校长　佟志武

〔**编者按**〕佟志武同志任省委党校常务副校长以来，高度重视函授工作，他先后参加了1998年12月8日分院直属学区举行的精品课观摩活动，1998年12月18日分院函授工作座谈会，1999年2月26日全省党校函授工作会议，并讲了话。现将他的几次讲话摘登如下。

一、党校函授教育必须进行准确定位

重视党校函授教育，一个核心问题就是定位问题，到底给它一个什么样的定位，这是关系党校函授教育事业发展前途的大问题。对党校函授教育事业进行定位，不外乎有两种：一种是把它作为整个党校教育事业的一个重要组成部分，通过函授教育为辽宁培养干部，为辽宁干部整体素质的提高做出贡献。这是一种正确的定位。另一种是旁门左道，把它作为创收的一种手段，片面追求经济效益。如果按第二种方式定位的话，党校函授教育就没有什么生命力了。因此，必须对它进行准确定位。定位问题实际上是端正办学思想问题。只有定位准确了，才能端正指导思想，才能正确把握党校函授教育的方向，促进它的健康发展。

二、必须提高教学质量，提高党校函授教育的声誉

提高党校函授教学质量，是函授的中心工作，也是党校函授教育的生命力所在。辽宁党校的函授教育事业发展到今天已经有14年多了，积累了很多办学经验，办学质量和声誉越来越好。但是，提高教学质量是一个长期的问题，是一个根本性的问题。只有教学质量上去了，才能提高办学声誉，党校函授教育才能真正有吸引力。如何提高教学质量？一是端正态度问题。从整体上说，省委党校教员的水平一般高于县区党校的教员。但为什么高水平的教员函授课的教学质量上不去呢？关键问题是态度问题，对函授课不重视，备课不认真，甚至有的教员不准备教案，上课讲重点、划道道。这样的课，效果怎么会好？这就要求教员端正态度，把函授班课与主体班课同等对待。二是把竞争机制引入函授教员的聘任过程。三是分院要与教研部门多沟通，在研究教学等问题时，多与教研部门商量，真正体现出全员办学、全员参与，共同促进函授教学质量的提高。

三、要发挥党校各教研部门的整体作用

提高教学质量，首先，要发挥教研部门的整体作用，对教师的聘任、教材的编写、命题等，各教研部门要积极配合，发挥每个教研部门的整体功能。其次，要严抓授课这个关键环节，教员要消除打工心理，认真对待自己的权利和义务。教研部门要正确处理主体班与函授班的关系，调整好师资力量。年轻教员可以上函授讲台，但要严格把关，加强集体备课，保证授课质量。只要能把函授教学工作摆到适当位置，很多事情是可以做好的。再次，函授教学要纳入教员工作量考核，以此提高教员对函授教学的重视程度。第四，函授教师持证上岗是一个很好的

建议，可以解决函授讲台什么人有资格上的问题，通过什么方式取得资格，函院要拿出个办法。

四、深化党校函授教育改革，强化党校函授教育特色

面对党校函授教育的严峻形势，如何应对，采取什么样的态度？不外有两种截然不同的选择，一种是放松管理，降低要求，来者不拒。我想，这不是上策，因为有些事情你越是降格以求，对我们自身的吸引力就会越差，如果消极应对的话，势必要严重影响党校函授教育经过多年艰辛努力所形成的良好声誉，这无异于掠夺式开采、饮鸩止渴，如同最后的晚餐。另一种选择是深化党校函授教育改革，瞄准人才市场需求，瞄准改革开放和经济社会发展需要，调整专业以及教学内容设置，改革学习方式甚至授课方式、办学形式，强化自学环节，压缩面授时间，使之更加灵活，适应挑战。毫无疑问，我们应该采取后一种选择，即走深化改革之路，这是应对挑战的一种积极态度，改革的方向是强化党校自身的特点和突出时代特征。党校函授教育如果没有自身的特色，就会混同于国民教育，没有存在的理由。党校函授教育已经搞了十几年，逐步形成了自己的特色和风格。通过深化改革，不断强化自己的特色，努力实现既有干部教育特点，又适应新形势对人才的需求这样的目标，只有这样，党校函授教育才有旺盛的生命力。

五、加强党校函授教育主体建设，树立大师资观念

函授教育的生命在于质量。而教育质量和教育水平是受办学主体的能力和水平的影响与制约的。因此，中函院和省函院都把1999年作为办学主体建设年，加强办学队伍建设，这体现了我们党校的函授教育在从求规模向求质量转变，从着重行政管理到以教学管理为中心转变。我们必须承认在质量上还有很大差距。在管理质量上也存在一定差距，还没有真正实现从行政管理到教学管理的转变，还没有从繁琐的事务性工作中解脱出来，总体运行层次不高。希望办学主体队伍建设这个问题能引起我们校委的重视。要树立大师资观念，打破学校学科的界限，让真正胜任的教员上讲台。在培训队伍上我们要像丹东市委党校和省直工委党校那样舍得投入，每年派教员到高等院校和上级党校进修。同时我们要培养创造性人才，在教学方法上也要来一次革命。尤其是我们函授教育以自学为主，让学员学会能够能动地自我获取知识、扩大知识面的方法，学会使用相关的现代化学习工具，增强研究问题、分析问题、解决问题的能力，养成善于思考、善于研究问题的习惯。在教学方法上，要重启发、重研讨、重引导、重答疑，在有限的课堂教学中要注意发挥学员的主观能动性，启发学员的智慧，鼓励学员大胆思维、独立思考、独立分析、加强解决实际问题能力的培养。

总而言之，增强质量意识要使我们党校函授教育实现高层次上运行，从分院到学区、辅导站都必须想办法从繁重的事务性工作中解脱出来。我看惟一的办法就是注重研究规律，教员研究教学规律，班主任和管理队伍研究管理规律，领导者研究领导规律，大家共同研究党校函授教育规律。今年的研讨会要以教学改革为主题，这是很必要的。

（选自辽宁分院工作汇报）

辽宁分院成立学科专家组 重视发挥专家 在教学中的作用

为了进一步发挥专家、教授在教学中的作用，推动辽宁函授教育的进一步发展，辽宁分院于1999年2月作出了成立学科专家组的决定。函授教育的生命在于办学水平和教学质量。提高办学水平和教学质量，既要发挥广大管理人员和教学人员的积极性，更要发挥专家、教授的作用，运用他们的宝贵经验和专业特长，为提高函授办学水平和教学质量服务。辽宁分院在总结经验的基础上，作出了成立学科专家组的决定，明确了学科专家组的工作任务和职责，确定了活动方式和方法。

根据函授工作的需要，辽宁分院设置了基本理论（马克思主义哲学、科学社会主义、政治学）、专业理论（经济、经济管理、国际经济与贸易、法律、计算机）、综合理论（党史、党建、领导科学、文史）等3个学科组，每个学科组设组长一人，由具有正教授职称的教研部主任担任，成员若干人，由具有教授、副教授职称的教员担任。

学科专家组的工作职责和任务是：为改革和调整现行的学制、专业和课程设置、考试制度献计献策；为编写教材、提高教材质量献计献策；按照专业需要听取教员登台前的试讲、抽查教案，学科专家组成员可以随时进课堂听课，为提高面授质量献计献策；向函授学院反馈教员、学员对课程设置、课堂教学、教材质量、《党校函授教育》办刊质量等方面意见和要求。

学科专家组采取定期和不定期活动相结合的工作方式进行工作。每年召开一到两次学科专家组全体成员会议，对课程设置，教学计划安排，教材使用和编写，教学改革、考试改革等项工作进行评议。平时以学科组为单位，由组长主持不定期开展活动，直属学区各科教员的聘任、试讲等要听取相关学科专家组意见。

目前，各学科专家组已分别开展了工作，在教员的聘任、登台前的试讲、精品课教学讲评、入学试卷分析等工作中发挥了重要作用，使辽宁分院的办学水平和教学管理有了新起点，上了新水平。

（选自辽宁分院工作汇报）

辽宁分院在全省开展函授精品课教学观摩活动

辽宁分院函授教学精品课观摩活动，从1998年函授工作会议布置任务开始到作出总结，历时一年之久。开展精品课观摩活动，是落实胡锦涛同志严把“教学关”重要指示的具体体现，是党校函授教育适应国际国内形势发展、保证党校函授教育质量、解决教学中问题的有力措施。

这次精品课观摩，遍及全省20个学区。经院领导反复研究，确定了精品课观摩活动的指导思想和具体做法：从辽宁函授教育的实际情况出发，实实在在地抓好函授教学的质量提高工作。精品课观摩活动不搞表演式的大奖赛，不搞拉练式的大检查。在不打乱教学安排的情况下，各学区都要推选出一堂由比较优秀的教师经过精心准备的能对提高函授教学质量起示范作用的优秀课、样板课。在学员正常上课的情况下，组织专家、领导和有关教员进行观摩，研究、探讨函授教学的一般规律、共性问题及改进方向和办法。

在观摩实施上，分院实行了分层展开、有分有合、稳步推进的办法。将20个学区的精品课分成三个层次进行观摩：（1）确定葫芦岛、辽河油田两个学区的精品课为全省观摩的精品课，分院的领导、专家和各学区相同学科的教员进行观摩。（2）确定大连、铁岭两个学区的精品课为南北两片的观摩课，分院领导、专家和两片各10个学区的相同学科的教员参加观摩。（3）其余15个学区的观摩课，由院领导、专家去观摩。

讲评是观摩的关键。不管是全省的、分片的、独家观摩的精品课，都必须进行课后讲评，使到会人员包括讲课教员，通过座谈、讲评共同提高。讲评的内容：一是就课论课，指出这次课应该肯定的方面和存在的不足以及改进的意见。二是就课论理，以观摩课为例和大家一起探讨函授教学的规律和方向性问题。根据评估表并按其备课情况和讲课的实际效果，评出特等奖2名，一等奖10名，二等奖7名。分院准备把各学区和优秀授课教员围绕精品课观摩活动写的文章汇集成册出专集，把精品课观摩活动的经验上升到理性去认识，宣传和推广优秀教师的事迹和经验，鼓励学区和教员多出精品、多上精品，为提高函授教学质量作贡献。

（选自辽宁分院工作汇报）

辽宁分院试题改革初见成效

辽宁分院经过多方论证和作了大量的准备工作以后，省函大专考试改革于1997年启动，在3科取得试点经验的基础上，1998年全面铺开，97级的部分课程，98级的全部课程，都按改革的要求进行考试命题。在新的考试试题中，取消了填空题、概念题，增加了单项、多项选择题、辨析题、案例题、计算题。跟踪调查和试卷分析表明，试题改革受到教师和学员的欢迎，试题改革已初见成效。这个成效体现在：第一，适应强化素质教育要求的程度逐步提高。取消、减少了死记硬背的试题，引导学员把理论知识转化为能力和党性的题型、题量增多。第二，考试改革带动了规范教学重点、改进辅导材料、提高讲课质量等环节。多数教员认识到，从强化素质教育出发，着力讲明重点，讲透难点，回答热点，解开疑点，教会应用，应该成为教员授课的质量标准。第三，引导学员在先学好、后考好上用功夫。

（选自辽宁分院工作汇报）

湖北分院教育评估成效显著

湖北分院是分院级教育评估的试点单位。由于他们“整个教育评估工作做得认真、细致、扎实，较好地达到总院提出的‘四个到位’的要求”，取得显著的成效。一是促进了硬件建设，分院面貌焕然一新。从1998年分院评估以来，湖北省委党校投入了近100万元改善分院办学条件。包括投入21万元将办公室由13间增为22间，桌、柜、空调等设备全部更新；投入30万元添置10多台微机，实施微机第二期试点工程；投入40多万元整治、绿化函授大院。分院现有一栋五层的新函授大楼和独立的函授大院。二是加强了制度化、科学化管理，规范了办学行为。1998年下半年，分院将开办函授15年来特别从1995年与总院联办以来形成的各种规章制度，通过修改、补充、完善，编印成《管理制度汇编》，约13.5万字，有50项制度、规定，15项“职责”及其年度“工作流程”。分院将今年4月定为“制度学习月”，要求分院全体管理人员认真学习《管理制度汇编》，每周集中讨论半天，对照检查。按其程序和要求履行职责，强化管理。三是抓直属，树榜样，促管理，保质量。分院评估期间，分院领导狠抓院直属班的管理工作，将评估指标中涉及教学与班级管理的18条要求，印发各班班主任及任课教师，先后召开6次班主任会议，采取8条措施贯彻落实。如通过签到、点名、排名次、给奖惩来抓到课率；规定时间集中任课教师批改作业，保证作业评改质量；制定《优秀监考员测评标准》，成立考风考纪检查组，巡回检查考场纪律；评比表彰优秀教学管理工作者、优秀教师和优秀班主任等。分院采取得力措施抓好直属班，为指导学区、辅导站加强管理取得了经验，树立了榜样，达到说话有力，指导有方。四是通过评估提高了分院领导和各科室管理人员的素质和能力，提高了整体办学水平。分院评估是一个学习提高的过程，回顾总结的过程，是以整风精神查问题、找原因、促整改的过程，通过评估，分院的办学指导思想更端正了，“质量是生命”的观念增强了，整改的目标更明确了，执行总院的办学方针和规章制度更坚决了，抵制办学中的不正之风更自觉了。（选自湖北分院工作汇报）

安徽分院教育评估推动办学工作

安徽分院全面开展教育评估，推动了办学工作。

一、进一步明确办学指导思想，推动函授教育的基础建设

仅地市党校函授学区两年来共投入基建经费1.1亿元（其中50%来源于函授经费），有80%的学区新建办公楼、教学楼，70%的辅导站更新改造了教学场所、教学设施。蒙城、砀山县委还发动全县党员干部和机关单位捐资兴建党校。师资队伍和管理人员队伍建设有了长足的进展。据不完全统计，全省党校系统近年来共调入符合条件的教学、科研人员260名，现有教师进修、培训、挂职、访问学者、报考第二学历和高层次学历等，一年达到千余人次以上。

二、函授教育进一步走上规范化、科学化轨道

建立和健全了分级管理的组织领导机制，在教学体制、招生政策、教学计划、教务管理等方面，加强领导和指导的工作力度。在入学考试和期末考试方面，分院推行“零分处理淘汰制”、“考场细分化”等，在面授、自学、作业批改、学员奖惩、阅卷、论文答辩、党性教育等方面，实行统一的标准，全省上下达成共识，一齐动手，收效较大。分院在1998年至1999年之间，自身建设迈出了较大的步伐：分院全部迁入新办公楼，共有70余间房，面积达1100平方米。教务、教学、学籍、财务、教材及分院档案室整修完毕，各项业务资料整理规范，科学建档。安徽分院不仅在分院内部实行了微机联网，还与全省各学区开通了因特网，函授业务资料通过电子信箱相互传输，资源共享。分院积极编纂系列文献资料，于1999年4月间编印了《安徽党校函授教育评估文件资料选编》（1996—1998年），共编选近三年来分院、学区、辅导站各类具有代表性的文件、讲话、文章、总结、教学资料等210余件，共72万字。同时配合分院规范建立文献档案库，编印了《安徽党校函授教育档案目录》（1987—1999年）一书，该目录共收入1987年以来安徽党校函授档案辞条共6500余条，并全部输入电脑，供读者检索，重要条目还可以在微机显示屏上显示其内容。

三、坚持以教学为中心，积极探索函授教学规律

省党校把今年定为“教学质量年”，从教学组织、教学管理、教材建设、师资建设、学员管理、教学服务等各个环节上都突出教学。巢湖、黄山等学区的“抽考”制度，马钢学区的奖学制度，淮南、宣城、合肥、淮北等学区一年一度召开的专题研讨会等，收到了较好的效果。教学研讨、教学比赛、教学评估等，都极大地促进了教学质量的提高。省党校、分院近年来共组织了10余次研讨备课会。1998年底省党校举行了全省党校“优秀教员、优秀教案”评比，参加“双优”评比的共有79所党校选手，表彰和宣传了一批教学水平和教学效果优秀的先进个人，评选了一批优秀讲稿。经过多年的摸索，党性教育现已步入了有计划、有步骤、有组织、有考核的轨道。分院通过召开全省党校党性教育备课研讨会，统一了各学区党校教育课的教学和考核要求。许多学区、辅导站不仅把党性教育与开学典礼、日常教育、毕业总结相结合，而且还经常性地开展党性教育分析和研讨活动。

（选自安徽分院工作汇报）

空军分院办学工作有新起色

去年，空军政治部作出决定：空军部队分院，由空政统一领导。去年4月重新调整了分院领导班子，由空政副主任敬应龙为第一院长，空军指挥学院副院长邹德玉任第二院长；空政宣传部、空军指挥学院教务部的三位负责同志任副院长。并调整了分院办公室的领导成员。新的领导班子成立后，确立了每季度召开一次院长办公会议的形式，对分院的重大活动、基本建设和教学管理过程实施了强有力的领导。在新班子领导下，一年来，分院的各项工作都有了新的起色。

一、办学条件有了显著改善

一年来，分院始终把学习贯彻落实胡锦涛同志的有关指示，贯穿于各项工作之中，并以能否处理好社会效益和经济效益的关系，强化教育质量第一、社会效益第一的意识；能否在建立高素质的办学队伍上狠下功夫，在完善必要的设备上舍得投入，作为检验办学指导思想端正与否的重要标准。1998年学院为了改善分院的办学环境和条件，投资200余万元装修了分院专用的教学楼，该楼设有12间教室，12间办公室，一个书库。总建筑面积为4400多平米。分院投资100多万元在教室内安装了投影机、微机、电视机、录像机等现代化教学设备，新建了拥有60台微机的微机操作教室和拥有56个座位的语音教室，更新了分院的办公设备。分院先后投资10多万元，开发和研制了教务管理软件。该软件实现了中函教务管理工作从报名到毕业的全程自动化管理，该软件得到了总院和全军函办的充分肯定，现已被全国30多家分院采用。

二、制度建设进一步细化

分院下大力抓了规章制度的建设，基本上形成一整套具有空军部队特点的细则、准则等规章制度。分院先后制定了《招生工作管理细则》、《学籍管理细则》、《考务工作管理工作细则》、《发行工作管理细则》、《研究生教学管理工作细则》、《教学管理工作细则》、《视导组工作规程》、《财务工作管理细则》、《辅导站工作规程》、《关于加强教学管理进一步提高办学质量的意见》等。使分院教学管理的各个方面，各个环节都有了详细的可遵循的规则，有效地规范了分院、学区、辅导站的工作。

三、像抓连队建设一样抓辅导站建设，扎扎实实地打牢中函教育的基础

分院共有80多个辅导站，分散在全国除西藏、海南之外的各个省、市。点多面广，给分院的管理工作增加了难度。分院采用多种形式，加大对辅导站的指导、检查和督促。一是发现和培养航空兵部队辅导站的典型，在全分院推广他们的经验。二是去年下半年以来，分院先后派出32人次，深入到53个辅导站检查指导工作，通过检查，了解了情况，发现了问题，提出了改进意见，受到各辅导站的普遍欢迎。三是对问题较多、性质严重的辅导站进行整顿。去年上半年，对在考试中有严重违纪的空司学区直属辅导站、沈空企业局辅导站、兰空一学区兰空机关辅导站，分别进行了整顿，空司学区降为辅导站，对当事人给予纪律处分，并对他们进行了通报批评。四是通过学区集训辅导站的工作人员，提高他们的教学管理能力。五是增加辅导站的学费留成，给他们更多的经费支持。六是今年1月分院重新修订

下发了《空军部队分院辅导站工作规程》。规程共分八章二十八条，规程对辅导站的地位和作用、组织、任务、管理等都作了具体的规定，实际上是一本如何加强辅导站建设的指南。下发后受到辅导站的普遍欢迎。

四、加强办学队伍建设取得积极进展

分院成立了狠抓办学队伍建设领导小组，制定了《一九九九年教员、教学管理人员培训计划》，并在分院范围内建立起了每周半天的政治业务学习制度。分院于今年3月26、27日集训了直属学区全体面授教员21名、班主任10名。集训期间，由有教学经验、治学严谨的教授作示范教学；面授教员、班主任分别汇报教学准备情况，交流教学经验；班主任与担任本班面授任务的教员直接见面，反映学员对面授的要求和意见，共商提高教学质量的大计。直属学区教学管理人员集训取得经验之后，分院于4月13日至15日在西安集训了各学区的主要教学管理人员和部分教员，共有32名教学管理人员和29名教员参加。集训期间，传达学习了中央党校副校长、函授学院院长张志新在春季院务扩大会议开幕时的讲话和其他领导的讲话，传达了总院、全军函办和空政的有关文件。请分院的两名老教授进行示范讲课，针对空军部队的特点就如何提高面授质量进行了研讨。

从今年上半年开始，分院开展了“双优达标”活动，即评选优秀教员和优秀班主任的达标活动。对开展此项活动的意义和目的进行了宣传和动员。根据总院的有关规定和空军部队分院的实际情况，分别制定了优秀班主任和优秀教员的达标标准。所有标准均量化为具体的数字。优秀班主任达标标准为8条，包括学员自学计划制定和完成率；作业完成和合格率；学员到课率和正考率；考场遵纪率；学员平均成绩优秀率和及格率；班主任跟班听课率等。优秀教员的达标标准为6条，包括讲课正点率；讲授时间完成率；学员到课率；学员问卷调查满意率；学员成绩优秀率和及格率；教案和讲稿合格率等。只有全部达到所订标准才能评为优秀班主任和优秀教员。对被评为优秀班主任和教员的，年终给予精神和物质奖励。对连续三次不达标的班主任和教员，取消其担任班主任和面授教员资格。此项工作因为政策性强，涉及面广，因此，今年上半年先在直属学区试行，待取得经验，对各项标准进一步修订，使之更加成熟之后，再在全分院推广。

通过各种渠道培训教员，更新教员的知识结构，提高讲授水平。

今年以来，分院通过四种渠道培训教员：一是积极参加总院、全军函办举办的各类教员培训班，今年已有3名教员参加了总院在南京举办的教员短期培训班。二是选送部分教员到地方院校进修，上半年共送4名教员到武汉、北京高等院校进修。三是加强和军内外学术团体的联系，积极参加各种与中函课程有关的学术研讨会，上半年共有7名教员参加了此项活动。四是分院自己组织教员培养，今年上半年分两次共培训了51名教员。教员培养不仅是增加他们所需要的知识，还要增加他们对社会现实生活的了解。要不定期的组织教员进行社会调查，上半年计划组织经济学和法学两个教学组的教员，分别到北京燕化石油总公司和北京市监狱进行调查，以丰富他们的感性知识。

（选自空军分院工作汇报）

陕西分院重视加强自身建设

近两年来，陕西分院一直抓住分院自身建设不放，1997年下半年起，分院抓了领导班子的组织建设和思想建设，建立健全了分院中层领导班子，设立了分院办公室、教学科、教务科、学籍科四个科室，校委任命了科长，制定了岗位职责范围和落实了岗位责任制，使各项工作从组织上得到了落实。

分院注重思想建设。针对函授人员思想实际状况，确立了“政务公开”、“财务公开”的管理思想和管理原则。提倡团结、敬业、务实、创新的思想和作风。在分院开展了“讲团结、讲正气、讲质量、讲奉献”的“四讲”活动，为使全院人员化解和消除相互之间的各种矛盾，心情舒畅、精神饱满地致力于工作，分院认真按照“政务公开”、“财务公开”的管理原则，把分院的工作目标、任务计划、具体要求公诸于众，落实在每个人身上，把财务收支状况定期向大家公布，重大事情和财务开支集体研究决定。实行民主管理，共同监督。

分院重视健全分院运作机制。建立每周一上午集体汇报工作的例会制度。分院机关每周一上午全体工作人员各自汇报一周来自己的工作情况，然后部署和研究本周工作。建立院长办公会、院务会和向分院职工通报重要问题和决定的制度。分院重大事项和财务开支由院务会决定。分院领导深入各科室认真听取干部职工的意见和建议，不断改进工作作风，了解、关心他们的工作、生活、培训和职务晋升。领导在工作上成为他们的靠山，在思想上和生活上成为他们的知心朋友。

分院领导敢于克服困难、全力解决分院的热点难点问题。如办公自动化问题，原来招生考试和期末考试以及学籍管理全部是手工操作，费时费力效果差，经研究，分院购置10多台IBM586计算机，满足了大家工作的需要，大大提高了工作效率；原来的试卷库只有一间办公室，既小又在五楼，分发试卷十分困难，分院多次找校领导反映，终于解决了这个问题，学校给了一处宽敞明亮交通又方便的大房子；办公室安装了防盗门，解除了大家的后顾之忧。只要是大家关注的问题，领导一定要设法解决，增强了大家的凝聚力。

分院密切与方方面面的联系与协作，加强联系，协调关系，建立上下左右相互支持、相互谅解、团结合作的良好关系，为函授教育事业的发展创造一个更为有利的环境。分院领导在工作上敢于坚持原则，从严治院，处处起表率作用，劳务费分配上不伸手、不特殊，和大家一样，得到大家的支持和拥护。（选自陕西分院工作汇报）

南京军区分院加大教学考核的工作力度

南京军区分院的函授教育采取的是行政管理与教学分离的体制。行政管理由学区、辅导站负责，教学工作依托三所军事院校和两个干部教育培训中心。为落实好总院制订的各项教学规章制度，保证教学质量，1998年5月，分院下发了关于教学处、直属班的考核评估标准，对各项教学工作进行量化评分，并于1999年3月组织力量按考核评估标准对三个教学处和两个直属班进行了检查。从检查情况看，各教学处、直属班的教学工作是比较好的。主要表现：一是面授计划基本落实。特别是南京地区的各教学点，都较好地落实了面授实施计划。有的科目（如英语）还超过了计划规定的时数。教师上课都有教案或讲稿。一教处采取集体研究，统一教案，分别讲授，编印成册的方法进行备课，既扩大了教员任课人数，又保证了教学质量。二是考试要求严格。为认真吸取去年上半年福建省军区发生的主监考教员私拆试卷的教训，分院当即进行了严肃处理，并向各办学单位进行了通报。此后的两次期末考试均未发生问题。普遍做到了每个考场有主监考教员，有2—3名监考人员，考场设置规范，试卷保管良好，按照规定拆封、装袋，无违纪现象。三是作业、考勤认真。各单位都能按时收缴作业。绝大多数教师在批阅作业时，能做到有记分、有签字、有评语，基本上符合总院的要求。普遍建立了考勤登记制度。直属一班仿地方大学按年级、专业、学期、科目、时间的方式，建立了规范的考勤表。一教处直属班在批阅作业和认真考勤的基础上，还对完成作业、听课率达到要求的学员，发给了准考通知书。获得通知书的，准许参加期末考试，没获得通知书的，只能参加期末考试的补考。这一措施，有力地保证了总院关于考试规章制度的落实，分院及时推广了他们的做法。目前，各办学单位普遍采用了这样的措施。四是论文答辩规范。各单位对96级毕业论文答辩都很重视，普遍成立了答辩委员会，按时完成了论文的答辩工作。论文的撰写、指导、答辩均按规程操作、写出评语、评定成绩。特别是直属一班的论文答辩聘请地方大学的老师进行，搞得比较规范。

（选自南京军区工作汇报）

人无我有　人有我优 万无一失　争创一流

——山东省委党校常务副校长李新泰讲话（摘要）

山东省委党校党委高度重视分院教育评估的检查验收工作，于6月29日和7月2日分别召开了函授评估工作座谈会、教育评估领导小组会议。常务副校长李新泰同志认真听取了评估检查验收准备工作汇报，充分肯定了分院所做的各项准备工作，反复强调了函授教育评估的重要性，并提出评估准备工作中“人无我有，人有我优，万无一失，争创一流”的指导思想。现将他的讲话精神，摘编如下。

一、高度重视，明确要求，充分认识教育评估工作的重大意义

这次验收工作是一次全国性活动，是对我们多年办学成果的检验、检查，是对函授办学经验的全面总结，也是发现问题、督促解决问题、上档次、上台阶、上水平的一个重大举措。从校党委到各级组织都要高度重视起来，全面动员，做好充分准备，迎接检查。组织领导方面要明确一个指导思想：即人无我有，人有我优。要做到四个重视：一是领导重视起来，二是思想上重视起来，三是工作上重视起来，四是人员重视起来。对待评估必须克服麻痹思想、克服一般化思想、克服应付思想，在准备过程中，要明确中函院的要求，明确检查意图，做到有的放矢，把我们的工作与中函院的指导思想统一起来，防止事倍功半。函授评估工作不仅是分院自身的事情，也是党校各部门的事情，要求各部门认真对待，积极参与，全面反映出我们的真实成绩。

二、周密安排，充分准备

（一）做好汇报材料准备工作。一是准备好校领导汇报材料;二是准备好函院的业务汇报材料。汇报材料要全面,但要简明扼要,抓住重点;三是录像片的准备工作要做好。

（二）做好档案资料的收集整理工作。财务管理主要是根据中函院统一要求，进行必要的认真的统计核实。

（三）做好迎接检查的现场准备和评估检查线路设计。全体同志要以良好的精神风貌迎接检查，同时保持良好的外部环境。

（四）硬件准备做到一次性到位，配齐配好。

（五）做好办学成果的准备工作。要反映全面成果,特别是办学的社会效益,如孔繁森的先进事迹,要设计表格,做好调查工作。

准备工作一定要考虑到方方面面，做到万无一失。

三、加强领导，抓好落实

迎接中函院对我省教育评估检查、验收

工作要作为校党委的一件大事来抓。主要做好以下几项工作：一是各处室分工负责，责任到人，一切为教育评估验收工作开绿灯；二是与省有关部门进行联系，提出明确要求，做好召开座谈会的准备工作；三是召开全省业教处长调度会；四是7月底到分院、学区进行全面检查；五是分院内部要搞好分工，明确具体要求。全校上下都要以良好的精神状态做好准备工作，以全新的面貌迎接中函院检查、验收，争创一流办学实体，把全省党校业教工作推向一个新阶段。

广东分院
办学队伍建设喜获成效

近几年来，广东分院努力加强函授教育的教师、管理人员、质量监督员和班主任队伍的建设，不断提高办学主体素质，取得了可喜的成绩。

一、抓队伍建设

一是建立一支与自己办学规模相适应的专兼职相结合的教师队伍。目前分院共有教师1887名，其中专职教师1244名，占教师总数的66%，兼职教师386名，占20%；外聘教师257名，占13.6%。教师与学员的比例为1∶33。在职称结构中，教授44名，副教授218名，高级讲师149名，以上三项合计411人，占教师总数的22%；讲师929名，占49%。目前教师总数比1996年评估前，增加484名。省委党校近三年调进博士生5名，硕士生10名。二是建立一支比较稳定、善于管理、素质较高的管理队伍。目前，分院和学区、辅导站共有管理人员686名，管理人员具有专科以上学历的569名，占总数的83%；有中级以上职称的261名，占38%。例如，深圳学区就有管理人员19名，其中研究生学历8名，本科学历8名，大专学历2名。三是坚持小班管理，加强班主任的选配，全省配有班主任621名，比1996年增加近200名。在班主任队伍中，具有大专以上学历的609名，占总数的98%，具有副教授以上职称的71名，占11%；讲师职称294名，占47%；助教130名，占21%。四是聘请一支在职和返聘相结合的函授教育质量监督员队伍。1996年聘请了第一批质量监督员队伍，全省共聘请监督员小组22个，共224名，任期满两年后，又重新筛选聘任和补充，现有242名，其中在职校领导和管理人员138名，返聘、外聘104名。

二、抓思想建设

几年来，分院在繁忙的工作中，始终注意队伍的政治素质的提高，主要采取三条措施：一是坚持政治理论学习制度，积极选派管理骨干参加省委党校组织的处长进修班，及时组织全院同志学习党的十五大文件和邓小平理论，反复学习中央和中央领导关于办好函授教育的文件和讲话，提高自己的理论和政治素养，树立正确的世界观、人生观和价值观。二是积极参加“创优争先”活动，学习总院树立的典型，及时表彰好人好事，弘扬正气，树立无私奉献、恪尽职守、秉公办事的先进典型，培养团结战斗、不计报酬、连续作战的好院风。三是加强经常性的思想工作，如结合监考、组织下基层调查等工作，及时讲评好人好事，指出存在问题。对基层反映的意见，分院十分重视，党支部积极配合做工作，决不护短。1997年，分院被评为精神文明建设先进单位，被校领导誉为“特别能战斗的队伍”，工作有全局观念、有预见性和创造性的班子。深圳、汕头学区先后被所属市委机关工委评为“先进党支部”、“成人教育先进单位”。

三、抓业务培训

办学队伍不仅政治上要强，还必须业务上要精。在这方面，我们近三年做了几件事情：一是加大师资培训力度。1996年以来，全省选送青年教师到中央党校等高校进修713人次。省委党校做到副教授以上教师出过境、教授和骨干教师出过国。组织召开了《刑法总论》等25门学科备课会，举办三期研究生课程进修班，共有哲学、党建、经济三个专业的211名教员取得研究生课程进修证书。二是加强管理人员培训。1997年7月至1998年4月，分片对全省教务管理人员进行业务培训和学习，并进行考核。对培训考核合格的150名教务人员颁发了资格证书。三是总结交流班主任工作经验。近三年来，分院所属学区都召开了各种形式的班主任会议。惠州学区近年先后两次召开全市班主任经验交流会，还开展班主任形象设计的讨论。深圳市委党校每年进行一次优秀班主任评比，讨论制定了班主任职责，总结和交流了班主任经验。四是培养队伍的创新精神。1998年暑假，分院组织了一次"出点子"活动，要求全院人员结合暑假调查，每一个人都交出一份工作研究，内容多少不限，但必须有创意。平时工作也注意表彰有创造性思维和改革创新的同志。近几年，广东分院推出的考风考纪目标管理、函授教育质量监督等都有一定的新意。

（选自广东分院工作汇报）

天津分院重视学员实践能力的培养和训练

天津分院在教学上加大理论联系实际的力度，促使将所学的基本理论和专业知识向实践能力方面转化，他们在教学计划中，各门考试课程在总院规定的学时、面授、电教课时以外，增加4—8课时的实践课时，用于教学研讨和教学实践。教学实践活动由主讲教师与班主任协商后，报教学管理部门统一调度。所需费用由分院或学区承担。有的教师带领学员到天津港结合课程实地讲解；有的教师安排了庭审实践，使法律专业的学员对所学课程的知识有了亲身的体会；还有的教师召开主题班会，就课程中的某一专题进行讨论，收到了良好效果。

（选自天津分院工作汇报）

江苏分院
办学队伍建设取得实效

总院1998年函授教育工作会议后，向校委作了专题汇报，校委还专门就全国党校函授教育工作会议精神作了学习和讨论，并指示函授处对贯彻总院会议精神和目前急需解决的问题再作一次梳理，召开了校委会，作专题研究。首先，召开了全省党校函授教育工作会议，把"十月工作会议"精神传达下去，并要求把1999年"办学队伍建设年"措施落到实处；其次，针对函授教育的规模和发展趋势，制订师资队伍的建设规划；第三，进一步从思想和组织两个方面加强管理队伍建设，提高办学主体队伍的素质；第四，结合分院教育评估，进行边传达、边学习、边整改，力争使会议精神稳步落实。由于认真学习贯彻了"十月工作会议"精神，部署加强了办学主体建设的工作任务，统一思想，制定措施，呈现出各级党校校委重视函授队伍建设的良好局面。分院领导班子在1998年下半年作了调整，由副校长郭荣成兼院长，方根林为常务副院长，徐正超、汪发良为副院长，领导班子政治素质高，团结协作，善于管理，勇于创新，是一支能胜任新世纪函授办学管理的领导班子。分院各部门绝大多数同志都是三四十岁，年富力强，懂业务、善管理的内行。1998年底，根据校委决定，27岁的王刚同志由校办秘书科调任分院办公室主任，30多岁的周文筠同志任教学部主任，另又调来一位助理调研员，以加强函授办学力量。到目前，我院工作人员知识结构合理，年龄更趋于年轻，善于协作，肯吃苦，严于管理，是一支素质良好的办学管理队伍。各学区负责同志在这一年中，也作了部分调整，常州、无锡、南通、淮阴等学区负责人和管理工作人员都作了调整，调整后，班子和队伍的整体战斗力增强。许多辅导站都根据会议精神，调整或配齐工作班子成员。从总体上讲，我院办学的主体力量是强的，基本适应新时期函授办学管理的需要。

在办学主体建设中，分院以迎接总院对分院教育评估检查验收为龙头，逐一对照教育评估指标逐项落实，硬件得到了改善，软件得到了完善，力量得到了加强，教育评估检查验收准备工作已取得初步的成果。

（选自江苏分院工作汇报）

江苏分院重视发挥直属班的示范作用

江苏分院划出专门力量，加强直属班的管理工作。第一，明确直属班办学是“试验田”，是“窗口”，明确要求直属班的各项工作要走在前头，把直属班办成全省教学班级的楷模。第二，实行班主任工作责任制，把班级管理与班主任报酬挂钩，班主任必须从头至尾跟班，记录教师教学、学员到课、课堂纪律等情况。由于措施得力，直属班学员各班到课率达90%以上。第三，坚持制度面前人人平等，不搞“特殊学员”，必须按规章制度办事。第四，联系实际，深化教学，在授课课时之外，举行了“中国传统法律文化”研讨会，还组织部分学员到玄武区法院参加案例旁听，收到比较好的效果。第五，开展函授课优秀教学奖评比活动，并制订了实施细则，在全校年度总结大会上由校委向获奖者颁奖，有力地调动了教师上好函授课的主动性、积极性和创造性。第六，强化规范管理，实现各项工作制度化、规范化，做到平时与检查一个样，大考与小考一个样，受到全校教职工和我院各级组织的好评。

（选自江苏分院工作汇报）

江苏分院整肃考风考纪有新招

江苏分院狠抓从严治考，在过去的一年中，采取一些新的举措，有一定的创造性，取得了显著的效果。第一，设立“标准考场”。自1998年下半学期始，该分院实行“标准考场”制度，即分院向学区直属班、学区向辅导站派出监考人员，随机抽一个考场，进行全过程监考，该考场始终在上级派员的监督之下，实行公正、公平的考试，考试成绩较为真实，分院以此考场学员平均成绩评定该学区、该辅导站考风考纪情况以及教育质量，从而便于分院把握整体考风考纪情况，促使各单位自觉地认真抓好考务管理工作。分院对考务管理好的学区、辅导站，予以表彰；对于较差的单位，限期整改；整改无效的，则取消办学资格。实践证明，设立“标准考场”，是一个整肃考风考纪行之有效的方法。第二，制订考核标准，严格制度管理。实行“考务管理评定办法”，对考试的机构组织、考场规范、试卷保管等5个环节进行打分考评，考评得分高的为先进学区，予以通报表扬与奖励；考评得分低的，予以通报批评，激励各单位严抓考务管理，端正考风。第三，实行划片分类管理，按照学区分布和办学情况，划了南京、苏南、苏北三大片。南京地区有4个学区，每次考试时，由其中一家为牵头单位，四家派出监考人员进行混合编排，相互监督，相互促进。苏南几个学区由其自己独立组织考试。苏北选出典型，实行典型带动；对一般的学区，分院派出2人到学区巡视；对较差的学区，分院集中力量整治。一段时间以来，群众来信反映无锡学区考风考纪问题严重，总院领导极为重视，批转江苏分院予以调查。省委党校常务副校长潘宗白也作了专门批示，市委也很重视，调整和加强有关领导，无锡党校校委也调整了分管函授的副校长。新班子上任后认真学习贯彻总院领导和潘校长批示，统一认识，端正办学指导思想，召开了校委专门会议、函授管理人员会议、全体教师会议、全学区和辅导站科以上干部会议，就考风考纪问题进行整顿，强调“从严治考，质量第一”的思想；分院也派出副院长汪发良专程前往帮助。通过整治，大家提高了认识，统一了思想，学习了制度，制订了措施，严格了监考。1998 年下半年和 1999 年上半年的期末考试中，本学区的监考老师一次就发现作弊学员 56 名；1999 年招生考试，考场秩序井然，得到总院和分院巡考老师的一致好评。学员们反映，“现在考试监考动真格了!”赢得了社会舆论的好评。无锡学区也一举跨入先进考区行列。此外，分院还深入到各个辅导站进行监巡考，考试结束时，分院负责人、学区所在党校负责人、学区负责人和到各辅导站巡考的人员一起召开座谈会，总结情况，查找“差”的根源，研究解决问题的办法，收到较好的效果。第四，部分学区采取集中统一考试。我院在某些学区，实行大专、本科学员集中于某一个地方统一考试，统一管理，考风考纪情况明显比分散考试好。

（选自江苏分院工作汇报）

总参分院注重自身建设

总参分院成立于 1992 年，开始主要面向驻京单位招生，目前，已经发展成为有 32 个学区、700 名专（兼）职教员的办学实体，建立了以总参政治部为领导，以院校为依托，以部队办学单位为基层的分院—学区—辅导站三级教学管理网络，制订了教学、教务、考务、学籍管理等一整套规章制度；配置了大量的教学基础设施，初步形成了比较规范、系统、完善的教学运行机制，较好地保证了以教学为中心的各项任务的完成。

一、贯彻“三讲”精神，加强思想建设

党校函授教育首先姓“党”。要求从事党校函授教育的人员要有很高的政治觉悟、敏锐的政治眼光、正确的政治观点，一句话，就是要有很强的党性。分院始终把讲政治、端正办学指导思想放在首位，组织全体办学人员学习邓小平理论，学习江总书记关于培养高素质干部队伍的论述，学习胡锦涛同志关于党校函授教育的一系列指示精神，坚持用中央的精神统一大家的思想。同时，分院每次召开重要会议，进行重大工作部署，除如实传达上级精神外，都要紧密联系总参实际，特别强调讲学习、讲政治、讲正气，端正办学指导思想。在 1998 年总参分院工作会议上，总参分院院长张黎同志（现任总参谋长助理）就强调指出：“搞好党校函授教育，关键是坚持正确的办学指导思想。有了这一条，才能坚持正确的办学方向，提高教学质量，培养出高质量的人才。”他要求各单位“高度重视‘质量’，严密组织、严谨教学、严格管理、严肃纪律，以‘严’育高才，以‘严’保质量”。在今年 6 月召开的总参党校函授教育工作会议上，总参政治部副主任、分院副院长林建超同志进一步提出了“三讲”（讲学习、讲政治、讲正气）、“三按”（按原则办、按规矩办、按程序办）、“三新”（强化新观念、运用新手段、疏通新渠道）的要求，把“三讲”贯穿到办学的各个环节和全部过程。除了对办学人员加强教育外，还在学员中做好思想政治工作，帮助学员端正学习态度，扎扎实实学好真本领，克服“花钱买文凭”的错误思想，增强学习的自觉性。全体办学人员和广大学员提高了认识，明确了党校函授教育的目的、性质和要求，出现了教员认真教，学员努力学，大家都为党校争光、为军队争光、为单位争光的局面，涌现了一批热爱党校函授教育事业、兢兢业业、勤奋工作的优秀教员和先进工作者，以及学习态度端正、学习成绩优秀的学员，受到了各级的表彰。

二、理顺办学体制，加强组织建设

首先，理顺领导关系，建立党委、政治机关领导之下的办学体制。分院成立之初，就明确党校函授教育要置于各级党委和政治机关领导之下，由宣传部门具体负责。根据这一精神，各级党委和政治机关普遍加强了对党校函授教育工作的领导，一名常委分管党校函授教育工作，研究工作时，把党校函授教育作为政治工作的一项重要内容，统一计划，统筹安排，重大问题由党委作出决定，从而避免了把党校函授教育游离于政治工作之外，脱离党委和政治机关领导的偏向。其次，理顺上下关系，建立灵敏高效的教学与管理网络。分院和学区都设立了常设机构——函授办公室，选调懂教学、会管理、责任心强的同志作为专职工作人员，负责党校函授教育的组织协调教学、教务、财务等工作。目前，分院现有工作人员16名，各学区分别有专职工作人员4—6名，各辅导站也有2—3名工作人员负责。这三级组织，都由各级政治机关领导，宣传部门（院校政教室）具体负责，形成了与部队政治工作系统相一致的工作机制，上下贯通，反应快捷，具有一定的行政约束力，有利于党校函授教育各项制度规定的贯彻落实。三是理顺内外关系，坚持按建制独立办学。在内部，正确处理党校函授教育与在校正规教育以及其它函授教育的关系，做到同样对待，通盘计划，防止顾此失彼；在外部，处理好与其他大单位的关系，互相学习，互相借鉴，互相支持，严格执行上级规定，不搞跨越大单位办学。

三、结合工作实际，加强制度建设

分院根据上级的有关制度规定，结合总参实际，制订了一系列行之有效的规章制度。在教学工作方面，制定了《教学管理规程》、《学区教学工作程序》等，各学区也结合单位实际制定了一些具体规定，如《教学中心组职责》、《聘请教员暂行规定》、《集体备课制度》等；在考务工作方面，分院先后制定了《考务管理规程》、《考场规则》、《监考人员守则》、《考试巡查组工作职责》等，今年又专门制定了《关于执行“考务管理规程”的具体规定》，使考试的各个环节都要求明确，有章可循；在辅导站建设方面，制定了《辅导站管理条例》、《辅导站站长、副站长职责》等，在其它方面，许多学区还制定了《教材和作业答卷发放暂行规定》、《班主任工作职责》、《班组长工作职责》、《临时党支部工作职责》、《面授教员条例》、《学员考勤制度》、《优秀学员评比制度》等等。这些制度的制定和实施，使党校函授教育的管理工作走上了制度化、科学化、规范化的轨道。

四、加大经费投入，加强设施建设

按照勤俭办学、以学养学的原则，分院和所属学区不断加大经费投入，把办学收入主要用于改善办学条件，提高办学质量。去年，分院投入100万元，建立了北京培训点，已投入使用；今年，又投入40万元，研究开发自动化管理系统，加强局域网建设。各学区也不断加大人力、物力投入，办学条件有了明显改善。目前，分院和学区已普遍用计算机管理教学，软硬件建设已经上了一个新台阶。据不完全统计，总参分院各学区已有高档电脑700多台，录音机210余台，电视机261台，录像机185台，这些都为搞好教学，提高教学质量，提供了有力的保证。

（选自总参分院工作汇报）

兰州军区分院
深入开展教育评估
努力规范办学行为

在办学实践中，分院领导多次强调，“要用规范化的教学管理保证质量，提高质量”，“要像部队正规化建设一样，实施规范办学，按照中央党校函授学院和总政的要求，加大管理力度，规范办学行为”。根据分院领导的这些指示，分院决心以教育评估为契机，使军区党校函授教育工作上一个新台阶。

周密安排部署。接到全军函办《关于开展全军和武警部队党校函授教育教学质量检查评估的通知》后，分院领导就明确要求：要抓住这个时机，全面提高教学质量，改善办学条件，并指示办公室尽快与西安政治学院和西安陆军学院联系，解决面授辅导等有关问题。为此，分院专门派人到院校协商、联系有关事宜。去年8月底，又专门召开办公会，研究评估工作，成立了评估领导小组，制定了《教学质量评估方案》和《学区、辅导站评估细则》，并以军区政治部的名义下发了《关于开展中央党校函授教育评估的通知》，要求各单位认真贯彻总院和全军函办的有关规定，积极展开教育评估。两个月后，分院再一次下发了《关于进一步落实中央党校函授教育评估方案的通知》，从时间、方法、步骤上作了严格规定，并指定了新疆军区学区和甘肃省军区辅导站为试点单位，先行一步，为分院全面展开评估摸索出一条自评自查的路子。今年4月，结合传达全军党校函授工作会议精神，分院召开了一次军区部队党校函授教育工作业务会议，介绍了新疆军区和甘肃省军区试点经验。会上，分院副院长、军区宣传部部长范长秘同志强调：“实施检查评估，是很及时、很有意义的一件事情，这个事情，就是上面不抓，我们也要采取一定办法进行评估，全面检查，找出问题，一项一项、一条一条、一个单位一个单位地检查。现在各级都有了部署要求，各单位要抓住这个时机，按照评估要求，认真地、仔细地全面检查，哪些方面符合要求，哪些方面不符合要求，哪些是缺少的，哪些是需要重建的，哪些是需要改进的，哪些是需要完善的，都要搞得清清楚楚，一项一项地检查落实好，切实把这项工作搞好，把党校函授教育事业继续推向前进。”会议结束后，各单位纷纷表示，要认真贯彻全军党校函授工作会议精神，深入落实分院领导指示，切实搞好教育评估。

加强督察指导。评估工作展开后，分院先后三次派人到各单位检查指导评估工作落实情况。去年底，分院办公室副主任陈扶军带工作组到宝鸡学区就评估准备工作进行了检查，回来后向分院领导作了详细汇报，并根据各单位的评估准备情况，建议分院领导召开一次全区范围内的党校函授教育业务工作会议。会议结束后，陈扶军同志带领分院办公室和西安陆军学院党校函授教育组的同志陪同全军函办领导，对白银、武威、张掖、酒泉和甘肃省军区辅导站及部分教学班进行了一次全面检查，认真听取了各单位开展评估和落实分院业务工作会议精神的情况汇报，仔细查看了教学场地、办公设备、电化教学设施和教学档案、制度措施等，召开了面授教师和学员座谈会。对这次检查情况，全军函办领导表示满意，认为各单位“反映的是实情，办的是实事”，“办学方向是正确的，办学态度是认真的，办学目的是明确的”。今年7月，借期末考试巡考的机会，陈扶军副主任又对新疆军区学区及个别辅导站的评估进行了检查验收。从这几次检查来看，各单位评估工作总的形势比较好，基本符合分院评估方案，个别整改力度不大、搞形式主义的单位，通过批评，制定了具体措施，也取得了一些实效。

（选自兰州军区分院工作汇报）

空军部队分院
严格解剖存在问题
采取相应对策

空军部队分院通过近一年来的评估工作，以及平时的调查了解，严格剖析了办学中存在的下列问题：

一、办学指导思想还没有完全“到位”，部分领导同志对中函教育的重视程度还有待提高

分院自成立以来，就把端正办学指导思想当作头等大事来抓，而且是抓住不放，但这个问题至今还未真正解决。主要表现在两个方面：一是在处理招收学员的数量和质量关系时，一些学区的领导往往是注重招生数量与办学规模，而忽视招生质量。产生这种现象的深层次原因，还是办学指导思想不端正，是只讲经济效益而忽视社会效益的反映。每到招生的时候，一些同志总要到总院或分院争名额、要指标。如果办学指导思想不真正解决，这种争名额、要指标的现象就不可能彻底消除。

办学指导思想不够端正的第二个表现是，在有的学区和辅导站，中函教育工作没有真正列入党委的工作议事日程。一些单位的领导干部名义上是学区或辅导站的负责人，但他们往往是只挂名不干事，还没有把中函教育工作放在心上。是这些单位办学机构不健全，人员不到位，各种规章制度不落实的重要原因。

二、规章制度不够落实，在教学环节中存在着明显的薄弱环节

分院虽然先后制订了一套规程和细则，但是一些单位并没有认真贯彻执行，特别是在教学环节中，这种现象尤为突出。主要表现有：一是一些单位的面授计划不落实，有的是面授时间不够，到课率不高，有的甚至没有进行面授辅导；二是自学制度流于形式，不订自学计划，也不检查自学计划，这个问题有一定的普遍性；三是不少单位没有设班主任，有的是有名无实；四是少数单位对学员作业要求不严，个别单位、个别学员甚至不做作业。上述问题严重制约着教学质量的提高。

三、缺乏开拓创新精神，缺少具有空军部队特点的经验，缺少适合本单位特点的操作性强的具体措施，教学工作一般化

强化空军部队分院的功能，就必须要有适合空军特点的典型经验和具体措施。空军部队分院与其他兄弟分院不同，具有人员高度分散、战备训练任务繁重、工作环境艰苦、渴求知识愿望强烈和人员调动频繁等特点。如何针对上述特点开展中函教育，是摆在我们面前的特有课题。这一课题如不能很好解决，教育质量就没有保证。因此，要求分院的全体教学管理人员要有开拓创新精神，探索新路子，总结新经验，而这正是我们的薄弱环节，这也是制约教学质量提高的重要因素。

四、学区、辅导站工作发展不平衡

总的来看，分院和各学区、辅导站的教管工作，都处在上升阶段，都有各自的长处和优势，并取得了一定的成绩，从而保证了中函教育的正常进行。但是，发展是不平衡的，尤其是辅导站的发展更不平衡。有三种类型的辅导站问题较多、差距较大：一是地处偏远山区的辅导站，二是飞行部队辅导站，三是机关辅导站。这三类辅导站各有其特点，人员素质、工作性质、驻地环境、职务级别等相差较为悬殊，因此，这些辅导站在贯彻教学规章制度时，往往在某些方面难度很大，困难很多，稍一放松，教学质量就很难保证。长此下去，这些辅导站就自然而然地成了后进辅导站。如何加强这些辅导站的建设，又是摆在我们面前的一大问题。这也是对我们分院能否发挥功能的严峻考验。

上述问题引起了空军分院领导的高度重视，他们认真研究了这些问题的成因和对策，确定今后工作的思路，提出扩大端正办学指导思想的教育面，将中函教育当作空军建设的一项重要任务来抓；加强分院建设，加大分院的管理力度；进一步加强辅导站建设，完善班主任制度；深化教学改革，提高开卷考试课课程的教学质量等。

（选自空军部队分院第二次工作汇报）

空军部队分院 重视开卷考试课 教学质量和命题质量

根据课程性质和教学对象，总院在考试方式上，采用开卷和闭卷两种形式，闭卷考试的课程一般占2/3，开卷考试课程约占1/3。开卷考试由分院负责命题。这种形式和分工的不同，在不少管理人员和学员中产生了一种误解，以为开卷考试课不重要，考试时只是拿本教材到考场抄一抄就能及格过关。不少人认为开卷考试只是一种形式，走走过场。这样无形中就使中函教学质量降低了1/3，使1/3的课程达不到教学目的。这种现象在空军部队分院较为普遍。分院认为，忽视开卷考试课的教学，就等于使学员少学1/3的知识，就有1/3的教学任务没有完成。如何善待这个“1/3”，既是检验办学指导思想的大问题，也是检验教学管理人员责任心和党性原则的大问题，也是关系到中函毕业文凭含金量的原则问题，务必引起分院各级教学管理人员的高度重视。

为了有效地纠正上述偏向，全面提高中函的教学质量，深化教学改革，分院已采取并将继续采取以下措施：一是通过各种渠道，采用各种形式，反复强调开卷考试课的重要性，反复宣传总院确定考试方式的依据是课程的性质、内容和学员对象，而不是课程的重要程度，不能说闭卷考试的课程就重要，开卷考试的课程就不重要，并以《邓小平文选》为例反复进行教育，该门课是开卷考试课，能说这门课不重要吗？二是由分院统一拟订开卷考试课的讲课提纲，统一培养各学区承担开卷课讲授任务的教员，统一内容，统一要求，统一重点，提高开卷课的备课和讲课质量。今年4月已集训了3门开卷课的讲课教员，收到了很好的效果。三是从三个方面增大开卷课试题的命题难度。一方面是试题中的综合题适当增加，学员只有进行全面学习，才能全面回答问题；第二方面是适当增加联系实际的应用题，学员只有在理解基本原理、基本观点的基础上才能作出正确回答；第三方面是适当增加题量，学员只有认真读书、做作业和听课，对所学内容比较熟悉，才能在规定的时间内交卷，否则很难按时交卷。我们相信采取上述措施后，开卷考试课课程的教学质量会大幅度提高。

（选自空军分院工作汇报）

福建分院 以评估促进当前工作

福建分院在“办学队伍建设年”中，以教育评估工作为杠杆，一年来，省地党校先后组成了十几个评估小组，共有67人次参加对学区、辅导站进行教育评估，按照指标，逐项对照，总结经验，找出差距，注重整改。经过评估，全省有30%的学区、辅导站达到一类标准，近70%的辅导站达到二类标准，对极少数差的辅导站限期改正，已有初步转变，教育评估推动和促进了全省党校函授教育工作，取得了初步成效。

一、配齐配强领导力量，不断提高领导水平

省委党校校委精心挑选配备了分院领导班子。加强了中层干部的配备，不到一年中就提拔了3名正副科长，形成了年富力强、素质优化、专业结构合理、开拓进取的分院机构。分院下属的10个学区中，有5个学区都由地市委党校第一把手兼任学区主任，一年中有3个学区调整和加强了领导班子，64个县级党校均由常务副校长兼任辅导站站长，保证了领导班子整体功能的发挥，提高了决策水平和办事效率。

二、多渠道培养和提高师资队伍素质

从今年起，改集体备课为集中培训，上半年已举办了两期师资培训班，集中上课，由省委党校教师主讲，并聘请厦门大学等专家、学者开讲座，使教师进一步了解各学科的新情况、新问题。为了检验这种形式备课会的成效，培训结束时进行了结业考试。这种培训方法，达到了预期的目的，开拓了参训人员的视野，扩大了信息量，取得了较好的效果。重视教师平常的进修、提高，打好理论功底。直属学区去年共送10名教师到中央党校、复旦大学等进修培训。厦门学区从1995年起，每年都组织教师到新加坡、香港、欧美等地学习考察，已近30人次。省、地、县党校有不少教师参加了中函本科学习，提高了文化业务水平，理论功底更扎实了。

三、强化管理队伍建设，提高教学服务质量

重视班主任队伍建设，分院采取双向选择班主任制度，使班主任的吃苦精神、责任心都有了明显提高。不少学区还定期召开了班主任经验交流会，表彰先进。直属学区调进5名管理人员，其中，4人为本科学历，3人为党员干部。

分院现已完成了培训学区主任、学籍管理人员和教材发行人员的任务，1999年，已举办了两期学籍电脑人员培训班，共计40人次。

四、建立健全规章制度，进一步规范教学管理

通过教育评估，又制定了一批新制度，如分院制定各职能科室的岗位责任制，厦门学区建立了班主任考勤制度，龙岩学区建立了班主任日记及导读制度，三明学区推行监考巡视员综合反映表等等，原来一些考纪考风较差的学区，出现了明显的好转。如漳州学区前两年招生考试时有3个考点因考风不好而扣减了录取比例，宁德学区在过去的函授考试中，曾出现雷同卷。今年漳州学区没有一个考点被处罚。宁德学区严肃考纪考风，仅大专班招生考试就查处了95名违纪生。

收集和健全了函授档案资料。按照分院要求的43类档案，各学区、辅导站能按档案的标准整理装订，分院现已收集整理了500多卷，大部分学区有一二百卷，辅导站有七八十卷，这些档案材料基本上能反映分院办学以来的状况。

五、增添办学设施，改善办学条件

直属学区增加了6间书库，三明、厦门市委党校为函授教学专门建了上千平方米的教室，仙游、晋江、龙海、漳平、邵武等县级党校都新建了教学楼，莆田县委专门为评估工作增拨经费7万元，各县级党校普遍购置了电脑，其中一部分党校已拥有30—50台，从而进一步改善了办学条件，促进了党校函授教育事业的发展。

（选自福建分院工作汇报）

海 军 分 院
建立函授教育统一管理体制

海军部队的函授教育由各级宣传部门和院校共同负责招生、教学和管理。在海政宣传部设立了海军分院，由海军政治部一位领导兼任院长，宣传部部长和一位副部长任副院长，宣传部部队教育处履行海军党校函授教育办公室职能，充实了若干教务人员，分工明确，基本与总院、全军函办业务对口。各舰队、海航、基地军以上宣传部门，也都建立了相应的组织领导管理机构。原挂靠国防大学的海军单位不再挂靠，依托海军政治学院的单位重新调整，组成7个新的学区和2个直属辅导站。学区是：海军政治学院、广州舰艇学院、大连舰艇学院、潜艇学院、电子工程学院、海军指挥学院、航空技术学院。直属辅导站是：海军后勤学院、海军西山读书班。此外，有中央党校函授学员的海军部队，以军、师为单位建立了函授站，由宣传处（科）具体管理。调整后的海军中央党校函授体制，海军分院对海军各学区（直属辅导站）垂直领导；海军分院对总院、全军函办的“上情下达”和海军对各学区（直属辅导站）的“下情上达”通畅，为提高教育质量进一步创造了良好的条件。

（选自海军分院工作汇报）

江西分院注重提高分院工作人员的思想、业务素质

江西分院采取积极的措施，提高分院工作人员思想、业务素质。这些措施是：一抓政治学习。分院坚持每周一次的政治学习制度。如6月16日，分院组织全体工作人员学习江泽民同志在全国教育工作会议上的讲话，7月22日，中共中央发出关于共产党员不准修炼“法轮大法”的通知和国家民政部作出关于取缔“法轮大法”研究会的决定后，分院及时组织全体工作人员进行学习讨论，使大家从思想上、政治上和党中央保持高度一致。二抓思想工作。分院机关党支部坚持每月召开一次民主生活会，其中心内容就是结合各自的工作实际开展批评与自我批评。平时，院领导还结合政治思想工作，帮助工作人员解决工作、生活中的各种矛盾和困难，使分院工作人员团结一致、同心协力搞好工作。三抓职业道德教育。分院是对外服务的“窗口”，要为教员、学员、地县党校服务，职业道德好坏，至关重要。分院加强工作人员的世界观、人生观、价值观教育，引导他们从党的事业的大局来认识本职工作的意义和责任，树立质量意识和责任意识。端正工作人员的服务态度，克服“衙门”作风，实行挂牌上岗。从去年开始，分院工作人员，从院长到科员都统一制作了上岗牌，上岗牌上有姓名、职务、编号、联系电话和监督电话，分院工作人员的服务态度有了很大好转。并实行承诺制。分院要求各科（室）对自己的工作都要按时保质保量完成，对超过承诺期，未按要求完成的，要进行扣分。四抓工作纪律。分院实行严格的考勤制度，按时上下班，外出半天以内的要向科(室)打招呼,超过半天的要向院长请假。五抓工作质量。为了提高工作质量,分院在学校月度目标管理的基础上,实行周度计划管理,每周政治学习日,留下部分时间检查本周工作完成情况,布置下周工作任务。并建立固定业务学习日制度。分院采取每周固定一天,作为函授工作人员的业务学习日。

（选自江西分院工作汇报）

海南分院重视提高办学队伍素质

目前，海南分院下属21个辅导站，在读学员4000多名，教师约160名，函授管理人员约90名。教师队伍结构不尽合理，政法等专业和某些新课程的教师短缺，某些辅导站的教师数量不足。教师的职称结构不合理，不少辅导站没有高级职称的教师，中级职称的教师也较少，具有深厚研究能力和写作功底的教师不多。有些教师的专业理论

水平不高，知识老化，讲课能力不强，重报酬、轻授课等等。分院认识到充实师资队伍，提高师资素质是一项十分紧迫的任务。分院借助评估工作，已采取下列措施：(1)充实教师队伍，特别是调入短缺专业和新课程的教师以及骨干教师，琼山市委党校辅导站新调入副教授一名。(2) 做好教师的职称晋升工作。通什市、文昌市等市县委党校晋升了几名教师的中级职称。(3) 鼓励教师深造。海南省委党校对教师参加研究生班学习，在经费上给予补助，时间上给予保证。各辅导站也采取优惠措施，鼓励教师参加函授班学习。(4) 积极组织教师参加各种理论培训和备课会。(5) 开展教师职业道德教育活动，不断增强教师的师德修养。(6) 经常开展评教评先活动和传帮带活动。(7) 经常开展教研活动，如教学观摩会、教学方法研讨会、教学经验交流会，等等。

在管理队伍方面，同样存在着不适应教学需要的问题。有些管理人员的业务不精，忙于日常事务而忽视学习，质量意识不强，工作效率不高，电脑等现代化工具不会使用等等。针对这些问题，分院已制定了三年培训计划，力争三年内把函授教育管理队伍建设好，使教学、教务、学籍、财务、视导、辅导站站长、教材等各方面的管理人员都分期分批培训和学习，并且要参加电脑培训班，学会使用电脑。自评估以来，分院已做了如下工作：(1) 调入懂教学、会管理的人员充实分院和辅导站两级管理机构，做到组织机构健全，人员到位，确保管理队伍的素质。(2) 积极开展专业学习和思想道德教育，不断提高业务素质和思想道德素质。(3) 加强管理队伍的基层党组织建设，发展新党员，充分发挥党支部的战斗堡垒作用和党员的先锋模范作用，从而培养一支高素质的管理队伍。

（选自海南分院工作汇报）

云南分院
重视创造良好的办学条件

云南分院创造良好的办学条件的做法是：

一、塑造一种良好的党校函授教育形象

党校函授教育的声誉和形象，关系到党校函授教育的生命。真心实意抓质量，正确处理经济效益与社会效益的关系，把党校函授教育的目标定位于为党政机关、企事业单位培养高素质人才，为云南社会经济发展服务。扎扎实实抓管理，紧紧扭住招生、考风考纪、党性教育等影响党校函授教育声誉和形象的关键性环节不放。最近我们进行的几项抽查表明，组织、宣传、人事部门和学员所在单位的领导对党校函授教育的评价是好的。例如，有 50% 的组织、宣传、人事部门的同志认为，党校函授教育的考风考纪非常严格，50% 的人认为比较严格。有 26% 的学员所在单位的领导对党校函授教育非常满意，72% 的人基本满意，不满意的只占 2%。昆明陆军学院一位教授认为，云南党校函授教育是“培养干部的沃土”、“净化干部灵魂的净土”、“成人学历教育的热土”。

二、主动争取党委、政府的重视

党校函授教育要争取党委、政府的重视，最重要的是教学内容必须贴近当地实际，适应当地社会经济发展，充分体现社会效益。为此，我们要求中函各班次的面授教学、讨论、论文写作等各个教学环节都要紧密联系当地实际，注意分析解决本地社会发展的热点、难点问题。考虑到云南是多民族地区，经请示总院同意，我们在中函的各班次增加讨论民族理论与政策的课程。在省函的专业、课程设置中，我们坚持从云南的实际需要出发，社会需要什么专业，就开设什么专业；干部需要学习什么课程，就开设什

么课程。

三、主动争取有关部门的支持

党校与组织、纪检、宣传、人事等部门有天然联系。争取有关部门的支持，最重要的是要找准结合点。党校培养干部，组织部门考核使用干部。为争取组织部门的支持，我们争取把党校函授教育纳入当地干部培训规划，主动邀请组织部门参加党校函授教育的重大活动，经常向组织部门反馈函授学员学习期间的表现。在分院，党校函授教育的重要环节都有组织部门的参与，绝大多数学区、辅导站考生报考党校函授都经组织部门逐个审批，有些学区和辅导站的报名手续也由组织部门办理。要争取有关部门的支持，还要寻求一种适当的载体。我们的做法是成立“函授教育指导小组”，该小组由省委党校牵头，聘请省委组织部、省委宣传部、人事厅、教委、保密局、省委直属机关工委、省级国家机关工委等部门参加，每年召开两次例会，研究办学规模、招生录取等政策性问题。协调办学关系，对函授教育的教学、管理进行检查、监督、指导。

四、为下级排忧解难

分院建立了院长分析联系制度，每个院领导联系若干学区，主要职责除了对学区工作进行检查指导外，还要帮助学区协调它们自身难以协调的问题。有的学区也建立了类似的制度。（选自云南分院工作汇报）

中央国家机关分院加大教学管理力度

中央国家机关分院加大教学管理力度，提高教学质量。他们的做法是：

一、按照《学区工作细则》和《辅导站工作细则》，检查教学实施计划及计划落实情况

分院要求面授课要“出满勤，干满点”，课程安排要符合成人学习的特点和规律。禁止突击授课、排课松紧无度。在检查1999年下半年教学实施计划时，分院发现第三学区某一班次课程安排不合理，全天8小时上一门课程，不利于学员消化吸收，也容易造成教师和学员疲劳，从而影响教学效果。分院指出后，第三学区立即与有关教师联系调整了授课计划。

二、分院及时表扬和推广学区、辅导站教学及管理工作好的做法和经验

船舶总公司党校辅导站每门作业评阅比较规范,评语详细,给分合理,纠错准确,真正起到了对学员自学的辅导作用。我们抓住这个典型,在各种会议和场合进行反复宣传。

三、建立师资库

充分发挥中央国家机关的人才优势，广开门路，好中选优，把兼职教师队伍建设作为队伍建设的一个重要组成部分，以高质量的兼职教师队伍弥补专职教师数量的不足，经过努力，现在分院专兼职师资库已建立起来。今年，分院按专业、班次每门课程至少有3名教师作为备选，教师资源较为充足，为各学区安排面授课教师提供了方便，从而有力地保证了全分院面授课质量。

四、鼓励学区、辅导站开展实践教学

开展实践教学，是锻炼提高学员能力的有效方法，分院提倡并鼓励走出教室，开展实践教学。财政部辅导站97级政法班在学习过程中参加北京市第二中级人民法院的庭审全过程，不仅使学员大开眼界，而且收到了理论与实践相联系的效果，受到学员的欢迎。

五、抓好党性锻炼课

分院强调，第一要保证面授基本知识，第二要结合学员单位、系统的特点开展多种多样的教育活动。如参观有教育意义的展览，组织先进事迹报告会，支部生活开展党性分析，等等。

（选自中央国家机关分院工作汇报）

沈阳军区分院实行全程监管把好“五关”

沈阳军区分院加强对教学教务管理的力度，从招生、授课、考试、答辩等方面，实行全程监管，把好“五关”。

一、把好招生关，保证招生质量

分院下发了做好招生工作的通知，强调必须按党校和总政的规定进行招生，组织考试，对违反上级规定的考试一律作废，不搞军地交叉招生，不接受地方干部以部队名义参加考试学习。分院派出了5个组进行巡回检查，加强对招生考试的监管，确保了招生质量。

二、把好师资队伍关，确保授课质量

分院坚持聘请名校名师授课，实行院校推荐、分院审查的制度。各个班次都聘请东北大学、辽宁大学等高校的副教授以上的老师授课，并且定期走访，经常交换意见，保证授课质量。

三、把好听课关，提高学习质量

狠抓到课率，采取了一些硬性措施。如：上课填《听课卡》，开课前签到，课中检查，课后交卡；出勤率不符合规定者不准参加正式考试，只许参加补考；旷课一次扣2分，累计旷课4次者，按自动退学处理；不按规定时间交作业者，不准参加考试，只许参加补考。由于规定明确，严格检查，较好地保证了到课率，使全分院的到课率达到75%左右。

四、把好考试关，严肃考风考纪

分院自1997年上半年开始，坚持每次考试前进行专门集训，对监考人员签订责任书。分院、学区层层组织检查组巡回检查。在今年7月的统考中，分院组织20名同志巡视40多个考点并重点检查了沈司、沈政、辽宁省军区、联勤二分部、81233部队等考点，对个别考场出现的要求不严的问题，立即找主管部门进行纠正。

五、把好答辩关，促进学用结合

分院、学区把组织毕业论文答辩当作把好教学质量的最后关口，不图形式，不走过场，注重通过论文答辩，检验教学水平，提高教学质量。分院在组织96级本科生毕业论文答辩工作中，实行了答辩现场转播、答辩实况公开的做法，不仅如实展现了毕业学员和指导老师进行面对面提问答辩的情况，真实反映了毕业学员和指导老师的水平，而且通过这种形式，也进一步激发了学员更好地掌握和运用所学知识的自觉性，进一步提高了指导老师精心组织答辩的责任感，达到了推动教学、提高质量的良好效果。

（选自沈阳军区分院工作汇报）

宁夏分院重视师资培训提高面授质量

宁夏分院经过认真评估调查，弄清了师资的基本状况，对任课教师，特别是地、市、县党校的任课教师进行了培训。

分院本学期共对9门课程的31名任课教师进行了单科培训。对任课时间短、缺乏授课经验的教师，采取试讲会、讲评会等方式，聘请教学经验丰富的教授和骨干教师给他们讲授授课技巧，点拨思路。对暂不能胜任面授课但有潜力的教师，采取导师制的方式进行培训。今年分院聘请区党校经济学教研部主任杨旭东副教授担任导师，对银川学区和同心辅导站担任《国际投资和我国利用外资》的两名教师进行了辅导培训。培训分三个阶段，第一阶段，由导师指定必读书目进行自学，导师定期进行检查，完善其知识结构，打好基础；第二阶段，由导师对其所担任的课程进行面对面的传授辅导，答疑解惑，进一步提高其知识水平和授课能力；第三阶段是试讲考核，前两阶段结束之后，组织评讲组听其试讲，对培训结果进行检验，决定其是否能被聘任。对其再次点拨、引导，提高其授课能力。这种培训方式有利于培养专业性授课教师，受到好评。

分院利用专门的备课会，对担任《系统科学概论》、《行政法学》、《民法学》、《组织行为学》、《市场经济法律制度》等课程的10多名任课教师进行培训。同时这种培训兼有检查、督促教师备课的作用，收到一石双鸟的良好效果。每次备课会都有自治区党校主管教学的副校长和分院负责人参加。备课会首先检查各任课教师的教案，然后每个任课教师分章节登台试讲，最后由区党校评检小组对各任课教师的讲课予以评价。对备课认真、授课效果好的教师予以通报表彰；对备课不认真，讲课不合格的教员予以解聘。在本学期的备课会中，对同心辅导站1名备课不认真，讲课效果差的教师取消其任课资格。对银川学区的某任课教师要求其重新备课，并在正式讲课前再次到分院试讲，试讲通过后，再登台讲课。这样有效地防止了个别教师不认真备课、敷衍应付的现象。

分院还不断完善听课制，加强对面授课的检查和督促。上学期3—5月，先后三次组织评检组，采取突击检查的方式，在事先不通知的情况下，对固原、直属、同心等学区、辅导站的20多名教师，41个班次的上课情况进行检查。主要检查任课教师的教案和授课情况，评检组对每个教师的备课、讲课给予量化打分，评定等次。同时抽查这些教学点其他教师的教案，并在学员中进行广泛调查，听取学员对各任课教师讲课情况的反映。听课结束后，分院对听课情况进行总结，并下发了听课评检通报，通报本着实事求是的精神，如实反映听课情况，在分院范围内引起积极的反响。广大学员认为实行听课制确实起到了对任课教师的检查和督促作用，有效地提高了授课水平。在听课的同时还检查了各班次管理情况和学员到课率，促进了各学区、辅导站教学管理工作的改善，也对分院改进工作收集了大量第一手材料。

（选自宁夏分院工作汇报）

黑龙江分院抓基础建设促进工作正常运转

黑龙江分院成立后，重视抓好自身建设。抓思想建设，树立正确的办学指导思想；抓组织建设，组建分院领导机构；抓制度建设，规范办学行为；抓作风建设，提高分院人员的工作水平。分院各项工作较快地进入了正常运转的状态，圆满地完成了1999年招生工作，妥善安排今年上学期的教学任务，加强办学队伍建设，积极开展教育评估工作等。

分院组织教职员工认真学习胡锦涛同志和中央党校领导关于党校函授教育一系列重要指示精神，贯彻省委提出的“要始终把为党和国家培训合格人才作为办好函授教育的出发点和落脚点”的要求,增强端正办学指导思想的自觉性。分院成立了由省委党校副校长刘斌兼任院长,由省委组织部干训处负责同志和省委党校有关人员担任副院长(2名)和院务委员（2名）的院务委员会，实行院委制的领导体制。分院下设办公室、教务办、学员办和督导办。理顺了中函在全省的办学关系，重新建立了17个学区，1个直属辅导站，80个辅导站。并以总院《函授教育工作暂行条例》等有关管理制度为基础，派员学习和汲取了吉林分院的管理经验，制定了黑龙江分院的一些基本制度。分院配置了微机6台，用于教务管理和学籍管理。各个办公室安装了电话，配置了传真机2台，装修微机室、会议室各1间，购置复印机、速印机各1台，配备公务车2辆等，为分院工作正常运转创造了条件。

（根据黑龙江分院工作汇报整理）

院报、快讯重要文章选登

大兴勤奋好学之风

《函授教学与管理》评论员

今年年初，江泽民同志在中央党校举行的省部级主要领导干部金融研究班结业式的讲话中谆谆告诫全党：学习、学习、再学习，实践、实践、再实践。他还殷切期望，党的各级干部不仅要加强学习，还要通过以身作则的实际行动，努力把勤奋好学的风气推广到全社会。江泽民同志的讲话，对于全党具有很强的指导性。我们中央党校函授学院的全体学工人员尤其应该从中受到深刻的启示和教育。

在全党乃至全社会大力倡导勤奋好学之风，这是形势的要求，时代的呼唤。站在21世纪门槛前的中国，正处在改革的攻坚阶段和发展的关键时期，建立社会主义市场经济体制这场史无前例的伟大试验的艰巨性和复杂性正充分地显露出来，现代化建设的规模和复杂程度前所未有。从国际范围看，知识经济已见端倪，现代科技的发展日新月异，国家间综合国力的竞争越来越表现为知识的竞争、人才素质特别是领导集团素质的竞争。在这样的形势面前，全党都面临着重新学习的紧迫任务。正如江泽民同志在讲话中指出的："如果我们不能通过新的学习和实践不断提高自己，就会落后于时代，就有失去人民的信任和拥护的危险。全党同志首先是党的高级干部，必须以对党、对人民、对历史高度负责的态度来加强学习。"这就把学习的重要性提到了空前的高度，振聋发聩，催人惊醒！而对于每一个普通公民来说，在新的形势下，也有一个更新知识结构、提高自身素质，以免落后于时代的问题。因此，加强学习，这是一件关系全党、全民族在21世纪的前途命运的大事。每一个不甘成为时代落伍者的干部、党员和公民，都应当自觉行动起来，使勤奋好学在全社会蔚然成风。

勤奋好学，关键在于"勤奋"，难也难在"勤奋"。学习是一件十分艰苦的事。无论是攻读马列主义、毛泽东思想和邓小平理论的原著，还是学习反映当代世界新变化的新知识，都需要开动脑筋，作出艰苦扎实的努力，来不得半点投机取巧。领导干部在学习方面作表率，首先就要在勤奋方面为全社会做出样子。每位干部，都应以毛泽东、邓小平等老一辈无产阶级革命家为楷模，善于从政务繁忙中挤时间，钻进去，深入理解，融会贯通，以"钉子"精神来学习，要"敏而好学，不耻下问"，"知之为知之，不知为不知"，以谦虚的精神来学习。要百折不挠，不畏艰难，持之以恒，勇于攀登理论探索中崎岖的山路，以韧性精神来学习。

懒惰思想和浮躁情绪是"勤奋好学"的大敌，需要下大力气予以克服。就干部的学习情况而言，懒惰思想和浮躁情绪的表现有三：一曰"厌学"。一些干部对应酬场上的跑跑颠颠，热热闹闹，兴趣十足，一旦让他静下心来学习就犯困、作难，打心底里厌倦。二曰"装学"。一些干部把学习当作包装自己的手段，热衷于造声势，出经验，制造所谓"轰动效应"。于是，理论研讨会没有少开，培训班没有少办，体会文章没有少写，但真正的学习效果却很差。三曰“学用分离”。一些干部不是为了改革开放和现代化建设实践而学习，而是单纯为了完成学习任务而学习，所以他们虽然也读了书，但是消化不了，只会片面地引用经典作家的个别词句，而不会运用马克思主义的立场、观点、方法来解决当代中国的现实问题。上述种种表现，对于全党、全社会的学习都危害极大。我们要从对人民负责、对历史负责的高度来增强学习的自觉性，加大学习的热情；尊重学习自身的规律，耐得住寂寞，坚持长期性，下决心同懒惰思想和浮躁情绪作持久的斗争，使勤奋好学成为每一位干部、党员的自觉行动，并以此来影响和带动全社会。

在省部级主要领导干部金融研究班的带动下，1999 年将成为大兴学习之风的一年。“一年之计在于春，一日之计在于晨”。当前，春光明媚，正是学习的好时光。全院同志应以只争朝夕的精神，勤奋学习，以新的学习成果迎接建国 50 周年。

把党校函授教育事业继续推向前进

《函授教学与管理》评论员

新春伊始，万象更新。3 月 2 日下午函院顺利举行了新老班子交接大会。3 月 3 日至 4 日，函院又成功地举行了 1999 年春季院务扩大会议。在这两次会议上，校领导多次就党校函授教育作了重要讲话，要求把党校函授教育事业继续推向前进。这是校领导对全院各级组织和广大教职员工提出的殷切期望。

把党校函授教育继续推向前进，是新世纪终身教育的需要。新世纪正在向我们走来。新世纪是知识经济逐渐占据主导地位的世纪，是高新科技日新月异的世纪。在新世纪，知识将成为推动经济发展和社会进步的巨大动力；而且，知识更新的步伐将加快，终身教育将成为新世纪的重要趋势。党校函授教育必须着眼于终身教育，满足广大干部更新知识的要求，增强对新世纪的适应性。

把党校函授教育继续推向前进，是为党培养高素质干部队伍的需要。为党培养高素质的干部队伍是关系到党和国家千秋大业的根本之计，是社会主义现代化事业的希望所在，也是党在新时期赋予党校和党校函授教育的崇高职责。党校函授教育是一项带有政治性、严肃性和伟大性的干部教育事业，只能前进，不能后退，办学质量只能提高而不能下滑。

把党校函授教育继续推向前进，是党校事业发展的需要。党校函授教育是新时期党校教育功能的拓展、延伸和必要补充，给党校教育注入了新的活力，充满了勃勃生机。实践证明，党校函授教育离不开党校教育，党校教育也需要函授教育。为了充实和完善党校教育，必须把党校函授教育继续推向前进。

全院各级组织和广大教职员工必须认真学习和落实校领导关于党校函授教育的重要指示：高举邓小平理论伟大旗帜，进一步贯彻十五大精神，按照胡锦涛同志关于党校函授教育的重要批示和一系列指示，兢兢业业、扎扎实实地把党校函授教育各方面的工作做好。

要坚持正确的政治方向，端正办学指导思想。要充分认识党校函授教育的地位、作用，弄清它的政治性、严肃性和伟大性，进一步增强做好党校函授教育工作的使命感和责任感。要正确处理社会效益和经济效益的关系，克服“趋利”倾向，坚持把社会效益放在第一位；正确处理质量与数量的关系，严格控制办学规模，克服“盲目追求数量”的倾向，坚持“从严办学，质量第一”的方针。

要正确对待工作中取得的成绩和存在的问题。要充分肯定成绩，总结经验，一切优良传统和好的做法要予以肯定和坚持下去；也要花大力气认真地而不是敷衍地查找和剖析存在的问题，继续把解决办学中存在的不容忽视的问题列为全院工作的着重点。对办学过程中各个环节上存在的漏洞、隐患、潜在危险，必须引起高度警觉，切不可麻木不仁。要采取有力措施逐个解决存在的不容忽视的问题，要拿出相应的办法防止和制止质量下滑的情况发生。

要坚定不移地贯彻以教学为中心的方针，围绕这个中心，把各项工作组织和带动起来。必须明确培训人才的质量取决于办学质量，办学质量最终又取决于教学质量。办教育以教学为中心，这是天经地义的事。全院各级组织、各个部门都要牢固树立服从和服务于这个中心的思想。专业设置和课程设置、招生工作、教材建设、考试、考核、学籍管理、财务管理、后勤保障、办学队伍建设、学区与站班建设、报刊与宣传工作、科研工作、视导督学、教学评估等一系列工作的开展，都要围绕这个中心，以确保教学质量。

要在学工人员中认真贯彻讲学习、讲政治、讲正气的精神，要努力做到思想上有明显提高，政治上有明显进步，作风上有明显转变，纪律上有明显增强。要把“三讲”教育与党性教育课、基本理论课和相关课程结合起来，要以整风精神，力求有针对性地解决实际问题。全院各级领导班子要着重端正办学指导思想，自觉地维护党校函授教育的原则性和严肃性；工作人员要自觉查找和纠正办学中的各种偏差和不良行为；学员要着重解决学风学纪、考风考纪方面存在的问题，克服“混文凭”思想，追求真才实学。

要认真改进思想作风和工作作风。首先要改进总院的作风。要提倡求真务实，真抓实干，讲实话、干实事、求实效。凡是已明确提出的目标和任务，要扭住不放，认真组织实施。要加强检查督促，狠抓落实，落实、落实、再落实。要精简会议、文件，腾出精力，加强对下情的调查研究。要蹲下去，解剖麻雀，取得指导工作的第一手材料。要认真贯彻1998年十月函授工作会议精神，狠抓办学队伍建设，提高办学主体素质。全院各级组织要风雨同舟，和衷共济，密切配合，团结协作，再创党校函授教育的辉煌，以优异的成绩迎接中央党校函授教育开办15周年！以新的姿态把党校函授教育推向21世纪！

认真落实校委要求
努力做好当前工作

《函授教学与管理》评论员

继3月2日中央党校领导同志出席函院新老班子交接会并讲话之后，4月15日上午，中央党校校委会专门安排时间听取函院的工作汇报，并讨论研究了党校函授教育工作的有关问题。函院领导同志及时召开院务会传达了校委关于函院工作的指示精神。大家听后精神振奋，信心倍增，纷纷表示：要认真落实校委要求，努力做好本职工作，不辜负校委的殷切期望。

校委对函院新班子一段时间以来的工作，给予充分肯定，同意函院今后工作的总体思路和今年的工作安排。同时，对函院新班子的工作提出了殷切的期望和明确的要求。这充分表明校委对党校函授教育工作的高度重视、关心和支持。全院各级组织和全体办学人员要把校委的鼓励和鞭策作为把党校函授教育继续推向前进的强大动力，认真落实校委要求，努力做好当前工作。

各级组织和全体办学人员，要继续深入贯彻落实胡锦涛同志关于党校函授教育的一系列重要指示和批示精神，认真学习领会和贯彻落实校领导关于党校函授教育的讲话精神，抓住办学中的基本问题（办学指导思想、教学质量、制度建设、提高人员素质等），从根本上提高认识，从大局上、战略上加深理解，增强搞好党校函授教育的责任感和使命感，扎扎实实地做好工作。从总院到分院、学区和辅导站，都要从加强自身建设入手，当前要与分院的自我评估和巩固、扩大学区建设和辅导站建设成果结合起来，加大查找和解决存在问题的力度，不断提高全院的办学水平。

各级组织和全体办学人员要在“三讲”教育活动中，努力学习，提高思想政治素质，以整风精神，联系办学实际，正确处理需要与可能、数量与质量、教书与育人的关系，不断提高教学与管理水平，更好地为培养党的高素质干部队伍服务。

对党校函授教育的现状和面临的形势要作冷静、客观的分析。过去我们的工作取得了很大的成绩，同时也存在不容忽视的问题。我们的任务十分繁重、艰巨，我们必须兢兢业业地做好各项工作，不能有丝毫的懈怠和半点疏忽。函院新班子接任工作以来，已经有了一个良好的开端，我们要遵照校领导提出的要求，团结一致，谦虚谨慎，防骄破满，实事求是，进一步做好党校函授教育工作。

要切实做好今年的新生录取工作

《函授教学与管理》评论员

函院1999年招生考试已经结束，新生录取工作即将开始。这是全院的一件大事。它涉及到办学的各个方面，关系到全院的招生质量和办学声誉，并将最终影响到为党和国家培养跨世纪的高素质人才。全院各单位都要十分重视，认真对待，高标准、严要求地做好新生录取工作，确保今年招生任务的圆满完成。

新生录取工作政策性很强，各分院、直属学区要认真贯彻中央领导同志关于党校函授教育工作的指示精神，进一步端正办学指导思想，严格执行招生计划，控制招生规模。各单位的主要领导要亲自挂帅，切实负起责任，严把新生“入学关”，保证今年的新生录取工作顺利进行。

做好新生录取工作，必须对入学新生的资格进行复审，各分院、直属学区对达到录取分数线的考生（包括领导干部班考生和免试生）的资格，特别是学历原始证件，要再次进行普遍审查，不得以复印件代替原始证件，也不允许以各类《专业证书》、《学业证书》等代替毕业证予以录取。凡弄虚作假、伪造学历证书的，坚决不予录取；已经录取的，一经发现，坚决取消其学籍。

做好新生录取工作，必须以“三讲”精神纠正各种不正之风。各分院、直属学区要坚持“公平竞争，择优录取”的原则。在录取新生前，必须将考生考分以考场或学区为单位张榜公布，并以书面形式通知考生本人，以增加录取工作的透明度，接受群众监督。对违纪作弊的考生决不能录取。凡不合格的，不管什么样的考生，不管是什么样的说情人，都要坚决顶住，不能拿原则作交易、送人情，要狠抓录取工作中的不正之风。对录取工作中的违纪事件要果断查处，以保证录取工作的严肃性和公正性。

做好新生录取工作，必须严格坚持军地不得交叉招生的原则。凡交叉招生的，必须在新生录取之前做好移交工作。接收一方对移交的新生要认真进行资格复审。凡不符合入学条件的，一律不得录取。军地不交叉招生，有利于办学单位对学员的组织管理和开展各种教学活动，有利于学员本人顺利完成学业，有利于党校函授教育事业的健康发展。

总院于4月28日下发了《关于做好1999年招生录取工作的通知》，明确了录取工作的规定和要求。全院各级办学单位只要认真执行《通知》的规定和要求，今年的招生录取工作就一定能够圆满完成。

深入开展“三讲”教育 促进党校函授工作

《函授教学与管理》评论员

以“讲学习、讲政治、讲正气”为主要内容的党性党风教育，正在第一批“三讲”教育单位深入展开，并将逐步在全国县级以上领导班子和领导干部中进行。中央决定在县级以上党政领导班子、领导干部中深入开展“三讲”教育，是在认真总结新时期党的建设的基本经验，全面分析我国跨世纪发展面临的新形势新任务和领导班子、领导干部的现状后作出的一项重大决策。这是我们党为迎接新世纪、完成新的历史任务所作的重要思想准备和组织准备；是推动全党兴起学习邓小平理论新高潮，从根本上加强全党的思想政治教育的重要举措；也是对在改革开放和发展社会主义市场经济条件下如何有效地解决党风尤其是领导干部中党性党风方面问题的一次创造性探索。我们必须从事关党和国家前途命运的高度来认识和对待“三讲”教育。

不久前，中央党校副校长、函授学院院长张志新提出，“要以‘三讲’教育的精神和要求办好党校函授教育”。党校函授教育的基本任务是为培养党的高素质干部服务，它是党的建设系统工程的有机组成部分，必须用“三讲”教育的精神和要求来办。当前，党校函授教育中存在的某些不容忽视的问题，如有的要求不严、有的学风不正、有的弄虚作假等，说到底，都是党性不纯、党风不正在干部培训领域的具体反映，必须有针对性地进行以“三讲”为主要内容的党性党风教育，按照讲学习、讲政治、讲正气的精神和要求，从根本上解决目前存在的不容忽视的问题。这是维护党校函授教育的政治性、原则性和严肃性的大事。全院各级组织和全体学工人员必须增强以“三讲”教育的精神和要求办好党校函授教育的自觉性，深入开展“三讲”教育，促进党校函授教育的各项工作。

深入开展“三讲”教育，促进党校函授教育工作，必须把讲政治放在第一位。讲政治是“三讲”教育的核心。我们在办学过程中要把坚定正确的政治方向摆到首要位置。各级组织和全体学工人员要充分认识党校函授教育是一项严肃的政治任务，要有强烈的政治意识，要从讲政治的高度认识问题和处理问题，正确处理社会效益与经济效益、需要与可能、数量与质量、教书与育人等方面的关系，“讲政治，讲大局，为培养人才服务，宁可牺牲些收益，也要服从培养高质量人才这个大局，坚持把质量放在第一位”。

深入开展“三讲”教育，促进党校函授教育工作，必须把“三讲”教育作为必修课。要把“三讲”教育与党性教育课、马克思主义基本理论和相关课的教学紧密结合起来，把“三讲”教育的基本内容和基本要求贯穿到这些课程中去。要把学习邓小平理论作为党校函授教育的一项长期的根本任务，不断提高广大学员刻苦学习和钻研邓小平理论的自觉性，用邓小平理论武装思想，努力改造世界观。

深入开展“三讲”教育，促进党校函授教育工作，必须发扬正气，以整风精神解决办学中存在的不容忽视的问题。要把“三讲”教育与党性分析结合起来，与当前的教育评估、办学主体建设结合起来，与查找和克服办学中的问题结合起来。学员要联系自己的思想实际和工作实际，也要联系函授学习的实际，着重解决学风学纪和考风考纪问题，做一名合格的学员。函授工作人员要自觉查找和纠正办学中的各种偏差和不良行为，坚持做到讲真理不讲面子、讲原则不讲关系、讲党性不讲私情，维护党校函授教育的原则性和严肃性，进一步把党校函授教育工作推向前进。

加强通讯员队伍建设和宣传报道工作

《函授教学与管理》评论员

5月中下旬，总院在云南省昆明市召开了全院宣传报道组组长暨先进表彰会议，这是函院召开的首次全院性的宣传报道工作会议。会议的主题是加强通讯员队伍建设、改进宣传报道工作。这是一次重要会议，对进一步搞好党校函授教育的宣传、促进党校函授教育的发展具有积极意义。全院各级组织要认真贯彻这次会议的精神，加强通讯员队伍建设，改进宣传报道工作。

一、认清形势，提高认识，增强责任感和使命感

我们要从国力竞争的大背景、人才培养的大局出发看待加强通讯员队伍建设、改进宣传报道工作的重要性，增强责任感和使命感。

当今世界，科技进步日新月异，知识创新空前加快，国际社会的竞争越来越成为综合国力的竞争，归根到底表现为人的素质的竞争。我国要在激烈的国际竞争中站稳脚跟，增强竞争实力，实现跨世纪的宏伟目标，关键是要培养出一大批高素质的人才，尤其是高素质的领导人才。

为党培养面向21世纪的合格的党政领导干部，是历史赋予党校工作者的任务。党校函授教育是党校教育的重要组成部分，是多渠道培训在职在岗党员干部的一种有效形式。中央领导同志对党校函授教育工作寄予殷切希望。中央党校校报关于函授教育的专刊，是宣传和指导党校函授教育的重要工具和舆论阵地。通过它我们可以更好地统一指导和规范党校函授教育系统分布在全国各地的众多教学点的教学与管理工作，从而更好地把胡锦涛同志关于党校函授教育的一系列指示落到实处，促进党校函授教育不断提高办学质量，为党的干部培训事业作出更大的贡献。因此，办好中央党校校报关于函授教育的专刊具有十分重要的意义。随着党校教育事业的发展，办好这个专刊，做好宣传工作，显得越来越重要。

我们要按照中央党校领导同志关于加大宣传力度的要求，从为党培养高素质干部队伍的高度、从更好地贯彻胡锦涛同志指示的高度来认识自己所肩负的历史责任，明确做好宣传工作的意义，增强责任感、使命感，切实抓好通讯员队伍建设，进一步搞好宣传报道工作。

二、健全组织，提高素质

搞好宣传报道工作，离不开一支素质好、热情高的通讯员队伍。我们要共同努力，建立一支政治强、业务精、纪律严、作风正的高素质的通讯员队伍。

第一，要健全组织。要搞好宣传报道工作，需要进一步建立和完善宣传报道组织，加强编辑部、宣传报道组与通讯员之间的联络工作。

各分院的宣传报道组和院报通讯员是搞好宣传报道工作的重要力量。有了完善的宣传报道组织，才能保证总院的宣传意图、宣传报道计划的顺利落实。因此，必须健全宣传报道组织。还没有宣传报道组的新建分院要尽快把宣传报道组建立起来。已经建立了宣传报道组而因人员变动出现空缺的，要按要求及时增补成员。

第二，要提高素质。一方面，从事宣传报道工作的同志要增强学习的自觉性，认真学习马克思主义理论，学习有关党校函授教育的重要文件，学习新闻业务知识，以不断提高自身的素质。另一方面，要加强对通讯员的培训，总院要有计划地做好对分院一级的通讯员进行培训的工作，分院要负责对各学区的通讯员进行培训。

三、完善机制，健全制度

要搞好通讯员队伍建设和宣传报道工作，还必须要形成有效的运转机制，建立、健全切实可行的规章制度。

现有的规章制度如《宣传报道组的主要任务》、《院报通讯员和宣传报道组组长的岗位职责》要进一步完善，并要更好地贯彻执行。还有一些规章制度要尽快建立起来：一是通讯员选聘制，要把担任通讯员应具备的条件和聘请通讯员、改聘通讯员的程序等用制度加以规范；二是例会工作制，各宣传报道组可利用每年（或每学期）一次的例会总结工作、传达文件、部署任务、商讨举措；三是考核和激励机制，考评通讯员的工作，对成绩突出的给予表彰奖励，对不履行职责或不能胜任宣传报道工作的予以解聘，以鼓励先进、鞭策后进。

此外，通联工作、通讯员培训工作等也要用制度加以规范。要通过建立、健全和实行一系列的规章制度，形成高效的工作运转机制，使通讯员队伍建设和宣传报道工作进一步规范化、制度化。

四、加强领导，注重实效

实践证明，要搞好通讯员队伍建设和宣传报道工作，关键在于领导。各级领导要高度重视党校函授教育的宣传报道工作，把它列入议事日程，切实加强领导，注重实效，抓出成绩。各分院除安排一位领导同志担任宣传报道组组长主抓这项工作外，还要定期研究、检查宣传报道工作和通讯员工作，加强具体指导，关心通讯员队伍建设，帮助通讯员解决工作中遇到的困难，为他们提供工作条件，调动广大通讯员的积极性。我们相信，只要各分院（直属学区）领导重视，加强对宣传报道工作的具体指导，注重实效，全院的宣传报道工作就一定会搞得更好。

贯彻教育会议精神
强化全院素质教育

《函授教学与管理》评论员

最近，党中央、国务院作出了《关于深化教育改革全面推进素质教育的决定》，并成功地召开了改革开放以来的第三次全国教育工作会议。党和国家领导人江泽民、朱镕基、李岚清出席会议并发表了重要讲话。这是我们党在世纪之交，为实现党的十五大确立的社会主义现代化建设的宏伟目标而作出的重大战略部署。

国运兴衰，系于教育；教育振兴，全民有责。贯彻落实第三次全国教育工作会议精神和中共中央、国务院关于深化教育改革全面推进素质教育的决定，是摆在我们全体党校函授教育工作者面前的紧迫任务，也是开创党校函授教育新局面的根本途径。当前，我们必须做好以下几方面的工作：

认真学习有关文件，充分认识实施素质教育的重要意义。江泽民指出："在当今世界上，综合国力的竞争，越来越表现为经济实力、国防实力和民族凝聚力的竞争。无论从哪一个方面实力的增强来说，教育都具有基础性地位。""必须坚定不移地实施科教兴国的战略，大力提高全民族的思想道德和科学文化素质，提高知识创新和技术创新能力"，"这是全面推进我国现代化事业的必然选择，也是中华民族自立于世界民族之林的根本保证"。党中央和国务院的《决定》指出，实施素质教育应当贯穿于"各级各类教育"。党校函授教育作为一种高等教育形式，肩负着培养高素质党员干部的艰巨任务，它本身就是一种素质教育，但也受着应试教育的不良影响。因此，无论党校函授教育的领导者和管理者，还是广大教师和学员，都要认真领会文件的精神实质，解放思想，转变观念，深刻认识推进素质教育的意义。特别是各级办学组织的领导人，一定要高度重视，把学习文件作为大事抓好。

注意总结我院开展素质教育的经验和教训，促进教育质量的全面提高。党校函授教育创办14年来，积累了开展素质教育的一系列成功经验，但也存在不符合素质教育要求的一些不可忽视的问题。只有认真总结成功的经验，切实解决那些不容忽视的问题，才能把党校函授教育质量推上新的台阶。

深化教育改革，进一步强化素质教育。朱镕基在教育工作闭幕会上提出："要调整和放宽政策，支持教育加快改革和发展"；"我国是穷国办大教育，不走多种形式办学的路子，别无选择"。这既为党校函授教育提供了极好的发展机遇，也指明了改革是其发展的动力。《决定》提出了一系列教育改革措施。党校函授教育也必须按照素质教育的要求，深化改革，把"三基本"、"五当代"纳入课程体系，使教材结构和教学内容更趋科学合理；加大考试改革力度，并以此推动教学各环节的全面改革；重新审视、修改和补充党校函授教学与管理的各项规章制度；加快计算机网络建设，充分利用教育资源和各种音像手段，党校函授教育改革的深入，必将为强化素质教育创造有利条件。

抓住素质教育的关键，不断提高办学主体的素质。《决定》指出，"建设高质量的教师队伍，是全面推进素质教育的基本保证"，并要求"努力造就能够带领广大教师和教育工作者积极实施素质教育的学校领导以及管理干部队伍"。按照《决定》的精神，提高办学主体素质是推进素质教育的关键。办学主体包括教师队伍和领导、管理队伍。党校函授教育多年来为提高这两支队伍的素质作了大量工作，采取了多项培训两支队伍的措施。不久前，又出台了《聘任面授教师审批备案制度》，要求逐渐实行"教师持证上岗"和建立"师资库"等。希望各级办学单位根据《决定》要求，结合"三讲"教育，创造性地抓好办学主体素质的建设，以便更好地担当起培养高素质党员干部的重任。

紧密结合当前工作，扎扎实实推进素质教育。贯彻党中央实施素质教育的《决定》，必须结合当前工作进行。今年下半年将在全院铺开分院评估验收工作，这项工作必须贯彻《决定》精神，要通过评估解决存在的不容忽视的问题，强化素质教育，开创党校函授教育新局面；下半年的十月工作会议以"抓好分院建设，强化分院功能"为主题，各分院应按《决定》精神，总结自身实施素质教育的经验，明确分院的地位、职责、功能，不断提高分院的领导水平和管理能力；加强制度建设，应在素质教育上下功夫；教材建设更要依据素质教育的要求，编印出一套既具时代特点，又有党校函授教育特色的一流水准的教材。总之，强化素质教育，必须同当前的工作紧密结合，不可陷入空泛议论。

抓住源头
把重锤敲在教学上

——新学年寄语

《党校函授专刊》编辑部

新学年开始了，新学年要有新气象和新进步。这种新气象和新进步应该表现在深入贯彻落实胡锦涛同志和中央党校校委关于党校函授教育工作的一系列指示上，应该表现在切实抓好教、学、管、考的方方面面上，全院各级组织和全体新老学员，尤其应该坚定不移地贯彻以教学为中心的方针，集中精力，抓住源头，把重锤敲在教学上。

"问渠哪得清如许？为有源头活水来。"

教学是一切教育的源头，教学也是党校函授教育的源头。抓住了教学这个源头，就能搞活全局。抓源头，就是抓主要矛盾。只有主要矛盾解决了，其它矛盾才能迎刃而解。就教学与考核的关系而言，教学是基础，考核是检测教学效果的手段。只有把教学抓好了，考核的状况才能得到根本改善。整肃考风考纪，归根到底，要抓教学这个源头。因此，只有集中精力抓住教学这个源头，才能为确保教学质量奠定坚实的基础，才能实现“造就高素质的党员领导干部和党员干部”的培训目标，才能更好地为培养高素质干部队伍的战略任务服务。抓住教学这个源头，是教育规律的要求，是确保教学质量的要求，也是深入贯彻落实胡锦涛同志和中央党校校委一系列重要指示的要求。惟有抓住教学这个源头，把重锤敲在教学上，党校函授教育才能“活水常流”，保持旺盛的生命力。

抓住源头，把重锤敲在教学上，必须坚持不懈地贯彻以教学为中心的方针。各级组织和全体学工人员要牢固树立以教学为中心的观点，明确一切工作和各项管理都要为教学这个中心服务，必须紧紧围绕以教学为中心展开，而不能游离和违反教学这个中心。一切教学工作，从教学计划和教学具体安排的编制下达，教材的编写印发，师资的选聘和培训，以及学员自学、面授、电教、作业、讨论、考试等各个教学环节的工作都必须一丝不苟，严格要求，认真实施，及时到位。各级组织的负责同志和管理人员要改进作风，转变观念，从满足于日常管理中摆脱出来，提倡深入课堂、深入教学领域，了解和熟悉教学，想教学所想，急教学所急，重视总结交流教学经验，及时解决教学中存在的各种问题，牢牢掌握指导教学的发言权和主动权。

抓住源头，把重锤敲在教学上，必须强化素质教育。时代需要高素质干部。为党培养高素质干部队伍服务，是党赋予党校教育和党校函授教育的崇高任务。全院各级组织和广大学工人员必须认真学习和贯彻最近召开的全国教育工作会议精神和《中共中央、国务院关于深化教育改革全面推进素质教育的决定》精神，进一步强化和落实素质教育，全面实现“理论、知识、党性、能力相统一”的培训质量要求。要在强化和落实素质教育主导思想的支配下，全面安排、通盘筹划理论教育、知识教育、党性教育和能力教育，使它们都有明确的要求、实施的载体和手段，促使它们融会一体，相互渗透，相互促进。要使理论教育、知识教育成为党性教育、能力教育的基础，自觉地把理论、知识向党性、能力转化，使党性教育、能力教育成为理论教育和知识教育的升华。要注重学员创造精神和实践能力的培养，开辟和提供适宜培养学员创造精神和实践能力的空间和环境。要深化教学改革，转变教育观念，改革教学内容、教学方式和考核方式。要改变教育中重继承、轻创新，重传授、轻发展，重记忆、轻运用的现象，面授教学要废除注入式、填鸭式，禁止念书式、划杠式，积极实行启发式和讨论式。教学中要注重训练和培养学员的创新能力、竞争能力、应变能力和驾驭全局的能力，要教会学员学会求知、学会做人、学会做事、学会自我发展。

抓住源头，把重锤敲在教学上，必须以“三讲”教育的精神和要求，办好党校函授教育。党校函授教育是一项严肃的政治任务，关系到党培养高素质干部的伟大事业，各级组织和全体学工人员在教学中要自觉地贯彻“三讲”教育的精神和要求。讲政治是“三讲”教育的核心，我们必须从讲政治的高度来认识和对待党校函授的教学，增强搞好教学的责任感和使命感，坚持标准，从严要求，认真实施；我们还要从讲政治的高度来认识和对待教风教纪、学风学纪和考风考纪。教师要真心实意地教，学员要真心实意地学，管理人员要真心实意地管。教师要正确处理教书与育人的关系，注重师德修养，“学为人师，行为世范”；学员要正确处理“水平与文凭”的关系，转换角色，以普通学员身份出现，在学习中，遵章守纪，不走“捷径”，不谋求特权，追求真才实学；管理人员要正确处理“管理与服务”的关系，要坚持原则，秉公办学，热情服务，注重引导，要把“堵”与“导”结合起来，又要注重培养和宣传学员中遵章守纪，勤奋学习，学以致用，工学兼优的各类先进典型，积极开展学员自我教育、自我管理的活动。不论是教师、学员和管理人员都要自觉地纠正办学中的各种不良现象，坚持讲真理不讲面子、讲原则不讲关系、讲党性不讲私情，保证办学的各种规章制度不折不扣地执行，确保党校函授教学质量。

借“三讲”教育东风 促函授事业发展

《党校函授专刊》评论员

一个国家，一个民族，一种事业，要振兴和发展，必须善于把握时机，抓住机遇，在错综复杂的国际、国内环境中，赢得时间，不断发展自己。否则，丧失时机，就会处于被动的境地，这已被历史事实所印证。所谓“机不可失，时不再来”，就是具有这样一种深刻的哲理。

回顾和总结党校函授教育事业的光辉历程。党校函授教育事业，从无到有、从小到大、发展到成为全国干部教育事业的一支重要方面军。应该说，其中一个重要的原因，是得益于抓住了几次难得的重要历史机遇：第一次，80年代初，我国进入以经济建设为中心的改革开放新时期，干部教育事业需要大的发展，当时中央党校的领导和有远见卓识的教育家，抓住了这个历史机遇，开创了党校函授教育的新纪元。第二次，90年代以来，中央提出培养高素质干部的历史任务，中央领导同志把党校函授教育定位为“党校教育的重要组成部分”，特别是胡锦涛同志先后八次对党校函授教育作过重要批示和指示，为党校函授教育指明了前进的方向。党校函授教育从“经验型”管理逐步走上科学化、规范化、制度化管理轨道，不断提高办学质量，迎来了函授教育“巩固、提高、发展”的第二个春天。第三次，也就是这次全党正在进行的“三讲”教育，它是一次深刻的马克思主义理论教育和严格的党性党风锻炼。当前，总院和各分院正分期分批地参加所在党校的“三讲”教育，我们要珍惜和抓住这个不可多得的历史机遇，为党校函授教育迎接新世纪的挑战奠定坚实的思想基础。

首先，是全院各级组织和全体学工人员，要积极地投入到“三讲”教育活动中去，抓住“讲政治”这个核心，与端正办学指导思想紧密地联系起来，深刻理解函授教育的重要意义。党校函授教育姓“党”，具有很强的政治性，是为培养党的高素质干部服务的，要从根本上解决为什么办学、为谁办学的问题。树立正确的办学方向，进一步端正办学指导思想，增强使命感和责任感。其次，在“三讲”教育中，要把剖析党性党风的突出问题同解决办学中存在的不容忽视的问题紧密联系起来，从工作上找差距、从思想上找根源。特别要重视把教风教纪、学风学纪、考风考纪中存在的问题，提高到党风党纪的高度去认识，增强党性锻炼的自觉性。还有，“三讲”教育要同函授教育的“队伍建设”紧密联系起来，从加强办学队伍建设，提高领导班子、师资队伍和管理人员队伍的素质着手，为函授教育事业的发展提供重要的组织保证。

贯彻落实“三讲”教育的精神，是党校函授教育的一项长期任务。要贯彻于党校函授教育的始终和各个环节。要借“三讲”这个东风，促进函授教育事业的发展。“东方风来满眼春”，在“三讲”教育精神的推动和鼓舞下，相信党校函授教育将会迎来又一个春天。

满怀豪情迎国庆 从严办学育人才

《党校函授专刊》编辑部

新中国的五十华诞即将来临，这是人民的节日，祖国的庆典。我们全院上下与全国人民一道，欢欣鼓舞，满怀豪情，迎接人民共和国这个光辉节日的到来。

五十年前，毛泽东向全世界庄严宣告，中华人民共和国中央人民政府成立了，中国人民从此站起来了！第一面五星红旗在天安门广场冉冉升起，宣告了中华人民共和国的成立！这一伟大的历史事件向世人昭示：一百多年来，饱受贫穷落后，受尽欺凌屈辱和三座大山压迫的中国人民，在中国共产党的领导下，经过艰苦卓绝的斗争，无数仁人志士、革命前辈和革命先烈，前仆后继，浴血奋战，终于换来了新中国的诞生。昔日被视为“劣等民族”、“东亚病夫”的中华民族扬眉吐气，当家做主，屹立于世界的东方。

新中国成立五十年来，在毛泽东、邓小平、江泽民三代领导核心的领导下，在半个世纪的风雨历程中，不信邪、不怕压，粉碎了帝国主义的封锁和挑战，捍卫了祖国的主权和尊严。全国各族人民团结在党中央的周围，披荆斩棘，百折不挠，战胜了一个又一个难以想像的困难，取得了社会主义建设的一系列巨大成就。特别是党的十一届三中全会以来，走出一条建设有中国特色社会主义的成功之路。在改革开放和现代化建设短短的二十年中，我国发生了翻天覆地的变化，综合国力大大增强，人民生活水平显著提高，祖国更加繁荣昌盛，新中国的五十年，开创了中国发展史的新篇章，载入了中国历史的光辉史册。

满怀豪情迎国庆，就是要牢记过去，展望未来。共和国的诞生，是多少英烈用头颅和鲜血换来的，共和国的成就，是全国人民付出多少代价和牺牲取得的，来之不易。这一切，都是为了一个目标——中华民族的伟大复兴。当今世界，科学技术日新月异，知识经济初见端倪。为了迎接新世纪，各国展开激烈的竞争，这种竞争表现在政治、经济、军事、文化等各个领域。竞争，归根到底是综合国力的竞争，是人才的竞争、教育的竞争。我们迎国庆，就要继承优良传统，增强民族的忧患意识，胸怀祖国，放眼世界，立足本职，做好工作。我们要站在全局的高度、战略的高度，深刻认识我们所从事的干部教育事业，是关系到民族的振兴、关系到国家的命运、关系到党的事业兴旺发达的根本大计，具有深远的政治意义，决不能当作一般任务来对待。要增强办好党校函授教育的紧迫感和责任感，从严办学育人才，一定要把函授教育事业办好。

从严办学育人才，一定要把函授教育事业办好，最重要最关键的是坚持正确的办学方向，面向现代化，面向世界，面向未来，进一步明确办学的指导思想。各级组织要用邓小平理论和中央领导同志关于党校函授教育的一系列重要指示来指导党校函授教育的全部工作，武装全体学工人员的头脑，提高政治理论素质，学会从政治上看问题，增强政治鉴别力和政治敏锐性。借“三讲”教育东风，进一步排除办学中存在的各种思想障碍，真正树立起“社会效益第一”的正确思想，按照中央领导同志和校委的要求，严格把握招生范围，控制适度规模，严把教学、考试质量关。要引导学员学习，提高素质，真心实意地帮助他们努力一年、两年、三年，实实在在地学一点东西，全面实现干部的培训质量要求。

从严办学育人才，一定要把函授教育事业办好，就要认真贯彻“以教学为中心”的教学方针。在新学期开学之际，抓住“教学”这个源头，全面规划，统筹安排。要深入地进行教学改革，强化素质教育，按照全国教育工作会议精神和中央决定的要求，推进“科教兴国”战略的落实，加快创新步伐，深入研究党校函授教学带有根本性的一系列重要问题。根据校委关于面向21世纪深化教学改革的指导思想，从理论武装、世界眼光、战略思维、党性修养和知识学习等方面，制定近、远期规划。当前可从学制、班次、专业、课程、考试、考核和教材编写等方面入手，制定改革的措施。经过科学论证和试点，在总结经验的基础上，逐步推广，不断引向深入，使函授教育质量稳步提高，以适应函授教育事业不断发展的需要。

从严办学育人才，一定要把函授教育事业办好，就要从严管理，严格要求。“向管理要效益，向管理要质量”，这是企业发展的一条成功经验。同样道理，函授教育工作离不开“严”字。党的教育方针、政策，上级的指示、要求，各项工作的任务、计划，只有严密组织、严格要求，才能落到实处。近年来，全院同志在贯彻落实中央领导同志和校委有关指示，严格函授教育管理方面做了大量工作，取得了显著成效。但少数单位和人员在管理中存在以感情代替政策，管理制度执行不力，特别是在抓自学、面授、考风考纪等方面，存在“网开一面”的迁就情况，影响党校函授教育的质量。我们要坚决防止和克服由于管理不严，给一些不想勤奋学习、目的在于混得一个文凭的人提供方便，否则，势必助长腐败现象，严重损害党校的声誉和形象，造成不良的社会影响。

求木之长，必固其根；欲流之远，必浚其泉。要保持党校函授教育事业的蓬勃发展和旺盛的生命力，我们就要按照中央党校领导同志的要求，贯彻“三讲”教育精神和要求，以整风精神，不断克服和纠正办学中存在的不容忽视的问题。可以这样说，一个单位的领导，对办学中存在的问题认识有多深，改正的决心就有多大，进步的步子就有多快。中央领导同志和校委多次提出要规范党校函授教育，这是出于对党校函授教育的关心和爱护，只有把全院的思想统一到党的十五大精神上来，统一到中央领导同志和校委的指示上来，党校函授教育事业才能有新的飞跃。从严办学育人才，把党校函授教育搞上去，这是我们献给共和国生日最丰厚的礼物！

在解决不容忽视的问题上下功夫

《党校函授专刊》评论员

教育评估，是教育工作进行规范化、科学化管理的重要手段，是提高教育质量的有效途径。党校函授教育开展评估虽属首次，但已经收到良好的效果，为各级组织和群众所认可。我们一定要善始善终把评估工作做好，以推动党校函授教育事业的发展。

能否把评估搞好，真正达到评估的目的，关键在于是不是解决了办学中存在的不容忽视的问题。胡锦涛同志对党校函授教育事业非常关心，多次作重要指示和批示，强调在充分肯定党校函授教育取得显著成绩的同时，要切实重视并认真解决存在的不容忽视的问题。教育评估一开始，校委和总院就提出了把全面落实胡锦涛同志的重要指示作为评估的指导思想，把解决存在的不容忽视的问题作为评估的重点。实践证明，凡是在评估中贯彻落实这一要求，把力量和精力放在解决办学中存在的不容忽视的问题上，评估效果就明显，进步幅度就大，相反，就容易走过场，达不到评估的目的。张志新副校长最近在总院领导班子民主生活会上讲话指出："如果分院自评中不能清晰地查找出存在的不容忽视的问题，并认真采取整改措施，如果检查验收中不能集中精力会诊办学中不容忽视的问题，有针对性地研究整改，那么，这种自查和检查验收，就不能算是成功的。"因此，要搞好教育评估，就要在解决不容忽视的问题上下功夫。

在解决不容忽视的问题上下功夫，就要按照"三讲"教育精神和要求，从讲政治的高度、大局的高度认识搞好教育评估工作的重要性。党校函授教育搞评估绝不是摆架式、做样子，给别人看的，而是为了实实在在地解决办学中自身存在的问题，贯彻落实胡锦涛同志的指示，规范办学行为，全面提高办学质量。党校函授教育是一个网络式的教育实体，面广、点多、线长，管理难度很大，加上受不正之风的影响，经常可能出现这样那样的问题和不足。通过评估，各单位可以自我检查、主动纠正，加强自身的管理，克服存在的不足。评估工作已经取得了预期的效果，促使教学与管理工作上了一个新的水平，工作面貌和办学条件发生了很大的变化，为21世纪党校函授教育再展雄风打下了坚实的基础。通过这次评估，产生了良好的社会影响，让更多的人了解党校函授教育、认识党校函授教育，澄清了社会上一些人对党校函授教育认识上的误区和偏见，营造了良好的办学环境。广大党校函授工作者更加增强了办好党校函授教育的信心。可以说评估工作一举两得，我们应为评估工作取得的成绩叫好。

在解决不容忽视的问题上下功夫，就要敢于动真格，不断地揭露、查找自身存在的问题。存在问题就像"疮疤"似的，敢不敢去揭？揭疤是一种考验，要有坚强的党性。揭疤要有勇气、有决心，才能揭得准、揭得深、揭得好，才能刨根问底，对症下药。讳疾忌医是无法"揭疤"的。比方"控制规模"的问题，有的单位始终解决得不好，不论办学条件是否具备，一味追求"上规模，上档次"，甚至出现自己的地种不了，请别人"代耕"的现象。这些问题的根子就在于办学指导思想不端正。在查找这些问题时，有的总是躲躲闪闪，评估过后问题依然存在。解决问题，还要发扬"三讲"教育的精神，以对党的干部教育事业高度负责的态度，站在党性立场上，一抓到底，抓出成效。

在解决不容忽视的问题上下功夫，关键在整改。这方面有些已验收的分院为我们树立了榜样。他们查找问题决心大，提出整改措施。比方指导思想问题、办学投入问题、师资培训问题，找准一个，解决一个，收到良好的效果。整改是关键阶段，整改是评估的落脚点。衡量一个单位是不是走过场，不但看查找问题的态度，更要看解决问题的程度和结果，这是评估的基本要求。

评估检查验收工作已在全院范围开展起来，并取得可喜的成果。评估检查验收以后，评估工作告一段落，但整改和解决不容忽视的问题是长期的。希望各单位持之以恒，贯彻始终，保证党校函授教育事业的健康发展，以崭新姿态迎接21世纪的到来。

掀起一个学习贯彻宣传新版《管理制度汇编》的热潮

《党校函授专刊》编辑部

新版《中共中央党校函授学院管理制度汇编》，在校院领导的关心和领导下，在全院上下的共同努力下，在专家和编修人员的辛勤劳动下，终于完成并出版发行，这是全院值得庆贺的一件大事，它将使我院函授教育管理工作向新的水平迈进！

《管理制度汇编》修订工作得到各级组织和领导的关心和支持。中央党校校委非常重视函院的管理制度建设。郑必坚同志今年初在函院新老班子交接会上提出："要加强党校函授教育规范化的力度。"张志新同志也指出："函院已建立了一整套规范制度，现在一要抓完善，二要抓落实。根据形势发展需要，有的要修订、补充，使之进一步完善。"总院领导把修改管理制度列入重要工作日程，黄士安、史信发、刘利群、张东升、欧亚平等领导同志亲自过问和审定各项制度，由张东升副院长直接领导组织审修工作。总院机关和各分院紧密配合，全力支持，承担大量审修任务，保证了修订工作的顺利进行。这部新的《管理制度汇编》是全院集体智慧的结晶，是对十多年来办学管理工作经验的高度概括和总结。修订、补充《管理制度汇编》意义重大，它是党校函授教育进一步实现规范化管理的重要举措，也是落实胡锦涛同志关于党校函授教育重要指示的实际行动。当前，全院各级组织和全体学工人员，要积极行动起来，响应校院领导的号召，掀起一个学习贯彻宣传《管理制度汇编》的热潮，不断提高管理水平，提高办学质量，全面推动党校函授教育事业的发展。

掀起学习贯彻宣传新版《管理制度汇编》的热潮，首先是要抓好学习。我们强调要从严治院、从严治教、从严治学，就必须按规章制度办事。新的规章制度修订出来了，不学习，就不了解它的精神实质。不学习，就不能掌握它的基本内容。学习好是贯彻好的前提。各单位一定要高度重视，制订计划，合理安排，近期最少要用一周时间，组织有关人员，特别是领导要先学一步，尔后，组织广大学工人员对口学习有关的制度内容。学习要从"序"和《条例》入手。张志新同志为本书作的"序"，充分肯定了党校函授教育管理工作取得的成绩，指明了努力的方向，提出"管理制度贵在落实"的要求，是我们认识、掌握这部《管理制度汇编》的"金钥匙"。《条例》是这部《管理制度汇编》的核心，它从办学方向、指导思想、目标、任务、方针、原则、要求等各个方面作出规定，是党校函授教育实现规范化管理的主要依据。《条例》这次修订的内容较多，改动面达42%，作为各级领导者和管理者，熟悉和掌握《条例》是最基本的要求。其它各项制度都有许多新的内容、新的提法，需要重新学习领会，并在实际工作中贯彻执行。

其次，要贯彻好这部《管理制度汇编》。《管理制度汇编》不是用来作摆设的，是用来规范各种办学行为的，俗话说"没有规矩，不成方圆"。有了"规矩"，不去贯彻，不去落实，同样"不成方圆"。胡锦涛同志曾指出："有管理制度是好的，但最重要的是下大力量去抓，使之真正落实，不落实，制度也是空的。"张志新同志特别强调，要重视发挥《管理制度汇编》强化规范管理的功能，积极发挥它的效力和作用，关键在于落实。当前，落实《管理制度汇编》要注意把握几点：一是要维护总院制度的权威性。这些制度是总院根据《中国共产党党校工作暂行条例》和中央的教育路线、方针、原则、政策制定的，是办学经验的最新总结和升华，是经过全院上下共同论证修订后形成的，它代表党校函授教育的正确方向和利益，代表党校函授教育的形象和声誉。维护它的权威，就是维护总院的领导。因此，各单位在贯彻执行时，要站在政治的高度、全局的高度，讲党性、讲原则，不能随意更改或"各取所需"，而必须坚决贯彻执行。各单位在制定本单位的制度细则的时候，注意不要与总院的制度精神相违背，这是一个原则问题。二是要注意与工作实际相结合。做到熟练掌握，运用自如。在巡考中，个别基层单位，不了解不熟悉总院的有关规定，自行其是，自立标准，降低要求，影响了办学质量。三是要有创新精神。继承是基础，创新是关键，发展是方向。在评估检查中，从严治考有新招，比如制定“责任人制度”、“交叉巡考制度”、“异常分数处理办法”等，都是分院根据总院对考风考纪的要求，加以创新发展的有效措施。不断创新，才有生命力，才能不断提高全院的管理水平。

还有，要加大对《管理制度汇编》的宣传力度。《管理制度汇编》已经发行，但要变成全院的自觉行动，变成从严治院的锐利武器，还要做好宣传教育工作，使贯彻落实管理制度深入人心、深入工作、深入实际，才能达到预期的效果。张志新同志指出：“要切实抓好管理制度的宣传、学习和培训，使各级组织和广大学工人员弄懂不折不扣执行管理制度的意义、管理制度的具体内容和要求以及执行中应持有的正确态度，统一思想，统一行动，使执行制度成为大家的自觉行动。”加大党校函授教育管理制度的宣传，还可以使社会上了解党校函授教育是一所正规的党员干部在职在岗教育实体，是有严格的规章制度来保证教学质量的，消除一些人思想上存在的误区或偏见，树立党校函授教育的良好形象，创造良好的办学环境。

新的世纪即将到来，教育市场竞争十分激烈，如何在竞争中取胜，我们的经验就是不断地完善制度，从严要求，从严管理，提高管理水平，保证办学质量，这就是我们的法宝。

思考·落实·向前进

《党校函授专刊》评论员

“思考、落实、向前进！”这是最近郑必坚同志向全院各级领导和办学人员提出的明确要求和殷切期望。当前社会处于大转型时期，国内教育产业化加速发展，各类教育将进一步向社会开放，教育市场竞争日趋激烈，党校函授教育面临着重要的发展机遇和严峻的挑战，甚至要经受巨大的压力。党校函授教育要以积极的姿态，正确应对。郑必坚同志关于“思考、落实、向前进！”的这一要求，就是在这样的背景条件下提出来的。它表明校委主要领导同志对党校函授教育事业的发展十分关注，在党校函授教育发展的关键时刻，及时指明方向，对保证党校函授教育事业的健康发展有着重要的指导意义。全院各级组织和办学人员必须认真学习理解和贯彻执行。

思考，这是应对来自各方面竞争压力的需要，也是保持党校函授教育发展态势的需要。惟有思考，才能正确认识不断变化的形势对党校教育提出的新任务、新要求、新问题；才能形成清晰的思路和正确的对策；才能在复杂多变的情况下，处变不惊，应对自如，争得主动地位。在世纪之交的关键时刻，党校函授教育怎样深化改革，完善体系，加强规范化管理，适应新世纪培训干部的需要；怎样继续实施以教学质量为生命，以质取胜和加强全国党校系统大协作，发挥党校系统整体优势的大战略；怎样加强自身建设，增强办学实力，增强新世纪办学的竞争力和适应性，使党校函授教育充满生机和活力，在激烈的教育市场竞争中，牢固地占有自己应该占有的一席之地，等等，都是全院同志，尤其是各级组织的负责同志必须认真思考的问题。我们要站在大局、全局的高度，要从对党的干部教育事业负责的高度，并要从我们自身的长短优劣来想问题，要层层发动，人人献计，集思广益，集中全院智慧，提方案、议措施、想对策，从而形成党校函授教育面向21世纪，抓住机遇，迎接挑战，积极参与教育市场竞争的总体思路，作出应有的决策。

落实，是实现决策的必要步骤和不可缺少的措施。任何工作离开了落实都将成为纸上谈兵。所以，党校函授教育形成了面向21世纪总体思路后，关键在于落实。只有落实，才能在实践中检验并完善提出的思路；只有落实，才能使提出的思路变成为全体办学人员自觉的实践活动；只有落实，才能使党的干部教育路线、方针、政策和上级的有关指示、要求得到贯彻执行，保证党校函授教育在严峻的挑战和巨大的压力下继续前进。因此，全院各级组织和广大办学人员对总院负责同志提出的面向21世纪的总体思路一定要在狠抓落实上下功夫。狠抓落实，就要全面贯彻胡锦涛同志对党校函授教育的批示，落实校委和郑必坚同志对我们的要求，把功夫下在改进措施上。要结合自身的实际，提出实施的具体部署，真抓实干，务求实效，不搞花架子，不做表面文章。只要全院同志在狠抓落实上下功夫，就能使党校函授教育以崭新的面貌、坚强的阵容跻身于21世纪，抓住机遇，迎接挑战，再创辉煌！

向前进！在新世纪，党校函授教育必须继续向前进，这是我国社会主义现代化建设的需要，是培养高素质干部队伍的需要，是党的建设的需要。在新世纪，党校函授教育有广阔的生存和发展空间。对它的社会需求不仅没有消失，相反更为旺盛了；它的依托——全国党校函授教育体系是我国有限教育资源中一支不可忽视的力量，应充分发挥它在办大教育中的特殊作用；而且，党校函授教育是党校教育不可缺少的重要组成部分，我们担负着为党培养高素质干部队伍的神圣使命，函授学院一定要办好。办好了，有助于引导干部学习，提高素质。所以，党校函授教育只能前进，不能后退，教育质量只能提高，不能下滑。否则，是有害的和没有出路的。我们一定要在中央领导同志和校委的领导下，坚定步伐向前进。全院各级组织一定要统一思想，振作精神，深入思考，狠抓落实，深化教育改革，强化自身建设，内练内功，外塑形象，把充满生机和活力的党校函授教育推向21世纪，为培养党的高素质干部队伍，为改革开放和社会主义现代化事业做出更大的贡献！

深化改革　再创辉煌

——热烈祝贺中央党校1999年函授教育工作会议胜利闭幕

《党校函授专刊》编辑部

具有重要意义的中央党校1999年函授教育工作会议于11月12日至11月14日在广东顺德隆重召开。这次会议统一了认识，开阔了眼界，振奋了精神，明确了任务，取得了圆满成功，我们表示热烈的祝贺！

目前处于世纪之交，国际形势处于大转折时期，科学技术突飞猛进，经济全球化日益明显，各国综合国力的竞争日趋激烈。我们既面临机遇，又面临挑战，必须保持清醒头脑，致力于在综合国力的竞争中处于主动地位。为实现我国社会主义现代化，党的十五大加强了科教兴国的战略部署。今年以来，党和国家就深化教育改革，推进素质教育作出决定，各类教育的发展步入快车道。我们必须从国际国内大局去思考和安排党校函授教育，抓住机遇，迎接挑战，开拓进取，深化教育改革，以适应形势发展的需要。

深化教育改革，必须坚持正确的指导思想。要从讲政治的高度看待党校函授教育，作为党校教育重要组成部分的党校函授教育，其基本任务是为培养党的高素质干部队伍服务，为社会主义现代化建设服务。党校函授教育培养什么样质量的党员领导干部和党员干部，事关政治，事关大局。因此，必须坚持正确的办学方向，处理好社会效益和经济效益的关系，把社会效益放在首位，严格把握招生范围、规模，严把教学、考试的质量关，从严管理，向管理要质量、要效益。当前，要特别注意防止和克服降格以求，放松管理的倾向，维护党校的形象和声誉。

深化教育改革，要在强化素质教育上下

功夫。党校函授教育的根本出路在于深化改革，在改革中成长，在改革中完善。要进一步完善党校函授教育体系，强化素质教育，提高教育质量，真正培养出能适应新世纪需要的高素质党员干部。深化改革要保持自身的特点和优势，除具备国民高等教育一般特征之外，还有掌握马克思主义基本理论，增强党性和提高能力的要求。就其学员的素质内容而言，应比国民高等教育改革的要求更高。强化素质教育，要坚持以思想政治素质为重点，以党性教育为核心，提高创新能力和实践能力，努力达到“加强理论武装，开阔世界眼光，培养战略思维，提高党性修养”的要求；要突出党校教育特色和时代特征，要坚持马克思主义基本理论的主课地位和党性教育的核心地位，把党性教育贯穿于党校函授教育的全过程，引导学员在改造世界观上下功夫，还要抓好专业、课程设置、教学内容、考试考核制度、学制、远程教育等改革，以适应素质教育的要求。

深化教育改革重在落实。加强各级党校校委对党校函授教育的领导是关键。各级党校校委要带头学习贯彻锦涛同志关于党校函授教育的一系列指示，特别是6月12日的重要指示，真正把党校函授教育摆到党校教育重要组成部分的地位，将其纳入党校工作的总体布局。要研究函授教育遇到的重大问题，及时检查并帮助解决实际困难，为函授部门配备高素质的领导干部和工作人员。要贯彻“以学养学”方针，保证办学投入，逐步改善教学条件和办公设施，尽快实现教学与管理手段的现代化。要抓好规范化管理工作，制定教学质量标准，开展教学质量检查，进行教学质量分析，搞好教学评估，加强教学各环节的管理。要进一步提高办学主体素质，搞好教师和管理队伍建设。要不断完善和严格执行各项规章制度，根据总院新版《管理制度汇编》，修订本地区、本部门的制度细则，并维护制度的权威性和严肃性，真正实行规范化管理。要全面加强以分院建设为重点的各级组织自身建设，强化分院功能，充分发挥其领导和管理作用。

让我们认真贯彻落实中央党校1999年函授教育工作会议精神，扎实工作，狠抓落实，努力奋斗，再创辉煌，为党培养更多的高素质干部做出新贡献！

喜迎澳门回归
振兴教育事业

《党校函授专刊》编辑部

澳门回归，是继香港回归祖国之后，中华民族发展史上的又一盛事，也是本世纪末全国关注、世界瞩目的一件大事。在这千年之禧即将来临之际，我们全院上下与全国人民一道，喜迎澳门回归，祝澳门人民幸福，祝祖国繁荣昌盛！

澳门，自古以来就是中国的神圣领土，素有“东方钻石”之称。自16世纪起，葡萄牙人先以“纳租盘踞”，强租澳门；鸦片战争后，葡国尾随西方列强，搞“炮舰强据”，与腐败无能的清政府签订《中葡草约》，取得澳门“永居管理”权。新中国成立后，中国政府公开表明香港、澳门是中国领土，中国不承认外国强加给中国的一切不平等条约。声明将在适当时候通过谈判解决这一历史遗留问题。1974年，葡政府宣布澳门为中国领土；1987年4月13日，中葡双方签署了《中葡联合声明》，宣布1999年12月20日澳门归还中国。澳门，在澳门人民的艰苦创业下，经济从60年代开始振兴，70年代出现转机，80年代已经起飞，现在已形成了出口加工业、旅游博彩业、金融业和地产建筑业四大经济支柱。我们相信，澳门回归祖国之后，在中央“澳人治澳”正确政策的指引下，澳门的前途将更加光辉灿烂。

迎回归，各级组织要运用好这部难得的历史教科书，对广大学工人员进行爱国主义、集体主义和社会主义的思想政治教育。使大家懂得，澳门四百多年的沧桑、屈辱史，是中华民族的血泪史。只有国家强盛，民族振兴，人心凝聚，才能抵御外来侵略，洗刷耻辱，获得民族的独立和尊严；只有共产党，只有新中国，才能使香港、澳门回到祖国的怀抱。历史再次证明，强则安邦，强则自立，强才能有我国的国际地位。一个国家、一个民族，只有有强大的综合国力，才能立于世界民族之林。现在，世界正处于世纪之交，各国为了争夺下世纪的战略主动地位，展开了剧烈的竞争。这种竞争的关键在于人才、在于教育。江泽民同志指出："在当今世界上，综合国力的竞争，越来越表现为经济实力、国防实力和民族凝聚力的竞争。无论就其中哪一方面来说，教育都具有基础性的地位。"他还说，"国运兴衰，系于教育；教育振兴，全民有责。"江泽民总书记这些论述，高屋建瓴，指出了振兴教育事业的重大意义。无论国民教育，还是成人教育，包括党校教育和党校函授教育都要投入到振兴教育中去，做出应有的贡献！

迎回归，献厚礼，当前，最实际的行动，就是每个部门、每个学工人员做好本职工作，以优异成绩，作为迎回归的最好礼物。首先，各级组织要把贯彻好刚刚结束的中央党校函授教育工作会议精神，作为中心任务抓紧落实。在全院范围内组织好学习贯彻胡锦涛同志的重要指示和校委领导的重要讲话，从政治的高度、战略的高度、全局的高度来认识搞好党校函授教育的重要意义，增强责任感和事业心。第二，要用"三讲"精神和整风方法，继续解决办学中存在的不容忽视的问题，要特别重视解决管理松懈的问题，坚持严格管理、严格要求，以维护党校的声誉和形象。第三，要抓好深化教育改革，推进素质教育各项任务的落实，选准突破口，从易到难，循序渐进，注重实效。第四，要抓紧完成分院评估检查验收工作，并注重巩固和扩大评估成果，防止松劲情绪，善始善终做好评估工作。第五，要认真组织好期末考试工作。各级组织要加强领导，精心安排，加大考风考纪整肃力度，圆满完成期末考试任务，让各级领导放心。

迎接澳门回归，是中华民族的大事、喜事、盛事，让我们全院同志以饱满的热情，坚定的社会主义信念，团结在以江泽民同志为核心的党中央周围，昂首阔步迎接新世纪曙光的到来！

昂首阔步迈入新千年
努力谱写函授新篇章

——元旦献辞

《党校函授专刊》编辑部

当人们怀着胜利的喜悦告别1999年，迎来新千年的时刻，我们对1999年中央党校函授教育取得的显著成绩表示热烈祝贺，特向全院各级组织和全体学工人员致以崇高的敬意，并祝愿全院在2000年取得更大的成绩！

2000年是人类历史进入新的千年的开篇，也是中央党校函授教育走过15年的历程、进入第二个15年的第一年。我们是在国际国内新形势下迈入新千年的。当今世界发生很大变动，国际形势风云变幻，发生了许多值得深思的新变化。但是世界形势总体上仍趋向缓和，未出现全球性的对抗。和平与发展仍然是时代的主题。多极化的历史方向不可逆转。经济全球化进程正在继续，给各国经济发展带来深刻的影响。我国政治稳定，经济发展，综合国力增强，国际地位上升。当前我国改革进入攻坚阶段，发展处于关键时期，我国还面临着一些深层次的矛盾和困难。面对世界各国综合国力的激烈竞争，从总体来看，机遇大于挑战，希望多于困难。我们必须从国际大局和国内大局出发，昂首阔步迈入2000年，努力谱写党校函授教育新篇章。

在新的一年里，全院各级组织和全体学工人员要高举邓小平理论伟大旗帜，紧密团结在以江泽民同志为核心的党中央周围，以党的十五大精神为指导，全面贯彻落实胡锦涛同志和校委关于党校函授教育工作的一系列指示精神，抓住机遇，开拓进取，深化改革，提高质量，夺取2000年党校函授教育工作的新胜利。

在新的一年里，全院同志要认真贯彻顺德会议精神，深化教育改革，推进素质教育，并要切实加强以分院建设为重点的各级组织自身建设。顺德会议是党校函授教育在世纪之交召开的一次重要会议，着重研究了党校函授教育改革与发展的一些重大问题，深刻分析了党校函授面对新形势，谋划新发展，提出了明确的指导思想、总体思路和具体对策。当务之急是全院各级组织要立即行动起来，采取有力措施，把这次会议精神变为全院同志的自觉实践行动。各级组织要认真组织全体学工人员认真学习会议文件，统一思想，结合自身实际情况，制定切实可行的实施方案，并认真组织贯彻执行。尤其要在深化教育改革和加强自身建设方面采取扎实的措施，做出显著的成绩。

在新的一年里，全院同志要认真做好各方面的工作，以优异成绩和崭新的面貌迎接和庆祝中央党校函授教育开办15周年。我们将本着节俭、朴实、实效的精神，结合日常工作开展一些有意义的庆祝活动，注重总结办学经验，探讨办学规律，展示办学成果，扩大办学成就，加大宣传力度。把15周年院庆的重点放在全院各级组织出色地做好当前工作上，努力谱写党校函授教育的新篇章，这是庆祝建院15周年最好的实际行动！

从严治考　严把考试质量关

《党校函授专刊》评论员

期末将至，考试在即。这次期末考试不同往常，是新千年到来的第一次大考，也是全院同志正在深入地学习贯彻胡锦涛同志对党校函授教育的一系列重要指示，学习贯彻中央党校最近召开的函授教育工作会议精神，是在深化党校函授教育改革，进一步推进素质教育，提高教育质量的新形势下进行的。因此，这次考试的要求高、难度大、任务重，全院各级组织一定要认真贯彻总院关于做好1999年下学期期末考试工作通知的精神，从严治考，严把考试质量关，圆满完成期末考试任务。

从严治考，严把考试质量关，就要按照胡锦涛同志和校委领导的要求，从讲政治、反腐败、维护党校良好形象和声誉的高度来认识从严治考的重要意义，发扬党校教育一贯提倡严格管理、严格要求的校风、教风和学风。只有严，才能使学员经过一年、两年、三年的努力，实实在在学到一点东西；只有严，才能杜绝假学习、混文凭的腐败现象；只有严，才能把住考试质量关，真正培养高素质的跨世纪人才。严，是事业取得成功的共同规律，是函授教育事业兴旺发达的基本保证。我们要在“严”字上作文章，在“严”字上求质量、求发展。

从严治考，严把考试质量关，就要认真准备，精心应考。今年期末考试，进行了考试内容的部分改革。整个考试命题改革按照“积极探索、逐步到位”的原则，计划分三步走：第一步，在本学期期末考试，进行扩大考试内容灵活性、综合性改革，但题型、题量保持原状，不作调整。此次考试命题，仍坚持以本学期教材为基础，以教学具体安排中的学习重点、作业题、讨论题为重点，所考原理不超出总复习提纲范围，覆盖到教材的章。扩大考试内容的灵活性，在具体课目中的体现是：与现实结合紧密的课目，命题体现十五大精神和党的有关方针政策。在不同题型的体现是：单项选择题，既包括知识性选择，又包括应用性选择，法学课还包括小案例性选择；多项选择题的选项，可以跨越教材的章节，考核综合分析能力；简答题，重点考核学员对主要知识及理论观点的理解；判断题，重点考核学员对概念原理的应用；辨析题，即辨别对错或不完全对，又要阐明理由，试题有一定理论性、现实性和迷惑性，法学课一般有案例性判别题；论述题，重点考核学员对原理的掌握和应用，具有综合性、容量大和实际联系紧密的特点。各班次法学课一般有案例分析题，并作为必答题，以考核学员对实际问题的分析能力。第二步，将在明年上半年期末考试中进行题型、题量改革。第三步，结合学分制的试点及推广，在适宜时机进行考试方式方法的综合性改革。

此次考试内容进行部分改革，有利于培养学员的理解能力、应用能力和创造能力，有利于提高学员的综合素质。但对应考人员会有陌生感和考试难度。因此，各单位要组织全面复习和模拟作业、认真准备，精心应考，摸索和积累经验，掌握考试的主动权，争取考出好成绩。

从严治考，严把考试质量关，全院各级组织要认真贯彻执行总院关于认真做好本学期期末考试工作的通知，要按照总院《通知》的要求，加强领导，实行责任制，逐级负责，层层抓落实。各单位的考场设置、试卷保管、巡监考人员挑选、考场纪律等都要按照总院的有关规定执行。对考场出现的违规违纪行为，要坚决纠正。对往年考风考纪问题较多的单位，要派得力的领导和工作人员进行检查督促。抓事故要克服情面关系，以维护考试的公平性、公正性和严肃性，真正把住考试质量关，进一步提高党校函授教育质量。

新年献辞

历史的脚步已迈进新的一年，当我们怀着胜利喜悦心情辞旧迎新之际，我们谨向全院各级领导和学工人员致以亲切的问候，并表示节日的祝贺！

1998年，是极其不平凡的一年，是全党和全国各族人民全面贯彻落实党的十五大精神，经历国内外形势的严峻考验并取得重大胜利的一年。在过去的一年里，中央党校函授教育事业在党的十五大精神指引下，在中央领导同志的亲切关怀下，在中央党校校委的正确领导下，全院同志高举邓小平理论伟大旗帜，深入贯彻落实胡锦涛同志“7·22”重要批示，坚持正确的办学方向，不断进行教学改革，强化科学管理，各方面工作取得可喜的进步和丰硕的成果。学习党的十五大精神和邓小平理论蓬勃开展；加强学区建设和辅导站建设更加扎实；教和学的水平不断提高；在职研究生试办工作进一步推开；教务工作得到加强；教材建设迈出新的步伐；电化教学和网络建设取得积极进展；办学队伍培训工作有所加强；整治考风考纪的成果在多数单位得到巩固和发展；教育评估工作全面铺开；两卷《年鉴》和四本办学经验文集编辑出版；成功地举行了中央党校1998年函授教育工作会议，等等。过去的一年，是进步的一年，胜利的一年，也是党校函授教育面貌发生深刻变化的一年。

我们迎来了战斗的1999年，也是本世纪的最后一年，是我国改革开放和社会主义现代化建设承前启后关键性的一年，在我们党和国家历史上具有特殊的意义。这一年，我们将庆祝中华人民共和国成立50周年，我国政府将恢复对澳门行使主权。1999年，对于党校函授教育是极为重要的一年，党校函授教育面临着新的形势、新的任务和新的要求，任重而道远。我们决心遵照党中央的战略部署，在中央党校校委的直接领导下，努力做好各方面的工作，推动党校函授教育事业继续向前发展。在这一年里，我们要着力抓好三件大事：

一、要制订新的五年发展规划

新世纪正在向我们走来，世界政治多极化，经济全球化，科技突飞猛进，知识经济扑面而来，止在改变整个世界的面貌。我们面临着挑战与机遇并存、困难与希望同在的复杂局面。我们要认清形势，总结经验，深谋远虑，筹划未来，认真研究和思考党校函授教育的一系列深层次问题。全院各级组织和全体办学人员都要围绕“党校函授教育应该怎样适应新世纪培养人才的需要，以怎样的姿态迈入新世纪，保持党校函授教育继续向前发展的重要而紧迫的课题”进行战略思考，开动思想机器，积极献计献策，集中全院智慧，把新的蓝图——五年发展规划勾画出来，去迎接新世纪的到来。

二、要完成对各分院和直属学区的教育评估

去年已经基本完成了学区、辅导站教育评估工作，今年要全面进行分院级的教育评估。分院级的教育评估是整个教育评估工作中的重头戏和攻坚战，是一项极为重要的步骤。分院（包括直属学区）是一个省（自治区、直辖市）、一个部门、一个系统党校函授教育的龙头。分院、直属学区的思想状况、组织状况、设施状况和工作状况如何，直接关系到那里的办学质量。而且分院级教育评估的要求高，工作细，单位多，任务极其繁重。各分院、直属学区要按照总院规定要求，认真进行部署，切实抓好自评、自查、整改，总院将组织力量下去逐个检查验收，确保分院级教育评估达到要求，不走过场。

三、要扎扎实实地开展“办学队伍建设年”活动

“强化办学队伍建设，提高办学主体综合素质”是中央党校1998年函授教育工作会议主题，也是1999年全院各项工作的主旋律。全院各级组织要牢牢抓住这个关键，采取切实的措施，认真贯彻落实十月工作会议提出的开展“办学队伍建设年”活动的目标、任务和要求；要从现在起到1999年上学期开学的一段时间里，在学工人员中以整风精神，紧密联系实际，开展“讲学习、讲政治、讲正气”的教育活动，努力提高办学人员的思想政治素质；要重视办学人员的调配充实和培训提高，努力建设一支政治强、业务精、作风正，能担当培养高素质干部队伍重任，适应新世纪办学需要的队伍。

在新的一年里，我们要把以上三件大事做实、做细、做好，使党校函授教育上一个新的台阶。我们要高举邓小平理论伟大旗帜，用邓小平理论指导党校函授教育的全部工作；深入贯彻落实胡锦涛同志关于党校函授教育工作的一系列指示，把工作着重点继续放在解决不容忽视的问题上；积极推进教学改革，增强党校函授教育的适应性；增强党校意识，切实把党校函授教育纳入到党校工作的总体布局。让我们携起手来，在党的十五大精神指引下，团结在以江泽民同志为核心的党中央周围，统一思想，坚定信心，抓住机遇，知难而进，团结一致，艰苦奋斗，争取更大的成绩，迎接澳门回归祖国和建国50周年庆典的到来！

认真学习《讲话》大兴学习之风

——写在新学期开学之际

《函授快讯》编辑部

新年伊始，江泽民总书记在省部级主要领导干部金融研究班结业式上发表了重要讲话，向各级干部和全党同志提出了“学习、学习、再学习，实践、实践、再实践”的殷切希望。他强调，不仅党的高级干部要加强学习，各级干部和全党同志都要加强学习，还要通过我们以身作则的实际行动，努力把勤奋好学的风气推广到全社会。

江泽民同志的重要讲话，语重心长，非常深刻，非常重要。《讲话》是在党和国家面临新形势、新任务，改革开放和现代化事业进入一个重要的历史时期，世界格局发生了深刻变化，世界竞争更加剧烈的关键时刻发表的。《讲话》对全党认识当前世界金融危机的性质、特点、规律，研究我国对待这场风波的对策，保证我国经济建设的健康发展，具有深远的意义。《讲话》是指导全党运用马克思主义的立场、观点、方法，把握大局，发展我们的事业的强大思想武器。《讲话》向全党提出了加强学习的重要任务。江泽民同志指出，形势、任务和干部队伍的状况，要求全党同志必须进一步加强学习。我们党历来是一个重视学习、善于学习的党。在每一个重要的历史关头，面对新形势和新任务，中央都号召全党同志加强学习。而每次这样的学习热潮，都会推动我们的事业出现大变化、大发展。这是我们党的一条重要的历史经验。

江泽民同志的重要讲话，我们一定要认真学习和深刻领会。《讲话》不仅是对高级领导干部讲的，也是对全党同志讲的。党校是党培养干部的重要阵地，党校函授教育是党校教育的重要组成部分。它的任务是用马克思主义、毛泽东思想特别是邓小平理论武装学员的头脑，用现代化建设的知识来提高学员的能力和水平，造就高素质的党员领导干部和党员干部，因此，加强学习尤其重要。新的世纪即将到来，党校函授教育处在一个十分重要的历史时期，任重而道远。在新学期开始之际，全院的任务十分繁重，工作千头万绪，但最重要的是全院同志迅速行动起来，响应党中央的号召，大兴学习之风，学出新水平，全面提高办学队伍素质，以适应形势和任务的要求。

加强学习要提高思想认识，增强自觉性。学习热潮的兴起，来源于对学习重要性的认识。一般来说，我们各级领导对学习的重要性、紧迫感是有所认识的。但有些同志，遇到工作忙，往往就顾此失彼，忽略了学习。所谓“说起来重要，抓起来次要，工作起来忘掉”的现象时有发生。他们把学习当成“软”任务，把工作当成“硬”指标，认为抓学习会耽误工作，而不懂得“磨刀不误砍柴工”的道理。今后，各级组织在考核了解干部的时候，要把干部参加学习，作为一项重要内容来检查，要订一个“硬”指标，给一点压力，真正把全院的学习认识提高到一个崭新的水平。

加强学习要注意端正学风。每个同志学习都要注意理论联系实际，按照党的十五大的要求，一定要以我国改革开放和现代化建设的实际问题、以我们正在做的事情为中心，着眼于马克思主义理论的运用，着眼于对实际问题的理论思考，着眼于新的实践和新的发展。这是我们学习的出发点和立足点。当前，需要学习的内容很多，但提高每个同志自身的思想理论素养是最根本的。江泽民同志说，思想理论素质是领导素质的灵魂。认真、刻苦、全面地学习马克思列宁主义、毛泽东思想特别是邓小平理论，对提高全党的思想政治水平和执政能力，是极为重要的，必须摆在学习的首位。党校教育和党校函授教育的性质和任务，决定了学习马克思主义理论的主课地位，我们一定要坚定不移地坚持下去。除此之外，我们还要学习经济、政治、科技、法律、历史、军事、文学等知识，尤其是学习与改革开放和现代化建设有关的新知识，以适应新的挑战，开创新的事业。

加强学习各级领导干部要带好头。一个单位学习风气好不好，关键在领导。领导自身要求严格，做好榜样，群众就可以带动起来。学习还要加强组织领导，科学安排，周密计划，认真督促检查。各级干部都要做到真学、深学、实学，确实学出成效来，争做一名合格的党校函授教育工作者，为培养党的高素质干部服务。

时代在前进，事业在发展。总院热切地希望，全院同志在各级党校校委的正确领导下，积极行动起来，在全院范围内开展一个学习竞赛活动，比一比谁学得好，谁提高快，谁为函授教育事业贡献大，把1999年变成大学习、大提高、大发展之年，以优异成绩迎接澳门回归祖国，迎接中华人民共和国建国五十周年，昂首阔步走向21世纪！

统一思想
坚定信心　再创辉煌

——写在总院春季院务扩大会议结束之后

《函授快讯》编辑部

总院1999年春季院务扩大会议胜利闭幕了。会议遵循邓小平理论和党的十五大精神，以江泽民总书记关于全面加强和改进全党学习的指示为指导，贯彻落实胡锦涛同志和校委对函授工作提出的要求。这是在党校函授教育面临着新形势、新任务、新要求情况下召开的一次重要会议，全院同志要认真贯彻会议精神，提高认识，统一思想，坚定信心，把全年的各项工作做得更好。

党中央和中央领导同志十分重视党校工作和党校函授教育，曾多次指出，“党校函授教育是党校教育的重要组成部分”，并把党校函授教育写进了具有法规性的《中国共产党党校工作暂行条例》中，确立了它在党内的重要地位。邓小平同志指出，教育是一个民族的根本事业。党校教育是我们党的事业中带根本性的一个组成部分，党校函授教育也是这样。党校函授教育经过14年的发展，得到了中央的肯定和各级党委的支持，受到广大干部的普遍欢迎，实践证明，党校函授教育是多渠道培训在职党员干部的一种有效形式，是新时期党校教育功能的拓展、延伸和必要补充。中华民族要振兴，中国共产党要保持先进性，党的建设要不断加强，党校教育和党校函授教育决不可少。我们要从大局的高度、从战略的高度充分认识党校函授教育在干部教育中所具有的不可替代的地位和作用，兢兢业业，奋发进取，努力做好工作，扎扎实实地往前走。

党校函授教育要保持旺盛的生命力，关键在于办学质量。办学质量，实质是教学质量。办教育必须以教学为中心，深化教学改革，狠抓提高教学质量，要把它作为头等大事，坚持不懈地抓下去。以教学为中心，决不是以哪个部门为中心，更不是以哪个人为中心，而是要紧紧围绕提高办学质量这个中心，包括教材建设、师资队伍建设、课堂教学、教学管理等诸多方面，抓好各方面的工作。要牢固树立“质量是生命线”和“质量第一”的观点，采取得力措施，防止质量下滑的情况发生。我们要扎扎实实地拿出真东西来，培养出高质量的学员，才能得到社会的认同，才能立于不败之地，也才能不辜负党中央和中央领导同志的殷切期望。

在认真总结办学经验中，要持一种科学态度，对党校函授教育过去的工作，要坚持讲两句话，第一句话，要充分肯定工作所取得的显著成绩，看不到成绩，就会妄自菲薄，丧失信心；第二句话，要冷静地看到工作中的不足，如果看不到问题和差距，满足于已有的成绩，或者不敢正视问题，甚至抱残守缺，那样就会辜负校委对函授教育寄予的厚望。对存在的困难和问题，一是要正视，二是要想办法改进工作。我们相信，只要全院同志加强学习，提高认识，统一思想，扎实工作，以对历史高度负责的精神,一定能把党校函授教育推上一个新的台阶,再创辉煌!

认真准备 迎接验收

《函授快讯》编辑部

目前，分院一级的教育评估工作，已进入检查验收阶段。去年下半年，中共中央党校办公厅《关于印发〈中央党校函授教育评估指标体系〉的通知》下发以来，各分院（直属学区）在所属党校校委和总院的领导下，精心组织，周密安排，评估工作有条不紊地进行，多数单位自我评估工作已经完成或接近完成。目前，总院正在组织力量对湖北、河北、甘肃等试点分院进行检查验收。全面的检查验收工作即将开始。

对分院评估工作进行检查验收,是全面完成分院评估任务的重要步骤。分院的自评工作是否完成任务,是否达到总院提出的要求,必须通过检查验收对分院评估工作作出符合实际的评定,检查验收也是对分院函授教育的一次检查和考核。因此,各分院(直属学区),包括部队系统的党校函授教育,都要在自我评估的基础上,认真准备,迎接验收。

要做好思想上的准备。检查验收，不是可有可无，更不是额外负担。检查验收工作，由总院组织一些懂教学、会管理，长期从事党校函授教育的领导、教授、专家参加，具有权威性。一方面分院要如实地汇报评估工作情况，听取检查验收对评估工作的意见；另一方面，通过检查验收，较为系统、全面地了解分院的办学情况，帮助分院总结工作，肯定成绩，查找问题，明确分院今后的努力方向，进一步落实胡锦涛同志关于党校函授教育工作一系列重要指示，更好地提高党校函授教育质量，使党校函授教育迈上新的台阶。试点单位的实践告诉我们，上级检查验收是开展教育评估必不可少的必要程序，它有利于分院深化评估工作，找准和解决办学中存在的不容忽视的问题，有利于巩固和扩大评估成果。各单位都要提高对检查验收工作的认识，深入学习张志新副校长关于搞好党校函授教育评估的讲话精神和总院的有关要求,用“四到位”统一思想,组织力量。把迎接总院的检查验收,作为一项重要任务来抓;务求把接受检查验收的各项准备工作,做好、做细、做实;把迎接检查验收作为新的起点,推动当前各项工作的落实。

要做好工作上的准备。总院对分院评估检查验收，时间紧、内容多、范围广、要求高。分院要真正反映办学情况，要向总院汇报的内容很多。但不能面面俱到，而应该加强研究，明确思路，抓住重点。验收试点单位的准备工作大体上应从以下几个方面着手：一是组织力量，编写一个观点明确，材料翔实，比较精炼，能较好反映分院办学情况的汇报提纲，作为汇报的主要依据。二是按照《指标体系》的内容，收集整理历史档案资料。《指标体系》共有 10 项 46 条，几乎涵盖了函授教育的各个方面。全面收集和整理，在短时间里有一定的困难，但这是一项基础工程，必须努力做好。在材料收集整理过程中，应注意把长远建设和迎接当前的检查紧密结合起来，着眼于长远，立足于当前，分清轻重缓急。采取先急后缓、先重点后一般、先收集后整理的方法进行。力争在检查验收时，提供一套比较完整的档案材料。三是设定不同的调查方案。按不同类型的基层单位和人员，为检查验收小组的考察了解和召开各类座谈会提供参考，并配合检查验收开展工作。工作准备要有针对性、超前性和可靠性，一切为了接受检查验收工作服务。工作准备，还要坚持实事求是、一分为二，既要反映好的方面，又要实事求是地反映不足的方面，本着对事业负责的精神，如实地反映“庐山真面目”。这是检查验收的一项基本要求。

要做好成果上的准备。评估不是目的，评估是一种手段。评估一开始，总院就明确指出，要以胡锦涛同志关于党校函授教育工作的一系列指示作为教育评估的根本指导思想，把工作重点放在解决存在的不容忽视的问题上。要求在评估中边评边改，把整改贯穿于评估的全过程。强调整改要按照“三讲”教育的精神，认真地开展批评与自我批评，严于解剖自己，敢于揭短、敢于亮丑。各分院接受检查验收，要把主要精力花在查找问题、解决问题上。特别是在贯彻办学指导思想、办学方针、办学原则和各项管理制度的落实方面，进行对照检查，在这方面狠下功夫。一个单位的评估工作是否有成绩，关键看解决问题的程度，看评估的成果。党校函授教育，这些年来确实取得了有目共睹的成绩，受到社会各界的好评。但是，与中央领导同志的要求相比，与培养高素质干部的任务相比，还有很大的差距。只有解决办学中存在的不容忽视的问题，才能保证办学质量，把函授教育推向前进，检查验收看评估成果，这是检查验收的落脚点。

教育评估，犹如一股春风，推动党校函授教育事业的发展。经过教育评估之后，函授教育事业一定能迎来一个新的春天。

强化素质教育
开创党校函授教育的新局面

《函授快讯》编辑部

最近，党中央、国务院召开改革开放以来的第三次全国教育工作会议，颁布了《关于深化教育改革全面推进素质教育的决定》。江泽民总书记出席会议，并发表了重要讲话。他说，国运兴衰，系于教育；教育振兴，全民有责。我们必须全面贯彻党的教育方针，坚持教育为社会主义为人民服务，坚持教育与社会实践相结合，以提高国民素质为根本宗旨，以培养学生的创新精神和实践能力为重点，努力造就“有理想、有道德、有文化、有纪律”的，德育、智育、体育、美育等全面发展的社会主义事业建设者和接班人。

这次会议，是我们党在世纪之交，总结过去，面向未来，实施科教兴国战略，深化教育改革，推进素质教育，为实现党的十五大确立的社会主义现代化建设的宏伟目标作出的重大部署。贯彻落实这次会议精神和中央的《决定》，是摆在全党、全社会，特别是全国各级教育行政部门、各级各类学校，包括党校函授教育部门和全体党校函授教育工作者面前的一项紧迫任务，也是开创党校函授教育新局面的根本要求。当前，全院上下要把贯彻落实会议精神和中央的《决定》作为一件大事来抓，结合党校函授教育的实际，扎扎实实地做好落实工作。

认真学习文件，深刻领会会议的精神实质。江泽民同志在讲话中指出，“在当今世界上，综合国力的竞争、越来越表现为经济实力、国防实力和民族凝聚力的竞争。无论就其中哪一个方面实力的增强来说，教育都具有基础性的地位”，“坚定不移地实施科教兴国的战略，大力提高全民族的思想道德和科学文化素质，提高知识创新和技术创新能力，这是全面推进我国现代化事业的必然选择，也是中华民族自立于世界民族之林的根本保证”。实施素质教育，关系到国运兴衰、民族振兴、“四化”成败，关系到我们国家以什么样的姿态去迎接新世纪的挑战。党校函授教育作为党校教育的重要组成部分，作为对在职在岗党员干部进行高等教育的重要形式，肩负着培养高素质党员干部光荣而艰巨的任务。深入地学习贯彻落实这次会议精神和中央的《决定》，强化素质教育，全面提高学员综合素质和实际能力，是党校函授教育的基本要求。因此，无论是党校函授教育的领导者和管理者，还是广大教师和学员，都要认真领会文件精神实质，进一步解放思想，加深理解，深刻认识全面推进素质教育的重要意义。特别是各级组织的领导，一定要高度重视，带头学好文件，提高认识，增强责任感和紧迫感，努力做好工作。

强化素质教育，必须更新教育观念。党校函授教育创办14年来，积累了素质教育的许多成功经验，诸如提出了“社会效益第一”的办学指导思想，“从严办学，质量第一”的办学方针，“理论、知识、党性、能力”相统一的质量要求，始终坚持以马列主义、毛泽东思想和邓小平理论为主课，以党性教育为核心，同时开设适应现代化需要的专业基础课程、专业课程，以及文化知识和技能课程，促使全面提高广大学员的综合素质，将他们培养成为社会主义现代化建设的骨干人才。成功的经验是我们继续前进的基础。毋庸讳言，党校函授教育还受着传统教育观念的束缚，存在一些不符合素质教育要求的问题。我们要清除应试教育的影响，改变那种单纯以传授知识为主的教育模式，强化综合素质教育，培养创造性人才。创造性素质是人才综合素质中最重要的素质，素质教育的核心是培养创造力，只有抓住这个问题，素质教育才抓住了根本。我们要改变教育中存在的重继承、轻创新，重传授、轻发展，重记忆、轻运用的弱点，要注重培养学员的创新精神和实践能力。

强化素质教育，必须深化教学改革。党校函授教育目前正在进行课程设置调整，为培养适应现代化建设需要的高素质党员干部，将“三基本”、“五当代”的教材纳入课程体系，使教材结构和教学内容更趋科学合理；加大改革力度，进一步改进考试考核办法，注重考核学员掌握和运用理论、分析和解决实际问题的能力；要改革教学方式方法，变学员被动接受教育，为主动接受教育，面授方法要废除注入式、填鸭式，提倡启发式、研讨式，以培养学员独立思考、大胆创新的精神和品格；按照素质教育的要求，进一步充实和修改教学与管理的各项规章制度；加快计算机网络建设，充分利用现代化手段，开发和利用教育资源，为强化素质教育创造必要的条件，促进党校函授教育改革的深入发展。

强化素质教育，必须提高办学主体素质。“打铁先得自身硬”。只有高素质的办学主体，才能培养高素质的学员。办学主体包括教师、管理人员两支队伍。党校函授教育多年来为加强两支队伍建设做了大量工作，今年是“办学队伍建设年”，全院上下采取了多项培训措施。前不久，总院制定了《聘任面授教师审批备案制度》，逐步实行“教师持证上岗”，建立“师资库”，等等。总院新领导班子已经确定今年的十月工作会议以“抓好分院建设，强化分院功能”为主题，并对分院的教育评估工作进行全面地检查验收，各分院应认真总结自身实施素质教育的经验，进一步明确分院的地位、职责、功能，不断提高分院的领导水平和管理能力；进一步加强制度建设，起草关于加强规范化管理的意见，着力在实施素质教育上下功夫。

弘扬“三讲”教育精神
做好函授教育工作

《函授快讯》评论员

最近，总院召开院务会议，认真总结了上半年工作，对下半年工作作出了全面部署和安排。下半年的工作，任务重、头绪多，各级组织必须加强领导，组织力量，狠抓落实。面上的各项工作很重要，要认真做好。但要抓好重点，深化教学改革，规范管理工作，加强函授教材建设，积极发展远程教育，加强领导班子建设，弘扬“三讲”教育精神，努力提高办学质量，将各方面的工作推上一个新水平。

一、弘扬“三讲”教育精神

“三讲”教育活动，只能集中一段时间进行，具有阶段性。但是，“三讲”教育精神和“三讲”教育取得的可贵经验，必须加以坚持，并使之经常化、制度化。“三讲”的核心是讲政治，全院同志必须进一步加深对党校函授教育这项具有很强政治意义的事业的认识。因为，它事关社会主义现代化建设，事关干部队伍建设，事关党的建设。一句话，是事关全局的大事。全院同志要学会从“讲政治”的高度看问题，把函授教育事业同党和国家的命运、前途紧密联系起来，强化责任意识、政治意识、大局意识，不断提高贯彻执行中央领导同志和校委关于党校函授教育工作指示的自觉性，进一步端正办学指导思想，坚持正确的办学方向。

二、努力提高办学质量

在国际国内教育市场激烈竞争中，要使党校函授教育有自己的位置，并立于不败之地，必须紧紧抓住提高办学质量这个中心，以质量求生存，以质量求发展。党校函授教育发展十几年来，积累了许多宝贵经验，集中到一点，就是不断深化教学改革，努力提高办学质量。当前要进一步破除因循守旧思想，树立大教育观的新观念，党校函授教育既要符合国家标准，又要保持党校函授教育特色，深入研究办学中深层次的问题。对现行的学制、专业和课程设置，加强调查研究，充分论证，提出改革方案，通过试点，取得经验，逐步在面上推开，促使进一步提高办学质量。

三、加强函授教材建设

邓小平同志曾精辟地指出：“办教育，关键是教材”，“编好教材，是提高教学质量的关键”。当前，要将“三基本”、“五当代”教材作为函授教育的重要内容，把它引入函授教材体系，这是坚持党校函授教育“以马克思主义为主课”的特色教育，也是贯彻校委指示的重要步骤，要继续做好落实工作。这项工作相当繁重，既要对现行的教材逐项进行审读、修改和补充，又要依据新的形势与任务的发展变化，继续聘请知名的、学术上有造诣的专家、学者、教授参加党校函授教材的编写。全院同志要关心和支持这项工作，尤其是坚持在教学第一线的教师要积极参与，上下共同努力，力争使党校函授教材具有更高的水准。

四、积极发展远程教育

为适应人才竞争的需要，当今教育飞速发展，国际国内成人教育已开始进入发展远程教育阶段，运用网络发展远程教育是个大方向。按照校里的要求，我们要积极筹划运用现代化手段，发展远程教育。各级组织和领导，一定要提高认识，重视开展这项工作。总院将在研究制定远程教育规划过程中，采取实际步骤，实行上下结合，进一步加强计算机网络化建设和管理，推进办公自动化进程。

五、加强领导班子建设

领导班子是一个单位的领导核心。俗话说：“要想火车跑得快，全靠车头带。”只有建设一个政治强、业务精、作风正的班子，才能带领大家完成党赋予函授教育的光荣任务。面对新的形势提出的机遇和挑战，我们必须进一步加强领导班子建设。首先，要积极参加“三讲”教育。总院作为第一批开展“三讲”教育的单位，尝到了甜头。希望全院各级领导班子，也积极参加“三讲”教育活动，提高自己，做好工作。其次，要加强班子成员自身的学习，用科学理论武装自己，用丰富的知识充实自己，用严格的纪律要求自己，不断提高自己驾驭全局的领导能力。还要不断改进思想作风和工作作风，深入实际，加强调查研究，亲自掌握第一手材料，努力做好领导工作。

我们相信，全院同志紧密地团结在以江泽民同志为核心的党中央周围，在校委的正确领导下，振作精神，奋发工作，党校函授教育事业，一定会越办越红火。

学英模 见行动

《函授快讯》评论员

1998年盛夏之际，长江、松花江、嫩江流域发生了建国以来罕见的特大洪涝灾害。全国亿万军民在党中央的正确领导和指挥下，英勇顽强，战天斗地，夺取了抗洪抢险的彻底胜利。抗洪抢险，既是特殊的战斗，又是一次特殊的考验，同时也是考核党员干部的特殊考场。在这次抗洪斗争中，涌现出许许多多英雄模范，我院受到省级以上表彰的就有隗德芳等47名学员，这是他们的光荣，也是全院的光荣。他们当中有地方上的市长、书记、一般干部，也有军队里的司令员、政委和基层干部。他们为人民立了新功，为党旗增辉，为党校函授系统争光，是全院同志的学习榜样。

学英模、见行动，这是学先进的一条基本经验和要求。抗洪英模的事迹，集中体现了我们全党、全国军民，在以江泽民同志为核心的党中央领导下，万众一心，众志成城，不怕困难，顽强拼搏，坚韧不拔，敢于胜利的精神。中华民族是永远不可战胜的。伟大的抗洪精神，是新形势下战胜困难、夺取胜利的精神力量，它将推动我们各行各业，积极工作，开拓进取，努力解决前进中存在的问题，去夺取新的胜利。今天，我们开展向抗洪英模学习，就是要像英模一样，心中装着人民，为党的事业奋力拼搏，扎扎实实地做好本职工作，努力完成党赋予党校函授教育的各项任务，为改革开放和现代化建设事业培养一批批合格人才，为建设党的高素质干部队伍服务。

要认真地贯彻落实党的十五大精神，高举邓小平理论伟大旗帜，进一步提高搞好党校函授教育重要意义的认识。以胡锦涛同志关于党校函授教育的一系列重要指示为指针，坚持正确的办学方向，贯彻正确的办学指导思想、办学方针、办学原则。努力解决好办学中存在的不容忽视的问题，把社会效益和教育质量放在首位，把党校函授教育办成全国一流的成人教育实体。

要继续贯彻落实中央党校校委对函授教育工作的各项指示和要求。按照必坚同志、胜玉同志在总院新老班子交接会上的讲话精神，从大局的高度、战略的高度，认识党校函授教育的地位和作用，研究党校函授教育的规律，增强做好党校函授教育工作的使命感和责任感。在总院领导班子的领导下，进一步突出党校函授教育特色。坚持马克思主义的主课地位，用邓小平理论武装全体学工人员的头脑；深化教学改革，在专业、课程设置、教学内容、教学实施等方面突出时代特征；将“三基本”、“五当代”的基本要求引入函授教材建设，全面提高教材编印发质量；加大党校函授教育的管理力度，完善各项管理制度，实施规范化管理，提高管理水平。重视党校函授教育的质量建设，视质量为生命，维护中央党校和各级党校的形象和声誉。

要加强思想政治建设。按照中央和校委的部署，结合函授教育实际，深入开展“三讲”教育。把学英模活动与“三讲”教育结合起来，不断提高全体学工人员的思想政治素质。学员要发扬勤奋好学精神，努力完成函授学习任务，做一个“理论、知识、党性、能力”全面进步的合格学员。各级工作人员要爱岗敬业，团结务实，开拓进取，兢兢业业，不断创新，完成组织交给的各项任务，不断把函授教育事业推向前进。

“沧海横流，方显英雄本色。”抗洪英模，以他们的实际行动表明，他们无愧于共产党员，无愧于人民公仆，无愧于党校函授学员的光荣称号。让我们认真学习他们的先进事迹，在伟大的抗洪精神鼓舞下，更加发奋工作，以优异的成绩，向建国五十周年献礼！

各分院、直属学区工作概述

中直机关分院

1999年，中直机关分院认真贯彻中央关于建设高素质的干部队伍、加强干部教育培训工作和党校工作的指示精神，深化改革，锐意进取，坚持高标准办学，较好地完成了各项任务。

一、招生情况。1999年，分院在招生方面严格条件，层层把关。凡有群众举报或发现证件有疑点的，及时认真复查。对不符合报名条件、弄虚作假、蒙混过关的，发现一个处理一个。严肃考风考纪，严把入学考试关。加强考风考纪教育，搞好考前辅导。建立相应的考务管理机构，严格管好试卷，堵塞可能发生的漏洞。认真选配和培训监考人员，提高认识，增强其责任心，使监考人员敢管、会管、善管。考务领导小组加强对考场的巡视，监考人员认真查验"两证"（准考证、身份证）。对作弊考生一步处理到位。

二、毕业论文工作情况。分院成立了毕业论文工作领导小组，加强对论文工作的总体指导和监督。认真搞好毕业论文写作和答辩的辅导，抓好撰写论文的具体指导。分院聘请副高职称以上的人员担任论文指导教师，对学员逐人进行具体指导，防止了请别人代写、抄别人文章、抄自己旧作等问题的发生，并认真抓好论文的评阅和答辩工作。

三、研究生工作情况。分院首次举办了党员领导干部在职研究生班，经过严格考试，按照择优录取的原则，录取新生40名，均是处级以上干部（其中，局级干部8名），年龄最小的只有30岁。在第一学期的学习过程中，40名学员精神饱满，态度端正，表现出很高的学习自觉性。班委会和学习小组成立后很快投入到了工作中去。

四、办学队伍建设情况。一年来，分院下力加强办学队伍建设。在教师队伍建设方面，分院一方面严格选聘机制，择优遴选；落实备课制度，认真执行；注意授课效果，及时反馈；加强跟踪调研，听取学员意见。另一方面注意做思想政治工作，从思想上引导；保证必要的课酬和奖金，从物质上鼓励；提供热情、周到的服务，从情感上关心；尽可能做到经常看望和问候。在教学管理队伍建设方面，分院用健全的制度规范人，用学习的环境熏陶人，用实践的锻炼提高人，用实事的解决感化人。

（赵世亮）

中央国家机关分院

1999年，中央国家机关分院以分院评估为重点，加强教学管理，进一步规范各级办学行为，圆满地完成了各项工作任务。

一、以评估为契机，狠抓管理。分院1999年1月15日召开了学区、辅导站评估工作总结表彰大会，向验收优秀和达标的14个辅导站颁发了奖牌和奖金。中央国家机关工委副书记李明豫同志出席会议并作了重要讲话。分院以这次评估为契机，继续健全各项规章制度，加强管理，提高质量，使各项工作再上一个新台阶。

分院成立了自评工作办公室，起草总结和整改规划，修订规章制度和学员手册，搜集整理办学14年的文件、教学档案、学籍档案等各种材料。自评工作办公室的全体同志除到河北分院学习自评经验外，还两次派人到北京市委机关分院学习。经过半年多的努力，形成《关于申请评估验收的报告》、《分院自评工作总结》、《分院评估整改规划》、《分院基本情况一览》、《分院自评分、扣分说明》、《分院评估验收材料目标》等材料，并按规定时间上报总院。同时，整理了1985年以来的归档材料646册，档案目录5册，正在使用的分类材料70盒。分院顺利通过了总院评估组的验收。

二、加强制度建设，规范办学行为。分院加大了制度建设力度，完成了31个教学管理制度的修订工作，新制定了《学区工作细则》、《学籍管理工作程序》、《招生与考务工作岗位职责》等各种规章制度，并将岗位职责落实到人。还制定了《学区教学组织奖》等4个工作项目的考核、奖励办法，使各级办学逐步走上了正轨。

三、加强管理队伍建设，提高办学质量。（一）开展专题培训。分院先后举办了班级管理工作及指导自学经验交流会，计算机网络知识培训班。在与中组部培训中心联合举办两期“现代培训理论与方法”培训班的基础上，又选派了7名同志到香港进行“人力资源开发”方面的培训。通过培训，提高了办学队伍的政治、业务素质。

（二）分院召开工作会议，贯彻总院会议精神。分院于1999年12月22日至24日在秦城召开了本年度中央国家机关分院工作会议。会上传达了总院顺德工作会议精神，通报了总院评估验收小组对分院的评估验收意见，总结了一年来分院的工作情况，结合2000年工作制定了贯彻顺德会议精神和总院评估验收意见的措施，组织学习了新版《中共中央党校函授学院管理制度汇编》，部署了2000年招生工作。

（三）加强对学区、辅导站工作的指导和检查，在工作中提高工作人员水平。1999年，分院通过学期教学工作会、学区主任碰头会等形式，在聘请面授教师、落实教学计划等方面对学区给予指导，并加大对学区教学组织及考务组织工作的检查力度。分院经常派人到课堂听课，了解授课情况，及时处理教学中出现的问题。形成了对学区工作的考核制度。分院还印发了《关于做好99级新生入学教育的通知》和《关于做好大专班、本科班毕业鉴定的通知》等，并制定了《作业管理工作考核内容与办法》，进一步规范辅导站的工作。

四、把好招生关。在1999年的招生工作中，分院继续严格入学资格审查，坚持“三审”把关。由于以前招生录取采用分院统一制定录取分数线的办法，形成了谁严格谁吃亏的事实。为了解决考风不正、监考不严的问题，分院制定了“录取比例大体一致”的原则（即以考点为单位择优录取，各考点的录取比例按考试组织工作的优劣给予奖罚），并认真组织实施，收到了较好效果。

（中央国家机关分院供稿）

铁道部分院

1999年，铁道部分院认真贯彻胡锦涛同志对党校函授工作的重要批示，扎扎实实开展“办学队伍建设年”活动；继续严抓考风考纪，并以教学为中心积极进行函授教育改革的探索；在评估验收的基础上，对存在的问题进行整改。使办学水平上了一个新台阶。

一、“办学队伍建设年”活动取得了阶段性成果。分院召开全路党校函授工作会议，对“办学队伍建设年”活动进行了部署，各学区、直属站狠抓落实，使这项工作取得了明显的成果。

（一）各级领导班子进一步加强。许多单位党委主要领导亲自担任函授视导工作，深入办学第一线，帮助解决问题。有些党校的校长、常务副校长兼任学区主任或直属站站长，加大了各级函授领导班子的工作力度。

（二）配齐管理人员，采用多种培训形式，提高管理队伍素质。大多数学区、直属站都按评估要求配齐了管理人员，有的还对现有人员作了调整。分院在全体教职工和学员中广泛开展“三讲”教育。领导班子成员积极参加了领导干部“三讲”学习班，听取群众意见，自我剖析，结合分院办学中存在的问题找出差距，认真整改，推动了分院工作的开展。济南学区的“三个转变”、上海学区的“五学五提高”、兰州学区的“双达标”活动，对提高办学队伍素质起到了积极作用。各学区、直属站还组织管理人员认真学习总院新版《管理制度汇编》，加强对管理人员思想政治业务知识的考核，有的还实行考试合格持证上岗制度。济南、兰州等学区还开展了管理人员学《汇编》、学业务的知识竞赛活动。

（三）加强师资队伍建设。落实面授教师任职资格的规定，对不具备任职条件的教师进行调换。柳州局党校、广州局党校对办学队伍的培训做了总体安排，制订实施了《三年培训规划》。北京局党校、济南局党校分别送5名青年教师攻读研究生。兰州局党校支持教师攻读第二学历，沈阳局党校选派青年教师到高校进修，他们还坚持选派教师到基层单位调研或挂职锻炼；分院举办了《民法总论》、《法学概论》、《刑法总论》和《工业企业经营管理》4门课的备课会，参加教师达120多名；分院举办了教学观摩评比会，广州、北京、柳州、上海、济南等学区也都开展了教学观摩评比活动。上海、济南学区还邀请在分院观摩评比中的优秀教师到自己学区示范；分院加强了师资选聘、考核和管理，建立了师资库。学区和辅导站严格按照有关规定选聘师资；沈阳、太原学区采用招标形式选聘教师，竞争上岗。北京局党校把教学质量考评结果与晋级、评职称挂钩，该校已经免去了一位副教授的任职资格。兰州、太原、呼和浩特等学区都加大了选聘、听课、评课、考核和奖罚的力度。

（四）普遍重视班主任工作。广州学区专门举办班主任培训班，哈尔滨、柳州等学区以班主任工作为主题进行专题研讨，兰州学区加强对班主任工作的分类指导，哈尔滨分局辅导站开展“学、摆、讲、树”活动，学胡锦涛同志讲话、批示，增强了班主任的工作质量意识和服务意识。

二、进一步加强各教学环节的管理。

（一）规范考务管理。保管、发放试卷，严格执行保密制度；按标准选聘监考人员，对监考人员进行培训以及实行异地监考、交叉监考；监考人员抽签上岗，实行巡考制度；考生单人单桌；对作弊学员一次处理到位，该场考试作零分处理，通报批评，并记入党性考核记录；对监考人员进行奖罚等等。

（二）确保面授质量，提高学员到课率。各学区、辅导站通过培训师资、集体备课、教学观摩等形式，加强教学管理，提高面授质量。广州学区实行填《教学日志》、《课堂日志》和《评议意见表》的办法。兰州学区组织教师、工作人员学习《教育学》、《心理学》、《现代教育管理》、《系统科学概论》等课程。太原、沈阳分局辅导站把授课质量同讲课津贴、奖金挂钩，学员给任课教师打分，教研室评议核定，确定授课质量档次。优秀者给予奖励，末档末位扣除当月奖金和部分授课津贴。

各学区加大面授课管理力度。考勤点名、领卡听课和学员到课情况上墙公布，并通报所在单位；缺课1/3以上者，不准参加期末考试。此外，各学区、辅导站都建立了补课制度。不少学区还采用了设教学点、积极主动送教上门的方式，如沈阳、通辽、锦州3个辅导站就设置了8个教学点，天津、银川辅导站各设了4个教学点，对提高到课率起了很大作用。兰州、上海学区制定实施自学管理办法。济南学区采取预习新课、提前交作业的方式，解决学员课前预习和自学检查的难题。东北视导组在深入调研的基础上，提出了加强学员自学的10项措施。

（三）严把毕业论文关。在毕业前一学期末，组织学员认真学习总院《毕业论文工作规定》，请有经验的教师或专家，就怎样撰写毕业论文进行辅导；有的学区在导师数量不够的情况下，坚持外聘导师；有的学区建立论文学科组，集体把关，共同研究解决疑难问题，提高论文撰写质量；兰州学区对指导教师采用集体培训和专题辅导相结合的办法，提高指导教师的水平。哈尔滨和呼和浩特学区组织了毕业论文示范答辩活动；青岛分局辅导站组织模拟答辩；上海学区集中培训答辩委员会成员。

三、扎扎实实地开展党性教育活动。第一，分院领导班子和工作人员积极开展“三讲”教育活动。第二，注意从教学和管理两个渠道对学员进行党性教育。通过课堂教学对学员进行邓小平理论、党的路线方针政策以及世界观、人生观、价值观的教育。各学区普遍抓入学教育；建立健全班级临时党支部和班委会，组织学员中的党员过好组织生活，进行革命传统教育和时事政策教育，开展学习、考察、调研等社会实践活动。济南学区组织学员参观党史陈列馆、历史博物馆；广州学区组织学员参观东莞监狱，进行反腐败教育；上海学区发动学员开展捐衣救灾、向重病学员捐款献爱心活动等；许多学区还在学员中开展了批判“法轮功”邪教组织的活动。第三，强化党性锻炼机制。各学区对学员党性锻炼都制定了考核办法，有效地推动了党性教育活动的开展。

四、加强函授教育的探索和研究。分院通过各种途径加强对教学工作的指导。在举办分院教学观摩评比会的基础上，编印了《优秀教案集》，对教案的编写进行了规范指导；《函授通讯》经常刊登教学经验，分院还编写出版了《铁路企业经营管理》教材。兰州、济南学区改革面授课单一型注入式教学，分别实验了研讨式、案例式、答疑式教学法，开展“学员上讲台”、“知识竞答”等教学活动，广州学区实行“双稿酬”，鼓励大家积极搞教研科研。

五、评估验收顺利通过。各学区、直属站在前一阶段自查和验收基础上，重点进行整改，从硬件到软件，办学水平都有较大提高。分院把每项指标落实到各科室，并制订了工作流程表；建档21柜529卷，按照总院的要求对1/3的学区、辅导站进行抽查，坚持高标准、严要求，认真提出限期整改的意见，顺利通过了总院的验收。

六、举办首届党员领导干部在职研究生班。1999年，分院举办了部党校首届党员领导干部在职研究生班。分院专门成立了管理机构，聘请有高级专业技术职称的教师任课。通过教学实践，促进了教师教学、学术水平和管理水平的提高。

（高守邦）

北京市委机关分院

1999年，北京市委机关分院，认真贯彻落实总院的办学指导方针，着力解决工作中存在的问题，以创一流教学质量和工作水平的行动，迎接总院的评估验收。主要抓了以下几个方面的工作：

一、严格按照总院的要求，做好自我评估工作。（一）分院成立了教育评估领导小组，市委机关工委常务副书记王火任组长，工委副书记、分院长林大烈任副组长。分院向市委常委、市委秘书长、市直机关工委书记杜德印同志汇报了总院关于开展函授教育评估工作的意见和要求。工委又专门召开了委员会，听取了分院自我评估工作的安排意见，就如何搞好自我评估进行了研究，并确定了分院自我评估工作的内容、步骤和方法。

评估工作领导小组学习了胡锦涛同志关于党校函授教育工作的一系列重要指示，拟定了落实各项工作的具体措施。随后分院又分别召开了学区、辅导站负责人和分院机关全体工作人员大会，进行了宣传动员。并成立了具体的机构，对有关评估工作进行了分解，落实到责任人。

（二）分院先后召开了两次汇报会，听取了学区、辅导站领导关于整改措施落实情况的汇报。然后分别对7个办学单位整改落实情况进行了抽查。还集中力量，对分院的办学档案重新进行了系统整理、充实和细化。共建立档案523卷，有力地促进了分院的基础建设。同时，分院进一步完善了43项有关制度和规定。

（三）分院先后召开了4次座谈会，听取了大家对分院工作的意见，并整理出了座谈纪要；发放了教师和学员的调查问卷1103份（其中教师39份，学员1064份），实际收回1080份。分院组织人员对问卷中提出的问题认真进行了归类和分析，作为分院制定整改工作措施的重要依据。

（四）评估工作领导小组对分院8年来的工作全面进行了回顾，并着重查找存在的问题和问题存在原因，研究制定切实可行的整改措施。同时，对自我评估打分情况进行了3次修改，分院最后才形成了自我评估工作的总结材料，共4个主件，15个附件，7月15日，报总院，并顺利通过了总院检查验收。在这次评估工作过程中，分院新增教师70多名，管理人员（含班主任）62名，新增教室20间，办学投入达155.9万元。

二、采取有效措施，确保教学管理质量。（一）加强教师队伍建设，不断提高师资水平。分院1999年初召开两次会议，专题研究师资队伍建设问题。分院对任课的专、兼职教师从才德两方面逐个进行了分析，并进行了调整、充实，对学员反映较大的10名教师，坚决予以解聘。分院重新聘任主讲教师，并进一步落实任务、责任和报酬，加强了责任教师队伍建设，有力地提高了各科教学质量。一年来，分院组织了两次责任教师的培训，4次各科任课教师的培训和经验交流。同时，组织了两次教学现场观摩会。

（二）加强教学管理，提高教学管理水平。分院制定了《学员自学管理规定》，对自学形式、时间、内容、要求、考核等作了明确规定，并从原作业分15分中，抽出5分作为自学的奖励分，鼓励学员努力抓好自学环节，增强函授辅导课的效果。分院对做好学员补课的组织工作提出了明确要求。对政法干部集中的单位，由学区、辅导站派出教师，上门为学员进行面授辅导；增大录音、录像带的复制量，为学员自学提供条件；加强对自学情况的检查考核，规定班主任每学期要对学员的自学笔记和自学情况进行两次检查，并在全班组织讲评。分院制订下发了《关于加强党性教育的意见》，对党性教育工作提出了具体要求，并着重对学区、辅导站党性教育工作的落实情况进行了检查。同时，分院决定，按每个学员4元钱的标准，由分院拨出专款，作为办学单位组织党性教育活动的经费，进一步推动党性教育工作的开展。分院请市委常委、秘书长杜德印同志专门为研究生班和领导干部班学员讲了党课，并经整理下发各学区、辅导站。分院还明确规定，各级办学单位的主要领导，每学期要为学员讲一次党课。并从学员的党性教育锻炼小结中，选出30篇文章编辑成册，发给全体在校学员。由教学科牵头，分院不定期地深入学区、辅导站对学员自学情况、教师讲课质量、教学进度以及教学班的考勤情况进行了多次检查，听取学员和教师的意见，并及时向学区、辅导站进行了反馈。

三、把好“三关”，规范各级办学行为。(一) 把好入学关。在资格审查中，分院采取了层层把关、责任到人的办法，严把“入学关”。学区、辅导站由专人认真把关后，分院又逐个对本科班新生全面进行入学资格审查，保证了新生的质量。

(二) 把好考试关。1999年，分院认真做好对新生入学考试和在校生考试的组织工作，每次考试前，分院均要成立考务领导小组，召开考务工作会议，具体落实总院对考务工作的要求。分院对各考区、考场坚持逐个进行检查，分院领导坚持分头参加各考区监考人员的培训会。考试时，分院统一组织培训巡视员队伍，对分院20多个考区的考务情况加强监督、检查，发现问题及时解决。市直机关工委和分院领导坚持深入考试第一线，加强对各考区的巡视。实行考场情况当天碰头制度。当天考试结束后，分院领导都要听取巡视员的情况汇报，及时研究出现的新情况、新问题，并由巡视员翌日一早将分院的意见和要求带给各办学单位领导，及时采取措施，加以解决，确保良好的考场秩序。分院继续坚持实行考区分类考核评比制度，每学年评比一次一类考区，并发给奖金。对3年连续被评为一类考区的办学单位，除发给年度奖金外，分院还一次性奖励价值万元的办学设备。

(三) 把好毕业关。分院对各学区、辅导站的指导老师，逐个进行审定，并制定下发了《毕业论文指导情况表》，规定指导老师对学员的论文指导不少于3次，并逐个进行详细记录，学员在参加论文答辩前，由分院派出工作人员，对学员的论文是否达到要求以及撰写指导过程，逐个进行检查，不符合要求的，不得参加论文答辩。分院成立了论文答辩委员会，并由分院统一聘请答辩老师，保证了论文答辩的质量。

(林大烈)

北京市工业党校分院

1999年，北京工业党校分院以迎接总院的教育评估检查验收为契机，以“强化办学队伍建设，提高办学主体素质”为主旋律，深化教学改革，开拓进取，争一流，创特色，取得了很大进步。

一、结合各项政治活动，强化办学队伍的素质教育。分院紧紧围绕反对“法轮功”、反对“两国论”、反对以美国为首的北约轰炸我驻南斯拉夫大使馆等重大政治斗争，在教职员工中开展坚定信仰、崇尚科学、国际形势和爱国主义教育，特别是党员领导干部中开展“三讲”教育。分院紧密联系改革开放、党校建设和发展以及干部的思想和工作实际，使“三讲”教育取得实效。分院领导与群众开展广泛的谈心活动，召开民主生活会，开展批评与自我批评，并制定了整改措施。通过“三讲”教育，分院领导班子进一步明确办学方向，端正了办学指导思想，自觉查找和纠正办学中的种种偏差和不良行为，坚决抵制不讲原则讲关系，不讲党性讲人情庸俗风气的侵蚀和干扰，维护党校和函授教育的严肃性。

二、管理工作力求创新，强化培养办学队伍素质。分院坚持每周开一次全体人员工作会议，学习总院和校委会的文件、指示精神，总结一周工作，布置安排近期的主要工作，及时解决工作中的问题；坚持每学期召开一次学区、直属站负责人参加的分院教学管理工作会议，总结上一学期管理工作，对本学期工作作出具体安排；加强学籍工作的管理，对微机操作人员进行培训，实现了分院学籍管理微机化。在日常管理中，分院针对管理工作中出现的问题、具体工作中好的管理方法，及时进行总结，纠正偏差，推广经验，在各项工作实践中，提高管理人员的工作能力和业务水平。

1999年，教学处组织了100个教学班、92门课程的教学工作，还组织力量，编辑出版了95级专科、本科及96级本科、领导干部《毕业论文精选》各一本；组织教师编写了《国际投资与我国利用外资概论》等3门考试的试题，提供给总院闭卷考试试题库使用；同时，分院重视电化教学的运用，精心设计，缜密组织，取得了较好的效果，被总院评为1999年全国党校函授教育电化教学先进单位。

教务处在《函院教务管理软件在使用中出现的问题及建议》中，提出了许多具有建设性的意见，受到总院有关专家的好评。《我们是如何做好学籍管理工作的》，也被总院1999年在长沙召开的学籍管理工作会议作为重点发言稿。分院成立了以常务副院长为组长的宣传报导组，加大了对党校函授教育的宣传力度，除自行编辑印制《党校教学信息》外，还积极组织撰写稿件投寄社会有关新闻媒体，宣传工作有了较大发展。此外，分院还组织教师积极开展党校函授教育科研活动，教师的教学水平有了很大提高。全年分院共有40名教师被编入骨干教师名录。

三、以评估为契机，狠抓自身建设。分院对学区、辅导站进行评估检查验收。分院成立了由北京市委工业党校副校长兼分院院长李永涛任组长的评估工作领导小组，学区、直属站所在校的领导同志都参加了评估活动。

各学区、直属站认真研究领导评估小组的意见，进行了积极有效的整改。首钢学区调整领导班子成员进行了明确分工，新聘任了18名具有本科、研究生学历的专职教师，提高了任课教师的学历构成；拨专款对所有教室和办公室进行彻底修缮，在教室新安装壁扇48台，改善学员的学习条件。京西学区购置了420套新桌椅，增设了6间新教室，更换了全部电脑桌，新买了23台586微机，在各教室安装了电视机及其它电教设备。北内学区调整了领导班子，新购置了一辆汽车。印刷直属站为所有教室和办公室安装了空调，更换了120套桌椅，建起了有30台计算机的多媒体教室。各学区、直属站通过评估，在办学条件、队伍建设、基础管理等方面，都有了较大改善。

分院主要领导和有关人员分别到甘肃分院、河北分院和铁道分院等单位走访取经，学习、借鉴他们的成功经验，在此基础上，分院领导对党校函授教育指标体系进行了研究和讨论，明确分院评估所要达到的目标，并对评估指标体系的10大类46要素进行了细化分解，把收集评估材料与整改的责任逐条落实到单位与分管领导，要求各负其责，力求材料系统、完整、翔实。

分院各处室工作人员会同北京工业党校其它部门抽调的专门人员，收集了大量原始资料，按照评估指标体系边对照、边检查、边建设、边完善，对在自查自评中发现的问题，及时研究，采取措施，认真整改。

分院在评估整改中，着重抓了几件事，一是改善办学条件，分院购置了68台教学用计算机，增建了一间容纳60台计算机的大机房，购置了一台红旗牌小轿车。分院又增加了一间档案室，并购置了档案柜，使档案管理更加规范化；二是完善规章制度，分院在原有管理制度的基础上，重新编辑了《中央党校函授学院北京工业党校分院管理制度汇编》，共收入4个方面100项规章制度，并印刷装订成册，发至各学区、辅导站；三是加强班主任队伍建设，分院着重对大班管理现象进行了纠正，并制定了班主任培训规划和年度实施计划。（徐梅影）

天津分院

1999年，天津分院工作概述如下：

一、严把“招生关”，较好地完成了1999年招生任务。分院规定，不能承担面授任务的，没有专门管理机构的、招生达不到40人的、不是党校系统的、评估达标验收不合格的，都不能建点办学，已经建点的停止招生。严格审查“三证”，即职务证明、党员证明、荣誉称号证明，从严控制非党员干部报名。坚决执行“学区、分院两级”审查制度，凡发现不符合《招生简章》规定的，立即清退，对弄虚作假者，除清退外，还要通过其所在单位，给予严肃批评。分院于2月28日至4月11日举办了考前复习班，请副教授以上职称的老师讲授，引导考生进行全面复习。4月19日召开了考务工作会议，对组织好招生考试，进行了全面部署。并建立了考试领导小组。分院采取易地监考，市内合并考场集中考试，郊县互派监考等办法，考试期间，天津市委党校领导深入考场巡考，分院并高标准做好阅卷工作。分院严格录取条件，搞好资格审查，加大录取透明度，各单位在录取前将考试成绩书面通知考生并张榜公布，接受群众监督。对替考的考生一律不予录取。对党员干部和非党员干部采取了不同的录取分数线，严格控制非党员干部比例。圆满完成了1999年的招生任务。

二、开展教育评估，加强办学队伍建设。1999年，分院教育评估主要完成了对各学区教育评估进行复查复核，对全部学区评定了等级，分院完成了自评，认真查找存在问题，制定了整改方案，并坚持了边整边改。7月，通过了总院对天津分院教育评估的检查验收。同时，分院制定《1999年办学主体队伍培训计划》，对领导干部、教师、管理人员队伍培训工作做了具体安排。全面加强办学队伍建设，提高办学主体素质。领导班子、教师和管理人员队伍得到了充实、调整和加强。全市专兼职管理人员已达283名。专兼职教师共计432名。其中，教授31名，副教授和高级讲师219名，讲师151名，高级职称人数占教师队伍的57.9%。三支办学队伍素质的提高，使教育质量有了可靠的保证。

三、以教学为中心，进一步提高教学质量。分院于1月和9月举办了两次师资培训班，召开了18门课的备课会，各学区130余名教师参加培训。10月8日开始，历时两个月，分院领导、视导组成员和有关教学管理人员共同组成课堂教学调研组，深入20个学区，分别听取了领导干部班、本科班的27位主讲教师的《邓小平理论文选》、《新时期党的建设概述》、《宏观经济运行与管理》、《民法学总论》等100多课时的面授教学。还与一些学区的负责人、教研室主任、任课教师进行了座谈，也听取了部分学员的意见。各学区坚持小班上课、集体备课、研究教案、开展试讲、教学观摩、面授研讨，教师素质有了很大的提高。分院还与天津市委党校教育研究会共同举办首届面授教学质量评比活动。参评课程有《邓小平理论文选》、《马克思主义哲学经典文选》、《马克思主义政治经济学经典文选》和《市场经济法律制度概述》等4门课程。21个单位推荐了21名教师报名参评。评选工作聘请以市委党校为主的15名教授组成评议组，通过对参评教师讲授、教案等情况综合评议推选，最后经教学质量评比领导小组审定，共评选出一等奖4名，优秀奖11名。分院加强了教学管理力度，教学计划提前两个月下发各学区；坚持主讲老师聘任制，择优上岗；严格组织面授教学，规范教案；把党性教育贯穿教学的全过程。分院制定下发了《关于对面授教师进行审批备案的几项规定》，建立了“师资库”，向总院上报了骨干教师名录；建立了考评激励机制，制定了科学的考评办法，分院修订了《管理制度实施细则汇编》，使教学管理纳入制度化、规范化轨道；分院于11月召开了班主任工作经验交流会。

四、认真抓毕业论文，搞好毕业班工作。分院制定下发了《关于97级函授本科班、第七期领导干部班毕业论文工作安排意见》、《关于97级函授本科班、第七期领导干部班撰写党性锻炼小结、学习思想总结和自我鉴定的通知》。同时，成立了分院毕业论文工作领导小组，聘请副高职称或副局以上职务为主的党员领导干部担任论文指导教师，分院于6月召开了关于全市毕业论文的工作会议，对毕业论文工作进行了部署。并对毕业班学员进行了毕业论文辅导。分院于10月制定下发了《关于认真做好97级学员毕业论文评审答辩工作的通知》。具体部署了毕业论文答辩工作。毕业论文的评审答辩工作，从11月16日—12月31日在全市23个学区、辅导站陆续进行。全市共成立126个答辩小组，答辩期间，校院领导同志深入答辩现场，巡视了全市的答辩工作，保证了论文答辩质量。分院组成专家评审组，在毕业论文中选出49篇，编辑出版了97级《优秀论文选》专辑。并遴选出9篇最优秀论文上报总院。

五、召开了全市党校函授教育工作会议。这次会议于12月28日召开。其主题是：贯彻落实总院十月工作会议精神，总结1999年党校函授教育工作，研究部署2000年函授教育工作。市委党校常务副校长王全文、副校长、函授分院院长刘润忠同志出席会议并讲了话。会议由分院常务副院长杜维训同志主持，分院副院长曹庆同志宣读了《关于表彰1999年度十佳学员、优秀教育工作者和优秀学员的决定》，受表彰的优秀教师22名，优秀教育工作者36名，优秀学员309名，在评选优秀学员的基础上，又评出10名最佳学员。 （刘富来）

河 北 分 院

1999年，河北分院进一步端正办学指导思想，健全和落实各项规章制度，强化科学管理，发挥党校的“阵地、熔炉”作用，圆满地完成了各项任务。

一、严把“三关”，确保教学质量。（一）严格进行报名资格审查，把好入学关。报名者必须持有县级以上组织人事部门签署意见并加盖公章的报名表和国家承认的学历证书方能报名，各学区、辅导站初审，分院最后复审，对考生的工龄、学历、政治条件等进行严格审查。加大从严治考的力度。请各级党委组织部、纪检委和宣传部等有关部门参加监考、巡考工作。规定考生三证（身份证、准考证、工作证）必须齐全，方能入场参加考试。坚持高标准录取学员。严格录取条件，逐人审查考生报名登记表、考试分数和有关作弊等情况。凡不符合条件的，均不予录取。

（二）加强函授教师管理，把好教学关。分院专门制定了函授教师聘任的规定，学区负责对教师进行了解、摸底，然后组织申报，由分院对聘任教师进行严格审核，发放聘书，正式聘任。各学区坚持面授教师的考评制度。每学期结束或一门课讲完后考评一次，每学期末将面授教师的考评结果报分院，通过对面授教师的教案检查、学员测评和学员出勤、作业和考试成绩等，最后由评教会认真评出优秀、合格、不合格三个等级教师，对优秀教师进行表彰奖励，对不能胜任的面授教师或大部分学员不满意的教师及时调整、解聘。加大教师培训力度，提高教师备课质量。对承担新开课的新聘教师优先组织培训，主要采取短期培训班、备课会、教学观摩会等多种形式。全年共培训教师

110名，在培训期间还采取了训前议论、训间讨论、训后评论的方式，逐步提高培训质量；选派优秀教师到中央党校和高等院校参加培训，培养骨干教师。

（三）狠抓考风考纪，把好考核关。1999年，分院修订了《考场规则》、《监考人员守则》、《试卷保管规定》、《试卷评阅工作规则》、《学员学习成绩考核规定》、《关于补考的规定》、《对考试违纪学员的处理规定》等规定，同时，要求各学区、辅导站考场设置必须规范，凡不符合要求的考场立即更换，对每个考场派足监考人员，每个考点设举报箱和举报电话，张贴标语，营造考试气氛等。考试工作实行目标责任制，各级普遍成立了考试领导小组，每次考试，省委党校校委成员和组织部、宣传部、纪检委等部门负责同志到各学区巡考，省委党校抽调百名以上干部组成监考巡考人员，经过上岗培训后，分赴各考点组织考试工作；各学区选派真抓敢管。秉公执法干部、教师到考点担任主监考。1999年，招生考试就有600多名考生因替考违纪被取消录取资格。在阅卷中凡属雷同试卷的，全部作零分处理。各学区考前召开“三会”：校委会或党委会，研究考风考纪问题，统一问题，统一思想，制定措施；全体教职工会议，向全体职工讲明严肃考风考纪的重要性；监考人员会议，要求监考人员熟悉监考规则，不徇私情，敢抓敢管，严格执纪。对考生逐人核对，对替考和违纪考生进行严肃处理。1999年下半年对93名违纪学员进行了处理（其中，80名违纪学员的期末考试作零分处理，13名作取消学籍的处理），并全省通报。

二、突出党校函授教育特点，注重学员党性锻炼。1999年，分院、学区和辅导站对党性锻炼采取有力措施：加强组织建设，班级成立临时党支部，党员学员划分小组；加强制度建设，制定学员党性锻炼计划、党性锻炼目标以及党员生活会制度、党课制度、考评制度等，并认真操作，保证了党性锻炼活动的经常化、制度化、规范化。学区、辅导站根据学员特点普遍采取以下方法：一是理论渗透，主要通过开学动员、阶段总结、专题讲座、重温入党誓词等方式，使学员明确学习目的，树立理想，坚定信念，认真学习，处处起模范作用，促其自觉成为“四有”新人；二是教学渗透，即把党性锻炼教育内容渗透到各科教学中，使学员在学习过程中，树立马克思主义世界观、人生观、价值观；三是严格管理，引导学员自我管理，严格执行各项规章制度，强化制度约束；四是党性分析，把党性教育落实到实处；五是组织集体活动，组织文体活动、师生联欢、义务劳动、参观考察等，使学员在活动中受到熏陶，增强党性修养；六是发挥班级支部作用，开展党员组织生活会和党性自我分析会。通过“两会”提高学员党性修养；七是实行党校与学员所在单位双向沟通制度，及时掌握和了解学员的学习、工作和党性锻炼情况，以取得单位支持，密切结合，共同培养。

三、增加办学投入，改善办学条件。1999年，分院改造和装修教室100个，新建微机室28个，添置教学用微机200台，管理用微机80台。承德学区新建6个教室，全部配备新桌椅，改造装修了学员宿舍，建立了微机室，装机42台，又添置了摄像机。邢台学区投入资金400万元用于改造学员食堂，建起一座教学科研楼，装备了有22台微机及50个座位的标准语音室，装修了100间学员宿舍楼，对所有的旧办公楼也进行了装修。沧州学区投资20万元购置了两套电教设备、微机6台、音响两套，投资6万元装备了5个教室。保定、廊坊、邯郸、石家庄、省直等学区的办学投入占总收入的70%。

四、严格按评估指标进行自查整改。分院的评估工作主要是通过认真收集资料、开座谈会、问卷调查和走访学员等形式查找分院自身的不足。分院还制定了“模拟验收标准”，将总院的《指标体系》细化为182个给分点和9个扣分点。评估中，常务副校长和主管校长分别三次听取各科室的自查汇报，并进行具体指导。分院按校委的意见制定和完善了加强师资和班主任队伍管理的规章制度。评估检查小组严格按标准搞好模拟验收；分院将评估工作情况、存在问题和改进意见向校委汇报；分院向评估领导小组汇报评估情况并征求意见。

（河北分院供稿）

山西分院

1999年，山西分院以迎接总院评估验收为契机，积极整顿，规范办学行为，提高教学质量，改善办学条件，使分院的工作迈上了新台阶。

一、进一步端正办学指导思想，规范办学行为。分院领导认识到办学指导思想是函授教育工作的总闸门，有针对性地抓住各办学单位领导的指导思想，处理好社会效益和经济效益、教育质量和招生数量、坚持原则和照顾亲情等方面的关系。牢固树立起社会效益观念和质量意识，宁肯牺牲经济利益也要坚持从严管理，保证教育质量。分院注重通过建立健全必要的规章制度，保证党校函授教育沿着正确的方向发展。实行把确定基层招生数量和分配名额指标，与其办学条件、教育质量挂钩，收到良好效果。

二、加强办学主体队伍建设。分院除继续严把考试关、“考试验两证”、“异地监考和交叉巡视”并行外，还严把教学关，实行了教师考聘制，形成激励机制。全年分院共有1152名教师参加考试，成绩优秀者298名，不合格者70名。此外，还出台了试讲、赛讲、课堂日志、评教等举措，大大提高了教学质量。分院注意突出党校教育特色，狠抓党性教育，将其摆到函授教育的核心地位，不仅将党性教育纳入教学全过程，而且开展多种形式的党性教育活动，分院还鼓励教学方法的革新。1999年4月，分院制定了规范完善师资选聘的办法，在全省范围内建立了教师业务档案，规定按照专业对口、学科相近的原则聘任教师，严格限制跨学科聘任，杜绝一个教师承担两门以上课程的现象；坚持对新聘教师上岗前的培训、进修制度；制定了培训规划，尽快着手解决师资队伍专业结构不够合理的问题，部分专业课教师实行全省统一调配；全方位开展教学考评，推动教学质量的全面提高。加大管理队伍培训力度，层层办班，实行全员培训；对管理队伍实行岗位责任制和考核奖励制，班主任实行公开招聘制。对学员管理实行“听课卡”制，大大提高了到课率，全院平均达到70%—80%。

分院还增加了10名视导员，加强了对学区、辅导站的督促检查。10月，分院分5路对全省学区和直属辅导站进行了大检查。各路视导员通过听取汇报，查看有关资料和召开学员、教师和管理人员座谈会，具体检查指导工作等形式，取得了大量第一手资料。坚持随堂检查，建立了质量分析和通报制度，充分发挥了分院视导组织的职能作用。

三、以评估为契机，完善各种规章制度，努力改善办学条件。分院修订了《面授教师聘任办法》，对面授教师的资格、聘任、职责、考评、培训等方面都做出明确规定；修订、补充了《班主任工作条例》，进一步明确了班主任的职责、任务和工作目标；制定了院长、副院长岗位责任制和各科、室的工作职责，完善了机关管理制度；研究通过了新的《视导员聘任办法》，进一步加强视导工作。同时，分院抽调、选聘专人，经过严格培训，将全省函授教育10多年的档案资料分门别类加以整理，累计达4369册。

包括学籍档案、教务档案、教材档案、视导档案、试卷档案和文书文件档案。改变了档案零散、管理不善、查阅不便的状况。1999年，分院建立了学籍、教材、试卷三个档案室，为分院研究生教室安装了4台空调，更新课桌160套，分院机关的7台电脑全部升级扩容。各学区、辅导站新建和改造了校舍，装备了教室，办学手段现代化程度有所提高，为确保教学质量提供了必要的物质保障。（潘浩敏）

内蒙古分院

1999年，内蒙古分院工作概述如下：

一、开展院庆活动。分院于1999年8月开展了建院十周年庆祝活动。院庆期间，内蒙古党委副书记、内蒙古党校校长白志健同志发来贺信，总院派人前来祝贺，20个学区的分管领导、函授办主任和工作人员及有关辅导站站长等80余人参加院庆活动，总结和交流办学经验。对牙克石林管局、包头等7个学区和土右旗等10个辅导站进行了表彰。各学区和辅导站也举办了不同规模和类型的庆祝活动。

二、做好教育评估工作。分院制定了函授教育评估方案，成立了以内蒙古党校党委书记、常务副校长夏连仲为组长，内蒙古党校党委副书记、副校长、内蒙古分院院长于德水为副组长的评估领导小组，下设办公室。1999年的评估基本做到了分院、学区、辅导站全员动员，上下联动，采取了上下结合、内外结合、自我评估与社会评价相结合的方法，广泛征求校内外对党校函授教育的意见，坚持不怕揭短，不怕亮丑的原则，认真总结函授办学10年来的经验，认真查找和解决在办学过程中存在的问题。通过评估，分院整理各种评估档案材料1574卷；进一步端正办学指导思想，规范办学行为，改善办学条件；一些学区和辅导站多年来存在的问题得到了一定程度的解决；领导班子队伍、管理人员队伍和师资队伍得到进一步充实。

三、教学、教务和行政管理等工作有新进展。各学区出台提高面授质量的新措施，加大对学员到课率的管理力度，使面授到课率下降的现象得到遏制；增加师资培训费，加强师资培训；一些学区增加课程的课时量，有些学区组织教学经验交流会和教学观摩会，为提高教师的讲课水平创造条件；包头学区加强对学员毕业论文工作各环节的管理和监督。分院进一步强化对班主任的管理力度，一些学区对不称职的班主任进行调整和更换；加大教材建设的力度，出版两套乡土教材——《马克思主义民族理论与党的民族政策》和《内蒙古自治区区情与发展战略》，分院建立开卷课命题题库。

比较顺利地完成了1999年新生报名、辅导、考试和录取任务。分院严把入学关，继续坚持“四审”制原则，在招生考试和期末考试中，进一步加大整肃考风考纪的力度，使考风考纪有所好转。分院将1989—1999年的学籍档案进行归档整理编目。还采用总院设计的学籍管理软件，使学籍管理现代化迈出可喜的一步。

四、召开分院工作会议，贯彻落实顺德会议精神。1999年12月5日至7日，分院在包头召开年度函授教育工作会议，自治区党校党委书记、常务副校长夏连仲，党委副书记、副校长、分院院长于德水，以及20个学区的分管函授校长、学区主任参加了这次会议，会议传达顺德会议精神，并就深化分院函授教育改革、迎接新世纪挑战、强化素质教育等问题作出部署。这次会议对于分院跨世纪的发展起到了重要的作用。

五、开展党性教育，使学员的党性锻炼落到实处。一些学区开展形式多样的党性教育，一是寓党性教育于课堂教学之中，利用党史、近代史、邓小平理论等课程的学习，向学员灌输理想、信念、情操、美德等方面的教育；二是一些学区采取请劳模讲课、参观革命烈士纪念馆、举办“党的基本知识竞赛”等活动，使党性教育开展得有成效；三是以学风、考风作为检验学员党性的重要尺度，使党性锻炼有标准。（陈　力）

辽 宁 分 院

1999年，辽宁分院认真贯彻落实胡锦涛同志关于党校函授教育的一系列指示精神，以教育评估为契机，深化教学改革，强化科学管理，实现了从侧重行政管理向侧重教学管理的转变，函授教育工作有了新的发展。

一、校委进一步加大对函授教育工作的领导。省委党校常务副校长佟志武多次强调，函授教育是党校教育的重要组成部分；函授学院是函授教育管理部门，而不是创收部门。这已成为各级党校校委的共识。省委党校校委特别强调，要有大函授观念，要有全员参与意识，真正实现全员办函授；要求函授教育管理部门从侧重行政管理向教学管理转变。校委多次召开例会，专门听取函授教育工作汇报，并做出明确指示；对函授教育工作，校委及时指导，重要活动校委成员直接参与。各市、县党校校委对函授教育工作的重视程度进一步提高，对函授教育工作的领导力度进一步加大。

二、办学主体建设有新的进展，办学主体素质明显提高。分院制定了办学主体3年培训规划和1999年实施计划。全年共举办两期考务人员培训班，一期学籍管理人员培训班，一次教学管理工作会，前后共培训各类人员近270人次。分院还先后组织3批函授管理工作人员赴外地参观学习。8月，分院举办了一次由不同层次管理人员参加的小型研讨会，探讨党校函授教育发展规律，增强工作的自觉性。

各学区也加大办学主体培训力度。营口学区组织学区和辅导站的管理人员赴办学先进单位参观学习。大连、辽河油田学区召开班主任工作研讨会。

三、教学改革不断深入，教学质量明显提高。6月，分院在辽河油田党校首次召开全省范围的教学管理工作会议，明确教学改革思路，提出教学管理工作的要求。7月，分院在抚顺召开第九次函授教育研讨会，与会代表就如何实施素质教育、提高教学质量、加强自学指导等问题进行了认真研讨，并达成了共识。

分院专门调派有关人员深入学区走进课堂，对教学质量和班主任指导工作进行调研。同时，分别召开教师、管理人员和学员座谈会，听取各方面对教学方法、教学效果、考试命题、自学指导等方面的意见，为深化教学改革积累素材，分院鼓励各级党校教员在教学实践中摸索适合党校函授教育特点的教学方法。一年中，分院收到教学方法研究稿件100余篇，从中选出优秀稿件74篇，结集出版，书名为《党校函授教育教学教法论》。分院还鼓励管理人员探索党校教育规律，总结管理经验，并编辑出版了《函授教育管理经验言行文选》。

加大对毕业论文答辩工作的检查力度。1999年，分院抽调专人到各学区检查、指导毕业论文答辩工作，收集第一手材料，为毕业论文指导工作提供经验。分院对开卷考试课程的命题方式、命题内容进行改革，每科都建立起试题库，试题题型、内容趋于科学化、标准化。各学区也都采取了一些措施：省直工委党校教、学、管各环节都很规范，教学效果良好；丹东市委党校召开提高面授到课率研讨会；鞍山市委党校严格面授管理，提高了教学效果；抚顺市委党校加大学员自学管理力度；营口市委党校领导和函授部主任深入函授课堂，检查教学质量；朝阳市委党校采用教材答辩方式，检查教员对教材的掌握程度，确定教员的聘任。

四、制度建设有了新发展。1999年，辽宁分院又制定了岗位责任制和具体工作制度，并将各项工作制度汇编成《机关工作制度汇编》，人手一册，要求工作人员认真学习，并严格按照岗位责任制和规章制度开展工作。

五、考务管理工作日趋规范。分院对试卷的申报和取送、监考员的培训、考场设置、试卷装订、考风考纪都作了明确要求。还专门召开两次考务人员培训会议，对具体要求进行详细讲解，并当场进行考核。

分院制定了“考区分类标准”，实行双向打分制，即巡考人员打分和学区自评打分，取两者平均值为学区最后得分，作为划分一、二、三类考区的依据。90分以上为一类考区，80分—89分为二类考区，70分—79分为三类考区。在招生名额分配上，对一类考区进行奖励，对三类考区进行一定惩罚，并取消年终评优资格。分院结合招生考试和期末考试，评选出一类考区6个，二类考区12个，三类考区2个。

六、学籍管理实现标准化、科学化。分院制定了学籍工作流程表，对入学注册、审验资格、办理毕业证书等项工作，提出明确的具体要求。举办学籍管理人员培训班，认真学习并熟悉掌握总院和分院对学籍管理工作的有关规定和要求，同时，交流经验，探讨更好地开展学籍工作的有效途径。并研制开发了网络管理系统软件，这将大大提高现代化管理程度。

七、圆满完成自身评估工作。省委党校校委十分重视分院自身评估，专门下发《关于对省函授分院进行评估工作的通知》，并成立了函授教育评估领导小组，常务副校长任组长，校委成员任副组长，吸收党校各主要工作部门的同志为组员。分院制定具体的评估方案，细化评估责任，把责任落实到各部门以及个人；充分发动院外同志和市县党校同志，对分院的工作提出宝贵意见，先后召开教研部主任座谈会、党校主管函授工作副校长和函授部主任讲评分院工作人员座谈会；分院共收集、整理了100多卷档案资料，然后组织分院机关全体工作人员按照评估指标体系，逐项认真打分，做到人人参与，实事求是。坚持边评边改，在评估过程中查找问题，研究整改措施，认真进行整改。

（李德武）

吉林分院

1999年，吉林分院深入贯彻中央党校函授教育工作会议和全省党校函授教育工作会议精神，不断提高管理水平和教学质量，经过全体办学人员的不懈努力，较好地完成了各项工作任务。

一、教学管理逐步规范。分院着力抓法律专业的学科建设，落实了学科责任人，为专业教学提供了保证。实行聘任面授教师审批备案制度，进一步规范教师聘任；改进备课工作，保证了备课质量；加强紧缺学科的师资培训工作，举办《法理学教程》、《中国宪法概论》、《民法学》、《社会主义法制论纲》、《刑法各论》等5期教师进修班，累计培训面授教师159人次；规范教案、讲稿，辽源等学区实行教案领导审阅制度，进行教案公开讲评，提高了教学水平。坚持教学考评、学员考勤，落实补课制度，保证了面授出勤率，提高了课堂教学效果。深化命题改革，改善题型结构，增加应用性、综合性试题比重；强化对监考人员的培训和考核，主考、监考、巡考人员尽职尽责，考风考纪明显好转；作业、试卷评阅日益规范，绝大多数学区论文指导和答辩工作得到改善，提高了学习考核质量。严格录取程序和学籍管理，健全约束机制，坚持学期注册和补验证书（原件）制度，防止和避免了学籍差错，做到了成绩、学籍准确无误。加大了对教师聘任、教学计划落实、教学考评、监考、评卷的督导力度。

二、学员管理切实可行。围绕培训目标开展的政治思想教育和党性教育日益加强；小班建制得到普遍推行，班主任深入班级，随堂听课制度得到落实；班委会、学员党支部作用得到发挥，课余生活呈现活跃态势。吉林学区、省直学区举办的文艺演唱会受到学员普遍欢迎，白城学区组织了学员排球联谊赛。深入开展争创优秀学员、优秀学员干部、先进班级活动。经省委党校校委批准，对全省党校函授优秀学员、优秀学员干部、先进班级进行了表彰奖励。

三、评估检查验收获得通过。分院自我评估经总院教育评估检查组检查验收获得通过，并得到好评。检查验收之后，及时向省委写了报告，省委领导同志做了重要批示。批示指出：函授教育所取得的成绩是认真贯彻胡锦涛同志关于党校函授教育重要指示的结果，也是省委党校、各市（州）县委党校全体教职员工共同努力的结果，望继续努力，按评估组提出的建议及整改方案认真抓好落实，使函授教育再上一层楼。

四、加强在职研究生工作。分院积极加强组织建设。成立了在职研究生教学工作指导小组，设置专门办事机构，配备专职人员，并在开办研究生班的学区建立了相应的机构；加强制度建设，召开研究生工作会议，研究讨论研究生教学管理问题，制订各项管理制度，规范办学行为；加强教学管理，对招生考试、学员管理、党性教育、教材征订、教师聘任、集体备课、监考评卷等都按照高标准的要求做好。第 1 学期面授结束后，立即进行了教学总结，交流教学经验，制定改进措施。

五、加强函授教育研究。全体办学人员围绕以教学为中心，以质量为重点，总结了教学、管理及班主任工作方面的经验，以及开展“两优一先”活动、加强办学队伍建设、函授评估整改的经验。探索特点规律与提高办学主体素质结合，举办了首次教学与管理研讨会，各学区、大企业主管函授教育工作的校领导和部门领导，函授学院科级以上负责同志，就教学管理改革等问题进行了研讨。

六、加大督导工作力度。长春学区建立了面授课时登记制度，面授教师的上课、间休及下课时间由班主任进行登记，对不能保证课时的教师扣发讲课费，并进行批评教育；成立了工作领导督导小组，配备专职督导员，特别是对管理薄弱的辅导站，由常务副校长、主管函授工作的副校长和他们进行集体谈话，限期整改；延边学区组织巡视组，加大对面授、考试的督导力度；吉林学区每月召开一次班主任工作会议，每学期召开一次班级管理经验交流会，激发了班主任的工作积极性，促进了班级建设；坚持试讲制度，第一次承担函授课和承担新开课程的教师实行试讲，经评委会审核通过后方可授课；四平学区自觉落实补课制度，对未达到 2/3 到课率的学员进行补课，认真进行教学考评，对教学效果差的教师停聘一年，限期提高；通化学区通过举办培训班、赴省外进行学习考察，提高管理人员的素质和业务能力。

（高国田）

黑龙江分院

1999 年是黑龙江分院成立后的第一年。一年来，分院认真贯彻胡锦涛同志关于党校函授教育的重要指示，坚持“从严办学、质量第一”的办学方针，从抓基础建设入手，经过分院上下共同努力，各项工作取得了较大成绩。

一、端正办学指导思想，强化自身组织建设。1999年1月5日，黑龙江分院正式挂牌成立。分院成立后，端正办学指导思想，着重加强自身组织建设，保证函授教育工作的顺利开展。

（一）健全领导机构，配齐领导班子。省委干部教育领导小组下发了《关于中央党校函授学院黑龙江分院领导成员组成的通知》，组建了分院领导班子。院长由省委党校副校长刘斌同志兼任，设副院长2名、院务委员2名，分别由省委组织部干训处和省委党校有关人员担任。实行院委制领导体制，新领导班子制定了《分院院委会议事规则》，较好地发挥了班子的整体功能。

（二）健全内设机构，配齐管理人员。分院下设办公室、教务办、学员办、电教办、督导办和研究生办6个内设机构。由省委党校党委任命6名同志担任各办主任，并配备了7名管理人员。各办公室实行严格岗位目标管理，明确工作职责，较好地发挥了各办公室的管理职能。各学区、辅导站也配齐了学区主任、辅导站站长，并设置了相应的管理机构，配备了管理人员，保证了函授工作的顺利开展。

（三）健全办学体制，理顺办学关系。分院建立17个学区、1个直属辅导站、80个辅导站，形成了分院、学区、辅导站三级管理，分院集中统一领导的新办学体制和办学网络，理顺了办学关系，有效地发挥了上下级的垂直领导作用，进一步强化了分院的领导职能。

二、严把招生入学关，确保招生质量。1999年，分院召开了招生工作会议，下发了《关于中函黑龙江分院1999年招生工作意见》。按照总院有关规定，圆满地完成了招生任务。

（一）严把报名关，确保生源质量。分院规定，只有国家承认的正规大专毕业证或本科证，才能报考中函本科班或研究生班。坚持审查大专毕业证原件，复印件不能报考本科班；取消了党校系统外应届毕业生报名的规定；取消了结业证、社会力量办学单位所发证书及中级职称等同等学力报考的规定。坚持实行辅导站初审，学区复审，分院终审的制度，考生素质明显提高。

（二）严把考试关，提高考试质量。分院、学区和辅导站都成立了招生考试工作领导小组。分院专门召开了考务工作会议，省委党校党委书记徐发出席会议并讲了话，常务副院长杨立太作了重要讲话；分院下发了《关于做好中函黑龙江分院1999年招生考试考务工作规定》。在考试期间，分院派出4个巡考小组，由省委组织部和省委党校主要领导带队，深入到30多个考区、考点进行巡视检查。各学区还聘请了组织、人事、纪检、宣传等部门的领导参与考试工作，严格执行考场纪律，对违纪考生做到不留情面，不讲关系，不徇私情，严肃了考风考纪。

（三）坚持原则，择优录取。按照择优录取的原则，从高分到低分依次录取。对不符合录取条件的考生，坚决不予录取。积极做好新生学籍注册工作，圆满地完成了招生录取任务。

三、加强教学管理，提高教学质量。（一）加强教学计划管理。分院制定了99级中函大专、本科、研究生三个班次、两个专业的教学实施计划，并以分院文件形式下发到各学区和直属辅导站。专科经济管理和法律两个专业由原来656学时，增加到800学时，本科经济管理专业由原来625学时，增加到680学时，本科法律专业由原来541学时，增加到680学时，为提高函授教学质量提供了重要保证。

（二）强化教学管理。一是严格按照规定，择优选聘面授教师。各学区选聘237名任课教师，初步建立了中函面授教师档案库，完成了总院下达的25名骨干教师材料征集和上报工作。二是加强对面授教师和学员的管理。各学区普遍加强了教师备课管理，实行集体备课，坚持试讲制度，不断改进教学方法，授课质量有所提高。各学区选聘政治素质高、工作责任心强的班主任，突出对学员的党性锻炼，加强班级管理；严格考勤制度。省委党校99级在职研究生班实行班主任跟班制度，严格请假制度，学员到课率达到95%。三是加强考务管理。分院下发了《关于贯彻落实中央党校函授学院〈关于做好一九九九年下学期期末考试工作的通知〉的意见》，对做好期末考试工作提出了明确要求。各学区普遍成立了期末考试领导小组，坚持考前辅导，认真选聘监考人员，狠抓考试纪律，保证期末考试质量。

（三）加强电教工作。分院成立后，成立了电教办，组建了微机室，配备了相应的电教设备，普遍健全了学区和直属辅导站的电教档案，积极宣传电教教材，完成了1999年下半年经济管理、法律专、本科电教教材录音带20套66盘、录像带10套11盘和2000年经济管理、法律、行政管理三个专业专、本科电教教材录音带147套612盘、录像带155套207盘的征订工作。还完成了1999年下半年经济管理、法律专、本科各两个专业、10门课程6042套教材和2000年上半年经管、法律专、本科各两个专业、10门课程6424套教材的征订和发放工作。

（四）加强学籍管理。分院设专人负责学籍管理工作，按时上报各种报表，并要求各学区建立学员学籍档案。分院成立伊始就对学籍管理实行了微机化管理，99级中函新生注册，分院全部实行微机化管理，在开发和使用总院学籍管理软件方面，收到了明显效果。

四、加强制度建设，规范办学行为。分院认真学习总院《函授教育工作条例》及《管理制度汇编》，并派两名同志赴吉林分院学习函授教育管理经验，结合实际制定了规章制度和管理条例，主要有：《中函黑龙江分院函授教育工作条例》、《分院工作范围与职责》、《学区工作范围与职责》、《辅导站工作范围与职责》、《聘任面授教师的规定》、《函授教育档案管理规定》和《招生考试考务管理工作规则》等，使分院的管理工作有章可循，强化了制度管理，规范了办学行为。

五、加强基础设施建设，不断改善办学条件。

分院配置了10台微机，在招生、教务、学籍等各个环节普遍实现了微机管理。分院各办公室都安装了电话，并新购置了桌椅、档案柜等办公设备，还配备了2台工作用车、3台传真机、1台复印机、1台速印机、3台打印机、1台扫描仪、1台塑封机；装备了1个微机室，1个会议室，5个书库。省委党校学区投入59万元建成了校园局域网，实现教研手段现代化。

六、积极开展函授教育评估工作。分院成立了函授教育评估工作领导小组，下设了评估工作办公室，制定了《函授教育评估实施方案》。分院认真审阅各评估单位的材料，并组成评估检查小组，深入到各个学区实地考察教学设施、电教设备、图书资料和档案材料等办学基本情况，采取看、听、查、议等办法，对评估单位进行检查验收。针对评估查出的一些问题，制定了整改措施，使评估工作取得明显成效。

七、召开函授工作会议。分院于1999年12月24日在省委党校召开了1999年函授工作会议。各市（地）委党校部分常务副校长、分管校长和各学区、辅导站负责人、教务处长和招生办负责人共80余人参加了会议。会议传达了中央党校1999年函授教育工作会议精神。总结一年来的工作，部署了2000年和今后一个时期的党校函授教育工作。

（王春国）

上海分院

1999年是上海分院工作取得较大进展的一年。

一、开展分院自评工作。分院成立评估领导小组，并多次召开会议研究辅导站评估的扫尾工作，3月17日在虹口党校召开的会议上，确定召开辅导站评估工作总结交流大会，并确定了宝钢、宝山、虹口、闸北、青浦5所党校为办学优秀单位，普陀、南市、徐汇等20所党校为优良办学单位，建工、总工会等6所党校为合格办学单位，住宅党校为不合格办学单位。分院根据总院第二次函授评估工作会议精神，向市委党校校委呈报了《关于上海分院函授教育评估实施方案》。并经校委核准。4月15日，分院在市委党校召开了总结交流大会，市委党校副校长张枫来、教育长陈熙春出席会议并讲话，会上，向优秀办学单位颁发了奖牌。教务二处处长刘军代表评估领导小组作总结报告。在辅导站工作总结交流大会上，校领导就如何开展分院评估工作进行了部署，历时近8个月的分院评估工作进展顺利，初见成效。

二、抓学习，不断提高对党校函授教育评估工作的认识。评估领导小组组织大家学习胡锦涛同志的有关指示，使每个同志认识到这次函授教育评估是落实胡锦涛同志批示的一项重要举措；学习总院的有关文件，使大家对开展分院评估工作的意义、内容、方法、步骤都有了明确的了解，认识到分院评估主要是评估分院自身办学水平和办学质量、特别是分院履行职责的能力；分院组织工作人员和部分辅导站负责人重点学习郑必坚同志在总院新老班子交接会上的讲话以及黄士安同志的《面向21世纪党校函授教育发展的思考》的讲话，使大家充分认识党校函授教育的地位、作用，以及发展前景，进一步增强搞好这次评估工作的紧迫感和责任感。分院将两次学习体会在《学习时报》函授专版作了报道。

三、抓总结，发扬成绩，查找存在问题。在分院的自评中，评估领导小组和办学人员回顾了上海分院14年的办学历程，主要办学经验有：贯彻“社会效益第一”的指导思想。在办学中，注意处理经济效益与社会效益的关系，办学规模与办学质量的关系，办学与养学的关系；贯彻总院各项规章制度，从严办学，强化教学管理，把好招生关、教材关、教学关、考核关；分院行政领导和党支部密切配合，加强对全体人员的思想政治工作，充分发挥每个管理人员的作用。同时也找出了工作中存在的问题，主要是：分院组织机构不健全，分工、职责不够明确，分院办公条件还不完备，个别学科的师资力量还比较薄弱，一些学科集体备课不认真的现象比较突出。

四、抓整改，逐步规范教学管理。在函授教育评估过程中，分院针对存在的问题，加大了整改的力度。充实分院领导班子，增加管理队伍人员，进行科室内部分工，进一步明确各自的岗位职责，教学管理工作趋向规范、有序；分院购置了电脑、复印机、传真机等现代化设备。1999年8月，分院办公地点搬迁到修复一新的原礼堂会务楼，办公条件得到很大改善；进一步加强函授教师队伍建设，充实年轻骨干教师队伍，市委党校具有博士后学历的教师也参加函授教学，教师整体力量得到加强；成立专家教学小组，发挥专家在函授教学中的指导作用。1999年，分院聘请市委党校5名退休教授、副教授成立专家教学小组，对函授教学进行指导、咨询。专家教学小组全年活动3次，他们就如何进一步提高函授教学质量提出了许多宝贵意见。

（苏新民）

江 苏 分 院

1999年，江苏分院以迎接总院教育评估验收为契机，狠抓各项工作，努力提高办学质量，圆满地完成了各项工作任务。

一、强化教学管理，进一步提高教学质量。（一）严格审查制度，确保生源质量。分院在学区、辅导站对考生资格审查的基础上，3月初，派10个小组，分赴各学区对考生资格进行全面复查，凡不符合条件的，一律从名单中删除。实行责任到人，复查工作每人印刻一枚数码验证专用章，谁盖章谁负责；分院对学区招生考试的组织管理工作进行考评。考评结果发文通报，并按照《考区分类达标管理》规定进行奖励与处罚；在录取工作中，分院根据各学区报名人数与参考率，结合各学区、辅导站办学力量，对学区下达录取指标“计划数”和录取分数“基准线”，由学区根据报名和考试情况，确定本学区及各辅导站的录取分数线，保证了生源质量，增强了责任感和使命感。

（二）强化组织管理，提高教学水平。分院做到提前3个月向学区下达了教学计划和教学具体安排；一年来，分院共召开3次7门课程的备课会，全省各级党校有190多人次参加，提高了函授教师教学水平；聘请有关教师对部分本科教材提出修改意见，并在教学中认真贯彻总院有关精神，切实保证教学质量；及时定购发放各类教材171种，共1150254册；1999年，导报编辑部采取一期只辅导一个年级一种专业的做法，全年共编辑了20期《函授导报》、12期《函授导刊》，有力地指导和帮助了学员的自学；1999年年初，分院召开了直属学区任课教师座谈会，研讨如何深化教学改革，提高面授质量问题；并组织各学区召开函授教学及管理研讨会，总结情况，研究问题，更好更快地提高办学质量与管理水平；认真做好毕业论文、评选优秀论文及优秀学员工作，评选出96级本科班优秀论文一、二、三等奖共20名，优秀学员71名；96级大专班优秀论文一、二、三等奖，共24名，优秀学员29名；对学习成绩不合格的学员，实行淘汰制，全年淘汰本科生597名，淘汰率为2.9%，淘汰大专生1988名，淘汰率为5.1%。

（三）狠抓考务管理，严肃考风考纪。分院在学区、学区在辅导站均设立一个“标准考场”，由分院或学区派人监考，以此考场学员的平均成绩评定该学区、该辅导站考风考纪情况以及教学质量。对于考务管理好的学区、辅导站，予以表彰；对于较差的，责令其限期整改；对考试的机构组织、考场规范、试卷保管等5个方面进行打分考评，以积分高低来区分等级类别，评定出达标单位，并从中评选出先进单位，对于先进单位，予以通报表扬和物质奖励；考评得分低（未达标）的，予以通报批评；按照学区分布和办学情况，实行划片分类管理。分院将16个学区分为南京片、苏南片、苏北片，采取不同的方法进行管理；推广淮阴学区的做法，实行大专、本科学员集中统一考试、统一管理，使考风考纪明显好转。

（四）加强直属学区建设，强化“窗口”示范作用。分院要求直属学区各项工作走到前头，把直属班办成全省学员班级的楷模；推行班主任工作负责制度，把班级管理与班主任报酬挂钩，每一次面授课，班主任必须始终跟班，记录教师教学、学员到课、课堂纪律等情况。由于措施得力，直属学区学员到课率均在80%以上；不搞“特殊学员”，坚决按规章制度办事；组织学员参加社会实践活动，如到法院参加案例旁听，到国企考察改革试点，到矿山和城乡开展社会调查等等；开展函授课优秀教学评比活动，并制订实施细则。全年有61名教师为直属班面授

3145课时。年终，评比出优秀教师一等奖2名，二等奖4名，三等奖7名，激发了教师努力提高教学水平的积极性；强化规范管理，实现各项工作制度化、规范化，做到平时与检查时一个样，大考与小考一个样。

（五）调整办学格局，努力办好研究生班。分院首次举办了中央党校函授学院党员领导干部经济管理专业在职研究生班，形成了大专、本科、研究生三位一体的学历教育格局。全省有100多名处级干部和党校教师报名，4月下旬，进行了招生考试，分院抽调得力人员负责研究生班管理工作，其中一名是副处级干部。分院聘请省委党校骨干教师为学员讲课，或开办专题讲座，或组织研讨答疑，提高教学效果。接收中央党校的远程教学网开设的课程，开阔学员的理论视野。

二、加强自身建设，进一步提高管理水平。（一）加强学籍管理。教务部人员实行专人负责制，一人管理一个年级学员的学籍档案。按照总院学籍管理规定，对学籍上的变动问题、学员考分下发前审核、申请保留学籍补增一次考试等重大事项，实行分院领导负责制，进一步严格学籍管理。同时，建立了函授内部局域网，编制教务软件，通过因特网与各学区联网，送发成绩等资料，工作效率大为提高。

（二）加强文档与印章管理。组织办公室人员对过去几年的档案资料进行整理，归档成卷；盖章实行登记，动用“分院”和“省函院”印章，必须由常务副院长批准，预防乱盖章现象发生。对以院名义发出的文稿，实行办公室核稿制度，确保文稿规范与质量。

（三）明确经费收缴制度。分院采取下发《催款通知单》、电话通知到人、奖先罚后等措施，保证经费及时到位，确保分院及时向总院上缴应交款。对于部分尚有欠款的单位，分院与单位负责人联系，与他们订立交款计划。另外，还帮助一些学区解决他们与辅导站之间经费往来方面存在的历史遗留问题，理顺关系，制定新的经费收缴管理制度。

（四）加强信息宣传报道。1999年年初，分院专门发出《关于进一步加强党校函授信息工作的意见》，并于4月召开了全省党校函授信息工作会议，编发了全年信息宣传要点，在全省范围内组建了一个横向到边、纵向到底的信息员队伍。1999年在招生考试、总院南京备课会以及教育评估工作中，分院约请《新华日报》、《扬子晚报》、江苏卫视台、省教育台等新闻单位进行报道，扩大党校函授教育在社会上良好形象的宣传。同时组织信息员，及时向总院院报报送工作动态以及教学管理方面的文稿，全面宣传省函院办学情况。全年分院在总院院报信息报送中，投稿数和发表数是较多的分院之一。

（五）认真做好总院南京备课会会务工作。4月9日至13日，总院在江苏省委党校召开《刑法各论》、《国际税收教程》两门课的备课会。分院常务副院长方根林、副院长汪发良参加了备课会。分院办公室负责协助总院搞好会议会务工作。

三、以评估为契机，积极开展各项工作。省委党校成立了函授教育评估领导小组，制订函授教育评估实施细则。分院将总院的评估指标体系分解成10项一级指标、46项二级指标、117项三级指标，并分工到各部门，明确每个人的工作职责。二是自我评估的每个阶段，分院都专门列出时间表，将所要完成的工作事项、质量标准、责任部门、责任人一一标明，实行“挂图作战”和“倒计时”。三是认真整理归档资料1050多卷，编印了《江苏党校函授教育资料集（1985—1995）》、《1997年全省党校函授教育工作会议资料集》和《江苏党校函授教育资料集（1996—1998）》等3本书，计110万字。四是投资50多万元，建立与中央党校相连的远程教学网卫星接收站；投资10多万元，购买文件资料柜、复印机、传真机、打印机等设备，建立两个资料室，优化函授办公条件。五是撰写分院工作概述，摄制了《前进中的江苏分院》录像片。六是组织各学区联办《江苏党校函授教育成果展》，组织专人进行解说。七是实行开门评估，多次召开学区主任座谈会、分院同志座谈会，省级机关部门负责人座谈会、班主任座谈会、教师代表座谈会和学员代表座谈会，征求他们对函授教育的意见。八是编印自评打分表，实行校委领导、校各处室领导、评估领导小组和学区主任等各方面人士对分院评估自评情况进行逐项打分。九是及时请江苏卫视及《扬子晚报》等新闻媒体宣传教育评估情况。十是撰写《江苏分院评估工作总结》、《江苏分院档案卷宗目录》、《江苏分院基本情况一览》、《江苏分院评估检查验收申请》、《江苏分院评估整改规划》和《江苏分院自评给、扣分说明》等6篇上报材料。

（王　刚）

浙江分院

1999年，浙江分院工作概述如下：

一、进一步规范教学管理，教学质量显著提高。（一）对教师的管理。分院进一步制定了教师聘任和管理的规定，对全省函授系统教师实行统一审批、统一聘任、统一管理，择优聘任，严格管理。本科教师由学区提名、分院统一审批、聘任，对面授教师的授课质量进行抽查、考评，实行奖罚制度。如绍兴学区每学期实行两次考核，凡连续考核为“一般”的不再聘任，由学校派去进修。金华等学区实行教学监督激励机制，每学期检查一次备课笔记，要求每门课必须有教学计划，每次课有教案，少一项扣一分，评分结果与年终奖挂钩。宁波学区实行“主讲制”，年轻教师上讲台，要由主讲教师把关，先听课，后试讲，再上岗。每位教师每学期任课一般不超过两门。

（二）对学员的管理。分院规定，学员要有自学计划，教师有对学员自学的指导意见，班主任要及时督促检查并落实自学计划，分院每学期要进行一次检查指导。特别强调对学员的党性教育，请有关领导给学员上党性教育课，把学习和党性修养结合起来，在教学过程中要贯穿增强党性的要求，积极组织学员进行社会调查活动，要求学员每学年进行一次学习思想小结。毕业时，一定要认真搞好毕业鉴定等一系列工作。

（三）分院每学期都组织管理人员深入学区、辅导站搞1—2次调查研究，召开各类人员座谈会，检查各教学点教学计划的落实情况及教学各环节的组织、管理情况等。

（四）分院每学期期末考试结束后组织教师进行试卷分析。并请主讲教师对评卷情况、命题难易程度写出书面报告，以便在一定程度上了解掌握各教学点的教学质量状况和学员的学习情况，及时改进试卷命题和评卷的方法，把握好考试命题对教学的导向作用。

二、进一步规范教务管理，考风考纪显著好转。（一）坚持到课率与学员平时成绩挂钩，坚持班主任跟班听课、点名和到课率不到2/3不准参加期末考试的制度。金华学区坚持在考前把到课率不到2/3的学员名单公布出来，不准其参加期末考试。

（二）分院制定考风评估标准，对考风考纪进行评估。由省委党校领导和各处室中层干部带队巡考，对部分考点的考纪状况进行抽查，对考风考纪不好的单位，在全省函授系统进行通报批评，并严肃处理。成立了考试委员会，由分管的校领导担任主任。每个教学点均设总监考、副总监考。每个考场实行监考人员负责制，凡是作弊的，由监考人员当堂处理到位。实行由学区统一调配各辅导站之间互派监考人员的办法，在考前利用各种机会，讲清考试的意义以及作弊的害处；有的考前给每个学员发一封公开信，明确提出从严治考的要求；对监考教师加强监督检查，实行亮证挂牌、编号上岗制度。湖州学区规定，凡是由巡考人员查出了作弊现象的，要追究监考老师的责任，期末考试，全学区就处理了8名老师。温州、绍兴、金华和省直学区等均设立了《作弊通报栏》，对作弊者给予曝光。

（三）学籍和教务管理进一步科学化、规范化。分院添置了电脑和激光打印机，新生基本情况、学员学籍变动情况、学员总成绩表、毕业证书均用电脑管理和打印。分院还购置专门软件进行试卷的排版和制作。上半年还在宁波举办电脑培训班，对学区和辅导站微机管理人员进行了培训。

三、研究生工作又上了一个台阶。经过两年的试办，研究生班从教学质量到办学的各方面都得到了肯定，经过总院、省委组织部和省委党校校委研究决定，开办直属、杭州、宁波和设于温州的直属二班共4个班。分管副校长吕志宏同志担任研究生领导小组组长，并成立了研究生办公室，教学管理人员也得到了加强。教学上通过讲授、研讨和研究训练3种模式实施专题教学，在学习过程中，注意学员在知识掌握、学习研究技能和领导艺术的提高，在专题教学中，选聘选用党校教师、高校的骨干教师、政府职能部门领导和研究机构专家，在研究生教学中，对授课、自学和考试这3种教学手段都有所创新。

四、加强办学主体队伍建设。（一）在办学队伍建设上，不断充实师资队伍，特别是法律和管理学方面的一些紧缺的师资，进一步得到了充实。1999年，全省共有专兼职教师1127名，比1996年增加了一倍。其中，教授24名，副教授255名，讲师666名，外聘教师344人次；分院主要是委托和支持校委或教研室选派教师去中央党校、国家行政学院、中央社会主义学院参加各类师资培训班，培训人数已达到81人次。对学区和辅导站师资的培训，分院采取备课会、教学研讨会的形式，每学期召开两门课的备课会，现已培训300多人次。同时还请校委举办师资培训班，目前已培训法律和管理学方面教师120名。各学区也根据需要每年举办备课会和教学研讨会、观摩会；采取“主讲制”，“择优聘任制”和各种考核办法，激励教师，不断提高教学质量。

（二）在管理队伍建设上，优化配置、充实和调整函授管理队伍。分院、学区和辅导站都增加了管理人员2—4名，目前，分院有管理人员30名，学区和辅导站418名；从招生、录取、教学、教务、学籍、论文答辩等各个环节都做到有计划、有安排、有布置、有落实。分院及各职能科室每学期都按月制定出具体工作日程表；分院注重提高工作人员的文化素质，工作人员已全部达到大专以上文化程度，还有2人正在参加本科班学习，一人参加研究生班学习；分院组织学区主要领导进行培训，并组织到兄弟省、市党校函授学院实地考察；分院强调发扬“团结、敬业、务实、创新”的精神，做到努力工作，乐于奉献，相互理解、相互支持，开拓创新，积极进取。

（三）坚持小班管理，并配齐了班主任。省直属、杭州、温州、嘉兴等学区还在中层干部或离退休人员中选聘人员担任班主任，并对班主任进行上岗培训，有的还把学员到课率同班主任报酬挂钩，建立激励考核制度。

五、加大基础建设投入，改善办学条件。分院和各级党校在办学设施上不断加大投入，大大改善了办学条件。省委党校拥有教学大楼2幢，共有9000多平方米，拥有350个座位的多功能报告厅，拥有100多万元的电教设备、电教中心编辑室、中心控制室和演播室等教学工作设施。计算机培训中心拥有60台电脑，47个座位语音室一间。新改造教室4间（全部采用投影和柜式空调等），装修会议室2间，增加书库、试卷库3间共54平方米，增购空调13台，微机4台，更换办公桌、椅和书橱19套，档案柜40个，文件柜14个，合计投入经费60多万元。另外，每年还拿出10多万元作为奖金。各学区、辅导站有的兴建或装修了校舍，有的增加和调整了办公室、书库，购置微机、直拨电话、传真机、电视机等。目前，分院拥有计算机817台，计算机教室55间，摄像机5台，复印机39台，办公室255间，教室610间，教学档案6140件，图书资料108.22万册。（严传盛）

安徽分院

1999年，安徽分院深入学习贯彻胡锦涛同志关于党校函授教育的一系列指示精神，坚持正确的办学方向，深化教学改革，强化质量管理，加强办学主体建设，确保党校函授教育的健康发展。使各项工作上了一个新台阶。

一、坚持正确的办学方向，进一步端正办学指导思想。省委党校和分院召开了四次全省党校函授教育工作会议，认真学习贯彻胡锦涛同志关于党校函授教育的指示精神，学习领会中央党校函授教育工作会议精神，在办学指导思想上进行不断地再认识、再提高。进一步增强党校函授办学的政治意识、大局意识。始终坚持培养高素质干部和人才的办学宗旨，坚持“社会效益第一，教育质量第一”的办学指导思想，坚持党校办学特色。坚决抵制不顾办学条件、办学能力的盲目扩大招生、降低标准、降格以求的现象。进一步增强了改革意识、素质教育意识。更新观念，树立新的教育观、人才观，深化教育改革，强化素质教育，以更好地适应培养高素质党员干部的需要。进一步增强了质量意识。分院始终强调坚持从严办学、严密组织、严明责任、严谨教学、严肃考风考纪、确保办学质量，以质量求生存、求发展。

二、以教学为中心，强化规范化管理。分院进一步加强教学计划的实施管理，及时检查学区、辅导站的教学具体安排和教学进度，对面授教师选聘实行审核审批制度；以党校系统骨干教师为主，加强和充实函授教师队伍。分院积极组织函授备课会议，并与教务处等举办了教师培训进修班。

严格确保生源质量。分院专门组织骨干力量在3月15日至21日，对全省报考中函考生资格进行严格审查；4月下旬，招生考试继续实行考场细分化、零分处理制和淘汰制等重要举措，加强期末考试的监督和管理，并组织阅卷复查和阅卷分析，加大处理违纪力度。

建章立制，按章办学。分院修订原有的规章制度，增订一部分实施细则和具体规定，形成60余项规章制度汇编，并对教务、教学、学籍、教材、财务、直属班、视导等方面的工作内容和工作程序，进行明确界定，完善了工作岗位责任制，提高了工作效率和工作质量。

分院新建档案共分10大类，38个分类，6600余个条目，分类科学、查阅便捷、管理规范，为以后的办学档案搜集与整理奠定了基础。

分院成立了院报宣传报道组，从各学区、辅导站选聘有较高的政治水平和文字能力，熟悉函授办学工作的同志担任通讯员。要求各地充分利用各种新闻媒体，扩大对党校函授办学工作的宣传，同时，对宣传报道工作做得好的单位和个人进行表彰和奖励。

分院及时总结办学经验，不断探索办学规律，积极编纂系列经验总结、理论研讨和宣传资料，出了一批具有较高质量的成果，如《安徽党校函授教育评估文件资料选编》（1996—1998）等。

三、加强办学队伍建设，提高办学主体素质。分院重视管理队伍建设，制定办学主体建设的三年规划和年度计划。1999年3月24日—25日，分院举办软件应用与网络管理培训研讨班，12月，组织函授档案管理人员和考务管理人员培训班等，提高了管理人员的业务素质。

加大投入，改善办学条件。1999年1月，分院迁入新址办公，共有办公室、会议室、教材库房70余间，总面积达1500平方米。分院档案室、教务室、学籍室、微机室、教材库房等，均进行重建。分院现有函授用车2辆，电话16部（其中2部直拨），复印机、传真机、数码速印机各一台，打印机3台，扫描仪一部。

健全联合办学、分级管理的工作机制，提高全省党校函授系统的整体素质。分院进一步加大"六统一"的力度，分院、学区、辅导站在教学、教务管理的基本要求方面，包括面授、自学、作业、考试、阅卷、论文答辩、党性教育、学员奖惩等，执行统一标准。

在学籍和教务工作方面逐步实行计算机管理。分院现拥有微机12台，各办公室微机实行联网操作。各学区、辅导站电教设备及微机总数达2000余台。分院现与省内各学区开通国际互联网，运用电子信箱进行网上数据交流，各种办学的表册通过计算机打印，学籍教务信息实现了网上动态管理，各种档案资料利用磁（光）盘载体保存，各单位信息资料实现网上传输，为今后开展现代远程教育打下了基础。

四、成功地开展函授教育评估工作。1999年，分院开展了自我评估工作。校委先后召开多次专题会议，认真研究和精心部署评估工作。

（一）深入解剖，找准问题。自评开始前，分院征求各方面的意见，经过认真分析，认为分院自身存在的问题主要表现在：分院工作人员数量不足，办学主体素质有待进一步提高；办公条件不能完全适应办学需要；部分管理手段落后于形势发展；各类办公、教学档案尚有欠缺；建章立制工作进程较慢，管理力度有待进一步加大，等等。

（二）责任到人，开门评估。分院成立自评领导小组，确定自评指标体系中的各类大项和小项的负责人以及具体承办人，并对各项工作完成的进度及质量均作了明确规定，分院采取定期、不定期的专题会议及其他方式，随时检查工作进展情况，督促各项工作按计划进行，较好地保证了自评工作的健康开展。

分院采取开门评估的方式。邀请了校内教研室教师和有关处室负责同志，请他们对分院工作提出建议和意见，并做出相应的估价；请各学区的负责同志和函办同志，按照评估指标体系的各大项目，对分院工作作出客观评价，并请他们提出整改意见；通过召开学员座谈会，发放调查统计表，书面征求学员的建议和意见；邀请党委、政府领导和组织、人事、宣传、纪检等部门负责同志，召开恳谈会，请他们从党校函授教育的历史和现状出发，总结过去工作的成功之处，指出需要改进的地方，进一步明确今后的努力方向；邀请华东六省一市党校的同志来分院及所属部分学区、辅导站进行实地考察，提出评估意见。

（三）抓整改，抓落实，以评促建，着力发展。分院召开评估整改研讨会，制定办学主体建设和三年规划及年度计划，全面加强办学软硬件建设，办学管理规范化和现代化水平有了较大提高。分院的自评工作，顺利通过了总院评估检查组的检查验收，并获得好评。

（安徽分院供稿）

福建分院

1999年，福建分院进一步端正办学指导思想，以教育评估为动力，强化办学队伍建设，提高办学主体素质，较好地完成了各项任务。

一、开展“办学队伍建设年”活动，提高办学主体素质。（一）加强领导班子和管理队伍建设。各级党校校委十分重视函授人员配备和班子建设。分院院长由党校副校长林俊德教授兼任，并配备常务副院长1名、副院长2名；8月，将与分院合署办公的党校工作处划出，使分院领导精力更加集中。有3个学区调整、充实了领导班子，12个学区配备了正副主任26名。部分原与其他部门合署办公的学区、辅导站，都成立了专门的函授职能机构，少数辅导站原未设专职人员的现都已配齐。大部分学区、辅导站负责人都是由党校常务副校长兼任。分院重视班主任队伍建设，直属学区的班主任基本上由处、科级干部兼任，其余学区主要由函授工作人员和教研室主任兼任，并坚持小班建制，每一个班学员不超过50名。

目前，全分院共有专、兼职管理人员600多名。分院制订了工作人员岗位职责和班主任工作职责，对班主任聘任采取双向选择，增强了责任感和工作主动性。分院党支部加强思想政治工作，深入开展“三讲”教育和反腐倡廉教育，开展创建“党建工作先进单位”和“文明处室”活动。分院人员积极参加公务员培训、学习和考试，并取得了优异成绩。

（二）加强师资队伍建设。分院认真实行聘任面授教师审批备案制度，严格按时间和程序办理。并采用多种形式，加强师资培训工作。把备课会改为师资培训班，分院于4月、9月分别在东山县和南安市开办了5门课程师资培训班，培训教师105人次，并发给单科结业证书，取得了聘任资格。对没有按规定选派人员参加的辅导站及缺席教师予以通报。各学区、辅导站都选调或招聘了一些骨干教师。一年来，全省党校系统调进了教学骨干69名。厦门学区还选派教师到美国、新加坡去培训。各学区、辅导站选送到省委党校或其他高等院校进修的教师有180多名。许多学区都开展了集体备课、学科交流、开精品课、观摩课等活动。

（三）以教育评估为动力，进一步推动办学主体建设。分院对其余的8个学区全面开展教育评估活动，不少学区在自查中抓薄弱环节，制订整改措施。10月，分院召开了全省党校函授教育评估工作总结会议，省委委员、省委党校常务副校长林述舜出席会议并讲了话，会上有6个学区、5个辅导站代表介绍经验体会。与会同志还参观了分院、直属学区和永春辅导站的档案资料，对照自己找差距，制订切实的整改措施。在评估活动推动下，分院新增了100平方米书库，添置了1台电脑中心服务器及5个工作站，实现院内联网。全省各级党校都加大了对函授教育的投入。共新建办公楼、教学楼44882平方米，新增课桌椅9422套，新购电脑618台，新增电教设备182台。不少学区、辅导站也扩大了办公用房，新增办公用房6531平方米。学区普遍有了电脑、传真机、程控电话，2/3以上的辅导站也配备了电脑，多达20—50台，许多办学单位还购置了车辆。

二、严把招生关、教学关、考核关，全面提高办学质量。（一）严审资格、严肃考纪、严密录取，把好“招生关”。分院在制定招生简章时，明确招生对象以党员干部为主。在报名时，把非党积极分子单独造册，以保证在录取的学员中党员干部占绝大多数。在审查报考资格时，采取“辅导站初审、学区复审、分院终审”的“三审”关，所有报考本科的考生其大专毕业证书须经院领导审定，凡持假文凭报考的，一律给予没收，必要时予以通报批评。考前分院、学区和辅导站均成立了考务领导小组。分院还抽调113名教师分赴各地巡考。除了在省城的学区统一组织人员监考外，其余学区均采取异地异校交叉监考的办法。对在考试中有舞弊行为的，一经发现即取消其录取资格。5月初，分院认真组织教师评卷，并要求评卷教师对每个考场的考纪作出评定。分院对所有考点作出综合分析，对个别考核不合格的考点，作出降低录取20%的处理意见，并通报全省。1999年入学注册时，分院又对新生进行一次学员资格复查，若发现不符合条件的，坚决取消其学籍。如顺昌县有几个非党员考生假冒党员报考，在注册时被发现，均被取消了录取资格。福州学区97级本科班政法专业学员魏某，因持假文凭报考，入学后被查出，亦取消了其学籍。

（二）认真组织实施教学计划，从“教、学、管”三方面把好“质量关”。在教的方面，坚持按专业对口、学科相近、职称与所任课程相适应的原则聘任教师，坚持新课培训、试讲制度，检查教案、竞争上岗，专家评课以及向学员、班主任征求意见相结合的教学效果、开展评估活动，对不合格的教师坚决不聘，已经聘任的适时解聘。

在学的方面，要求学员准时到课，按时完成作业，刻苦学习，争当优秀学员。开学初，分院及时下发了作业收缴的通知，将各门课程应完成作业的内容、时间和要求以书面形式告诉每位学员。

在管的方面，要求班主任跟班上课，学员的作业完成情况认真如实登记，杜绝打“人情分”，课外时间既要了解学员的学习情况，又要抓好思想政治工作。对任课教师的授课加强考核考评和检查监督。教务部门原则上将学员的面授、考试、答辩、毕业典礼等安排在双休日前后并提前发出通知，让学员预先安排好工作，以便集中精力按时参加。

（三）加强对学员以考纪考风为主要内容的党性教育，把住“考核关”。分院制定了加强党性教育计划。寓党性教育于教学、管理等活动中，考前辅导班学习时，就进行一次考风考纪教育。开学时，专门安排入学教育。结合教学，开设了党性教育讲座，开展争当优秀学员的活动。所有班次都建立临时党支部、党小组，过好组织生活。进行革命传统教育。开展“学传统、讲党性、做奉献”活动。开展社会调查、扶贫助学、访贫困村等活动。毕业前安排做好学员个人的学习总结、鉴定和党员党性锻炼考评材料等工作。同时，搞好评优工作，以鼓励先进，树立榜样。

三、向着规范化、科学化管理迈进，争创一流管理水平。分院10月转发了中校函字［1999］36号关于组织学习贯彻新版《管理制度汇编》的通知，要求函授工作人员要做好制度汇编的学习培训工作，并在执行中不断总结新经验，使管理工作有条不紊地开展。分院于7月初举办了“教务管理软件应用培训班”，继而分别在建阳市和南安市举办了两期学籍管理人员培训班，共培训80多人次。同时，分院作出了《关于实施以微机和网络通信技术为手段的教务、学籍管理的通知》，力争2—3年内实现微机联网。

分院对全省各级党校函授教育的软、硬件情况作了调查，分别载入了档案资料。1999年编印了96级本科班学员优秀毕业论文选《学习与探索》，刊出41篇优秀文章，约28万字，供函授师生交流学习。

（杨克明）

江西分院

1999年，江西分院紧紧围绕深入贯彻

落实胡锦涛同志关于函授教育的重要指示精神，切实端正办学指导思想，加强办学队伍建设，在提高办学主体素质等方面积极开展工作，取得一些成绩。

一、深入贯彻胡锦涛指示，端正办学指导思想。分院联系“三讲”教育，认真学习贯彻胡锦涛同志“6·12”指示，进一步端正办学指导思想。重视把坚持正确的办学指导思想同做好各项具体工作有效地结合起来，在抓队伍建设、基础设施建设、考风考纪、规章制度、招生工作等方面，坚持讲政治、讲党性，从严要求，努力贯彻正确的办学指导思想，提高各方面的工作质量。

二、加强办学队伍建设，提高办学主体素质。加强分院领导班子建设。1999 年下半年，校委决定由分管校领导直接兼任分院院长，采取有效措施，加强分院自身建设。

努力提高分院办学队伍的思想素质和业务素质。坚持每周一次的政治学习制度，组织全体人员认真学习政治理论和时事政治。并确定每月一天为业务学习日，组织全体人员学习总院、分院的各项规章制度，探讨函授工作的教学规律和管理规律，交流经验。在每月学习日结束时，各科（室）都要布置下月的自学任务，并要求做好学习笔记。分院的硬件建设亦有所改善。分院办公室由 11 间增加到 22 间，办公室、会议室、库房面积达 800 多平方米，并全面进行了装修，各科（室）都配备了电脑，新购微机 5 台、书橱 10 个。同时，加强学区、辅导站队伍建设。分院对 18 个学区、110 个辅导站的负责人的综合素质进行了全面摸底，根据实际情况，对 3 个学区、18 个辅导站负责人进行了调整。并采取以会代训的方法，对全省的学区主任、辅导站站长进行了培训。1999 年上半年，分院两期共培训学区主任、副主任 31 名，辅导站站长 98 名，培训率达 98%。9 月底，分院召开了全省党校函授教育研讨会，组织部分分管函授的校领导和学区主任赴云南分院考察学习。全年对全省学区、辅导站工作人员又作了调整充实，全省有 15 名人员，因不适应函授工作而调离函授岗位，挑选了 26 名骨干充实函授工作岗位。分院利用寒暑期举办了两期学籍人员微机培训班，共培训 48 人次。

三、狠抓考风考纪，严把质量关。在招生考试中，考生报名实行“三审”制度，即辅导站初审，站长签字；学区复审，学区主任签字；分院终审，院领导签字。做到谁签字、谁把关、谁负责。试卷保管实行“三人三锁”的办法，确保了试卷安全保密；监考人员一律异地调配，实行全省大交叉；考场设置实行单人单桌，桌子倒置；实行倒扣指标制度。对监考不严、考场成绩普遍偏高的考场所在地和监考老师所在单位都要倒扣一定数量的指标。分院实行考试成绩异常考场抽考制度。即一个考场的学员成绩 80% 以上的学员成绩都在 80 分以上时，就被视为成绩异常考场，由分院重新抽考，并对监考老师和考场所在单位通报批评教育，对整肃考风考纪起到了较好的作用。同时，实行论文答辩 5% 不通过制度。分院在 96 级大专班、97 级本科班毕业论文答辩时，采取了首次论文答辩 5% 不通过率制度，确保了毕业学员质量。

四、抓档案资料整理，迎总院教育评估。分院在全省评估大检查的基础上，对分院的档案资料进行全面整理，共收集、整理了分院 1987—1999 年办学档案 1982 卷，编撰档案目录 5000 余条，并针对评估中存在的问题进行整改，为迎接总院的检查验收做好了准备。（罗志猛）

山 东 分 院

1999 年，山东分院深化教育改革，强化分院建设，以总院教育评估检查验收为契机，全面提高教学质量，各方面工作上了一个新台阶。

一、加强组织领导，强化分院职能。(一) 将分院函授教育完全纳入党校大教育中。在制订函授教育改革方案、招生计划、举办各类函授工作会议等方面，校领导亲自过问，提要求，找思路，如招生考试之前，校党委书记徐炳熹在全校考务人员大会上亲自提出要求，在1999年评估准备工作中，常务副校长李新泰四次听取分院评估准备情况汇报，并向全省党校系统发出“争创一流”的动员令，副校长、分院院长姚学政、校党委委员、常务副院长王士富事必躬亲，努力探索函授发展规律。聊城、济宁、临沂等市委党校领导同志，从自己的办学经费中为所属辅导站购置微机、档案柜等办学、办公设备，帮助解决办学中的困难。

(二) 分院基本上实现了办学规范化。主要表现为建制规范，机构健全，办学机构和办学体制统一；各级党校责任明确，令行禁止，管理环节畅通，班次和业务管理统一；分院实现了统一的业务指导和管理人员培训。

二、紧抓教学“龙头”，突出质量重点。(一) 备课会形式灵活多样。分院提前制订备课会计划，让参加备课会的教师提出备课会要研究和解决的难点、重点、疑点等问题，明确目的，思考方法。还邀请有关专家参加备课会，如法律课，请法院的同志介绍案例；工业企业管理课，请大企业的厂长、经理或业务处长介绍企业管理中的具体情况等，使与会者开阔了思路，并变备课会由主讲教师综述性讲课为研讨式。分院把所备课程按章分若干专题，分配给各市地（或县）党校教员撰写教案，然后分别讲授，集体研讨，编制最佳讲授方案，印发各辅导站以便参照备课。

(二) 改革面授教学。分院改革以往课堂以“教”为主的传统模式，提倡推进课堂理论与实践相结合，“教”与“学”相结合，将现行教材与“三基本”、“五当代”内容相结合；同时，又通过检查督促，提高学员到课率和学员作业完成率，来实现多边互动教学机制。分院还推广省直学区的教学考评小组随堂听课、烟台学区实行的授课教师和学员参加的“专业课程研讨会”制度、曲阜辅导站的以“三讲”促教学责任心、乳山辅导站的教案展评活动，等等。

(三) 改革学员自学制度。分院采取了两项措施：学员自学必须作阅读教材笔记，笔记的内容要与讲授、预习的内容相吻合；作业题目必须是学员通过看书理解后才能做出，每门课集中做三次作业，学员做完一次上缴一次，教师全部批阅，客观评定成绩。

(四) 改革毕业论文指导工作和答辩程序。分院统一制定毕业论文的写作计划和写作进度，实行指导教师聘任制，成立毕业论文工作小组，定期分析指导，进行学术交流。由辅导站首先将毕业论文答辩材料报送学区，学区把情况汇总报送分院，分院聘请专家、学者直接参与各学区的答辩，进行现场指导，对答辩情况进行分析总结。此外，还在全省推行答辩前的模拟答辩法和答辩评委综合计分法。

三、广开门路，提高办学队伍素质。(一) 加强师资队伍培训，努力提高教学水平。把师资队伍建设纳入党校发展规划，枣庄学区、高青辅导站等积极与当地组织部门联系，对师资进行调整、配置；分院和各区、站建立教师培训基金，2月，举办了全省政法专业师资培训班，180多名面授教师接受了《法理学》、《宪法学》等课程的培训；济南、烟台、东营等学区分别举办全学区师资培训班。

(二) 管理队伍建设进一步加强。组织分院、学区、辅导站的办学人员，认真学习领会胡锦涛同志的一系列指示精神和办学文件、规章制度，提高办学责任感，强化函授教育的校长分管负责制，完善了管理体制。并通过各种方式，加强管理队伍培训，全省函授系统的管理人员的人数比去年增加5%。至1999年底达到1675人。

四、巩固治考成果，确保党校声誉。进一步细化了治考措施。雷同卷由去年的1.2%降至0.9%，违纪考生由去年的2%降至1.2%。

（一）广造社会舆论，形成从严治考的氛围。考前，普遍强化了辅导，学区、辅导站印发一封《致考生的信》；考试期间，贴出“宁失考分，不失人格”等警示性标语，营造氛围；考后，及时通告，防微杜渐，提高了应考者的觉悟和信心。

（二）实行连带责任奖惩制度。分院要求各级党校的主要领导在每次考试中亲自挂帅，担当“第一责任人”，实行三包：“一包思想不回潮不反复，二包工作人员和考生自觉遵纪守规，三包一严到底，全面好转，不留死角。”其他校领导和监考人员也层层分片、分点、分班承包，出了问题，校领导和监考人员同罚。

（三）继续实行标准考场制度。每个考点均设立一个标准考场，随机选择。凡平均考试成绩超过标准考场的考场，属招生考试的，降低整个学区、辅导站的录取率或取消录取资格；属期末考试的，一律重考。

（四）巡视措施进一步严密。每次考试，校领导和分院领导即要分别带队组成巡考小组，突袭式巡视，并聘请各级组织、人事、纪检部门参加，对各考点进行巡视，发现问题及时处理。

（五）实行一次处理到位的制度。分院对于各类考试不论带资料还是带小抄，也不论作弊成功与否，一经发现，坚决一次处理到位。属招生考试的，取消其考试资格；属期末考试的，单科判零分，给一次总补考机会；属补考或总补考的学员，取消其学籍。

（六）实行普查、分析、判定雷同卷制度。试卷批阅完毕后，分院组织6至8名长期从事教学工作的教授，对每份试卷进行严格的普查和分析，查找雷同卷并严肃处理。一个考生如果有一门课程判定为雷同卷，则取消其录取资格；一个考场有1/3的学员被判为雷同卷，该考场的考试成绩作废，则取消其招生计划乃至办学资格。

五、完善规章制度，提供切实保证。分院对原订的办学制度进行了修改、补充，形成了较为完整、系统的办学制度，编辑成《办学文献·办学制度汇编》，该汇编包括招生、教学、考务、学籍、教材、学员管理、宣传报道、综合工作等共49项制度，对备课会、教学、教材评估、宣传报道、学员党性锻炼等方面都作了明确规定。各学区、辅导站结合自己的实际情况，加强了制度建设，制定出更加具体、细致、操作性强的措施。不少区、站也在制度建设中迈上新台阶，如省直学区建立了教师档案制度、学员缺勤补课制度、专职班主任聘任制度和班级管理双重监督制度；烟台学区、胜利油田学区、山东铝厂学区结合自身的管理情况，还专门编印了学区管理制度，对科室管理和工作分工都进行了详细的规定，使日常工作有章可循。分院还通过强化学习来促进制度落实，为此专门下发了院字［1999］22号《关于组织学习新版〈制度汇编〉的通知》和院字［1999］23号《关于在全省党校函授系统开展学〈办学文献〉学〈管理制度〉知识竞赛活动的通知》，印发3000份试卷，分填空、选择、分析、简答、论述五个题型，让学区、辅导站管理人员及相关人员认真答卷，汇总后由分院统一评阅，对每个学区、辅导站的答卷人得分进行统计，将全部成绩以通报形式进行公布，奖优罚劣，强化素质。

六、积极准备，严格要求，教育评估和验收工作圆满结束。省委党校和分院下发院字［1999］9号文件，专门部署了1999年评估准备工作，成立了由常务副校长为组长、分管校长为副组长、有关处室负责人为成员的评估领导小组，多次召开会议研究、讨论、切实解决教育评估中的问题。在评估形式上，坚持每个学区和辅导站必评，注重横向延伸，由点到面，把自下而上的自我评估与自上而下的检查评估相结合，把所有学区和辅导站按照统一的评估标准分为三类，各占1/3。在评估指标体系中，既注重评估重点、难点，也注重与办学相关的方方面面，把所有的办学环节细分为118项，自查、互查与整改相结合，分院与学区、辅导站一起认真对照评估指标，找不足，彻底整改。

9月下旬，总院教育评估检查验收组对分院进行了全面检查验收，验收组认真听取了省党校常务副校长李新泰的专题汇报和分管校长姚学政关于山东分院评估自查情况的总结汇报，并召开了各种形式的座谈会，查看了分院、学区、辅导站的档案、录像等资料及所有办学设施，重点对青岛、威海、烟台学区及平度、蓬莱等辅导站进行了评估检查验收。

七、探讨函授教育规律，交流推广先进经验。分院召开三次函授教育研讨会，常务副院长王士富亲自拟定提纲，主编了《办学经验总结办学规律探讨》函授教育文集和《党校业余函授教育研究》论文集，并公开出版发行。印发了20期《情况通报》，对各地函授工作中的好经验、好典型以及办学环节中的热点、难点进行了典型宣传和重点探讨。（王宪昭）

河南分院

1999年，河南分院全面开展教育评估，努力解决办学中存在的问题，深化教学改革，取得了显著的成绩。

一、坚持正确的办学方向，提高办学主体素质。（一）加强理论教育、“三讲”教育和形势教育。组织全体同志认真学习马克思主义、毛泽东思想和邓小平理论，重点学习邓小平关于党的建设、干部建设和干部教育的理论，帮助他们树立正确的世界观、人生观和价值观，使大家在复杂的社会环境中始终坚持坚定的政治方向和正确的思想作风。增强从事党校函授教育的使命感、荣誉感和责任感；配合校领导和处级干部搞好“三讲”教育。严格要求每位同志结合“三讲”教育，对照检查和认真解决在思想上、工作上的差距，使大家提高认识，端正思想；并教育大家认清目前党校函授教育所面临的形势，增强提高干部队伍素质的紧迫感。

（二）加大培训力度，提高各级办学人员的综合素质。根据分院1999—2001年两支队伍建设培训规划和两支队伍建设培训计划的安排，分别召开有关课程的备课会和师资培训会，采取以会代训的形式，聘请有关专家、学者讲授学科体系结构及理论前沿问题，交流教学经验。同时也召开考务、学籍管理人员的培训会，对考务和学籍管理人员进行培训，提高了办学主体素质。

二、加强制度建设，确保函授教育工作健康发展。分院重新审定和制定《教务管理工作细则》、《招生工作细则》、《考务工作细则》、《学籍管理工作细则》、《班主任工作细则》、《关于学员党性教育与考核的实施意见》、《关于评先选优的规定》等近20项制度，大大加强了函授教育制度化、规范化管理，并注重进行廉政教育。分院组织机关全体同志认真学习和执行中纪委、省纪委和校纪委关于反腐倡廉的各项规定，坚持廉洁奉公，无私奉献，发扬全心全意为人民服务的精神，反对拜金主义和以权谋私的不正之风；反对办学中以营利为目的的不良行为；严格按照招生条件，认真履行招生手续，确保招生质量，反对为小集体或个人谋取私利；严肃考风考纪，严格教学管理，反对接受学员的吃请和向学员提出不正当要求；严肃工作纪律，反对利用业务关系捞取好处和借到学区、辅导站检查工作之便接受赠品等。

三、函授教育评估成绩显著。1999年，分院全体同志对教育评估做了大量、艰苦细致的工作，取得了显著成绩。一是改善了办学条件。重新装修了5号楼三、四层54间办公室，新增接待室和会议室；购置电脑2台、档案柜40个；新增电话1部、电视机1台、录像机1台；新装了教学大楼教室空调。二是进一步理顺了办学关系。省党校系统函授教育，既有中函本科、省函专科，又有各市地委党校自办班，经过省委党校和省委组织部领导多次协商，联合签发了《关于规范我省党校系统函授教育工作的几点意见》，理顺了办学关系。三是认真收集、整理函授教育资料。初步建立的档案有5大部分，19类，367卷，4880件，将整理后的资料分类入卷，形成了资料目录238页，为今后科学、规范建档奠定了基础。四是认真完成了对全省1/3辅导站的评估检查验收工作。各辅导站在硬件建设、软件建设、队伍建设和党性教育等方面都取得了显著进步。

（曹志嵩）

湖 北 分 院

1999年，湖北分院在总院和省委党校校委的领导与支持下，经过分院全体人员的共同努力，较好地完成了各项工作任务。

一、端正办学指导思想，完善内部管理机制。分院组织开展"学习月"活动，院部和学区工作人员认真学习《邓小平理论》、《邓小平教育理论学习纲要》、《教育学》、《知识经济概论》和《管理制度汇编》等，结合"三讲"教育，查找出了函授管理工作中存在的不足和差距，促进了领导班子建设，进一步端正全体管理人员的办学指导思想，提高管理人员的政治素质和业务能力。进一步完善了分院内部管理机制，制订15项规范内部管理的制度，并印发《管理制度汇编》，全年共制发管理类文件79件。

二、狠抓招生工作，稳定党校函授办学规模。分院在招生工作上采取了一系列切实有效的措施。加强了对招生工作的领导，从省委党校到各市州、县党校，主要领导亲自抓招生工作，做到了全员投入；根据招生进展情况，专门组织了四个小组，分赴各市州党校促进招生，做好了招生的报名、资格审查、复习资料准备和备考、考试、评卷、择优录取等工作，圆满地完成了招生任务。

三、狠抓教育评估工作，促进分院自身建设。在分院教育评估工作中，省委党校成立了相应的领导机构和办事机构，为分院教育评估提供了必备的前提和条件；实行了责任制，对评估资料进行了搜集、整理、分类归档，共40大类、1000多份、100多万字；配合评估，加大投入，改善了办学条件；通过评估促整改，从评估中找出问题和差距，对照差距采取措施加以改正，完善管理制度。

四、抓教学管理，提高教学质量。根据总院要求和自身实际，精心设计课程，及时制订并下发了教学计划；对本科教师进行资格复查，审核了18个联办单位、391名函授任课教师，并颁发了聘书，还在全省范围内向总院推荐了30名骨干教师，年终评选出57名优秀教师并进行了表彰；举办了两次共13门课程的备课会，加强了教学指导；完善了对教师教学、面授到课、学员自学和作业等教学环节的管理；组织了20多门课程的命题、制卷，完成了8次共80多门课程的考试及评卷工作，成立了考风考纪检查组，加大了对考风考纪的巡查力度；狠抓毕业论文的指导、评审、答辩工作，并编印出版了35篇22万字的95级学员优秀毕业论文集。

五、加强管理队伍建设，提高办学队伍的管理水平。分院制定并初步实施了办学队伍建设方案，重点抓了管理工作人员队伍建设。在全院组织开展了学习活动和制度学习月活动；组织部分学区主任分别到四川、上海等兄弟分院去学习考察；举办了首期学区主任培训班。通过以上措施，提高了办学管理人员的政治素质和业务能力。

六、抓教材管理，满足函授教学需要。分院全年共发行了本科教材61643套，发行报纸6期共6万余份，导刊4期246572册。分院组织水平一流的教师对函授教材和教学指导书进行了修订，组织编写并出版了《国际贸易简明教程》、《当代西方经济理论概论》、《农村经济管理学概论》等3本新教材，满足了函授教育的需要。

七、抓学籍管理，提高学籍管理水平。分院为做好学籍管理工作，加快了学籍管理现代化的进程，配置了相应的硬件设备；举办了第四期微机培训班，提高学区、直属学区微机人员的业务能力；加强了对学籍工作的督促检查，对学籍管理工作较为薄弱的学区进行重点指导；做到了各种资料数据统计准确、及时、汇总上报。

八、抓直属班管理，起到示范作用。分院加强了对直属班教师教学的管理，实行教学日志制度，保证了教学质量；抓班主任工作，增强了班主任的工作责任心，使到课率稳中有升。直属班一年共组织了9次考试，召开了6次班主任工作会议，完成100多门课程的教学任务；做好了97级本科学员的毕业论文指导和评审答辩工作。

九、抓宣传，树党校函授教育形象；重科研，促函授教育管理进步。一年来，分院一直注重抓宣传工作，充分利用省内新闻媒体，宣传党校函授教育的方针、政策和办学成果。《湖北日报》、《长江日报》、《武汉晚报》、湖北电视台、湖北广播电台、楚天经济台等都对党校函授教育进行了报道；在总院《函授快讯》、院报上积极宣传党校函授教育的办学经验和成果，总院《快讯》、院报共刊发分院报道70多篇。分院编发报纸6期。分院根据总院的要求和安排，撰写了“关于加强舆论监督”的论文，组织各级党校函授管理人员，深入研究探讨党校函授教育的规律、特点、管理机制等，通过函授教育研究，促进了管理工作的进步。

（陈　述）

湖 南 分 院

1999年，湖南分院重点抓了自我评估和加强办学队伍建设两件事。

一、认真抓好分院教育评估。（一）准备阶段。通过学习文件，开展讨论，统一了对评估重要性的认识；校委成立评估领导小组，常务副校长周永生同志任组长，副校长刘普生和分管函授工作的校委委员肖和平两同志任副组长，分院、校办公室和校工作处的负责人为成员。领导小组下设办公室，并配备了专职干部，先后收集整理了文件资料10大类，共计26卷。

（二）评估阶段。对学区、辅导站的评估工作进行回头看，抽查了3个学区和辅导站的整改情况，以夯实分院评估的基础；实行开门评估，先后请学区主任、学员代表、毕业学员所在单位负责人代表对分院的工作和函授教育质量进行评估打分；分院广泛听取各方面意见，并组织各科室负责人进行自评，重点放在找准问题，分析原因，提出整改意见措施上面。

（三）总结整改阶段。通过评估，分院总结了办学经验，领导重视，加强师资队伍建设，加强考务管理，深化改革。在总结经验的基础上，分院制定了《函授教育评估整改规划》。

二、加强办学队伍建设。（一）调整充实领导班子。3月，校委决定，由校委委员肖和平同志分管函授工作并兼任分院院长，10月，通过同级别干部交流和竞争上岗，欧家骞、曹健华两同志任分院专职副院长，使专职副院长由2名增加到4名，平均年龄比原来小了7岁。分院领导通过参加“三讲”教育活动，提高了觉悟，加强了团结。原分院内设机构不合理，中函科和省函科各管一块，造成职能重叠，业务不专，影响工作效率和工作质量。11月，校委决定撤销中函科和省函科，将分院的内设机构改为办公室、招生考务科、教务科、学籍科、教材科、研究生办公室和直属学区办公室等7个科室，新任命了正副科长。全年有6个学区调整充实了领导班子。3月，分院举办了一期学习班，认真学习了胡锦涛同志关于党校函授教育的指示和总院工作暂行条例等，并进行了闭卷考试。

（二）师资队伍建设。全年有9个学区调进教师36名（其中公开招聘3名），分院举办3期师资培训班。

（三）管理队伍建设。重点抓了班主任队伍建设，进一步规范了班主任职责，开展班主任评比活动，召开班主任经验交流会，解聘72名不称职的班主任。（李治业）

广 东 分 院

1999年，广东分院坚持以教学为中心，切实抓好招生、教学考试等，加强规范化管理，全面推进分院各项工作的开展。

一、以“三讲”教育为指导，进一步落实“从严办学”的指导方针。分院深入开展“三讲”教育活动，从讲政治和为广东率先基本实现现代化、培训高素质干部队伍的高度出发，牢固树立质量意识和危机意识，在实际工作中做到三个不让，坚持从严办学的原则，即严格掌握招生条件，不让“捞文凭”者混入党校；认真抓好学风和考风，不让“混文凭”者轻易过关；把好出口关，不让“假文凭”混入社会，真抓实干，自觉抵制办学中的各种不正之风和腐败现象，以实际行动保证、维护党校函授教育质量和声誉。

二、以评估检查为动力，全面发展函授教育。分院成立了函授教育评估领导小组。学习贯彻落实总院厦门函授教育评估工作会议精神，并在广州、肇庆、揭阳、韶关、湛江分片进行了传达、宣传和发动。分院专门派人到河北、湖北、安徽、江苏等兄弟分院学习评估检查的经验。分院评估办公室将19217份调查材料分类整理，立卷归档，建立了评估档案127盒，共257卷；组织了分院评估检查图片资料展览，编印了《广东省委党校函授教育简况》、《函授教育办学队伍名册》等。录制了反映分院办学情况《神圣的使命　光荣的职责》的电视片和广东分院电脑网页。分院并结合实际，制订了《广东分院函授教育自我评估实施方案》、《广东分院函授教育评估体系及职责分解表》、《广东分院函授教育评估准备教材清单》、《函授教育评估日程安排表》。6月，由7名校委亲自带队，组织了有教研部主任参加的10个评估检查验收小组，分赴广州、深圳等10个学区和花都等9个辅导站，认真开展函授教育评估的复查和补课工作，重点对以上学区、辅导站的函授教育办学进行了评估、检查、验收，发现问题及时进行整改。如茂名学区因师资不足被分院验收组给予“黄牌警告”，责令其限期改正。取消了一批不符合条件的单位办学资格，顺利通过了总院评估验收组的检查验收。

评估检查促进了分院办学工作的开展。分院结合评估工作完善了《中共广东省委党校函授学院工作职责》、《关于函授教育质量监督工作的暂行规定》和《中共广东省委党校函授教育办学规程》等规章制度，编制成《管理制度汇编》；增聘了7名懂教学、会管理的函授教育质量监督员，加强了分院质量监督员队伍的建设；分院严格落实了总院和广东省委党校校委关于“控制规模，严格招生计划”的要求，顺利完成了1999年招生任务，招生质量有所提高。韶关学区党员干部比例占98%以上，查处了100余名持假学历报考者，对办学指导思想不端正、管理跟不上的单位，实行少招或停招。采用计算机搞好招生录取工作；1999年，招生考试，分院选调98名同志参加监考和巡考工作，共查处违纪考生495名，取消了入学资格；97级中函本科毕业学员资格审查及颁发毕业证书工作，采用了计算机系统操作，大大提高了工作效率。同时，加大了对各学区教务工作的检查力度。分院组织60余人次对河源、梅州、潮州等18个办学单位的学员作业代做问题进行了检查，处罚了110多名违纪学员。

三、深化教学改革，提高函授教育质量。大力开展理论研究工作。顺德会议之后，分院在深圳组织召开了“面向21世纪，开拓党校函授教育新局面的理论研究讨论会”。研究会围绕“强化素质教育、加强案例教学、考试方式改革、教师队伍建设、教学内容和教材编写、教学手段现代化”等问题，进行了深入而具有现实指导意义的研讨，收到研讨文章63篇。严格面授教师的选聘。审核选聘了全省函授面授教师1887名，建立全省函授面授教师档案，全面推进教学考评工作。分院组织召开了《国际法税收教程》、《刑法各论》、《工业企业经营管理概论》、《刑事诉讼法教程》等5门学科备课会议，还邀请中山大学的博士生导师徐安龙教授讲授《现代科技基础》，全省各级党校112名教师参加，增强了教学的针对性和有效性。加强教学指导。分院充分发挥《函授通信》的教学指导作用，激发了师生参与的学习热情，如“创新党校函授大家说”和“我与党校函授教育”的征文活动，共收到各种稿件230篇。 （陈志华 黄诗生）

广西分院

1999年，广西分院在调整管理机构、健全管理制度、优化管理手段、培训三支队伍、深化教学改革、复查评估情况等方面取得了较好的成绩。

一、充实领导班子，调整内部职能机构。分院在全校范围内通过公开竞争、择优上岗调进了一位副院长，将原综合科更名为办公室，原学籍科并归到教务科，新成立了教学科，并对管理人员进行了重组。

二、深化教学改革，加强教学管理。(一) 加大了教师培训力度。参加总院举办的备课会、研讨会，贯彻总院教育改革精神。1999年，召开备课会、教学观摩会、经验交流会共5次，有350多人次参加，对11门课程进行了研讨，上交研讨论文80余篇，教学水平得到提高。

(二) 开辟第二课堂，使学员从书斋走向社会。98级研究生班把党性教育课放到贵港市驻军军营中，听取塔山英雄团所在部队领导作的关于在长江大洪灾中抗洪抢险的事迹报告，使学员深受教育，激发了他们为党为国学习的积极性。

(三) 严格考风考纪。分院共派出巡视员一百多人次，查处考生违纪多起，考生作弊率已较上一年有所下降，以近3个学期考试作弊率统计为例，本科班1998年下半年为1.38%，1999年上半年为0.29%，1999年下半年为0.2%。

三、实现分院、学区和辅导站计算机联网。(一) 完善管理软件，加大培训力度。经过对《教务管理系统软件》研讨、深入调查、论证和试用，3次改版，18次修改升级，完成了软件的开发任务。1999年4月，分院举办了14个学区、及所属辅导站计算机网络人员参加的第6期培训班；10月，举办学区、辅导站计算机管理骨干参加的计算机情况研讨会；11月，举办学区和辅导站领导参加的计算机管理知识培训等。参加学习的人员通过考试合格率达100%。

（二）形成了全区计算机指导网络。柳州联合组成大柳州技术指导小组的经验在全区推广后，玉林、贵港州、河池、百色、南宁、梧州与贺州学区都相继成立了技术指导小组，做到有组织、有计划地指导所属辅导站的工作。解决了分院管理的压力，他们相继进行所属辅导站学籍管理员计算机培训，协助分院派人到所属辅导站进行实地巡回指导，保证了全区管理网络的畅通。

（三）学区、辅导站领导提高对微机化管理的认识和重视程度。注重引进有计算机专业技术和责任心强的管理员，大力支持管理人员外出培训学习。不少学区、辅导站新购置了计算机、打印机，柳州市还完成了校园网建设。

（四）全区已实现计算机联网。分院完成了全区党校从分院到学区、辅导站共99个单位计算机联网任务，上网率达到100%，运转状况良好，实现了招生、学籍、办公信息传送网络化的目标。

（五）充分发挥计算机网络化管理的优势。分院1999年招生、学籍工作全面实行计算机管理，从报名招生到学员毕业所要填写、打印的48种表格，对学员情况进行72项数据的分类、统计，全部用计算机处理。同时，通过计算机自动检索校对，保证了管理质量。分院对试卷的版面设计进行了改革（总院考务办采纳了该项改革方案），大大提高了工作效率。如登分结束，即可准确地统计出及格率、作弊率、考务差错率、平均分数、各分数段人数和补考人数等，提高了时效和工作质量。1999年，除特殊文件和保密材料外，所有的数据和信息都是通过计算机网络传递。减少了复印、装封、邮寄等环节，节省了开支。分院购买光盘刻录机，将档案资料刻在光盘里永久保存，查阅十分方便，解决了档案库不足的问题。

四、严格招生管理，确保生源质量。分院将招生工作重点放在把好考生资格审查、招生考试、录取审查三关上，同时，将把好入学关放在重中之重的位置。挑选精明强干的同志组成了巡考队伍，进行巡考员培训，强调巡考人员必须与所在组织部门、招生办领导一起研究、巡视，及时处理考试中的各种问题，认真履行巡考员的职责；严格遵守巡考规定，不能接受考生宴请，不能在考试期间到风景点旅游，不能收受考点、考生礼物等。考试一定要做到领导重视、精心组织、工作到位、万无一失。

五、加强培训办学队伍，提高办学主体素质。分院成立了培训办公室，制定3年培训规划和年度培训计划。一年来，开办了11期各类培训班。其中，备课会、教学观摩会5期，电脑培训班3期4个班，学区副主任、辅导站站长及管理人员培训班3期，共培训960人次。分院还深入柳州市、柳州地区、玉林市、河池地区、百色地区等学区，进行学籍管理人员计算机技术培训和指导，解决当前计算机管理中存在的问题。

六、以加强党性教育为重点，抓好研究生工作。分院领导决定以加强党性教育作为研究生管理的重点，以“三讲”教育为契机，把学风和考风提高到党性修养，提高到党校形象以及党的形象的高度来认识，教育学员要端正学习态度，明确学习目的，正确处理工学矛盾，积极参加面授学习。还组织学员到部队参观、听报告，取得了良好效果。

七、完成学区评估、辅导站复查和分院自评工作。以区党校常务副校长为组长的评估领导小组多次深入基层，了解、研究、解决评估中发现的问题，按总院的评估标准，从科室到院部层层结合工作实际情况对照检查，进行材料整理，共整理材料11类49项139卷，共计2443册。同时，对学区、辅导站进行复查。其中，玉林、贵港、北海等学区校园变化尤其突出，两年来，玉林市委共拨款940万元用于玉林学区校园建设。

（陈旦旦）

南 宁 分 院

1999年，南宁分院坚持正确的办学指导思想，进一步加大改革力度，完善办学体制，强化科学管理，取得了良好的社会效益。

一、加强组织建设，完善岗位责任制。 分院设院长1名，副院长4名，专职管理人员15名。院领导学历层次有所提高，其中，3名已取得研究生学历，1名在读在职研究生；1999年共有87个教学班，共配备班主任88名，其中具有高级职称的18名，中级职称的25名。所有教学班均建立班委会和临时党支部，制定了相应的规章制度，实施规范化管理。

分院还进一步完善了岗位责任制，修订了院务会议制度，制定了重要问题由集体研究的原则，使分院工作按总院的有关规章规程运作。使各项管理工作逐步科学化、规范化。

二、加强教学管理，提高办学主体素质。（一）分院把教师的思想政治建设放在首位。坚持每周二、五下午教师学习制度。认真学习邓小平同志关于党的建设理论，积极开展以“三讲”为主要内容的党性党风教育活动，使分院全体教师在思想上、政治上与党中央保持高度一致。

（二）坚持教师轮训制度。分院有计划地选派教师参加培训、备课会、教学观摩等教研活动，不断提高教师面授水平。此外，还经常参加广西区内各部门举行的相关专业报告会，增加教学信息量，拓宽知识面。

（三）坚持新老教师传帮带。1999年，进一步完善传帮带制度。如大专经济管理专业开设的《工业企业经营管理》，由1名具有丰富教学经验的骨干教师带领两名讲师，经过两年的精心培养，两名讲师能独立走上讲台，取得了良好的教学效果。法学教研室在新老教师之间结成对子，认真进行传帮带。

（四）加强对教师的考核力度。进一步强化教师听课、缺课、上课迟到考核制度，制定调课规程，每次上课均有教务人员严格考勤。分院规定每学期教师听课不得少于24节。每学期初和期末教研室主任检查教师教案1次，并提出书面总结意见，分院领导再进行抽查。1999年，重新修订教师工作考核实施方案，并结合教师授课数量和质量，每年评出优秀、称职与不称职3个等级。不称职者不聘用，逐步形成了优胜劣汰的竞争机制。

三、加强考务、学籍管理工作。（一）考务管理。分院成立了以主管校长、教务处长、市委组织部干教办领导为核心的考试领导小组。负责对监考人员进行考前、考后的集中培训、讲评，每个考点指定1名领导小组成员负责掌握总体情况。考前派专人检查各考场布置、考务准备、试卷保密等具体事项，加大监管力度，实行监考制度；坚持以学籍科长为主的3人相互监督保管试卷的制度，杜绝试卷泄密现象的发生；对考生作弊的，该科一律作零分处理，并当场公布作弊者的名单。若是招生考试，则取消其录取资格；分院实行集中统一评卷，采取流水作业法，分组进行。评卷时，由巡视员与教务处派人跟班巡察，评卷工作完毕，经主管领导复审，核定无误后，由学籍科负责登分、录入计算机。

（二）学籍管理。分院对大专、本科班每个年级的学员学籍实行专人专管，从注册到登分由专人负责，形成纵向管理格局。科长全面负责学籍管理的领导工作及休学、退学、转学、淘汰、奖惩等管理工作，一切上报材料都经过主管处长、院长审批；分院认真制定毕业论文实施方案。在指导和答辩环节上严格要求学员，总合格率达95%。1999年，分院评出本科、大专优秀毕业论文分别为102篇和96篇，其中，7篇被推荐到总院。分院评选并表彰了一批优秀学员和优秀班干部。其中，优秀学员273名，优秀班干部133名，表扬学员255名；分院采用总院开发的学籍管理系统，对新生入学成绩直至每学期学员成绩，输入电脑上报总院；对在籍学员注册变动情况，亦用电脑存储的资料进行删减增补，进一步提高了工作效率。

四、严肃考风考纪，严把各个关口。分院制定了严格的招生工作程序，报名时实行三审制，即严格认真审验学历原件为一审，实行岗位校验负责制为二审，由招生领导小组核查为三审，对弄虚作假者进行及时处理。全年清退不合格的报名人员16名。

分院举办了为期一个月的考前复习班，组织教师认真备课，有重点地引导学员进行全面复习。设立了考试领导小组，成员有15名，其中，市委副书记、市委党校校长李康同志担任组长，市委常委、市纪委书记、市委组织部部长以及市委宣传部、干教办有关人员及党校的副校长担任副组长。还设立了考务办公室，由院长任主任，下设副主任若干名及相应的工作人员。

阅卷工作采取流水作业法，共有28名专职教师。3名巡视人员参加，无一违纪现象发生。分院运用微机启动了学籍管理工作，在利用微机登分、发放录取通知书的过程中，没有出现错漏现象。

五、领导高度重视，科研工作稳步发展。分院每年均制定科研工作计划，并设一名副院长分管科研工作，每年拨出5万元作为科研经费，为科研工作提供资金保证；1999年，分院组织了“邓小平理论研讨会”和青年教师科研经验交流座谈会，共收到校内外论文50多篇，教职工参加人数达50人次；分院动员教职工积极申报参加各种论文评奖活动，对获奖者给予一定的物质奖励。积极参加全区党校系统社科评奖、“桂海杯”论文大奖赛及南宁市第五次社科评奖活动，全年获一等奖5项，二等奖7项，三等奖6项，佳作奖、鼓励奖13项。分院还获首届科研工作组织奖，全年教职工在公开报刊杂志和出版物上发表论文45篇，其中，国家级1篇，省级18篇，市级26篇，其它内刊发表30多篇。完成科研课题5项，其中，国家级1项（阶段性成果），区级1项，市级2项，其它1项。

六、党性教育取得成效。分院始终将党性教育贯穿于入学教育、面授、考试、论文指导答辩、毕业典礼等各环节中，引导学员端正学习态度，遵守各项规章制度，树立全心全意为人民服务的宗旨意识，使学员在思想上政治上与党中央保持高度一致。每学期学员党性小结上交率达100%。教学中注意坚持理论与党性、知识与能力的有机统一。分院涌现出了许多动人事迹：全体教职工、学员均无人修炼“法轮功”；几名有残疾的学员坚持到校听课，按时交作业；7名女学员在怀孕期间做到不缺课不缺考；拾金不昧、助人为乐、互相关心、互相帮助事件层出不穷。如97级本科经管二班一学员因车祸负重伤，但因缺钱不能彻底医治的事传开后，班级学员在短短几天内便捐款近6000元，帮助该学员渡过难关。

七、加快硬件建设，改善办学条件。分院贯彻“以学养学”的原则，加快了办学硬件的建设，新增设的基础设施有：阶梯教室2间，达300平方米；教学用扩音器3台，话筒6个，音箱6个；学籍管理用电脑室1间，电脑3台，会议室2间；投资48万元，购买微机67台，供学员实习用，激光打印机1台；学员住宿楼添置21寸彩电68台，空调15台；图书馆藏书新增3万册；新修建篮球场、羽毛球场、排球场各一个，乒乓球台两张，满足了学员学习及课余生活的需要。分院还改善校园环境，绿化面积已达3万平方米，花卉树木数百种，为学员创造了良好的学习环境。 （张伦书 周 玲）

海 南 分 院

1999年，海南分院工作概述如下：

一、函授教育管理概况。96级大专班和97级本科班、第七期领导干部函授班的毕业论文工作计划安排，组织检查毕业论文辅导、写作、指导和答辩等工作，组织评选优秀毕业论文，组织和参与省直站等教学观摩课；编写99年度面授教学实施计划，审批和落实面授教师名单，组织招生考试、期末考试、补考和评卷登分工作，参与编制《教师档案卡》和《教师档案库》；完成全年教材的接收、发行和征订等工作，协助总院在海南省委党校召开教材工作会议，负责做好会务工作；完成全年学员的考试成绩统计，将成绩软盘上报总院，完成毕业班学员毕业资格审查工作；省直站负责省直单位的招生工作，负责下属各班次各专业的学员上课、作业、考试、党性活动等管理工作；视导组继续参与分院教育评估的各项工作，参与班主任、听课、监考、巡考、毕业论文指导和答辩等项工作。

二、分阶段进行自我评估，迎接总院检查验收。（一）认真学习，提高认识。1999年1月27日，分院召开全体教职工会议，传达和讨论总院第二次函授教育评估工作。3月，视导组讨论《中央党校函授学院教育评估指标体系》，并将其进行分解和细化。省委党校校长叶斌分别在全校职工大会、处级干部会议和评估领导小组会议上，作宣传发动工作，要求把评估项目落实到人。通过认真学习，提高大家对评估工作重要性的认识。

（二）领导重视，精心组织。校党委决定成立函授教育评估领导小组，校长叶斌任组长，副校长吴国干和邢植朝任副组长，其他领导和分院主要领导任小组成员。领导小组下设办公室。评估领导小组制定实施方案，分解《中央党校函授教育评估指标体系》，逐条逐项落实到分院各科室。

（三）收集整理材料，按标准进行自评。各科室认真收集材料，比如会议记录、教学安排表、教案等等。选派评估工作小组成员到各辅导站进行复查和“回头看”。同时，听辅导站领导、教师和管理人员对分院的意见。在此基础上分院进行自评打分。按照总院的打分标准，结合自己的实际情况，进行对照和分析，采用定性方法和定量方法，逐条逐项进行自我评价和自我打分，列出得分和扣分的理由和原因。并召开有省委组织部、宣传部、纪检委、省政府人事等部门领导参加的座谈会，征求他们的意见。

（四）评估整改出成效。在评估中，分院全体人员认真学习胡锦涛同志关于党校函授教育的一系列批示和讲话，坚持“质量第一”和“社会效益第一”的办学指导思想，把党校函授教育办好；分院和辅导站边评边改，制定许多措施，进一步加强办学队伍建设。比如新调入骨干教师，鼓励支持现有教师深造，经常开展各类教研活动、评教和传帮带活动，向社会聘请名教师名教授，聘请党政部门的理论骨干为教员，结合“三讲”教育进行教师的职业道德教育等。分院和辅导站还新调入懂教学、会管理的人员，充实管理队伍，加强对现有管理人员思想政治素质和业务素质建设。在建章立制方面，分院制定了《海南分院教学管理实施办法》等，

4、5月间，先后在省直站、琼山辅导站、三亚辅导站、昌江辅导站举办了函授教学观摩课，有关领导、教师和管理人员到课堂听课，同学员一起对教师的讲课进行考评。通过评估，各级办学单位加大投入，改善了办学条件。

（五）建立展厅，迎接总院验收。分院于1999年下半年建立一个函授教育展览厅。收集1996年至1998年教学管理的各类材料，以原始材料为主；购买档案柜，制作橱窗；聘请档案专业人员作技术指导，材料档案分为七大类：领导指导类、教学类、学籍类、评估类、函授资助报刊类、财务类、视导类；录制分院函授教育的录像片。

（王绥江）

重庆分院

1999年，重庆分院认真贯彻胡锦涛同志关于党校函授教育的重要指示，以开展“办学队伍建设年”为主旋律，以提高办学质量为中心，团结一致，开拓进取，圆满地完成了各项任务。

一、顺利完成四川二分院四川片区各学区的工作交接。分院的前身之一——中央党校函授学院四川二分院从1991年开始办学起，8年多来先后共与四川14个地市党校联合办过学。培养了党政干部和业务骨干近10万名，为当地干部队伍素质的提高和社会经济的发展作出了很大贡献。由于行政区划的调整和重庆分院的成立，1999年7月毕业的学员是双方联合办学的最后一届。5月18—21日，重庆分院在黔江组织召开了四川二分院四川片区学区函授工作总结会。会议总结成绩，交流经验，并初步商讨以后合作的内容和方式。这次会议顺利完成了和四川片区各学区的交接工作。

二、强化管理，保证教学秩序的正常运转。（一）教务工作。分院共安排了几千节课的面授；共组织了7万多份试卷的发放、回收、评阅等，保证了教学工作的正常运转。制定了一系列加强教学管理的规定，并通过组织召开函授工作会、教学协调会、教学办公会、教研部主任会等会议，确定了考查课责任教师、任课教师、论文指导教师、论文答辩教师等教研人员的任职资格，保证了教学工作的有序进行。

（二）教研工作。分院多次组织编制了考查课的教学计划、思考题等；召开了一次教研部正副主任和其他部门主要负责人座谈会、两次教学备课会等。

（三）学籍工作。分院完善了学籍管理制度，强化了学籍管理，严格了办证手续。完成了近4万人次的注册统计、报表工作，18万多人次的考试成绩统分登记、核实和分发工作；为毕业学员办理了毕业证书；组织召开两次学籍核查会，两次开学、毕业典礼，一次学籍管理工作会等。

（四）教材工作。分院及时完成了17万多册教材、教辅资料的征订和发放工作，制定完善了《教材征订发行管理暂行办法》、《教材书库管理制度》、《函授教师教材资料发放制度》等规章制度，为教学的正常运转提供了可靠的保证。

三、采取措施，狠抓学员到课率。（一）召开班主任会，强调抓到课率的重要性和必要性。分院分别在直属一部和直属二部召开4次班主任会议，反复强调提高到课率对函授教育整体发展的重要意义和必要性，使班主任从思想上提高认识，积极支持和配合分院抓学员到课率的工作。

（二）把班主任的报酬和学员到课率挂钩。分院将各班班主任的津贴和该班学员到课率挂钩。实际到课率低于基数的，扣发一定比例的班主任津贴，高于基数的，按一定比例增加津贴。

（三）加强考勤和检查。分院直属一部

和直属二部在各函授班上课时派专人到场考勤，检查班主任、任课教师和学员的出勤情况，并根据考勤结果计发班主任津贴。同时，严格根据学员的出勤情况计算平时成绩，一门课出勤不到2/3的，取消该科期末正式考试资格。

四、采取有力措施，狠抓考风考纪。（一）坚持召开考务工作会。分院召开包括各学区、直属站负责人，巡考人员和直属一、二部监考人员参加的考务工作会，反复强调严格考风考纪的重要性，统一认识。

（二）精心选派监、巡考人员。分院严格按照有关规定选派和抽调本校及区、县（市）党校原则性强、敢于执纪的干部到各学区、直属站巡考。

（三）严肃处理违纪考生。分院对违反考场纪律的学员，采取当场公布考号，考卷记零分的方式处理。若是招生考试，则取消违纪考生的录取资格。

（四）采取新的录取政策，减少招生考试学员违纪行为。分院规定各学区、直属站按所给比例录取新生，录取比例除考虑各学区、直属站办学条件、办学质量等因素外，还和学区、直属站招生考试的考风考纪挂钩。考风考纪好的，适当增加录取比例，否则，降低一定录取比例。

五、加大宣传力度，扩大党校函授的社会影响。分院明确了专人分管、专人负责宣传报道工作，并采取了多项措施以充分调动各方面积极性。

（一）积极向总院院报、《函授快讯》和市委党校校报投稿。分院积极组织职工向总院院报——《学习时报——党校函授教育专刊》、《函授快讯》，以及市委党校校报——《重庆党校报》投稿。全年被《学习时报》、《函授快讯》采用稿件10多篇，被《重庆党校报》采用稿件6篇。

（二）创办《渝函通讯》，扩大宣传党校函授阵地。3月，分院创办了《渝函通讯》，并在全市范围内建立了一支通讯员队伍。

（三）与各家报刊杂志联系，宣传党校函授。分院在《重庆日报》、《重庆晚报》上多次刊登招生广告，3月，《重庆与世界》以图文并茂的形式，专版宣传重庆分院；5月中旬，《西南经济日报》以《发展中的我市党校函授教育》为题，报道分院的办学概况。

六、基本完成函授教育质量评估工作。分院组织了8个小组共24人，对3个学区、44个直属辅导站进行了函授教育评估检查。9月，共评出一类学区1个，一类辅导站6个，二类学区2个，二类辅导站36个，三类辅导站4个。通过评估，弄清了各办学单位的基本情况，找准了存在的问题，提出了整改的措施，达到了以评促建的目的。10月9—11日，分院组织召开函授评估总结表彰会，总结这次函授评估工作的成绩和经验，向一类学区和直属辅导站颁发奖牌和奖金。

七、建立微机网络管理系统，使教学管理日趋科学化。在全市党校函授教育办学单位范围内，分院组织完成了党校函授教育微机网络管理系统软硬件的配置和开发，并对各学区、辅导站管理人员进行网络管理系统软件的2期常规培训和一次强化培训，有力地推动了分院教学管理工作的科学化。

（龚贵先　陈泽彬）

四川分院

1999年，四川分院深入学习和贯彻胡锦涛同志重要批示，落实整改措施，强化科学管理，提高教学质量，都取得了显著成绩。

一、严把招生关，确保生源质量。总院的招生指标下达后，分院立即将《招生简章》下发到各个学区和辅导站，分院在全省党校函授招生工作会议上进行动员，各个学区基本完成了招生计划。在招生过程中，分院严格把关，严格规定对中函考生的资格审查，由学区和当地组织人事部门联合审查，分院复审。免试生的资格审查由分院和省委组织部干训处直接审查。确保了生源质量。在招生考试前，分院专门召开了考务工作会议，对招生考试工作进行统一部署，在组织领导、考场设置、监考等方面提出了明确的要求。分院抽调 28 名同志将试卷送到各学区考点，并直接参加监考，考后将试卷带回分院集中评阅，有效地保证了试卷的安全保密和监考的力度。

二、教学和教学管理工作。坚持按条件择优选聘面授辅导教师。分院规定各学区和辅导站必须选聘优秀教师担任面授辅导，所聘教师必须报分院审批，分院同意后才能正式受聘。坚持抓教学规范和到课率。分院专门设计制作了教案的统一格式下发到教学班。各辅导站要在课前检查教案，杜绝不写教案上课的情况。要求教师严格按照教材和教学大纲组织教学，不得偏离教学大纲，要突出重点，理清思路，在重点、热点、难点问题上下功夫。在课时上予以保证，不得随意压缩面授课时。狠抓学员到课率，对无故缺课和面授课时达不到规定的学员，坚决取消其期末考试资格，只准参加补考。

三、加强师资培训，严格师资队伍管理。分院对全省各级党校现有教师进行摸底调查后，提出了实施函授教师培训工作的意见，采取长短结合的方式进行系统有效的培训。培训工作纳入省委党校主体班管理范围，形成制度，受训人员采用调训方式，培训经费由各办学单位抽出函授经费的一定比例作为专项经费，专款专用。分院对现有教师任课资格进行审查，对合格者颁发资格证书，并建立全省党校函授教育师资队伍档案库，编制党校函授教育优秀教师名录。

四、推进计算机网络化建设，加快函授管理的自动化步伐。分院于 1999 年开始实施计算机网络化建设，举办了一期计算机管理员和学籍管理人员参加的培训班，系统学习总院下发的微机学籍管理升级版本，以及省函学籍管理软件的基本知识和操作系统。同时，积极开发教学、教务、教材等管理工作的计算机软件。在网络建设上，各学区已基本实现了计算机联网。

五、做好评估工作，迎接总院检查验收。分院对学区和辅导站进行评估检查，接着分院进行自评。省委党校校委多次召开会议研究部署自评和迎检工作，分院聘请专人对教学和管理档案进行收集和整理，整理档案 2000 余卷，购置新式移动档案架柜，做到了资料完整、检索方便、整洁美观。分院对过去的规章制度进行了重新修订和增补。硬件建设得到了进一步加强，办公室、资料库全面装修，并配置了全新的办公用具，各科室都配备了微机，顺利通过了总院的检查验收。

（李　军）

贵 州 分 院

1999 年，贵州分院工作概述如下：

一、贯彻胡锦涛同志的重要指示，坚持正确的办学方向。分院先后召开各种会议，广为印发胡锦涛同志的重要指示，逐级组织学习，并将其作为对学员进行党性教育的重要内容。分院、学区、辅导站主要负责同志亲自组织、指导学习贯彻胡锦涛同志的指示，收到了较好的效果。不少单位在端正办学指导思想方面取得成效。坚持“从严管理、质量第一”的办学方针，采取有效措施，严把“三关”，维护党校函授办学的政治性、原则性和严肃性。

二、贯彻落实“浙江”会议精神，加强办学队伍建设。在加强队伍建设方面，分院主要做了以下几方面工作：一是调查摸底，弄清分院办学队伍的现状。办学队伍无论在数量还是在质量上与办学规模和办学进一步发展的需要都不相适应，不改变这种状况，提高办学质量就只能是一句空话。二是通过调整、充实，把政治思想好，忠诚于党的干部教育事业，熟悉函授管理业务，勇于开拓进取，年富力强的优秀人才选到各级党校的函授办学单位中来，加强领导班子建设，特别是加强领导班子的思想作风建设。三是根据教师队伍现状制定出长、短期师资培训规划，积极配合党校有关职能部门开办师资培训班和短期教学研讨班，以解决法学、经济管理教师短缺的问题，提高教师素质。四是严格按照总院《评估指标体系》的要求，选拔、配齐函授管理人员，并通过加大培训力度，提高他们的政治思想、业务素质和管理能力。

三、进一步建立、健全各种规章制度。分院系统分析和重新修订了各种规章制度，以适应新形势、新任务的需要；根据办学中出现的新问题，在总结以往制度建设经验的基础上，制定了新的规章制度。分院重新修订了《学员手册》，新制定了教学管理、教务管理、财务管理等制度，并汇编成册。制度建设取得了新成效。

四、做好教育评估工作，迎接总院检查验收。1999 年上半年，分院分别派出几个评估检查验收小组，行程数千里全面完成了对 9 个学区、80 多个辅导站的评估检查验收工作；召开了全省函授教育评估总结表彰大会，大会认真总结分院办学经验和函授评估经验，肯定成绩，找出存在的问题，提出整改方案。下半年，分院开始自身的检查评估工作。组织分院工作人员认真学习总院关于评估的文件，提高了对分院评估重要性和必要性的认识；认真研究总院的指标体系，并将其分解到各科室，做到任务明确，责任到人；依据总院检查验收的安排，拟定实施方案，为迎接总院检查验收做好了准备。

五、加大硬件投入，努力改善办学条件。不少办学单位增加教学设施，改善办学条件。黔西南州委党校通过资源转换等方式，修建教学楼；普定、桐梓、织金等通过拨款、贷款等方式购买微机，建立微机房；有的辅导站还解决了交通工具等问题。

六、较好地完成了各种日常工作。完成了全年的招生工作、教材、函授刊物和其他函授资料的订购、编写发行以及教学组织安排工作。每学期开学，就及时拟制《函授课程表》，并随教材一起发到各学区、辅导站，同时，与教研部协商，及时组织安排老师如期赴各学区、辅导站授课。较好地完成了两学期的考试、评卷登分工作以及 96 级毕业学员的论文评审、毕业证书的签发工作等。

（贵州分院供稿）

云 南 分 院

1999 年，云南分院的工作概述如下：

一、圆满完成了招生任务。分院召开了全省党校系统 1999 年招生暨管理工作会议，对招生的政策、原则、指标等方面都作了部署和动员。细化招生考试的各个环节，并确保每个环节都不出问题。试卷的发放，层层把关，分级负责。分院、学区领取试卷（昆明地区考前 1 小时，地州考点提前 2 天）时，均由两名党员同时签领，地州的试卷到考点后，交当地保密局管理，提前 1 小时由组织考试的单位领出。考试和评卷严格按国家有关规定进行；采取条形码登分，加强了保密度，实现了全封闭录取。

二、进一步加强教学管理和教学研究。分院继续完善了全省教师每年两次的备课会，对云南各高校和党校教师的专业结构、年龄结构等各方面的情况作了广泛调查，对历年从事党校函授教学的教师，根据其专业研究方向、年龄、学历层次、职称结构等情况进行分类登记；配备专人从事《函授通讯》的编辑工作；及时召开党校函授教育发展战略研讨会，对党校函授教育的发展进行战略性的思考，提出今后发展的思路。

三、教务管理进一步规范化。分院投入资金3万多元，购置微机，编制学籍管理程序，并逐步推广和应用，提高了学籍管理的科学性和工作效率。在考务工作中，分院狠抓考纪，以考风考纪促进良好学风的形成，在分院、学区、辅导站各类班次学员中形成了刻苦学习、认真钻研的新局面。

四、直属学区的各项管理趋于规范化。直属学区制定了听课和评课制度，把一堂课分解为若干教学指标分值，听课人根据指标分值和讲课效果判分，课后反馈给教师，以改进教学，提高教学效果；直属学区建立了教学常规管理制度，对授课教师的备课、讲授纪律等方面作出严格规定，规范面授教师的教学行为，促进教学质量的提高；建立了任课教师的选聘制度；制订了教学管理人员的岗位职责，明确了办公室主任、教务人员、年级组长、班主任的工作职责和工作内容。

五、加强教材的征订发行工作。分院对学区辅导中函各班次的教材和99级新生入学复习资料等及时进行征订工作。做到教材、资料、音像的征订工作准确无误；分院加强了发行工作的及时性，根据学区距离昆明的远近按片区进行规划，通知领取教材，提高发行工作的有序性和效率性。

六、视导工作有所加强。10月，分院召开了全省党校函授教育视导工作会议，对视导工作的地位、作用、性质等方面的问题作了明确规定，形成了全省性的函授教育视导网络。

七、积极探索研究生教学和管理的经验。1999年，招收录取党员领导干部在职研究生98名，分为昆明班和地州班。研究生办的同志结合云南实际和研究生的培养特点，采用答辩式讨论教学，促进学员积极思考问题，在答辩中相互启发，共同提高；有关专家进行专题讲座，拓宽学员视野，加深对某些问题的认识深度；组织学员到企业、农村搞社会调查研究，使学员能够将自己所学与实际相联系，增强了学员分析问题和解决问题的能力；党性教育和“三讲”教育巡视组组长黄绍志同志专题讲授省委党校“三讲”教育的成果和经验，使学员受启发；成立了研究生指导小组，指导小组每学期召开1—2次例会，规划本学期的教学和管理。聘请指导教师47名，加强对98级学员撰写毕业论文的指导和监督。

八、以评估为动力，积极开展各项工作。分院评估采取了先试点，后铺开，采用自上而下和自下而上相结合，校外与校内、定性与定量相结合的方法，对学区办学状况作出公正、客观的评价。通过自评，分院摸清了“家底”，找准了办学过程中存在的问题，并采取切实可行的措施，对各办学点的办学资格进行重新认定，撤销了5个办学点，合并了15个办学单位；各学区评估后，普遍购置微机，增加图书资料，新建和改建了教学楼；师资队伍建设得到进一步加强，全省共增加了300多名专职教师，兼职教师的选聘在数量和质量上也有所增加和提高，对教师的培训也走出了新路子。 （吴世文）

西藏分院

1999年，西藏分院以分院评估为契机，不断加强科学管理，严把入学、教学、考核、毕业关，认真完成了各项工作任务。

一、严把招生关，确保新生质量。分院实行入学资格三级审核制。初审由报考学员所在单位审查其是否符合报考条件，并在报名表上签署是否同意报考意见；二审由各学区负责，要求报考时必须提供学历证书和荣誉证书原件，必要时调档核实，审查合格的由学区主任在报名表上签署意见；三审由分院和函授教育领导小组在录取时统一审查，审查合格的签署分院意见并加盖公章。经严格审查近100名考生未能取得入学资格。分院同时实行社会监督，在学习过程中，如有举报不合条件者，经调查属实的，一律清除。如98级本科班一学员学习近两个学期，有人举报不符合入学条件，经调查属实，按规定立即取消了其学籍。

二、严把教学关，提高教学质量。（一）制定教学实施计划，统一教学安排。分院根据西藏学员文化基础偏低的实际，将总院规定的面授闭卷课由32课时提高到48课时，开卷课由16课时提高到24课时，面授率提高了50%。1999年初，分院召开了教学工作会议，各学区分管函授的校长、学区主任和主课任课教师到会，制定年度教学实施计划，对教学内容、质量等提出了具体要求。会后，各学区组织教师集体备课，对新课进行试讲。凡试讲通不过的，一律不得上岗。学区又制定了合理课程进度表。使教学内容既联系西藏实际，又有一定的理论深度；既答疑解难、又突出重点，使学员在学习中抓住要害，确保了教学质量。

（二）择优选聘教师，认真组织面授辅导。分院从西藏大学、自治区高法业大、财经学校、银行学校以及有关科研单位，精选了一批教师充实到师资队伍中来；各学区还利用对口援藏优势，邀请有关省、市委党校选派优秀教师援教。

分院和学区坚持课前教案检查制度、新课试讲制度和教学质量考评奖惩制度，讲课费按20%提取，期末考试单科考试及格率达不到85%的全部扣发，超者实行奖励。坚持班主任跟班听课，随时听取学员意见，并及时反馈给任课教师。分院和学区领导定期或不定期地深入课堂检查教学，对学员反映教学效果不好的教师，予以解聘。

分院和各学区将面授课安排在每周双休日进行，就近设点。仅拉萨直属学区就在市内设了12个教学点，支付场租费近5万元，受到学员好评。

（三）加强自学指导，提高学员的学习自觉性。分院要求学员做到课前预习、课后复习，每讲一章都要布置一定数量的作业，由学员课后独立完成，完成质量和次数由班主任和任课教师一并检查，并按规定计入平时成绩，提高了学员学习的自觉性。

（四）选派优秀班主任，加强班级管理工作。在选聘班主任时，分院坚持选用政治素质高，思想品德好，工作责任心强，且有一定组织管理能力的教师和优秀干部，并将非党员班主任调整下来，严格执行班主任奖惩制度，把班级成绩及班主任是否跟班听课与班主任津贴挂起钩来。班主任基本做到了严格管理，照章办事。班主任协助支部和班委开展党性教育及各种班级活动，加强学员之间和学员、学区、分院、教师之间的联系，增加了班集体的凝聚力和学员之间的友谊，保证了教学工作的顺利进行。

（五）进一步完善考勤制度，确保面授到课率。分院规定，把学员平时成绩每门课20分（英语除外），分解为考勤10分，作业10分。学员一学期内参加面授次数达不到2/3的，不得参加期末考试，只能参加补考；凡有补考者，不得参加优秀学员的评选。严格实行签到制度，学员开学报到时随教材领取签到卡，填上姓名、学号、年级、专业、科目，每次上课时填上日期，交班主任签字盖章，下课时再发给本人，不得代交、补交；每学期面授结束时，签到卡上交学区，统一核定考勤分。学员有事必须履行请假手续，因公请假须出具单位证明，因病请假须出具医院证明，因事请假须经班主任批准，休假须凭休假证明到学区办理登记手续。凡无请假手续者，一律视为旷课，旷课一次，从平时成绩中扣除2分，旷课达3次以上者，不得参加期末考试。请假缺课者，也从考勤总分中扣除相应分数，保证了学员到课率。

(六) 加强党性锻炼，提高党性修养。分院在党性教育方面，突出了“五个结合”和“六观教育”。“五个结合”是把学习理论和党性锻炼结合起来，在刻苦学习理论过程中，增强党性修养；把改造主、客观世界同党性锻炼结合起来，在改革开放和社会主义现代化建设的伟大实践中，增强党性修养；把反对腐败同党性锻炼结合起来，在同各种不正之风作斗争中，增强党性修养；把学习期间遵章守纪同党性锻炼结合起来，在模范遵守学习纪律中，增强党性修养；把维护西藏的稳定同党性锻炼结合起来，在反分裂斗争中，增强党性修养。“六观教育”是指除对学员加强世界观、人生观的教育外，还根据西藏特点加强马列主义祖国观、民族观、宗教观和文化观的教育，从而提高了学员的党性素养。

三、严肃考风考纪，维护党校声誉。分院规定认真做好试卷的交接、保管、分发、押送工作，认真选聘、培训监考人员和邀请公证人员现场公证。实行异地交叉监考，其人员由分院统一抽调，集中培训，考试结束后再集中到分院进行总结、讲评，给予优秀巡考、监考人员以精神和物质奖励；对违纪考生处理一步到位，对即将入学考生，该科成绩记零分，并取消其入学资格，对在籍学员该科成绩两次被做零分处理的，坚决开除其学籍。全年作零分处理的有253人次，被取消入学资格的有54名，96级大专班一学员在毕业前总补考中因作弊被开除学籍。参加毕业前总补考的学员，一律集中在分院统一考试。每次考试都邀请纪检、组织、宣传、教育、公证、新闻等部门的领导和工作人员巡视监督，自治区和各地委负责同志亲临考场视察指导。评阅试卷，实行封闭流水作业，杜绝人情分、同情分。登分采取两人报一门，并实行复核责任制。

四、坚持淘汰制，严把毕业关。分院成立了由校领导牵头，区党委组织部、宣传部、纪检部和分院领导参加的毕业论文指导答辩工作小组和由教研室领导及讲师以上专业教师组成的答辩及监督委员会，从校内外聘请专业教师、科研人员和专家教授指导学员论文写作、主持答辩。

分院又专门组织校内有关人员对毕业学员的入学成绩、每学期考试成绩逐个进行复查。严格执行学籍管理规定，对不符合规定的坚决予以淘汰。96级大专班淘汰率为39.1%，97级本科班淘汰率为34.27%。自治区组织部对毕业学员有关材料还要逐个审查、验印，符合条件的才能享受国民教育同等学力有关待遇。否则，就不能享受相关待遇。

(郑亚玲　吕叶辉)

陕 西 分 院

1999年，陕西分院深入贯彻落实胡锦涛同志的重要批示精神，通过教育评估认真自查本单位存在的问题，圆满地完成了各项任务。

一、党校校委重视和加强对函授教育的领导。党校各级办学单位实行统一领导，统一运作，使办学工作健康有序发展。9个学区主任绝大多数都是由学校一把手兼任。并大都健全了办学机构，配备了专职办学人员。

二、加强办学队伍建设，提高办学主体素质。分院成立了办学队伍培训领导小组，设立了培训办公室，制订了《1999—2001年中函陕西分院办学队伍培训计划》，根据培训计划，将分院经常任课的400多名教师和700多名管理人员在3年内培训一遍，每年需要培训350—400人次。

对教师的培训，分院利用每学期的备课会，采取以会代训的办法，每次一周左右。共有60余名教师，通过培训取得了上岗证书。

分院和学区采取集中培训和以会代训的形式，分别对各类管理干部进行培训。先后对教务人员、学籍管理人员和微机操作人员进行专门培训。8月，对部分学区主任、函办主任和直属站站长以及分院科长进行了先集中学习、后外出考察的分阶段培训。使大家解放思想，开阔视野，增强质量意识，提高了严格管理的自觉性。

三、坚持以教学为中心，强化管理，提高质量。分院、学区和辅导站、直属站在抓“教”、“学”、“管”方面取得了显著成效。分院建立了教师审批制度，各级办学单位所聘教师一律上报分院审批，颁发聘书后方可上台讲课。各学区对拟聘教师也实行试讲制，经试讲合格后才上报分院审批，保证了师资质量。咸阳学区《关于教学管理奖惩办法（试行）》的做法，渭南学区和校科研处互相配合做好教师的考核和管理，每年开展教学大赛，实行竞争上岗和高职低聘、低职高聘等动态管理办法，对提高教学质量起到了促进作用。汉中学区西乡辅导站推行教案审签制，未经审查的教案和审查不合格的教案不准上讲台，无教案上课者以教学事故论处。各学区还不定期地组织观摩教学、听课和学员座谈等活动。安康学区每堂课都有检查评教记录，每门课程在每月、每个学期都有评教结果，按综合评估的结果对教师进行奖惩。

各学区、辅导站在保证上足课的同时，还根据需要和可能增加面授课时，有的还酌情增加某些新课程。西飞直属站的面授课时比教学计划规定的多出1/3，西北国棉五厂直属站在大专班增开了微机操作课，延安学区也增加了延安精神讲座课。

分院教学指导小组进一步发挥指导作用。除参与开好备课会外，还写了不少解难答疑、交流教学心得体会、指导教学的文章，并且到榆林学区示范讲课。

开展自学讨论，提高自学效果。大荔辅导站、秦都区辅导站、洛南辅导站、文理学院直属站、西飞直属站、延安学区等都在组织学员自学方面摸索出不少好经验。分院直属领导干部班的班主任每次都参加学员的自学讨论，与学员共同研讨，相互学习。

四、加强巡视、监考力度，严肃考风考纪。商洛学区制定了《关于做好99级招生考试工作的几条纪律》；咸阳、渭南等学区考前将辅导站的负责同志集中在学区进行培训，并由学区下派人员担任辅导站主考；宝鸡学区直接下派监考人员；铜川学区王志清校长亲自挂帅，两名副校长和处室负责人分口把关，市委组织部、人事局、纪检委负责人下去监考，对监考人员规定“三不准”，即不准接受考生宴请、不准进舞厅、不准向县级党校提出无理要求，并成立了考风考纪纪检组。全省共处理违纪考生124名。

（徐广艾　范　勇）

西安分院

1999年，西安分院进一步端正办学指导思想，加强办学队伍建设，提高办学主体素质，强化规范管理，不断提高办学质量，有力地推动了分院工作的开展。

一、加强办学队伍建设，提高办学主体素质。（一）进一步健全组织机构，充实加强两级领导班子。由分管教学的副校长兼分院院长主管函授工作，同时，又配备了一名副院长，组建了视导组。辅导站站长全部由区（县）委党校常务副校长或分管教学的副校长兼任，并配备一名专职或兼职副站长，负责日常工作。

（二）采取有力措施，提高师资队伍素质。坚持实行教师聘任制，所有授课教师都由辅导站提出拟聘名单，分院最后审定。全年共聘任教师175名，其中，教授5名，副教授61名，讲师89名，中、高级职称占教师总人数的91.5%，同时，定期开展考评教师活动，对考评结果学员满意率不足60%的教师不再聘任，坚持优胜劣汰，竞争上岗；对教师进行多层次、多渠道培训。学校先后送出11名教师到西安交大、西北大学等重点高校攻读硕士研究生。对辅导站的教师采取抽调到党校跟班听课的办法，已有9人参加脱产学习。以老带新，由教学科研骨干、资深教师采取“一带一或一带二”的办法，帮助青年教师提高业务能力和教学水平，抓好外聘教师质量。分院按照“注重效果、择优聘用、适时调整、相对稳定”的原则，对外聘教师既有压力又便于加强合作，保证教学的连续性和质量的稳定性；并由校、院领导及教学管理人员组成抽查小组，在事先不招呼的情况下，到各站听课，检查教师教案。还建立试讲制度，对新聘任教师和担任新课的教师，都要求试讲，不合格者不能上讲台；积极开展教学研究活动，改进备课会，组织教学观摩活动。分院先后组织了两次教学观摩活动，共有8位教师进行示范教学。分院和党校工作处联合举办教师讲课比赛，表彰了获奖的10名教师。

（三）调整、充实管理人员队伍，加大对各级办学人员的培训力度。分院优化和充实了管理队伍，分院机关增加了教授2名，副教授2名，讲师1名。分院和辅导站配备了126名同志充实到函授办学机构。从6月开始，分期分批培训函授班主任，举办辅导站站长外出考察培训班，总结、交流管理经验，提高办学主体素质。

二、函授教育评估顺利通过总院的检查验收。市委副书记、市委党校校长施启文专门听取了党校领导同志的汇报，先后作了两次指示，要求务必把评估工作搞好，并指示市委有关部门大力配合党校搞好评估工作。市委秘书长桂维民召集有市纪委、市委组织部、宣传部、干教办和人事局等单位负责同志参加的协调会，进行具体部署。

校委分别召开中层干部会议、分院机关干部会议、任课教师会议、辅导站站长会议和全校职工会议，进行广泛、深入地思想发动工作，统一思想认识，明确任务要求，并成立了评估工作领导小组。各辅导站也成立了评估领导班子，从组织上保证了教育评估工作的顺利开展。分院还编印了《辅导站工作通报》，便于交流和指导辅导站工作；

西安分院创办11年来，培养了大量的人才。被提拔到部、局、区（县）领导岗位上的干部有40多名，处级领导岗位的300多名，被评为各级各类模范先进人物的有400多名。在对户县、新城、市党校辅导站的96级大专、97级本科、第七期领导干部班学员332名的问卷调查中，对分院办学满意的学员有280名，占84.3%，比较满意的有52名，占15.7%，不满意的为零。在闫良、临潼、轻工局等辅导站127名学员所在单位的问卷调查中，对分院办学评估得分（满分100分）分别为：93.96、90.91、93.61分，三站平均分为92.63分。在对市委组织部、宣传部、纪检委、市人事局、市干教办等单位的问卷调查中，对分院办学满意的占85%，比较满意的占10%，不满意的占5%。（雷福堂　孙　方）

甘肃分院

1999年，甘肃分院紧紧围绕办学队伍建设，下功夫解决办学工作中存在的问题，加强规范化管理，深化教学改革，努力提高教学质量，使各项工作迈上了一个新的台阶。

一、积极开展“三讲”教育，不断端正办学指导思想。分院扎实地开展了“三讲”教育活动。1999年7月，在平凉会议上，分院要求各级办学组织把“三讲”教育贯穿于自查自评工作当中，深入查找问题，努力改进不足，使分院评估工作取得了阶段性成果。省委党校校委会3次召开院委会，专题研究函授办学中的重大问题，在整个方案中将函授教育列入重要内容，提出要认真研究制定函授教育发展规划，根据中央党校的要求，结合省干部培训和成人教育的现状，深入实际，调查研究制定了《函授教育面向21世纪发展规划纲要》。各学区、辅导站也结合工作实际，积极开展以“三讲”促整改的活动。

二、各级党校进一步加强对函授教育的领导。校委定期研究函授教育工作。全年，召开5次校委专题会议，及时解决函授办学中的问题；校委领导深入到学区、辅导站调查研究和检查各项工作，召集或参加有关函授工作的各种会议，并多次到考场、课堂、阅卷地点和答辩场所巡视督察。已全部实现学区主任、辅导站站长由常务副校长兼任的目标，函授工作与党校工作一体化的领导体制已基本形成。

三、分院评估检查验收工作取得显著成效。分院成立了以校委成员为主体的评估检查验收小组，下设办公室，主持制定了分院建设的计划与措施，就评估检查验收工作专门下发了文件，并多次进行了专题研究和部署，召开各方面的座谈会、工作会，征求意见，查找问题，全力整改。各学区、辅导站特别是兰州市、武威、张掖、平凉、天水、定西等学区以及四零四厂、玉门市、敦煌市、张掖市、天祝县等辅导站，都对分院评估检查验收工作给予大力支持和协助。

四、办学队伍建设取得阶段性成果。分院制定《关于提高函授师资队伍建设的意见》、《关于提高函授走读教育管理人员素质的暂行规定》、《关于教学和管理人员参与函授走读教育工作的暂行规定》3个文件，就3—5年内加强分院队伍建设提出了具体目标、任务和要求。7月下旬，分院在平凉召开“办学队伍建设年”座谈会，检查各学区开展“办学队伍建设年”活动情况，查找办学过程中存在的问题，总结队伍建设的经验教训，进一步把“办学队伍建设年”活动引向深入。各学区、辅导站都制定了“加强办学队伍建设”的规划和措施；一些学区、辅导站已经或者正在调进高水平的教师；同时，进一步加大对师资和管理人员的培训力度，积极鼓励办学人员报考研究生，如金昌、平凉、天水、酒泉、白银等学区1999年都有2名以上教师考上研究生。特别是一些学区（站）的主要负责同志带头报考研究生，努力提高自身素质；加强对教学管理人员的短期进修、培训；通过开展读书活动、集体备课、观摩教学、知识竞赛、业务考试等方式，提高办学主体素质。

五、加大教学改革力度，进一步提高教学质量。分院建立了教师聘任、新课试讲、作业批阅、授课质量评估、毕业论文和学员自学等规章制度。加大了对教学计划执行情况的检查、监督力度。从1999年开始，对各学区、辅导站的教学计划和教师聘任进行审批。规范了面授教学评估工作，面授教师的评估结果要存入分院师资档案库。分院组织百名优秀教师开展评选活动，促进了教学质量的提高。建立起了试题库，命题工作趋向规范。

六、进一步加强规范化管理。分院不断加大管理力度，促进各项工作进一步走向制度化和规范化。一是分院对每个工作人员制定了工作职责，各科（室）制定了工作纪律，对分院各项规章制度进行了修改和进一步细化，并编辑出版了《甘肃分院规章制度汇编》；二是分院下发了《关于严格执行教学计划的通知》，在教师选聘工作中，坚持执行“四不聘”制度；对在论文答辩工作中没有认真执行“5%不通过率”规定的学区和辅导站，在全省范围内进行了通报批评；对考风考纪较差的个别学区和辅导站给予暂停招生或压缩招生指标的处理，并对责任人进行相应的纪律处分；对面授出勤率达不到70%和不能按时完成作业的302名学员，取消了正式考试资格；两门考试课不及格的427名学员被取消了学籍。

七、坚持从严治考，考风考纪进一步好转。分院、学区和辅导站继续加大整肃考风考纪的力度。全年因一次考试作弊而按零分处理的学员1140名，因两次作弊而消取学籍的学员共146名。在招生考试中仅直属学区就查处作弊考生113名，占考生总数的8.4%，并张榜公布作弊考生的名单；在每次考试前，分院、学区和辅导站都成立考务领导小组，以加强领导和监督；在每场考试前，都组织监考人员召开考务会，对监考人员进行培训，并采取抽签制或推磨法，实行轮换考场监考，不提前公开某一考场监考人员名字等办法。各考点均设举报电话和举报箱，有些学区的大型考试还请新闻媒体拍摄考场实况，接受社会监督；分院组织招生考试、学期正式考试、补考共11次，省委党校向各考点派出巡考人员共600多人次，各考区互换主监考400多人次。

八、办学基础设施进一步改善。分院新增办公室10间，扩展教材库100多平米，新购置办公用微机11台、摄像机一台、印刷一体机一台。在全省各学区、辅导站中，又有6家新建了教学楼，新增教室40多间，办公室50多间，购置电教设备10多台(套)、微机30多台。金昌学区购置10台微机。榆中辅导站贷款10万元，购置10台微机。平凉、酒泉等学区及岷县、永靖等辅导站的新建教学楼均已于1999年投入使用。

九、科研和宣传报道工作取得新成绩。1999年，分院将教学管理人员的研究成果编辑成册，正式出版了《总结　创新　发展》、《教学规律研究》、《班主任工作研究》等3本文集，收入211篇文章，共计99万字。平凉、定西、会宁等学区、辅导站还正式出版了教师科研论文集。分院宣传报道工作1999年名列全院第一，白银学区李庭伯同志、酒泉学区岳豪和李玉忠同志被评为全院宣传报道工作先进个人，受到了总院的表彰和奖励。同时，分院还成功地举办了“函授教育成果展览”。　（冯　湖）

青海分院

1999年，青海分院深入贯彻胡锦涛同志关于加强党校函授教育工作的一系列指示精神，加大教学改革的力度，精心组织评估，严格各环节的管理，着力改善办学条件，全面提高办学质量，较好地完成了各项任务。

一、坚持正确的办学指导思想。分院增强“四个意识”，即增强大局意识，增强党校意识，增强质量意识，增强领导意识。青海省委党校第一副校长高昭平多次在分院工作会议、毕业典礼、分院评估和一些专门会议上讲话，并且深入一些学区（站）检查办学情况，巡视考场，检查论文答辩，具体指导函授办学工作；校委经常听取函院工作汇报，研究和解决工作中的实际问题，确定函授办学长远工作的总体思路和年内的工作安排；同时，校委全体成员在考试、论文答辩等工作中，分头深入到学区、辅导站巡视和指导。

二、开展“办学队伍建设年”活动。分院积极调整充实师资力量。省委党校（分院直属学区）明确要求调入教师必须具有研究生学历和副高以上专业技术职称，并首次面向社会公开招聘教师。各级党校都加大了教师的培训力度。仅直属学区年内已有8名教师参加了北京市委党校研究生班单科学习，有6名副教授挂职调研，深入到地、县进行调查和考察学习，6名教授、副教授赴韩国、新加坡和越南考察。组织了分院首届

“十佳”教师评比活动，成立了专门的领导小组和评审委员会，邀请校外专家教授担任评委，评出了7名面授教学“十佳”教师，13名优秀教师，各学区（站）还召开了不同形式的座谈会、研讨会和以会代训等，交流班主任函授管理工作经验，加强班主任和管理人员队伍建设，取得了良好的效果。

三、以教学为中心，加强教学管理。分院加强教学检查。组织校内外专家教授，深入学区、辅导站巡回听课，进行评教活动，面对面交换意见，对教学中存在的质量问题，帮助他们分析存在问题的原因，提出解决问题的途径和办法。加大管理力度。分院印发了《管理制度汇集》，及时分发总院新版《管理制度汇编》，并进行深入学习，采取贯彻措施；有针对性地对面授到课率、学员自学、完成作业等环节进行专项整改。建立教学激励机制，完善教学质量评估制度，实行跨地区师资配置，坚持教师竞争上岗，以及教学工作成绩考核评估办法，初步形成了以教学评估，竞争上岗，考核奖励为主要内容的教学竞争激励制度。经校委批准提高了讲课酬金，平均上调了45%。健全了分院师资档案库，为教师的选聘、培训和提高打下了良好的基础。

四、扎扎实实地做好工作。一是进一步严肃考风考纪，完善全方位互换交叉监考法和“五一律”处罚规定。加强对重点地区的考试监管，把作风正派、执纪严明的同志派往这些单位严格监考；二是认真做好99级招生工作，对招生考试中发现的伪造学历和弄虚作假的情况，组织专门人员认真进行查处，取消了30多名学员的学籍；三是精心组织了96级毕业学员的论文答辩工作，采取分片和集中相结合的办法，严密组织，统一运作，异地互换，滚动进行。平均不通过率达到了10%以上；四是成功地完成了首期在职领导干部研究生班的招生补习和教学工作，精心组织教学，严格规范管理，保证了良好的教学秩序，得到了任课专家、教授和总院的一致好评；五是坚持以教学带科研，以科研促进教学，推行教学科研一体化。在科研选题立项等方面充分考虑党校函授教学的需要、考虑新学科建设的需要，做到教学出题目、科研做文章、成果进课堂，使科研与教学“两张皮”的问题开始得到解决。

五、深入扎实地开展教育评估工作。分院成立了由省委党校第一副校长高昭平同志为组长，省委组织部、宣传部、纪委、教委、劳动人事厅的领导等为副组长的评估领导小组。领导小组下设办公室，并且建立了五个具体工作小组；高昭平同志亲自在全校职工大会上作动员讲话；拍摄了分院办学录像的专题片，组织了办学成果展览；采取了“三结合”评估方法，实行开门评估，广泛听取和征求各方面对分院办学的意见；分院、各学区和辅导站在教学条件、管理水平、师资状况等方面都有了明显改变，基本适应了目前办学规模的需要。并且各地还制定了整改规划，各项整改措施已经和正在落实；从5月初到9月底，对石油、乐都、民和、湟中和贵德等14个学区、辅导站评估整改进行了复查，评估工作取得了显著成效。

（陈卫民）

宁夏分院

1999年，宁夏分院的工作概述如下：

一、认真做好分院的自我评估工作。（一）分院制订自我评估实施方案，成立函授教育评估领导小组，领导小组下设了自查自评办公室，使评估工作有了组织保证。3月23日，区党校校委组织召开了分院自我评估动员大会，分院按照《中央党校函授教育评估指标体系》的要求，逐条对照检查，做到评估活动到位。

（二）3 月 30 日—4 月 2 日，分院抽调 4 名教研部主任与分院有关人员组成检查验收小组，先后对 7 个辅导站进行了评估验收。其中，一类辅导站 1 个，占 14.3%；二类辅导站 5 个，占 71.4%；三类辅导站 1 个，占 14.3%。在验收辅导站时，对分院的自我评估进行了问卷调查，搜集了 27 条对分院函授教育的意见和建议。6 月 8 日至 6 月 22 日，分两组对 7 个学区的自我评估工作进行了第二次检查验收，验收结果：一类学区 2 个，占 28.6%；二类学区 5 个，占 71.4%。同时，共征得对分院的建议和意见 44 条。5月 6 日，召集校内 10 个教研部的负责人会议，部署了分院第二阶段的评估工作；同时，征求了他们对分院的意见和建议，计 20 条。在层层征求意见的基础上，分院抓自查，进行整顿教育；抓装修，搬迁办公场所；抓材料收集、整理，分类归档；抓科室建设，理顺内部关系；抓修改完善制度，做好日常教学与管理工作；同时，征求区委组织部、宣传部与区纪委等单位对党校函授教育的意见和建议；分院并进行了自我评分，研究制定分院自评打分明细表说明，研究起草分院自我评估总结报告。

（三）从 9月上旬至 10 月中旬，经过收集、整理、分类、装盒、编目等，共收集整理 19655 份材料，装订 278 盒。

二、贯彻“边评估、边整改”的方针，做到评估成果到位。（一）端正办学指导思想，开展“六查六看六提高”活动。以“三讲”教育为契机，在分院领导班子和办学人员当中进行“社会效益第一，教育质量第一”办学指导思想的教育。并开展了“六查六看六提高”活动。即：一查敬业精神，看对党校函授教育事业忠诚不忠诚，提高办学思想水平；二查办学指导思想，看思想端正不端正，提高办学思想水平；三查规章制度贯彻执行，看管理严不严，提高管理水平；四查教学质量，看教育质量高不高，提高教学水平；五查团结协作，看领导班子全局观念强不强，提高党性锻炼的自觉性；六查服务质量，看工作标准高不高，提高工作效率。通过全体办学人员的深入讨论，提高了对搞好党校函授教育重要意义的认识。基本上解决了“为什么办学”和“培养什么人”的问题。

（二）加大对学区、辅导站检查指导的力度。分院多次组织专家教授对学区、辅导站的教学管理工作进行了检查指导。发现问题及时与学区、辅导站领导共同研究解决，提出改进措施。通过检查指导，先后取消了 8 名教师任课资格。同时，分院下发了听课评检通报，对听课评检情况作了如实反映。

（三）抓好毕业学员的论文指导和答辩工作。分院严格按照条件审批各学区、辅导站申报的导师，对不符合条件的或者 1998 年度在指导论文中不认真指导和填写意见书的，一律不予聘任。全年共取消不符合条件的导师 12 名；学员对所选题目与所学专业不符的，一律要求其重新选题。要求学员在交论文打印稿的同时，必须上交手写稿和修改稿。1999 年，共有 76 名学员重新选题；建立论文答辩委员会主任审核制度。每次论文答辩结束，要求主任委员要写出文字汇报材料，总结经验，提出问题；建立论文答辩检查制度。每次论文答辩中由主管教学的副校长分片进行检查或抽查，发现问题及时解决；10 月 19 日，召开论文指导教师会议，对 67 名指导教师进行了培训，交流了指导经验和体会；严格实行论文答辩淘汰制，96 级大专班因论文答辩没有通过而不能毕业的学员有 28 名，占毕业学员总数的 3.4%。

（四）加强对各类办学人员的培训力度。分院制定 3 年培训规划和逐年实施计划，利用备课会、试讲、评讲、教学研讨和外派培训等形式，先后对地、县党校具有初、中级职称的 150 多名教师进行了培训。区党校分两次对任函授课的 70 多名教师进行了 1—4

个月的培训；区党委组织部还从自治区各级党校选派了13名骨干教师到深圳进行培训；分院多次对学区、辅导站的领导采取以会代训方式进行了短训，并对各学区、辅导站的学籍管理人员、通讯报道人员进行了短期培训；分院3名副院长先后参加了区党委举办的县处级中青年干部脱产培训班。

（五）加大整肃考风考纪力度。分院加大力度，严格执纪，严肃处理违纪学员3000多人次，因不听课、不交作业取消考试资格的217人次，考风考纪逐渐好转。

（六）理顺了自身的工作关系。实行校委会领导下的院长办公会议制度，日常教学与管理工作由院长办公会讨论决定，重大问题经院长办公会讨论后，报校委会决定；正式设置分院内部机构，成立教学教务科、学籍招生科、教材科、办公室、视导组；制定分院工作流程和各科室工作流程，明确规定分院各科室工作人员每月的主要工作任务，制定分院奖罚细则。

（七）建立、健全各项管理制度。分院结合学习和贯彻总院新版《管理制度汇编》，共修订《宁夏分院聘请面授教师条例》、《宁夏分院班主任工作条例》、《宁夏分院学员考勤和作业考查暂行规定》、《宁夏分院工作职责》等44项规章制度和实施细则。

（八）加强办学基础设施建设。1999年，分院投资15多万元，装修办公场所600平方米，并更新了办公设备，现人均办公场所50平方米。还投资40多万元为区党校购买汽车两部。吴忠学区投资29万元，装修办公楼3200平方米。石嘴山学区投资70万元，装修学员宿舍，绿化整修校园。固原学区投资40多万元，购买微机、汽车，更换暖气设备，还为学员整修1000平方米的停车场和70平方米的自行车棚。银川学区投资60万元，购置了微机、汽车等。灵武辅导站新建教学办公大楼2485平方米及学员食堂、库房等辅助设施458平方米，共计投资130万元。青铜峡辅导站由区计委、市政府和党校自筹资金175万元，新建教学办公大楼2560平方米。盐池县辅导站由区、县计委投资加党校自筹资金90万元，新建办公教学楼2000平方米。其他学区、辅导站投资购买了微机、桌椅、装修教室和办公室，为学员创造了良好的学习环境。

（贺德正）

新疆分院

1999年，新疆分院继续贯彻胡锦涛同志对党校函授教育的一系列指示精神，落实中央党校函授教育工作会议精神，强化办学队伍建设，扎实开展分院的自我检查评估工作，较好地完成了各项任务。

一、完成了1999年的招生任务。分院成立了新疆党校系统招生工作领导小组。招生工作领导小组多次召开会议研究招生工作，坚持“从严把关，质量第一”的指导思想，本着择优录取原则，圆满完成了招生任务。

二、加强分院各级领导班子建设。自治区党校校委对分院领导班子作了调整充实，经校委会研究决定，由自治区党校常务副校长兰其建同志兼任分院院长，副校长王军同志兼任第一副院长。分院所辖学区都调整、充实了领导班子，并在加强办学队伍建设方面做出了努力。

三、办学队伍建设取得明显成效。分院成立了三个教学协作区：南疆教学协作区、北疆教学协作区、东疆教学协作区；进一步改进备课会形式，变单一的常规备课为观摩、研讨式的备课，统一了教学要求，加强了教师间的相互交流学习；采取多种培训形式，分院举办了为期15天的法学师资培训班，培训采取专家系统讲授、专题报告和法庭现场观摩相结合的方式，受到教师的普遍好评。拓宽培训渠道，除参加在疆内自己组织的备课会和各种培训班外，派往内地参加总院备课会的教师共有7名，其中，既有自治区党校的教师，也有地州党校的教师。参加总院在新疆兵团五家渠举办的师资培训班的共有58名。鼓励教师参加在职在岗学历教育。1999年，分院首次开办函授研究生班，在录取的学员中，各地州党校教师占了20名；开展教学研讨活动，以科研深化教学。8月，分院成功地举办了第二届函授教育研讨会，会议以提高教学质量为主，以加强办学队伍建设为主题，共收到论文86篇，其中，有58篇论文经专家评审组评审入选。会议还请新疆社会科学院院长、自治区体改委主任分别作了“新疆经济发展战略”、“新疆民族宗教问题研究”等专题报告。

全年分院共举办两期学籍管理、教务管理软件培训班，有68名管理人员参加培训。教务、学籍工作实现了微机化管理。

四、教学管理改革初见成效。1999年，分院所属学区制定并实施了函授教学管理改革方案。教学管理改革改变了教师在函授教学中的“雇用”现象，教师的责任心明显增加，各教研部更加重视函授教师的选配和考核。直属学区教学管理改革的实施，为在全疆推广这一做法提供了成功的经验。

五、整肃考风考纪。阿勒泰学区、直属学区重视考前教育，继续实行“致考生一封信”；昌吉州学区与监考人员签订责任书，同时，还聘请武警战士对考区进行全封闭式管理。各学区在考前都成立考试领导机构，开好监考人员培训会，做到周密组织、精心安排。为组织好招生考试，分院成立了考试领导小组，抽调20多位处级干部担任押运试卷和巡视任务。区党校副校长邹群驱车4000多公里到南疆各考点巡视。

六、做好自评自查工作，迎接总院检查评估验收。分院于1999年上半年，在分院和直属学区认真开展评估自查工作，并成立函授教育评估领导小组及其办公室。由自治区党校前常务副校长罗富担任评估领导小组组长，办公室人员由分院和学校的5个处室负责人组成；他们听取汇报，召开各种类型的座谈会，查阅各种档案和教学资料，深入课堂检查，进行必要走访。还实行上下结合，内外结合，查找办学中的差距，有针对性地整改。顺利通过了总院的检查验收。

（罗汉章）

新疆兵团分院

1999年，新疆兵团分院工作概述如下：

一、做好迎接总院评估验收的准备工作。按照总院要求，分院组织专门力量，对农二师、农四师、农八师、工一师、农六师等学区、辅导站进行抽查，使分院直接掌握学区、辅导站办学的第一手资料，并针对存在问题，进行补课。各科室同志收集整理10年来的学籍、教学、文书等方面的资料，达到规范、统一、完整，便于查找和利用。

分院组织人员到新疆分院以及云、渝、川、陕、甘5省市分院考察学习。通过参观学习，对照检查，准备工作更有了针对性。

二、加强办学队伍建设，提高办学队伍素质。分院在1999年重点抓了办学队伍建设。8月，承办了总院在分院举办的师资培训班，自治区党校和兵团党校系统的教师近90名参加了学习；12月，举办第2期学籍管理微机培训班，培训各学区、辅导站工作人员，为学籍管理科学化打下了基础；积极选送教师参加总院备课会。通过春、秋两次备课会及教学观摩研讨会等形式提高教师的讲课水平。同时，改进备课会方式，提高备课会质量，一是改学区面授教师以往只带笔记本参加备课会为必须携带自己写好的教案入会；二是改以往由分院指导教师主讲为分院与学区教师共同承担主讲；三是改以往备课会单调沉闷的气氛为评选优秀主讲教师当场发奖。这种机制为备课会注入了活力。

三、贯彻以教学为中心的方针，进一步提高教学质量。建立了面授教师资格审批制度和教师档案，基本摸清了分院师资情况。建立了面授听课制度，1999 年，教学科工作人员和党校部分骨干教师对二师、四师、五师、七师、八师、工一师等学区大专班、本科班的面授课进行随堂听课，并和教师、学员进行座谈，征求他们的意见，改进教学工作。

四、举办函授教育 10 周年庆典活动。分院成功地举办了函授教育 10 周年庆典活动。会议总结了 10 年来的主要成就和办学经验，表彰了一批函授教育先进工作者，明确了今后的努力方向，推动了党校函授教育事业的健康发展。《兵团日报》专版介绍了兵团党校函授教育十年来的办学成果。分院还设立了函授教育成果展厅，通过图片和文字资料相结合的宣传板块，以及电视专题片全面介绍了分院、学区和辅导站的办学情况，扩大了党校函授教育的影响。

五、加大投入，改善办学条件。1999 年上半年，党校投资 20 万元，重新装修分院办公楼，投资 10 万元，建成了函授局域网。下半年，分院出资为讲师以上职称教师配备了电脑，极大地改善了教师的工作条件。 （新疆兵团分院供稿）

总 参 分 院

1999 年，总参分院坚持正确的办学思想，狠抓以教学为中心的各个环节，积极开展教育评估和“办学队伍建设年”活动，加强教学管理，整肃考风考纪，使各项工作都取得了新的进展。

一、落实中央领导指示，进一步端正办学指导思想。7 月，分院根据总参政治部领导指示，向各学区发出了开展“三讲”教育的通知，决定利用暑假在全体办学人员中开展一次“讲学习、讲政治、讲正气”的教育活动。各学区普遍制订了学习计划，成立了“三讲”教育领导小组，他们把“三讲”教育与端正办学指导思想结合起来，组织全体办学人员学习邓小平理论，学习江泽民同志关于培养高素质干部队伍的重要论述，学习胡锦涛同志关于党校函授教育的重要批示，紧密结合办学实际，认真查找存在的问题，在为什么办学，如何办学等重大问题上形成了共识。在提高认识的基础上，许多学区不惜重金到地方聘请专家、教授讲课。长沙工程兵学院学区把自己编写的《革命人生观教育 80 法》、《三育人一百例》和三总部编发的《革命人生观教育的一面旗帜》作为补充教材，无偿发到各辅导站组织学习。电子工程学院学区把党性教育列入教学计划，每学期 12 小时，一学年进行一次检查，较好地保证了计划落实。

二、开展“办学队伍建设年”活动，加强两支队伍建设。（一）狠抓办学人员的培训。分院制定了《1999—2000 年两支队伍建设培训规划》，各学区也制定了年度培训计划。一是抓函办主任的培训。在 6 月下旬召开的分院函授工作会议上，对函办主任专门进行了考务工作培训；12 月中旬，采取以会代训的形式，对参加会议的函办主任进行了加强学籍管理为主要内容的业务培训。二是抓教员培训。8 月，分院举办了《宏观经济运行与管理》任课教师培训班。各学区通过召开备课会、教学研讨会、教学观摩、试讲、听报告和提供音像文字资料等形式，对教师进行经常性的业务培训。国际关系学院学区拨出 2 万元用于培训教师，除积极派人参加上级组织的师资培训外，还聘请有关专家、教授作报告，提高了教师的整体素质。长沙炮兵学院学区围绕发挥辅导站的“四个作用”，对所辖的株洲、湘潭、衡阳、空18师等4个辅导站的负责人和函授工作人员进行了培训。三是抓微机操作人员培训。3月和7月，分别举办了教务管理系统微机操作和建立总参分院计算机系统网络培训班，加速了分院教务管理自动化的进程。

（二）调整充实办学人员。分院明确提出要按照编制健全机构、配齐人员。各学区按编制调整、充实了专兼职人员。目前，总参分院已有工作人员20名，各学区分别有工作人员4—6名，各辅导站都配备站长1名、副站长1—2名、工作人员1—2名。分院、学区和辅导站三级共有办学人员690名，其中，专职279名，兼职327名，返聘老同志84名，基本上保证了函授教学的需要。

三、抓好以教学为中心的各个环节，不断提高教学质量。（一）加强教学管理。许多学区建立了教学中心组（有的叫督导组），成员由教授、副教授组成，专门负责教学计划的制定，面授讲稿的审定，教学质量的监控，作业答卷的印制，任课教员的推荐等。

（二）严格选聘教师。各学区充分利用院校师资力量雄厚的优势，择优选聘教员。如外国语学院学区为保证选聘教师质量，提出了三项要求（即专业相近，水平较高，治学严谨）、四个不聘（即未受过正规训练的不聘，讲师以下职称的不聘，讲课效果不好的不聘，工作责任心不强的不聘）、三条原则（即不讲情面，不搞平均，不马虎凑合）。如国际关系学院学区目前有专、兼职教师37名，其中，教授7名，副教授13名，讲师17名（博士后1名，研究生17名）。通信指挥学院学区将教师队伍分为基础理论组和专业教学组，基础理论教学主要从本院教师中选聘，其中，马列教研室正教授4名，副教授4名，都参加了函授教学；专业教学从江汉大学经济管理系聘请了14名老师，其中，副教授以上职称就有13名。

（三）抓面授质量。各学区普遍坚持了集体备课制度、教案审查制度，对教案质量不高、试讲不合格的教师，坚决不让上讲台。许多学区如信息工程大学、装甲兵工程学院、工程兵指挥学院等还坚持对教师的教学情况跟踪调查，开展评教活动，对优秀教师给予奖励，对反映差的给予解聘。

（四）抓面授到课率和作业完成率。各学区一方面加强对学员的教育，引导学员提高学习积极性，自觉参加面授，完成作业；另一方面加强考勤制度，建立考勤登记表，采取班主任点名、学员签到、发到课卡（缺课扣分）等办法，督促学员听课。对缺课1/3以上的学员，取消参加正式考试的资格。由于措施得力，多数学区学员到课率在70%以上，完成作业率可达90%以上。炮兵学院学区还采取优选教学方法，增加吸引力；坚持科学排课，按教学规律办，不搞集中性、突击性上课，避开部队繁忙时间，效果较好。

（五）抓论文撰写与答辩。各学区严把论文撰写与答辩关。指定中级职称以上教师负责指导、督促、监督论文撰写工作，成立论文答辩委员会，严格按程序进行答辩，较好地保证了论文质量。

四、加大管理力度，考风整治和招生工作取得成效。（一）领导重视，严密组织。分院及时转发总院、全军函办的有关通知，并结合实际提出了具体措施。各学区普遍成立了考试工作领导小组，主要领导亲临一线进行工作部署、动员教育和检查督促。许多学区还吸收干部、纪检、军务等部门的同志参加，从不同方面参与组织领导。为加大监考力度，分院所有工作人员都参加了巡考。学区抽调得力人员组成监考队伍，保证每个考场有2—3人监考。考前，对监考人员普遍进行了培训，组织学习有关规定。南京陆军指挥学院、理工大学工程兵工程学院等学区，建立了主、监考人员责任制，签订了责任书。有的还把监考人员在监考中的表现，同年终评奖、晋职晋级挂钩，并向考生公布监督电话。

（二）按章办事，从严治考。分院和学区主要抓了四个环节：即严格试卷管理，在传递和存放过程中确保安全保密；规范考场，单人单桌，做到人数适当，清场彻底；准时开考，任何人不得变更考试时间；严格执纪，处理作弊一步到位。对个别工作不到位、管理不严格、发生这样那样问题的考场，除责成有关学区作出检查、对当事人进行严肃处理外，还作出了取消有关考场成绩，对个别学区停招一年的处罚决定。

（三）教育学员，积极参加考试。考前，各学区加强了对学员的教育，要求大家克服困难，积极参加考试。同时，按照总院通知精神，加强对学员的考前复习指导，通过面授辅导、讲评作业，使学员全面系统掌握所学知识，以免出现猜押题、侥幸过关的现象。

严格报名和入学资格审查，较好地完成了招生任务。多数学区坚持原则，以招军队干部为主，党员为主，不招地方学员，非党员比例不超过10%。分院和学区坚持“双复审”制度，即负责招生的同志进行一审，学区进行二审，在此基础上，送分院进行审查；分院将一审中发现的问题反馈给学区，学区经过严格复查、筛选后再送分院复审。第二次复审后发现有372名不符合条件，分院专门组织力量重新逐个查验原证，对确实有问题的坚决不予录取。

五、加大经费投入，进一步改善办学条件。1999年，分院投入80万元，研究开发自动化管理系统，加强局域网建设。总参宣传文化信息中心已经建成，分院与总院、学区已经实现计算机联网。各学区也不断加大人力、物力投入，办学条件明显改善，有了固定的办公场所、计算机、复印机、传真机、程控电话、录音录像机。许多学区还购置了交通工具，不少政教室每人一台微机。目前，分院和学区已普遍用计算机管理教学。总参各学区已有高档电脑700多台、录音机210余台、电视机261台、录像机185台。这对搞好教学、提高教育质量，提供了有力的物质保证。

六、开展教育评估，促进各项工作的落实。根据总院和全军函办的部署，各学区积极开展教育评估工作。许多学区普遍成立了教育评估领导小组，采取开座谈会、问卷调查、走访等形式，广泛听取各方面意见，按照教育评估指标体系，逐项对照检查，互相打分；对于教育评估中检查出的问题，分别进行了梳理，按照轻重缓急，能改的马上改，由于条件限制不能马上改的，也订出了限期改正的措施；档案资料比较齐全，并向分院写出了《教育评估情况报告》。

通过教育评估，进一步端正了办学指导思想，规范了办学行为，健全了组织机构。分院和学区针对存在的问题，及时给予解决。如有12个学区由于领导干部职务变动，就及时调整了学区领导成员；有5个学区函办原来人手不足，教育评估中增加了专职工作人员，对个别责任心不强、不适宜搞党校函授教育工作的人员进行了调整；有的返聘有经验、懂管理的同志从事党校函授教育工作。进一步完善了规章制度，分院制定了《关于执行考务管理规程的具体规定》和运用微机加强招生、学籍、成绩管理等规定；其他学区也从本单位实际出发，制定了相应的规定。 （任忠水）

总 后 分 院

1999年，总后分院认真贯彻执行“从严办学、质量第一”的办学方针，狠抓教学、教务等各项工作的落实，严把招生关、教学关、考试关，较好地完成了各项工作任务。

一、抓教学环节的落实，保证教学任务的完成。分院按照总院的教学计划，认真抓好备课、面授、作业、复习、考试和阅卷等重要环节，保证了教学工作任务的完成。

（一）加大对教学计划组织实施的力度。根据总院下达的教学计划，分院对每个学期、每个年级和每个专业的教学，都下发通知、进行部署、提出要求；各学区制定了具体实施方案，对各专业、各班次的课程列出了教学计划安排表。北京、东北、蚌埠、襄樊等学区在教学计划中定课时，每门课面授计划学时均在16—28学时之间；定教员，聘用专业水平高、教学经验丰富的教员任教，并发给《教学任务书》，使每个任课老师对教学任务、教学时间、教学地点和教学要求都很清楚；他们把教学计划发给学员，使每个学员对学习内容、面授时间、听课地点和学习要求都做到心中很清楚，保证了按总院要求实施教学、按学区实际组织教学。

（二）加大对教师选拔培训的力度。总后分院聘任面授教师120名，其中，总后系统的教员100名，其它单位的教员20名，具有高级职称的教授、副教授56名，讲师74名。各学区选聘并报分院批准的面授教师100多名，其中，具有高级职称的教授、副教授30多名，讲师60多名，助教7名。分院3次共选派6名同志参加总院组织的教员骨干培训班，各学区先后派出教员参加培训87人次。目前，总后分院教师队伍的专业结构、职称结构和队伍结构比较合理。

（三）加大对教员授课质量把关的力度。分院通过发文件、查讲稿、听讲课等途径，对授课质量进行严格把关；各学区普遍建立了备课、试讲、评课和表彰制度。新教员、新课程试讲通不过的不能上讲台，教员上课学员反映不好的进行调换，对授课质量高，大家反映好的教员，结合学期总结进行表彰和奖励。西南学区坚持每学期召开“四个会”：教师备课会，统一授课重点、难点、疑点、热点，规范教案；新课试讲会，试讲不过关的不能上讲台；教学观摩会和教学经验交流会，组织教员互相学习，取长补短。他们还制定了教师授课质量评估表，对教师上课进行量化测评，使授课质量有了进一步提高。

（四）加大对学员学习指导检查的力度。各学区从阅读教材、思考问题、完成作业、批改讲评、问题解答和课程小结等6个方面，对学员的学习进行具体指导和认真检查。各学区都分年级、分专业统一印制了各门课程作业本，建立了作业收交、批改、补做、登记等制度，作业完成率平均达到95%以上；经常检查学员的自学情况，看学员是否把新书读旧了、把厚书读薄了、把基本内容读懂了；检查通报学员面授到课率情况，对经常不参加面授的同志进行批评教育。有的学区还采取扣分的办法进行督促，使学员的到课率平均保持在70%左右。各学区还结合实际，制订制度，开展活动，提高了学员学习的自觉性。重庆学区采用了学员听课考勤登记本，对到课率不足2/3的学员扣分；设立了“积极听课奖”和“作业完成奖”，督促学员积极听课、按时完成作业，使学员到课率保持在82%，作业完成率保持在85%左右，提高了学习效果。西北学区根据高原特点和学员生理特点，利用课余时间开展知识抢答等文娱活动，让学员在轻松的环境中学到了知识；天津学区在学员中开展“五个一”活动：组织新学员搞一次隆重的开学典礼，每学期开始搞好第一次点名，进行一次好作业评比，搞一次期末学习总结，每学年评选一次优秀学员，进一步激发了学员的学习积极性。

二、抓规章制度的落实，提高教务管理水平。（一）严把招生质量关。分院3次下发通知，指导学区招收新生，多数学区能够按分配的招生指标组织入学报名、审核报名资格、进行招生考试、下发录取通知、做好注册登记和审核上报等工作。

（二）严把学籍管理关。分院和学区都采用了新的教务管理软件，实现了学员注册、成绩报表、学籍变动、毕业办证等管理工作的自动化。7月，分院组织各学区教务管理人员进行微机管理软件运用培训。分院上报总院的各种软盘和表册，做到了内容清楚、数据完整准确、格式规范美观、恪守上报时间，在总院召开的学籍管理工作会议上介绍了经验，并受到表彰；学员毕业办证工作认真仔细，表册打印规范清晰，像片粘贴端正干净，受到表扬。

（三）严把考风考纪关。分院和学区每次考试前都专门下发通知重申考试规定。全年组织了3次大考试，设置考场700多个，组织监考2000多人次，派出和接待考试巡视员50多人次；分院组织集中阅卷，保证考试、阅卷工作的正常进行。

三、狠抓评估工作的落实，增强办学发展后劲。1999年年初分院传达了总院和全军函办关于评估工作会议精神，结合总后分院实际，制定下发了《总后分院党校函授教育评估实施方案》、《总后分院函授教育评估指标》，专门召开会议进行部署。5月，分院派人到东北学区组织评估试点，总结了经验，在7月组织的集中阅卷工作会上向各学区作了介绍，并进一步提出了搞好评估工作的具体要求。各学区参照试点做法进行了自评。年底，分院对各学区上报的评估报告进行了考评，并对部分学区的评估工作进行了检查。除个别学区外，大部分学区的得分在80—90分之间。通过评估，总结了办学经验，找出了存在的问题，研究制定了改进措施，为今后的发展指明了方向。

（总后分院供稿）

总装备部分院

1999年，总装备部分院经过各级办学人员的共同努力，比较顺利地完成了各项教学与管理任务。

一、进一步端正办学指导思想。分院围绕端正办学指导思想，抓了三个环节：一是端正主管函授工作领导的办学思想。做到各级函授组织的负责同志时刻把端正办学思想放在首位，并贯彻到办学的全过程及各个方面；二是切实提高招生质量。不允许向社会招生，跨大单位招生必须经过对方同意；三是进一步严肃考风考纪。对违反考试纪律的现象，要不讲情面，敢于严肃处理。

二、加强办学主体队伍建设。分院共举办教学管理人员培训班2期，培训教师6人次，管理人员45人次。分院还建立了理论学习和业务学习制度，坚持每月一天的政治理论学习，每学期3天的管理业务学习。指院、科大学区打破军地、内外界限，坚持高标准，择优选聘上岗，坚持集体备课、试讲、评教评学，提高授课质量；加强对教员的培训，提高他们的教学水平。89960、89740、89750、89950、89820部队针对辅导站管理人员流动性较大的特点，专门制订了严格的交接程序。装备指挥技术学院、国防科技大学、国防江苏工办等学区制定了优秀班主任达标若干条件，对被评为优秀班主任和优秀教员的给予物质和精神奖励，不能达标的则取消资格。

三、全面落实教学计划。严格依据教学计划组织好面授辅导。各学区、辅导站都按照规定制定出具体的教学进度表。89720、89880、89960、89740、89770部队辅导站主动加强和部队的联系，科学制定授课计划，安排面授尽量避开部队集中训练和任务紧张的时间，较好地解决了工学矛盾。国防科技大学、装备指挥技术学院、国防江苏工办等学区坚持送教上门，把辅导课送到基层部队。分院组织科大、指院、军械工程学院3个学区讲师团的教师，分5批9人次到偏远的基地巡回授课；认真搞好电化教学。各学区、辅导站开展了各类形式的电化教学，全年共制定下发录音带105套405盘、录像带123套152盘。89720、89740部队辅导站充分发挥了有线电视网的作用，利用规定的时间和双休日播放教学录像带，组织学员收看；认真组织教材发放。分院及时领取教材，用最快捷的方式发往各学区、辅导站。各学区、辅导站也都及时发放，保证学员按时上课。江苏工办学区派专车将教材送往各辅导站。国防科技大学学区领导针对学员分布面积广、距离远、保障难度大的状况，成立专门机构负责，及时检查教材发放和到位情况；认真组织学员自学。89740、89750、89970、89820部队辅导站统一规定周六为党校函授学员时间，不少学区、辅导站每周再利用1至2个晚上进行自学，开放“指导员之家”、“军官训练中心”作为学习场所；定期交流学习体会，组织学员互相帮助，共同提高；89801、89790、89760部队辅导站每学期对学员作业进行2—3次抽查，并进行讲评，对作业好的学员通报表扬。分院、学区和辅导站按照不同分工和职责，加强对学员作业的收缴、批改、检查、评比，保证作业完成率达到95%以上。

四、严格把好招生考试和毕业关。招生考试时，各学区、辅导站十分注意控制招生规模，坚持统一组织招生考试。分院所属各基地辅导站对新生进行严格的资格审查，不合格者坚决清退。全年共清退112名不合格学员，新学员质量有了较大的提高。分院严密组织各次考试，参加考试的主监考人员900多名。多数学区、辅导站考前对主监考人员进行了培训。89800、89740、89750、89820、89790、89801等部队辅导站在一定范围实行交叉监考，避免了熟人有碍情面的问题。每次考试前，装政宣传部和分院都联合下发严肃考风考纪的通知，抽调有关人员组成巡考组，对部分考场进行了巡视。分院参加巡考人员共17人次，处理违纪事件14起。为做好补考工作，分院专门下发文件，相对集中考场，还专门派出人员监考，取得了较好的效果。分院严格把好毕业关，认真组织成绩复查，搞好毕业鉴定，坚持不合格的学员不允许毕业。认真组织好论文答辩，科大、指院学区注意推荐优秀教师，认真挑选论文题目，严格按答辩程序进行。有的辅导站实行公开答辩，允许学员旁听，这对负责答辩的教师提出了更高的要求，也促使学员为论文答辩做好充分的准备。

五、以教育评估为契机，积极开展各项工作。分院办公室5次召开会议，认真研究检查评估方案。分院、学区和辅导站相继成立了教育评估领导小组，对教育评估工作作出了具体部署。各学区、辅导站认真搞好自查，全面听取意见，认真准确打分，逐项逐条对照检查，如实反映办学情况。分院自评时，组织教务、教学、学籍、教材、财务等业务负责人，对各自职责范围的工作逐项对照、逐条打分。分院先后3次对所属学区、辅导站的自查自评进行督促检查，并对12个学区和辅导站进行了评估验收，抽查了6个辅导站，对重点单位还进行了复查。评估中贯彻边评边改的精神，各学区、辅导站把功夫下在发现问题、查找不足上，验收的12个学区、辅导站在13个方面提出了改进措施，主要有：进一步端正办学指导思想；加大管理力度；严把招生关；严格考风考纪；不断改进教学手段和方法等等。指院、科大等学区，调整教学班24个，投资80万元购买微机、传真机等教学设备；89800、89960、89740、89770部队辅导站集中力量对原有的规章制度进行补充修改完善，整理成27条规定，印发部队执行。

（总装备部分院供稿）

海 军 分 院

1999年，海军分院认真贯彻上级办学方针，紧紧围绕努力提高函授办学质量，积极开展工作，较好地完成了各项任务。

一、完善管理机制，进一步理顺关系。根据总政办公厅［1998］政办发字第6号文件精神和总政宣传部的要求，决定对海军中央党校函授教育实施集中领导和管理。由海军和各级政治部宣传部门和院校按照分工，共同负责招生、教学管理。在海政宣传部设立了海军分院，由海军政治部领导任院长，宣传部部长和一位副部长任副院长，宣传部教育处为海军分院办公室，充实了教务人员，分工明确，基本与总院、全军函办业务对口。各舰队、海航、基地以上宣传部门，也都建立了相应的组织机构，并调整了学区。原挂靠国防大学办中函的海军单位，与其脱钩，依托海军政治学院的单位重新调整，组成了7个新学区和2个直属辅导站。新学区是：海军指挥学院，海军政治学院，海军大连舰艇学院，海军广州舰艇学院，海军潜艇学院，海军电子工程学院，海军航空技术学院。直属辅导站是：海军后勤学院，海军西山读书班，此外，有中央党校函授学员的海军部队，以军、师为单位建立了辅导站，由宣传处（科）具体管理。还加强了教学管理人员队伍建设，这就为提高函授教育质量创造了良好的条件。

二、实施统一招生考试，严格录取新生。1999年，分院统一招生考试、录取新生，是海军中央党校函授教育调整管理机制、理顺关系之后的一项较大的工作，主要从以下几个方面着手保证新生质量：一是统一计划招生。海军部队参加中央党校函授教育，纳入在职干部科学文化教育体系，确定今后每年招生考试由海军分院统一组织实施。二是从严治考。各学区成立领导小组，培训监考和录取工作人员；各学区严格按照总院的《考试规定》选定、清理考场，采取措施营造良好的考试氛围。管好试卷，确保万无一失。三是把握标准，严格录取。海军分院组织集中封闭判卷；各学区主要领导挂帅，严格按照规定程序对新生进行资格审查，择优录取新生。

三、加大教育力度，保证教学质量。主要是四抓：抓师资。各学区按分院要求选聘和建立了一支任课专业对口、职称合理、与教学任务相适应的专（兼）职教学队伍。海军各学区共有126名教师从事此项工作，其中军队教师124名，聘请地方教师2名；高级职称者65名。抓面授。无论是面授的内容，还是面授的次数，各学区（直属辅导站）都能按照总院的规定进行。有些教授常年奔波在各函授点之间。绝大多数教学班都能坚持考勤制度，对出海训练、下部队、休假的学员及时进行补课。通过组织他们看录像或听录音，保证较高的听课率。抓教材。海军分院教材部门对教材基本做到了及时领取，及时造册，及时发放，保证了学员的学习。抓学籍。学区对分院、分院对全军函办直至对总院的大量统计数字资料，都保证了及时、准确上报并严格保存。分院还为毕业学员及时办理了毕业证书等。分院及多数学区购买了计算机，配齐了硬件和相关配套设备。根据总院要求，海军分院已向各学区发放了空军研制的教务管理系统软件，配齐了电脑操作人员。此外，各学区订购、下发了录像带，保证了教学的使用。（刘恩明）

空军部队分院

1999年，空军部队分院工作概述如下：

一、认真贯彻胡锦涛同志一系列重要批示，用邓小平理论指导函授教育全过程。把胡锦涛同志关于党校函授教育工作的讲话、批示编印成册，下发给教学管理人员学习，以端正办学指导思想，规范办学行为。分院建立了每周半天的学习制度，购买了学习邓小平理论的多媒体光盘和学习资料，供分院全体教学管理人员学习。分院办公室副主任何孝明教授撰写了《浅谈党校函授教学过程的统一性》的学术论文,紧密结合党校函授教学特点和空军部队分院实际,从教、学、管各个方面对其过程的统一性进行了分析,指出薄弱环节,提出了一系列改革措施,倡导开展“优秀教员、优秀班主任”的双优达标活动。有效地促进了教学质量的提高。

二、理顺关系,完善管理体制。1999年2月,空军政治部下发了《关于加强中央党校函授学院空军部队分院函授教育管理工作意见》的通知。《通知》规定:空军部队分院实行分院、学区、辅导站三级管理。实行由政治机关集中统一领导的管理体制,从分院院长、学区主任到辅导站站长都由政治部门的领导担任,党校的函授教育工作,由各级政治机关负责,宣传部门主管,并将党校函授教育列入空军干部培训整体规划,经空军首长批准,由空军司令部、空军政治部、空军后勤部、空军装备部联署签发了《空军部队科学文化学习教育培养军地两用人才工作实施细则》。《细则》规定:继续办好中央党校函授学院空军部队分院。坚持“严格要求,质量第一”的方针,建立集中管理与分散办学相统一的管理体制,从实际出发,有计划按比例地发展党校函授教育。建立了分院领导办公会议制度和每月的计划、总结报告制度。

三、加强对辅导站的建设和检查整顿。分院加强了对辅导站的检查整顿工作,重新修订了《空军部队分院辅导站工作规程》,分院发出通知,要求各学区对所属辅导站进行摸底排队,对符合规程要求的上报分院备案,准备接收分院的检查。对不符合要求的进行调整、整顿或撤消。通过在兰空一学区试点,制定了《辅导站教育评估检查标准量化表》,分为办学指导思想、组织机构、教学管理、基本设施、工作作风六项22条标准,作为检查评估辅导站的依据。一年来,分院共派出37人次深入到55个辅导站进行检查指导,有效地促进了辅导站的建设。加强对辅导站工作人员的培训和管理。沈空三学区采取以会带训的方式对各辅导站站长进行培训,同时,还组织了三次班组长集训,兰空一学区统一调整了所属辅导站的布局,沈空一学区、北空一学区、南空一学区、成空一学区都对本学区所属部分辅导站的领导和工作人员进行了调整,对问题较多的辅导站进行了整顿。

四、狠抓办学队伍建设,提高办学主体素质。分院狠抓两支队伍建设。首先调整精简了机关工作人员。有7名65岁(女60岁)以上的老同志退出了工作岗位。从指挥学院选调了4名教学骨干、3名工作人员充实到了关键岗位。各学区也都抽调4—8名懂教学、会管理、热爱党校函授教育事业的教员或干部专职从事党校函授教育工作。各学区主任除由所在单位的政治机关负责同志担任外,北空学区、济空学区、南空二学区、兰空二学区的第一主任,由军区空军或军政治部领导同志兼任。分院依托各空军院校遴选了一支水平一流的师资队伍,共429名,其中,教授66名,副教授144名,讲师219名。分院成立了办学队伍建设领导小组,制定了《1999年教员、教学管理人员培训计划》,建立了每周半天的政治业务学习制度。分院组织了三次教学管理人员集训。3月和8月,在北京组织了直属学区教员和班主任集训,4月,在西安集训了各学区教学管理人员,分院先后选派21名教员骨干参加总院和地方高等院校举办的各类培训班。此外,分院还举办了微机使用培训班,对各科室及各学区的微机操作人员进行了培训。分院在直属学区试点开展了优秀班主任、优秀教员的“双优达标活动”。年终检查,对于全部达标被评为优秀班主任或优秀教员的,给予重奖。对连续三次检查未达标者,则取消任职资格。分院还制定了《科研工作规程》。分院和学区积极组织教学管理人员开展了科学研究工作，各级领导认真组织，并亲自撰写学术研究文章。分院已将学术研究成果汇编成册发给各级组织，并给20名获得一、二、三等奖的同志颁发了荣誉证书和奖金。

五、以教学为中心，狠抓管理，确保质量。分院下发了《关于加强教学管理　进一步提高教学质量》的通知。各学区、辅导站除及时加强对学员的教育外，还采取有效措施，加强对教学各环节的管理。兰空一学区采取公布“三率”（即自学作业完成率，面授到课率，考试合格率）的办法督促学员学习；广空一学区制定了《学员自学管理暂行规定》；成空学区采取了班主任检查，教员课堂提问，机关人员问卷测试的“三结合”方法，督促学员自学；直属学区结合开展“双优”（优秀教员、优秀班主任）活动，对每个专业的教学活动进行了全程跟踪检查：采取观摩教学、示范教学的方法，检查教员面授情况；施行听课制度，检查学员面授到课率；施行准考证制度，检查学员到课率，作业完成率；实行教、学、管三方联席会议制度，听取教学反映；毕业论文答辩采取过三关的办法进行检查，即指导老师的推荐关，评委会的评议关，答辩委员会的答辩关等。分院建立了“巡教、巡管、巡考”的三巡督查制度，加强了对学区、辅导站的管理。分院每学期至少一次，有计划地深入到各学区、辅导站进行“三巡”检查。全年分院共组织三次，每次都由负责同志带领，深入学区、辅导站指导检查，及时发现并解决问题。一年来，分院加大了考务工作管理力度，把整治考风考纪纳入年度工作议事日程，每次考试，空政宣传部和分院都正式发出通知，提出明确要求，主要领导都亲临考试现场。1999年，分院严肃查处了多起考试违纪事件，撤消了一个学区的办学资格，撤职了一个学区的领导，处分了一个辅导站站长和一名巡考人员。有100多名学员因作弊作零分处理，有的被作退学处理。

六、加大办学投入，改善办学条件。分院投入了360多万元改善办学条件。装修教室，包括1个计算机室、1个语言教室，都安装了幻灯、多媒体投影仪、微机、电视机、录像机等现代化教学和办公设备。各学区也都加大投入，加强了办学设施建设，保证了教学的需要。分院还调整了学费使用分配比例，每年拿出近百万元投入学区和辅导站建设。

七、开发使用教务管理软件，成效显著。组织科研小组，投入10多万元，经过多年试验已完成了教务管理软件的开发使用，使教务管理和日常工作上了一个新台阶。总院和全军函办已向全国和全军30多家分院推广使用。并为总参、总后、武警分院举办了多期培训班。《解放军报》、《空军报》、《党校报》都做了宣传报道。分院还为各学区配发了《邓小平理论教学系统》和《教师授课支持系统》软件；直属学区把多媒体教学用于面授，有效地提高了教学质量。

八、以教育评估为动力，推动分院的全面建设。分院建立了以邹德玉第二院长为组长，徐光、王聘明副院长为副组长的领导小组，细化了空军部队分院、学区、辅导站三个检查评估指标体系。分院制定了评估实施方案。第一季度完成了辅导站的自我评估，第二季度完成了对辅导站的检查评估和学区的自我评估，第三、四季度进行了对学区的检查评估，并进行了分院的自我评估准备。1999年年初分院提出了“以评估工作为主导，狠抓办学队伍建设，加强教学管理，全面提高教学质量”的总体思路，4月，转发了兰空一学区《以评估为主导　搞好“四个结合”　完成“四项任务”》的检查评估方案。在评估过程中，由王聘明副院长统一组织和带队，先后两次派出8个检查组对12个学区、36个辅导站的评估工作进行检查验收。

（董庆祥）

国防大学部队分院

1999年，国防大学部队分院坚持以教学为中心，深化教学改革，加强制度建设，较好地完成了各项工作任务。

一、加强办学队伍建设，提高办学主体素质。分院严格按照总院的规定选聘教师，在开学一个月以前，召开备课会议，研究教学计划。除按规定选派6名教员参加总院组织的备课会以外，还培训教员30人次。继续采取在分院范围内，每门课程选择一份面授质量最高、效果最好的讲稿，由分院教学处负责进行审查，修改后作为统一教案，下发到各学区作为面授的依据。全年审查修改下发教案3套，共20万字。

分院要求各学区在各类办学人员中开展“三讲”活动，每学期至少组织两次以上集体学习。1999年1月，分院举办了学区负责人培训班，修订了分院《函授教学管理章程》，明确学区的职责。3月，举办了教学管理人员培训班，研究如何搞好函授教学管理工作，并观摩了优秀教师上课。5月，召开了教材管理人员会议，总结交流做好教材管理发放的经验，切实保证教材发放工作有序进行。8月，又召开了学籍管理人员会议，以会代训，研究如何加强学籍自动化管理。分院经过系统培训，普遍提高了办学主体素质。

二、狠抓教学管理，完善规章制度。分院根据新版《管理制度汇编》内容，对分院《函授教育管理章程》作了较大修改，使分院的规章制度更加完善。分院制定了《关于实施量化、细化教学管理工作的意见》，并从1999年下半年开始在各学区、辅导站试行。量化、细化教学管理，是把教学的各个环节具体分解为10个方面、50条内容。每条内容做得好坏都给予不同分数。按百分制进行考核，得分越高，管理就越好。认真进行量化、细化管理，能充分调动各方面的积极性，达到进一步提高教学质量的目的。

分院每年发放教材40多万册，负责发放教材的同志，始终坚持“五个到位”，即准备到位、措施到位、服务到位、奉献到位、与下面配合到位。各学区也根据自己的情况规定了具体作法。如广州海军舰院学区基本上做到了订购教材程序化，发放教材网络化，使用教材制度化，管理教材科学化。

8月，分院在长沙举办了有各学区学籍管理人员参加的培训班。对学籍管理进行初步改革，运用计算机技术使学籍管理自动化、科学化、规范化，达到了各种数据通过网络传输，各种表、册、证通过计算机打印。学籍变动情况，要实现动态管理。各项档案资料，均利用磁（光）盘载体保管。实现了学籍档案管理自动化。

三、办好研究生班，培养高素质的领导干部。分院领导要求研究生班教学管理工作认真、细致、深入，力争把研究生班办成全国一流水平，分院领导深入到学员班检查学员到课情况和教师面授质量，召开学员座谈会，听取和解决他们对教学管理的意见和要求。对分院严格面授考勤，认真贯彻请销假制度；加强党性教育，提高学员遵守各项规章制度、认真搞好学习的自觉性。

分院对研究生班的教学采取了一些重要措施。对授课教师作了调整，改变了过去所有课程由国防大学教授担任面授的状况，聘请了北京地区一些著名教授、专家，让他们担任授课教师。进一步加大理论研究的力度。在《市场经济法律制度专题研究》课程中，任课教师与学员一起进行讨论和研究，并指导每个学员结合自己的工作和改革开放的实际，从不同角度，撰写一篇5000字以上的论文，经任课教师审阅修改，达到出版水平。分院领导决定将这些论文汇集成册，正式出版。提倡理论联系实际，鼓励学员多出成果。仅第3学期98级研究生班共发表论文（含著作）60余篇。其中，学员王向阳（后勤指挥学院计划处长）主编的《邓小平新时期军队后勤建设思想研究》，获得首届全国社科优秀成果三等奖；学员代刚（信息产业部邮运局办公室主任）参与编写的《关于邮政通信企业财务收支管理办法的研究》获得该部科研成果二等奖；学员李铁（化工报社发行部主任）撰写的《心向和平》专著13万字等。

99级研究生班，从入学教育开始，反复强调贯彻总院各项规定的重要性，学员在遵守制度方面比较自觉，到课率达到90%以上，做到有事请假；认真做作业，按时交作业，多次受到任课教师的好评；每次讨论前，学员都能认真准备，写出发言提纲或发言稿；认真复习，全面掌握所学理论，注意理论联系实际，提高自己认识、分析、综合归纳问题的能力，保证了教学大纲和教学计划的落实。（崔俊峰）

武警部队分院

1999年，武警部队分院始终坚持“社会效益第一，教育质量第一”的办学指导思想，坚持为部队现代化服务，为提高部队战斗力服务的方向，狠抓函授办学的各个环节，认真完成了各项任务。

一、用“三讲”精神，促进办学队伍建设。在“三讲”教育活动中，分院紧密联系自身实际，组织各级管理人员学习贯彻党的三代领导核心关于“优化发展教育，实施科教兴国、科技强军”的战略思想，使大家进一步增强了抓好函授教育的责任感，理清了武警部队为培养跨世纪合格党员干部的思路。积极适应新形势的需要，加快办学队伍建设的步伐。

分院教育大家要转变观念，树立从应试教育向素质教育、专业教育向通才教育、知识教育向智能教育转变的思想观念，确立面向21世纪的素质、开放教育的新观念。分院适时召开了二次教学研讨会；举办了两期微机使用、数据库管理培训班。组织各级办学人员认真学习江主席“两个武装”的指示和关于“讲学习”的论述，增强学习的紧迫感和自觉性。分院及时检查、了解函授系统工作人员的学习情况，把学习成绩与年终先进学区和个人评定结合起来。安徽、湖北总队学区每周利用两个晚上组织大家学习业务、计算机等有关知识；福建、贵州总队和8670部队等学区还邀请专家、教授进行专题辅导；8610、8620部队学区每季采取集体观摩、调阅笔记形式组织管理人员学习交流。此外，分院要求每个办学管理人员制定出年度学习计划，充分利用业余时间搞好自学；要求工作人员，要结合本职工作，带着问题进行学习，研究教育规律，以指导教学工作。福建总队、8610、8670、8710等部队学区利用授课、考试等时机，解答学员在学习中遇到的疑难问题，以自身学习带动部队函授教育质量的提高。

二、加大管理力度，提高办学队伍素质。从总部机关到各部队，在现有干部编制中挤出名额，成立分院、学区机构，配备专职管理人员。依托军地师资办学，不断提高教师的责任心和授课能力。实行教师聘任制。分院要求各学区聘请当地高校有名望、有专长的教授讲课。对那些常常以念书“划杠杠”，讲习题答案代替讲课，难以适应素质教育，讲课平淡无味，缺乏吸引力的教师，一律不准聘任。湖北总队学区从武汉大学聘请名教授、名讲师为学员讲课；辽宁、安徽、贵州总队3个学区还在每学期开学前，把任课的教师请到部队，同学员一起召开教学座谈会，听取学员对教师讲课的建议和意见，授课教师依照部队函授学员的特点，有针对性进行备课。开展教学评估活动，建立教学激励机制。分院要求各学区从自身实际出发，制定出《函授教师教学情况考评表》，组织全体学员采取无记名投票方式，对任课教师的教学情况进行打分，对优良者给予表扬，并继续聘任；对较差者限期改进，到期不能改进提高的，予以解聘。

三、狠抓评估工作，提高函授教育质量。分院对1997年开始办学的12个学区进行了全面的教育评估。查找存在的问题。制定了切实可行的整改措施，把评估的成果落实到了实处。在检查评估中，既抓好硬件建设，又不忽视软件建设，把整改贯穿于评估工作的全过程。紧紧围绕影响办学水平的因素进行检查，找准问题，抓好整改。如在教学过程中，由于党校函授教育面授时间常与部队工作发生冲突，有的总队学区擅自压缩面授课时，影响了函授教学质量。发现这个问题后，分院及时责成学区进行解决。分院在学区进行自评阶段，发现有的学区自评打分偏高，同实际情况有差距，不能真实反映办学实际情况。分院适时下发通知，要求各学区严格执行评估标准，及时纠正了各学区存在的问题。函授部领导分别到有关学区进行检查，按照《评估细则》逐条逐项打分，对检查中发现的问题，及时纠正，并提出改进的办法。在评估中，分院坚持开门评估，虚心征求和听取各级领导、授课教师和广大学员的意见，认真反思，制定措施，进行整改，以确保函授教学质量。

（丰春明　于兰河）

北京军区分院

1999年，北京军区分院工作概述如下：

一、端正办学指导思想，坚持正确的办学方向。分院在工作方针的制定、教学工作的部署、函授队伍的建设、生源数量的确定、基础设施的加强、函授经费的投入、规章制度的落实等方面，坚持讲政治、讲党性，从严要求，广泛进行宣传、教育，认真制定落实和检查措施，切实加大宏观调控力度。

二、严格把关，确保新生和毕业生质量。1999年初，分院召开工作会议，重点部署了招生工作，要求严格考生报名资格审查，认真组织招生考试。分院成立了考试工作委员会，各学区成立考试工作领导小组。分院派一名营级以上军官，一名院校教员到学区监考巡视，学区在各师旅之间进行轮换监考，确保了招生考试的严肃性，提高了招生质量。

分院对期末考试、论文答辩和毕业档案审定把关严格，对总补考工作组织严密，毕业证发放无差错，受到毕业生的好评。

三、加强教学管理，提高教与学的积极性。分院组织教学管理，认真学习总院下发的《中共中央党校函授学院管理制度汇编》，提高他们的业务管理水平。同时，分院根据自身特点，编写了《中函北京军区分院规章制度汇编》。

分院召开备课会和教学观摩会，帮助面授教师把握教学要求和内容，以提高他们的教学水平。针对教学中存在的薄弱环节，加强和改进教学管理，总结和推广教学经验。分院积极组织教师和工作人员参加总院组织的教学备课会、进修班。还通过问卷调查、召开座谈会等方式，征求学员意见，考评教师，以及到学区实地考察等，帮助教员掌握函授教育规律，改进教学方法。

分院在加强对教师和工作人员管理的同时，还利用各种形式，向广大学员和工作人员宣讲中央党校和全军党校函授办公室关于函授教育的基本精神。12月21—25日，分院在石家庄召开了函院工作会议，学区主任、副主任到会，会议传达了总院关于党校函授的文件精神，总结分院一年的工作，表彰先进，充分调动了教、学双方的积极性。

四、编写学习导读等辅助教材，推广函授学员先进经验。针对部队学员大多是部队基层干部，平时训练、抢险任务重、工学矛盾突出的特点，分院组织任课教师编写了主要课程的学习导读，以帮助学员在自学时能把握课程的重点、难点。全年共编写出版《学习导读》4本。

大同综合仓库辅导站制定了党校函授学习日制度，规定每周四、六晚上7:00—9:30，学员集中到教室统一学习，或看教学录像片，或自学，或请教员释难解疑，收到了很好的效果。分院在各辅导站推广了大同综合仓库辅导站的经验，促进了各辅导站函授学习工作的开展。

五、加强办学基础设施建设，改善办学条件。一年来，分院加大投入，购置微机7台，并添置复印机、速印机、传真机及相关的电讯设备，并为各学区配发了微机、传真机，安装了全国地方直拨电话，确保了分院通信上下畅通。分院按照规定，建立了档案室，购置档案柜，搜集、整理了9年来办学的各种档案材料，分类归档，基本达到了要求。

六、开展教育评估活动，评估与整改相结合。按照总院的统一部署，分院从1999年下半年起，在各学区开展党校函授教育评估工作。分院结合自身实际，制定了实施方案，首先选择52935部队学区作为工作试点，成立了有全军函办领导、专家和分院人员组成的考评组，进行了初评。通过试点，摸索了方法，积累了经验，为全面开展评估工作做好了准备，同时，又促进了学区整改工作。 （范进忠　赵红志）

沈阳军区分院

1999年，沈阳军区分院扎扎实实搞好教育评估，卓有成效地开展“办学队伍建设年”活动，全面提高分院、学区和辅导站建设水平，使函授教育各项工作上了一个新台阶。

一、以教育评估为动力，推动函授教育工作全面发展。3月，分院分别在81101部队学区和黑龙江省军区佳木斯军分区辅导站进行了学区、辅导站教育评估的试点工作。各辅导站和学区相继开展了教育评估工作，分院在7月进行了教育评估自查。分院、学区和辅导站结合各自实际，对总院提出的函授教育评估指标体系进行了细化，分解成10个部分60条标准和148个评分点，然后逐条对照，逐项评分，认真检查在办学指导思想、组织机构、教学管理、教务管理、基本设施等方面的情况，着重查找存在的问题和薄弱环节，并逐条研究改进措施和办法。分院顺利通过教育评估的检查验收。由于教育评估搞得扎实认真，收到了良好效果。

二、进一步端正指导思想，不断提高教学质量。分院、学区和辅导站领导同志认识到培养和造就高素质的干部队伍，对于迎接新世纪的挑战、保持国家长治久安、永葆党的青春和活力，都具有极端的重要性和紧迫性，把继续办好党校函授教育作为跨世纪的伟大工程的“大战略”，对办学层次和学习专业又提出了新的设想，确定除了继续办好大专班、本科班外，下功夫办好领导干部在职研究生班，1999年度开办了第二期领导干部在职研究生班，有37名师团领导干部参加学习，又增加了法律专业，较好地适应了形势发展的需要，满足了干部求知成才的愿望。

三、边整边改，在解决问题上下功夫。分院坚持边整边改，采取有效措施，切实解决办学队伍“有人管”和“管得好”两个问题。分院充实调整了院领导班子，由军区政治部1名领导同志担任院长，由宣传部、大连陆军学院和军区现代化管理学院各1名领导同志担任副院长。分院、学区和辅导站还健全了办学管理机构，充实了办学力量。分院设立了一室三处，即办公室、教学处、教务处和教材处，配备了10名办学管理人员；各学区、辅导站均由1名单位领导和部门领导分别担任学区主任和副主任、辅导站站长和副站长。由宣传处（科）长任办公室主任，负责教学教务管理的干事组成教学管理机构；各辅导站均有1名文教干事负责党校函授教育管理工作。形成了分院、学区和辅导站三级联合的办学队伍和管理机构网络。

加强办学队伍建设。每年6月和12月分院举办两次办学管理人员培训班，研究如何搞好学员招生、教学管理、教务管理和微机操作等问题。一次解决一两个问题，使各级办学管理人员较快地熟悉了业务，掌握了开展工作的方法；制定了办学管理的规章制度，做到依法办学，规范管理。分院依据总院的各项管理制度，结合分院的实际和部队函授教育的特点，进行细化落实。分院已制定36项规章制度，在教育评估中，又完善了8项管理制度，主要包括加强毕业学员的管理，领导干部在职研究生班教学管理等内容。并建立了管理人员岗位责任制和管理目标责任制，定期或不定期地进行检查和讲评，根据检查情况，兑现奖罚。年终，分院表彰奖励了4个先进学区、6个先进辅导站和34名函授教育管理先进个人。

四、加大全程监管力度，保证函授教育的健康发展。分院坚持"从严办学，质量第一"的方针，总结了严把"五关"的经验：即严把招生关，保证生源质量；严把师资关，确保授课质量；严把听课关，提高学习质量；严把考试关，严肃考风考纪；严把答辩关，促进学用结合。在教育评估中，分院重视查找问题和薄弱环节，发现在毕业班学员管理和论文答辩方面还存在一些倾向性问题。有针对性地采取措施，加大了教育管理力度。

（一）深化思想教育，把端正学习动机贯穿函授学习全过程。在毕业班开展了"参加党校函授学习为了什么"、"以什么样的表现迎接毕业考核"、"临近毕业应该怎么做"等思想讨论和教育活动，使大家进一步认清了党校函授办学的宗旨，懂得了毕业班的教学，既是对前几个学期教学成果的巩固和应用，更是对新知识的扩展，是至关重要的学习阶段。军区司令部学区，还把课前动员、课后小结、班组讲评等形式贯穿到教学活动中，激发了毕业班学员的学习热情。

（二）加强督导，保证学员到课率。一些学区和辅导站把面授辅导安排计划提前发给每个学员，及早做好到课准备。上课前两天，班主任和管理人员还分别打电话或上门通知学员，督促其按时到课；严格检查出勤情况。学区、辅导站建立了到课考勤制度，填写听课卡，课前发卡，课后收回，登记入册。军区司令部学区为防止学员填卡作假，还将听课卡设有A、B、C、D等各种标记，一次课换一次标记，确保了出勤率的真实性；做好重点人的督导工作，实行分工负责，包干到人，耐心帮带。

（三）严格执纪，赏罚严明。对遵章守纪，学习热情高，成绩优秀的，给予表扬和物质奖励。对因事因病缺课超过5次的学员，不准参加期末考试，只允许补考。对旷课学员进行批评，如无故连续旷课，则按自动退学处理。使绝大多数学区、辅导站的到课率达到了总院的要求。

在论文答辩中采取新招，引入电化教学手段，运用闭路电视系统，实行答辩实况展播，接受公开监督。这样，有效地保证了毕业论文答辩的公平性、公正性，给答辩委员会成员和参加答辩的学员都增加了压力，达到双向促动，为提高论文答辩的质量起到了积极作用。（张相荣　李选才）

南京军区分院

1999年，南京军区分院以教学质量评估检查为契机，狠抓办学队伍建设，加大教学工作的考核力度，认真落实整改措施，规范教学管理，有力地推动了分院的全面建设。主要做了以下工作：

一、以评估检查为契机，推动各项工作

的开展。在元月召开的军区宣传工作会议上，分院领导对评估检查进行了专题布置，研究制定了《关于搞好党校函授教育评估的实施方案》。为搞好评估工作，分院成立了评估领导小组，由分院第一副院长、军区宣传部长朱争平任组长。各学区也成立了相应的评估组织。6—7月，分院抽调8名同志组成2个工作组，对11个学区和辅导站进行检查评估，严格按照《函授教育评估细则》，逐项逐条评分，确定等级。10月底，全军函授教育办公室对分院的评估工作进行了检查验收，获得通过。

二、狠抓办学队伍建设，提高办学主体素质。在办学队伍建设上抓好5件事：一是以会代训。总院每次召开教学工作和备课会议后，分院都组织教学人员集训，认真传达会议精神，结合实际研究贯彻落实的具体措施。二是组织旁听。全军函办和总院在南京集训《民法总论》、《国际税收教程》等课程的教师，分院除按规定派人参加外，另组织21人参加旁听。江苏省的高等院校举办《西方现代经济思潮》、《知识经济》等专题讲座，分院也组织人员参加旁听，拓宽教学人员的知识面。三是试讲评教。分院要求各教学处、直属班，采取个人准备、集体研究、分别试讲的方式组织好备课试讲。每门课程备好后，都由一名主讲教员试讲，大家评议，集体修改。四是观摩教学。凡是新开的课程，都要请本单位或聘请地方专业水平较高、教学经验丰富的教授、专家作示范讲课，让担任这门课程的所有教员参加听课，学习授课经验和技巧，有针对性地搞好"战前练兵"。五是调整和充实教学管理人员。分院对13个学区、40个辅导站的管理人员进行了调整、充实，保证了教学管理工作的稳定性和连续性。

三、加大考核力度，保证教学的落实。分院的函授教育实行行教分离的制度。行政管理由学区、辅导站负责，教学工作依托三所军事院校，分片实施教学。分院制定了《关于教学处（直属班）教学工作的考核评估标准》，规定每学期结束后，进行对照检查，按指标量化评分。1999年，分院组织力量对各教学处（直属班）进行了两次考核评估，教学工作落实得比较好。主要表现：一是面授实施计划基本落实。有的科目（如英语）还超过了计划规定的时数。二是考试要求严格。做到了每个考场有2—3名监考人员，考场设置规范，试卷保管良好，按照规定拆封、装袋，无违纪、违规现象。三是作业、考勤认真。绝大多数教师在批阅作业时，能做到有记分、有签字、有评语。普遍建立了考勤登记册。此外，一教处直属班还对完成作业、听课率达到要求的学员，发给了准考通知书。否则，只能参加期末补考。分院及时推广了他们的做法。四是论文答辩规范。各单位普遍成立了毕业论文撰写指导小组和答辩委员会。论文的撰写、指导、答辩均按总院规程操作，写出评语，评定成绩。

四、针对薄弱环节，制定整改措施。分院根据检查评估中暴露出的问题，制定了整改措施：一是狠抓面授质量。任何单位和个人不得随意更改面授时数和次数。凡不参加听课或听课率低于70%的，均不准参加期末考试，只能参加补考，并规定交纳补考费。对没有完成计划时数、次数要求的教学处（直属班），按比例扣发下拨的经费，并通报批评，甚至取消办学资格。二是加强学区工作。按全军函办的规定配齐专职工作人员，更换不适宜从事党校教育工作的人员。制定学区工作细则，采取多种形式集训学区工作人员，提高他们的思想水平和办学能力。三是杜绝夹带现象。把反夹带作为党性锻炼和党性小结（思想小结）的一项重要内容，有多次夹带行为，在毕业时党性总结为不及格，不能毕业。

五、加强制度建设，规范教学管理。一是掀起学习新版《管理制度汇编》的热潮。

明确其重要意义，熟悉具体内容，狠抓贯彻落实。二是制定《党校函授教育管理工作若干问题的规定》，对函授教育管理工作中容易出问题的6大项30个方面，做了具体规定，将其作为教学管理工作的行为准则。三是开展对照检查找差距活动。进一步提高了各级办学人员的管理水平。

六、严把招生、毕业关，确保学员质量。一是切实做好报考人员的资格审核，分院坚持对报考人员实行“三审”（辅导站初审，学区复审，分院终审）责任制，严格审查招生对象，报考人员必须是军队党员干部。对报考人员的毕业文凭，必须审查原件。每审必须由审核人签字负责。凡审查不合格的，一律不准报名。二是认真组织招生考试。凡报名者，必须按总院考务管理规定，参加统一考试，任何人不得例外。如不执行规定，立即取消考试资格。1999年，在招生考试中，有18名因不符合规定而被取消考试资格。三是严格按上级的录取规定操作。分院成立专门录取小组，集体讨论决定录取人员。坚持从高分到低分，择优录取的原则。对于考分不够、托人说情要求照顾的，坚决不予录取。对办理毕业证，分院确定了三条原则：一是各门课程考试成绩全部及格以上；二是论文答辩通过；三是毕业论文鉴定（自我鉴定和组织鉴定）、表格和办证所需的照片齐全。具备了以上三条，方可办理毕业证。

七、表彰先进典型，总结推广经验。1999年，分院表彰了7个单位，116名先进个人。即：优秀学员67名，优秀教员9名，先进办学工作者40名。还推广了3个先进单位的经验，即：第一教学处的《抓住中心环节　提高面授质量》，上海警备区学区的《落实管理要求　做到“四个坚持”》，南京总医院辅导站的《抓好“三个建设”　提高办学水平》，这对推动分院各项工作的开展，起到了良好的作用。　（肖江春）

济南军区分院

1999年，济南军区分院坚持正确的办学方向，规范办学行为，圆满完成了以教学为中心的各项任务。

一、高标准地搞好教育质量检查评估验收。各级领导高度重视。为搞好这次教育质量检查评估，军区原副政委、分院院长谭乃达同志先后两次作了重要批示，提出了具体要求，亲自签发传真电报，强调进行教育质量检查评估的重要意见。分院办公室3次召开会议，认真研究检查评估方案，5次下发通知，提出要求。各学区、辅导站领导亲自抓这项工作，深入一线调查研究，及时解决问题，保证了检查评估工作的顺利进行。组织比较严密。分院成立了教育质量检查评估工作领导小组，负责分院的检查评估工作。分院制定下发了《中央党校函授学院济南军区分院教育质量检查评估实施方案》和《学区（辅导站）教育质量检查评估细则》，各学区、辅导站都成立了检查评估小组，普遍实行了责任制。在辅导站、学区自查自评以后，分院检查评估小组派出6名同志，赴河南、山东两省，对所属5个学区进行了评估验收，并抽查了11个辅导站。9月，对重点单位又进行了复查。着眼于帮助解决问题。在验收中，在肯定各单位办学成绩的同时，着重指出存在问题，提出整改意见，促使问题尽快解决。比如,有的学区、辅导站没有按规定建立专用档案柜,文件资料不全,办公室过于狭小;通过召开学员座谈会,了解到有的单位组织教学活动比较少;有的教材发放不及时;有的自学流于形式等,评估小组都当场指出,促其改进。济南陆院等教研部又专门腾出两间办公室给党校函授办学人员使用,确保基本设施符合规定要求。分院顺利通过了教育评估的检查验收。

二、深入教学改革，努力提高面授质量。探索科学的教学的方法。分院从部队学员的现实情况出发，概括总结出了“吃透教材抓‘重点’，费尽口舌破‘难点’，通俗易懂讲‘要点’，联系实际解‘热点’的四点教学法”，举行了两次示范教学，取得了良好效果。搞好教师的备课试讲。全年共试讲主要课程8人次，不合格的1人次，并当场提出修改意见，进行了第二次试讲。科学安排面授时间。分院每学期都主动了解部队的主要工作安排情况，使面授时间尽可能避开部队的最忙时期。提前定计划、下通知、提要求，各级积极调整工学矛盾，及时收拢人员，增加到课率。1999年分山东、河南两片，共组织巡回面授辅导4次，派出教员52人次，分别到23个辅导站讲了课。加大监管力度。各学区和辅导站主动配合，认真组织教学，加强考勤管理，保证大多数学员都能听到辅导课。有的辅导站对缺课学员采取听录音等形式补课，收到了较好效果。分院还对各辅导站和部分学员进行了教学质量问卷调查。

三、采取有效措施，解决考试中的难点问题。搞好考前培训。每次考试前，分院都用传真电报下发通知，提出严格具体的要求。各考区认真挑选监考人员，专门安排时间进行培训，学习掌握总院考务管理有关规定和要求。各辅导站对学员进行考风考纪教育，增强大家遵守考试纪律的自觉性。加大检查力度。每次考试，分院都向各学区派出巡视员，负责押送和回收试卷，指导督促各学区做好考务工作。1999年，每个学区均派出2名以上的巡视员，到考点比较集中的地区巡视。发现违纪事件10多起，都作了严肃处理。营造严肃的考试氛围。各个考点都划出警戒区域，设立岗哨，禁止无关人员出入，考场秩序井然。军区司令部考点主监考人员配备齐全，进场时检查严格，杜绝了小抄现象。军区装备部工厂局考点组织严密，考风较好。实行学区内交叉监考。潍坊和信阳是比较集中的考点，同时有3个单位的考生，分院将监考人员交叉互派，较好地解决了监考不严等问题。

四、集中精干队伍，严把学员毕业关。分院成立了论文答辩委员会，聘请了16名教授和副教授、28名讲师，组成16个答辩组，分赴鲁豫两省，到18个学区和辅导站对毕业学员进行答辩。对毕业论文字数不够、观点错误、文不对题的，一律退回重写，合格后才能参加答辩；对答辩观点不全，层次不清，联系实际差的不予通过。96级毕业学员第一次论文通过率是87%，再次答辩通过率是90%，如仍未通过，只发给结业证书。在办理毕业学员学籍档案过程中，各级严把三关：一是姓名关。核对出姓名错、漏、别字的学员14名。二是成绩关。对少数考试成绩不及格的学员，组织了总补考，不参加总补考的并未获通过的不能参加毕业论文答辩。三是论文评语关。答辩委员会写出评语后，分院统一组织12名教师填写论文答辩成绩和评语。

五、突出函授特点，切实把党性教育落实到实处。分院统一制订落实党性教育的实施计划。每学期开学由临时党支部书记讲一次党课，每学期由党小组组织学员过一次组织生活，在学期末按统一规定的考试时间提前半天报到，由班主任上一次党课。每学期每个学员都要写出一篇加强党性修养的文章，记入平时成绩，各党支部每学期书面向分院报告一次加强党性教育的方法、步骤、主要收获和存在的问题。

六、采取有效措施，加强办学队伍建设。分院采取有效措施，加强办学队伍建设，教学、管理人员素质明显提高。54631部队、54685部队学区调整充实办学队伍。各辅导站管理人员变动后，都能做到随缺随补，保持了工作的连续性和稳定性。军区政治部、军区联勤部辅导站主动到分院学习管理技术、安装教务管理软件，提高管理工作水平。河南省军区学区、军区联勤部辅导站54685部队学区，加强了对新建辅导站的单位管理人员的专业培训。分院利用各种机会，对管理人员进行了业务培训，及时组织学习新版《管理制度汇编》。分院两次派人去学习总院新的教务管理软件，并在实际工作中迅速推广应用，从招生、考试到毕业的各个环节，全部实现了微机化管理。在师资队伍培训方面，分院全年选派4名教师参加总院的备课会，还先后派出11名教师到驻济南高校听课学习；组织了《行政法学》、《民法总论》等5门课的教学研讨；继续开展老教授对青年教师的传帮带活动，结成16个帮教对子，使一批青年教师成为党校函授教学的重要师资力量。

（王国良　曹新成　王德安）

广州军区分院

1999年，广州军区分院坚持贯彻胡锦涛同志关于函授教育的指示，认真执行总院和总政全军党校函授教育办公室的各项规章制度，完成了以教学为中心的各项工作任务。

一、顺利通过评估验收。分院、各学区和辅导站都以严肃认真的态度搞好评估工作。军区分院多次召开会议，学习文件，统一思想认识，决心以评估为契机，边评边改，以评促建。分院召开了军区分院函授教育工作会议，并进行动员和部署，下发了《关于迎接全军党校函授办公室评估检查验收的通知》。分院成立了领导小组和办公室，各学区、辅导站也成立了相应组织。分院领导和评估办的同志先后到广东省委党校、广西区委党校等兄弟分院学习取经，运用兄弟分院的经验指导评估工作。分院整理了各种资料1000多份，并建成了展览室。各学区、辅导站按照评估标准，进行了认真、客观地自我评估，并向分院写出了评估申请报告。分院组织了3个评估验收小组，对各辅导站进行了全面的检查验收。分院领导集中一天时间听取汇报，并召开函授评估办公会，认真研究评估中各辅导站的意见和建议，讨论和制定整改措施。在此基础上，分院进行自评。坚持以评估指标体系为尺子，全面评估，突出以教学为中心这个重点；注重查找分院在教学管理中存在的问题，坚持边评边改。加大了对函授教育人力、物力和财力的投入。把经费真正用在分院的硬件建设和教学上。同时，注意加强管理制度的建设，进一步完善了面授考勤、领导听课、班级管理、档案管理、监督表彰等制度。顺利通过了总政和全军函办的检查验收。

二、实行归口统一管理。经军区政治部宣传部与桂林陆军学院共同研究决定，军区范围内的中函教育均由军区政治部宣传部统管，实行以军、师、团宣传处（科）为骨干，依托桂林陆军学院办学的模式。从2000年开始，任何单位未经宣传部授权，不能在军区范围内招生。军区各部队需要与桂林陆军学院以外的单位联合招生办学，要上报请示宣传部同意，否则，将追究责任，并停发科文补助费。分院常设机构设在桂林陆军学院，负责管理下属学区和辅导站的日常管理等工作。分院机关设2室、5科、1组，机关专兼职工作人员共26名，其中，桂林陆军学院专职人员10名。分院主要依托桂林陆军学院马列、政工教研室和语言、数理教研室进行教学管理，另外，在当地大专院校外聘少数专业性强的教师；建立了一支比较稳定、善于管理、素质较高的管理队伍，目前，分院、学区和辅导站共有管理人员约120名，其中，专科以上学历的112名，占总数的93%。同时，学区和辅导站的组织机构逐年完善，教学班的班、组建设逐年加强，建立班委会，选好班、组长，配备班主任。

三、办学条件、办学规模、办学秩序和教学质量上了新台阶。（一）教学办公条件明显改善。1999年，分院共投资20多万元用于教学和办公设备的建设。军区分院有办公室7间，教材库4间，专用资料柜26个，微机4台，打印机4台，扫描仪1部，复印机1台，传真机1台，刻录机1台，照相机2架，手机2部，电话2部。还为两个政教室添置微机4台，复印机2台。

（二）管理制度逐步完善。分院制定了《中函广州军区分院函授教育管理规定》，对分院开办函授教育的性质任务、方针原则、组织机构、职责划分、教学管理、经费管理等问题作出更加明确、具体的规定；不断完善了学籍、教务、教学和教师管理的工作制度，建立和健全了函授教育监督制度。分院选聘了懂教学、会管理的专家教授，成立了视导组。分院每学期都拿出较多的经费，安排领导、教员下去面授辅导和检查督导。

（三）把好办学的各个关口。在入学关方面，分院实行了“四严”：严格审查招生布点。对某些管理跟不上，出现严重作弊现象的坚决停止招生；严格资格审核，实行逐级审验制度，严格检验资格证明和学历原件；严格组织招生考试；严格执行招生计划，择优录取，不突破招生计划指标。

在教学关方面，抓教师选聘。广东省军区直属机关、南宁军分区、53802部队、53503部队等辅导站，主动聘请当地高校教师到部队进行专题辅导。桂林辅导站，高薪聘请广西师大的教授来上课；抓教案和备课。分院领导以及分管教学工作的同志经常进行检查，促进教案编写规范；坚持集体备课、领导听课、评教评学等制度。抓面授考勤制度。分院采取了点名、登记，面授到课率低于70%者，不准参加期末考试等措施，努力提高面授到课率；分院领导大力普及电化教学，从计划、组织、经费等各方面给予有力支持。使分院的电化教学由点到面，由单学科到多学科发展，拓宽了课堂教学的空间，保障了教学效果。在把“考试关”方面，层层签订考纪考风责任状；严格试卷管理，从试卷的取送、保管到场拆封都必须按规定办，不能有任何疏漏；严格考场纪律，加大对考试作弊者的处罚力度。规定考试夹带小抄者，一律按零分处理，雷同卷一律取消该科成绩，代考一律取消入学资格或学籍，作业做假一律参加总补考；加大巡考力度，每次考试分院均组织6～10名人员到各辅导站巡考，各学区也派出了巡考人员；每学年结束，经分院考查履行职责出色，完成任务好，被评为先进单位和个人的，给予适当的物质奖励，并进行表彰；一旦发现问题，除严肃查处和追究当事人、辅导站负责人及有关领导的责任外，还要从下学年的辅导站办学经费中扣除5%，同时并上报军区政治部领导，给予通报批评或相应的纪律处分。

在把毕业关方面，实行淘汰制。达到学员学籍管理条例规定的缺考课程门数的学员，作退学处理。认真组织毕业论文答辩和终审工作。对毕业班主要科目考卷，进行有重点的检查，对各项成绩重新核对。通过以上措施，确保了函授教育质量。（陈爱民）

成都军区分院

1999年，成都军区分院坚持贯彻“从严办学，质量第一”的方针，加强办学队伍建设，加大办学投入，强化教学管理，认真地完成各项任务。

一、加强组织领导，真正把函授教育摆上重要位置。军区党委和领导高度重视分院建设，在组织领导、制度建设、经费投入等各方面给予大力支持。军区分工一名副政委主抓这项工作。军区政治部领导从工作人员编配到教学管理，都亲自过问。部队各级党委部署年度任务时，同时都要部署函授教育，各级办学单位把党校函授教育纳入了干部在职教育总体规划和部队教育训练之中，做到年初有计划，阶段有检查，年终有讲评。各项工作都能得到很好的落实。

二、加大投入，加强基础设施建设。分院除按规定及时向学区、辅导站返还函授经费外，还增加了经费返还比例，最大限度地保障基层办学。同时，对办学成绩突出的学区、辅导站进行奖励，并对边远地区的学区、辅导站在经费上给予支持，仅这一项分院1999年就投入了50万元。现分院所属16个学区、100多个辅导站普遍配备了保障教学的车辆、电话、传真机、复印机、电脑等办公设备。各学区新添了微机47台、复印机2台、传真机7台、教室35间、桌凳1900套。四川武警学区1999年投入了基础设施经费125万元；其他部队也先后从机动经费中拿出了100多万元，解决所属辅导站函授教育经费不足的问题。某师财力紧张，部队党委千方百计筹措经费设立了学员奖学基金。

三、狠抓办学队伍建设，提高办学人员素质。一是按办学规模，配齐管理人员，解决“有人管”的问题。1999年，云南省军区就增加管理人员4名，四川武警学区增加管理人员11名，基本上能满足办学规模的需要。二是配强管理人员，解决“管得好”的问题。分院领导先后从军地选派思想好、作风正、懂教学、会管理的党员、干部从事教学管理工作。有的学区还专门从地方中、高等学校中聘请懂教育管理的退休校长、教师充当管理人员，参与教学管理，调整、更换了管理不善的管理人员12名。三是根据业务需要开展经常性的培训工作。分院每年要对学区、辅导站工作人员进行两次培训，采取以会代训的办法，组织学习总院办学条例和胡锦涛同志对党校函授教育的历次指示；坚持每周五下午组织全体管理人员学习邓小平理论、政策法规、科技手段，不断提高政治和业务素质。此外，分院还结合年终工作总结和专项工作总结，通过会议和《函授通讯》，及时表彰工作成绩突出的函授管理人员，全年共表彰奖励管理人员40人次，极大地调动了广大工作人员的积极性。

四、强化管理，注重提高办学质量。分院1999年教学计划和教师聘请、备课比以前提前30—40天运作。

（一）抓好自学。分院下发了加强自学管理的通知，要求各学区、辅导站制订切实可行的措施，认真加强对学员的自学指导，积极推广“四查四看”和“四句话”的自学经验。“四查四看”：一查学员对课本的翻阅和勾画情况，看书读了没有；二查学员的学习笔记，看自学入脑入心没有；三查学员作业，看作业请人代劳没有；四查学员自学时间安排情况，看个人计划订了没有。“四句话”：订出计划挤出时间学；提高功效，腾出时间学；减少应酬，静下心来学；见缝插针，处处留心学。较好地推动了广大学员的学习。同时，采取交叉配对，以好帮差和机关带基层的办法，帮助学员自学。学区和辅导站还设置了学费报销浮动基金和建立目标激励制度。拓宽自学渠道，向社会实践学习，在法庭审理案件时，组织法律专业的学员分批参加旁听，掌握和熟悉案件审理程序及方法，共达2000多人次；先后组织经管学员参观驻地厂矿、企业单位40多个，并请了负责人介绍管理经验。

（二）抓好面授。教务处在每学期开学初根据总院计划，结合分院驻军实际，统一拟订和下达全学期教学计划，进行总体部署。然后，各学区、辅导站再根据本单位情况，合理制定阶段计划，提交本级首长办公会议研究，纳入部队教育训练总体规划，尽可能做到不与部队教育训练相冲突。对任课教师实行聘任制。根据各专业、班级的教学要求，从各地高等军、地院校中择优选聘专业对口、教学经验丰富的教员担任授课教师。每学期面授前两月便将教材、录音带送到任课教师手中。为让教师备好课，多次派出教师参加总院和全军函办在全国各地举办的备课会、报告会、研讨会。有的师、团辅导站充分发挥部队人才优势，建立了一支较为稳定的教师队伍，从干部队伍中精选出具有本科以上学历，又懂一门专业技术或取得技术职称的干部进行集中训练，请地方院校教授给他们担任部分课程的兼职教员。建立严格的听课考勤登记制度，实行课前签到，有事请假，缺勤扣分的约束机制。先后对40多名无故缺课的学员进行通报批评，20多名学员给予退学处理。认真执行总院对无故不参加面授的学员不能参加期末考试的规定，大大提高了学员的到课率。建立补课制度。部分学员和基层干部有时因训练、探亲、出差等原因，确实无法到课，辅导站就安排时间组织补课，确保学员不掉队、不漏课；或将面授内容制成录音带、录像带，及时发送到边防哨所学员手中，让他们收听、收看，切实做到“点多线长人不散，函授学习有人管”。

（三）抓好考试。分院、各学区、辅导站都建立了专门负责考务工作的领导班子，层层把关，组织落实，责任到人。采取会训结合的办法，组织学习考务规章，熟悉业务，规范行为，整肃考风，强化考纪，并建立“责任书”签字负责制，谁出问题“板子”就打在谁身上。考试期间，除各部队政治处、军区宣传部教育处投入主要精力外，还分别从组织、保卫、纪检部门抽调人员组成巡考小组，对各所属部队考场进行巡视检查。主、监考人员经培训持证上岗。有的学区还继续聘请地方党校、院校教师负责监考。以上措施，有力地保证了办学质量。

（张湘璧）

兰州军区分院

1999年，兰州军区分院坚决贯彻落实胡锦涛同志关于党校函授教育一系列指示精神，规范办学行为，促进了分院办学整体水平的提高，保证了各项工作的圆满完成。

一、开展“办学队伍建设年”活动，提高办学整体水平。（一）完善组织机构，建立高素质的师资队伍。分院对自身的组织机构进行了进一步调整和完善，依托西安陆军学院成立了教学组，专门负责分院的面授辅导、作业评阅、毕业论文指导、答辩和开卷考试课程的命题、阅卷等工作。教学组现配备了18名专兼职教员，其中，副教授或副师职以上教员4名，其他几名也都是具有几年教龄的优秀教员。教学组开展集体备课、试讲、评教评学等活动，组织教员参加总院组织的备课会，到兄弟院校参加学术研讨和学习。1999年上学期，教学组组织了第一次面授辅导，教员们高超的讲课水平受到了广大学员和各单位的一致好评。

（二）加强管理队伍培训。不定期地组织大家学习总政和总院的规章制度，坚持按章办事；对他们进行思想道德教育，培养他们纪律严明、作风正派、按章办事的良好作风，防止和克服教学管理中的不良风气；狠抓业务培训和以会代训，提高业务能力，积极组织他们参加各种在职教育，提高自身素质。分院还实行了岗位责任制，制定了《党校函授工作人员职责》，并打印成条文，张贴在每个人的办公桌前，以便于大家时刻对照检查。

（三）及时调整补充，确保领导到位。分院通过各种渠道，了解到各单位调整情况后，立即要求各单位将调整后空缺的领导位置及时增补，以稳定班子，加强领导。6月，军区宣传部调整领导成员，分院都及时向军区政治部首长反映，将分院领导也作了相应调整，并将分院工作向新任领导作了具体汇报，既保证了分院领导工作的连续性，又维持了分院正常的工作秩序。

二、深入开展教育评估，努力规范办学

行为。（一）周密安排部署。分院召开办公会，专门研究评估工作，成立评估领导小组，制定了《教学质量评估方案》和《学区、辅导站评估细则》，下发了《关于开展中央党校函授教育评估的通知》，要求各单位认真贯彻总院和全军函办的有关规定，积极开展教育评估。2月，下发了《关于进一步落实中央党校函授教育评估方案的通知》，从时间、方法、步骤上作了严格规定，并指定新疆军区学区和甘肃省军区辅导站为试点单位，为分院全面开展评估摸索一条自评自查的路子。4月，召开了军区部队党校函授教育工作会议，介绍了新疆军区和甘肃省军区试点经验。

（二）加强督查指导。分院先后三次派人到各单位检查指导评估工作落实情况。分院对白银、武威、张掖、酒泉和甘肃省军区辅导站及部分教学班进行了一次全面检查，7月，对新疆军区学区及个别辅导站的评估进行了检查验收。

（三）认真解决问题。9月下旬，总政宣传部王峻岩副局长带领工作组对分院的评估工作进行了检查验收，并获得通过。之后，分院召开了专题会议总结评估工作，主要是对评估中查到的学员成绩管理不规范、学员自学和作业制度不健全、电化教学流于形式、办公效率低、部分辅导站教学设施不完善、面授辅导教师的专业不对口等问题进行了认真分析和研究，制定了《兰州军区分院学员成绩管理规定》、《关于加强中央党校函授教育管理的通知》等整改措施和今后三年发展规划，争取在一年内，解决教学管理不规范等问题；用三年时间，建立一个正规的电化教学秩序，实施全分院网络管理、学籍、资料、学员成绩和财务往来等各种管理数据的网络传递和信息共享，提高了工作效率。

三、贯彻胡锦涛同志指示，加强分院自身建设。（一）在提高认识上下功夫，坚持正确的办学指导思想。一年来，分院一直坚持把“质量第一、效益第一、声誉第一，从严治教、从严治学、从严治管”贯穿于办学的全过程；坚持把“服务教学、服务基层、服务学员”作为思想建设的重要内容贯穿于整个教学实践过程。

（二）在组织管理上下功夫，盯住薄弱环节做工作。军区从各大单位抽调人员组建了分院办公室，较好地解决了机构编制问题。1999年，分院办公室和教学组专职管理人员增加到12名。同时，依托宣传部门，建立了严密的党校函授教育管理网络，各级按照逐级管理、分工负责、统一协作的原则，充分发挥业务部门的作用和函授组织的整体效能，在全区部队基本形成了一个“工作有人管、情况有人知、上下能沟通、左右能配合”的管理体系。（陈扶军　李俊杰）

北京市公安局直属学区

1999年，北京市公安局直属学区继续贯彻落实胡锦涛同志关于党校函授教育的批示精神和中央党校1999年函授教育工作会议精神，深化教学改革，强化科学管理，加强辅导站建设，提高办学队伍整体素质，努力把公安局党校函授教育工作提高到一个新的水平。

一、把办学指导思想统一到胡锦涛指示精神上来。市公安局直属学区坚持正确的办学指导思想，组织全体办学人员认真学习，并进一步加深对胡锦涛同志关于党校函授教育一系列指示精神的理解，把握其精神实质，提高贯彻的自觉性；从严要求，认真查找各方面、各环节存在的问题；结合学区自身特点，有针对性地制定出切实可行的措施，进一步加强自身建设，强化规范管理，提高教学质量。

二、狠抓教学质量，推进素质教育。（一）认真做好函授教师的选聘工作。在选聘工作中，学区根据辅导站和学员的反映，加大管理力度，聘用讲课认真、经验丰富、熟悉公安业务的教师，以保证函授质量。

（二）用新的考勤办法保证听课率。3月，市公安局直属学区开始实行上课填写《听课考勤卡》和《学员考勤作业统计表》的新办法。学员每上一课都亲自填写《听课考勤卡》，课后收卡，学员不得代填代交。迟到、早退由班主任或考勤员在卡上做标记；学员每交一次作业，班主任要及时认真填写《学员考勤作业统计表》。学期期末公布考勤、作业统计数字，并报学区备案。大大提高了学员听课率和作业完成率。

（三）扩大面授辅导范围。学区扩大面授辅导范围，尽可能多地选派教师到辅导站对学员进行辅导，及时解答学员在学习中遇到的疑难问题。调动了学员的学习积极性和主动性。

（四）抓好毕业论文工作。学区成立毕业论文工作小组，抓好选题、辅导、撰写、答辩4个环节，确保学员把学到的理论知识用来指导实际工作，解决工作中的实际问题。

（五）加大对辅导站的检查指导。检查指导的内容有：辅导站的日常教学情况、学员的到课率、作业完成率和自学情况，根据学区整体的工作安排，学区对每个辅导站一年至少检查3次，并将检查结果通报全学区。

三、表彰先进辅导站。1999年，市公安局直属学区写了《关于总院在党校函授教育中开展评估的报告》。1月19日，学区向各辅导站发出《关于召开函授教育自我评估工作表彰会议的通知》。1月27日，在党校礼堂召开表彰会。总结了辅导站自查和学区对辅导站检查验收的情况。表彰了丰台分局、巡警总队、崇文分局、公交分局、东城分局、交管局等6个优秀辅导站；西城、朝阳、地铁、石景山、通州、宣武、海淀等分局辅导站和大兴县局辅导站，被评为“整改成绩显著辅导站。并向上述14个辅导站颁发奖状和奖金。表彰会后，14个辅导站认真查找差距，充实调整人员，加大投入，决心打翻身仗，学区转发了他们的整改报告。

四、加强学区、辅导站自身建设，不断提高教学管理水平。抓好教学管理和办公自动化配置，做好与总院联网的准备工作，加快教学管理和办公自动化进程。加强办学队伍、领导班子和师资队伍建设，认真进行业务学习和培训。1999年，对三支队伍各培训一次，主要内容是学习胡锦涛的指示、总院及学区的管理制度，交流工作经验，进行业务培训等。

五、召开评估工作现场会和班主任研讨会。9月16日，北京市公安局直属学区在丰台分局辅导站召开函授教育评估工作现场会，辅导站所在单位的主管领导和函授工作人员共50人参加现场会。由直属学区组织各辅导站有关人员按照总院的评估指标体系，逐条逐项地观看了丰台分局辅导站的资料展示。

9月29日，北京市公安局学区召开党校直属站班主任工作研讨会，对如何做好班主任工作进行了研讨，会议围绕考勤、作业、自学、党性锻炼、毕业班工作和学籍管理等方面进行研讨和交流，并对前一段班主任工作做了总结。研讨会还结合直属站班主任工作实际，从落实制度、组织学员上好课、补好课、与学员单位联系、开展政治思想工作、严格执行奖惩制度、收发教学资料等8个方面对班主任提出了要求，明确了班主任的工作职责。从思想觉悟、工作作风、专业知识、工作纪律等4个方面提出了班主任加强自身建设的要求。

（北京市公安局直属学区供稿）

经验篇

中央党校 1999 年函授教育工作会议经验材料选登

把握党校函授教育的规律

江苏分院

党校函授教育自创办起，就受其自身特点、规律的制约与影响，在其规律的作用下不断地发展、壮大起来。在一般情况下，只要遵循其内在规律，事物就能有大的发展，规律促进发展；反之，事物就会倒退，甚至灭亡。党校函授教育的发展，产生了内在规律，正是在其规律的作用下而不断地壮大起来，成为遍布全国各地的党员干部教育实体。具体有以下三条规律：

党校特色规律。这是影响与作用党校函授教育产生与发展的一个最重要的规律。党校函授教育在教学与管理中始终较好地体现了党校教育的特色，以培训干部为职能，以党员干部为对象，实施以提高思想政治素质为重点的综合素质教育，实现“掌握基本理论、充实专业知识、增强党性修养、提高实际能力”的培训质量要求，围绕社会主义现代化建设的需要科学设置专业与课程，结合党员干部在职在岗学习的特点施以教学方法，努力使学员掌握现代化建设的必备知识和实际本领，并注重运用现代化的教学与管理手段。如果党校函授教育体现不出党校特色，如无水之鱼、无源之水、无本之木，便失去了生存、发展的依托。因此，党校函授教育只有坚持党校特色不动摇，才能不断地发展。

质量决定规律。质量是一切教育的生命，也是党校函授教育的生命。党校函授教育之所以能从小到大，从无到有，取决于教育质量。十多年来，党校函授教育已培训了逾百万名各级各类党员干部，在推动社会主义现代化建设事业，增强综合国力，实现中华民族伟大复兴中，作出了重要的干部人才支持与知识贡献。党校函授教育的质量，包括在文化科学、专业知识方面达到国民教育相应专业的水平，更含有马克思主义理论水平、党性修养、领导素质和管理能力方面的较高要求。党校函授教育正因为有较高的教育质量，才取得了社会各界的支持。得到了党中央的充分肯定，办学声誉与社会地位不断提高。教育成为产业，从经济发展的规律看，必然要求市场化。在市场经济中，教育好比一块大蛋糕，社会各种办学力量都要争吃这块“蛋糕”，谁能吃到这块“蛋糕”，并且能吃到更多一些，这取决于办学单位的综合实力——教育质量的优劣。党校函授教育在教育活动日趋市场化的未来，能否保持现有的发展势头，并且不断地发展，在于不断地提高教育质量，在于坚持质量决定论这条规律办学。

社会需求规律。从市场经济发展的规律角度上讲，需求拉动发展。换一句话说，没有需求，就不会发展。作为教育这块市场的一个组成部分，党校函授教育的发展也必然受到市场经济规律的制约，从而派生出内在的发展规律。党校函授教育发展的社会需求体现在以下三个方面：一是党的事业需求。党校函授教育的产生与发展是我国社会主义现代化建设的需要，是广大党员干部提高思想理论政治素质的需要，也是我们党把自己建设成为思想上、政治上、组织上完全巩固，并能永远站在时代前列的伟大马克思主义政党的需要。二是干部教育的需要。随着知识经济的到来，新兴的产业必将大幅度发展，以人的发展为目的的教育势必成为新世纪最具竞争性、最有活力的产业部门，而作为对经济建设的领导者、社会事务的管理者的教育——干部教育成为教育产业中的重中之重。三是国家建设的需要。我国是社会主义国家，处于初级阶段，属于发展中国家，综合国力远远落后于发达国家，我们承担着“补课”与赶超先进的双重任务；再加上国际资本主义与敌对势力亡我之心不死，在这样的基础与环境中，建设社会主义现代化国家，我们共产党人任重而道远，对党员干部的素质要求越来越高。一言以蔽之，党员干部教育是 21 世纪教育产业最重要的一块，这是党的事业发展、经济建设和社会进步的内在逻辑所决定的。可以说，随着干部素质不断提高和社会主义现代化建设事业的发展，党校函授教育事业不仅不会停滞不前，而且会有更大的发展，只是对党校函授教育的层次与水平有更高的要求而已。因此，党校函授教育只要始终遵循社会需求规律办学，就能保持持续、健康发展的态势。

坚持正确的办学指导思想是分院建设的灵魂

山西分院

坚持正确的办学指导思想，是分院建设的灵魂，这是由分院所处的地位决定的。分院的办学指导思想是否端正，直接关系到全省函授教育的状况，决定着函授教育的办学方向，影响着函授教育事业的兴衰成败。胡锦涛同志针对党校函授教育的多次批示精神，核心就是要求端正办学指导思想。中央党校常务副校长郑必坚同志多次强调，党校函授教育是我国社会主义现代化建设事业的需要，是广大党员干部提高思想理论政治素质的需要，也是我们党把自己建设成为思想上、政治上、组织上完全巩固，并能永远站在时代前列的伟大的马克思主义政党的需要。因此说，党校函授教育事业是一项政治性很强的事业。他从这个高度来提出和评价党校函授教育事业，要求我们不断丰富和深化对办学指导思想的认识。经验告诉我们：办学指导思想是函授教育工作的总闸门，是我们观察和处理一切问题的关键，是贯穿于分院建设和发展全过程的重大原则问题。

端正办学指导思想，是一项非常艰巨而复杂的工作。随着办学过程时空条件的变化，可以表现出各种各样的有悖于办学初衷的思想认识和行为动作，干扰和冲击正确的办学指导思想的贯彻。解决办学指导思想问题，不能只靠一般号召，不能只靠一般要求，而应有重点地、有针对性地解决问题，同时注意其反复性的特点，坚持在办学全过程都认真解决这个问题。我们山西分院在端正办学指导思想方面的基本做法是，抓住一个重点，处理好三个关系，实现两个转变。

“抓住一个重点”，指的是在端正办学指导思想中，要重点解决各级党校和函授部门领导的思想认识问题。我们认为，在办学指导思想方面暴露的种种问题，诸如组织管理与办学规模不相适应；执纪不严、考风不正；片面强调创收，贯彻“以学养学”的方针不一贯、不彻底；等等，说到底，是领导的指导思想有问题，是领导的认识不到位。为此，我们始终把工作重点放在抓领导上。各级领导的指导思想端正了，问题就好办了。我们要求各级领导要把中央领导同志的指示和总院的办学方针，结合办学实际，通过召开专门会议、剖析典型事例、停止和限制招生、深入巡察等形式，反复不断地进行指导思想的宣传、教育，促使各级领导不断深化对端正办学指导思想的认识，提高贯彻“从严办学，质量第一”方针的自觉性。特别是1995年总院授予山西分院“优秀办学单位”之后，我们力戒骄傲自满，决定在成绩面前找差距，自我加压。1996年用一年的时间在全省范围内开展了以端正办学指导思想为重点的全面整顿，1998年和今年上半年又及时抓住教育评估的契机，对全省党校函授各单位的领导再次强化指导思想的教育。通过抓领导、领导抓，推进了函授教育事业的健康发展。

在端正办学指导思想的过程中，我们强调有针对性地“处理好三个关系”。第一，正确认识和处理社会效益和经济效益的关系。明确办学目的，坚持社会效益第一。函授教育的根本目的，是为社会主义现代化建设事业培养高素质的党员干部。针对一些同志把经济效益放在第一位，把办函授作为创收的手段，而由此派生了舍不得投入、放松管理、应付搪塞的错误倾向，分院制定了包括从选聘教师到期末考核，从教学到管理诸环节的规章制度，同时加大监督检查的力度。第二，正确认识和处理教育质量和招生数量的关系，强化“质量第一”的意识。教育质量是教育事业的生命和灵魂，只有在保证质量的前提下，数量才是有意义的、合理的。针对在实际工作中，有的学区和辅导站为了追求经济利益而一味盲目增加招生数量，录取新生时谋求迁就照顾等现象，分院制定和实施了“报名过三关”，“考试验两证”和“控制规模、择优录取”的制度和措施，严把入口关；实施了以保证教学和管理质量为核心的“教学抓四严”（严密组织、严肃教学、严谨治学、严格考核），严把教学关；实行了“毕业三审制”，“课题、论文指导责任制”，严把出口关。在质量问题上要求认识、责任、措施、工作四到位。第三，正确认识和处理坚持原则与照顾亲情的关系。处理好这个关系的关键在于面对领导、亲友、熟人能否坚持原则，按章办事，一把尺子衡量。这些年来，分院领导及各职能科室，严格按招生和毕业条件对待所有的人和事，秉公执纪，严格管理，分院领导经常强调，并身体力行，绝不把一个不符合条件的人招进来，也不能把一个不合格的学员放出去。我们山西分院在贯彻执行正确的办学指导思想方面，态度是认真的、坚决的、一贯的。这也是十多年分院建设最重要的成果。

“实现两个转变”，就是在管理上实现从粗放管理向集约管理的转变，在培养方法上实现从应试教育向素质教育的转变。通过加强科学管理和实施素质教育，从根本上、整体上提高管理水平和教学质量，为培养和造就高素质的干部队伍服务。

注重结合是加强分院建设的有效途径

吉林分院

实践的观点，是马克思主义认识论之第一的和基本的观点。实践出真知，实践长才干。分院自身建设亦然，结合教学管理一起去抓，围绕中心任务一道去做，就能收到事半功倍的效果。我们的主要做法是：把握基本问题，抓住薄弱环节，联系分院自身建设实际，努力提高分院的整体素质。

把握基本问题，强化分院自身建设，就是紧紧围绕事关党校函授教育质量和健康持续发展的主要问题，通过这些问题的解决，进而加强分院自身建设。诸如，端正办学指导思想问题，严格规范管理问题，提高教学质量问题，优化办学主体素质问题，可以说都是党校函授教育的基本问题，同样也是加强分院自身建设的基本问题。行之有效的方法是，将这些基本问题细化、实化、深化，同教学管理实践与教学管理队伍建设结合起来、统一起来，同党校函授教育的未来发展联系起来，做到常抓不懈，常抓常新。例如，教学质量问题，不仅有教员和学员的因素，同时也有管理人员的因素和管理的问题。管理出质量，管理出效益，说的就是这个道理。为此，我们一方面，要求办学人员强化质量意识、责任意识、忧患意识，函授兴衰，人人有责。另一方面，实行质量管理，落实质量责任，做到决策无失误，管理无差错，工作无违纪。不仅有效地提高了教学质量，也提高了办学队伍素质。

抓住薄弱环节，强化分院自身建设，就是把工作重点放在解决不容忽视的问题上，把提高领导水平和管理能力同解决教学管理中的薄弱环节结合起来，把解决薄弱环节作为加强分院自身建设的主攻点和突破口，务求取得阶段性、突破性成果。例如，考风考纪问题，虽然问题出现在少数学员身上，但与分院自身建设不无关系。尤其与办学指导思想端正与否，管理严格与否有着密切的联系。所谓“严格吃亏论”就是例证。针对这一问题，一方面，我们反复进行端正办学指导思想的再教育，深入学习中央领导同志关于党校函授教育一系列重要指示，自觉坚持用邓小平理论指导党校函授教育工作，排除不良干扰，克服消极影响，强调任何时候，任何情况下都要坚持正确的办学方向。另一方面采取加细、加密措施，包括命题、组卷，试卷保管、收发；选聘、培训监考人员，落实监考责任，规范考场设置，加大督导力度；严密评卷、登分程序，实行考试质量分析，通报考风考纪情况等。既解决了考风考纪中存在的主要问题，又加强了分院自身建设。实践表明，把握基本问题，抓住薄弱环节，改进管理工作，分院自身建设才能有突破、有创新、有作为。反之，脱离实际问题，脱离教学管理的实践，坐而论道，纸上谈兵，不敢碰硬，不思进取，加强分院自身建设只能是良好的愿望。

分院自身建设是一个动态过程，永无止境的发展过程。这个过程又与党校函授教育实践紧密地联系在一起，只有结合着教学管理一起去抓，一道去做，才能切实地加强分院自身建设。这个过程又是有目标、有组织、有领导、有秩序地进行的，不可能一蹴而就，一劳永逸，只有精心设计，精雕细刻，精益求精，才能不断提高分院的领导水平和管理能力，在激烈的竞争中，奋发向上，锐意创新，开拓前进。

建设高素质的分院管理队伍

甘肃分院

在党校函授教育的网络体系中，分院发挥着承上启下、统管一方的宏观管理职能。一个分院的管理水平和办学质量如何，与分院管理人员的素质有直接关系。近年来，甘肃分院不断采取有力措施，加强管理队伍建设，特别是今年制定了《关于提高分院管理人员队伍素质的暂行规定》，使管理队伍建设走上了制度化的轨道，并取得了一些成效。

我们的体会是：

一、提高管理人员素质，是端正办学指导思想的一项极其重要的工作。在解决了“为什么办学”这个首要问题之后，就必须在办学实践中认真解决好“什么人办学”的问题。一般来说，由“什么人办学”，就会有什么样的管理水平，就会有什么样的教学质量；同时，由“什么人办学”又关系到办学实体的形象和声誉。因此，提高管理人员素质，必须同进一步端正办学指导思想，维护党校函授教育的形象和声誉结合起来，深化认识，高度重视，认真加以解决。

二、提高管理人员素质，是全面推进素质教育和参与教育市场竞争的需要。一方面，推进素质教育首先要求教育者有更高的层次和素质，没有一支与素质教育相适应的管理队伍，就不可能有真正意义上的素质教育；另一方面，没有一支高素质的办学主体队伍（特别是管理队伍），就不可能在教育市场的激烈竞争中站稳脚跟，就会在竞争中被淘汰。因此，提高管理人员素质，既关系到在党校函授教育中能否全面实现素质教育这个根本性的转变，又关系到党校函授教育的生存和发展。

三、提高管理人员素质，要紧紧依靠各级党政部门和党校校委的大力支持。管理人员的选配、培训以及学历、职称等，仅仅局限于分院自身的力量，往往是难以解决的，必须通过大量的沟通与协调工作，将其纳入各级党政部门和党校校委的议事日程，作为党校教育的重要组成部分，统筹解决。

四、提高管理人员素质，要有全面规划和具体指标。要把提高管理人员素质的工作，作为分院的一项基本建设，纳入重大发展战略，在进行调查研究的基础上，作出近期、中期和长远规划，并结合政治思想、业务能力、学历、职称等要求，制定具体的“素质指标”，按照“自我培养、调整充实、全面提高”的原则，有计划、有目标地逐步落实。

五、提高管理人员素质，要体现“精兵强将办函授”的主导思想。提高管理人员素质，是为了维护党校办学的形象和声誉，确保党校函授教育的质量，更好地为培养高素质的干部队伍服务。因此，要在提高素质上下功夫，要在管理水平上看实效，要在教育质量上出成果。决不能就事论事，更不能坐而论道，必须紧紧抓住“管理”和“质量”这两个相互联系的主题，内强素质，外树形象，扎扎实实地练好内功，走“以管理促质量”的发展路子。

总之，加强办学队伍建设是一项全方位的系统工程。提高管理人员的素质，要结合新形势、新任务、新问题，有的放矢地开展工作。面向21世纪，党校函授教育将怎样发展，围绕这个大课题，要进一步研究办学队伍建设的深层次问题。只有搞清楚这些问题，才能全面把握办学队伍建设的正确方向和目标，进而制订科学的规划和切实的措施，真正把提高办学主体素质的工作落到实处。中央党校副校长、函授学院院长张志新同志要求函授教育做到“精兵强将上讲台，精备细讲求质量，精雕细琢育人才”。我们决心以此为鉴，进一步加强办学队伍建设，把甘肃分院的工作做得更好。

营造良好的办学环境

云南分院

一、塑造一种良好的党校函授教育形象。党校函授教育的声誉和形象，关系到党校函授教育的生命。真心实意抓质量，正确处理经济效益与社会效益的关系，把党校函授教育的目标定位于为党政机关、企事业单位培养高素质人才，为云南社会经济发展服务。扎扎实实抓管理，死死扭住招生、考风考纪、党性教育等严重影响党校函授教育声誉和形象的环节不放。良好的形象是营造良好的办学环境的基础。最近进行的几项抽查表明，组织、宣传、人事部门和学员的所在单位的领导对党校函授教育的评价较高。例如，有50%的组织、宣传、人事部门的同志认为党校函授教育的考风考纪非常严格，50%的人认为比较严格。有26%的学员所在单位的领导对党校函授教育非常满意，72%的人基本满意，不满意的只占2%。昆明陆军学院一位对党校函授教育比较熟悉的知名度较高的副军级教授认为，云南党校函授教育是“培养干部的沃土”，“净化干部灵魂的净土”，“成人学历教育的热土”。

二、主动争取党委、政府的重视。党校函授教育要争取党委、政府的重视，最重要的是教学内容必须贴近当地实际，适应当地社会经济发展，充分体现社会效益。为此，我们要求中函各班次的面授教学、毕业论文写作等各个教学环节，都要紧密联系当地实际，注意分析解决本地社会发展的热点、难点问题。考虑到云南是多民族地区，经请示总院同意，我们在中函的各班次开设了“民族理论与政策”课。在省函的专业、课程设置中，我们坚持从云南的实际需要出发，社会需要什么专业，就创造条件开设什么专业；干部需要学习什么课程，就想方设法开设什么课程。

三、主动争取有关部门的支持。党校与组织、纪检、宣传、人事教育等部门有天然联系。发展党校函授教育，没有这些部门的支持和参与，势必寸步难行。争取有关部门的支持，最重要的是要找准“结合点”与“兴奋点”。党校培养干部，组织部门考核使用干部。为争取组织部门的支持，我们把党校函授教育自觉纳入当地干部培训规划，主动邀请组织部门参加党校函授教育的重大活动，经常向组织部门反馈函授学员学习期间的表现，在云南，党校函授教育的重要环节都有组织部门的参与，绝大多数学区、辅导站考生报考党校函授都经组织部门一一审批，有些学区和辅导站的报名手续也由组织部门经办。要争取有关部门的支持，还要寻求一种适当的载体。我们的做法是成立“函授教育指导小组”，该小组由省委党校牵头，聘请省委组织部、省委宣传部、人事厅、教委、保密局、省委直属机关工委、省级国家机关工委等部门参加指导小组，每年召开两次例会，研究办学规模、教学改革、招生录取等政策性问题，协调办学关系，对函授教育的教学、管理进行检查、监督、指导。

在党校内部，分院发挥好函授教育的作用，协同各部门，形成全校上下各部门协力办好函授的局面。每年招生、录取、办学的大思路，都由分院在充分调研的基础上提供研究决策方案，在全校充分讨论。各教研部负责安排推荐各学科的教师，分院向教研部反馈教学情况。学员部参与安排班主任及学员管理。组织人事部门统一计划安排教师的进修培训。总之，充分发挥各职能部门的作用，分院又充分行使教学管理的职能，统一协调、统一指挥。

四、上级为下级排忧解难。云南分院建立了院长分片联系制度，每个院领导联系若干学区，主要职责除了对学区工作进行检查指导外，还要帮助学区协调它们自身难以协调的问题。有的学区也建立了类似的制度。

面向21世纪
为西部大开发培养人才

青海分院

21世纪是知识经济逐渐占据主导地位的世纪。21世纪，对于西部地区来说，也是一个加快开发的重要历史时期。今年以来，江泽民总书记多次就加快西部地区开发问题作了重要指示。江总书记指出，要抓住世纪之交的历史性机遇，不失时机地加快西部地区的开发。现在，加快西部开发的条件已基本具备，时机已经成熟。这要作为党和国家的一项重大的战略，提到更加突出的位置。最近，朱镕基总理到青海考察，明确指示，要加强教育，培养人才，作好西部大开发的人才准备。因此，党校函授教育如何面向21世纪，为西部大开发培养党的高素质干部队伍，已经成为我们面临的一个重要课题。

青海分院经过六年的发展，已经成为党校干部教育的重要组成部分。通过函授教育，有效地加快了青海干部队伍的培训步伐，提高了青海干部队伍的整体素质，得到了省委领导的肯定。正如原省委书记、党校校长田成平同志所讲的：“我省党校函授教育办得是好的，方方面面的反映也是好的”。但是，我们也应看到，由于教学手段现代化程度低，教育方法基本上还是沿用传统的培养人才模式，重知识传授，而培养学员的综合素质不够。这种状况与全面推进素质教育的要求是不相符的，与党校函授教育担负的培养党的高素质干部队伍的神圣使命是不相适应的。对此，我们要予以高度重视，采取切实措施加以解决。

一、深化教学改革，提高教学质量。函授的工作重点是教学。其办学水平的高低，归根到底在于教学质量的高低。深化教学改革，要围绕着提高教学质量而展开。要采取切实的措施和步骤，使素质教育落到实处。

1. 要转变陈旧的教育观念，不断消除“为应试而教、为应试而学”的应试教育影响，克服把学员当作被动接受知识对象的思想，增强素质教育意识。牢固树立使受教育者素质全面发展的观念。

2. 深化教学内容改革。江泽民总书记在中央党校省部级领导干部金融研究班的讲话中强调，各级领导干部要坚持用马克思主义理论来指导我们的实践，要用人类社会所创造的一切文明成果来丰富提高我们自己，特别强调不但要学习理论，而且要学现代经济知识、现代科技知识和历史知识。我们教学内容的改革，就是要按照江总书记的要求，根据培养高素质干部队伍的要求，坚持“三个面向”，立足于干部综合素质的提高，在确保马克思主义理论基础课地位的前提下，针对不同的培训对象、培训目的、培训要求，增加现代经济、现代管理、现代科技知识和理工类、历史类、文学类等学科的新内容，增加外语、电脑等技能培训的新内容，构建新的教学内容体系。使学员在学习社会科学的同时，掌握一些必备的自然科学知识和现代科技基本技能，使教学内容适应学员在改革开放和现代化建设中的实际需要，贴近学员所关心的重大现实和理论问题。用科学理论武装学员，用丰富的知识启发学员，增强教学内容的针对性和实效性，使学员学有所获、学有所成、学有所用。通过学习，提高自己的综合素质。

3. 改革教学方法。教学方法的改革，必须研究干部在职在岗教育的规律和特点。针对函授学员中干部多、实践经验丰富、知识面广、文化水平相对比较高的特点，进一步完善“两为主、一加强”的教学方法。改变由教师单向灌输知识的传统做法。面授教学要重启发、重研讨、重引导、重答疑，积极推行启发式、讨论式的教学方法，培养学员大胆思维、独立思考、敢于质疑、敢于发表不同意见的精神和品格。在教学中，要坚持贯彻理论联系实际的原则，注重培养学员理论联系实际的能力，使学员能够运用科学理论分析、解决改革开放和社会主义现代化建设中所遇到的实际问题。

二、加强教材建设。党校函授教材是适应干部在职在岗学习的知识载体，是提高党校函授教育质量的基础。要使教材建设紧跟时代步伐，及时反映中央的新精神和法律、法规的新变化，及时汲取和反映当年学术研究的最新成果，增强教材内容的基础性、实用性、时代性和新颖性。作为分院在教材建设上，一是要在函授教学中尽早使用中央党校组织编写的“三基本”“五当代”教材，提高党校函授教材的水准；二是要组织具有高级职称的专家、教授编写适应干部教育的“乡土教材”，使函授教育能够紧密结合青海建设的实际，提高函授教育质量。

三、深化教学管理改革。改革和加强教学各个环节和学员学习生活管理各方面的力度，是提高教学质量的重要一环。当前，我们要加大教务管理力度，严格教学各环节的监督和管理，增强教学的计划性、科学性和管理的规范性。要按照“从严治校，从严治学”的原则，建设良好的校风、院风、学风。无论是脱产培训，还是函授教育，都必须把强化党性教育，增强学员的党性修养贯穿于教学与管理的全过程。

上述情况是青海分院在建设中的几点具体做法，尽管在分院建设中尚存在着需要解决的重要问题，但我们深信，只要我们能够认真按总院的要求，采取切实可行的措施，把总院的精神，扎扎实实地贯彻到办学实践中去，在省委和校委的正确领导下，分院建设定能取得长足发展。

努力探索军队党校函授教育的路子

成都军区分院

成都军区分院建院四年来，在总院和全军函办的具体指导下，坚持“从严办学，质量第一”的办学方针，不断端正办学指导思想，加强办学主体队伍建设，狠抓教学环节落实，重视建章立制，加大基础设施投入，函授教育逐步走向规范化、制度化。目前，分院已形成较为系统的中函教育网络，担当起培养高素质干部队伍的重任，培养高素质人才，是军队建设的长远大计，是科技强军的当务之急，也是我们创办党校函授教育的出发点和落脚点。

一是把党校函授教育真正摆上位置。我们分院地处西南边陲，经济文化相对落后，部队科学文化水平发展不平衡，尤其是云南、西藏边防部队，受地域条件限制，官兵的科学文化教育受到一定影响，干部具有大学本科和大专的比例比较低。这一现状与部队面临的形势和任务要求很不适应，严重制约了战斗力的提高。针对这一问题，军区党委以高度的政治责任感和固边强军的战略眼光，积极支持创办党校函授分院，并由一名副政委主抓这项工作。军区政治部领导切实加强工作指导，把办好函授教育作为提高部队干部队伍素质的一项重要工作来抓，作为落实“科技强军”战略方针的重头戏来唱，从分院创办到初具规模，从工作人员编配到教学管理，都亲自抓，亲自过问。军区宣传部长期坚持议学、管学，把函授教育列入日常工作，坚持每季度专题分析办学情况，解决存在问题，明确阶段要求。各级党委切实把函授教育纳入议事日程，每年部署年度任务时，都要同时部署函授教育，常抓常议，无论是党委会还是办公会，都少不了函授教育的内容，领导下部队蹲点，忘不了检查指导函授教育。各级函授组织把党校函授教育作为部队科学文化教育的重要内容，纳入干部在职教育总体规划和部队教育训练之中，做到年初有计划，阶段有检查，年终有讲评。由于各级党委的高度重视，党校函授教育的各项工作得到了较好落实。

二是在财力上舍得投入。分院创建之初，军区投资 50 多万元为分院修建了一栋两层楼的办公用房，投入 50 余万元统一配置了各类办公设备。分院所属的 16 个学区、112 个辅导站先后投资 200 余万元，普遍配备了教学保障车辆、电话、传真机、复印机、电脑等办公设备。分院与学区之间还建立了互联网，增强了办学科技含量，提高了工作效率。为帮助基层单位解决实际问题，军区分院在办学中采取倾斜政策，加大对学区和辅导站的扶持力度，积极为基层办学创造条件。分院除按规定及时返回函授经费给学区、辅导站外，每年还递增经费返回比例，最大限度地保障基层办学。同时，我们还坚持对办学成绩突出的学区、辅导站实行奖励，对边远艰苦地区的学区、辅导站给予经费倾斜和扶持，仅这两项分院每年就要拿出 50 多万元。办学四年来，军区宣传部不仅没有创收，还从宣传经费中拿出 30 多万元投入函授教育。各部队也先后从机动费中拿出 100 余万元，解决所属辅导站函授教育经费不足的问题。一些部队还设立了函授基金，对取得优秀成绩的学员报销学费的 95%，良好成绩的报销 80%。某炮师每年为每名党校学员补助 600 元学费，有效地调动了大家的学习积极性。

三是各级领导做表率。各级领导对党校函授教育不仅思想重视、认识明确，而且工作到位、学习带头。军区分院领导在函授教育指导上，坚持做到“六到位”。即：开学、毕业典礼到位，考试、论文答辩到位，函授重要会议到位，处理重大问题到位，检查指导工作到位，各种服务保障到位。分院成立之初，军区有 7 名常委、21 名将军带头报名参加学习。有的师、旅、团党委“一班人”，人人参加党校函授学习，并作为加强班子建设的一项措施，坚持不懈抓落实。据统计，分院先后有 2300 余名团以上领导干部参加党校函授学习。在各级领导干部的带动和影响下，部队上下形成了浓厚的学习氛围，官兵提高了参与党校函授学习的积极性，有力地促进了函授教育的发展。

强化服务功能　为整体办学提供可靠的保证

江西分院

就一个分院来说，学区、站处于办学的第一线，承担着从招生到毕业整个过程中的全部教学和管理任务。从这个意义上讲，党校函授教育的质量，直接取决于下级办学单位工作的质量和水平。作为一个办学的整体，分院既是管理机构，又是面向下级办学单位的服务机构，分院除了具有对下级办学单位的领导和管理功能，还具有提供保障的服务功能。因此，要不断改善和提高分院的服务水平，调动下级办学单位的积极性和创造性，注重发挥联合办学的整体功能。近年来，江西分院进一步强化了服务于下级办学单位的政策措施和工作力度。

首先，发挥分院的服务功能，努力营造在全省范围内开展党校函授教育的大环境，为全省办学提供有力的政策支持和组织保证。中央党校函授学院江西分院成立于 1987 年 3 月，并在各地、市党校设立学区，针对党校函授学历在某些地方、某些部门还得不到落实的情况，江西省委就大专班、本科班学历问题，分别作出应予承认的决定，同时，省委组织部、宣传部、省委党校、省人事厅、劳动厅先后联合发文，就党校函授招生和学历的有效性进行了明确规定。党校函授教育从创办、招生到学历问题的解决，为各办学单位提供了有利条件，开创了在全省范围内开展党校函授教育的局面。江西分院还注重运用各种宣传途径，利用招生、开学、毕业典礼和重大教学活动，自上而下、上下结合地进行宣传和扩大影响，促使各方面更加重视和关注党校函授教育，从而形成了开展函授教育工作的良好舆论环境。省委党校校委不仅每年邀请参与联合发文的部门领导来党校座谈函授工作，积极听取改进意见，而且利用检查函授工作的机会，拜访当地党政领导，积极争取他们对函授工作的支持。分院在对抓考风考纪的巡视检查等事情上，也积极争取了省组织、宣传、纪检、监察等重要部门的支持与参与。省里有关部门带了头，地、县继而效之。各级党委的支持和良好的办学环境，为函授办学解决了后顾之忧。

其次，发挥各办学单位工作的积极性和创造性，在坚持原则的前提下，从下级党校的实际出发，实事求是地确定分院工作方针、工作步骤和工作方法。分院作出的决定、制定的工作计划，都必须充分考虑下级党校的实际情况，事关全分院的重大问题，都充分尊重和听取各办学单位的意见，经民主协商，最后形成一致意见。对下级单位布置工作,既规定原则性的要求,又提出可操作性的意见。既要求他们执行总院、分院有关规定和条例,又尊重和鼓励他们结合本地实际,创造性地开展工作。

第三，发挥服务功能，还要把实实在在的服务措施体现在实际工作之中。为帮助提高各办学单位的教学水平，保证分院整体教学质量，分院每年利用暑期时间举办师资培训班，聘请有关专家为教员进行规范性教学示范，帮助他们较好地掌握教学内容和教学方法。为使培训工作经常化，分院在九江县沙河镇专门设立了党校函授教师师资培训基地。办学十多年来，大专班、本科班的几乎所有必修课，都开办了师资培训班，先后培训教师 1100 多人次，使党校函授教师的素质和授课质量有了很大的提高。为提高办学单位工作人员的业务素质，分院根据总院要求和自身工作实际，不定期地举办各类业务学习培训班。学籍管理是一项严密的管理工作，为使学籍管理规范化、制度化、微机化，近年来，分院举办了多期业务培训班、微机培训班。对全省学籍管理人员进行了有针对性的业务知识培训，为帮助和扶持基层党校办好函授，分院在函授经费的分成上，努力做到“大头在下、合理倾斜”的政策，在 1998 年特大洪灾后，分院不仅减免了受灾党校上缴的学费，而且从学校申请一笔专款，支援部分受灾严重的党校恢复正常的教学工作，受到下级党校的好评。另外，在经常性业务接待工作中，分院同志做到热情诚恳，尽力提供工作和生活之便，于细微之处见精神。多年来，分院与下级办学单位之间形成了相互协作、融洽一致的工作关系。我们的体会是上级对下级的领导和指示是否得力、有效，在很大程度上取决于上级机关和工作人员是否具备一流的服务精神与服务性工作。

加强教学管理 提高教学质量

北京市委机关分院

坚持以教学为中心，加强教学管理，提高教学质量是深入贯彻落实胡锦涛同志和中央党校校委一系列重要指示的要求。为此，我们从几个环节入手，不断提高教学管理水平，收到良好的效果。

一是抓教师队伍的建设，促进教学质量水平的提高。尽管经过几年的发展，分院已建立起一支以自身教师为主的专兼职相结合、相对稳定的教师队伍，并相应引进了竞争机制，然而，由于这支队伍相对比较年轻，从事党校函授教育时间不长，教学经验不足，在一定程度上也影响到教学质量的提高。针对此种情况，分院加大了对教师的培训力度，每学期坚持召开教师备课会、教学经验交流会、组织观摩教学等活动，每门课程都选聘了责任教师负责召集本课程教师开展教学活动。同时，分院和学区、辅导站在通过调查问卷、学员座谈会、班主任座谈会及跟班听课等多种形式和渠道，收集了解教学情况，及时反馈意见，不断促进教师教学水平的提高。对个别师德师风较差、学员意见较大的教师，我们则采取果断措施，坚决予以辞退。为规范教学，严肃教学纪律，今年七月，我们还专门制定了有关教师教学要求的若干规定。

二是抓学员队伍的建设,不断提高学习成效。提高面授课出勤率是保证函授教育质量的一个重要环节。分院及各级办学组织为此想了很多办法,千方百计地提高学员到校上课的出勤率。除加强考勤外,分院还规定各教学班的班主任必须随堂听课,细致耐心地做好学员的思想工作;对缺课的学员,要及时了解情况,督促其补课。今年,北京的大事多,为了使他们学习、工作两不误,各办学单位采取了一系列措施,如适当调整上课时间,派老师到学员单位集中补课,为学员转录面授课磁带等等,从而保证了教学效果。我们还根据以往学员坚持自学效果差、党性教育开展得不够等薄弱环节,拟定下发了《学员自学管理具体规定》和《关于加强党性教育考核的意见》,有针对性地提出了一些具体要求。为了鼓励自学,我们将总院原定的出勤 10 分中的 5 分划为自学考核分。为了促进党性教育活动的开展,我们从

1998年下半年起,即从分院收缴的管理费用中,按每名学员4元的标准返还给各学区、辅导站,作为党性教育活动经费,并要求各办学单位也要从其留用的费用中,为各教学班拨出党性教育活动专项费用。

三是抓班主任队伍的建设,不断提高管理水平。几年来,我们已逐步建立起一支专兼职的班主任队伍,但是,这支队伍在人员结构、素质能力上都参差不齐,不能很好地适应培养高素质干部队伍的需要。为此,我们制定了培训规划,并严格实行岗前培训和岗上考核制度。凡新上任的班主任,都要经过培训才能上岗;对不称职的则要及时进行批评指正,必要时予以更换。为了更好地规范班主任工作,我们根据总院有关规定,修订了原有的班主任工作条例,并印发到每位班主任手中。同时,我们还组织班主任工作现场会、经验交流会、专题讲座等,让班主任从实践和理论等方面共同提高,从而促进管理水平的提高。

积极探索管理办法 不断完善分院功能

河南分院

分院的功能简单来讲是四个字:承上启下。具体来讲,承上,就是保证总院办学指导思想、办学方针、办学原则、教学计划、各项规章制度和各项具体任务的贯彻落实。启下,就是领导和指挥全省党校函授教育的良性循环和蓬勃发展。分院在努力提高综合实力的同时,还积极探索和综合运用各种管理办法,以达到不断提高和完善分院功能的目的。

一、牵牛鼻子的管理办法

这种办法是以抓分院各科室和各学区主要负责人为手段,努力提高管理水平的办法。一个部门、一个单位管理水平的高低,在很大程度上取决于部门和单位主要负责人的思想水平、工作态度和工作能力。多年来,分院一直重视各科室和各学区负责人的组织、思想建设和工作能力及业务水平的提高。在组织建设上,分院各科室主要负责人的配备,要经过学校组织人事部门的严格考察,并经过试用阶段(一年),考核合格后才给予正式任命。对学区(函授站)主要负责人的配备和更换,分院也作出了明确规定:一要保持工作的稳定性、连续性;二要征得分院的同意;三要严格加强对其上岗后的考核、并将考核情况报送分院。在思想作风建设上,分院及党组织除严格要求各科室及各学区负责人认真读书学习外,还在日常工作中密切关注其思想动向,如发现偏差即由组织出面找其谈话,限期改正。

在重视对分院各科室和各学区主要负责人的组织、思想建设和工作能力、业务水平的提高的同时,还注重于在日常工作中牵牛鼻子。党校函授教育的各项管理工作虽有各科室和各学区的全体同志承担,但每项工作的布置、落实,均由分院各科室和各学区负责人对分院负责。分院对各项工作的检查验收也针对分院各科室和各学区负责人。特别是遇到函授教育的大事(如,党校函授教育评估,招生和期末考试等等),更是紧紧抓住分院各科室和各学区的负责人,在某些工作需要成立临时机构时,也吸收他们参加或担任主要负责人。

二、对口负责、分工协作的管理办法

这种办法首先强调的是对口负责,即:按照各科室的职责分工,对上对下均实施对口管理,谁的工作谁完成,责任明确,互不推诿。如分院教务教研科,分别承担教学管理、考务管理、教材管理和教育教学研究的任务,这样,教务教研科对上即负责总院的办学指导思想、办学原则、办学方针在四个工作口的贯彻和总院在四个工作口的各项规章制度的落实及总院在四个工作口所安排的各项工作任务的顺利完成。对下即负责对各学区及辅导站四个工作口的管理和领导。其次,是强调在对口负责基础上的协作。党校函授教育的管理作为一个庞大的系统,必须有严格的分工。但分工不分家,整个分院是一个整体,在党校函授教育的一些重大活动中必须强调协作。如在组织招生考试中,分院除教务教研科具体组织实施外,也需要其他科室的支持;党校函授教育评估,就需要分院各个科室的协同作战和各学区(辅导站)的大力支持等。

三、公文管理与巡视检查相结合的管理办法

党校函授教育属于远程教育,点多、线长、面广,分院作为综合性业务主管部门,不可能时刻分居各学区、辅导站(函授分站)。因此,对下属办学单位实施规范有效的公文管理是十分必要的。公文管理分院对学区主要是通过下发通知、通报、决定、会议纪要等形式来实现。学区对分院主要是通过报告、请示来实现。实施公文管理虽然具有省时、省力,开支少、见效快的特点,但作为对学区的管理仅有公文是不够的,如某一项通知、决定下发后,

其效果如何，各个办学单位是否都认真贯彻落实，就不能仅靠学区的书面报告来掌握，在一定时间内，学区整个工作或某工作口工作的运行情况如何，也不能仅靠学区的书面报告去了解。因此，在对学区实施规定有效的公文管理的同时，还必须进行必要的巡视和检查。多年来，分院一直重视巡视检查工作。对于巡视检查的组织和内容要求，根据巡视检查的主要任务来确定。一是根据分院《关于加强函授教学巡视工作的意见》和学期开课情况，定期（每学年组织两次，有特殊情况的不得少于一次）组织有关教员对学区进行教学巡视。二是针对全局性的工作，由分院院长或常务副院长、副院长、视导组带队组成巡视检查小组，对学区的工作进行全面检查。三是针对不同业务的工作，由分管副院长带队组成巡视检查小组，对学区的某一项业务工作进行巡视检查。同时规定每学期各类巡视检查不得少于三次。无论是什么内容的巡视检查，巡视检查结束后，巡视检查小组都要对分院作出汇报，并对巡视检查中发现的问题进行研究和提出解决的办法。

四、鼓励先进、鞭策落后相统一的管理办法

这种办法实际上是一种激励办法。鼓励先进，在对学区的全面工作按照指标体系进行严格评估的基础上，选出4至6个优秀学区，在全省召开表彰会议进行表彰。这项工作自我省创办党校函授教育以来已开展过三次（1993年一次、1995年一次、1997年一次）。自1995年起每年在对各学区（函授站）的五个单项工作（教务、考务、教材、学籍、班级管理）进行严格考核的基础上，各评选出5至6名单项工作先进单位，在全省召开表彰会议进行表彰。自1985年创办函授至今每年都对各辅导站（学区）按条件评选出来的先进工作者、优秀班主任、优秀教师、优秀学员进行表彰。同时，对于在日常工作中创造出先进经验的学区（辅导站）或个人，采用文字形式随时在全省进行表扬，并进行推广。鞭策落后，主要是通过不定期的在全省发通报，对某一时期工作不力的某些学区提出批评等。

以教学为中心
不断提高教学质量

浙江分院

认真组织好教学，确保教学质量，这是分院建设的重中之重。一个学校办得好不好，学员的素质高不高，能不能成为现代化建设的有用人才，从根本上说，取决于教学质量。因此，党校函授教育要以教学为中心，分院建设的重锤也应敲在深化教学改革，强化教学管理上。几年来，我们分院一直把教学作为工作的重头戏，花大力气去抓。

一是科学组织教学。（1）我们根据总院的教学要求，制定出每学年教学计划和实施方案，并通过编辑《函授导刊》组织好学员的学习。（2）我们制定了教师聘任和管理的规定，对全省函授教师实行统一审批、统一聘任、统一管理。坚持择优聘任，严格管理。（3）对党校函授面授课教师实行试讲、竞争上岗。对讲课质量进行抽查、考评，并实行奖罚制度。如果教师面授质量差，学员满意率低，就不予聘任。（4）坚持每学期期末考试以后进行试卷分析。分院在每次期末考试以后，都要统计出考分在85分以上的人数及比例，及格、不及格的人数、比例，实考、缺考、违纪的人数数据，进行试卷分析，并请主讲教师对评卷情况，出题难易程度写出书面报告，以便了解各教学点的教学质量，学员学习情况，及时改进试卷命题，把握好考试命题对教学的导向作用。（5）深入学区、辅导站搞调查研究。分院每学期都要组织教学管理人员下学区、辅导站召开各类人员座谈会，检查各教学点教学计划的落实情况及教学各个环节的组织、管理情况，以便不断调整教学计划方案，改进我们的工作。（6）召开党校函授教育专题研讨会，探讨党校函授教育的特点、规律和发展战略，使党校函授教育在教学内容和方法上不断拓展和更新，以更好地适应干部教育事业发展的需要。

二是正确引导学员。在引导学员学习方面，我们提出了学员自学管理的意见，坚持要求学员有自学计划，教师有对学员学习的指导意见，班主任要及时督促检查自学计划的落实，分院每学期要进行一次检查指导。同时，特别强调对学员的党性教育，如进行入学教育，帮助学员端正学习态度；请有关领导讲党性教育课，寓党性锻炼于学习中，把学习和党性修养结合起来；在党史、党建、邓小平理论课程的学习中，自觉进行党性分析；积极组织学员进行社会调查活动；要求每学年进行一次学习思想小结，毕业时认真搞好毕业鉴定等。

三是加强办学管理。近年来，分院十分重视抓管理，注意不断提高管理水平，使党校函授教育规范化、科学化。从纵向上理顺关系,明确分院在管理中的职责。按照分级管理的原则,坚持一级抓一级,一级对一级负责,做到既不包揽下面的工作,也不放任自流。强调分院工作要放在管全局上,要加强工作中的计划性、指导性,发挥好司令部的作用。分院下辖13个学区、69个辅导站,从招生、录取、教学、考试、论文答辩等,每个环节的工作都做到有计划,有安排,有布置,有检查。几年来,分院重视制度建设。没有的就制订,不完善的逐步加以完善,并使之系统化、配套化。在整治考风考纪方面,采取了许多措施,如对考生进行考前教育,对监考人员进行培训,实行挂牌上岗,对考场进行规范,吸收社会各界人士参与监考,加大巡考监考力度,对作弊违纪问题进行通报批评,严肃查处,对考风考纪差的办学点实行停招、少招等。经过几年的整治,使考风考纪有了明显好转。

用“三讲”教育精神
促进办学队伍建设

武警部队分院

在“三讲”教育中,分院紧密联系自身实际,组织各级函授管理人员学习贯彻党的三代领导核心关于“优先发展教育,实施科教兴国、科技强军”的战略思想,使大家进一步增强了抓好函授教育的重要性和责任感,理清了为武警部队培养跨世纪合格党员干部队伍的思路。

一、从“讲政治”的高度来认识党校函授教育的地位、作用,增强“科技强军”的使命感和责任感。当今世界,科学技术突飞猛进,知识经济已初见端倪。国家的综合国力和国际竞争力,越来越取决于教育发展、科学技术水平和知识创新能力。军事领域也在发生深刻变化,战争形态正在由传统的机械化战争向信息化战争转变。今年,以美国为首的北约对南联盟的武装干涉,充分说明了这一点。世界各国军队为适应这一发展趋势,更加重视人才培养教育,把争夺人才和技术优势作为夺取新世纪战略主动权的关键。因此,在新形势下,党校函授教育作为培养部队干部的重要途径,它的作用将越来越重要。作为各级函授管理人员,如何适应时代的发展和部队干部求知欲望的需求,是当前面临的一项十分紧迫的任务。对此,分院要求大家要从讲政治的高度,来认识函授教育工作的重要性。认清形势,不辱使命,克服妄自菲薄和患得患失的心理,以强烈的政治责任心和甘当人梯的精神,抓好函授教育工作,为部队培养更多合格的人才。

二、积极适应形势任务的需要,加快办学队伍建设的步伐。只有把办学队伍建设好了,主体素质提高了,才能更好地组织管理好党校函授教育工作,确保函授教育质量。几年来,我们始终按照“加强基础建设,拓宽办学途径,突出武警特色”的办学思路,狠抓办学队伍建设,打牢办学根基。一是更新观念。在指导思想和工作中,教育大家要转变观念,树立从应试教育向素质教育、专业教育向通才教育、知识教育向智能教育转变的思想,确立面向21世纪的素质教育、开放教育的新观念。二是加强培训。为了适应现代办学需要,使工作人员掌握现代办学手段,我们根据教学进度,适时召开了二次教学研讨会;举办了二期微机使用、数据库管理培训班。在培训中,注重调动每个人的主动性和积极性,发挥大家的作用,进行互教互学,相互交流教学、办学经验,培养大家在办学中的创新精神和创新能力。从培训中熟练掌握微机管理手段,使业务能力和管理水平有了不同程度的提高。三是优聘教师。武警部队因驻地分散,在教学的组织上难以由一所院校来承担教学任务。针对这一特点,我们要求各学区要搞好当地师资力量的调查了解,在此基础上,与有党校教学经验、师资力量强的院校建立教学关系,签订协议书。要求承担授课任务的院校选派教学经验丰富、水平高的教师担任各专业课的教学工作。在教学实践中,根据教学质量和学员的反映情况,对授课教师进行评议打分,教学水平高的继续聘用,不好的予以解聘。通过几年的实践,这一方法行之有效,部队学员反映很好,学到了真东西,教学质量不断提高,较好地解决了部队师资力量不足的问题。

三、注重党校函授教育特点、规律的研究,不断提高办学队伍的能力。党校函授教育是一门科学,具有自己的特点和规律。在办学实践中,我们注意探索党校函授教育在武警部队的特点和规律,力戒工作中的盲目性和随意性。针对武警部队各级办学人员多数来自基层部队的实际,要求大家要努力学习有关知识,加强调查研究,在教学实施和组织的过程中,注重摸索和掌握党校函授教育的特点和规律,从中总结带有普遍性、规律性的东西,以规范和指导今后的工作,提高办学能力。

党校函授教育研究

关于面向21世纪党校函授教育的思考

中央党校函授学院常务副院长　黄士安

党校函授教育是兴起于20世纪80年代的新生事物。它一经产生就显示出强劲的发展势头和强大的生命力。党校函授教育经过十多年的发展，已成为具有全国规模和影响的干部在职在岗教育的重要形式，成为我国干部教育的一支重要方面军。进入新世纪党校函授教育如何解决面向21世纪的发展问题，是需要深入探讨的一项重大而紧迫的课题。

一、21世纪党校函授教育面临重要的机遇和严峻的挑战

新世纪是知识经济逐渐占据主导地位的世纪，是高新科技日新月异的世纪，是综合国力竞争日趋激烈的世纪。在21世纪，教育对国家综合实力的影响更加重要，教育在社会中的战略地位更加突出。世界银行认为发达国家和发展中国家差距的本质是知识的差距。当今，世界上的90%以上的科技投入、科技人员和科技活动集中在发达国家，全球高技术产业中约70%的巨额利润被发达国家分享，在信息产业的产值中，发达国家和较发达国家占98%。在发达国家，科技进步对经济增长的贡献率已占60%以上。可见，当今世界经济竞争的实质是科技竞争，科技竞争的实质是教育竞争。知识经济的基础是知识，关键是人才，核心是教育。谁掌握了面向21世纪的教育，谁就能在21世纪激烈的国际竞争中处于战略主动地位。现在，世界各主要发达国家都致力于审视和确定教育发展战略。在激烈的国际竞争形势下，我们党和国家高度重视科技和教育的发展，提出科教兴国的基本战略。党的十五大对科教兴国作出了全面部署。2000年6月，我国召开了第三次全国教育工作会议，颁布了《中共中央、国务院关于深化教育改革全面推进素质教育的决定》，江总书记强调，国运兴衰，系于教育；振兴教育，全民有责。要将教育纳入战略发展重点和现代化整体布局之中，切实把教育作为先导性、全局性、基础性的工作，摆到优先发展的战略重点地位。党和国家就深化教育改革、全面推进素质教育作出了一系列重大决策，其中包括要改革和转变教育观念、教育模式、教学制度；基本普及九年义务教育和基本扫除文盲；加快发展高中阶段教育和各类高等教育，挖掘现有高校潜力，扩大招生规模，不断拓宽人才成长的道路；加强各类教育相互间的衔接和沟通；积极鼓励和支持社会力量以多种形式办学；学校要进一步向社会开放，为学习者提供多种多次受教育的机会；要以远程教育网络为依托，形成覆盖全国城乡的开放教育系统，为各类成员提供多层次、多样化的教育服务，等等。这就为各类教育进一步发展创造了宽松的环境，也为党校函授教育的发展创造了有利条件，提供了进一步发展的重要机遇。江总书记提出，要全面加强和改进全党学习，建设高素质干部队伍。以党员干部为主要对象的党校函授教育是全党学习的一个有机组成部分，我们要从党的建设系统工程的高度，认真解决全面加强和改进党校函授教育的问题。可以说，在世纪之交，党校函授教育面临着良好的发展环境和重要机遇。

同时，我们也要看到党校函授教育面临着严峻的挑战，既有国际形势发展的挑战，又有来自国内方面的挑战。随着第三次全国教育工作会议精神和《中共中央、国务院关于深化教育改革全面推进素质教育的决定》的贯彻执行，我国各类教育将步入“快车道”，加快发展，学校将进一步向社会开放，社会力量以多种形式办学方兴未艾，教育产业化将加快形成，教育市场竞争日趋激烈。这将对党校函授教育形成一定的压力。我们要把这种压力转化为动力，以积极主动的姿态参与教育市场的竞争，使我们在激烈的教育市场竞争中牢固地占有一席之地。

党校函授教育经过十多年的发展，已具有相当雄厚的基础；已建立了遍布全国的教学与管理网络；锻造了一支近10万名的具有较强办学能力、特别能战斗的师资和管理人员队伍；初步形成了具有自身特色的教育体系；有一套较为完备的管理制度；积累了较为丰富的开展干部在职在岗教育的经验，等等。十多年来，它为党和国家以及军队培训了一大批领导干部和骨干人才，为我国社会主义现代化建设事业和党的建设作出了积极的贡献；同时，也推动了党校教育事业的不断发展。但是，党校函授教育也存在不完全适应国际、国内形势新发展的方面，主要是教学改革相对滞后，教育思想比较陈旧，应试教育的影响较深，基本上是沿用传统的培养人才模式，重知识传授，满足于单向传授、灌输，学制和课程设置缺乏弹性，考核、评价体系不完善，基本上是以考试分数作为衡量学员能否毕业的依据，缺乏灵活多样的教学制度，不利于学员创造精神和实践能力的培养。另外，有的单位在办学指导思想上存在一定的偏差，对党校函授教育的政治性、严肃性、原则性认识不够，片面追求办学规模，办学精力投入不足，办学要求不严，教风、学风、考风都存在不同程度的问题，办学中存在一些薄弱环节和漏洞、隐患，等等。这种状况与全面推进素质教育的要求是不相符的，与党校函授教育担负的培养党的高素质干部队伍的神圣使命是不相适应的。新世纪伊始，党校系统各级函授教育组织要予以高度重视，采取切实措施，予以解决，建立充满生机和活力的党校函授教育。

二、21世纪党校函授教育的思路和对策

（一）21世纪党校函授教育的总体思路是，高举邓小平理论伟大旗帜，以十五大精神为指导，认真学习落实胡锦涛同志关于党校函授教育工作的一系列指示，认真学习和贯彻落实第三次全国教育工作会议精神，抓住机遇，迎接挑战，深化教育改革，推进素质教育，完善党校函授教育体系，加强规范化管理，全面提高办学质量，增强面向新世纪培训干部的适应性，更好地为培养党的高素质干部队伍服务，为改革开放和社会主义现代化事业服务。

（二）深化教育改革是党校函授教育谋求21世纪继续发展的根本举措。党校函授教育的出路在于改革。只有深化教育改革，才能尽快地改变传统的培养人才模式和过于呆板划一的教学制度；才能使党校函授教育充满生机和活力；才能增强党校函授教育自身的竞争力，在激烈的教育市场竞争中立于不败之地。深化党校函授教育改革要从党校函授教育的实际情况出发，通盘筹划，积极稳妥地组织实施，并在深化教育改革中注意保持党校教育特色，履行党校相应的职能，突出它培训干部的功能；突出时代特征，坚持贯彻“面向现代化、面向世界、面向未来”的方向，增强对新世纪新形势的适应性；努力与成人高等教育要求标准相衔接，在修业年限、开设课程门数、总学时、面授课时以及主要课程的教学大纲等方面都要符合国家标准；发挥党校教育体系的整体功能，进行全国党校系统的大协作，最大限度地发挥全国党校教育体系的教学资源优势。

（三）深化教育改革的目的是落实和强化素质教育，培养高素质人才。党中央和国务院要求各级各类教育都要实施素质教育。以培养党的高素质干部队伍为己任的党校函授教育，本质上就是以思想政治素质为重点的综合素质教育。要进一步全面实现“理论、知识、党性、能力相统一”的培训质量要求。要在落实和强化素质教育主导思想的支配下，全面安排、加强和改进理论教育、知识教育、党性教育和能力教育。要克服对这四种教育畸重畸轻、有硬有软的现象，使其融为一体，相互渗透，相互促进。在加强和改进理论教育、知识教育的同时，进一步解决党性教育和能力教育的手段、载体和途径，使之刚性化、经常化。在落实和强化素质教育中，要坚持以思想政治素质教育为重点，要注重培养学员的创新精神和实践能力。

（四）深化教育改革，要采取切实的措施和步骤，使素质教育落到实处。

1．要转变陈旧的教育观念，要不断消除“为应试而教、为应试而学”的应试教育影响，克服把学员当作被动接受知识对象的思想，要增强素质教育意识，牢固树立使受教育者素质全面发展的观念。

2．要改革教学内容，调整课程设置。教学内容和课程设置要突出党校教育特点，符合时代特征和国家标准，要有利于培养学员的创新精神和实践能力；要有利于加强基础性教育，扩大学员知识面；要有利于培养通才型、复合型人才。党校函授教育要始终不渝地坚持马克思主义基本理论课的主课地位，开设“马克思列宁主义基本问题”、“毛泽东思想基本问题”、“邓小平理论基本问题”和“江泽民重要讲话选编”等课程，用马克思主义理论武装学员，树立科学的世界观、人生观、价值观，坚定共产主义信仰，坚持走中国特色社会主义道路，在思想上、政治上和行动上与党中央保持高度一致。

3. 改革教学方式。要改变教育中重继承、轻创新，重传授、轻发展，重记忆、轻运用的现象，改变由教师单向灌输知识的传统做法，改革面授教学，开辟第二课堂，增加实践课。面授教学要重启发、重研讨、重引导、重答疑，要废除注入式、填鸭式，禁止念书式、划杠式，积极推行启发式、讨论式，培养学员大胆思维、独立思考、敢于质疑、敢于发表不同意见的精神和品格。要从以知识传授为主，向激发学员求知欲和学员自主求知转化。不仅要向学员传授知识，更重要的是要教会学员掌握科学的学习方法，掌握自我获取知识的能力。在教学中，要坚持贯彻理论联系实际的教学方针。理论联系实际是我党传统的优良学风，它不仅是党校函授教育的正确的教学方针、教学原则，也是将理论和知识转化为党性和能力的重要途径，要注重培养学员理论联系实际的能力。要教会学员学会求知、学会做人、学会做事、学会自我发展，掌握和具备收集和处理信息的能力、获取新知识的能力、分析和解决问题的能力、语言文字表达能力以及团结协作和社会活动能力，包括创新能力、合作共事能力、竞争能力、应变能力、驾驭全局的能力，等等。

4. 试行弹性学年制、学分制和选修制。增加学员在学习中的自主权和一定的自由度，拓宽学员的学习领域，打破专业限制，允许专业交叉，有利于学员根据自身的职业特点和学习潜力，统筹安排工作和学习。实行弹性学习制度，是为了更好地适应学员学习的实际需要，解决工学矛盾。比如，本科在大专学历基础上，以基本学年制三年或二年半为基础，允许学员在二年或五年内完成学业。也就是对学习时间相对宽裕、学习潜力较大的学员可以在二年内完成三年规定的全部学业，取得规定的学分，即允许提前毕业，对于那些学习时间相对较紧、学习困难较多的学员或有特殊原因的学员，允许在五年内完成三年规定的全部学业，这样可以吸引更多的学员参加学习。弹性学年制要与学分制、选修制配套实行。选修制可将课程划分为必修课和选修课两部分，必修课是专业的主干课程和实现培训质量要求的主要基础课程，应占课程总门数的60%—70%，以保证人才培养规格，余下的30%—40%的课程允许学员在本专业内或跨专业选修。试行弹性学年制、学分制和选修课是对现有学习制度度带有根本性的变革，内容复杂，困难大，而且，动一发而牵动全局。应本着积极稳妥的精神逐步实施，要认真进行调查研究和科学论证，制订试行方案，首先在小范围内试点，取得经验后，再逐步推广。也可实行“一校两制”，采取自愿原则，对有意愿实行弹性学年制的学员采取改制，对其他学员仍实行固定学年制。

5. 改革考试考核方式。要改变以考试分数作为衡量教育成果的惟一标准，克服“一考定终身”和单纯考知识要点、实质考记忆能力的现象。要建立合理的、综合性的人才考核评价体系。考试考核要着眼于培养创造性的人才，培养具有真才实学的人才。要增强考试考核的全面性。要由过去主要考核学员各门课程的分数，变为全面考核学员在学习期间理论、知识、党性、能力提高和进步的实际情况。要改革考核命题的内容和方式，考察学员实际素质和能力以及在研究、思维方面的独特性、灵敏性。基本做到考试内容课本上没有现成的答案，从根本上杜绝“抄书”、“打小抄”等违纪作弊现象。要强化党性锻炼的考核，使之形成制度和成为取得毕业资格的构成条件。毕业论文写作和答辩是一种培养、测试学员综合素质和能力的有效形式，要认真组织实施。要严肃查处伪假毕业论文。不使伪假、低劣的毕业论文在评阅、答辩中过关。要采取切实措施保证考试考核的严肃性、公正性和真实性，坚决防止和纠正各种弄虚作假现象。要坚决防止和克服由于管理不严，给一些不想通过勤奋学习，目的在于混得一个文凭的人提供方便，否则势必助长腐败现象，严重损害党校教育的声誉和形象，造成不良的社会影响。

（五）加强教材建设。要抓紧落实“三基本”、“五当代”教材引入党校函授教材体系的工作，做好“三基本”、“五当代”教材简读本的编写工作，使“三基本”、“五当代”教材尽早用于党校函授教学，提高党校函授教材的水准。要使教材建设紧跟时代步伐，及时反映中央的新精神和法律、法规的新变化，及时汲取和反映当年学术研究的最新成果，增强教材内容的基础性、实用性、时代性和新颖性。要组织专家、学者编写新教材。要定期开展对现有教材的评审，及时淘汰内容陈旧、过时的教材。要精心印制，美化装帧，改进、统一版式，以精品教材奉献给广大读者，服务于党校函授教育，使党校函授教材在成人教育中保持优势地位。

（六）积极发展现代远程教育。当前，要进一步加大电化教学力度。各级组织要充分认识电化教学的积极意义和作用，切实把电化教学列为党校函授教学的一种重要形式和组成部分，要尽快推广、普及电化教学。党校函授教育系统的每个教学组织都要认真落实总院规定的电教计划，定期组织学员收听、收看音像教材，增强听视效果。要通过电化教学渠道，保证每个学员都能收听、收看到总院主讲教师的授课，以保证授课质量。要进一步完善计算机网络建设的规划，依靠和运用中央党校校园网，在两三年内逐步实现总院—分院—学区—辅导站的联网，推行计算机网络化管理和多媒体网络化教学。

（七）进一步加强规范化管理。进一步加强党校函授教育的规范化管理，是党校函授教育自身健康发展的需要，是提高办学质量、增强竞争力的需要，也是依“法”治教、以“法”治院的需要，进一步加强规范化管理势在必行。进一步加强党校函授教育规范化管理的目的是着眼于发展，是为了深化改革，促进发展，保证质量，提高效益；是使中央党校函授教育和省级党校函授教育加强合作关系，在激烈的教育市场竞争中谋求共同的发展。要继续完善各项管理制度，加大执行、落实规章制度的力度，以规章制度规范自己的办学行为，克服办学中的盲目性和随意性。要使党校函授教育以崭新的姿态和面貌迈进新世纪，进一步为党培养高素质干部队伍作出新的贡献！

谈谈管理工作中的分权或授权

总院教务处处长　欧亚平

在这些年的工作实践中，我体会到，要搞好管理工作，有必要把握好集权与分权的关系。这是从事领导工作或管理工作必须掌握并熟练运用的方法，也是衡量领导者是否成熟的重要标志。

从方法论的意义上讲，如果一个领导者或管理者，事无巨细，事必躬亲，大事小事什么都管，什么都不放心，都要抓在手上，包揽一切，不光“大权独揽”，小权也不放过，整天忙忙碌碌，穷于应付，尽管这样做从表面上看似乎很投入，显得很敬业，也很辛苦，但肯定无人喝彩，顶多不过博得人们说活得太累的同情，说风凉话的人甚至可能会说“自找的”、“没出息”。我对这种人的这种做法，实在不敢恭维。作为领导者或管理者，这样的工作方法是不可取的，尤其是在头绪多、工作量大、任务重的单位，特别是在领导机关和大的工作系统，这样做的结果，只能是顾此失彼，于事无补，劳而无功。因为人的时间、精力和能力都是有限的，事必躬亲，包揽一切，不懂得组织和运作，事务缠身不能自拔，往往是“拣了芝麻，丢了西瓜”，得不偿失。领导者不能成为事务主义者，不能成为“瞎忙的人”。“瞎忙”并不光彩。聪明的领导者或管理者，应该是把主要精力放在大的方向和目标上，举重若轻，不为事务所困，不被琐事缠身，超然于事务之外，善于研究和思考工作中的基本问题，识大体，顾大局，抓关键，谋大事，善于组织和运作，最大限度地调动下属的积极性和工作热情。毛主席讲的领导方法“出主意、用干部”大概就是这个意思。

大家的事大家办，大家出主意想办法，齐心协力把事情办好，这是事业的需要，是工作的需要，也是领导和下属同志实现各自价值的需要（因为人人都希望有成就感和满足感）。按照心理学家马斯洛提出的“人类需要层次论”的说法，这个需要层次属于精神上的，要算是高层次的需要了。

作为领导者，不管担负什么样的责任，也不管处于什么层次，都应该和必须经常思考这样两个问题，对自己的工作方法进行自我检测和自我评估：其一，你要想一想，干的事是不是你份内的事，有没有干了别人的活，行使的权力是不是自己应该行使的权力，有没有越位和侵权行为？其二，你干的事是不是别人也能干？是不是可以分权或者授权他人？什么意思呢？就是说领导者必须懂得授权。分权或授权，这是一门学问。我认同这个方法，在工作中也在实践这个方法。想想看，教务管理任务这么重，事情这么多，千头万绪，纷繁复杂，不分权或不授权怎么行？三头六臂也不行，“两眼一睁，忙到熄灯”也不行。这是事业，大家的事业，不是闹着玩的，你管这个事，肩上有责任，干得不好没法交代。我的办法概括起来就是：正确集权、集控制之权，把好协调和督导之权。因为你负有领导责任，别人替代不了。你必须恪尽职守，提出工作思路和总体要求，在职权范围内对工作负总责。合理分权，尽可能地将某些职权下放，由下属去贯彻执行。充分授权，就是知人善任，发挥每个同志的能量和专长，使之人尽其用，各显神通，通过授权，力求产生最佳效应。在这方面，不必担心大权旁落，也不怕被人误解是“甩手掌柜”。权力不能看得太重，看得太重为权所困，不利工作，不利同志的成长进步，也不利自己的身心健康。

教育产业发展与党校函授教育观念的革新

四川省委党校常务副校长　李锡炎

教育产业的迅速发展，教育市场的竞争也日趋激烈。教育改革所形成的新观念、新机制、新环境猛烈地冲击着人们的思想观念和思维方式，这些对党校函授教育既提供了发展的重要机遇，也带来了严峻的挑战和压力。要面对现实，抓住机遇，迎接挑战，谋划21世纪党校函授教育的继续发展，必须深化教育改革，强化自身建设，建立健全与教育产业发展大趋势和党校教育规律相适应的体制、机制，找到具有强大竞争力、影响力和抗御风险能力的活力源。要实现这样的改革和发展目标，首要的问题是革新教育观念，树立新的管理理念。

一、树立开拓进取的升级创业观念。党校函授教育在教育产业发展的新形势下，面临着许多新情况、新问题。在世纪之交的关键时刻，以什么眼光、什么角度来观察思考党校函授教育，党校函授教育怎样勇敢地融入教育改革大潮，积极应对，深化改革，完善体系，加强规范化管理，适应新世纪干部培训的需要；怎样继续实施以教学质量为生命，以质取胜和加强全国党校系统大协作，发挥党校系统整体优势的大战略；怎样加强自身建设，增强办学实力，增强新世纪办学的竞争力和适应性，使党校函授教育充满生机和活力，在激烈的教育市场竞争中，牢固地占有自己应该占有的一席之地，等等，这些都是涉及新世纪党校函授教育能否生存与发展的大问题。解决这些重大问题，保持党校函授教育的发展态势，可以说，这是党校函授教育升级性的第二次创业。我们要树立新的创业观念，站在大局、全局的高度，从对党的干部教育事业负责的高度，以积极主动的态度提方案，议措施，想对策，从而形成党校函授教育面向21世纪，抓住机遇，迎接挑战，积极参与教育市场竞争和教育产业的总体思路，作出第二次创业的决策。

二、树立紧跟时代的教育创新观念。党校函授教育要紧跟时代步伐，继续向前进，必须牢固树立与时代合拍的教育创新观念，改变办学思想陈旧的状况，培养适应时代发展需要的合格人才。中央党校教学改革提出“加强理论武装、开阔世界眼光、培养战略思维、增强党性修养”的总体布局，对全国各级党校的教学改革都有指导意义，党校函授教育改革必须体现这个精神，创新教育模式。在培养目标上，要更好地体现党校特色，不仅要提高学员的业务能力和知识水平，更要注重提高学员的党性觉悟；在课程设置教学内容上，既要符合国家成人教育的统一标准，又要体现党校函授教育的不同特点；在考核方法上，也应体现素质教育的精神，探索新的考核方式更有效地考出能力和水平。解决这些问题，只有靠改革与创新，不断调整专业结构，创立时代所需要的专业，培养时代所需要的合格人才。

三、树立竞争与合作的教育发展观念。能否在教育市场中占有应有的份额，有自己的立足之地，首先在于自身的竞争与合作意识，关键在于是否具有竞争力、影响力和抗御风险的能力。我们一定要有敢于走向教育市场搏击风浪的勇气，在竞争中合作，在合作中竞争，在遵循教育规律和市场经济规则的前提下，共谋发展。

四、树立以质取胜的教育品牌观念。教育作为知识和人才的生产过程，其发展水平和质量不仅直接决定着一个国家知识总量的积聚能力，而且从根本上决定着一个民族的知识进步和创新能力。随着经济科技的发展，特别是知识经济的迅速崛起，时代呼唤着具有创新意识和能力的新型人才。准确把握并着力培养这些新的素质，是教育改革与发展中的重要课题，也是衡量学校教育质量的重要标准。在教育市场的竞争中，我们应该从振兴中华民族，提高全民族创新能力的战略高度，牢固树立以质取胜的教育品牌观念，坚持“从严办学，质量第一”的办学方针不动摇，把握好数量与质量的辩证统一关系，以质量求生存，以质量求发展。以培养出思想政治素质好、具有创新意识和能力的新型人才为党校函授教育的价值取向，以优质高效为党校函授学院的品牌。

五、树立内求团结、外求发展的整体优势观念。函授教育使中央党校与地方党校的联系更加密切，形成了上下贯通、左右相连、互信互利的党校函授教育网络，发挥全国党校系统的整体优势，这是党校函授教育在新世纪继续发展的组织保证和强大优势。我们必须牢固树立内求团结、外求发展的整体优势观念，上下左右相互尊重、相互信任、相互理解、相互支持、相互补台，把各项工作纳入制度化、规范化管理的轨道，使党校函授教育的网络系统运转灵活、高效有序，齐心协力开拓新世纪党校函授教育的新局面。

六、树立运用现代技术手段获取新知识的信息化教育观念。随着当代电子技术的发展和普及，现代化、信息化教学手段的使用已经成为现代教育的重要标志。运用现代技术手段获取新知识的能力，将会在教育产业的发展中更显现出现代教育的功能和优势。党校函授教育要善于运用远程教育和计算机技术等现代化、信息化教学手段，优化教学过程，改变旧的教学方法，提高教学质量，为培养党的高素质干部队伍，为改革开放和社会主义现代化事业做出更大的贡献。

发挥党校函授优势
全面推进素质教育

四川省委党校常务副校长　李锡炎

最近，党中央、国务院召开第三次全国教育工作会并颁发《关于深化教育改革全面推进素质教育的决定》，不仅为国民教育提出了新的要求，而且也为党校函授教育指明了方向。当今世界，以科技和经济为重点的综合国力的竞争日趋激烈，其实质是人才的竞争，特别是领导人才和科技人才的竞争。因此，全面推进干部素质教育是一项十分紧迫的战略任务。

党校函授教育的最大特色和优势，在于注重实施素质教育。在《中共中央党校函授学院函授教育工作暂行条例》和有关的文件中明确规定，党校函授教育的培养目标是，使学员比较系统地掌握马列主义、毛泽东思想和邓小平理论，树立正确的世界观、人生观、价值观，自觉地执行党的基本路线，坚定地走建设有中国特色社会主义道路，努力实践全心全意为人民服务的宗旨，既具有专业理论知识和科学文化知识，又有决策判断、组织和开拓创新的实际能力。在新的形势下，素质教育为党校函授教育赋予新的精神，提出新的要求，我们应继续发扬素质教育的特色，以教学为中心，深化教学改革，加强科学管理，全面推进素质教育的发展。

当前，实施素质教育要以培养和造就跨世纪的高素质干部为目标，面向现代化、面向世界、面向未来，学习理论，丰富知识，增强党性，提高能力，使学员实现思想政治素质和知识能力素质的全面提高。

首先，要把马克思主义理论，特别是邓小平理论作为主课，把党性教育作为必修课，贯穿于党校函授教育的始终。培养学员树立正确的世界观、人生观、价值观，提高学员理论思维能力和改造主观世界的能力，使学员具有共产主义的远大理想和建设有中国特色社会主义的坚定信念。

其次，要把学习科学文化、现代化领导与管理知识和理论，与中国现代化建设的实际情况结合起来。不仅要提高学员的文化知识、理论水平，而更重要的是要提高学员的创新能力和综合运用能力。要引导学员善于在学习和积累经验的基础上，强化理论思维、理论概括、理论创造能力，把书本上的知识、他人的经验、上级的要求和对我们能观察到的一切事物，通过自己头脑的独立思考和丰富联想，综合思维再加工、再创造，使其变成自己独创性的思想、观点和方法，实现认识的创新和飞跃，把自己的思想理论水平和综合创新能力提高到新的水准。

再次，坚持理论联系实际的教学方针。要把学习书本知识与投身社会实践结合起来，培养学员分析问题和解决问题的实际能力和组织管理能力，培养学员全心全意为人民服务、艰苦奋斗的精神，使学员在思想道德、知识、理论、创新能力和组织管理等综合素质上全面提高。

确保办学质量
必须在“严”字上下功夫

广东分院院长　黄绍清

中央党校把这次函授教育工作会议、把面向21世纪深化教育改革的一次重要会议放在广东顺德召开，是我们的光荣，为我们提供了一次学习的极好机会。顺德家电产业发达，他们很注重质量，拥有许多国内外名牌产品，被称为“家电王国”，昨天，我们还参观了他们的乐从家具城，还有陈村的花市，都是很有名气的。我们在这里开会，可以学习顺德综合改革的经验。我想，从他们的名牌产品战略中可以给我们办学工作一些有益的启迪。这就是面向市场，适销对路；加强管理，质量第一；不断改革，开拓创新；以人为本，提高素质。我们向大会提供的介绍材料的第二部分“坚持从严办学的原则是实现干部培养目标的关键”，就是受到他们注重质量，创名牌战略的启示，而提出来的。其中提到的“三个坚持”、“三个不让”，那就是坚持从严办学的原则，严格掌握招生条件，不让“捞文凭”者混入党校；坚持从严办学的原则，认真抓好学风和考风，不让“混文凭”者轻易过关；坚持从严办学的原则，把好出口关，不让“假文凭”混入社会。材料发给大家后，有的同志问我，你们这样做行得通吗？我想，这里有两层意思，一层意思是，在现在的条件下，你们这样严格抓，会不会影响生源。我可以明白地说，我们广东创办党校函授教育以来，还没有感到过生源紧缺的情况，我们有些地方招生报名表两个小时就被索取完了。另一层意思是，要那么严，确实很难。这一点说得很对，严格管不是一件很容易的事，是要做艰苦工作的。

第一，严格要求，严格管理，就是要严在“格”上。也就是说，我们办学不能出格的，就是要按照中央党校函授学院和分院制定的各项条例和规章制度办学，抓好各项制度的落实，不出“格”。第二，加强管理，严格管理，就是管在“理”上。就是要坚持实事求是，一切从实际出发，具体问题具体分析，既要坚持从严办学的原则，但又要充分考虑到我们的培养对象是党政干部，是在职学习这个特点，把坚定的原则性和灵活性有机地统一起来。例如，我们实行淘汰制，规定凡是有多少门不及格的则给予清退或留级处理，不能在原班就读，但又要考虑到党政干部经常出差，因此，我们制定了重新补考的有关规定，给予留级或重新补考，使他们还有学习的机会。第三，要坚持从严办学，关键在于我们自己要站得正，要有一身正气，不信邪、不怕压。在市场经济条件下，有些学员不好好学习，而想走歪门邪道，企图用各种手段来诱惑我们，让他们过关，我们分院在这方面是经受住考验的。我们要认认真真地办学，堂堂正正地做人，才能保持我们党校的特色，才能坚持从严办学的原则。

办函授，到今年为止，我们已经整整15年了。总结这15年的经验，就是函授工作累人，烦人，又得罪人，更能锻炼人。在办学中，受到了党性的锤炼，忠诚于党校干部教育事业。因为我们所从事的事业是崇高的和光荣的。

明确树立向管理要质量的意识

吉林分院院长 王栾周

函授管理在函授教育中处于十分重要的地位。函授教育包括教、学、管三大职能。管理是计划、协调、组织、指导、控制教学的系统，是联系教与学的纽带。函授教育管理的运行，目的是千方百计调动人的积极性、主动性和创造性，实现理论、知识、能力、党性四位一体的管理目标。

函授教育自开办以来，在各级组织的关怀和全体办学人员的努力下，积累和形成了丰富的办学经验，制定和完善了一整套行之有效的管理制度，逐步建立了适应党校函授教育规律特点的管理体制和管理队伍。但是也应看到，我们在函授教育管理上还存在一些明显的缺陷和不足。例如，在严把招生关、教学关、考核关、毕业关上尚缺乏经验，工作不够扎实，作风不够严谨，甚至还有工作走样、以学谋私的问题。再如，有的办学单位指导思想不端正，趋利行为严重，对上级指示贯彻不力，甚至说一套、做一套等。实践证明，函授教育管理是一个不断探索、不断提高的过程，这个过程永远也不能完结。古人说，名师出高徒，严师出高徒，就是讲的严格和科学的管理，可以培养出高质量的人才。相反，管理工作上不去，培养高质量的人才就是一句空话。我们函授教育管理正在经历从经验管理向科学管理的转变中，中央党校1998年的十月函授工作会议适时提出了加强队伍建设、全面提高办学主体综合素质的目标。这个新的任务和要求，以练内功、抓软件、转机制为特征，标志着党校函授教育进入一个新的发展阶段。在这个新阶段，由于函授教育面临新的形势、任务、矛盾和问题，对于队伍建设提出了更高的要求，对函授教育管理提出了更高的目标，这对我们从事党校教育的同志来说，既是机遇也是挑战。我们必须以邓小平理论为指导，以崭新的精神风貌和求真务实的工作作风，既脚踏实地又开拓进取，抓住发展机遇，迎接新的挑战。

要把制度完善和制度落实结合起来。管理要有制度，因为制度具有稳定性、长期性、根本性、全局性。制度要起到重要作用，首先要保证制度的完善，完善就是制度的建立要适应管理实际的需要。要建立管理分级制度，一是部门分级，总院、分院、学区、辅导站；二是人员分级，院、处、科级和一般工作人员。要建立管理运行制度，包括教学、教务、学员、学籍等。要建立办公程序制度、文秘制度和考核制度等。通过上述制度的建立，努力做到管理目标分解，每项指标都有责任承担者；管理幅度分级，每项重要工作都有逐级负责制；管理运行封闭，每项指标和工作最终都要经过严格的科学的考核。从而实现函授教育的宏观管理到微观管理，组织行为到个人履行职责都在制度的严密控制之中。其次，要强化制度的落实。在一定意义上，制度落实工作更重要。没有严谨的工作态度和扎实的工作作风，建立了制度也等于没有制度。要把制度落实到位，第一，要树立照章办事的观念。制度是实践经验的结晶，是规律性认识。按制度办事，实质是按规律办事。制度又是组织行为，按制度办事反映的是组织观念和纪律观念。第二，要树立制度的权威性。凡事办与不办、怎样办，都要注重制度依据。在制度贯彻中要尽量减少其弹性，增加其刚性，要努力做到有令则行，有禁则止。尤其是各级领导干部都要以身作则，做贯彻执行制度的模范。第三，要树立制度的导向性。所谓导向就是要加强对执行制度状况的考核，充分了解制度运行的轨迹，同时要把考核的结果，同每个人的晋职、晋级、评优等待遇挂钩。第四，要树立制度的创新性。贯彻制度，要从实际出发，不能静止地机械性照抄照搬。同时贯彻执行制度又要善于发现问题、总结经验，不断完善和发展制度。

要加强管理队伍建设。管理的核心是对人的管理。因而管理人的人就需要更高的综合素质。这主要表现在：忠诚党的干部教育事业，有强烈的责任感、使命感；认真执行党的路线、方针、政策，并能创造性地运用；精通业务，具有驾驭全局和处理各种复杂矛盾的能力等。从党校函授教育事业的需要和对管理队伍综合素质的要求来看，目前我们函授管理队伍状况还有相当的距离，这就需要我们高度重视，采取必要措施加大工作力度，努力缩小差距。只有这样，才能完成党和人民交给我们的培养跨世纪高素质干部队伍的崇高任务，对中华民族、对子孙后代才能交一份满意的答卷。而要能承担起这一神圣的职责，一是要配强配齐函授教育职能部门的领导班子，要把讲原则、懂教学、会管理的人员放到领导岗位上。同时要在工作上给予指导和信任，充分发挥他们的聪明才智，不断提高他们的领导水平、思想水平，帮助他们带好班子、带好队伍。二是要抓好业务培训。近几年我们抓了教务、教学、学籍的岗位培训和全员培训，收到了较好的效果。我们对培训工作要形成必要的制度，长期坚持下去。通过培训要使干部懂得干什么、怎么干、为什么这样干，以适应党校函授教育繁重而复杂的工作的需要。三是要把长远和当前建设结合起来。管理队伍建设，职能部门要抓，校委也要抓。特别是校委要把函授管理队伍建设纳入党校干部队伍建设之中，既要有长远规划，又要把重点放在当前队伍建设上。要建立干部竞争、激励、交流、考核、培训机制，为队伍建设注入生机和活力，为队伍管理创造良好环境。要进一步完善党校函授教育管理体制。党校函授教育是以中央党校或省市自治区党校为办学主体，中央党校及省、市、县党校共同管理的体制。这既是党校函授教育管理的特点，也是党校函授教育管理的优势。党校是各级党委的一个部门，从这个意义上说，各级党委也就是以各级党校为“教委”。针对党校函授教育的规律和特点，如何把党校函授教育的特点、优势转化为加强党校函授教育管理的精神动力和体制保证，还需要我们进一步总结经验，积极探索。从党校函授教育的实际出发，完善管理体制，第一要科学界定中央、省、市、县四级党校承担的任务，赋予的职责，实现的目标。第二要建立下管一级的分权机制。一级侧重抓好一级，一级侧重对一级负责，强化“守土”观念，加大宏观管理力度，避免微观管理越俎代庖。第三要进一步完善评估和督导制度。函授教育是远距离教育，统一领导、规范管理极其重要。而要实现这一目标，在具体实施中主要靠评估和督导两种手段。实践证明，把评估工作做好，需要有科学的评估指标体系、严密的评估程序、客观的评估验收标准等。把督导工作做好，需要建立一支稳定的督导工作队伍，并要吸收一定数量的专家和业务骨干参加。同时建立督导反馈机制，把督导收集的信息，进行综合分析，加工制作，及时转化为管理的新目标和新措施。

总之，在党校函授教育工作中，努力向管理要质量，是一项潜力大、困难也大的工作，但是这是党校函授教育的希望所在、发展所求。

努力做好规范管理这篇大文章

吉林分院院长 王栾周

规范地方党校函授教育，是胡锦涛同志交代的一项重要任务。我们各级地方党校校委一定要深刻领会胡锦涛同志提出这一任务的深刻含义，把规范地方党校函授教育的任务完成好。

规范管理的实质是按教育的客观规律办事。党校函授教育既受党校干部教育规律制约，也受教育的一般规律制约，两者不能偏废。这就要求我们在办学过程中要认真学习和贯彻党和国家有关教育的方针、政策、法律、法规。在学制、专业设置、课程设置、教材、考试、招生等要求上，坚持国家标准与党校特点的统一。我们坚持党校特点绝不是降低国家标准，而是从干部教育的角度出发，更严格地坚持国家标准。

规范管理的途径是深化改革。管理不规范恰恰是陈旧的教育思想、教育观念，落后的专业概念、学科体系、教育方法和教学内容的反映。深化改革就是要改革上述不符合教育规律、管理不规范、束缚健康发展的旧框框、旧模式，等等，从而树立面向现代化、面向世界、面向未来的新的教育观和人才观。

规范管理的目的不是消极的限制，而是促进发展。我们讲的发展是持续健康的发展，既包括发展的规模，更包括发展的质量。而规范管理必须建立和完善规章制度，科学界定各级组织的管理职能，强化总院、分院、学区、辅导站四级管理网络等，在教育市场的激烈竞争中，谋求全国党校系统的共同发展。

规范管理的关键是提高管理者的素质。规范管理关键在人，其核心是人的素质。管理者懂教学、会管理、讲原则，规范管理就有坚实的基础和可靠的保证。把管理转移到提高管理者素质的轨道，是党校函授教育管理科学化、规范化的重要标志。

对党校函授教育质量体系的思考

湖南分院 覃正爱

“以质量求生存，以质量求发展。”这是市场经济条件下企业取胜的秘诀，也是市场经济条件下教育成功的法宝。党校函授教育作为适应现实需要的产物，肩负着为党和政府培养跨世纪德才兼备领导人才的重任，因此就更应有强烈的质量意识。实际上，党校函授教育也只有确立强烈的质量意识，切实加强全面质量管理，才能培养出高质量的人才，才能维护党校乃至党的良好形象，才能在市场经济条件下找到扎实的立足点，也才能实现党校函授教育的可持续发展。所以，重视和加强对党校函授教育质量体系的研究，牢固树立质量意识，对党校函授教育的现实管理和可持续发展是十分重要的。

一、函授新生质量是前提

党校函授教育作为党校教育的重要组成部分，要保证教育质量，其前提就是要保证招进合格的新生。而要招进合格的新生，就需坚持原则、坚持条件。那种只要愿意就能读书的就业式技术培训，对党校函授教育来说是不适宜的。因为党校函授教育首先是一种学历教育，这种学历教育具有系统性、长久性等特点。作为学历教育，党校函授教育对新生应有相应的文化知识要求，如上本科班必须要有大专文凭等等。其次，党校函授教育也是党校教育，党校教育就意味着其对象主要应是党员干部，而不是其他。党校函授教育只有注意这两个条件，并通过严格的入学考试，择优录取，新生质量才能得到保证。新生质量是党校函授教育质量的前提。因为保证了新生质量就有利于顺利实施教学计划，有利于实现教育目标。

二、教材编写质量是基础

面授教学和学员自学都不能离开教材，没有教材，教学与自学都是难以开展的。可见教材在函授教育中具有基础地位。如何编写一套既有深度、又能体现党校教育特色的高质量教材，对于党校函授教育的未来发展是相当重要的。一般来说，要保证党校函授教材的质量，必须做到以下三点：一是要突出党校特色，注重马克思主义理论与方法的实际运用。二是要强调知识的系统性和实用性。三是要语言流畅、通俗易懂。

三、面授教学质量是中心

党校函授教育是一种在职的业余教育，以面授为辅、自学为主是党校函授教育的主要特点之一。但这种面授为辅、自学为主的特点不能成为忽视面授教学质量的理由，更不能成为不要面授教学质量的借口。面授教学质量在党校函授教育质量中具有中心地位。这是因为：第一，尽管函授学员大都具有较强的自学能力，但因工作任务重，自学时间少，因而迫切要求给予高质量的面授辅导，使学员加深对知识体系及重点、难点、疑点的掌握；第二，面授老师大都是专家教授，理论基础扎实，理解能力强，信息量大，通过面授老师的讲授，可以起到解难答疑、启发引导的作用，使学员的自学获得有力的指导。

四、学员自学质量是关键

俗话说：师傅领进门，修行在本人。党校函授教育的面授时间很少，面授教师确实只能起到“领进门”的作用，能不能掌握知识，或知识掌握得牢不牢固、透不透彻，最终还得依靠学员自学。那种完全依靠老师讲课来掌握知识而对教材翻都不翻一下的作法，是不可取的。毛泽东曾经说过：“内因是变化的根据，外因是变化的条件，外因通过内因而起作用。”对党校函授教育来说，面授教学是外因，学员自学是内因。面授教学的效果好不好，固然与面授教师的素质有关，但关键还是看学员自学的质量高不高。因此，如何组织和督促学员自学，提高自学质量，对整个党校函授教育质量的提高是至关重要的。那么，怎样才能提高自学质量呢？首先，要制订自学计划。要使学员在面授之前搞好预习，面授时带着问题听讲，面授之后再进行复习，并做作业。这样一方面可以提高面授到课率，增强面授教学效果；另一方面有利于学员加深对所学知识的理解，增强学习兴趣。其次，要成立自学小组。函授学员的文化水平一般差别较大，如何以先进帮后进，达到共同提高的目的，成立自学小组不失为一个好的办法。再次，要加强自学的检查和督促。班主任要注意加强对自学情况的检查和督促，对是否完成自学计划、是否有自学心得等情况要进行逐项登记和统计，特别是对获得社会承认的自学成果要给予大力表扬，对自学典型要积极向全班推介，让其介绍自学经验，以促进全班自学风气的形成。

五、函授管理质量是保证

党校函授教育具有面广、人多、分散等特点，因此如何强化管理，提高管理质量就显得尤为迫切和重要。党校函授教育只有加强管理，切实提高管理质量，真正使管理规范化、制度化、科学化，才能确保党校函授教育的质量，确保党校函授教育的可持续发展。

六、党性教育质量是支撑

党校是中国共产党培养干部的学校，党校姓党，党校的形象在一定程度上就代表着党的形象。正因此，党中央一再强调，党校要突出党性教育，党性教育是党校的必修课，党校要把党性教育贯穿于学员在党校学习生活的全过程。党校函授教育是党校教育的重要组成部分，自然也应重视和加强党性教育。党性教育质量的好坏不仅影响党校函授教育的形象，而且影响所培养人才的质量，因为党校函授教育的目标是为党和政府培养德才兼备的领导人才。党校函授教育必须重视党性教育，切实提高党性教育质量，使我们的学员真正成为讲学习、讲政治、讲正气的“三讲”模范。而要提高党性教育的质量，就必须做到：一是要坚持马克思主义理论的主课地位，使函授学员系统掌握马克思主义理论特别是邓小平理论；二是要积极参加社会实践活动；三是要自觉接受党性考核。

党校函授教育的质量是一个质量体系，每一个环节都应注重质量。这是确保党校函授教育可持续发展和在激烈的竞争中立于不败之地的必然要求。加强全面质量管理，强化质量意识，培养合格人才，这是时代对党校函授教育的呼唤，也是每个函授工作者、教师和学员义不容辞的责任。对此我们切不可等闲视之。

浅谈党校函授教学的素质教育

兰溪市委党校　杨民正

21世纪是充满机遇和挑战的世纪，党校函授教育要想在新形势下有所发展有所作为，就一定要走素质教育之路。

最近，党中央、国务院《关于深化教育改革全面推进素质教育的决定》指出，实施素质教育应当贯穿于“各级各类教育”、贯穿于学校教育、家庭教育和社会教育等各个方面。毫无疑问，党校函授教育作为一种高等教育形式，肩负着培养高素质干部队伍的艰巨任务，理所当然也应实施素质教育。因此，应把党校函授教育看作是提高全民族的思想道德和科学文化素质，提高知识创新和技术创新能力，实施科教兴国战略的宏伟系统工程中的重要组成部分。教学是党校函授教育的中心工作，实施素质教育、提高教学质量是函授教育工作的重中之重。只有实施素质教育，消除应试教育的不良影响，才能适应和满足学员个人的需要和社会主义现代化建设发展的需要。实施素质教育，全面提高学员素质，要切实做到“六要”。

方向要明。党校函授教育必须首先明确为党的建设和党的中心任务服务，必须为社会主义现代化建设服务，这是党校函授教学工作的政治方向和根本任务。进党校函授学习，既要学好政治理论，又要学好法律、现代经济、现代科技、先进管理和历史、文学、数学、外语、计算机等方面的知识，但最根本的是学好马列主义、毛泽东思想，特别是邓小平理论。要联系当前社会生活和学员思想上存在的一些突出问题，着重解决信念、宗旨、作风、纪律、学风等方面的问题，培养学员能用科学的理论指导实践的能力和分析、解决改革开放和社会主义现代化建设中的一些现实问题的能力。面对世界科技飞速发展和知识经济时代的到来，必须把培养民族创新精神和创造性人才提高到中华民族兴衰存亡的战略高度来认识。教学中要防止单纯以考试分数作为衡量函授教学质量和成果的标准，而忽视函授学员综合素质（尤其是政治素质）提高的倾向，要改变单向灌输、划一呆板、死记硬背、脱离实际的教学方式和方法。

理论要精。要贯彻“学马列要精，要管用”和“少而精”的原则，从函授学员实际出发，因材施教，而不能一味从书本出发，陈言套语泛泛而谈。教师备课时要广博兼取，及时了解并熟悉函授学员的党性分析需求、基础理论需求、理论热点需求、政策难点需求、工作对策需求、形势预测需求等等问题，讲课时要能与学员穿插对话，互问互答，教学双方形成共鸣。要侧重在基本理论、基本立场、基本观点、基本方法上下功夫。如学习邓小平理论就有个“精不精”的问题。邓小平理论博大精深，思想内容极其丰富，如不掌握“精”字，就如在大海中游泳，辨不清方向，探不明深浅。

哲理要新。除需要学习基本理论外，还应根据“缺什么，补什么”的原则，紧紧抓住现实生活和工作中需要解决的问题进行教学，增强针对性、实用性。要反映最新科研成果、最新国际国内形势的热点问题。教员讲课，要讲出一些别人没有讲过的有启发意义的见解，要设计出一些别人没有涉足过的有实际意义的课题，用一些别人没有用过的材料来说明同一个问题，敢于下一些别人不敢下并能让人醒悟的结论；要能随着时代的发展进步，在总结和研究新的实践的基础上，对基本原理有所发展和扬弃，讲出一些本本上没有的话，揭示一些新鲜哲理来。理论的生命在于创新，没有创新意识的讲课肯定是死气沉沉、让人头晕的说教。

条理要清。整个函授教学过程思路必须清晰。明白无误的中心思想，严谨合理的逻辑结构，真实可靠的事实依据，一环扣一环，引人入胜。如讲邓小平理论专题讲座课，若能从邓小平理论的精髓、立论基础、主题、体系、内在联系等五个方面去把握，即能起到纲举目张的效果。重点把握了，其余次要的留待函授学员自己慢慢去消化。相反，讲课条理不清，等于开车路线不明，走到哪里算哪里，让人一头钻进浓雾里，辨不清东西南北。

形式要活。教学方法和形式是否生动活泼，关系到教学双方能否收到思路一致、形成共鸣的教学效果。选择和运用什么样的方法和形式，既要依据教学任务和内容而定，又要充分考虑到函授学员的具体实际和求学需要。近年来，采用专题讲座、专家辅导、专题讨论、专题考察等形式，对重点问题“攻关”，取得了明显效果和成功经验。教师不宜在概念上纠缠不休，更不能强调死记硬背、生搬硬套。讲课要深入浅出、雅俗共赏，既有学术品位，又有生活趣味。注意发挥教师的主观能动性是非常重要的。

感情要真。教学过程是师生双向感情交流的过程。因此，教师本身首先要有真实的感情流露，不能虚情假意愚弄人。首先，要有对我们的党、我们的祖国、我们的民族和人民怀有真挚的感情。不能怀着半信半疑的态度去要求学员们热爱党、热爱祖国和人民。其次，要有为党政干部教育事业作奉献的满腔热情。要体察学员的疾苦，体察他们的“工与学”矛盾、学习与家务的矛盾，设身处地为他们着想，帮助他们解决一些思想顾虑和实际困难问题，为他们服务。在学员面前不能表现出居高临下、发号施令的姿态，要热情不倦地传道、授业、解惑。第三，要有不耻下问的真情实意，与学员们交朋友，互相切磋，教学相长。教师要有爱生情怀，尊重学员人格，热情对待学员的合理要求，这是教师的职业情感。要让学员对教师感到亲切，产生“亲其师，信其道”的良性效应。不能在学员面前摆“师道尊严”的架子，让学员望而生畏。要与学员互相尊重，互为师友，晓之以理，动之以情，理寓情中，情自理出，情理交融，浑然一体。

党校函授教育的可持续发展

刘少南

依据可持续发展观的要求，党校函授教育的可持续发展，应是既满足社会主义初级阶段对党员干部人才的要求，又不对今后自身乃至其它教育发展能力构成负面影响的发展。照此思路，党校函授教育的可持续发展，应取如下对策：

一、对发展速度作理性限制，走内涵式发展道路

党校函授教育，就其社会需求与自身承载力的动态平衡、社会效益与经济效益的统一要求来看，其发展应当是适度渐进的、内涵式的。

我国现在处于社会主义初级阶段，与之相适应的党校函授教育发展速度，既不能滞留于计划经济时代，又不能超前于社会主义初级阶段。滞后了，党员干部人才断层，青黄不接；超前了，办学的投入和产出不尽合理，效益不佳。目前而言，后者较为明显，它至少存在三个突出问题：第一是生源素质普遍下降；第二是教学和科研力量不足，教学和科研水平跟不上；第三是管理薄弱滞后。

对超前发展速度作理性限制的对策是：第一，适度渐进式发展。就是将党校函授教育的发展，一是置于社会主义初级阶段经济发展速度之下，使其发展与经济发展水平相适应，做到当年的发展不影响到来年的继起，近期的发展不削弱长远的持续；二是置于党员干部宏观培训计划指导之下，把其发展计划纳入组织部门培训与使用党员干部计划之内，做到党员干部的培训与使用两者相衔接；三是置于各级党校的办学承受能力之下，使其发展符合教育规律的内在要求，符合各级党校现有的教学科研能力和水平。第二，走内涵式发展道路。把以往那种过分依赖政策优势办学，转到逐步以市场和社会需求为导向办学上来；把过去那种办学单纯追求数量、盲目多设教学点、片面上规模为主，转到以提高教学的质、逐步达到办学量的扩张为主上来；注重对办学存在问题的整改，并把对办学问题末端的整改转到对办学全过程的监管上来，以此把好各教学环节的质量关，像胡锦涛同志批示的那样党校“尤其要把好招生关、教材关、教学关、考核关”；探索党校函授教育实现的多种形式。党校函授教育要从部分教育对象的综合素质高、求知欲急切的实际出发，大胆探索，勇于实践，以原有学年制为主导，在部分有条件的地方开辟学分制试验区，实行“一校两制”。实行学分制，就如同为综合素质较高的学员增设了“快车道”，确实兼有合理分流教育对象与快出人才之功。

二、淡化共性色彩，突出党校属性

淡化共性色彩，突出党校属性，其要求就是抓住党校函授教育中的主要矛盾，即建设好党校函授教育与其它教育共同的，发扬党校传统的，突出党校特有的，增创党校优势的方面。

党校函授教育传统的、特有的优势，全融会于突出党校属性之中。突出党校属性，应体现在教育方针、教学内容和教学质量三者构成的有机体中。根据党校的教育方针，党校培养的人才，不应只是在某一学术领域里的科研尖子，而应是在人才结构中处于高层次的组织者、领导者和理论人才。根据中共中央〔1985〕24号文件的精神，党校函授教育的教学内容更丰富，“应有更高的质量要求”。

三、瞄准经济建设，加快知识创新

当今世界，科技突飞猛进，知识更新周期加快，知识经济已见端倪，知识创新已成为世界各国发展经济、增强综合国力的主攻方向。面对这样的形势，作为党校教育重要组成部分的党校函授教育，只有不断注入创新的知识，才能实现可持续发展。

党校函授教育的知识创新，就其面临的主攻方向而言，应当是管理机制的创新和教学内容的创新。

管理机制的创新，就是要建立一个充满生机和活力的、纵向管理到位、横向监管严密的管理机制。

教学内容的创新，就是在教学内容中及时融入和反映当代中国乃至世界最新知识，包括政治、经济、科技等知识，有利于培养具有创新精神和创造能力的党员干部。

教学内容的创新，涉及的学科面大，特别是要涉及新近产生的分支学科和边缘学科，是一个庞大复杂的系统工程，其原则性和政策性都很强，攻坚的难度也大。这就需要党校的同志进一步解放思想，树立创新观念，大胆探索创新之路。

党校函授教育应强化素质教育

湖南分院 王克修

传统的教育模式侧重知识的传播，强调教师讲、学生听、学生记，不重视学生的主体作用。这种模式虽已屡受挑战，但至今未出现根本性的改观。随着知识经济时代的到来，不仅从教育理论上，而且从教育实践上、从社会需求上迫使我们要彻底改革这一教育模式，转而从素质教育入手，培养学员的创新能力。最近，党中央、国务院作出的《关于深化教育改革全面推进素质教育的决定》指出，实施素质教育应当贯穿于“各级各类教育”。党校函授教育作为一种高等教育形式，肩负着培养高素质党员干部的艰巨任务，它本身就是一种素质教育，但也受着应试教育的不良影响。就是说，党校函授教育创办以来，积累了开展素质教育的一系列成功经验，但也存在不符合素质教育要求的一些不可忽视的问题。只有认真总结成功的经验，切实解决那些不容忽视的问题，才能把党校函授教育质量推上新的台阶。

第一，深化教育改革，进一步强化素质教育。朱镕基同志在全国教育工作会议闭幕式上的讲话提出：“要调整和放宽政策，支持教育加快改革和发展”；“我国是穷国办大教育，不走多种形式办学的路子，别无选择”。这既为党校函授教育提供了极好的发展机遇，也指明了改革是其发展的动力。党校函授教育要按照素质教育的要求，深化改革，要使教材结构和教学内容更趋科学合理；要加大考试改革力度，并以此推动教学各环节的全面改革；要重新审视、修改和补充党校函授教学与管理的各项规章制度；要加快计算机网络建设，充分利用教育资源和各种音像手段。党校函授教育改革的深入，必将为强化素质教育创造有利条件。

第二，抓住素质教育的关键，不断提高办学主体素质。提高办学主体素质是推进素质教育的关键。办学主体包括领导干部队伍、教师队伍、管理队伍。建设高素质的教师队伍，是全面推进素质教育的基本保证，要实行教师持证上岗制和建立师资库等。

第三，紧密结合当前工作，扎实推进素质教育。首先，要结合当前的教育评估工作来进行，要充分发挥教育评估这一推动素质教育的重要杠杆的作用，借此解决办学中存在的不容忽视的问题，强化素质教育，开创党校函授教育新局面；其次，要依据素质教育的要求，抓紧编印出一套既具时代特点，又有党校函授教育特色的一流水准的教材。对那些具有普遍性、权威性、达成共识的教材内容要保持相对稳定，而对其他教材则根据形势的变化、中央方针政策的调整，及时修订、更新内容，从而增强教材的时代感、实用性和可操作性。

深化教育改革 推进素质教育

郑州市委党校 张月桂 裴子卿

在最近召开的全国教育工作会议上，江泽民同志在分析了国际国内形势后深刻指出，在当今世界上，综合国力的竞争，越来越表现为经济实力、国防实力和民族凝聚力的竞争。无论就其中哪一个方面实力的增强来说，教育都具有基础性的地位。江泽民同志接着又说，面对当前国际国内新的形势，我们的教育思想、教育体制和结构、教育内容和方法，同社会主义现代化建设发展的需要不相适应的矛盾，已经和正在显露出来，江泽民同志的这次讲话为我国教育改革发出了动员令。长期以来，我国教育方面存在的与素质教育不相适应的观念、模式、方法直接影响着民族创新精神的培养，影响着综合国力的增强，必须下决心来一场深刻的教育革命。

党校函授教育十几年来为我国社会主义建设培养了大批人才，形成了可观的规模，有一支稳定的师资队伍，在教育层次及专业设置方面随着改革的需要也不断发展，但在一些基层党校还存在一些问题。通过深入学习全国教育工作会议精神，我们认为如下几个方面亟待改革：

一是函授教育在党校工作中定位模糊，对这项工作的目的、意义认识不够明确，管理粗放。

二是在教材编写方面存在概念堆砌、体裁单调、脱离实际等弊端。有的教材从头到尾都是概念、含义、分类、性质、意义、原则等，理论体系研究得多，实际操作指导得少。

三是在教学方法上，教员从理论到知识满堂灌，信息单向传递，缺少反馈与交流，而且教员往往还要考虑如何指导学员考试过关、"拿文凭"，应试教育倾向明显，能力教育、创新教育十分薄弱。

四是考核学员的方式呆板划一，主要考试书本的概念、名词、公式等，助长了死记硬背甚至抄袭等不良学风。

五是在教学手段方面，相当一部分基层党校还停留在黑板加粉笔式的原始水平上，与一些先进的中小学、大专院校相比，显得落后，与国际先进水平相差更远。

六是"重产出、轻投入"现象影响党校函授教育的发展。一些基层党校在指导思想上把函授教育当作创收手段，但所获收益又很少用于师资培训、改善教师学习、办公、科研条件及现代化教学设施的投资。

以上几方面的问题，虽然并非都是党校函授教育的"个性"问题，但作为党校函授教育理应在落实教育工作会议精神、深化教育改革方面迅速行动起来。因此，我们建议：

一要提高对教育改革的认识，解放思想，大胆创新。在学习研究发达国家教育模式的基础上，结合我国实际情况，下大决心进行一场教育革命。

二要加强师资队伍建设。针对党校函授教育属成人教育、干部教育这一特点，在提高师资思想素质的基础上，不断更新知识、深入实际，增强自身科研能力及知识运用能力、实际操作能力、创新能力，以适应素质教育、能力教育的要求。

三要加速教材内容与体系的更新。突破旧模式，理论知识方面要精、要适用，并增加一些对现实问题的指导与讨论、案例分析与研究。

四要改革教学方法与考核形式。在教学方法方面，在传授知识的同时，加强知识运用能力、创造性思维能力的启发与培养，推广运用案例式教学、讨论式教学、情景模拟式教学、辩论式教学等生动活泼的方式，使学员在教师指导下积极参与，活跃思想，从而增加教学的趣味性与实用性。在考核方法上，不仅考核学员对基本理论、基本知识的掌握程度，更重要的是考核学员运用知识的能力和创新能力。针对成人教育特点应减少闭卷考试，增加对思辨能力、创新思维能力的考核，鼓励学员钻研问题，大胆创新。让学员学得有趣味，考出真水平，使我们的教育跳出机械呆板、束缚创新能力、死记硬背等应试教育形成的怪圈，培养出高素质、高能力的栋梁之才。

五要改革教学手段，加大教学投资。要广泛运用现代科技手段，例如运用教学光盘，强化直观教学。在某些学科还要试行通过电脑网络在整个党校系统内由高水平教师讲授，各基层党校教员辅导的办法，提高教学质量。还要努力教会学员进行现代化办公、现代化管理等操作本领，使党校函授教育在内容与手段上有一定的超前性。

六要发挥党校自身优势。在整个教学过程中坚持贯穿思想政治素质教育，加强对学员科学的世界观、人生观的引导，把增强学员爱国主义、集体主义、社会主义思想作为素质教育的灵魂。

七要提高办学中各个环节的质量。在党校系统全体职工中加强质量意识教育，建立科学的质量管理体系，在提高教学质量的同时提高党校自身信誉。

党校函授教育是我国成人教育的一个重要阵地，具有独特的优势与特点。在新形势下，党校函授教育的各级组织和全体学工人员必须更新教育观念，深化教育改革，推进素质教育，提高办学质量，为培养高素质干部做出更大的贡献。

强化素质教育的构想

湖北分院　李天相

一、转变教育观念，树立教育创新的观点

现行教育包括党校函授教育，存在着比较严重的重传授、轻发展，重继承、轻创新的弊端。江泽民同志强调指出："创新是一个民族进步的灵魂，是国家兴旺发达的不竭动力。"素质教育是教育创新的必然要求，实施素质教育是一项教育创新工程。当前，党校函授教育改革首先要转变教育观念，树立教育创新的观点。下决心转变那种妨碍培养学员创新精神和发展实践能力的教育观念、教育模式，改变那种由教师单向灌输知识、以考试分数作为衡量教育成果的唯一标准，以及过于划一呆板的教育教学制度。要组织函授系统领导、教师和工

作人员学习邓小平教育理论、第三次全国教育工作会议文件。要进行关于当前党校函授教育现状，包括教师、学员、工作人员状况和教学、党性教育等状况的调查。要开展党校函授素质教育问题大讨论。要在全体学工人员中开展为推行素质教育提建议、设想、方案的活动。

二、深化教学改革，着眼于培养学员的创新精神和实践能力

1．改革教学内容，调整课程设置。要求：一要突出时代特征，贴近改革开放的现实问题；二要突出党校教育特色，符合干部学员的特点；三要突出创新精神，有利于培养通才型、复合型人才。

2．改革教学方式，改进课堂课型。一要改革面授教学，改进第一课堂。改变教师单向灌输知识的封闭的教学方式，废除注入式，推行启发式。在课型上，可以试行导读课、讨论课、答疑课、观摩课以及设计性、案例性课型等。二要开辟第二课堂，增加社会实践课。三要加强电脑、信息等新科技内容的教学。

3．改革考试考核方式，建立科学的考评体系。要转变函授考试的指导思想，注重素质和能力的考核；要改革考试命题的内容和题型，着重考查学员思考、分析和解决问题的能力；要强化党性教育考核和毕业论文答辩；要改变以考试分数作为唯一衡量标准和“一次考试定终身”的现象。

三、改革单一的人才培养模式，开辟多种办学形式培养创新人才

选择分院直属部或某个学区为试点，对学员试行弹性学年制，对课程试行必修与选修制，对学业成绩试行学分制，对能力素质的培养试行设计模拟、案例演练方式。

四、加强办学队伍建设，提高办学主体素质

一是加强提高教师队伍素质的培训。建设高质量的教师队伍，是推进素质教育的基本保证。分院将按“‘两支队伍’培训工作规划”和“办学队伍建设实施方案”的要求，以提高教师实施素质教育的能力和水平为重点，有计划地对函授教师进行培养、培训；建立有关机制，提高教师队伍的整体素质。二是加强对各级函授组织领导和管理干部（包括班主任）的培训。按照上述“规划”和“方案”有计划地组织学习、培训，提高他们自身的素质及其实施素质教育的能力和水平。

五、创造条件积极发展现代远程教育

尽快建立电脑联网工程，加大电化教学力度，逐步推行计算机网络化管理和多媒体网络化教学。

六、完善制度，规范管理，建立实施素质教育的有效机制

一是对函授教育现行的各项规章制度，按照素质教育的观点及其实施要求进行修改，删去那些维护应试教育、束缚学员发展创新精神和实践能力的规定和制度，增添促进实施素质教育的内容。二是加大落实规章制度的力度，规范办学行为。三是建立激励和监控机制，鼓励和督促各级组织、管理干部和教师实施素质教育。

在面授教学中强化素质教育的对策

南通市委党校 沈邦仪

素质教育是新世纪的重大课题，也是当今教育界的热门话题。党校函授教育作为党校教育的重要组成部分，是造就高素质党员干部的摇篮。实施素质教育应是党校函授教育的宗旨所在。为此，在党校函授教学改革中强化素质教育是一项迫在眉睫的任务。

如何在党校函授教育改革中强化素质教育？这是一个十分复杂的系统工程，涉及到方方面面，需要多渠道多部门的协同作战。这里，仅从函授面授教学的角度，谈几点体会。

一、善于引导学员走出应试教育误区，寓素质教育于函授教学全过程。根据本人的体会，须把握十二字“要诀”：一是见缝插针。即将邓小平理论的精髓见缝插针地贯彻到教学内容之中，引导学员自觉地用邓小平理论武装头脑，提高思想境界；二是画龙点睛。即引导学员自觉地克服应试教育的点滴影响，端正入学动机和考试态度，但内容不宜多，“点”到为止；三是一箭双雕。即运用某些生动的故事既回答书本知识的要点、难点，又开展了讲学习、讲政治、讲正气的活动，把文化知识传授与思想教育有机结合起来，获得一箭双雕之效。这里值得注意的是：千万不能脱离函授教材和大纲的要求去高谈阔论，为素质教育而素质教育，那是函授教学的大忌。

二、坚持“指导自学为主、面授辅导为辅”的基本原则，将学员自学能力的培养贯穿于函授教学全过程。根据本人的体会，须坚持做到“三要”：一要明确党校函授教学是有指导的自学。坚持“自学为主、面授为辅”是党校函授的基本原则和基本特征。指导自学是前提，学员自学是基础。学员最终完成学业靠自学、靠自己，而不是靠面授、靠老师。这一基本特征清楚地表明教师指导和学员自学的关系。函授教学的重点在于指导学员自己学。为此，函授教员一定要有战略眼光，坚决破除“面授教学就是传授知识”的传统观念；二要注重开发学员的自学潜能，激发学员的“内驱力”，树立使命感，增强自信心；三要着眼于引导学员克服“混文凭”等社会不良风气的影响，靠“真本领”拿“真文凭”。同时要鼓励学员克服工学矛盾、家庭事务、社会环境等因素造成的自学障碍，增强自学毅力。

三、逐步改变传统的单向灌输教学方式，将“双向沟通”教学模式贯穿于函授教学的全过程。教员、学员的单向灌输模式可解析为：教员讲什么，学员就听什么。一般由教员按照事先设计的内容框架，写成讲稿。上课时照本宣科，单向传授，满堂灌，灌完就算，让学员去“适应”教员。这样做，教员不但省时省力，而且稳当可靠，不出“乱子”。至于学员是否真正理解和是否愿意接受，是否符合他们的实际需要，那就无法知道，当然也无法对学员有的放矢地进行解惑答疑。这样，势必挫伤学员的学习积极性，也不利沟通教员和学员双方的心理和感情，不利于相互理解和增进友谊。

教员、学员的双向沟通模式可解析为：学员需要听什么，教员就讲什么；学员想(当堂)提问什么，教员就(当堂)回答什么；教员欢迎学员上台讲，学员允许教员答疑失误；教员、学员互教互听、共同研讨、教学相长。这种模式要求教员在“吃透上头”，把握教材的要点、重点、难点前提下“摸准下头”，重视课前调查研究，了解学员在想什么，需要什么，一切从学员的实际需求出发，而不是从教员的主观愿望或书本出发。然后，教员围绕教材大纲内容有针对性涉猎学科前沿信息，初拟讲稿提纲；上课时可灵活机动，驾驭课堂局势，随时接受学员的提问乃至挑剔，从而使双向沟通富有成效。

根据本人的实践尝试，有三点做法可供参考：一是公开“亮相”。即公开声明在面授过程中，学员可随时举手提问传递纸条；二是互换“角色”。即教员与学员互换位置，共同研讨，共同答疑。教员允许学员上台答疑，学员允许教员当场提问；教员发挥自己的理论优势，学员发挥自己的实践优势，两者实现优势互补。这时，教员与学员的“角色”完全处于一种模糊境界。有了这种境界，那种“注入式”、“满堂灌”的旧教学模式就真正被废止，取而代之的是教学相长、教学一体化的双向交流模式。当然，教员在整个教学过程中必须始终居于主导地位，发挥主导作用。这对全面提高教学质量、培养高素质人才无疑具有重大的现实指导意义。三是信息反馈。即利用课间休息时间或下课时间，及时了解学员的反映与要求，做到当堂反馈，当堂改进；课后反馈，下堂改进。

四、注重高素质党校教员形象的自我塑造，提高教员实施素质教育的能力和水平。要逐步创造条件，鼓励教员争当“名牌教员”，出“名牌产品”，为创“名牌党校”作贡献。这是强化素质教育的关键措施。

那么，什么是高素质党校教员形象呢？笔者认为：

一要树立正确的教育观、质量观和人才观，增强实施素质教育的自觉性。

二要有沟通学员心灵的高超艺术，善于把思想政治素质教育贯穿于教学全过程。

三要遵循教育规律，积极参与教学科研，勇于探索创新，要设身处地多为学员着想，真正把学员当作“上帝”。

四要有宽广厚实的业务知识和终身学习的自觉性，掌握必要的现代科技教育手段。

五要有“敢”字当头的大无畏英雄气概，敢想、敢讲、敢冒、敢闯，敢于针砭时弊，敢于回答现实生活中最突出、学员最迫切需要回答的问题。

六要有极强的自信意识、坚定的马克思主义信仰，善于自如地控制和支配自己的情感。

七要用多种教学法灵活配合双向沟通模式。例如，图表法、案例法、答疑法、研讨法等可综合使用。教无常法，教无定法，万法归宗，重德为本。这“德”即全心全意为学员服务，全心全意为培养新世纪领导和骨干人才服务。

浅谈党校函授素质教育的重点

高安市委党校　游国铭

全面推进党校函授素质教育，培养和造就适应

21世纪需要的高素质党员干部，是一项十分紧迫的战略任务，每一个从事党校函授教育的工作者、教师负有义不容辞的责任。那么，在党校函授教育中，对学员实施素质教育的重点是什么呢？我认为有三个方面。

一、用科学理论武装学员，提高学员的思想政治素质

用科学理论武装学员，就是要用马克思列宁主义、毛泽东思想、邓小平理论武装函授学员的头脑。这是党校函授教育的显著特点，是推进党校函授学员素质教育的一个重要内容。要用科学理论武装学员，提高学员的思想政治素质，培养政治立场坚定的合格人才，我们必须把马列主义、毛泽东思想、特别是邓小平理论作为主课，贯穿于党校函授教育的始终，在广大学员中广泛深入地开展辩证唯物主义和历史唯物主义教育，培养学员树立正确的世界观、人生观、价值观，增强学员的政治敏锐性和政治鉴别力，自觉地执行党的基本路线、基本纲领，使广大学员具有共产主义远大理想和建设有中国特色社会主义的坚定信念。

二、用专业知识丰富学员，提高学员的开拓创新能力

杨振宁先生指出："教育的成功在于使个人的能力和创造性得到最充分的开发。"在于"培养有知识、能独立思考的人。"素质教育注重的即是培养"有知识、能独立思考的人"，亦即创造性人才。党校函授教育在重视专业知识的传授时，更要注重培养学员的开拓创新能力。如何提高学员的开拓创新能力？我们必须抓好以下几个环节：（1）辅导。辅导以面授、电教为主要方式。面授课要严格按总院教学计划执行，不能打折扣。要择优聘请有经验、水平较高的教师为面授教员。教学要变"传授知识型"的应试教育为"培养创造性思维能力型"的素质教育，变灌输式教学为启发式教育。《礼记·学记》中说："君子之教，喻也。道而弗牵，强而弗抑，开而弗达。"讲的就是好的教学方式在于启发、诱导、引导学生而不能代替学生思考。要坚持学思相结合的原则，孔子说："学而不思则罔，思而不学则殆。"与面授辅导相辅相成的是电教辅导，电教辅导由教学班组织学员进行，并要切实抓好。（2）自学。自学是函授教育的主要形式，是学员完成学业的基础。要求学员按计划进度，读完规定的教材，做到课前有预习，课后有复习，并灵活运用"读"、"想"、"串"、"写"、"记"、"作"等多种自学方法。（3）班组讨论。积极开展班组讨论，组织学员互教互学，共同研究问题，以活跃思想，提高自我教育的能力。（4）社会调查。结合所学课程，利用业余时间安排学员进行社会调查，并写出调查报告或文章，要将优秀的调查报告或文章编成文集，并给予一定的奖励。

三、用党性教育学员，提高学员的党性素养

党校函授教育是党校教育的一个组成部分，必须突出党性教育。党性教育质量的好坏，不仅影响党校函授教育的形象，而且影响所培养人才的质量。党校函授教育必须重视党性教育，把党性教育列为党校函授教育的必修课，把马克思主义理论教育与党性锻炼结合起来。要提高学员的党性素养，必须做好以下工作：（1）结合入学教育，进行党性教育动员，向学员讲清楚党性教育的意义、目的和要求。（2）以《党性教育基础知识讲座》作教材，把党性教育列入每学期教学计划，做到有计划、有课时、有考核，寓党性教育于党校函授"教"与"学"的全过程。教学和管理人员要以身作则，言传身教，影响学员和促进学员不断地增强党性锻炼的自觉性。（3）进行学风学纪和考风考纪教育。要求学员认真抓好自学、按时到课、踊跃参加讨论、独立完成作业、遵守考试纪律、亲自完成论文写作。（4）采取多种形式进行党性教育。组织学员听取英模事迹报告、参观革命传统展览、瞻仰烈士陵园和革命圣地等。(5)通过以讲学习、讲政治、讲正气为主要内容的党性党风教育，进一步树立学员的共产主义理想，增强党性。(6)每学期进行一次党性分析和小结。引导学员运用所学理论对自己的党性状况进行分析和评价，达到正确认识自己，明确努力方向，并将党性锻炼的成效列为评优的重要条件。

切实搞好对党校函授学员的素质教育，是确保党校函授教育可持续发展和在激烈的竞争中立于不败之地的必然要求，是时代对党校函授教育的呼唤，我们必须千方百计地把它做好。

党校函授教育
推进素质教育的途径

平顶山市委党校　周海清

首先，推进素质教育要更新教育观念。素质教育的理论研讨和实践探索起步后，在一些人中有这样的说法："素质教育轰轰烈烈，应试教育扎扎实实。"可见，"应试教育"的观念根深蒂固。如果没有教育观、人才观、质量观的真正更新，就很难形成实施素质教育的良好社会环境，素质教育就难以落到实处。更新观念直接涉及党校函授教育的许多方面。在教育水平和教育质量评价考核体系方面，学校不能单纯以学员分数高低评价教师，教师不能单纯以分数高低评价学员；教研部门不能再用以应试为主要目标的传统教法进行指导；甚至教管部门也要重新审视过去制定的并仍在执行的一些带有"应试教育"色彩的规章制度和政策，等等。

其次，推进素质教育，需要更新人才培养模式。目前的党校函授教育选拔学员的标准主要是看文化知识水平的高低，而往往忽视能力特别是创造力等其它方面。在教育培养过程中以一种模式去塑造学员，在某种程度上造成学员片面发展。素质教育要求培养的人才既包括掌握高新科技和文化知识的经济、政治管理专家，又包括工作在各行各业中有道德、能敬业、有专长的高素质人才。素质教育不仅要让学员"学会"，而且更要让学员"会学"，培养学员的自主学习能力和自我发展能力。

第三，推进素质教育，还需要更新教学内容和改革教学方法。更新教学内容，涉及教材内容的编排和课程结构的调整。要让素质教育思想贯穿到每一类课程，多设置一些选修课。要使教育的内容更贴近社会实际，要改变过去那种不看实践的发展、只背条条框框的僵化教学，要改变只注重学习"已知的"转为重视研究"未知的"。要培养学员用马克思主义的方法论去分析新情况，解决新问题。要改革教学方法，探索新的更符合现代教育规律的各科教法，填鸭式教学是"应试教育"的产物，这种教学方式不改变，素质教育就难以立足。

第四，推进素质教育，要改变现在的师资队伍管理体制。推进素质教育要有一支高素质和具有创新精神的教师队伍。教师对学员思想、品德、学识上的影响是直接和深远的。目前党校的教师队伍明显老化，知识结构单一，且受体制的制约，难以流动，难以引入竞争机制。要实行开放式管理，广泛从社会各界吸纳教员，进行动态管理，从而增强党校教师队伍的活力，在竞争中优胜劣汰，建立一支精简、高效的师资队伍。

第五，推进素质教育，需要改变学员管理制度。目前为了让学员学到既定的内容，主要在保证听课率上下功夫。可是，一些学员到课只是为出勤，而不是为了学习。因此，要以提高学员的学习兴趣为主，调动学员学习的积极性。

完善党校函授教育体系的构想

谢宏敏

当前，面对知识经济和世界科技突飞猛进及经济全球化的形势，世界主要资本主义国家相继提出了未来成人教育的对策，国内成人教育和干部教育的竞争也十分激烈。党校函授教育要敢于正视现实，参与竞争，与国际、国内成人教育接轨；要在不断提高主体素质的前提下，树立创新观念，形成自己的一套看家本领。这正如江泽民同志所指出，科学技术的发展，社会各项事业的进步，都要靠不断创新，而创新就要靠人才，特别要靠年轻的英才不断涌现出来。那么，党校函授就要改革，就要建立适应并有利于集"理论、知识、党性、能力"于一体的人才脱颖而出的函授教育体系。

在培训对象上，坚持以党员领导干部和党员干部为主，同时包括部分优秀的以工代干人员。

在班次设置上，建议大专班由总院宏观管理、分院主办；总院集中精力办好本科班、领导干部班和研究生班；拓展研究生班的招收范围，在部分分院试办县级后备干部、理论干部和党校师资研究生班。

在专业分类和学历上，设行政管理、经济管理和法律三个专业；实行学分制，公共课可以互通，在大专、本科段可按级分层修完几个专业的课程，即可同时获得几个专业的大专或本科文凭；实行党校函授大专升级读本科制度，即免试入学。

在课程结构上，所开课程应突出"专、实、新"，即贴近专业，实用，新颖；随时采纳教员、学员意见，调整考试课与考查课的结构，使其更趋于合理。如《中国经济地理》、《现代科学技术概论》、《普通逻辑学》、《系统科学概论》等课程很受学员欢迎和喜爱，但大都为阅读课，缺少讲授辅导。

在考核上，要体现党校教育的特色，着力培养学员分析问题、解决问题的能力，实行考试、考查、口试、撰写调查报告和论文等考核形式。每学期有一门闭卷考试课、一门开卷考试课和一门口试解答问题课；第一学年写一篇调查报告，毕业时撰写一篇高质量的论文。

党校函授教育规范化势在必行

永州市委党校　郑文飞

胡锦涛同志在1997年7月22日批示中，对党校函授教学管理工作提出了明确而严格的要求。他强调指出：要“强化教学管理，尤其要把好招生关、教材关、教学关、考核关”。这充分体现了中央领导对党校函授教育管理工作的关心和爱护。我们教学管理工作者，一定要深刻理解，坚决落实。

一、规范好招生第一关

党校函授教育要保证质量，招生是第一个环节。首先，要采取得力措施，做好宣传工作，做到生源充足，录取新生时优中选优，有利于提高新生质量。其次，严格入学条件，是提高党校函授质量的重要保证。胡锦涛同志指出：“党校就是培养党员干部，不能什么人都收到党校来，要坚持标准，提高质量。”这为我们坚持入学条件作出了明确指示。党校函授开办以来，入学条件一直是有明文规定的。在招收党校函授学员时，必须严格按规定执行，采用“一个分数线，一个录取原则和一个比例”三位一体的录取办法。

二、加强办学队伍自身建设

打铁先要本身硬，不造就一支思想过硬、工作过硬、作风过硬的办学队伍是难以完成繁重而艰巨的办学任务的。师资队伍在教学中处于主导地位，在提高教学质量方面教师扮演着重要角色。从一定意义上说，师资质量决定教学质量，教学质量决定办学质量。经过十余年的教学磨练，我们已逐步形成了一支学科比较齐全、相对稳定的专兼职相结合的师资队伍。但这支队伍还不能完全适应日益繁重的教学任务的需要。这也是当前制约教学质量的一个重要因素。因此，加强师资队伍建设是一项紧迫的任务。

加强师资队伍建设，必须依靠所在党校校委的通盘规划，根据需要和可能调配、充实和外聘师资，并采取行之有效的方法，加强对师资的培训和锻炼。近年来，许多党校在强化师资队伍建设方面创造并积累了较丰富的经验。（1）高标准选聘教师；（2）改革培训方式，加大培训力度，创造了示范备课、集体备课、观摩教学、定期交流等多种形式，既提高了教师素质，又统一了教学内容；（3）强化尊师重教意识，激发教师敬业务实精神和责任心，营造良好环境，确保到课率；（4）建立领导、班主任、学员一体化考评制度。通过考评树立典型、表彰先进，激发教师的献身、创新和进取精神。

三、认真抓好自学管理

落实胡锦涛同志批示，把好教学关，必须兼顾教和学两个方面。与“教”方面的管理相比，自学管理是当前的一个薄弱环节。它具有不好抓、抓不住的个体活动特点。事实表明，学员自学已成为制约教学质量的一个关键环节，必须把加强自学管理提到重要日程。（1）正确认识自学的重要作用。（2）自学管理的关键是做好思想工作。（3）强化自学管理，要从入学教育抓起，并贯穿于整个学习过程。（4）强化自学管理，要增强教师引导自学的意识，充分发挥教师的主导作用。（5）强化自学管理，要帮助学员处理好自学和工作、自学和家务之间的关系；正确认识和处理自学和指导、学习与应用、理解与记忆等关系。（6）强化自学管理，要在探索自学运行机制的基础上，不断完善自学管理制度，规范自学环节。

四、认真整顿考风考纪

考试是检验教与学效果的一个极为重要的手段，也是评估函授质量的一个硬指标。考风即学风即党风。目前考风考纪的状况不容乐观，如：有的地方考纪松弛，有的监考不力。我们一定要从加强党性教育和党性锻炼的高度，从维护党的形象和声誉的高度，从反腐败的高度来整顿考风考纪，要做到认识到位、领导到位、措施到位，在考风考纪上不能有丝毫的闪失，否则，将造成不可挽回的损失。

整顿考风考纪，必须加大监考力度。要认真选配合格的监考人员，加强对监考人员的教育和培训，明确监考人员的行为规范。要切实加强对监考人员的考核和监督，实行有效的制约机制和奖惩机制。要请纪检、监察部门的同志检查执纪情况，请新闻媒体进行舆论监督，以实现严格、公正的监考。

整顿考风考纪，必须保证试卷开考前的绝对保密。有种种迹象表明，试卷曾有泄漏的现象，因此，必须引起高度重视，严加防范。

整顿考风考纪，必须加强领导。要建立健全各级考试领导组织。可以请当地组织、宣传、纪检、监察、人事等部门的负责同志参与，以加强领导。要积极推行和落实管理责任制和考区达标分类管理。要推广过去行之有效的经验。要认真执行《考务管理手册》，把各项考务工作统一到总院制定的规章制度上来。

提高党校函授教学质量的措施

平远县委党校　刘新平

党校函授教育的改革，要采取切实可行的措施，提高教学质量。重点应做到：

一、加强思想政治教育，不断端正学风，提高学员到课率。要开展评教、评学活动。适时召开学员座谈会，征求对授课教师讲课的意见，分析总结学习情况以及科目考试差的原因，找出其症结所在，以便在新学期首次班会上，总结经验，表扬先进，并着重讲清文凭与水平、工作与学习、面授与自学、理论与实际、纪律与教育等方面的关系。通过以上教育，使全体学员进一步明确学习的目的不仅是为了取得文凭，更重要的是要提高文化理论素质和实际工作能力，因此要提高学习的自觉性，面授教师或班主任要尽量抽一些时间到学员单位去走一走，使学员参加业余学习得到领导的支持；要经常与学员交谈，关心学员的工作、学习情况，必要时也要进行家访，尽量帮助学员解决困难，这也是提高学员到课率的有效方法。

二、探求新的教学方法。在面授教学中，除了要继承以往的良好的教学方法之外，还要不断总结新的行之有效的教学方法，使之与新形势发展相适应。

1. 要贯彻理论联系实际的教育方针。学习马列主义、毛泽东思想、邓小平理论，学习经济管理理论，必须以研究和解决我国社会主义现代化建设中的实际问题为中心，提高函授学员运用马克思主义的立场、观点和方法分析问题、解决问题的能力，教员在面授时，应把课本重点内容讲授清楚，然后要求学员结合实际，领会课本内容；提出一些改革热点问题，让学员开展讨论，引导和鼓励学员积极开动脑筋，大胆发表见解，以此调动学员的学习积极性；也可先布置预习题目，然后让学员带着课题，到相应的企业或事业单位进行调查研究，在实际中找到答案。还要请具有实践经验的专家、学者到学校来向学员进行现身说法的传授，使学员拓宽视野，加深对所学知识的理解。

2. 导学与启发相结合。在党校函授教学中，应以导学式和启发式代替传统的填鸭式和注入式。函授学员都具有一定的工作经历，洞察力、思维力较强，而记忆力略差。我们不能忽视函授学员的这些特点。在面授过程中，教师如能结合实际提出问题进行引导，特别是联系学员比较熟悉的实际情况去阐述基本理论和专业知识，学员会更易于理解和掌握。旧的机械的教学方法，只会使学员死板记忆，囫囵吞枣地接受，既浪费了时间，也消耗了精力。导学式和启发式的教学就在于“导”和“启”，教师只有善于诱发学员进行思考与联想，善于运用书本基本理论去分析、研究当前社会发展的状况及人们所关心的问题，才能使学员学到真正的知识，提高自学能力和对知识的反馈能力。这种方法的特点是激之以情，启之以思，引之以疑，授之以识，运用这种方法对学员大有裨益。

三、把教学管理措施真正落到实处。可结合自己的实际情况制定具体实施办法或补充规定。如考勤方面可规定：凡因事或因病请假，须在当次面授前一天办理请假手续，请假条需有领导签字或盖公章；建立考勤登记制度，出勤情况由班主任详细记载。又如在考场纪律上规定“十不准”。制度制定出来后关键是要认真执行，真正落实。对公然违反学校制度的学员决不能留情面，应该严肃处理。只有这样函授教学质量才能不断提高。

党校函授教育实行案例教学势在必行

广东分院　李战超

案例教学法是教师根据教学目标和课程内容的需要，采用案例，组织学员研究、讨论，提出解决问题的方案，使学员掌握有关的专业知识、理论和技能，锻炼、提高实际工作能力的教学方法。

党校函授教育实行案例教学不仅是必要的，而且也是可能的。

一、素质教育呼唤实行启发式和讨论式教学

知识经济时代出奇制胜的法宝，是具有创新意识和创新能力的人才。当今国际经济和科技的竞争越来越围绕人才和知识竞争展开，发展的优势蕴藏于知识和科技之中，社会财富正日益向拥有知识和科技优势的国家和地区聚集。谁在知识和科技创新上占优势，谁就在发展上占主导地位。可见，时代呼唤具有创新精神的冒尖人才脱颖而出。联合国教科文组织曾把“学会生存”作为今后世界教育改革与发展的主题，并在《学无止境》报告中表达了这样一种观念：全球问题千头万绪，但人类面临的最大问题是怎样开发人的创造力。

在知识经济初见端倪、国力竞争日趋激烈、我国正处在建立社会主义市场经济体制和实现现代化建设战略目标的关键时期，中共中央、国务院及时作出了《关于深化教育改革全面推进素质教育的决定》，为我国各级各类学校深化教学改革指明了方向。素质教育就是以培养学生的创新精神和实践能力为重点的提高国民素质为根本宗旨的教育。作为国民“领头雁”的党员干部的创新意识和创造能力就显得更加重要。而我国传统教育过分重视知识的传授，忽视创新精神和实践能力的培养。其弊端表现为学生的书本知识较扎实，对考基本理论知识的应试能力较强，死记硬背的复述模仿功夫有余，而创新意识和实践能力明显不足。因此，党校函授教育要转变教育观念，改革人才培养模式，积极实行和推广案例教学法等启发式和讨论式教学，激发学员独立思考和创新意识，切实提高面授教学质量。通过各学科、各种类型的案例教学，使学员感受、理解某种理论知识产生和发展的过程，了解其来龙去脉，培养学员解放思想、实事求是的科学精神和创新思维习惯，重视培养党员干部收集处理信息的能力、获取新知识的能力、分析和解决问题的能力、语言文字表达能力以及团结协作和社会活动能力，把建设有中国特色的社会主义事业全面推向21世纪，为中华民族的伟大复兴作出更大的贡献。

二、举办党校函授案例教学培训班，培养一支训练有素的师资队伍，是成功开展案例教学的关键

要发挥党校函授教育资源在干部教育中不可替代的特殊作用，拓展党校函授教育在21世纪的生存和发展空间，增强党校函授教育的吸引力，就必须顺应知识经济时代发展潮流，转变教育观念，改革落后、陈旧的教学模式。任何一种教学方法都是一种教学观念、人才培养模式的反映。案例教学法在国外已有80多年的历史，但在我国尤其是党校函授教育，还是新生事物。教育者要先受教育。因此，各级党校函授教育工作者要把实行案例教学法等启发式和讨论式教学方法摆到议事日程。要根据党校函授教育是以党员干部为主要培训对象的在职业余教育，以自学为主、面授为辅的特点，举办党校函授案例教学培训班，造就一支符合创新时代要求的、能发挥案例教学示范作用的骨干师资队伍。

三、组建党校函授教学案例库，是提高党校函授案例教学水平的基本保证

改革开放以来，我们国家的普通高等学校、行政学院、党校以及各种培训中心逐渐认识并深知案例教学法的重要性，但案例教学法迟迟难以推广，其中一个重要原因是巧妇难为无米之炊，我们的教材基本上是以讲理说教、平铺直叙为主，而不是案例启发式的，而且我们在教学中所运用的案例大抵有三种情况：第一种案例是从国外引进的，是国外企业管理等案例的翻版。这种案例因其背景和条件都是国外的，学员很难设身处地、身临其境，往往是头几次讨论时大家很兴奋，感到新鲜，争论得很热烈，但用多了，兴趣和热情也就骤然大减。因而在应用时很难达到教学目的。第二种案例是近年来学校各自仓促编写的小案例。这种案例其实是举例的延伸，是课堂讲授的点缀，因为这种案例十分简单，背景介绍得不清楚，一般很难深入开展讨论。尽管这种案例还不足以成为管理类教材的主流，但是作为一种素材和教学手段，还是很受师生欢迎的。第三种案例是以新闻报道改写的实例。这种用经验介绍的方法宣传某些观点，起不到案例教学的作用。鉴于此，教育部人文社会科学研究“九五”规划重点项目“中国企业管理案例库组建工程”，已于1998年6月开始实施。《中国企业管理教学案例》及其配套的《中国企业管理教学案例使用说明》正式出版发行。我国的工商管理硕士（MBA）教育从此有了由中国专家编写、取材于中国境内的企业管理过程的案例教材。

党校函授教学案例库的组建，可以借鉴“中国企业管理案例库”组建的成功经验，结合党校函授教育的特点，考虑党员干部教育的实际需要和素质教育对不同专业、班次培养目标的要求，由中央党校牵头，省、市、县党校分工协作，组建党校函授教学案例库。

浅谈知识经济与函授教育

张　岩

自从 OECD（国际经济合作发展组织）发表《以知识为基础的经济》报告以来，“知识被认为是生产率和经济增长的驱动力，使得信息、技术和学习在经济运行中的地位问题成为人们关注的新焦点。”（OECD1996 年科学、技术与产业展望）。

知识经济是与农业经济、工业经济相对应的经济形态。知识经济时代的经济增长不再以资源和资本作为推动经济发展的主要手段，知识的积累和利用将成为最重要的经济因素和生产因素。随着技术革命的新发展，知识的作用将成为参与市场竞争的关键因素。

据统计，人类近 30 年所获得的知识大约等于过去 2000 年的总和，预计到 2050 年，人类现在所掌握和运用的科技知识只为知识总量的 1%；近 10 年来，世界上每过 1 小时就产生 20 项新发明。面对这样一种发展态势，学习、掌握、运用已有的知识创造新的知识将成为社会发展的动力。在工业经济时代人们掌握了铁路、电厂、生产流水线；在知识经济时代人们要了解学习芯片、光盘、计算机。

目前，许多国家的政府根据科技发展和知识更新速度加快的现实，积极筹划知识经济时代的“国民创新体系”，这是一种全球化的趋势。要具备创新能力必须具有最新知识，掌握最新知识是人们生存与发展的重要手段。知识老化需要更新，新的知识领域需要开拓，这使人们自觉或不自觉地在不断学习，以充实自己。正是在这一过程中，人们对教育的认识从一次教育向终身教育转变。

终身教育思想的提出扩展了教育的范围，让传统的学校教育从封闭走向开放。远程教育的发展使终身教育思想成为现实。教育技术的进步促使教学手段和教学方式进行改革。这些变化为所有渴望学习的人提供了受教育的机会，使高等教育成为他们能够享受的权利。据资料显示，我国目前受教育人口 2.3 亿，占世界的 1/4，教育经费占世界的 2%；人均教育经费 10 美元（世界平均 220 美元）；学生人均公共教育经费 50 美元左右（世界平均 1200 美元）。面对这样一个“穷国办大教育”的现实，传统的教育手段和现有的教育资源已不能满足提高国民教育层次的需要。如何扩展教育资源，实现教育资源共享，推进教育大众化，积极发展远程教育具有重要的意义。

远程教育以不受空间和时间限制的优势，推动着教育的深刻变革，成为构建终身教育体系的重要组成部分。函授教育作为实施远程教育的方法之一，以自身的优势发挥着特殊的作用。由于我国地域辽阔，经济发展不平衡，在这种情况下出现的教育层面的多样性，决定了教育手段的多样性，这为函授教育的发展提供了广阔的教育市场。在我国人口多、教育资源相对不足的情况下，函授教育正是一条在人才培养上投入较少而收效明显的有效途径。中央党校函授学院 14 年的办学经验表明，联合地方党校开办函授形式的干部在职在岗教育，开发了党校教育资源，发挥了党校的教学优势，拓宽了办学渠道，突破了单一脱产模式，做到了优势互补，形成了新的办学合力，成为有影响的办学实体；培养出一批留得住、用得上、担得起、干得好的人才。党校函授教育鲜明的特点是：（1）它具有党校教育特色，较好地体现了党校教育的特点；（2）它具有时代特征，将时代特征体现和贯穿于党校函授教育的各个组成部分，能够适应社会主义现代化建设的需要。这种办学是在党校系统进行开放式干部教育的探索，是利用现代教育手段改革教学方式的一种实践。这种探索和实践的结果已成为利用函授教育的形式办好远程教育的例证。

目前，我们面对的课题是，在构建终身教育体系中进一步探索函授教育发展的道路。如何办好函授教育？笔者认为：首先，要有计划分步骤地利用函授教育所具备的独特网络，内抓特色教学，外塑教育形象。在教学中，实现以“教师为中心”到以“学习者为中心”教学方法的转变，提高学员的学习自觉性。

其次，对社会上多渠道办学的情况，要发挥自己教育资源的优势。坚持办学质量第一，增强函授教育的生命力。坚持对教学效果进行调查，及时反馈，总结出一套具有函授教育特点的远程教学方法。

再次，加大科技投入，丰富函授教学手段，在具备条件的地区加快教学手段由纸介媒体到视听媒体到计算机网络的转变，最终达到远程教育的双向交流。

最后，在经济转型、产业结构调整时期，利用函授教育的优势，在岗位培训等非学历教育项目上发挥自己的作用。

把提高函授教学质量的着力点放在提高学员思想素质上

通州市委党校 沈刚克

党校函授教学质量，关系到党校的形象、声誉，更关系到能否为现代化建设输送合格的领导干部、专业人才，必须给予高度重视。在函授教学实践中，我们已经高度重视了这一问题，并且也已取得较好的成绩，但与我们期望的要求相比，其间还有一段较大的距离。我们要把函授教学质量与学员的思想素质紧密联系起来，把提高学员思想素质作为提高函授教学质量的着力点。

《中国共产党党校工作暂行条例》第六条从思想政治水平、世界观、立场、观点、方法和党的基本理论、基本路线、基本知识、领导能力、党性等方面对提高学员五个方面的素质作了高度科学的概括，这里突出了对党校学员思想素质的要求，是一个较普通高校对学员素质要求更高的要求。党校函授学员也是党校的学员，自然也应符合这一素质要求，即要具备较普通高校学员更高的素质。

因此，我们必须在函授教学中，把提高学员思想素质当作一件大事认真抓好。提高学员思想素质受多条件、多因素制约，必须将其当作一个大系统工程，多方动员，协同运作，才能最终实现。

首先，要优化函授学员思想素质教育环境。要坚决克服社会上重利轻义，以钱、物、关系代替、充抵思想素质教育的倾向；坚决克服在党内重组织部门、轻视党校教育工作，不能把党校教育提到同级党委重要部门地位的倾向；坚决克服党校自毁家门，听凭有损党校思想素质教育形象的言行泛滥的倾向；坚决克服以学员职位高、责任重、工作忙、素质高为借口，轻视、忽视、放弃思想素质教育的倾向；坚决克服思想素质教育不能很好地针对学员的思想素质实际情况的倾向，使学员能受到具有进步意义、又能在思想素质提高中加以落实的正面、可信的教育。

其次，要把思想素质的提高列入对学员进行考核的范围。要克服思想素质考核重形式、走过场、不反映学员思想素质实际情况等错误做法。要进行能反映其真实思想素质情况的考核，让学员感到是动真格的和有客观标准、公平、公正的，使其心悦诚服。

再次，学员思想素质水平要与组织人事部门对干部的使用挂钩，要让学员感到这两者确实是紧密挂钩、不可分离；更不可让学员感觉出、意识到这两者是分家的，更不能让学员感到思想素质教育可有可无，组织人事干部的使用才是非常重要的。要使这两者统一起来，当然这种统一是实在的，即思想素质水平高，受重用；反之，则轻用、小用，甚或不用。千万不能出高级政治笑话，如一方面被纪检、监察部门查处甚至受到法院法办，另一方面却又得到加官晋级，甚至被戴上“先进”、“模范”的耀眼炫目的光环。

第四，思想素质要在相对较长的实践中经受检验。由于思想素质是一种内在的东西，其不确定性甚大，必须在相对较长的实践中经受检验。就是说，要通过时间的流逝来检测、把握学员思想素质是否提高，最终把握函授教学质量是否提高以及提高的确切程度是多少。

第五，坚持在实践中出实绩后再提拔、使用的原则。没实绩就提拔，不足以检验其思想素质的真实水平，反而会助长虚浮、投机取巧的邪恶风气。反之，有实绩后再提拔，据实绩大小决定提拔重用程度，会使人由珍惜而变得厚重稳健，进而去追求更大的实绩、进步、成功。这是我们这个社会目前最为紧缺的一种最可宝贵的思想素质，并且这符合小平同志反对坐火箭、提倡踏台阶而上的干部使用思想，也符合我国反腐倡廉形势严峻，形式主义、贪污腐败之风屡禁不止的实际情况。

最后，要动员学员工作单位、党委、政府各相关部门，以及全社会成员与党校一道关心、重视学员思想素质的提高，形成支持、鼓励、推崇思想素质提高的环境、氛围和客观条件，使函授教学中的低思想素质和假、冒、伪、劣者不得其门而入，以实现我们跨世纪的函授教学质量目标。

在职研究生教育的实践与探索

吕 敏

自1995年开始，中央党校函院试办了党员领导干部在职研究生班，4年来，院领导班子认真贯彻党的十五大精神，按照江泽民总书记关于培养干部的重要讲话精神，落实胡锦涛校长的指示，坚持正确的办学方针，针对高层次教育和党员领导干部的特点，探索成人教育和培养复合型人才的规律，走出一条函院创办研究生教育的新路子，使研究生教育工作快速健康发展，为中央、地方及部队培养了一些适应现代化建设的高素质人才，取得了丰硕成果。

一、贯彻“社会效益第一”和“教育质量第一”的方针，坚持正确的办学方向

要办好函院的研究生教育，就必须坚持正确的办学方针。为了搞好函授研究生教育工作，院领导适时提出“社会效益第一和教育质量第一”（以下简称“两个第一”）的办学方针，指导全院上下开展工作。各分院也努力贯彻“两个第一”的办学方针，总结了许多经验。如浙江分院着眼于高起点、高标准的素质教育，追求理论、知识、党性和能力的统一，把重点放在增强学员获取知识和进行研究的能力方面；通过开展“三讲”活动，增强学员的党性；树立良好的学风，营造高标准教学和高素质人才成长的环境。4 年来的实践证明，函授学院的各级领导认真贯彻了中央领导的指示，始终把“两个第一”作为研究生教育工作的方针和生命线，把培养跨世纪高素质的领导人才作为研究生教育的惟一宗旨和根本任务，因而保证了研究生教育的健康发展。

二、制定规章制度和配套措施，规范办学行为

党的十一届三中全会以来，我国的教育事业取得了显著成就，中央党校的各种教育成绩瞩目，究其原因，除有正确的办学方针外，还要有一系列的规章制度和配套措施。几年来，函授学院为了搞好研究生教育工作，采取了以下十项配套措施：一是规范办学规程；二是科学拟定培养方案、教学大纲和教学计划；三是下发《党员领导干部在职研究生班教学管理实施办法》；四是进一步明确了考试命题、阅卷及毕业论文的具体要求，改进和完善有关工作；五是明确授课教师资格，严格教师的选聘；六是适度拓展办学规模；七是英语课分层施教；八是改革授课方式，试行电化教学；九是改革完善部分教材内容；十是改革完善授课模式，使党校教师授课与各校教师授课相结合。这些措施，有效地促进了规范办学。其中，《党员领导干部在职研究生班教学管理实施办法》，明确了领导机构、教师选聘、教学管理、教材编发、党性锻炼等工作的职责和标准，完善了以总院为主体、校教研部和分院为两翼的教学管理机制，全院上下各司其职，分工合作，为在职研究生教育健康发展奠定了基础。

各分院也相应制定了细则。例如海南分院认真履行八条职责，扎扎实实抓落实，使各项工作步入健康发展的轨道。

三、加大教学教务管理力度，促进制度落实

中外教育的历史证明，教学管理是保证教学质量的关键，教务管理是保证教育工作顺利进行的重要环节。总院和分院在教学教务管理方面，加大管理力度，在实践中探索出一些有效的做法：一是建立总院宏观管理、直接调控以迅速解决问题的管理体制；二是强化对办学行为的规范，督促检查落实；三是严把“七关”（1. 新办分院审批关；2. 报名资格审查关：各分院和学区初审后，报总院终审，仅 1998 年总院终审就取消了 40 多人的报名资格；3. 招生考试和期末考试关；4. 录取关；5. 教学关；6. 选配教师关；7. 选配班主任关）；四是严格考核制度，抓好考风考纪；五是实行休耕轮招制度；六是加强调查研究，随班听课，问卷调查；七是坚持“四统一”（即“统一命题”、“统一考试”、“统一阅卷”、“统一录取”）；八是抓好办学主体建设；九是狠抓面授考勤、自学、研讨、考试考核等各个环节；十是引入竞争机制。

四、从实际出发，坚持办出“三个特色”

要办好党校函授学院研究生教育，应特别注意研究和办出自己的特色。几年来，在职研究生教育注意在以下三个方面办出特色：

一是办出符合领导干部学习特点的特色。主要标志是：（1）授课老师讲课方法不僵化、不呆板，通过较有深度的专题授课与讨论，就学员提出的深层次问题认真研究解答，符合领导干部学习的特点；（2）试题设置不偏，不钻死角，让学员能够根据当前的形势和“热点”回答问题；（3）课程设置不强求一个模式，结合行业特点设置新学科，如“古文选读”、“知识经济”、“金融理论”、“股票证券”等专题课。这些做法，吸引了更多的学员踊跃参加读书。

二是办出党校教育的特色。总院和分院认真贯彻党的十五大精神，按照社会主义市场经济的要求开展教学工作，突出党性教育，保持党校教育明显区别于国民教育的特色。例如，山西分院在教学中要求学员做到“八讲”，即讲政治、讲学习、讲正气、讲团结、讲政策、讲原则、讲贡献、讲创新；并要求学员正确处理好改造世界观与学习专业理论的关系，正确处理好管理与服务的关系，正确处理好坚持原则与方法灵活的关系。

三是办出理论指导实践的特色。理论指导实践，是函院办学十分显著的特点。党校函院研究生有关学科的学期结业论文，大都体现了以所学原理解答实践问题的要求；一些论文题目紧扣现实的政治、经济和社会问题。学员通过写作论文或参加学业考试，受到了理论联系实际的严格训练。有的老师授课，理论联系实际很贴切，使学员在课堂上边听课边联系本系统的实际，寻找到解决问题的办法，有效地指导了工作。

五、建立和完善机制，提高教育质量

教育质量关系到领导干部继续教育和综合素质提高的程度，关系到函授学院的声誉和中央党校的形象。因此，函院从上到下抓了提高教育质量的机制的探索和完善。

1. 把竞争机制引入分院和学区管理。为了增强分院之间的竞争能力，解决管理不善的问题，我们在办研究生教育的过程中及时引入竞争机制：一是新建办学点，促进老分院、学区树立危机感和紧迫感；二是进行检查和整顿，对一些不具备管理功能和办学较差的单位，采取限期整顿或取消办学资格的措施；三是召开研讨会与经验交流会，相互取长补短。

2. 把激励机制引入教务管理。北京市委机关分院等单位，建立了激励机制，发挥激励作用，激励学员充分发挥学习积极性。首先建立优秀学员表彰制度，每年评比一次优秀学员，较好地鼓舞了学习士气；其次建立优秀小组表彰制度，使学员增强集体荣誉感；第三是年级之间开展竞赛活动，增强班级荣誉感。

3. 把约束机制引入考务的全过程。从总体上看，各分院和学区的考务是严格的，主要原因是总院经常派人督促、检查指导工作，巡考人员认真负责，严格考务纪律；其次是分院坚持原则、纪律性强，使考务在各项规定的约束下规范有序地进行，较好地考出了学员的真实成绩。

关于党校在职研究生教育的几点思考

吕 敏

党的十五大以后，以建立社会主义市场经济体制为目标的改革已进入攻坚阶段，改革的力度、广度和深度都是空前的。面对新的形势和任务，迫切需要培养一批具有坚实马克思主义理论基础，掌握最新科学技术和现代化经济管理知识，有竞争意识、竞争能力和创造能力的高层次人才。党校在职研究生教育，要以崭新的面貌跨入21世纪，就应针对目前存在的一些不容忽视的问题，探讨教学管理规范化、教育精品化和产业化等新课题，使党校在职研究生教育开创新局面。

一、抓好教育管理规范化

企业加强管理出效益，科技加强管理出成果，教育加强管理出质量。就党校在职研究生教育来说，要从以下几个环节进一步抓好教育管理的规范化：

1. 抓好专业和课程设置的规范化。教育管理规范化的重要标志是课程和专业设置符合时代的要求，符合国务院关于21世纪振兴教育的行动规划。世界科技进步一日千里，知识创新速度大大加快。新的实践为研究生教育工作提供了历史性机遇，也对党校在职研究生教育提出了新的挑战。研究生教育的课程设置应尽快补充符合世界科学技术变化和社会主义市场经济发展的学科。建议尽快增设金融学、工商管理和人力资源开发（劳动经济学）等专业，以适应市场经济的特点和广大学员的需要。

2. 抓好各种形式授课的规范化。多种多样的授课形式，可以提高教学水平，但需要规范化。要把学习理论和分析问题结合起来，以便真正实现“理论、知识、党性、能力”相统一的培训质量要求，培养学员的创造能力。

3. 抓好教学设施的现代化。教学设施现代化是实现综合管理规范化不可缺少的物的要素。要改革教学设施与教学方法落后呆板、电化教学与音像教材质量不适应客观要求的现状。各办学单位应更换一些现代化的设备，录制一些高水平的专题讲座等电化教学资料，以促进总体教学水平的提高。

4. 抓好试题结构配置的科学化。教育管理是否规范，试题结构配置的科学性是十分重要的一环。因此，要下大力抓教学改革，研究改革考试命题的题型，逐渐摆脱应试教育的影响。尤其是试题结构的配置，要尊重科学、尊重实践、紧跟形势。党员领导干部在职研究生班的学员，大多是党中央、国务院及各省市制定方针政策的参谋和工作人员，他们通过理论学习，结合分管的工作，能使理论升华，并能提出很多好的政策思路。在试题和论文选题方面，要尽量考虑与党中央、国务院和各部委所急需解决的热点问题相接近，使研究成果在实践中发挥指导作用。

二、做到教育质量精品化

中央领导同志殷切期望党校教育“坚持正确的办学方向，提高办学质量，更好地为培养党的高素质干部队伍服务”。教学质量是生命，提高素质是根本。重视提高教育质量，也是全世界研究生教育发展的共同趋势。因此，树立精品观念尤为重要。(1) 制定管理考核标准。各教学点应进行评比、总结，对办学条件好、办学能力强、管理好的单位，在确保质量的前提下，可适当扩大招生名额；对因管理不善而有损中央党校形象的，坚决予以停办或限期整改。(2) 创精品教材。教育创精品教材，可以提高教育质量和信誉。因此，要积极动员各方力量编写出符合21世纪新形势和党员领导干部需要的精品教材。(3) 创精品论文（包括试卷中的论述题答案）。充分利用学员的精品论文，使其为提高教育质量发挥作用。(4) 控制规模。目前党校在职研究生教育已有一定数量，继续前进的步子要迈得更加稳健，应把更多的精力和工作重点放在提高教学质量上。(5) 建立高水平和精干的教师队伍，逐步完善和强化成人教育网络体系。贯彻“专兼结合，以兼职教师为主”的原则，充分发挥校内外师资力量的作用，建立一支实力雄厚、招之即来、来之能战的“联合舰队”。例如，可聘任一些既有实践经验、又有一定理论水平（信息量大）和传授能力强的教授和国家高级管理人员作为兼职教师；对市场营销、金融、管理等课程的教学，也可适当从社会上聘请兼职教师；对那些授课方法死板、观点老化落后、语言表达能力差的教员则予以解聘。

三、实行教育产业化

李岚清同志指出：“经济、社会的发展为学位与研究生教育的进一步改革和发展奠定了坚实的基础，同时对高素质人才的需求也更加迫切……。”著名的经济学家舒尔茨等人创立“人力资源理论”，提出教育投资是人力资本的投资，是生产性投资。教育是一种全局性、主导性基础产业，已在世界范围内获得广泛的共识。因此，党校研究生教育工作要加大对外宣传的力度，使各级领导在重视“有形”资产管理的同时，加强对“无形”资产“人才”的管理，重视培养和发挥无形资产的作用，更多地向党校输送人才，使各级领导把教育作为一种基础性产业，加大投入力度，采取相应的产业政策、财税政策、信贷政策和其他必要的方法与政策措施。只有这样，才能真正调动社会各界的积极性，使研究生教育良性循环，以高质量迈向21世纪。

总之，我们要紧紧抓住提高办学质量这个中心不放，增强质量意识，切实把工作重点放在提高研究生教育质量上，共同努力把中央党校在职研究生教育工作搞得更好。

浅议面授教学的着力点

长兴县委党校　施菊生

面授教学是党校函授教育的一个重要环节。怎样把握面授教学的着力点，提高面授教学效果，是每个面授教师必须思考的一个重要问题。根据党校函授教育的特点和笔者多年的教学体会，面授教学的着力点应主要放在以下几个方面：

一是放在指导学员的自学上。党校函授教育是以党员干部为主要对象的在职在岗教育，自学为主是它的主要特点。在函授的总教学时数中，自学时数占2/3以上，学员预习、复习、作业等学习活动，都必须在这一部分时间内独立完成。党校函授学员一般已具有一定的文化理论水平和自学能力，有较为丰富的社会实践经验。面授教学的任务不单纯是使学员在课堂中增加多少知识，重要的是通过面授教学，培养和提高学员的学习兴趣和能力素质，发挥学员主体作用去获取更多知识。因此，在面授教学中，教师着力考虑的应是“授之以渔”，即如何将有效的自学方法传授给学员，使学员清楚地知道在函授的各个环节怎样学习，运用所学理论分析问题、解决问题的能力得到增强，以更好地提高自学效率与质量。这样既符合党校函授教育自学为主的特点，也符合党校函授学员学习的需要。

二是放在教材结构体系的分析上。每门学科都有其内在的逻辑结构体系，是一个点、线、面相统一的有机整体。但是，一些函授学员由于受理解能力和学习方法所限，在自学过程中往往容易把知识体系分割化，从而陷入看这忘那、混沌一片、不知所云的窘境。复习迎考时死记硬背，学得很累。课程结束后，虽学有所得，但得之不多不深，更谈不上转化为能力。据此，为了帮助学员克服学习中的弱点，解决学习中的难处，帮助学员把书读“薄”，教师在进行面授教学时，要把相当精力放在教材结构体系的分析上。从第一节课的总体介绍到以后各节课的章节分析，都要重视知识的系统性教学，力求条理分明，前后贯通。通过教学，使学员清晰地把握全书的脉络，做到全书在胸。切忌把面授教学的重心孤立地而不是联系地放在块块知识的传授上。

三是放在重点难点的讲解上。由于党校函授教育是在职在岗教育，学员集中到党校参加面授学习的时间有限，但要求学员所要学习和掌握的内容却很丰富。面授时间少、学习任务重的矛盾和函授学员已有一定理论基础的特点，使教师在面授教学时不可能也不必要对整本教材从头至尾、面面俱到地讲，平均使用力量。教师的功夫应主要地花在理清重点、分析难点上。备课时依据教学大纲要求、练习题要求、知识网络上的关节点及教材中必须掌握的基本概念和基本原理等进行反复推敲，确定重点；依据理论与现实的较大反差，教材中比较抽象难懂的内容和学员容易产生的困惑等进行反复琢磨，确定难点。授课时突出重点难点，详讲细析。与此同时，兼顾教学内容的完整性和系统性。这样既可使学员对学习的重点和难点加深理解，又可使学员完整系统地掌握全书内容。

四是放在理论与实际的结合上。理论联系实际是我们党的优良作风，也是党校函授教育的一条重要原则。理论只有与实际相结合，并指导实践，才能体现理论价值，才能检验和发展理论，理论也才有生命力。学员在学习过程中，一旦觉得所学理论“管用”，就自然会产生对理论学习的浓厚兴趣，进而去自觉钻研理论，学懂弄通理论。因此，教师在面授教学过程中，要把理论联系实际的原则贯串始终，尽力克服从理论到理论、照本宣科式的教学。教师备课时，除了备所要讲的理论知识外，还要对国际国内形势、当前改革开放和现代化建设的实践，以及学员的思想实际、党性情况进行充分的了解、认真的分析，做到心中有数。授课时，下功夫在“结合”上做文章。与此同时，教师还要注意对学员进行理论联系实际的引导，有意识地帮助学员树立学习理论是为解决实际问题，解决实际问题需要深入学习和研究理论的思想，切忌“两张皮”。只有坚持这种联系实际学习理论，运用理论指导实践，并对实际问题进行理论思考的教风和学风，才能使学员开拓视野，增强能力，提高素质，也才能使面授教学富有成效。

从严治学　严把教学质量关

泸州市委党校　屈　敏

从严治学、严把教学质量关是党校函授教育应对全方位办学竞争的需要，也是党校函授教育求得长远发展的根本之举。

教学质量是党校函授教育的生命。随着改革的深入与竞争的加剧，社会各行各业对人才要求也愈来愈高，谁拥有更高素质的人才谁就拥有更多的竞争主动权；与此同时，随着国有企业减员增效、下岗分流及政府机构精简、人员分流、职能转换改革措施的实施，人们的危机感与竞争意识也相应增强，人们为在竞争日益激烈的社会中求得自身更好的生存和发展空间而要求学习科学文化、经营管理及法律等知识的欲望也越来越强烈，相应对各类教育的教学质量也就有了更高的期望；而目前一些市县级党校却由于教师数量较少、学历及专业化程度相对偏低等原因而在一定程度上影响了教学质量。面对这样的现实，党校函授必须注重从严办学，严把教学质量关。只有从严治学，严把教学质量关，才能使广大学员的求知欲望得到更好的满足、真正学有所获，才能为社会培养出高素质的人才，也才能使党校函授增强生命力，实现更大的发展。

从严治学、严把教学质量关需要方方面面的相互配合、互为保证，包括严格选聘面授教师的把关作用、班主任从严考勤及思想政治工作的保证作用、监考人员从严治考的促进作用，等等。而从严治学、严把教学质量关的关键在于教师，它要求教师充分发挥主观能动性，自觉抓好以下三个环节的工作。

首先是认真备课。教师无论承担的是大专或本科、考试或考查及讲座课程，都要认真备课：一要下功夫反复钻研教材，熟悉教材内容，吃透学科知识；二要细心分析辅导资料，明确教学目的要求，把握教学重点、难点；三要注意了解研究党的有关方针政策。教师在扎扎实实做好上述准备工作的基础上认真编写出切合实际的教学计划及规范的教案，其中新课程必须编写详案，讲授过的课程的教案可相对简略，但也应根据其学科理论与实践的发展进行修改、充实和完善。

其次是认真讲课。教师应确保总院要求、分院具体安排的教学课时。实际上课时间不应少于教学计划规定的面授学时，否则很难确保基本的教学质量。教师在课堂上应按照教学计划的要求展开教学，教学中要突出重点、讲清难点、联系实际、举一反三。教师应帮助学员正确理解党的有关方针政策，以提高其贯彻执行党的方针政策的自觉性。教师要通过讲台上下的言行，表现出自身良好的师德师风及敬业精神，以感染学员，影响学员，帮助学员增强历史使命感和社会责任心，使学员能够成为社会主义现代化建设所需要的高素质人才。

最后是认真批改作业及评阅试卷。作业是督促学员认真自学的重要手段。教师要根据教学目的要求及教学进程适量布置书面作业，及时、规范批改作业，对学员作业要有改错、有评语和成绩，并结合面授对作业中存在的一些突出问题、共性问题加以讲评，帮助学员澄清错误或模糊认识，加深对重点内容的理解和记忆。认真评阅试卷对从严治学、严把教学质量关具有重要的保证作用。认真评阅试卷要求阅卷教师应力求客观公正、实事求是，切忌主观随意，甚至徇私舞弊。

创造良好的教学氛围
提高函授教育质量

大理州委党校　寸彦中

良好的教学氛围，是提高教育质量的基础，也是实施和调控整个函授教育的基础性工作。

一、增强质量意识，培育学员的求知创新意识

学员的求知创新意识，是提高函授教育质量的内在动因，是创造良好教学氛围的基础，而学员自身的求知创新意识，虽然受整个社会环境的影响，但最终还是取决于学员自身的素质及其潜在的创新意识。因此，我们在确定招生对象、范围和考试内容时，要增强质量意识，从培育学员求知创新意识出发，严把入学关。否则，我们很难取得良好的教学效果。追求高质量的办学效果，必然要求有一个学习目的明确、文化基础扎实、富有求知欲的学员队伍与之相适应。

二、提高教师素质，创造积极向上的教学环境

教学是学校工作的中心。教学质量的高低取决于办学主体的素质，尤其是教师队伍的素质。常言道，名师出高徒。如果我们不能培养造就一支专业基础过硬、门类结构合理的教师队伍，提高教育质量就成了无源之水，函授教育也就不如让学员单纯自学了。目前，地方党校教师队伍的整体素质有待提高。在不能获得有效补充的条件下，强化现有师资队伍建设就成了当务之急。一是要打破党校教师“块块”分割的状态，可以在一定范围内选聘函授教师，实现教师资源共享。二是创造一个促使教师积极向上、努力提高教学水平的良好环境。素质优良、进取性强的教师，无疑是调动学员学习积极性的榜样，也是创造良好教学氛围的主体。如果函授教学不能满足学员的求知欲望，就会严重挫伤学员的学习积极性。

三、编写科学规范的教材，形成良好的教学保障机制

函授教育的一个显著特点，就是学员自学为主，辅之以教师的面授辅导，主要是以教学计划为指导，以函授教材为依据。因此，编写一套科学规范的教材，就成了提高教学质量的保证。教材的编写既不能脱离学员实际，过于深奥；又不能离开专科或本科教育的要求，过于简单概括。要在平衡两者水平之间创建一套符合自身要求的教材体系。整个函授教育要以教材为基础、作保障，应强化教材在函授教学过程中的地位和作用，从一个重要方面形成良好的教学保障机制。

总起来说，只有创造良好的教学氛围，才能督促教师努力提高教学水平，才能调动学员内在的学习积极性，从教与学两个方面确保函授教育质量的提高。

略谈教学的个性化

江苏分院南京学区　张建胜

教学的个性化是指教师个人稳定的心理素质及

对某学科驾轻就熟在教学中的体现。它反映了一个教师的教学特色和教学风格。教学的个性化主要体现在以下三个方面：

一是教学语言的个性化。教学的个性化，首先要求教师的语言个性化。教师的语言体现出教师的精神力量与个性特点。学员则能通过教师语言的个性化，探索教师的思维过程，从中学到思考问题的方法与艺术，从而激发学员的思维兴趣，提高学员的辨析能力。

二是教学体态的个性化。教师在课堂上除了用语言与学员交流外，还应利用教师的外表、姿势、表情、眼神等身体动作与学员进行非语言的交流。良好的体态，极富个性的体态，往往能起到“此时无声胜有声”的教学效果。

三是教学思维的个性化。教师在教学中要充分展示其思维自信，善于对不同观点进行归纳、分析、比较，并能深刻阐述自己的观点，表达自己的想法。事实上，只有自信，才能有积极进取的思维，才能有所发明，有所创造。教师思维的个性化，能给学员极大的启迪，能使学员树立自信，培养学员的独立意识和自主精神。

教学的个性化，不仅仅是教师个性的外显，教师主导作用的发挥，也是每个学员个性的展示，学员主体地位的体现。良好的个性教学，能营造更好的学习氛围和激发学员的学习积极性。

函授教学要正确处理理论与实际的关系

淅川县委党校　芮生华

理论联系实际是马克思主义的基本原则，也是党校教育的基本原则。函授教学只有坚持和发扬理论联系实际的学风，才能够提高学员认识问题、分析问题的能力，增强函授教学的吸引力。放弃理论联系实际的原则，就不能做到“动之以情，晓之以理”，就不能使学员运用所学原理解答实际问题，结果降低了学习兴趣，减弱了面授辅导的功效。因此，函授教学能否做到理论联系实际，事关函授教学的质量与效果，是摆在函授教育工作者面前的一大课题。

理论联系实际的关键在教师，党校教师必须做到：第一，平时要多调研，勤积累，善思考，思想认识要紧跟时代步伐，做掌握社会脉搏跳动的有心人。第二，联系实际要做到“新”、“近”、“活”，以增强亲近感和针对性。“新”即联系的内容及阐明的观点越新越好；“近”即所联系的事例应是本地、身边所发生的事；“活”即所举事例具有生动性和说服力。第三，要学会理论联系实际的技巧。理论与实际要结合得恰到好处，并不是一件容易的事。它既需要吃透理论和实际，又需要以理论剖析事例，以事实反证理论，使学员听后能有所反思，产生共鸣，受到启发和教育。

理论联系实际的另一个方面就是注重培养学员理论联系实际的能力，启发和引导学员运用所学理论认识和解决现实工作中的实际问题。如用社会主义初级阶段理论来认识公有制的多种实现形式问题，用社会主义市场经济理论去认识下岗问题、宏观调控问题等。教师要注意搜集当前学员普遍关心的热点、难点问题，运用党的基本理论，进行分析，典型示范，能够收到较好效果。通过这种透过现象看本质，运用原理解释实际问题的方法，最终提高学员分析问题、解决问题的能力。

浅议党校函授理论课教学的基本原则

烟台开发区工委党校　包婉华

正确的教学原则是教学过程中客观规律的反映。研究党校函授教学的基本原则，对于深化函授教学改革，提高函授质量有着极其重要的指导作用。本文试就党校函授理论课教学的基本原则做些探讨。

一、革命性和科学性相统一的原则

党校函授教育在马克思主义理论的教学中首先必须坚持革命性和科学性相统一的原则。革命性是科学性的前提，科学性是革命性的基础。在党校函授理论课教学中，必须努力坚持这一原则。因此，面授教师要做到两点：

1. 具有坚定的马克思主义立场和信念。坚信马克思主义是党校函授教员的最基本条件。如果教员自己对马克思主义信仰都发生动摇，那么在马克思主义理论课教学中，势必软弱无力，甚至发表背离马克思主义的言论。近几年来，社会上一些封建迷信、歪理邪说泛滥，无疑对党校教师提出了更高的要求。党校教员必须对被搞乱了的理论问题正本清源。这就需要教员有坚定的马克思主义信仰，进一步加强马列主义、毛泽东思想和邓小平理论的再学习，从理论和实践的结合上提高马克思主义水平。

2. 要使马克思主义教学更有针对性和战斗性。在函授理论课教学过程中，我们要认真研究在新的形势下如何有效地进行马克思主义理论课的教学问题。要认真总结过去的经验，针对现实存在的问题，使教学更有针对性和战斗性。一是要更加自觉地把中央精神、党的基本路线贯彻到教学工作中去。在教学中一方面要坚持并全面正确地宣传“一个中心、两个基本点”，从理论上深入阐明党的基本路线的依据和内容，阐明两个基本点的关系，阐明党的基本路线是马克思主义的路线，是马克思主义在中国的发展；另一方面，要用中国和世界的历史发展事实，特别要用十一届三中全会以来的辉煌成就，深入阐明党的基本路线的正确性。二是教师在面授中要勇于探索、勇于创新，在联系实际、运用典型事例时，不能捕风捉影、信口开河；不能发牢骚、讲怪话，把传言当实事，把正在争论的问题说成结论；更不能无实事求是之心，有哗众取宠之意，一味追求轰动效应。

二、理论和实践相统一的原则

这一原则是马克思主义的最基本原则，是各级党校的办学方针，也是党校函授教学必须始终坚持的最基本的教学原则。

1. 在系统性的基础上，突出重点、联系实际讲解基本原理。理论是行动的指南，只有精通理论才能加以运用。不努力学习、掌握基本理论就难以运用理论指导实践。因此，在理论课中首先必须致力于马克思主义基本原理的教学，帮助学员掌握马克思主义基本原理，掌握马克思主义的立场、观点和方法。面授教员授课时，必须以教学要点为依据，紧扣教材，在系统教学的基础上突出重点；对教材中与现实生活联系紧密而学员又普遍关心的热点，也应重点讲解。这样做有利于统一认识，体现理论的生命力，学员也才能心悦诚服地接受理论灌输。

2. 激发兴趣、提供方法，提高教学效果。激发学员学习兴趣是至关重要的。要激发学习兴趣，除学员本人要有正确的学习目的和强烈的求知欲望外，教员授课时要善于把深奥难懂的抽象理论加以通俗化、形象化，以增强它的趣味性，使课堂气氛处于一种既紧张又活泼，既沉静又热烈的状态之中。

面授教师在讲课时，不能只满足传授知识，还要启发学员掌握科学的学习方法，提高自学能力；在学员理解、掌握基本原理的基础上，引导他们联系本单位、本部门、本行业和本人工作的实际，在分析研究丰富的感性材料后作出理论归纳，以提高学员分析问题和解决问题的能力。

三、主导作用和民主教学相统一的原则

过去，有些同志将学员单纯看成“知识仓库”、“听话机”，把教学过程视为单纯传递知识的单向灌输活动，忽视了学员中的主观能动作用。因此，我们必须树立正确的“学员观”，明确学员既是受教育的对象，又是教育的主体、主人。教师在教学中的主导作用应最大程度地落实到让学员掌握学习的主动权和自主权上，落实到激发和培养学员的学习自尊心、自信心、自驱力和自制力上。面授教师应尽力了解学员在学习中的困难和矛盾，捕捉他们心灵深处的“闪光点”、“兴奋点”和“迷惑点”，针对问题有的放矢地、满腔热情地给予启发疏导。要注意双向沟通，实行教学民主。教师在听取学员意见时应虚怀若谷、主动诚恳，多听逆耳之言。在方法上应见缝插针、灵活多样，可经常利用小型座谈会、个别走访、填写信息反馈表等形式，进行定期的“教学会诊”。对学员呼声、建议和要求，要区别情况，妥善、尽快处理，短期内办不到的要创造条件尽快落实，对不合理的要求也要耐心地解释清楚。总之，要把民主气氛贯彻到函授教学的始终。

通过教学在加深学员的智能商数的同时，教师的理论学术水平也会得到不断提高。对这种辩证法，如能及时领悟、及时总结，做出理性的思考，就可使教师跨上一个新的理论思维台阶。

教学管理三忌

聊城市委党校　阎希伦

要提高党校函授教育办学质量，必须在教学管理方面注意“三忌”。

一忌对学员平时管得严，考试管得松。首先应说明的是，这里并非说平时对学员要求严是错误的。恰恰相反，从党校函授教育的特点和培训对象上来说，这种平时的严格要求、严格管理是十分正确的。在我们的学员中，大多数是希望学点真本事，提高水平，增强能力，使文凭与水平相一致。

对于这部分学员来说，平时管理的“严”与“松”反差并不大。他们在学习的刻苦性和自觉性上，在遵守党校规章制度上都会做得比较好。但也不容否认，确实也有相当一部分学员的上学动机并不很正确，他们上学纯属“混学历”、“拿文凭”，如果不严加管理，要保证教学质量，只能是一句空话。

考试是对学员平时学习情况的综合检验。得分多少是所有学员都关心的事情。要使学员取得真实的好成绩，关键在平时管理，平时管理得严、管得好，学员学得扎实，考试成绩就会好，反之则会差。但是，有一种现象我们不能忽视：就是一部分平时不认真学习的学员，通过不正当手段取得高分时，会打击平时学习认真的学员的积极性，使学习上的投机心理蔓延。这样不仅使平时的严格管理前功尽弃，而且为以后的管理增加了难度。因而，平时管得严，考试管得松，这是党校函授教育大忌之一。

二忌对普通学员管得严，对“特殊”学员管得松。这里讲的普通学员，是指那些既无特殊职权、特殊身份，又无特殊关系的学员。“特殊”学员则指那些拥有一定特殊职权或特殊身份或某种特殊关系的学员。应该承认，从总体上看，多数“特殊”学员的素质还是比较高的。他们越是位高、权大、关系硬，越是知道尊重自己和他人，在学习和遵守党校规章制度方面也越自觉，对自己的要求更严格。但也确有个别“特殊”学员，在遵守党校规章制度方面，对自己要求不严，甚至要求享受“特殊照顾”。对某些管理者来讲，在这种情况下就往往会出于各种原因迎合了这些“特殊”学员的心理，有意无意中给他们特殊关照。这些“特殊”学员的言行会给其他学员不好的影响。同时因为给了这些学员特殊照顾，在管理中则会形成对“特殊”学员不好意思管、不敢管，对普通学员无法管、不能管的局面。久而久之，整个管理工作则会处于混乱状态，就无法保证正常的教学秩序和教学质量。所以，对“特殊”学员管得松，对普通学员管得严，是党校函授教育教学管理大忌之二。

三忌对学员管得严，对管理者管得松。这里的管理者，主要是指专职函授管理人员、任课教师、班主任及其他辅助人员。“师者，人之模范也。”因而，对管理者来说，应该具有更高的素质和教养，应该对自己提出更严的要求和行为准则，并在行动中模范地实践。

但通常的情况是，我们往往对学员要求很高，管得很严，但对管理者却要求比较低，管得比较松。如要求学员面授时不能迟到、早退，而有的面授教师却往往迟到早退；要求学员必须按教学计划要求完成课时量，但有的教师却可以偷工减料，甚至随意停课、误课；要求学员要有较高的党性修养和道德品行，而有的管理者却往往甘居下风，等等。这样，就会给学员一种感觉：老师不过如此，还能要求我们有多好？这就使本来就显得无力的管理效力又大大地打了折扣。因此，要求有高素质的学员，必须先有高素质的管理者。要对学员管得严，必须先对管理者自己管得严。

要重视作业
在函授教学中的作用

浙江分院　龚白生

教学活动是一个互相关联的有序的“运作链”。按照一定规范要求完成作业，是其中一个必不可少的重要环节。在函授教育中，作业环节的地位更是不容忽视的。重视作业这个教学环节，大抵有如下的作用和意义。

一是时习作用。“学而时习之”，这既是对学习活动的一般要求，又是任何学习行为不可逾越的必然规律。函授学习更应如此。学员接受函授教育，阅读教材和听面授辅导是必要的，但决不能一读了之，或一听即罢，还需通过一定的“习”来强化记忆和吸收。教育学的有关实验证明，一个个体的人(主要指青少年)，对知识信息的吸收，第一次接触只能记住5%—8%；重复接触，则每重复一次即可递增5%—10%。“习”是一种不断重复接触的过程，应该说它是掌握知识信息的主要手段。函授学员要学有所获、学有所成，当然就不能不在“重复接触”上下功夫，做好“习”的文章，通过通常叫做“练习”的作业，诸如解答问题、写心得体会、进行案例分析、完成小测验等，来巩固所学内容，以便提高学习效果。

二是消化作用。学习一定要消化和融会贯通。完成作业的过程，也就是对所学的内容消化、融会的过程。所谓“消化”，不是指照像式的对知识简单的摄取，而是主体感悟性的、包含着再加工的一种认知现象。做作业，则是体现了这种认知现象的要求。因为独立完成作业，必须动脑筋，要领会题意，要组织内容，要联系实际，还要用自己有个性的语言来表述。总之要不断发挥主体能动性，而这种主体能动性的发挥，自然就是对学习内容的消化，因而也可以理解为是学习的深化。

三是督查作用。包括函授学习在内，任何一种学习都是需要督促检查的。对学习者来说，适当安排、布置一定作业，也是一种对学习的督促和检查。每上一门课，让学员做点作业，在一定意义上就是督促学员“课前有预习，课后有复习”。课后的及时复习尤其重要，它关系到学员在精力上对学习的投入程度，时间配置是否均匀、合理，是否真正按学习规律进行学习。同时，作业本身不但可以检查一般的学习情况和学习效果，而且还可以检查每一个人的听课能力、理解能力、表达能力和学习态度等。

四是反馈作用。从教学“教”的方面来说，作业也是观察“教”的得失的“窗口”。它可以反馈“教”的方面的若干信息。如在授课中，该讲的内容是否都已经讲透了，难点、重点是不是交代清楚了，应注意的问题是否都提醒到了，联系实际联系得够不够，授课方法上尚存在哪些问题，等等，都可以或多或少、或显或隐地从作业中得到某些反映。这种反映一经显现，当然可以及时加以调整，以便进一步提高授课、施教的质量。其对于教学的补益，是不言而喻的。

把“作业”这一函授教学环节抓好，是实施教学的必需，是从程序和方法上完善教学的必由，是全面完成教学任务的保证，我们理应予以高度重视。

重视“作业”这个教学环节，必须首先解决一个思想认识问题，这就是要充分认识在教学活动中规范安排作业、把好作业关、注重作业质量的必要性和重要性。对待作业，决不能仅仅把它看成是一种例行的形式，更不能认为是可有可无的。当然，这里讲的重视，是指教、学双方都要重视，但关键是教师要重视。教师不重视，学员往往就会应付了事，或抄抄教材，或互相“参考”（照抄别人的），或三言两语敷衍一下，结果等于不做。如此这般对待作业，作业是否能真正在教学活动中起到它应有的作用，那就很难说了。

“学员台账制”在函授教学管理中的作用

云南省煤炭厅(局)党校　文　雁

建立“学员台账制”，是煤炭学区函授教学管理中具有一定特色和行之有效的管理手段，也是煤炭学区多年来办学经验的总结。

什么是“学员台账制”？是指班主任在日常的班级管理中采用台账管理学员学习的一种方法。学员台账具体包括五项内容：一是学员学号和姓名。在新学员入学时，班主任按学员学号顺序分别把学员的学号和姓名打印在学员台账中；二是平时成绩。在平时成绩中分别列出五项，考勤、作业、教科书检查、读书笔记检查、两项计划（自学计划和党性锻炼计划），这一内容是台账管理中的关键，三是成绩情况。分为期中成绩、期末成绩和期末平均成绩；四是本人签字。学员每次参加面授都必须亲自在台账上签名，不准代签；五是备注。一般注明请假、旷课的时间，作为扣减考勤分的依据。通过实行“学员台账制”，可以起到以下的作用。

一是学员在面授时亲自签名报到，班主任可以比较准确地掌握本班学员的到课率。同时，也避免了有的学员让他人代签的弊端，能真实地反映出学员的出勤情况。

二是班主任通过对教科书、自学笔记、两项计划和作业的检查验收，可以更好地掌握并督促学员平时自学，避免学员面授时赶作业、抄作业或平时从不看书、面授时突击学习的情况，对学员自学起到很好的督促作用。

三是每学期接近结束时，通过班主任将学员的成绩登记在台账中，可以很好地反映出每位学员的学习情况和整个班级的成绩，既有利于学员之间成绩相互观摩，又有利于教师对学员学习成绩的掌握。

四是通过备注一栏对学员公假、事假、旷课、迟到天数的注明，可以准确地扣除平时分，让学员对自己所得的平时成绩心服口服。

总之，通过几年来的实践证明，“学员台账制”，由各班班主任负责检查、考核、登记，便于班级管理，并在煤炭学区的函授教学管理中取得了较好的管理效果。

党校函授教材是提高教学质量的基础

铁道部分院 高守邦

党校函授教材（包括教科书、教学参考资料、学习指导用书）是适应干部在职在岗学习的知识体系，是提高党校函授教育质量的基础，其作用是不可低估的。

一、党校函授教育的教材是进行教学的基础

党校函授教学是教师、学员以教材为中介进行的双向交流活动。党校函授教材是进行教学的三大要素（教材、教师、学员）之一，是教学的基础。

党校函授教材是根据党和国家对教学的要求以及社会需求编写的，以教材为基础的教学有明确的教学目的、教学任务、教学顺序和教学时间，还规定了教与学的主要过程和方法。明确了这些要素，才便于有计划地分步骤地开展教学活动。

同时，教材又是教师和学员进行教学活动的中介，是教师、学员共同的认识对象，它规定了教师教什么和学员学什么，并在很大程度上制约着教师怎样教和学员怎样学。没有教材，教学就缺了依据，教学活动将无法进行。所以说，教本教本，教学之本。它的好坏，制约着教学活动的进行，关系到教学质量的高低。

党校函授教育的培养对象是在职在岗的党员干部，理论、知识、技能的获取主要靠自学，一套适用的党校函授教材，对党校函授学员具有非常重要的意义。

二、教材是获取理论、知识、技能并转化为党性、能力的主要源泉

党校函授教材是根据教学大纲系统叙述学科内容的教学用书。它从教育目标出发，按照突出重点的要求，由简到繁，由浅入深，由易到难，做到了思想性与科学性、观点与材料、理论与实际、理论的广度与深度、基础知识与当代科学新成就的统一。教师与学员都能从教材中获取理论、知识和技能，而教材也要靠教与学来发挥它的作用。教材的好坏，关系到学员学习掌握理论、知识、技能并转化为党性、能力的程度，甚至关系到一代人、几代人的健康成长，关系到“四化”人才的培养，关系到民族文化素质的提高。

要搞好教材建设，发挥教材对开展教学活动、提高教学质量的基础作用，一是要编好教材，二是要运用好教材。要编好教材，就要按照邓小平同志提出的“面向现代化，面向世界，面向未来”的要求进行。“面向现代化”，就是要使教材紧密地联系我国社会主义市场经济和改革开放、社会主义现代化建设的实际，体现科教兴国战略，完善和充实社会主义现代化建设所需要的理论、知识，科学地回答社会主义现代化建设中提出的理论和实践问题，为解决社会上的难点、热点问题，提供科学的指导。“面向世界”，就是要放眼世界，编选的教材要尽量借鉴和吸收人类社会创造的优秀文化成果，反映新经验、新信息、新技术、新成果，体现新时代精神。“面向未来”，就是编写的教材要着眼未来，面向21世纪，把握理论、知识的发展趋势，体现教材的预见性和超前性。同时，编选教材，还要根据专业设置的要求和学员的理论知识、能力结构，尽量做到既有一定的深度和广度，又适合学员的实际需要。

要运用好教材，就是教师和学员都要认真钻研教材，对教材达到“懂、透、化”的境地。所谓“懂”，就是对教材的基本内容，每一句话每一个词，都要弄清楚它的含义；对每一个概念、原理，都要弄清楚它的内涵和处延；对每一个例题、习题，都能够理解和解答。所谓“透”，就是对教材不仅要懂得，而且要熟悉，理解透彻，运用自如。所谓“化”，就是把教师的认识、思想感情和教材的科学性、教育性融化在一起。学员的“化”，就是把学到的理论、知识内化为能力、技能、党性修养，能够运用所学理论、知识，认识、分析、解决一些实际问题。

撰写毕业论文应联系实际

安徽蚌埠坦克学院学区 汤家玉

在指导学员撰写毕业论文和主持论文答辩时，笔者发现一个十分普遍的现象，有一些论文不是针对现实生活中的问题而写，却是空泛地议论一些“大道理”。这些文章，中心不明确，说服力不强。

参加中央党校函授学习的同志，绝大多数在一定的岗位上工作了多年，相当一部分同志还担任了一定的领导职务。与全日制普通高校大学生相比，具有丰富的实践经验是他们的最大特点，也是他们最大的优势。笔者和部分学员交谈，发现他们对现实问题比较熟悉，也不乏独特的见解。这本来是他们撰写毕业论文的一个有利条件。可是，他们不善于对此进行理论总结。写文章，本应该是有感而发，为事而写。毕业论文一般属于议论文，无非是运用一定的理论，对现实问题进行分析研究。我们的学员似乎忘记了这一点，他们是为写而写。他们不去联系实际问题，而是绞尽脑汁去找理论找材料。例如有的学员，论文题目就是《论思想政治工作》，《论青少年犯罪》，《论环境保护》等。他们把书报中的大道理搬到文中，然后从各种报刊中抄数据、事例等材料。这样的文章，给人一种明显的七拼八凑的感觉，满纸的大话套话，没有什么实实在在的内容。这样的文章怎么能有说服力呢？

学员在撰写毕业论文时，应当在联系实际这方面下功夫。任何理论，都来自于对实际问题的分析和研究。我建议，学员们在撰写毕业论文时，充分发挥自己具有丰富的实践经验这个优势，联系本部门、本单位的实际，运用所学的理论，针对现实中某一重大问题，进行深入具体的分析论证，从而写出内容充实的好文章。

我也建议教员们，在指导学员撰写毕业论文时，应该帮助他们学会运用理论，去分析和总结现实中的问题和材料，而不是单纯的从写作方法上去指导，让他们能够把理论和实际紧密结合起来。

毕业论文写作浅谈

贵州省铜仁地委党校　匡建华

临近毕业的学员，除了要完成必修的课程外，还要进行毕业论文的写作、答辩。这是毕业前夕对我们函授学员知识的汇总检验。通过毕业论文的写作，可以看出学员们能否运用在党校函院三年里所学得的知识来分析和解决问题的理论水平和能力。

要写好毕业论文，选择从某个方面入手，这是写作要掌握的关键。因为“论题”，不可能囊括三年来所学的全部知识，也不可能囊括某学科的全部基础问题，甚至也不可能囊括某一基本问题的全部。所以，我们在选择“论题”时，只能论述某一基本问题中的某一侧面，或是当前大家感到有疑难的某一点和关心的某一热点问题。要解决这一点，也需要运用三年来所学的基础知识。“论题”虽然可以着重谈某一点，却不应该是无足轻重、没有意义的随意一点。因此，选择好“论题”，还需要作者通过对客观存在的大量材料进行理论思考来确定。在自己的工作中，在调查研究中，了解实际生活所要解决的问题，然后选择现实性强的、人民群众关心的、自己能完成的论题。在此范围内，调查研究，运用自己所掌握的知识中能有助于分析和解决这一问题的材料，进行分析论证，从而提出自己解决问题的方法。一些论题虽然是局部并非全局的重大问题，但是却与人们思想的兴奋点有关，是人们迫切需要从理论上指导帮助的。比如：怎样看待一部分人先富起来、减轻农民负担、建筑业的“豆腐渣”工程、机关人员的分流，住房分配货币化，企业下岗职工的安排，反对腐败，社会治安，企业的兼并、优化组合，医疗制度的改革，毕业生就业选择，爱国主义教育，以及最近中央号召在县级以上领导干部中开展“三讲”教育等，都可以作为选题，并以此写出好的论文。

学员在确定论文的具体题目和论证角度时，要量力而行。一般说来，题目小一点为好，因为初学论文写作，应该由浅入深，由易到难，循序渐进，题目小一点，容易掌握得准。而且，任何小题目，也都可以从严从难去做，可以从深广的联系中去研究，从中提出一些新的见解。

在具体的论证过程中，不必去追求写全面论述性的大问题，所写的“论题”虽小，却又是重要的。如果能运用已有的知识，并扩大加深对有关材料的掌握，往深处钻研和挖掘，能够提出一点新的见解，科学地解决一点问题，表明自己初步掌握了解决问题的方法，初步具有了独立解决分析问题的能力，那么也就达到了写作论文的主要目的。

在确定了“论题”和论证角度后，就要着手做搜集材料的工作。搜集材料要把握住方向，一味贪多求全，就会陷入资料堆里不能自拔。除了正确地吸收和继承前辈已有的经验和成果外，还应该从搜集材料的工作中进行思考，发现新的线索和问题，用实践去检验前人所说的是否符合实际。搜集材料的过程，也就是研究思考的过程，同时也是形成自己观点的过程。

搜集材料之后，经过思考、提炼，可逐步形成一些论点。这时就要落实写作提纲，进行构思。构思是理论思考的继续和延伸，是思考的成果。要求我们对材料进行取舍，逐步决定可以保留那些能说明论点的材料。整理好这些论点和材料，形成论文提纲。这是我们写文章的蓝图。如果我们心中对于全文的中心论点，论证步骤还比较混乱，那就更应拟提纲。要知道，拟写一个好的提纲，可以帮助我们树立全局观念，从整体出发，去检验每一个部分所占的地位，所起的作用，相互间是否有逻辑联系，能否为主题服务。在拟提纲的过程中，要注意从全局主题的需要出发，决定材料的取舍，不能把所参考过的、已有的全部材料和论点都塞到论文中。写作论文时，只能选择最主要、最精彩、最有说服力的论点和例证。

拟好了提纲，就要着手写初稿。这也是一个创造过程，因为提纲只是预拟的一个轮廓，不可能对每一细节都考虑周密完善，把所有的问题都想得深透。写作时，要实打实地调动自己的一切知识能力，把思考的成果进行修订，发挥、升华、创新、突破。这一写作过程，实际是自己创造性思维的能动反映。注意不要把宝贵的篇幅用在废话上。当然，该用排比、反复等修辞手法以突出重点的地方，需要妙笔生辉，使读者产生特殊感情，也应不惜笔墨。

初稿写完后，应注意修改。人的认识不是一次完成的，文章所论述的问题，也需要兼及表里，在联系和发展中把握事物规律。所以，很难一次达到一个完善恰当的程度。经仔细检查，反复修改，总会发现还有不当之处。重点要放在论点和事例有无说服力，结构层次是否严密合理，语言是否准确、鲜明、生动等。

论文写好后，还要进行论文答辩，答辩前要认真准备，对所论问题作进一步研究思考，准备接受考查。论文答辩是审查论文的一种补充形式，论文中有阐述不清楚、不详细、不完备、不确切的地方，审查委员可在答辩会上提出问题，让作者略作准备后作出回答，从而进一步考察作者对所论述的问题是否有深广的知识基础，是否有创造性的独到见解，是否有充分扎实的理由。答辩以后，学员们要根据评判总结论文写作的经验教训。

浅谈备课的几个重要环节

西乡县委党校 刘成海

所谓备课，就是课堂教学前所做的有关学科的一系列的研究和准备工作，涉及教材的选定、参考资料的收集、学员实际状况的考察了解、教材内容的分析研究、教学计划和教案的编写，以及教学方法、教具图表、临课前对课堂教学环节的思考等一系列准备工作。备好课是讲好课的前提和基础，是教学工作宏观系统内的子系统，也是反映授课教师教学素质的客观过程。有些教师仅仅把编写教案或写讲稿当作备课，是一种片面理解。为此，笔者就备课所涉及的环节，结合自己过去的教学实践活动和研究，谈一谈体会，抛砖引玉，与党校同仁共勉。

一、选定教材与收集参考资料。教材是法定知识内容的载体，基本上是教学大纲规定的学科门类，并有规定的版本。因同一学科有不同的编著者和不同版本，故而在选定基本版本的同时，可以参照相关版本，从中找出异同，以便讲课时更好地处理教材内容；同时可查找有关资料，包括相关刊物、生活中的典型事例、党委政府的有关文件、材料，以丰富内容。但不论讲课中如何处理教材内容，都必须以教学大纲界定的范围为准。笔者在《领导科学》的教学中，按规定采用的基本教材是孙钱章教授主编的《领导科学概论》，参考了郭涤编著的《领导科学基本原理》和浙江省委党校编著的《领导科学概论》等版本有关决策原则、追踪决策的内容，同时选用了《领导科学》杂志有关事例，引用了本县“秦巴山区草场开发试验”等项目的决策材料，还参考了《中国领导思想史简编》、《中国历代治国思想要览》。这些，都为丰富教学内容增添了知识营养。

二、对学员实际状况的考察了解。教学是教和学的矛盾统一。教的目的是把知识传授给学者，学的目的是吸纳教者传播的知识，在实践中转化为能力，创造物质财富和精神财富。这就是教和学的一致性。正是这个一致性，决定了教者必须对学者有所了解，即对学员的思想状况、知识水平、职业特征等方面有比较多的了解，以加强教学的针对性，确定教学重点，以期获得良好的教学效果。就党校而言，可以通过翻阅培训对象的档案资料、报考表册，也可有意识地召集小型座谈会或个别交谈，考察了解学员的基本情况。笔者在中函97级本科班行政管理专业《领导科学概论》教学中，就是从60%的学员担任不同领导职务这个实际出发，激发学员形成学好该科以适应领导工作的意识。同时对未担任领导工作的学员，通过讲授建设高素质的干部队伍、推行公务员制度、对领导干部实行动态管理、择优聘任，启发他们认识也许某一天也会走上领导岗位，也应掌握领导科学原理。

三、分析教材与编制教学计划。即在通读教材的基础上，研究学科自身的知识特征、思想特征、党性特征、结构特征、章节之间的联系，与学员已学过的知识和相关学科的联系。特别是在边缘学科众多的情况下，相关学科内容互为渗透甚至重复，决定了必须与相关学科教师沟通协调，对重复内容进行取舍，或确定以某学科为主或者为辅。在对教材的这些内容进行分析的同时，要通盘分析研究教材的重点、难点、疑点、热点，确定教学的主攻方向。对教材中未能修定的陈旧知识或疏漏的问题，应主动去发现并予以更新或修正。在完成这些工作的同时，就进入了教学计划的编制。教学计划的大部分内容，是对教材的分析，即把上述认识和研究写出来，其余应当写出的内容即全科需用课时、章节课时划分、拟采纳的教学方法、必要的参观考察等。为了集思广益，教学计划可在教研室或其他适宜范围进行评审，以帮助授课教师完整准确地把握所授知识体系，科学安排教学内容。

四、编写教案。如果说教材分析是从宏观与微观的结合上对教学内容的总体部署，那么，编写教案则是从章节和课时上对教学内容的具体安排，它是教师讲课的依据。具体地说，教案就是实施教学的方案，即按照教学计划制定课时教学计划，是教学的具体规划，是在既定的课时内对教学目的、讲授内容、方法、提出回答或讨论的问题、板书内容等的安排，并详细地书写在备课本上。这就是完备的教案。当然，有些课，如讲座之类，只须写出讲稿即可。编写出完整的教案后，按照教学责任制，应经过教研室负责人或分管教学的领导审查签字，方能上课。学科教师无教案或用未经审查批准的教案上课，应视同违反教学纪律。笔者所在党校，自1994年以来推行了教学计划评审和教案审签制度，增强了教师认真备课讲课的自觉性，促进了教学质量的提高。

五、教学方法的准备。教学方法是完成教学任务的手段。毛泽东同志在1929年提出了“十大教授法”，特别强调要“提倡启发式，反对注入式”，“干部要用讨论式。”“十大教授法”应当是我们选用的教学方法。当然，教学方法应根据所教授的学科特点来确定，有的以讲授为主；有的则贯穿提问讨论；有的则应采用电化教学手段、放音像资料，伴之以必要的解说；有的还需组织考察参观。在以任课教师为主授课的同时，还可请专家名流或实际工作者讲授有关内容。但不论采用什么教学方法，都应坚持党性原则、理论联系实际的原则、循序渐进的原则、直观性原则、巩固性原则、因材施教的原则、教学相长和启发学员独立思考的原则、科学性与思想性相统一原则、传授知识和发展能力相统一原则。方法应灵活多样，防止教和学两张皮。既要立足教材，又要超越教材。所谓立足教材，就是不脱离教学大纲确定的教材内容体系；超越教材，就是讲出对教学内容理解、融会贯通的科研成分，包括对某些枯燥的内容用妙趣横生的比喻生动表述。笔者在讲发展非公有制经济的意义时，是通过对几个私营经济典型的解剖，启发学员归纳出不用国家投资产生了新的经济增长点，给国家增加财税收入，不仅直接为社会提供了生产资料和消费资料，而且通过二次分配为发展社会公益事业和改善人民物质文化生活提供了必要保证，增加了社会就业渠道，同时个体私营户还乐行善事、踊跃捐资支持社会福利事业，赢得社会认同，所有这些都是符合“三个有利于”标准的，从而帮助学员解放思想，加深对所有制关系调整和发展非公有制经济现实意义和深远历史意义的理解。由于这种解剖贯穿了理论联系实际的原则，同时又有演绎归纳和师生双边活动，就打破了满堂灌的沉闷气氛。学员参与了研讨，对归纳出的道理有一种认同感、自豪感。

六、临课前的各种准备。课前准备必须认真、周到、细致，有备无患。一般地讲，临课前应做好三种准备。一是加深对教学内容的熟悉和记忆，力求能运用自如。笔者长期以来惯于熟记讲授内容，总觉得内容熟悉后，在课堂上有一种“天高任鸟飞，海阔凭鱼跃”的感觉，讲起来很带劲，否则很别扭。二是准备好应用教具和图表，并放在自己认为可靠的位置，以便于上课使用。三是事先调试电教仪器，准备好事先制好的幻灯片等。

此外，备课还包括教学过程中根据教学进展、学员反映和教师对已讲内容的感受，及时对教学方案的调整和教学方法的改进。有些教师单科独进，年复一年，不应以为轻车熟路，就忽视对所讲学科应常备常新、常讲常新，而应不断总结经验教训，不断改进教学；同课教师更应把共同研究分析教材、观摩教案和听课，作为互相取长补短、改进自身教学的重要渠道,切不可文人相轻,怀门户之见。上级党校是各学科教学备课的龙头,应组织校际备课研究,共同探讨,为搞好党的教育事业这个共同目标穿针引线、搭桥铺路,把这项事关党的教育全局的大事摆上议事日程,抓紧抓好,抓出成效。

确保党校函授教育质量
必须加强对学员党性教育

湖南分院 覃正爱

党校函授是一种开放的办学形式。这种开放的办学形式如不强调质量,不以质量求生存,不以质量求发展,就会自毁长城。党校函授教育唯有以质量为生命,坚持教学质量第一,才能在社会的激烈竞争中立于不败之地。确保函授教育的质量,不仅要提高函授教员、函授管理人员的素质,加强规范化、科学化管理,还要加强对学员的党性教育,提高函授学员的党性觉悟。只有学员的党性觉悟提高了,才能确保函授的面授质量、自学质量、考试质量及管理质量。

一、确保函授的面授质量,必须加强党性教育,提高学员的党性觉悟

函授学员是函授面授的直接对象,函授学员到课率的高低对面授质量有很大的影响。如果面授到课率很低,不仅影响教员和管理人员的情绪,而且对已到课的学员也会产生不良影响。面授到课率已成为影响面授质量的重要因素之一。一般来说,由于函授学员都是在职业余学习,居住分散,加上不少学员都是单位的业务骨干或领导干部,工作确实比较繁忙,再加上函授学员大都是中年人,上有老、下有小,家务负担也比较重,因而要求函授面授到课率达到脱产班到课率的水平是不现实的。问题是一些学员由于觉悟不高,党性不强,常以此为借口故意不参加面授课,更有甚者,有的学员在单位请假参加面授,结果面授课又不参加,而去干私活,以致一些函授站、班的面授到课率只有20%—30%。这样,教员讲课难以激发其教学的积极性,已到课的学员也会产生吃亏感,只能是应付了事,不可能配合教学做好预习、认真听课,整个面授质量难以得到保证。因此,必须对学员加强党性教育,增强其党性,使学员时时刻刻都以党员标准严格要求自己,遵守函授教学制度,积极参加面授,只有在非常特殊的情况下才允许请假,否则要保证面授质量是很困难的。

二、确保函授的自学质量,必须加强党性教育,提高学员的党性觉悟

函授的最大特点是以自学为主、面授为辅,因此,函授自学是党校函授教育中的一个极为重要的环节,能否保证自学质量直接关系到函授的学风与考风。而要搞好自学、提高自学质量又与学员的党性觉悟很有关系。学员党性强、觉悟高,学习目的就明确,即使工作再忙,家务再多,他也会挤出时间,想办法搞好自学。相反,如果学员党性觉悟不高,即使工作再清闲,领导与家庭再支持,他也会懒得自学,而把时间、精力花在消遣上。自学是对函授学员意志的一种考验,要保证自学质量必须提高学员的党性觉悟。

三、确保函授的考试质量,必须加强党性教育,提高学员的党性觉悟

能否把住考试关,使所有的学员都公平竞争,对函授教育的声誉有着决定性的影响。因此保证考试质量,使考试既严格又公平就显得十分重要。一方面固然要创造严格公平的考试环境,如考生随身携带的资料要集中存放、从严执纪等;另一方面也是更重要的一方面,是加强对学员的党性教育,提高学员的党性觉悟,要使学员懂得:考试既是考知识、考能力,更是考觉悟、考党性,考试是对学员党性的严格考验,考试舞弊是党性不纯的严重表现,因此,作为党校的函授学员必须用真实的成绩向党汇报,不能弄虚作假、夹带作弊。提高了学员的党性觉悟,考风才能得到根本扭转,函授的考试质量也才能从根本上得到保证。

四、确保函授的管理质量,必须加强党性教育,提高学员的党性觉悟

函授管理的对象是函授学员,因此函授学员党性觉悟的高低对加强函授管理、提高管理质量很有影响。提高了学员的党性觉悟,学员能自觉遵守学校的规章制度、准时参加面授、自觉遵守考场纪律,函授的管理质量也就得到了保证。

由此可见,函授教育的质量与党性教育密切相关,只有加强党性教育,切实提高学员的党性觉悟,函授教育的质量才能从根本上得到保证。

函授管理必须突出党性教育

江苏分院溧水辅导站 吴永胜

党校函授教育的宗旨是为我国现代化事业培养忠诚于马克思主义、德才兼备的党员领导干部和骨干人才。它以党性锻炼为核心，这是党校函授教育有别于其他成人教育和干部教育的一个显著特点。我们在函授管理中始终体现和突出党性锻炼要求，通过严格管理，加强学员党性锻炼的自觉性。

一、把好入学教育关

我们十分重视入学教育，把它作为新学员党性教育的第一课。如，组织学员学习有关文件和党校的规章制度，听党性教育基础知识专题讲座，并进行分组讨论；规定每位学员都必须结合自己的实际谈学习体会，制定党性锻炼的计划和目标；由班主任、班委会和临时支委会不定期地检查和督促。通过入学教育，使学员清醒地认识到，到党校学习不是镀金，不是混文凭，是为提高马克思主义理论修养和增强党性修养。

二、把好出勤关

严格的组织纪律性是党性的基本原则，出勤率的高低可被视为一个学员党性的强弱表现，严格考勤是对学员加强党性教育的具体表现。十多年来，我们一直坚持严格考勤毫不动摇。具体做法是：1.分解出勤分。我们将平时分分解到每一门课的每一次出勤上。规定当平时分扣到5分时，则该门课程考勤分为零分。2.建立严格的请销假制度。规定凡面授时间必须到校上课，如有特别情况不能上课的必须写请假条，并经单位盖章、班主任同意后方能有效。病假则需有医院证明。3.实行双点名制。首先由班主任课前和下课之前两次点名，再由函授科考勤员在课间再一次点名，只要有一次未点到，即算缺课。这既有效地克服了学员的侥幸心理，又杜绝了人情分的存在。4.出勤情况是评选先进的必要条件。规定凡学员出勤率低于规定的不予评优，实行一票否决。严格考勤，不是整人而是整风，不是刁难学员而是给学员一定的压力，促使学员由被动地接受党性教育转化为自觉地进行党性锻炼。

三、把好考试关

考试是检查教学质量和学员成绩的重要手段。考风考纪既是学员党性觉悟的集中表现，也是对一个单位办学指导思想是否端正、管理水平高低的综合检验。我们要从党性高度加强考风考纪建设。1.注重教育。在每次考试之前，我们都要安排专门的时间进行考风考纪教育，由校领导或班主任组织学员或考生学习有关的规章制度。2.考场设置标准化。我们严格按照上级规定布置考场，如考桌反向、考桌之间保持一定距离，每个考场张贴“七不准”，物品集中存放等等。3.建立监考责任制。我们一是选那些作风正派、办事公道、敢于坚持原则的同志担任监考；二是加强对监考人员的教育。每次考试前都要召开考务会议，由校领导动员、传达有关会议精神，并布置有关事项；三是监考轮换制与回避制。在一期考试同一个考场中，同一监考人员不能出现两次以上监考，班主任与任课教师必须回避。4.处理到位，不留后遗症。我们在临时支委会中专门设立了纪检委员，主要负责考风考纪的监督和检查。凡在考试中发现有作弊行为的，不管涉及到什么人，坚决处理，毫不手软。

四、把好总结关

总结既是对过去的反省和思考，也是对未来的计划和把握；既是对学员自己的全面评判，也是对党校函授管理的评价；既有利于我们对学员进行党性考核，也有利于克服我们管理中的片面性和不足。我们把学员党性锻炼总结具体化，并贯穿于学员在校学习的始终。每个学期，在党性教育课结束后，要写出党性教育心得体会，学年结束后要写出党性锻炼小结，毕业时要写出以党性锻炼为主要内容的毕业总结。我们规定，总结必须在学员所在小组讨论，按照民主集中制原则，只有大多数小组成员同意并由组长或支委签字才能通过。总结材料在学员毕业时存入学员学籍档案，作为单位和组织考核使用的依据。

通过抓好“四关”建设，注意将党性要求融入日常的管理中，我们的函授办学取得了较好成效，在社会上有口皆碑，也得到了上级党校的肯定。曾多次被南京市政府授予“成人教育先进集体”，1995年被中函院授予“先进办学单位”，被省党校干部函授学院评为“先进辅导站”，1998年再次被授予“优秀辅导站”称号。

提高认识　切实抓好“三讲”教育

湖北分院　李天相

遵照江泽民同志的指示和十五大精神，1996年以来，湖北分院始终把“讲学习、讲政治、讲正气”作为向学员进行党性党风教育的重要内容，深入开展“三讲”教育，着重提高干部、学员的思想政治素质，取得了良好的效果。下面就党校函授教育如何在全体学工人员中积极开展“三讲”教育谈几点体会。

一、提高对“三讲”教育重要性的认识，增强开展“三讲”教育的自觉性

1996年上学期，湖北分院通知各学区、辅导站，提出每学期在各函授教学班的课程面授安排表中排上一至二次党性教育课，要求把“讲学习、讲政治、讲正气”作为党性教育的重要内容组织专题讲座。但是，不少函授学工人员对“三讲”教育不够理解，认为现在的中心任务是发展经济，怎么又提出要“讲政治”呢？于是，我们在全院开展了“一讲、二学、三查”活动。一讲，就是广泛宣讲党校函授教育的性质、特点和培训目标。二学，就是学习江泽民同志的《领导干部一定要讲政治》、《关于讲政治》等重要讲话；1997年以来又反复学习胡锦涛同志关于党校函授教育的一系列重要讲话和指示。三查，就是调查分析函授学员思想政治素质的现状；检查党校函授办学中存在的突出问题；了解学员单位和社会对党校函授教育的评价和要求。由于近三年来我们多次开展这项活动，从而逐步深化了广大学工人员对党校函授教育必须增设党性教育课的认同，提高了对“三讲”教育重要性的认识：第一，认识到开展“三讲”教育，是面向新世纪全面推进伟大事业的战略需要；第二，认识到开展“三讲”教育，是提高干部素质特别是思想政治素质的迫切需要；第三，认识到开展“三讲”教育，是进一步落实胡锦涛同志关于党校函授教育工作重要指示精神的需要。

二、根据党校函授教育特点，精心组织“三讲”教育

中央决定之前，湖北分院是按照党性教育的要求开展“三讲”教育的，主要是根据党校函授教育的特点，针对学员的思想状况和学习表现，以学习提高为目的，以灌输为主，坚持正面教育，按专题组织讲座进行的。其具体做法是：

1．统一内容要求。根据党校函授教育的特点，我们对全分院的“三讲”教育，只在内容要求上统一规定，各学区、辅导站要根据自己的实际情况具体安排。在“三讲”教育中统一要求解决学员中不同程度地存在的四个问题：一是基本理论问题；二是理想、信念问题；三是遵守党纪、校规问题；四是争当合格学员问题。要求学员做到学习理论，武装头脑，坚定信念，牢记宗旨，增强党性，刻苦学习，树立正确的世界观、人生观和价值观。

2．组织系列专题。从1996年以来，我院以“三讲”为主要内容精心组织了下列党性教育系列专题：①《领导干部要讲学习、讲政治、讲正气》；②《学习理论，增强党性，努力完成党校的学习任务》；③《领导干部一定要讲政治》；④《坚持原则，树立正气，同各种消极腐败行为作斗争》；⑤《加强党性教育，培养良好学风》；⑥《把党性教育贯穿于党校函授教育的始终》；⑦《高举伟大旗帜，推进伟大事业——学习江泽民同志“5.29”重要讲话》；⑧《迈向新世纪的历史丰碑——学习十五大报告》；⑨《学习邓小平理论，努力提高干部的思想政治素质》；⑩《深入开展“三讲”教育，切实提高办学主体素质》。近几年来，各学区、辅导站根据学员的不同年级和层次，从中选择不同专题，在每学期的党性教育课中进行专题讲座。一般请省、地、市委党校的校长、副校长或当地党委、宣传部门负责人主讲，学员普遍反映良好。

3．采取多种形式。近几年来，我院各学区根据当地实际情况，结合当前改革开放和现代化建设工作实际，开展了形式多样、内容丰富的党性教育或“三讲”教育活动。如分院直属班开展过学孔繁森、吴天祥和抗洪英模的活动，组织过学员到先进企业、街道和乡镇考察，召开过“学理论、讲政治”的党性分析会和“当合格党员、做模范学员”的主题班会等。省直学区组织政法班学员到先进劳教单位开展社会调查，组织党政班学员参观毛泽东同志故居、纪念馆，举办庆香港回归、颂十五大召开的演唱比赛和诗书画展等。这些社会实践活动对丰富“三讲”内容、增强党性锻炼，起到了充实和潜移默化的作用。

4．结合函授工作。开展“三讲”教育不能搞“空对空”,要坚持理论联系实际,结合函授工作进行。一是结合教学工作。把“三讲”教育的内容贯穿到基本理论课程和相关课程的教学中去,运用这些课程的基本原理讲清楚“三讲”的涵义和道理。二是结合管理工作。把“三讲”的要求贯穿到招生、考试、毕业等关键性的管理环节中去,要求各级办学人员讲党性、讲原则,抵制拉关系、讲人情的不正之风。三是结合考核工作。考核是检查评价学员学习态度和表现的关键环节,必须贯穿“三讲”教育。把“三讲”作为学员党性分析、党性锻炼小结和毕业鉴定考核的重要内容,要求学员联系自己的工作、学习和思想实际对照检查,或总结收获、体会。

三、按照新的要求,把“三讲”教育引向深入

近几年来,我院始终坚持开展以“三讲”为主要内容的党性党风教育,取得了明显的效果。一是加强了邓小平理论的学习。通过“三讲”教育,全院上下开始认识到:坚持正确的办学方向,提高办学质量,关键是要用邓小平理论指导党校函授教育的全部工作,提高办学主体的素质,提高学员的思想政治素质。二是落实了胡锦涛同志的指示,坚持了“从严办学”的方针,讲党性、讲原则,把好了招生关、考试关、毕业关,基本上做到了“严进、严管、严出”。三是提高了学员的思想政治素质。从学员交的党性锻炼小结来看,他们通过接受以“三讲”为内容的党性教育,都不同程度地提高了理论素养和政治觉悟,增强了政治意识,公仆意识和奉献精神。特别是在1998年抗洪抢险中,涌现了一大批优秀学员和英模人物。有率领百万“抗洪大军”坚守荆江大堤、被授予“抗洪功臣”的洪湖市市长、中函97级学员韩从根和监利县委书记、中函98级学员杨道洲,有抢救大树上6岁小女孩江珊、获公安部一等功的武警湖北省消防总队干部、中函97级学员隗德芳同志等。总之,沿江各县、市的党校函授学员干部几乎都投入了抗洪抢险斗争,许多人受到了表彰和奖励。

中央关于开展“三讲”教育的文件下发之后,我们决定按照中央文件规定的要求,在新的一年里,集中一段时间继续在全分院深入开展“三讲”教育。一要认真组织学习。学习中央关于“三讲”教育的文件和“必读篇目”,深刻领会精神,提高对深入开展“三讲”教育的必要性和重要性的认识。二要掌握原则和基本要求。通过“三讲”教育推动分院的教育评估工作和“办学队伍建设年”活动,有针对性地解决函授办学中存在的突出问题;切实提高办学主体的思想政治素质,增强培养高素质干部队伍的历史使命感和政治责任感。三要精心组织,周密安排。开展“三讲”教育,要做到“四到位”:一是提高认识到位;二是查找问题到位;三是开展民主评议到位;四是解决问题到位。五是切实加强领导。分院、学区、辅导站都要建立工作责任制,一级抓一级,一级带一级。各级办学组织的主要负责人要承担起第一责任人的责任。六是开展学英模活动。省分院拟广泛开展向抗洪抢险英模学习的活动,运用先进典型教育全体学工人员,引导他们进一步着重提高自身的思想政治素质。

关于加强通讯员队伍建设的思考

陕西分院　范　勇

办好一张报纸,培养一支高素质的通讯员队伍是必不可少的。因为活跃在第一线的通讯员,是保证院报宣传的时效性和信息量、确保报纸质量的一个很重要的因素。

通讯员队伍建设,应抓好“三个落实”:一是人员落实。函授教育点多、面广,通讯工作不能只考虑分院一级,还要向基层伸展,做到分院有宣传报道组,学区有通讯员,辅导站有信息员,使分院、学区、辅导站形成通讯工作网络。二是任务落实。要认真落实《院报通讯员岗位职责》,通讯员每学期至少应向院报提供1篇以上有质量的稿件,同时应积极组织教师、班主任、辅导员和学员投稿;还要努力向社会上其他新闻媒体投稿,积极宣传党校函授教育事业。分院宣传报道组应加强对各学区通讯员的管理、指导、考核,学区应加强对各辅导站信息员的管理、指导、考核,实行层级管理,一级抓一级。通讯员、信息员除了写稿外,还应及时向分院报道组反馈本地区宣传报道工作的情况、问题和建议。三是奖惩落实。①分院每学期统计、公布一次各学区在院报上发稿的篇数,对成绩突出者给予表彰,并作为先进单位的评比条件之一。②奖励作者个人。凡在总院级报刊刊登的稿件,由作者所在单位奖励作者一倍的稿酬;凡在省级以上报刊刊登的宣传函授教育的稿件,由作者所在单位奖励作者2—3倍的稿酬。③把在院报、院刊上刊登工作研究或教学研究的文章视为科研成果，作为晋级、评定职称的参考。④批评直至解聘不能很好地履行职责的通讯员。各单位通讯员出现缺额时，应及时替补。

要注意加强对通讯员队伍的培养和教育，提高他们的素质。一个称职的院报通讯员应当具备良好的政治素质、思想素质和业务素质。从政治素质上讲，应有坚定的政治立场和一定的马克思主义理论水平，能够运用马克思主义立场、观点、方法去观察和分析问题，讲学习、讲政治、讲正气，思想敏锐，报道公正、客观。从思想素质上讲，要有正确的世界观、人生观、价值观，热爱党校函授教育事业，肯于吃苦，勇于奉献，不计报酬，耐得寂寞，甘为人梯。从业务素质上讲，要有较宽的知识面，比较扎实的理论功底和文字写作能力。同时，还要熟悉函授教育的有关规章制度和各个教学环节的工作。作为一名院报通讯员是十分光荣的。分院应加强对通讯员的培训、教育，引导通讯员提高自身的政治素质，增强他们的荣誉感和事业心。与此同时，帮助他们提高业务素质。院报可开辟“通讯员园地”，为通讯员提供习作园地，宣传他们的出色成绩和先进事迹，开设业务知识讲座；分院要有计划地选送通讯员参加在职进修和有关业务培训，或不定期地请有关方面的专家、编辑、记者进行专题讲座，提高他们的业务水平；分院每两年，学区每年应举办一次通讯员业务培训和经验交流会，引导他们多学习、多实践，不断提高写作能力，在实践中逐步成为宣传报道的行家里手。

发挥通讯报道作用
塑造党校函授形象

兰铁局学区通讯员 **文　心**

党校函授教育日益受到广泛的社会关注，并得到党和国家领导人的重视与支持。这表明党校函授教育的地位已被社会所确认。而通讯报道这一宣传形式充分发挥了沟通、参谋、导向、宣传和激励的作用，为塑造党校函授形象作出了应有的贡献。身为学区通讯员，深感肩负使命的意义，因而常以“铁肩担道义，妙手著文章”的精神自勉，并在通讯报道工作中作了一些积极的尝试。以下谨就通讯报道的上述作用谈谈自己的认识，并将以往所作的努力作一概要汇报。

一、架起信息传播的桥梁——发挥通讯报道的沟通作用

通讯报道这一短小精炼、活泼而不失真实、严肃而富于变化的宣传形式以其迅速、准确、真实的特点，在学员间、师生间、各函授站间架起了一座信息传播的桥梁，发挥着广泛的沟通作用。当我得知兰西机务段连续五任领导班子均是党校函授学员的信息后，两次到该段采访，获得了大量的感人故事，回来后以《来自火车头的报告》为题进行报道。一石激起千层浪，许多基层站段领导将其奉为楷模，纷纷相互鼓励，踊跃报考。目前，在兰铁局各个分局许多基层站段的领导成员中，党校函授学员占90%以上。

当今世界，知识经济已见端倪，信息越来越显示应有的价值。信息是资源，谁掌握更多的信息，谁就能更快地到达成功的彼岸。院报及分院报刊作为信息载体，传达着来自各地的教学、管理等方面的大量信息，有效地使广大学工人员开阔了视野，拓展了思路。武威函授站，地处乡镇，信息闭塞。该站负责人把掌握利用信息作为工作决策的依据，工作再忙，党校函授教育的各级报刊每期必阅，常为未按时收到某期报刊而电话索要。信息使该站较早了解总院、分院的工作部署和工作指导，因而也最快制定出行动方案，从而使各项工作领先。这样，该站连续成为分院、学区的先进单位便是情理中的事了。

二、帮助领导正确决策——发挥通讯报道的参谋作用

把通讯员比作是领导决策的参谋与助手，决不是夸大溢美之辞。学区领导围绕学院中心工作部署学区整体工作，要依据所掌握的各类信息。通讯员必须具备眼观六路耳听八方的能力，深入教、学、管工作实际，以敏锐的观察力和深刻的分析能力，对发现的问题进行深入思考，并及时坦诚地向领导提出建议，帮助领导正确决策，方能不辱使命。

当我意识到学区仅靠管理经验抓教学质量是难以取得明显成效的主要原因时，则撰写了《关于加强党校函授教育科学研究的思考》、《研究教师心理，提高面授质量》等文章，并以此为理论根据向领导提建议：每年确定一批急需解决的科研课题，由各站教职员分别研究探讨，学区定期召开交流研讨会。研讨会后，及时将优秀论文推荐到学院、分院报刊，在更大的范围交流。

三、总结教、学、管经验——发挥通讯报道的导向作用

通讯报道不仅要让读者了解发生了什么，更重要的是要使读者通过了解而引发思考，得到启示。当学区开展一些教学活动，如观摩教学、自学经验交流、班主任谈工作体会等时，我力求阐明报道内容的意义、作用。如报道《讲台上下结合，共同切磋教艺》、《开展教学研究，改进教学方法》等文，力求宣扬教学相长的意义以及转变传统教学模式、开拓教学思维的价值。通过报道，使广大教师、学员以及管理人员博采他山之石，与自身的教学方式、学习方法、管理模式进行恰当、准确的对照，进而分析、取舍。

有效地发挥通讯报道的导向作用，应不断挖掘信息。我曾多次目睹嘉峪关一个学习小组刻苦学习的场面，我便利用各种机会宣传这种精神，并督促函授站的同志深入了解，撰写了《函授同学情更浓》一文，介绍该组学习方法。此文在分院刊发后，学区向各站发文，要求他们开展学习该小组的活动，以促使学习小组这一函授教学组织的细胞更充满活力。

四、扩大社会影响——发挥通讯报道的宣传作用

为了真实、准确地反映党校函授教育的实际情况，扩大党校函授教育的社会影响，以事实纠正社会上对我们的某些误解、曲解，同时，也为了弘扬先进典型的激励作用，我先后以《背小书包的大书记》、《不是亲人胜亲人》等文，宣传学员刻苦自学的事迹，宣传学区工作人员对学员情同手足的关心；以《函授教学花絮》介绍教师严谨治学的精神和学员群体攻读理论的事例；以《服务、协调、扶持，作学员的知心朋友》反映函授工作者与学员严师密友的关系。尤其是借院庆之际，同时在路局党委、教委、报社、电台等部门利用不同媒介，策划推出教师、工作人员写的20余篇文章，并在兰铁报社推出以“十年函授教理论铸灵魂乐育英才，千名学子读马列攻专业喜为俊杰”为通栏标题的专版，为党校函授教育大造声势，有力地扩大了其社会影响。

1997年7月，得知学员张书庭为保护国家财产与歹徒搏斗不幸牺牲的噩耗后，我利用假期，顶着酷暑，到兰州分局了解烈士遇难过程以及生前工作生活情况，并以最快的速度撰写了《亮丽的人生，辉煌的答辩》一文，向分院报告。之后，分院、总院先后授予张书庭优秀学员称号，并号召全体学员向张书庭学习。随之，对学习活动、巡回讲演活动等我又连续进行了系列报道，为学英雄、树正气活动推波助澜。

五、吹响进取的号角——发挥通讯报道的激励作用

由于社会不良风气的影响，也由于一些办学单位管理出现某些失误，给党校函授教育声誉带来不良影响。更为严重的是，这种不良影响给在校学员造成心理负担，有的学员认为进党校接受函授教育是进错了门，选错了路，有悔不当初之感。而校外的更多党员干部对进党校函院学习望而却步，徘徊再三。在这种情况下，我认为一方面我们应当从严办学，在管理上下功夫，确保党校函授教育的声誉；另一方面，也应大张旗鼓地介绍我们，推荐我们，使在校学员底气十足地学习，让校外党员干部坚定不移地报考党校函授学院。于是经过调查走访，我以《在希望的田野上》宣传党校函授学院这所没有围墙的大学如何坚持从严治学的详情，以《喜看稻菽千重浪》宣传报道学员学业、事业取得双丰收的典型事迹。通过宣传，为广大函授工作者、为学员吹响进取的号角，激励他们团结奋发，严谨治学，为党校函授教育事业增光添彩，为塑造党校函授形象竭尽全力。

班主任要注重经常性的思想政治工作

西和县委党校　李友朋

注重经常性的思想政治工作是搞好班主任工作的根本。人是有思想的，人们的一切行动都是由思想支配的。基于这种认识，我始终把思想政治教育放在班主任工作的首位，当作根本性的大事抓住不放。在政治思想工作上，主要抓了六个方面的教育：

一是革命传统的教育。在一次班会上，我用即席讲演的形式，给学员们介绍了《西和地下党的创建与人民政权的建立》的专题，对大家教育很大。许多学员深有感触地说，革命前辈用鲜血换来了红色江山，我们身在福中要知福，一定要珍惜这黄金般的学习时间，发奋读书，提高素质，为社会主义现代化建设作出自己应有的贡献。

二是如何做人的教育。班会上，我以自己亲身的经历，向学员讲述“四自”（自尊、自爱、自信、自强），“三不”（贫贱不能移、威武不能屈、富贵不能淫）的体会。

三是经济管理知识的教育。我们邀请原任西和县政府副县长、现任陇南地区行署农牧处副处长兼长兴高能农业经济开发区主任的王全生同志，以现身说法的形式，为学员讲授股份制企业管理和农业区域化科技种植的知识与亲身体会，使广大学员学到了教材上难以见到的生动实际的知识，真是受益匪浅。

四是院风、校风、班风、考风、考纪的教育。为了使学员在面授出勤、作业收交、党性锻炼等方面有规可依，有章可循，在学员入学时，我们就把辅导站制定的《学员面授出勤考核细则》、《学员作业收缴考核细则》、《学员党性锻炼考核细则》印发给学员，人手一册。在班会上，我们组织学员学习总院制定的《学员守则》和本班级的班风、班纪，以及考风、考纪方面的规则。

五是认真学习、刻苦钻研精神的教育。为了掌握学员对各门课程的学习情况，我们密切联系授课教师，倾听他们在作业批改中发现的问题，紧紧抓住学员上缴作业的有限时间，除普遍进行“认真学习，不惟文凭看水平；刻苦钻研，不惟学历看能力”的教育外，重点对作业成绩较差、学习不太认真的学员进行思想教育。

六是“抓两头”的教育。在整个学习过程中，我们注意采取“抓两头，带中间”的办法，对于学习成绩优异的学员、维护班风班纪的好人好事，在每次班会或授课前，我们都及时给予表扬。对个别经常迟到早退甚至很少参加班级集体活动的学员，则采取点事不点人的办法，让其对号入座，自觉改正。在“抓两头”的教育中，我们也从关心体贴学员入手，动之以情，晓之以理，导之以行，做循循善诱的思想工作。如有一位女学员第一次面授时，其父因病去世，事后，我和班主任助理亲自登门慰问，并鼓励她振奋精神，化悲痛为力量。这位学员激动地表示：我如果不好好学习，就对不住二位班主任。还有一位学员是农村信用社主任，年底因催收贷款影响了面授出勤，我们多次与本人电话联系始终联系不上，只好将电话打到家里，将其严重性耐心地给其妻子作了详细介绍，让其转达本人。这位学员深受感动，专程来党校向班主任表示歉意和今后一定要保证出满勤、认真学习的决心。由于我们在思想政治工作上做了一些我们应该做的工作，所以，目前的班风、班纪正在由良好向更好的方面迈进。

严格考风考纪　推进素质教育

甘肃分院白银市学区　李廷伯

考风考纪是关系函授教育质量和党校形象的大问题。严格考风考纪，对于推进素质教育，有着十分重要的意义。自函授工作评估以来，考风考纪有了明显的进步，但还存在不容忽视的问题，主要是一些单位，甚至一些领导干部，认识不到位，制度不健全，措施不得力，监考不过硬，监督不落实。对从严治考的长期性、艰巨性认识不够，工作乏力。我们应该清醒地认识到，考风考纪是一个动态性问题，工作不可能一劳永逸，领导思想稍有松懈，考风考纪就会出现滑坡。笔者认为，严格考风考纪，要取得根本性好转，必须狠抓“三气”。

一、严格考风考纪要树立勇气。纵观一些单位，对整肃考风考纪缺乏责任感，错误地认为“现在都是这样”，“难度太大”，勇气不足。所以，要严格考风考纪，各级管理人员必须旗帜鲜明，态度坚决，树立勇气，工作要锲而不舍，不断端正办学指导思想，进一步处理好义与利、质与量、公与私、严与松的关系。在办学效益上，始终坚持以社会效益为第一；在办学规模上，始终坚持以质量为前提；在教学管理上，始终坚持以严格为标准。要树立从严治考的勇气，不断推进素质教育，开拓函授教育的新局面。

二、严格考风考纪要弘扬正气。良好的考风考纪是素质教育的内在要求。严格考风考纪，必须大力弘扬正气，营造正确的舆论环境和良好的风气。我们所以提出弘扬正气，是因为我们在从严治考中，在一些辅导站和一些监考人员中，甚至一些领导干部中正气不浓，邪气盛行。为了关系，不讲原则；为了“蝇头小利”，拿党性作交易，甚至以是为非，以非为是，以“学”谋私。笔者认为，严格考风考纪，必须弘扬正气，始终在“严”字上下功夫。一是要以德养“严”。就是说从严治考，也要讲政治。要把从严治考作为保证办学方向、推进素质教育的关键环节来抓。二是要以教育倡“严”。在学员中乃至全体管理人员中，深入地、坚持不懈地进行端正考风考纪教育，使他们牢牢地树立“守纪光荣，违纪可耻”，“宁失考分，不失人格”的荣辱观。三是要以制度保“严”。认真贯彻执行总院、分院关于从严治考的规章制度，特别是要一丝不苟地执行“作弊零分”、“一次到位”、不搞“软处理”的规定。四是要以典型导“严”。要用考风考纪中的正反典型,鼓励和伸张正气,打击和遏制邪气,营造崇尚正气、争当先进的学习环境。五是以监督促“严”。要知道,思想、制度不是万能的,关键在于落实。因此发挥监督作用是非常重要的。要重视和强化分院对学区、学区对辅导站、总监考对主监考、巡考对监考的监督检查。六是要以重奖助“严”。对那些敢于碰硬、从严治考的单位和人员给予重奖,通过重奖,鼓励支持从严治考的正气。七是要以处罚护“严”。严格考风考纪,如果只奖不罚，还不完全。有奖有罚，才会有效。实践证明，一罚就灵。

三、严格考风考纪要打击邪气。在监考中，特别是处理违纪者时，总会遇到“保护伞”、“关系户”、“说情风”，甚至还会听到恶言秽语。因此，严格考风考纪，要敢于坚持正义，敢于打击邪气。一是要坚持公正、公平、公开的原则，做到在真理面前人人平等，在考风考纪面前人人平等。讲正气，不讲关系；讲党性，不讲人情；讲原则，不讲亲疏。二是坚持刚正不阿、敢于斗争的精神。对有邪气干扰的单位，应帮助他们克服只求过得去、不求过硬的思想，加速改变氛围。对邪气盛行的单位，应实事求是地指出其存在的问题，帮助他们摆脱困境。三是坚持正确的价值观。注重事业，淡薄名利，情注函授，心系质量，一个心眼为工作。

严格考试　提高函授教育质量

广西分院河池学区　韦庆儿

要提高函授教育质量，使之真正达到全日制教育的同等水平，严格把好考试关是十分重要的。

多年来的办学经验证明：严格考试是提高面授率的有效办法，是调动学员自学积极性的动力，也是搞好管理的有效措施。每个办学单位要从严办学，就必须从严治考。每位监试者和应试者都要严肃考纪，为进一步提高函授教育质量而努力。

作为考务工作者，务必以对党负责、对人民负责的态度来搞好考务工作。首先，要经常对学员进行思想教育，让他们认识到：考试作弊是一种既欺骗社会又欺骗自己的丑恶行为，是一种人人都深恶痛绝的丑恶现象，自身不仅不当舞弊者，而且还要勇于跟舞弊者作斗争。这样，舞弊现象就自然成为过街老鼠，无处藏身了。其次，更要强化管理，敢抓敢管，对舞弊者和纵容者都要绳之以法。中央党校函授学院和国家教育部都先后颁布了一系列关于整顿考风考纪的规定，我们必须贯彻执行。对于那些玩忽职守的考务人员和舞弊者必须严肃处理。

作为一个函授学员，更要严格遵守考试纪律，把考试纪律当作党纪国法一样严格遵守。我们都是国家干部，更应该模范地遵守考试纪律。平时要勤于自学，坚持听好每次面授课，这样，到考试之时，才会胸有成竹，应付自如。即使平时公务缠身，无暇复习功课，考时也不能作弊！做人应当光明磊落、堂堂正正，千万别自欺欺人。只有遵守考试纪律，才能提高自己的文化素质。

总之，考务工作者也罢，学员也罢，都要严格考试。

抓考风、促学习，为建设高素质干部队伍打好基础

珙县县委党校　汤文朝

考风正、考纪严，使考生考出真实成绩，考出党性原则，是党校函授教育对考试的一贯要求。抓考风考纪，不但可以促进函授学员学好各科专业知识，加强党性锻炼，而且能为我们党建设高素质的干部队伍打下坚实基础。

严肃考风考纪，可以端正学员的学习态度，促进学员自学。函授的性质决定了学员主要靠自己抽时间自学，而担任党政干部职务的学员由于工作任务重、开会出差较多，工学矛盾相当突出。从我校多年的函授教学实践来看，大多数学员都能以高度的自觉性和自控力去挤时间自学；但也有少部分学员学习态度不端正，以忙为由，平时不看书、不学习，寄希望于“临场发挥”。如何打消这部分人“混”的侥幸心理呢？我认为抓考风考纪是最关键的一环。一旦严肃了考风考纪，就会使这些人产生“不学就不能过关”的危机和压力，从而促使他们挤时间自学，掌握好基本知识。

严肃考风考纪，还有助于提高学员面授到课率和听课质量。当前，如何提高学员面授到课率的问

题，已是基层党校面对的现实性热点问题，各地党校对此积极探索，强化管理，但收效不大。我认为，要从根本上解决这个问题，最有力、最关键、最有效的是狠抓考风考纪，以打消那些借口工作忙，不参加面授的学员“混”的思想，使他们深刻认识到：不参加面授，不认真听讲，就不能在考试中过关。这样，无疑会促进学员重视面授，尽力到课，认真听讲。同时，还会促进授课老师认真备课、上课和辅导，努力使到课学员真正学有所得。

严肃考风考纪，还是对学员加强党性教育的重要一环。在考风正、考纪严的考场，参考学员不分职位高低，都在严肃、公正、公平的相同条件下通过考试关，这既是对学员党性的考验，又是对学员法纪观念的教育。

更为重要的，严肃考风考纪是培养高素质干部队伍的重要保证。因为在党校函授学员中，党政干部占绝大多数。严肃考风考纪，促进函授学员努力学习，认真上课，使学员考出党性、考出真知、考出才干，切实为我们党建设高素质的干部队伍打好基础，有极其深远的历史意义。

函授考核应以考核学员能力为主

湖南省委党校 覃正爱

函授学员一般都年龄偏大，记忆力较差，加上工作及家务负担较重，如果考试仅以考知识的记忆为主，那显然是不符合党校函授学员的实际的。党校函授的考核应以考核学员的能力为主。具体地说，函授考试应着重考学员的以下几种能力：(1)判断能力。判断的基础是理解，不理解就难以判断或只能做出错误的判断。是非判断的准确程度对干部具有特殊的意义。(2) 归纳综合能力。归纳综合能力是干部的必备能力之一。不能对问题进行归纳综合，干部就很难把握问题的本质，难以有效地引导群众。(3) 理论联系实际的能力。学习的目的全在于应用，不能应用所学知识去分析解决现实生活中的实际问题，就很难说真正掌握了知识。这一点对函授学员来说尤其重要。因为函授学员都是边工作、边学习的在职干部，工作中的很多问题都需要用理论去指导和说明。因此能够运用所学知识联系实际分析解决现实问题，对函授学员的工作和学习都是十分有利的。(4) 决策领导能力。决策领导能力是一种综合能力，也是干部的必备能力。时机成熟时能当机立断，对发展大好形势很有意义。如果优柔寡断，坐失良机，那将对事业带来严重后果。因此，在考核时出一些判断、理解、简答、论述的题型相互配套是很有必要的，对促进干部能力的培养和检验干部能力的高低也是十分重要的。

浅谈监考人员的基本素质

江苏分院扬州学区 吴建华

加强考务管理，严肃考风考纪，是保证党校函授教育质量、检查学员真实学习水平的重要手段。总结以往函授监考工作的经验和教训，集中到一点，“关键在人”。在同样的条件下，为什么有的考场秩序井然，工作规范，富有成效，而有的考场却秩序混乱，问题丛生，不可收拾，说到底，还在于监考人员的素质。实践证明，同样的监考工作，不同素质的人来做，效果大不一样。因此，中函院把1999年列为党校函授教育的“办学队伍建设年”，加强办学队伍建设，提高办学主体素质，确实是抓住了问题的核心和关键。

作为监考人员，应当具备哪些基本素质呢？

一要有认真的态度。党校函授考试作为一项严肃的工作，特别需要一批具有强烈事业心和高度责任感的监考人员。而这种事业心和责任感集中体现在“认真”二字上。毛泽东同志说过，世界上怕就怕“认真”二字，共产党就最讲认真。认真，是共产党人的应有品格；认真，就是严谨、细致、深入、求实，就是认定的事情要真抓实干、务求实效，就是严格履行监考人员的守则。监考人员的认真态度，从理性上说，来自对党校函授教育的性质、地位和功能以及监考人员职责的深刻认识；从实践上说，来自在自觉“认知”的基础上经过反复“践行”所锤炼出来的敬业精神。

二要有从严的精神。党校函授考试作为一项严肃的工作，特别需要监考人员具有从严治考的精神。严，才能弘扬正气，打击邪气；严，才能统一意志，统一纪律；严，才能赢得民心，凝聚民心；严，才能保证党校函授教育的质量，提高党校函授教育的声誉。因此，对函授考试，要严格要求，严格管理。管而不严等于不管。当然，要从严治考，就必须出以公心，无所畏惧。而无畏需要无私，无私才能无畏。一个遇到问题就患得患失、私心杂念作怪、情面思想严重的监考人员是不可能做到从严治考的。

三要有规范的行为。党校函授考试作为一项严肃的工作，特别需要监考人员具有规范的行为。监考人员应严格按“考场规则”执行监考，按“监考工作程序”做好各项工作，特别要模范地遵守考场纪律。例如，佩带好监考标志，在考场内不要吸烟、阅读书报和谈笑，更不得与考生交谈等等。总之，监考人员的行为是否规范，是其素质和形象的展示，万万不可掉以轻心。

四要有公正的立场。党校函授考试作为一项严肃的工作，特别需要监考人员具有公正的立场。“公”，就是公开、公平、公道；“正”，就是正义、正直、正派。多年来的监考工作实践证明，不公则鸣，不正则乱。要有公正的立场，关键是监考人员必须坚持在考纪面前人人平等。不管是谁，不管他有什么背景，只要是函授学员，如果违反了考纪，都必须按规矩办事，都不能有任何特殊。

五要有坚强的毅力。党校函授考试作为一项严肃的工作，特别需要监考人员具有坚强的毅力。函授考试包括招生考试和期末考试，往往任务重，周期长。任务重，极容易造成监考人员身体上的疲劳;周期长,极容易造成监考人员思想的松懈。因此,如果没有坚强的毅力,没有持之以恒的精神,就很有可能出现虎头蛇尾、不始终如一的状况。

上述“五要”，既是监考人员应当具备的基本素质，也是对监考人员的起码要求。作为监考人员，应当从“讲学习、讲政治、讲正气”的高度，从党校教育全局的高度，从提高党校函授教育质量和声誉的高度，深刻认识做好函授考试工作的重大意义，端正考风，严肃考纪，切实做好监考工作，使学员满意，教职工满意，中函院和省分院满意。

监考老师不能“心慈手软”

国防大学分院　武　炳

考试作弊，年年抓，年年有。为什么屡禁不止？原因固然是多方面的，但笔者认为，监考老师的“心慈手软”是最重要的原因之一。

有的监考老师,常常觉得学员在职学习不容易，不能“为难”他们,看见作弊,也视而不见,不管不问,听之任之;也有的监考老师,碍于情面,对学员作弊睁一眼、闭一眼,“手下留情”,“网开一面”;有的监考老师,患得患失,怕得罪人,遇到作弊就绕道走,或只提出“警告”,或只要求“下不为例”;还有的监考老师,板子“高高举起”,但又“轻轻落下”,讲严格考纪时声色俱厉,但实践时则是说得到做不到;等等。这些问题,看似小,实则大,长此以往,不仅会使学员养成弄虚作假等坏毛病,而且会使监考老师失去尊严,影响党校函授教育的声誉,致使考试作弊的问题久治难愈。

“心慈手软”的原因，是好人主义作怪。根除“心慈手软”，需要增强两种意识：一是增强纪律就是生命的意识，要按照中央党校函授学院规定的考纪要求，严格以纪律衡量和约束学员，解决失之于宽、失之于软的问题；二是增强监考的责任意识，监考老师的责任是维护考场秩序、执行考场纪律，是向党校函授学院负责，向本单位负责，向学员负责。因此，必须严格要求、规范自己的行为，敢于唱“黑脸”，不怕得罪人；否则，就是不负责任。

期末考试即将到来，又是对监考老师的一次检验和考核。监考老师应以函授教育事业为重，严把监考关。监考老师只要增强纪律意识、责任意识，就一定能够纠正“心慈手软”的不良风气，严格把关，不断提高函授教育的考试质量。

强化两支队伍建设
确保函授教育质量

福建分院厦门学区　林玉梅

党校函授教育是党校教育的重要组成部分，是培训干部的重要途径和形式。函授教育的生命力在于质量。厦门学区自1993年创办以来，坚持贯彻“从严办学，质量第一”的方针，狠抓师资和教学管理队伍的建设，有力地确保函授教育质量。

一、重视师资队伍建设，提高函授教学质量

教学工作是党校函授教育的中心。党校函授教学是由自学、面授、电教、刊授、答疑、作业、讨论、复习、考试、社会调查、毕业论文及答辩等诸多教学环节构成的教学全过程。其中面授辅导是教师通过课堂教学帮助学员掌握学习重点、解决学习中的疑难问题，进行学习指导的必不可少的重要教

学环节。从这个意义上说，函授教学的质量在很大程度上取决于教师的素质。因此，我们把师资队伍建设作为办学的一项长期的主要任务来抓，目前，已建立了一支业务能力较强、政治素质较好、热心函授教育、胜任函授教学的教师队伍。我们的做法是：

1. 建立师资人才库。足够数量的教师，是择优选聘教师的前提条件。目前，我们已初步建立了以本校教师为主体的专、兼职结合的师资人才档案。在选聘教师的过程中，我们不仅重视发挥市委党校、市行政学院教师队伍中高级职称比例大、教师素质高的优势，而且重视发挥厦门高等院校师资力量雄厚的优势。在选聘本校教学水平较高的教授、副教授和优秀讲师承担授课任务的同时，还聘请厦门大学、集美大学的教授以及市直机关理论素养较高又有教学经历、工作经验丰富、实践能力强的厅、局级领导干部承担函授课程，形成了一支以高级职称教师为主体的师资队伍。目前，厦门学区总授课任务的65%是教授、副教授承担的。

2. 引入竞争激励机制，择优选聘教师。为把好聘任教师质量关，我们积极引入竞争激励机制。一是实行面授教师聘任制。严格按照总院的教师聘任条件要求，由校长办公会研究决定聘任人选。二是初步建立新课试教制度。如：今年政法专业的一些新课程，我们在试教的基础上择优聘任。三是建立教学评估制度。我们采用学员测评、学员座谈会、领导和专家评课等多种形式相结合对教师上课进行测评，其结果作为选聘教师的依据。四是建立奖惩制度。对于教学质量高、所教学员考试优秀率和及格率高的教员给予奖励；对于教学质量差，学员满意率达不到80%以上者随时撤换；对于上课迟到的教师进行严肃处理，通报全校，并根据情节轻重扣发1至3个月奖金，年终不得评优。

3. 严格管理。根据总院的面授教师管理规程，我们制定了教师的工作职责。要求教师做到：备课要严格按照教学计划进行，做到“遵纲循本”，吃透教材，写出教案；课堂讲授要贯彻理论联系实际的原则，在准确把握教材的基本框架、理论体系的基础上，突出重点，讲清难点，解开疑点。把掌握理论、丰富知识、提高觉悟、增强能力四统一的教学意图贯穿于面授教学的全过程，着力培养学员分析问题、解决问题的能力；批改作业要有评语、有改错、有成绩、有讲评。此外，我们还坚持“两会制度”，即期末教师总结、教学经验交流座谈会和学期初考试情况反馈、布置教学工作会。

4. 强化师资培训。加强师资培训是提高教师素质的重要途径。首先，我们建立了学习制度，把教师业务进修作为学分制管理的重要内容，使教师培训经常化、制度化。其次，我们积极输送教师到省内外乃至国外参加短期培训、备课会、学术研讨会等等。第三，组织教师参加技能考试和比赛。1998年组织教师参加电脑培训通过一级B的考试；组织教师学习《邓小平文选》第二卷、第三卷；组织授课比赛，有12名教师参赛。第四，不定期地邀请国内外专家、学者来校讲学、作学术报告。通过这一系列措施，提高了面授教师的业务能力，拓宽了教师的知识领域，保证了函授教学质量的提高。

二、强化教学管理队伍建设，提高教学服务质量

教学管理在函院的各项管理中处于重要地位，它直接为函授教学这个中心服务，影响着函授教学质量的高低。我们本着重点抓好教学管理，带动其他各项管理的原则，着重抓好教学管理队伍的建设。我们的做法是：

1. 建立一支以处级干部和副教授为主体的班主任队伍。班主任是联系学区与学员的桥梁，是贯彻总院、分院意图的执行者，又是函授教学最基础的管理者。搞好班主任工作，对于巩固学员到课率，顺利开展教学活动，提高教学质量有着重要的作用。考虑到函授学员大多数具有丰富的社会经验，其中不少是领导干部，同时也考虑到函授教育时间分散、学员管理难度大等特点，我们选聘了一批党性强、作风正、懂管理、善于做思想政治工作、具有较强事业心的副处级以上的领导干部和副教授担任班主任工作，形成了以处级干部和副教授为主体的班主任队伍。在班主任队伍建设中，我们主要抓以下几方面工作：一是健全制度。学区制定了《聘请函授班主任的规定》。对班主任的选聘、配备和职责作了明确规定，班主任职责履行不好的，给以解聘。二是严格管理。我们要求班主任执行“三做到、二抓好、一不得”制度。“三做到”即班主任要做到严格要求自己，为人师表；做到深入班级，跟班点名；做到民主管理，虚心听取学员意见。“二抓好”即抓好学员到课率；抓好作业准时收交率。“一不得”即不得私下与学员搞交易。我们还制定了班主任目标责任制，把学员到课率和作业收交率与班主任岗位津贴挂钩。

2. 配备一支高效、一专多能的函授专职工作人员队伍。厦门学区现有学员2300多名。函授管理工作艰巨而烦琐，难度大、要求高，其管理人员必须具有较高的素质，既要懂得教学规律，又要懂得管理规律；既要有“四心”——热心、细心、耐心、责任心，又要具备高效、一专多能的工作技能。为此，我们首先制定了《函授部岗位责任制》，明确了各岗位的工作职责，同时建立了奖惩制和考核制，把管理人员的权、责、利有机地结合起来，形成了一套监督制约机制，大大地提高了工作人员的工作效率。其次，重视培训，提高素质。我们把管理人员的培训规范化、制度化，先后组织学习了中央党校函授学院管理制度并进行考试，组织电脑操作培训并通过考试，有2位管理人员参加中央党校函授学院和福建师范大学的学历培训。目前，厦门学区5位函授专职人员均具有大专以上学历，其中高级职称1人、中级职称2人，有3位同志能熟练操作电脑。正是这支精干高效的教学管理队伍，沟通了上下感情，协调了教学关系，及时有效地解决了教学中出现的各种问题，为教学工作有条不紊地开展，提供了强有力的支持。

校委的高度重视是强化办学管理队伍建设的关键

沈阳市委党校副校长　王道臣

函授教育是全校各部门参与最广泛的一项工作，要求校委高度重视，采取措施充分调动全校员工积极支持函授教育事业。办学实践证明：校委的高度重视是搞好函授教育的关键，而“一把手”的重视又是关键中的关键。多年来，沈阳市委党校校委尤其是第一副校长高度重视函授教育工作，特别是重视函授管理队伍的思想、组织和作风建设。这主要表现在以下五个方面：

一是对办学指导思想的认识和宣传教育到位。提高办学管理队伍的素质，应包括提高思想、政治、理论、业务、道德等方面的素质。其中，思想素质是基础。提高办学主体的素质，必须首先提高思想素质，而对办学指导思想的认识是思想素质的一个重要方面。因为办学中存在的种种问题，其根源就在于办学管理队伍的素质不高，尤其是办学指导思想不端正。

我们学校的校委高度重视函授教育的办学指导思想，从90年代初就明确提出“三个第一”和“三从严”的办学指导思想。“三个第一”是指教学质量第一、社会效益第一和党校声誉第一；“三从严”是指“从严治教、从严治学、从严治管”。校委不仅明确办学指导思想，而且能做到经常讲反复讲。主要是通过“五会”和“两课”来宣传函授教育的办学指导思想。“五会”是指校委会、工作总结会、经验交流会、毕业和开学典礼、监考会；“两课”是指校领导讲的党课和面授课。校委通过打“持久战”，逐渐把领导班子的认识变为群众的认识，把少数人的认识变为多数人的认识。不仅如此，校领导还通过个别谈心的方法，帮助个别同志提高对办学指导思想的认识。

校委不仅坚持不懈地宣传办学指导思想，而且在行动中充分体现出函授教育是党校教育的重要组成部分。这主要表现在坚持“三个同时”，即校委在计划安排全年工作的同时，安排函授工作；在检查其他工作的同时，检查函授工作；在总结党校工作的同时，总结函授工作。不仅如此，函授教育重要环节的工作都有校委参加，工作到位，如以上所讲的“五会”和“两课”都有校委参加。我校还成立以第一副校长为组长的函授教学督察小组。

由于校委从宣传教育到实际行动高度重视函授教育工作，正确的办学指导思想如同一根红线贯穿于函授工作的各个环节。多年来，我们较好地处理了以下三个方面的关系：一是社会效益和学校创收的关系；二是办学规模和办学条件的关系；三是主体班和函授教育的关系。

二是机构设置到位。过去，函授教育与业务指导两项工作放在一个部门，经过校委向市有关部门争取，单独设立了函授部和业务指导处，从而使函授工作有一个专门的独立机构来负责。与此同时，函授部内部学籍和教务两部分正式确定为科级建制。这些都充分体现校委对强化办学管理队伍建设的高度重视。

三是人员配备到位。前些年，函授部工作人员平均年龄52岁，近60岁的老同志占50%。校委根据“相对稳定、个别调整”的方针，调入3名年轻而文化程度高的同志。经过人员调整和自然减员，目前平均年龄39.6岁，全部为本科学历，都是中共党员。其中，从事函授教育工作年限平均超过8年，有4名同志超过10年。这支队伍比以前年轻了，又有多年的管理经验，政治和文化素质又比较好，因此能够胜任繁重的函授教育工作。

四是管理队伍培训到位。多年来，校委十分重视对函授部人员的培训。如，我们多次要求并组织函授管理队伍学习中函院和省函院及我校制定的函授教育《条例》、《规程》和其他制度。1998年，经校委批准并拨出经费，专门举办了由各函授站派员参加的函授管理人员培训班，采取自学和讲授两种方式进行培训，最后进行业务知识考试，并针对答卷中暴露出来的问题进行全面讲评。又如，为适应管理工作发展的需要，函授部工作人员轮流脱产两个多月学习电脑知识和外语，都通过了考试，获取了微机技术合格证书，40岁以下的同志都通过考试获取了外语合格证。再如，为了使函授管理人员开阔视野，提高业务素质，每一二年都组织他们到外地兄弟党校学习和考察。1997年蔺欣荣校长和函授部主任张光宏带领县区党校领导外出考察，并把学习函授教育工作经验作为重要内容，1998年函授部副主任刘丽莎和其他同志又带领县区党校函授科长到山东、济南、安徽等地党校学习考察，回来后认真传达兄弟党校办学经验。通过外出学习，大家一致感到天外有天，山外有山，人外有人，不仅克服了自满思想，而且增强了危机感和紧迫感。

五是对函授管理人员的关心到位。如：我校从90年代初开始发给函授工作人员岗位津贴，从1995年起全部教材发行费归函授部支配。又如，凡是符合市有关部门规定的，函授工作人员的非领导职务都得到及时晋升。再如，在学校两次分房中，函授工作人员的住房问题都得到满意的解决，除一名同志住部队房子外，所有同志都分到两间以上住房，其中有3名同志分到三室以上住房。又如，1997年一名工作人员打扫卫生时，一扇窗户砸到头上，校委非常重视，经蔺校长批准，人事部门向市有关部门多次争取，最后批准这名同志享受公伤医疗待遇。

建设一支高素质的函授教师队伍

河北分院　幽国杰

21世纪即将来临，综观世纪之交的国际、国内形势，党校函授教育既有难得的发展机遇，也面临着严峻的挑战。如何使党校函授教育具有旺盛的生命力？建设一支高素质的函授教师队伍，应当说是这一愿望实现的基础和突破口。

一、要有一批战略意识强、政治素质高的教师队伍

函授教师必须具有战略意识和时代意识。21世纪是迎接知识经济挑战的时代，作为函授学院的教师要永远站在时代的浪尖上，不断探索实际生活中新的规律，引导学员把课本里的东西运用到实践中去，再从实践中提炼出新的理论，使授课领域不断地有所突破和创新；要树立培养具有开拓和创造性人才的战略意识，要认识到未来的国际竞争是人才的竞争，人才的竞争是那些具有创造思维能力的人的竞争。如果没有创新，总是步他人的后尘，就会永远处于被动的境地。要培养学员树立不断学习的时代意识。经济知识发展之快，要求教育者和受教育者不断领略新的知识发展动向，把自己置于动态的教学领域。另外，党校作为培养党的优秀人才的阵地，肩负着造就国家栋梁之材的重任，因此党校函授教员必须具备较高的政治素质和理论水平。

二、树立竞争意识，把握市场竞争规律

市场竞争的特点，要求我们在抓教师队伍方面应不断地创造使优秀教师施展才能的环境。为此，我们必须做到：第一，要掌握市场的规律，打破以往单一的聘任方式，坚持纵横的综合聘任方式，不局限于聘任党校系统的教师，把其它高校的教师也纳入聘任之列，让每一个被聘任的教师都时刻面临着被外界冲击和替代的"危机"。第二，树立质量第一的观点，建立完善的聘任制度。引进和聘任教师，必须树立质量第一的观点，坚持宁可少一些但要好一些的原则。另外，必须以制度做保证，领导者聘用教师不能带任何感情色彩，不能因为是"关系户"就搞"机会均等"、"利益均沾"。第三，各分院要对每个被聘任教师的上课效果、学员评议结果、发表有价值论文的多少等，每年进行一次排队，并鼓励和奖励那些名列前茅的教师。

三、加强对教师队伍的监督，不断提高教学质量

教学监督的主要目的，是通过监督来促使上课教师在授课方法、内容讲解、语言表达等综合教学艺术上进一步提高，为此，首先必须建立公开的教学观摩制度。各基层函授站每学期应搞1—2次教学观摩课；二是坚持集体备课制度和新课试讲制度。这一制度是针对一些新开的科目,由一些骨干教师参加,个别教师课前试讲,最后集体制定出这一课程的最佳教学方案;三是要建立对教师的考评制度。应由主抓教学的领导部门召集班主任和部分学员,对授课教师实行测评打分,我们要特别重视学员的打分,因学员打的分最能体现一个教师的授课水平。

四、理论联系实际,讲授生动内容

党校教师区别于其它普通高校的教师,应当表现在理论联系实际的能力上。教师讲课时,能够理论联系实际、语言生动、贴近实际,无疑就会引起学员的听课兴趣,使教与学真正相长。我们应当建立起教师的进修培训制度,那就是说,函授任课教师平时就应当重视对实际材料的积累,调查研究,多交流、多研讨,每学年都应写出一些有分量的生动的文章,做到理论联系实际,不断解答现实中的问题。

浅议提高教师队伍的综合素质

阳泉市委党校 巩树青

教师是实施教育的主体,党校函授教育在改革和发展的过程中,为达到基本的教育目的,就必须注重提高教师队伍的综合素质。那么怎样才能提高他们的综合素质呢?首先,注重教师的数量。保持所需教师的人员总量,这是保证教学的基础条件;保持所需专业课的教师数量,这是保证教学的必要条件。解决教师的数量问题,一要大力挖掘党校内部潜力,二要敞开大门、广招愿献身于党校函授教育事业的社会英才。无论是党校内部原有的教师,还是外部招纳进来的教师,都要通过适当的方式竞争上岗,以保证教学质量的提高。其次,注重教师的质量。教师的质量既受其自身条件的限制,也与他的主观努力密切相关,还要受他所处的周围环境的一定影响。可以说,教师的质量高低是能否提高教学水平的关键。提高党校函授教师的质量,包括思想政治素质、教学业务水平、理论联系实际的能力等方面。这既要靠函授教师自觉地不断地提高自身素质,又要靠他们所在党校的党组织以及有关部门的培训、帮助和严格管理。再次,注重把教学与科研有机地结合起来。教学工作是党校函授教育的中心工作,科研工作则是教学工作的基础性活动。有人曾把教学与科研比作鸟之两翼、车之两轮。这就要求广大函授教师在保证做好教学工作的同时,认真对待科研工作。要针对教学中的理论问题、新技术问题、函授教育本身的问题以及社会生活中的诸多新情况新矛盾进行令人信服的科学研究,从而使教学带动科研、科研进一步促进教学。最后,注重加强整个教师队伍建设。党校教师队伍建设关系到党校主体班次教育的质量,也直接关系到党校函授教育的水平和声誉。加强教师队伍的建设,集中表现在无论老中青教师都要有坚定的共产主义信念,都要有坚实的马克思主义理论基础,都要有坚强的无产阶级党性。这就是说,从事党校函授教育的老中青教师都必须立场坚定、严格自律、虚心学习、为人师表,能够胜任教学、富有探索使命,又能够深入实际、善于总结经验。提高党校教师队伍的综合素质,是为了发挥其整体教育效能。

建立提高师资素质的有效机制

重庆市渝北区委党校 张幼福

党校函授教育担负着培养跨世纪高素质干部队伍的历史任务。提高党校函授教育水平和质量,关键在于师资素质。要提高师资素质,必须建立如下有效机制。

一是实行教师择优选聘制。以党校自身的师资队伍为主体,采取校内择优选聘和在校学员民主推荐相结合,大胆启用年轻教师,给年轻教师以更多走上讲台的机会;建立外聘教师人才信息库,拓宽师资来源,积极外聘紧缺课程的师资和专家名家来校传经授道。同时广辟渠道,面向全社会公开招聘教员,引进人才“精英”,开办“精英”讲台。教师既能聘用,也能解聘。对确实不能胜任教师工作的人员,下决心解聘,不再安排课程。

二是实行教师竞争上岗制。函授课程实行能者上,庸者下。对教学质量、教学效果好的教师多安排课程;坚持专业与课程对口,同时鼓励一专多能,运用多种方法加强对教师的培训。对教学效果差、不受学员欢迎的教师要及时解聘。

三是实行新课试讲制。抽调教学经验丰富的领导和专家,组成教师面授质量考评小组。教师所授各门新课,一律实行备课试讲,可以提供多次试讲机会。考评小组人员听课打分,根据其试讲质量,对该门课程确实承担不起的,坚决不安排其上课。

四是实行教师备课制。教学质量的高低与教师备课情况息息相关。教师无论新课旧课，一律要写讲稿，并确定讲稿审核原则和质量标准。讲稿须由考评小组审定，由分管函授教学的领导签字通过，方能参加定期举办的面授教师备课会。面授教师根据与会人员提出的意见对讲稿进行修改，再由考评小组审核通过后才能作为课堂面授材料。

五是实行面授质量考评制。面授质量考评应“双管齐下”。首先，建立教师教学情况档案，面授质量考评小组定期不定期对教师课堂教学质量进行听课测评打分；其次，充分重视学员的意见和建议，可以采取问卷或其他形式，发动在校学员客观、公正地对教师面授质量、教学水平进行测评，由专人统计，把上述测评结果予以公布，并载入本人教学档案。

六是实行奖惩激励机制。设立“优秀教学奖”。教师的面授质量与担任课程数目、上岗机会、评先定优和职务晋升及福利待遇挂钩，实行量化管理和量化考核，重奖重罚，充分发挥激励监督机制的作用，提高教师面授质量和教学水平。

提高党校教员素质八条途径

歙县县委党校 杨晓黎 程巧玲

教员素质的高低，直接影响着党校函授教育的质量，影响着党校办学的生命力和在社会上的声誉。因此，提高教员素质是搞好党校函授教学的关键环节。如何才能提高教员素质呢？我们认为主要有八条途径：

一是坚持自学——实现自我提高。作为党校教员，有一定自己支配的时间，并能阅读到较多的报刊文章，为党校教员的自学提供了有利条件。自学有两种形式：个人自学和集体自学。有的教员比较勤奋，自学抓得较好，业务能力提高较明显；有的教员不重视自学或不得要领，各方面的提高都不快。这就有必要对那些自学抓得不紧的教员多加督促，对那些不善于自学的人多加引导；有必要在分散的个人自学的基础上，分科室或分学科进行有组织的集体自学，使教员们在深入探讨、相互督促中实现自我提高。

二是虚心进修——补充新知识。由于形势的迅速发展，教师知识的更新已是当务之急。根据需要有目的、有计划地选派教师进修十分必要。目前，党校系统虽然还没有自己专门的教师进修学院，但教员到上一级党校或其他高等院校进修的机会还是有的。这种进修针对性较强，是教员补充新知识、提高素质的一条重要途径。

三是观摩考察——取长补短。党校教学各具特色，如何施教并无一定之规。所以，党校教员除自学、进修外，还要加强与兄弟党校教员之间的横向联系，经常举办些同一学科的教师座谈会，互通信息、交流经验，共同研讨教学难题，开展教学观摩活动，以取他人之长，补己之短，提高教学效果。

四是挂职锻炼——接触社会实践。党校函授教学注重理论联系实际，因为教学对象是各级领导干部，而党校教员尤其是年轻教员，社会阅历相对较浅，如不及时参加社会实践，仅凭学生时代所掌握的有限的书本知识进行教学，就容易照本宣科，很难做到生动、有说服力。通过挂职锻炼，深入社会实践，可使教员丰富自己的社会阅历和实践经验；可在具体的社会实践活动中体会到教学对象的需求，从而使教学更具针对性。

五是重视科研——提高教学质量。教学与科研相辅相成，相得益彰。要提高教学质量，必须有针对性地进行科研活动。科研内容可以是学术问题或社会热点问题，也可以是党校函授教学规律的研究。在教学活动中，总有一些问题需要研究、探讨；科研成果恰恰说明教员在这个问题上取得了进展，教学也就得心应手了；即使科研成果暂时还没搞出来，由于教员在这个问题上已进行深层次的思考，因此对教学也是大有裨益的。

六是组织讨论——接受反馈信息。讨论是教学活动的重要环节，它既可以帮助学员掌握学习内容，反映学员的学习情况和思想活动；同时还可以了解到教学效果，并从学员那里学习到一些有益的知识。因此，教员及时地组织和参加学员讨论，是十分必要的。

七是建章立制——规范教学活动。教员素质的提高除其自身的努力外，还必须通过一整套的规章制度加强对教员及其教学活动的管理，其中包括教学考评制度、集体备课制度、教案检查制度、作业批改制度等等。教员应该自觉地遵守这些教学管理制度，并自觉规范自己的教学活动，努力提高自身素质和教学水平。

八是加强党性修养——实现又红又专。党校教员在宣传马克思列宁主义、毛泽东思想、邓小平理论，在宣传党的路线、方针、政策方面负有特殊的历史使命，所以加强政治理论学习和党性锻炼，真正做到又红又专，也是提高党校教员素质的必修课。

实施素质教育要求教师具有良好的素质

虎 城

高素质的学生，有赖于高素质教师的培育。没有高素质的教师，是不可能实现素质教育的目标的。中共中央、国务院颁布的《中国教育改革和发展纲要》明确指出："振兴民族的希望在教育，振兴教育的希望在教师。建设一支具有良好政治业务素质，结构合理，相对稳定的教师队伍，是教育改革和发展的根本大计。"中共中央、国务院《关于深化教育改革全面推进素质教育的决定》指出："建设高质量的教师队伍是全面推进素质教育的基本保证。"可以说，全面推进素质教育要求教师具有良好的素质。

中共中央、国务院《关于深化教育改革全面推进素质教育的决定》对教师应具有的素质提出了明确的要求："教师要热爱党，热爱社会主义祖国，忠诚于人民的教育事业，要树立正确的教育观、质量观和人才观，增强实施素质教育的自觉性，掌握必要的政治素质和业务素质，教书育人，为人师表，敬业爱生；要有宽广厚实的业务知识和终身学习的自觉性，掌握必要的现代教育技术手段；要遵循教育规律积极参与教学科研，在工作中勇于探索创新；要与学生平等相处，尊重学生人格，因材施教，保护学生的合法权益。"朱镕基总理指出："教师对学生的一生都有至关重要的影响。教师是人类灵魂的工程师，应当'学为人师，行为世范'。要着力提高教师的思想政治素质，不断丰富教师的科学文化知识，提高业务水平。"根据《决定》和朱总理指示的精神，实施素质教育要求教师具有的素质是多方面的：

一是教师应具有良好的思想政治素质和职业道德修养。"身正为范"，教师要当好人类灵魂的工程师，首先必须塑造好自己的灵魂。教师的思想政治素质，教师的政治态度、政治立场，直接关系到培养什么样的人，教师的职业道德状况直接影响教学质量。教师要热爱党、热爱祖国，具有坚定正确的政治方向，在政治上与党中央保持高度一致，赤胆忠心，献身教育，敬业乐业。教师有此思想政治素质和职业灵魂、职业理想，就会把自己有限的精力投入到无限的教书育人之中。教师要有爱生情怀，尊重学生人格，期待学生成才。这是教师的职业情感。有此，就会使学生感到可亲可敬，产生"亲其师，信其道"的效应。教师要言传身教，为人师表。这是教师的职业品格。教师只有具备高尚的人品，才能忠实地贯彻党的教育方针，按时代要求培养学员健康的心理素质。

二是教师要树立正确的教育观、质量观和人才观。只有这样，才能依据教育规律科学施教，培养出高质量的适应社会需要的人才。

三是教师要有宽广厚实的业务知识和合理的知识结构。"学高为师"，渊博的知识和合理的知识结构是教师搞好教学的前提和基础。教师具有深厚的专业知识，掌握必要的现代教育技术手段，在教学过程中才能做到精要透辟，深入浅出，游刃有余；教师具有扎实的教育理论知识，在教学中就能正确处理师与生、教与学、讲与练、知识和技能、教书与育人等各方面的关系，使之协调统一起来，有机结合起来，从而增强教学效果；教师具有广博的文化科学知识，在教学中才能满足学员渴求知识、追求真理、开阔视野的欲望，从而充分发挥教师的主导作用。

四是教师要有娴熟的教学艺术。这是教师提高学员素质的重要条件。娴熟的教学艺术要求教师具有过硬的备课能力、施教能力和考核学员的能力。教师通过教学实践把知识传授给学生，虽无定法，但亦有法。教学是一门艺术，教师要善于根据学生的不同年龄、不同知识层次和不同地域条件等因素，有针对性地进行深入浅出的教学。同时，教师也要注重培养自己的教学风格，以个性教学魅力感化学员，促其发展，从而达到提高其素质的目的。

五是教师应具有良好的职业心理素质。榜样的力量是无穷的。教师应具有敏锐的观察力、清晰的记忆力、深刻的思考力以及强烈的情感、稳定的情绪、广泛的兴趣、乐观的性格等。教师这种具有魅力的形象，无时无处不在无声地影响学员，成为学员仿效的对象。这样，无形之中就促进了学员素质的提高。

六是教师应具有锲而不舍、勤奋好学的品格、终身学习的自觉性和勇于探索创新的精神。因为它是知识之春永存的法宝。现在，正处于信息时代，知识经济已见端倪，知识日新月异，新事物、新观念层出不穷。只有“活到老，学到老”，不断探索、创新，才能跟上时代的步伐，才能时时更新自己的知识，不断丰富自己，及时调整自己的学业结构，使自己知识之春永存，充满生机和活力，成为学生永远挖掘不完的源泉。

我们的素质教育要面向现代化、面向世界、面向未来。这就要求我们的教师必须具备应有的高素质。教师具备了高素质，才能把传道、授业、解惑提高到更高境界，从而实现高素质的转化，把学生培养成具有高素质的人才。素质教育的关键在于教师，实施素质教育要求教师具有良好的素质。

激发教师不断增强政治素质的意识

甘肃分院 陈国生

这里说的“激发”，是教学相长的结果，是函授教育工作者的深刻体会。我们甘肃分院主要是通过狠抓教学过程中的党性锻炼、教书与育人、坚持理论联系实际的原则等环节来激发教师不断增强政治素质的意识的。

一、寓党性教育和党性锻炼于整个教学过程中，激发了教师增强政治素质的热情。(1)教育人者先受教育，强调教师的党性锻炼和党性修养。(2)分院发文安排党性锻炼和党性教育，提出了党性教育的内容：在政治上与党中央保持一致；在党校学习期间要按照《中国共产党党校工作暂行条例》提出的“三个阵地，一个熔炉”的任务要求教师和学员；在学习中，要努力完成学业；在学风上，要理论联系实际，用学过的理论分析和思考如何解决现实问题；在纪律上，严格遵守党校各项规章制度，严肃考纪，端正考风；在作风上，甘当一名党校学员，放下领导干部的架子……除此之外，还提出了党性考核的方法、步骤以及党性锻炼所要达到的标准。所有这些，在教师的脑海里留下了深刻的印象，得到了启示。(3)量化党性锻炼考核项目，坚持从严考核的一贯做法，使任课教师深受教育。教师在教课和批改作业及评阅党性锻炼总结中，受到感染，从中得益匪浅。

二、教书育人，在育人上教师亦在其中。在“教书育人”的过程中，教师重视自己教育自己，从而使“教书”感化、促进“育人”，“育人”又促进了“教书”。例如，在学习《邓小平理论简明教程》、《邓小平文选》课程中，首先遇到的问题是十一届三中全会以来，党在思想政治上的拨乱反正，在政治路线上的战略转移。特别是在对待以阶级斗争为纲变为以经济建设为中心的问题上，很多年龄大点的教师，在以阶级斗争为纲的时代，或多或少地对很多问题有想法，有的甚至是当时的受害者，他们的感受深刻，思想敏锐，立场一下子就坚定地站在十一届三中全会的路线上了。又如，学习邓小平理论关于社会主义本质及怎样建设社会主义的论述时，他们的思想一下子就亮堂了。有的教师说，社会主义就是要人民富裕，国家富强，这是马克思、恩格斯、列宁、毛泽东等无产阶级革命领袖的初衷！这是革命导师百卷巨著的实质，是他们不畏艰险、领导人民翻身的根本目的，亦是实现共产主义、实现人类解放事业的最终目的。这就是说，教师在教育学员的同时亦熏陶了自身，师生思想在一个共同的愿望和目标指引下，汇为一体，合成一流，相互促进，共同提高，这就是“教书”与“育人”相辅相成的结果。

三、坚持理论联系实际的教学原则，增强了教师自觉地提高政治素质的紧迫感。函授教育必须在贯彻理论联系实际的教学原则中提高教师。一是用理论说明现实热点问题，解决难点和疑点；二是给学员指出联系实际的方向；三是教给学员理论联系实际的方法。用马列主义、毛泽东思想和邓小平理论分析现实，提出解决问题的办法，是党校教师业务素质和政治思想素质的综合体现。在教师备课过程中，这个问题是最头痛的。因为理论与实际，其中间有一个很大的距离，一方面要融会贯通理论，另一方面还要熟悉实际，熟悉党的各项方针、政策、路线。然而，在这两个方面的结合部位，还有个结合点。我们这里说的结合点，简单地说，就是政治立场、政治观点，一句话，就是政治思想水平。现实教学中，教师的政治思想水平高，那么，理论与实际就结合得好；反之，政治思想水平不高，在教学中就难以坚持理论联系实际的原则。因此，提高政治思想水平，就成了对党校教师一项基本要求，从而也就推动他们自觉地在提高思想政治素质上狠下功夫。

办学经验集锦（一）——加强教学管理

坚持从严办学原则 确保培训质量

广东分院

近年来，广东分院认真贯彻中央和省委领导的一系列重要指示，在从严办学方面主要有如下做法和体会：

一是严格掌握入学条件，不让“捞文凭者”混入党校。为严格把好入学关，分院坚持了“四严”：(1) 严格审查招生布点，强调申办本科班必须经省、市党校论证，对某些管理跟不上、出现严重作弊的单位坚决停止招生。(2) 严格考生资格审核，实行逐级审验制度，严格检验推荐证明和学历原件。(3) 严格组织招生考试，完全实行教考分离，并严格监考。对夹带作弊者一律给予零分处理，通报全省，取消录取资格。(4) 严格执行招生计划，择优录取。分院在近三年的招生工作中，认真审验学历原件，从严监考，使千余名持假学历报考者和考试作弊者未能混进党校函授教育的大门。

二是下大力气抓学风和考风，不让“混文凭者”轻易过关。培养现代化建设需要的合格人才，最要紧的是教、学、管各方面齐心协力，认真落实中央党校函授学院和分院制定的各项规章制度，特别是要下大力气抓好学风和考风，引导学员实实在在地学一点东西。具体做法是加大了“四个力度”：(1) 加大了作业的检查力度。作业是促使学员自学的重要手段。多年来，分院不仅强调作业要自己独立完成，如期上交，而且加强了督促检查，加大了对虚假作业的处罚力度。(2) 加大了教学考评力度。为了提高面授质量，分院完善了教学若干规定，对1887名受聘教师全部建立档案，并逐个进行教学考评。分院结合教育评估验收，对一些市、县党校师资不足的给予“黄牌警告”，以至作出减少开设专业和招生人数的处理，效果很好。(3) 加大对考试作弊的处罚和平时督促检查力度。1997年9月，全省党校校长会议总结了第一批考风考纪责任制度的经验，省委党校常务副校长与各市委党校校长签订了第二轮责任书。各市委党校也普遍与县委党校签订了责任书。各级党校的一把手都认真履行职责，亲自抓考风考纪，并严格执行分院制定的处罚制度，对考试夹带一律按零分处理，代考一律取消入学资格和学籍，雷同试卷一律取消单科成绩。分院在全省聘请了242名质量监督员，建立一支专兼职相结合的函授监督员队伍，形成了全省党校函授教育监督的网络，对函授教育实行全过程和全方位的监督。同时，省委党校领导和分院领导经常下基层督促检查，不打招呼地到课堂检查学员的到课率和老师授课情况；不打招呼地到市县党校巡考，发现问题严肃处理。(4) 加大了齐抓共管的力度。今年5月，省委党校9名校委成员除留2人在家主持日常工作外，由常务副校长邱金用等7名校委分别带队，组织省委党校各教研部、各学区领导、教授、管理人员和视导员共50人，对全省10个学区和10个辅导站进行为期7天的检查，重点是查规范办学和考风考纪情况。分院大力宣传和推广了东莞市委党校总结的“加强思想教育，使学员不想作弊；齐抓共管，让学员难以作弊；从严处罚，使学员不敢作弊；抓好教学，使学员不用作弊”的经验。

三是严格把住毕业关口，不让“假文凭”流入社会。一个学校要保证人才培养的质量，必须严格把好毕业关。基于这种认识，分院坚持了三点：(1) 坚持学习过程中的淘汰制，对那些想拿文凭而又不刻苦学习，缺考、补考较多的学员，视情况分别实行清退、留级或退学处理。(2) 严格组织毕业论文答辩和审查工作，对论文答辩通不过或审查为不及格者，坚决不予毕业。(3) 针对近年来一度出现的代考代笔较突出的现象，分院对毕业班主要考试科目进行有重点的抽查，对各科成绩反复核对。近两年通过毕业前核对试卷，共查出请人代考学员

163人，在学员及基层办学单位中引起强烈震动。

管住·管严·管好·管活

——陕西分院抓教学管理的几点做法

陕西分院 范 勇

教学是党校函授教育的中心，要全面提高教学水平，必须狠抓管理。如何发挥分院的职能作用，把管理工作搞上去，陕西分院的做法概括起来叫作“四管”，即：管住、管严、管好、管活。

一、“管住”——就是把保证教学质量的主要环节管住

①管住选聘教师工作。各学区选聘教师，必须经分院审查批准，由分院颁发聘书后，方可上台讲课。分院、学区还经常组织观摩教学、听讲和学员座谈等评教活动，对教学效果差、学员反映不好的教师及时解聘。目前，分院常年聘请的教师有600余名，其中副教授以上占37%。

②管住备课工作。分院每学期召开一次备课会，以会代训，每次5—7天，实行“三为主”（新开课程为主，本科教学为主，骨干教师为主）的方法，坚持备课、培训、研讨一体化。经过分院培训的教师，负责主持本学区的备课工作。

③管住教学计划的落实。分院对各学区的教学实施计划严格进行审查，并要求把教学的各环节，包括党性锻炼、自学讨论、电教、毕业论文等落到实处，保证完成总院教学计划规定的内容和课时，上足课、上好课。

二、“管严”——就是严格把好入学关、考试关和毕业关

①把好“入口关”，为学员入学后教学工作打好基础。一是严把报名审查关。从1996年起，分院对本科班考生资格直接审查原件，实行“谁审查、谁签字、谁负责”的责任制，每年审查掉的考生在8%左右。二是加强领导，周密安排，严把招生考试关。几年来，分院每次处理的违纪考生都在二三百名。三是对各地考试情况实行考评，对平均分数畸高的地方少分录取指标，平均分数低于一般水平但考纪好的地方则奖励录取名额。

②把住期末考试关，严格考纪，树立良好的考风。一是教育为主，预防在先。二是认真选聘监考人员。三是对作弊学员和管理不严的单位严肃处理，决不姑息迁就。

③把住“出口关”，向社会输送合格人才。主要抓好毕业鉴定、党性锻炼小结、毕业论文的撰写和答辩三个方面的工作，要坚持实事求是，反对“送人情”，对在校表现特别不好、成绩不合格、毕业论文未通过的学员不予毕业或缓毕业。

三、“管好”——就是按照教学规律办事，勇于创新，使分院工作达到新水平

办学9年来，陕西分院结合自己的实际，在总院《管理制度汇编》的基础上，又制定了《学区工作细则》、《辅导站工作细则》等30个规章制度。为了把好教学关，1998年初，分院成立了教学指导小组，由具有高级职称、教学经验丰富、教学效果良好的省委党校教师组成，至今已聘任两届，共10多人，成为分院在教学管理方面的助手和参谋。陕西分院从1992年起还创办了《函授通讯》，每年10期，内容有经验交流、工作研究、学习辅导、问题解答、作业评析、资料介绍等，受到学员和工作人员的欢迎，成为指导教学工作、推动教学管理的重要工具。

四、“管活”——就是充分发挥学区的主动性、创造性，实现自我管理

学区处在教学管理的第一线，分院对他们既“管”又“放”，做到管而不死，放而不乱，各司其职，齐抓共管。各学区在教学和管理实践中，不断探索、总结，制定出适合本学区的各项规章制度和各具特色的管理措施。如安康学区探讨“有指导的自学”原则的落实，在学员中开展自学情况检查取得成效。他们还建立“岗位目标责任制”和“党员目标责任制”，推动管理工作上台阶。渭南学区狠抓班主任工作，聘任具有相应学历和一定教学经验的同志担任辅导员，协助授课教师搞好教学工作。商洛学区定期举办党性锻炼与理论学习演讲会，以促进学员的理论学习和党性修养。咸阳学区采取聘请校外辅导员（由县上主管领导和有关部门负责同志担任）的办法，加强班级管理。分院对这些管理的好做法都予以肯定，并积极推广。

严格教学管理　提高教学质量

江西分院抚州学区　万泽民

在函授办学过程中，要提高党校函授教育的声誉和生命力，提高面授对函授学员的吸引力和影响力，关键在于严格教学管理，提高教学质量。抚州学区在函授教学的四个重要环节方面下功夫，取得了一定的成效。

一、提高函授面授的教学质量

面授质量的高低，是影响学员的到课率最直接、最关键的因素之一，是教师素质、职业道德和责任心的具体体现，也是加强教学管理的着力点。抚州学区为提高函授教学质量，各项教学管理活动都是紧密围绕这个轴心进行的。

1．重视教师的素质培养，提高他们的知识水平和业务能力。教师的素质是决定面授教学质量的基础，学校在这方面舍得投入，舍得花精力。学校每年暑期安排教师到外地学习进修，并要求参加进修学习的教师回校后向全体教师汇报学习情况和心得体会，及时传递一些新知识，介绍新的理论动态。每期主体班次外请领导和专家授课，都要求全体教师跟班听课，以拓展知识面，增加对国情、省情、区情和有关实际情况的了解。

2．坚持择优选聘教师。选聘的标准是：具有较高的政治素质，敬业、爱岗，有严谨的教风、丰富的教学经验和扎实的理论功底，知识面较宽且责任心较强的教师。并且规定，讲师以上职称者上本科班课程，每人不超过两门。方法是在每学期结束时，按专业由教研室主任分配并向学区推荐，再由分管校长批准。对新教员或一门新课程，均要求在教研室集体备课后经试讲合格才能正式上讲台。

3．严抓教师的备课质量。每一位教师上课前，其教案要经教研室主任审阅后才能通过。同时，我们每学期都要举办一次教师公开展评活动。各位教师互相观摩教案，组织评审和讨论，取长补短，相互学习。对优秀教案，在全校教学会议上予以表扬并在全体教师中传阅学习。

4．重点抓好面授课堂教学质量。学区要求每一个教员都必须清醒地认识到，作为一名教师，要对得起党、对得起人民，对得起学员；作为党校教师，比其他学校的教师更要注重职业道德，为人师表，要求面授上足课时，即使在学员到课率不太高的情况下，也要精神饱满地讲好每一堂课。同时建立和完善激励机制，要求教师认真履行岗位职责，鼓励教师多上课、上好课，切实提高课堂吸引力。

5．建立了一套行之有效的评教评学活动。抚州学区每年都开展评选“优质课”、“精品课”活动。规定每一位教师特别是青年教师必须申报，由学校组织全体评委和教师听课、评课，所评出的“优质课”、“精品课”由学校颁发奖状、奖金。通过这种评教评学活动，教师之间相互交流经验，共同提高。同时，每学期安排一些经验丰富、表达能力较强的教师作示范教学，大家共同研究课堂教学技巧，不断提高教学质量。

6．抓科研、促教学。“以科研促教学”、“教学科研一体化”是抚州学区的特色。学校规定，讲师以上职称者每年至少要在省级以上刊物公开发表科研论文一篇，并实行奖惩制度。凡未完成任务的教研人员年终扣60元。同时规定在省级刊物上公开发表的文章奖励稿酬的200%，在国家级刊物上发表的文章奖励稿酬的300%。

二、严格抓好学员的作业布置和考核工作

作业是学员消化所学知识、巩固学习成果、锻炼分析问题解决问题能力的主要教学环节。我们因地制宜地制定了一套有效的管理措施。首先，为保证面授到课率，作业全部采取课堂作业形式，要求在课堂上完成，未听面授课的学员不得补交。其次，要求教师认真批改，学区有专人进行检查、登记。再次，对学员的作业情况进行考核。每缺交一次作业在总成绩中倒扣5分。这样，既保证了学员的作业率，又保证了学员的面授率，以前那种低面授率的状况得到了一定程度的改善。

三、端正考风、严肃考纪

考试是检验学员学习效果的重要形式，是激发学员学习自觉性的重要措施，考风考纪如果得不到根本好转，学员学习的积极性和主动性不高，必然会影响函授教学质量的提高。要充分发挥考试的这种作用，关键在于端正考风、严肃考纪。抚州学区在这方面下了很多功夫。首先是领导重视。每次考试均由校领导担任主考，成立考务领导小组。校领导率先垂范，以身作则，不徇私情。其次是认真贯彻执行总院、分院的考试制度，坚持按一类考区标准组织考试。严格按标准挑选监考老师，并报校委批准。同时组织监考人员（不论是本校的还是外校的）学习有关考场规则。再次是对作弊违纪者严肃处理，决不姑息迁就。每次考试均设立了曝光台，对违纪者公开曝光。由于监考人员严格执行考试规则，每次期末考试不及格的人数占有一定比例。外校监考人员对我学区的监考工作反映良好。

四、精心指导毕业论文，严格进行毕业论文答辩

毕业论文是函授学员交上的最后一份答卷，也是对他们几年函授学习效果的综合检查。为此，学区对此极为重视，认真组织，精心安排。规定要有讲师以上职称的教学人员才有资格指导论文，并在思想内容上、写作技巧上严格把关。凡论文未按规定时间上交的都一律降等。在答辩过程中抓得更紧，要求：（1）全体学员必须到场参加答辩，并参加旁听；（2）全体答辩教师严把质量关，控制优秀比例，决不走过场；（3）学员除特殊情况经批准外，不得请假，缺席者都必须补答辩。

强化自学指导
提高函授教育质量

新泰市委党校副校长　宁洪军

要提高函授教育质量，就应强化学员的自学指导。近几年我们一直把搞好对学员有指导的自学作为重点。我们的具体做法是：

一、根据函授教育的特点，强化自学指导工作

函授学员大多数是在职干部，有些还是某部门的领导和骨干，工作、学习、家庭三者之间矛盾比较突出，加上面授次数少，任课教师不可能面面俱到地讲，只能抓住重点，解决难点，大部分教学内容要靠学员在课下学习，这就决定了在函授教育中必须强化对学员自学的指导。（1）充分调动学员自学的积极性、主动性和创造性。让学员明确自己既是接受知识的客体，更是学习的主体，要把立足点放在自学上，坚持自学为主。所以，我们要求学员在听课前进行认真自学、研读，了解所学课程的重点、难点、疑点，在面授时就可以根据教师的授课思路，逐步掌握住重点、解决难点。课后通过复习、整理笔记对所学的知识加深理解，从而达到记忆的目的。（2）解决好学员的自学时间。我们要求学员要发扬挤时间的钉子精神，充分利用一些空余的时间，多看教材、笔记和辅导材料。（3）及时发现这方面的典型，进行经验介绍。近几年我们组织了6次这种形式的报告会和交流会。

二、制定切实可行的措施，搞好自学指导工作

（1）任课教师在授课时要留出一定时间回答学员的提问。这就要求学员必须在课下对所讲授的内容进行自学，才能跟上任课教师的思路。（2）由班主任和任课教师检查学员的自学笔记。每次上课前学员必须把在自学中遇到的问题写在自学笔记中，交给班主任，再由班主任转交给任课教师，这样任课教师在授课中，就可有针对性地回答问题。（3）辅以有指导的自学。通过让学员看辅导材料，做课堂作业和阶段作业，对教材的基本原理、基本知识，再进行一次反刍，这样可以进一步加深对问题的理解。通过近几年的期末考试，学员普遍反映，只有自学搞好了，对所学的内容才能掌握，并能举一反三，考试也就容易了。

三、讲究自学方法，培养良好学风

1.讲究自学方法。作为函授学员，每学期都应该制定出一个较详细的自学计划。要采取先粗读后精读的形式，有准备地去听课，再通过做作业、整理笔记达到消化，最后形成记忆，形成“一通读、二听课、三整理、四记忆”的学习方法。

2.善于记忆。记忆的前提是必须理解，重在一个“懂”字。只有懂了，真正理解了，才能够记得住、记得牢。所以在自学过程中，我们要求学员不仅要懂得基本原理的含义，而且还要懂得怎样和实际结合，这样从理论到实践上，才能真正弄懂。从而在弄懂的基础上加深记忆。

3.善于整理。注重让学员养成每堂课记笔记的习惯，课后从基本概念、基本结构、基本内容等方面及时地进行整理，再把读书笔记、听课笔记整理成为一个笔记，这对进一步理解、把握基本理论起到事半功倍的作用。

4.养成良好的学风。学风的培养既是函授教育培养适应新时期领导干部的重要内容，也是搞好学习的重要保证。好的学风能出良好的学习成绩，所以，我们从新生入学开始，就利用开学典礼、班会和其他形式，教育学员重视自学，使学员养成良好的学风。

抓重点　带一般　上水平

河北分院华北油田学区　马九如

党校函授教育是造就高素质干部队伍的一种特

殊的办学形式，是对干部进行素质教育不可缺少的重要组成部分。办好函授教育，从招生到学员毕业各个阶段、各个环节有大量艰苦细致的工作要做。然而，对每一项具体工作既不能抓其一点、不顾其余，又不能事无巨细、眉毛胡子一把抓。要坚持抓住重点，带动一般，最终达到整体工作水平的提高。

一、控制办学规模

办学规模取决于办学条件、管理能力和管理水平。如果不顾条件是否具备，就盲目扩大招生、片面追求规模，必然造成超负荷运转、工作不到位、管理失控的后果。另外，由于规模得不到有效控制，即使在管理方面再下功夫，收效也会微乎其微，并难以巩固。可见，控制办学规模可以说是办好党校函授教育的起点和关键。近几年来，华油学区采取计划招生、从严录取、限定规模的做法，取得了良好效果。具体做法是：按照现有干部知识结构确定开办哪些专业；按照华北油田干部总数的百分比确定招生人数；按照工作岗位需求推荐报考人员。遵照这几条原则，华北油田学区每年开办二三个专业，实际招生 120 人左右，重点培养工作中的骨干。这样，由于办学规模小、招收学员少、学员基本素质又比较高，所以管理工作就得心应手，各项措施就能到位，而且有效。

二、抓好教师授课

衡量一个学校办得如何，教师的授课水平是一个至关重要的方面。还可以这样说，教师的授课水平是党校系统函授教育的窗口。因此，在教学管理工作中，必须把教师授课作为重中之重抓紧抓好。从教师钻研教材、编写教案、试讲、授课到质量评估，都要有标准、有要求、有检查、有评比，逐步建立起“不用扬鞭自奋蹄”的激励机制，鞭策教师在教学实践中创名牌、出精品。本学期开学以来，华油学区在原有基础上进一步加大了抓教师授课质量的力度，成立了有 11 人参加的听课评课小组，对本学期每位教师的授课依次听、评了一遍，并进行了全面质量分析。实践证明：集体听课评课活动的开展不仅有效地调动了教师“讲好课”的积极性，还促进了学员出勤率的大幅度提高，有效地激发了学员的学习兴趣。同时，学区还针对教师授课中存在的问题，采取了相应的整改措施，从而为今后教学工作再上新水平打下了基础。

三、引导学员自学

函授教育的一个显著特点，就是以学员自学为主，集中面授为辅。因此，要使学员全面把握教材内容，消化好知识、运用好知识，必须采取切实可行的措施督促、指导、检查和评价学员的自学。忽视了自学管理，其他管理工作再投入、表面文章做得再多，也将是徒劳的。不难看出，抓好学员的自学，既是函授教育的重点，又是难点。为解决好这个问题，华油学区采取了三项措施：(1) 编印各学科“学员自学指导计划”，学期初将其发给学员；面授时由任课教师通过课上提问、课下抽查等方法检查学员自学情况。(2) 限定教材中某些章节，让学员登台讲课，学区的教管人员、班主任和任课教师列席听讲，最后由任课教师对学员的讲课情况作出评判。(3) 召开自学经验交流会，在学员中创造一种互相学习、取长补短、共同提高的氛围。这样一来，就会使学员由被动自学变为主动自学，使自学管理由失控变为有章可循。

四、强化班级建设

班级建设是学区整体建设的基础。只有抓好班级建设,学区整体建设才能搞好。华油学区在班级建设方面有四点做法:(1)配备得力的班主任。班主任不仅要政治素质高,还要懂教学、善管理、讲奉献、有点子;对全班学员既能拢得住,又能放得开;在学员中既有一定威严,又善于调动各种积极因素。(2)班干部实行竞聘上岗。学员入学后,先由班主任指定负责人,待条件成熟,即召开竞聘会,应聘者当众演讲,然后公开宣布班委会组成人员。(3)提倡自我管理。由于华油学区学员是通过择优报考、择优录取入学的,因此学员起点高、素质比较好、能力比较强,具备自我管理的基本条件。所以,常规性的工作和活动,都由班委会和党支部负责布置、检查和落实。(4)开辟“第二课堂”,即利用课余时间组织学员开展文艺、体育、书法、参观和社会调查等活动。通过开展丰富多彩的活动,一方面增进了学员之间的了解和友谊,陶冶了情操;另一方面加强了班集体的凝聚力和函授教育对学员的吸引力。

在教学管理中如何严格要求

银川铁路分局党校　李恒培

党校函授教学质量是党校函授事业长青不衰的保证。确保函授教学质量除了遵循教学规律外，就是要在教学中坚决贯彻一个“严”字。那么在教学工作中如何严格要求呢？本人4年来在从事党校函授教学的过程中，有些粗浅体会。

一、在教学工作中严格要求就是要求教师不断提高自身的素质

我们常讲“学高为师，身正为范”。要成为一名合格的党校教师就必须具有较高的素质。这就要求我们平时自我施压，经常发现、弥补自己的不足，不断提高自己的素质。我们不仅要有扎实的理论功底，而且要具有过硬的政治素质和娴熟的业务能力。尤其在社会发展变化较快、知识更新较快的今天，无论个人的生存与发展，还是学员对知识的渴望，都要求党校教师必须不断提高自己的素质，决不能懈怠自满。记得我刚从事函授教学工作时曾讲授《现代西方经济学》。由于自己所学专业与经济管理专业不相适应，所以教学很吃力，课下也很惧怕学员提问。自己在学员面前有种“负罪感”。我将那段时期称为“艰难岁月”。我深切地体会到：“平时努力点、钻研点，上课才能轻松点”。后来我利用大量时间拓展自己的知识面，不断改进教学方法，探求面授艺术。如今，我才体会到作为党校函授教师的那份自豪。

二、在教学工作中严格要求就是要求我们要严肃认真地对待函授教学的五个基本环节

函授教学的五个基本环节是指备课、面授答疑辅导、布置作业、小组讨论、讲评作业。这五个环节是相互联系、相互影响的。认真按照这五个环节的要求去做，是对教师和学员的共同要求。从教师角度讲，要按照这五个基本环节的要求做好工作，首先要有正确的认识。我们不能抱着“党校管学员三年，学员管党校一辈子”的态度去组织教学。如果以这样的态度，那么教师肯定不可能严肃认真地对待教学的基本环节。实际上教师对学员“让”的结果是先“让掉”了师格，后又“让掉”了人格。学员怎么能尊重你呢？其次必须克服“懒”病。即教学时不能图省事，或者简单地对待五个环节。教师严肃认真了，对学生的要求自然就严了。

三、在教学工作中严格要求就是要求教师宽严相济处理好自己与学员的关系

在教学工作中严格要求绝不能简单地理解为教师可以动不动就训斥学员，武断地对待学员存在的问题。人非草木，孰能无情?! 在教学工作中，教师必须要从关心、理解、尊重的角度去处理好师生关系。这也是由党校函授教育对象的特殊性决定的。学员是党员干部，具有良好的组织纪律观念，具有一定的理性。教师要与之沟通，就必须做到“以理服人，以情感人”。实际上，许多功夫要做在教学之外。如经常了解学员的工作、生活情况；与学员谈心等。总之，要求教师在客观全面地掌握学员情况的基础上，帮助学员处理好工学、家学矛盾，并使之找到一个适合自己学习的方法。

要处理好教师与学员间的关系，还要具有灵活性。在函授学习中，学员确实犯了错误怎么办？如不按时上课，不写作业等。那么，教师为了保证正常的教学，对这样的学员就必须处理。怎样处理呢？我们常见的就是核扣平时成绩，即所谓抓学生的“命根”。我认为，仅这样处理还是不够的，还应给他们提出一些具体的学习目标。实际上，这是一种鼓励办法，权且叫它“将功折罪法”。它既化解了矛盾，又能督促学员学习。

办学经验集锦（二）——改进面授教学

慎重迎“初战” 精雕第一讲

——函授班辅导课教学心得点滴

江苏省丹阳市委党校 眭培林

革命战争年代，毛泽东同志曾十分精辟地阐述过“初战”的重要性：“第一个战斗的胜败给予极大的影响于全局，乃至一直影响到最后一个战斗。”鉴于此，他郑重告诫人们，必须“慎重初战”，“不可率而应战”，初战“必须打胜”。回顾这十多年来在函授班从事辅导课教学的实践，笔者感到，承担一门辅导课的教学任务，也如同受命组织一次战役。为获得战役全胜，必须经历一系列殚精竭虑的思考和舍身忘死的拼搏。而其中，精心谋划、充分准备、慎之又慎地打好第一仗，即认真而成功地讲好第一课，又是至关重要的关键之役。

第一堂辅导课之所以格外重要，是因为这一课的质量关乎学员的信任和兴趣。一般地说，函授班的学员都已具备一定的自学能力，他们之所以愿意耗时费力地赶到学校听课，是因为他们指望通过老师的辅导，更便捷地理解概念，弄懂原理，把握知识体系。而如果第一堂课就使学员感到枯燥乏味、不得要领，那么，往后是很难提起学员来校“面聆教诲”的兴致的。他们会对这位老师的辅导课降低甚至丧失信任度。

第一堂辅导课之所以格外重要，还因为这一课的成败关乎教师自身的信心。“初战告捷”会使人精神振奋、信心倍增；而初战失利，则会让人沮丧失意，甚至很长时间不知所措，找不到感觉。有的教师，特别是有的初到函授班任课的教师，正是由于忽视初战的重要，仓促上阵，“率而应战”，以致在课堂上尴尬局促，下课后怨声雀起，一度很难重建自信。因此，对辅导教师而言，对第一堂课的准备及其讲解，必须认真扎实，精雕细刻，倍下功夫。

那么，围绕着“初战”的“备战”和“开战”，应着重注意哪些问题呢？笔者的体会是：

第一，先谋全局而后谋一域。无论时间如何紧迫，都要在讲第一课之前通览全书，做到总体有数。

第一讲涉及的内容虽然只是全书的若干分之一，但是，如果没有对全书整个知识体系的通盘了解，这个“若干分之一”是讲不好的。正如古人所说，“不谋全局不足谋一域，不谋万世不足谋一时。”如果对教材的总体框架、主要内容都不甚了解，只是就“若干分之一”讲“若干分之一”，那么，对这个“若干分之一”就难以把握准确，也很难使整个学期的辅导课首尾一贯、繁简得当、浑然一体。因此，辅导老师应当把通览全书作为“初战”备课的第一要务。也就是说，辅导老师要把功夫首先下在第一课之“外”。总体上有数了，讲局部也就更有把握了。

第二，无论教材有没有写“导言”，作为第一讲，都要花功夫讲一讲“头绪之论”。

函授是有指导的自学。辅导课的主要任务是帮助学员理清脉络，排解疑难，把握体系，加深理解。为达此目的，辅导教师要做有心人。要设法通过辅导，让学员自学起来更方便，更有效。笔者的体会是，无论教材有没有写“导言”，辅导教师在辅导课第一讲里适当花些时间讲一讲“头绪之论”，有助于学员收到事半功倍之效。在通常情况下，我所准备的“绪论”大体包括以下内容：该门学科的特色及开设该门课程的必要性；该门课程的体系结构和篇章间的逻辑关系；学习该门课需搞清的一些最基本的问题；本人对辅导该门课程拟采用的方法和进度安排等。多年的实践表明，第一课开讲之始讲讲这些东西，有助于学员明确目的，把握轮廓，从而更能动地、更有兴味地随同老师循序渐进地学下去。

第三，作为“第一”讲，要力争给学员多留下一些良好的“第一印象”。

辅导教师给学员讲第一课，实际上也是在学员面前第一次“亮相”。“第一印象”在人们的记忆中是经久难忘的。我们不推崇“师道尊严”，但作为老师，其形象直接关系教育效果，理当看重。因此，笔者主张在准备第一讲的过程中，应力求做“全方位”的努力，即不但要在知识体系上下功夫，使讲课有容量，有深度，有启迪，而且在语言、板书等方面都要精心设计，毫不马虎。可以肯定，如果辅导老师的第一次面授就能给学员留下学识丰厚、语言洗练、板书规范的深刻印象，那么学员将更会感到来校接受面授辅导不虚此行，往后将会更自觉、更勤奋地投身到由你主讲的该门课程的学习中来。

注重理论联系实际 提高教学效果

信阳市委党校　秦　伟

《社会主义市场经济概论》是本科班经管专业的一门主干课程。党的十五大后，该门课程的教材增添了与社会主义市场经济理论有关的新内容，实践性进一步增强。教师在授课过程中应紧密联系当今社会现实，把这些理论讲深、讲透。这样，将会收到令人满意的教学效果。

我在讲授这门课程中注重理论联系实际。如在讲授第八章第三节“财政的职能”时，针对当前我国经济发展过程中出现的有效需求不足和通货紧缩迹象，分析了我国政府实行的积极财政政策的合理性。自1996年底我国经济实现“软着陆”之后，我国经济增长速度出现缓慢回落，城乡居民收入增长随着经济增长速度的逐步回落也明显放慢，城乡居民收入差距进一步拉大。相当一部分企业经济效益较差，下岗人员增加，城镇居民对未来收入预期也不高。再加上今后政府将逐步推行养老、医疗、住房、失业等在内的社会保障制度的改革，这些改革在一定程度上将增加居民的负担。因此，居民宁可储蓄，不愿消费。而1997亚洲金融危机又进一步加剧了国内有效需求不足的矛盾。为了扭转这种局面，去年以来，我国政府实施了积极财政政策：增发1000亿元国债用于基础设施建设，提高部分产品的出口退税率以支持外贸出口，清理涉及企业的政府性基金和收费项目以减轻企业负担。据国家统计局的测算，1998年由于实施积极的财政政策，对当年我国国内生产总值的贡献率为1.5个百分点，财政也因为经济增长、企业生产增加而增加了税收收入。国家实施这一政策后，也提高了驾驭宏观经济的能力和水平，使我国的经济发展在国际风云变幻中立于不败之地。

由于课本上的理论解决了学员们在现实生活中遇到的问题，极大地激发了他们的学习兴趣，调动了他们的学习积极性。课后，学员们仍兴致勃勃地在一起讨论其它的社会热点问题。这样的教学活动效果显著。这充分说明了教师在授课过程中如果注重理论联系实际，往往能收到事半功倍的效果。

面授课要密切联系 社会生活实际

江苏分院启东辅导站　查建辉

衡量党校函授学员学习成绩的标准是看学员应用马克思主义理论解决中国实际问题的能力。江泽民总书记指出：“提高党校教学质量，就是理论联系实际。”因此党校函授面授课一定要理论联系实际。如果面授课仅仅是从书本概念、原理、公式中划划重点、难点，这堂课就会变得淡而无味。理论联系实际一定要找准切合点，最忌罗列现象和事例，忘记你想要说明什么，告诉学员什么道理。

怎样理论联系实际呢？首先，要联系变化多端的国际实际。当前国际形势正发生深刻变化，当代资本主义国家尤其是发达资本主义国家出现了许多新问题、新情况，世界格局多极化和经济全球化趋势加快发展，这些都应适当引进课堂教学。例如讲《货币银行学》导论时，可先讲述一下从1997年7月泰国铢贬值后，一场波及整个亚洲的金融危机开始，接着影响到俄罗斯、东欧国家和拉美国家。所以金融在一国国民经济中举足轻重。接下来再讲课本内容，学员听课积极性就被调动起来了。其次，要联系中国改革开放的实际。我们的各项改革正在推进之中，我们面临着严峻的国际经济和金融形势，国内经济生活中存在不少亟待解决的问题。现实生活中材料十分丰富，为了说明某一个问题，可举一二个实例加以证明。比如在讲“货币政策与其他宏观经济政策的配合”时，可介绍我国从1993年下半年起，实行适度从紧的财政和货币政策，使我国免受东南亚金融危机冲击的情况。通过这样的举例，学员掌握书本理论知识就比较容易。再次，联系本地区社会发展的实际。学员都来自本地，了解本地实际情况，但对本地区社会经济发展状况从理论上认识不够。他们在实际工作、生活中碰到各种矛盾，希望教师从理论高度点拨一下。教师应该结合授课内容，有选择地联系本地区情况。

面授课应注意的几个问题

乌鲁木齐市委党校 谢应钦 杨翠芬

党校函授学员以自学为主，但其必修课都安排有一定量的面授课，以引导学员自学，帮助学员解决在自学中遇到的一些疑难问题。根据面授课的实践，我们认为，上好面授课应该注意以下几个问题。

一、要有鲜明的针对性

教师务必针对学员在自学中遇到的疑难问题来讲课，只有“对症下药”，才能“药到病除”。

要做到讲课有鲜明的针对性，教师必须作一番调查研究，弄清学员在自学中的难题，掌握他们的自学情况，然后有针对地备课。所谓“功夫在课外”，就是这个道理。但是，不能把因强调“针对性”而把面授课变成了“问题回答”。针对性是讲课中应注意的问题，而不是为针对而针对，也不能因“针对性”而冲淡和忽视了课程内容的连贯性、逻辑性和条理性。

二、要注意观察学员听课的动态

教师讲课是否解了学员的“惑”，以及讲课成功与否，学员会自觉或不自觉地以各种方式在听课中流露出来。因此，教师一定要边讲边“察颜观色”。

如果学员全神贯注地听讲，生怕听漏了一句，说明你所讲的正是他们所需要听的、需要解决的问题。如果大多数学员没有继续听讲的兴趣，看课外书、摆弄东西，或交头接耳，或东张西望，或昏昏欲睡等等，说明你所讲的内容要么他们早已解决，缺乏针对性；要么讲课方式方法不对。这就要认真纠正了：或调整讲课的内容，或改变讲课的方式等等。如果课堂上出现部分学员紧锁眉头，面有难色，说明你讲的东西他们没有听懂或没听清楚，或你的语速太快不便记录等等，教师应当即判断情况，分别纠正：不懂者使其懂，不清者使其清，语速快者则放慢，等等。

还有一种情况需要特别注意：当内容进行到一定程度时，发现有人精神不振，听疲劳了，就应设法解除这种疲劳。有时一二句幽默的话，几句与内容相关的诗词，都会立即解除疲劳。

总之，教师讲课时应避免我讲我的、你听你的作法，在课堂上善于“察颜观色”，也是面授课成功的一个重要方面。

三、关于教态、语言、速度、板书诸问题

教态、语言、速度、板书诸问题，是任何课堂教学都要注意的问题，对函授课堂讲课的要求应更高一些。

教态要朴素、庄重、大方、自然。在课堂上，教师是学员注目的中心，教师的教态会直接影响到讲课的效果。

首先，教师衣着要朴素、大方、整洁，切忌过分打扮。在讲台上，教师如果衣冠不整、蓬头垢面，会给学员一种“脏、乱、差”的感觉；同样，如果过分打扮，花里花俏，会给学员一种“不实”的感觉。尤其初登讲台的教师，如果过分打扮，给学员的感觉往往是浅薄，这对传授知识是很不利的。

其次，动作、举止要庄重。在讲台上，教师不能呆滞，动作、表情、手势等，要随情感自然而然地生出，这样才会加强语言的表达力和面授的效果。

语言要准确、深刻、明白易懂。讲课语言不同于书面语言，也不同于一般的口头语言。书面语言因为是可以修改的，所以优点是准确；口头语言的优点是明白易懂，讲课语言应是这两者优点的结晶。它的基本特点是准确、深刻、明白易懂。这样，既便于学员记笔记，又便于听和理解。

此外，讲课虽有讲稿，但切忌照念讲稿或背诵讲稿，否则就是念课、背课而不是讲课。如果念稿或背稿，即使讲稿写得再生动，内容再丰富，念、背出来也总是干巴巴的，因为它缺乏有声语言的感染力。讲课时，声音要洪亮，吐词要清晰，不能有“口头禅”，要坚决去除“嗯”、“这个”、“那个”之类的“话把子”，不能结结巴巴。

讲课速度要因不同的对象、班级而定。在党校函授学员中，有年纪较轻的，也有年纪较大的。给年纪较轻的学员占多数的班级上课，由于年轻人反应迅速，讲课速度可适当快些，慢腾腾，不利于这些人接受，容易产生疲乏。但要避免高频率，一气呵成，这样也会使人烦躁不安。如果四五十岁的学员居多，年纪较大的人反应速度下降，讲课速度就要适当地慢一些，但切不可太慢，适当即可。

讲课速度还取决于内容和情感的交流情景。当言辞激烈的时候，自然就要快些；当内容重要，讲到重点、难点部分时，则要循循善诱，自然就要慢些。

讲课速度还取决于场景。场面大，合堂大课，就要慢些，声音也要大些、洪亮些；课堂小的班级，就可快些，声音也要小些。

总之，那种仅仅根据讲课任务多少而决定速度快慢的作法是不可取的。

板书要规范、合理、清楚、美观。讲课离不开板书，它是完成课堂教学的重要手段。板书的意义是让学员用眼、耳同时接受信息，以便更好地掌握内容。板书的功用在于：(1) 清条目：教师上课的章节和标题通过板书写出来，显示出了内容的条理性；(2) 释疑难：讲课中，一些不常见的字、词、句、人名、地名等通过板书写出来，便于学员理解、记录。

板书的要求：第一，字要规范化。不能写不规范的简化字。字要写得端正，不要随意乱草，歪七扭八。第二，布局要合理。不能东写一个题目西写一个题目，更不能把题目同一些字、词、句、人名、地名等混杂。第三，字要美观。所谓美观，是指字尽可能写得漂亮一些。有的教师不注意这一点，认为这是次要问题，其实不然。一手好的板书字，往往给学员一种好的印象，它会增强学员对你的信任感；如果乱画，学员会觉得你讲课马虎、不负责任，听的时候就不那么专注了。

法学教学要做到“三个结合”

威海市委党校　朱际民

随着党校函授教育法律专业教学的发展，法学课程的教学质量水准应提到了一个新的高度，也对承担这方面课程的教师提出了如下两个方面的要求：一是在教学内容上，要求授课教师必须熟练掌握并吃透所授课程的知识，而且要求在教学中能够做到画龙点睛；二是在教学形式和方法上要不断探索并进行针对性的改进和调整，以适应函授法学教学的特点和规律。笔者认为要适应这些新要求，教师在法学教学中应做到三个方面的结合。

一、知识的系统性与重点内容的结合。法学中的每一门课程都是自成系统，有自己的理论体系。教师在教学过程中往往陷入既要顾及到这一课程的体系完整性，又要在限定的课时内完成教学计划内容这样一对矛盾体中。这就要求教师在授课中不能面面俱到，什么都讲，而是要采取“两手抓”的办法。“两手抓”即一手要牢牢把握该课程的系统化主线，另一手要抓住受主线牵动力最大并最能充分体现与主线连接的关节性重点问题，做到讲开、讲透。比如《民法学》、《经济法学》、《行政法学》等课程中有关主体种类、客体内容、不同法律关系中的权利与义务的设定以及法律责任的内容与形式等都是这些课程主线上的关节性重点问题。如果把这些问题讲透、铺开，可以做到对许多章节不同问题的引申和连接。

二、原理讲授与案例引用的结合。法学课程一般是实践性、针对性较强且原理表述要求精确的实用性学科。要做到调动和引导学员对概念的掌握以及使得这些概念在其认识的运动中对原理演进形成相互联系和整体的思考、把握，仅靠思维的推理或演绎方式讲授是不够的。在法学课程教学中，案例的引用起到了由概念运动与原理演进相互渗透、相互联系的中间环节作用。案例引用教学，是指选择典型、突出的被现行法律、法规调整过的个案或经过综合加工过的案例，就案件的法律事实的形成，法律、法规的适用，处理的依据、方法和技术以及审理程序和结果等方面，引用于教学环节，以实现理论知识和实践运用参照系统相互对应和提高的功能。理论讲授与案例教学的结合，关键问题是处理好它们间的对应关系。要做到“对症引例”、“引例适当”和“引例落点”三方面的有机结合。“对症引例”即指在涉及几重关系的交叉点，问题的关节点和难点之处引例。“引例适当”是指对案情要尽量简化，叙述时，突出诱发事实的主要原因，理顺法律关系，引导学员在处理案例依据、处理程序和处理意见上进行思考，以追逐案例引用与理论讲授相统一的效果。“引例落点”即指引用案例不能只放不收或放而不收，要尽量做到引小例落大点，即形成说服力强的论证，以加深学员的理解。

三、理论与运用的结合。法学课程一个突出的特点是讲究运用性。因为各部门法的理论阐述的一个重要目的在于论证和解读这一法律部门如何调整于特定社会关系，使之具体运用上升到系统化和理论化；另一方面，党校函授法律专业的学员大部分来自司法部门和行政执法行业，他们学习各法学课程的切入点也旨在注重理论对于运用的论证和说明，使实践上升到理论高度。从这方面的实际状况来看，如果割裂了法学教学的运用性特征，法学就丧失了它的生命力。故此，这就要求党校法学课程授课教师应该具有一定的司法运用知识，并把这部分知识有机地穿插于教学内容之中。

面授课必须做到“三要”

海安县委党校　缪德清

党校函授的面授辅导课是党校函授教育的一个重要环节，面授课质量的好坏，直接关系到函授教育质量的高低和函授教育在社会上的声誉。党校函授教育的面授辅导课具有时间短、所讲内容多的特点，这是长期以来存在的矛盾。要解决好这一矛盾，必须做到“三要”：

一要以“本”为本

以“本”为本，就是紧紧围绕教材进行讲授。教材是学员最主要的学习资料，教材上的知识是最基本的知识，考试也主要是考教材上的内容。在有限的课堂教学时间内，主要应把书本知识讲精、讲透。强调以“本”为本，绝不是念书。如果只是从书本到书本，照本宣科，不加入一些新内容，讲得枯燥无味，毫无新意，也是不行的。

二要突出重点

任何一门学科的内容都有主次之分，重点问题是学员和教师都很关心的问题。所谓突出重点，就是主要讲授教材的主要内容和基本观点。函授学习的时间有限，面授时间更有限，不突出重点是不能讲好课的。突出重点，必须抓住三个环节：

1. 从教材体系的高度上把握重点。一本教材，无论在体系上还是在原理上都有其内在的逻辑联系可循，这种内在逻辑联系有着自身的起点，有着自身的一根主线。掌握了这个逻辑起点和逻辑主线，就能比较好地把握某个原理以至整个内容。比如哲学，从本体论到认识论，从辩证唯物论到历史唯物论，这是一个层层推进的严密体系，突出重点就必须从这个体系的高度上去把握。

2. 从基础知识的讲授中体现重点。突出重点不是“跳跃式”讲授。授课应该循序渐进，从最基本的东西讲起，要一步一个脚印地前进。譬如在讲授《马克思主义哲学原理》时，一些基本概念必须首先讲清楚，讲唯物主义不讲清“物质”概念，讲辩证法不讲清“矛盾”概念，讲认识论不讲清“实践”概念，讲历史唯物主义不讲清“社会存在”概念，要正确地掌握马克思主义哲学，那是根本不可能的。基本概念搞清楚了，就要进一步讲清基本概念之间的关系，如讲到“物质”的概念，就要联系到“意识”的概念，把二者联系起来，弄清二者之间的关系，这就掌握了唯物主义的基本原理。基本原理搞清楚了，还要讲清基本原理之间的联系，如辩证法有三大规律，在分别讲清后，还要交待三大规律之间的关系，讲清矛盾规律的核心地位。这样，对辩证法就有一个完整和系统的理解了，重点问题也就体现出来了。

3. 从作业题的选择中强化重点。为了加深学员对重点问题的理解，要注意选择重点问题作为学员的作业题。对作业要认真批阅，通过作业检验学员对重点问题的掌握程度，发现问题，及时纠正。

强调突出重点，决不是说其他方面不重要。在讲重点、释难点的同时，必须兼顾到教学内容的全面性和系统性，只有点、面结合起来，才既有利于学员掌握重点、难点，又有利于学员系统地掌握一门学科的知识。

三要博中求精

教师对所讲内容、观点、概念，要力求角度新，问题深，例证实，思路清，信息量大。但是，授课时间是限定的，要博中求精，力求做到三个“精”字：

1. 教案要精。教案是教师上课的讲本。教育学理论告诉我们，课堂教学以教案为基础。撰写教案是教师备课的关键环节。教师在撰写教案时，既要研究教材内容、参考材料，考虑自己如何讲，又要了解学员，考虑学员如何学、如何记，把教与学统一起来。教案的基本要求必须做到概念明确，层次清楚、逻辑连贯、重点突出。

2. 语言要精。面授主要靠教师的语言来传递信息，学员也主要靠教师的语言来接受信息。教师在授课中，要尽量做到语言准确、规范、简练、清晰、生动、形象，力求言简意赅，要通过幽默、风趣有味、耐人寻思的语言，把知识传授给学员。

3. 板书要精。如果把辅导课比作“画龙”，板书就是“点睛”。面授要精，板书更要精。板书的内容不仅是面授的重点，而且在板书的安排上要反映出知识体系与联系。板书要工整、形象，便于记忆，要给学员留下鲜明而深刻的印象。授课前对板书要进行必要的板面设计。面授时，一字不写是不好的，如果到了课堂上，想到什么就写什么，想怎样写就怎样写，满黑板乱画，如蛇游鼠窜也是不行的。

强化学员面授管理

青海分院

青海分院直属学区，在院领导景晖的具体指导下，最近，集中半个月的时间，对全学区 38 个班级、5000 余名学员的面授到课情况进行了全面检查。从这次检查看，直属学区学员面授到课情况是比较好的，绝大部分班级面授课到课率保持在 85% 以上，其中有 1/3 的班级达到了 90% 以上。为了进一步巩固和提高面授课到课率，直属学区就加强面授到课管理，提出五项措施：

1. 进一步完善“三考核”制度。班组、班主任和专职考勤员各负其责，相互监督，严格考勤，保证面授到课率。

2. 规范考勤管理。严格兑现缺勤减分，凡累计迟到超过两次，按一次缺勤对待，扣减考勤分。同时，坚决执行凡面授缺课超过 1/3 者，一律不得参加期末考试的规定。

3. 坚持班主任跟班听课。由函授部值班人员和专职考勤员负责检查登记，无故不跟班听课的扣发班主任费。

4. 加强纪律教育。对迟到现象较多的学员，集中进行遵守纪律、正确处理工学矛盾和提高学习自觉性的教育，并通过走访、电话和信函等形式，加强与学员单位的联系，争取单位领导的支持。

5. 建立激励机制。继续坚持按月通报，年终总评的办法。同时，定期召开班主任会议，通报面授到课情况，对工作认真负责、工作成绩突出的班主任及时予以表彰。

函授面授课知识传授的关节点

南通学区　丰坤武

面授课的质量，集中体现在学科知识的传授上。如何在有限的课时内，把一门学科的知识系统地、高质量地传授给学员，我以为要掌握好三个关节点，即知识质量的把握、知识含量的扩充和知识价值的开掘。

一、知识质量的把握

面授课的知识质量，是指所传授的知识相对某学科来讲是其精华。任何学科的知识精华，都集中体现在基本概念和基本理论上，抓住了它，就抓住了学科的灵魂和血脉。函授教育的面授时间较少，每堂面授课的知识跨度大，教师的责任和技巧就在于准确地选择学科知识的重点。对教材有所弃取，有所侧重，紧紧扣住基本概念和基本理论做文章。保证有足够的时间把学科的精华部分讲深讲透。

面授课知识质量的把握不仅体现在对学科知识的准确选择上，更重要的是体现在对所选择的知识点作深入透彻的讲解。怎样才叫做讲清了一个基本概念，怎样才算是讲透了一条基本理论？

我认为，讲清一个概念，关键在于对其内涵的要义作出精确的阐释和辨析，尤其需要在与相邻概念的比较中揭示出它所概括的事物的本质属性的特殊之处：即在概念“定义”的“种差”部分上下功夫。例如“领导”这个概念，只有在比较其与“管理”、“统治”这两个概念的差异中，才能讲清。又如“组织机构”、“组织结构”、“领导体制”这三个概念，讲的都是组织形式，但“组织机构”是指组织的存在形式，“组织结构”是指组织的组合关系形式，“领导体制”则是指组织的权限关系形式。只有这样深入辨析，学员才不至于混淆。如果在讲“领导体制”这个概念时，再与“政治体制”、“经济体制”加以比较分析，学员对上述三个概念的把握就能分外明晰。而这些比较分析，教材中是没有现成答案的，需要教师在备课时用心揣摸。讲授基本概念的大忌是仅对定义作语义上的疏通，而不能从理论上作出阐发和比较。

至于基本理论的讲述，我认为要把握住三个环节：第一，该理论的基本内容构成；第二，该理论得以成立的根据；第三，对与该理论相悖的理论观点的剖析。即讲清“是什么”、“为什么”以及“不是什么”，从这三个方面讲授每一条基本理论，就能使理论阐述深入透彻、入木三分。一般教材都缺少后两个环节的现成内容，而这里正是教师发挥主体性作用的着力点，也是学员对面授课的期望所在。

二、知识含量的扩充

知识含量指的是单位课时内教师传授的知识的总量。扩大知识含量，是要求面授时增加教材中未曾深入介绍或尚未介绍的知识，其目的是提高时效，使授课内容更加丰富、充实，更具文化品味，使学员对相关学科知识的掌握真正符合学历要求的水平。

面授课知识含量的扩充，对于函授教育来讲，不是额外要求，而是题中应有之义。高等教育文凭所反映的学生掌握知识的程度，决不仅仅限于几本教材，还包括教师指定的参考书、专业杂志以及众多学术报告。这些都是函授教育难以企及的。弥补这些薄弱环节的有效办法，主要依靠面授课知识含量的扩充，尽管所扩充的内容未必是考试涉及的，但对学员知识水平的实际提高是完全必要的，学员对此也十分欢迎。

知识含量的扩充，可以从多方面着手：(1) 学科新知识的介绍。教材内容一般赶不上学科研究的发展，应结合教材的重要章节适当介绍最新研究动向和最新观点。(2) 多学科渗透。如领导科学这门学科，涉及到管理学、人才学、思维科学，心理学、组织学、政治学、教育学等诸多学科知识，在讲授有关章节时穿插介绍相关学科知识，不仅利于扩大学员知识面，而且利于对有关领导科学基本原理的深入理解。(3) 史论互补。讲授理论课，宜结合重要观点介绍学科史上的代表性观点，梳理该观点的来龙去脉；讲授学科史课程，宜结合当今的理论观点加以比较分析，以便科学界定学科史中一些重要人物及其理论的历史地位，准确评价其现实价值。史论互补，可以起到沟通古今的作用，使学员对史或论的把握更加扎实。四是贯通中外，把国内外的学科知识结合起来讲授。例如讲“有效激励的指导思想”，就宜补充介绍美国心理学家关于“激励”的主要理论（“需要层次论”、“双因素论”、“公平论”、“期望理论”等）；讲授“领导决策”时，可介绍国外的“决策树法”、“最小最大损益值法”、“目标排序法”以及“决断理论”、“效用理论”、“可靠性理论”等等；讲授“开会的方法和艺术”，可介绍日本企业的“会议成本计算公式”。总之，扩充知识含量的途径是多方面的，关键要靠教师的知识准备和“放得开，收得拢”的授课技巧。

三、知识价值的开掘

知识的价值在于应用。知识价值的开掘，是指面授时要坚持理论联系实际的原则，注重揭示相关理论知识在现实生活中的应用价值，帮助学员提高知识应用的能力。

开掘知识价值，必须纠正认识上的一种偏差，即把列举实际事例，视同授课中的“理论联系实际”。我认为，举例说明，是为了更具体地讲清基本概念和基本理论，是理论讲授的一种方法，其出发点是理论而不是实际。而“从实际出发”，恰恰是“理论联系实际”的基本特征，即要求从现实社会生活中，提出实际存在的问题，从理论上加以剖析，揭示出问题的实质及其发生的原因，并力求提出解决问题的办法或思路。因此，知识价值的开掘，其首要任务就是准确地提出实际问题。例如讲授“领导班子结构的科学化”，可以提出“同甘共苦”型、“同床异梦”型、“同室操戈”型这三种类型领导班子来分析；讲授“德才兼备，任人唯贤”的用人之道，可以提出“任人唯亲”、“任人唯顺”、“任人唯上”等社会现象来分析。这就要求教师对社会现实有深刻的了解，并善于归纳社会问题，尤其在讲解一些重要概念和重大理论时要做到不放过对实际问题的分析。

知识价值的成功开掘，不仅要求教师深刻地了解社会现实，还要求教师对基本概论和基本理论有透彻而深入的理解，否则在知识传授时很难挖掘到它的价值所在。例如对“领导”这一概念，只有分析出其内涵的“领导是领导者与被领导者的双向活动”、“领导是以权力性影响力和非权力性影响力相结合为基础的社会活动”、“领导是高于管理的行为过程”等精义，才有可能联系到现实社会中与此相左的种种现象，如漠视被领导者在领导活动中的地位，迷信权力、事务主义领导等。如果对这些精义不能切实把握，尽管上述社会现象早已司空见惯，也不可能在讲授“领导”这个概念时，把它们揭示出来予以分析，这样就在不经意中把“领导”这个概念的应用价值给埋没了。

提高党校函授课堂教学效率

南通学区　黄翠芳

课堂教学效率，是指单位时间内所取得的教学效果。高效率的课堂教学具备知识容量大、知识精练度高和练习针对性强等三方面条件。只有做到这三者的有机地结合，才能提高课堂教学效率，学员才能在有限的时间内最大限度地获取知识，培养和提高能力。

一、更新教学观念

1. 转变“惟本”观念，确立开放观念。教师不应成为教材或教案的“搬运工”，应把社会生活渗透到课堂教学中去，使课堂和社会息息相通，以扩大学员的视野，取得教学实效。

2. 转变“惟教”观念，确立教与学相统一的观念。破除教师主宰一切的单向活动现象，使教与学和谐地统一起来，以“教”导“学”，以“学”促“教”，做到教学内容让学员参与分析，重点与难点让学员参与讨论和剖析，知识与规律让学员参与梳理和总结。使课堂教学充满生机和活力。

3. 转变“惟过关”观念，确立素质教育观念。目前，党校函授衡量教与学效果的客观依据主要是考试的成绩，教学中，多数情况是教师为学员考试“过关”而教，学员为考试“过关”而学，“过关”往往成了教与学的首要目的，学员的能力培养被忽视。所以，应改变“应试性教育”模式，把提高学员的能力素质放在首位，做到理论、知识、党性、能力相统一。

二、改进教学方法

1. 教师要树立平等民主的教风。在课堂教学中，教师要把热情、鼓励和帮助带进课堂，把真诚、平等和民主带给学员，启发学员全方位、多角度地思考问题。欢迎课堂质疑，允许学员随时提出问题，发表不同看法。

2. 多采取比较讨论法。有利于激发学员的学习兴趣，针对函授学员的特点，比较多地采用比较和讨论法。如在讲《中国经济管理思想史》中，我国古代“重农抑商”政策演变时，将先秦到明清各个时期这一政策进行纵向联系，前后对照起来，使学员有一个系统的了解；在讲到先秦时期诸子人性思想时，同《外国经济管理思想史》中涉及的西方行为科学理论中的X、Y理论进行比较，拓宽学员的视野。

3. 辅以学法指导。在教学实践中，教师必须依据学科特点，有计划、有步骤地指导学员自学，既教知识，又教方法，把教法的应用与学法的指导有机地结合起来，如对依赖性较强的学员，必须讲清楚具体的学习目标以及达到这些目标最直接的方法；对学习兴趣较浓的学员，要运用导向性、支持性的方法，鼓励他们保持学习的持久性；对学习自觉性较强的学员，应及时准确地向他们提供方法、技巧和经验，促进他们提高学习效率。

三、优化课堂结构

优化课堂结构主要是指明确目标、突出重点、讲究节奏、强化训练，使整个课堂教学在教师的主导下形成张弛有度、疏密有度、急缓有度、动静有度。

1. 明确教学目标。教师在每节课中都应该高屋建瓴，胸怀总目标，把握阶段目标，紧扣单元目标，落实课堂目标，做到有的放矢，高效低耗。

2. 确定课堂教学重点。教学大纲规定的重点，同课堂教学的重点有时是一致的，有时不一定一致，这就要求教师根据实际情况，确定课堂教学的重点。某些教学内容教材上已归纳得很全面、分析得很透彻的，以及学员易学易懂的内容，可不作为课堂教学重点。但是学员以往接触不多，不易理解和掌握，教材又限于篇幅无法展开的问题，仍应作为课堂教学重点，以拓宽学员的知识面。如《社会主义国有资产管理概论》中有关产权理论；《外国经济管理思想史》中的有关组织理论等。此外，一些与教学内容有关的、学员关心的社会热点和现实问题，应作为课堂教学的重点，以提高课堂教学的吸引力。

3. 把握好课堂教学节奏。任何一堂课的内容，都会有难易及重点与非重点之分。在教学中，教师要全面把握教材内容的特点，视知识主次、难易，作恰如其分的揭示点拨，切忌平均使用力量。重点和难点需“重锤敲打”，非重点和非难点可用“和风吹拂”。

4. 强化课堂训练，一要掌握适度。过多，俗而易怠；过少，达不到训练目的。二要体现多角度。应从各个不同角度设计练习，这不仅能活跃学员的思维，培养学员全面思考的能力，而且也能增强学员考试时的应变能力。三要有一定的深度，练习要有一定深度，使学员品之有味，收到举一反三之效。

函授教学风格的塑造

南通学区 章新华

函授教学风格，是函授教师在长期函授教学实践中，逐步形成的、富有成效的、一贯的教学思想和教学艺术。函授教学风格具有一定的独特性，它是一个函授教师教学思想、教学艺术走向成熟的标志。尽管不同风格的教师，在函授教学中多有不同的特点，但是，一种成熟的函授教学风格应具备：科学的政治思想、严密的逻辑思维和多样化的体启引导。函授教师只有不倦地追求教学艺术，加强自身素养，才能形成独特的函授教学风格。

首先，必须促进自我意识的开放。在传统函授教育思想影响下，党校函授教师把自己封闭在所任课程中，形成了以“自我”为中心的个人“小圈子”。促进自我意识的开放，应从封闭的“小圈子”里走出来，走向学员，走向社会。经常了解函授学员的思想动向、学习兴趣和知识结构等，以便因材施教；投身于社会生活中去，不断从实践中汲取营养，丰富面授教学内容，使面授教学活动与社会生产实践密切地结合起来。

其次，必须完善自己的知识结构。函授教师只有不断更新和完善自己的知识结构，才能使函授教学活动焕发出勃勃生机，并对函授学员产生向心力和凝聚力。函授教师合理的知识结构作为塑造教学风格的前提条件，一是对自己所任课程具有较高造诣，而且熟知本学科的最新研究成果和理论发展的新动态；二是具备广博的文化科学知识和素养。函授教师的知识越丰富，越能把课讲得生动活泼，其知识结构越广博，越能举一反三地传授知识。合理的知识结构是函授教师长期以来对知识不断追求的结果。因此，教学风格的塑造，要求函授教师必须牢固树立刻苦学习、虚心求教的科学思想，下定长期艰苦钻研、奋发进取的决心。

再次，必须提高自身的业务能力。函授教师的能力结构虽然呈现多元化，但是，与函授教学活动关系最为密切的，主要是教学内容的处理能力和语言表达能力，它们是塑造函授教学风格的必要手段。函授教师对教学内容的处理，是一项极具艺术性的创造过程，它以实现学员“掌握基本理论，充实专业知识，增强党性素养，提高实际能力”的培训质量要求作为出发点，在内容的难易程度、数量多少、重点难点、详略得当等方面都有适度的创造性处理。函授教师处理能力的提高，在《教学大纲》指导的基础上，一是应认真了解教材的基本结构和内在的逻辑关系，深入分析教材的重点和难点；二是应广泛阅读和积累有关资料，掌握学科的最新研究动态，对于各种学派的不同观点，同一概念的不同解释更要特别注意。函授教师的语言表达能力直接影响函授教学效果，它是函授教师教学才能的重要组成部分。函授教师语言是教师在引导学员学习的特殊形式下所使用的专业语言，它较之日常语言更具有严格的逻辑性、准确性和规范性。在函授教学中，教师应该自觉地有意识地注重语言能力的培养和训练，力求使语言表达做到准确流畅、结构严谨、条理分明、快慢适度、语气生动和富于感情。

面授教学中学员学习情绪的引发、维持及调节

南通学区 季 聪

任何教学活动都离不开情绪，情绪在教学活动中产生，又反过来影响教学活动。党校教师必须善于引发、维持及调节学员的学习情绪。

首先，重视情绪在党校教学中的地位和作用是有其心理学基础的。心理学研究表明，情感对人的行为活动，具有增力或减力的效能。著名教育学家赞可夫认为，“扎实地掌握知识，与其说是靠多次的反复，倒不如说是靠理解，靠内部的诱因，靠学生的情绪”。美国心理学家利珀明确指出，“情绪本身是动机”。这说明人的情绪对于行为的动力功能是不可忽视的。正如马克思所言，“情绪、激情是人指向着自己的对象努力追求的性能”。

其次，重视情绪在党校教学中的地位和作用是党校教学对象的特殊性决定的。党校的教学对象是特殊的成人——党员干部。他们一般都具有较强的学习自觉性。但由于他们平时工作在物质和精神生产第一线，加上工学矛盾，家学矛盾的困扰，往往带着疲惫感走进课堂，参加面授时常常显得注意力不够集中。如果教者在教学时态度冷淡、语言枯

燥、方法呆板，课堂气氛必然死气沉沉，导致教学效果低下。为此，面授教师必须善于发挥学员的情感动力功能，创造良好的课堂教学气氛，使学员注意力集中，精神振奋，学得有兴趣、满意、积极、主动，取得最佳的教学效果。

一、教学情绪的引发

1．保持积极的教学态度。面授教师在教学中精神焕发，情绪饱满，学员听课会为之一振，并以高度的注意力，热烈而紧张的情绪听课。为此，教师必须保持精力充沛搞好教学工作。

2．营造良好的课堂气氛。适宜的课堂气氛，会使学员情绪饱满，学习活动呈现最佳状态。面授教师应以微笑的面容、温和的语言、饱满的热情来感化学员，使学员在愉快轻松的气氛中掌握重点，把握难点。如果教师情绪失控，动辄发火，或把课堂外造成的不良情绪迁怒、发泄在课堂教学中，就可能产生不正常的学习气氛。

3．创设满意的教学环境。教者可通过语言的描述，问题的设置，来创造一种满意的教学情景。

二、教学情绪的维持

1．努力挖掘教材中的情趣因素。党校教员在教学中要善于挖掘教材中潜在的情趣因素，进行再创造，使学员学有兴趣、学有所获。

2．巧妙安排教学内容的密度、重点和难点。面授教师应根据教学计划的要求，十分注意合理组合教学内容的密度，巧妙安排教学的重点、难点，使每次课堂内容适量、适宜。

3．恰当运用新颖灵活的教学方法。教者应采取新颖灵活的教学方法，把课上得生动形象、波澜起伏、妙趣横生、扣人心弦。使学员听得津津有味，在不知疲倦的情景中掌握知识。

4．讲究精湛的语言艺术。教学中教员向学员传递信息的媒体是语言。教师要十分讲究语言艺术。做到语言悦耳，吐词咬字清楚，语速适中，节奏明快，张弛结合，融为一体。

三、教学情绪的调节

1．通过调节，维持适中而愉快的情绪。心理学研究表明，中等强度的情绪有利于智力操作活动，这就要求教师适当控制调节学员的兴奋程度，以维持适中的愉快情绪。

2．通过调节，正确实现情感转移。情绪的弥散性特点告诉我们，当学员的情绪处于某种状态时，其心理会长时间受其影响，甚至陶醉于其中，随着内容的不同，需要有不同的态度体验，产生不同的情绪感受。这就要求教员能及时主动地运用自身的情感和表情，调节转移学员的情感。

办学经验集锦（三）——加强分院建设

各级领导重视　促进分院建设

河北分院

分院建设，包括思想建设、组织建设、制度建设、队伍建设、设施建设等诸多方面；包括分院自身建设、学区建设和辅导站建设不同层次。不管哪个方面、哪个层次的建设，我省各级领导包括省委、市委、县委、各级党校校委都十分重视，特别是对党校办函授教育思想明确、认识到位。

一是对函授教育的地位、作用、目标及分院建设的指导思想明确，认识起点高。河北省委始终把党校函授教育作为建设高素质干部队伍的一条重要途径，作为建设经济强省的一项重大举措，作为党校教育的重要组成部分。省委领导强调“考察函授教学质量，首先要考察各级党校领导班子的办学指导思想是否端正，是否全面正确地贯彻了中央、省委的指示精神”。强调“一定要从讲政治的高度认识开办函授教育的目的、意义，牢牢把握党校函授教育方向”。指出，省委为了落实江总书记关于严重的问题在于教育干部这一指示，采取了许多措施，党校函授教育就是其中重要的一条。强调我们既要坚定信心、理直气壮地看待党校的学历教育，也要坚持高标准、严要求，特别要摆正社会效益和经济效益的关系。1999年5月，省委书记兼省委党校校长叶连松及其他省委领导在专门听取党校工作汇报后强调“学历教育要认真坚持‘办学严谨、从严管理、控制规模、确保质量、维护声誉’的办学指导思想”。为保证教学质量，他提出函授班除利用星期六、星期天面授外，还可以利用一天工作时间安排面授。他说，占一天工作时间，对工作不会有什么影响，就是有一点影响，提高了水平也是值得的。由于省委及党委主要领导对函授教育有这样一个明确的指导思想，并通过会议、文件等形式传达到全省各级党委，全省上下形成共识，为党校函授教育的顺利开展创造了十分有利的局面。

二是把函授教育工作、分院建设列入党委议事日程。省、市、县委领导分别出席各级党校召开的函授工作会议、开学典礼等并作重要讲话，对函授教育工作提出要求和希望。省委每年都把党校函授招生计划纳入全省干部教育培训总体规划，并把函授招生任务、教学质量等作为考核省委党校领导班子年度工作业绩的重要内容；省委干部教育领导小组对全省党校函授教育、分院建设的重大问题及时研究讨论，并做出决定或提出指导性意见。进行函授评估时，省委副书记赵世居同志仅从1997年下半年至1998年上半年就作过四次批示，要求一定要按照中央党校函院的工作部署和要求搞好函授评估工作，推动函授教育工作规范化，评估不合格的不能办班。省委党校校委也十分重视函授教育和分院建设，仅1996年至1998年间，校委研究函授工作达29次之多。研究和部署全省函授重要工作时，不但请市委党校主管校长参加，也请常务副校长参加。因此，我省的党校函授不仅是党校办，而且是党委有关部门协同办，不仅是党校从事函授工作的同志办，也是全校各部门共同办，形成了强大的办学合力。

三是着力解决函授教育过程中出现的认识偏差和矛盾。在函授办学中，出现这样那样的认识偏差和矛盾是难免的。诸如部分同志和单位存在重招生、轻管理，重数量、轻质量的问题；如何正确处理主体班与函授教学的矛盾，招生规模与办学能力的矛盾等。对解决这些问题，党委、校委都给予高度重视。省委领导指出，一定要摆正社会效益和经济效益的关系，党校办函授是为了培养人才，而不是为了盈利，经物价部门批准收取一定的学费，主要是以学养学，决不能把办函授单纯当成创收手段，搞商品化，更不能放松管理、降低要求去换取经济收入。如果对这个问题思想认识不明确，就会败坏党校名声、败坏党风。为此，我省招生计划由省委审批，并实行统一招生、统一录取、统一教学计划、统一教材、统一验发毕业证书。每年的录取比例、录取分数线都是由省招生委员会提出意见，报请省委领导审批。录取时，省、市委组织部有关负责同志参加，严把招生关、审核关。为解决主体班与函授教学的矛盾，省市党校校委对任课教师采取统一调配、统一安排讲课和培训进修，使主体班与函授教学两不误、双促进。

以教学中心为导向
加强分院建设

安徽分院

安徽分院在总结多年办学经验的基础上，根据中央关于党校工作要以教学为中心的重要方针，学习贯彻胡锦涛同志关于党校函授教育的重要指示精神，多次在全省党校函授工作大会上明确地提出，办学应以教学为中心，函授办学尤其不能偏离教学中心。分院从以下五个方面全方位地加强自身建设。

一、组织建设面向教学

1996年，经省委党校校委研究决定，经省编制办的批准，省委党校函授部列入教学序列，这就从体制上规定了分院、函授部的工作性质、内容及职能，避免了把函授管理部门视同于行政部门甚至看作三产创收部门的倾向。分院的领导和工作人员结合日常管理，担任一定数量的授课任务，以了解教学过程中的实际情况，及时改进管理方法。同时，分院采取集体攻关和个人竞标相结合的方式，积极开展科研活动。安徽分院从组织建设上保证教学中心的口号是："精兵强将办函授"、"专家内行管函授"。

二、制度建设规范教学

从规章制度上明确函授教学的中心地位，保证教学过程的顺利开展，确保各个教学环节上的工作质量，是分院建设的基础性、长期性的任务。

多年来，安徽分院注重函授办学的科学化、制度化建设，突出教学工作的规范化管理，先后拟定了近百条函授教育的规定、章程、实施细则、实施意见等，其中关于教学、教务、学籍、考务、教研方面的内容，占全部规章制度的一半以上。

更重要的在于监督执行。我们主要采取了三条办法：一是经常性的思想教育。分院运用多种形式，要求各级办学单位都要增强办学规范化、制度化意识，强调在制度面前人人平等。二是及时性的督促检查。三是严格性的执纪处理。对按章办事、较好地保证教学质量的，予以表彰、奖励。对自行其是、给工作带来损失的甚至违章违纪并造成不良影响的，予以批评、教育或建议有关方面采取必要的组织处理措施。

三、基础设施保障教学

安徽分院在基础设施建设中，积极改善分院整体工作条件，注重为教学工作提供第一流的服务和保障设施。

近三年来，我分院办公条件逐年改善，今年更是大大地迈上了一个新台阶。分院现办公设施齐全，功能齐备，充分保证了办学需要。为适应形势的发展和教学工作需要，在办公设施方面突出了三项建设：一是分院实现了微机网络化，不仅分院上网，而且分院与各学区实现了联网。二是高标准地进行了档案建设。分院现有分院档案室和教务、学籍、教材、微机电教等档案室。三是按照日常教学管理的需要，添置了函授教育发展示意图等，更新了试卷保密室和保密柜，增设了教务卡片集装柜、教材密集柜、微机工作间和微机培训操作间。

四、管理目标落实到教学

安徽分院在提高管理水平、加大管理力度的过程中，把管理目标定在教学质量上，并作为分院办学主体建设的经常性、长期性的任务，常抓不懈。

分院在抓管理中，着重地抓好教、学、管三方人员的管理，把对教员、学员、管理人员的管理要求，具体定位在教学的全过程和结果上。对教员，要求具有敬业精神，遵守职业道德，有真才实学，特别是在所担负的备课、讲授、批阅作业、阅卷等一系列环节上，应认真负责，讲出水平，做出成效。分院通过各种管理形式，监督和测评教师授课的水平和效果，就是要在教学的实际过程中保证函授教学目标的实现。对学员，安徽分院发文规定，学员党性教育的要求，特别要体现在学员在党校期间的学风学纪、考风考纪上。对管理人员，分院的管理原则，第一条就是要求"正人先正己"。分院既大力宣扬做出突出成绩的先进管理工作者，也数次严肃处理过工作失职的管理人员。

五、科研宣传服务于教学

分院基础建设要坚持物质设施建设与理论政策研究、舆论宣传并重。多年来，安徽分院围绕函授教育的内在规律，较为系统地开展了多方位的探讨。尤其在胡锦涛同志对党校函授教育作出一系列重要指示之后，深入地回顾了办学实践，总结了教学工作中正反两个方面的经验教训，并对面向新世纪的党校函授教育的发展问题进行了认真的思考。

注重自身建设
解决不容忽视的问题

山东分院

分院在四级网络中居于承上启下的地位和作用。分院的自身建设搞得好不好，会直接影响全省的办学质量和办学水平。为此，从1993年以来，针对办学中存在的各种问题，分院在自身建设上下了一番功夫。

一、狠抓思想建设，端正办学指导思想

我们在加强思想建设方面，把端正办学指导思想提到分院建设的首位。一是组织分院上下包括学区、函授站的办学人员，反复学习胡锦涛同志的一系列指示精神，统一思想，统一认识，认真纠正办学中存在的“重经济效益，轻社会效益；重办学数量，轻办学质量；重招生，轻教学；重传授知识，轻素质教育和能力培养”等方面的不良倾向。二是科学地分析全省党校函授教育的办学条件、办学能力，对专业、班次设置以及办学点进行压缩和调整，使整个办学在“适度规模”的基础上健康发展。三是坚持函授班次与主体班次并重，两手抓，两手都要硬，提高教学质量。要求各级党校都要把函授教育纳入到整个党校办学的布局之中。四是从严治学，规范办学行为。教师备课必须写出规范的教案，否则不准上课；教师授课必须依据学员的评估意见，及时加以改进；要求教师对学员的作业必须全批全改，有批语，有改错，有要求，有成绩，否则重批和予以经济处罚；期末监考统一组织培训，由学校的主要领导同志出面进行监考教育，出了问题追究责任并处以罚款等；期末试卷教师批完成绩后，组织专家进行复核，对玩忽职守的阅卷人，在经济上给予重罚，并停止3年的阅卷资格。另外，对出勤不符合规定的学员，坚决不准参加正式考试；对毕业论文不符合规程要求的学员，坚决不准参加答辩；对不符合毕业条件的学员，坚决不准予毕业。总之，从严治学赢得了良好的社会信誉。

二、狠抓办学队伍建设，提高办学主体素质

一是理顺管理体制，健全办学机构，配齐办学人员。在省委和有关部门的大力支持下，根据函授教育发展的需要，1993年以函授部为基础成立了中函山东分院暨省委党校干部业余教育学院，实行一套机构两块牌子。分院按照省委党校二级单位的建制配备领导班子，区、站也确定了校长分管负责制。要求各学区、辅导站全部按建制健全机构，配齐人员。二是加强教师队伍培训，努力提高教学水平。首先是督促各级党校领导切实重视教师队伍建设，把教师队伍建设纳入党校工作的重要议事日程。其次是分院从自身做起，要求各区、站在学费提成中拿出一定比例的经费，建立教师培训基金，用于教师培训、进修、调研、考察和奖励。再次是自1997年开始，每年为函授教育举办一期师资进修班，时间两周，连续举办了3年，每期200人左右。三是加强管理队伍建设，提高办学管理水平。首先，分院带头开展定期学习总院有关文件和各项规章制度的活动，要求各科室有计划有针对性地总结和汇报学习的有关体会和经验，并运用到对学区、函授站的业务指导之中。特别要求每位工作人员真正成为懂教育、会管理的党校教育工作者。其次，定期和不定期地召开专业会议，以会代训，研究探讨和解决各项具体工作中的有关问题，提高管理人员的业务素质和办学能力。再次，要求各方面的管理人员紧密结合自身的工作实际，及时总结经验教训，及时提出改进工作的意见和办法。

三、健全管理网络，加大办学投入，改善办学条件

我们在抓好自身建设的同时，把学区建设列入分院建设的议事日程。我们采取指导、帮助、检查、督促等形式，为学区建设出思路、提建议，并派出一定数量工作人员深入学区调查研究，帮助学区解决网络建设中的困难。办学中的一些重要工作由省委党校或分院统一作出部署，使党校各部门积极参与支持配合函授教育。在办学投入方面，我们坚持以学养学的原则，积极争取各方面支持，努力改善办学条件。特别是在近几年的教育评估中，全省上下加大了对函授办学的投入，1999年仅分院自身就投入近百万元。

抓教育评估　促分院建设

湖北分院

三年来，湖北分院以教育评估为契机，促进和加强了分院自身建设。

一、狠抓分院领导班子的自身建设

通过教育评估和检查验收，我们认识到分院领导班子还不能完全适应党校函授教育发展形势的需要，无论在思想上、理论上，还是在管理水平和能力上，都存在一定的差距。对此，我们有针对性地从四个方面加强了分院领导班子的自身建设：(1) 抓领导班子配备。分院院长由省委党校副校长兼任；1998年前相继退下的几位副院长是长期从事教育工作的专家，经验丰富；新上任的三位副院长年富力强，具有本科或研究生学历。(2) 抓理论学习，努力提高思想政治素质。我们坚持自学《邓小平文选》和江泽民同志的有关讲话；弘扬抗洪救灾精神，努力搞好函授工作。(3) 抓干部考核、民主评议。坚持每学期对分院领导班子开展一次民主评议，每年对领导成员进行一次集中考核，按"三讲"教育要求，纠正不正之风，规范办学行为。(4) 抓办学经验总结，提高办学能力，我们利用每个寒暑假认真总结本学期函授工作，提出下学期的工作思路和目标、要求。通过上述工作增强了领导班子理论学习的自觉性、办好函授教育的责任心和工作的主动性。

二、建设一支素质高、能力强的管理队伍

针对管理人员的素质不能适应办学要求的问题，我们狠抓了分院管理队伍的建设。一是抓学习。每学年都提出学习任务，印发学习材料，组织工作人员集中学习，并督促他们坚持自学中央领导同志的讲话和重要文件，不断学习基础理论、汲取新知识。他们通过学习，提高了理论素养和业务水平，明确了工作方向，增强了使命感和责任感。二是抓调查和总结。分院规定，函授管理人员每学期要抽出15天时间到学区、辅导站对口检查，调查研究，并针对存在的问题提出改进工作的意见；寒暑假则安排三至五天集中总结各科室的工作，交流经验，查找问题，提出下一学期的工作要求和设想。三是抓好思想政治工作。使函授工作人员端正思想作风，增强服务意识。分院党支部对分院工作人员狠抓"三讲"教育，要求他们做到严于律己，多作贡献。

三、设置合理机构，健全管理职能

根据分院在函授办学中的职责、功能，我们设置了院办公室、招生办公室、教务科、学籍科、教材科、教材教法研究室和直属班办公室等7个科室，另外还设置了视导组，各科室都配备了管理能力较强的负责人；明确规定分院及各科室工作职责和年度工作流程表，要求函授工作人员严格履行职责，按工作流程和程序，超前准备，精心安排，保质保量做好本职工作。

四、完善规章制度，建立监督机制

在评估过程中，我们根据总院的各项规章制度，结合本省的函授办学实际，编印出分院《管理制度汇编》，其中规章制度50项，职责及流程15项。对分院各副院长的职责、会议制度、文书处理、信息调研、印章管理、财务管理、学习制度、来客接待以及值班、考勤、环卫等方面都作出了明确规定，如《分院廉洁自律的规定》、《函授工作人员守则》及各科室的工作职责、流程等。为了使各项制度、职责、流程真正落到实处，分院每学年要召开一次学区主任会议或分管函授工作的副校长会议，请他们评议分院的工作；不定期召开省委、省政府有关部门干部和学员单位负责人座谈会，虚心听取他们对党校函授办学的意见或建议。

五、改善办学条件，美化办学环境

为改善分院办学条件，省委党校曾投入160多万元把原三层的旧教学楼改建为五层的新函授楼，并为分院添置了办公设备，去年又投入50多万元为分院更新和添置设备；并投入40多万元整修、绿化函授大院。现在，分院内外面貌焕然一新。

坚持理论研讨
深化教学改革

辽宁分院

辽宁省党校函授教育开办14年来，围绕深化教学改革、提高办学水平，先后召开了9次理论研讨会。1994年以前是两年开一次，这以后是每年开一次。理论研讨的实践使我们认识到，这是增强自觉性、减少盲目性、提高理论思维、提高管理水平、加强分院建设的有效形式。

理论研讨有利于统一思想，理清思路。从根本上说，办好党校函授教育，就要端正办学指导思想、坚持办学方针、不断深化改革、提高办学水平。由于函授教育工作任务繁重，其办学人员常常是只埋头工作，不注意学习。邓小平同志说过："不注意学习，忙于事务，思想就容易庸俗化。"江泽民同志进一步指出："如果成天忙于事务，忽视理论学习，头脑不清醒，是要吃大亏的。"理论研讨就是遵照这个精神，针对只顾埋头工作、不注意学习这种情况提出来的，目的是为了使领导把精力放到学习上，放到抓好办学指导思想和办学方针上。回过头看我们走过的足迹，研讨使我们增强了理论思维，提高了办学水平。我们之所以能较早提出"端正办学指导思想是函授教育的永恒主题"、深化教学改革、强化素质教育等问题、都是得益于研讨的结果。如我们对"办学主体素质是确保函授教学质量的关键"、"完善和落实规章制度是提高办学质量的保证"、"深化改革是办好函授教育的动力"等问题的认识，都是通过研讨产生的认识飞跃。思想认识统一了，工作思路更加明晰，也就为下一年的工作做好了思想准备。

理论研讨有利于训练队伍，提高素质。我们召开的理论研讨会，参加对象不仅是管理人员，还有教员和班主任，有的研讨会还请学员参加。这就是说，办学主体都有机会参加研讨会。每次研讨会，实际是一次自上而下的大学习、大调研，是一次群众性的工作总结，也可以说是一次自我教育、自我提高的过程。从这个意义上讲，我们认为，理论研讨有利于训练队伍，有利于提高办学主体的素质。我们要求参加研讨会的人，都要拿出一篇论文。起草论文，要梳理问题，要进行理论构思，要讲逻辑，要理论联系实际，做到内容和形式相统一。这样就使写论文的人受到锻炼，得到提高。研讨会序幕一拉开，你讲，我讲，大家都讲，在交流过程中，不但能学到他人的长处，也能在不同见解碰撞中，产生新的思想火花，取得新的认识。正如很多学区的同志所说，我们函授工作之所以越干越顺手，是理论研讨会给我们帮了大忙。

理论研讨有利于改进工作。理论研讨是为了更好地工作，研讨的成果可直接用来指导工作。例如，研讨取得了要提高教学质量必须对考试进行改革的共识。会后不久，分院就组建了考试命题改革小组，对分院大专班考试问题进行调 研，制定方案，首先选择《经济学原理》、《经济法学》、《市场营销学》三科作为试点，在 1997 年期末考试中正式启动，取得了初步成效。1998 年全面铺开，取得明显效果：一是命题适应强化素质教育要求的程度逐步提高，减少了死记硬背的试题，引导学员把理论知识转化为能力和党性修养的试题增多，题型、题量也增多；二是带动教员从强化素质教育出发，着力讲明重点、讲透难点、回答热点、解开疑点，在理论联系实际上下功夫；三是推动学员改变学习为考试、考试为文凭、只要文凭不要求水平的学习动机，努力在先学好、后考好上用功。同时，分院还建立了试题库，命题工作逐步转变到重点研究提高命题质量上来。又如，第七次理论研讨会后，拉动了面授教学。强化素质教育逼着我们改进面授教学，1998 年，我们开展了党校函授教育精品课观摩活动。分院 20 个学区，有 19 个学区推荐了精品课，19 名教师分别讲授了本科和大专课程，有 500 多名党校领导、专家、教师参加观摩。大家一致认为，这次活动进一步落实了胡锦涛同志关于"严把教学关"的指示，对推进素质教育起到了示范作用。

组织篇

中共中央党校文件

关于孙庆聚等二十四位同志职务任免的通知

校各直属单位：

校委会议决定：

一至九、十一、十二（略）

十、副校长张志新兼任函授学院院长，免去孙钱章函授学院院长职务；黄士安任函授学院常务副院长（正局级）。

中共中央党校校务委员会

一九九九年一月二十五日

关于李小兵等十一位同志职务任免的通知

校各直属单位：

经校委会议讨论决定：

一至六（略）

七、张东升、欧亚平任函授学院副院长。

中共中央党校校务委员会

一九九九年四月二十五日

函授学院机构设置及负责人名录

院　长：张志新（兼）

常务副院长：黄士安

副院长：史信发　刘利群　张东升　欧亚平

秘　书：张东升（兼）　史金龙

教学处：处　长　王　炳　鲁金波

教务处：处　长　欧亚平（兼）　王　炳

　　副处长　钟　琴　温燕平　张宇翔

教材处：处　长　吴江浩　副处长　谢保忠

教编室：主　任　曹玉海　副主任　姜春城　舒金城

行政处：处　长　孟庆崑　副处长　朱友章　李小莎

财务处：处　长　魏德山　副处长　武金凤　刘　跃

电化教研室：谢广乔（主持工作）　副主任　李素玲

党总支部委员会：书　记　黄士安　史信发

　　副书记　唐和祥（专职）　陈世豪　张殿瑾

研究生办公室：主　任　王　炳（兼）　副主任　吕　敏　张鸿岳

视导委：主　任　张志新（兼）　副主任　黄士安　张继臣

　　办公室主任　陈世豪

　　副　主　任　王德夫

研究室：主　任　高金海　副主任　周华彬

报刊编辑部：主　任　舒金城　副主任　王振军

院办公室：主　任　张东升（兼）　史金龙（兼）

　　副主任　刘森海　尹尧昌

注：

1. 教学处、教务处、教材处、教编室、行政处、财务处、电教室、机关党委为在职机构，余为内设非编机构。

2. 根据1999年1月25日中央党校中校通［1999］1号通知，副校长张志新兼任函授学院院长，黄士安任函授学院常务副院长（正局级）。

3. 根据1999年4月25日中央党校中校通［1999］11号通知，张东升、欧亚平任函授学院副院长。

4. 根据1999年5月21日中央党校组织部中校组通［1999］19号文件，温燕平任函授学院教务处副处长，谢保忠任教材处副处长；聘任曹玉海为教材编研室主任，舒金城为副主任，免去姜春城教材编研室副主任职务。

各分院、直属学区及开设班次名录

一、分 院 54 个

（一）开设97、98、99级大专班、本科班，第7、8、9期领导干部函授班和97、98、99级党员领导干部在职研究生班的有陕西分院、北京市委机关分院、总装备部分院、空军部队分院；

（二）开设97、98、99级大专班、本科班，第7、9期领导干部函授班和97、98、99级党员领导干部在职研究生班的有北京市工业党校分院；

（三）开设97、98、99级大专班、本科班，第8、9期领导干部函授班和97、98、99级党员领导干部在职研究生班的有中央国家机关分院；

（四）开设97、98、99级大专班、本科班，第9期领导干部函授班和97、98、99级党员领导干部在职研究生班的有海军部队分院；

（五）开设97、98、99级大专班、本科班，第7、8、9期领导干部函授班和97、98级党员领导干部在职研究生班的有海南分院、内蒙古分院；

（六）开设97、98、99级大专班、本科班，第7、8、9期领导干部函授班和98、99级党员领导干部在职研究生班的有山东分院、重庆分院、甘肃分院、国防大学分院；

（七）开设97、98、99级大专班、本科班，第7、8、9期领导干部班和97级党员领导干部在职研究生班的有总参分院；

（八）开设97、98、99级大专班、本科班，第7、8、9期领导干部函授班和98级党员领导干部在职研究生班的有南京军区分院；

（九）开设97、98、99级大专班、本科班，第7、8、9期领导干部函授班和99级党员领导干部在职研究生班的有福建分院、云南分院、南宁分院；

（十）开设97、98、99级本科班，第7、8、9期领导干部函授班和97、98、99级党员领导干部在职研究生班的有浙江分院、广东分院；

（十一）开设97、98、99级本科班，第7、8、9期领导干部函授班和97、98级党员领

5．根据1999年9月3日中央党校机关党委机组字［1999］14号文件批复，史信发同志任函授学院党总支部委员会书记，唐和祥、张殿瑾任副书记。

6．根据1999年12月2日中央党校组织部中校组通［1999］36号文件，史金龙任函授学院秘书，免去张东升兼任的秘书职务；王炳任教务处处长，免去欧亚平兼任的教务处处长职务；李小莎任行政处副处长；聘任鲁金波为教研室主任，免去王炳教研室主任职务。

7．根据1999年12月8日中央党校组织部中校组通［1999］38号文件，钟琴任函授学院调研员，免去其教务处副处长职务；张宇翔任教务处副处长；朱友章任调研员，免去其行政处副处长职务；武金凤任调研员，免去其财务处副处长职务；刘跃任财务处副处长。

导干部在职研究生班的有山西分院；

（十二）开设99级大专班、97、98、99级本科班，第7、8、9期领导干部函授班和98、99级党员领导干部在职研究生班的有广西分院；

（十三）开设97、98、99级本科班，第7、8、9期领导干部函授班和98、99级党员领导干部在职研究生班的有安徽分院；

（十四）开设97级大专班、97、98、99级本科班，第7、8、9期领导干部函授班和99级党员领导干部函授班的有青海分院；

（十五）开设97、98、99级本科班，第7、8、9期领导干部函授班和99级党员领导干部在职研究生班的有湖北分院、新疆分院、新疆兵团分院；

（十六）开设97、98、99级大专班、本科班和99级党员领导干部在职研究生班的有上海分院、铁道部分院、沈阳军区分院；

（十七）开设97、98级大专班、97、98、99级本科班，第7期领导干部函授班和98、99级党员领导干部在职研究生班的有四川分院；

（十八）开设97、98、99级大专班、98、99级本科班和99级党员领导干部在职研究生班的有中直机关分院；

（十九）开设98级大专班、97、98、99级本科班和99级党员领导干部在职研究生班的有吉林分院；

（二十）开设97、98、99级本科班和99级党员领导干部在职研究生班的有江苏分院、湖南分院；

（二十一）开设97、98、99级大专班、本科班，第7、8、9期领导干部函授班的有宁夏分院、西安分院、北京军区分院、济南军区分院、成都军区分院、武警部队分院；

（二十二）开设97、98、99级大专班、本科班，第7、9期领导干部函授班的有广州军区分院；

（二十三）开设97、98、99级本科班，第7、8、9期领导干部函授班的有天津分院；

（二十四）开设97、98、99级本科班，第7、8期领导干部函授班的有河北分院；

（二十五）开设97、98、99级大专班、本科班，第7期领导干部函授班的有兰州军区分院；

（二十六）开设98、99级大专班、本科班，第8期领导干部函授班的有二炮部队分院；

（二十七）开设97、98、99级本科班，第9期领导干部函授班的有江西分院；

（二十八）开设97、98、99级大专班、本科班的有西藏分院、总后分院；

（二十九）开设97、98、99级本科班的有河南分院、辽宁分院；

（三十）开设98、99级本科班的有贵州分院；

（三十一）开设99级大专班、本科班、在职研究生班的有黑龙江分院；

（三十二）开设98级本科班的有总政分院。

二、直属学区1个

开设97、98、99级大专班、本科班，第7、8期领导干部函授班的有北京市公安局直属学区。

（各单位开设的班次系指1999年下半年所开设的班次）

分院、直属学区及所属科室负责人名录

中直机关分院

分院	院长	杨金永
	副院长	张素青
教务科	科长	玉淑君
教学科	科长	赵世亮
学籍科	科长	玉淑君
教材科	负责人	侯永峰

中央国家机关分院

分院	院长	邵旭军
	副院长	常大光
办公室	副主任	杨文玖
教学师资科	负责人	刘静伟
招生考务办	负责人	马萍
学籍科	负责人	张特民
综合处	处长	冯伟
电教处	负责人	李奇珍
培训处	负责人	杨春峰

铁道部分院

分院	院长	吕昌
函授部	副主任	柳安娜
		林莉
		张金云
办公室	负责人	王新力
教材科	副科长	王新力
研究生办	副主任	卓宁
教务科	副科长	焦秀敏
学籍科	副科长	黄石红
教研室	副主任	孙晓林

北京市委机关分院

分院	院长	林大烈
	常务副院长	李雅兰
	副院长	李兵
		白菊梅
教务科	科长	段贻聪
教学科	负责人	贺淑英
考务科	科长	郑忠海
教材科	科长	王建国
视导组	组长	林大烈
	副组长	李雅兰

北京市工业党校分院

分院	院长	李永涛
	副院长	陈天任
		李尔华
教务处	处长	姜振友
教学处	处长	毕志辉
教材处	处长	金炳福
财务处	处长	刘继华
视导组	组长	王金生

天津分院

分院	院长	刘润忠
	常务副院长	杜维训
	副院长	曹庆庆
教务部	负责人	刘素
教学部	负责人	汪悦
教材科	负责人	刘伟
学籍科	负责人	崔建国
财务部	负责人	董玉慧
办公室	负责人	张宝铭

山西分院

分院	院长	许国生
	常务副院长	阎宝礼
	副院长	王永翔
教务科	科长	郭旭波
	副科长	王小蔚
学籍科	科长	齐凯梅
	副科长	董文辉
教材科	负责人	牛永刚
办公室	副主任	潘浩敏
视导室	副主任	赵红飚

内蒙古分院

分院	院长	于德水
	副院长	陈力
		王惠云
行政科	科长	薛如刚
教研科	科长	冯立民
教务科	科长	刘兴兆

辽宁分院

分院	院长	孔秀娥
	常务副院长	单洪恩
	副院长	杨玉琴
		李秀华
办公室	主任	邓庆杰
教学科	科长	张仲秋
教务科	科长	王淑敏
教材科	副科长	刘杰斌
学籍科	科长	陆贵强
学员科	科长	宋殿敏
视导办	主任	李德香

吉林分院

分院	院长	高国田
	副院长	王英林
		张晓光
秘书科	科长	赵志广
教务科	科长	郑涛
教材科	科长	杨兆琴
学籍科	科长	张坚毅
督导科	科长	王天宏
研究生办	主任	李雪斌

黑龙江分院

分院 院长 刘斌
常务副院长 杨立太
副院长 邢绪斌
研究生办 主任 杨立太
副主任 吕巧凤
申靖
办公室 主任 王春国
教务办 主任 刘伟民
韩华
电教办 主任 申靖
学员办 副主任 王永成
督导办 主任 王春国

上海分院

分院 院长 张枫来
副院长 陈熙春
刘军
叶明献
办公室 主任 苏新民
教学科 科长 章钱康
教务科 科长 周芳华
招考办 科长 茅华英

江苏分院

分院 院长 郭荣成
常务副院长 方根林
副院长 徐正超
汪发良
办公室 主任 王刚
教学部 主任 周文筠
教务部 主任 曹绳镛
副主任 朱军
教材部 主任 郭庆玉
直属班部 主任 李健
副主任 谢家喜

浙江分院

分院 院长 杨仲林
副院长 林万雄
郭素兰
办公室 主任 逯智勇
教学科 科长 李荣华
教务科 科长 姜方忠
教材科 科长 李志远
研究生办 主任 吴为民
直属学区 主任 刘杭宁

安徽分院

分院 院长 王树勤
副院长 刘潞
函授部 副主任 解道华
潘国祥
办公室 主任 王道才
学员科 科长 徐临
教务科 科长 潘国祥
教材科 科长 杨超
教研室 主任 解道华

福建分院

分院 院长 林俊德
常务副院长 叶宝彬
副院长 杨克明
蔡干钦
办公室 主任 杨祥飞
教务科 科长 戴丽钦
副科长 吴胜兵
学籍科 副科长 田江

江西分院

分院 第一院长 龚培兴
院长 唐峻
副院长 程素珍
办公室 副主任 罗志猛
学籍科 科长 龚时嵘
教务科 科长 李洪
教材科 科长 陆卫珍
教学科 副科长 曹云生

山东分院

分院 院长 姚学政
副院长 王士富
副院长 魏继贵
张云汉
教学科 科长 唐公吉
学籍科 科长 朱诚禄
教材科 科长 宋正宽
教研室 主任 王宪昭
省直科 科长 栾强
院务科 科长 梁孝和

河南分院

分院 院长 孙保定
常务副院长 代修常
副院长 张冠显
刘广才
办公室 主任 曹志嵩
教务教研科 科长 黄绍镝
学籍科 科长 翟兰英

湖北分院

分院 院长 曾瑞芝
副院长 张锦文
王彩萍
黄木林
办公室 主任 钱开冰
招生办 主任 江长勇
教务科 科长 白长江
学籍科 科长 刘晓燕
研究室 科长 陈述
教材科 副科长 汪光明
视导组 组长 周大仁
副组长 周诚圭
李天相

湖南分院

分院 院长 刘普生
肖和平
第一副院长 李治业
副院长 李爱祥
欧家骞
曹健华
办公室 主任 廖阳生
研究生办 主任 彭益民
教务科 科长 王克修
副科长 彭丽瑶
教材科 科长 严利中
招生考务科 科长 彭立新

	副科长	刘宏斌
学籍科	科长	陈远雄
直属学区	主任	范小平
	副主任	易文平

广东分院

分院	院长	黄绍清
	副院长	夏政
		刘冬松
		罗行政
办公室	主任	区君志
	副主任	梁美莲
教务办	副主任	陈志华
招生办	主任	刘冬松
视导办	组长	梁木
	副组长	甘树忠
教研室	主任	罗行政
	副主任	张丽娟

广西分院

分院	院长	张敦
	常务副院长	聂观石
	副院长	徐锡鸿
		彭光明
办公室	主任	刘春萍
教务科	科长	陈旦旦
	副科长	李勋才
教学科	科长	徐锡鸿
	副科长	邓孜
研究生办	主任	聂观石
	副主任	徐锡鸿
		陆成勋
培训办	主任	彭光明
	副主任	黄忠南
招生办	主任	韦彩英
	副主任	聂观石
		黄永清
视导组	组长	谭毓标

南宁分院

分院	院长	张伦书
	副院长	吴盛琦
		赵春营
		赵有和
		廖廷弼
教务处	处长	黄永久
	副处长	徐立
		林以兴
视导组	组长	张水白
学籍科	副科长	张晓青
教材科	副科长	肖正奎
财务处	副处长	梁红
教学科	副科长	卜重庆
办公室	负责人	谢斌

海南分院

分院	院长	黄道明
	副院长	王琼兰
教学科	负责人	王绥江
教务科	负责人	谢南丰
学籍科	负责人	钟小凤
教材科	负责人	陈家忠
视导组	负责人	洪温圣
办公室	负责人	洪锋

重庆分院

分院	院长	程大鹏
	副院长	曾明德
		龚贵先
成人教育部	主任	龚贵先
	副主任	肖绍斌
		甘久芳
招生办	主任	刘居纯
教务科	科长	王桂林
教研科	科长	汪虎
教材科	科长	卓贵恩
学籍科	科长	姜旭平
直属一部	主任	朱天南
直属二部	主任	彭启荣
研究生办	主任	龚贵先
	副主任	孙栋
视导组	组长	程大鹏
	副组长	曾明德
		龚贵先

四川分院

分院	院长	李锡炎
	副院长	华孝清
		白云谷
办公室	主任	黄智宪
	副主任	郑军
		李军
教学管理科	副科长	田桂英
学籍管理科	科长	杨力
	副科长	曾玲
行政秘书科	科长	石昌谷

贵州分院

分院	院长	黄汉林
	常务副院长	张益忠
函授部	副主任	郑传鼎
		吴巨平
办公室	主任	赖晓玲
中函科	负责人	周继忠
教务科	副科长	叶平
学籍科	负责人	吴鸿宾
教学科	科长	许自钧

云南分院

分院	院长	李师程
	常务副院长	杨加柱
	副院长	吉恩松
		丁恒道
招生科	科长	李亚明
综合科	副科长	张礼平
教研科	科长	李艳萍
教务科	科长	李平沙
教材科	科长	龙鹏飞
学籍科	科长	郭冰洁
视导组	组长	向吉星
直属学区	主任	吴世文

西藏分院

分院	院长	才旺班久
	常务副院长	曹昌民
	副院长	向巴宁扎
		戎新龙

陕西分院

分院	院长	温标

	副院长	徐广艾
		范 勇
办公室	主任	白保存
教学科	科长	邵新强
教务科	科长	吴临咸
学籍科	科长	程振平

西安分院

分院	院长	夏泽民
	副院长	雷福堂
		曹 诚
教研室	负责人	高玉章
教务室	负责人	李天明
电教室	负责人	谢惠琴
教材室	负责人	任卫民
办公室	负责人	孙 方

甘肃分院

分院	院长	王文学
	常务副院长	石华翼
	副院长	王晋林
		张森春
		冯 湖
		张立公
财务科	科长	杜月莲
办公室	副主任	周其海
		王吉华
教学科	科长	马 祺
教务科	科长	杨小平
学籍科	科长	张美云
	副科长	李兴海
教材科	副科长	沈永庆
直属学区	主任	滕宗骞

青海分院

分院	院长	江再杰
函授部	主任	申 辉
	副主任	马 远
办公室	主任	陈卫民
教务科	副科长	关建国
学籍教材科	负责人	赵付生

宁夏分院

分院	院长	郭千文
	副院长	贺德正
		刘克营
		贾晓丁
办公室	负责人	杭 勇
教务科	科长	杨新生
学籍科	科长	蒋跃军
教材科	负责人	杭 勇

新疆分院

分院	院长	兰其建
	第一副院长	王 军
	常务副院长	张焕文
	副院长	李 慧
办公室	负责人	赵歌燕
教务科	负责人	张 静
	副科长	吐尔地·哈斯木
考务科	负责人	张胜青
学籍科	科长	柯晓红
教材科	负责人	董 静
直属学区	副主任	赵 玲
		李国庆
		木合代斯

新疆兵团分院

分院	院长	刘成林
	副院长	蔡志远
		唐瑞平
函授部	副主任	刘心鸣
		陈建民
办公室	主任	卢红英
学籍科	科长	单玉兰
教学科	副科长	许迎庆

总参分院

分院	院长	张 黎
	副院长	林建超
		裘兴棠
	教务长	姜 锋
办公室	负责人	胡合庆
教学组	组长	李永挥
教务组	组长	赵星堂
教材组	组长	胡合庆
视导组	组长	任忠水

总后分院

分院	院长	李瑞海
	副院长	张朝宁
		杨 杨
办公室	主任	傅爱平
	副主任	依 滨
教学科	科长	何定康
教务科	科长	陈炳瑾
教材科	科长	程 丽

总装备部分院

分院	院长	王占华
	副院长	于本城
		刘建国
		王顺通
办公室	主任	王文秀
教学办	负责人	孙瑞霞
教务办	负责人	朱耀光
教材办	负责人	马武斗
学籍办	负责人	姜丽敏

海军分院

分院	院长	杨振明
	副院长	王金中
		滕 玉
办公室	主任	于广林
财务处	处长	张恩荣
教务处	处长	黄孝虎
教学处	处长	黄孝虎

空军分院

分院	第一院长	敬应龙
	第二院长	邹德玉
	副院长	徐 光
	副院长	王喜民
		王聘明
办公室	主任	王聘明
	副主任	何孝明
		刘继光
		刘锦东
		杨岳锡

		周顺萍
视导委	主任	文辉江
	副主任	张义虎
研究生办	主任	徐守智
教学科	科长	常益民
教务科	科长	张学廉
财务科	科长	赵娟

国防大学分院

分院	院长	唐江
	副院长	运新宇
		董诚
教学处	处长	张良骏
学籍处	处长	张述尧
教材处	处长	左名尧
办公室	负责人	华焱平

武警部队分院

分院	院长	胥昌忠
	副院长	王献华
		丰春明
教务科	负责人	于兰河
教材科	负责人	罗坚
财务科	负责人	吴晓红

北京军区分院

分院	院长	王文宪
	副院长	康春元
		张万忠
办公室	主任	李秀宝
	副主任	刘景智
教学部	主任	张万忠
教学	负责人	王中兴
教材	负责人	宗照航
学籍	负责人	赵红志
财务	负责人	李庆芳
招生办	负责人	范进忠
视导办	负责人	宫学生

沈阳军区分院

分院	院长	庞连杰
	副院长	刘念光
		王树清
办公室	主任	张相荣
教学处	负责人	关景杰
教务处	负责人	李晶磊
教材处	负责人	周贤利

南京军区分院

分院	院长	顾惠生
	副院长	朱争平
		刘东耕
		周明贵
办公室	主任	徐德林
教学科	负责人	肖江春
教务科	负责人	沈朝勋
学籍科	负责人	朱秀令
教材科	负责人	孔繁留

济南军区分院

分院	院长	黄学禄
	副院长	岳宣义
		王文成
办公室	主任	王模
	副主任	张宝明
		岳守平
视导组	组长	尹洪滨
	副组长	付元平
教学部	主任	黄清水
	副主任	杨建强
教学科	科长	曹新成
	副科长	孙化进
教务科	科长	王继东
学籍科	科长	王国良
教材科	科长	董鲁峰
财务科	科长	陈祖刚

广州军区分院

分院	院长	姚成友
	常务副院长	饶新建
	副院长	杨稳泉
办公室	主任	张耀斌
	副主任	王德海
		李桂生
教学科	科长	欧新民
	副科长	陈国泉
教务科	科长	涂炳林
	副科长	罗延文
学籍科	科长	陈爱民
	副科长	万仁龙
教材科	科长	彭正祥
	副科长	陈善立
财务科	科长	王德海
视导组	组长	肖金科
	副组长	吴喜华

成都军区分院

分院	院长	杨德福
	常务副院长	韩大风
	副院长	周安准
教务处	处长	任文君
教材处	处长	吴明建
学生处	处长	林斌
办公室	主任	刘洪祥

兰州军区分院

分院	院长	肖怀枢
	副院长	詹忠富
		范长秘
办公室	主任	龚兴华
	副主任	高豫蜀
		陈扶军
教务	负责人	李俊杰
教学	负责人	赵明星
学籍	负责人	郭良
教材	负责人	张桃园
财务	负责人	齐银学

北京市公安局直属学区

学区	主任	杨秉发
	副主任	田银玲
办公室	主任	栗新
	副主任	李广成
教务管理	负责人	张美三
教学管理	负责人	康健
学员管理	负责人	李连义
学籍管理	负责人	曹文生
教材管理	负责人	刘晓庆

分院、直属学区所辖学区、辅导站负责人名录

中直机关分院

人民日报社站	站长	陆建国
	副站长	陈国华

中央国家机关分院

第一学区	主任	党艳群
第二学区	主任	马丽萍
	副主任	王宁
第三学区	主任	徐兰溪
第四学区	主任	李忠明
第五学区	主任	袁东瑞
第六学区	主任	赵胜利
第七学区	主任	贺存军
财政党校站	站长	袁东瑞
机械党校站	站长	党艳群
冶金机关站	站长	李忠明
交通机关站	站长	李祖平
国管局站	站长	胡长玉
船舶党校站	站长	马丽萍
石油党校站	站长	赵胜利
兵器党校站	站长	王宁
中医研院站	站长	袁君
二院党校站	站长	贺存军
水利党校站	站长	苏倩
机械机关站	站长	陆志军
国航党校站	站长	王飞
电子中心站	站长	盛晨媛
工经中心站	站长	王克满
华北矿专站	站长	刘威卫
政法干院站	站长	徐兰溪
二轻党校站	站长	杨作云
卫生党校站	站长	张红文
中科院站	站长	侯建中
海洋局站	站长	员学文

铁道部分院

哈尔滨局学区	主任	金晓峰
	副主任	王远福
哈尔滨分局站	站长	李志才
	常务副站长	李绪德
哈尔滨直属站	站长	徐红晖
牡丹江分局站	站长	董琦
	常务副站长	黄培新
佳木斯分局站	站长	周春兴
	常务副站长	高扬
齐齐哈尔分局站	站长	孙宇新
	常务副站长	王长发
海拉尔分局站	站长	娄树桐
	常务副站长	龚学甫
加格达奇站	站长	崔守田
沈阳局学区	主任	宋玉国
	副主任	王廷权
锦州分局站	站长	何松华
沈阳分局站	站长	宋元富
吉林分局站	站长	侯士成
通辽分局站	站长	姜广信
长春分局站	站长	张廷印
白城分局站	站长	孙庆有
通化分局站	站长	王志清
图们分局站	站长	刘春秋
丹东辅导站	站长	杨琳绪
北京局学区	主任	查学东
	副主任	王瑞
直属辅导站	站长	王瑞
天津分局站	站长	陈景平
石家庄分局站	站长	邵喜录
太原局学区	主任	程永康
	副主任	李晓红
太原工程处站	站长	李广造
临汾分局站	站长	张国治
大同分局站	站长	高德福
太原分局站	站长	吴伏生
呼和局学区	主任	王老哈
	副主任	韩德智
直属辅导站	站长	张亚中
包头辅导站	站长	郭鹤英
	副站长	张建斌
集宁辅导站	站长	王树明
郑州局学区	主任	张春和
	副主任	孙景武
直属辅导站	站长	孙景武
洛阳分局站	站长	张丽
郑州分局站	站长	夏铭海
新乡辅导站	站长	王新喜
武汉学区	主任	黄德厚
	副主任	汪义智
		李珍苟
襄樊分局站	站长	曲永辉
武汉分局站	站长	邓宝亭
武汉直属站	站长	李珍苟
西安学区	主任	程远超
	副主任	寇鸿亮
西安分局站	站长	杨兰玉
安康分局站	站长	王长顺
工程公司站	站长	李衡生
西安直属站	站长	李冬燕
济南局学区	主任	陈国庆
	副主任	王长琳
直属辅导站	站长	王策
济南分局站	站长	王培广
	副站长	周茜
青岛分局站	站长	江敦起
	副站长	单连云
徐州分局站	站长	郑宝善
	副站长	吴介仁
上海局学区	主任	徐国梁

	副主任	梁恒荟
蚌埠分局站	站长	赵永清
	副站长	吴章才
福州分局站	站长	余饶宏
南京分局站	站长	吴亮
	副站长	徐西荣
上海分局站	站长	马灿云
	副站长	葛德善
杭州分局站	站长	叶洋茂
上海直属站	站长	罗招香
戚墅堰厂站	站长	高江淮
浦镇工厂站	站长	李厚高
铜陵工厂站	站长	黄雨生
广州集团学区	主任	徐万水
	副主任	匡增意
		刘萍
直属辅导站	站长	杨志
长沙集团站	站长	李灵芝
	副站长	周伟前
怀化集团站	站长	杨昌群
	副站长	陈翠菊
柳州局学区	主任	姚绍芳
	副主任	胡信元
直属辅导站	站长	胡信元
南宁辅导站	站长	谢永玖
	副站长	肖金莲
柳州厂辅导站	站长	戴增建
成都局学区	主任	曾践
	副主任	武振国
直属辅导站	站长	武振国
重庆分局站	站长	张万成
兰州局学区	主任	郑磊
	副主任	刘洪文
		刘振远
武威分局站	站长	崔国仁
	副站长	姚永芬
兰局机关站	站长	马魁发
	副站长	和贵庭
兰州分局站	站长	周光超
	副站长	郭振业
		宋斌
兰州工程处站	站长	薛守常
	副站长	韩福玲
银川分局站	站长	李马川
	副站长	邱光峰
西宁分局站	站长	沈强
	副站长	吕自由
乌鲁木齐局学区	主任	李广品
	副主任	陈永
		史柏林
直属辅导站	站长	史柏林
乌分局辅导站	站长	李成文
哈密分局站	站长	于诚
库尔勒辅导站	站长	张天辉
昆明局学区	主任	梁荣和
	副主任	杨宗和
直属辅导站	站长	杨宗和
开远辅导站	站长	陆继元
铁一局学区	主任	袁长顺
	副主任	李康宁
		章伴慈
铁三局学区	主任	吴淑梅
铁四局学区	主任	田世淮
	副主任	曲淑玲
铁五局学区	主任	滕德义
	副主任	李淑英
大桥局学区	主任	王运江
电化局学区	主任	付洪建
	副主任	李立新
隧道局学区	主任	时圣功
中铁建函授部	主任	单永新
铁十一局学区	主任	孙承刚
铁十二局学区	主任	齐秀英
铁十四局学区	主任	王福生
铁十五局学区	主任	王玲
铁十六局学区	主任	陈东波
铁十七局学区	主任	黄煊
铁十九局学区	主任	孙志文
中铁建机关学区	主任	林立人
石家庄工院学区	主任	吴忠
部机关辅导站	站长	郎效儒
大连厂辅导站	站长	刘发祥
太原厂辅导站	站长	张太锁
长机厂辅导站	站长	谭跃臣
大同厂辅导站	站长	焦建中
株电厂辅导站	站长	王前全
齐厂辅导站	站长	张麟新
江岸厂辅导站	站长	周玲
株车厂辅导站	站长	陈国琪
长客厂辅导站	站长	鲍志全
西安厂辅导站	站长	杜明春
哈尔滨厂站	站长	董慧
牡丹江厂站	站长	冯玉亮
大连铁院站	站长	孟祥云
南口厂辅导站	站长	姚国平
洛阳厂辅导站	站长	孙贵民
四方厂辅导站	站长	张世楼
武昌厂辅导站	站长	王新民
沈阳厂辅导站	站长	宋秀梅
唐山厂辅导站	站长	臧有琦
株桥厂辅导站	站长	唐伏龙
南昌辅导站	站长	刘润泉
济南厂辅导站	站长	王洪根
上饶辅导站	站长	程洪涛
中铁程辅导站	站长	张庆熹
资阳厂辅导站	站长	杜绪伦
分院直属站	站长	钱秀琴

北京市委机关分院

东城学区	主任	孙永安
	副主任	张红
		李红玲
政法干院学区	主任	杜石平
	副主任	史万亨
		何建春
联大学区	主任	孟月乔
	副主任	赵丽珠
西城辅导站	站长	柳雄伟
	副站长	张春鸣
运恒培训中心站	站长	戴维
	副站长	肖志刚
崇文职大站	站长	迟瀛绵
	副站长	吴田
海淀企业工委站	站长	张力
	副站长	张建水
		刘林英
宣武电大站	站长	张锁玲
	副站长	徐晓亮
房山辅导站	站长	张志仁

	副站长	邢延清
门头沟辅导站	站长	贺其明
	副站长	王东升
企业文化培训站	站长	关金利
	副站长	蔡志堂
教科院培训站	站长	陈锡章
	副站长	朱铭
		刘江
丰台区教委站	站长	徐国勋
	副站长	张剑虹
医药总公司站	站长	谢立新
	副站长	刘金柱
市总职大站	站长	张锦
妇女干部学校站	站长	阎纪青
	副站长	赵沙
机械局职大站	站长	刘宗仁
	副站长	刘鹏飞
		韩育明

北京市工业党校分院

印刷辅导站	站长	高慧明
	副站长	张月香
二轻辅导站	站长	张敏
京西学区	主任	雷家鹏
	常务副主任	刘新民
工美辅导站	站长	丁振刚
北后辅导站	站长	王建民
地安门辅导站	站长	程安瑛
大台辅导站	站长	邓振立
长矿辅导站	站长	张克增
房山学区	主任	王仲源
	副主任	曹世儒
		顾春森
良乡辅导站	站长	刘振田
琉璃河辅导站	站长	李宪文
大兴学区	主任	郭奇
	副主任	王长林
		黄书艳
		杨军
青云店站	站长	崔玉江
	副站长	李玉亮
昌平成教站	站长	徐万厚
	副站长	韩继英
昌平统计局站	站长	郑仓智
	副站长	于桂谦
		王久莉
平谷辅导站	站长	晏占山
	副站长	王国东
首钢学区	主任	霍光来
	副主任	韩广盛
		段宏韬
直属辅导站	站长	周天
	副站长	董宝裕
矿业公司站	站长	刘铁克
	副站长	刘乃昌
		崔士珍
密云学区	主任	赵长荣
	常务副主任	贾长营
	副主任	李德轩
		李连成
怀柔辅导站	站长	周东金
	副站长	焦振东
延庆成教站	站长	高玉明
	副站长	徐留纪
房山供校站	站长	武辙
延庆电大站	站长	阎克安
	副站长	韩满旺
北内学区	主任	马童立
	常务副主任	杨清华
喇叭沟门站	站长	方瑾
	副站长	彭殿亮
顺义杨镇站	站长	申荣文
	副站长	张克服
房山统计局站	站长	宋振群
	副站长	张利军

天津分院

蓟县学区	主任	邢国
	副主任	于胜来
		翁守东
静海学区	主任	王凤荣
	副主任	杨桂芬
一轻学区	主任	刘俊心
	副主任	彭利平
宁河学区	主任	王俊元
	副主任	李国荣
和平学区	主任	马树昌
	副主任	吴玲
		赵延庆
公用局党校站	站长	郑秉钧
	副站长	郝省芬
红桥学区	负责人	梁凤儒
大港学区	主任	赵玉勇
机电总公司学区	主任	李认清
	副主任	陶桂兰
商工委站	站长	姜新泉
	副站长	梁银海
市政学区	主任	孙连起
	副主任	谭金玫
		王纲
河西学区	主任	宁志宏
	副主任	王建国
大港油田学区	主任	兰建华
	副主任	崔瑞玲
武清学区	主任	刘宝深
	副主任	王福荣
南开学区	主任	朱树江
	副主任	邱国祥
		王志谱
宝坻学区	主任	汪文建
	副主任	张维聪
河北学区	主任	王洪才
	副主任	斐福均
工业工委学区	副主任	李学平
		田贵平
西青学区	主任	贾悦凡
	副主任	梁力军
津南学区	主任	刘文博
	副主任	李仲义
北辰学区	主任	何兆富
	副主任	卢士柱
		于素萍
渤海化工学区	主任	徐晓林
	副主任	王维臣
天远党校站	站长	李学一
	副站长	商振茂
天化党校站	站长	王恩兴
	副站长	田桂满
电子仪表站	站长	王悦军

	副站长	李汝鑫
房管局党校站	站长	武虎臣
	副主任	郑学信
东丽学区	主任	于金铎
	副主任	王丽芬
		刘凤江
汉沽学区	主任	唐广元
	副主任	王建会
市直机关站	负责人	王春长
纺织总公司站	站长	高宗玉
塘沽学区	主任	武占铎
建工党校学区	主任	孙丕昭
	副主任	魏芝兰
交通局学区	主任	马东生
	副主任	王玉岐
医药学区	主任	邢伯洋
建材党校学区	主任	樊全来

山西分院

太原分院	主任	朱伯承
	副主任	田锐山
		刘香莲
大同一学区	主任	郭　毅
	副主任	刘保民
		胡日红
大同二学区	主任	雷忠厚
	副主任	刘润兰
朔州学区	主任	李廷玉
忻州学区	主任	蔚世仁
	副主任	郭清良
		赵慧琴
晋中学区	主任	岂根源
	副主任	李如珍
吕梁学区	主任	安　贞
	副主任	宋锐玲
		杨　岗
阳泉学区	主任	袁振生
	副主任	卢光鉴
		尹燕灵
临汾学区	主任	郝毓祯
	副主任	张爱国
		郑巨东
		孙正平
运城学区	主任	秦福林
	副主任	李洪智
		潘富国
长治学区	主任	郭建华
晋城学区	主任	曹宏祥
	副主任	王文明
工办学区	主任	吴富贵
省直分校站	站长	周银忠
	常务副站长	韩晋乐
	副站长	吴东才
大同矿站	站长	尹家显
	副站长	张小文
十三冶站	站长	栗育田
	副站长	支　力
太钢辅导站	站长	卢治纯
	副站长	孔　雁
西山辅导站	站长	张荣九
	副站长	杨鸿艳
阳泉矿辅导站	站长	赵鸿承
	副站长	吉云芳
电力辅导站	站长	茹国萍
	副站长	曾跃飞
政法干院站	站长	康国梅
太化集团站	站长	吴子明
	副站长	靳玉柱
		吴长绪
平朔矿站	站长	辛怀荣
汾西矿站	站长	王克福

内蒙古分院

呼和浩特学区	主任	刘　勇
	副主任	云占鳌
		韩　暄
土左旗辅导站	站长	张伟俊
清水河辅导站	站长	安俊卿
和林辅导站	站长	常　瑛
托县辅导站	站长	云艺明
包头学区	主任	魏光欣
	副主任	武亚芳
土右旗辅导站	站长	吴　斌
	副站长	许明亮
固阳辅导站	站长	张耀宗
	副站长	贾保乐
白云辅导站	站长	苏　萍
乌海学区	主任	陈立新
	副主任	朱　玺
鄂旗辅导站	站长	郭杰荣
兴安盟学区	主任	李雅君
	副主任	阿　荣
扎赉特旗站	站长	毛新明
突泉辅导站	站长	李　杰
通辽学区	主任	王福全
	副主任	王静东
科左后旗站	站长	孙海沧
	副站长	山秀菊
库伦旗辅导站	站长	王铁山
	副站长	乌　云
开鲁辅导站	站长	田淑琴
	副站长	高桂珍
科左中旗站	站长	陈德钧
	副站长	梁树海
		何梅兰
扎鲁特旗站	站长	张文海
	副站长	杨　和
锡盟学区	主任	郭巨富
	副主任	新　夫
白旗辅导站	站长	肖　荣
太旗辅导站	站长	孟宪维
多伦辅导站	站长	任玉亭
	副站长	李凤刚
西苏旗辅导站	站长	乌兰格日勒
	副站长	白日喜
西乌旗辅导站	站长	杨　洁
	副站长	任玉杰
东乌旗辅导站	站长	斯钦巴图
乌盟学区	主任	于江河
	副主任	秦文亮
化德辅导站	站长	高汉霄
	副站长	常建平
凉城辅导站	站长	黄啸云
	副站长	樊锡云
兴和辅导站	站长	张存富
	副站长	范永茂
中旗辅导站	站长	许　作
	副站长	王喜科
丰镇辅导站	站长	赵文卿

	副站长	王忠诚
商都辅导站	站长	刘晶
	副站长	岳艳美
卓资辅导站	站长	李志忠
	副站长	姜海忠
后旗辅导站	站长	贾永
	副站长	冀根寿
巴盟学区	主任	周福顺
	副主任	杨育才
杭锦后旗站	站长	华云峰
	副站长	张连英
磴口辅导站	站长	葛红升
乌拉特前旗站	站长	王安丽
五原辅导站	站长	王章记
伊盟学区	主任	李文艺
	副主任	李建新
		常美荣
乌审旗辅导站	站长	陈文飞
	副站长	李永峰
达拉特旗站	站长	全双喜
准旗辅导站	站长	李贵达
	副站长	刘克河
杭锦旗辅导站	站长	樊树生
	副站长	陈振刚
东胜辅导站	站长	胡生泉
伊旗辅导站	站长	折志荣
大兴安岭学区	主任	肖迎春
阿龙山辅导站	站长	樊久辉
满归辅导站	站长	李平
根河辅导站	站长	于文静
绰尔辅导站	站长	王清华
一机厂学区	主任	于永辉
	副主任	张玉贵
北重集团学区	主任	罗启钧
	副主任	邱荣光
包钢学区	主任	云继明
	副主任	白雪
二〇二厂学区	主任	邹自志
	副主任	李桂婷
包铝厂学区	主任	高普明
	副主任	赵志国

辽宁分院

沈阳学区	主任	王道臣
	副主任	张光宏
		刘莉莎
和平辅导站	站长	华锋
	副站长	赵凤兰
皇姑辅导站	站长	孙长仁
	副站长	王立人
沈河辅导站	站长	李柏坤
	副站长	王志宏
铁西辅导站	站长	付维林
	副站长	周慧文
大东辅导站	站长	李沿
	副站长	刘兵
东陵辅导站	站长	温健
	副站长	常桂英
于洪辅导站	站长	于芙
	副站长	赵雅丽
新城子辅导站	站长	张宝聚
	副站长	张启荣
苏家屯辅导站	站长	丁明志
	副站长	朱静
辽中辅导站	站长	李景新
	副站长	王广春
新民辅导站	站长	杨国远
	副站长	胡玉祥
法库辅导站	站长	时文余
	副站长	陈旭东
康平辅导站	站长	徐世春
	副站长	卢献韬
大连学区	主任	田志军
	副主任	王忠茹
		桑凤新
旅顺口辅导站	站长	徐开进
	副站长	张守柱
金州辅导站	站长	王永良
	副站长	潘福南
西岗子辅导站	站长	席国平
	副站长	林燕中
沙河口辅导站	站长	卢衍凤
	副站长	李寒
甘井子辅导站	站长	赵为民
	副站长	王淑梅
瓦房店辅导站	站长	王九有
	副站长	周喜东
普兰店辅导站	站长	王宜文
	副站长	张士山
庄河辅导站	站长	王言正
	副站长	柳长富
中山辅导站	站长	袁义选
	副站长	屈成敏
长海辅导站	站长	马建军
	副站长	宁致斌
鞍山学区	主任	鲍振元
	副主任	王志洲
		吴志辉
		丁继清
海城辅导站	站长	徐龙
	副站长	元万先
		范红军
		张振坤
台安辅导站	站长	贾信彩
	副站长	赵海波
		苗占福
立山辅导站	站长	田国志
	副站长	陈金莹
		张荣涛
铁西辅导站	站长	王明生
	副站长	刘凤义
		李洪光
		周世显
岫岩辅导站	站长	徐大海
	副站长	刘淑琴
		杜永新
千山辅导站	站长	姜春铁
	副站长	李克
		代立刚
铁东辅导站	站长	李维中
	副站长	王久信
抚顺学区	主任	付波
	副主任	钟庆军
		王丽
		狄锡侯
望花辅导站	站长	杜洪石
	副站长	祁晓霞
顺成辅导站	站长	邓守静
	副站长	舒世达
新抚辅导站	站长	王殿君

	副站长	郑庆季
东州辅导站	站长	王志强
	副站长	张俊杰
抚顺辅导站	站长	孙志强
	副站长	孙国仁
清原辅导站	站长	赵连诚
	副站长	谢洋
新宾辅导站	站长	赵桂敏
	副站长	杨洪升
本溪学区	主任	刘建筑
	副主任	陈波
		隋大利
		李月红
本溪县辅导站	站长	王争平
	副站长	刘宗仁
桓仁辅导站	站长	王圣璞
	副站长	李秀廉
丹东学区	主任	孙明基
	副主任	王玉珍
东港辅导站	站长	刘长信
	副站长	宋家常
凤城辅导站	站长	关振和
宽甸辅导站	站长	隋宝巨
锦州学区	主任	马占林
	副主任	邵东震
		谭维民
		吕新光
凌海辅导站	站长	满景芳
	副站长	金永玉
		赵文晋
义县辅导站	站长	李成斌
	副站长	阎丽华
		郭福芝
北宁辅导站	站长	孙忠慧
	副站长	孙跃纯
		石侯江
黑山辅导站	站长	刘冠标
	副站长	王凤岭
		李荣启
古塔辅导站	站长	王富霞
	副站长	张玉林
凌河辅导站	站长	陈亚辉
	副站长	张金生

太和辅导站	站长	何春华
	副站长	张树平
辽阳学区	主任	吕有林
	副主任	宋成振
辽阳辅导站	站长	徐桂芬
	副站长	卢长凯
灯塔辅导站	站长	平载江
	副站长	王杰
弓长岭辅导站	站长	王福君
	副站长	谷凤斌
营口学区	主任	郭廷君
	副主任	王天志
		胡迪
大石桥辅导站	站长	张永泉
	副站长	蔡丽芳
盖州辅导站	站长	张允玉
	副站长	高德忠
老边辅导站	站长	李云普
	副站长	魏洪革
鲅鱼圈辅导站	站长	薛大海
	副站长	贾荣玺
铁岭学区	主任	穆青春
	副主任	刘国明
开原辅导站	站长	孙洪越
	副站长	许健
昌图辅导站	站长	张仲
	副站长	王昌
西丰辅导站	站长	蔺洪杰
	副站长	于显利
铁法辅导站	站长	刘汉贤
	副站长	李久成
清河辅导站	站长	方淑范
	副站长	关伟
		陈波
银州辅导站	站长	陈志刚
	副站长	武守忠
铁岭辅导站	站长	李洪雨
	副站长	王淑云
阜新学区	主任	张彪
	副主任	王玉林
	副主任	都基东
阜新县辅导站	站长	张凤英
	副站长	韩建国

彰武辅导站	站长	陈德昌
	副站长	温会武
朝阳学区	主任	李剑威
	副主任	王会元
北票辅导站	站长	郭振军
	副站长	王世杰
		庄玉生
凌源辅导站	站长	支印怀
	副站长	杨海涛
		王海明
建平辅导站	站长	马峻岭
	副站长	孙国福
		宋长伟
喀左辅导站	站长	盛九方
	副站长	邹德厚
		刘天伟
盘锦学区	主任	王万昌
	副主任	齐函
		张晓梅
大洼辅导站	站长	张凤桐
	副站长	李素琴
盘山辅导站	站长	李执权
葫芦岛学区	主任	肖瑞生
	副主任	佟民
兴城辅导站	站长	金景山
	副站长	张凤芝
绥中辅导站	站长	张志平
	副站长	王质贤
建昌辅导站	站长	胡林风
	副站长	贲小玲
龙港辅导站	站长	王树凯
	副站长	曹诤先
鞍钢学区	主任	谷茂绵
	副主任	王钢伦
矿山公司站	站长	张敏
三冶公司站	副站长	解秀琴
辽河油田学区	主任	崔浩然
	副主任	李素梅
本钢学区	主任	李宝君
	副主任	高君
阜新矿学区	主任	赵秉清
	副主任	丁丹枚
		王坚

省直工委学区	主任	高德利

吉林分院

长春学区	主任	柳泓澄
吉林学区	主任	曹善元
	副主任	阎绍文
延边学区	主任	任南洙
	副主任	金治洗
		金贞海
		王德亮
四平学区	主任	苏丽华
	副主任	童鹤鸣
		张爱平
白城学区	主任	宋平
	副主任	管秀德
		杜秀娥
辽源学区	主任	戚淑华
通化学区	主任	于喜荣
	副主任	苗葳
延吉辅导站	站长	沙慧娟
安图辅导站	站长	张成学
敦化辅导站	站长	史桂娟
图们辅导站	站长	赵正龙
大石头辅导站	站长	赵芳华
大兴沟辅导站	站长	王钊
天桥岭辅导站	站长	张尊伟

黑龙江分院

直属学区	主任	邱长弘
	副主任	刘庆有
		王政红
		王惠锋
哈市电大站	站长	白艳平
哈市职大站	站长	单文龙
	副站长	李春蕃
巴彦辅导站	站长	施秀海
	副站长	李广梅
肇东辅导站	站长	王宪顺
电大理工部站	站长	田松江
省交专辅导站	站长	薛晓红
省政府职大站	站长	金发
学区直属站	站长	刘庆有
哈轻型车厂站	站长	罗矣
省社调所站	站长	龚杰
牡机车厂站	站长	冯玉亮
宁安辅导站	站长	尹德义
	副站长	刘国庆
牡粮食中专站	站长	李国福
肇源电大站	站长	高述天
鸡西矿辅导站	站长	杨帆
虎林电大站	站长	杨增
鹤岗矿辅导站	站长	樊万岗
嫩江辅导站	站长	于春华
龙江辅导站	站长	马永福
哈市党校学区	主任	薛航
	副主任	王强
五常电大站	站长	宋连昆
	副站长	李延碌
黑河社科职大站	站长	黄成慧
哈社科职大站	站长	刘亚莉
	副站长	徐迎宪
宾县检察院站	站长	张景环
	副站长	董晓钟
呼兰党校站	站长	刘建华
	副站长	关莉娟
齐齐哈尔学区	主任	赵阿媛
	副主任	苗晓卉
讷河辅导站	站长	孙雅琴
	副站长	孙志国
佳木斯学区	主任	韩永贵
	副主任	吕志伟
直属辅导站	站长	吕志伟
	副站长	李枫
桦南辅导站	站长	程传忠
	副站长	阎玉成
大庆党校学区	主任	刘金友
	副主任	段长存
大同辅导站	站长	于刚
	副站长	张春艳
伊春学区	主任	邢晓丽
	副主任兼站长	刘姝
	副主任	陈洪达
鹤岗学区	主任	谢玉芝
	副主任	温玉斌
直属辅导站	站长	温玉斌
	副站长	陈继良
绥滨辅导站	站长	贾千文
	副站长	周文
鸡西学区	主任	戴志昌
直属辅导站	站长	戴志昌
密山辅导站	站长	梁炳元
双鸭山学区	主任	张玉才
	副主任	牛姝兰
饶河辅导站	站长	齐兴亚
	副站长	丛丽啟
七台河学区	主任	徐凌
	副主任	李茂杰
		唐淑华
勃利辅导站	站长	李福山
	副站长	王森
黑河学区	主任	张清义
	副主任	谢可基
		孙冬莉
北安辅导站	站长	滕连山
绥化学区	主任	杨林
大兴安岭学区	主任	孟宪坤
农垦总局学区	主任	徐琨
	副主任	陆将
九三局辅导站	站长	韩忠贤
	副站长	金凤鸣
绥化局辅导站	站长	刘克才
	副站长	杜荣娥
齐分局辅导站	站长	李树喜
	副站长	刘玉霞
宝泉岭局站	站长	王明义
	副站长	凌峰
牡工职大站	站长	邹继凯
	副站长	刘江虎
经济学校站	站长	卜丰田
	副站长	刘冲
总局电大站	站长	李政兰
	副站长	张震
七星农场站	站长	顾镜明
	副站长	孙婕
八五二农场站	站长	金万荣
	副站长	穆玲
红旗岭农场站	站长	赵秋柱
	副站长	李清玉
鹤北林业局站	站长	冯德胜

	副站长	冯德利
双河农场站	站长	史守钦
	副站长	杜秋兰
兴凯湖农场站	站长	王庆典
庆丰农场站	站长	郑玉忠
小岭水泥厂站	站长	魏凤霞
	副站长	李洪亮
宁安农场站	站长	李长顺
	副站长	娄道仁
友谊职工中专站	站长	孙凤仁
克山农场站	站长	刘洪军
	副站长	杨柏昌
农垦北安学区	主任	赵凯
齐分局辅导站	站长	阚超
赵光辅导站	站长	刘富芹
红色辅导站	站长	旭景堂
逊克辅导站	站长	金永真
国防工业学区	主任	籍霜峥
	副主任	周好勤
		张德举
		孟繁智
		沙秀丽
哈飞辅导站	站长	尹贵俭
华安辅导站	站长	高燕
哈一机辅导站	站长	杜桂芬
东光辅导站	站长	常平
北方辅导站	站长	吴玺娟
省直直属站	站长	杨宝瑞
	副站长	张强

上海分院

梅山辅导站	站长	吴慧萍
	常务副站长	黎荣
	副站长	张佩盈
		熊兵
徐汇辅导站	站长	杨杨
	副站长	蓝芝华
长宁辅导站	站长	严伯军
静安辅导站	站长	陈叔骐
	副站长	李法全
普陀辅导站	站长	沈移元
卢湾辅导站	站长	袁蓓灏
	副站长	张培春
南市辅导站	站长	庞清江
黄浦辅导站	站长	徐家驷
闸北辅导站	站长	杨月珍
	副站长	熊建萍
虹口辅导站	负责人	何久隆
杨浦辅导站	站长	曾麟
宝山辅导站	站长	张新文
	副站长	张立新
闵行辅导站	站长	任向阳
	副站长	丁兴标
金山辅导站	站长	徐振昌
	副站长	娄成妹
嘉定辅导站	站长	秦志明
奉贤辅导站	站长	陆群
	副站长	张根发
南汇辅导站	站长	顾元聪
	副站长	赵勤敏
崇明辅导站	站长	顾鹏炎
	副站长	陈新涛
宝钢辅导站	站长	严德高
电力辅导站	站长	张雷
船舶辅导站	站长	孙夏
	副站长	王伟
建工辅导站	站长	康春江
	副站长	冯文彬
机电辅导站	站长	徐松庄
	副站长	陈延磊
公用辅导站	站长	汪世民
	副站长	周美蓉
石化辅导站	站长	鲁锦江
	副站长	姚建国
		陆正伟
		王卫民
纺织辅导站	站长	王志平
	副站长	龚华岗
教卫辅导站	站长	蒋正华
	副站长	张涟
总工会辅导站	站长	刘瑞楼
浦东辅导站	站长	陆沪根
	副站长	陈希章
		顾银祥
直属学区	主任	周芳华
青浦辅导站	副站长	黄文燕

江苏分院

直属学区	主任	李健
	副主任	谢家喜
省级机关学区	主任	楼育校
	副主任	杨宪
南京学区	主任	吴锡明
	副主任	王东海
		缪献华
		汪恩华
玄武辅导站	站长	黄红权
	副站长	王和鸣
白下辅导站	站长	莫文才
	副站长	王宁忠
秦淮辅导站	站长	陈宁
	副站长	李小华
建邺辅导站	站长	刘荣亮
	副站长	姚齐放
鼓楼辅导站	站长	陈建生
	副站长	姜兴学
下关辅导站	站长	朱世业
	副站长	范利云
浦口辅导站	站长	马维德
	副站长	张惠锁
大厂辅导站	站长	许永友
	副站长	孙锦
栖霞辅导站	站长	尹军
	副站长	蒋殿浦
雨花辅导站	站长	吕成寿
	副站长	方钧华
江宁辅导站	站长	陈宝根
	副站长	俞有利
江浦辅导站	站长	陈先彬
	副站长	范以铭
六合辅导站	站长	吴文新
	副站长	谷晴
高淳辅导站	站长	黄勇
	副站长	唐定虎
溧水辅导站	站长	丁守志
	副站长	吴永胜
教工委辅导站	站长	李洪福
	副站长	龚月珍
镇江学区	主任	石春海

	副主任	张水娟
丹阳辅导站	站长	眭培林
	副站长	丁美娟
句容辅导站	站长	陈建强
	副站长	杨雅琴
扬中辅导站	站长	郑　云
	副站长	孙国荣
常州学区	主任	荣长征
	副主任	沈建钢
		孙群英
武进辅导站	站长	陆飞跃
	副站长	徐之刚
		宋建明
金坛辅导站	站长	唐国和
	副站长	陈根银
		周学伟
溧阳辅导站	站长	龚友强
	副站长	吴　晓
		王玉富
无锡学区	主任	张田生
	副主任	焦　克
		谢玉平
崇安辅导站	站长	孙晓兵
	副站长	吴德怡
北塘辅导站	站长	戴旭林
马山辅导站	站长	徐兆清
锡山辅导站	站长	高兴宝
	副站长	沈惠珍
江阴辅导站	站长	黄国强
	副站长	蒋泉兴
宜兴辅导站	站长	许夕华
	副站长	吴春祥
苏州学区	主任	孙艺兵
	副主任	王锡泉
吴江辅导站	站长	黄　平
	副站长	庄永先
昆山辅导站	站长	王建东
	副站长	陈茂军
太仓辅导站	站长	赵永生
	副站长	朱珍亚
常熟辅导站	站长	何振球
	副站长	杨　标
张家港辅导站	站长	郭树真

	副站长	薛振华
吴县辅导站	站长	朱继业
	副站长	范希钢
南通学区	主任	潘永江
	副主任	姜作培
		臧乃康
海安辅导站	站长	王其银
	副站长	缪德清
如皋辅导站	站长	刘志高
	副站长	蒋文祥
如东辅导站	站长	胡其如
	副站长	薛志林
		季　聪
通州辅导站	站长	赵振南
	副站长	章新华
海门辅导站	站长	马红葵
	副站长	俞东毅
启东辅导站	站长	任海麟
	副站长	陈思品
扬州学区	主任	阮衍宁
宝应辅导站	站长	苗在蕙
	副站长	高少林
高邮辅导站	站长	杭　淦
	副站长	张　松
		潘为民
江都辅导站	站长	曹义为
	副站长	汪　辉
仪征辅导站	站长	宋贤智
	副站长	孙守明
		邢忠昶
油田辅导站	站长	陈关兴
	副站长	杨道升
华东石油局站	站长	戴林生
	副站长	王齐华
徐州学区	主任	刘春平
	副主任	陈素贞
		刘　波
贾汪辅导站	站长	杨登群
	副站长	王来莹
		杨　毅
铜山辅导站	站长	曹　浩
	副站长	赵　敏
		赵　鹏

沛县辅导站	站长	邓益山
	副站长	张奇安
丰县辅导站	站长	张显芝
	副站长	师　东
睢宁辅导站	站长	刘晨钟
	副站长	张格文
		李存侠
邳州辅导站	站长	岳　勇
	副站长	陈　琳
		张新国
新沂辅导站	站长	许蔡柱
	副站长	薛道云
		薛新如
淮阴学区	主任	戴家才
	副主任	孙良筛
		颜永志
淮安辅导站	站长	周喜作
	副站长	沈宝洲
盐城学区	主任	吴兴鹏
	副主任	李新昌
		茆律章
大丰辅导站	站长	邱　俊
	副站长	杨永祥
		龚　进
东台辅导站	站长	朱宝荣
	副站长	吴东湖
连云港学区	副主任	朱清扬
赣榆辅导站	副站长	尹世泉
东海辅导站	站长	董　明
金陵石化学区	主任	耿松青
泰州学区	主任	查桂山
	副主任	丁国和
		虞登禹
泰兴辅导站	站长	王克毅
	副站长	王国友
		王　翔
靖江辅导站	站长	袁明乔
	副站长	姚儒鸿
		洪卓如
姜堰辅导站	站长	卫家稳
	副站长	王　琳
		潘定平
兴化辅导站	站长	金永和

	副站长	谷幼农
		宗伯言
宿迁学区	主任	陈运祥
	副主任	李鹏
宿豫辅导站	站长	桑小平
	副站长	周齐生

浙江分院

杭钢辅导站	站长	邵松涛
司法厅辅导站	站长	顾金法
	副站长	杨弓
边防辅导站	站长	焦克俭
杭州学区	主任	陆亚泉
	副主任	张佩娟
淳安辅导站	站长	姜北方
	副站长	姚宏韬
		王海良
富阳辅导站	站长	周亦涛
	副站长	李娅民
余杭辅导站	站长	吴勇
	副站长	凌美娣
桐庐辅导站	站长	张德扬
	副站长	骆国庆
建德辅导站	站长	刘锡兴
	副站长	童来清
临安辅导站	站长	蔡友良
	副站长	沈百万
萧山辅导站	站长	陈菊根
宁波学区	主任	朱中人
	副主任	沃依群
奉化辅导站	站长	楼光宙
	副站长	马才军
余姚辅导站	站长	王永江
	副站长	罗利行
		黄其君
象山辅导站	站长	蒋亚娣
	副站长	周成安
宁海辅导站	站长	施宗璜
	副站长	罗晓明
鄞县辅导站	站长	陆国味
	副站长	蒋吉昌
港务辅导站	站长	钱嗣泽
	副站长	吴华水
慈溪辅导站	站长	黄银乔
	副站长	孙久义
温州学区	主任	蒋儒标
	副主任	潘步林
乐清辅导站	站长	金道芬
	副站长	叶文千
永嘉辅导站	站长	潘德惠
洞头辅导站	站长	林友坚
瑞安辅导站	站长	蒋锦荣
	副站长	邱益泽
平阳辅导站	站长	吴春震
苍南辅导站	站长	陈后强
	副站长	赖雪琴
文成辅导站	站长	陈建敏
	副站长	叶肖平
泰顺辅导站	站长	张忠武
	副站长	吴夏莲
台州学区	主任	金建
	副主任	魏鸣凤
椒江辅导站	站长	叶祥洲
	副站长	洪水
黄岩辅导站	站长	李曲法
	副站长	王文祥
路桥辅导站	站长	孙国利
	副站长	梁标
临海辅导站	站长	童必周
	副站长	王敏
三门辅导站	站长	龚琴新
	副站长	李常春
天台辅导站	站长	金锦秀
	副站长	曹月凤
仙居辅导站	站长	张汝良
	副站长	王中南
		方振飞
温岭辅导站	站长	陈晓苏
	副站长	林晓培
玉环辅导站	站长	肖加福
	副站长	蒋德
金华学区	主任	贾恭惠
	副主任	宗开宝
兰溪辅导站	站长	王柏中
	副站长	李永良
义乌辅导站	站长	蒋亦生
	副站长	王联寅
东阳辅导站	站长	许华春
	副站长	孔跃明
浦江辅导站	站长	陈文言
	副站长	洪炜
磐安辅导站	站长	郭金明
	副站长	孔贡清
金华县辅导站	站长	方雨辉
	副站长	毛秀娟
武义辅导站	站长	钟新康
	副站长	吴立琴
永康辅导站	站长	何爱春
	副站长	方有余
绍兴学区	主任	叶振东
	副主任	房晓峰
诸暨辅导站	站长	朱堂
	副站长	冯品灿
		石良平
上虞辅导站	站长	葛金钢
	副站长	叶方
嵊州辅导站	站长	王国鑫
	副站长	裘导川
新昌辅导站	站长	王绍欣
	副站长	娄国良
衢州学区	主任	陈云汉
	副主任	王少勇
衢县辅导站	站长	黄浩
龙游辅导站	站长	杨青云
	副站长	徐建清
江山辅导站	站长	徐国华
	副站长	姜寒松
常山辅导站	站长	张秀英
	副站长	徐双木
开化辅导站	站长	何诗云
	副站长	孙以宽
巨化学区	主任	叶长明
	副主任	林清平
湖州学区	主任	舒川根
	副主任	董凌尧
长兴辅导站	站长	沈柏成
德清辅导站	站长	罗永昌
安吉辅导站	站长	黄跃进
	副站长	范一直

丽水学区	主任	谢正法
	副主任	宋建设
景宁辅导站	站长	吴跃金
松阳辅导站	站长	阙桂生
	副站长	叶世根
青田辅导站	站长	应尚福
	副站长	林进高
云和辅导站	站长	朱阶平
	副站长	邱长书
丽水辅导站	站长	朱献培
	副站长	周蕴敏
庆元辅导站	站长	胡敬超
	副站长	吴德庶
龙泉辅导站	站长	朱志伟
缙云辅导站	站长	陈晓良
	副站长	卢荣彪
遂昌辅导站	站长	林晨
	副站长	杨庆红
嘉兴学区	主任	徐锦才
	副主任	周宝珍
加善辅导站	站长	杨善岗
	副站长	朱庚生
		姚立军
海宁辅导站	站长	朱坤苗
	副站长	赵嘉年
桐乡辅导站	站长	王士杰
	副站长	程卫
海盐辅导站	站长	董成彪
	副站长	潘爱凤
秀洲辅导站	站长	朱根荣
	副站长	冯玉珍
平湖辅导站	站长	张育民
	副站长	王一鸣
舟山学区	主任	任兆岳
	副主任	章荷青
		邵元华
普陀辅导站	站长	范家骝
	副站长	虞永国
岱山辅导站	站长	姜方瑞
	副站长	郑亚元
		郑芳春
		徐志男
嵊泗辅导站	站长	王岳忠
	副站长	林明忠
		胡国祥

安徽分院

省直学区	主任	唐世杰
	副主任	唐礼桂
		张岚
合肥学区	主任	李广华
	副主任	陶宏远
六安学区	主任	刘德新
	副主任	沈彬
		高少传
巢湖学区	主任	汤永旭
	副主任	盛昌生
安庆学区	主任	彭生高
	副主任	郑业智
亳州学区	主任	蒋庆华
	副主任	张中智
		陶明德
芜湖学区	主任	李荣生
	副主任	潘克兰
		徐国荣
宣城学区	主任	王成吉
	副主任	胡锦荣
铜陵学区	主任	汤晓华
	副主任	沈承刚
马鞍山学区	主任	张效富
	副主任	袁晓明
蚌埠学区	主任	倪怀麟
	副主任	周德岭
滁州学区	主任	李强生
	副主任	王超武
黄山学区	主任	方亮春
	副主任	徐勇勇
		朱秀英
宿州学区	主任	解维领
	副主任	郑成光
		赵炳元
		孙庆伦
		陈月芳
淮南学区	第一主任	李素华
	主任	程相勤
	副主任	吕德全
		蔡健行
淮北学区	主任	杨以谦
	副主任	杨宏庆
阜阳学区	主任	李成祥
	副主任	穆森
淮南矿学区	主任	王跃
	副主任	程爱萍
		耿百齐
淮北矿学区	主任	吕希德
	副主任	黄宝勤
部队学区	主任	江星富
	副主任	宋开祥
		吴汉祥
		蒋建华
安大学区	主任	张长江
	副主任	蔡素珍
池州学区	主任	程世宁
马钢学区	主任	王建华
	副主任	张履康
铜陵有色学区	主任	温仲发
	副主任	孔祥兵

福建分院

厦门学区	主任	陈二加
	副主任	骆主福
同安辅导站	站长	吕加福
	副站长	洪金全
集美辅导站	站长	黄卫灵
	副站长	艾猷芾
杏林辅导站	站长	林长勇
	副站长	林启敏
省直机关学区	副主任	侯一平
福州学区	主任	郑玉泉
	常务副主任	黄银生
	副主任	杨剑平
福清辅导站	站长	蔡瑞铮
平潭辅导站	站长	李劲青
	副站长	曾华仁
永泰辅导站	站长	黄宝华
	副站长	柯兆云
长乐辅导站	站长	郑发建
	副站长	陈琼
莆田学区	主任	林元亮

	副主任	陈金毓
		林仲仙
城厢辅导站	站长	林宗哲
	副站长	林长征
仙游辅导站	站长	柯麟彪
	副站长	阮洪林
莆田辅导站	站长	方培昌
	副站长	林永祥
涵江辅导站	站长	张明星
	副站长	鲍金锁
北岸辅导站	站长	李文祥
泉州学区	主任	陈东水
	副主任	胡华兴
		陈毅生
丰泽辅导站	站长	黄昌明
	副站长	林永昌
晋江辅导站	站长	黄阳春
	副站长	许明月
惠安辅导站	站长	骆晓明
	副站长	陈森章
南安辅导站	站长	周泗情
	副站长	廖徐伟
安溪辅导站	站长	许如竹
	副站长	刘志峰
永春辅导站	站长	曾令宾
	副站长	姚清地
德化辅导站	站长	谢英杰
漳州学区	主任	李淑芬
	常务副主任	林孝午
	副主任	郑路
芗城辅导站	站长	左回初
	副站长	张如璋
龙海辅导站	站长	纪瑞仁
	副站长	陈乾山
漳浦辅导站	站长	黄美成
	副站长	郑康省
云霄辅导站	站长	罗深汉
	副站长	张淑琴
东山辅导站	站长	张先英
	副站长	王志勇
诏安辅导站	站长	谢永钦
	副站长	沈水武
南靖辅导站	站长	杨志强
	副站长	张永忠
平和辅导站	站长	叶文清
	副站长	陈海标
长泰辅导站	站长	黄健坡
	副站长	毕凡
华安辅导站	站长	李红缨
	副站长	阙炳武
宁德学区	主任	缪云震
	副主任	刘培麟
		雷永昌
三明学区	主任	谢锦荣
	副主任	吴良平
		董光灶
沙县辅导站	站长	林启增
	副站长	徐柳珠
尤溪辅导站	站长	关野峰
	副站长	林燕
永安辅导站	站长	陈孝康
	副站长	陈开斌
大田辅导站	站长	廖之清
	副站长	田晃
		吴秀文
明溪辅导站	站长	冯晨
	副站长	石秀苇
清流辅导站	站长	李初开
	副站长	欧阳俊生
		黄坤林
宁化辅导站	站长	侯迎华
	副站长	赖美华
建宁辅导站	站长	罗进忠
	副站长	陈国钊
泰宁辅导站	站长	黄炳荣
	副站长	颜旭东
将乐辅导站	站长	汪泽民
	副站长	严华林
三钢辅导站	站长	戴志明
	副站长	陈庆跃
南平学区	主任	王飞
武夷山辅导站	站长	徐秀文
	副站长	王爱珍
		刘助民
邵武辅导站	站长	黄根长
	副站长	蔡星辉
建瓯辅导站	站长	叶芳俊
	副站长	蔡金泉
光泽辅导站	站长	林国芳
	副站长	官延礼
政和辅导站	站长	李声佑
顺昌辅导站	站长	李东君
	副站长	叶长顺
		宋秋萍
浦城辅导站	站长	林明华
	副站长	张厦南
建阳辅导站	站长	徐剑平
	副站长	洪长华
松溪辅导站	站长	游彩龙
直属辅导站	站长	周伟民
	副站长	游招惠
福鼎辅导站	站长	金伯雄
	副站长	洪可钟
屏南辅导站	站长	周斌雪
	副站长	陈以文
寿宁辅导站	站长	周道齐
	副站长	陈锦平
霞浦辅导站	站长	朱冰玲
	副站长	陈雪玉
		董雅明
柘荣辅导站	站长	李强
	副站长	陈昌盛
福安辅导站	站长	陈孟生
	副站长	王晋强
古田辅导站	站长	郑作鎏
	副站长	汤仰威
周宁辅导站	站长	徐少锋
	副站长	陈玲
龙岩学区	主任	钟树文
	副主任	江维力
		章子天
永定辅导站	站长	黄军焕
	副站长	张天福
上杭辅导站	站长	张静芳
	副站长	兰学洪
武平辅导站	站长	张林祥
	副站长	孙玲
长汀辅导站	站长	蔡宜增
	副站长	上官昌永

漳平辅导站	站长	邱建银
	副站长	黄天才
连城辅导站	站长	童远雄
	副站长	罗昌林

江西分院

南昌学区	主任	王亚琴
	副主任	万发海
		章元平
直属辅导站	站长	章元平
进贤辅导站	站长	陈忠
	副站长	文武
南昌县辅导站	站长	陈伟金
	副站长	李慎鸿
郊区党校站	站长	曹和华
新建辅导站	站长	夏宗琅
九江学区	主任	王河山
	副主任	杜治江
武宁辅导站	站长	孙德立
	副站长	熊里燮
		刘堂河
九江辅导站	站长	王承虎
	副站长	张孝水
		肖金美
瑞昌辅导站	站长	周启翔
	副站长	王义月
		冯道江
修水辅导站	站长	周江宁
	副站长	王小华
		梁学炳
星子辅导站	站长	黄纪槐
	副站长	徐金元
湖口辅导站	站长	吴坚
永修辅导站	站长	刘显政
	副站长	熊茂东
		殷隆来
九江石化厂站	站长	吕敬绪
	副站长	鲍贵
九船辅导站	站长	刘鹏
上饶学区	主任	丁建中
	副主任	郑勇华
波阳辅导站	站长	江明林
婺源辅导站	站长	程茂盛
抚州学区	主任	万泽民
	副主任	周泽南
临川辅导站	站长	夏万福
东乡辅导站	站长	何筱娟
广昌辅导站	站长	胡叔敏
宜春学区	主任	龚杏仔
	副主任	谢初芳
丰城辅导站	站长	喻新年
	副站长	李海儒
樟树辅导站	站长	杨玉平
	副站长	宋债根
高安辅导站	站长	胡逞均
	副站长	游国铭
奉新辅导站	站长	贺康
	副站长	彭青莲
靖安辅导站	站长	李建军
	副站长	袁业琪
宜丰辅导站	站长	黄立丰
	副站长	姚宏
上高辅导站	站长	邬思生
	副站长	鲁勇
吉安学区	主任	吴兴东
	副主任	黄永远
吉安市辅导站	站长	王静
	副站长	应水苟
赣州学区	主任	江宗新
瑞金辅导站	站长	罗光泉
	副站长	黄平
南康辅导站	站长	曹佐胜
	副站长	朱挺龙
龙南辅导站	站长	叶柱林
	副站长	曾日红
兴国辅导站	站长	梅甲祥
	副站长	钟贞茂
于都辅导站	站长	许云鹏
	副站长	李卫东
会昌辅导站	站长	李卓春
	副站长	刘佐恩
定南辅导站	站长	钟添生
	副站长	宋添盛
景德镇学区	主任	计会德
	副主任	胡银娇
乐平辅导站	站长	蔡衍宁
	副站长	周宏
浮梁辅导站	站长	王益群
萍乡学区	主任	谢敏
	副主任	邓进双
莲花辅导站	站长	张介发
鹰潭学区	主任	洪光平
新余学区	主任	胡慧明
新钢学区	主任	欧阳小缨
良山辅导站	站长	敖卫东
电力学区	主任	涂火金
江铜学区	主任	李轩茂
	副主任	吴金喜
		林忠
直属站	站长	邱林生
德兴铜矿站	站长	余飞
昌河学区	主任	王焕章
南飞学区	主任	刘远征
	副主任	王雷
省直工委学区	主任	吴瑞安
南航辅导站	站长	丁群安
	副站长	涂发力
丰矿辅导站	站长	陈罗生
	副站长	陈剩余
省监狱局站	站长	王绍华
共青党校站	站长	黄林根
萍矿党校站	站长	彭台萍
省检察院站	站长	吴伟祥

山东分院

济宁学区	主任	袁伟
	副主任	邵英
		王凤英
市中区辅导站	站长	曹仁浩
	副站长	陈东海
兖州辅导站	站长	尹成祥
	副站长	付兆喜
泗水辅导站	站长	张广春
	副站长	张安
邹城辅导站	站长	刘景华
	副站长	王福迎
鱼台辅导站	站长	张清文
	副站长	吕继军
金乡辅导站	站长	邵有才

	副站长	董延建
汶上辅导站	站长	刘其典
	副站长	宋恩海
梁山辅导站	站长	薛庆华
	副站长	周其郁
枣庄学区	主任	韩建立
	副主任	王孝义
		张敬乾
滕州辅导站	站长	刘声祥
	副站长	张开聚
薛城辅导站	站长	陈凡贵
	副站长	王厚宽
台儿庄辅导站	站长	傅延长
	副站长	邵长清
山亭辅导站	站长	尚力呐
	副站长	张悦
聊城学区	主任	郝东方
	副主任	姜淑芹
临清辅导站	站长	辛玉岭
阳谷辅导站	站长	孟广先
莘县辅导站	站长	李记旭
	副站长	钱玉杰
东阿辅导站	站长	张大安
	副站长	袁春英
冠县辅导站	站长	肖太宏
高唐辅导站	站长	白兴虎
青岛学区	主任	吕振宇
	副主任	蔡善成
		王瑞明
		郭石宝
市南辅导站	站长	宋培常
市北辅导站	站长	马靖
四方辅导站	站长	卢衍意
李沧辅导站	站长	韩喜先
	副站长	孙福隆
黄岛辅导站	站长	王振山
即墨辅导站	站长	于普森
	副站长	刘忠传
胶州辅导站	站长	王现邦
	副站长	杨家基
胶南辅导站	站长	张明俊
	副站长	崔坤斗
莱西辅导站	站长	薛丕秋

	副站长	于学清
平度辅导站	站长	杨建泽
	副站长	陈顺田
潍坊学区	主任	王光林
	副主任	刘在升
诸城辅导站	站长	邱炳焕
昌邑辅导站	站长	夏麦香
高密辅导站	站长	范欣
寒亭辅导站	站长	庞景隆
东营学区	主任	于学顺
	副主任	刘绪柱
		刘玉玲
东营区辅导站	站长	徐宝训
河口辅导站	站长	刘琳堂
垦利辅导站	站长	王光明
利津辅导站	站长	高兴隆
广饶辅导站	站长	郭洪俊
临沂学区	主任	程天斗
	副主任	李刚
		黄宝峰
费县辅导站	站长	张玉民
沂水辅导站	站长	王伟
沂南辅导站	站长	郭云堂
滨州学区	主任	杨茂盛
	副主任	金军
邹平辅导站	站长	杨金卫
	副站长	刘以波
博兴辅导站	站长	舒金卫
	副站长	程维国
菏泽学区	主任	樊庆增
	副主任	李鲁燕
单县辅导站	站长	刘士魁
	副站长	杜树光
东明辅导站	站长	王留春
	副站长	周浩
定陶辅导站	站长	梁显彬
	副站长	张烁
巨野辅导站	站长	汪其元
	副站长	彭中峰
曹县辅导站	站长	冯中山
郓城辅导站	站长	刁怀德
	副站长	张宪勤
鄄城辅导站	站长	贾曹贤

	副站长	王显峰
成武辅导站	站长	刘文
	副站长	张侵
菏泽市辅导站	站长	田纪国
	副站长	李信成
德州学区	主任	潘学升
	副主任	杨家卉
陵县辅导站	站长	李忠河
宁津辅导站	站长	朱慧卿
庆云辅导站	站长	路新河
	副站长	刘贤峰
十三局辅导站	站长	崔金生
	副站长	吴尼亚
泰安学区	主任	侯延军
	副主任	陈继柱
		米胜利
泰山辅导站	站长	段宗正
郊区辅导站	站长	卢宗胜
	副站长	高洪安
济南学区	主任	张锋
	副主任	王华起
威海学区	主任	张忠福
	副主任	王基舟
		王富敏
荣成辅导站	站长	张福近
	副站长	刘珊
文登辅导站	站长	宋文启
	副站长	刘玉友
乳山辅导站	站长	鲁如宁
	副站长	于军
烟台学区	主任	隋大强
	副主任	刘勇军
		宋建明
莱阳辅导站	站长	黄卫
	副站长	李华伟
招远辅导站	副站长	刘秀淑
栖霞辅导站	站长	牟永起
	副站长	吴小东
莱州辅导站	站长	王凤珠
	副站长	陈沪海
龙口辅导站	站长	王桂香
胜利油田学区	主任	任文明
	副主任	孙树勋

井下辅导站	站　长	臧杰运
	副站长	刘宗玉
滨南辅导站	站　长	青友树
	副站长	孙红艳
钻井辅导站	站　长	灶希柱
	副站长	谢宏玲
物探辅导站	站　长	王中军
	副站长	程树良
胜采辅导站	站　长	许字丰
	副站长	陈　韬
河口辅导站	站　长	贾宗国
	副站长	刘俊堂
孤岛辅导站	站　长	陈友玮
	副站长	岳希福
孤东辅导站	站　长	刘忠坦
	副站长	刘红英
胜大辅导站	站　长	陈锡文
淄博学区	主　任	刘业水
	副主任	田素芝
临淄辅导站	站　长	张云立
莱芜学区	主　任	刘万河
	副主任	段明守
兖矿学区	主　任	张法宏
	副主任	孙国华
肥矿学区	主　任	莫　燕
	副主任	赵兴财
山铝学区	主　任	尹黄伦
日照学区	主　任	徐长安
	副主任	魏代增
莱钢学区	主　任	张义杭
	副主任	王　中
枣矿学区	主　任	郝荣平
	副主任	李志伟
齐鲁石化学区	副主任	路永山

河南分院

省直学区	主　任	张冠显
	副主任	杨广先
洛矿辅导站	站　长	韩桃元
	副站长	南莹莹
洛轴辅导站	站　长	董天水
	副站长	林建建
		孙志毅
炮院辅导站	站　长	韩庆亮
	副站长	曹文华
郑州学区	主　任	肖　玲
	副主任	王文杰
		柴海瑞
		康丽娜
新密辅导站	站　长	白现亭
	副站长	段连成
		王东惠
登封辅导站	站　长	郭年凯
	副站长	李少军
郑煤辅导站	站　长	周超尘
	副站长	程国斌
新郑辅导站	站　长	沈宝峰
	副站长	潘　明
荥阳辅导站	站　长	李国法
	副站长	马安凤
巩义辅导站	站　长	贾占彪
	副站长	马治英
长铝辅导站	站　长	石宪玉
	副站长	唐　军
上街辅导站	站　长	孙荣仙
	副站长	张彦军
中牟辅导站	站　长	韩　杰
	副站长	蔡敬河
开封学区	主　任	程子良
	常务副主任	刘旭鹏
	副主任	武文俊
		安　方
尉氏辅导站	站　长	王洪彪
	副站长	许　军
通许辅导站	站　长	祁建国
	副站长	厉学林
杞县辅导站	站　长	朱付来
	副站长	陈全红
开封县辅导站	站　长	刘炳生
	副站长	束照峰
洛阳学区	主　任	陈魁武
	副主任	肖秋英
嵩县辅导站	站　长	张建明
	副站长	郑保才
汝阳辅导站	站　长	李本善
	副站长	夏根东
偃师辅导站	站　长	尚建民
	副站长	朱新生
孟津辅导站	站　长	丁合江
	副站长	郭　海
新安辅导站	站　长	王振随
	副站长	陈宏伟
宜阳辅导站	站　长	王　克
	副站长	米志卿
洛宁辅导站	站　长	张建生
	副站长	雷兴民
平顶山学区	主　任	陈宝山
	副主任	雷新生
		彭云霞
鲁山辅导站	站　长	刘振峰
	副站长	刘　川
汝州辅导站	站　长	马平君
	副站长	宋仁民
平煤集团站	站　长	翟　平
	副站长	蔡　萌
		高少村
宝丰辅导站	站　长	李素琴
	副站长	李　群
舞钢辅导站	站　长	邢利兴
	副站长	张惠敏
新乡学区	主　任	邢亮鑫
	副主任	郭胜利
		张怀军
辉县辅导站	站　长	赵全贵
	副站长	路秋群
卫辉辅导站	站　长	许育芝
	副站长	侯秋庄
长垣辅导站	站　长	王登玉
	副站长	王凤林
原阳辅导站	站　长	杜兴涛
	副站长	韩文修
获加辅导站	站　长	郭悦杰
	副站长	王著稳
焦作学区	主　任	杨家卿
	副主任	秦有德
焦作矿务局站	站　长	刘宪法
	副站长	张尽中
安阳学区	主　任	王爱宏
	常务副主任	路伟增

	副主任	张金水
		王中安
林州辅导站	站长	李永生
	副站长	李玉林
汤阴辅导站	站长	石庆德
滑县辅导站	站长	赵子勤
	副站长	丘文详
内黄辅导站	站长	林付民
	副站长	李改焕
安阳县辅导站	站长	李志平
	副站长	田兵勋
濮阳学区	主任	刘秋风
	副主任	李宗瑭
		王亚平
濮阳县辅导站	站长	张世杰
	副站长	张克礼
清丰辅导站	站长	刘彦军
南乐辅导站	站长	石玉英
	副站长	李记功
范县辅导站	站长	刘改勤
台前辅导站	站长	崔益民
	副站长	李志文
鹤壁学区	主任	翟庆昌
	副主任	王敏
三门峡学区	主任	石文献
	副主任	郭三德
		裴建军
		朱安萍
渑池辅导站	站长	杨富有
	副站长	杨百春
卢氏辅导站	站长	白焕明
	副站长	李宁霞
许昌学区	主任	韩爱珍
	副主任	王光明
		童晓霞
		崔智勇
漯河学区	主任	张梅花
	副主任	高德罡
商丘学区	主任	李清江
	副主任	尚清廉
		冯建勋
		孙春鸣
		董巧真
永城辅导站	站长	程秀英
	副站长	朱红娟
夏邑辅导站	站长	李素云
	副站长	孙学仁
周口学区	主任	袁望东
	副主任	王平
鹿邑辅导站	站长	陈大明
	副站长	王景先
淮阳辅导站	站长	张光山
	副站长	邱连珠
项城辅导站	站长	赵经政
	副站长	郭华
驻马店学区	主任	周世运
	副主任	余兴国
		汪建国
信阳学区	主任	甘永恒
	副主任	侯世武
固始辅导站	站长	姚泽升
	副站长	赵华林
光山辅导站	站长	戴晓煜
	副站长	刘建明
南阳学区	主任	阎天三
	副主任	吕柯
		王德玉
方城辅导站	站长	王新华
	副站长	侯国安
镇平辅导站	站长	周超举
	副站长	王士题
南阳油田站	站长	薛杰
	副站长	李胜慧
新野辅导站	站长	李莉
	副站长	梁根华
唐河辅导站	站长	龚云亭
	副站长	陈中海
西峡辅导站	站长	解夏令
	副站长	王金超
内乡辅导站	站长	范云郁
	副站长	潘廷汉
社旗辅导站	站长	惠春生
	副站长	高淑云
淅川辅导站	站长	王有夫
	副站长	侯林镐
邓州辅导站	站长	魏家俊
	副站长	程传铅
南召辅导站	站长	蔡长俊
	副站长	张笑丛
中原油田学区	主任	田思忠
	副主任	展淑丽
		孟凡浩
		吉靳毅
省计培中心学区	主任	赵银波
省工商局学区	主任	李棉英
	副主任	李安平
		蔚钟声
洛拖学区	主任	安顺宗
	副主任	陈建洛
济源学区	主任	殷拴长
	副主任	李福和
省直党校学区	主任	吴天顺
	副主任	刘俊杰

湖北分院

省直学区	主任	陈玉林
	副主任	秦岩
恩施学区	主任	牟方碧
	副主任	潘锦万
		姚孝群
利川辅导站	站长	何平
咸丰辅导站	站长	何建民
来凤辅导站	站长	吴文勇
鹤峰辅导站	站长	龙赞洲
巴东辅导站	站长	舒列清
建始辅导站	站长	向海
宜昌学区	主任	杨定发
	常务副主任	张世云
	副主任	余永宝
宜昌辅导站	站长	陈立静
兴山辅导站	站长	王圣春
秭归辅导站	站长	王罡
长阳辅导站	站长	马协昌
五峰辅导站	站长	毛启银
宜都辅导站	站长	赵国成
猇亭辅导站	站长	杨君
当阳辅导站	站长	张国富
远安辅导站	站长	龚远平
草埠湖辅导站	站长	李先斌

枝江辅导站	站长	樊哲庚
十堰学区	主任	何富先
	副主任	吴先波
		陈建林
郧县辅导站	主任	周清敬
房县辅导站	主任	赵兰芳
襄樊学区	主任	王援朝
	副主任	沈梅芬
		王福兴
襄阳辅导站	站长	范学浩
枣阳辅导站	站长	郭宏国
宜城辅导站	站长	肖立勤
	副站长	贾德保
南漳辅导站	站长	王宏大
保康辅导站	站长	刘荣德
	副站长	张祖涛
谷城辅导站	站长	汤正梅
	副站长	占兴仁
老河口辅导站	站长	赵国恩
樊城区辅导站	站长	李帮进
圻春辅导站	站长	胡红安
武穴辅导站	站长	夏新楼
黄梅辅导站	站长	徐先文
英山辅导站	站长	段正德
罗田辅导站	站长	许　敏
麻城辅导站	站长	傅太武
红安辅导站	站长	卢守能
咸宁学区	主任	艾国松
	副主任	吴传文
		冯　萍
咸安辅导站	站长	陈桂枝
通山辅导站	站长	夏光林
崇阳辅导站	站长	余国祥
通城辅导站	站长	黄河润
赤壁辅导站	站长	雷昌文
嘉鱼辅导站	站长	尹海明
荆门学区	主任	陈国祥
	副主任	宁心红
		游海燕
石化辅导站	站长	曹　越
黄石学区	主任	余显柏
	副主任	汪燕琳
		杨　建

阳新辅导站	站长	张储建
大冶辅导站	站长	柯大鹏
鄂州学区	主任	涂云桥
	副主任	倪井泉
仙桃辅导站	站长	康明科
	副站长	吴家炎
天门辅导站	站长	谢　钰
	副站长	郭圣学
潜江辅导站	站长	陈桂兰
	副站长	毛传芳
随州辅导站	站长	李传国
葛洲坝学区	主任	朱章杰
东汽学区	主任	李贵昌
	副主任	刘建奇
武钢学区	主任	王村平
	副主任	余　锋
武铁学区	主任	李珍荷
	副主任	邓宝章
		何金霞
江汉油田学区	主任	王良远
	副主任	董海燕
		李亚民
一冶学区	主任	邱芝花
三江辅导站	站长	毛京平
武汉公用局站	站长	陈德如
江夏辅导站	站长	汪俊臣
	副站长	舒治斌
蔡甸辅导站	站长	吴大友
	副站长	熊永安

湖南分院

直属学区	主任	范小平
	副主任	易文平
省直机关学区	主任	谢立三
	副主任	王卫东
培训中心站	站长	李建新
	副站长	彭福喜
		吴家森
中山业大站	站长	廖经池
	副站长	杨照球
		胡茂才
青少年宫站	站长	陈　涛
长沙学区	主任	范伯力
	副主任	杨少琼
		卢岳华
望城辅导站	站长	欧阳君利
长沙县辅导站	站长	王建洪
浏阳辅导站	站长	荣晓琳
宁乡辅导站	站长	刘朗清
	副站长	朱宪文
湘潭学区	第一主任	赵国荣
	主任	赵远琪
	副主任	马力坚
湘潭县辅导站	站长	彭泽湘
湘乡辅导站	站长	黄凤祥
	副站长	曾玉光
湘钢辅导站	站长	王擎柱
株洲学区	主任	何迪平
	副主任	曾柏桂
		胡建魁
直属辅导站	站长	周正飞
	副站长	齐铁安
南方公司站	站长	许文楚
湘江氮肥厂站	站长	陈　勇
醴陵辅导站	站长	朱培旭
攸县辅导站	站长	丁继雄
常德学区	主任	曾祥永
	副主任	卢翕初
直属辅导站	站长	胡新明
汉寿辅导站	站长	郭建华
鼎城辅导站	站长	陈显龙
武陵辅导站	站长	陈宗群
桃源辅导站	站长	田达龙
临澧辅导站	站长	杨书舫
石门辅导站	站长	杨万龙
澧县辅导站	站长	郑学刚
津市辅导站	站长	潘津秀
安乡辅导站	站长	廖军华
益阳学区	主任	陈国治
	副主任	彭爱珍
桃江辅导站	站长	王世奇
	副站长	黎跃军
桃江司法局站	站长	吴哲仪
	副站长	杨立庆
安化辅导站	站长	李子升
沅江辅导站	站长	何伯华

大通湖农场站	站　　长	彭汉文
	副 站 长	丁章生
娄 底 学 区	第一主任	龚　彧
	主　　任	阙明溪
	副 主 任	岳振业
		邹华壹
		阳春喜
直属辅导站	站　　长	邓海芝
涟源辅导站	站　　长	贺耀贵
	副 站 长	曾跃民
冷 水 江 站	站　　长	谭武宁
新化辅导站	站　　长	刘应如
	副 站 长	彭运强
双峰辅导站	站　　长	朱均平
	副 站 长	曾肇琨
涟钢辅导站	站　　长	欧阳禹
	副 站 长	龙　雄
邵 阳 学 区	主　　任	郭光荣
	副 主 任	文世隆
		孟一凡
邵阳县辅导站	站　　长	胡汉荣
隆回辅导站	站　　长	刘兴太
城步辅导站	站　　长	刘爱国
新宁辅导站	站　　长	蒋开和
新邵辅导站	站　　长	闵耀银
邵东辅导站	站　　长	何耀铭
洞口辅导站	站　　长	尹启光
武冈辅导站	站　　长	姚宏图
绥宁辅导站	站　　长	董文海
郴 州 学 区	第一主任	刘松贤
	主　　任	李新生
	常务副主任	廖美琳
	副 主 任	刘名祝
		李跃农
资兴辅导站	站　　长	何满清
嘉禾辅导站	站　　长	李致顺
桂阳辅导站	站　　长	邓增贵
永兴辅导站	站　　长	陈梅娥
安仁辅导站	站　　长	张家全
临武辅导站	站　　长	卢小昌
	副 站 长	曾庆国
汝城辅导站	站　　长	贺文兴
	副 站 长	邝若刚

桂东辅导站	站　　长	朱茂才
永 州 学 区	第一主任	杨正国
	主　　任	文锦菊
	副 主 任	郑文飞
直属辅导站	站　　长	蒋　俊
宁远辅导站	站　　长	成石华
	副 站 长	姜晓明
芝山辅导站	站　　长	王小军
冷水滩辅导站	站　　长	张和南
东安辅导站	站　　长	吴　炜
道县辅导站	站　　长	吴联忠
祁阳辅导站	站　　长	蒋旭日
江永辅导站	站　　长	何建锋
江华辅导站	站　　长	莫庆平
蓝山辅导站	站　　长	唐金良
新田辅导站	站　　长	齐吉生
双牌辅导站	站　　长	陈朝庭
衡 阳 学 区	第一主任	唐斌成
	主　　任	刘景良
	副 主 任	唐振方
衡阳县辅导站	站　　长	肖仲春
耒阳辅导站	站　　长	王宗江
衡山辅导站	站　　长	谭运清
衡东辅导站	站　　长	李迪清
南岳辅导站	站　　长	石宋明
祁东辅导站	站　　长	王孝炳
常宁辅导站	站　　长	易街芳
怀 化 学 区	第一主任	王身杰
	主　　任	张举忠
	副 主 任	赵海鸥
		谌小永
		张志媛
鹤城辅导站	站　　长	尹承录
黔阳辅导站	站　　长	申纪荣
洪江辅导站	站　　长	谢永安
会同辅导站	站　　长	陈自成
靖州辅导站	站　　长	俞启斌
通道辅导站	站　　长	杨正锦
芷江辅导站	站　　长	杨芳沅
新晃辅导站	站　　长	龙绍军
溆浦辅导站	站　　长	张　波
麻阳辅导站	站　　长	李叶平
辰溪辅导站	站　　长	余绍春

沅陵辅导站	站　　长	陈世桢
湘 西 学 区	第一主任	王士林
	主　　任	屈国资
	副 主 任	丁香成
永顺辅导站	站　　长	李永谊
保靖辅导站	站　　长	瞿中明
花垣辅导站	站　　长	毛亚雄
吉首辅导站	站　　长	陈金生
泸溪辅导站	站　　长	李绍莲
古丈辅导站	站　　长	胡长仁
龙山辅导站	站　　长	谭贤安
张家界学区	主　　任	向永存
	副 主 任	龚德文
		丁开军
慈利辅导站	站　　长	刘华洲
岳 阳 学 区	第一主任	戴新果
	主　　任	许卫国
	副 主 任	张文传
临湘辅导站	站　　长	雷东岳
平江辅导站	站　　长	许何生
湘阴辅导站	站　　长	蒋学明
汨罗辅导站	站　　长	黎文彬
华容辅导站	站　　长	赵训义
省直机关学区	主　　任	曹晓鲜
	副 主 任	王统成
省社科联学区	主　　任	曾郁圆
直属辅导站	站　　长	刘　刚
601直属站	站　　长	胡耀军
岳化直属站	站　　长	陈建伟
	副 站 长	阳国强
高校工委站	站　　长	杨承中
行政学院站	站　　长	张莲英
长铁直属站	站　　长	周伟前
长炼直属站	站　　长	刘国平
	副 站 长	黎光明

广 东 分 院

广 州 学 区	主　　任	章岳云
	副 主 任	陈治桃
		陈穗英
		陈遂怀
		谢世杰
白云辅导站	站　　长	林如大

	副站长	张海英
海珠辅导站	站长	胡忠明
	副站长	文风
黄埔辅导站	站长	林木舟
	副站长	陆少康
荔湾辅导站	站长	叶社华
	副站长	陈剑玲
芳村辅导站	站长	徐梓荣
	副站长	关志军
开发区辅导站	站长	王晋鹏
	副站长	李新
从化辅导站	站长	谭耀凌
	副站长	钟灵光
花都辅导站	站长	梁瑞甜
	副站长	王克伟
增城辅导站	站长	黄炳权
	副站长	黄月媚
深圳学区	主任	肖伟
	副主任	廖海文
		李杨
南山辅导站	站长	杨麻
龙岗辅导站	站长	杨锟发
	副站长	程畅
		王子雄
福田辅导站	站长	秦光涛
	副站长	陈自元
		丁建朴
汕头学区	主任	吴润生
潮阳辅导站	站长	张协元
澄海辅导站	站长	陈锦钊
饶平辅导站	站长	余外人
湛江学区	主任	詹杨森
	副主任	梁国干
吴川辅导站	站长	张人才
廉江辅导站	站长	陈锦棠
遂溪辅导站	站长	伍伟益
雷州辅导站	站长	陈铭
徐闻辅导站	站长	陈荣
清远培训中心站	站长	王春梅
肇庆学区	主任	黄德尧
茂名学区	主任	杨庆贤
高州辅导站	站长	梁光
	副站长	杨文周
信宜辅导站	站长	陈权高
	副站长	周仲生
茂南辅导站	站长	江冰
	副站长	陈锦平
惠州学区	主任	邓光华
	副主任	张汉通
龙门辅导站	站长	罗建华
	副站长	梁福基
韶关学区	主任	李晓春
	副主任	伍曼华
曲江辅导站	站长	丘勤
	副站长	王思汉
乐昌辅导站	站长	赖海仁
	副站长	赵开强
		王伟泉
市委讲师团站	站长	张真宜
南雄辅导站	站长	周群健
汕尾辅导站	副站长	张骥

广西分院

直属学区	主任	郭灿裕
柳州市学区	主任	朱海鹏
	副主任	罗世伦
		严民富
桂林学区	主任	邓维亮
	副主任	宿富连
		伍云
		蒋纯启
梧州学区	主任	陈范生
	副主任	胡友章
		徐荣秋
		刘继斌
北海学区	主任	何裕洲
	副主任	张治钦
		覃家惠
钦州学区	主任	文唐
	副主任	郭志强
防城港学区	主任	裴铁河
	副主任	傅德讯
		王国艳
南宁学区	主任	吴重华
	副主任	李志华
		刘深藜
柳州地区学区	主任	韦明生
	副主任	莫秀球
		刘秋帆
贺州学区	主任	彭远麟
	副主任	黄礼明
		陆海平
玉林学区	主任	杨红
		罗世昆
	副主任	吕万伟
		赖柏旗
		邓承雄
百色学区	主任	黄启学
	副主任	苏进祥
		农光庭
河池学区	主任	唐钟球
		覃元府
贵港学区	主任	莫旭贵
	副主任	甘进平

海南分院

海口辅导站	站长	冯庆燕
琼山辅导站	站长	云大东
定安辅导站	站长	邓献德
文昌辅导站	站长	黄世通
琼海辅导站	站长	何国介
万宁辅导站	站长	崔东学
屯昌辅导站	站长	郭义兴
儋州辅导站	站长	陈克莉
临高辅导站	站长	罗大安
澄迈辅导站	站长	王先夫
省直辅导站	站长	孟菲
三亚辅导站	站长	李华雄
通什辅导站	站长	李志史
保亭辅导站	站长	胡茂琼
陵水辅导站	站长	陈修道
乐东辅导站	站长	孙发伟
东方辅导站	站长	吴钟球
昌江辅导站	站长	翁蔚文
白沙辅导站	站长	林斯胜
琼中辅导站	站长	苏定焕
海钢辅导站	站长	吴坤淮

重庆分院

万州学区	主任	谭万厚

	副主任	童文华
涪陵学区	主任	姚茂春
	副主任	夏传德
黔江学区	主任	谭昭源
	副主任	方政
第67学区	主任	赵明仁
渝中直属站	站长	林忠碧
江北直属站	站长	刘亚文
沙坪坝直属站	站长	何家银
九龙坡直属站	站长	黄寿田
南岸直属站	站长	梁功猷
大渡口直属站	站长	周玉生
北碚直属站	站长	李仲蒲
万盛直属站	站长	万长生
渝北直属站	站长	郑和平
巴南直属站	站长	秦文东
长寿直属站	站长	刘雪颖
綦江直属站	站长	杨秀国
合川直属站	站长	汤朝云
江津直属站	站长	李守臣
大足直属站	站长	蒋朝建
铜梁直属站	站长	徐韵
潼南直属站	站长	骆积高
璧山直属站	站长	张宗伦
梁平直属站	站长	曹建华
丰都直属站	站长	李绍钰
南川直属站	站长	顾云生
机关工委站	站长	章基琮
乡企干校站	站长	黄平
市政干校站	站长	田希勇
长安厂站	站长	苏中慧
江陵厂站	站长	李玉生
特钢公司站	站长	粟伟
石桥镇站	站长	廖国锋
轻工干校站	站长	龚泽希
建设厂站	站长	秦弦
西车厂站	站长	陈蔚林
中集公司站	站长	戴平
工商干校站	站长	张可
社院直属站	站长	唐宗碧
重钢公司站	站长	王洪展
天府矿务局站	站长	朱明炳
铝加工厂站	站长	陈光华
松藻矿务局站	站长	张光谱
嘉陵公司站	站长	高峻奇
通讯学院站	站长	郭志平
益民厂直属站	站长	李庆仁
重铁分局站	站长	朱新民
长江厂直属站	站长	刘洪

四川分院

成都学区	主任	郫定云
	副主任	钟麟
直属站	站长	钟麟
	副站长	秦楠
青羊辅导站	站长	周伊
	副站长	刘平贵
锦江辅导站	站长	陈素荣
成华辅导站	站长	张旭峰
	副站长	宋永乐
武侯辅导站	站长	黄爱萍
	副站长	唐振勇
团校辅导站	站长	姚世民
	副站长	叶秀华
警校辅导站	站长	赵川厚
	副站长	刘有才
402厂辅导站	站长	魏光照
	副站长	刘亚琪
成飞辅导站	站长	吴远鸿
	副站长	韩玲
统计局辅导站	站长	王贤德
	副站长	郑笠
智研所辅导站	站长	刘震忠
	副站长	邓淑骏
都江堰辅导站	站长	李泽南
	副站长	李道林
新津辅导站	站长	夷安清
	副站长	王志力
资中干函站	站长	粟茂华
安岳辅导站	站长	谢俊德
资阳辅导站	站长	管丽元
	副站长	王惠芳
简阳辅导站	站长	韩树超
	副站长	徐育清
蒲江辅导站	站长	田邦中
	副站长	陈莉
内江学区	主任	李俊清
	副主任	吴契克
资中辅导站	站长	黄朋中
	副站长	张泽寿
隆昌辅导站	站长	张大华
市中区辅导站	站长	廖先正
广元学区	主任	阎川安
	副主任	袁康明
自贡学区	主任	黄蜀熊
	副主任	钟厚成
德阳学区	主任	宋德阳
	副主任	潘裕信
达州学区	主任	胡国生
	副主任	任纯刚
宜宾学区	主任	杨坚
	副主任	刘汉民
乐山学区	主任	薛建平
	副主任	王立根
凉山学区	主任	王吝禄
	副主任	王杜一
巴中学区	主任	李晓春
	副主任	鄔敬明
攀枝花学区	主任	黄天友
	副主任	马晓阳

贵州分院

贵阳学区	主任	江先仪
铜仁学区	主任	冯明文
毕节学区	主任	付东流
黔西南学区	主任	马绍海
六盘水学区	主任	李兰忠
盘县辅导站	站长	赵雪梅
遵义学区	主任	范富华
绥阳辅导站	站长	陈鸣
正安辅导站	站长	旺国勇
道真辅导站	站长	王振乾
湄潭辅导站	站长	潘治刚
凤冈辅导站	站长	蔡贤忠
余庆辅导站	站长	兰恩丽
务川辅导站	站长	冉光胜
桐梓辅导站	站长	徐诚
仁怀辅导站	站长	郑中校
赤水辅导站	站长	付佑江

习水辅导站	站长	罗勤生
直属学区安顺站	站长	金礼洪

云南分院

直属学区	负责人	吴世文
省直机关学区	负责人	王家凯
省府学区	负责人	杨兴
市委党校学区	负责人	舒春明
五华学区	负责人	马雷
怒江学区	负责人	张继文
官渡学区	负责人	张绍贤
盘龙学区	负责人	张海梅
社院学区	负责人	王曜宇
民院政法学区	负责人	熊琴
公安学区	负责人	刘荣华
政法学区	负责人	何立新
石林学区	负责人	杨若平
嵩明学区	负责人	何英
曲靖学区	负责人	甘凤仙
昭通学区	负责人	陶永强
玉溪学区	负责人	管必英
红河学区	负责人	黄庆福
文山学区	负责人	许庆书
思茅学区	负责人	铁亚钢
楚雄学区	负责人	周永良
大理学区	负责人	杨晓刚
临沧学区	负责人	朱书重
保山学区	负责人	刘杰
德宏学区	负责人	廖元昌
云锡学区	负责人	侍嘉宾
云大学区	负责人	宋其喜
版纳学区	负责人	刀贵平
煤炭学区	负责人	潘菊芬
安宁学区	负责人	陈跃辉
地矿学区	负责人	苏勇
富民学区	负责人	张惠芬
丽江学区	负责人	和江

西藏分院

拉萨学区	主任	尼玛
	副主任	贡布洛珠
山南学区	主任	索朗平措
日喀则学区	副主任	次旦卓嘎
	副主任	徐勇
那曲学区	主任	李有忠
	副主任	次仁班觉
		次仁占堆
昌都学区	主任	汪浩
	副主任	胡蓉
林芝学区	主任	尚玉林

陕西分院

渭南学区	主任	雷进虎
	副主任	王宏山
		李继祖
韩城辅导站	站长	吉有民
	副站长	吴亚丽
		王丽茹
合阳辅导站	站长	雷永民
澄县辅导站	站长	张建凯
富平辅导站	站长	杨新房
	副站长	王志成
蒲城辅导站	站长	于福兴
	副站长	马春长
白水辅导站	站长	杨改民
潼关辅导站	站长	周家友
	副站长	董南方
		祁永发
华阴辅导站	站长	陈莉莉
	副站长	周根全
华县辅导站	站长	张龙生
临渭辅导站	站长	李连成
	副站长	薛春友
大荔辅导站	站长	何志超
	副站长	李新成
韩矿辅导站	站长	薛福兴
印机辅导站	站长	张留成
黄河厂辅导站	站长	张启民
咸阳学区	主任	胡补旭
	副主任	王志起
		王三锁
旬邑辅导站	站长	张德锋
	副站长	李兴盛
秦都辅导站	站长	吴启征
	副站长	赵华
礼泉辅导站	站长	胡建中
	副站长	张满良
乾县辅导站	站长	李茂亭
	副站长	王平
武功辅导站	站长	田春成
淳化辅导站	站长	郭崇珍
兴平辅导站	站长	张平耀
彬县辅导站	站长	崔彬英
长武辅导站	站长	李栓国
永寿辅导站	站长	李志宏
三原辅导站	站长	王刚民
	副站长	宗浩
师专辅导站	站长	马超群
	副站长	杜人伟
铁二十局站	站长	窦选民
纺机辅导站	站长	严俊祥
宝鸡学区	主任	刘振平
扶风辅导站	站长	白东礼
	副站长	史安民
公安干校站	站长	谭世魁
麟游辅导站	站长	王继荣
	副站长	张海平
安康学区	主任	王炳润
安康市辅导站	站长	曹振荣
	副站长	杨树森
岚皋辅导站	站长	谢炳杰
	副站长	陈儒才
旬阳辅导站	站长	陈京业
	副站长	陈文印
石泉辅导站	站长	陈长军
	副站长	黄河
紫阳辅导站	站长	邹家华
	副站长	覃承发
汉阴辅导站	站长	沈兰康
	副站长	袁泽贵
宁陕辅导站	站长	张铭安
	副站长	徐海
镇坪辅导站	站长	李祖瑜
	副站长	蔡传阳
白河辅导站	站长	杨俊峙
	副站长	李永颖
平利辅导站	站长	刘自觉
	副站长	何祥兴
汉中学区	主任	罗定华

	副主任	蔡成业
勉县辅导站	站长	陈鹏
	副站长	朱震利
洋县辅导站	站长	李连英
	副站长	任桂香
西乡辅导站	站长	秦敬波
	副站长	宁晓萍
城固辅导站	站长	钟庆祥
	副站长	付珂
21公司辅导站	站长	王国智
商洛学区	主任	李永旭
洛南辅导站	站长	王勇
	副站长	杨实际
丹凤辅导站	站长	李生民
	副站长	叶春祥
		刘安平
商南辅导站	站长	陈瑛清
	副站长	刘华章
山阳辅导站	站长	张俊旺
	副站长	袁贵频
		王博
柞水辅导站	站长	焦瑞象
	副站长	吴美德
镇安辅导站	站长	常立成
榆林学区	主任	孙星才
	副主任	牛国梁
子洲辅导站	站长	拓福斌
	副站长	王义正
吴堡辅导站	站长	刘树斌
	副站长	丁世伟
绥德辅导站	站长	延喜华
	副站长	王文银
靖边辅导站	站长	温怀德
	副站长	常维海
佳县辅导站	站长	刘德茂
米脂辅导站	站长	杜兴元
	副站长	张亚岭
清涧辅导站	站长	贺清凡
横山辅导站	站长	蒋生春
	副站长	朱平
定边辅导站	站长	高维技
	副站长	杨林
		梁仲铭
府谷辅导站	站长	赵存年
	副站长	刘军峰
延安学区	主任	陈国昌
	副主任	曹志彬
宝塔辅导站	站长	刘学义
	副站长	李月芳
延长辅导站	站长	呼永禄
	副站长	王兴国
安塞辅导站	站长	谷培生
	副站长	樊芳
吴旗辅导站	站长	李世清
	副站长	李向宝
志丹辅导站	站长	刘汉清
	副站长	王佐锋
富县辅导站	站长	曹志峰
	副站长	张连舜
黄陵辅导站	站长	卢印玺
	副站长	杨小成
宜川辅导站	站长	白伟
铜川学区	主任	王志清
	副主任	刘满荣
		王顺安
		何志海
研究生部直属站	站长	李惠民
	副站长	韩雁伟
省直直属站	站长	雷晓云
华兴直属站	站长	边泽炎
西飞直属站	站长	马桂芬
	副站长	张玉平
交大直属站	站长	韦林珍
	副站长	王广忠
		高颖
向阳直属站	站长	朱枫
北郊直属站	站长	蔡新民
	副站长	李秋芳
建科大直属站	站长	李焕全
理协直属站	站长	吕正庭
	副站长	温志民
		昝亚俊
财院直属站	站长	高献华
	副站长	牛宏杰
地院直属站	站长	李峰
秦川直属站	站长	贾志荣
商专直属站	站长	王升翰
文理学院直属站	站长	赵博
	副站长	李忠泰
国防工办直属站	站长	傅芝安
	副站长	张炳涛
		丁酒香
省统计局直属站	站长	刘松年
	副站长	王忠朝
省司法厅直属站	站长	周铁焕
	副站长	郝福京
五棉直属站	站长	严烈
〇六七直属站	站长	卢振国
	副站长	王武元
通信学院直属站	站长	赵国旗
	副站长	刘立祥
西北工大直属站	站长	张凯舟
省团校直属站	站长	张逊德
西北农大直属站	站长	陈莉霞
市统计局直属站	站长	常友琴
杨陵直属站	站长	马群
	副站长	李文华

西安分院

直属辅导站	站长	吕建谋
新城辅导站	站长	杨建昌
莲湖辅导站	站长	朱国强
雁塔辅导站	站长	赵义录
阎良辅导站	站长	魏煊
临潼辅导站	站长	杜新峰
周至辅导站	站长	石周栓
户县辅导站	站长	马苍民
高陵辅导站	站长	付志春
兰田辅导站	站长	穆广元
纺织局辅导站	站长	于广崇
轻工局辅导站	站长	巢天云
司法局辅导站	站长	朱金芳
物资局辅导站	站长	李俊轩
西电公司站	站长	田锋刚
远东公司站	站长	徐泽民
庆安公司站	站长	李向东
秦岭公司站	站长	王拴民
惠安公司站	站长	刘兴隆
韩矿辅导站	站长	薛福星

市教育学院站 站长 张天保
标缝公司站 站长 杨小林
公交公司站 站长 刘志宏
未央宫党校站 站长 王新勇
碑林辅导站 站长 张瑞
省继续教育站 站长 韩金勇
西铁分局站 站长 王涌

甘肃分院

直属学区 主任 滕宗謇
兰州大学站 站长 詹秀
兰州商学院站 站长 刘淑华
市公交公司站 站长 吴继泰
兰州炼油厂站 站长 周祥志
煤炭总公司站 站长 王履宣
四〇四厂站 站长 冯苏兰
炭素厂站 站长 苏生辉
金川公司站 站长 杨斌强
钢铁公司站 站长 李惇
铁合金厂站 站长 刘思忠
刘家峡直属站 站长 罗贵谦
农垦总公司站 站长 张益友
兰州师专站 站长 王宗德
培训学院站 站长 钱效魁
行政学院站 站长 陈宪
省建总公司站 站长 白彩霞
华亭矿务局站 站长 海晓明
省直学区 主任 张治州
兰州市学区 主任 李培生
西固辅导站 站长 雒仰贤
红古辅导站 站长 关世林
榆中辅导站 站长 郑元平
永登辅导站 站长 王安定
皋兰辅导站 站长 马凤英
白银公司学区 主任 徐峰科
白银学区 主任 葛惟惶
平川辅导站 站长 胡思升
靖远辅导站 站长 周虎城
景泰辅导站 站长 杜全铭
会宁辅导站 站长 王平
临夏学区 主任 包学尧
甘南学区 主任 杨春憬
天水学区 主任 马忠信
北道辅导站 站长 胡掌义
清水辅导站 站长 纪自强
甘谷辅导站 站长 魏国计
定西学区 主任 张尔信
岷县辅导站 站长 苗新昌
陇南学区 主任 李民效
文县辅导站 站长 刘玉明
成县辅导站 站长 冯俊明
徽县辅导站 站长 王裕显
西和辅导站 站长 赵合璧
康县辅导站 站长 刘满奎
礼县辅导站 站长 曾奎
庆阳学区 主任 高希文
庆阳县辅导站 站长 刘志学
宁县辅导站 站长 贾致瑞
合水辅导站 站长 齐映辉
正宁辅导站 站长 王永辉
镇原辅导站 站长 刘养铎
平凉学区 主任 田生才
泾川辅导站 站长 梁志则
灵台辅导站 站长 边珠贵
崇信辅导站 站长 赵旭涛
华亭辅导站 站长 李海荣
庄浪辅导站 站长 柳六合
静宁辅导站 站长 张文辉
武威学区 主任 马鹏青
武威市辅导站 站长 金开茂
民勤辅导站 站长 常锡善
金昌学区 主任 王云
张掖学区 主任 杨益润
张掖市辅导站 站长 张辅民
酒泉学区 主任 张俊彦
玉门辅导站 站长 赵巍城
安西辅导站 站长 王定谊
嘉峪关学区 主任 王富民
石管局学区 主任 冯心凭

青海分院

直属学区 主任 赵琦
西宁学区 主任 刘保民
海东学区 主任 李群
海南学区 主任 李长城
海北学区 主任 褚缜
海西学区 主任 赵崇瑜
黄南学区 主任 马学林
果洛学区 主任 郝生诚
玉树学区 副主任 李玉英
格尔木学区 副主任 李君云
石油局学区 主任 董兴国
四局学区 副主任 孙学宽
社科院学区 主任 刘志安
湟中辅导站 站长 郝广胜
大通辅导站 站长 李存寿
民和辅导站 站长 马永旭
乐都辅导站 站长 白树忠
湟源辅导站 站长 张成蛟
化隆辅导站 站长 陈和魁
循化辅导站 站长 贾琥
互助辅导站 站长 张延圣
贵德辅导站 站长 蔡守祯
门源辅导站 站长 夏守荣
尖扎辅导站 站长 才让太
平安辅导站 站长 辛佩贤
重型辅导站 站长 张刚强
都兰辅导站 站长 田应斌
祁连辅导站 站长 沈军

宁夏分院

直属学区 主任 岳廷让
副主任 赵金明
李富贵
银川学区 主任 齐岳
副主任 王蕴峰
石咀山学区 主任 曾向农
副主任 白玉君
陈国宪
赵如生
张勇
盐池辅导站 站长 张志远
副站长 魏军
吴忠学区 主任 王珍
副主任 张国义
焦兴德
固原学区 主任 张保栋
副主任 马忠莲
路世明

隆德辅导站	站　长	王生雄
石炭井学区	主　任	赵常青
	副主任	吴　军
石咀山矿学区	主　任	董引福
	副主任	冯艾霞
灵武辅导站	站　长	朱　瑞
	副站长	马德国
中宁辅导站	站　长	秦新声
	副站长	鲁安宁
中卫辅导站	站　长	吴永吉
	副站长	郑全仁
同心辅导站	站　长	马占龙
	副站长	张生瑞
莲湖辅导站	站　长	潘新勇
	副站长	张其昌

新疆分院

昌吉学区	主　任	吴　勇
	副主任	海依达尔
乌鲁木齐学区	主　任	姚文孝
	副主任	杨　光
奎屯学区	主　任	王尚敏
	副主任	张秀礼
伊犁地区学区	主　任	朱培忠
	副主任	阿斯亚
克拉玛依学区	主　任	赵武生
	副主任	黄松波
		汪志忠
博尔塔拉学区	主　任	王　彪
	副主任	孔德华
哈密学区	主　任	陈允钰
	副主任	阿不来提
塔城学区	主　任	居中元
	副主任	宋发祥
		乔中明
		徐德寿
阿勒泰学区	主　任	张贻勋
	副主任	纳斯尔
		杨小平
吐鲁番学区	主　任	拜文新
	副主任	热扎克
		夏岐领
伊犁州学区	主　任	程积俊
巴音郭楞学区	主　任	邓力群
阿克苏学区	主　任	郭明书
	副主任	许意民
喀什学区	主　任	梅海生
	副主任	艾色提
和田学区	主　任	邵维均
	副主任	阿不都拉
克孜勒苏学区	主　任	刘士贤
	副主任	段启祥
		阿不都克里木
新纺教学点	主　任	杨　红
沙湾教学点	主　任	王新晟
独山子教学点	主　任	苗　鲜
乌石化教学点	主　任	李建华
塔西南教学点	主　任	侯志育
空九军教学点	主　任	李本顺
准东教学点	主　任	肖美玉
八钢学区	主　任	潘爱华

新疆兵团分院

直属学区	主　任	唐瑞平
直属辅导站	站　长	唐瑞平
市党校教学点	负责人	王淑敏
检察院教学点	负责人	范淑玲
农六师辅导站	站　长	胡永芬
	副站长	赵毅征
农十师辅导站	站　长	贺明才
	副站长	黄煜霞
哈管局辅导站	站　长	何　键
乌管局辅导站	站　长	江英时
农一师学区	主　任	梁国盛
农二师学区	主　任	甄永杰
	副主任	何国庆
农三师学区	主　任	唐　宁
	副主任	王永康
农四师学区	主　任	刘玉美
	副主任	孙理兴
农五师学区	主　任	刘明文
	副主任	杨　锋
农七师学区	主　任	邵文志
	副主任	王新波
农八师学区	主　任	费振飞
	副主任	何克湘
农九师学区	主　任	徐一淮
	副主任	冯保生
工一师学区	主　任	王三运
	副主任	冉龙富

总参分院

石家庄陆指学区	主　任	马传忠
	副主任	梁忠明
直属辅导站	站　长	考淦绪
武警支队站	站　长	杨树荣
空军机修厂站	站　长	韩玉文
石家庄元氏学区	主　任	王公岩
学区直属站	站　长	王公岩
南京陆指学区	主　任	魏建忠
	副主任	苗　宏
宁波军分区站	站　长	叶　清
宁波消防站	站　长	陶建平
南通武警站	站　长	高景银
常州武警站	站　长	苏高中
金华装机部站	站　长	徐正库
苏州武警站	站　长	俞　炜
苏州消防站	站　长	李　辉
厦门警备区站	站　长	刁　平
信息工大学区	主　任	张志国
	副主任	楚德庆
54774部队站	站　长	马　强
54854部队站	站　长	杨广辉
54772部队站	站　长	俞新军
54773部队站	站　长	王新甫
信大测院学区	主　任	许文胜
	副主任	沈泽民
直属辅导站	站　长	沈泽民
信大电院学区	主　任	董敬东
	副主任	王秀峰
		闵克勤
直属辅导站	站　长	肖新华
理工大通院学区	主　任	杜志新
	副主任	杜克丁
37796部队站	站　长	朱有剑
86481部队站	站　长	周振宇
理工大工院学区	主　任	陈阳明
	副主任	周美湘
上海武警站	站　长	苗善智

无锡军分区站	站长	徐雄武
9449军工厂站	站长	胡长福
南京武警站	站长	诸俊
青岛四方区站	站长	赵兴龙
体育学院学区	主任	陈润森
	副主任	孙学富
佛山军分区站	站长	王鹏亮
32054部队站	站长	江一铁
汕头人武部站	站长	谭锦寺
白云边防站	站长	胡敏
英德武警站	站长	禹宏奎
学区直属站	站长	马晓兰
国关学院学区	主任	李而炳
	副主任	王庆太
83351部队站	站长	顾桂明
83476部队站	站长	孙建新
83502部队站	站长	潘志明
83480部队站	站长	李玉龙
32261部队站	站长	郑海滨
83488部队站	站长	孙飞虎
8690部队站	站长	胡泽明
83021部队站	站长	邱新祥
83013部队站	站长	刘晓
上海油库站	站长	付春晖
外语学院学区	主任	郑育文
	副主任	郑本结
57322部队站	站长	沈劼
57323部队站	站长	胡建政
57326部队站	站长	房松
84609部队站	站长	张锦瑞
54784部队站	站长	赵松刚
通指学院学区	主任	韩福才
	副主任	张志敏
湖北省军区站	站长	程伟才
学区直属站	站长	张帆
重庆通院学区	主任	郭志平
	副主任	王频法
宜宾武警站	站长	王庆保
万县武警站	站长	夏绍宏
学区直属站	站长	王频法
西安通院学区	主任	姚来贵
	副主任	刘立祥
		张杰
84875部队站	站长	黄建华
84802部队站	站长	许仰成
天水预备役站	站长	杨玉才
6226军工厂站	站长	霍涛
803兵工厂站	站长	高伟雄
西光厂辅导站	站长	李辉英
宣化通校学区	主任	常永志
86600部队站	站长	仝中
51055部队站	站长	滕占久
51382部队站	站长	张永录
51392部队站	站长	张文江
学区直属站	站长	冯广通
炮指学院学区	主任	严国强
	副主任	王振兴
直属辅导站	站长	王明武
炮兵学院学区	主任	魏国良
	副主任	高光智
83367部队站	站长	李卫东
温州军分区站	站长	丁波强
巢湖消防站	站长	宛敏锐
合肥军代处站	站长	刘杰
淮南军分区站	站长	詹涛
炮院南京学区	主任	吴乃文
	副主任	马玉虎
		田晓蔚
乐清边防站	站长	施赛敏
102医院站	站长	樊俊生
83424部队站	站长	邵玉刚
射阳人武部站	站长	刘刿
宝应人武部站	站长	徐照书
83402部队站	站长	沈爱东
学区直属站	站长	刘通
工指学院学区	主任	张必田
	副主任	胡元伟
兖州人武部站	站长	张玉臣
枣庄军分区站	站长	徐海斌
济宁预备役师站	站长	李贵明
萧县人武部站	站长	张建
沛县人武部站	站长	段长剑
学区直属站	站长	冯宪玲
沈阳炮院学区	主任	侯振鹏
	副主任	孙文达
岫岩人武部站	站长	曲成宇
巡逻艇支队站	站长	蒋平
大连边防站	站长	刁有波
盘锦消防站	站长	王洪涛
营口消防站	站长	李善洋
鲅鱼圈边检站	站长	杨得春
郑州防院学区	主任	贾继勇
	副主任	韩庆亮
偃师人武部站	站长	任进庄
33分部站	站长	张新杰
一军干休所站	站长	姬忠国
学区直属站	站长	曹文华
蚌埠坦院学区	主任	方心正
	副主任	张成林
83596部队站	站长	戴勇
83447部队站	站长	施开
83570部队站	站长	费云峰
宿县武警站	站长	岳鹿东
怀远人武部站	站长	王从平
福州干休所站	站长	陈忠万
电子工院学区	主任	江星富
	副主任	童乃志
		蒋建华
		李强
39262部队站	站长	杨亚贱
88203部队站	站长	倪以萍
58048部队站	站长	叶红
57303部队学区	主任	邱祖平
	副主任	王修仁
		杨秀卿
57371部队站	站长	何玲
57所辅导站	站长	张杰
学区直属站	站长	杨秀卿
陆航局学区	主任	徐立贵
	副主任	孙祥玉
58303部队站	站长	周冬梅
58311部队站	站长	杨猛
58316部队站	站长	王京海
长沙工院学区	主任	陈明才
	副主任	李秋庭
		刘全坤
柳州武警站	站长	高权
柳州消防站	站长	朱中华
冷水滩人武站	站长	龚宏武

攸县人武站	站长	李智
常德消防站	站长	周作良
38417部队站	站长	张烈强
柳州军分区站	站长	刘国斌
5428部队站	站长	邓炜
53701部队站	站长	肖银锋
装工院学区	主任	刘成章
	副主任	罗秉礼
学区直属站	站长	蒋又痕
军械工院学区	主任	安然
	副主任	弓国宏
		陈志波
		张伟良
学区直属站	站长	李霞忠
长沙炮院学区	主任	梁湘生
	副主任	易学成
		张志新
53062部队站	站长	周召云
株州人武站	站长	陈永清
39731部队站	站长	黄英
87029部队站	站长	吴文革
长春装院学区	主任	赵有才
	副主任	周仲光
81413部队站	站长	刘伯双
学区直属站	站长	胥凤昌
机械士校学区	主任	陈鹤童
	副主任	肖信耀
学区直属站	站长	付宝光
军械士校学区	主任	卞文华
	副主任	贺天成
		许忠祥
89616部队站	站长	李勇
57619部队站	站长	蒙艳玲
沉湖基地站	站长	陈静
学区直属站	站长	汤传跃

总后分院

华南学区	主任	张有法
	副主任	龙志勇
第一军学站	站长	龙志勇
	副站长	李国兴
阳江武警站	站长	廖少新
	副站长	吴天亮
河源武警站	站长	黄光明
	副站长	欧伟光
江门武警边检站	站长	李国强
	副站长	王振
清远武警站	站长	肖田成
	副站长	吴成
西南学区	主任	屈天俊
	副主任	龚必智
		余显礼
直属辅导站(1)	站长	支运春
直属辅导站(2)	站长	寇晋
一院辅导站	站长	王昌文
二院辅导站	站长	张忠锋
三院辅导站	站长	朱之兵
东北学区	主任	刘晓民
	副主任	李应宁
		王平
直属辅导站	站长	李应宁
	副站长	王平
嫩江辅导站	站长	昌家杰
	副站长	陈明
北戴河辅导站	站长	陈泽山
	副站长	周明华
重庆学区	主任	汪伯洋
	副主任	白忠祥
直属辅导站	站长	蒋如洲
	副站长	汪天亮
公安局辅导站	站长	陈益
	副站长	王显伦
武警一支队站	站长	钟永昌
	副站长	陈玉桥
武警二支队站	站长	刘俊
	副站长	吴启强
警卫局辅导站	站长	夏国庆
	副站长	胡晓东
37分部辅导站	站长	彭业武
	副站长	阎四九
北京学区	主任	刘治宇
	副主任	陈伟
直属辅导站	站长	周晓娥
承德辅导站	站长	郝洪波
	副站长	武雷杰
石家庄辅导站	站长	王成平
	副站长	李如瑄
天津学区	主任	黄抗美
	副主任	张谨毓
		郭正义
交通学院站	站长	吴海
	副站长	李建俊
消防开发站	站长	张树东
	副站长	徐洁
910油库站	站长	郭海明
	副站长	尹杰
和平人武部站	站长	欧阳和
	副站长	赵光荣
汉沽辅导站	站长	王树广
	副站长	王启田
蚌埠学区	主任	宋海英
	副主任	郜汝凌
直属辅导站	站长	郜汝凌
西北学区	主任	李年喜
	副主任	王应德
		褚进余
西宁辅导站	站长	褚进余
	副站长	罗云国
格尔木辅导站	站长	贾德荣
	副站长	桂光佼
西安学区	主任	唐如意
	副主任	傅志勇
直属辅导站	站长	杨冀生
	副站长	阎瑞萍
59752部队站	站长	乔志明
	副站长	王少君
59970部队站	站长	王世奎
	副站长	张小迅
黄金九支队站	站长	孟令斌
	副站长	朱玉飞
军区总医院站	站长	魏义洪
	副站长	狄玉萍
襄樊学区	主任	张生荣
	副主任	张华庭
直属辅导站	站长	陈锋
八一厂辅导站	站长	张保成
	副站长	路铁华
第四支队站	站长	邓丛高
	副站长	左武平

华东学区	主任	刘生杰
	副主任	宋天海
		周碧晴
第二军医大站	站长	王自力

总装备部分院

国防科大学区	主任	常兆诚
	副主任	宫云仟
		刘戟锋
		周建设
指挥技院学区	主任	陈庆华
	副主任	李云
		单玉泉
89720部队站	站长	崔秀敏
	副站长	纪多
89800部队站	站长	范兆东
	副站长	汪成农
89960部队站	站长	李爱平
	副站长	商波涛
89740部队站	站长	傅纪元
	副站长	李春劳
89750部队站	站长	罗士坤
	副站长	张发群
89770部队站	站长	吴卫林
	副站长	严刚
89950部队站	站长	程鹏钧
	副站长	王晓刚
89970部队站	站长	邹裕民
	副站长	叱东学
89820部队站	站长	陈树威
	副站长	魏勇泽
89790部队站	站长	王学柱
	副站长	张长永
89801部队站	站长	成泽辉
	副站长	冯军辉
89760部队站	站长	马青
	副站长	孙海平
89604部队站	站长	姚平
	副站长	陈仪

海军分院

海军指院学区	主任	吴忠良
	副主任	施坚
		刘贵春
三系辅导站	站长	刘亚平
四系辅导站	站长	袁理
海军政院学区	主任	蔡宏斌
	副主任	张崇立
81145部队站	站长	孙雪松
1134部队站	站长	朱录军
牡丹江分区站	站长	赵金辉
辽大人武部站	站长	姜经魁
营口军分区站	站长	范洪斌
81173部队站	站长	吕鸿图
81176部队站	站长	刘福臣
81576部队站	站长	潘秋杰
37001部队站	站长	薛建兆
4810厂辅导站	站长	韩品
37254部队站	站长	李海成
38615部队站	站长	杨炳清
海军邯办站	站长	谢学斌
镇江舰院站	站长	陈战
37643部队站	站长	沙厚华
37501部队站	站长	华祥义
37671部队站	站长	高海清
37753部队站	站长	宋荣方
上海军代局站	站长	王家梁
37510部队站	站长	刘贵生
37514部队站	站长	游丽芸
海飞行学院站	站长	任建新
人文大学站	站长	王连辉
南京武校站	站长	范大江
杭州武校站	站长	段亚芳
宁波船校站	站长	张贞来
海政院直属站	站长	张勇
大连舰院学区	主任	李成义
	副主任	吴国良
		李鹏飞
大连舰院站	站长	曹立生
海后秦办站	站长	张和平
81562部队站	站长	刘杰
鞍武消防站	站长	孙淑芝
广州舰院学区	主任	陈映侨
	副主任	孔祥虎
		张军赋
南海舰队站	站长	马颖
38002部队站	站长	任明
38091部队站	站长	廖志贤
38013部队站	站长	陈横坤
38092部队站	站长	李科长
421医院辅导站	站长	熊明发
38012部队站	站长	石利军
驻港舰艇部队站	站长	周忠毅
广州舰院站	站长	徐初波
38001部队站	站长	吴志刚
38921部队站	站长	肖纯德
深圳边防检查站	站长	庞彪
珠海边防检查站	站长	赵玉新
南海边防检查站	站长	张慧敏
顺德边防检查站	站长	欧兵
中山边防检查站	站长	孙卫
顺德消防站	站长	梁伟
珠边分局站	站长	沈杰
海军潜院学区	主任	王国勤
	副主任	王能冲
北海舰队站	站长	修江敏
37003部队站	站长	丁福泉
潜院直属站	站长	王能冲
37031部队站	站长	王文军
37091部队站	站长	朱军旺
37041部队站	站长	杨新慈
海电院学区	主任	文燕生
	副主任	嵇建珍
		黄兴海
37592部队站	站长	戴宗均
37576部队站	站长	费章龙
宁武消防站	站长	彭晓强
南武教大队站	站长	陈建斌
37591部队站	站长	陈海涛
37532部队站	站长	任骞
37502部队后勤站	站长	刘志勇
37641部队站	站长	沈国华
37970部队站	站长	温德金
九江海后办站	站长	刘志勇
海航技院学区	主任	沈国华
		温德金
38671部队站	站长	张金宝
37295部队站	站长	鲁昌尽
后勤学院站	站长	韩毅

	副站长	杨　立
海后农场站	站长	孟庆华
北京4号院站	站长	许海滨
海医研究所站	站长	沈永良
西山直属站	站长	邵开华

空军分院

沈空一学区	主任	贾树栋
空军二航院站	站长	张东平
89001部队站	站长	于树柏
39850部队站	站长	王会岩
86634部队站	站长	张理迎
39221部队站	站长	邰　阳
39533部队站	站长	徐世昌
沈空政辅导站	站长	虞双金
沈空后辅导站	站长	殷云德
士官学校站	站长	王天佐
沈空二学区	主任	李　春
军医学院站	站长	孙庆安
86521部队站	站长	杨子南
空一飞院站	站长	许黎光
87162部队站	站长	沙湿光
武警指院站	站长	王晓峰
86322部队站	站长	赵　峰
86281部队站	站长	宫立武
沈空三学区	主任	郑　玉
长飞院辅导站	站长	牛洪顺
39023部队站	站长	庞显来
87158部队站	站长	翟宏专
39554部队站	站长	陈　朴
39905部队站	站长	魏振江
北空一学区	主任	王世志
空四飞院站	站长	付华民
39100部队站	站长	张贵银
87095部队站	站长	宿光荣
86587部队站	站长	胡晓伟
39326部队站	站长	侯福义
86511部队站	站长	白世座
86509部队站	站长	高璋清
北空后辅导站	站长	曹发来
济空一学区	主任	朱忠海
空一航院站	站长	王宗年
39764部队站	站长	邹　彦
39420部队站	站长	赵拥军
39690部队站	站长	薛雁歌
济空后辅导站	站长	王晓丹
南空一学区	主任	秦松寿
气象学院站	站长	高盖民
39865部队站	站长	张　东
训练基地站	站长	胡兰天
39797部队站	站长	谢　翔
87082部队站	站长	金建平
东辛集团站	站长	何守平
39356部队站	站长	金洪勇
39822部队站	站长	沈龙军
南空政辅导站	站长	李　榕
南空二学区	主任	吴慧平
39120部队站	站长	崔德才
87078部队站	站长	黄吉州
39341部队站	站长	董惠宁
39442部队站	站长	宋立新
广空一学区	主任	郝作春
高炮学院站	站长	王国军
39067部队站	站长	吴　强
39413部队站	站长	秦　报
广空司辅导站	站长	杨建华
广空二学区	主任	李敬真
雷达学院站	站长	李荫华
广空司辅导站	站长	许和进
武昌场站	站长	孙阳光
86230部队站	站长	杨松海
39287部队站	站长	郦海云
86325部队站	站长	陈　军
86532部队站	站长	周园明
39155部队站	站长	侯保太
39231部队站	站长	申志路
39441部队站	站长	马　峰
成空一学区	主任	佘文领
二飞院辅导站	站长	方仲儒
成空司辅导站	站长	刘　强
39934部队站	站长	石　樵
86166部队站	站长	赵长生
86483部队站	站长	于家风
兰空一学区	主任	王鸿生
空工院辅导站	站长	齐清华
兰空政辅导站	站长	毛庆斌
39675部队站	站长	叶苏庭
39370部队站	站长	蒋行顺
87205部队站	站长	杨国民
87217部队站	站长	陈　林
87230部队站	站长	吴俊波
39630部队站	站长	曹润德
86025部队站	站长	胡东升
86128部队站	站长	卫彦平
87344部队站	站长	曾银贵
39111部队站	站长	法自领
39945部队站	站长	李　斌
导弹学院站	站长	张及新
兰空二学区	主任	乔志平
39089部队站	站长	李振南
87141部队站	站长	夏中华
86142部队站	站长	丁　俊
86472部队站	站长	郭士忠
昌吉军分区站	站长	董友德
直属学区	主任	王聘明
直属辅导站	站长	何孝明
空军司令部站	站长	张长胜
39530部队站	站长	廖信政

国防大学分院

第一军大学区	主任	张道发
	副主任	邓坤金
		林雄辉
天河边检站	站长	姚广滨
绍关军分区站	站长	陈永忠
湛江武警站	站长	姚　健
云浮武警站	站长	梁谊松
惠州武警站	站长	林卫中
汕头武警站	站长	姚克明
广州舰院学区	主任	陈映桥
	副主任	孔祥虎
		张军赋
珠海边检站	站长	陈正桓
高明边检站	站长	方世鹏
顺德消防队站	站长	梁　伟
南海边检站	站长	陈干事
乐从边防站	站长	陈杰民
揭阳边防站	站长	袁少波
黄浦边检站	站长	陈佩英

珠海边防站	站长	沈杰
龚北边检站	站长	李康荣
湾仔边检站	站长	李少雄
白云边检站	站长	阙子强
广州医高专学区	主任	麦步初
	副主任	廖建新
		李巍
东莞太平站	站长	庄岚
番禺南沙站	站长	蔡耀坚
珠海辅导站	站长	成永平
深圳辅导站	站长	邢荔莉
广州辅导站	站长	陈克敏
52团辅导站	站长	李秋生
桂林陆院学区	主任	颜青
		覃洪波
	副主任	韦炜
桂林边检站	站长	文志常
南宁军分区站	站长	肖兮
南宁边防总队站	站长	黄友章
南宁地区边防站	站长	覃锦东
百色地区边防站	站长	韦胜欢
北海边防站	站长	宋民
防城港边防站	站长	黄宜乐
北海海警站	站长	黄文坤
钦州边防站	站长	钟英萍
东兴边检站	站长	陈代斌
友谊关边检站	站长	覃梦
湖南武警学区	主任	戴清海
	副主任	陈慎辉
		欧长新
莱阳兵工团站	站长	艾文华
衡阳高炮旅站	站长	卢正世
来阳126师站	站长	孙连浩
长沙消防站	站长	蒋鹏程
长沙机场边检站	站长	何光
安徽武警学区	主任	刘德熹
	副主任	吴昕春
		李德全
铜陵军分区站	站长	俞斌
芜湖军分区站	站长	何晨
马鞍山驻军站	站长	刘更生
芜湖空三师站	站长	甘秋福
蚌埠飞行学院站	站长	叶予峰

南空水运站	站长	魏辉
沪武警边防站	站长	周运云
郑州测院学区	主任	许文胜
	副主任	于伟
		沈泽民
		汪振华
周口武警站	站长	耿学争
平顶山装甲兵站	站长	吉建仁
平顶山测绘站	站长	程银标
濮阳武警消防站	站长	李高奎
郑州信院学区	主任	张志国
	副主任	翟秀文
		楚德庆
焦作军分区站	站长	孙伟
焦作炮旅站	站长	俞新军
荥阳炮旅站	站长	王勇
洛阳外院学区	主任	郑育文
	副主任	郑本结
上海二局站	站长	王新亮
昆山分院站	站长	杨华
上海814局站	站长	李章豹
洛阳127师站	站长	何玉玺
洛阳武装部站	站长	张玉甫
南京海电院学区	主任	张安庆
	副主任	嵇建珍
		黄兴海
连云港边武站	站长	陈钦国
启东边武站	站长	朱裕兵
南昌陆院站	站长	彭筱敏
浦口干休所站	站长	许金军
灌云炮兵团站	站长	马世勇
南京电大学区	主任	缪同武
		刘重生
上海市站	站长	王建新
淮阴军分区站	站长	丁再兴
金湖县站	站长	柏长青
泗洪县站	站长	路明星
响水县站	站长	陈国湘
南京警校学区	主任	范大章
	副主任	胡光
南京空气院站	站长	钱振勤
南京政院站	站长	肖季文
太仓武警站	站长	史经涛

南京政院学区	主任	黄进民
上海市站	站长	卜万平
总后3503工厂站	站长	肖季文
福州医高专学区	主任	陈朝宗
厦门武警支队站	站长	林祖强
厦门高崎边检站	站长	李克勤
三明武警支队站	站长	李苏鸣
重庆通院学区	主任	丁宝文
	副主任	沈孝平
		唐平
重庆112厂站	站长	刘宗华
宜宾武警站	站长	梁红斌
重庆武警站	站长	罗盛荣
重庆通院站	站长	陈名
新疆职大学区	主任	艾合买提
	副主任	童有利
克拉玛依站	站长	安国友
乌鲁木齐站	站长	辜原
哈密地区站	站长	后洪生
石家庄陆院学区	主任	贺洪申
	副主任	童克勤
		梁忠明
河北武警站	站长	杨树龙
冀军转培训学区	主任	唐顺华
	副主任	李德隆
蒙克山军马站	站长	王建民
赤峰军分区站	站长	白艾林
武汉二炮院学区	主任	花永庆
	副主任	李昌俊
武汉海工院学区	主任	李仲元
	副主任	刘天喜
		熊志勇
石家庄军械学区	主任	安然
		李霞忠
	副主任	张伟良
青岛潜院学区	主任	陈锦发
	副主任	王国勤
		王能冲
淮安党校站	站长	周作喜
后勤指挥学院站	站长	崔洪祥
内蒙军区站	站长	阎国宪
一号院站	站长	刘力学
二号院站	站长	严学明

北京军区分院

卫戍区学区 主任 刘建朝
副主任 陈德能
天津警备区学区 主任 汤尚罗
副主任 李彦军
河北军区学区 主任 宋三牛
副主任 王松林
山西军区学区 主任 薛锋
副主任 赵红权
内蒙古军区学区 主任 杨宏斌
副主任 韩艳红
52831部队学区 主任 刘云道
副主任 周爱群
51002部队学区 主任 常安平
副主任 杨永平
51034部队学区 主任 任永建
副主任 马德强
52935部队学区 主任 蒋鹿
副主任 韩克俭
51056部队学区 主任 郝亚敏
副主任 李日茂
司令部学区 主任 姚赛
副主任 李国营
政治部学区 主任 秦元昌
副主任 高晖
联勤部学区 主任 李建辉
副主任 钟广勤
陆军学院学区 主任 王兰生
副主任 王忠诚

沈阳军区分院

81021部队学区 主任 林少先
副主任 王德军
81025部队站 站长 王立国
副站长 朱德威
81123部队站 站长 刘洪军
副站长 任小红
81312部队站 站长 王延伸
副站长 刘保银
81389部队站 站长 王群
副站长 杨德新
81101部队学区 主任 王诗光
副主任 苗大勇
81103部队站 站长 王志刚
副站长 曹阳
81114部队站 站长 沈仁怀
副站长 郭乃军
81393部队站 站长 李刚
副站长 宋应学
81032部队学区 主任 贾方亮
副主任 王双林
81034部队站 站长 管延政
副站长 邢喜武
81036部队站 站长 刘丰利
副站长 谢明君
81145部队站 站长 曹国斌
副站长 汤启坤
81413部队站 站长 解庆双
副站长 王德才
81156部队学区 主任 嵇伟
副主任 范一良
81158部队站 站长 汤建军
副站长 陈立新
81162部队站 站长 刘世成
副站长 魏宪春
81397部队站 站长 张正明
副站长 杜晓兵
81043部队学区 主任 张烈英
副主任 董辉
81167部队站 站长 黄玉操
副站长 钱建忠
81378部队站 站长 冷少杰
副站长 连文岭
81051部队站 站长 郑轶
副站长 廖德国
81814部队站 站长 王凤岭
副站长 于学岭
81870部队站 站长 钱凤明
副站长 陈秀清
81049部队站 站长 张长勇
副站长 马晓冬
81178部队学区 主任 白晓明
副主任 刘仕山
81180部队站 站长 程波
副站长 李瑜
81182部队站 站长 姚凤阁
副站长 王本磊
81233部队学区 主任 刘秀斌
副主任 石中琪
81235部队站 站长 黄永涛
副站长 常贵学
81237部队站 站长 侯占纯
副站长 宋建明
81241部队站 站长 胡成福
副站长 节茂彬
81245部队站 站长 袁保伟
副站长 赵永明
81243部队站 站长 沈进苟
副站长 孟令生
81054部队学区 主任 刘建星
副主任 黄立波
81058部队站 站长 赵希奎
副站长 姚国伟
81323部队站 站长 吴建方
副站长 吴晓峰
黑龙江军区学区 主任 秦成志
副主任 郑士洪
鹤岗军分区站 站长 李正国
副站长 关金贵
大庆军分区站 站长 姜文军
副站长 曹中武
伊春军分区站 站长 李万杰
副站长 姜曰礼
吉林军区学区 主任 荆南飞
副主任 张年祥
辽宁军区学区 主任 袁相武
副主任 胡杨
沈阳军分区站 站长 王荣山
副站长 王丰亭
鞍山军分区站 站长 孙东兵
副站长 王晓轩
锦州军分区站 站长 许长志
副站长 李宪民
本溪军分区站 站长 杨忠宽
副站长 李世淳
朝阳军分区站 站长 王光明
副站长 聂德珍
丹东军分区站 站长 刘崇林

	副站长	哈学林
盘锦军分区站	站长	程焕军
	副站长	滕凤余
抚顺军分区站	站长	成江
	副站长	马运忠
81562部队站	站长	诸文清
	副站长	刘万清
81244部队站	站长	姜兴波
	副站长	王全兴
82160部队站	站长	姚广发
	副站长	张昌富
81818部队站	站长	田兵
	副站长	何建华
大连陆院学区	主任	王荣岐
	副主任	郤德全
司令部学区	主任	王志宇
	副主任	徐笑秋
政治部学区	主任	鲁世胜
	副主任	毛仲全
联勤部学区	主任	杨大伟
	副主任	许建平
二分部辅导站	站长	高山
	副站长	侯树民

南京军区分院

83011部队学区	主任	黄建生
	副主任	李江
83011部队直属站	站长	李江
	副站长	徐良
83423部队站	站长	周春发
	副站长	唐启胜
83013部队站	站长	胡德贵
	副站长	刘晓
83021部队站	站长	汪泽
	副站长	邱新菊
沪警备区学区	主任	骆国福
	副主任	杨斌生
直属辅导站	站长	杨斌生
	副站长	刘俊
浙江军区学区	主任	赵天云
	副主任	舒建平
瞿州军分区站	站长	郑绿汀
联勤部学区	主任	经盛志
	副主任	姚跃
南京总医院站	站长	蒋国斌
	副站长	董铁农
联勤13分部站	站长	王建刚
	副站长	孙建新
联勤15分部站	站长	李玉龙
	副站长	张俊
联勤16分部站	站长	黄晋明
	副站长	蔡华叶
联勤18分部站	站长	夏善国
	副站长	张崇德
杭州预备师站	站长	吴沂鸿
8690部队站	站长	王跃明
	副站长	王洪敏
83226部队学区	主任	丁建华
	副主任	谢少承
机关辅导站	站长	丁建华
	副站长	谢少承
83651部队站	站长	周黎明
	副站长	赵洪杰
83235部队站	站长	刘子林
	副站长	张晓
83422部队站	站长	顾辉
	副站长	薄维德
江苏军区学区	主任	顾玉彬
	副主任	汤苏文
机关辅导站	站长	徐伟雄
	副站长	徐飞
淮阴军分区站	站长	孙德庆
	副站长	丁在新
扬州军分区站	站长	陈昌权
	副站长	徐茂生
苏州军分区站	站长	陈林荣
	副站长	钱定奇
宿迁军分区站	站长	陶沙
	副站长	王绍云
连云港分区站	站长	许共国
	副站长	陶用心
安徽军区学区	主任	马以芝
	副主任	王晓方
机关辅导站	站长	李勋
	副站长	熊国洪
马鞍山分区站	站长	孙继海
司令部学区	主任	庄义春
	副主任	吕步志
机关辅导站	站长	吕步志
	副站长	沈启健
二局辅导站	站长	赵贤富
	副站长	汪晓云
政治部学区	主任	余西
	副主任	蔡云峰
机关辅导站	站长	蔡云峰
	副站长	叶锦山
海峡台辅导站	站长	刘锦生
	副站长	张明
32404部队学区	主任	常生荣
	副主任	林培雄
机关辅导站	站长	林培雄
	副站长	韩国亮
32417部队站	站长	黄胜富
	副站长	王哲新
32430部队站	站长	雷清平
	副站长	胡梅生
32525部队站	站长	林建祥
	副站长	徐政茂
福建军区学区	主任	李元兴
	副主任	柳亚南
机关辅导站	站长	柳亚南
	副站长	林建立
厦门警备区站	站长	何光喜
	副站长	刁平
莆田军分区站	站长	邓卫国
	副站长	陈国新
龙岩军分区站	站长	曾仲春
	副站长	邱桥荣
32822部队站	站长	高林峰
	副站长	李新卫
32833部队站	站长	卢宜牯
	副站长	邹忠良
江西军区学区	主任	彦春宁
	副主任	邹智敏
机关辅导站	站长	李家旺
赣州军分区站	站长	杨志军
宜春军分区站	站长	鲍卫国
抚州军分区站	站长	梅勇
景德镇军分区站	站长	汪雪庚

上饶军分区站	站　长	胡跃明

济南军区分院

济南学区	主　任	高维敏
	副主任	车全宝
省军区机关站	站　长	朱文亭
郑州学区	主　任	刘全喜
	副主任	张清训
省军区机关站	站　长	韩申国
南阳军分区站	站　长	张耀军
漯河军分区站	站　长	任德超
濮阳军分区站	站　长	仇运凯
开封学区	主　任	杨建亭
	副主任	王万里
		鲁治平
54631部队站	站　长	路子房
54642部队站	站　长	张金汉
54650部队站	站　长	韩强毛
	副站长	孔德余
新乡学区	主　任	焦随东
54774部队站	站　长	张建林
	副站长	马　强
54676部队站	站　长	黄更臣
	副站长	常晓戈
		罗光辉
54766部队站	站　长	李俊平
潍坊学区	主　任	赵胜一
54685部队站	站　长	润文斌
54691部队站	站　长	葛振华
54690部队站	站　长	田世华
55085部队站	站　长	李兆安
54871部队站	站　长	李忠生
54672部队站	站　长	王国华
军区司令部站	站　长	于水军
	副站长	裘　明
军区政治部站	站　长	万玲瑞
	副站长	丁信浩
军区联勤部站	站　长	王陵新
	副站长	杨同海
生产基地站	站　长	袁中伍
军区装备部站	站　长	关会安
陆军学院站	站　长	王尔玉

广州军区分院

53010部队学区	主　任	邱冷波
	副主任	张　文
53061部队站	站　长	巫　山
	副站长	邹　峰
53023部队站	站　长	陈廷镇
	副站长	蒋胜利
53013部队站	站　长	许中平
	副站长	郑远键
53063部队站	站　长	刘立新
	副站长	江政晖
53062部队站	站　长	丁建斌
	副站长	毛亚文
53200部队学区	主　任	张思胜
	副主任	赵　军
53203部队站	站　长	向孟辉
	副站长	张建超
53503部队站	站　长	罗良伟
	副站长	韦晓东
53802部队站	站　长	王淑辉
	副站长	杨钦永
广西军区学区	主　任	王晓卓
	副主任	朱爱国
南宁军分区站	站　长	王洪波
	副站长	雷耀文
河池军分区站	站　长	邹联清
	副站长	曾　伦
桂林军分区站	站　长	陈金华
	副站长	廖善龙
桂林陆院站	站　长	周国祝
	副站长	陆　谦
广东军区学区	主　任	雷正金
	副主任	陈良素
湛江军分区站	站　长	黄　琏
	副站长	李　晖
53805部队站	站　长	王奖云
	副站长	李仲良
53310部队站	站　长	张仲会
	副站长	马玉莲

成都军区分院

重庆学区	主　任	权学明
	副主任	郭景龙
军直机关站	站　长	周胜刚
	副站长	黄胜楷
56013部队站	站　长	雷勋年
	副站长	郭爱平
56016部队站	站　长	姚伟文
	副站长	叶　佩
56168部队站	站　长	艾运彬
	副站长	李费平
56014部队站	站　长	朱章元
	副站长	杨蕴齐
56017部队站	站　长	彭文学
	副站长	刘聚波
昆一学区	主　任	马寿鸿
	副主任	王良福
		余喜松
35108部队站	站　长	魏代应
	副站长	侯昌贵
35208部队站	站　长	李立中
	副站长	赵正林
35304部队站	站　长	姚世忠
	副站长	彭福生
35221部队站	站　长	胡　鹏
	副站长	崔庆林
35220部队站	站　长	张京龙
	副站长	陈国朝
35010部队站	站　长	王明书
	副站长	周昌华
35012部队站	站　长	钟明亮
	副站长	张作光
35015部队站	站　长	代永生
	副站长	谌小昂
35056部队站	站　长	魏中烈
	副站长	李文渝
35207部队站	站　长	姜万忠
	副站长	尹科浩
35205部队站	站　长	吴纪刚
	副站长	张泗泓
昆明二学区	主　任	李　斌
	副主任	胡义军
直属辅导站	站　长	彭昭强
	副站长	王正鹏
文山军分区站	站　长	郝晓延

	副站长	杨文彩
蒙自军分区站	站长	刘永德
	副站长	李熙
思茅军分区站	站长	李明江
	副站长	郑向东
		李国庆
版纳军分区站	站长	向兴友
	副站长	汪德华
		田选军
楚雄军分区站	站长	王义成
	副站长	张剑峰
		刘友其
大理军分区站	站长	王贵祥
	副站长	王云昌
		任炳年
保山军分区站	站长	张朝风
	副站长	蒋斌洲
		尤明生
曲靖军分区站	站长	苏君源
	副站长	兰琪
		郑石安
丽江军分区站	站长	刘振英
	副站长	孙鹏斌
		杨汝剑
临沧军分区站	站长	高家鹏
	副站长	彭少清
		邱卫东
德宏军分区站	站长	杨自凯
	副站长	贺小宇
		张雪飞
贵阳学区	主任	黄光荣
	副主任	王奇禄
直属辅导站	站长	龙云碧
	副站长	刘俊
遵义军分区站	站长	孙国文
	副站长	李德贵
安顺军分区站	站长	刘文忠
	副站长	王猛
都匀军分区站	站长	黄大远
	副站长	黄光兴
凯里军分区站	站长	田中强
	副站长	杨茂凯
铜仁军分区站	站长	张文益

	副站长	陈星
毕节军分区站	站长	孙峰
	副站长	王立雄
兴义军分区站	站长	王万杰
	副站长	黄子雄
56590 部队站	站长	陈黔鲁
	副站长	余品烈
成都一学区	主任	王绍书
	副主任	赖军
直属辅导站	站长	钟楠
宜宾军分区站	站长	唐其良
	副站长	梅有宏
巴中军分区站	站长	叶作舟
	副站长	吴仲康
泸州军分区站	站长	周永华
	副站长	龚勇兵
广元军分区站	站长	韩培志
	副站长	唐昌明
南充军分区站	站长	田文君
	副站长	熊朝军
达川军分区站	站长	范方银
	副站长	武德龙
阿坝军分区站	站长	王国才
	副站长	罗悦泰
攀枝花军分区站	站长	王道宽
	副站长	任平
凉山军分区站	站长	杨奇松
	副站长	杨太荣
雅安军分区站	站长	汪德义
	副站长	黄志伦
眉山军分区站	站长	李树林
	副站长	张成国
乐山军分区站	站长	韩学良
	副站长	乌建华
遂宁军分区站	站长	熊雄
	副站长	丁晓洪
德阳军分区站	站长	杨有金
	副站长	杨成斌
内江军分区站	站长	牛蜀军
	副站长	刘爱民
甘孜军分区站	站长	王铁树
	副站长	蔡洲武
武警水电站	站长	关明生

	副站长	刘平富
拉萨学区	主任	杨双举
	副主任	蔡汉银
拉萨辅导站	站长	魏建华
	副站长	薛彬
山南辅导站	站长	杜宜明
	副站长	陈德祥
林芝辅导站	站长	封浪
	副站长	张文恒
日喀则辅导站	站长	罗向伟
	副站长	何绍茂
那曲辅导站	站长	杨剑冰
	副站长	沈永
昆明陆院学区	主任	任亚中
	副主任	张力
直属辅导站	站长	蒋明权
成都二学区	主任	肖济凯
	副主任	丁德奎
		梁志平
直属辅导站	站长	贺江华
35011 部队站	站长	陈亚平
	副站长	刘江纯
56274 部队站	站长	石春磊
	副站长	朱清华
56066 部队站	站长	朱新民
	副站长	廖常德
56294 部队站	站长	孙勇
	副站长	杨平
56273 部队站	站长	单豫宾
	副站长	王守军
56105 部队站	站长	管严
	副站长	李永龙
成都三学区	主任	李卫星
直工处辅导站	站长	余文彬
川办辅导站	站长	彭正治
56229 部队站	站长	黄万平
昌都军分区站	站长	陈卫东
成都四学区	主任	裴洪章
	副主任	宋昌勇
35401 部队站	站长	陈文
	副站长	李春华
56221 部队站	站长	李建清
	副站长	张文平

56223部队站	站长	任宏
	副站长	魏鸿斌
56026部队站	站长	杨导东
	副站长	汪用
军区总医院站	站长	魏义洪
	副站长	潘安原
联司直工处站	站长	周其禄
	副站长	刘奎
武警学区	主任	付万选
	副主任	何明成
一支队辅导站	站长	谭仁权
	副站长	向晓峰
二支队辅导站	站长	魏文武
	副站长	李战平
四支队辅导站	站长	周处伦
	副站长	王点燃
成都支队站	站长	石继明
	副站长	杜伯成
攀枝花支队站	站长	徐子君
	副站长	赵诚
泸州支队站	站长	刘万古
	副站长	张良超
德阳支队站	站长	张兴鸿
	副站长	李淑雄
内江支队站	站长	施毅
	副站长	赵吉耀
乐山支队站	站长	张本权
	副站长	周发强
广元支队站	站长	官玉林
	副站长	张德权
遂宁支队站	站长	夏仟贵
	副站长	杨通江
宜宾支队站	站长	邓忠权
	副站长	夏子平
南充支队站	站长	李仕闻
	副站长	唐兴明
达川支队站	站长	刘家才
	副站长	龙剑
雅安支队站	站长	蔡志康
	副站长	蔡兴旺
广安支队站	站长	龙兴明
	副站长	熊伟
巴中支队站	站长	谭尊术
	副站长	程林斌
甘孜支队站	站长	刘景华
	副站长	王勇
总队机关站	站长	唐勇邦
	副站长	罗江麟
消防学区	主任	陈云
泸州支队站	站长	李克春
达川支队站	站长	桂阳
中物院学区	主任	韩长林
	副主任	刘友堂
七所辅导站	站长	杨兴忠
	副站长	冉茂全
直属一学区	主任	向东
8740部队站	站长	孙贤成
8742部队站	站长	廖宇
8743部队站	站长	胡长城
重庆警备学区	主任	蒋崇安
	副主任	帅逊
直属辅导站	站长	冯光鑫
沙坪坝人武站	站长	戴平
渝北人武部站	站长	李宁
万盛人武部站	站长	严贵才
预备役高炮师站	站长	刘滨揆
黔沤军事部站	站长	冉茂华
万州军事部站	站长	姜祖洲
巴南人武部站	站长	张树明
西藏武警学区	主任	周顺祥
	副主任	杨朝福

北京市公安局直属学区

直属一站	站长	李广成
	副站长	张清
直属二站	站长	李连义
	副站长	康健
东城分局站	站长	张京
	副站长	单志强
		王兆璞
西城分局站	站长	毕华明
	副站长	张亮
崇文分局站	站长	高庭华
	副站长	孙国进
宣武分局站	站长	耿飞
	副站长	陈岩明
朝阳分局站	站长	裴林章
	副站长	杨强国
海淀分局站	站长	王亚军
	副站长	殷家旺
丰台分局站	站长	常振生
	副站长	王素真
交管局站	站长	胡层林
	副站长	田干
		王峰
治安处站	站长	梁雪燕
	副站长	曹东翔
公交分局站	站长	王玉林
	副站长	王旭东
石景山分局站	站长	刘步云
	副站长	申永增
门头沟分局站	站长	张淑敏
	副站长	丁强
房山分局站	站长	王春和
	副站长	隗合显
燕山分局站	站长	王怀东
	副站长	田广辉
		许华伟
地铁分局站	站长	杨文清
	副站长	卢闽
通州分局站	站长	石宝玉
	副站长	刘艳明
怀柔县局站	站长	陈凤春
	副站长	张振明
消防局站	站长	陈益新
	副站长	潘建军
巡察总队站	站长	赵兴军
	副站长	聂娟
大兴县局站	站长	白志强
	副站长	李爱群
平谷县局站	站长	李术兰
	副站长	韩仲宇

教工人员先进事迹

严谨治校育人才 无私奉献创佳绩
——记修水辅导站站长周江宁

1998年10月16日，是一个值得江西分院九江学区修水县委党校辅导站全体人员感到无比自豪和难忘的日子，就在这一天，校长周江宁从省委党校领导手中接过一块沉甸甸的“中央党校函授学院先进辅导站”的奖牌。这份荣誉来之不易，这里头凝结着这位修水县委党校函授教育带头人的全部精力和辛勤汗水……

1992年修水县委党校筹建辅导站时，周江宁是负责人之一。建站后，他被任命为校委委员、副站长。为了争取各级领导和有关部门的支持，他不辞辛苦，做了大量的宣传协调工作，取得了县委的重视和支持，县里两次拨款用作函授站开办费，调拨了一部小车，拨出专款改造教室、添置课桌椅、充实教师力量；县委组织部赠送给函授站彩电、放像机各一台，并与财政局联合发文，专门解决党校函授学员的学费报销问题，县教育局也为党校选调教员大开绿灯。1998年建成了拥有31台计算机专供函授教学使用的微机室，改善了办学条件。

1994年10月周江宁被任命为副校长，分管教学和函授工作。在他的主持和努力下，该站建立了一套行之有效的规章制度，并下功夫抓好制度的落实：一是抓教学计划管理；二是抓好面授考勤和学籍管理。由于管理到位，该站面授课到课率一直保持在80%以上。在学籍管理上，建立了《学员学期注册簿》、《学员成绩登记簿》，并及时向学区上报学员注册人数；三是抓财务管理。该站成立以来，从未拖欠过应该上缴的费用。在周江宁主持函授工作期间，学校从未挪用过函授一分钱，确保了办学的需要；四是抓教学管理。该站把搞好教学作为工作重点，为此建立了教案检查、试讲、教员听课、学员评教等项制度。这些规章都纳入了该校的制度汇编和目标管理。

周江宁在县一中当过教师，深知“台上一堂课、台下十年功”的道理。在他的倡导下，使“学高为师，行为世范”的师德深入全校职工心中。

周江宁带头执行教案检查制度。每个教员的教案他都要亲自审阅，或主持召开集体备课会审查。任副校长后，他还主动承担部分教案的审阅工作，确保了授课质量。1998年由分院、学区组成的函授教育评估小组给该站教案这一项打了满分。尽管日常工作很忙，在搞好科研方面，周江宁以身作则，经常废寝忘食地查阅资料。1995年他撰写的《严格考试纪律、促使考风根本好转》在部分省市函授工作研讨会上参加了交流，获得优秀论文奖。几年来，他在省级以上刊物发表文章多篇。

周江宁经常讲，自己不能砸自己的牌子，要维护党校函授教育的声誉。在周江宁的主持下，修水辅导站对治理考风考纪下了很大功夫，取得了好成效。从1995年起，该站成为江西分院九江学区惟一由本站监考的免检站。在一次招生考试中，有一个科级干部请人代考，被周江宁发现，当场给予曝光和处理。从1993年开始，每届都有本校职工参加学习，个别职工的违规现象时有发生，但只要被周江宁发现，就立即处理。学员们说：“周校长监考丁是丁，卯是卯，铁面无私。”1999年4月招生考试时，分院对该站考场进行了突击检查，无一作弊，带队院长高兴地对周江宁说：“你们站堪称名副其实的一类考区，不愧为全国先进站。”

“宝剑锋从磨砺出，梅花香自苦寒来”。江西省委党校优秀教员、江西分院先进工作者、修水县先进工作者、优秀党员等一系列荣誉称号都无可争议地落到了周江宁身上。 （王河山　杜治江）

李应就心系党校函授教育事业

河北省辛集市委党校副校长李应就，心系党校函授教育事业，在他和校委一班人的共同努力下，改变了该校函授工作被动落后的局面，使辛集辅导站一跃成为先进办学单位。辛集辅导站的函授工作曾由于班子方面的问题，一段时间内学员管理无人过问，纪律松散，到课率低。李应就刚接手工作时，94级大专班面授应到240多人，有一次实到50多人，课堂秩序混乱。面对这一情况，李应就想：上级把我安排在这个岗位上，不做工作还算什么干部？我必须勇于挑起重担，决不允许松散现象继续下去。于是，他首先组织全校教职工反复学习《中国共产党党校工作暂行条例》，学习胡锦涛同志关于办好函授教育的一系列指示，以及各级党校对函授工作的要求，并组织讨论，统一思想。其次，在他的主持下，把以前几个人管一个班改为一个人管一个班。这样做责任明确，彻底改变了好事抢着管，得罪人的事无人管的现象。其三，在他的领导下，根据学校的实际情况，相继制定了《班主任职责》、《强化学员管理的规定》、《课堂规则》等制度。经过几个月的整顿，各教学班的面貌有了很大变化，到课率由开始不足30%逐渐上升到70%、80%；作业、自学方面的情况都好了起来，认真学习的人多了，混文凭的人少了。李应就同志把提高教学质量作为中心工作。他组织开展了一系列有助于提高教学质量的活动，如：备课、试讲、教案展览、观摩教学、评课等等。在抓管理方面他紧紧依靠组教室主任、班主任，遇事与他们商量，充分调动他们的积极性。他经常深入班级，了解教学情况，表扬、批评到位，抓得细、抓得实。他经常组织班主任交流工作经验，以提高班主任管理水平。多次与学员单位的领导联系，请求他们支持学员学习，支持辅导站的工作。如今，辛集辅导站的教学管理等项工作比过去有了明显进步，取得成绩。在函授评估过程中，辛集辅导站获得了“优秀辅导站”的光荣称号。

李应就对该自己负责的工作，勇于承担责任，对权限以外的，及时请示，注意上情下达，下情上报。他全力支持班主任的工作，对违规的人敢于果断处理，无论是自己的亲朋好友，还是其他什么关系，一律按制度办事，不隔着班主任落好人。李应就还担负着函授班的授课任务，他照样和其他教师一样参与试讲、评课等教学活动。同时，他还经常和管理人员一起做诸如招生宣传、考试安排、搬教材、填表格等这些具体工作，与教职员工打成一片。他关心教师，先后多次找有关部门协商，解决了7名教师的职称问题。他多次跑市委各部门，筹集资金，购买图书2000余册，给教师创造良好的工作环境，调动了教师工作的积极性。

辛集市委党校的工作多次受到上级党校的表扬，连续几年被辛集市委评为先进单位。1997年市委投资300万元为该校建了一座教学办公大楼，校园全部绿化。李应就几次在河北省党校系统的教学、函授工作会议上作过经验介绍。李应就1998年被评为河北省“函授先进工作者”，并被推荐为市管“拔尖人才”。

(心　占)

勇于开拓　乐于奉献

——记安泽县委党校常务副校长、辅导站站长王孝恩

当你来到山西省安泽县委党校，你会真切地感受到它真的变了。原来那低矮阴暗、破旧不堪的校舍不见了，展现在你眼前的是一座崭新的教学大楼，宽敞明亮的大教室。安泽县委党校的硬件建设和软件建设都发生了很大的变化，特别是函授工作取得了明显进步，跨入了先进行列，多次受到上级表扬与奖励。1997年，安泽县委党校被评为“临汾地区党校系统先进集体”。1997年12月，安泽县委党校派员出席了全省函授教学管理经验交流会，并在会上作了典型发言，得到了与会同志的充分肯定。谈到这些变化，不能不谈谈安泽县委党校常务副校长、辅导站站长王孝恩。

王孝恩深知自己肩头担子的分量，他不断探索和研究新的历史条件下党校面临的新任务、新问题。在函授教育工作方面，他和班子其他成员主要抓了以下几方面的工作：

一是端正办学方向和指导思想。由于受社会不正之风及利益驱动诸多方面的影响，在办学人员普遍存在着一些错误观念，如思想认识上把函授看成是创收项目，列为“三产”序列；在行动上，对函授教育人力、物力、精力的投入不足。王孝恩着手进行了有针对性地整顿，进一步端正了办学指导思想。

二是充实队伍，健全组织。王孝恩到任后，很快充实了函授管理队伍，他亲自担任辅导站站长，并设置了学员科。在县委的重视和关心下，在全县

范围内选调了4名具有较高素质的教师。经县委组织部批准，在教学班建立了临时党支部，王孝恩任书记。

三是抓规范管理。在王孝恩的领导下制定和完善了规章制度，使教学和管理有章可循、有据可依。王孝恩同志不但重视抓制度建设，而且特别重视抓制度的落实。他要求有了制度就要严格按制度办事。县政府一位副县长、95级学员因考试成绩不及格，第一学期就被淘汰了。

四是抓硬件建设，大力改善教学设施。王孝恩同志初上任时，党校还没有一个确定的校址，当时党校被人们称为“流浪学校”。他上任后首要的任务就是解决校址问题。经过王孝恩的努力，并征得县委的同意，安泽县委党校选定了校址。但校址内房屋数量少，且年久失修，夏日漏雨，冬天透风。为尽快开展正常的教学工作，王孝恩一方面抓旧教室的维修，为了节约有限的维修费，他带领全校职工利用节假日参加义务劳动，粉刷墙壁1000平方米，油漆桌椅100多套。王孝恩还号召全校教职工发扬自力更生精神，为改善办学条件出力。他带头捐款1500元，全校人员纷纷解囊，筹集资金3万多元；另一方面为从根本上改善党校教学条件，必须争取上级拨付资金，立项改建扩建。王孝恩夜不能寐，四处奔走，多次上省城、地区找领导，取得了省、地领导的大力支持，终于使78万元的基建资金得到基本落实。

在筹资立项过程中，王孝恩始终发扬艰苦奋斗的老传统，坚持少花钱、多办事的原则。吃，进小吃店；住，进通铺间；行，挤公共汽车，从不乱花一分钱。一次，70岁的老母亲患病住院，老人是多么希望自己的儿子守在身边，儿子又何尝不愿留在老母身边以尽孝心！王孝恩只好尽力控制感情，拜托弟妹照顾母亲，含着眼泪毅然乘上了去太原的班车。长时间的奔波和劳累，使他患了严重的腰椎间盘突出症，疾病发作时，弯腰抬腿都很艰难，衣服鞋袜自己脱不下，也穿不上。大夫建议他立即住院治疗，但都被他谢绝了。有一次，他正在家治病，太原打来电话要他马上去，父母、妻子都劝他不要去了。他说：“人家让去，正是办事的好时机，怎么能坐失良机呢？病痛我可以忍受。”结果，他还是在同事的照料下去了太原。在旅店里，腰腿疼痛难忍，生活全靠同事照料。晚上，同伴为他脱去鞋袜、衣服；早上，又为他穿上。他凭超人的毅力办完了事返回安泽，下火车之后，在同事的搀扶下，走两步，歇一下，从车站到家不足一公里竟然走了40多分钟。王孝恩就是凭着这种忘我的工作精神，脚踏实地，一步一个脚印，一年一个台阶，不仅从基础设施方面，而且从教学管理方面，改变了安泽县委党校的旧面貌。

（安泽晓）

身为人师 就要为人师表

——记西安分院阎良辅导站班主任焦德林

焦德林同志，1994年受聘到阎良辅导站任班主任，一干就是5年多。他作为阎良区“徐特立教育思想研究会”的会员，始终把研究徐老的教育思想和班主任工作结合起来，指导和鞭策自己。徐老说过：“教师既要做‘经师’教知识，又要做‘人师’教行为”。焦老师认为，做“经师”教知识，我们有一批治学严谨、造诣颇深的专家、教授；而做“人师”教行为的责任，主要就落在班主任身上。班主任身为人师，就要为人师表。当班主任的5年多来，焦老师事事严于律己，率先垂范。他要求学员按时到校上课，自己五年如一日总是提前半小时到校，甚至在他母亲病危弥留之际也不例外。课堂上是师生，课外是朋友。由于他的言传身教，他带过的94级大专班、97级、98级本科班学员人心齐、班风正、学风好。

在班主任管理工作中，焦老师十分重视认识和了解学员。新学员入学后，他发给每人一份“问卷调查表”，从为什么上党校函授到怎样搞好函授学习，有什么意见和要求等，让学员认真回答。收阅后装订成册，公布在教室。对学员既是交流，又是激励。班主任也从中获得了因人施教的依据。焦老师认为不了解学员，就没有对学员从严要求的发言权。他发现98级本科班87名学员，有23名是近年的大专院校毕业生，英语基础较好。有20名学员英语基础较差，赶不上进度。于是，他在班上开展“结对子、一帮一”活动，使原来英语基础差的学员上学期期末大都通过了考查。

焦老师善于做学员的思想工作，尤其重视新生的入学教育和每学期的期末总结。他认为新生入学时班主任言简意赅的祝贺、语重心长的叮嘱，无不给学员留下难忘的印象，收到事半功倍的效果。期末总结茶话会搞得别具情趣，既有总结、交流、表彰奖励，又有卡拉OK自娱自乐。为帮助学员排忧解难，他多次进行家访，多次到学员单位联系，争取学员家庭和单位对学员学习的支持。他还关心学员的生活，学员因病住院了，他再忙也要和班干部去医院看望。

善于发现和运用学员中的积极因素搞好自我教育，是焦老师班主任工作的又一特色。94级大专班学员进校不久，他便发现一起来学习的夫妻学员就有7对。在班上他热情赞扬了学员们自加压力、不甘落后的竞争意识，并且突出表扬了比翼齐飞的夫妻学员。他还在学员中开展了“评选百名好学员”的活动，有效地调动了大家的学习积极性。焦老师任97级班主任后，又树立了“武屯学习远征队”、年过半百的高级政工师上函授、单位在外地仍坚持到校上课的西宝高速公路管理处党委副书记、区委常委宣传部长坚持参加函授学习、下岗职工上本科、铁路系统的自学小组等先进典型。目前，一个“好学员争当优秀学员”、比出勤、比学风、比班风的竞赛活动正在97级本科经管班、政法班和98级本科经管班展开。

焦德林老师在班主任这个平凡而重要的岗位上，以身作则，言传身教，全心全意为学员服务，不愧为党校函授的好园丁。 （孙　方）

辛勤育才的老园丁——萧廷国

提起萧廷国老师，在铁道部浦镇车辆工厂，无论是学员，还是同行，无不充满敬意。这位年近花甲的老教师、共产党员、班主任，怀着忠诚于党校函授教育事业的赤诚之心，长年累月以党校函授站为家。多年来，他每天基本上早晨6点半到校，晚间9点钟左右才离开。冬去春来，长期坚持。

“一点不能差，差一点也不行”。这是萧老师抓函授教学和管理工作一贯恪守的准则。萧老师的严，在厂里出了名。诸如面授考勤、作业收交、小组讨论、考风考纪等，严格按制度办。对于违反制度的不论是一般工作人员，还是担负领导职务的学员，从不讲情面。每次考试考场内课桌的布局、考号的张贴以及监考证、针线之类的必用品，他都要求摆放得整齐有序。他批阅的作业，都有评语。他指导学员的毕业论文，不符合要求，是难以得到他签发的“通行证”的。为了写好对学员每学期党性锻炼小结的评语，他挑灯夜战，仔细琢磨，反复推敲，使评语更具有针对性。为了备好课，他台上是老师，台下虚心当好学生，不管是领导、同行，还是学员，都是他学习讨教的老师。分院、学区组织的备课、观摩活动，有机会他决不会放弃。萧老师严谨的自律作风，为学员树立起好的学风起到了表率和激励作用。

他是一个热心人。他担任了两届函授班的班主任，平时对学员非常关心。学员有什么特殊困难，他都及时了解、细心观察，及时向校领导反映，想方设法去关心帮助他们。学员生病了他去医院看望，青年学员结婚他去祝贺。95级学员潘顺祥，被一名违纪工人打伤在家休息，萧老师与李校长到小潘家慰问，见到校长和萧老师，受到委屈的小潘，鼻子直发酸，眼泪都快掉下来了。

学员很愿意跟萧老师一起谈学习、谈生活，有些学员心里不愉快时，也愿意向他倾诉。学员们说，党校函授站的老师们对学员的事比我们自己还上心，如果我们不好好学习真是对不起老师。

有些专业课必须聘请专业学科的老师来讲授。学员们反映《财务会计概论》这门课抽象，概念难以理解。萧老师就到处打听物色老师，终于在南京铁路运输学校找到教这门课的何老师。萧老师第一次登门聘请被谢绝，过几天，萧老师再次上门又被推辞，当萧老师第三次出现在何老师面前时，何老师深受感动，当即表示愿来浦厂讲课。何老师的讲课效果很好，这门课的考试成绩全班平均超过了80分。

一些来浦厂辅导站讲过课的高校教师反映，浦厂党校函授教育在某些管理上甚至超过了全日制高校。还有一点在他们的意料之外，他们以为来浦厂讲课，讲完课就完了，可几天后，萧老师拎着一大包“东西”送上门来，打开一看，是叠得整整齐齐的学员作业本，原来还要批改作业！看着这一大摞由萧老师一本一本收齐的作业本，大老远的送上门，这些老师感叹不已：要是自己不认真批改，真对不起萧老师啊！

在萧老师担任班主任期间，有好几位学员生活中出了点“意外”，萧老师和其他老师没有少给他们补课，在老师和学员的共同努力下，都最终战胜了困难，没有让一个学员掉队。学员王玉明一次意外受伤，肋骨断了6根，大脑受震荡，伤势严重。在萧老师的耐心辅导下，他花了比别人多几倍的功夫完成了学业。还有，95级学员胡咏斌，生病住进了省中医院，病情较为严重，一住就是几个月，眼看就要期末考试了，可小胡身体刚痊愈，出院后仍须在家休养。由于没能参加面授辅导，自学又有一定的难度，李校长和萧老师决定上门为小胡补课。当俩人驱车两个多小时赶到江宁县东善桥乡前圣村出现在胡咏斌的家门口时，小胡热泪盈眶，激动得一句话也说不出来。小胡的父亲也是一位从教多年的成人教育工作者，他紧紧握住李、萧两位老师的手，激动地说："太感谢你们了！成人函授教育还上门辅导，我工作多年来，还是第一次看到。"

萧廷国同志的工作态度和表现，受到了上级领导的表扬和学员的爱戴，他多次被评为优秀共产党员、先进教育工作者。（晓 庄 云 良）

辛勤耕耘　严谨治学

——记甘肃白银党校副校长李廷伯

在黄土高原丘陵深处的铜城白银，凡是在白银市委党校参加过函授学习的同志，或是熟悉和认识李廷伯的人，都称赞他认真负责，严谨治学，廉洁奉公。学员叫他"老严"，连市上一些领导也戏称他"老左"。他以身作则，不徇私情，他的事迹在白银地区广为传颂。

李廷伯同志1962年从平凉师专投笔从戎。1963年入党，在部队多次立功受奖，由战士逐步成长为一名团级干部。1987年他转业到白银市委党校工作，继续保持和发扬了部队的优良作风。他已是"船到码头车到站"的年纪了，仍一心扑在工作上，每天早来晚走，经常深入教研室和班组，虚心倾听大家的意见，开展批评与自我批评，不断改进工作。近十多年来，他挤时间阅读了马列著作、《毛泽东选集》、《邓小平文选》等理论书籍400多万字，汇集报刊剪贴35本，写读书笔记11本，共计15万多字，同时积极为党报党刊写稿近百篇。他坚持从严治考的方针。他亲手总结和制定了"一课双考，月月汇总"的考勤制度、严把"五关"和"十不准"的监考制度，并认真监督制度的落实，受到了总院巡视人员的充分肯定和赞扬。他对考试作弊学员，敢于严肃果断查处。一次，他纠正一名违纪学员，该学员声称自己是市里某领导的亲属，他照样按"零"分处理，做到了在考纪面前人人平等。1996年招生考试时，学区共处理违纪考生58人，而他一人就查处了25人，引起很大反响。由此他也得罪了不少人。一些老同事有看法，不少亲朋好友不理解，老伴、子女也埋怨，有人恐吓，有人辱骂，他都泰然处之。个别人与他拉关系套近乎，甚至请吃送礼，小到水果香烟，大到手表高档品，都被他一一谢绝。

李廷伯同志由于工作成绩突出，1994年受到甘肃分院表彰，1995年被总院评为先进工作者，1997年又被总院评为优秀通讯员。（张治荣）

责 任 重 如 山

——记济南军区分院开封学区负责人路子房

路子房是济南军区分院开封学区的负责人，他视函授教学重如山。他负责函授工作以来，刻苦学习业务，积极克服工作困难，不断总结摸索函授教学管理方法，使集团军党校函授教学管理逐步走上了健康发展的道路，受到了上级有关部门和学员的好评。开封学区被军区和总部评为先进学区，去年11月，路子房作为先进学区代表参加了由总政治部召开的函授教学经验交流会，并在会议上介绍了经验。

1997年2月起，路子房负责函授教学工作。上任伊始，他考虑到函授教学难度大、责任重，自己对函授工作又不熟悉，思想上想打退堂鼓。经过领导的教育，经过一段的工作实践后，路子房逐步认识到函授教学的重要意义。从此，他改变了对函授教学的看法，增添了工作的动力。为了尽快熟悉业务，路子房认真学习了总院《管理制度汇编》，每期的《党校报》和《函授快讯》他都必看，及时掌握了解上级指示精神。为解决学区函授工作存在的诸多问题，他逐级向领导反映情况，并积极提出合理化建议。同时，他深入到部分函授站和学员中调查了解情况，掌握第一手材料，很快建起了函授教学资料档案，为正规化教学奠定了基础。

路子房既是学区的牵头人，还是直属函授站的负责人，任务重，头绪多。但他总是以高度负责的态度和忘我工作的精神投入函授工作。开封学区不但分管发放本学区的函授教材，1998年上半年之前还一直负责河南省军区和新乡学区部分函授站的教材发放，每学期都有几十种、上万册书籍。路子房没有怨言，每当这时，他白天坚持处理日常工作，晚上仔细把教材分门别类地整理好，然后再发放到各函授站。两年来，他先后组织的报名、考试、面授辅导、教材发放等项工作，次次完成出色，受到了上级有关部门和学员的好评。

路子房认为，办学质量的高低很大程度上取决于具体负责函授教学的组织者，工作不到位不行，放任自流更不行。他先后组织开展了“严管理，正办学秩序”、“严治学，提高办学质量”两个专题教育活动，激发了学员的学习自觉性，进一步端正了学员的学习态度。他大胆科学管理，注重把好两个关口：一个是把好入学关，对不符合入学条件的人员一律不收；二是把好考试关，他要求监考人员认真执行监考规定，对考场作弊的学员坚决按要求处理。经过几次狠抓考风考纪的整治工作，这个学区的考风考纪大有好转，基本上杜绝了考场作弊现象的发生。在办学当中，路子房在不断总结经验的基础上，对学员自学提出了分析讲评、学习交流、规定学习日、结成帮学对子四条措施，较好地解决了自学学不起来、热不起来等老大难问题。（朱格策）

辛勤耕耘的园丁

——记空军分院第一航院学区教师杨维东

空军部队分院第一航院学区教师杨维东，从1993年担任函授课辅导以来，把全部心血倾注给了党校函授事业。1993年至今，他多次被评为优秀教员、德育先进个人和优秀共产党员。

1996年7月的一天，当杨教员拄着拐杖走进教室时，人群中爆发出一阵热烈的掌声，函授学员们噙着泪水欢迎这位不向命运屈服，乐为教学尽心尽责的老教员。

1995年1月7日，杨维东从50公里外的鸡公山某仓库考点监考后，又驱车奔赴30公里外的明港某部。在返回途中，没能躲开一辆飞驰而来的拖拉机，造成大腿骨粉碎性骨折。昏迷不醒的他被送进了医院，住院3个月开了两次刀更换钢板。由于伤势很重，只能仰面躺着。他让同事们把教材、资料、纸张送到病床前；又让家人专门做了个小桌，放在床上支在面前，他则背靠着床头为学员备课；为避免不必要的移动，他不能多喝水，甚至连水果都不敢多吃。一年多他一直在病床上备课，10多门辅导课讲稿和相关资料都是在病床上整理编写的。出院后杨教员坚持拖着病腿为学员上课。在备课中，许多新知识的资料和书籍在图书馆里也难以找到，他就自费购买。5年来，他自费购买《新编会计学》等百余本新书，每年要花费五六百元。

杨教员为函授教育事业耗费了大量的时间和精力。他日以继夜，每个学期前两个月是最忙的，在这两个月里，他除了吃饭、睡觉之外，其余时间都用在了工作上。从1993年至今，除了伤腿作手术住院之外，他没休过一次假。1997年寒假，学区急着要统计学员考试成绩，他硬是利用大年三十和初一两天通宵加班，把试卷批改完毕。

1998年7月，空军分院一航院学区搞了一次问卷调查，让学员们给学区提提意见。在评选最佳教员时，杨教员竟成为90%的学员的首选目标。“课堂一分钟，课前十日功”。5年来，他风里来，雨里去，拄着拐杖来回奔波，授课10多门400多课时。他知道要想辅导好学员，光是研究教材是不行的，他从报纸、辞典乃至电视、广播中收集了大量资料。

因工学矛盾比较突出，学员产生畏难情绪，杨教员就积极做思想工作，他开导学员说，大家在学习中碰上的问题可以及时提出来，我一定负责给你们一个较满意的答复。他是这样说的，也是这样做的。5年来，只要是学员向他提出问题他都不厌其烦、耐心给予解答。

杨教员坚持每个学期重新备课，讲课从不用旧讲稿，5年来他用过的讲稿（约160多万字），积累的资料已堆起了一米多高。学区领导已把他用过的讲稿和资料存放在办公室里，成为激励其他同志工作的一道风景线。

（赵凌宇　许小华）

心系党校函授的副校长丁荣均

1998年12月4日，是一个值得丹江口党校人永远记住的日子，就在这一天，党校副校长丁荣均从湖北省委党校领导手中接过一块金光闪闪的奖牌。这沉甸甸的奖牌，牵动着全体丹江口党校人的情怀，也使眼前这位坚强的中年汉子热泪盈眶，为之动容……从创办党校函授教育开始到今天荣获中央党校先进辅导站称号，丁荣均和他的同事们，含辛茹苦，从零开始,使初期只有200名学员发展到今天的1200余名学员、18个教学班级并拥有一支高效率的管理队伍的庞大的函授教育阵容。这其中,伴随着丁荣均同志的是数不清的不眠之夜,凝结着这位函授教育带头人的全部精力和辛勤的汗水……

作为一名分管函授工作的副校长,从办学伊始,他就给函授发展确定了最高的奋斗目标,吹响了向全国优秀辅导站奋进的号角。首先,他利用各种机会积极争取上级党委及各部门对函授工作的支持,于1996年建成了拥有32台计算机的函授教学用微机室,并实现了函授规模招生的目标;1997年,经市委正式批复在党校成立学历教育科,使函授教育有了组织上的保证;1998年辅导站建设年达标升级,丹江口辅导站被评为全国优秀辅导站。其次,他积极为函授教育创造条件,协调校内各部门支持辅导站工作;成立了函授工作领导小组,改善了函授站的办学条件,有力地促进了函授工作的健康发展。

丁荣均同志在工作中以身作则,身体力行,在辅导站建设年的达标过程中,他始终和辅导站工作人员一道,坚持加班加点,有时整理档案工作到深夜两点,辅导站的同志劝他回家休息,他却说:"同志们都在干,我也能坚持下去……"每份材料的定稿,每份档案的归档程序,他都亲自过目并加以修正。1997年10月,正在生病的丁荣均同志,恰逢95级上面授课,他晚上输液,白天坚持上课,终因坚持不住昏倒在讲台前。当学员们了解到真实情况后,激动万分,自发地组织送医送药,他们纷纷表示:"有这样好的教师给我们授课,我们还有什么理由不认真学习呢?"优秀共产党员、优秀党务工作者、市人大代表候选人提名、先进教育工作者等一系列荣誉称号,无不表示党和人民对这位党校函授教育带头人的认可和褒奖。

再好的文章终究是会有结尾的,但丁荣均同志为党的干部教育事业辛勤操劳、无私奉献的动人的故事是永远没有结尾的,而等着他去做的事情还很多,很多……

(谭运斌)

坚持原则 乐于奉献

——记福建海防某师辅导站负责人邹忠良

1994年,邹忠良担任了南京军区分院福建海防某师辅导站的管理工作。5年来,他忠于职守,秉公办事,不怕吃苦,乐于奉献。大家都夸他管函授教育真是一心一意。去年年终总结时,为了表彰他的先进事迹,师政治部给他记了三等功。

邹忠良刚刚接受这项工作时,心里没有底,但他通过学习,很快熟悉了函授工作。他抓紧点点滴滴的时间学习教材,白天没有时间就晚上学,一个人常常学到深夜一二点钟。他接任的第一年,就把学员当年所学的三个班次的60多本教材,一页不少、一字不漏地通读了一遍。从通读教材中,邹忠良不仅摸索到了做好辅导站工作的门路,而且也使他对中央党校函授教育产生了深厚的感情。从那时起,邹忠良每年都要把新发来的教材通读一遍,至今已经坚持5年了。

在负责辅导站工作的5年里,邹忠良给自己立下了一条不成文的规定,那就是不论做什么事,首先要看总院、军区分院有什么规定和要求,他坚决按总院和军区分院的有关规定和要求办,并千方百计办好。他把自己所做的每一件事都同维护和提高函授教育的声誉联系起来。在原则问题上他是一点也不让步的。例如,每年到招生的时候,总有一些地方的同志跑到部队来报名,有的带来了礼品,但邹忠良始终坚持军地不得交叉招生这一条原则。他说,军队不能做违反纪律的事情,不能在地方招生。不久前,我到这个师巡考,了解到这个师5年共招收学员122名(1997年停招一年),确实没有一个地方学员,个个是部队干部,个个是共产党员。他对考试工作严肃认真,整个考试丁是丁、卯是卯,秉公执纪。第5期领导干部班有名学员,在一次开卷考试时,想请人代考,事先打电话问邹忠良行不行,邹忠良当即回答"不行"。之后,这个干部又找师政治部主任说情,邹忠良还是回答"不行"。无奈,这个干部只好坐了7个小时的车赶来考试。1998年期末考试时,有个团长也几次打电话给邹忠良,强调团里工作忙,能不能参加补考,邹忠良再三说服这个团长参加了正式考试。这次我见到这个团长,他在我面前好好地夸奖了邹忠良一番。据参加学习的同志反映,5年来,在考场上被邹忠良当场抓住的作弊学员并被判零分的就有10人之多。

邹忠良对工作不怕麻烦,不怕吃苦,热情周到。记得他刚上任时,从福州到厦门的高速公路还未修通,邹忠良每次到福州去领教材,单向坐车的时间就在12个小时以上，他每年要去四五趟，经常是吃在车上，有时甚至睡在车上，回来时还要带着沉重的教材，累得精疲力尽。5年中，学至中途转业、调动工作的学员近70人，邹忠良仍坚持为他们寄发教材，打电话通知他们参加面授课，寄发毕业证书等。仅电话和邮寄费就花去900元，这些钱都是由他个人出的。（沈朝勋）

为了桃李更芬芳

——记湖南分院常德学区班主任姚朝晖

姚朝晖管理函授学员的学籍本来就很忙，可她偏偏还要自告奋勇，兼任了班主任。她想带出一个样板班。

姚朝晖担任班主任后，大胆管理，严格要求。从自学路上过来的她，深知面授的重要。虽然每个学员都有课程表，什么时候上什么课一目了然，但她还是要在面授的前两天给学员打招呼，白天找不到的学员，就在晚上往这些学员家里打电话，不联系上决不罢休。有的学员本想不去参加面授，经她这么热情一请，也不好意思不去了。

起初，上面授课时，有的人签了到就溜走；有的人则在课快结束时匆匆赶来签个到，就算听了一天的课。姚朝晖发现后改变了由学员自己签到的做法。她亲自到教室里负责签到，一天查4次。从此，无故旷课的没有了，迟到早退的少了。

姚朝晖的手中，像其他的班主任一样，掌握了考勤和作业的20分。自始至终参加面授的，保质保量完成作业的，她会给记个满分。否则，她会毫不留情地按规定办事。她班上有个学员有一科只差一分就及格了。这个学员苦苦哀求她高抬贵手，少扣一分。她语重心长地对这位学员说：“少扣一分，的确可以做到，但这是害了你。”后来，这位学员还是参加了补考。

每次考试，虽然省里派人监考，但姚朝晖在每场考试开考之前都要站在考场门口，把学员携带的大包、小包和书籍、笔记本、作业本等，一律收起来，生怕学员作弊。

姚朝晖严格管理学员收效不小。她所带的班每次考试很少有补考的。她的良苦用心得到了学员的理解和支持。她的初衷也基本实现了——所带之班已成为函授班级中的佼佼者。（胡德桂）

成果篇

新 闻 媒 体 的 报 道

《人民日报》1999 年 7 月 5 日报道

从无到有　从小到大　形成体系
党校函授教育成为干部培训重要途径

“七一”之际，记者从中共中央党校获悉，我国党校函授教育创办 14 年来，适应党的事业发展需要，从无到有，从小到大，办学质量逐步提高，办学范围不断拓展，开辟了党员干部在职在岗教育的新途径，加快了干部培训步伐，至今已培训各级各类干部逾百万名。

据中央党校常务副校长郑必坚介绍，党校函授教育事业的这种发展，是我国社会主义现代化建设的需要，是广大党员干部提高思想理论政治素质的需要，也是我们党把自己建设成为思想上、政治上、组织上完全巩固，并能永远站在时代前列的伟大马克思主义政党的需要。正因为这样，党校逐步改革单一的脱产轮训、培训的办学模式，而把党校教育由校内拓展到校外。于是，作为新时期党校功能拓展、延伸和必要补充的党校函授教育应运而生。近年来，中央领导同志对党校函授教育工作作了一系列重要批示，各省、市、自治区党委、政府对此也高度重视，把党校函授教育列入各自的干部培训规划。

据介绍，经过十多年的探索实践，党校函授教育已形成了自己的体系，并且呈现出鲜明的特点。一是它具有党校教育特色，较好地体现了党校教育的特点，以培训干部为职能，以党员干部为主要对象，实施以思想政治素质为重点的综合素质教育，实现“掌握基本理论，充实专业知识，增强党性修养，提高实际能力相统一”的培训质量要求；二是具有时代特征，把时代特征体现和贯穿于党校函授教育的各个组成部分，能够适应社会主义现代化建设的需要；注重围绕社会主义现代化建设的需要设置专业和课程；教学内容在坚持党校教育特色的基础上，努力使学员掌握现代化建设的必备知识和实际本领，并注重运用现代化的教学与管理手段。

目前，中央党校函授教育在班次上形成了党员干部大专班、党员干部本科班、党员领导干部函授班、党员干部在职研究生班等系列配套的格局，能适应不同层次党员干部系统深造的需要；在专业设置上，经过多次调整，改变了长期以来专业设置单一的状况，增加了行政管理、经济管理、贸易经济、法律等专业，使之适应了新形势的需要；在课程设置上，加大专业基础课和专业课的比重，使二者在总课程中增加到 65%，较好地体现了专业特色。今年，中央党校函授教育按照党校教材建设的总体格局安排函授教材的编写工作，将《马克思列宁主义基本问题》、《毛泽东思想基本问题》、《邓小平理论基本问题》和《当代世界经济》、《当代世界科技》、《当代世界法制和我国法制建设》、《当代军事和我国国防》、《当代世界思潮》列入党校函授教育的重要内容，进一步提高了教材的水准。

党校函授教育的开办，使一大批在职在岗干部的政治、文化素质有了明显提高。学员中先后涌现出孔繁森、崔大庆、张金垠等一批英雄模范人物。据山东、安徽两个分院统计，党校函授学员中，当选全国劳模的有 130 名，获得国家级奖励的有 144 名。中央党校副校长兼函授学院院长张志新最近再次强调，搞好党校函授教育，要坚持办学指导思想是灵魂，教学质量是生命，制度建设是保证，提高人员素质是根本。面对即将到来的新世纪，党校函授教育要总结经验，再接再厉，在干部培训方面作出新的成绩。（郑宏范）

《人民日报》1999年11月15日报道

郑必坚在中央党校函授教育工作会议上提出
加大跨世纪中青年领导干部培训力度

中央党校函授教育工作会议十一月十二日至十四日在广东省顺德市召开。中央党校常务副校长郑必坚在会上提出，各级党校要着眼二十一世纪党的事业全局的迫切需要，加大跨世纪中青年领导干部的培训力度。

郑必坚指出，面对二十一世纪建设有中国特色社会主义的迫切需要，面对新形势下的机遇和挑战，我们要把从思想上、政治上教育训练各级领导干部特别是跨世纪中青年领导干部的工作，努力推进到一个新的水平。江泽民总书记多次强调，要努力培养善于治党治国治军的马克思主义政治家。在党的十五届四中全会上，他又一次提出要把培养一大批可以在新世纪担当重任的年轻干部，作为全党的一项紧迫的战略任务来抓，指出“这是真正关系党和国家前途命运的大事”。现在五十岁以下年龄段的领导干部，他们大多有较高的文化科学技术知识水平，有开拓进取精神，有一定的实践经验，将在二十一世纪担当重任。因此，要特别重视从多方面包括党校教育方面，努力加强和改进对这个年龄段干部的教育和训练工作。各级党校首先是中央和省级党校，在这方面应当担负起重要责任。为此，要进一步贯彻理论联系实际和突出党性教育的方针，建立党校教学新的总体布局。

郑必坚说，党校自身要更加自觉地坚持贯彻“讲学习、讲政治、讲正气”的精神，从严治校，加强管理，克服某些环节存在的管理松懈的现象，进一步实现规范化制度化，不断提高办学质量。

中央党校副校长、函授学院院长张志新在会上提出，党校函授教育是党校教育的重要组成部分，是党校高等学历教育。它以在职在岗的党员干部为主要培训对象，以提高干部综合素质、以适应改革开放和社会主义现代化建设需要为教育目的。国民高等教育是以知识教育为主，而党校函授教育除了具备国民高等教育一般的特征之外，还有掌握马克思主义基本理论、增强党性和提高能力的要求。因此，党校函授教育应该比国民高等教育要求更高、更严。要明确指导思想，突出素质教育，突出党校教育特色，加大教学改革力度，确保教学质量。

广东省委副书记高祀仁出席会议并讲话。各省、自治区、直辖市党校负责人和解放军、武警部队等有关部门领导参加了会议。

（张知干　郑宏范）

《顺德报》1999年11月13日报道

为党培养高素质干部队伍
——中央党校函授教育工作会议在我市召开　郑必坚高祀仁陈用志等领导出席

中共中央党校1999年函授教育工作会议于昨日上午在我市隆重召开。

中共中央委员、中央党校常务副校长郑必坚，广东省委副书记、省委党校校长高祀仁，中央党校副校长张志新，中央党校函授学院常务副院长黄士安及我市领导陈用志、杨肖英、黄锦秋出席了会议开幕式，来自各省市（自治区）、各军区党校的有关负责同志170多人参加了会议。

本次会议以“深化教育改革，强化自身建设”为主题，商讨改革与发展大计，着重研究加强分院建设，提高分院领导水平和管理能力，进一步规范管理等议题，促使党校函授教育上新台阶，为党培养高素质干部队伍服务。

郑必坚、高祀仁、张志新、黄士安和顺德市委书记陈用志在会上先后作了讲话。会议要求党校函授教育要高举邓小平理论伟大旗帜，以党的十五大精神为指导，全面落实胡锦涛同志关于党校函授教育工作的一系列重要指示。贯彻全国教育工作会议精神，深化教育改革，推进素质教育，使党校函授教育始终充满生机和活力。

本次会议为期3天，会议期间，与会同志还将前往我市的科龙集团、美的集团和乐从家具城等地参观考察。

（范伟强）

《内蒙古日报》1999年8月6日报道

函授教育十年　培训干部十万

中央党校函授学院内蒙古分院是1989年创办

的，十年来，已经成了具有全区规模和影响的党员干部在职教育实体。自治区党校、全区12个盟市党校，包钢、内蒙古一机厂、二机厂、二O二厂、林业管理局、包头铝厂、准格尔煤炭公司等七个企业党校和全区60多个旗县党校都开办了函授教育。

中央党校函授学院在培训质量上，实施以提高政治素质为重点的综合素质教育，实现“掌握基本理论，充实专业知识，增强党性素养，提高实际能力”相统一的培训质量要求。从现代化建设的需要出发，从现有干部知识结构的实际出发，先后开设了党政管理、经济管理、涉外经济管理、政法和行政管理等专业，编写了与各专业配套的200余种教材，这些教材具有严密的科学性、系统性，显明的时代性、开放性，使函授学员既系统地学习了马克思主义的基本理论，又了解和掌握了与自己工作实际相适应的专业知识。

内蒙古分院创办十年来，共培训函授学员近十万。广大学员克服了工作忙、家务重、知识底子薄等等困难，有的战胜了病魔的煎熬，坚持完成学业任务。在他们中涌现出上千名优秀学员和优秀学员干部。1995年，中央党校函授学院十年院庆之际，内蒙古分院有154名同志被评为总院级优秀学员，有46篇毕业论文分别被评为一、二、三等优秀论文。至今，已有八届本、专科学员近6万人毕业，其中许多同志成了自治区各级党政机关，经济、政法等管理部门的领导干部或业务骨干。据对巴盟、乌盟两个学区直属班的不完全统计，有132名学员被提干，有191名学员被提职，有191篇毕业论文在省部级以上的刊物上发表。各旗县党校把函授教育列为党校的主要工作，克服种种困难为旗县乡镇以上干部创造就地在职学习的好机会；为本地区培养土生土长的“永久牌”大学生；为提高地区人民的整体素质做了具有深远意义的贡献。

函授教育以自学为基础，以面授为指导。面授一般安排在节假日，以及晚上的休息时间，这就使亟待提高素质，却因工作担子重，不能离开工作岗位的许多同志有机会接受系统学历教育。于是党校的培训人数成倍增加。函授学院以培训党员干部为主，也吸收少量的非党积极分子参加，显然扩大了党校的培训对象。

函授学院实行专业学历教育，学员来党校学习，不仅系统学习马克思主义的基本理论，还要系统学习专业基础理论和专业理论。各级党校为了适应上述拓展了的教育功能做了大量的工作。

1. 充实、改进办学条件。为满足上千人来校就读的需要，包头、兴安盟、伊盟等学区新盖了教学楼。许多旗县党校翻新校舍。各级党校都购置了电教设施，盟市和企业党校有14个装备了电传机。各盟市党校陆续建起了微机室，确保微机课教学、学员上机的需要。

2. 强化学科建设。自治区党校、各盟、市党校先后扩大并细化了经济管理教学队伍，开设了法学教研室、行管教研室、现代科技教研室等。建不起教研室的，也培养、确定了这些学科的专职教师。

3. 培训和调、聘师资队伍。巴盟、赤峰、哲盟等党校在资金紧缺的情况下，坚持每年挤出专款选送教师到上级党校、大学进修学习。为了扩大教师的知识视野，促进学习和交流，分院、各学区定期组织备课会、教学研讨活动和教学评估活动；不定期从区内外聘请专家学者做专题学术报告。

在内蒙古分院开办函授教育的80多所党校中，每学期约有800余名教师同时上讲台，分头承担着4种班次（大专班、本科班、党员领导干部函授班、党员领导干部在职研究生班）、5个专业、70余门课程，约350多个教学班的教学任务，这其中，包括指导学员自学、组织面授辅导、批改作业、搞期末复习、指导学员撰写毕业论文、组织毕业论文答辩等。

4. 组建专兼职办学队伍。内蒙古分院的函授部、各学区的函授办，作为学校的中层机构陆续正式建制。分院、学区、辅导站三级的专兼职工作人员，从不同层面分工合作，组织全分院的函授教育工作。

办好党校函授教育是党的干部教育的需要，也是各级党校义不容辞的职责。我们将站在培养跨世纪人才的战略高度，勇于探索，锐意创新，扎扎实实地把内蒙古党校系统的函授教育工作做得更好。

《湖南日报》1999年12月19日报道

郑培民在全省党校函授教育工作会议上强调

抓好函授教育　提高干部素质

省委副书记、省委党校校长郑培民12月18日在全省党校函授教育工作会议上强调，深化党校函授教学改革，进一步提高干部队伍素质。

郑培民指出，各级党校是各级党委培养党政主要领导干部的学校，党校函授教育是党校教育的重要组成部分。党校函授教育要适应跨世纪干部队伍建设的需要，适应知识经济时代的客观要求，深化教学改革，把重点真正转移到素质教育上来。要正确处理好社会效益与经济效益、质量与规模、局部与全局、当前与长远的关系，保证党校函授教育永远沿着健康的轨道发展。

郑培民强调，提高干部队伍素质是事关全局、事关发展、事关民族的大事。历史赋予了我们各级党校和党校函授教育更加繁重的任务，人民也对我们教育干部、提高干部素质寄予了厚望。要加倍努力，把党校函授教育办得更好，把充满生机与活力的党校教育胜利地带入21世纪。（刘玉珍）

《湖南日报》1999年12月30日报道

党校函授教育网络培育跨世纪人才

——十万学子驰骋三湘四水

我省党校函授教育网络正成为培养跨世纪干部的重要基地。我省已有近10万名干部通过函授学习，提高了素质，在三湘四水纵横驰骋，建功立业。

我省党校系统的函授教育是为了适应改革开放后党政干部教育的新形势于1987年依托中央党校函授总院开办起来的，通过12年的发展壮大，已初步形成了以省、市、县三级党校为依托，研究生班、本科班、大专班齐头并进，有18个学区、8个直属站、107个辅导站的党校函授教育网络。函授教育专业已扩大到行政管理、经济管理、法律、投资经济、工商管理、财务会计、信息管理、市场经济等11个专业。

在函授教育中，我省党校系统围绕培养高素质干部队伍的目标，大力强化党政干部理论素质、知识素质、党性素质和驾驭社会主义市场经济能力的教育。参加培训的近10万学员中，已有6.7万人获得大专以上学历。他们的政治业务素质显著提高，成为搏击三湘四水的生力军、市场经济的“弄潮儿”。1997年和1998年毕业的本科班学员共12662人。毕业后，两届学员中被评为国家级英模人物的有2人；被评为省级英模人物的有5人；晋升为高级职称的有167人；提拔为地厅级以上职务的有35人；提拔为县处级职务的有516人。

（傅世武　奉清清）

《西南经济日报》1999年5月17日报道

发展中的重庆市党校函授教育

——中共重庆市委党校函授学院、中函重庆分院巡礼

党校函授教育在全国早已产生了广泛的社会影响，在我市也影响较大，14年来，为全市干部队伍“四化”建设，为各企事业单位培养各类干部和管理人才发挥了重要作用。

沐浴着重庆直辖的春风，根据中共重庆市委的决定，1997年9月，将原四川省委第二党校、原重庆市委党校和原重庆行政学院合并，组建了新的中共重庆市委党校、重庆行政学院。同年12月，成立了重庆市委党校函授学院和新的中央党校函授学院重庆分院。重庆市委副书记、市委党校校长兼任市委党校函授学院的院长，市委党校常务副校长程大鹏兼任副院长和中函重庆分院的院长。

市委党校地处重庆高新技术开发区，交通方便，环境优美，是全市的“园林式单位”。市函院和中函重庆分院本部为党校函授学员提供了良好的学习环境。

由于三校合一，以市委党校的师资为依托，市函院和中函重庆分院本部有一支学科门类齐全，力量较强的专兼职教师队伍。其中，教授22人，副教授116人。设有哲学、经济学、科学社会主义、中共党史、党的建设、经济管理、行政管理、法学等11个教研部及计算机中心。成人教育部作为该校函授管理的职能处室，下设7个科室，有工作人员30人。市函院和中函重庆分院下设三个分院和学区、52个直属站，分设在全市43个区、县（自治县、市）委党校，大型企业党校和部分干部学校。

追溯原三校办党校函授教育的历史，从1985年起就开办大专和本科班，已有15个年头。现开设有党政管理、行政管理、经济管理、涉外经济管理、法律、财务会计、财政金融等近10个专业。从1998年起，中函重庆分院还开设了领导干部在职研究生经济管理专业。不仅教学规模逐年扩大，教学质量也逐年提高，对社会的贡献越来越大。

党校函授教育是党校教育的重要组成部分，是多渠道培训在职党员干部的一种有效形式。其办学指导思想是“社会效益第一，教育质量第一”；坚持“从严办学，质量第一”的办学方针；注重对学员“理论、知识、党性、能力”的全面培训和提高，以造就高素质的干部队伍。中函重庆分院和市函院有完整的管理制度，有严密的管理系统，有力量较强的教师队伍和函授管理队伍。多年来，始终注重严把“招生关、教材关、教学关、考核关”，以提高办学质量。十多年来，依托全市各级党校，通过党校函授教育，为全市上千名处级以上干部、上万名党政机关干部和企事业单位的骨干提高学历，提高理论素质、文化水平和工作能力，发挥了重要作用，得到社会各界的广泛赞誉。近年来，相当数量的非公有制企业的管理人员及私营企业老板也慕名报考市党校函授学院。

十多年来的办学实践证明，党校函授教育有旺盛的生命力。胡锦涛同志多年来十分重视党校的函授教育，曾作过一系列重要指示。市函院和中函重庆分院将继续深入贯彻执行胡锦涛同志的重要指示精神，在中函总院领导下，加强自身建设，加强管理，坚持把“社会效益第一”和“办学质量第一”摆在首位，为在新世纪造就高素质干部队伍继续发挥作用，把我市党校函授教育推上一个新台阶。

（肖绍斌　徐春茂）

《西安日报》1999 年 11 月 20 日报道

耕耘十一载　桃李遍古城

——中央党校函授学院西安分院培养各类人才 13852 人

记者日前从市委党校获悉，中央党校函授学院西安分院坚持社会效益第一的原则，开办 11 年来已为我市各条战线培养大专以上学历的各类人才 13852 人。在这些人才中，有 300 多人走上了县处级领导岗位，有 400 多人被所在单位评为先进。

该分院坚持“从严办学，质量第一”的原则，在招生报名、规模控制、专业设置上坚持“宁缺毋滥”；在师资选聘、教学管理、考风考纪等环节上坚持“从严从细”。11 年来，分院在本科班和领导干部班实行教师聘任试点的基础上，逐步实行了全员择优聘任制；先后拿出 20 多万元资金，选送 11 人到西安交大、西北大学等高等院校攻读硕士研究生学位。目前分院聘请教师 175 名，其中中高级职称占教师总数的 91.5%，初步形成了与办学规模相适应、专业对口、职称结构合理、相对稳定的教师队伍。

在对学员的管理上，实行双向考勤制度，对长期不听课又不按时完成作业的学员，于开学后第三个月发给劝其退学通知书。同时对学员中一些企图“走捷径”者，坚决予以除名。仅 98 级本科班和大专班就分别淘汰了 119 人和 224 人。分院还严格考试制度，上课不足 2/3 或未完成作业者，不得参加考试，代考者一律取消学籍。正是在这种严格的管理之下，分院的教学质量稳步提高，已由建院时开设两个专业 700 多名学员发展到 4 个专业 7600 多名在校学员。

（朱百平）

《宁夏日报》1999 年 5 月 2 日报道

搞好党校函授教育
提高干部队伍素质

中央党校函授学院宁夏分院各级办学组织，适应时代发展需要，充分发挥党校系统的整体功能，确保党校函授教育健康发展，同时把办学主体素质作为办好党校函授教育的根本，不断改进教学方法，扩大函授教育成果。5 年来，党校函授教育在培养干部和提高全党的马克思主义理论水平方面取得了很大成绩，作出了重要贡献。

为了适应新时期培养各类人才的需要，结合我区干部的知识结构，党校函授教育先后开设了党政管理、经济管理、法律、涉外经济、行政管理和领导干部 6 个专业，每个专业均开设马列主义基础理论课、专业知识课和科学文化课三类课程。我区党校函授教育一贯坚持用马克思主义、毛泽东思想和邓小平理论教育武装广大学员，并开设相当比重的经济、政法和行政类专业课，使课程设置更贴近社会主义现代化建设和社会主义市场经济的需要。

党校函授教育开办以来，得到了各级党组织的普遍关心和支持。每年的招生、期末考试和开学、毕业典礼，区、地、市、县委分管党校工作的书记或副书记、组织部长、宣传部长都能亲临指导，对函授学工人员提出具体要求，及时沟通情况，协助解决办学中的一些重大问题，使党校函授教育得以顺利开展。他们普遍认为，运用函授形式培训干部，有利于扩大干部的培训面，解决干部的工学矛盾；解决一些领导干部和业务骨干上学深造难的问题，改善广大干部的知识结构，促进高素质干部队伍建设。

党校函授教育是由中央党校主办，联合各级地方党校、实行统一领导，双重领导，分级管理，集合各自优势，形成遍布全国党校的函授教育网络。自治区党校校委对分院的工作非常重视，5年来，校委专题研究函授工作29次，分院的工作安排、函授工作会议、教学工作会议、函授教育质量评估等都能列入校委的重要日程。党校函授教育要求各级办学组织把党中央和中央领导的一系列指示精神和总院的办学方针落到实处，不断提高各类函授办学人员的综合素质，牢牢把握党校函授教育的方向。实践证明，发挥党校系统整体功能，有利于各级党校的优势互补，形成办学合力，有利于建立自上而下的教学组织系统和教学实施系统，有利于实行统一领导、分级管理的运行机制，保证教学畅通，从而形成上下之间密切配合，团结协作，各司其职，运作自如的良好状况。

质量问题是办好党校函授教育的首要问题。我区各级党校在确保和提高函授质量上做了大量工作，制订了质量管理规章制度，在全体办学人员中不断增强全员质量意识，形成“抓好质量，人人有责”的氛围，树立全面质量观，在切实抓好知识教育的同时，着力搞好党性教育和能力教育，促进学员把所有知识转化为能力，全面提高学员素质，实现党校函授教育“理论、知识、党性、能力”四位一体的培训目标。（贺德正）

《北京日报》1999年4月17日报道

中函北京市委机关分院96级本科班学员毕业

4月15日，中央党校函授学院北京市委机关分院为96级领导干部本科班暨法律本科直属班的345名学员举行了隆重而简朴的毕业典礼。

中函北京市委机关分院自1992年成立以来，根据干部的工作需要和形势的发展，分院先后开办了大专班、本科班、领导干部本科班和领导干部研究生班，设立了党政管理、行政管理、经济管理、涉外经济、法律等专业，累计已有6000多名干部通过自己的刻苦努力，取得了各专业学科的大专或本科毕业证书，其中处、局级干部近2000人。此次参加毕业典礼的学员是96级本科班近1600名毕业学员的代表。（兰　兵）

《恩施日报》1999年10月8日报道

许业富在州委党校99级函授班开学典礼上要求
广大学员要认清形势努力学习

10月6日，州委副书记、州委党校校长许业富在州委党校99级函授班开学典礼上要求，广大学员要认清形势，切实增强学习的紧迫感和历史责任感。

党校学术报告厅，座无虚席。许业富说，党校是我们党的最高学府，是干部成长的摇篮，是干部教育的重要基地。党校函授教育是党校教育的重要组成部分，是以培训党员干部为主要对象、带有学历教育性质的国民教育后的再教育，是多渠道培训党员在职干部的一种有效形式。州委党校自1984年开办函授教育以来，先后举办了党员干部大专班、本科班、领导干部班共计120多个班次，已毕业学员近4000名，现在校学员达6000余名，其中党员干部占60%以上。他们通过函授教育这种形式，在理论素质、党性修养、专业知识和工作能力等方面都有了长足的进步。在这些学员中，有的被提拔到高一级的领导岗位上，有的成为行业的先进人物，有的成为本单位、本部门的工作骨干，这对加快我州干部队伍培训步伐，促进两个文明建设，都起到了积极作用。

许业富指出，尽管我州党校函授教育取得了很大成绩，但函授工作还任重道远。据1998年干部年报统计，我州共有机关事业单位干部9万余人，其中高中和中专以下文化程度的还有6万余人。大专以上学历的干部只占31%，这与干部知识化的要求还差得很远。

许业富指出，没有知识的干部队伍，没有高素质的干部队伍，搞不好经济建设，他要求广大学员，要认清形势，明确学习目的，端正学习态度，发扬理论联系实际的学风，勤奋学习，勤于思考，学以致用，认真学习政治理论、文化知识和业务知识，增强党性锻炼，为恩施州的经济发展和社会长治久安作出积极贡献。

现代化建设中的党校函授教育系列介绍

“从严办学，质量第一”的办学方针

——现代化建设中的党校函授教育系列介绍之四

林月春

中央党校函授教育1985年3月创办时明确提出“以严办学，注重质量”的办学方针，后来又将这一办学方针修改为“从严办学，质量第一”，从而使对办学方针的表述更加准确和明晰。“从严办学，质量第一”的办学方针是由相互联系、不可缺一的两个方面的内容构成的，是目标和手段的统一。其中，“质量第一”，是党校函授教育追求的目标，是我们各项工作的立足点和归宿；“从严办学”，是我们实现质量目标的必不可少的保证和手段。中央党校函授教育开办十多年来，全院各级组织为贯彻“从严办学，质量第一”的办学方针作了不懈的努力，这一办学方针在广大学工人员中深入人心，成为他们规范学习行为和办学行为的行动指南，不断促进着党校函授教育健康地向前发展。实践证明，“从严办学，质量第一”的办学方针是正确的办学方针。

在长期的办学实践中，全院各级组织不断强化质量意识，把确保办学质量作为党校函授教育的生命线。质量问题是办好党校函授教育的首要问题。质量问题的实质是我们培养的人才是否合格，是否达到了党和国家规定的要求，能否适应新时期实现党的宏伟目标的需要。这是检验我们的函授教育办得是否成功的根本标志。质量问题，不仅对于党校函授教育是生命攸关的问题，而且对于党建设高素质干部队伍的战略任务乃至党的形象和声誉都会产生重要影响。可以说，有质量，就有一切；没有质量，就丧失一切。以质量求生存，以质量求巩固，以质量求发展，已成为全院各级组织的共识和行动口号。

长期以来，全院各级组织为提高和确保办学质量做了大量工作：坚持正确的办学方向，正确处理社会效益与经济效益的关系，坚持“社会效益第一”的办学指导思想，防止和克服“趋利”倾向，从根本上解决“为什么办学”和“培养什么人”的问题；确定和实施了以思想政治素质教育为重点的综合素质教育，全面实现“掌握基本理论，丰富专业知识，提高党性素养，增强创新能力”四统一的培训质量要求；先后制订和执行了《党校函授教育质量管理章程》和《函授教育工作暂行条例》以及配套的系列制度，规范办学的质量要求；切实把好招生关、教材关、教学关、考核关，严格招生资格审查，确保新生质量，树立精品意识，精心编纂和印发教材，深化教学改革，不断改进和完善教学设施，加大从严治考力度，端正考风考纪；认真贯彻落实中央领导同志重要批示精神，注重解决办学中存在的不容忽视的问题；强化学区建设和辅导站建设，夯实基础，稳固基础；加强师资队伍和管理队伍建设，提高办学主体素质，建设一支政治强、业务精、作风正，能担当培养高素质干部队伍重任，适应新世纪办学需要的师资队伍和管理队伍，等等。建院以来，总院还先后在全院范围内开展了三次办学质量大检查。近年来，又在全院范围内开展教育评估，目前正在深入进行中。此外，全院各级组织大都重视开展科研活动，定期和不定期地召开备课会和教学与管理研讨会，不断总结教学与管理经验，认真探讨党校函授教育的特点、规律、体系和机制。总之，为提高办学质量，全院采取了许多有力的举措。

长期的办学实践充分证明，要提高和确保教学质量，不论在什么情况下，都必须坚持从严办学。从严办学，是对党的干部教育事业高度负责的表现，是保证党校函授教育健康发展的成功之路。成之于严，失之于宽。严，才能出人才、出质量；严，才有声誉；严，才有吸引力。而迁就宽纵，是滋生各种问题的温床。迁就宽纵，势必不讲原则，强调特殊，降低标准，放松要求，影响办学质量和办学声誉。在长期的办学实践中，总院要求全院各级组织自觉地防止和克服迁就宽纵现象，把从严办学落实到各个方面，实行“严进、严管、严出”的办学原则，从严治学、从严治教、从严治管、从严治考，做到严密组织、严谨教学、严格管理、严明纪律，坚决实行淘汰制，对考试考核中的违纪作弊者从严处理并一步到位，等等，从而保证党校函授教育的严肃性。从总体来说，全院各级组织贯彻执行“从严办学，质量第一”的办学方针的态度是坚定的和有成效的，但也有少数单位由于认识不到位和措施不到位，办学不认真、不严肃，背离办学宗旨和办学方针的事情时有发生，有的还极其严重，即使是先进单位也存在这样那样的薄弱环节。因此，任何人都不能有丝毫的自满情绪，要增强忧患意识，坚定不移地贯彻“从严办学，质量第一”的办学方针，重视解决办学中存在的不容忽视的问题，为培养高素质的干部队伍作出长期不懈的努力！

“理论　知识　党性　能力四统一”的培训质量要求

——现代化建设中的党校函授教育系列介绍之五

林月春

中央党校函授教育以党员干部为主要对象，对学员进行具有高等文化程度的党校学历教育，是为实现党建设一支高素质干部队伍的战略目标服务的。合理确定它的培训质量要求，对于保证培训人才的质量是至关重要的。

中央党校函授教育在创办初期，就提出了“掌握知识，增强党性，提高能力三位一体”的培训质量要求。长期来，全院各级组织为此作出了很大的努力，取得了显著的办学效益。1996年10月以后，我们将党校函授教育的培训质量要求，概括为“理论、知识、党性、能力四统一”，具体表述为：“掌握基本理论、充实专业知识、提高党性素养、增强实际能力相统一”。较以前的提法，这一概括和表述更能体现党校函授教育的性质和特色。

“四统一”中的“掌握基本理论”，就是要求学员掌握马列主义、毛泽东思想特别是邓小平理论，并用马克思主义基本理论武装头脑，确立和掌握科学的世界观和方法论，坚定政治信念，在政治思想上与党中央保持一致；“充实专业知识”，就是要求学员掌握一定的专业基础知识和专业知识以及必备的现代科学文化知识，努力用人类创造的一切知识来丰富和提高自己，达到高等教育的一定层次所要求的专业文化水平；“提高党性素养”（非党员学员视同提高思想素养），就是要求学员树立共产主义的远大理想，忠诚于马克思主义，全心全意为人民服务，具有高尚的道德品质和优良的思想作风；“增强实际能力”，就是要求学员具有其所学专业所要求的适应社会主义现代化建设需要的实际能力，包括开拓创新能力、决策判断能力、组织管理能力、分析综合能力、逻辑思维能力和写作表达能力等。

党校函授教育培训质量要求的四个方面是相互联系、相互依存的统一体，它是新时期红与专的统一和德才兼备的具体体现。其中，理论是灵魂，知识是基础，党性是核心，能力是目的。知识离不开理论的指导，而知识只有转化为党性和能力，才能成为学员的内在素质。所以，理论、知识、党性、能力，这四者必须是统一的。

应当说，党校函授教育坚持实现“四统一”的培训质量要求，表明它的办学是坚持高标准和严要求的，也表明它不是一般意义的知识教育和学历教育。它属于干部培训范畴，是实施以提高干部思想政治素质为重点的综合素质教育。这是由党校函授教育的性质和特点所决定的。党校函授教育属于成人业余教育，但它是成人业余教育中的干部业余教育，而且是干部业余教育中的党员干部在职在岗教育。它是由党校教育派生出来的，带有党校教育的传统特色，执行着党校教育培训党员领导干部和党员干部的职能。同时，它又是适应社会主义现代化建设事业迅猛发展需要的产物，具有鲜明的时代特征。党校函授教育“四统一”的培训质量要求，是保持和发扬党校教育特色与突出时代特征两者相融会而提出的必然要求，贯穿于党校函授教育的全过程。

党校函授教育继承和发扬党校教育“马克思主义是主课，党性锻炼是核心”的传统特色。把马列主义、毛泽东思想特别是邓小平理论列为各班次、各专业的主课，使基本理论课占总课程的25%左右；把党性教育置于核心地位，贯彻于教学的全过程，做到党性教育有计划、有课时、有教材、有考

办　学　成　果

宁夏分院办学成果喜人

宁夏分院开办党校函授教育5年来,在分院各级组织和全体教工人员的共同努力下取得可喜成绩。

一是在办学能力办学条件方面:各级组织的办学条件有明显改善。1996年固原学区加大投入,一次装备微机42台,还添置了传真机等一批现代化设备,其他单位也都有相应的投入;建立了一支基本上与办学规模相适应的专、兼职师资队伍。目前,该分院共有教员213名,其中,高级职称58人,中级职称104人,初级职称51人。这支教师队伍基本上能满足函授教学的需要。管理队伍也在不断充实,壮大。全区共有254名专兼职管理人员(包括164名班主任),他们的管理水平基本上能胜任管理任务。建立了一套较为完备的工作管理制度。几年来,该分院除认真贯彻总院的《管理制度汇编》的各项规定外,还结合宁夏的实际,制订了24项管理条例、办法及实施细则,促进了管理工作的正规化、科学化程度的提高;形成了良好的院风院纪。广大教学和管理人员能较好地贯彻执行总院和分院的各项规章制度。教员们苦练内功,不断加强科研工作,钻研讲课艺术,认真备课,认真讲课,教师不避寒暑,不畏跋涉,不辞劳苦,奔波于各基层办学点。管理人员严把招生关、考试关、教学关、毕业关,严格执行各项管理制度,加强对学员的党性教育与党性锻炼。广大教学、管理人员的工作作风,以及学员的学风、考风有明显进步,不断朝着好的方向发展。

二是在培养人才方面:5年来为宁夏培养了一大批人才,广大毕业学员受到了用人单位的重用。5年来,该分院共开办了6届本科班、6届大专班和3期领导干部班。已毕业学员5094名,他们当中有78%是党员干部。有的走上领导岗位,有的成为行业和部门的行家里手,很多人成为部门的业务骨干。据不完全统计,有348人晋升为县处级,22人晋升为厅级,1人晋升为副省级,112人晋升为中级职称,46人晋升为高级职称。学员在省级以上公开刊物共发表文章446篇,部分文章有较高的学术价值和现实指导意义。此外,还有3人受到国家表彰,32人获省部级奖励,258人受到地厅级奖励,280人被评为分院优秀学员,5人被评为总院优秀学员。

(冯英沛)

百名局长读函授

1996年以来,湖北省来凤县委党校的教室里先后有100多名正副局长(正副书记、正副乡镇长、正副主任)参加中央党校函授学院和湖北省委党校的本科和专科函授学历培训,一个求知识、讲学习的良好风气已经形成。这几年来,县委领导带头参加中函院领导干部班培训,各位科级领导也深刻认

核;加大专业基础课和专业知识课的比重,使这两类课程的门数占课程总数的65%左右,使它的教学内容具有时代气息,紧跟时代步伐,并与成人高等教育的教学要求接轨;认真贯彻理论联系实际的教学方针,引导学员重视对现实问题的研究,开展社会调查,指导学员撰写毕业论文,开展征文、演讲等竞赛,运用模拟法庭、答记者问等灵活多样的形式,训练和提高学员的各种实际能力。

从总体上说,全院各级组织在落实“四统一”的培训质量要求方面是严肃认真的,并多有创造,成效是显著的。但是,我们也必须看到,我们的教育质量与“四统一”的要求,还存在一定的差距,尤其是有少数单位对达到培训质量要求认识不足,要求不严,措施不力。我们对此必须予以高度重视,要以对党的事业高度负责的态度,采取有力措施,使“理论、知识、党性、能力四统一”的培训质量要求贯彻到全院各单位的办学实践中,以确保培训人才的质量。

识到学习的重要性。据统计，仅来凤辅导站就有116名副科实职以上干部参加了函授学习，占全县正副科级实职干部的29.4%。其中副县级实职2人，正科级实职41人，副科级实职73人，毕业后分别被提拔使用的32人。旧司乡党委书记何慧、绿水乡政府副乡长陈应学两位同志已经是大学本科毕业，但他们看到中函院开办的政法本科专业课程设置非常好，认为在市场经济条件下，很有必要学习法律知识。因此，他们毅然报名参加了培训，取得了第二学历。县人事局、审计局、地税局、财政局、公安局、工商局、经贸委以及高洞、旧司乡等单位都有多名领导参加学习，带动了本系统、本部门、本地区的干部积极学习、奋发进取。边学习、边工作，一是解决了学历问题，二是充实提高了自己，三是没耽误单位的工作。这是参加函授学历培训同志们的共同感受。（吴文勇　吴小玲）

安福县委重视发挥函授毕业学员的作用

江西省安福县委党校自1992年开始办党校函授大专班以来，已有四届毕业生，他们分布在全县各个行政和企事业单位。安福县委重视发挥广大党校函授毕业学员的作用，对优秀学员委以重任。每一届学员毕业，县委都要派一名副书记、组织部长和宣传部长参加毕业典礼，了解掌握学员的情况。每一次乡镇换届，县委都要求党校把毕业学员名单上报组织部门。一些优秀学员已走上乡镇党政一把手的工作岗位。目前，该县党校函授毕业的学员已有10名被提拔为科级干部，有7名由副科级提升为正科级领导干部，有5名担任了乡镇党政一把手。他们把在党校学到的理论和专业知识运用于实践，为发展县域经济作出了贡献。（潘远荣）

南漳县委书记吴长华谈党校函授教育

湖北省南漳县委书记吴长华同志在南漳县委党校研究工作时对南漳县委党校函授教育工作给予了高度评价。他说，南漳县委党校是省第一批评估合格的党校，南漳县委党校辅导站是全国先进辅导站，党校函授工作抓得有成效、有成绩。

吴长华在介绍和分析全县干部队伍状况时指出，全县干部中具有高中、中专学历的有25%是在党校取得的；大专以上学历的有80%左右是在党校取得的。县委党校的学历教育，特别是函授学历教育，在提高全县干部队伍素质方面发挥了不可估量的作用。

吴长华深有感触地说，党校函授教育为一批干部展现才华创造了条件。前些年，我县干部在学历问题上吃了一些亏，一些有能力、有政绩的干部因学历不够不能提拔、不能交流。近二三年，许多干部通过参加党校函授学习拿到了大专或本科学历，使一批年轻有为的优秀干部进了班子，得到重用。如今年被提为宣传部长的杨仕汉、纪委书记邓卫初，如果不是拿到中央党校大学本科函授学历，这次就进不了县委班子。吴书记深有体会地说，凡是受到党校学历教育的干部，适应工作快，进入角色快，打开局面也快。

吴长华同志希望南漳党校辅导站全体工作人员发扬成绩，再接再厉，把党校函授教育办得更加出色。（李楚华　曾妍萍）

海南省党校函授教育硕果累累

1984年海南省党校函授教育开办以来，已毕业学员13900多名。15年来，党校函授教育已结出了丰硕成果；不仅改变了全省干部的文化结构，提高了干部队伍中大专学历干部的比例，而且广大毕业学员在各自的工作岗位上均有所建树，为海南改革开放和现代化建设事业做出了积极贡献。

近40%的学员已成为各单位的领导骨干。党校函授毕业学员已有一大批被提拔到各级领导岗位任职。其中有3名当了副省级领导干部；9名当了厅级领导干部；170多名晋升为高级政工师；9名被评为国家和省级劳动模范。现任共青团海南省委书记谢明中，临高、琼中县委书记黄良胜、朱清敏，东方市市长许邦朝，昌江县县长吉廷军等均是党校函授毕业学员；在保亭、屯昌县委、县政府领导成员中有好几位也是党校函授毕业学员。

函授学员陈烈雄和麦正华当选为党的十五大代表。十五大代表陈烈雄是琼海市温泉镇镇委书记。他克服种种困难，领导当地群众开发万泉河沙州岛旅游区和白石岭海南第一条空中旅游索道、建温泉新城、积极为边远村庄的群众修公路、发展种养业，使该镇发生了巨大变化。与他任职前的1995

年相比，全镇的财政收入由73万元增加到617万元，增长了近7.5倍，农民人均纯收入由805元增加到2578元，增长了2.2倍。陈烈雄勇于开拓，政绩突出，1996年被中组部授予“全国优秀党务工作者”称号，同年10月被国家人事劳动部授予“全国十佳人民满意的公务员”称号，1998年被提升为琼海市委常委兼嘉积镇委书记。另一位十五大代表三亚市地税局局长麦正华是中函95级领导干部本科班学员。他运用党的基本理论指导税收工作，把人生价值与国家和人民的税收事业紧密联系在一起，带领全局同志搞税收征管改革，强化征管、挖潜堵漏，全力以赴抓税收，多次拒收贿赂。自1995年以来三亚市的税收逐年递增，1996、1997年增长率均达15%以上，为三亚市社会经济的发展和社会稳定做出了应有的贡献。

一批“秀才”式人物脱颖而出。党校函授学员，经过正规的学历教育，既培养了理论思维能力，又提高了写作水平，成为党政机关中的“秀才”。省农垦总局法规处处长李选文是86级函授学员；该局组织处科长吴奇文是中函92级本科学员，他俩在省农垦总局是著名的“笔杆子”，撰写农垦法规和起草文件他们是行家里手，发表论文多篇，近年他俩均晋升为高级政工师。琼山市委组织部干事杜生江是中函94级本科班学员，他善于结合本职工作将所学到的理论知识运用于写作，先后发表文章9篇。1995年、1996年分别被评为琼山市优秀共产党员和先进工作者，1997年6月被选调进省委组织部工作。临高县国税局副局长符青云是中函94级本科班学员，他联系工作实际发表了《关于完善增值税征管机制的思考》、《中国税制改革与发展》等多篇文章，其中《中国税制改革与发展》一文获得优秀论文奖。由于他政绩突出，连续4年被海南省国税局评为“优秀公务员”、“全省税收征管能手”，1996年被国家税务总局评为“国税征管能手”。

一批学员成为改革开放和现代化建设保驾护航的卫士。在海南的改革开放和现代化建设中，公检法战线上的广大党校函授学员也涌现出一批优秀人物。海口市公安局副局长、振东区公安局局长林捷就是其中的一位优秀代表，他破案率很高，被海口市公安局评为“破案能手”。1995年被追捕的一个杀人犯罪嫌疑人已逃到泰国，经过组织同意，林捷以中国公民探亲的身份去泰国，他在泰国警方的帮助下，通过艰苦细致的侦破工作，终于把嫌疑人抓回来。他获得了国家公安部嘉奖并记了二等功。振东区原是海口市的高发案区，每年发案率占海口市治安案件的40%，社会治安比较乱，他担任公安局局长后，发案率大大下降。学员陈辉是万宁市公安局保安大队长，7年来，他带领保安大队的干警先后抓获各种违法犯罪分子249人，受理刑事案件13宗、治安案件90多宗、捣毁赌场5个、缴获赌款20多万元上交国库。他多次被评为万宁市优秀干警。广大干部群众称赞他是为改革开放保驾护航的好卫士。中函94级大专班学员、派出所所长覃超，带领全所人员保一方平安，使该所连年被评为先进单位：1995、1996年两次荣立“集体三等功”，1996年被海南省公安厅评为全省公安系统文明窗口示范单位，被团中央授予“全国青年文明号”。覃超本人先后被评为先进工作者、优秀共产党员、全省“十佳民警”，被团省委等单位授予首届“海南十大杰出青年卫士”，1998年1月当选为共青团第十四大代表，10月被公安部授予“全国优秀人民警察”的光荣称号。（黄继英　林承钧）

涪陵学区第六期领导干部函授班
人才倍出成果显著

重庆分院涪陵学区第六期领导干部函授班的33位学员在两年半的学习中，刻苦攻读，自觉加强党性锻炼，坚持理论联系实际，克服工学矛盾，在理论、知识、党性、能力方面都喜获丰收。33位学员中有15位同志学习期间晋升了职务：其中晋升为副地厅级干部的有5人，晋升为正县级干部的有10人。学习期间他们积极运用所学知识进行科学研究，出了一批有价值的成果。在国家级刊物上发表科研论文6篇，省部级刊物发表20篇，地级刊物发表28篇。该班谭大辉同志撰写的《涪陵国有企业发展与转型时期政府行为尝试》一文在中组部举办的中瑞合作管理领导干部培训班上两度发言，受到参培人员的好评和赞扬。张详东同志的毕业论文《加强对个体私营经济的管理与引导》发表在中共中央政策研究室、国务院研究室主办的《学习·研究·参考》1999年第二期上。欧会书同志写的《认真贯彻江总书记的指示，加快推进三峡移民工作》发表在著名经济学家吴敬琏主编的《改革》杂志

1998年第二期上。学习期间张灵同志获民政部颁发的“1997年农村社会养老保险先进个人”光荣称号与奖励。同时还有几位同志获省部级奖励，有13位同志获地级奖励。他们在毕业典礼上表示：要以毕业为新的起点，在各自的岗位上努力工作，多做实事，为党校函授增光添彩。（夏传德）

竹溪县委组织部
重视党校函授教育

中共湖北省竹溪县委组织部把党员干部参加党校函授学历教育作为建设高素质干部队伍的重要措施来抓。

他们在每年下发的《干部培训工作计划》中，将干部参加党校函授教育纳入计划目标，强调“乡镇和县直机关要结合实际，制定培训计划，保质保量完成培训任务，年终同党建目标责任制一起检查兑现”。今年，全县有60余名党员干部报名参加了党校函授学历培训。每年党校函授招生之际，县委组织部结合对党建工作年度考核，督促各乡镇、县直各单位不具备规定学历的干部积极报考党校函授教育，每名部长带一个考核小组既对乡镇、县直单位党建工作进行考核，又对各乡镇、各单位干部参加党校函授学历培训进行督促。参加考核的工作人员摸清情况，随身携带党校函授招生表，发给不具备规定学历的干部填写。1998年底，该县龙坝乡、天宝乡党委，根据县委组织部的要求，对本乡（镇）不具备规定学历干部一次性集体报名；每次面授，党委确定一名副书记带队参加，并从经费上给予支持。

县委组织部在岗人员，人人参加了党校函授学习。他们的模范行为，对全县干部报名参加党校函授学习起到了示范作用，激发了全县党政干部参加党校函授学历教育的积极性。同时，县委组织部认真贯彻落实《中国共产党党校工作暂行条例》规定，积极落实学员的政治、经济待遇，在提拔使用干部上坚持把是否“具有相应党校的培训毕业学历”作为重要条件。自1997年以来，参加党校函授学习的学员，有5人被提拔为县处级干部，59人被提拔为正科级干部，147人被提拔为副科级干部。在今年的换届工作中，全县20个乡镇的40名党政一把手，有36名是参加党校函授学习的学员，占总人数的85%。

竹溪县委组织部对党校函授教育事业的高度重视和全力支持，使竹溪县委党校函授教育得到不断发展，办学质量稳步提高。1996年注册学员110人，1997年注册学员280人，1999年注册学员达367人，现在校学员达900余人。参加学习的学员，有的成为主持一方工作的领导，有的成为本行业、本部门的骨干，有的在本职工作中做出了优异成绩，多次受到表彰。（凌均安）

一封毕业研究生的来信

这是中函95级首批经管专业研究生雷红梅写给中央党校函授学院领导和老师们的一封感谢信。信中表达了她对院领导、研究生办和老师们的感激之情，讲述了她刻苦求学的经历、感受和收获。特别提到她三年学习期间，“学到了经济学方面的知识，自己的心灵得到了洗涤，灵魂得到了净化，思想境界得到了升华……”。这是一个毕业学员（取得硕士学位）发自内心的肺腑之言。这封信值得大家一读，对全院同志也是一种鼓励和鞭策。

——编者

尊敬的中央党校函授学院的领导和老师：

我是函院95级党员干部在职研究生班的学员，研究生毕业后，在中央党校申请的硕士学位。经过几年的学习，今天终于拿到了经济学硕士证书，在这激动的时刻，我感慨万千，心情难以平静。回顾几年来走过的艰难历程，我发自内心地感谢中央党校函授学院的领导和老师对我的帮助、关心和鼓励。

我的情况比较特殊，从一开始报名参加学习，就发现自己怀孕了，而且我单位对职工的再教育只负责到大学本科，本科以上学习的学费一律不予报销。但是我非常想参加党校的学习，希望不断充实自己，提高自己理论水平，从心里不想放弃这次机会。面对经济和身体上的困难，自己内心的渴望，我真的不知如何是好。在这个时候，是函院的领导伸出了援助的手，函院的老师及时给予了帮助，使我能顺利地参加学习。在学习过程中，我的身体越来越不方便，有时不能到校上课，班主任老师就把在课堂上录的磁带及时整理好后借给我听。记得有一次，天下大雪，上课时间到了，班主任见我还未来，怕我在路上出事，就骑着自行车到汽车站接我。由于我们走的路线不同没有接着，在教学楼门

总院编印的经验专辑与论文专辑简介及篇目

《强化管理 狠抓落实 全面提高教学质量》一书简介及经验材料篇目

该书系中央党校函授学院第四次教学管理工作会议文件和经验选编，由总院教学处处长王炳主编。全书分为教学管理工作会议文件和教学管理工作经验选编两部分，共38万余字。教学管理工作会议文件部分包括：中央党校副校长张志新在中央党校1998年函授教育工作会议开幕式上的讲话、孙钱章院长在中央党校1998年函授教育工作会议上的工作报告、刘利群副院长在第四次教学管理工作会议开幕式上的工作报告、教学处处长王炳在闭幕式上的总结讲话和第四次教学管理工作会议纪要。教学管理工作经验部分，共选72篇，根据教学管理内容分编成4个小部分。其中教学管理27篇，队伍建设与管理24篇，班主任、自学管理15篇，其它6篇。 （姚东锋）

教学管理

认真学习邓小平教育理论 努力办好党校函授教育 ——韩小文
在严格管理上下功夫 ——中直机关分院
从严办学 强化管理 探索新路 确保质量 ——安徽分院
把好教学关 确保函授教育质量 ——江西分院 唐 峻 罗志猛
强化科学管理 提高教学质量 ——湖北分院
加强教学管理要依章治学 ——海南分院 王绥江
强化教学管理 提高办学水平 ——西藏分院
提高党校函授教学质量的基本途径 ——铁道部分院
强化教学管理 培养合格人才 ——陕西分院 范 勇
加强教学管理 提高教学质量 ——宁夏分院
强化管理是提高函授教育质量的关键 ——四川分院 李晓梅
提高函授教学质量必须严把五关 ——成都军区分院
改进教学管理机制 不断提高面授质量 ——总后分院 依 滨

口才碰面，望着老师苍苍白发上挂着的雪花，想到他60多岁的老人不怕天冷路滑，骑着自行车在风雪中等我，当时我的眼睛就湿润了。老师的真情深深感动了我，在以后的学习中一直激励着我。

研究生办公室的老师工作极其认真，管理工作做得非常细致。主任王炳老师经常到教室听课，和学员交流，听取学员对教学的意见，课程的安排也根据学员和老师的要求不断调整。每次上课都作考勤，都有录音，有时甚至还有录像。在管理学员过程中，研究生办不仅注意学员理论知识的学习，还突出党校教育的特点，注意抓学员的思想建设，班级中设有党支部和党小组，经常过组织生活。每学期不仅有学习小结，学员还必须交思想汇报。使学员在学习知识的过程中，党性也得到锻炼和提高。这对于每个年轻党员来讲十分必要。通过这些使学员的政治理论水平、语言表达能力和文字水平得到全面提高。这是其他学校无法比拟的。

总之，在党校学习期间，我不仅学到了经济学方面的知识，而且心灵得到了洗涤，灵魂得到了净化，思想境界得到了升华，这些收获都是在院领导和老师的帮助下取得的。我由衷地感谢函院为我所做的一切。领导和老师对我的鼓励和鞭策，我将铭记终生，也将受益终生。再次对函院的领导和老师表示衷心感谢。

学员 雷红梅

1999年9月20日

队伍建设与管理

班主任、自学管理

加强和规范教学班管理　促进办学主体队伍建设的体会　——天津分院

函授教学班班主任"五要"
——湖北分院葛洲坝学区　王在都

加强班主任队伍的管理与建设是提高教学质量的一项基础工程　——内蒙古分院

加强班主任自身建设　努力提高管理质量
——合肥学区五里墩教学点　方　强

我当班主任的几点体会
——空军部队分院直属学区　孔庆宇

谈谈我是如何做班级工作的
——河北分院华北油田学区　赵远征

关于建立行之有效自学管理机制的实践与思考
——黑龙江农垦分院　戴　辉

加强自学管理的几点做法
——南京军区分院第一教学处

把自学作为提高函授教育质量的根基来抓
——济南军区分院　严洪滨

加强自学管理　提高函授质量
——孝感学区加强自学管理的做法与体会
——湖北分院孝感学区

强化自学管理　提高自学质量
——湖北分院黄石学区

加强自学管理　提高教学质量
——湖北分院武钢学区

强化自学管理　提高教学质量
——湖北分院荆州学区

谈自学小组
——直属鹤岗矿务局学区　吕艺高　樊万岗

其　它

谈谈毕业论文答辩不通过率的激励效应问题
——青海分院　卜广坡　陈卫民

重质量　重创新　精心做好毕业论文的组织工作　——北京市工业党校分院　毕志辉

我们是如何做好毕业论文工作的
——北京市委机关分院　贺淑英　焦文德

突出党校教育特点　把党性教育贯穿于函授教育的全过程　——西安分院

开展电化教学及微机管理的几点作法
——中央国家机关分院

向管理自动化迈进
——我们是怎样利用微机进行教学管理的
——空军部队分院　常益民

《改革·探索·创新》一书的经验材料篇目

在职研究生专题教学刍议
——总装备部国防科技大学学区

我们怎样组织专题讲座
——化工部石家庄管理干部学院

关于实施专题性教学的几个问题
——南京军区分院

专题教学中理论联系实际的探索　——湖南分院

紧扣影响函授教学质量因素　积极探索提高教学质量途径
——中央国家机关分院航天二院学区

在办学阵营　严格管理　提高能力上下功夫
——云南分院

适应特点　摸索规律　提高质量
——空军部队分院

强化教学意识　确保研究生教育质量
——西安交通大学学区

提高教学质量　重在引导研究　——海南分院

狠抓教学环节　确保面授质量　——沈阳军区分院

加强领导管理　抓住四个环节　努力提高教学质量　培养高素质的人才　——陕西分院

实现"三个结合"　搞好研究生班教学
——内蒙古分院

提高教学起点　突出三个环节　确保办学质量
——空军部队分院沈空三学区

狠抓教学　强化管理　研究生工作实现"三突出"
——山西分院

努力探索工作规律　不断提高管理水平
——北京市委机关分院

发挥优势　强化管理　确保人才培养质量
——总参分院广州军体院学区

认真组织　严谨治学　办好中函研究生班
——安徽分院

加强领导　优化环境　精选师资　严格管理
——广西分院

狠抓制度落实　确保办学质量
——广东分院深圳学区
严字当头　确保质量
——中央国家机关分院水利部党校学区
抓好党性锻炼　推动教学管理　——四川分院
从严要求　端正学风　严肃考纪　——重庆分院
注重教学质量　增强学习效果
——海军部队分院政治学院学区
强化班主任工作　抓好研究生班级管理
——山东分院
把握研究生教学规律　探索专题教学方法
——浙江分院
专题性教学是提高教学质量的有效方法
——国防大学分院
注重办学质量　探索适应在职研究生特点的教学路子　——广东分院广州学区

《学习·探索·结晶》（第三辑）一书的篇目

我国欠发达地区农业增长的模型分析与对策探讨　——安和平
关于我国产业结构战略调整的思考　——周振民
论我国航空运输产业结构的调整　——颜明池
试论我国城镇住房制度改革　——刘延文
中国实施可持续发展战略的思考　——雷红梅
劳动过剩经济下就业问题的思考　——齐霖霖
我国城镇职工医疗保障制度改革与管理的几个问题研究　——杨建立
发展代理制　构造新型工商企业交易关系
——王志刚
国有企业亏损的成因分析与对策思路　——贾建壮
我国经济周期探讨　——宗绍兴
推进我国钢铁工业技术进步的研究　——张思友
论国有控股公司的运营　——王智杰
乡镇企业产权模式研究　——阎　中
企业营销文化的思考　——韩　雪
关于北京五家企业文化建设的实证分析与理论思考　——张若妮
论企业素质　——张金山
论培养和造就现代企业家队伍　——余兴文
人本主义是现代企业管理的核心
——关于现代企业管理的思考　——冯纪华
以改革的精神　探索加强企业管理的新途径
——乔　虹
事业单位改革的思考　——王　纬

部分分院编辑出版的著作与专辑简介

铁道部分院

●《96级本科班优秀论文选编》主编李长奇，由中央党校函授学院铁道部分院印行。全书共收录96级本科班学员23篇优秀毕业论文。

●《96级大专班毕业论文选编》主编高守邦，由中央党校函授学院铁道部分院印行。全书共收录大专班学员优秀毕业论文29篇。

●《铁路党校函授站建设经验文集》主编李长奇，由中央党校函授学院铁道部分院印行。本书收录了铁道部党校副校长、分院院长吕昌在1998年全路党校函授教育工作会议上的报告及部分学区关于函授站建设的经验文章33篇。

北京市委机关分院

●《96级学员优秀毕业论文选》主编林大烈，副主编李雅兰　李兵，由中央党校函授学院北京市委机关分院印行。本书是96级本科班和第6期领导干部函授班优秀毕业论文选。本论文选分经济类和政法类两部分，共收录27篇优秀毕业论文。

北京市工业党校分院

●《毕业论文精选》共2本，由中央党校函授学院北京市工业党校分院编印。一本是95级大专班、本科班学员优秀毕业论文选。另一本是96级本科班、第6期领导干部函授班学员毕业论文选。每本各选入论文30篇。入集的论文是从各学区、直属辅导站学员优秀毕业论文中精选出来的，这些论文在选题、取材、构思等方面各具特色，都有一定的理论深度，对在校学员的论文写作具有一定的指导作用。

天　津　分　院

●《经验与研究文选》由中央党校函授学院天津分院编印。本书分为经验篇和研讨篇两部分，共收录论文45篇。经验篇主要汇集了党校函授教育工作的经验、先进单位和个人的事迹；研讨篇主要汇集了1998年天津市委党校教育研究会和中央党校函授学院天津分院联合举办的“党校函授教育工作研讨会”中评选出来的优秀论文。书中还收录了报刊发表和各类文集收录的一些文章，在附录中列表说明。

●《优秀毕业论文选》由中央党校函授学院天津分院编印。入选的48篇论文是从96级学员的2484篇毕业论文中，由各学区指导教师和答辩委员会推荐，经过分院论文编辑委员会初审、复审确定的。

●《务实　求索　创新》由宝坻县委党校编印。该书是提高面授课质量论文集。全书收录论文13篇。这些论文大多是该校举办的提高面授课质量研讨会的获奖作品。

●《宝坻党校科研文选》由宝坻县委党校编印。本文选收录了宝坻县委党校教职工1993—1997年7月公开发表的有关党校函授教育方面的论文和调查报告，它基本上反映了宝坻县委党校几年来的科研成果。

内蒙古分院

●《函授教育十年——中央党校函授学院内蒙古分院建院十周年》主编于德水，副主编高志英，由内蒙古人民出版社出版。全书共分八部分：一、庆祝内蒙古分院建院十周年。该部分收录了内蒙古自治区委副书记、自治区委党校校长白志健和中央党校函授学院的贺信以及内蒙古自治区委党校常务副校长夏连仲、副校长于德水在庆祝内蒙古分院建院十周年大会上的讲话；二、分院及各学区办学概况；三、办学工作经验；四、管理工作经验；五、教学经验；六、班主任工作总结；七、学员函授学习有感；八、先进单位和个人名录。本书是内蒙古分院建院10年来，广大教师、班主任、管理人员辛勤耕耘的积累，也是他们工作实践的结晶。

辽　宁　分　院

●《党校函授教育教学教法论》主编孔秀娥

李秀华,副主编张仲秋　王淑敏,由东北大学出版社出版。该书是辽宁省委党校函授学院针对党校函授教育面授教学的现状,为提高面授教学质量、强化素质教育而编辑的教学方法探索方面的论文集。入集的74篇论文是在全省各级党校报送的100余篇论文的基础上,经过专家组的认真审阅,编辑而成的。

●**《函授教育管理经验文选》**主编李秀华　张仲秋，副主编王淑敏　李德武　刘杰斌，由东北大学出版社出版。本书收录了辽宁分院常务副院长单洪恩、副院长李秀华在函授教学管理工作会议上的讲话及部分学区为这次会议提交的关于函授教学管理经验方面的论文等。

江苏分院

●**《江苏党校函授教育文件资料集》**（1985—1995年）由中函江苏分院、江苏省委党校干部函授学院编印。本书基本收齐了1985—1995年中函江苏分院和省函干部学院的文件。文件内容分为综合、招生、教学、学籍、考务等类别，以时间先后为序进行编排。在每一类编排中，既有文件规定类，又有情况通报类，内容丰富，资料翔实。该书真实地反映了江苏省委党校函授教育10年来的办学历程，对函授教育的发展具有借鉴和指导作用。

●**《江苏党校函授教育1997年工作会议文件资料汇编》**由中函江苏分院、江苏省委党校干部函授学院编印。全书分为会议文件和经验选编两部分。一、会议文件。收录了中共江苏省委副书记顾浩在会议开幕式上的讲话；江苏省委党校常务副校长潘宗白在会议上的讲话；江苏省委党校副校长、函授学院院长陈兆德在会议上的工作报告和常务副院长方根林在会议上总结。二、经验选编。共收录全省各学区的经验文章42篇。

安徽分院

●**《管理制度汇编》**由中央党校函授学院安徽分院、安徽省委党校函授部编印。该书共分为三部分：第一部分，学习文件。编入了毛泽东、邓小平、江泽民三代中央领导集体核心关于共产党员、领导干部学习马克思主义理论的重要论述；中共中央、安徽省委关于党校教育和党校函授教育的有关文件等。第二部分,汇集了安徽省委党校函授教育的条例、章程、规定、意见、实施细则与办法等。第三部分,安徽省委党校函授学院工作岗位职责等。

●**《安徽党校函授教育评估文件资料选编》**（1996—1998）由中函安徽分院编印。该书以函授教育的工作内容为基本类别，注重反映办学特色；以时间为序，体现办学发展的脉络。全书共收入近三年来的各类文件资料210余件，共72万字，分为12个类别。包括指导思想类、综合管理类、办学队伍类、教学教研类、党性教育类、教务招生类、电教微机类、教材财务类、规章制度类、函授科研类、评估工作类、社会效益类等。该书收录了近三年来中央党校和安徽省委负责同志有关安徽党校函授教育的讲话、题词；省委党校关于函授教育的重要文件；反映分院、学区、辅导站办学过程的文件、文章、材料选辑；优秀学员先进事迹介绍；全省办学队伍基本状况统计等。

●**《安徽党校函授教育档案资料目录》**（1987—1999）由中函安徽分院编印。该书收录了安徽党校函授教育的有关档案条目6500余条，共20余万字，时间跨度为12年。该书列出的全部条目，一一对应于安徽分院馆藏档案，包括各类文件、报告、文章、通讯、规章、业务资料及有关的文字材料和图片、音像资料等。按函授教育的工作内容和年代，依据“事以类从，类为一编”的原则分类，内含12个大类的一级目录，每一个大类目录下又按不同内容分为第二级、第三级子目录，一条一记，纵看像史，横看似志。通过该目录，可以迅速地查阅安徽省委党校12年来函授办学的重要档案（含总院、分院、学区、辅导站的各级各类档案）。同时，该书列出的6500余条目录，已全部输入电脑，并设计了查阅程序。安徽分院档案库的建立，不仅如实记载了安徽分院12年办学历程，也为办学单位利用历史档案，借鉴历史经验，提供了资料翔实的信息库，同时为今后搜集和整理办学档案奠定了基础。

●**《函授教育管理制度选编》**由铜陵市委党校、中函安徽分院铜陵学区编印。该书共分六部分。一、中央党校函授学院文件；二、安徽省委党校函授分院文件；三、铜陵市委党校文件；四、铜陵学区文件；五、铜陵市委党校函授部规章制度；六、铜陵市委党校函授部工作职位要求等。

福建分院

●**《学习与探索》**由中央党校函授学院福建分院编印。该书为96级本科班学员优秀毕业论文集。

入集的41篇论文是从2437篇毕业论文中,经过各学区推荐、分院评选出来的。入选的论文有的删节、修改了部分内容,有的在文字上做了适当修饰。

山 东 分 院

●**《办学文献　办学制度汇编》**由中函山东分院、山东省委党校干部业余教育学院编印。全书共分三部分：一、学习文献。摘录了胡锦涛同志关于党校函授教育工作的讲话、批示、贺信、意见和中共中央有关党校函授教育的文件以及山东省委有关党校业余函授教育的文件等。二、中央党校函授学院简介及山东省委党校干部业余教育学院简介。三、规章制度汇编。该部分对招生、教学、考务、学籍管理、教材管理、学员管理、宣传报道、综合工作等各方面作了具体的规定。

●**《办学经验总结　办学规律探讨》**主编王士富，由当代世界出版社出版。该书收录了全省部分学区业余教育工作者对党校业余教育的地位、规律、办学指导思想、整顿考风考纪、提高教育质量、毕业论文工作、班级管理、师资队伍建设、加强党性教育、办学前景展望等诸方面的认识及探讨，它是十几年来，山东省委党校业余教育工作的总结和探讨，对全面提高党校函授教育质量具有一定的指导意义。

●**《情况通报》**合订本（1997—1999年）是山东省委党校干部业余教育学院、中函山东分院编印的内部交流刊物，不定期发行。本通报以宣传党校业余函授教育办学精神，反映各阶段主要工作为重点，全面报道分院、省院、学区的大事及管理经验，努力探讨教学改革和提高教学质量的措施方法。此合订本收录了1997—1999年共28期通报，96篇文章、报道。

湖 北 分 院

●**《党校学员优秀论文选》**（第一辑）主编张思伟、杨志耀，由应城市委党校印行。本书为96级函授学员优秀毕业论文选。编审小组对入集的30篇优秀论文进行了认真的审阅和修改。

●**《党校函授教育工作探索》**主编王守民，副主编高登泉、郑昕等，由《十堰论坛》编辑部印行。本书是十堰市委党校函授教学、班主任工作研讨会论文集。该论文集收录的42篇论文是从十堰学区班主任工作研讨会和函授教育工作研讨会入选的70篇论文中筛选出来的，文章的作者大部分是多年来一直从事党校函授教育的教研人员和管理工作者，他们对函授教学与管理工作的探讨和总结，对全面提高函授教育质量具有指导意义。

重 庆 分 院

●**《毕业学员优秀论文集》**主编程大鹏，副主编曾明德，由中函重庆分院、重庆市委党校函授学院印行。本书是96级本科班优秀毕业论文集。全书共收录论文29篇。

甘 肃 分 院

●**《管理制度汇编》**由中函甘肃分院、甘肃省委党校干部在职教育学院编印。本书是甘肃分院在办学实践中形成的管理制度细则和主要工作程序汇编。它以总院制定的《管理制度汇编》为依据，从分院的实际出发，把总院《管理制度汇编》列入的各项重要制度细化、量化，制定出分院的一系列实施细则。1999年，分院又以总院新版《管理制度汇编》为依据，结合办学的新经验，对分院的管理细则再次进行了认真地增补、修订，并在此基础上制定了几项主要的工作程序。

●**《总结　创新　发展》**主编石华翼、王尧德，由中央党校函授学院甘肃分院印行。该书编入了甘肃省委党校函授教育的有关文件。全书分为：纲领篇、指导篇、会议文件篇、实践篇、经验篇、理论研究篇等六篇。

●**《班主任工作研究》**主编石华翼、陈国生、王晋林,由甘肃文化出版社出版。此书为1998年甘肃省委党校在职干部教育学院班主任工作会议文件和经验选编。会议文件部分收录了甘肃省委党校常务副校长王文学在全省党校函授、走读班主任工作会议上的讲话及关于表彰奖励优秀班主任的决定。经验选编部分共选入班主任工作经验文章55篇。

●**《素质教育研究》**主编石华翼、陈国生、王晋林,由兰州大学出版社出版。该书是1999年甘肃省委党校召开的以“加强办学队伍建设,提高办学主体素质”为主题的理论研讨会的论文集。收录的78篇论文是从会议收到的152篇论文中精选出来的。这些论文从不同角度对党校函授教育的各个方面进行了积极地研究和探索,它是对函授办学工作经验的总结,同时也是进一步强化素质教育的尝试,凝结着全分院教学、管理人员的心血和智慧。

改革开放和现代化建设中的函授学员

高举理论旗帜的“拓荒牛”

——记湖南分院衡阳学区本科班经管专业96级学员刘伦策

对于党校函授学习，刘伦策同志曾在一次座谈会上深有感触地说：“党校函授学习给我的思想注入了新鲜血液，给我的工作带来了强劲动力。”事实确是如此。他从参加中央党校函授学习以来，好像浑身有使不完的劲，一篇篇文章见诸报端，一项项业绩令人瞩目。作为衡阳市外经贸委主任兼招商局局长，他工作任务繁重。他深知，要挑好这副重担，必须学习。1996年9月，刘伦策同志以优异成绩考取了中央党校函授学院本科班。学习期间，他积极参加面授，并担任班长，协助班主任做好班务工作，如牵头组织师生联谊活动，结合自己访问美国的见闻，给班上的同学讲党性教育课。同时，他撰写了许多文章，仅1997年在《企业家天地》、《衡阳日报》、《衡阳工作》等刊物上发表的文章就有6篇，他撰写的《对外贸体制改革现状的探析》一文被收入《探索与实践——衡阳市经济体制改革论文精选》一书。他写的《贸工农一体化是我市外贸企业发展的有效途径》一文在《衡阳日报》发表后产生了很好的效应，受到了市委、市政府的好评。他不仅自己认真刻苦地学习邓小平理论，而且把学到的理论知识传授给本系统的干部职工，被衡阳市评为“学习邓小平理论十佳优秀领导干部”。

刘伦策同志认为，学习的目的在于运用，理论只有与实践结合才会产生效应。他运用所学的理论知识来分析研究和指导实际工作，并取得了令人瞩目的成就。一是招商引资成效显著。1997年，合同引进外资15515.83万美元，三资企业出口创汇2296.3万美元，使招商局被评为全省“招商引资先进单位”。二是拓宽外贸渠道，发展外贸事业，努力争取生产企业自营进出口权。1997年，衡阳市生

青海分院

●**《党性　知识　能力》**主编江再杰，副主编张廷祯、司卫国，由中央党校函授学院青海分院印行。本书是中函青海分院96级本科班和第六期领导干部函授班的优秀毕业论文选集。入集的40篇论文是从80篇优秀毕业论文中，由终评委员会经过认真审阅、评议而确定的。

宁夏分院

●**《求索录》**（二）由宁夏自治区委党校函授部编辑，宁夏人民出版社出版。该书是中央党校函授学院宁夏分院编辑出版的第2本学员优秀毕业论文集。入选的44篇论文是从各论文答辩委员会推荐的94级、95级大专班、本科班学员的90余篇优秀毕业论文中经过本书编审组的认真筛选编辑而成的。此书作为党校函授教育的一项教学成果，向宁夏分院建院五周年献礼。

空军分院

●**《优秀毕业论文选》**由中央党校函授学院空军部队分院编印。本书是空军部队分院96级党员领导干部在职研究生班优秀毕业论文选。入集的19篇论文是从51篇毕业论文中筛选出来的，是空军首批中央党校函授学院党员领导干部在职研究生经过三年刻苦学习、研究的结晶。这些论文对当前我军建设面临的一些重大理论和实践问题，作出了一些有益的探索，有一定的参考价值。

●**《1999年度学术研究优秀论文选》**由中函空军部队分院编印。本书所选论文针对党校函授教育面临的新形势，紧密结合空军部队分院的实际，研究探索了一些函授教育的规律性问题，有些论文是领导同志撰写的。本书的编印对提高分院的办学水平有一定的指导作用。

产企业出口创汇 3756 万美元，占全市出口总值的 56.77%。三是发展对外劳务输出。1997 年，衡阳市输出劳务人员 128 人，有 2 家公司在国外争取到了工程合同。四是推行“贸工农一体化”搞活外贸企业。如市外贸粮油公司下属的合资泰良饲料公司，年年亏损。他通过深入企业调查研究，“对症下药”，很快使企业扭亏为盈。1997 年，该公司销售净收入达 2500 万元，创利税 50 万元。由于刘伦策同志工作上勇于开拓，求实创新，使衡阳市的“三外”工作得到长足发展，受到省委、省政府的高度赞扬。在生活上，他以身作则、严于律己、廉洁奉公。他多次谢绝外商所送的礼金、礼品。他下基层检查工作，事先不打招呼，坚持“市内回家吃饭，市外在食堂就餐”，同时严格要求机关各科室不准乱收外来办事企业和个人的费用，使市外经贸委成了“无费委”净地。因而被评为全市“人民满意公仆”。在 1997 年底市人民代表大会上，他被代表们一致推举为衡阳市副市长。1998 年 3 月，他受湖南省人民政府的委派，奔赴吐鲁番地区支援工作。（陈联春）

黄山松挺见精神

——记安徽分院黄山学区本科班 90 级学员章敬炳

几年前，无论是骄阳似火的酷夏，还是冰封雪飘的严冬，在黄山市委党校的校园里，人们都常看到一位拄着拐杖、拖着畸形双腿蹒跚于楼道、教室、考场的人，他就是黄山市休宁第一高级职业中学政治教师章敬炳同志。为了报道他在党校函授学院学习及毕业后的工作情况，我们一行四人怀着崇敬的心情，于 1998 年秋来到休宁第一高级职业中学，对他进行了采访。章敬炳同志学习认真，刻苦努力，每天坚持黎明即起，子夜方歇。他拖着残疾的双腿艰难地往返于单位、党校。对于面授课，他做到了风雨无阻，从不缺课。为学好《哲学经典文选》、《政治经济学经典文选》等课程，他系统研读了《共产党宣言》、《国家与革命》、《社会主义从空想到科学的发展》、《邓小平文选》等原著，做了 10 万余字的读书笔记。章敬炳同志用所学理论知识，在职业高中指导学生研读马克思主义著作，提高学生的思想认识和政治觉悟。在他的引导下，有 49 位学生向学校党支部递交了入党申请书。与此同时，章敬炳同志还利用业余时间撰写了不少学术论文。1991 年，他写的《联系实际加强四项基本原则教育》一文在全国 50 个城市评比中获得了三等奖；1992 年，他写的《理论联系实际，认真搞好社会主义信念教育》分获省、市一等奖。同年 12 月，他被中央党校函授学院评为优秀学员。

章敬炳同志从党校毕业后，工作更加兢兢业业、任劳任怨、求真务实。他所带的班级被市教委命名为“文明班级”，他本人也多次被评为教育系统优秀党员、优秀班主任。在学术研究上，他撰写的《用“两个必然”武装学生头脑》一文被全国现代教学研究会评为一类优秀论文；所写的《以党的基本路线为指导，努力提高政治课教学实效》一文获得全市政治课学术论文二等奖。

当我们问起章敬炳同志近年来所取得的成绩时，他深情地感叹道：我要深深感谢党校函院对我的培养教育，她不仅给我灌注了知识的甘泉，而且使我看清了生活之舟向前航行的正确方向，确定了我作为一位残疾人的人生坐标。

我们结束采访驱车返回时，望着支着拐杖伫立在秋雨中为我们送行的章敬炳同志，不禁想起：“顶风傲雪的自强精神，坚韧不拔的拼搏精神，百折不挠的进取精神……”。这些广为人民颂扬的黄山松精神不正是对章敬炳同志精神的真实写照吗?!我们为党校函授教育培养出了这样的优秀学员而感到自豪。（徐勇勇）

勇于进取的广告人

——记吉林分院本科班 95 级学员董俊林

董俊林同志现任长春日报编委会委员、广告部主任。

他为了进一步提高自己的理论水平，使自己在激烈的市场竞争中立于不败之地，于 1995 年考入了中共中央党校函授学院经管专业本科班。当时他已具有高级职称，他参加党校函授学习不是为了别的，而是为了学到知识，提高理论水平，以便更好地完成工作任务。在学习中，他正确处理学习与工作的矛盾，并做到了持之以恒。他一方面认真学习经济管理理论及现代管理知识，坚持写读书笔记；另一方面勤于思考，刻苦钻研，努力运用所学到的知识指导工作，真正做到学以致用，将知识转化为能力。他运用经营管理知识，对广告业务进行了深入研究。他撰写的一篇关于广告业务的论文获得了全国地市级报纸论文二等奖；他设计创意制作的“投资五环、回报健康”的广告获得了全国三等奖；他参与编辑的《社会主义市场经济概论》一书已出版发行。在党校函院学习期间，他自觉进行党性锻炼，注重世界观、人生观和价值观的改造，严格遵守校纪校规，为党校建设积极献计献策。通过两年半的函授学习，他的理论水平有了很大的提高，并以优秀成绩通过了毕业论文答辩，毕业时被吉林分院评为优秀学员。他常说，党校函授学习是他人生旅途中的重要一站，党校函授学院使他实现了进入高等学府求学的夙愿。他爱党、爱党校，不仅自己参加党校的函授学习，而且积极支持广告部的其他同志参加党校的函授学习。在实际工作中，他运用马列主义、毛泽东思想和邓小平理论分析问题和解决问题，创造性地开展工作。他在广告部推行承包经营责任制，使广告收入逐年增加，从1994年起，每年创收达2000多万元，年收入为90年代初的5倍多，名列全省同行业之首。

他工作任劳任怨，廉洁奉公，坚持原则，勇于批评和自我批评。他吃苦在前，享受在后，乐于助人，在全省广告界享有较高声望。他不仅敢于抵制虚假广告、广告新闻等不正当经营行为，而且身体力行，从不参加各种宴请，不接受各种馈赠。有的企业为了少花钱、多办事，给他送红包、礼品，都被他婉言谢绝。在他的影响和带动下，广告部全体人员都能文明待客，同志间人人讲协作，个个讲贡献，年年超额完成任务，不仅不向组织上伸手要奖金，而且尽量少得奖金，致使每年上缴应发奖金达10万元。董俊林同志多次将晋升职称、长工资、评先进的机会让给别人，受到了报社内外同志的一致好评。

他团结同志，善于调动群众的积极性。他经常带领业务人员深入企业，不仅帮助企业策划形象宣传，亲自在国内建立起牢固的客户网，而且培训了多名广告业务骨干，为《长春日报》、《长春晚报》、《长春商报》的广告经营做出了重大贡献。

董俊林同志的工作和为人得到了大家的首肯，多次被报社、市政机关评为先进工作者、优秀共产党员。他领导的广告部曾被评为全国报业经营管理先进集体和全国公益广告先进单位。他于1998年荣获长春市特等劳动模范称号。（长　学）

党校是培养干部的摇篮

湖北省来凤县委组织部副部长
人　事　局　局　长　彭英翔

我是五十年代末出生的人，从小学到高中都是在轰轰烈烈的“文化大革命”中度过的。参加工作后，我两次进高校学习，两次都是党校。一次是1985年考入省委党校党政管理大专函授班，第二次是1996年考入中央党校政法专业本科函授班。通过两次党校学习，我的文化基础知识、政治理论素质得到充实，工作能力得到了很大的提高。

求知的欲望，使我两次毫不犹豫地选择了党校函授教育

八十年代初，我从部队复员后来到县人事局，先后从事办公室和干部管理工作。工作实践使我体会到，做办公室文秘工作没有很深的文化功底不行，做干部的思想政治工作没有较强的政治理论水平不行。记得局里有一次组织学习时，局长说，我们从事人事工作的同志，要树立正确的世界观、人生观、价值观，并要我结合这几个哲学概念谈谈认识和体会，当时我没有回答上来，真是感到无地自容。还有一次我写的年终工作总结，虽几易其稿，反复修改，领导还是不够满意。我为自己知识的贫乏而羞愧，深感文化基础知识、政治理论素养在工作中的重要性，由此产生了强烈的求知欲望。

为什么我两次都选择党校函授呢？一是参加学习要符合单位的实际，人事部门事情多，人手少，不可能脱产学习；二是所学专业对口；三是人事工作政策性强，并逐步向法制化转轨，作为单位的“一把手”必须懂法。党校函授教育都能满足我的需求，所以我两次都毫不犹豫地选择了党校。

党校学习，使我的文化知识水平和政治理论素养得到了很大的提高

参加党校函院的系统学习后，尤其是边工作边学习，结合实际工作学习，带着问题学习，不断地吸取知识的营养，充实了自己，工作越发得心应手。在1987年全县离退休干部总结表彰大会上，我起草的总结报告成了领导的讲话稿，并得到了高度的评价，第一次得到了领导和同事们的认可，我当时的心情是不言而喻的。1987年底我被调入县委政研室工作，专门从事城市经济的调查研究，一篇《工业经济处于滑坡不容忽视》的调研文章引起了县委高度重视。

1988年3月至1996年3月在县委组织部工作期间，我除了搞好自己的本职工作外，还撰写了组织工作理论研讨文章7篇，其中有3篇被有关理论研讨会分别评为优秀论文；交流论文和入选论文，还有10余篇文章在省、市级刊物上发表。

1996年3月我兼任县人事局局长后，除抓好全盘工作外，仍然抽时间搞调查研究，撰写理论文章，并在省、市报刊上发表。

党校学习，使我的工作能力不断得到增强

党校是培养干部的摇篮，能够使我们较系统地学习掌握马列主义、毛泽东思想和邓小平理论，这是我们每个参加党校函授学习学员的切身体会。不管在学习过程中，还是在后来的工作实践中，我都尽力做到联系工作实际，把所学知识运用到实际工作中去，用以巩固和进一步掌握所学到的知识，并以此来增强和提高自己的工作能力。

我在县委组织部工作期间，经常下基层考察了解干部，对于这项工作，一般人认为下去找几个人座谈座谈，再形成考核材料就行了。殊不知，这项工作的复杂性就在于要运用马克思主义的唯物辩证法观点，对考察对象进行认真的分析，这样才能作出比较公正的评价。尤其是对以前表现不够好或犯过错误的干部，如果不用辩证的、发展的观点去分析和评价，就容易犯"一棍子打死"的错误，哪怕他确实是个人才，也将被埋没掉。因此，我在实际工作中，尽量运用马克思主义的观点和方法，对考核对象力求作出比较公正、实事求是的评价；同时还结合自己的工作实际，撰写理论调研文章，有的建议已被上级部门采纳。

担任县人事局长后，我深感肩上的担子更重。要想把一个班子团结好，把一个单位工作搞顺，仅凭经验或老一套做法办事是不大奏效的，还必须要有理论作指导。关键时刻，我在党校学过的领导科学理论帮了我的忙，使我很快掌握了当好"一把手"的几个要素，快速地进入了角色。人事部门有别于其他行政部门的地方在于，它的每一项工作都直接涉及到每个干部职工的切身利益，都有严格的政策法规和办事程序，这就要求我们必须严格依法行政。作为一个领导者必须懂法，要有较强的法律意识。这也是我第二次报考中央党校政法专业的意图和目的。

三年来，我边工作边学习，并把在党校函院所学到的理论知识和行政法学知识与实际工作相结合，拓宽了工作思路，改进了工作方法，并能严格依法行政。1997年，我被县委县政府评为"优秀一把手"。几年来，通过大家的共同努力，人事局工作取得了比较明显的成绩：局党支部连续三次被县委等单位评为"先进基层党组织"和"先进党支部"；1997年被评为"全州人事系统先进单位"，被州委州政府授予"文明单位"；1998年，局党支部被州委评为"先进基层党组织"。

学海拼搏长才干
洪魔面前显神威

——记江西分院96级本科班
学员高兴泽

高兴泽同志在铁道部大桥局五处汽车队工作，时任该车队副队长。他为了提高自己的政治理论素质和科学文化水平，于1993年考进了中央党校函授学院大专班。由于单位在九江，每次参加面授课和考试都要到武汉，工学矛盾十分尖锐，但他做得很好，从未因工作忙和路远误过一次。1995年6月他被大桥局任命为五处副处长，分管机关、后勤、劳资、保卫等十多个部门。职务的升迁使得他的工作更加繁忙，经常是眼睛一睁，忙到熄灯。但他清醒地认识到自己的理论、文化水平还有待进一步提高。强烈的求知愿望又驱使他于1996年考进了中央党校函授学院本科班。在学习中，他治学严谨，学习刻苦、勤奋，所学课程均取得优良成绩。1998年被江西分院评为优秀学员。在一次座谈会上，他在谈到自己的学习收获时说："经过6年的党校函授学习，开阔了自己的知识视野，澄清了思想上的许多模糊认识，特别是学习了邓小平理论，加深了对建设有中国特色社会主义的认识，增强了干四化的信心；学习了哲学、政治经济学，提高了用马克思主义立场、观点、方法分析问题、解决问题的能力。"

1998年7月，九江市遭到了特大洪水的袭击。对此，大桥局五处及时成立了防汛指挥部，由高兴泽同志任总指挥。7月27日，从九江赛城湖抢险归来的高兴泽同志来到防汛值班室对下一阶段防汛工作作了周密安排，随后对所守护的1137米城防大堤进行了认真查看，重点查看了56号、58号闸口，并向守护这两个闸口的值班人员提出了杜绝麻痹思想，加强组织纪律性，勤巡视、细观察的要求。当晚19时许，56号闸口下方出现管涌。高兴泽同志闻讯后迅速赶到现场。一面调集工程机械设备和抢险物资，一面命令全处干部职工火速赶往56号闸口抢险。不到20分钟，十余台大型机械设备和200余名干部、职工跑步赶到现场，高兴泽同志立即组织他们投入紧张而有序的抢险战斗，经过3个多小时的殊死拼搏，终于堵住了漏洞，控制了险情，保住了大堤，使九江市区40万人民避免了一场重大灾难。九江市党政领导对这次抢险工作给予了高度评价。市委书记刘上洋表示，“一定要给他们的指挥者和职工记功。”九江长江大桥东西侧共1137米城防大堤占九江市城区城防大堤的1/10。是城区防洪的重中之重，险中之险的地段。为了完成好守护任务，高举泽同志一面对全处的上堤值班、机械调度和后勤保障方面作出周密安排，一面身先士卒，不分白天黑夜地在大堤第一线指挥，哪里有险情他就出现在哪里。从7月27日夜到8月2日，他整整6天6夜未离开大堤，实在困极了，就在值班的汽车里打个盹。一个多月下来他整整瘦下来6公斤。据不完全统计，他们共发现大小泡泉600多个，由于得到及时处理，从而保证了大堤的安全。为表彰高兴泽同志的工作成绩，中华全国铁路总工会给他授予了火车头奖章，在国家防总、人事部、解放军总政治部所表彰的全国496名抗洪模范中，高兴泽同志也榜上有名。高兴泽同志一面指挥大家抗洪抢险，一面领导大家努力完成1998年生产经营任务。他们承建的九江石化第二油品码头工程，因发生特大洪水加之油品码头地质复杂，无法采用打桩法施工。为寻求解决办法，高兴泽同志与工程技术人员反复论证，终于找到了在水下“栽桩”新工艺，成功地在油品码头栽下了4根桩，从而为工程竣工赢得了时间。他们承建的湖口大桥主桥副孔工程，6月份因降暴雨使工程进展受到严重影响。7月5日，长江东升大堤突然溃决，致使工地所有建筑和部分设备、材料淹没在5米多深的洪水之中，直到9月6日水退后才开始复工。为了争取在枯水期完成所有隐蔽工程的施工，高兴泽同志每天在工地工作的时间都超过16小时，连春节都是在工地上度过的。工人们赞扬他说：“我们的指挥长最能吃苦耐劳，工作起来像‘拼命三郎’”。在他的模范带领下，大家科学攻关战地质，及时决策破难关，终于抢回了被洪水耽误的3个多月的工期，按时完成了1998年度的生产任务，因而受到了江西省委、省政府领导的表扬。高兴泽同志被江西省湖口大桥桥标管理处评为先进工作者。 （杜治江　江　辉）

党校函授给我插上腾飞的翅膀

孙占和

我曾于1992年至1997年间，任盘锦市兴隆经济开发区首任管委会主任。此间，开发区正处于初创阶段，工作千头万绪，面临着缺项目、缺资金、缺经验等种种困难，在这期间，我有幸参加了党校函授学习，使我学到了当时急需的市场经济、经济管理等方面的知识，提高了驾驭小区开发建设的能力和科学管理水平。我深深感到：党校函授给我插上了腾飞的翅膀。

几年来，我运用所学的现代市场经济、经济管理等方面的知识，紧密结合我区开发建设的实际，与各级领导和同事们一起扎扎实实地抓了以下几方面的工作：一是抓硬环境建设与维护。为了给企业创造良好运营环境，把有限的财力集中用于基础设施建设，本着“谁投资、谁管理、谁受益”的原则，把一些投资大、工期长的基建项目推向市场。在18个月时间里，完成了道路、供水、供电、通讯、供暖、供气、排水等七通设施建设，为企业入区创造了条件。二是抓招商引资。招商引资是开发区发展的生命线，我们在工作中抓住这个龙头不放，制定招商政策、广辟招商渠道，并且利用政策优惠、名人效应、信息跟踪、激励机制来强化招商。面对众多的投资者，我们始终坚持“积极招商，稳妥注册”的原则，严把项目入区关，严格坚持“四少三高”原则（占地少、耗水少、污染少、耗能少，项目技术含量高、产品附加值高、管理者素质高)。三是按照政企分开的思路，推进经济管理体制改革，“政府搭台，企业唱戏”，使企业成为经济舞台的主角，政府抓环境，企业上项目。四是抓运行机制转换。在项目审批上，开发区管委会联合土地、工商、税务、环保等部门，为资金、项目两落实的企业提供“一道门、一条龙”服务，并承诺从项目审批到核发营业执照，内资企业不超过7天，外资企业不超过30天。五是抓管理与服务。对区内企业实行封闭式管理。严格界定对区内企业的管理范围和标准，只管企业大门外，不管企业大门内，不该管的一律不管，该管的一定要管好。开发区对入区企业实行跟踪服务，了解生产运营情况，及时为企业解决难题。全力搜集好的项目信息、科技信息，供企业参考使用。同时利用新闻等媒介加大对企业形象、企业产品的宣传力度，提高知名度，扩大市场占有率。六是抓生产要素市场体系的建立与完善。吸纳科技、信息、金融、地产等单位入区，使其与企业联姻，相互促进，共同发展。也注重引进社会中介组织和社会保障部门入区，为企业生产、经营提供相应配套服务。到1997年7月，入区企业已有126家，吸引投资9.71亿元，其中与美、日、新、泰、台、港等8个国家和地区的客商建立了合资合作企业12家，协议金额达5000万美元，合同外资额3000万美元，累计实现产值13.86亿元，实现利税1.4亿元，区财政投资已全部收回。几年来，投资企业在开发区内利润积累加政策返还资金达8504万元，企业的“造血”机能进一步加强，初步形成了以制药、饮料加工、电器产品制造、木制品加工、石油化工等5个支柱产业为主的15个工业门类的100多种产品，其中专利产品37种、名优产品17种，部分产品填补国内空白，有些产品远销美国、西班牙、印度、新加坡、香港、台湾等国家和地区。兴隆经济开发区的发展为省市所瞩目，1995年被省开放办列入省级开发区管理序列，并被评为省先进开发区。

（作者系辽宁分院盘锦学区95级本科班经管专业学员，现为盘锦市兴隆台区人民政府副区长。）

党性在这里闪光

浙江分院　吴为民

党校函授教育是培养党员干部的一所大学校。学员来自不同的行业和岗位，他们在学习中严格要求自己，涌现出了许多优秀学员。这里谨介绍其中的两位。

一位是杭州锅炉厂党委书记洪保慈。在他56岁的那年，报名参加了党校函授学习。他领导的锅炉厂拥有3000多名职工，他除了主管党务工作之外，还经常操心生产经营上的事情，工学矛盾相当突出。但他对待学习非常认真，大家都说在他的心上刻着一份“函授时刻表”，再繁忙的事务，哪怕是出差，他都掐着钟点回来。有一回，他半夜从安徽赶回杭州，不料因劳累过度而发起烧来，但第二天他硬是挺着到了课堂。别人很不理解，因为他在厂里就搞理论教育，理论基础是很好的，靠自学完全没问题。又何必这般跟自己过不去呢？他说：我赶回来就是为了不误上课。他的同事对我们说，一次，他与洪保慈一起去金华开会，早上五点半醒来，发现老洪的床空着。正纳闷，见老洪挟着教材和作业本从外头进来，问他才知道他已在外面做了两个多小时功课。

洪保慈同志不仅认真学习，而且十分注重研究问题，他先后有十几篇论文在省市学会和机械局获奖。

老洪是60年代的老本科，为什么过了知天命的年龄还要来党校函授学习呢？他在一篇论文中回答了这个问题，他是这样写的：“当前，国际形势的剧变和国内一度出现的资产阶级自由化思潮，给社会主义的前途蒙上了一层阴影。于是，疑问和困惑在一些党员和群众中产生了……面对这些基本的而且现实性很强的问题，我作为一名参加革命40年，有34年党龄的党务工作者，往往说不清道不明，即使讲出道理来，自己也觉得苍白无力。对此，我内心是有愧的……”这段文字，表现出了党校学员中像洪保慈这样的党的干部对党的事业的忠诚和责任感。一个人只有把他的全部生命融化在党的事业之中，才能达到这样一种精神境界，具有这样可贵的学习和工作精神。

另一位学员叫许康飞。他原在部队工作，退伍时被分配到杭州殡仪馆工作。但是，随着时间的过去，一些问题就来了：到朋友、亲戚家去人家不欢迎，找对象时姑娘们听说在殡仪馆工作就一准没戏，等等。他思想上一度产生了激烈的波动，觉得在殡仪馆工作太没出息了。

1989年，许康飞考入党校函授学院，通过学习，他真切地感到党校函授教育在党性锻炼上、培养人、塑造人上发挥了很大的作用。他开始检讨自己作为一个共产党员的党性修养，意识到在一个平凡的岗位上，在一个像殡葬工作这样艰苦而难为人理解的岗位上，是对一个人是否遵循全心全意为人民服务这一党的宗旨的最大的考验。衡量一个党员党性强不强、品德好不好、世界观、人生观改造得如何，归根到底要看他是否忠实地履行党的这一根本宗旨，看他是否能够吃苦在前、享受在后。“人生自古谁无死”。殡葬工作关系到千家万户，在人们身陷丧亲之痛时，作为一名殡葬工作人员，如果能热情周到地方便丧户，既是告慰死者，又是安抚生者，正体现了社会的需要和党为人民服务的宗旨。

殡葬工作中的苦和累，不是一般人能想像得到的。有一次，送来一具特大的腹水尸体，腹部大得像只鼓，衣服、裤子都穿不上，尸床上也摆不下。丧户再三要求给死者化个妆，也好开追悼会。大家看着淌水的尸体，谁也不愿动手。许康飞想到自己是共产党员，满足丧户要求是自己的工作职责，就接受了这个任务。一刀切下去，黄黄的腹水溅出很远，足足淌了15分钟。他给尸体着好装，化好妆，丧户感激涕零，连声说：“谢谢！谢谢！非常感谢！我妈（指死者）总算可以舒服地去了。”这样的感谢，对于一个殡仪馆工作人员来说是最为真诚的回报。有的丧户或单位领导，为了表示谢意，有时一定要送些钱和礼品，但他都谢绝了。非但如此，一次一个外地丧户，在办火化手续时差40元钱，急得团团转，他一时在杭州又找不到熟人，不知该怎么办，许康飞知道后主动掏出钱来帮他垫上。后来，那位丧户又不好意思地过来向他借路费，他又给了20元钱和一些食品。

许康飞多次受到表彰并被市民政局授予“优秀共产党员”的称号。他的确不负这一光荣的称号。在工作岗位上，他兢兢业业，不辞辛劳，技术过硬；在学习上，他认真刻苦，在党校函授学习的同时，还被领导安排到殡葬技术学校学习深造。他在这两方面都取得了好成绩，从党校函授大专班毕业以后又学完了函授本科班；作为一名党员，他在学习过程中进一步加强党性锻炼，处处注意树立党员的模范形象。他时常向灾区捐款，尽管他并不富裕，1990年水灾时，他正因婚事欠下了4000元的债务，家中仅有120元钱，他却毫不犹豫地捐出了110元。用他自己的话说：“我只想为解决灾区人民的疾苦尽我一份心意。”他认为，作为一名党校学员，要把自己和人民群众的疾苦联系在一起，为了党和人民的利益，要甘愿牺牲个人利益，以不负党的教育和培养。

党校函授学员学习的好榜样

——追记福建分院93级本科班毕业学员王灿荣

王灿荣同志生前系福建省龙岩市水电局副局长、市水电开发有限公司总经理和福建棉花滩水电站开发有限公司副总经理。1993年考入中央党校函授学院福建分院龙岩学区本科班学习党政管理专业。毕业后积极为党工作，实践共产党员全心全意为人民服务的宗旨。1998年6月7日，在工作岗位上不幸以身殉职。噩耗传来，龙岩学区全体教职工无不感到震惊和悲痛。回顾王灿荣同志在党校函授学习期间的表现，大家深感他的学习态度、学习精神是我们所有学员的学习榜样。

王灿荣同志学习目的明确，刻苦认真。他立志“要为党的事业多学习，努力改造世界观”。他认为“进行现代化建设，必须认真学习马列主义、毛泽东思想、特别是邓小平理论，学习科学文化和专业知识。只有提高自己的理论、文化水平，才能做好党交给的工作”。基于这样的认识，他在学习中处处严格要求自己，自觉进行党性锻炼，刻苦认真地对待每门功课的学习。党校函授教育本科班设有23门课程，其中考试课13门，选修课10门，还有毕业论文及答辩。他为了完成这些学习任务，充分发扬“挤”和“钻”的钉子精神，认真攻读。即使是出差在外他也不放松自学。他总是把教材带在身边，走到哪里就学习到哪里，在自学的基础上，认真做好作业。功夫不负有心人，由于他努力学习，刻苦钻研，各科考试成绩都在80分以上，在班里60多位学员中始终保持在前十名以内。他以《解放思想、转变观念，加快电力发展步伐》为题撰写的毕业论文，深刻分析了当前电力发展现状，提出了加快发展步伐的思路，对从事电力工作的同志很有指导意义。该文获得了学区论文指导委员会的好评，并被评为优秀论文。

王灿荣同志参加函授学习期间，很注意遵守院规院纪，团结同志。他肩负建设龙岩万安溪水电站和棉花滩水电站的任务，责任重大，工作很忙，在班上年龄也比较大，无论从哪方面讲，情况有些特殊。但他不做“特殊学员”，总是模范地遵守总院、分院及学区的各项教学管理规定，努力完成学习任务。平时，挤时间抓好自学，按时保质、保量完成作业。对面授课，他总是尽量挤时间参加，有时实在工作太忙，抽不出时间去听课，他便提前向班主任请假，并及时找面授老师补课。参加面授时，他常利用短暂的休息时间与同学交流学习心得，向教师请教疑难问题。由于他参加党校函授学习目的明确，学习刻苦，在考试时，就能严格遵守考场纪律，进场只带一支笔，为广大学员作出了榜样。

王灿荣同志，身为领导干部，维护党的形象，严于律己，勤政廉洁，全心全意为人民。他在领导万安溪和棉花滩两个水电站建设中，警钟长鸣，对承建工程的各工程队约法三章：有什么问题和困难，公司作为业主将尽力做好各项服务工作，但是你们不能给业主单位和个人请客送礼。在工程建设过程中他从不收受别人的钱物，更没有私自介绍施工队。他经管的企业资产达数十亿元，而自己的家却比较清贫：住的是70平方米的宿舍，没有高档家具，更没有豪华装修，使用的彩电还是14英寸的。

王灿荣同志不仅对自己严格要求，对家属、子女也是一样。他一再告诫子女，不要希望从当领导干部的爸爸那里得到什么特殊的东西。他曾经给儿子写了一封长信，提出了为人外世十几条要求，核心是要求他走上社会要自立、自省、自强，要走自己的路。他从来没有为亲属、子女谋取任何不应得到的私利。他一心扑在工作上，为建设棉花滩水电站，自己不顾疲劳、伤病，长年在北京等地四处奔波。妻子生病没有回来照顾；父母长期有病，他作为长子，没有在跟前尽孝；孩子考大学，他也没有时间督促、指导。他曾经遭到歹徒抢劫，搏斗中右手腕骨折，也只是作了简单处理，吊着绷带赶赴北京抢时间开展立项的各项工作，使得立项得以按时完成，因而受到了领导好评，并连续两年被省政府授予“重点工程建设先进个人”光荣称号。

王灿荣同志由于长期全身心投入工作，积劳成疾。他患有高血压等病症，但仍带病坚持工作在第一线。1998年6月7日是星期天，工作照常安排得满满的。上午召集有关施工单位领导开碰头会，协调解决用地问题。中午吃过午饭，就到现场踏勘。晚上又召开座谈会，直到9点多钟才回到办公室。一到办公室就给县交警大队挂电话，要求解决处理一工程队的交通事故问题。刚挂上电话，便倒在椅子上再也没有站起来。龙岩市委书记得知王灿荣同志殉职的噩耗时，痛哭失声地说：“王灿荣同志真是累死的啊！”。为表彰他全心全意为人民服务的一生，龙岩市委追授他“优秀共产党员”称号，福建省总工会决定追授他“五一劳动奖章”。

（福建分院）

甩掉“乌纱帽”承包荒山为人民

——记陕西分院本科班毕业学员范俊毅

范俊毅同志于1983年参加工作，1993年当选为商南县江西沟乡乡长。该乡位于丹江岸边，大部分是荒山，是商南县有名的穷乡，1995年人均收入只有567元。面对该乡的贫穷落后面貌，范俊毅同志吃不下饭，睡不着觉。1995年他考进中央党校函授学院经济管理专业，力图通过学习找到治穷致富的窍门，以报答群众对自己的信任，做一个好官。同年，县委、县政府下发“关于加快山地开发，发展主导产业的若干政策规定。”范俊毅即组织乡村干部进行认真学习讨论，并号召鼓励乡村干部离岗创办绿色企业，但长期无人响应。面对这种局面，他到全乡的沟沟岔岔跑了一遍，然后就闭门绘图计算。几天后范俊毅将一份辞职报告和创办绿色企业的可行性论证报告交到了县委。报告很快得到了县委和有关部门的批准。当乡村干部得知他辞职创办绿色企业的消息后，无不震惊。一些好心人劝告说：“你真傻，别人挖空心思向上爬，想当乡长都当不上，你却自毁前程，心眼儿太实，你会后悔的！”他却说：“群众并不缺乡长，缺的是带头实干的人。我创办绿色企业的目的，就是要干出个样子让群众看，引导群众转变观念，帮助他们从根子上摆脱贫穷。”

1996年春，范俊毅正式与青竹沟村签订了为期10年的千亩荒山承包合同。在开发过程中，他把所学的经济管理知识用来指导实践，较好地解决了经营管理中的一些问题，并取得了明显的效果。

1000亩荒山，分布在相邻的三道沟。他在一道沟成立了一个分场，分别种植茶叶、板栗和药材。生产、管理、加工包装、运输由分厂负责，总场对分场只负责项目论证、资金投人、技术指导、外部环境的协调、市场状况的调查预测、销售渠道的疏通和成本核算等。这种管理办法优点是层层有人管，事事有人抓，既高度统一，又活而不乱。

在种植方面，他实行长项与短项相结合的办法。所谓长项就是企业的主导产业和拳头产品。范俊毅的拳头产品就是茶叶、板栗和贵重中药材，这类产业一般投资大、周期长、见效慢。所谓短项，即辅助性产业，如黄豆、花生、油菜等油料作物和粮食作物，这类作物投入少，当年即可见效。范俊毅按作物生长周期与见效快慢，分别向各分场下达投入产出计划，长项生产统死，短项生产放开，允许林粮间作，长短结合，在不影响主导产业发展的情况下，鼓励各分场茶园地套种黄豆，板栗地套种花生，药材地套种耳花和金针，沟边路旁套种龙须草，以短养长，有效地减轻了企业的资金压力，调动了各分场的生产积极性。

范俊毅同志认为，绿色企业不同于工贸企业，无法在荒山野岭上修筑围墙。在这种情况下，如果没有一个好的外部环境，得不到周围群众的支持和保护，收获季节有可能被部分人哄抢和践踏。为创造一个好的外部环境，几年来他坚持做到：一是凡涉及开发荒山问题时，紧紧依靠当地村组干部，有事与群众商量；二是每年新茶生产出来，他亲自送一些给村里的长者和周围各户品尝；三是雇用临时工时，尽可能雇用本村群众，让大家人人有事做；四是本场职工工资和临时工工资严格按同类企业市场价格支付，不克扣群众一分钱；五是宁可自己贷款，也要如期支付合同规定的承包金。由于考虑到了大多数群众的利益，又注重企业信誉，群众不仅关心他的吃住生活，而且支持他的企业，关心生产管理的每一个环节，诸如什么时间该采茶，什么时间该锄草等。对于个别人在生产过程中不爱惜场内苗木的现象，群众自发地站出来加以批评，维护企业利益。

三年来，范俊毅远离妻儿老小，长年吃住在山上，除了参加面授和处理企业重要问题下山，一般难得抽时间与家人团聚。

功夫不负有心人。三年的艰苦创业，范俊毅的绿色企业取得了显著效果。1996 年收入 2 万元，1997 年收入 5.3 万元，1998 年收入 8 万元。从社会效果看，一是带动了群众脱贫致富。范俊毅的企业，每年需要大量临时工，为群众开辟了一条挣钱渠道，在扶贫帮困上发挥了积极作用。二是引导群众转变思想观念，增强了商品意识。三年来，这个村的群众逐步从过去那种养猪自己吃，栽树自己用，农副产品宁可烂掉也不卖的小农思想束缚中解脱出来，种植业、养殖业和农副产品加工业迅速发展起来。三是干部受到了教育和启发，绿色企业相继得到开发。继范俊毅之后，太子坪乡林业干部黄根新主动离岗承包了太子坪乡干沟村 500 亩荒山建立板栗、油桐基地；白玉林业站站长承包耀岭河乡天鹅湖村 800 亩荒山发展生漆、板栗基地；白玉教育办公室教师李举民承包了太子坪乡姚沟村 120 亩荒山发展茶叶生产。四是合理开垦，科学安排，长短结合，实施荒山综合治理，保护“植被”，有效地防止了水土流失。这个村，1997 年被县水保局定为小流域综合治理示范村。五是范俊毅那种敢于创新、敢冒风险的思想观念，科学务实的做法，正确对待“义”、“利”关系的态度，再次证明了党校函授教育办学方向、办学指导思想的正确性，将带动更多的函授学员致力于贫困山区的经济发展。

（刘华章）

学习·素养·创新

黄淑玲

回顾两年半的党校函授学习生活，我认为要搞好函授学习，必须做到以下几点：

一、要保持良好的精神状态

我原任天津橡胶总公司党委书记。天津橡胶行业是曾为国家做出过很大贡献而在市场经济大潮中又较早陷入困境的行业，特困企业超过 50%。面对近 5 万名职工和涉及到 10 多万人家庭生活是否安定的行业，我感到自己的责任重大。如何带领领导班子创新思路、振兴企业？我认为只有通过勤奋、刻苦、执著地学习，不断提高理论、文化和专业知识水平，增强实际工作能力，才能为企业振兴做出更大贡献。为此，要使自己学有所成，必须有良好的精神状态。为此，我始终以一个普通学员的身份严格要求自己。我的日程表上最重要的两件事就是工作与学习。不管工作有多忙，我都要求自己做到每天坚持读书学习 2—3 小时。常常是在单位加班，回到家已经很晚了，我咬着牙坚持完成学习计划，直到深夜。对我们中年领导干部来说，工作忙、时间紧，加上沉重的家务负担，记忆力和身心状况也开始走下坡路，参加业余函授学习遇到的困难和吃力程度都是很大的。为了安排好工作和学习，充分利用时间，我把自己有限的工作时间进行倒计时，并把它划分成两段，一段是从退休年龄倒推，还有十余年，一段是从党中央提出国有企业脱困的时间目标倒推仅有两年，以此给自己施加压力，督促自己保持良好的精神状态，努力学习，勤奋工作。

二、掌握学习的规律与方法

在函授学习期间，我针对自己的情况，逐步摸索了一套读书方法，即“五步法”。第一步：接到新教材，先初读一遍，弄清教材讲了些什么。第二步：坚持听面授课。老师系统、重点地讲解以及对教材外大量资料的补充，对掌握知识能够收到事半功倍的效果。第三步：按照作业题或书后思考题的线索，细读教科书，并在书上做各种符号与旁注。试做思考题、作业题，认真理解消化所学的内容。第四步：重点内容做学习卡片，反复识记。第五步：注意读报、剪报，增加有关知识的积累，对比对照，并联系工作实际综合思考和写作。我采取这种方法学习，收到了事半功倍的效果。

三、做到学用统一

学习的目的完全在于应用。如何把学用结合好，这是个复杂的过程，不能简单化地比照和生搬硬套。我的做法是：第一，注重强化理论功底，把思想认识和工作实践建立在科学的世界观和方法论的基础上。1998年我提出并组织全行业开展了“三观”（宏观、中观、微观）形势教育，就是引导干部职工多维地看形势，看环境变化，增强工作的紧迫感。今年，我又根据矛盾的统一性与斗争性的原理提出围绕“机遇与挑战、困难与希望、压力与动力”进行学习研讨，在深入具体分析的基础上提出创新思路和招法。第二，注重全面提高领导素质，增强驾驭工作的能力。现代领导者需要多方面的科学文化素养包括正确的思维方法和一定的专业知识。我感到学与用的结合，知识与能力的转化是一个水到渠成的过程。第三，注重理性思考，探索工作创新。抓好党建是党委书记的主要职责，党校函授教育的不少课程，对我的实际工作有直接指导作用。我还注重理性的思考。近两年我运用所学知识撰写了《企业须树立现代市场营销观念》、《转变观念是创新的先导》、《浅谈社会主义市场经济中的企业文化建设》、《学习邓小平理论，变革思维方式》等文章和学习体会。两年来公司的政研会工作、老干部工作、党员立功立项活动、人事教育工作、纪委监察工作均被市工业系统评为先进，公司党委被评为化工系统先进党组织，我本人也荣获了优秀党员、优秀党务工作者称号。

（作者系天津分院渤海化工学区第六期领导干部班学员，现任天津海豚橡胶集团公司党委书记、副董事长）

身居要职读函授 孜孜不倦圆学业

——记湖南分院省直学区学员石玉珍

在中央党校函授学院湖南分院省直学区的课堂里，有一位衣着朴实、五十开外的女学员，她时而专心听老师讲述，时而认真地记着笔记，俨然如一个刚入校门的小学生。她就是97级本科班经济管理专业学员石玉珍。

石玉珍同志是中共中央候补委员、湖南省政协副主席、省委统战部部长。1993年她参加中央党校函授学习时，由于湖南发生水灾，抗洪救灾成为中心任务，为搞好抗洪救灾工作，她不得不中断了函授学习。但是完成函授本科学业这一心愿，她一直在追求。1997年她写报告要求复学，经批准后又重新参加了党校函授学习。

石玉珍曾任湘西自治州州委副书记、州长，在改革开放的前沿、经济建设的基层摸爬滚打多年，有着丰富的实践经验。她希望对自己的实践有一个系统地总结、思考、升华的机会，便把这一愿望寄托于适合在职领导干部学习的党校函授课堂。

在读期间，石玉珍同志始终坚持自学，平时她总是课本随身带，挤时间攻读，晚上她经常读书到凌晨一二点。在班上，她年龄最大，职务最高，工作也最忙，在学习中，她花费的时间也最多。同学们看着不忍心，有一次班上的一位同学担心石玉珍同志没有时间完成作业，便主动以石玉珍的名义做了一份作业交给班主任，当石玉珍得知后，亲自从老师那里取回作业，自己花几个晚上做出20多页的作业交给任课老师。说到作业，所有的任课老师都反映，石玉珍的作业是做得最认真的。石玉珍从不以领导干部身份淡化函授学习，而是千方百计地带头完成每一项学习任务。有一次她出差在外地，忽然想起第二天有一门开卷考查课要进行期末考试，于是连夜赶回长沙，准时到达考场，同学们惊讶地问：昨晚电视上还见到你在外地慰问灾民，今天怎么这么快就来考试了！

石玉珍同志在函授学习中，坚持自学为主，挤时间参加面授。每当开学之初拿到课本后，就主动搜集相关资料，一方面加深自己对书本知识的理解，另一方面提供给任课老师参考，她的桌上床头总是摆着课本和笔记本，每门课本她都反复阅读，而且作了大量的读书笔记。不仅如此，石玉珍同志还把面授听课作为自己工作的一个信息窗口。有一次，一位老师在讲到湖南某地一个工程存在腐败现象时，石玉珍同志记下了，当她到那里进行工作考察时，专门就此现场办公，解决问题。并将情况反馈给任课老师，老师们对她这种认真劲都钦佩不已。

石玉珍同志身为省级领导干部，都能以一个普通学员的姿态参加函授学习，而且是那样的刻苦认真，她为我们函授学员作出了榜样，给我们函授教职工以鼓舞和教育。

（湘　苑）

他是一个职工不让调走的人

——记湖南分院本科班学员刘凡荣

刘凡荣同志于1993年考进湖南省委党校经管大专班。学习期间，他主持所在的石门县水泥二厂的生产技术工作，使工厂实现了超设计能力的生产，多创产值127.5万元。后又考入中函经管本科班。由于他勤奋学习、吃苦耐劳，深受职工们敬仰和信任。

1997年石门水泥二厂改为建新水泥有限公司，他被大家一致推荐为公司董事长兼总经理。当时公司规模小，冗员多，效益低，生存困难。他为改变这种局面，深入市场进行调研，并集中大家的智慧决定走低成本扩张之路，借鸡生蛋，增人增效。1998年，建新公司先后租赁了新关镇水泥厂和白云乡水泥厂两家乡镇企业，使公司的年生产规模由4.4万吨扩大到12万吨，成为湘西北骨干建材企业之一。规模生产带来了规模效益，当年获利12.1万元。全公司可利用资产由原来的600万元增加到2000万元，销售收入、工业总产值突破了千万元大关，较1997年分别增长47.3%和68.9%；上缴税金达204.9万元，较1997年增长131.9万元；员工年人均收入达7510元。通过内部分流，不仅消化了原有富余人员，还解决了待业青年、下岗职工、家属和农村剩余劳力307人的就业问题，既使企业走出了困境，又为政府分了忧。

“质量是企业的生命，用户是企业的上帝”。这是刘凡荣的治企座右铭。经过多年的摸爬滚打，刘凡荣积累了丰富的质管经验，他要求公司各部门对市场调研、产品开发、原料采购、工艺准备、生产制造、销售服务各个环节，进行全程质量监督，并提出了“质量否决法”和“内控指标质量控制法”，使质量意识渗透到每个职工的血液中。1998年，该公司被省建材集团总公司和市技术监督局分别授予“质量管理先进单位”、“产品质量信得过单位”。

三年来，该公司一直是满负荷生产，从未发生过因销售不畅而停产、滞产的情况，每月产销率一般都在95%以上，这在建材行业是很少见的。无情的市场为什么垂青于刘凡荣？他的销售策略给我们作出了回答，这就是：对内降低成本，对外扩大市场。面对激烈的市场竞争，公司建立了“统一管理、独立核算、动态成本承包”的管理体制。确保建新产品成本永远低于市场平均价格，在市场上享有崇高的质量信誉。有了好产品，还要会销售。刘凡荣提出全员销售策略，他自己则身先士卒，经常深入到销售谈判的最前沿，争取大项目、大工程。有人说“无奸不成商”，然而，刘凡荣恰恰相反，他奉行的是“以诚取信”。刘凡荣的销售原则是：说老实话，办老实事，做老实人；多跑腿，多让利；讲信誉，重质量。精诚所至、金石为开。如今，建新公司的水泥在皂市水库、江垭水库、石长铁路、岳华高速公路、107国道等国家重点工程占有不小的份额。建新人的智慧和汗水，凝结成巍峨的大坝，坦荡的通衢。一座大坝就是一座丰碑，一条大道就是一个形象，建新人在为国家建设奉献力量的同时也获得了丰厚的回报，刘凡荣市场营销的人格魅力为公司产品赢得了永久性市场。

作为一名管理者，刘凡荣十分注重对人的管理，关心人、理解人、尊重人、塑造人，以职工的利益作为思想政治工作的最大前提和最终目的，努力培养职工“建新受益我受益、建新光荣我光荣”的主人翁意识。他带头推行集体决策、民主管理的制度，公司通过召开各种形式的股东代表大会、座谈会，及时向职工通报市场状况，告之企业面临的风险和公司的决策意图。这样，公司上下政通人和，人人想公司之所想，急公司之所急。

刘凡荣根据公平、公正、公开的原则，在公司建立了全新的用人机制和激励机制。1998年，公司采取了全员竞争、择优上岗的措施，实行民主测评制度，上至总经理岗、下至任何普通操作岗，人人都可以报名参与竞争，营造了一种“在其位谋其政、不在位谋其位”的竞争氛围。1999年，公司又建立了专业技术人员福利待遇制度和员工子女就业制度。公司的专业技术人员，享有与相应的管理人员同等的工资和福利待遇，充分肯定了技术人才的贡献和价值。对于有一定年限的先进工作者和管理人员，公司都帮助解决一名子女进厂就业。用人机制的改革，实现了人尽其才，员工都能找到适合自己的用武之地，拉关系、走后门等不正之风从此销声匿迹。

刘凡荣懂得，领导者的行动是无声的命令，他处处以自己的模范行为来感召职工。他每天经手的开支上万元，但从不乘机谋一分私利；他经手的报销单，都经公司监事会主席签字；他的手机费每月超出好几百元，总是自己掏钱支付；他的办公室和其他办公室一个样，没有空调，没有老板桌椅；他有驾驶执照，但从不开公司的车子；他不泡舞厅，不沾烟酒，和职工一起在食堂用餐，逢年过节不准职工给他送礼。

刘凡荣带领群众艰苦奋斗，公司三年迈出三大步，被树为石门县部门工业和常德市建材企业的“红旗”。刘凡荣也先后获得“石门县十佳青年建设标兵”、“石门县十佳青年”、“常德市建材系统优秀企业家”和“勇于开拓的青年企业家”等殊荣。工人们爱护他，害怕失去他。当工人们得知县政府要把他调到县水泥一厂当法人代表时，立即派代表到县政府值班室，恳求政府不要把他调走。刘凡荣被职工的这种拳拳之心、炽热之情所感动，毅然决定放弃可以连升三级的机会，留在了建新公司，留在了工人兄弟们中间。（熊建春）

赤心更映党旗红

——记“抗洪抢险英雄营”二等功臣、
长沙工程兵学院教练营教导员、
97级本科班学员唐序斌

去年，长江流域多次发生大范围的持续强降雨过程，湖南大部分地区更是降雨频繁，汛情异常严峻。在人民生命财产受到严重威胁的时刻，长沙工程兵学院教练营教导员唐序斌同志率领全营350余名官兵，从7月23日开始，先后转战长沙、常德、益阳等重灾区，组织指挥加固险段26处、4900多米，抢修子堤3500多米，构筑围堰2850多米，填塞管涌12处，装填沙石6800余吨，搬运麻石12000多立方米，植桩650余根，开挖排险沟16处，抢救疏散遇险群众5100多人，出色地完成了省防总、省军区赋予的抢救群众、抢运物资、固堤守垸等急难险重任务。被灾区群众誉为“救命恩人”、“军中拼命三郎”。

灾区人民的“救命恩人”

6月27日晚9时许，长沙市朝正垸突然决口，人们爬上大树、屋顶大声呼救，等待救援。得知这一重大灾情后，唐序斌同志积极请战，带领35名官兵分乘四艘冲锋舟赶赴溃垸内抢救被洪水围困的群众。当时，天黑风急浪高，地形复杂，垸内高压电还未断，通讯线路、用电线路纵横交错。唐序斌同志义无反顾，把生死置之度外，心中只有一个信念：救人、快救人！他凭着机智、勇敢和顽强意志，硬是带领抢险分队从危房上、树杈上救起了一个又一个遇险的群众。晚11时左右，在决口附近，唐序斌同志带领蔡尚丰等三名战士，刚把一位被洪水围困在一幢危房屋顶上的妇女救上冲锋舟，突然，“轰”的一声，危房倒了，冲锋舟在剧烈的震荡中被掀翻，舟上6人全被扣在舟下。唐序斌的头部、肩部多处被砸伤，额头流出了鲜血，他忍住伤痛，使出全身力量，将扣在舟下的战士和两名落水群众一一托出水面。自己因体力不支，经过两次挣扎，才脱离舟体钻出水面。他冷静地指挥战士们抓住一根电线杆，和战士蔡尚丰等一道，将在水中受惊吓的妇女杨艳斌牢牢抓住，并协助她紧紧地抱住电线杆。在地方船只的增援下，6人全部脱险后，他继续指挥官兵抢救遇险群众200余人。当他们完成任务，带着疲惫的身躯回到大堤上时，许多脱险群众激动地握着他的手说：“您救了我们，我们这一辈子也忘不了您的救命之恩”。

防洪堤上的“拼命三郎”

7月中旬，湖南益阳暴雨成灾，沅水全线告急！7月31日，作为副梯队长的唐序斌又受命带领全营200多名官兵，投入了保卫益阳的战斗之中。在抗洪前线，哪里有危险，哪里就有他的身影；哪里有突击抢险队，哪里就有他冲在前头。

8月6日，南县乌咀垸告急！唐序斌率领全营抗洪官兵，奉省委副书记胡彪的命令，实施洪峰前加固加高乌咀垸子堤任务。他冒着39度的持续高温，组织突击梯队，昼夜奋战，指挥搬运沙石3370

多立方米，构筑长1560多米，宽1.2米，高1.5米的子堤，超额完成了抢险任务。战斗中，他既当指挥员，又当战斗员，和战士一起扛沙包，一直坚持在抗洪现场，肩膀磨出了血泡，始终不下火线。

8月20日下午5时许，洞庭湖突刮六七级大风，浩瀚的湖面风浪迭起，惊涛拍岸，大堤险象环生。唐序斌带领全营抗洪官兵赶到现场，组成50人的敢死队。他大喝一声："敢死队跟我来！"纵身跳入水流湍急的洪水中，组成人墙抵挡风浪。岸上的官兵拼命装填沙石。经过11个小时的奋战，官兵们装填砂石250余吨，及时排除了险情。岸上参加抢险的群众无不伸出大拇指赞叹："这是一条硬汉子，是军中的拼命三郎。"

从8月25日起，唐序斌又率领全营官兵，在沅江黄茅洲南湖湾抢运堵管涌沙石。当时，天气酷热似火，他身先士卒，一扛就是两个沙袋。好几次他中暑晕倒，恶心呕吐，吃几片解暑药后，又投入了抗洪大军之中。由于一个多月高温下汗浸雨湿和高度疲劳，他裆部严重溃烂，以前的痔疮病又复发，但始终不下火线，战斗在最危险的地段，似一杆飘扬的大旗，激励全体抗洪官兵勇往直前，战无不胜，使所固守的堤垸，无一溃漫。

波峰浪谷的"无情硬汉"

无情未必真豪杰。唐序斌同志在历时两个多月的抗洪抢险战斗中，顾大局，讲奉献，他把对家庭的爱深深地埋在心底，对灾区人民群众倾注深情，表现出一名共产党员为党、为人民的高度责任感和自觉性。

唐序斌的家属5月份才随军调到长沙，人生地不熟，家里许多事情需要他去处理。家属上班时，小孩只好托付给左邻右舍照顾。自6月份以来，他因负责教练营抗洪抢险组织指挥工作，一直在学院待命，没有回过一次家。7月31日，他受命率领全营抗洪官兵奔赴益阳抗洪前线，连给妻子招呼也没打一下。当时，他的家属正患病发高烧躺在床上，没有人照顾。母亲患肾结石刚做完手术，体质非常虚弱，不小心走路时又摔断了腿。组织上考虑到他家庭的实际困难，准备让他撤回。当他从沅江抗洪前线得知消息后，委婉地谢绝了组织上的关心，一直坚持在抗洪一线。

（总参分院）

洪魔肆虐处　丹心谱乐章

——记澧县县委组织部长、省级一等功臣、97级本科班学员向才梅

在去年抗洪抢险斗争中，湖南澧县澧淞大垸防汛抗旱指挥部指挥长、县委组织部长向才梅同全县广大党员干部率领群众勇斗洪魔，奋力抗灾，用自己对党、对人民的无比赤诚，用自己的血肉之躯，谱写了一曲舍生忘死、降服洪魔的壮丽乐章。

运筹帷幄　科学决策

澧淞大垸位于澧县东北角，是受国务院关注的整个淞澧大圈的重要组成部分。洪水来临时，受淞、澧、涔三水夹击，防汛位置十分重要。作为指挥长，向才梅同志十分清楚自己肩上的责任，为做到指挥准确，确保大垸万无一失。他和同事们实地勘查，科学安排，随时准备应对紧急情况。

生活在澧淞大垸的居民，普遍使用"压把子"水井，这水井平时好用，在防洪时却是一大隐患，尤其在使用时极易引发翻砂鼓水，但又易被人忽视，严重威胁大堤的安全。向才梅同志及时觉察到了这一问题，在小渡口镇亲自主持召开了所辖范围内的村支书会议，明确要求要密切注意离大堤500米范围内"压把井"情况，在防汛期间，坚决禁止使用"压把井"。对每口"压把井"要求防守到位，责任到人，抢救物资到位。果不其然，在7月23—25日高峰水位期间，短短三天内就有13口井出现翻砂鼓水险情，但由于准备充分，都及时得到了处理。群众无不感叹，多亏了向部长，否则，小小隐患立刻就会酿成大祸。

他根据险情具有突发性、变化快、难预测的特点，科学制订出"三代二轮"方案。"三代"即在防汛抢险物资储备上，把防汛物资用编织袋装好，指挥所以船代仓，营部以车代仓，连队以手拖代仓，不管何处发生险情，保证在5分钟内将物资运到抢险地点。"二轮"即每个连部民工分为二大块，一块是常备队，负责日常巡逻守护、筑堤加固等工作；一块是机动抢险队，每连不得少于100人，一天24小时集中吃住在堤边，专门负责突击性的抢险排险工作。这样，从人力、物力上大大增强了抢险的机动灵活性，提高了队伍抢险能力，基本做到

了重大险情在二个钟头内就可以处理完毕。7月25日，在小渡口八家洲地段，100米范围内连续发生5起管涌，其中2处是溃垸性险情。面对险情，向才梅同志指挥若定，快速调度，在5分钟时间内，5艘货船、14辆货车满载沙卵石、麻袋等防汛物资赶到了抢险地点，200名队员迅速到位，不到二个钟头，迅速处理完毕，充分显示了预案的作用。

澧淞大垸滋水堤岸段有一小垸叫舒家渡巴垸，堤身情况很弱，按汛情绝不可阻挡去年的高位洪水。而7月23日松滋水受长江洪水的影响，水位急剧上涨，若让巴垸自行漫溃，汹涌洪水带着巨大冲击力必将直逼滋水大堤，很有可能引发连锁反应，直接冲毁大堤。向才梅同志经过反复思考，认真分析，并征求专家意见，在当日下午6点钟，果断决定放弃局部，在巴垸离大堤最远处掘堤放水，最大限度地减低了对大堤的冲击。7月24日上午10点15分，松滋水位上涨到43.03米，超历史水位1.92米，而澧淞大堤却安然无恙。

从严治军　狠抓落实

向才梅同志平时工作务实、严谨。在超历史的洪水面前，他更深知严、实的重要。在指挥部，他亲自制定了《防洪抢险具体要求》，对干部督查、巡逻等方面实行严格的责任制。凡因责任人工作失误造成重大事故的，在值班期间缺岗的，是干部的一律撤职，是党员的则开除党籍。他曾连续三夜亲自检查干部到岗情况，在整个防汛期间，全垸干部没有发生一起违纪事件。

与洪水打过交道的人都知道，险并非不可防，关键要发现得早，处理得及时。而要做到这一点的关键又在于勤巡查，尤其是搞好大范围内的巡查。向才梅同志要求每个巡逻队坚持每天沿堤脚500米进行拉网式巡查。据统计，仅在7月23—25日最危险的三天，就查出大小险情114处，其中，重大险情42处。由于指挥部的正确领导和全体干部群众英勇抢险，最后，向朱总理报告："淞澧大圈保住了！"

以身作则　率先垂范

哪里最危险，哪里就有他；哪里工作难度最大，哪里就出现他的身影。7月23日晚，指挥部根据淞澧河水位迅速上涨的水情，决定连夜抢筑子堤，由各包垸领导包干负责。向才梅同志包的是附近无土可取的小渡口镇堤段。当时，正下着瓢泼大雨，由于雨大，无法使用电灯照明，四周一片漆黑，伸手不见五指，在这样情况下要筑出一道一米高、一米宽、8000米长的子堤谈何容易！他只用8分钟就开完了战前动员会，迅速组织4000名干部群众在大堤上摆开了战场。天黑看不见，在地上摸着走；雨大，正好用来冲凉，不知摔了多少跤，来往了多少回，他和广大干部群众硬是在黑暗中冒雨奋战了一通夜，从一公里以外取土筑成了一道高标准的子堤。这一夜，完成任务的惟有小渡口镇。

7月23日上午9时，九垸乡甘家湾四组发现一处溃垸性险情，向才梅同志接到报告后，迅速调动劳力和物资，一边疾步赶往出险地点。赶到一看，只见在大堤30米处有一管涌，水柱冲出近1尺高，四周淤积了近4立方米的黑沙，情况十分危急。他临危不惧，处乱不惊，一边组织工程技术人员探测险情，一边与市、县领导和专家商讨对策。最后，采用开沟导沥、铺压浸布、填埋沙卵石的办法，经过500个劳动力近6个小时的奋力抢救，终于化险为夷。目睹这一切的县委副书记、澧淞大垸指挥部政委燕中炎感慨地说："如果我们的领导干部都像向才梅同志那样，我们没有什么困难不能战胜！"

（湖南分院）

人民军队爱人民

——记空军39731部队副部队长、空军二等功臣、本科班学员黄善保

黄善保同志，现任空军39731部队副部队长、空军大校军衔，在去年抗洪抢险斗争中，任部队抗洪救灾领导小组组长，具体负责部队抗洪抢险的组织指挥工作。他精心筹划，密切协同，组织带领部队出色地完成了上级赋予的抗洪抢险任务。他身先士卒，舍身忘我，始终与官兵奋战在抗洪抢险第一线，充分体现了一名党员领导干部的良好风范。

精心组织。在湖南地区主汛期到来之前，部队常委分工，决定由他牵头成立部队抗洪抢险领导小组，负责部队抗洪抢险工作。他领命后，亲自与战勤部门制订抗洪抢险预案，主持召开了战勤部门和各部队主要领导参加的抗洪抢险协同会，对兵力投入、人员编组、梯次安排、抢险物资器材筹备和抢险中的生活、医疗保障等方面的问题，逐一进行了

认真研究和部署。先后两次到各单位检查抗洪抢险工作准备情况，并且组织了一次抗洪抢险紧急出动实兵演练。由于他对抗洪抢险工作想得细、动得早，领导得力，在大汛来临前就做好了抗洪抢险的充分准备。7月23日，当湖南省军区给该部队下达立即开赴湖南安乡抗洪抢险的紧急任务后，仅半个小时，部队就作好了出发的一切准备。部队经过400多公里的长途跋涉，是第一支赶到安乡灾区的部队，受到省军区和当地党委、政府的高度赞扬。实施抗洪抢险以来，他作为部队抗洪抢险总指挥，对工作尽职尽责，认真细致地组织部队的每一次行动。在他的组织指挥下，部队共出动了四个梯队、871人次，车辆49台次，先后参加了湖南安乡县水患最为严重的黄山头镇书院洲大堤抢险，安造垸大堤堵决口，守护了湖南沅江市16公里长的洞庭湖大堤，在洪水中救出被困群众1000多人。“长江之险险在荆江，荆江之险险在黄山头”。8月7日，当湖南省军区下达了到华容县最险要的黄山头长江大堤抗洪抢险的任务后，他主动向部队长、政委请战，亲自带领200名官兵守护黄山头1000米长的长江大堤。连续奋战了9个昼夜，组织官兵从船上装卸沙卵石2300多吨，修筑和加固了一条3米宽，1.5米高的子堤，发现并排除了三次大堤滑坡的较大险情，保证了第四次和第五次洪峰顺利通过，保证了长江大堤的安全。湖南省委书记王茂林先后两次到大堤慰问部队抢险官兵，并握着他的手说：“39731部队是有战斗力的，把你放在这个位置，我们心里踏实。”并代表省委、省政府授予“抢险尖兵”的锦旗。同时，在他的具体组织下，还保障了空军某部直升机实施空投的任务。7月25日凌晨，接到军区空军关于保障空投的任务后，他连夜主持召开紧急会议，布置任务，拟定空投方案，组织部队进行空投准备工作。飞机一落地，他立即与省防总、省军区和空军某部人员召开空投协调会，研究空投计划。从7月25日至8月4日，共组织官兵1242人次，车辆218台次，保障空投56架次，空投救生器材、食品和药品等物资40吨。还完成了保障湖南省党政领导乘坐飞机察看灾情的任务，有力地支援了湖南地区抗洪救灾工作。八一前夕，湖南省党政军主要领导亲自率领慰问团到部队慰问，称赞他们为“湖南的抗洪救灾作出了特殊贡献”。

率先垂范。他在组织指挥抗洪抢险中，既是指挥员，又是战斗员，重活、累活和危急关头，他总是冲在部队的前头，为部队作表率。在组织空投的10天里，他和官兵们一起头顶烈日，脚踩着五六十度高温的水泥跑道，装车卸车，挥汗如雨。他的左脚踝骨手术后还未痊愈，疼痛难忍，走路很不方便。省防总的领导多次劝他休息一下，他总是笑着说：“我没事，能顶住。”他每天早上6点进场，下午6点才能回家，晚上还要研究第二天的空投计划。一身迷彩服，被汗水浸湿了又干，干了又湿，一天下来不知上面有多少层盐霜。在参加抗洪抢险的官兵中，他是年龄最大、职务最高的，但总是哪里最艰苦他就在哪里，哪里最危险他就在哪里。为了大堤安全，白天，他和官兵一起卸沙石、装沙袋、固子堤，70—80公斤一袋的沙卵石，一个人扛着往前跑；晚上，1000米长的大堤他不知要来回巡查多少趟，查险情、找隐患，安排十分疲劳的官兵轮换着在大堤上睡一会儿，他自己却连续5个昼夜没有睡过觉。当地民工都知道黄山头长江大堤上有个大个子部队长，他们都说：“有他在，再险的大堤也保得住。”在守护长江大堤的过程中，由于连续作战，极其疲劳，加上风餐露宿，他患了重感冒，高烧39℃。由于天气持续高温，部队和200多户灾民挤在一起，四五百人共用两个水龙头，卫生条件差，他和不少官兵一样得了严重的红眼病，两个眼球通红，眼皮肿胀，视力下降，睁一下眼睛都很费力。部队长、政委几次要把他换下来，他都坚决不下火线，一再表示要坚守到底。他也和其他许多官兵一样，家里有不少实际问题和困难，他妻子的身体长期不好，需要照顾；惟一的女儿在吉林上学，放暑假刚回家，由于组织抗洪抢险，还没有来得及问一问她的学习情况；他老父亲一个人住在安徽老家乡下，家在长江边，也遭受了洪水灾害，房屋和田地都被淹。但一接到部队开赴长江大堤抢险的命令，他毫不犹豫，带领部队就出发了。他为了长江大堤的安全，为了千万灾区人民的安全，舍“小家”为“大家”，一心一意组织部队抗洪抢险。他以这种舍身忘我、无私奉献的精神和自己的模范行动，激励着在抗洪一线的每位官兵。尽管他们守护的堤段最危险，任务最艰巨，生活最艰苦，但官兵们在他的影响和带动下，部队保持了高昂的斗志。

（空军分院）

分院级领导干部函授班、本科班优秀学员名录

中央国家机关分院

朱晓莉 种青芳 张明明 赵洁 刘铁良 安兴华 许建平 石少华 李世明 陈则芬

铁道部分院

周大力 赵凯 李志忠 郭俊彦 马顺刚 李克建 张锡萍 苗宝成 周春来 范志 韩凤云
张永年 邓浩明 杨国林 刘宏涛 邹另华 刘砚 张永红 刘洪庆 高松耀 马海 郤学深
孙理国 田富林 孙铁柱 方绪斗 徐祁永 王烈 黄建国 刘志军 廖克 孙新民 孙雷
钱常青 段昌炎 李呈祥 李永顺

北京市委机关分院

陈秋淮 庄蓓薇 李淑荣 杨永和 赵锡银 穆荣成 王其收 刘建昕 侯立双 郭勇 卢笛
王丽萍 翁海 王文玉 毛炯 熊凌 汪传兴 王萱 马德昌 龙梅 刘桂平

天津分院

李金水 景国玲 韩明 李金山 沈小平 郭进德 孙祯祥 黄淑玲 王树连 赵晓红

内蒙古分院

赵国军 喜荣 宋少英 王峰 乔国利 李小华 王建军 岳立刚 王维正 刘旭霞 赵云光
温金龙 郭晓霞 乔平南 李菊敏 姜波 陈文阁 牛胜利 任林 李欣华 于合军 冯晓红
吕海燕 王有军 李福江 白红霞 杭丽 张兴华 牛勇智 张志国 高文孝 温都苏 宋双柱
刘发 李子良 杨蒙 哈登照日格 马跃飞 黄朝宏 刘轶 何友芬 王钱焕 毕国进
柴鹏 刘贵成 石向荣 赵建纲 韩斌 秦树林 薛长江

辽宁分院

刘志东 李旗 齐荣国 方彩 阎旭东 孙美玉 张晓飞 赵品 黄晓东 李世杰 史兆斌
万英君 董德权 宁春刚 苑蕊 刘长青 任忠海 张一岭 谭家辉 侯加俊 徐进 吕寅冬
来凤霆 金卫 韩丽 王永刚 刘荣娟 李龙书 孙明艳 张强 刘洪胜 张波 王宪宾
刘庆田 佟强 李殿英 张淑萍 金维华 王平 姜彦明 李希忠 刘丹 赵景新 沙铁民
张忠珂 于梦 史明薇 王朴 刘雪萍 邵锐 张艺敏 张秀红 梁洪飞 王悦武 江士滨
单洪仁 刘绵 太艳春 李顶伟 武长河 赵耀 王鹏 高俊山 李士文 常川 黄万彬
徐福山 温明琪 钱亚军 李志鹏 张国忠 王超 车双福 王延明 王树良 崔亚乐 刘金梅
王正启 王建平 刘继春 郭树军 方华 李贵民 石艳春 高波 孟宪龙 徐玉霞 王德春
刘洁慈 乔玉华 朱广军

吉林分院

李昱芳 韩玉伟 丛玉洁 李福男 姜英吉 成太庆 胡焕明 孙喜新 王丽华 许小冬 毕超

刘博　曹志国

黑龙江分院

马敬军　赵兴存　阎福才　王振旗　孙文成　洪得利　张世杰　高振海　毕倩君　赵秀田　刘国华
邢卫国　李延章　常丽芳　韩增利　邱建华　丁兆明　刘杰　王世忠　常国霞　杨占国　陈霞
冯建强　吕国峰　王成文　高德凤　许立夫　吕淑明　高秀娟　范春生　文强　赵江红　曹巍
周建华　齐文郁　马传军

江苏分院

顾丽红　王银宝　高峰　秦化敏　朱根　杨春燕　秦雯　刘辉　周勤中　端勤　王坚
陈开彬　沈晓东　朱珩　姚小梅　童国跃　陈顺洪　夏征征　刘小平　赵美英　陈志亮　包松林
冯伟　张岩　陈柏康　王蔚明　高伟清　王文玉　万建伟　顾冶　范建坤　张鹰　李建华
杨晓岗　邓正新　袁备　蔡海伟　江立华　李群　刘在鎏　张凌　许梅珍　王志强　陆晓媚
李乐文　唐伟红　钱长源　苏莎莎　孙月梅　张晓蕴　张宏博　张相国　徐永新　孙第益　李久海
谢华　邵中俊　祁建刚　李建培　丁源　苏林　崔红　何素成　曾东育　雷红芳　于建红
商学勇　王祥　许振国　倪爱传　王志海

安徽分院

孙骏　耿盛勇　周文育　周言科　周成　陈六铎　扬磊　张百怀　董晓丽　黄新民　赵承刚
熊名文　瞿福高　王丰文　徐长霞　徐德祥　王丽　李生林　吴群智　刘鸿飞　郑生苗　信清彬
吴兆亮　陈卫东　张素琴　乔建永　韩志军　张尚国　谢明　叶卫东　李晓晴　李青云　李佑铭
朱新华　盛英　王皖政　郭家宏　夏登益　田敏　马法中　徐国民　吴文华　周奇志　郭振汉
赵吉芹　吴康宝　熊维林　张强华　陈从记　陈万华　刘振勇　刘振清　陈万里　丁里　马如祥
鲁玲　储杨　薛东　汪肃之　黄国强　陈杰　陆群　蒋永猛　朱传军　黄本建　范曙光
周靖　赵可敬　刘晓红　戴雄伟　欧阳书强　宗保玉　李文学　陈士强　郭丽　李宁　王本年
陶守玉　王莉娟　苏俊波　沈波　徐善康　尹义龙　李学海　王保民　邱家祥　张素芹　高喜田
周言科　王皖政　乔建永　徐长霞　周成　郭家宏

福建分院

陈宴　卢柄春　吴雁君　林晓　黄德义　林敏鸿　林培顺　林秀清　翁若同　梁榕生　王怡
林培基　朱慧琮　邹文权　陈成文　陈曙光　杨培森　林洪麟　徐江　陈锦华　卢明琪　苏永青
邱进清　肖景辉　林守珠　连聪　苏翔天　于影玉　练欣　黄来渊　徐乃武　吴榕娜　陈奕辉
林小端　毛文桂　郑伟　庄祥生　陈霄华　郑建飞　潘明

山东分院

苏玲　胡建政　李新玉　陈慧荣　兰忠良　李尤　王阜生　任存友　付庆峰　董峰　高振福
鲍连勇　杨桦　耿宏　李黎　赵汉琦　王瑞和　孙萍　李玉胜　胡树梅　窦学伟　刘于峰
王文忠　宋永祥　纪梅英　李清臣　王增实　国振军　陈维栋　王利训　王京民　毛方杰　丁增顺
李建深　马霄红　荆西玲　史凤林　李兵　朱世华　汪勇　文德春　吴育南　孙东平　韩建国
杨传军　陈淑清　姜同军　刘春涛　牛克庆　樊连喜　张广尧　韩永刚　李朝武　王元成　于绍芳
邹永威　史晓燕　崔常宝

湖北分院

黄致雄　陈世斌　隗德芳　黄敏　向孔源　徐玉武　杨介明　姚精英　马泽民　闫平　许章生

孟文生　卢鸿琦　李泽民　梁国良　袁正洪　柳新枝　钱兴超　王道才　刘敬照　李风云　章宏斌
卢春季　刘水平　敦　敏　方辉霞　张忠泽　芦泽平　李仁忠　刘　爱　王　旭　宋雪聪　余绍林
蔡光胜　冯继安　李国文　金书敏　皮中皓　郑汉林　李自文　陈卫星　杨庆文　余　娟　舒行飚
吴兴德　段小冬　袁漠浩　马志新　张裕华　张坤华　郭明灯　姚华文　彭锦贤　易　勇　刘群春
王汉刚　谢作亮　熊淼清　余　萍　孟　华　杨培林　王　琪　徐德钰　牟方碧　俞　兰　刘志兵
钱　露　刘绍玺　瞿德明　张湘瑜　杨保群　秦新建　赵宗海　卢耀平　平功胜　熊万红　郭双喜
南　涛　李克英　涂潮辉　周楚雄　王义军　康明科　范建国　韩从国　刘自强　王寿春　任卓斌
金　昊　唐国瑞　张　黎

广西分院

麦贵富　李　铮　罗俊鑫　李丕雄　卢志雄　罗碧兰　卢建祥　阎　宏　黎富文　陆万晓　谭祖权
禤小芹　吴兆荣　林桂明　周奇振　黄珍萍　胡小平　何祖峻　韦　锐　甘荣忠　莫增纯　罗江萍
成端敦　李惠民　王　玮　石桂华　覃富国　江冰欣　谷爱明　陈刚联　唐云舒　吴高松　黎斌兰
黄智忠　苏柱显　曾　红　李靖毅　陈　晓　朱海强　吴家权

南宁分院

俞开林　莫永清　林爵枢　庞　冲　张秀屏　郑雷芳　贺　辉

海南分院

林进军　林忠岭　张光亲　王松文　王安军　陈列雄　岑诗东　钟卓剑　崔海龙　陈　锐　吴毓峰
文　艳　王宏洲

重庆分院

包子川　鲁　纲　景志学　王锡成　王建国　王瑞林　罗昌懿　赖仁刚　刘文胜　彭　刚　陶渝珊
邱　桦　朱　彤　罗世国　赖建伟　邱满东　杨　洪　马　楠　张　敏　曹德文　付大红　温志龄
王文艺　赵家伟　刘章权　陈　捷　刘　波　周召清　蒲恒荣　缪希尧

贵州分院

李六羊　罗新民　覃信前

西藏分院

涂丽明　张洪波　益西卓嘎　次旦卓嘎　刘务林　苏云忠

西安分院

邱克林　杨军全　郑彩霞　刘也安　程　林　李　君　党云超　张亚利　毛　泽　王天申

新疆分院

方　兰　安唯一　王汉保　王勇强　徐万里　于陵疆　张　成　赵　萍　雷建平　张新武　郭建革
王玉环　王戈丽　杨　黎　张峰国　高　栋　周远明　王明生　张锡儒　邓红艳　余智勇　蔡华敏
王　宏　李永春　罗　新　程铁流　陈　浩　李建庆　陈智强　王存兴　武志梅　王峥嵘　章建强
冒苏萍　方　城　马秀丽　梁　晟　赵丽君　吕雪燕　杜汉英　杜晓丽　胡雪莲

新疆兵团分院

秦　诚　赵晋和　尹飞虎　程克强　樊新文　许　峰　林海洵　倪　军　姚小钦　焦明启

总参分院

耿登良　张俊厚　刘跃进　项　军　陶建军　刘敬清　赵跃进　常新丽　马卓坚　邵小英　秦　锋
李利锐　郭超英　张银生　陈　宁　杨晓卫　王　宁　李晓东　肖薇薇　陈亚人　刘永梅　于保忠
韩　霞　陈建成　刘穗萍　杨　博　赵炳家　汪惠云　李法卫　刘丹丹　李素红　邹红英　韩　红
余汉桥　姚世光　徐龙堂　张　萍　王必祥　周良贵　谭德成　吴　石　朱章福　高伟雄　范继和
唐群鲜　李宗让　杨思岭　马淑梅　阎　冬　田新颖　戴德豹　王继文　李　锋　程亚亭　雷　文
刘传运　尤志连　曲成宇　杨德春　陈伟军　蒋邦伟　李　志　欧亚洲　李建津　王安圣　陆卫国
王大权　刘鸿淼　汪忠会　易水冰　张　音　詹世珍　蒋团还　杨志安　金志平　张　艳　魏买洲
张　晶　高运华　马三章　胡　辉　商云峰　张宏利　王汝杰　雷　雯　蒙燕玲　何敦文　张晋江

总后分院

何也余　宋孝章　晋永通　余　霖　徐英文　许志明　李昌玉　刘　福　岳彩良　郭　俊　谢　鸿
宁茂森　王肖良　栗美霞　丁永梅　荆文华　王凤忠　唐莉萍　年　关　张维成　周旺德　孙亚军
陈世海　仲　毅

空军分院

马蔓红　朱艳君　杜广岩　陈　伟　刘西景　宫　海　王　勇　黄　丽　曹仕凤　马淑珍　汤亦民
肖　松　赵双德　徐　文　王玉柱　翟　顺　王宏生　严建华　梁志毅　董正仁　袁宗成　田铁军
张定元　彭久利　赵　爱　王晓伟　曹　扬　江建跃　苏秀丽　张德茂　杨芝朝　王才生　邱智峰
张文奇　叶良镯　陈　凡　曹　历　居中中　朱丽敏　于春梅　徐炳烛　张德祥　陈广岭　彭福东
毕晓明　丛宪生　顾瑞兰　于凤芝　温立吉

国防大学分院

李　勇　高树宝　骆小敏　陈向军　陆士良　黄旭彬　叶予峰　张宏民　方维生　刘建江　吴建设
王志峰　吴立权　杨　欣　张艳玲　田冰冰　赵亚莉　张双印　胡新华　黄忠实　胡寒明　蔡居雄
王永海　白尤峰　梁欣荣　赵振军　黄捍江　阚晓湘　黄伯顺　练泽鹏　林卫中　王世才　陈两文
连楚洲　马兴寿　郑松荣　蔡　鹏　冯炳林　姚　健　何志荣　傅　芳　许建兵　汤国玲　李香兰
陈跃军　张月理　杨武明　栾积国　姚中海　刘忠杰　易明强　方　锐　李玉林　宋新民　周　琼
龚又祥　张　烨　郭劲之　孙连浩　张志山　邓　洁

广州军区分院

刘粤军　孙海潮　王德海　陈艳芳　陈爱民　覃　莺　杨守军　涂玉群　杨宏涛　蒋　莉　邹京莉
郭　莉

北京市公安局直属学区

张永真　刘正学　沈慧麟　佘嵩谦　刘志强　吕新国　王聚成　贾克明　张建国　任家环　李　森
赵维明　王　峰　庞玉平　王素真　安金池　郭　铁　岳树军

晋升为高级职称的学员名录

铁道部分院

唐　霞	高级政工师	陈淑明	高级政工师
郭志民	高级政工师	葛建中	高级政工师
阎明会	高级政工师	李金生	高级政工师
程锐峰	高级政工师	朱玉来	高级政工师
朱　琛	高级政工师	时　明	高级政工师
戴英坤	高级政工师	邱绍峰	高级政工师
王新华	高级政工师	姜道仁	高级政工师
曹泓冰	高级政工师	刘守理	高级政工师
王铜山	高级政工师	杜绍利	高级政工师
马京涛	高级政工师	尹述数	高级政工师
耿永康	高级政工师	刘英武	高级经济师
肖德江	高级经济师	孙卫东	高级经济师
蔡建新	高级政工师	季中意	高级政工师
金三友	高级政工师	高金超	高级政工师
吴代兴	高级会计师	朱路得	高级经济师
刘云成	高级经济师	董　惠	高级政工师
孟凡荣	高级政工师	高景学	高级政工师
韩洪标	高级工程师	王学刚	高级讲师
杨陆丰	高级政工师	邵宝中	高级政工师
易亚平	高级政工师	徐恒云	高级政工师
陈　鸣	高级政工师	张仁元	高级政工师
王宏伟	高级政工师	郭双庆	高级政工师
孟宇光	高级政工师	刘福平	高级政工师
宫善礼	高级政工师	张　伟	高级经济师
陶尊璞	高级经济师	高　山	高级经济师
李志义	高级政工师	荣树森	高级政工师
陈建行	高级政工师	万冠群	高级政工师
资宝成	高级政工师	樊志武	高级政工师
蒋伟华	高级政工师	王宝海	高级政工师
梦高堂	高级工程师	唐守滨	高级政工师
刘锡君	高级政工师	李勇盛	高级政工师
张毅男	高级政工师	郭鹏飞	高级政工师
刘迪全	高级经济师	刘树英	高级会计师
霍文成	高级会计师	孙志山	高级政工师
孙盛及	高级政工师	丁元忠	高级政工师
陈国琪	高级政工师	李淑珍	高级政工师
芦卿忠	高级政工师	陈　琦	高级政工师
成　松	高级政工师	田朝臣	高级政工师
杨忠民	高级政工师	柳青波	高级政工师
李和平	高级政工师	王营强	高级政工师
高黎明	高级政工师	王明林	高级政工师

北京市工业党校分院

孙桂凤	高级政工师	吴福来	高级经济师
薛万青	高级经济师	曹跃进	高级经济师
王世忠	高级政工师	杨宝森	高级经济师
何宗彦	高级经济师		

天津分院

杨英水	高级政工师	刘学武	高级政工师
王乃岭	高级政工师	曹风旭	高级政工师
朱维轩	高级政工师	李泊英	高级政工师
汪树兰	高级讲师	牟爱俊	高级讲师
董志华	高级政工师	周光清	高级政工师
路　庆	高级经济师	吴玉华	高级政工师
张秀英	高级政工师	陈慧苓	高级政工师
陈文琴	高级政工师	徐淑敏	高级政工师
王富立	高级政工师	梁秀琴	高级政工师
唐伯民	高级政工师	孙　钢	高级政工师
吴艳玲	高级政工师		

内蒙古分院

刘　捷	高级工程师	肖　毅	副教授
沙仁其木格	副教授	董　胜	副总经济师
刘　勇	副总经济师	赵清亮	总会计师
褚纪文	高级检车员		

辽宁分院

王　巍	高级讲师	梁文秀	高级统计师
王德军	高级讲师	井龙云	高级会计师

于符杰 高级经济师　卢瑞祥 高级经济师
姜维新 高级经济师

黑龙江分院

李俊彦 高级政工师　吴光和 高级政工师
潘慧朴 高级政工师　吴　静 高级政工师
陈恩洁 高级政工师　石凤娟 高级会计师
娄雪艳 高级会计师　李淑兰 高级会计师
李淑敏 高级讲师　高可珠 高级政工师
王志河 高级政工师　王秀玲 高级会计师
王立荣 高级会计师　程曼丽 高级政工师
李　伟 高级政工师

上海分院

杨士强 高级政工师　王国昌 高级政工师
唐美华 高级政工师　顾闰清 高级政工师
何正平 高级政工师　顾亚电 高级政工师
瞿新祥 高级政工师　祝小沪 高级经济师
袁芝凤 高级政工师　姜伯平 高级经济师
沈勇强 高级政工师　王水华 高级政工师
钱向洪 高级政工师　刘景芬 高级政工师
施秀凤 高级政工师　陈亚芬 高级政工师
曹　云 高级政工师　邵月华 高级政工师
傅笑群 高级政工师　陆佩芳 高级政工师
高正仪 高级政工师　丁家佩 高级政工师
孙胜伟 高级政工师　施士德 高级政工师
沈佐平 高级政工师　蒋林森 高级政工师

江苏分院

陈修敏 副教授　邵艾青 副教授
张延平 高级会计师　管怀鎏 教授
丁宪浩 副教授　许建国 副教授

浙江分院

邵爱仙 副主任护师　吴建英 高级经济师
蒋鼎耀 高级工程师　吴永生 高级政工师
卢章法 高级政工师　阎　宏 副研究员
蒋儒标 副教授　谷献旦 副总会计师
叶向东 高级政工师　赵乃兴 高级经济师

安徽分院

左钟江 高级讲师　丁银凤 高级讲师
虞中华 高级讲师　唐丽丽 副教授
李长春 高级工程师　王圣年 高级经济师
郭　宁 高级经济师　张　冲 高级经济师
高怀忠 高级经济师　吴义平 高级经济师
耿广忠 高级经济师　陈树桂 高级讲师
杨德庆 高级讲师　周　勤 副研究员
袁淑玲 副教授　王晓光 高级经济师
唐新文 高级经济师　李秋生 高级经济师
王心志 高级经济师　赵书信 高级经济师
宋　全 高级讲师　杜长春 高级经济师
马惠杰 高级经济师　王定春 高级教师
代振军 副教授　宋剑平 副教授
张　莉 高级讲师　李建华 高级讲师
马长柱 高级工程师　王立保 高级会计师
庞　彬 高级经济师　周　红 高级讲师
王利华 高级教师　卓绍新 副教授
陈　旭 副教授　赵炳元 副教授
贺恒安 高级讲师　王贤年 高级工程师
朱忠玉 高级政工师　邵宗建 高级会计师
班　苓 艺术类副高

福建分院

吴亚意 高级教师　高建春 高级教师
林宝娟 高级教师　张建成 高级教师
陈明泽 高级教师　蔡河安 高级教师
陈德海 副主任药剂师　孙水金 高级会计师

江西分院

葛延松 高级政工师　熊　敏 高级政工师
胡宏顺 高级政工师

山东分院

王君政 高级教师　李朝武 副主任医师
林国庆 高级工程师　炅向福 高级经济师
迟书波 高级政工师　于成双 高级政工师
乔　立 高级政工师　张振业 高级政工师
赵巧玲 高级政工师　胡述兰 副教授
刘希柱 高级农艺师　张开增 主任编辑
颜韧啸 主任编辑　周士学 主任编辑
华志忠 高级会计师　罗继明 高级会计师
陈玉才 高级经济师　马士生 副主审
赵军民 高级工程师　马照民 主任编辑
邓　军 高级政工师　李金良 高级政工师
许本泰 高级政工师　耿玉春 高级政工师

王道泉 高级政工师 贾维腾 高级政工师
孙明海 高级政工师 王永科 高级政工师
李庆良 高级政工师 巩天伦 高级政工师
张连峰 高级政工师 谢建伟 高级政工师
范有才 高级政工师 孟庆健 高级会计师
石连增 高级政工师 王加华 高级政工师
姚月贵 高级政工师 张振华 高级政工师
秦宝生 高级政工师 赵衍爽 高级政工师
王　鲁 高级政工师 王家玉 高级政工师
李兴忠 高级政工师 张洪光 高级经济师
王　斌 高级经济师 李安学 中教高级
田永和 高级政工师 任英民 高级政工师
郭忠礼 高级政工师 高照亮 高级政工师

河南分院

梅九莲 高级讲师 赵建春 教授
金小田 副教授 李淑英 高级馆员
李永杰 高级经济师 孔建伟 高级工程师
孙清杰 副主任医师 周　君 高级政工师
王国顺 高级工程师 陈林清 高级工程师
焦金永 高级工程师 徐树春 高级工程师
张建洲 高级讲师 景文拴 高级讲师
袁　杰 高级工程师 李凤春 高级工程师
王家印 高级工程师 李新建 高级工程师
魏国良 高级工程师 牛立道 高级工程师
龚明清 高级经济师 张修林 高级经济师
王天资 高级经济师 周德茹 高级会计师
付双有 高级会计师 周冠杰 高级会计师
赵德泉 高级会计师 郭东峰 高级政工师
李智信 高级政工师 印正芳 高级政工师
石东生 高级政工师 苏　青 高级政工师
王彦龙 高级政工师 沈树成 高级政工师
段崇礼 高级政工师 王明亮 高级政工师
龚元学 高级政工师 鞠德泉 高级政工师

湖北分院

李运龙 高级经济师 向汉林 高级工程师
杨少宇 副研究员 王清芬 高级经济师
陈光新 高级工程师 肖运发 高级经济师
傅延超 高级经济师 马润生 高级经济师
程家辉 高级经济师 杨建春 高级经济师
刘　勇 高级经济师 黄荣庆 高级经济师
行绪斌 高级经济师 周水根 高级经济师

孔令达 高级经济师 阎志生 高级经济师
康湘海 高级经济师 徐德钰 高级政工师

海南分院

卓　雄 高级政工师 林　飞 高级政工师

甘肃分院

史俊清 副主任医师 许自强 高级经济师
邢和义 高级工程师 司马天龙 高级工程师
马进国 高级讲师 刘继祖 高级农艺师
石松强 高级工程师 张　稷 副教授
樊　玲 副教授 黄学礼 高级经济师
宋　锦 高级经济师 张松林 高级工程师
高维新 高级经济师 高义伦 高级经济师
刘土鹏 高级经济师

广西分院

李德基 高级经济师 黄立生 高级工程师

西安分院

张雪利 高级工程师 陆　来 高级政工师
陈宝琴 高级政工师 尹　明 高级工程师

宁夏分院

阎顺利 高级会计师 李宽让 高级经济师

空军分院

李化强 高级政工师 李玉良 高级工程师
程相国 高级工程师 付广华 副教授
李冰梅 副教授

国防大学分院

张　鑫 副教授 陈仁武 副教授
张天喜 高级工程师 田通理 高级工程师
钱正威 高级工程师 韩占山 高级政工师
程元水 高级政工师 秦秀河 高级政工师
周广宏 高级政工师 刘满刚 高级经济师
金　辉 高级经济师 廖云海 高级会计师
刘俊生 国家二级演员 石武献 主任医师

南京军区分院

张　平 高级工程师 徐汪松 高级工程师
王良秀 高级工程师 金义良 副主任技师

晋升为地厅师级以上职务的学员名录

北京市委机关分院

解　煜　市纪委自律办主任
王敏荣　宣武区委副书记
张树森　通州区委常委、副区长
冯藏淑　崇文区政协副主席兼统战部部长
郭瑞敏　东城区政协副主席
刘都华　中保再保监察室主任
王志刚　市粮油集团公司总裁
蔡红硕　正师职研究员
齐凤鸣　北京市司法局副局长

天津分院

刘泽洪　局团委书记
李秀涛　机电总公司副总经理
张世堂　第一机床总厂厂长

内蒙古分院

贾埃兵　副总经理
李建平　副总经理

黑龙江分院

张广勤　农垦总局副局长
孙庚伟　宝泉岭管局副书记
李殿君　红兴隆管局副局长

上海分院

郭　林　建工集团总公司纪委书记
丁善华　上海警备区副司令员
凌耀松　闵行区工会主席
沈佐平　市文化局副局长
吴世昌　交通部上海打捞局工会主席

江苏分院

洪锦华　南通市委常委、宣传部部长
董耀仁　省邮电厅副厅长
戴解平　无锡市委常委
杨大伟　常州市副市长

安徽分院

成　浩　马鞍山市委常委、组织部部长
孙贺轩　市委常委、宣传部部长
沈维骥　副市长
何希勇　副市长
李华丰　淮北市委党校常务副校长
郑化强　淮北市开发区管委会主任
陈大峰　中煤三建公司总经理
陈建华　淮北市委常委、宣传部部长
李文增　特凿公司党委书记
吴长荣　淮北市副市长
张　旭　淮北市委常委、组织部部长
王保民　阜阳市副市长
尚　军　市纪律检查委员会书记
刘永海　宿州军分区政治部主任
马　健　安徽机电学院院长
张友仁　安徽省东风机械总厂厂长
李祝安　副专员
王立保　铜陵有色公司总会计师

江西分院

李小平　江西省体育总局副局长
程聚生　铁道部第四工程局副局长
李亚平　景德镇市委常委政法委书记
陈长庚　景德镇市政府副市长

山东分院

马厚亮　兖矿公司党委副书记
刘建华　青岛市副市长
张泽忠　青岛市人事局长
孙　杰　青岛驻上海办事处主任
邱广茂　青岛市委政研室主任
苏世亮　海军南京指挥学院院长

邓滕生 枣庄市委常委、秘书长
李 峰 枣庄市副市长
李守义 枣庄市副市长
吴承鉴 枣庄市副市长
褚庆观 济宁市委常委、组织部长
李宗伟 山东省文化厅副厅长
王士春 西藏自治区邮政局副局长
王 瑞 枣庄市长助理总工会主席
王洪亮 公司副经理

河南分院

刘新民 商丘市委书记
李宗宝 濮阳市副市长
石克生 周口地区行署副专员
王献安 中油勘探局党委书记
李春第 中油勘探局副局长

湖北分院

涂明安 副市长
冀群凤 副市长
杨道洲 荆州市副市长
万汉清 市政法委书记
张卫东 潜江市委书记
刘祖寿 潜江市委副书记
刘汉诚 潜江市纪委书记
陈 群 省总工会副主席

湖南分院

李云才 娄底市副市长
楚进军 资兴矿务局局长
石子球 常德师院纪委书记

广东分院

姚欣耀 深圳市政协办公厅主任
欧大江 深圳市燃气集团有限公司副总经理
祁军辉 深圳市海事局副局长

广西分院

邓如府 南宁地区检察院检察长
傅庆成 桂林军分区政委
劳王枢 广西地震局副局长
韦玉奎 钦州市纪检书记
张德顺 武警广西总队长

南宁分院

莫永清 广西监察厅厅长
李先明 广西区政法委副书记
泰兆雄 武警广西总队副总队长

重庆分院

欧会书 重庆市移民局副局长
侯小川 重庆市劳动局副局长
蒋天伦 涪陵区副区长
谭大辉 涪陵区副区长
常国权 涪陵区委常委、组织部长
谢卫东 江北区委副书记
张 欣 江北区副区长
石国文 大渡口区常务副区长
罗 雨 大渡口区副区长
刘永利 万盛区常务副区长
樊瞻荪 北碚区副区长
蒋 平 北碚区常委、区委办主任
郭汝其 江津市市长、市委书记
马儒沛 重庆市组织部常务副部长
熊艳华 重庆市广播电视局局长
欧茂林 江北区区长
丁 洪 万盛区副区长
吴永年 渝中区委副书记

西安分院

鲁云侠 西安市未央区委书记
韩锦瑞 市委党校纪委书记、行政学院校委委员

甘肃分院

侯生华 嘉峪关市委书记
霍兰香 嘉峪关市副市长
栾克军 华亭矿区建设管理委员会副主任

总后分院

唐大明 后勤工程学院系政委
宁茂森 后勤工程学院学员旅政委
陈世海 后勤工程学院政治部副主任
谢建平 武警消防总队后勤部部长
仲 建 武警消防总队副总队长
何也余 重庆市涪陵区副区长
朱鸿栋 重庆电视台主任记者

谢　鸿　重庆市南岸区副区长

空 军 分 院

郭春广　副军长
于少贵　副师长
胡兆辉　江苏省农垦副局长
孙中元　济空副参谋长
郑立亮　一航院基础部主任
张　高　教研部主任
李　明　教研部主任
田铁军　副师长
张汉林　副市长
李玉中　基地副政委
尹培强　副师长
夏华其　副师长
葛余金　副师长
范德如　副师长

国防大学分院

张　烨　某师师长
周忠任　某师师政委
严尚智　某师副政委
梁建新　某师副政委
吕延龙　湖南省武警副总队长
王明贵　解放军测绘学院副院长
戴学速　测绘学院指挥系政委
刘　武　河南武警总队副参谋长
刘川平　河南武警总队副参谋长

魏　锁　河南省焦作电厂副厂长

南京军区分院

朱文泉　南京军区参谋长
赵太忠　济南军区政治部主任
刘晓榕　集团军政治委员
顾守成　集团军参谋长
洪维平　师参谋长
陈章福　师副政委
纪安卢　干部部副部长
左晓阳　联络部副部长
王学华　组织部部长
季建忠　报社副社长
王浩钟　报社副社长
边国富　分部政治部主任
林松宝　军代处主任
张建国　分部政治部主任
陆志凌　分部政治部主任
李小路　分区参谋长

成都军区分院

邓兴虎　分区政治部主任
徐宏伟　军分区副司令
李木生　预备役师师长
郑天杨　军分区政委
韩祥林　武警总队长
郑顺民　武警总队政委

评为国家级、省部级英模人物的学员名录

铁道部分院

杨振江　北京市劳模
安路勤　北京市劳模
马益民　铁道部火车头奖章获得者
郭喜梅　铁道部火车头奖章获得者
陈龙剑　铁道部火车头奖章获得者
刘　芸　铁道部先进女工工作者
杜　春　全国优秀团干部
吕宝祥　铁道部火车头奖章获得者
徐晓方　铁道部优秀党员、陕西省党员教育先进典型
陈　刚　贵州省优秀团干部
肖兴平　铁道部监察先进工作者
马江黔　贵州省优秀团干部
廖祖华　铁道部火车头奖章获得者
杜　平　铁道部火车头奖章获得者
唐　云　铁道部火车头奖章获得者
曾　平　铁道部工会优秀工作者
隋悦家　全国劳动模范
许新层　铁道部优秀纪检干部
邓泽传　铁道部优秀纪检干部
董　奇　铁道部火车头奖章获得者
童光明　铁道部火车头奖章获得者
许占国　甘肃省劳动模范
刑克温　甘肃省先进工作者
王永安　铁道部先进政治思想工作者
陈振兴　铁道部先进政治思想工作者
王春霞　铁道部先进政治思想工作者
呼秀珍　陕西省党员教育先进典型

北京市委机关分院

黄嘉志　首都劳动模范楷模
曹福来　北京市反贪英雄
刘　毅　北京市先进工作者
张晓丽　中国优秀青年卫士、荣立一等功

北京市工业党校分院

李惠颐　北京市劳动模范
谢惠明　北京市劳动模范
崔　允　北京市劳动模范
卜文革　北京市劳动模范
徐　静　全国优秀共青团员

内蒙古分院

郭凤玲　区级“三八”红旗手
王东风　中国工商银行总行“先进个人”
黄　慧　中国工商银行总行“优质文明服务先进个人”

辽 宁 分 院

王　爽　全国优秀人民警察金质奖章获得者
邓万宏　省政府授予的劳模
富晓东　省级劳动模范、公安系统十佳青年
张广台　中国石油天燃气集团公司劳动模范

黑龙江分院

荆建军　全国优秀劳动监察员
李朝东　黑龙江省农行劳模
朱丽芬　省商业厅劳模

上 海 分 院

俞士海　全国劳动模范
马海燕　全国先进女职工、上海市新长征突击手、上海市先进女职工标兵
孔利明　全国劳动模范
祖建萍　上海市街道监察队优秀队员
周鸿章　上海市立功竞赛先进个人

江 苏 分 院

李灯兰　全国劳动模范
曹德法　全国劳动模范

马成东　中国石化总公司劳动模范

浙江分院

郑美良　被高检评为人民满意检察干警
吴胜登　全国劳动模范

安徽分院

李继业　省“五一”劳动奖章获得者
汪美萍　国家劳动社会保障部劳动就业指导先进个人
李子明　全国劳动模范
陈　诚　全国“五一”劳动奖章获得者
马贵诚　全国煤炭系统青年积极分子
张子潜　省“五一”劳动奖章获得者
谢虎超　省造林绿化先进工作者
曹应花　省三八红旗手、省“十佳”女税官
王晓晖　全国“五一”劳动奖章获得者
李甫余　铁道部劳动模范
张秋妹　全国计划生育先进个人
查坤锡　财税先进个人
黄政清　国家林业局授予森林卫士称号
潘业斌　在三峡工程建设中被授予一等功臣

福建分院

苏碧江　全国优秀警察

江西分院

刘卫华　省优秀信息工作者
张启旺　全国松树增腊剂技术三等奖
葛　斌　省科技进步三等奖
方霞云　全国优秀乡镇企业家

山东分院

王瑞金　山东煤炭工业劳动模范
张昭华　山东煤炭工业劳动模范
王　宇　山东省专业技术拔尖人才
张桂玉　全国劳动模范
岳　弘　省级青年岗位能手、省级优秀共产党员
王　斌　中石化集团公司劳动模范

河南分院

常时福　省职工读书自学活动积极分子
李　辉　省地税系统先进个人
蔺翠若　省级稽查能手
荆云峰　国际级运动员
翟同立　省教委、省团委培养农村青年星火带头人进步奖
王继勇　省劳动模范
侯守亮　省劳动模范
杨金花　省劳动模范
王　健　全国供销总社优秀青年厂长
黄俊波　省国有林场先进管理工作者

湖北分院

李知全　全国优秀人民警察
汪联清　全国优秀人民警察、二等英模
李国平　全国优秀人民警察
卢　云　全国优秀人民警察
赵　森　优秀治保工作者、治安保卫积极分子
周义国　公安部授予个人二等功

广东分院

陈亿辉　全国优秀人民警察

广西分院

龙丕怀　全国绿化奖章
王志明　全国建设系统精神文明先进工作者
林世杰　广西壮族自治区劳动模范
罗本有　全国特级优秀人民警察

海南分院

吴　岩　人事部“人民满意公务员”一等功
何云瑜　省劳动模范
王朝东　省优秀党务工作者
陈家乙　省优秀党务工作者
苏定焕　省优秀党务工作者
张光亲　第六届海南青年“五四”奖章

甘肃分院

马进辉　中宣部、司法部表彰的“先进工作者”
李兰萍　中科院表彰的“先进个人”
李　明　甘肃省委省政府表彰的“先进工作者”
王天云　全国总工会表彰的“先进个人”
张迎北　甘肃省政府表彰的“先进个人”
李芸华　卫生部表彰的“全国卫生系统先进工作者”

吴明贤 甘肃省委、省政府表彰的“优秀园丁奖”
田多明 甘肃省政府表彰的“先进工作者”
王如明 甘肃省委表彰的“先进工作者”
孙延寿 甘肃省委表彰的“先进个人”
吴毅峰 公安部表彰的“全国优秀警察”
董建林 中国石化总公司表彰的“先进生产者”
张承国 教育部表彰的“先进工作者”
李燕婷 国务院工普办表彰的“全国工业普查先进个人”
李连成 人事部、水利部、总政治部表彰的“先进个人”
石怀贵 甘肃省政府表彰的“优秀教师”
姜 仁 水利部表彰的“先进工作者”
张成泰 林业部、人事部表彰的“先进个人”
李宗锋 公安部、人事部表彰的“先进个人”
马金波 公安部“一等功获得者”
金琦林 国家教委表彰的“先进个人”
喇世忠 公安部、最高人民法院、最高人民检察院、国家税务总局表彰的“先进个人”
李生有 甘肃省政府表彰的“优秀园丁奖”
苏建忠 甘肃省委表彰的“先进工作者”
麻小梅 甘肃省政府表彰的“先进工作者”
令月保 甘肃省政府表彰的“先进工作者”
李 刚 甘肃省政府表彰的“先进工作者”
李鸿吉 农业部表彰的“先进工作者”
张旭耿 国务院农普办表彰的“全国农业普查先进个人”
张海平 甘肃省政府表彰的“优秀园丁奖”
王 钰 最高人民检察院表彰的“先进个人”
黄永龙 甘肃省政府表彰的“优秀教师”
孙明远 国家科委、国家教委表彰的“先进个人”
陈国菊 人事部、国家教委表彰的“先进工作者”
韩建华 甘肃省政府表彰的“优秀教师”
晏 霞 甘肃省委、省政府表彰的“先进个人”
吕德勇 公安部表彰的“先进个人”
李 强 兰州军区表彰的“先进个人”
白金泰 兰州军区表彰的“先进个人”
雷晓平 甘肃省政府表彰的“优秀教师”
张荣忍 成都军区表彰的“先进个人”
卢宋义 国家储备局表彰的“先进工作者”
李忠东 国家统计局表彰的“先进个人”
陈 镶 国家档案局表彰的“先进个人”
席胜英 国家土地管理局表彰的“先进个人”
张德民 国家土地管理局表彰的“先进个人”
窦斌武 武警总队“二等功获得者”
刘铁忠 国家体委表彰的“国级一级裁判”
平 俊 国家环保总局表彰的“先进个人”
完颜海 公安部“一等功获得者”
张全平 公安部表彰的“全国优秀警察”
徐 江 公安部表彰的“全国优秀警察”
孟好宏 公安部表彰的“全国优秀警察”
庞自来 公安部表彰的“全国优秀警察”
牟青宏 公安部表彰的“全国优秀警察”
赵良谦 公安部表彰的“先进工作者”
康 宾 国家统计局表彰的“先进个人”
崔华功 甘肃省政府表彰的“优秀教师”
马建国 国务院省普办表彰的“全国农业普查先进个人”
张德江 冶金部表彰的“先进个人”
何延忠 共青团中央、国家科委表彰的“星火带头人”
罗小荣 农业部“先进个人”
王小仓 武警总队“二等功获得者”
唐 旭 国家统计局“先进个人”
吕 军 公安部“先进工作者”
唐惠霞 国家计生委“先进个人”
史学芳 国家计生委“先进个人”
张佩芳 农业部“先进工作者”
马阿萍 甘肃省委、省政府表彰的“园丁奖”
赵志云 兰州军区“二等功获得者”
杨逢清 国家土地管理局“先进个人”
马仲礼 农业部“先进个人”
马含瑜 国家民委“先进个人”
张献军 国家农委“先进工作者”
殷仲平 兰州军区“二等功获得者”
李晓齐 甘肃省委省政府“先进工作者”
马如海 农业部、林业部“先进个人”
牛子时 建设部“先进个人”
樊建国 铁道部“先进工作者”
李晓东 国家气象局“先进个人”
李应平 武警总队“二等功获得者”
王君雷 中国农行“先进个人”
漆辉明 甘肃省委省政府“先进个人”
张庆文 甘肃省政府“先进工作者”
雍 福 交通部“先进个人”
赵连印 甘肃省委省政府“先进工作者”

朱东生　国家土地管理局“先进工作者”

刘平安　甘肃省政府“先进工作者”

史宏博　国家土地管理局“先进个人”

宁夏分院

朱宏逵　宁夏回族自治区劳动模范

刘惠敏　宁夏回族自治区劳模

陈银生　建设部先进工作者、西北地区十佳城建局长

李耀杰　获全国“预防性病、艾滋病先进个人”称号

新疆分院

阿依吐尔逊古丽　开发建设新疆奖章、全国交通系统“中国标兵”

总后分院

席天德　重庆市十大青年企业家

空军分院

杨卫东　空军授予领导干部十佳标兵

国防大学分院

朱忠文　武警总部记抗洪抢险一等功

何恒国　湖南省授予抗洪模范称号

胡　健　湖南省评为抗洪先进个人

韩兴宽　交通部授予优秀共产党员称号

郇福起　交通部授予优秀共产党员称号

郭水堂　全国交通系统劳动模范

北京市公安局直属学区

杨秀奇　全国先进工作者

兰天祥　全国优秀人民警察

卢永义　北京市劳模

牛凤林　全国优秀人民警察

大 事 记

1 月

1月19日 总院按照中央党校的统一规定，召开了领导干部1998年述职报告会。院领导孙钱章、史信发、黄士安、刘利群向机关全体干部作述职报告。副校长张志新及校组织部、机关党委有关负责同志出席了会议。

1月20日 中央党校科研部与函授学院联合举行“中共中央党校函授学院网络管理信息系统”一期工程鉴定会。

1月19日至22日 总院研究生办公室组织了在职研究生97级《现代企业经营管理研究》和98级《马克思主义经济著作选读》期末考试集中判卷和备课会，各分院的28名授课教师参加了阅卷，中央党校教授刘炳瑛就《马克思主义经济著作选读》作了示范讲课。

1月25日 中央党校校委发出中校通[1999]1号通知，由副校长张志新兼任函授学院院长，免去孙钱章函授学院院长职务，黄士安任函授学院常务副院长(正局级)。

2 月

2月27日 总院向各分院、直属学区发出《转发关于张志新、黄士安等同志职务任免的通知》。

3 月

3月2日 总院举行新老班子交接会，中央党校常务副校长郑必坚、副校长刘胜玉、张志新出席会议并作重要讲话。中央党校组织部副部长崔津秀出席了会议。函院出席会议的有孙钱章、黄士安、史信发、刘利群，各处室负责人及函院全体职工。会议由张志新主持。崔津秀宣读了中共中央党校校委关于张志新、黄士安等同志职务任免的通知。郑必坚在讲话开始时宣布：孙钱章同志由于年龄原因，经校委研究决定，并经请示中组部同意，免去他的中共中央党校校委委员和函授学院院长职务。郑必坚、刘胜玉同志对函院新的领导班子提出了殷切的厚望。

3月3日至4日 总院在京召开了1999年春季院务扩大会议。参加会议的有常务副院长黄士安、副院长史信发、刘利群，各处室负责人以及处务委员以上干部60多人。会议由黄士安、史信发主持。副校长、函授学院院长张志新出席会议并讲话。会议总结了1998年的工作，部署了1999年的工作任务。

3月1日 总院发出《关于认真做好1999年招生考试工作的通知》，要求全院各级组织认真贯彻执行胡锦涛同志关于把好招生关的重要指示精神，按照中央党校校委和总院提出的各项要求，认真做好1999年招生考试工作。

3月31日至4月1日 总院在京召开分院函授教育评估验收工作咨询座谈会。参加座谈会的有河北省委党校常务副校长杨伯亚，长期从事党的教育事业的有关省、市委党校的老领导曹明远、严家栋、马俊臣、周诚圭、张长云等同志，甘肃分院常务副院长石华翼，云南分院常务副院长杨加柱，总院视导委和有关部门人员，共25人。副校长、函授学院院长张志新，常务副院长黄士安、副院长史信发、刘利群出席会议并讲话。会议主要研究了《分院函授教育评估检查验收规程》、《分院函授教育评估验收实施细则表》两个材料。

4　月

4月9日至13日　总院在江苏省委党校召开了1999年春季备课会。参加备课会的有各分院、直属学区的有关教师以及总院有关人员共110多人。这次备课会就《刑法各论》、《国际税收教程》两门课，组织与会教师进行集体备课。并请专家讲解备课中需要把握的有关问题。

3月15日至21日和4月5日至11日　总院先后在深圳市委党校和宁波市委党校分别举办了教务管理新软件培训班。参加培训的共37个单位、65人。参加培训者基本掌握了软件编程原则、功能转换方式、操作流程和故障排除等。

4月15日　中央党校校委会听取函授工作汇报，讨论党校函授教育工作。会议由常务副校长郑必坚主持，参加会议的有副校长刘胜玉、刘海藩、杨春贵、张志新、王伟光，校委委员李忠杰等领导同志。函授学院常务副院长黄士安向校委汇报了当前函院工作，并请示有关问题。校委同意函院今后的工作思路和1999年工作安排，并对函院近期工作给予了肯定和鼓励。

4月23日　总院作出决定，表彰奖励中函学员隗德芳等47名抗洪抢险先进个人。

4月25日　中央党校校委发出中校通［1999］11号通知，张东升、欧亚平任函授学院副院长。

4月24日至29日　全院举行1999年招生考试。总院派巡考小组赴各地巡考。考试期间，副校长、函授学院院长张志新、常务副院长黄士安、副院长史信发、刘利群到有关地区巡视考场，加强检查指导。

4月底　总院向各分院、直属学区发出了《关于认真做好1999年10月函授工作会议准备工作的通知》，确定函授工作会议的主题是抓好分院建设，强化分院功能。要求各分院认真做好这次会议的准备工作，并以迎接这次会议的召开为契机，做好当前的工作。

5　月

5月14日至16日　总院在四川省委党校召开教材工作会议。出席这次会议的有部分分院领导同志、教材工作人员、中函教材承印厂厂长和总院领导及相关处（室）负责同志，共71人，与会代表听取了副院长史信发的工作报告，并分组进行讨论，商讨了加强教材精品建设及搞好教材的印发等工作的措施。

5月18日至21日　总院在云南省委党校召开宣传报道组组长暨表彰先进会议。出席会议的有各分院、直属学区的有关领导、宣传报道组组长、优秀通讯员、优秀撰稿人以及总院有关人员，共70余人。与会代表听取和讨论了副院长史信发作的主题报告，商讨了加强宣传报道工作的措施。

5月22日至23日　总院在上海市委党校召开了部分分院负责人座谈会，研讨党校函授教育跨世纪发展与今年十月工作会议主题。四川、甘肃、上海等省、市党校的常务副校长、副校长和辽宁、广东、广西、云南、上海、安徽、浙江、福建、北京市委机关、空军指挥学院等分院的负责人参加了会议。会议由副院长张东升主持并作总结。常务副院长黄士安出席会议并讲了话。

5月27日　总院发出通知，决定在全院各班次中实行聘任面授教师审批备案制度。并决定编辑《中央党校函授教育骨干教师名录》。

6 月

6月12日 胡锦涛同志听取中央“三讲”教育巡视组组长张丁华同志工作汇报后，对党校工作作出指示。在谈到党校函授教育时指出，函授学院一定要办好。办好了，有助于引导干部学习，提高素质。这就要求进一步明确指导思想，严格把握招生范围、规模，严把教学、考试的质量关，帮助干部努力一年、两年、三年，实实在在学一点东西。要坚决防止和克服由于管理不严，给一些不想勤奋学习，目的在于混得一个文凭的人提供方便。否则，势必助长腐败现象，严重损害党校的声誉和形象，造成不良的社会影响。

6月16日 总院在京召开教材编写工作专家座谈会。邀请中央党校和校外有关专家、教授共同研讨把“三基本”、“五当代”引入函授教材体系问题。常务副院长黄士安、副院长张东升、欧亚平出席了会议。黄士安讲了话。会议由张东升主持。与会专家、教授对“三基本”、“五当代”函授教材的编写工作，提出了一些意见和建议。

6月19日至22日 总院在云南省委党校召开第三次党员领导干部在职研究生工作会议。参加会议的有开办在职研究生班的17个分院、50个教学点的负责同志、总院领导、研究生办公室及有关处室的人员，共86人。会议集中研究了如何在研究生教育中坚持以教学为中心，深化教学改革，全面提高教学质量的问题。

5月20日至6月20日 总院先后检查验收了湖北、河北、甘肃分院的教育评估工作。圆满结束了分院教育评估的检查验收试点工作。

7 月

7月5日 《人民日报》在第3版头条位置发表了该报记者郑宏范撰写的《从无到有，从小到大，形成体系，党校函授教育成为干部培训重要途径》的新闻报道。

7月初 中央党校常务副校长郑必坚在审定《人民日报》记者撰写的党校函授教育新闻稿时，亲自修改稿件。他强调指出，党校函授教育是一项政治性很强的事业，它是现代化建设的需要、培养高素质干部的需要和党的建设的需要。

7月10日至13日 全院举行1999年上学期期末考试。总院机关抽调副处级（含中级职称）以上干部20人，组成10个巡考小组，分赴吉林、黑龙江、内蒙古、江苏、云南、重庆、西藏、陕西、甘肃、新疆等10个分院检查了解期末考试情况。

7月18日至20日 总院研究生办公室分别在浙江分院、四川分院、国防大学分院组织了98级《现代管理学》期末考试分片集中判卷，以检查学员的学习情况及各分院的教学水准。

7月23日 总院发出通知，要求全院各级组织学习贯彻中央处理和解决“法轮功”问题的决定，要求全院同志要站在揭批“法轮功”斗争的前列。

7月31日至8月1日 总院在京召开“规范管理”研讨会。参加会议的有：四川、重庆、河北、山西、吉林、江西、山东、湖北、广东、北京等10个省级党校领导和有关分院负责人，以及总院领导和各处室负责人，共36人。副校长、函授学院院长张志新到会并讲话。会议由常务副院长黄士安主持。

8 月

6月3日至8月5日 总院集中处以上党员干部和党员教授以上人员，参加校“三讲”教育学习，使大家受到了一次深刻的马克思主义理论教育和党性党风锻炼，为全面推进党校函授教育事业发展打下坚实的思想基础。

8月6日 总院举行了函院领导班子民主生活会，中央党校副校长、函授学院院长张志新参加了会议，并在会议结束时，作了《领导班子要想全局、抓大事、讲原则》的讲话。

8月15日至21日 总院送教上门，与新疆分院、新疆兵团分院在新疆五家渠市联合举办新疆地区函授教师培训班。来自两个分院的91名教师参加了培训。这次培训的主要课程是《民法学教程》和《货币银行学》。总院邀请两门教材的主编分别讲授了两本教材的理论体系、框架结构及各章节的重点、要点和难点，并解答了大家提出的有关问题。

8月29日 总院召开党员领导干部在职研究生班政治学专业（治国方略研究方向）98级甲班在京责任导师座谈会。会议邀请了部分中央党校的主导师参加。责任导师汇报了一年来学员学习和导师指导的情况、做法、体会。会议听取了到会导师对加强甲班工作的意见和建议，研究了第三学期的教学工作问题。常务副院长黄士安出席会议并讲话。

9 月

9月1日 党员领导干部在职研究生班法律专业正式开办。首届共招收2个班，北京市委机关分院和北京市公安局党校各1个班，共109名学员。这次办班，采取了总院负责宏观管理，分院负责微观管理，中央党校政法教研部承担教学工作的方法。这是总院依托中央党校教研部办研究生教育的一种新的尝试，就此，总院与中央党校政治学法学教研部签订了委托书。

9月3日 中央党校机关党委批复：函授学院机关党的委员会改为党的总支部委员会，史信发同志任书记，唐和祥、张殿瑾同志任副书记。

9月初 今年下半年各年级、各专业使用的44门课程的音像教材（教学录像带和录音带）已全部发行完毕，满足了教学的需要。

9月18日 中函99级党员领导干部在职研究生班的《马克思主义经济著作选读》课，首次使用中央党校远程教学系统进行远程直播教学。中央党校经济学部教授、博士生导师刘炳瑛于18日和19日，分别讲授了《当代怎样学习〈资本论〉及其理论体系》和《商品理论》两个专题。上海、重庆和江苏等三个分院99级在职研究生班学员及有关教师和教学管理人员共200余人参加了这次教学活动。

9月20日 《学习时报·党校函授专刊》在试刊两期后正式创刊。院报由四开小报改为对开大报，经国家新闻出版总署批准作为《学习时报》专刊正式出版，创刊号上发表了副校长、函授学院院长张志新《发扬“三讲”精神 提高办学质量》的专文。

10 月

10月7日 总院《管理制度汇编》完成修订任务并下发全院执行。

10月 中央党校常务副校长郑必坚听取了函授学院工作汇报，并就今后党校函授教育的发展作了重要讲话。他提出“思考、落实、向前进！”七个字的要求。

10月 中央党校常务副校长郑必坚会

见新华社记者，就党校函授教育工作进行交谈。

11 月

11月12日至14日 总院在广东省顺德市委党校召开中共中央党校1999年函授教育工作会议。中共中央委员、中央党校常务副校长郑必坚，中央党校副校长、函授学院院长张志新出席开幕式并发表重要讲话。中共中央候补委员、广东省委副书记、省委党校校长高祀仁，省委党校常务副校长邱金用，佛山市委副书记、顺德市委书记陈用志等到会表示祝贺。函授学院常务副院长黄士安作题为《深化教育改革，强化自身建设，把充满生机和活力的党校函授教育推向21世纪》的主题报告。副院长史信发作总结讲话。会议谋划了21世纪党校函授教育改革与发展等重大问题。

11月 总院教材处在沈铁锦州印刷厂召开了1999年秋季教材承印厂厂长工作会议，决定在各教材承印厂中实行质量考评末位淘汰制。对教材承印厂每年进行一次质量考评。

11月23日至27日 总院在铁道部党校召开下半年备课会议。就《工业企业经营管理概论》、《刑事诉讼法教程》两门课进行集体备课。百余名党校函授教师参加了这次备课会。会议期间，两本教材的主编分别讲授了教材的重点、难点、并解答了老师们在备课中遇到的疑难问题。

12 月

12月1日至3日 总院在海南省委党校召开了教材工作会议。参加会议的有36个分院的66名代表和总院有关处室人员，中共海南省委常委、组织部部长张德春和海南省委党校校长叶斌出席开幕式并讲话。副院长史信发作了工作报告。教材处处长吴江浩就有关问题作了说明。会议还演示了教材发行计算机网络管理系统。

12月15日至19日 总院在云南省委党校召开电化教学工作会议。出席会议的有各分院、直属学区负责人、先进单位代表及总院有关同志，共105人。云南省委党校常务副校长、中函云南分院院长李师程，云南省委党校副校长陈一之，云南省委组织部副部长高旭升等同志出席开幕式并讲话。与会代表讨论了面向21世纪电化教学改革与发展问题。会议对电化教学先进单位给予了表彰和奖励。

12月26日 总院表彰奖励12位获得硕士学位的在职研究生班学员。

12月 总院在长沙、昆明分片举行了学籍管理工作会议。参加会议的有各分院、直属学区学籍科科长和微机管理人员，共120余人。湖南省委党校常务副校长周永生、云南省委党校校委委员、纪委书记李文昌等同志分别出席开幕式并讲话。

12月 总院发出通知，要求全院各级组织认真做好1999年下学期期末考试工作。